U0510106

本書獲國家古籍整理專項經費資助

敦煌蒙書校釋與研究

主編　金瀅坤　副主編　盛會蓮

導論卷

（上）

鄭阿財　著

文物出版社

圖書在版編目（CIP）數據

敦煌蒙書校釋與研究. 導論卷 / 鄭阿財著；金瀅坤
主編. —北京：文物出版社，2024.1
ISBN 978-7-5010-8320-6

Ⅰ.①敦…　Ⅱ.①鄭…②金…　Ⅲ.①蒙學－教材－
研究－中國－古代　Ⅳ.① G629.299

中國國家版本館 CIP 數據核字（2024）第 007681 號

敦煌蒙書校釋與研究·導論卷

主　　編：金瀅坤
副 主 編：盛會蓮
著　　者：鄭阿財

責任編輯：劉永海
封面設計：李曉蘭
責任印製：張　麗

出版發行：文物出版社
社　　址：北京市東城區東直門内北小街 2 號樓
郵　　編：100007
網　　址：http://www.wenwu.com
經　　銷：新華書店
印　　刷：寶蕾元仁浩（天津）印刷有限公司
開　　本：710mm×1000mm　1/16
印　　張：56.75
版　　次：2024 年 1 月第 1 版
印　　次：2024 年 1 月第 1 次印刷
書　　號：ISBN 978-7-5010-8320-6
定　　價：280.00 圓（上、下冊）

本書編纂委員會

目　録

總　論

金瀅坤

　　隋唐大一統國家建立後，爲了維護中央集權，限制地方士族的權利，廢除了九品中正制，用科舉制取代了察舉制，以改變貴族官僚政治。"以文取士"的科舉取士制度極大促進了學校教育的普及和童蒙教育的發展。然而，長期以來學界對隋唐童蒙教育的大發展没有給予足够重視。直到二十世紀敦煌文書的發現，大量蒙書和學郎題記面世，隨着相關研究逐漸深入，隋唐教育史研究才被重新重視，同時也促進了對童蒙文化、社會大衆文化以及敦煌學、中古史的深入研究。因此，我們有必要對這批敦煌蒙書進行校釋與研究，從中汲取中國優秀傳統文化并加以借鑒，改善當前適合少年兒童閲讀的優秀傳統蒙書不足的局面。

　　自二十世紀初以來，王國維、周一良、王重民、向達、潘重規、陳祚龍和入矢義高、小川貫弌、福井康順、那波利貞等國内外學者對敦煌蒙書的早期研究做出了重要貢獻。近年來，王三慶、鄭阿財、朱鳳玉、張涌泉、李正宇、姜伯勤、金瀅坤、周鳳五、伊藤美重子、張麗娜等學者在敦煌蒙書整理和研究方面取得很大成就[一]，推動了敦煌蒙書的研究；特別是鄭阿財、朱鳳玉《敦煌蒙書研究》一書，搭建了敦煌蒙書研究的理論框架與方法，爲進一步的

　　〔一〕 關於敦煌蒙書及童蒙文化的研究，鄭阿財、王金娥、林華秋等已經做了詳細概述，此處不再討論。詳見鄭阿財：《敦煌蒙書研究的回顧與前瞻》，《敦煌吐魯番研究》第七卷，中華書局，二〇〇四年，第二五四～二七五頁；王金娥：《敦煌訓蒙文獻研究述論》，《敦煌學輯刊》二〇一二年第二期，第一五三～一六四頁；林華秋：《敦煌吐魯番童蒙研究目録》，金瀅坤主編：《童蒙文化研究》第·卷，人民出版社，二〇一六年，第三三三～三五九頁。

研究工作打下了很好的基礎[一]；張涌泉主編《敦煌經部文獻合集·小學類字書之屬》一書已基本上對識字類、知識類蒙書完成了校釋[二]，爲敦煌蒙書校釋提供了很好的範例。兹就敦煌蒙書進行整理、校釋和研究所涉及的"蒙書"概念、學術和現實價值，以及研究的内容、方法等諸多相關問題進行全面的闡述和説明。

一 敦煌蒙書概念及其與家訓、類書的關係

關於敦煌蒙書的概念問題，學界争論較大，或稱"蒙書"，或"訓蒙書"，或童蒙讀物，或教材，或課本，主要原因是學者的學科視角、判定標準的不同。以下就敦煌"蒙書"的概念，以及"蒙書"的時代特點與演變展開討論。

（一）敦煌蒙書概念

以下將就學界對敦煌蒙書概念的認識和發展演變進行梳理，結合相關史實對"蒙書"概念的形成與演變進行探討，進而歸納"蒙書"的概念和歷史特點，并提出敦煌蒙書的評判標準，對敦煌文獻中的蒙書進行認定。

1."蒙書"概念争論

有關中國古代兒童啓蒙教育階段所使用的課本、讀物，無論在歷史上，還是當下學界研究，始終没有形成一個固定名詞，不同時代有不同稱法。民國學者喜用"兒童讀物"稱之。如一九三六年，翁衍楨發表的《古代兒童讀物概觀》一文，專門探討了"訓蒙課本"，認爲"漢代課蒙，除讀經書外，以識字爲重要之課程，漢代小學昌明，著作亦最多，以理測之，如《三蒼》《凡將》《訓纂》《元尚》等篇，皆爲當時之兒童讀物，傳至今者……其中，《千字文》《三字經》《百家姓》三書，雖至今日，僻處窮鄉之村塾中，猶用爲啓蒙之書者，亦可見其采用之廣，而傳習之久矣。經書本爲歷代學者，萃力肄習之書，不詳具論，今但就各種家訓、學規中有關討論兒童讀物之文字者引録

[一] 鄭阿財、朱鳳玉：《敦煌蒙書研究》，甘肅教育出版社，二〇〇二年。

[二] 張涌泉主編：《敦煌經部文獻合集》第八册《小學類字書之屬》，中華書局，二〇〇八年。

如次"〔一〕。從其羅列的"兒童讀物"來看，包括"十年誦讀書目"，大致分爲諸如《千字文》《三字經》等字書類，《顔氏家訓》《學範》等家訓、學規類，《童蒙訓》《論小學》等學習方法類，《小學》《四書》等經學類，《古文》《古詩》等範文類，《各家歌訣》類，雖然枚舉書目不多，但分類很廣，涵蓋了兒童誦讀的各類書目。是年，鄭振鐸《中國兒童讀物的分析》一文也使用了"兒童讀物"的概念〔二〕，大概分爲：《千字文》《三字經》等識字類，《小學》等學則、家訓類，《蒙求》《名物蒙求》《歷代蒙求》等蒙求類，《神童詩》《千家詩》等詩文類，《日記故事》等故事類，均爲歷代專門爲兒童所作之書籍，并未包含《孝經》《四書》等經學類。後來，瞿菊農亦沿用了"兒童讀物"的概念，他在《中國古代蒙學教材》一文中講到："所謂的蒙養教材，主要是在這類'蒙學'裏進行教學時使用的。私人設塾和私家延師教學童蒙的，多采用這部分教材。亦有采用'經書'，如《孝經》和《論語》。"〔三〕

　　一九四〇年，常鏡海發表《中國私塾蒙童所用課本之研究（上、下篇）》，將古代私塾中教授兒童的書目分爲"通用之蒙童課本"和"選用之蒙童課本"兩類。"通用之蒙童課本"列舉了十六種書目，可分爲：其一《千字文》《百家姓》《三字經》《雜字》《字課圖説》《萬事不求人》等識字字書；其二《名賢集》《朱子治家格言》等德行類；其三《神童詩》《千家詩》《龍文鞭影》等詩文類；其四《孝經》、朱子《小學》等經書〔四〕。除《孝經》外，此類均是專爲兒童而作的所謂"課本"。"選用之蒙童課本"列舉了《教兒經》《女兒經》《小學韵語》《蒙求》等三十種古代兒童常用的所謂"課本"書目，其書目較"通用之蒙童課本"更爲少見，範圍更廣，但無本質差別，可以理解

〔一〕　翁衍楨：《古代兒童讀物概觀》，《圖書館學季刊》第十卷第一期，一九三六年，第九一頁。

〔二〕　鄭振鐸：《中國兒童讀物的分析》，《文學》第七卷第一號，一九三六年，第四八~六〇頁。

〔三〕　瞿菊農：《中國古代蒙學教材》，《北京師範大學學報（社會科學版）》一九六一年第四期，第四五~五六頁。

〔四〕　常鏡海：《中國私塾童蒙所用課本之研究（上、下篇）》，《新東方》一九四〇年第一卷第八、九期，第七四~八九、一〇三~一一四頁。

爲現代小學生的教輔資料，即擴展讀物。

民國時期，唯有胡懷琛在《蒙書考》一文中使用了"蒙書"概念〔一〕，將中國古代兒童所讀書籍分四卷進行叙録、考證，總共涉及蒙書達一百七十八種，作者分別對其收藏、著録和内容進行了叙録和考訂。可以看得出，胡懷琛對"蒙書"的收録甚爲廣泛，主要是對"三百千"及《急就篇》《蒙求》等古代流行甚廣蒙書的歷代注疏、改寫、改編、別體本進行重點叙録和介紹，同時也收録《干禄字書》《字學舉隅》《點勘記》等童蒙教育比較少用的書籍，還收録了《釋氏蒙求》《梵語千字文序》《鏤梵語千字文序》等佛家蒙書，并收録《植物學歌略》《動物學歌略》《中法三字經》《華英合編三字經》等新編新學及跨文化的蒙書。可見胡懷琛的"蒙書"概念十分廣泛，既包含了傳統意義的"三百千"類等專門爲兒童編撰的書籍，也包括《干禄字書》等非專門爲兒童編撰，但可以用於兒童教育的書籍，説明"蒙書"概念具有時代性、社會性，依據時代和文化的不同，在不斷變化中。新學中的"歌略體"，就是對古代蒙書改造和創新的一個體現。祇可惜由於時代動蕩，學者顧及"蒙書"研究者甚少。一九六二年，張志公出版了《傳統語文教育初探：附蒙學書目稿》一書，雖然没有明確討論"蒙書"的概念〔二〕，但該書後附録《蒙學書目稿》，就使用了"蒙書"概念，所收録的書，則被視爲"蒙書"。一九九二年修訂的《傳統語文教育教材論：暨蒙學書目和書影》〔三〕，將附録改爲《蒙學書目和書影》，二〇一三年又在中華書局修訂重印〔四〕。新近徐梓《傳統蒙學與傳統文化》中使用了"蒙學教材"的概念，認爲"蒙學以及作爲核心内容的蒙學教材，是傳統文化的重要組成部分"〔五〕。徐梓《傳統蒙學研究的歷史和現狀》

〔一〕 胡寄塵：《蒙書考》，《震旦雜志》一九四一年第一期，第三二～五八頁。

〔二〕 張志公：《傳統語文教育初探：附蒙學書目稿》，上海教育出版社，一九六二年。

〔三〕 張志公：《傳統語文教育教材論：暨蒙學書目和書影》，上海教育出版社，一九九二年。

〔四〕 張志公：《傳統語文教育教材論：暨蒙學書目和書影》，中華書局，二〇一三年，第九頁。

〔五〕 徐梓：《傳統蒙學與蒙書研究》，中國社會科學出版社，二〇一七年，第一頁。

又使用了"蒙學讀物"的概念〔一〕，"又稱爲蒙書、蒙養書、古代兒童讀物、蒙學教材、啓蒙教材、童蒙課本、語文教育教材等"〔二〕。不過，這兩篇文章後來都收入其《傳統蒙學與蒙書研究》，該書名使用了"蒙書"概念，反映了學界對"蒙書"概念不斷認知的過程。

探討"蒙書"之概念，須弄清"童蒙"的含義。《周易·蒙卦》云："《蒙》：亨。匪我求童蒙，童蒙求我。初筮告，再三瀆，瀆則不告。利貞。"〔三〕《春秋左氏傳》卷一二"孔穎達正義"："蒙謂闇昧也，幼童於事多闇昧，是以謂之童蒙焉。"〔四〕可見所謂"童蒙"，指對兒童啓蒙、發蒙、開蒙之義。"蒙書"取義"童蒙"之書，即兒童啓蒙教育所使用之書。周丕顯《敦煌"童蒙""家訓"寫本之考察》云："'蒙書'，爲蒙學之書，爲我國古代識字啓蒙讀物。"〔五〕鄭阿財在《敦煌蒙書析論》一文中明確提出了"蒙書"的概念：

　　古人因取其意而稱小學教育階段爲蒙養階段，稱此階段所用之教材爲"蒙養書"，或"小兒書"。漢代啓蒙教育以識字爲主，其主要教材爲"字書"，因此有稱蒙書爲"字書"者。唐·李翰《蒙求》盛行，影響深遠，致有統稱童蒙用書爲"蒙求"者。唯以此類蒙養教材，主要爲蒙學教學所用之書，亦即爲啓蒙而輔之書，故一般多省稱作"蒙書"〔六〕

此後，敦煌文獻中有關兒童讀物、教材等多被學者稱爲"蒙書"，可以説

〔一〕　徐梓：《傳統蒙學與蒙書研究》，第六頁。

〔二〕　徐梓：《中華蒙學讀物通論》，中華書局，二〇一四年，第二頁。

〔三〕　（三國·魏）王弼注，（唐）孔穎達疏：《周易正義》，李學勤主編：《十三經注疏》，北京大學出版社，二〇〇〇年，第四〇八頁。

〔四〕　（晉）杜預注，（唐）孔穎達等正義：《春秋左傳正義》，李學勤主編：《十三經注疏》，第四〇八頁。

〔五〕　周丕顯：《敦煌"童蒙""家訓"寫本之考察》，《敦煌學輯刊》一九九三年第一期，第一六頁。

〔六〕　鄭阿財：《敦煌蒙書析論》，漢學研究中心編：《第二屆敦煌學國際研討會論文集》，漢學研究中心，一九九一年，第二一二頁。

鄭氏著開啓了“敦煌蒙書”專題性研究的先例。其後，鄭阿財與朱鳳玉合著《敦煌蒙書研究》[一]，及朱鳳玉《蒙書的界定與〈三字經〉作者問題——兼論〈三字經〉在日本的發展》一文，基本上堅持了這一觀點[二]。

至於學者將李翰《蒙求》作爲“蒙書”起源的重要依據，蓋因童蒙教育重在啓蒙，有知識教育需求的緣故。李翰《蒙求》直接影響了“蒙求體”衆多蒙書的産生，諸如《十七史蒙求》《左氏蒙求》《本朝蒙求》《純正蒙求》等，但不足以涵蓋“蒙書”的概念。唐代馮伉《諭蒙書》中最早將“蒙書”二字連用。《新唐書・馮伉傳》載：貞元中馮伉爲醴泉令，“縣多豪猾，數犯法，伉爲著《諭蒙書》十四篇，大抵勸之務農、進學而教以忠孝。鄉鄉授之，使轉相教督”[三]。按：“諭”在此作教導、教誨之義。《淮南子・修務訓》云：“此教訓之所諭也。”高誘注：“諭，導也。”[四]“諭蒙書”蓋爲“教誨啓蒙”“教誨發蒙”之書，這與兒童的“蒙書”之含義并無太大區别。馮伉《諭蒙書》的主要内容爲勸農、進學，“教以忠孝”，屬於針對社會大衆的教育，其中進學、忠孝與童蒙教育的内容一致，相對於傳統“蒙書”而言，其受衆面更大。考慮到該書祇有十四篇，篇幅短小也符合蒙書的特點，故曰“諭蒙書”。“諭蒙書”與“童蒙書”即“蒙書”含義已經很接近了。據此雖不好明確判定《諭蒙書》就是最早的“蒙書”概念的來源，但已包含“蒙書”之義。與此相類似的還有晋代束晳《發蒙記》，《隋書・經籍志二》將其歸入小學類字書，“載物産之異”，主要記載名物、奇异物産[五]。此“發蒙”、爲童蒙之義，“記”，爲叙事文體，顯然，《發蒙記》也是明言爲兒童啓蒙之書，與“蒙書”的概念已經很接近了。

直接將“蒙書”明確作爲書名者，是在宋代。宋太宗時，种（chóng姓）

〔一〕 鄭阿財、朱鳳玉：《敦煌蒙書研究》，第一頁。

〔二〕 朱鳳玉：《蒙書的界定與〈三字經〉作者問題——兼論〈三字經〉在日本的發展》，金瀅坤主編：《童蒙文化研究》第五卷，人民出版社，二○二○年，第七五~九八頁。

〔三〕 （宋）歐陽修等撰：《新唐書》卷一六一《馮伉傳》，中華書局，一九七五年，第四九八三頁。

〔四〕 何寧撰：《淮南子集釋》卷一九《修務訓》，中華書局，一九九八年，第一三三一頁。

〔五〕 （唐）魏徵等撰：《隋書》卷三三《經籍志二》，中華書局，一九七三年，第九八三頁。

放與母隱於終南山豹林谷，"結茅爲廬，博通經史，士大夫多從之學，得束脩以養，著《蒙書》十卷，人多傳之"〔一〕。可見种放著《蒙書》十卷，是傳授門人的講稿，從其卷數來看，可能不是專爲童蒙而作，但將其視爲教育兒童的教材與讀物可能性很大。宋代"蒙書"指代"童蒙之書"的概念大概早已成爲時人的共識。《玉海·紹興御書孝經》中稱高宗《御書真草孝經》爲"童蒙書""童蒙之書"〔二〕。此事，清代錢唐倪濤《六藝之一録》載：宋高宗以《御書真草孝經》賜秦檜，紹興九年（一一三九），秦檜請刻之金石。高宗曰："世人以十八章'童蒙書'，不知聖人精微之學，皆出乎此。"〔三〕顯然，宋人經常將《孝經》當作童蒙教材，故有"童蒙之書"之稱，以致忘記了《孝經》是儒家"精微之學"。顯然，"蒙書""童蒙之書"不僅僅專指《孝經》，而是"童蒙"所讀、所學之書的統稱。唐代童蒙學習經學，就"先念《孝經》《論語》"〔四〕。又元代陸文圭《古今文孝經集注序》載："君曰世以《孝經》爲'童蒙小學之書'，不知其兼大人之學……余曰：《孝經》爲'童蒙之書'未害也，張禹傳《論語》，杜欽明《五經》，童蒙之弗如。"〔五〕元人也是把《孝經》作爲"童蒙之書"，以此類推，宋元童蒙所讀之書，即可稱爲蒙書。

　　不過，很多時候冠以"童蒙"之名的書，未必是蒙書。如權德輿十五歲"爲文數百篇"，編爲《童蒙集》十卷，爲權德輿在童蒙時期所作之書，故名〔六〕，并非其所使用的蒙書。又宋代張載有《正蒙書》，宋代晁公武《郡齋讀

　　〔一〕（宋）曾鞏撰，王瑞來校證：《隆平集校證》卷一三《侍從·种放》，中華書局，二〇一二年，第三八四頁。

　　〔二〕（宋）王應麟輯：《玉海》卷四一《藝文》，江蘇古籍出版社、上海書店，一九八七年，第七八〇頁。

　　〔三〕（清）倪濤撰：《六藝之一録》卷三一三上《歷朝書譜三上·帝王后妃三·宋》，（清）紀昀等編纂：《景印文淵閣四庫全書》第八三六册，（台灣）商務印書館，一九八六年影印本，第六〇三頁。

　　〔四〕項楚：《敦煌變文選注·舜子變》，中華書局，二〇〇六年，第三三五頁。

　　〔五〕（元）陸文圭撰：《墻東類稿》卷五《序·古今文孝經集注序》，《景印文淵閣四庫全書》第一一九四册，第五七四頁。

　　〔六〕（後晉）劉昫等撰：《舊唐書》卷一四八《權德輿傳》，中華書局，一九七五年，第四〇〇二頁。

書志》卷十將其歸入“儒家類”，認爲是其弟子蘇昞整理先生張載解説有關“陰陽變化之端，仁義道德之理，死生性命之分，治亂國家之經”的十七篇文章而成[一]，奠定了氣一元論哲學，頗爲深奥，故不能作爲兒童的啓蒙讀物。《宋史・藝文志六》載：“鄒順《廣蒙書》十卷、劉漸《群書系蒙》三卷。”[二]歸入“事類”部，雖不能判定其爲蒙書，但有明顯開蒙、啓蒙之義，也説明“蒙書”之詞在宋代已經很常見。

　　宋代“童蒙之書”也可稱爲“小兒書”或“教子書”。宋代王暐《道山清話》云：“予頃時於陝府道間舍，於逆旅因步行田間，有村學究教授二三小兒，聞與之語言，皆無倫次。忽見案間，有小兒書卷，其背乃蔡襄寫《洛神賦》，已截爲兩段。”[三]顯然，這是以“小兒書卷”指代童蒙所讀之書。如宋韓駒《次韻蘇文饒待舟書事》云：“會有綾衾趨漢署，不須錦纜繫吳檣；青箱教子書千卷，白髮思親天一方。”[四]元代以後“小兒書”“教子書”更爲常見，元宰相耶律楚材《思親二首》云：“鬢邊尚結辟兵髮，篋内猶存教子書；幼稚已能學土梗，老兄猶未憶鱸魚。”[五]又明代夏原吉《題樂善堂二首》云：“甕裏況存招客酒，床頭仍貯教兒書；閒來持此消長日，何用區區較毁譽。”[六]可見宋元以後“小兒書”“教兒書”，均指代“童蒙之書”，即教兒童所讀之書，“教子書”中的主體亦爲小兒書，讀者以“小兒”“童蒙”爲主體，以其所讀之書爲“小兒書”“蒙書”，呈現類化概念，後來逐漸被學者所采納。

〔一〕（宋）晁公武撰，孫猛校證：《郡齋讀書志》卷十《儒家類》，上海古籍出版社，一九九〇年，第四五一頁。

〔二〕（元）脱脱等撰：《宋史》卷二〇七《藝文志六》，中華書局，一九七七年，第五二九四頁。

〔三〕（宋）王暐撰：《道山清話》，《景印文淵閣四庫全書》第一〇三七册，第六六〇頁。

〔四〕（宋）韓駒撰：《陵陽集》卷三《近體詩・次韻蘇文饒待舟書事》，《景印文淵閣四庫全書》第一一三三册，第七九一頁。

〔五〕（元）耶律楚材撰，謝方點校：《湛然居士集》卷六《思親二首》，中華書局，一九八六年，第一三二頁。

〔六〕（明）夏原吉撰：《忠靖集》卷五《七言律詩》，《景印文淵閣四庫全書》第一二四〇册，第五二五頁。

　　明確"蒙書"概念起源之後，必須對"蒙書"包含的内容，及其動態的歷史變化有所認識。中國古代"蒙書"的概念與童蒙教育發展演變有很大關係。民國時期余嘉錫在《内閣大庫本碎金跋》中認爲，魏晋南北朝以前學校教育不興，唐代從"小學"分化出了字書、蒙求、格言三類：字書類，以《千字文》爲代表；"蒙求"類，以《蒙求》爲代表，屬對類事爲特點；"格言"以《太公家教》爲源頭，包括《神童詩》《增廣賢文》等發展最爲廣泛；三者各有發展，分出旁支〔一〕。此説看似很有道理，但并不符合中國古代童蒙教育發展的實際情況，結論太過簡單，在一定程度上可以解釋黄正建提出的"蒙書"在正史和書目分類時，被歸入不同門類的問題〔二〕。

　　與余嘉錫看法相似的爲瞿菊農，其《中國古代蒙學教材》云："就現有歷史資料和現存的蒙養教材看，傳統的蒙養教材的發展，可以分爲三個階段。從周秦到唐末是一個階段，從北宋到清中葉是第二個階段，從清中期以後到新學校和新教科書的出現是第三個階段。"〔三〕他認爲古代的蒙養教材"首先是宣揚灌輸封建的倫常道德，培養封建倫常的思想意識"。此外，還要求："一是要能掌握一定的文字工具，這就是識字；其次是掌握一定的自然知識、生活知識和歷史知識；再次是作深造進修的準備或準備應考。這幾項要求在各種蒙養教材中都分别得到反映。實際上識字是學習基礎，一些教材主要是識字課本或字書。識字當然有内容，其内容仍是封建倫理道德和一般基礎知識。"〔四〕瞿菊農主張識字課本、知識字書與余氏所説的"字書"類、"蒙求"類，大致相同；認爲封建蒙養教材的第三個要求是"作深造進修的準備或準備應考"，已經注意到科舉考試對"蒙書"的影響。

　　〔一〕　余嘉錫：《余嘉錫論學雜著》，中華書局，一九六三年，第六〇〇~六〇六頁。

　　〔二〕　黄正建：《蒙書與童蒙書——敦煌寫本蒙書研究芻議》，《敦煌研究》二〇二〇年第一期，第九三~九四頁。

　　〔三〕　瞿菊農：《中國古代蒙學教材》，《北京師範大學學報（社會科學版）》一九六一年第四期，第四五頁。

　　〔四〕　瞿菊農：《中國古代蒙學教材》，《北京師範大學學報（社會科學版）》一九六一年第四期，第四五~四六頁。

　　隨後，張志公從教材角度審視了古代兒童教育所使用的教材。其新版《傳統語文教育教材論》認爲：先秦兩漢重視兒童識字教育、句讀訓練，主要有《弟子職》和《急就篇》。魏晉隋唐時期，主要集中在識字教育（《千字文》）、封建思想教育的蒙書（《太公家教》）、掌故故事蒙書（《兔園策》《蒙求》）。宋元蒙學體系，又促生了新的蒙書，衹是發展和補充較小，没有很大變化，并將其分爲：其一，識字教育方面，在《千字文》基礎上，形成了以“三百千”爲主的識字教材，與“雜字”教育并行。其二，封建思想教育方面，用《三字經》深入識字教育中，用理學思想編撰了《小學》等新的教材，用《弟子職》等作爲訓誡讀物。其三，在《蒙求》的基礎上擴展了一批歷史知識和各學科知識教育的教材。其四，重視初步閱讀教材——出現了《千家詩》《書言故事》等詩歌與散文讀本，已涉及情感之養成及美學之陶冶範疇。其五，在初步識字和初步閱讀教育之上，産生了一套讀寫訓練的方法和教材——屬對，程式化的作文訓練，專業初學教材用的文章選注和評點本〔一〕。雖然，張志公没有對“蒙書”概念進行闡釋，但從其對中國古代蒙書類型畫分及説明，表明他對蒙書已經有比較清晰的認識，爲我們探討“敦煌蒙書”的概念和分類提供了基本認識和啓發。由於張先生主要從事中小學教材編撰研究，對中國古代蒙書發展變化過程這一核心問題概括得十分到位，對我們進一步概括“蒙書”的概念很有幫助。以下就張志公的觀點，結合余嘉錫、瞿菊農、鄭阿財和朱鳳玉諸位先生的主張，擬對“蒙書”的概念再做定義。

　　關於敦煌的“蒙書”概念，學界一直不是很明確。早在一九一三年，王國維在《唐寫本〈太公家教〉跋》《唐寫本〈兔園策府〉殘卷跋》中〔二〕，雖然没有提及“蒙書”的概念，但開啓了敦煌蒙書研究之先河。一九四二年日本學者那波利貞《唐鈔本雜抄考——唐代庶民教育史研究の一資料——》則爲對敦

〔一〕　張志公：《傳統語文教育教材論：暨蒙學書目和書影》，第九頁。
〔二〕　王國維：《唐寫本〈太公家教〉跋》《唐寫本〈兔園策府〉殘卷跋》，王國維：《觀堂集林》，中華書局，一九五九年，第一〇一二～一〇一五頁。

煌蒙書進行深入研究之始〔一〕。

　　隨着學界對敦煌蒙書整理、研究的不斷深入，需要進一步對敦煌蒙書加以鑒別、歸類，故對“蒙書”概念的探討就提上日程〔二〕。汪泛舟在一九八八年發表《敦煌的童蒙讀物》一文，使用了“童蒙讀物”的概念，依據敦煌文書的兩百多件“兒童讀物”的内容和性質、重點，將其分爲：一識字類：《字書》《新集時用要字壹千三百言》等；二教育類：《太公家教》《百行章》等；三應用類：《吉凶書儀》等，共計三十六種。顯然，汪泛舟從“童蒙讀物”角度來分類有點寬泛，故將《姓望書》《郡望姓氏書》《吉凶書儀》《書儀鏡》《新定書儀鏡》《大唐新定吉凶書儀》《新集諸家九族尊卑書儀》《新集吉凶書儀二卷》《漢藏對譯〈佛學字書〉》《大寶積經難字》《大般若經難字》《涅槃經難字》《字寶》等不太適合兒童誦讀的書目也納入了“童蒙讀物”範圍之内〔三〕。

　　鄭阿財教授是最早對敦煌蒙書進行專題性、整體性研究的學者，在一九九一年發表的《敦煌蒙書析論》中，明確提出了“蒙書”的概念，分爲

　　〔一〕〔日〕那波利貞：《唐鈔本雜抄考—唐代庶民教育史研究の一資料—》，一九四二年；〔日〕那波利貞：《唐代社會文化史研究》第二編，創文社，一九七四年，第一九七～二六八頁。

　　〔二〕“總論”中所涉及敦煌蒙書的編號及其内容衆多，主要見於近年來上海古籍出版社等出版社整理的各類大型敦煌文獻，若非特殊情況，爲節省篇幅，不再一一注明卷號。相關參引文獻均出自如下敦煌文獻：中國社會科學院歷史研究所、中國敦煌吐魯番學會敦煌古文獻編輯委員會、英國國家圖書館、倫敦大學亞非學院編：《英藏敦煌文獻》第一～一四卷，四川人民出版社，一九九〇～一九九五年；上海古籍出版社、法國國家圖書館編：《法藏敦煌西域文獻》第一～三四册，上海古籍出版社，一九九四～二〇〇五年；俄羅斯科學院東方研究所聖彼得堡分所、俄羅斯科學出版社東方文學部、上海古籍出版社編：《俄藏敦煌文獻》第一～一七册，上海古籍出版社、俄羅斯科學出版社東方文學部，一九九二～二〇〇一年；中國國家圖書館編：《國家圖書館藏敦煌遺書》第一～一四六册，北京圖書館出版社，二〇〇五～二〇一二年；武田科學振興財團杏雨書屋、〔日〕吉川忠夫編：《敦煌秘笈》第一～九册，はまや印刷株式會社，二〇〇九～二〇一三年，等等。

　　〔三〕汪泛舟：《敦煌的童蒙讀物》，《文史知識》一九八八年第八期，第一〇四～一〇七頁。

識字類、思想類與知識類三大類，其下又分若干小類，收録了二十六種敦煌蒙書，凡二百二十九件抄本[一]。次年，日本學者東野治之在《訓蒙書》中，以學仕郎、學生抄寫使用的讀物作爲認定"訓蒙書"的標準，認定《古文尚書》《毛詩》《孝經》《論語》《論語集解》《殘卜筮書》《秦婦吟》《咏孝經》《孔子項託》《鷰子賦》《子虛賦·滄浪賦》《貳師泉賦·漁父歌》《李陵與蘇武書》《王梵志詩集》《敦煌廿咏》《金剛般若波羅蜜經》等二十六種，共四十七件抄本。顯然，東野治之以學士郎即兒童身份作爲判定"訓蒙書"的標準，似乎很難準確定義"訓蒙書"的範圍和概念，將《鷰子賦》《子虛賦·滄浪賦》《貳師泉賦·漁父歌》《李陵與蘇武書》《敦煌廿咏》《金剛般若波羅蜜經》等都認定爲"訓蒙書"，似乎太過寬泛[二]。因此，鄭阿財教授認爲："對蒙書的判定，似宜先采廣泛收録，再細定標準加以擇別區分。其主要依據應就寫本内容、性質與功能分析；再據寫卷原有序文，以窺知其編撰目標與動機；從寫本實際流傳與抄寫情況、抄者身份等，綜合推論較爲穩當。"[三]

基於上述原則，鄭阿財、朱鳳玉在《敦煌蒙書研究》一書中，分三大類叙録了敦煌蒙書二十五種，凡二百五十件抄本。其一識字類：《千字文》《新合六字千文》《開蒙要訓》《百家姓》《俗務要名林》《雜集時用要字》《碎金》《白家碎金》《上大夫》，凡九種；其二知識類：《雜抄》《孔子備問書》《古賢集》《蒙求》《兔園策府》《九九乘法歌》，凡六種；其三德行類：《新集文詞九經抄》《文詞教林》《百行章》《太公家教》《武王家教》《辯才家教》《崔氏夫人訓女文》《新集嚴父教》《王梵志詩》一卷本，凡十種。自該書問世以來，備受學界關注，目前是學界公認的"敦煌蒙書"收録最全，認可度最高的觀點[四]。

"蒙書"是個動態和歷史性的概念，因時代的不同，研究者的視角和立場

〔一〕 鄭阿財：《敦煌蒙書析論》，《第二屆敦煌學國際研討會論文集》，第二一二頁。

〔二〕 ［日］池田温編：《講座敦煌5·敦煌漢文文獻》，大東出版社，一九九二年，第四〇三～四〇七頁。

〔三〕 鄭阿財：《敦煌蒙書研究的回顧與前瞻》，《敦煌吐魯番研究》第七卷，中華書局，二〇〇四年，第二五四～二七五頁。

〔四〕 鄭阿財、朱鳳玉：《敦煌蒙書研究》，第二～八頁。

不同，容易出現盲人摸象的問題。因此，黄正建《蒙書與童蒙書——敦煌寫本蒙書研究芻議》一文，通過對東野治之《訓蒙書》、鄭阿財《敦煌蒙書研究》、張新朋《敦煌寫本〈開蒙要訓〉研究》、金瀅坤《唐代敦煌寺學與童蒙教育》等有關 "蒙書" "童蒙的讀物" "童蒙的課本" 的看法進行檢討，提出了一些質疑性看法[一]。這在很大程度上反映了學界和社會大衆對 "蒙書" "兒童讀物" 和 "兒童課本" 的困惑，有必要對此進行探討，以明確本套叢書選定敦煌 "蒙書" 的標準和依據，使得學界對 "蒙書" 概念更加明晰。

2.蒙書的定義

"蒙書" 界定應該有狹義和廣義之分。狹義蒙書，主要指中國古代專門爲兒童啓蒙教育而編撰的教材和讀物。廣義蒙書，指古代公私之學用於啓蒙或開蒙教育的書，以 "童蒙教育" 爲中心，也包含對青少年、少數成人的開蒙教育所使用的教材和讀物。廣義的蒙書不僅包括狹義的蒙書，而且包括諸如《俗務要名林》《碎金》等字書、《武王家教》《辯才家教》等 "家教" 讀物。從作者編撰意圖來看，這些書并非專門爲童蒙教育而作，但因其内容適當、篇幅短小，比較適合童蒙教育，而常被世人作爲童蒙教育的教材使用，故將其視爲廣義蒙書。需要説明的是，字書、家教等之所以被稱爲 "蒙書"，是因其常被作爲教育童蒙的教材，而《孝經》《論語》雖可作爲童蒙教材，但并非蒙書。即便是《孝經》有 "童蒙小學之書" "童蒙之書" 之名，也不是廣義 "蒙書"。因爲《孝經》《論語》自成書以來就作爲儒家最核心的經典，也是隋唐以來科舉考試最基礎的内容，雖作爲童蒙教材使用，但并非專爲兒童而做，雖主要供少年、成人學習之用，也未改變其爲儒家經典的性質。

蒙書與童蒙教材、童蒙讀物的關係既有交互之處，又有差别。所謂童蒙教材，指兒童啓蒙教育中的教學用書，也稱課本，即指用作兒童啓蒙教育課本的字書、蒙書、家訓及儒家經典、史書、文集、類書等。所謂童蒙讀物，指童蒙教材之外，爲擴大知識量、提高寫作能力而供兒童閲讀的各種書

〔一〕　黄正建：《蒙書與童蒙書——敦煌寫本蒙書研究芻議》，《敦煌研究》二○二○年第一期，第九四頁。

籍，文體不限，原則上講童蒙教材是最基礎的學習和閱讀的内容，童蒙讀物是擴展内容。其實，《語對》《纂金》《兔園策府》和一卷本《王梵志詩》等蒙書，編撰的目的并非專門爲童蒙教育而做，但因其内容比較適合兒童閱讀，符合童蒙教育的需求，而被世人逐漸作爲常用童蒙讀物，或改編成適合兒童閱讀、學習、寫作詩文的讀物，也就變成了蒙書。最爲典型的《略出纂金》，就是在《纂金》基礎上删減而來，作爲兒童啓蒙教育讀物，也可視爲蒙書。

3.蒙書的特點

僅憑"蒙書"的概念從七萬餘件敦煌文獻中辨别"蒙書"是十分困難的事，我們必須充分考慮"蒙書"的特點，可以從其基礎性、啓蒙性、學科性、階段性、階層性和時代性入手。

其一，基礎性與學科性。蒙書的基礎性或稱開蒙性，主要是指教育的入門、啓蒙之特性，爲兒童的啓蒙、發蒙、開蒙、諭蒙服務。蒙書的基礎性因專業、學科内容不同而有很大差異，不同學科的蒙書存在着明顯的學科差異。隨着時代發展，不同歷史階段學科發展有很大差異，蒙書就出現了學科性。蒙書的基礎性是由其學科内容決定的，是指某個學科領域最爲基礎的知識、理論和學習方法等。比如字書類蒙書，史游《急就篇》最能體現基礎性特點，其内容一爲"人名"，介紹姓氏文化；二爲"名物"，枚舉衣食、器物、鳥獸、音樂、宫室、疾病等；三爲典章制度，介紹禮法、典故、職官等。雖然其内容涉及了不同學科，但對於兒童識字和增長知識來講，均爲最基礎的知識。《千字文》在《急就篇》基礎上有所發展，内容更爲豐富，增加了天文、人物、典章、制度、勸學、處世、道德方面的内容，對偶押韵，邏輯嚴密，説教明顯，但均爲相關學科的基礎性内容。在兒童接受識字教育的同時，會對其進行習字教育，敦煌文獻中發現的《上大夫》，僅有"上大夫，丘乙己，化三千，七十士，尔小生，八九子"等十八個字，筆畫簡單，比較適合初學者練習漢字的筆畫，掌握書法的基本技巧。隨着唐代科舉重詩賦的影響，童蒙教育對屬對、屬文教育加强，於是出現了《文場秀句》按事類對麗詞進行分類注解的蒙書，爲兒童學習屬對提供最基礎、最簡單詞彙，以及相關典故，用於訓練兒童屬對的基本知識和技巧、方法等。大概在十歲以後，童蒙屬對訓練之後〔一〕，就需要屬文訓練。於是就出現了敦煌本失名《策府》之類的屬文類蒙書，多在三百字左右，基本采用四六句駢文，前後對偶、押韻，并具備對策的基本結構，爲童蒙學習對策的範文。與《策府》相似的是杜嗣先《兔園策府》，爲其受蔣王惲之命，模仿科舉對策而編撰的範文，既然是範文，自然是爲子弟準備學習對策參考使用，在中晚唐五代被鄉校俚儒作爲教兒童的蒙書，廣泛使用。《兔園策府》相對《千字文》而言，其内容雖然更爲廣泛，難度更大，用詞、用典更爲講究，且有明確的作文結構和技巧，針對的主要對象是十歲至十五歲的大齡兒童，且有一定的識字、屬對基礎。但就屬文即作文而言，仍爲初級階段，爲最基礎、基本的入門性質的，"鄉校俚儒教田夫牧子之所誦"的蒙書，而被世人嘲笑淺薄〔二〕。此外，敦煌文獻中發現的《九九乘法歌》《立成算經》均爲中國古代算術學科領域的最基礎、入門階段蒙書。明清以後，更是向專科類發展，出現了《天文歌略》《地理歌略》《植物學歌略》以及《農用雜字》《士農工商買賣雜字》等專業性非常强的入門、開蒙類書籍，本質都可以視作蒙書。

其二，階段性。狹義的"蒙書"主要編撰對象爲兒童，在兒童不同年齡段的教育，所用的蒙書也有很大不同。若按照《禮記》的規定，兒童六歲始"教之數與方名"，十五歲成童〔三〕，此後歷代王朝太學、國子監、州縣學、府學等中央和地方官學的入學年齡基本上限定在十四歲以上，即以成童爲界限，所以筆者大致以此作爲兒童的畫分標準。六至十五歲，按照現在中國的學制，主要爲小學、初中階段，也包含了幼兒園大班，相當於今天的兒童和年齡較

〔一〕　宋仁宗至和元年（一〇五四）製定《京兆府小學規》云："第二等，每日念書約一百字，學書十行，吟詩一絶，對屬一聯，念賦二韵，記故事二件。"（見私人拓片）唐代雖然没有私學中進行對屬訓練的記載，但《文場秀句》《語對》等"屬對"類蒙書發現足以説明唐代童蒙屬對教育的問題。

〔二〕　（宋）歐陽修撰：《新五代史》卷五五《劉岳傳》，中華書局，一九七四年，第六三二頁；又見（五代）孫光憲撰：《北夢瑣言》卷一九《詼諧所累》，中華書局，二〇〇二年，第三四九～三五〇頁。

〔三〕　（唐）杜佑撰，王文錦等點校：《通典》卷五六《禮典十六·沿革十六》，中華書局，一九八八年，第一五七一頁。

小的少年，是一個人接受教育的最重要的時期。結合現代幼兒園、小學和初中教育的内容，這個時段的教材、讀物難易程度相差非常大，在中國古代也是一樣。考慮到隋唐以前的童蒙教育主要以識字教育和經學教育爲主，蒙書主要是字書，兒童教育層級性不是很明顯，本書不予討論。以唐代童蒙教育爲例，存在階段性，李恕《戒子拾遺》中製定了對子弟的培養方案，"男子六歲教之方名，七歲讀《論語》《孝經》，八歲誦《爾雅》《離騷》，十歲出就師傅，居宿於外，十一專習兩經"〔一〕。具體來講，幼兒在六歲便接受算數、時令、方位（空間）和名物等最基本的日常生活、生産知識的教育，主要學習《千字文》《開蒙要訓》《雜抄》《孔子備問書》等識字類和知識類蒙書，七歲讀《論語》《孝經》，八至九歲誦"兼通學藝"的《爾雅》《離騷》〔二〕，就開始經學啓蒙教育。同時，應該學習《太公家教》《武王家教》等家教和《百行章》等道德類蒙書，進行道德行爲規範教育，爲外出拜師求學打基礎、學規矩。十歲外出拜師學習《蒙求》等知識類蒙書，《語對》《文場秀句》等屬對類蒙書，《事林》等故事類蒙書，爲將來從事專經（明經），抑或屬文（進士）等舉業打基礎。至十一歲"專習兩經"，其實就是指爲參加明經科考試做準備。考慮到李恕撰寫此書在開元以前，進士科尚不興盛，故用"專習兩經"指代舉業。隨着開元以後，進士科與明經科代表的文學與經學逐漸分野，童蒙教育大概在十一二歲的時候也相應出現了專經和屬文的分化。於是在十一至十五歲階段的兒童主要閱讀《新集文詞九經抄》《文詞教林》《楊滿山咏孝經壹拾捌章》等經典摘編和歌咏類蒙書，既可以幫助專經者分類記憶、理解經書精粹，同時可以爲屬文者提供典故和寫作語料支持。而《事林》《事森》等故事類蒙書，可以豐富兒童的歷史知識，對明經科、進士科對策和屬文都有幫助。至於《策府》《兔園策府》和李嶠《雜咏》等均爲屬文類蒙書，應該爲意欲從事舉業的快要成童者提供屬文的範文。

〔一〕（宋）劉清之撰，吳敏霞等注譯：《戒子通録》卷三，三秦出版社，二〇〇六年，第五八六頁。

〔二〕 參見高明士：《隋唐貢舉制度》表四《唐代貢舉科目兼習學藝表》，文津出版社，一九九九年，第二八三頁。

　　其三，階層性。中國古代社會結構發生了很大變化，不同的社會階層對子弟教育所需蒙書有很大差別。以《千字文》爲例，由於南朝是士族社會，此書乃周興嗣受梁武帝之命編撰，周興嗣出身并不顯貴，善屬文，"其文甚美"。《千字文》格局高昂，雖然也涉及到天地、節令、農業生産、名物、典故、制度等字書常見内容，但其文詞典雅、引經據典、次韵嚴格，多涉禮法、人倫、道德、勸學、勵志、孝悌、睦鄰、修身、言行、舉止、處世、應對、選舉，以及賢良將相、豐功偉績等内容，旨在讓子弟在學習的過程中，不僅要識字、掌握各種知識，而且要立鴻鵠之志，見賢思齊，勵志報國，光大門庭。相對《千字文》是一部文辭華美、非常經典的字書而言，《俗務要名林》主要是爲庶民階層編撰的蒙書，其内容主要是有關生産生活中常用的名物以及倫理關係等，以備日常生産、生活中的實際之需，相對實用，但仍不失基礎、開蒙之性質。又《百行章》作者爲唐初宰相杜正倫，屬於高門士族，兄弟三人在隋朝秀才及第，衣冠天下。其兄正藏著《文章體式》，時人號爲"文軌"[一]。杜正倫"善屬文，深明釋典"，以"舉行能之人"見用[二]，曾以中書侍郎兼太子左庶子，以侍從贊相太子，蓋在此期間，有感而發做此書。從其《百行章・序》所言，杜正倫主要依據《論語》《孝經》的"忠孝"思想、倫理道德，及修身、齊家、治國的學術觀點，"錄要真之言，合爲《百行章》一卷"，分八十六章對子弟的所謂"百行"進行分章規範、約束，不求高位虛名，旨在盡節立孝、廣學仕君、踐行經典，格局甚高，積極向上，頗有世家大族對社會、君王和家庭的擔當精神與責任。與《武王家教》《辯才家教》偏向庶族百姓，内容較爲現實、關注治家，且勸誡的多爲諸種不當、不雅行爲舉止，形成了鮮明差別。但《武王家教》《辯才家教》的出現比較符合中晚唐士族走向衰落，没落士族和庶族階層面對現實，積極編撰新時代的符合社會中下層民衆需要的家教類德行蒙書這一情況。此類情況不再枚舉。

　　其四，時代性。中國古代童蒙教育受國家、政體、家庭、地域、文化、

〔一〕《隋書》卷七六《杜正玄傳附正藏傳》，第一七四八頁。

〔二〕《舊唐書》卷七〇《杜正倫傳》，第二五四一頁。

政治、民族等諸多因素的影響，體現的是國家意志、統治階層的觀念，與學校教育制度、選舉制度、文化思想等變遷緊密相連，導致所謂的"小兒書""蒙書"的内容、主旨和名目等都在不斷變化，具有明顯的時代性特點。因此，"蒙書"的概念，必須將中國童蒙教育與中國古代歷史發展變化相結合，分不同歷史時期具體概括其主要特徵，而不是以僵化的標準籠統套用。一九三七年，李廉方《中國古代的小學教育》一文高度概括了中國古代的小學教育史，將中國古代小學教育分爲三代以前、選舉時代、科舉時代三個階段，按時代特點對小學教育的教材種類進行過概括〔一〕。兹分先秦、秦漢南北朝、隋唐五代、宋元以後四個時段，進行概述。

一是，先秦時期，識字、書計之學。先秦時期是"分封建制"的時代，夏商周中央王朝和諸侯國建立了庠序等學校教育機構，諸王和公卿子弟可以接受官學教育，其中也包括了童蒙教育。春秋以來，"學在官府"的格局被打破，私人講學興起，但童蒙教育以識字、書計之學爲主，故保留下來的童蒙讀物《史籀》等也大體屬於識字類字書。由於先秦時期没有統一的文字、文化、制度，故很難出現流行的、統一的"蒙書"。

二是，秦漢南北朝時期，識字教育大發展。秦漢時期，中國建立大一統的中央王朝，秦實行統一文字、文化的政策，頒行《倉頡》《爱歷》《博學》三部字書，可以説極大促進了童蒙識字教育的發展。該時期《急就篇》《千字文》代表了中國古代識字蒙書的最高水平，涌現了諸如《開蒙要訓》《小學篇》《始學》《啓蒙記》《篆書千字文》《演千字文》《要字苑》《正名》等衆多字書，出現了《女史篇》《勸學》《真言鑒誡》等勸誡類蒙書〔二〕。其原因是察舉制度的實行，選官主要憑藉的是門第，而不是才學，雖然當時官學和家學、個人講學等私學教育也較前朝有很大發展，但童蒙教育總體局限於士家大族子弟，在識字教育之外，童蒙教育的内容主要是《孝經》《論語》以及"五經"相關的經學教育，也是受察舉制度選舉重"明經""德行"標準的影響。

〔一〕 收入郭戈編：《李廉方教育文存》，人民教育出版社，二〇〇六年，第四三二~四四九頁。

〔二〕 參見《隋書》卷三二《經籍志一》，第九四二~九四三頁。

　　三是，隋唐五代時期“蒙書”的多樣化發展。張志公將魏晋隋唐放在一起，認爲唐代蒙書的貢獻主要集中在封建思想教育的蒙書（《太公家教》）、掌故故事蒙書（《兔園策》《蒙求》）兩個方面〔一〕。顯然，魏晋與隋唐是常見的歷史分期法，但就童蒙教育而言，兩個時期存在很大差異。其主要因素，是隋唐帝國終結了魏晋南北朝時期的士族政治，兩個時代有質的差別，唐代科舉考試制度的盛行直接導致教育的下移，極大促進了唐代童蒙教育的發展，蒙書編撰得到了前所未有的發展。科舉制度改變了察舉時代以識字爲主的“字書”蒙書的編撰局面，增加了知識、道德、文學類蒙書。（一）拓展識字類蒙書，趨向專業化、多樣化。將《千字文》進行改編、注釋和翻譯，出現了《六字千字文》《千字文注》和翻譯類蒙書《蕃漢千字文》等。又發展出了《俗務要名林》《雜集時用要字》等雜字類字書，以及《碎金》《白家碎金》等俗字類字書。（二）開創知識類蒙書。雖然此前《開蒙要訓》等字書，也包含了豐富知識，但不是以普及知識爲主。唐代李翰《蒙求》開創了以典故、人物故事屬對類事，將勵志與歷史教育相結合的一種專門的綜合知識教育的“蒙書”，被後世不斷發揚，成爲“蒙求體”，在古代中國和東亞影響極大。余嘉錫、張志公和鄭阿財等先生均將其視作“知識”類蒙書之始〔二〕，此類蒙書在敦煌文獻中還有《古賢集》《雜抄》《孔子備問書》等等。知識類蒙書的產生與科舉考試詩賦、對策考試注重用典，以及大量設置歷史、博學等制舉和常舉科目有很大關係〔三〕。（三）開創了德行類蒙書。唐代受魏晋以來《顏氏家訓》等家訓、家教興盛的影響〔四〕，出現了針對兒童的《太公家教》《武王家教》《辯

　　〔一〕　參閱張志公：《傳統語文教育初探：附蒙學書目稿》，上海教育出版社，一九六二年，第五頁。

　　〔二〕　參閱余嘉錫：《余嘉錫論學雜著》，第六〇五～六〇六頁；張志公：《傳統語文教育初探：附蒙學書目稿》，第五二～五九頁；鄭阿財、朱鳳玉：《敦煌蒙書研究》，第二二七頁。

　　〔三〕　金瀅坤：《中國科舉制度通史·隋唐五代卷》，上海人民出版社，二〇一五年，第四六九～四七五頁。

　　〔四〕　金瀅坤：《唐代家訓、家法、家風與童蒙教育考察》，《浙江師範大學學報（社會科學版）》二〇二〇年第一期，第一四頁。

才家教》《新集嚴父教》和《崔氏訓女文》等家教類蒙書，同時出現了《百行章》《文詞教林》《新集文詞九經抄》等訓誡、格言類蒙書，以及《王梵志詩》等勸世詩類，也就是瞿菊農所說的"封建倫理道德"和張志公所言"封建思想教育"〔一〕。（四）開創文學類蒙書。瞿菊農〔二〕、張志公認爲的童蒙屬文教育是在宋代〔三〕，顯然不妥。文學是唐代選官、品評人物的重要標準，也是唐代"以文取士"的具體體現，本書借用"屬文"之詞，指代童蒙的"屬文""屬對"等進行作文訓練，稱之爲"文學"類蒙書。屬文類，主要指爲滿足童蒙學習屬文需求而編纂的供童蒙閱讀、習作的範文。詩賦讀本有《李嶠雜咏注》及《燕子賦》《楊滿山咏孝經壹拾捌章》，策文有《兔園策府》等，爲瞿菊農所說的"作深造進修的準備或準備應考"。還有《事森》《事林》等故事類蒙書，宋代發展爲散文體的故事書《書言故事》。唐代開創了童蒙"屬對"類蒙書的先例，敦煌文獻中發現的《文場秀句》《語對》《略出籝金》等屬對類蒙書，爲學界了解唐代訓練兒童學習詩賦之前的"屬對"情況提供了有力證據。（五）豐富了書算類蒙書。如唐代出現《上大夫》《牛羊千口》《上士由山水》等習字類蒙書，多内容簡短，筆畫簡單，方便幼童使用，極大豐富了兒童書法教育。

四是，宋元以後，隨着官學中小學、社學教育的普及以及家塾等日漸興盛，童蒙教育深入到了社會底層。蒙書較唐代有了更大發展，并日漸分化出新的門類。（一）識字字書類蒙書，逐漸形成了以"三、百、千"爲主的識字教材，出現了《三字經》《千字文》《百家姓》的各種注本和改寫本、別本，數量達數百種，并分化出了衆多農工商各類之"雜字"，社會化掃盲功能突出。（二）知識類蒙書更加細化，隨學科發展而不斷增加。在新增《十七史蒙求》《左氏蒙求》《本朝蒙求》等諸種"蒙求體"蒙書的基礎上，出現了《史學提要》《小四書》《史韵》《簡略四子書》等歷史知識和《名物蒙求》《植物

〔一〕 參閱張志公：《傳統語文教育初探：附蒙學書目稿》，第五頁。

〔二〕 瞿菊農：《中國古代蒙學教材》，《北京師範大學學報（社會科學版）》一九六一年第四期，第四五~四六頁。

〔三〕 參閱張志公：《傳統語文教育初探：附蒙學書目稿》，第一〇〇~一〇一頁。

學歌略》《動物學歌略》等各學科知識類蒙書。（三）德行類蒙書教育理學傾向明顯。隨着宋元理學、王陽明心學先後崛起，道德行爲教育也相應發生了變化。宋代以後新編的《三字經》《小學》《童蒙須知》等蒙書把理學思想灌輸到童蒙教材中，出現了《弟子職》等大量具有理學、心學内容的訓誡讀物。（四）文學類蒙書更爲豐富。出現了《千家詩》《神童詩》《唐詩三百首》《書言故事》等大量與詩歌、散文有關的屬文類蒙書。《對類》《聲律啓蒙》《笠翁對韵》等屬對類蒙書得到快速發展，供童蒙程式化作文訓練，或簡單習文之用，以備畢業。（五）書算類蒙書向專業、專科蒙書發展。如《釋氏蒙求》《梵語千字文序》《鎪梵語千字文序》《五杉練若新學備用》等佛教蒙書，《新學三字經》《植物學歌略》《動物學歌略》《文字蒙求》《歷代名醫蒙求》《藥性蒙求》《風雅蒙求》等專科、專學蒙書。

4.敦煌蒙書的認定

敦煌蒙書的認定是個非常複雜的過程，需要考慮多種因素。本叢書對於敦煌蒙書的認定主要依據前文主張的廣義“蒙書”概念，充分考慮唐五代蒙書的基礎性、學科性、階段性、階級性和時代性等特點，并結合敦煌文獻的特殊性，對相關文書進行認定。針對敦煌文獻中的對象文書（相關文書），將從以下九點標準進行認定。

其一，對已有明確記載爲蒙書者，直接收入叢書名目。如《千字文》《開蒙要訓》《蒙求》《兔園策府》《李嶠雜咏注》《上大夫》等。相關敦煌文書的書名、序、跋和正文中，已經明確交待其爲教示童蒙而編撰，作爲課本、讀物使用的具有開蒙性質的基礎性書目，或可以推斷出爲蒙書者，即可視爲蒙書，如《太公家教》《新集嚴父教》《新集文詞九經抄》《文詞教林》等。對象文書雖無學郎題記，但唐宋以來世人明確將其作爲蒙書，或書志目録、志書、史籍記載其爲蒙書，并具備蒙書的基礎性和開蒙性質者，可認定爲蒙書，如《文場秀句》等。

其二，相關文書明確有學生、學郎抄寫題記，可證明其爲學郎書寫的作業、課本，且比較多見，即在敦煌文獻中保存，由不同學郎抄寫三件以上者，且具備蒙書基礎性的特點者，可視作蒙書，如《百行章》等。

其三，相關文書與若干文書同抄在一起，判定對象僅爲其中的一篇文書，而其他同抄文書中有明確爲蒙書，或有學郎題記者，且具備蒙書的基礎性等特點者，又時代大體相當者，可作爲認定標準之一。

其四，考察相關文書是否具備蒙書基礎性特點，即内容具備篇幅短小、淺顯易懂等基礎性、啓蒙性的特點，且字數在三千左右者，考慮到蒙書的階段性，接近成童的大齡童子學習能力較强，諸如《事林》《事森》等故事類、《語對》《略出篹金》等屬對類、《李嶠雜咏注》等屬文類蒙書，其字數可以放寬到五千字左右，可作爲參照條件之一。

其五，考察相關文書内容，是否有與已經明確的同類蒙書内容相近、編撰體例相似者，且具備基礎性等蒙書特點，可作爲參考條件之一。

其六，比照中古蒙書的編撰特點，以四言短句居多，具有押韵對偶、事類簡單等特點者，且具備相關不同學科性質蒙書特點，可以作爲參考條件之一。

其七，比照中古蒙書的編撰特點，多摘編經典、名言警句、俗語諺語等，具有事類編撰特點者，且具備相關不同學科性質蒙書特點，可以作爲參考條件之一。

其八，比照中古蒙書的編撰特點，以事類編排，以麗詞對偶，并摘編經典語句、名言對其解釋，明顯作爲兒童“屬辭比事”之用，進行詞語、典故屬對訓練，熟練掌握音韵押韵，爲作詩習文訓練做準備者，可以作爲參考條件之一。

其九，比照蒙書多具訓誡、説教、勸學的特點，即啓蒙教育特點明顯者，可以作爲參考條件之一。

基於敦煌蒙書的特殊性，很多蒙書没有明確記載其性質，且後世典籍中没有收録，故需要在廣義“蒙書”概念基礎上，充分考慮蒙書基礎性的特點，集合蒙書學科性、階段性、階層性和時代性等特點，依據上述第三至九條認定標準，逐一比對核實。若敦煌文書的判定對象符合其中三項者，即可認定爲蒙書。每部蒙書詳細認定情况請參見具體分卷蒙書的相關研究。當然，需要指出的是，敦煌蒙書并非特指敦煌地區的文人所做，而是指敦煌文獻中發現的蒙書。

（二）敦煌"家教"類蒙書與家訓、類書的關係

在界定敦煌"蒙書"之後，我們有必要討論一下敦煌文獻中的"家訓""類書"與敦煌"蒙書"的關係，以便決定《敦煌蒙書校釋與研究》對"類書""家訓"中的"蒙書"進行篩選。

1.敦煌"家教"類蒙書與家訓的關係

敦煌文獻中的《太公家教》《武王家教》《新集嚴父教》《辯才家教》，爲大家所公認的四部"家教"類蒙書〔一〕，兹就"家教"與"家訓"兩者之間的關係展開討論。余嘉錫在《内閣大庫本碎金跋》中將《太公家教》歸入"格言類"〔二〕，張志公《傳統語文教育教材論》受其影響，亦將《太公家教》歸入其"封建思想教育的蒙書"之"格言諺語"類〔三〕。改革開放以後，周丕顯《敦煌"童蒙""家訓"寫本之考察》把《太公家教》歸入"家訓"，認爲是"'家訓''家教''家箴'之類著作，是我國歷史上家長用於訓誡、教育子弟及後代的倫理、規勸文字"〔四〕。汪泛舟《敦煌的童蒙讀物》將敦煌"家教"歸入"童蒙讀物"之"教育類"〔五〕，鄭阿財《敦煌蒙書析論》將其歸入"思想類"之"家訓類"〔六〕。後來，鄭阿財、朱鳳玉合著的《敦煌蒙書研究》將其并入"德行類蒙書"之"家訓類蒙書"〔七〕。從學界對《太公家教》等"家教"的認識來看，

〔一〕　鄭志明：《敦煌寫本家教類的庶民教育》，《第二屆敦煌學國際研討會論文集》，第一二五～一四四頁。

〔二〕　余嘉錫：《内閣大庫本碎金跋》，余嘉錫：《余嘉錫論學雜著》，中華書局，一九六三年，第六〇〇～六〇六頁。

〔三〕　張志公：《傳統語文教育教材論：暨蒙學書目和書影》，中華書局，二〇一三年，第四八～五一頁。

〔四〕　周丕顯：《敦煌"童蒙""家訓"寫本之考察》，《敦煌學輯刊》一九九三年第一期，第二一～二三頁。

〔五〕　汪泛舟：《敦煌的童蒙讀物》，《文史知識》一九八八年第八期，第一〇四～一〇七頁。

〔六〕　鄭阿財：《敦煌蒙書析論》，《第二屆敦煌學國際研討會論文集》，第二二六～二二七頁。

〔七〕　鄭阿財、朱鳳玉：《敦煌蒙書研究》，第二八七～四四五頁。

一種將其看作"家訓類"蒙書，一種是看作"格言類""小學"類蒙書。雖然各自理由看似都很充足，但仍值得進一步探討。

有關家訓的研究，學界已有不少研究成果[一]，關於家訓和現代家庭教育、童蒙教育，以及傳統文化關係等方面的研究也很多[二]。筆者認爲"家訓是中國傳統文化的精髓和特質，通常由家族中學養和威信較高者，總結祖上成功經驗和教訓，汲取主流價值觀念，爲子弟製定的生活起居、爲人處事、入仕爲官等行爲準則、經驗教訓，以訓誡子弟"[三]。因此，家訓主要針對家庭、家族內部，具有一定的封閉性，與"家教"有所不同。徐少錦、陳延斌《中國家訓史》對兩者有個簡單區別："家訓與在家教導門生與子弟的家教這兩個範疇之間既有聯繫又有區別，主要是指父祖對子孫、家長對家人、族長對族人的直接訓示、親自教誨，也包括兄長對弟妹的勸勉，夫妻之間的囑託。"[四]似乎對家訓和家教兩者之間的區別説得還不是很清晰。

"家教"一詞與現代教育學相對應的名詞應該就是"家庭教育"。根據王鴻俊《家庭教育》指出："家庭教育，本有廣狹二意；狹義之家庭教育，係指子女入學以前之教育，又名之曰'學前教育'，其意即謂子女入學以前時期之

〔一〕 如汪維玲、王定祥：《中國家訓智慧》，漢欣文化，一九九二年；徐梓：《中國文化通志·家範志》，上海人民出版社，一九九八年；王長金：《傳統家訓思想通論》，吉林人民出版社，二〇〇六年；朱明勳：《中國家訓史論稿》，巴蜀書社，二〇〇八年；林春梅：《宋代家禮家訓的研究》，花木蘭文化出版社，二〇一〇年；徐少錦、陳延斌：《中國家訓史》，人民出版社，二〇一一年；劉欣：《宋代家訓與社會整合研究》，雲南大學出版社，二〇一五年；等等。

〔二〕 如牛志平：《"家訓"與中國傳統家庭教育》，《海南師範大學學報（社會科學版）》二〇一二年第五期，第七九～八六頁；趙小華：《論唐代家訓文化及其文學意義——以初盛唐士大夫爲中心的考察》，《貴州社會科學》二〇一〇年第七期，第一〇七～一一三頁；劉劍康：《論中國家訓的起源——兼論儒學與傳統家訓的關係》，《求索》二〇〇〇年第二期，第一〇七～一一二頁；陳志勇：《唐宋家訓發展演變模式探析》，《福建師範大學學報（哲學社會科學版）》二〇〇七年第三期，第一五九～一六三頁；等等。

〔三〕 金瀅坤：《論古代家訓與中國人品格的養成》，《廈門大學學報（哲學社會科學版）》二〇一八年第二期，第二五～三三頁。

〔四〕 徐少錦、陳延斌：《中國家訓史》，人民出版社，二〇一一年，第一頁。

教育，應由家庭負責，子女既入學之後，似可將教育責任，完全委之於學校矣。廣義之家庭教育，係指家庭對於子女，一切直接或間接有意或無意之種種精神上身體上之教育也。"〔一〕"家庭教育"主要針對的是家庭中父母對子女的教育，以及言行和精神的影響。

結合古代"家訓"概念和現代"家庭教育"概念來看，"家訓"和"家教"主要有以下幾點區別：

第一，内涵不同。家訓，可以包括家範、家法、家訓、家教、家規、家書、家誡、箴言、族規、莊規、宗約、祠約等等，名目眾多，概念更爲廣泛。家教，嚴格地講，是家訓的一種，更注重家庭，弱化家族，屬於被包含的關係。

第二，内容不同。家訓往往着眼於宗族内部，偏重於處理宗族内部關係和自治，以及社會處世之道、禮儀應對。家教更偏重於子弟文化知識、德行和禮儀的教育，以及教育子弟的方法等等。

第三，範圍不同。家訓往往涉及整個家族上下幾代人，是適用於中國古代宗族社會的需求。家教相對而言，偏重於單個家庭内部對子弟的具體教育行爲。

第四，性質不同。家教更傾向於童蒙教育，重在關注子弟幼小時期的教育，而家訓傾向全時段的訓誡，是終生的，故以社會化教育爲主。家教往往可以作爲蒙書使用，家訓祇有少數篇幅短小且適合童蒙教育者，才可以作爲蒙書使用。

因此，敦煌文獻中《太公家教》等四部"家教"的發現，作爲現存中國歷史上最早的一批"家教"，對研究"家教"與"家訓"的關係非常有學術價值，特別是對區別"家訓"與"蒙書"的關係有着特殊意義。依據徐少錦、陳延斌的看法："家訓屬於家庭或家族内部的教育，與社會教育、學校教育相比，雖然有許多共同性，但在教育的主體與客體、教育的内容與方法方面，

〔一〕　參閱王鴻俊：《家庭教育》，教育部社會教育司，一九四〇年，第一～二頁；趙忠心：《家庭教育學——教育子女的科學與藝術》，人民教育出版社，二〇〇〇年，第五頁。

則有不少特殊性。比如，家書、家規、遺訓等祇指向家庭或家族的成員，不同於一般的童蒙讀物之適用全社會兒童。"〔一〕依據"家訓"與"童蒙讀物"的重要區别，就是"適用全社會兒童"，那麼"家訓"重視家族、家庭内部，"蒙書"就是社會性更强，不局限於家庭、家族内部。其實，敦煌文獻中的四部家教就集中反映了這一特點。

　　唐代士族的形成與維繫，不僅僅是世代保持高官厚禄，"而實以家學及禮法等標异於其他諸姓"〔二〕，士家大族"既在其門風之優美，不同於凡庶，而優美之門風實基與學業之因襲"〔三〕。因此，唐代大士族之家普遍重視學業、品德、家學、家風〔四〕，用以教育子弟，確保門第不衰，重視家訓、家法和家風建設。

　　家訓的興盛是在隋唐之際，以隋開皇中顔之推所作《顔氏家訓》最具代表性。進入唐代之後，士家大族編撰家訓的風氣很盛，唐初王方慶爲書聖王羲之之後，曾爲武周宰相，作《王氏訓誡》《友悌録》，以訓誡子弟。中唐皇甫七纂作《家範》數千言，被梁肅稱讚爲"名者公器"〔五〕。以家法嚴明著稱者，爲河東柳氏柳子温家族，其曾孫玭作《戒子孫》《家訓》最爲知名。還有針對女性的宋若莘等作《女論語》、敦煌文獻中的《崔氏夫人訓女文》等女訓。

　　隨着中晚唐士族的衰落，家訓的形式又有所轉變，出現了《太公家教》《武王家教》《辯才家教》《新集嚴父教》四部"家教"，借助古代先賢之名編撰家教，模糊姓氏，并不限於一家一姓，而是面向天下百姓。敦煌文書中發現的《辯才家教》《新集嚴父教》都屬於此類。這些家教的産生伴隨着唐五代士族的衰落、文化教育的下移，家訓也成爲尋常百姓家庭的需要，從而使《顔氏家訓》等某一姓氏的"家訓"，轉向《新集嚴父教》等迎合大衆百姓的

　　〔一〕　徐少錦、陳延斌：《中國家訓史》，第一頁。

　　〔二〕　陳寅恪：《唐代政治史述論稿》中篇《政治革命及黨派分野》，上海古籍出版社，一九九七年，第六九頁。

　　〔三〕　陳寅恪：《唐代政治史述論稿》中篇《政治革命及黨派分野》，第七一頁。

　　〔四〕　錢穆：《略論魏晉南北朝學術文化與當時門第之關係》，《新亞學報》第五卷第二期，一九六三年，第二三～七八頁。

　　〔五〕　（唐）梁肅撰，胡大浚、張春雯校點整理：《梁肅文集》卷二《送皇甫七赴廣州序》，甘肅人民出版社，二〇〇〇年，第六四頁。

“家訓”〔一〕。

“家教”不冠姓氏，更突出童蒙教育的特點，最終走向社會；“家訓”多冠名姓氏，强調重家族内部的意義。因此，家訓重在家族内部關係的治理。如《顏氏家訓》中設立《教子》《兄弟》《後娶》三篇，對應父子、兄弟、夫婦三種關係。司馬光的《家範》詳細地討論了祖、父、母、子、女、孫、伯叔父、侄、兄、弟、姑姊妹、夫、妻、舅甥、舅姑、婦、妾、乳母等十八種家族成員的行爲規範〔二〕。“家教”趨向社會，故發展爲“格言類”蒙書，余嘉錫認爲“格言”類蒙書以《太公家教》爲源頭，後世有《童蒙須知》《格言聯璧》等蒙書。從這種意義講，家教與家訓存在一定的差別，兩者代表不同的發展方向。

唐代四部“家教”又有各自差異，可以反映唐代“家教”的多樣性。兹分别加以説明：

其一，《太公家教》。《太公家教》的編撰目的，在其序和跋中有所交待。《太公家教・序》明確講編書的目的是“助誘童兒，流傳萬代”，面向社會大衆，與“家訓”訓誡功能主要面向家族并冠以姓氏有很大差別，正好説明其“蒙書”的特徵。其跋云：“唯貪此書一卷，不用黄金千車，集之數韵，未辨疵瑕，本不呈於君子，意欲教於童兒。”明確交代編書的目的，并没有强調教示自家子弟。結合《太公家教》編撰體例，將前人格言警句、諺語俗語，改寫爲四言爲主，兼及五言、六言的句式，前後對偶、押韵，從孝悌、應對、師友、言行、勸學、處世等諸多層面進行勸教，主要是德行和勸學内容，開創了德行類，即格言類蒙書的先例。不過，該書多次提到“教子之法”“養子之法”“育女之法”等語，説明作者的着眼點是家長教育兒女，與現代家庭教育比較相近，此蓋題名“家教”的原因所在。該書在唐代流傳甚廣，宋元時期仍在作爲蒙書使用，并遠播日本。

〔一〕　詳見金瀅坤：《唐代家訓、家法、家風與童蒙教育考察》，《浙江師範大學學報（社會科學版）》二〇二〇年第一期，第一三～二一頁。

〔二〕　王美華：《中古家訓的社會價值分析》，《古籍整理研究學刊》二〇〇六年第一期，第六一頁。

其二,《武王家教》。《武王家教》常常抄寫在《太公家教》之後,甚至不署其名,以致被後人當作《太公家教》的一部分。但該書編撰體例和内容與《太公家教》差距甚大,爲後人仿效《太公家教》之作,係借名周武王,題爲《武王家教》的一部"家教"。《武王家教》以"武王問太公"的問答體體例,回答了十惡至十狂等十三類問題,主要用四言俗語,對答應該去除的七十一種不良、不雅行爲舉止,使用了"數字冠名事類"的分類編撰方式,這是唐代問答體兼"數字冠名"的典範[一]。考慮到《武王家教》最後兩問爲"欲成益己如之何""欲教子孫如之何",即如何教示子孫,且是"益己"之教,對答内容多與《太公家教》有關,説明兩者性質很近。其最後一段有"男教學問,擬待明君;女教針縫,不犯七出";"憐子始知父慈,身勞方知人苦";末尾一句爲"此情可藏於金櫃也",意爲可作爲教示子弟的典範。該書基本上以父教爲主,教示子弟莫爲諸種不當行爲舉止,多與對外應對、處世有關,雖冠名"家教",但着眼於天下少年兒童。《武王家教》以"治家"爲主,大體講子弟應該杜絶的不當、不良行爲及家長應該注意的事項,雖"家訓"特點較强,但學郎仍多有抄寫、誦讀,説明其作爲蒙書使用較爲普遍。

其三,《辯才家教》。《辯才家教》是唐大曆間能覺大師辯才所作的問答體"家教"。《辯才家教》問答相對簡單,由學士問辯才+辯才答曰構成,衹有一級問對。對答部分有三種情況:一是辯才答曰;二是辯才答曰+《孝經》+偈頌;三是辯才答曰+偈頌。《辯才家教》有明確章目:貞清門、省事門、善惡章等共十二章,前有序,後有跋。《辯才家教》的作者在序和跋的部分,就已經交代了編撰此書的目的是"教愚迷末,審事賢英;常用智慧,如燭照明"。其主旨是教化、勸導愚昧、迷惑、末流之輩審時度勢,處理家事和社會事務的"常用智慧",最終達到"悉以廣法,普濟群生",有弘法渡人的目的。《辯才家教》的家訓特點更爲明顯,勸教對象爲家族成員,包含了少年兒童、婦女老者,偏重佛理,内容多涉及家族内部翁婆、兄弟、妯娌等關

〔一〕 金瀅坤:《唐代問答體蒙書編撰考察——以〈武王家教〉爲中心》,《厦門大學學報(哲學社會科學版)》二〇二〇年第四期,第一四一~一五二頁。

係，"家訓"特徵明顯，流傳不廣，但敦煌仍有少量學郎抄本，説明有一定的兒童讀者。《辯才家教》偈文稱頌"家教看時真似淺"，内容較疏，其實"款曲尋思始知深"，"天生道理密"，説理性很強，有着深奧的文化内涵和歷史傳統。

其四，《新集嚴父教》。《新集嚴父教》是十世紀後期敦煌地區一部十分通俗的大衆讀物，篇幅簡短，每章五言六句，是韵語式的"家教"，針對男、女童分别訓示。該書共九章，每章首句先列舉日常生活的事目，然後告知"但依嚴父教"；第三四句爲針對首句的教示語（如"養子切須教，逢人先作笑"），第五句爲教示結果（如"禮則大須學"），最後以"尋思也大好"盛贊，作爲每章結束語。《新集嚴父教》爲教誡子弟日常生活行爲而編，偏重男兒，而《崔氏夫人訓女文》是針對臨嫁的女兒而撰的。《新集嚴父教》雖然冠名"父教"，但與前三部"家教"的最大不同是，啓蒙教育内容不足，而且是以"嚴父"口吻嚴令禁止諸種不良、不當的應對和處世行爲，與《辯才家教》的説理特點形成了鮮明對比。不過，仍有學郎抄寫，作爲蒙書使用。

此外，敦煌寫卷《崔氏夫人訓女文》爲現存最早訓示臨嫁女兒而撰作的篇卷[一]，通俗淺近，對後世女教影響深遠。與敦煌本以"父教"爲主導的四部"家教"最大不同是"母教"，勸誡對象也是將要出嫁的女兒。此篇與"家教"的另一個區别是日常生活的啓蒙教育内容較少，而是以出嫁前的女童爲訓誡對象，主要爲處理公婆、夫妻、妯娌等家庭内部關係，以及應對等處世原則的内容，集中在女德方面，故也常用作女德教育方面的蒙書使用。

綜上所論，依據對《太公家教》《武王家教》《辯才家教》和《新集嚴父教》的分析，結合古代"家訓"和現代"家庭教育"概念來看，"家訓"和"家教"的主要區别在於：家訓的概念更爲廣泛，家教包含在家訓之内；家訓偏重於宗族内部關係處理和自治，家教更偏重於天下子弟文化知識、德行和禮儀的教育；家訓往往涉及整個家族上下幾代人，家教偏重於單個家庭内部

〔一〕　參閲鄭阿財、朱鳳玉：《敦煌蒙書研究》，第四一六頁。

的子弟。

具體來講，《太公家教》主要是用四言韵文改寫古人格言諺語，對子弟進行德行和勸學教育；《武王家教》用問對體結合數字冠名事類，主要用四字俗語，以"治家"爲主，講子弟應該杜絕的行爲及家長應該注意的事項，雖具"家訓"特點，但仍不失蒙書性質；《辯才家教》的家訓特點更爲明顯，偏重佛理，重視家庭整體，内容多涉及家族内部翁婆、兄弟、妯娌等關係，"家訓"特徵明顯，流傳不廣；《新集嚴父教》雖然冠名"父教"，實爲"家教"，與前三部"家教"的最大不同是缺乏啓蒙教育内容。

2.蒙書與類書的關係

敦煌蒙書中《語對》《文場秀句》《略出籯金》《兔園策府》《事林》《事森》《古賢集》《雜抄》等，從編撰體例來講又屬於小類書，以致有學者和讀者對類書與蒙書的關係產生了困惑。因此，有必要對敦煌"蒙書"與"類書"的异同進行説明。

所謂類書，"是采輯或雜抄各種古籍中有關的資料，把它分門別類加以整理，編次排比於從屬類目之下，以供人們檢閲的工具書……類書并非任何個人專著，而是各種資料的彙編或雜抄"[一]。以"事類"作爲類書的基本特徵。《隋書·經籍志》將《皇覽》《雜書鈔》等"類書"歸入子部雜家。《舊唐書·經籍志》將"類書"從子部雜家中單獨分出"類事"類[二]。《四庫全書總目·子部》類書類小序載："類事之書，兼收四部，而非經非史，非子非集。四部之内，乃無類可歸。"[三]可以大致反映出類書的基本特點是"類事"，但其内容比較混雜，多爲非經非史非子非集，四部分類往往不足以將其準確歸類，以致出現同一部類書，不同學者常將其歸入不同門類的情況。十九世紀三十年代，鄧嗣禹《燕京大學圖書館目録初稿》將類書部分爲：類事門、典故門、博物門、典制門、姓名門、稗編門、同异門、鑒戒門、蒙求門、常識門等十

〔一〕 吴楓：《中國古典文獻學》，齊魯書社，二〇〇五年，第一一七～一一八頁。

〔二〕《舊唐書》卷四七《經籍志下》，第二〇四五～二〇四六頁。

〔三〕（清）永瑢等撰：《四庫全書總目》卷一三五《子部·類書類一》，中華書局，一九六五年，第一一四一頁。

門，他認爲類書"分類過多，即難於周密；取材太泛，則義界不明"，常有互牴之情況，很難分類，故主張分爲綜合性類書、專門性類書兩類〔一〕。鄧嗣禹還單獨設"蒙求門"，以收録蒙書，説明類書與蒙書存在很大交互性。周揚波在對宋代蒙書分類時，專列"第四類是類書類蒙書"〔二〕。

關於"蒙書"和"類書"的差異，王三慶指出："類書的編纂，原供皇帝乙夜之覽，以利尋檢；其後，人臣對策、文士撰述，亦得參考方便。等到類書蔚爲大觀，得到大家充分的認識和廣泛的利用後，又成爲童蒙初學時，依類誦讀，助益記憶的教科書。"〔三〕説明類書既可以作爲士大夫的檢索工具書，也可以作爲童蒙誦讀内容。劉全波《論唐代類書與蒙書的交叉融合》一文認爲："類書强調的是體例，是以類相從的方式、方法，是類事類書、類文類書、類句類書、類語類書、賦體類書、組合體類書之區別。蒙書强調的是功能，是蒙以養正，雖然有識字類，有品德類，蒙書體例靈活多樣，不拘一格，注重的是功能性。"〔四〕認爲敦煌類書和蒙書的區別是强調體例和功能不同。筆者認爲兩者主要是編撰方法和用途的不同，敦煌類書分類在於按類事、類文、類句、類語、賦體、綜合等體例編排，不辨讀者對象，講求"述而不作"；而敦煌蒙書按内容、性質和用途分爲識字、知識、德行、文學、書算等類，强調其爲童蒙教育服務的特點，且多爲基礎性知識、常識性内容。一般來講，"類書"的判定偏重編撰方式和内容，"蒙書"的判定重在童蒙的"用途"和相對淺顯的内容，兩者并不是相互矛盾的，會存在相互交融的情況。

至於敦煌"類書"能不能作爲"蒙書"，是由其内容、長短、難易、用途等因素決定的，"蒙書"是不是"類書"還由其編撰體例決定。

〔一〕　鄧嗣禹編：《燕京大學圖書館目録初稿·類書之部》，燕京大學圖書館，一九三五年，第一～二八頁。

〔二〕　周揚波：《知識社會史視野下的宋代蒙書》，《廈門大學學報（哲學社會科學版）》二〇一八年第二期，第三四～四五頁。

〔三〕　王三慶：《敦煌類書》，麗文文化事業股份有限公司，一九九三年，第一三二頁。

〔四〕　劉全波：《論唐代類書與蒙書的交叉融合》，《浙江師範大學學報（社會科學版）》二〇二〇年第四期，第一一二頁。

同一本書兼具類書與蒙書性質分類與用途總表

書目	類書[一]	蒙書	題記[二]	用途
語對	語詞類[三]	屬對類		屬對訓練、掌握典故
文場秀句	語詞類	屬對類		屬對訓練、掌握典故
略出籝金	語詞類	屬對類	尾題："宗人張球寫，時年七十有五。"	屬對訓練、掌握典故
兔園策府	語詞類	屬對類	尾題："巳年四月六日學生索廣翼寫了。""高門出貴子，好木不良才，男兒不學問。"	習文訓練、掌握典故
事林	故事類	故事類	尾題："君須早立身，莫共酒家親。"	掌握典故、知識，以備習文
事森	故事類	故事類	題記："戊子年四月十日學郎員義寫書故記。""長興伍年歲次癸巳八月五日敦煌郡净土寺學仕郎員義。"	掌握典故、知識，以備習文
新集文詞九經抄	類事類	格言類	尾題："十五年間共學書。"背題："中和參年四月十七日未時書了，陰賢君書。"	掌握典故、習文訓練
文詞教林	類事類	格言類		掌握典故、習文訓練
雜抄	問答體類	綜合知識類	首題："辛巳年十一月十一日三界寺學士郎梁流慶書記之也。"題記："丁巳年正月十八日净土寺學仕郎賀安住自手書寫讀誦過記耳。"	擴展知識

　　其一，語詞類類書兼具屬對蒙書情況。敦煌文獻中發現的《語對》《文場秀句》和《略出籝金》等書抄，從編撰體例來看屬於語詞類類書，但按其使用性質來分則是蒙書。如《語對》僅存諸王、公主、醜男、醜女、閨情等四十個事類，其下又分維城、磐石、瑶枝、瓊蕚等六百三十六條對語。顯然，《語對》是一部語詞類類書無疑，"而其功能旨在用於兒童學習造語作文

　　〔一〕　參考王三慶：《敦煌類書》，第一五~一二六頁；王三慶撰，〔日〕池田温譯：《類書·類語體·語對甲》，收入〔日〕池田温編：《講座敦煌5·敦煌漢文文獻》，第三七二、三七九頁；劉全波：《類書研究通論》，甘肅文化出版社，二〇一八年，第九三~一〇八頁。

　　〔二〕　同一蒙書題記，此表僅限收兩條。

　　〔三〕　語詞類，王三慶《敦煌辭典類書研究：從〈語對〉到〈文場秀句〉》作"辭典類"（《廈門大學學報（哲學社會科學版）》二〇二〇年第四期，第一六四~一七二頁）。

的初階啓蒙"〔一〕，其編纂目標"偏重教育學童在語詞上的初階學習和道德知識
上的傳承，猶未進入利用事文詞彙正式聯屬作文的階段……編織成一篇錦繡
文章"〔二〕。與其相近的敦煌本《文場秀句》僅存天地、日月、瑞、王等十二個
"部類"，每個部類之下設數條小的條目，其下爲注解，共計一百九十三條。
據日本《倭名類聚抄》《性靈集注》《言泉集》等文獻，在敦煌本《文場秀
句》十二類外，又可增補兄弟、朋友、攻書等部類目，下設約十九條目（含
儷語一條）〔三〕。從其分類和條目設置來看，《文場秀句》爲語詞類專門類類書，
王三慶認爲其爲"類語體類書"〔四〕，李銘敬也認爲其兼具類書和啓蒙讀物的性
質〔五〕。《日本國見在書目録》將《文場秀句》與《倉頡篇》《急就篇》《千字文》
等蒙書一同歸入"小學家"〔六〕，可見其具有蒙書之性質。現存敦煌本《籝金》
爲武周時期李若立所作類書。九世紀末張球爲教授生徒的需要，改編《籝金》
而成《略出籝金》（伯二五三七號），不僅僅是簡單的刪節改編和壓縮篇目，
而且是從格式到内容做了全面的修訂和改編，對有些部分進行了重新撰寫，
將其改寫爲《略出籝金》，僅存帝德篇至父母篇，共三十篇〔七〕。顯然，《籝金》

〔一〕　見王三慶《敦煌蒙書校釋與研究·語對卷》，文物出版社，二〇二二年，第
三一九頁。

〔二〕　王三慶：《敦煌蒙書校釋與研究·語對卷》，第三一三頁。

〔三〕　［日］狩谷棭齋：《箋注倭名類聚抄》，日本明治十六年（一八八三）印刷局
活版本（藏日本内閣文庫）；［日］阿部泰郎、［日］山崎誠編集：《性靈集注》，見國文學
研究資料館編：《真福寺善本叢刊》第二期第十二卷（文筆部三），臨川書店，二〇〇七
年；澄憲著，［日］畑中榮編：《言泉集：東大寺北林院本》，古典文庫，二〇〇〇年，第
三二三~三二六頁。

〔四〕　王三慶：《〈文場秀句〉之發現、整理與研究》，王三慶、鄭阿財合編：《二〇一三
年敦煌、吐魯番國際學術研討會論文集》，成功大學中國文學系，二〇一四年，第三頁。

〔五〕　李銘敬：《日本及敦煌文獻中所見〈文場秀句〉一書的考察》，《文學遺產》
二〇〇三年第二期，第六七~六八頁。

〔六〕　［日］藤原佐世奉敕撰：《日本國見在書目録》，（日本）天保六年（一八三五）
寫本（藏日本國立國會圖書館），寫本不注頁碼。

〔七〕　鄭炳林、李强：《陰庭誠改編〈籝金〉及有關問題》，《敦煌學輯刊》二〇〇八
年第四期，第一~二六頁；楊寶玉：《晚唐文士張球及其興學課徒活動》，金瀅坤主編：《童
蒙文化研究》第二卷，人民出版社，二〇一七年，第三八~五四頁。

不僅是類語類類書，而且具有鮮明的蒙書特點。

其二，語詞類類書兼具屬文類蒙書情況。敦煌本《兔園策府》僅存第一卷，爲《辨天地》《正曆數》《議封禪》《征東夷》《均州壤》等五篇，爲鄉村學校教授兒童的蒙書。但《郡齋讀書志》將其列入“類書類”〔一〕，《遂初堂書目》也收在“類書類”下〔二〕，《秘書省續編到四庫闕書目》卷一別集類、卷二類書類均著録《兔園策府》十卷，強調《兔園策府》從“對策”文體角度則屬於別集，從編撰體例來看屬於類書，實際使用情況來看爲蒙書〔三〕。考慮到《兔園策府》是蔣王傅杜嗣先奉教參照科舉試策編撰的範文，以備習作和備考之用。又斯六一四號《兔園策府》末尾題記：“已年四月六日學生索廣翼寫了。”其蒙書的性質應該很明確了。項楚先生認爲此條題記後所附“高門出貴子”一詩，乃西陲流行學郎詩，這也印證了《兔園策府》的蒙書性質〔四〕。由於唐初科舉試策，對策文體多爲“賦”，若結合《兔園策府》對策文體爲賦，以事類編目，將其歸爲“類事賦”〔五〕，應該問題不大。總之，隨着時代的變遷，《兔園策府》變成了《兔園册》，成爲教人屬文、典故和知識等方面的蒙書〔六〕。

其三，故事類類書與故事類蒙書情況。《事林》《事森》，白化文〔七〕、王三慶均將其歸爲類書〔八〕。僅存的伯四〇五二號《事林》篇首有學郎題記：“君須早

〔一〕（宋）晁公武撰，孫猛校證：《郡齋讀書志校證》，上海古籍出版社，一九九〇年，第六五〇頁。

〔二〕（宋）尤袤撰：《遂初堂書目・類書類》，王雲五主編：《叢書集成初編》第三二册，中華書局，一九八五年，第二四頁。

〔三〕（清）葉德輝考證：《秘書省續編到四庫闕書目》卷一《集類・別集》，新文豐出版公司編輯部編：《叢書集成續編》第三册，新文豐出版公司，一九九一年，第二五九頁；（清）葉德輝考證：《秘書省續編到四庫闕書目》卷二《子類・類書》，《叢書集成續編》第三册，第二九六頁。

〔四〕項楚：《敦煌詩歌導論》，巴蜀書社，二〇〇一年，第二〇四頁。

〔五〕王三慶：《敦煌類書》，第一一八頁。

〔六〕參閱鄭阿財、朱鳳玉：《敦煌蒙書研究》，第二七八頁。

〔七〕白化文：《敦煌遺書中的類書簡述》，《中國典籍與文化》一九九九年第四期，第五三頁。

〔八〕王三慶：《敦煌類書》，第七〇頁。

立身，莫共酒家親。”爲學郎讀後感，説明其爲蒙書無疑。王三慶認爲《事林》
是學郎之習書，“始戲題爲《事林》一卷，謂事類如林也”〔一〕，很可能就是供童
蒙學習用的改編本類書〔二〕。敦煌本《事森》有尾題：“戊子年四月十日學郎員義
寫書故記。”背題：“長興伍年歲次癸巳八月五日敦煌郡净土寺學仕郎員義。”
《事森》與《事林》均爲類書，説明兩者同時也是學郎喜愛的故事類蒙書。

其四，類事類類書兼具格言類蒙書情況。《新集文詞九經抄》《文詞教林》
等類書，白化文〔三〕、王三慶均認定爲類書〔四〕，鄭阿財却將其歸爲蒙書類。其
實，《新集文詞九經抄》從編撰角度爲一部類事類類書，以哀輯九經諸子之粹
語與史書典籍之文詞嘉言成編，凡所援引的聖賢要言，均一一標舉書名或人
名。審其内容與體制，是在唐代科舉制度的發展與私學教育促進下，所産生
的具有家訓蒙書功用及書抄類書性質的特殊教材〔五〕。《文詞教林》也大致如此，
不再贅述。

其五，問答體類書兼具綜合知識類蒙書情況。《雜抄》内容大體可歸納爲
“論”“辨”以及類似家教性質的“勸世雜言”等三大類。除“訓誡類”外，
涉及二十七個條目一百六十七個問答，條陳設問，逐一解答或釋義，内容龐
雜。顯然，其編撰體例爲問答體類書，但從内容和學郎題記來看，無疑又是
一部蒙書，在敦煌文獻中多達十一個寫卷，説明很受學郎歡迎。

分析上述敦煌類書可以作爲“蒙書”使用的情況，爲我們進一步討論“類
書”與“蒙書”關係提供了範例。類書從編撰體來講應該具備以下三個特點：
其一，類書之材料來自於“捃采群書”；其二，類書之編排一般是“以類相

　　〔一〕　王三慶撰，林艷枝助理：《敦煌古類書研究之一：〈事林一卷〉（伯四〇五二號）
研究》，《敦煌學》第一二輯，一九八七年，第九九～一〇八頁。

　　〔二〕　王三慶：《〈敦煌變文集〉中的〈孝子傳〉新探》，《敦煌學》第一四輯，
一九八九年，第一八九～二二〇頁。

　　〔三〕　白化文：《敦煌遺書中的類書簡述》，《中國典籍與文化》一九九九年第四期，
第五〇～五九頁。

　　〔四〕　王三慶：《敦煌類書》，第八六、八九、一二一、一二三頁。

　　〔五〕　鄭阿財、朱鳳玉：《敦煌蒙書研究》，第二八七頁。

從”〔一〕；其三，類書的編撰者對待材料的態度是“摘編改寫”。其編撰體例導致了類書内容多爲彙編的資料性質，屬於知識性、常識性的内容，方便世人檢索和快速掌握同類資料和知識，好比“知識寶典”，這一點與“蒙書”通俗性、知識性的特點十分相似。如果“類書”部頭較小，在三千字左右，就非常適合學習能力較弱、閱讀量較小的兒童使用。而“類書”包羅萬象的特點，門類繁多，編撰方式多樣，若是“類書”編撰内容較爲淺顯，體量較小，適合説教，就被世人作爲“蒙書”來使用的可能性比較大。當然，蒙書多在編撰之初，就以童蒙教育爲目的，以事類爲目，用類書編撰的方式，自然就兩者合體。其中，大家公認的唐代敦煌蒙書杜嗣先《兔園策府》、孟獻忠《文場秀句》及明代程登吉《幼學瓊林》等，都是按類書體例編撰，供蒙童使用之書。

二　敦煌蒙書編撰的繼承與創新

　　敦煌蒙書在我國蒙書編撰史上具有承上啓下的特殊意義。唐以前蒙書教材編撰已經取得了很大成就，其中的經典有司馬相如《凡將篇》、史游《急就篇》、周興嗣《千字文》等，基本上都是一些識字、名物介紹和典章概述等性質的蒙書，以《千字文》影響最大，但總體數量有限。隋唐科舉制度的創建與快速發展，直接推動了文化教育的發展和整體下移，極大刺激了童蒙教育的發展，蒙書的編撰也出現了前所未有的增長態勢。唐前期在官學教育與科舉考試標準相一致的情況下，直接影響了童蒙教學總體爲科舉服務的特點。唐代蒙書一個重要特點，就是打破《急就篇》《千字文》等綜合性識字蒙書獨大局面，出現了識字、德行、文學、書算等不同種類的蒙書。關於識字蒙書大家都很熟悉，不再多説。德行、文學是唐代科舉考試、吏部銓選和品評人物常用的、評價人才的大門類，唐人多以德行、文學和政事選拔人才〔二〕，故人才培養大體不出其右，蒙書編撰也受此影響；書算指有關習字與算術教育。唐五代蒙書編撰由綜合性，轉向分類專精發展，蒙書的内容和性質呈多樣性、

〔一〕　參閱高天霞：《敦煌寫本〈俗務要名林〉語言文字研究》，中西書局，二〇一八年，第三〇~三三頁。

〔二〕　參閱金瀅坤：《中國科舉制度通史·隋唐五代卷》，第四七〇頁。

多元化發展，在諸多方面都具有開創性，對後世影響深遠。兹據敦煌蒙書對唐五代蒙書編撰貢獻做分類説明。

（一）識字類蒙書向知識類蒙書的轉變與創新

一是，對前代識字蒙書的創新。唐代在《千字文》基礎上，將其改編爲《新合六字千文》，僅僅是在《千字文》“四字句”基礎上新增二字，在形式上由四字變成了六字而已，在内容上兩者變化不大，本質上講仍是《千字文》新版而已〔一〕。敦煌文獻中發現的唐代《千字文注》，是在上野本《千字文注》基礎上，注文進一步增補文獻、增加人物典故，叙事更爲詳細〔二〕，并使用了唐代俗語及敦煌當地流行變文《韓朋賦》中的内容，對兒童理解《千字文》十分有幫助。值得一提的是，吐蕃占領敦煌時期出現了多個版本的《漢藏千字文》，開創了《千字文》翻譯成少數民族童蒙讀物的先例，也是現存最早的雙語童蒙教育的教材。

二是，識字類蒙書趨於多樣性、專業性發展。唐代識字蒙書在專精方面得到了快速發展，在《急就篇》《千字文》《開蒙要訓》等綜合性識字類蒙書基礎上，出現了《碎金》《白家碎金》等俗字類蒙書，還出現了《俗務要名林》《雜集時用要字》等實用性便民雜字類蒙書，多以識字爲主，兼及相關名物、典章、歷史故事、天象、時令等常識性知識。

三是，識字類蒙書向知識類蒙書的轉化。唐代開元中李翰編撰的《蒙求》，以韻文形式，通過講述人物事蹟、歷史典故、格言要訓，教授兒童歷史知識以及忠孝仁愛、勤學廉潔等觀念，進行德行、勵志和勸學教育。余嘉錫在《内閣大庫本碎金跋》中解釋古代的“小學”編撰分“字書”“蒙求”“格言”三個門類的原因，認爲“蒙求”類，以《蒙求》爲代表屬對類事爲特點，其後有《三字經》及《幼學瓊林》《龍文鞭影》之類。瞿菊農也將蒙養教材分爲“字書”類與“蒙求”類相對。張志公也把《蒙求》作爲一個蒙書類別，認爲宋元以後，在《蒙求》的基礎上擴展了一批歷史知識和各學科知識教育的教材。顯然，《蒙

〔一〕　參考鄭阿財、朱鳳玉：《敦煌蒙書研究》，第四〇～五一頁。

〔二〕　鄭阿財、朱鳳玉：《敦煌蒙書研究》，第三〇頁。

求》開創了以典故、人物故事爲題材的，將勵志與歷史教育相結合的一種蒙書題材，被後世不斷發揚，成爲"蒙求體"，遠播海外，在日本影響極大。唐代與《蒙求》相似的蒙書還有《古賢集》。其他綜合知識類蒙書還有《雜抄》《孔子備問書》。《雜抄》分爲"論""辨"及"勸世雜言"三類，以問答體形式，介紹天文、地理、時令、人物、名物、典章、典故、經史、職官、道德及勸世雜言等，内容包攬萬象，十分廣博。值得一提的是，《孔子項託相問書》前半部分爲問答，内容包括孔子過城、兩小兒辯日，以及有關牲畜、花鳥、樹木、孝道、倫理、天文等各種問題，屬於綜合類知識，與《孔子備問書》《雜抄》相似；後半部分爲七言古詩，也有學者稱爲故事賦[一]，用韻文賦叙事，與《古賢集》《蒙求》的韻文、對仗詩歌體特點基本一致。顯然，《孔子項託相問書》是參酌兩種蒙書體例而編撰的，充分體現了唐代蒙書編撰的多樣性和創新意識。

四是，故事類。唐代童蒙教育出現《事林》《事森》等故事類蒙書，宋代故事書《書言故事》就源於此，敦煌文獻中還有《類林》《瑯玉集》等故事類典籍，但篇幅較大，適合作爲兒童拓展讀物，故未收入蒙書類。《事林》《事森》内容多源自歷代史傳，以勤學、勸學、志節等分篇目，以人物故事爲中心展開，強調的是人物故事的新奇，對兒童進行知識、道德教育，進而儲備屬文知識。

（二）德行類蒙書的開創與豐富

德行類蒙書的出現是唐代蒙書編撰的一個重要特點，通過彙集格言警句、人物故事和歷史典故，向兒童灌輸儒家修身、養性、齊家、治國、平天下的思想，從而達到規範兒童言行、志趣，達到使其學會爲人處事、侍奉尊長等效果。

一是，開創了"家教"類蒙書。魏晉以來士族政治得到了充分發展，士家大族重門風、家法、家學，在製定"家教""家規""家訓"方面取得了前所未有的成就，其内容無非多爲勸學、勸孝、戒鬥、戒淫等處世準則和規範。南北朝時期以顏之推《顏氏家訓》堪稱最佳代表，唐代此類蒙書得到了較大發

〔一〕 蹤凡：《兩漢故事賦探論：以〈神鳥賦〉爲中心》，項楚主編：《中國俗文化研究》第二輯，巴蜀書社，二〇〇四，第三一頁。

展。其後顏真卿曾作《家教》三卷，可惜已經失傳。慶幸的是敦煌文書中發現的《太公家教》《武王家教》《辯才家教》《新集嚴父教》《崔氏夫人訓女文》，爲學界了解唐代道德倫理類蒙書的發展提供了新資料，改變了學界對唐代此類蒙書的認識。《太公家教》爲現存最早"家教"類蒙書，從古代經史、詩文等典籍中擇取先賢名言、警句，并吸收民間諺語、俗語，多用四、六言韵語編輯成册，對蒙童進行忠孝、修身、禮節、勸學、處世等方面的勸教。與《太公家教》最爲密切的是《武王家教》，常抄寫在一起，采用周武王問太公的問答體，以數字事類冠名的形式，回答"十惡"至"十狂"等七十一種招人生厭的不良、不當行爲舉止，勸誡子弟必須戒之，其編撰方式非常獨特。此外，還有《辯才家教》《新集嚴父教》等，其編撰方式各有特色，充分體現了唐代蒙書編撰的多樣性。唐代"家教"類蒙書，打破了魏晋時代"家訓"以某姓某宗爲勸誡對象的局限，重在標榜自家門風，培養和規範本宗子弟的爲人處事、入仕爲宦的道德倫理觀念，已經突破姓氏界限，而是面向天下、四海、百姓之兒童。這反映了唐代士族衰落，小姓和寒素興起，天下百姓均有童蒙教育的需求[一]，一姓一宗的"家訓"已滿足不了時代的需求，因此，出現了《太公家教》《武王家教》《辯才家教》《新集嚴父教》等"家教"的作者不再冠以某姓某宗"家教"，而是藉名聖賢，放眼天下，教示百姓童蒙，以適應唐代的開放性和時代的步伐，唐代"家教"逐漸發展爲"家訓"類蒙書。此外，《崔氏夫人訓女文》屬於唐代對女童的"家教"，針對女子提出的倫理思想的通俗化闡釋，篇幅簡短，粗淺説明，大衆教化特點明顯。

　　二是，訓誡類蒙書。唐初宰相杜正倫編撰的《百行章》，爲唐代官方頒布的童蒙教材，是童蒙道德倫理教育方面的集大成者[二]，也是現存德行類蒙書的開創者，全書以孝行章開始，訖自勸行章，共存八十四章，以忠孝節義統

〔一〕　參閱金瀅坤：《唐五代科舉的世界》，復旦大學出版社，二○一四年，第一二一～一三一頁；毛漢光：《中國中古社會史論》，上海書店出版社，二○○二年，第三三四頁。

〔二〕　〔日〕福井康順：《百行章につつての諸問題》，《東方宗教》第一三、一四號，一九五八年，第一～二三頁；鄧文寬：《敦煌寫本〈百行章〉述略》，《文物》一九八四年第九期，第六五～六六、一○三頁。

攝全書，摘録儒家經典中的警句、典故，開篇有“至如世之所重，唯學爲先，立身之道，莫過忠孝”，明確了作者編撰意圖。

三是，格言類蒙書。余嘉錫將“格言”類作爲中國古代小學的一個單獨門類，其實，“格言”多爲勸勉、訓誡内容，故歸在“德行”類蒙書之下。唐代科舉考試常科設秀才、進士、明經、道舉、三禮、三傳、三史、五經、九經、童子等科目，按照科目的不同，選取“九經”中不同的經書作爲選考内容，因此，“九經”便成了舉子學習必備教材。對童蒙來講，“九經”不僅艱澀難懂，而且浩如煙海，很難掌握其要領，不知如何入門，隨着科舉對士庶影響不斷加深，世人便從“九經”中選取精粹言論、典故和名篇，用通俗易懂的文字進行删繁節要，分門别類編撰，彙集成册，作爲蒙書使用。於是，出現了《新集文詞九經抄》《文詞教林》《勤讀書抄》《勵忠節抄》《應機抄》等摘要、略抄、摘抄“九經”等蒙書與通俗讀物。以《新集文詞九經抄》爲例，該書爲“訓俗安邦，號名家教”的一部通俗蒙書，内容具有“羅含内外”“通闈三史”的三教融合特點。該書“援今引古”，援引典籍非常豐富，共計八十九種之多〔一〕，主要以儒家《易》《詩》《書》等“九經”及《論語》《孝經》爲主，兼及道家《老子》《莊子》《列子》《文子》“四子”〔二〕，充分顯示了此類唐代蒙書編撰是爲科舉服務的特點。

四是，勸世詩蒙書。一卷本《王梵志詩》是敦煌地區頗爲流行的一部充滿了訓教、説理、勸學、揚善、處世格言等内容的詩篇集，文辭淺近，琅琅上口，通俗易懂，常被作爲蒙書使用〔三〕。一卷本《王梵志詩》是詩詞形式的童蒙讀物，充分反映了晚唐五代進士科考試重詩賦與蒙書編撰的密切聯繫，也代表了晚唐五代童蒙讀物發展的一個新趨勢。

如上所述，唐代在識字蒙書基礎上，開創了德行類蒙書新類别，可大致

〔一〕 參考鄭阿財、朱鳳玉：《敦煌蒙書研究》，第三〇三頁。

〔二〕 參考魏明孔：《唐代道舉初探》，《甘肅社會科學》一九九三年第六期，第一四二~一四三、一三二頁；林西朗：《唐代道舉制度述略》，《宗教學研究》二〇〇四年第三期，第一三四~一三八頁。

〔三〕 參考鄭阿財、朱鳳玉：《敦煌蒙書研究》，第四二四頁。

分爲家教類、訓誡類、格言類、勸世詩等四類，其中《太公家教》《百行章》《新集文詞九經抄》《文詞教林》和一卷本《王梵志詩》爲其中的典型代表，開創了德育、勵志教育類蒙書的先河。當然，德行是文章的靈魂，格言警句、諺語俗語是文章的思想源泉，此類蒙書對童蒙屬文即作文亦有很大幫助。

（三）文學類蒙書的開創

以往學界不言唐代有"文學類"蒙書，學者認爲童蒙詩歌是宋以後童蒙讀物的特色，尤以《神童詩》《千家詩》《唐詩三百首》最爲著名[一]。實際上，受唐代科舉考試"以文取士"、崇文的影響，中晚唐以詩歌形式編寫的童蒙讀物已經有了很大發展，其内容往往將格言融入詩歌，訓誡兒童立身處世。童蒙教材不僅出現了屬文類蒙書，而且出現了專門訓練押韵、對偶的屬對類蒙書。瞿菊農則將宋代以後此類蒙書，視作屬文、閲讀教育的先河，"作深造進修的準備或準備應考"的讀物；張志公也認爲屬文教育是在宋代[二]。從兒童學習寫作來講，不僅要學習屬對類、屬文類蒙書掌握作詩賦等文章的技巧，而且要大量閲讀各體文章、範文等，大體屬於"文學"範疇，故用"文學"類蒙書概括。

一是，屬對類。敦煌文獻中發現的《詩格》一部，僅存四行，爲學郎抄寫、或默寫該書的寫本。其内容僅存的名對、隔句對、雙擬對、聯綿對、互成對、異類對、賦體對等"七對"，與《文鏡秘府論》中前七對完全一致，這無疑是目前發現最早的、教授童蒙屬對的《詩格》實物。敦煌文獻中發現的《文場秀句》《語對》《籯金》等蒙書，爲學界了解唐代訓練兒童學習詩賦之前的"屬對"情況提供了有力證據。《文場秀句》爲高宗朝孟獻忠所作，現存天地等十二部類、一百九十三條事對，參照《編珠》體例，"事文兼采"，多采典故，相與對偶，以爲儷辭。如其《天地第一》云："乾象：天文。坤元：地理。圓清：天形圓，氣之清者上爲天也。方濁：地形方，氣之濁者下爲地也。"唐人

〔一〕　參閱張志公：《傳統語文教育教材論：暨蒙學書目和書影》，第八一～八三頁；王炳照先生爲夏初、惠玲校釋《配圖蒙學十篇》所作"序"（北京師範大學出版社，一九九三年，第四頁）。

〔二〕　張志公：《傳統語文教育教材論：暨蒙學書目和書影》，第九頁。

常用《文場秀句》對兒童進行"屬對"訓練，幫助其熟練掌握語音、詞彙和語法，同時培養修辭和邏輯等方面的能力并靈活運用其中的典故等，爲作詩賦進行基礎性、針對性訓練。以致《文場秀句》在中晚唐常被作爲參加科舉考試的初級讀物，備受士人喜愛。《語對》《略出篡金》與《文場秀句》編撰方式較爲類似，部類有所不同，內容更爲豐富，但都以事對爲目，多采麗詞、典故，相與對偶，來訓練兒童屬對、押韵，爲學習韵文寫作打好基礎。

二是，屬文類。國圖藏《策府》出現在貞觀末[一]，就是因爲唐初諸科考試均試策，故首先出現了策文類"屬文類"蒙書。國圖藏《策府》僅存三十篇策，每篇分策題、策問、對策三部分，存斷貪濁、請雨等簡明策題二十六題，缺四個策題，對答多爲兩百餘字[二]。比照杜嗣先《兔園策府》多爲五百至七百字左右，國圖藏《策府》也應該是童蒙讀物。而《兔園策府》是唐太宗子蔣王李惲令僚佐杜嗣先"仿科目策"，以四六駢文，纂古今事，設問對策，分四十八門，共十卷，後來逐漸被鄉村教師作爲童蒙習文的範文，訓練學習對策之精要，成爲備科考的基本教材。現存敦煌文書中僅保存了《兔園策府》序和卷一，內容爲"辨天地""正曆數""議封禪""征東夷""均州壤"五個門類。考慮到《兔園策府》相對有一定難度，應該作爲年齡稍大的兒童閱讀本和模擬之範文使用，爲將來從事舉業打基礎。隨着永隆二年（六八一），進士科考試加試雜文兩篇，社會重文風氣日重。李嶠作《雜咏》一百二十題，又稱《百咏》，今作《李嶠雜咏注》，是五律咏物組詩，以事類爲詩題，分別從日、月至金、銀，共一百二十首，分屬乾象、坤儀、音樂、玉帛等十二類，每類十首。李嶠《雜咏》是唐初以來探究對偶、聲律之風的產物，後作爲唐人詩歌學習寫作的童蒙讀物。敦煌本李嶠《雜咏》之張庭芳注本殘卷的發現，反映了唐代西北邊陲兒童詩歌學習情況。《雜咏》在日本尤受歡迎，與白居易

〔一〕 北敦一一四四九號+北敦一四六五〇號。

〔二〕 參閱金瀅坤：《敦煌本"策府"與唐初社會——國圖藏敦煌本"策府"研究》，《文獻》二〇一三年第一期，第八五、九〇頁。

詩、李翰《蒙求》，被日本平安時代知識階層稱爲三大幼學蒙書[一]。

開元天寶以後進士科考試“每以詩賦爲先”的風氣形成[二]，進一步影響了童蒙教育重文風氣。大中年間的《楊滿山咏孝經壹拾捌章》借鑒了古代咏《孝經》先例，分章對其進行改編，以五言詩對《孝經》進行歌咏，言語樸實，可讀性强，易於接受，便於識記，將深奧經義與唐代流行的詩歌結合起來，將學習經義與習文結合起來，開創了咏經體蒙書的先例，也是唐代科舉試策、試詩賦常以《孝經》《論語》和“五經”爲内容在童蒙教育中的反映。

（四）書算類蒙書的拓展

“書算”又稱“書計”之學，自古以來就有之，主要爲書學和算學，包括習字和算術之類的基礎啓蒙之學。唐代國子監下設有書學、算學兩門專學，并在科舉常科考試中設立了明書、明算兩個科目，無形中也影響到了童蒙書算教育。唐代書算教育中使用的蒙書大致有以下幾種情況。

一是，習字類。從現有資料來看，唐以前主要用《倉頡篇》《急就篇》《千字文》等識字字書的名人字帖進行習字教育，尚無發現專門的習字類蒙書。隨着唐代重視書法，及書學、明書科的設置[三]，推動了書法教育的進步，於是誕生了幾種專門爲初學者編撰的《上大夫》《牛羊千口》《上士由山水》等習字類蒙書，多内容簡短，筆畫簡單，方便幼童使用。《上大夫》是現今可知最早的習字類蒙書，三言六句，共十八字，筆畫十分簡單。

二是，名人書帖類。王羲之書法頗受唐代世俗推崇，其書帖在唐代童蒙習字教育中使用很廣泛。其《尚想黄綺帖》在武周以後成爲諸州學生的習字書帖[四]，和《蘭亭序》一起遠播于闐地區，并在九、十世紀的敦煌非常流行。敦煌文獻中

〔一〕［日〕川口久雄：《平安朝日本漢文學史》第二十四章第六節“源光行の蒙求・百咏・樂府和歌”，明治書院，一九五九年，第九八五～九九四頁。

〔二〕參閲金瀅坤：《中國科舉制度通史・隋唐五代卷》，第九八頁。

〔三〕參閲金瀅坤：《中國科舉制度通史・隋唐五代卷》，第一七〇～一九三頁。

〔四〕榮新江：《〈蘭亭序〉與〈尚想黄綺帖〉在西域的流傳》，故宮博物院編：《2011年蘭亭國際學術研討會論文集》，故宮出版社，二〇一四年，第三一頁。

二者計有四十一件，大部分爲學郎習字，可見被作爲習字的重要教材。

三是，習字書帖。中國古代優秀識字蒙書，常被善書者書寫，作爲兒童習字的字帖，就兼具習字功能。如周興嗣《千字文》編撰之初，就采用王羲之一千個字次韵而成，兼具識字與習字功能。王羲之七世孫智永禪師臨得《真草千字文》"八百本，散與人間，江南諸寺各留一本"〔一〕。敦煌文獻便保存了貞觀十五年（六四一）蔣善進臨智永《真草千字文》，敦煌《千字文》中反復習字寫卷約有三十六件。《千字文》寫卷的總數和習字寫卷的數量在各類習字寫卷中數量最多。此外，《開蒙要訓》也有被作爲識字與習字兼備情況。

四是，數術類。《九九乘法歌》在秦漢時期就已流行，各地出土的秦漢簡牘中有不少記載。敦煌文獻中《九九乘法歌》寫卷共計十二件，其中三件爲藏文寫卷，見證了漢藏算術交流。另外《立成算經》中也包含一篇《九九乘法歌》、兩件《算經》寫卷中亦共記載有歌訣三篇。《立成算經》是《孫子算經》的簡化本蒙書，内容簡單，故爲"立成"之義。《算經》的内容多見於《孫子算經》，包括度量衡、《九九乘法歌》和"均田制第一"等。它們應該是鄉村俚儒所編的庶民教育所用算術書〔二〕。北朝時期的《算書》還在敦煌使用，内容僅存軍需民食計算、"營造部第七"等，形式與《算經》類似，是敦煌《算經》編撰體例的來源。

總之，唐代書算蒙書出現了專門習字的《上大夫》《牛羊千口》等習字蒙書，推崇王羲之《尚想黄綺帖》《蘭亭序》等名人字帖，并將《千字文》等識字蒙書與習字教育相結合，作爲習字書帖；算術方面在《孫子算經》等基礎上，又編撰了《立成算經》《算經》等新的算術蒙書，更重視社會大衆的實用性。

三　敦煌蒙書的學術價值

唐代蒙書編撰拓展了知識類蒙書，拓展了德行類、文學類蒙書新領域，豐富

〔一〕（唐）李綽撰：《尚書故實》，《叢書集成初編》第二七三九册，中華書局，一九八五年，第一三頁。

〔二〕[日]那波利貞：《唐代の庶民教育に於ける算術科の内容とその布算の方法とに就きて》，《甲南大學文學會論集》（通號一），一九五四年，第一五頁。

了書算類蒙書，可以説在中國古代蒙書編撰方面發生了巨變。敦煌蒙書的發現，其巨大的體量及其保留的教育史料，無疑對研究唐五代童蒙教育、教育史彌足珍貴，足以改變學界對唐代童蒙教育歷史地位的認識，并對了解中古時期的社會大衆教育具有重要意義，對文獻學、歷史學等相關學科研究也有很大史料價值[一]。

（一）敦煌蒙書改寫唐代童蒙教育的歷史地位

敦煌蒙書是中國古代出土文獻中發現的最大一批"蒙書"，其數量和種類都十分可觀，具有無可替代的價值。本叢書基於鄭阿財、朱鳳玉先生《敦煌蒙書研究》所收敦煌蒙書二十五種，凡二百五十四件寫卷的基礎上[二]，增加十九種、四百四十九件，共得四十四種蒙書，七百零三件寫卷，綴合後爲五百四十七件寫卷，其中包括内容完整者六十九件，殘缺者二百二十一件，綴合六十六件，雜寫一百三十件，碎片六十一件。這也是目前發現的數量最多的一批中國古代蒙書，其中有八十一條題記[三]，極大豐富了唐代教育史料，在某種程度上不僅改寫了唐五代童蒙教育的歷史，也改寫了唐五代教育史在中國教育史中的地位。

1.敦煌蒙書的種類與數量考察

如此大量的敦煌蒙書爲我們研究唐五代童蒙教育所使用蒙書類型，以及不同類型蒙書使用情況展開整體分析和具體考察提供了豐富的史料。有基於此，依據前文我們對敦煌蒙書的分類和認定，對如下蒙書進行分類統計，主要按蒙書的完整、殘缺、綴合、雜寫、碎片等情況分爲五種情況表述寫卷狀況，分識字、知識、德行、文學、書算五類蒙書，五類之下再分爲十八門類，對四十四種蒙書進行分類、分門，對寫卷狀況、數量進行整體、綜合分析。兹按照上述分類做"敦煌蒙書分類與保存狀況統計表"如下。

─────────────

〔一〕　有關敦煌蒙書的學術價值，筆者已發表《論敦煌蒙書的教育與學術價值》一文（《浙江師範大學學報（社會科學版）》二〇二一年第三期，第一九~三一頁），相關統計數據因畫分標準有所變化，略有出入，以下不再詳細説明。

〔二〕　鄭阿財、朱鳳玉：《敦煌蒙書研究》，第四四五~四四六頁。

〔三〕　李正宇《敦煌學郎題記輯注》注計一四四則學郎題記（《敦煌學輯刊》一九八七年第一期，第二六~四〇頁）；日本伊藤美重子《敦煌文書にみる學校教育》注記學郎題記計有一百八十四條，其中，蒙書的學郎題記共計三十七條（第四一~六八頁）。

表一：敦煌蒙書分類與保存狀況統計表[一]

類型	門類	蒙書名	完整	殘缺	綴合	雜寫	碎片	蒙書小計	門類總計	類型總計
識字類	綜合類	千字文	五	四八	一七/六七[二]	三四	二二	一二六/一七六	二○四/二八八	二一六/三○○
		六合千字文		二	一/二			三/四		
		千字文注		二		一		三/三		
		開蒙要訓	四	二五	一一/四四	一一	六	五七/九○		
		敦煌百家姓	二			一三		一五/一五		
	俗字類	碎金	二	四		一	二	九/九	一○/一○	
		白家碎金		一				一/一		
	雙語類	漢藏對音千字文		二				二/二	二/二	
	小計		一三	八四	二九/一一三	六○	三○	二一六/三○○	二一六/三○○	二一六/三○○
知識類	蒙求類	蒙求		三				三/三	一二/一二	五八/六九
		古賢集	五	四				九/九		
	綜合類	雜抄	一	九	二/四			一二/一四	一五/一八	
		孔子備問書		一	一/二	一		三/四		
	雜字類	俗務要名林		一	一/三			二/四	一○/一五	
		雜集時用要字	一	五	二/五			八/一一		
	故事類	事林		一				一/一	二/三	
		事森			一/二			一/二		
	復合類	孔子項託相問書	三	一二	一/三	二	一	一九/二一	一九/二一	
	小計		一○	三六	八/一九	三	一	五八/六九	五八/六九	五八/六九

　　〔一〕　此表所依據每部蒙書的卷號，詳見本叢書鄭阿財《導論卷》附錄："敦煌蒙書分類與保存狀态表"，爲了節省筆墨，每件敦煌蒙書的卷號，亦在總論中省去，祇保留統計數字。

　　〔二〕　此表"/"上爲綴合後的寫卷數目，其下爲綴合前的寫卷數目。

續表

類型	門類	蒙書名	完整	殘缺	綴合	雜寫	碎片	蒙書小計	門類總計	類型總計
德行類	家教類	太公家教	二	三四	六/一八	四	一二	五八/七〇	八〇/九五	一三四/一五八
		武王家教	三	四	三/六	二		一二/一五		
		辯才家教	一	一				二/二		
		新集嚴父教	三	一	一			五/五		
		崔氏夫人訓女文	一	二				三/三		
	訓誡類	百行章		一二	一/三	三	二	一九/二一	三五/四二	
	格言類	新集文詞九經抄	一	一一	二/七	一		一五/二〇		
		文詞教林	一					一/一		
	勸世詩類	一卷本《王梵志詩》	六	八	一/三	一	三	一九/二一	一九/二一	
	小計		一九	七三	一四/三八	一一	一七	一三四/一五八	一三四/一五八	一三四/一五八
文學類	屬對類	文場秀句		一	一/二			二/三	六/一〇	一八/二九
		語對	一	一	一/四			三/六		
		略出籯金	一					一/一		
	屬文類	失名策府			一/二			一/二	一二/一九	
		兔園策府		二	一/二		一	四/五		
		李嶠雜咏		二	一/五		一	四/八		
		楊滿山咏孝經壹拾捌章		一	一/二	一		三/四		
	小計		二	七	六/一七	一	二	一八/二九	一八/二九	一八/二九
書算類	習字類	上大夫	一二	六		一八		三六/三六	五八	一二一/一四七
		牛羊千口	四	二		九		一五/一五		
		上士由山水	一	一		五		七/七		
	名人字帖類	尚想黃綺帖	三	二	二/一四	一四	五	二六/三八	四三/六〇	
		蘭亭序	一	五	二/七	三	六	一七/二二		

續表

類型	門類	蒙書名	完整	殘缺	綴合	雜寫	碎片	蒙書小計	門類總計	類型總計
書算類	習字書帖類	真草千字文			一/四			一/四	二/六	一二一/一四七
		篆楷千字文			一/二			一/二		
	算術類	九九乘法歌	三	四		五		一二/一二	一八/二三	
		立成算經	一		一/二	一		三/四		
		算經			二/六			二/六		
		算書		一				一/一		
小計			二五	二一	九/三五	五五	一一	一二一/一四七	一二一/一四七	
總計			六九	二二一	六六/二二二	一三〇	六一	五四七/七〇三	五四七/七〇三	五四七/七〇三
蒙書種類		四四								

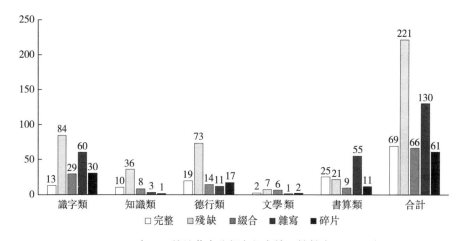

表二　敦煌蒙書分類與保存情況統計表

依據表一、表二，我們可以分析出敦煌蒙書在抄寫、使用中各類蒙書以及不同蒙書使用的大致比率和重視程度，以及唐五代敦煌地區童蒙教育的學科特點，大致可歸納爲以下幾點：

其一，蒙書類別差异與發展趨勢。從表一、表二來看，敦煌蒙書中識字蒙書類最多，有二百一十六件[一]；其次爲德行類，有一百三十四件；其三爲書算類，有一百二十一件；其四爲知識類，有五十八件；最少者爲文學類，僅有十八件。五類蒙書之下，還可分爲十八個小目，若按照保存蒙書的統計數量來看：綜合類（識字）二百零四件、家教類八十件、習字類五十八件、名人字帖類四十三件、訓誡類十九件、勸世詩類十九件、復合類十九件、算術類十八件、格言類十五件、綜合類（知識）十五件、蒙求類和屬文類各十二件、雜字類和俗字類各十件、屬對類六件、故事類两件、雙語類和習字書帖類各兩件，這在某種程度上體現了唐代童蒙教育的發展變化與蒙書編撰的新趨勢。

　　其二，敦煌蒙書的狀態分析。從表一來看，敦煌蒙書保存完整的衹有六十九件、殘缺二百二十一件、綴合六十六件、雜寫一百三十件、碎片六十一件，共有七百零三件，綴合後爲五百四十七件，其比例依次爲百分之十三、四十、十二、二十四、十一。敦煌蒙書完整本很少，僅佔總數的百分之十三，殘缺本高達百分之四十，若加上綴合本（綴合後，均殘缺不全），完整和殘缺者爲百分之六十五，其餘爲雜寫、碎片，佔百分之三十五。説明敦煌蒙書數量和質量都十分可觀。造成這一狀況的主要原因是這批蒙書是唐五代學郎在學習過程中自己抄寫、聽寫、默寫的，原本就不完整的抄本，是學郎多利用公私文書、經文的廢紙進行習字、塗鴉，初學者寫字本身多爲隻言片語、無章法可言，書寫訛誤、很少大段書寫文字；再加上很多蒙書抄寫的目的是反復使用的課本或讀物，也難免兒童故意損壞，以及流傳、保存過程中的自然損壞更是無法避免，故完整的保存少，殘缺多，正好反映了敦煌蒙書就是唐五代敦煌各類私學的學郎課本、讀物及作業本、練習本等，所幸被保留了下來，就是我們今天看見的樣子。

　　其三，蒙書數量與童蒙教育的關係。識字類蒙書數量最多，其中書寫較好的完整本、殘缺本和綴合本共有一百二十六件，書寫較差的雜寫和碎片有

　　[一]　以下數字爲綴合的數字。

九十件，佔比最高，比較真實地反映了童蒙教育以識字爲主的特點，學郎在這個階段以識字教育爲主。識字類蒙書中以綜合類知識字書佔比最多，達二百零四件，俗字類字書、雙語類字書僅見十二件，微不足道，也就是說童蒙以識字教育爲基礎，"學六甲五方書計之事"〔一〕，故以最爲基礎性的綜合類識字字書爲主，其中以《千字文》爲絕對優勢。僅次於綜合類蒙書的是德行類蒙書，達一百三十四件，且以家教類蒙書爲主，有八十件，佔比德行類蒙書的百分之六十，說明唐五代童蒙教育在識字教育之外，以德行教育爲首要任務，充分體現了童蒙教育"蒙以養正"的特點，對兒童的德行培養十分重視。德行類蒙書之外，爲書算類蒙書，達一百二十一件，其中以習字、名人字帖、習字書帖類最多，共計一百零三件，這也是由童蒙教育主要以識字、習字教育爲主的特點決定的，很多時候識字與習字教育相結合，故很難分辨其具體功用，也是造成敦煌蒙書有好多《千字文》習字寫卷的原因。算術類蒙書有十八件，大體可以反映童蒙教育包含"書計之事"的特點。知識類蒙書在敦煌蒙書中保存了五十八件，僅佔了總數的一成多，唐代李翰《蒙求》僅三件，"蒙求"類蒙書才十二件，說明在唐代敦煌地區并不是很流行，反而是《雜抄》較爲流行，有十二件，說明唐代知識類蒙書尚處在拓展階段，還很有限。最少的就是文學類蒙書，祇有十八件，僅佔敦煌蒙書的百分之三，可以說微不足道。這與唐代科舉盛行，整個社會崇文的社會風氣不太相符，考慮到現存敦煌蒙書主要集中在張議潮收復河西隴右之後，敦煌與京畿地區的交流有限，與唐代其他地區存在一定差距，加之屬對、屬文教育相對而言層次比較高，主要針對年齡稍大的兒童，故現實需求相對較少，敦煌蒙書保存文學類蒙書較少也在情理之中。

其四，經典蒙書的使用情況。從敦煌文獻保存的蒙書來看，共有四十四種，但學仕郎使用不同蒙書的程度和頻率相差巨大，最多者《千字文》多達一百二十六件，而《白家碎金》《文詞教林》等各僅存一件。茲將五類蒙書中

〔一〕（漢）班固撰，（唐）顏師古注：《漢書》卷二四上《食貨志》，中華書局，一九六二年，第一一二二頁。

最具代表性的蒙書進行簡單説明。識字類蒙書，以《千字文》最多，除去碎片二十二件、雜寫三十四件，尚有七十件，佔敦煌蒙書總數的百分之十三。若加上《千字文注》《六合千字文》《真草千字文》《篆楷千字文》等，則比例更高。可以説《千字文》系字書，是唐五代童蒙教育影響最大，最爲普及的蒙書。其次，是家教類蒙書的《太公家教》，多達五十八件，其中有十二件碎片和四件雜寫，共佔德行類蒙書的百分之四十三，承擔了唐代德行教育的主要任務，也反映了唐代德行教育以家教、家訓爲主的特點。佔據第三位的《開蒙要訓》也多達五十七件，與《千字文》均爲前代綜合類識字蒙書，兩者合計一百八十三件，構成了敦煌蒙書的主體，二者可以視作唐五代敦煌童蒙教育最基礎的識字課本。排名第四者爲《上大夫》，有三十六件，説明在敦煌地區兒童習字教育普遍使用《上大夫》。排名第五者爲《尚想黃綺帖》，有二十六件，反映了兒童習字教育對名人字帖的重視。值得思考的是文學類蒙書數量都在四件以下，多爲兩三件，説明童蒙教育屬對、屬文教育在鄉村和邊遠地區社會底層的開展尚不足，與士家大族和京畿地區尚有一定差距。

　　雖然敦煌蒙書數量很大，還有不少碎片、雜寫没在討論之内，但足以説明問題。總體而言，識字類蒙書以前朝《千字文》《開蒙要訓》主導識字教育的局面并未改變；唐代德行類蒙書，主要受家訓影響，如《太公家教》等家教類蒙書承擔了德行教育的主要任務，但訓誡類、格言類、勸世詩類蒙書比重比較平衡，體現了唐代德行類蒙書的多樣性。此前學界關注較少的書算類蒙書，在敦煌蒙書中佔較大比例，充分體現了啓蒙教育主要包括識字、辨名物、知書計之事的特點，書算蒙書就是所謂“知書計之事”。屬文類蒙書雖然數量較少，僅有十八件，但却有七種之多，足以説明在唐代整個社會崇文、“以文取士”的環境下，已在屬對、屬文類蒙書編撰方面取得了很大成就。

　　2.彌補敦煌學校教育機構認知的不足

　　在敦煌蒙書發現之前，研究唐五代童蒙教育受到極大限制，所據僅限於新舊《唐書》《全唐文》，以及筆記小説和墓志資料，内容十分有限，學界對唐五代的童蒙教育機構認識很有限。敦煌蒙書的發現極大改變了這一現狀，依據敦煌文獻中大量的學郎題記，證明唐代已經出現了寺學、義學、坊學、社學等新的童蒙教育機構，以及伎術學等專業學校〔一〕，從而可改變學界對唐代學校機構以及教育史的認知，同時也豐富了唐五代私塾的多樣性和具體形式。

首先，明確了唐代寺學的性質。敦煌蒙書保存了大量學郎題記，爲研究敦煌寺學教育提供了豐富的史料。那波利貞、小川貫弍、嚴耕望、李正宇、姜伯勤、伊藤美重子等中外知名學者〔二〕，對唐五代寺學進行了深入研究。通過敦煌蒙書學郎題記明確記載，最早的敦煌寺學學仕郎是景福二年（八九三）的蓮臺寺學士索威建。寺學是寺院專門面向兒童的世俗教育，教書先生理論上主要由寺院的僧人擔任，也有地方士人充任，主要教授識字、知識、德行、文學類蒙書及《孝經》《論語》等儒家經典，兼及佛教齋儀讀物。寺學教育主要集中在童蒙教育階段，屬於州縣學的學前教育，其品質低於州縣學，是唐後期五代敦煌地區童蒙教育的主要承擔者，而非所謂的士人"讀書山林"〔三〕。

其次，唐代義學性質的確定。如伯二六四三號《古文尚書》尾題："乾元二年（七五九）正月廿六日義學生王老子寫了，故記之。"從其抄寫《古文尚書》來看，此義學應該也是私塾。唐代義學的最早記載是在吐魯番文書中發

〔一〕　參閱〔日〕伊藤美重子：《唐宋時期敦煌地區的學校和學生——以學郎題記爲中心》，金瀅坤主編：《童蒙文化研究》第三卷，人民出版社，二〇一八年，第二四~五〇頁。

〔二〕〔日〕那波利貞：《唐鈔本雜抄考—唐代庶民教育史研究の一資料—》，一九四二年，第一~一九一頁；〔日〕小川貫弍：《敦煌佛寺の學士郎》，《龍谷大學論集》第四〇〇–四〇一合并號，一九七三年，第四八八~五〇六頁；嚴耕望：《唐人習業山林寺院之風尚》，嚴耕望：《嚴耕望史學論文集》，上海古籍出版社，二〇〇九年，第八八六~九三一頁；李正宇：《唐宋時代的敦煌學校》，《敦煌研究》一九八六年第一期，第三九~四七頁；李正宇：《敦煌學郎題記輯注》，《敦煌學輯刊》一九八七年第一期，第二六~四〇頁；姜伯勤：《敦煌社會文書導論》，新文豐出版公司，一九九二年，第八七~九四頁；〔日〕伊藤美重子：《敦煌文書にみる學校教育》，汲古書院，二〇〇八年，第八三~九九頁；〔日〕伊藤美重子：《唐宋時期敦煌地區的學校和學生——以學郎題記爲中心》，金瀅坤主編：《童蒙文化研究》第三卷，第二四~五〇頁。

〔三〕　金瀅坤：《唐五代敦煌寺學與童蒙教育》，金瀅坤主編：《童蒙文化研究》第一卷，第一〇四~一二八頁。

現的卜天壽抄《論語鄭氏注》殘卷，卷末題記："義學生卜天壽，年十二，狀
□□""景龍四年（七一〇）三月一日私學生卜天壽。"〔一〕這兩件文書證實義學
與寺院義學不同，教授對象爲兒童，教授的内容是《論語》，屬於童蒙教育内
容。有關唐代義學的記載，僅見此兩例，彌足珍貴。

　　其三，證明唐代坊學和社學的存在。坊學史料罕見，僅見於斯四三〇七
號《新集嚴父教》末題："丁亥年（九八七）三月九日定難坊學郎［崔定興］、
李神奴自書手記。"定難坊學蓋爲定難坊的私塾，屬於私學。坊學與村學、里
學對應，是城市最基層的私學。唐代社學僅有一例，彌足珍貴。伯二九〇四
號《論語集解卷第二》末題："未年正月十九日社學寫記了。"結社辦學者，
似以鄰里社、親情社的可能性較大〔二〕。

　　最後，豐富了私塾具體形式的認識。敦煌蒙書及相關敦煌文獻中記載的
敦煌地區各種形式的私塾即個人講學，最常見的就是以私塾先生的姓氏、官
名命名的私塾。如張球學、白侍郎學、安參謀學、郎義君學、氾孔目學等。
還有以姓氏命名的家學，就家學、李家學〔三〕。如伯二八二五號背《太公家教》
題記："大順元年（八九〇）十二月，李家學郎是大哥。"此類學郎題記，極
大豐富了學界對唐五代私塾的認知。

　3.彌補教師學生身份史料的不足

　　關於唐五代童蒙教育的教師、學生身份問題，傳統典籍中鮮見，敦煌蒙
書及相關文書極大彌補了這一不足，可爲研究唐五代教師、學生問題提供難
得史料。其中有關沙州州縣學博士的記載有：伯二九三七號《太公家教》末
題："維大唐中和肆年（八八四）二月廿五日沙州燉煌郡學士郎兼充行軍除解
▨（延）太學博士宋英達。"説明唐代沙州太學博士可由郡學優秀學士郎中選
任。又散一七〇〇號《壽昌縣地境》末題："晋天福十年（九四五）乙巳歲六

　　〔一〕　國家文物局古文獻研究室等編：《吐魯番出土文書》第七册，文物出版社，
一九八六年，第五四八頁。
　　〔二〕　李正宇：《唐宋時代的敦煌學校》，《敦煌研究》一九八六年第一期，第四四頁。
　　〔三〕　參閲李正宇：《敦煌史地新論》，新文豐出版公司，一九九六年，第一八七～
一八八頁。

月九日州學博士翟寫，上壽昌縣令《地境》一本。"翟爲翟奉達，曾是沙州伎術院禮生，先後選任沙州經學博士[一]。

目前，可以考定的敦煌寺學的教書先生理論上多由寺院的僧人擔任。如伯三三八六號《楊滿山咏孝經壹拾捌章》尾題"戊辰年（九六八）十月卅日三界寺學士"等，及學郎詩一首："計寫兩卷文書，心里些些不疑。自要心身懇切，更要師父闍黎。"又沙州歸義軍節度使掌書記張球晚年辭官，寓居沙州某寺學，教授生徒。那些"學郎題記"中所記載的氾孔目學、安參謀學、白侍郎學等私塾中個人講學的先生，應該就是沙州歸義軍政權退休或在職官員在閑暇之餘充任。

敦煌蒙書的學郎題記及相關史料，爲學界梳理唐五代州縣學、伎術院，以及私學有關學生稱號和人名、社會階層提供了第一手資料。目前，已經梳理出的唐代州縣學有經學、道學、醫學，其學生可稱爲學生、經學生、學士郎，極少情況稱爲學生童子（伯三七八〇號《秦婦吟》題記）；歸義軍時期出現了陰陽學，有陰陽生；伎術院有禮生、伎術生、上足弟子。寺學、家學、坊學、個人講學等私學的學生稱呼比較雜亂，一般都可以稱爲學士郎，或寫作學仕郎、學使郎、學事郎，皆爲同音借字，或簡稱學士、學郎，少數情況作學生，有一例稱"童子"者（伯二七一六號《論語》題記）、一例"學生判官"者（伯三四四一號《論語》題記），但義學的學生稱義學生[二]。從可以考定的敦煌學士郎身份來看，敦煌諸寺學祇有鑒惠、僧醜延、沙彌德榮、僧馬永隆、顯須、僧曹願長等六名學士郎爲僧人，僅佔可以確定的七十九名寺學學士郎姓名的百分之六，沙州歸義軍高官多將年幼的子弟先送到寺學進行童蒙教育[三]。

4.極大豐富了童蒙教育活動的史料

敦煌蒙書是唐五代敦煌地區童蒙教育中所使用的教材和讀物，很多蒙書

〔一〕 參考姜伯勤：《敦煌社會文書導論》，第一〇三頁。

〔二〕 參閱［日］伊藤美重子：《唐宋時期敦煌地區的學校和學生——以學郎題記爲中心》，金瀅坤主編：《童蒙文化研究》第三卷，第二四~五〇頁。

〔三〕 參閱金瀅坤：《唐五代敦煌寺學與童蒙教育》，《童蒙文化研究》第一卷，第一〇四~一二八頁。

上的兒童題記和雜寫，爲我們提供了彌足珍貴的、最原始的教育史料，記錄課堂內外教師的授課和學生的學習活動。特別是敦煌蒙書中兒童聽寫、背誦和考試的真實記錄，以及兒童的學郎詩，真實記錄了兒童的學習場景、心情和感受等等，是正史、類書，以及其他資料無法代替的。

敦煌蒙書及其他敦煌兒童讀物保留了唐五代、宋初童蒙教育的史料和背後的歷史，真實記錄了學郎學習進展和成長的心路。如北敦一四六三六號背《逆刺占》卷末題有天復二年（九○二）敦煌州學上足子弟翟奉達述志詩三首，其前兩首爲：

> 三端俱全大丈夫，六藝堂堂世上無。男兒不學讀詩賦，恰似肥菜根盡枯。
>
> 軀體堂堂六尺餘，走筆橫波紙上飛。執筆題篇須意用，後任將身選文知。

第一首言生爲大丈夫，如不讀書，實在是前途無望，以示自勵。第二首詩，言學業精進，志在以文參選。最後一首，蓋爲學業將成，對未來充滿惆悵。其詩云："哽噎卑末手，抑塞多不謬。嵯峨難遙望，恐怕年終朽。"最難得可貴的是，作者晚年，看到兒少之作，又作詩曰："今年邁見此詩，羞煞人，羞煞人。"可以説這件文書非常珍貴，充滿童趣，非常真實地記載了翟奉達少兒之時的志向、讀書態度和不同時期的心理成長情況。又伯三三○五號《論語集解》學郎詩云："男兒屈滯不須論，今歲蹉跎虛度春。■身強健不學問，滿行逐色陷没身。■■自身苦教憼，一朝得勝留後人。"言學郎自勵，感慨切勿蹉跎青春，要倍加努力，一朝得意，名留青史。

記錄了學生之間你追我趕、相互攀比的學習場面和心理。斯七二八號《孝經》背有靈圖寺學士郎李再昌詩云："學郎大歌（哥）張富千，一下趁到孝經邊；太公家教多不殘，獲獶［□］兒實鄉偏（相騙）。"生動描述了學士郎李再昌被學郎大哥張富千戲弄，没有好好學習，反而怪罪對方没有共進取，欺騙他。

記錄了學生努力學習，畏懼老師處罰的心理。如伯二七四六號《孝經》卷末有學郎"翟颯颯詩"云："讀誦須勤苦，成就如似虎。不詞（辭）杖捶體，願賜榮軀路。"詩中學郎自詡勤苦讀書，成就卓著，免受體罰，前途無量，也反映了古代懲戒教育的普遍。

記録了教學方式。伯二八二五號《太公家教》尾題："大中四年（八五〇）庚午正月十五日學生宋文顯讀，安文德寫。"記録了兩個學生之間，聽寫《太公家教》的過程。又伯三七八〇號《秦婦吟》卷尾題："顯德四年（九五七）……就家學士郎馬富德書記。手若（弱）筆惡，若有決錯，名書（師）見者，決丈五索。"反映了唐代懲戒式教學方法。

現存敦煌蒙書多爲學郎抄寫而成，以便自用，或他用。如伯二六二一號《事森》末題戊子年（九二八）學郎員義寫書之後，記云："寫書不飲酒，恒日筆頭乾；且作隨疑（宜）過，即與後人看。"表示自己認真抄寫，仔細核對，若是有錯，就會没人看，反映了蒙書的來源。

記録了教授學生屬文的情況。今人大都知道唐代詩歌興盛，但關於童蒙如何學詩知之甚少。有關唐代學郎誦詩、抄詩的記載，在傳統典籍中記載很少，敦煌蒙書中的題記彌補了這一不足。特別是有關教授童蒙學詩的《詩格》的發現，對研究唐代童蒙的詩賦教育具有重要意義。如斯三〇一一號正面爲《論語集解》卷六，背面有《詩格》一部殘片，僅存四行。其録文爲："《詩格》一部。第一的名對，第二隔句對，第三雙擬對，第四聯綿對，第五互成對，第六異類對，第七賦體。第一的名對。上句。（寫卷書寫止此）"又《詩格》下有一句詩："天青白雲外，山俊（峻）紫微中。烏飛誰（隨）影去，花洛（落）逐遥□（摇紅）。"亦見《文鏡秘府論》異類對下[一]，説明此詩爲《詩格》"七對"之"異類對"範文。此卷《詩格》之下還有《千字文》《太公家教》等蒙書的相關學郎雜寫，真實記録學郎學習抄寫、默寫《詩格》的情況，此條史料彌足珍貴，足以證明《詩格》一部作爲蒙書使用，及唐代教授童蒙學習屬對、屬文的真實情況。

〔一〕［日］遍照金剛著，周維德校點：《文鏡秘府論》東卷《二十九種對》，人民文學出版社，一九八〇年，第一〇七頁。

（二）敦煌蒙書對大衆教育的價值

隨着唐代科舉考試深入人心，“朝爲田舍郎，暮登天子堂”成爲現實，學習不論出身貴賤意識的增强，促使整個社會教育的下移。敦煌蒙書集中反映了敦煌地區社會大衆教育觀念的轉變，爲相關問題的深入研究，提供了豐富的史料，兹從以下幾點進行説明。

1.蒙書編撰與大衆文化啓蒙教育相結合

伴隨着隋唐士家大族的衰落，庶族寒素階層地位有所上陞，對文化的需求大增，世人不再滿足於從事舉業的識字、文學和德行類蒙書，而是對社會大衆的識字、綜合知識、世俗倫理道德等類蒙書需求大爲增加。於是，出現了《俗務要名林》《雜集時用要字》《碎金》《武王家教》等識字、綜合知識和家教類蒙書。其中最爲典型的就是識字蒙書《俗務要名林》，共存親族、宅舍、男服、火、水、疾、手等三十八部，可補身體、國號、藥三部，共得四十一部〔一〕，汇集了民間日常生産生活所必須的最爲切要名物、詞語，分類編排，以便學習和查閲。所謂“俗務”，就是指各種世俗雜務；“要名”，則指重要常用的雜務名稱、名物〔二〕。因此，唐代《俗務要名林》編撰的目的主要是庶民階層教育子弟識字，掌握、熟悉生産生活中常用的名物以及倫理關係等，以備日常生産生活中的買賣、記賬、寫信等實際需求，故在敦煌等偏遠地區的鄉村童蒙教育中比較流行。

敦煌文獻中的《太公家教》《武王家教》《辯才家教》《新集嚴父教》四部“家教”，是在魏晋以來士家大族走向衰敗的過程中，伴隨着士族的“中央化”〔三〕，留居鄉里者在地方的影響力與魏晋不可同日而語。特別是經歷安史之

〔一〕　高天霞：《敦煌寫本〈俗務要名林〉語言文字研究》，中西書局，二〇一八年，第三頁。

〔二〕　鄭阿財、朱鳳玉：《敦煌蒙書研究》，第七九頁。

〔三〕　毛漢光：《從士族籍貫遷移看唐代士族之中央化》，毛漢光：《中國中古社會史論》，聯經出版事業公司，一九八八年，第二三五～三三八頁；韓昇：《科舉制與唐代社會階層的變遷》，《廈門大學學報（哲學社會科學版）》一九九九年第四期，第二四～二九頁。

亂的掃蕩之後，士族在鄉村的勢力大爲減弱，因此，代表士家大族的"家訓"編撰，不再像先前，主要强調孝道、應對、勸學和處世之道，而是增加了社會關懷成分，庶民色彩更濃。所以，不再用"姓氏題名"，而是藉助太公、周武王、嚴父、辯才等帶有兼濟天下含義的題名。

這四部"家訓"中《太公家教》主要是爲兒童編撰蒙書，雖然也涉及應對、處世等社會世俗内容，但其志向還算高遠，勸學向賢，大衆文化不是很濃厚。其他三部編撰目的明顯是爲社會大衆子弟啓蒙，兼濟普通士人的教示。特別是《武王家教》武王問太公問答語氣，分十惡至十狂等十三類問題，主要是針對百姓在生産生活中有關勞作、借貸、求財、掃灑、勤儉、師友、孝道、處世等諸多層面，容易犯不當、不雅，招人厭的行爲，多引用當時流行的俗語、諺語，反映了社會大衆治家、置業、處世的價值觀念。《辯才家教》則是利用淺近通俗的佛學常識與世俗倫理道德相結合，分章對貞節、經業和治家等内容進行説教和贊美，其中也包含了社會大衆教育的内容。《新集嚴父教》是針對若干種世人在生活中的應對、處世原則進行説教，屬於庶民階層的"家教"，對子弟要求很實際，但求平安，不求功業。

一卷本《王梵志詩》是一部五言四句的勸世詩歌集，其格調不高，言語淺近，多爲鄙俚之言，格言與俗語相間，通俗易讀，以教訓、説理見長。其内容涉及生産、生活、理財、治家、孝道、貧富、應對、處世等，也充滿了鄉村色彩，超凡脱俗，輕視錢財，揚善抑惡，充滿佛教色彩，老莊思想濃厚，富於人生哲理，對敦樸民心十分有益，對大衆教化更爲實用，故常作爲鄉村兒童的童蒙教材。一卷本《王梵志詩》佛家勸世色彩更濃厚，爲研究社會的大衆教育提供了寶貴史料。

2.新編蒙書中的社會大衆教育内容增多

首先，生産知識增多。這是我國古代識字類蒙書的傳統，漢代《急就篇》就包括很多有關生産和生活的名物，《千字文》在一定程度上也保留了此傳統，但開啓了從天地、日月、四季到農業生産、人事等大致順序。此後，《開蒙要訓》《雜抄》《孔子備問書》等，都大致效仿其編撰順序、内容，以不同編撰方式增加大量有關生産、生活和應對的俗物知識。前文列舉《俗務要名林》

《雜集時用要字》中就分門別類地例舉了有關生產工具、技術、時令的名物知識，此處不再贅述。以《雜抄》爲例，共涉及二十七個條目，一百六十七個問答項，根據其内容性質大體將其歸納爲"論""辨"以及類似家教性質的"訓誡"等三大類，其中的"論五穀、五果、五射、五德"；辨年節日、辨四時八節等條目，都是有關農業生產生活的知識。就連《武王家教》之"十惡""三耗""三衰"都是講農業生產生活知識。此外，《辯才家教·四字教章》也主要是用四言韵語講生產的民間智慧。

其次，居家生活知識增多。大致可分名物知識、掃灑、應對、處世、消費等諸多層面。如《開蒙要訓》《俗務要名林》《雜集時用要字》《雜抄》《孔子備問書》等識字、知識類蒙書都記載了很多居家生活名物知識。《雜抄》末尾部分還有摘引當時俗語，以數字冠名歸納爲：世上略有十種劏室之事、十無去就者、五不自思度者、言六癡者、言有八頑者，爲與人相處、應對、處世時容易犯的自以爲是、擅自做主、招人厭惡的諸種不當行爲，應當堅決去除，反映了庶民階層的價值觀念和民間處世哲學。《武王家教》"一錯"至"十狂"中很多内容都是有關居家掃灑、應對、處世、消費等方面應該注意的事項和生活常識。此外《百行章》、一卷本《王梵志詩》雖然編撰文體不同，但相關内容十分豐富。

其三，勸學内容增多。唐代崇重科舉制度，直接推動了社會勸學風氣，"五尺童子恥不言文墨"觀念盛行[一]，"官職比來從此出"的觀念已經根植於世人心目中，讀書不問貧富，在敦煌童蒙教育下移中得到很好的體現。特別值得關注的是，這些童蒙讀物還激勵家道貧寒者，莫辭家貧而不學詩書，比如"男兒不學讀詩書，恰似園中肥地草"，打破了當時的士庶觀念，無疑增強了家道貧寒者勤奮讀書，通過科舉考試獲取功名、官位的信心，亦見科舉制度對當時社會大衆的影響之廣泛、深遠[二]。如《太公家教》云："明珠不瑩，焉

〔一〕《通典》卷一五《選舉典三》，第二五八頁；金瀅坤：《中國科舉制度通史·隋唐五代卷》，第一三九~一四二頁。

〔二〕　參閱韓昇：《南北朝隋唐士族向城市的遷徙與社會變遷》，《歷史研究》二〇〇三年第四期，第四九~六七頁。

發其光；人生不學，言不成章。"又《王梵志詩》云："黃金未是寶，學問勝珠珍。丈夫無伎藝，虛霑一世人。"〔一〕這些童蒙讀物中明確將讀書與登科、仕宦聯繫在一起，敦勸兒童樹立"學問""讀書"而登科、入仕清流的觀念，明確了讀書人的目的，突出反映了科舉對童蒙價值觀念的影響。《太公家教》《新集文詞九經抄》《文詞教林》《語對》《蒙求》中保留了豐富的各式"勸學"以及師友觀念，可以全面勾勒唐五代社會大眾對"勸學"的認知，及其背後科舉制度與銓選制度以及社會變遷對童蒙教育的影響。

其四，世俗道德教育。敦煌蒙書中有關世俗道德教育是德行類蒙書的主要内容，且不同蒙書的特點各異。《太公家教》明確爲教示兒童，對古代儒家經典中的名言警句、格言，改編爲韵文短句，兼采諺語、俗語，通俗易讀，内容多比較正面，以孝道、師友、勸學、應對、掃灑、謹言、慎行爲主。《武王家教》更注重"家教"特點，教育對象不局限於適齡兒童，更似子弟，故多用俚俗諺語、俗語，強調謹言、慎行、切莫多事、慎擇師友、擇鄰居等，多爲世俗人生哲理和生活智慧的内容。《辯才家教》的治家特點更爲明顯，勸教對象爲家族全體，辯才和尚藉助佛理知識，重在強調居家行孝、掃灑、應對、行善，如何處理家族内部翁婆、兄弟、妯娌等關係，將佛教經義與世俗智慧相結合，説理與贊頌相結合。又《新集文詞九經抄》《文詞教林》《孔子備問書》《雜抄》等蒙書中也摘引古代儒家、道家甚至是佛教中有關大眾教育的經典語句、格言和大量的諺語，都有明顯的世俗特點。

其五，佛道觀念增強。敦煌蒙書相當數量都是出自敦煌寺學學士郎之手，因此，敦煌蒙書中佛教色彩在所難免。其中，《辯才家教》爲唐代大曆間大和尚辯才所作，所以這部蒙書具有濃厚的佛教思想，體現了唐代僧人講經的特點，用大量淺顯易懂，内涵豐富的佛教思想宣傳勸善積德，對社會大眾教化有很大影響。此外，《武王家教》《孔子備問書》等蒙書中也吸收了不少佛教

〔一〕（唐）王梵志著，項楚校注：《王梵志詩校注》，上海古籍出版社，一九九一年，第四八三頁。

戒律、道教戒律的勸世内容，反映了唐代蒙書中的勸誡内容兼采了佛、道戒律及相關内容，最終上昇成一種社會大衆文化，進行社會教化，不局限於童蒙教育。

（三）敦煌蒙書的史料、文獻價值

敦煌蒙書主要從古代儒家經典、史籍、文集和佛道典籍以及名言警句、諺語和俗語中擇取各類相關内容，多用四、六言短句和韵文重新編撰成各種蒙書，其中很多典籍和諺語、俗語都已散逸，因此，有很高的史料和文獻學、音韵學、語言文學、社會學等領域的學術價值，兹擇取其中一二，簡單概述。

1.史料價值

敦煌蒙書對中古史研究具有很高史料價值。字書、知識類蒙書中記載很多名物、事類和典故，其中很多内容今天已經遺失、散逸。《俗務要名林》《雜集時用要字》《白家碎金》《碎金》等字書中很多名物記載，爲我們研究中古器物、名物提供了寶貴資料。如《俗務要名林·器物部》云："槃，槃（舉）飲食者。餘慮反。"《廣韵·御韵》："槃，舁食者。或作轝。羊洳切。"〔一〕顯然，"槃"指舉送飲食之器具，又稱"食輿"，又寫作"食轝"。《現代漢語大詞典》收有"食輿"一詞，曰："食輿：竹輿床，竹轎。"〔二〕顯然，該解釋不得要領，《俗務要名林》解釋得更爲準確。又《器物部》云："弗，策之别名。初産反。"唐代韓愈《贈張籍》詩："試將詩義授，如以肉貫弗。"《器物部》又云："界，鋸木。音介。""界"作爲名物工具"鋸木"，今人已經不知。又《俗務要名林》中的像器物、田農、養蠶及機杼等部中，記載了唐代農業、手工業生産中所使用的各種工具和名物，可以豐富唐五代手工業生産工具等研究。因此，《俗務要名林》"不僅對研究漢語詞彙發展的歷史有用，而且對於了解唐代社會的經濟、生活、風習等也大有幫助，這是一份很重要的

〔一〕（宋）陳彭年等編：《宋本廣韵》，江蘇教育出版社，二〇〇五年，第一〇四頁。

〔二〕　漢語大詞典編輯委員會編：《漢語大詞典》第一二册，上海辭書出版社，二〇二〇年，第四九〇頁。

資料"〔一〕。

敦煌蒙書及學郎題記可以補足史書記載的不足。如《隋書・百官志》記載"三川"爲何，不見相關史籍記載，史家認識差异很大。《雜抄》就有"三川"的記載："秦川、洛川、蜀川"，非常明確。又中國古代有"在三之義"觀念，後來又發展爲君親師的"三備"觀念，其他史書不載。唯有《雜抄》云："何名三備? 君、父、師。"其"辯金藏論法"條云："夫人有百行，唯孝爲本……人有三事：一事父，二事君，三事師；非父不生，非君不事，非師不教。"又伯二九三七號背《太公家教》尾題："維大唐中和肆年（八八四）二月廿五日沙州燉煌郡學士郎兼充行軍除解■（延）太學博士宋英達。"彌補了晚唐地方割據節度使轄區内州學學仕郎學成之後，在地方節度使衙任職的實例，這條史料很有代表性。另外，如前文所論，唐代寺學、社學、坊學、寺學的發現，都得益於對敦煌蒙書和題記的深入研究。

2.文獻價值

敦煌蒙書的文獻輯佚價值。由於敦煌蒙書編撰過程中摘録、抄録了很多古代經典和書籍的名言警句，其中的不少書已經失傳，故其對輯佚失傳書籍有一定的學術價值。如《新集文詞九經抄》援引典籍至爲豐富，其中頗有後世亡佚之作與散佚之文，如《真言要决》《賢士傳》《孝子傳》《列仙傳》《神仙傳》《潘安仁笙歌賦》《九諫書》等〔二〕。其中《新集文詞九經抄》摘引《真言要决》云："事君事父者，唯以忠孝爲主，爲君爲父者，須以慈愛爲宗。"由於此書早已散佚，故這條記載就可補《真言要决》佚文。又《兔園策府》也摘引了《孝經三五圖》、《帝王世紀》、《尚書中侯》、《符瑞圖》、王嬰《古今通論》等很多古籍，多已佚，此類相關內容具有輯佚價值。如《兔園策府》注文摘引范曄《後漢書》曰："光武初出（生）於濟陽，有鳳凰集。"原文已佚，故此條可補佚。以上枚舉敦煌蒙書與徵引的內容，相關傳世史籍今

〔一〕 周祖謨：《敦煌唐本字書叙録》，見中國敦煌吐魯番學會語言文學分會編纂：《敦煌語言文學研究》，一九八八年，第五〇頁。

〔二〕 鄭阿財：《敦煌寫卷新集文詞九經抄研究》，文史哲出版社，一九八九年，第一一三~一二四頁。

已散佚，實可資輯佚與考史，有一定的拾遺補缺價值。此類情況不再一一贅述。

　　敦煌蒙書的校勘價值。可依據敦煌蒙書考訂歷史之疑、版本之失。如《語對・送別》記載"胡越"條："《古詩》曰：'行行重行行，與君生別離。相去萬餘里，各在天一崖。'"其"崖"字，今諸本《文選》卷二九《詩己・古詩十九首》作"涯"，"崖"爲古正字，蓋不誤。可勘正史實。伯二五三七號《略出籝金・朋友篇》"雙鴻"條引《七賢傳》云："阮藉（籍）以（與）嵇康爲交，時人號爲'雙鴻'。"今傳世文獻屢見阮籍與嵇康爲友之記載，但未見有"雙鴻"之稱，可補傳世文獻之缺。又《千字文》版本衆多，但傳世典籍將"律吕調陽"，誤作"律召調陽"，幸賴敦煌本《千字文》發現[一]，糾正了這一數百年的訛誤。

（四）敦煌蒙書的語言文學價值

　　敦煌蒙書中的《俗務要名林》《雜集時用要字》《白家碎金》《碎金》等字書中的注音和異文，可爲研究當時的漢語語音，特別是西北方音的面貌提供史料。如羅常培、姜亮夫、周祖謨、潘重規等學術名師在音韻方面取得的成就，均與重視敦煌蒙書中的史料、語料有很大關係。蔡元培《敦煌掇瑣》序說："又如《刊謬補缺切韵》《字寶碎金》《俗務要名林》等，多記當時俗語、俗字，亦可供語言學、文字學的參考。"[二]《語對》《略出籝金》《文場秀句》等蒙書更是研究俗文字、俗語言、詞彙學的寶貴材料[三]，可從其中的異文詞變化研究古代詞語的古今更替演變史，利用其中事對詞語注的意義補充現有辭

〔一〕　張涌泉主編：《敦煌文獻合集經部・序》，第二頁。

〔二〕　劉復：《敦煌掇瑣》，收入黃永武編：《敦煌叢刊初集》，新文豐出版公司，一九八五年，第五頁。

〔三〕　參閱鄭阿財：《敦煌蒙書研究的回顧與前瞻》，《敦煌吐魯番研究》第七卷，第二五四～二七五頁。

書的收詞和釋義[一]。

在漢語俗字研究領域,《千字文》《俗務要名林》《雜集時用要字》《白家碎金》《碎金》《語對》等敦煌蒙書爲漢語俗字的研究提供了豐富的材料。如張涌泉的《漢語俗字研究》《敦煌俗字彙考》《漢語俗字叢考》、黄征的《敦煌俗字典》等成名著作,都利用了這些蒙書中的俗字材料。

在文詞、典故研究方面,敦煌蒙書提供了豐富語料。敦煌蒙書中的《文場秀句》《語對》《略出籯金》等文詞類蒙書,收集大量麗詞、對偶,并對其進行了解釋,以便對兒童進行詞語、典故屬對訓練,熟練掌握音韵押韵,即"屬辭比事",爲作文訓練做準備。因此,《文場秀句》《語對》和《籯金》等文詞類蒙書中保留相當數量的事對,即麗詞、典故,爲研究中古時期的語言文字提供了豐富語料。

敦煌蒙書中還發現了蕃漢雙語《千字文》《太公家教》等蒙書,對少數民族進行雙語教育,爲了解和研究古代漢語翻譯提供彌足珍貴的史料。敦煌寫本伯三四一九號A《漢藏千字文》是漢藏對音本,該寫卷首尾俱缺,僅存五十四行漢字及對應吐蕃文對音。日本學者羽田亨《漢蕃對音千字文の斷簡》則釋讀、轉寫了漢藏對音,并確定了其與《千字文》的對音性質及與研究唐代西北方音的關係[二]。羅常培先生《唐五代西北方音》利用《漢藏對音千字文》研究了唐五代時期的西北方音[三]。高田時雄《敦煌資料による中國語史の研究——九・十世紀の河西方言》對羅氏《唐五代西北方音》中的漢藏對音材料進行補充和修訂,深入研究了其中的音韵和語法現象[四]。

[一] 參閱高天霞:《敦煌寫本〈籯金〉系類書整理與研究》,復旦大學博士後研究工作報告,二〇一七年,第四〇頁。

[二] [日]羽田亨:《漢蕃對音千字文の斷簡》,《東洋學報》第一三卷第三號,一九二三年。

[三] 羅常培:《唐五代西北方音》,商務印書館,二〇一二年。

[四] [日]高田時雄:《敦煌資料による中國語史の研究——九・十世紀の河西方言》,創文社,一九八八年。

（五）敦煌蒙書的書算教育價值

　　敦煌蒙書發現的唐代書算類蒙書，既有對前代的繼承和發展，也有不少新編之作，其種類、内容更爲豐富，不僅體現了唐代書算教育的快速發展，而且爲研究中國古代書算教育史留下了寶貴史料。兹從以下四個層面概述敦煌蒙書對書算教育研究的學術價值。

　　一是專門習字蒙書的出現。唐代誕生的專門習字蒙書有《上大夫》《牛羊千口》《上士由山水》，其中《上大夫》爲時代最早、影響最大的一本專門習字蒙書。敦煌本《上大夫》有三十六件，足見其被使用之普遍。其中伯四九〇〇號（二）《上大夫試文》爲習字寫卷，篇首有朱筆“試文”二字，每行行首由教書先生朱筆書寫範字，依次爲“上大夫”等，其下爲學生重復習字，每行約十三字，這種教學方式，是目前發現的《上大夫》“順朱”習字的最早寫卷[一]，可視爲後世《上大人》朱筆描紅習字本的最早原形，是研究唐代習字方法和習字教學十分珍貴的一手資料。《上大人》對後世影響很大，宋代以後將其作爲兒童習字的首選蒙書。敦煌寫本《牛羊千口》在傳世文獻中尚未發現它的蹤迹，故而可以豐富學界對研究唐五代兒童習字情況的認識。《上士由山水》以筆畫簡單，作爲目前學界可知的唐代三種兒童習字蒙書之一，唯有伯三一四五號背保存了全文，使學界得以窺其全貌，宋代以後常用於習字教育。

　　二是保存了王羲之字帖在童蒙習字中大量使用的實例。武周時期《尚想黄綺帖》就已流傳龜兹、于闐等西域之地，作爲字帖，供兒童反復習字[二]。敦煌文獻中發現的《尚想黄綺帖》《蘭亭序》寫卷，共有四十一件，其中重複習字寫卷各有十件。不少寫卷中有教書先生書寫範字的痕迹，對研究唐代習字

　　〔一〕［日］海野洋平：《童蒙教材としての王羲之〈顧書論〉（〈尚想黄綺〉帖）—敦煌寫本・羽664ノ二Rに見るプレ〈千字文〉課本の順朱—》，武田科學振興財團杏雨書屋編：《杏雨》第二〇號，二〇一七年，第一三五～一三七頁。
　　〔二〕　榮新江：《〈蘭亭序〉與〈尚想黄綺帖〉在西域的流傳》，故宫博物院編：《2011年蘭亭國際學術研討會論文集》，第三一頁。

方法有重要價值。

三是記録了流行識字蒙書用於習字的實例。《千字文》《開蒙要訓》等流行識字蒙書在識字的同時，由教書先生、家長等書寫範字，供學郎習字，反復臨摹，這種方式在敦煌蒙書中比較常見。敦煌本《千字文》中有此類學郎習字寫本約三十六件，其中斯二七○三號中有教書先生在行首書寫範字，學郎依次反復習字，并有教書先生評語[一]，是真實反映童蒙習字教育的第一手資料，非常有學術價值。

四是算術蒙書的推陳出新。敦煌算術蒙書可以説是我國現存紙質寫本算書之最早者[二]。敦煌本《九九乘法歌》從"九九八十一"至"一一如一"，共四十五句，比秦漢時期多了"一九如九"至"一一如一"等九句，反映了魏晋隋唐以來對秦漢乘法口訣的發展，也表明唐代已經普遍采用這種四十五句的口訣。而且敦煌大寫漢字版乘法口訣的出現，也是記數方法的一大進步，史料價值彌足珍貴。《立成算經》《算經》簡明扼要，有利於初學者掌握。其中⊥、ⅢⅢ、丁等記數符號的出現，對研究唐代記數法很有價值[三]。其中度量衡方面的記載，説明了王莽量制直到唐宋時期仍在使用[四]。《算經》中的田畝面積計算，伯二六六七號《算書》中的軍需民食、營造等方面的計算，能解決很多實際問題，體現了我國傳統算術教育重實用的特點，對研究唐五代童蒙和普通民衆學習算數的情況很有學術價值。

敦煌書算蒙書的發現，證明唐代在邊遠地方不僅有習字和算術，而且還形成了一套成熟的、實用的教學體系和教學方法。其中的《上大夫》《上士由山水》《千字文》《蘭亭序》《九九乘法歌》更是流傳到近現代，對後世千餘年的書算教育産生了深遠影響。

〔一〕 李正宇：《一件唐代學童的習字作業》，《文物天地》一九八六年第六期，第一五頁。

〔二〕 李儼：《敦煌石室"算書"》，《中大季刊》第一卷第二期，一九二六年，第一頁。

〔三〕 季羨林主編：《敦煌學大辭典》，上海辭書出版社，一九九八年，第六○三頁。

〔四〕 李并成：《從敦煌算經看我國唐宋時代的初級數學教育》，《數學教學研究》一九九一年第一期，第四○頁。

結　語

以上主要對“蒙書”的概念、起源、發展和歷史特點進行了梳理，就“蒙書”與“家訓”“類書”的概念進行了梳理，并對“敦煌蒙書”進行分類和論證，爲敦煌蒙書的整理、校釋與研究做了初步準備工作。敦煌蒙書不僅對研究唐五代童蒙教育、教育史、大衆教育、書算教育以及史料學、文獻學、語言文字學等都有非常高的學術價值，也可以作爲當今少年兒童的啓蒙讀物，以便更好地學習中華優秀傳統文化。因此，本叢書在前人研究的基礎上，對唐代盛世蒙書進行全面、系統的整理、校釋和研究，不僅可以學習盛唐氣象，弘揚中華優秀傳統文化，爲當今中小學教育提供優秀的童蒙讀物，用盛唐蒙書以改善當今少年兒童教輔市場由明清蒙書佔據主導地位的局面。

本叢書重點對以往學界研究敦煌蒙書中存在的以下幾類問題進行全面解決。其一，針對敦煌蒙書研究多爲個人就某一部蒙書、具體問題的零星研究，缺乏全面、多學科的協同整體性、系統性研究的問題，本叢書爲筆者主持的國家古籍整理出版專項經費資助項目“敦煌蒙書校釋與研究”（2019-32），組織海峽兩岸長期從事敦煌蒙書研究最前沿、最高水平的學者王三慶、鄭阿財、朱鳳玉、金瀅坤、張新朋、劉全波等教授，楊寶玉、盛會蓮等研究員，趙宏勃副教授、常蕭心副研究員，任占鵬、焦天然、李殷等博士，以及高静雅、吳元元等博士研究生承擔撰寫任務，鄭亦寧、卜樂凡、王珣等碩士研究生也參與了編撰工作，形成了老中青相結合的科研團隊。本叢書邀請樓宇烈、樊錦詩先生任顧問，王子今、柴劍虹、張涌泉、李正宇、李并成、韓昇、王三慶、朱鳳玉、杜成憲、金瀅坤、張希清、李世愉、劉海峰、施克燦、孫邦華、楊秀清、楊寶玉、盛會蓮等知名教授、編審和研究員作爲本叢書編撰委員會編委，對相關論著進行審閱和指導，以保證本叢書高質量地編撰和出版。

其二，針對敦煌蒙書校對多爲單本蒙書的分別校釋，缺乏整體分類校釋，很難産生規模效益，没能引起學界和社會各界對敦煌蒙書給予足够重視的問題，本叢書計畫設導論卷，多數蒙書將單獨成卷，書算類等少數蒙書將合并成習字卷、算術卷，每卷蒙書將邀請相關童蒙文化研究最佳人選，對相關蒙書進行單獨叙錄、題解和校釋。叙錄部分主要是對整理蒙書的校釋所使用的底本和參校寫卷的狀況以及綴合、前人整理情況等進行說明。叙録主要爲全面調查蒙書的相關寫卷、題記等情況，爲底本和參校本的選擇做好基礎性調查和考訂工作，争取在底卷綴合和題記考釋方面有所創新，在蒙書寫卷的佔有和學術史掌握方面做到窮盡。解題部分簡明扼要地説明所整理蒙書的簡介、價值和成書年代，并交代校釋所使用的底本和參校版本的基本信息以及前人的整理、研究成果，力求反映前人的研究基礎以及本團隊對研究蒙書的認識水平。校釋部分是整理的關鍵所在，主要分釋文和校釋兩部分進行。釋文主要是對所選底本進行逐字考辨，録定正文，斷句標點，分段録出，必要時保持原有格式。本叢書設計之初就定位學術性與應用性相結合，不僅爲學界提供一個高水平的校釋本，而且要爲廣大普通讀者提供可讀性强的讀本，故録文部分要盡量出正字，充分考慮可讀性，減少閲讀障礙。注釋部分主要對底本中訛誤字、俗字、异體字、通假字進行校正，并出校説明理由；若能確定蒙書中典故、諺語等最早出處或較早轉引及相近記載者，均須注釋。這部分力求做到校釋準確，引經據典，追根溯源，釋字可靠，釋義準確，經得起考驗。

　　其三，針對敦煌蒙書研究存在問題相對單一、結論相似、問題意識不足的問題，本叢書將從中國傳統文化的歷史淵源入手，以蒙書爲中心，以童蒙教育爲着眼點，考察中古時期儒釋道交融的歷史大背景下，童蒙文化如何受其影響，蒙書思想觀念有何反映；再從社會變遷視角考察中古朝代更替、士族興衰、察舉制向科舉制轉變、官學與私學發展變化、經學與文學之争、藩鎮割據、朋黨之争等時代産物對童蒙教育的影響，具體體現在唐代蒙書編撰的哪些方面，從而深化問題的研究。本叢書還重點探討每部蒙書的編撰、文體、語言的特點，以及編撰目的和影響。每部蒙書的研究將突出童蒙教育的功能，從蒙書內容、題記、編撰體例、文化淵源及唐代科舉考試、文化、思想等多角度進行深入探討，分析其對童蒙教育的功能、意義和影響等，進而從每本蒙書特點出發，探討其對社會大眾的社會教化與影響。通過如上多層面的研究，讓讀者明白每部蒙書的獨特性和不可替代性，用事實充分説明唐代蒙書在編撰方面的開創性、多樣性特點，從而向世人推介敦煌蒙書，以便爲今天的少年兒童提供更爲豐富的啓蒙讀物。

　　本叢書從立項到成書出版，應感謝前輩學者對敦煌蒙書研究所付出的努力，感謝樓宇烈、樊錦詩先生擔任我們的顧問，感謝韓國磐師、韓昇師、張涌泉師、李正宇師、李并成師、劉進寶師以極大耐心，賜教不才，也感謝王子今、張希清、王三慶、鄭阿財、朱鳳玉、毛佩琦、李華瑞、李世愉、劉海峰等先生多年來對我的無私幫助和指導，也特別感謝在我人生最低迷的時候張雪書記對我的幫助，最後對副主編盛會蓮研究員爲本套叢書的付出表示感謝。

　　注記：筆者在寫"總論"過程中得到課題組全體成員的大力支持，就蒙書概念、蒙書畫分標準，以及蒙書與類書、家訓之間關係等問題與前輩學者王三慶、鄭阿財教授進行了反復商討，兩位先生都給予了建設性修改意見，并請柴劍虹先生審閱，提供了寶貴修改意見，在此向三位先生和所有課題組成員再次表示感謝。

緒　論

　　中國蒙書源遠流長，自周秦漢魏六朝，歷隋唐五代的拓展，至宋元明清，印刷的發達，教育的普及，蒙書滋生多種多樣，體系完備；清末民初，新學發展、新制學校興起、新式教材普及，蒙學才逐漸趨於式微。在這漫長的發展歷程中，林林總總的蒙書，名稱、稱謂多有不同，體制、内容也是多式多樣，層次不一，豐富多元，因此，自來有關論述，對於蒙書名義與範疇的界定不免出現模糊籠統，以致提法多有分歧，範圍寬窄不一，而體式、内容的分類體系也小有出入。筆者基於長期以來對敦煌蒙書全面整理研究的經驗與心得，以爲這些現象的出現蓋因蒙書的發展，存在着唯名與唯實、歷時與共時、全國與區域、功能與階層等差別所造成的。以下特分別從蒙書的名義與發展、敦煌蒙書的認定、敦煌蒙書的分類進行簡要的論述，藉以奠定敦煌蒙書導論的基礎，也便於蒙書嚴謹研究的開展。

一　蒙書的名義與發展

　　蒙書名義的釐清爲研究首要之務，名義釐清，則論述的對象確立，研究範圍自然可以劃定，然後可歷史溯源，瞭解其發展脈絡，探究其演變與影響，即所謂的"釋名以彰義""原始以表末"。蒙書的名義，主要可從唯名與唯實來理解，而蒙書的發展除歷史溯源之探究外，當可就歷時與共時、全國與區域、功能與階層等進行考察。

（一）蒙書的名義

啓蒙，又稱開蒙、發蒙、訓蒙、養蒙。《易經・蒙卦・彖》有云："蒙以養正，聖功也。"《春秋左氏傳・孔穎達正義》云："蒙謂闇昧也，幼童於事多闇昧，是以謂之童蒙焉。"〔一〕古人因取其意而稱小學教育階段爲蒙養階段。這一階段的教育主要在書館、鄉學、村學、家學、冬學、義學、社學等處所進行；而使用的教材，一般稱爲"蒙養書"，或"小兒書"。漢代啓蒙教育，更爲普遍發達。其時有所謂"蒙學"，一般稱爲"書館"，其教師則稱"書師"〔二〕，以識字教育爲主，其教材爲"字書"，因其時段正值小學階段，所以或稱之爲"小學"。發展到唐代，由於唐李翰《蒙求》在唐宋時期廣爲流行，"蒙求體"仿作一時蜂出，蔚爲體類，影響深遠，乃有統稱童蒙用書爲"蒙求"。後世因爲這類蒙養教材，主要供作蒙學教學之用，也就是爲啓蒙而編的書，所以一般多稱作"蒙書"。

但"蒙書"乃爲後設的名詞，蓋爲"啓蒙之書"或"童蒙之書"的壓縮詞，廣泛使用，對象界線趨於模糊，性質也不具確定性，以致稱名多有分歧，稱法也不嚴謹。或稱"童蒙教材""童蒙課本""童蒙讀物"；或稱啓蒙教材、庶民教材、通俗讀物、訓蒙書等。

個人以爲"蒙書"的名義，可從唯名與唯實去觀察。從唯名來看，蒙書之名，唐宋時殆已出現，如：《新唐書・馮伉傳》載："伉爲著《諭蒙書》十四篇，大抵勸之務農、進學而教以忠孝。鄉鄉授之，使轉相教督。"〔三〕唐德宗貞元年間醴泉令馮伉所著《諭蒙書》當是今所得見最早將"蒙書"二字連用的。宋曾鞏《隆平集》之《侍從・種放》載：宋太宗時，種放與母隱於終南山豹林谷，"結茅爲廬，博通經史，士大夫多從之，學得束脩以養，著《蒙

〔一〕《春秋左傳正義》卷一三僖公九年，傳："春，宋桓公卒……小童者，童蒙幼末之稱。"正義曰："童者，未冠之名；童而又小，故爲童蒙幼末之稱。《易・蒙卦》云：'匪我求童蒙，童蒙求我。'蒙謂闇昧也。幼童於事多闇昧，是以謂之童蒙焉。"（十三經注疏整理委員會整理：《十三經注疏》，北京大學出版社，第四〇八頁）

〔二〕王國維：《漢魏博士考》，收入王國維：《觀堂集林》卷四，第一七九頁。

〔三〕《新唐書》卷一六一《馮伉傳》，中華書局，一九七五年，第四九八六頁。

書》十卷，人多傳之”〔一〕。種放所著的《蒙書》十卷，則是今所知見最早以“蒙書”一詞作爲書名的。

至於從唯實來看，蒙書之實則早已有之，如周之《史籀篇》，秦之《蒼頡篇》《爰歷篇》《博學篇》，兩漢之《凡將篇》《急就篇》《元尚篇》《訓纂篇》等，皆是用以教學童之書。魏晋六朝發展趨多，如《幼學》《廣蒼》《吳章》《千字文》《發蒙記》《啓蒙記》等，雖名稱不一，然其爲蒙學書之實則無二致。

後世所謂“蒙書”，蓋取義於“童蒙”之書，或“啓蒙”之書。此所謂“童蒙”，蓋指兒童啓蒙、發蒙、開蒙之義。施教的對象爲兒童，最初指八歲至十五歲，亦即小學階段。之後，隨着民間教育的漸趨普及，施教的年齡則非界限；蒙書的啓蒙，并非專指童蒙，而蒙書也非專指童蒙之書，凡用以開啓蒙昧而編的書，均可稱爲蒙書。換言之，蒙書的概念與範圍因教育的普及而擴大了，蒙書從最初的童蒙用書，擴大到包含非童蒙的啓蒙用書。

又隨着環境變遷、社會發展，因應受教者的實際需求，各類蒙書教育目標的擴張，蒙書體類不斷的發展演變，性質與功能也隨着時間、地域、階層的轉換而有所變衍。因此，探究蒙書的問題時，無論是概念、名義、界定或範圍，應以隨着時空階層采取滾動式視角較爲適切，似不宜采取定格的方式來衡量。對此，金瀅坤《敦煌蒙書校釋與研究》的《總論》，對此有全面詳細而嚴謹的論述，兹不贅述。

（二）蒙書的發展

我國古代蒙書的發展歷史，可謂源遠流長，大致可分爲三大階段：第一階段是周秦漢魏六朝，此一時期童蒙教育主要在於識字教育與句讀訓練。周之《史籀篇》，即爲“周時史官教學童書也”〔二〕。秦始皇帝初兼天下，統一文字，有《蒼頡篇》《爰歷篇》《博學篇》等字書。漢興蒙學發達，閭里書師有

〔一〕（宋）曾鞏著，王瑞來校：《隆平集校證》卷一三《侍從·種放》，第三八四頁。
〔二〕《漢書》卷三〇《藝文志》，第一七二一頁。

合《蒼頡》《爰歷》《博學》三篇爲一書，而統稱爲《蒼頡篇》。此種"以類相從"編纂而成之識字類蒙書，對後世蒙學字書之編纂具有相當深遠之影響。

漢魏六朝字書的編纂甚多，據《漢書·藝文志》"小學類"的著録便有十家四十五篇，其中繼承《蒼頡篇》識字類蒙書的編纂有司馬相如《凡將篇》、史游《急就篇》、李長《元尚篇》、揚雄《訓纂篇》[一]。《隋書·經籍志》著録尚有賈魴《滂喜篇》、張揖《埤蒼》、班固《太甲篇》《在昔篇》、蔡邕《勸學》《聖皇篇》《黄初篇》《女史篇》、崔瑗《飛龍篇》、朱育《幼學》、樊恭《廣蒼》、陸機《吴章》、周興嗣《千字文》、束皙《發蒙記》、顧愷之《啓蒙記》，以及《雜字指》《俗語難字》《雜字要》等[二]，種類極多，體式亦不一，有識字蒙書，有一般字書，其中識字蒙書今大多亡佚，僅《急就章》與《千字文》二書尚流傳於世。

第二階段爲隋唐五代時期。隨着教育的普及，接受啓蒙教育的階層，從第一階段以王公貴族及世家、士族之子弟，逐漸往下擴及庶民百姓，此階段蒙書的編纂開始朝向士族與庶民雙軌并行進展，文士教育主要以入仕爲目標；庶民子弟的教育以生活處事的基本教育爲宗旨，以便進入社會，自我營生爲要。唐人庶民教育逐漸普及，專爲一般庶民子弟蒙學而編的短期教育及切合生活實用的各類蒙書，滋生漸多，形成雅俗并行的雙軌特色。唐五代民間教育在既有的基礎上更趨擴展，此一時期的蒙書在内容上，由原有以識字爲主，逐漸衍生出具有：知識、德行、應用等内容；形式上也是林林種種，不一而足，可從敦煌文獻中遺存的蒙書得到印證。依其性質而言，大致可分爲識字、知識與德行三大類。各類之中依其體制，識字類有綜合性、要用雜字、字樣書、俗字、習字之分；知識類有綜合、歷史、習文、算術等類；德行類則有一般、家訓體、格言詩之不同。就其體裁形式而言，則有問答體、散文體、韻文體。韻文復有詩體、歌訣體、雜言體、文賦體等不同；散文體則有書抄式、類聚式等之别。真可謂各體兼備。

〔一〕《漢書》卷三〇《藝文志》，第一七一九～一七二〇頁。
〔二〕《隋書》卷三二《經籍志一》，第九四一～九四六頁。

第三階段爲宋元明清時期。宋元明清，随着教育普及與印刷術的發達，蒙書的體裁、樣式不斷推陳出新，而趨多變多樣，專博紛呈。除了延續唐五代蒙書的發展趨勢外，文士蒙學强化博通思想，庶民蒙學實用爲主的蒙書編撰，更蔚然成風；又在宋明理學的影響下，禮儀教育與理學教育，也開始在蒙書内容中反映，同時還有不少理學家親自投入相關蒙書的編撰，如朱熹的《小學》，吕祖謙的《少儀外傳》，吕本中的《童蒙訓》，程若庸的《性理字訓》等等，對後世蒙學發展具有相當的影響。直至近代，新學發展、新制學校興起與新式教材的普及，傳統蒙書才逐漸趨於式微。然《千字文》《百家姓》《三字經》《龍文鞭影》《幼學故事瓊林》等傳統蒙書，仍爲廣大民間所流傳。

二　敦煌蒙書的認定

雖然歷代蒙書繁多，但是有關蒙書的概念却是籠統而模糊的，因此歷來對蒙書的認定標準不一，以致範疇有寬窄的不同。近年由於敦煌莫高窟藏經洞的偶然發現，其中保存有爲數可觀，種類繁多的唐、五代啓蒙教材，學界紛紛據以探究唐代民間教育、考察中國古代蒙書發展與演進，因而掀起蒙書研究的風潮，有關蒙書界定與範疇的問題也引起學界嚴謹的省視與反思。

（一）敦煌蒙書的範疇

既然"蒙書"有唯名與唯實之辨，雅俗博專之分，且随階層、地域與時代之變，致體類發展多元，其認定判别當是滚動的，因此單從書名是不足以對蒙書作出充分而正確的認定。以下試以敦煌蒙書寫本及近百年來有關研究的論述，進行考察與檢視，討論蒙書的界定與範疇，尋求判定敦煌蒙書的準據，并透過字書與蒙書，類書與蒙書的關涉廓清，進一步提陞對敦煌蒙書認定的正確性。

敦煌蒙書的研究，最早是個别文獻的序跋與校録，一九一三年羅振玉《鳴沙石室佚書》最先披露其舊藏《太公家教》一卷寫本全文，一九二八年羅氏此書再度由京都東方學會刊印，附有王國維撰《唐寫本〈太公家教〉

跋》〔一〕，此後，有關《太公家教》的研究便陸續展開，而全面系統的研究蓋自八十年代開始。一九八六年高明士《唐代敦煌的教育》一文在那波利貞《唐鈔本〈雜鈔〉考—唐代庶民教育史研究の一資料—》與李正宇《唐宋時代敦煌的學校》的基礎上〔二〕，將敦煌承擔啓蒙教育與中等教育的私學分爲家學、義學及寺學等三種形態，并依據敦煌寫卷題記中的"學仕郎（學士郎）""學郎""學生""學士"來判定寫卷的性質，對教材及學習過程進行考察〔三〕。一九八八年汪泛舟《敦煌的童蒙讀物》是較早系統介紹敦煌童蒙讀物的專文，然文中未明言其判定的標準，僅按内容、重點、性質，分爲識字、教育、運用三類，共三十六種〔四〕。汪氏以"兒童讀物"爲題，因此收錄較爲寬泛。如《諸雜字一本》《難字》《姓望書》《郡望姓氏書》《姓氏書》《姓氏錄》《姓氏雜寫》《孔子家語》《論語》《孝經》《吉凶書儀》《書儀鏡》《新定書儀鏡》《大唐新定吉凶書儀》《新集諸家九族尊卑書儀》《新集吉凶書儀二卷》《立成算經》《算經并序》《漢藏對譯字書》《漢藏對譯〈千字文〉》《漢藏對譯〈佛學字書〉》《大寶積經難字》《大般若經難字》《涅槃經難字》等。

一九九一年鄭阿財《敦煌蒙書析論》就當時所得見的敦煌寫本嚴加篩選，分別就識字類、知識類、思想類等三大類，叙錄了敦煌蒙書，總計二十六種，凡二百二十六件抄本〔五〕。

一九九二年日人東野治之《訓蒙書》一文，依據寫卷題記中的"學仕郎

〔一〕　王國維：《唐寫本〈太公家教〉跋》，收入王國維：《觀堂集林》卷二一，第一〇一二～一〇一四頁。

〔二〕　[日]那波利貞：《唐鈔本〈雜鈔〉考—唐代庶民教育史研究の一資料—》，《支那學》一〇號，一九四二年，第一～九一頁；收入[日]那波利貞《唐代社會文化史研究》，第一九七～二六八頁。李正宇：《唐宋時代的敦煌學校》，《敦煌研究》一九八六年一期，第三九～四七頁。

〔三〕　高明士：《唐代敦煌的教育》，《漢學研究》第四卷第二期，一九八六年，第二三一～二七〇頁。

〔四〕　汪泛舟：《敦煌的童蒙讀物》，《文史知識》一九八八年第八期，第一〇四～一〇七頁。

〔五〕　鄭阿財：《敦煌蒙書析論》，《第二屆敦煌學國際研討會論文集》，台北漢學研究中心，一九九一年，第二一一～二三四頁。

（學士郎）”“學郎”“學生”“學士”來判定寫卷的性質。根據《敦煌遺書總目索引》臚列《古文尚書》《毛詩》《孝經》《論語》《論語集解》《殘卜筮書》《開蒙要訓》《吉凶書儀》《兔園策》《百行章》《太公家教》《武王家教》《嚴父教》《雜抄》《俗務要名林》《事森》《秦婦吟》《咏孝經》《孔子項託》《鷰子賦》《子虛賦・滄浪賦》《貳師泉賦・漁父歌》《李陵與蘇武書》《王梵志詩集》《敦煌二十咏》《金剛般若波羅蜜經》等二十六種，凡四十七件抄本[一]。

　　綜觀諸家對於蒙書的界定與範疇，以抄寫者的身份作爲判定的主要依據基本是正確的，但若僅僅從抄寫者的身份來加以判定，恐不免有不夠周延之處。蓋寫本時期書籍抄寫者主要爲寫經生，或稱書手。唐五代敦煌寫本則出現另一類抄書者，即所謂學仕郎，或稱“學士郎”，省稱“學郎”；寺學學郎抄寫的内容範圍廣泛，其身份與寫經生有所區別，却容易混淆。

　　在雕版印刷尚未普及的時代，學生上課使用的教材需由學生自己抄寫，所以今所得見敦煌寫本學郎抄寫的内容大多數爲《千字文》《開蒙要訓》《太公家教》等蒙書，是極其自然的，此外敦煌藏經洞發現的寺學學郎所抄寫的内容還有各類文學作品，如《秦婦吟》《敦煌廿咏》《王梵志詩》等詩歌，《大目乾連冥間救母變文》《捉季布傳文》《漢將王陵變》等變文，以及《論語》《孝經》《毛詩》《古文尚書》等儒家經典，佛教各類典籍如《大涅槃經》《大般若經》《金剛經》《觀世音經》《小乘三科》《諸文要集》《四分戒本》等，生活實用書如書儀、方技書、卜筮書等。北敦一一九九號有學郎詩云：“寫書今日了，因何不送錢？誰家無賴漢，迴面不相看。”表達學郎苦心抄寫書本，期待發放傭金的心情。斯六九二號《秦婦吟》也有金光明寺學侍郎安盛友抄書有關的詩：“今日書寫了，合有五升米，高代（貸）不可得，環（還）是自身灾。”可見有些學郎也幫忙寺院或其他人抄寫各類書籍、佛經，以賺取工資維持生活。所以并非所有學郎抄寫的寫本都是蒙書。從學郎抄寫的各寫本考其性質、功能與抄寫情況，可見有的是敦煌寺學學郎充當書手所抄的，有的

〔一〕〔日〕東野治之：《訓蒙書》，〔日〕池田温編：《講座敦煌5・敦煌漢文文獻》，大東文化出版社，一九九二年，第四○一～四三八頁。

是出自信仰發願而抄寫的，有的是供個人閱讀之用，顯然并非全爲啓蒙用書。如斯二六一四號學仕郎薛安俊寫《大目乾連冥救母變文并圖一卷》、斯一七三號《李陵與蘇武書》學士郎張英俊書記之、斯二一四號《鷰子賦》有學郎杜友遂書記之耳等，抄者雖爲學仕郎、學士郎、學郎，然這些寫本顯然并非蒙書。

至於《姓望書》《郡望姓氏書》《姓氏書》《姓氏録》《姓氏雜寫》《孔子家語》《吉凶書儀》《書儀鏡》《新定書儀鏡》《大唐新定吉凶書儀》《新集諸家九族尊卑書儀》《新集吉凶書儀二卷》《立成算經》《算經并序》《漢藏對譯字書》《漢藏對譯〈千字文〉》《漢藏對譯〈佛學字書〉》《大寶積經難字》《大般若經難字》《涅槃經難字》等，或爲日常生活實用參考工具，或爲伎術院職業教育教材，或爲雙語字書，或爲個人讀書隨手抄録，或爲僧人讀經經音之摘録，非爲童蒙教育而設，其性質與内容顯然亦非合於啓蒙教育之用。

又《古文尚書》《毛詩》《孝經》《論語》《論語集解》《殘卜筮書》《金剛般若波羅蜜經》等，或爲儒家經典，無論大經小經，要皆官學課本，或爲陰陽數術用書，或爲佛教經典，顯然非啓蒙用書，不可因抄者爲學郎而一概攔入。

個人以爲蒙書的判定，宜有多重參考標準。除依據書名、内容、性質與功能分析甄別外，可據寫卷原有作者序跋，窺知作者編撰目標與動機[一]，如《太公家教》序文説明了編撰主旨與成書背景：“輒以討論墳典，簡擇詩書，依經傍史，約禮時宜，爲書一卷，助誘童兒。”跋文也説：“唯貪此書一卷，不用黄金千車，集之數韵，未辨疵瑕；本不呈於君子，意欲教於童兒。”再者，可從抄寫者、抄寫情況與寫本實際流傳等考察使用者之身份，并結合編撰形式、學習層次等加以綜合推論，較爲妥適。

二〇〇二年我和朱鳳玉撰寫《敦煌蒙書研究》一書，便在《敦煌蒙書析論》的基礎上，基於上述原則，再細爲甄別，總計叙録了識字類、知識類、德

〔一〕　如李華《蒙求序》：“安平李瀚（翰）著蒙求一篇，列古之人言行美惡，參之聲律，以授幼童……易於諷習，形於章句，不出卷而知天下，其蒙求哉！周易有童蒙求我之義，李公子以其文碎，不敢傳於達識，所務訓蒙而已，故以蒙求爲名，題其首。”

行類等三大類敦煌蒙書二十五種，二百五十件，并分别加以論述〔一〕。從這些整理與研究的經驗中，個人以爲在蒙書漫長的發展過程中，存在着不同層次的複雜性，使得界定與範疇相對不易明確。正本清源，蒙書的本質是爲啓蒙而編的書，啓蒙主要以八到十五歲的少年兒童爲主要對象，所以初期蒙書是指兒童啓蒙的用書。兒童啓蒙，識字爲先，故初期蒙書屬字書，然字書編纂爲了便於記誦，有效學習，多采歌訣式簡短韵語成編，内容兼含歷史、文化、思想等綜合知識。早期教育不普及，受教者僅限於王公貴族之子弟及凡民之俊秀者，對於一般子弟未能接受正規教育者，這些蒙書也能發揮社會補習教育的功能，成爲一般民衆的啓蒙用書。所以蒙書使用的對象未必僅僅侷限於兒童啓蒙。正因如此，隨着私學教育的發達，由上層的士族而逐漸向下層的庶民百姓發展，體制也漸趨完備，官學、私學兼施；正規教育與社會補習教育有别，蒙書的編撰與流行各有發展，後世，“蒙書”則大抵聚焦於民間教育的啓蒙用書。

晋魏隋唐重世族、講門第，世家大族有爲自己家族子弟編撰蒙書的風氣，如顏之推《顏氏家訓》、杜正倫《百行章》、李翰《蒙求》等；民間也流傳爲平民百姓子弟農閒補習教育而編撰的通俗蒙書，其教育目的大抵以教授民衆識字、記帳、寫信爲主；以學習應對、進退與爲人處世的基本規範爲要，學習時間短，内容層次也不高，因此多以基本識字、普通常識、倫理道德、與處世箴言等爲主，語言多口語白話，如《開蒙要訓》《太公家教》《新集嚴父教》等。啓蒙用書隨着時代社會的不同需求，編撰蒙書者，也就因時制宜而與時俱進，促使蒙書内容與體類不斷擴張，外沿不斷的擴大。此外，如《論語》《孝經》等乃人人必讀的經書，也是自來童蒙誦習的要籍，供啓蒙後兒童誦習的小經，此與歷代詩文典籍中那些淺顯易懂而適合兒童讀誦的篇章，情況相同，作者撰寫原意并非供作啓蒙之用，也就是不具蒙書編撰意識與目的，這類作品宜將之視爲童蒙讀物，其與蒙書宜有所區别。當然廣義的蒙書，亦可將啓蒙階段學郎學習的教材及閱讀的書籍篇章納入蒙書的範疇。

〔一〕　鄭阿財、朱鳳玉：《敦煌蒙書研究》，甘肅教育出版社，二〇〇二年。

（二）字書的界定與蒙書關涉

前述中國古代蒙書之發軔肇端於字書，因此早期"蒙書"多爲"字書"。然歷代字書卷帙種類繁多，作用不一，取捨難定。

學童習誦的識字書，古代稱之爲字書，其起源甚早。如周代的《史籀篇》，秦漢流行的《蒼頡篇》《急就篇》。後世字書發展，範疇日廣，體類極繁。黃季剛先生曾將字書分爲：讀本式字書、分形之字書、分韵之字書、編畫之字書等四種，其"讀本式之字書，如：《史籀》《蒼頡》《急就章》（歌括法），下至《千字文》《南唐五百字》等"〔一〕，即指識字類之蒙書，是爲童蒙所誦習，其他各類中亦有屬蒙書性質者。

個人以爲："字書"一詞連稱，最早見於北齊魏收的《魏書·江式傳》。其後，梁顧野王《玉篇序》、北齊顏之推《顏氏家訓》均論及字書，可知魏晋南北朝時，"字書"一詞已相當流行，其時所稱的字書，蓋泛指解釋文字而編纂的著作。唐代學術基於六朝的基礎而發展，其在文字、聲韵、訓詁各方面，均有嶄新的開展與成果。尤其，經學統一的要求，促使"字樣學"興起，各式各樣的字書應運而生。官學之外，私學發達與普及，爲因應各種不同需求而編纂的通俗字書紛紛出籠，爲後世字書的發展奠定了相當的基礎，此一期間實乃我國字書開展的關鍵期。其時已有專稱解釋文字形體的書爲字書的，如唐初顏元孫所撰的《干禄字書》，已采用"字書"一詞作爲書名，詳審其書的内容與體制，顯然是一部講論文字標準形體的書。宋代字書與韵書分立，字書之學，率指籀篆隸楷等文字形體之學；字書則多指以講論字形爲主之書。如：北宋的《崇文總目》、南宋鄭樵的《通志》所説均如此。是知"字書"一詞，原指秦漢以來童蒙習誦的識字書，其後則或指辨識篆、隸、古文等文字形體的書，或稱解釋文字形體而兼論音義的書。

綜上而論，則知"字書"，應有廣義與狹義的不同解釋。最早的字書乃爲童蒙識字課本，如周代的《史籀篇》、秦代的《蒼頡篇》，乃至漢代的《凡將

〔一〕 黃侃述，黃焯編：《文字聲韵訓詁筆記》，上海古籍出版社，一九八三年，第一三頁。

篇》《急就篇》《訓纂篇》等等之類，均係小學集中識字教育的教材。蓋童蒙教育，以識字爲主，其教材即爲“字書”，因此乃有稱蒙書爲“字書”的。可見字書最早指的是狹義的童蒙識字課本。

　　初期童蒙識字課本主要作爲識字及各體文字的範本，重點在於文字字形的統一與結構。因此我們可以説最早的字書是適用於教授童蒙識字的書籍，主要内容爲民間日常實用的單字和詞彙，這是字書的正宗。其後發展爲凡講論文字字形的書，均稱爲字書；進而有指以解説文字字形而兼論音義的書，通稱之爲字書。至於音韵書與訓詁書，乃古代字書的旁支，是屬於廣義的字書。識字類蒙書本爲小學之支流餘裔，後世萌生多方，遂與原本小學分歧。所以余嘉錫《内閣大庫本碎金跋》特將古之小學析爲“字書”“蒙求”“格言”等三派〔一〕，深刻的道出字書與蒙書的關涉與原委。

　　字書可以是蒙書，蒙書也可以是字書；但并非所有字書都是蒙書，也不是所有蒙書都是字書。屬於蒙書性質的字書大抵采歌括式短句韵文，以便記誦，收入日常實用要字，依類編纂，篇幅蓋以一、二千字爲度，適用於啓蒙識字教學，如《千字文》《開蒙要訓》等。至於其他爲經書而編的字書，如《五經文字》《九經字樣》；爲正俗字而編的字書，如《正名要録》《干禄字書》；乃至求全求備，形音義兼收，以供查考的大型字書，如《説文解字》《玉篇》《字林》等，均非啓蒙教學之用。

　　〔一〕　余嘉錫《内閣大庫本碎金跋》云：“《三蒼》既亡，《急就》亦不行，然在學校未興以前，村塾小兒所讀之書，即古之小學，未嘗絶也。析而言之，可分三派。一曰字書，其源出於周興嗣，積字成篇，篇無複字，初學籀誦其文詞，臨摹其形體。其後有《百家姓》《雜字》之類，此《三蒼》《急就》之嫡嗣，小學之正宗也。二曰蒙求，其源出於李翰，屬對類事，編成音韵，易於諷誦，不出卷而知天下。（四語出李良表及李華序）其後有《三字經》及《幼兒瓊林》《龍文鞭影》之類，此《三蒼》《急就》之别子，小學之支流餘裔也。三曰格言，其源出於《太公家教》，廣陳法戒，雜以俗語，使童蒙於次養正，淺識視爲蓍蔡。其後有《神童詩》《女兒經》《增廣》之類，此則因《三蒼》《急就》之體推廣之，於古者幼童讀《孝經》之意彌近，小學之濫觴也。蓋自唐、宋以來，幼童之所諷誦，不出三者。世儒不明斯義，獨以《爾雅》《説文》《切韵》等書冒小學之名。於是蒙求格言之屬乃無類可歸，或入類書，或入儒家，甚且薄視之，以爲俗書不著於録，非所以辨章學術也。”（余嘉錫：《余嘉錫論學雜著》，中華書局，一九六三年，第六〇五～六〇六頁）

（三）蒙書與類書的關涉

類書是中國古代一種大型資料性的工具書，從各種書籍中采輯資料，然後依其性質内容分類，按門類、字韵等編排，以備查檢的工具書。其編纂蓋起於三國曹魏時期的《皇覽》，收集各類歷史故事、史傳典故編纂成書，以供治理朝政檢索之用。南北朝時期駢文盛行，爲文講究駢麗排偶、用典用事，出現詩文詞句分類編纂，供臨文查檢的類書，如《華林遍略》《修文殿御覽》等。唐宋以來類書之風更盛，規模更大，歷代官修大型類書迭出，如《藝文類聚》《太平御覽》《永樂大典》《古今圖書集成》等。同時民間日用類書也隨之興起，方便日常生活應用的小型類書一時蜂出，其篇幅、形式與内容，多有與蒙書相近似；再者唐宋蒙書的體制，也頗有采用類書編纂形式以成編，亦具有日用小類書之功用，致使二者分辨不易。

蒙書之體制，不論識字教育，或知識教育之教材，均頗有采取六朝以來流行之類書形式編纂成書。此一情形，使著録者將之列入類書，每每不易分辨。如：采問答式之《雜抄》與《小學紺珠》相似。《小學紺珠》史志入類書類，王應麟序即明白表示：

> 古者蒙養豫教，固不在初，六年教之數與方名，八歲學六甲、五方、書計之事……乃采掇載籍，擬《錦帶書》，始三才，終於萬物，緯以庶事，分別部居，用訓童幼[一]。

試看隋唐盛行的蒙書梁周興嗣《千字文》，全篇雖未標立名目門類，然四字一句，對仗工整、内容叙述天文、地理、氣候、山川、博物、社會、文化、制度、歷史等方面的知識，結構已然具有類書的分類特性。敦煌蒙書中有采書抄彙聚成書者，如《新集文詞九經抄》；或分別部居，標舉名目者，如《辯才家教》，全書十二章，分類標門，“貞清門第一……積行章第五……善惡章第十二”。又如《俗務要名林》全卷分類立部，今存日辰部、養蠶及機杼

〔一〕（宋）王應麟撰：《小學紺珠》，中華書局，一九八七年，第一頁。

部、女工部、綵帛絹布部、珍寶部、香部、彩色部、數部、秤部、市部、果子部、菜蔬部、肉食部、飲食部、雜畜部、獸部、蟲部、魚鱉部、木部、竹部、草部、船部、車部、火部、水部等，其體式均與類書無二。日本講座敦煌五《敦煌漢文文獻》載王三慶《類書》一文，論及敦煌類書，其中舊文排列體收録有《事森》《新集文詞教林》《新集文詞九經抄》；類句體收録有《蒙求》；詩體收録有《古賢集》；文賦體收録有《兔園策府》；何論體書抄收録有《雜抄》〔一〕。這些學界也都視之爲敦煌蒙書而加以研究。其實有關蒙書與類書關係的糾結難辨，早已受到學者的關注。余嘉錫在《内閣大庫本碎金跋》即云：

> 諸家目録皆收此書入類書類，蓋以其上自乾象、坤儀，下至禽獸、草木、居處、器用，皆分別部居，不相雜厠，頗類書鈔、御覽之體。然既無所引證，又不盡涉詞藻，其意在使人即物以辨其言，審音以知其字，有益多識，取便童蒙，蓋小學書也〔二〕。

而鄧嗣禹在《中國類書目録初稿》更專立"蒙求門"以録蒙書〔三〕。足見類書與蒙書的區分不易，當以體式與功能來進行考察析論。蒙書可采類書體式，因此，祇要具有啓蒙功能，合乎蒙書特質者則宜視之爲蒙書。

三　敦煌蒙書的分類

蒙書的發展，隨着教育功能與目標的擴展而豐富；其體類也由單純識字教育的字書而發展出各式各樣的蒙書，使原本附庸於經部小學類的字書，難以包容，於是或將之列入"子部·類書類"下。如《四庫全書總目提要·經部·小學類》小序云：

〔一〕 王三慶：《類書》，〔日〕池田温編：《講座敦煌5·敦煌漢文文獻》，第三五五～四〇〇頁。

〔二〕 余嘉錫：《余嘉錫論學雜著》，第六〇五～～六〇六頁。

〔三〕 鄧嗣禹編：《燕京大學圖書館目録初稿——類書之部》，一九三五年，北平燕京大學圖書館印行；一九七〇年，台北古亭書屋出版，易名爲《中國類書目録初稿》。

　　古小學所教，不過六書之類；故《漢志》以《弟子職》附《孝經》，而《史籀》等十家四十五篇列入小學；《隋志》增以金石刻文，《唐志》增以書法、書品，已非初旨。自朱子作《小學》以配《大學》，趙希弁《讀書附志》遂以《弟子職》之類併入小學，又以《蒙求》相參並列，而小學益多歧矣。考訂源流，惟《漢志》根據經義，要爲近古。今以論幼儀者，別入儒家；以論筆法者，別入雜藝；以《蒙求》之屬隸故事，以便記誦者，別入類書。惟以《爾雅》以下，編爲訓詁；《説文》以下，編爲字書；《廣韵》以下，編爲韵書。庶體例謹嚴，不失古義。其有兼舉兩家者，則各以所重爲主；悉條其得失，具於本篇[一]。

　　足見蒙書本爲小學之支流餘裔，後世萌生多方，遂與原本小學分歧。近人余嘉錫於《内閣大庫本碎金跋》即將古之小學析爲“字書”“蒙求”“格言”等三派。余氏云：

　　《三蒼》既亡，《急就》亦不行，然在學校未興以前，村塾小兒所讀之書，即古之小學，未嘗絶也。析而言之，可分三派。一曰字書，其源出於周興嗣，積字成篇，篇無複字，初學籀誦其文詞，臨摹其形體。其後有《百家姓》《雜字》之類，此《三蒼》《急就》之嫡嗣，小學之正宗也。二曰蒙求，其源出於李翰，屬對類事，編成音韵，易於諷誦，不出卷而知天下。（四語出李良表及李華序）其後有《三字經》及《幼學瓊林》《龍文鞭影》之類，此《三蒼》《急就》之别子，小學之支流餘裔也。三曰格言，其源出於《太公家教》，廣陳法戒，雜以俗語，使童蒙於次養正，淺識視爲蓍蔡。其後有《神童詩》《女兒經》《增廣》之類，此則因《三蒼》《急就》之體推廣之，於古者幼童讀《孝經》之意彌近，小學之濫觴也。蓋自唐、宋以來，幼童之所諷誦，不出三者。世儒不明斯義，獨以《爾雅》《説文》《切韵》等書蒙小學之名。於是蒙求格言之屬乃無

[一]（清）紀昀總纂：《四庫全書總目提要》，中華書局，一九六五年，第三三八頁。

類可歸，或入類書，或入儒家，甚且薄視之，以爲俗書不著於録，非所以辨章學術也[一]。

余氏此跋對蒙書之性質、類別、源流均有明確之分析與論述，誠爲探究蒙書之要言。其後張志公在《傳統語文教育初探》序中，則將唐代蒙書分爲：識字教育、思想教育、知識教育三大類[二]。

傳統蒙書，從周至隋，主要以提供學童識字用的字書爲主；隋唐以後，隨着蒙學的發展與普及，蒙書編纂也從單純識字教育的字書，逐漸擴張而出現分門別類的蒙學專書，遂形成包括識字教育、思想教育與知識教育等較爲完整的體系，而唐代即爲此一發展的關鍵期。然以此類資料大多通俗鄙俚，因而史志多不著録，後人既難得知，獲睹尤爲不易。今幸敦煌石室遺書中，保存有數量不少，種類亦多的蒙書材料。依內容性質及學習次第，主要可分爲：識字類、知識類與德行類等三大類[三]，本導論基於時間、精力與篇幅，總計處理三大類，三十五種，四百三十七件（五百六十五號）抄本。兹略述如下：

（一）識字類

所謂識字類蒙書，古代稱之爲字書。此類蒙書如周代的《史籀篇》，秦漢流行的《蒼頡篇》《急就篇》，其起源甚早。後世字書發展，範疇日廣，體類極繁。黃季剛先生曾將字書分爲四種，其一即爲“讀本式之字書，如：《史籀》《蒼頡》《急就章》（歌括法），下至《千字文》《南唐五百字》等”[四]，其讀本式的字書即識字類的蒙書。今所知見的敦煌字書，卷帙繁多，體類亦

[一]　余嘉錫：《余嘉錫論學雜著》，第六〇五～六〇六頁。

[二]　張志公：《傳統語文教育初探：附蒙學書目稿》，上海教育出版社，一九六二年，第五～六頁。

[三]　汪泛舟《敦煌的童蒙讀物》分爲識字類、教育類、應用類（《文史知識》一九八八年第八期，第一〇四～一〇七頁）。

[四]　黃侃述，黃焯編：《文字聲韵訓詁筆記》，第一三頁。

夥。周祖謨《敦煌唐本字書叙録》將今所知見唐本雜字書分爲五類（音義書除外）：

1.童蒙誦習書：如《開蒙要訓》《千字文》《六合千字文》。

2.字樣書：如《字樣》《正名要録》《時要字樣》《古今字樣》。

3.物名分類字書：根據事物名稱分類編録，如《俗務要名林》。

4.俗字字書：如《字寶》。

5.雜字難字等雜抄：如《諸雜字》《難字》。〔一〕

周氏所分的五類，乃就唐本字書分類，其所謂的字書，當是廣義的字書，非專指識字類蒙書。其所謂"童蒙誦習書"是蒙書無疑，而其他四類中雖亦有屬於蒙書者，然頗多非爲童蒙所誦習，宜分別觀之。

茲將敦煌寫本識字類的蒙書區分爲：1.綜合性識字類：主要有《千字文》《新合六字千字文》《開蒙要訓》《敦煌百家姓》等；2.要用雜字類：主要有《俗務要名林》《雜集時用要字》《雜字》；3.俗字類：主要有《碎金》《白家碎金》；4.習字類：主要有《上大夫》《上士由山水》。計十三種，二百七十三件（三百二十七號）抄本。

（二）知識類

教育的初基在識字，以文字爲工具，藉以掌握日常生活所需的知識。所謂日常生活知識，包涵自然知識、生活知識、歷史知識、習文知識等等。敦煌寫本蒙書中有廣泛介紹生活周遭有關天文、地理、動物、植物、礦物、生理、倫常等日常生活常識的綜合性知識教育蒙書，也有介紹歷史人物故事掌故的知識蒙書。大致可分爲四類，即1.綜合知識類：有《雜抄》《孔子備問書》；2.歷史知識類：有《蒙求》《古賢集》；3.習文知識類：詩歌誦習的有

〔一〕 周祖謨：《敦煌唐本字書叙録》，中國敦煌吐魯番學會語言文學分會編纂：《敦煌語言文學研究》，北京大學出版社，一九八八年，第四一頁。

李嶠《雜咏》及張庭芳注；對句蒙書有《詩格》，孟獻忠、王起《文場秀句》等；詩文事類蒙書《事森》《事林》，學習策對有杜嗣先《兔園策府》《策府》；4.算術知識類：有《九九乘法歌》。計十三種，五十九件（六十五號）抄本。

（三）德行類

敦煌寫本中道德品行類蒙書，主要以儒家思想爲主，雜糅佛道，形成具有現實性與實用性之民間思想。而主要仍以教示童蒙立身，處世的基本倫理道德爲依歸。大致可分爲：1.一般德行類：主要有《新集文詞九經抄》《文詞教林》《百行章》；2.家教類：主要有《太公家教》《武王家教》《辯才家教》《新集嚴父教》《崔氏夫人訓女文》；3.格言訓誡詩類：主要有一卷本《王梵志詩》。計九種一百一十件（一百三十八號）抄本。

第一章　敦煌寫本識字類蒙書

　　所謂“識字類蒙書”，是指以教授初學識字爲主要目的而編纂的字書。清代王筠《教童子法》有云：“蒙養之時，識字爲先，不必遽讀書。”〔一〕可知識字教育實爲傳統語文教育的重點，更是兒童語文教育的基礎。識字既是教育之先基，因而蒙書的發韌自然始於字書。東漢班固《漢書·藝文志》有云：“《史籀篇》者，周時史官教學童書也。”〔二〕是早在周朝就有供學童識字習字而編撰的字書，這也是早期的蒙書。

　　秦代爲了統一文字，曾由李斯、趙高、胡毋敬等，分別以小篆編寫《倉頡篇》《爰歷篇》《博學篇》等字書，文字多取自《史籀篇》。漢興，閭里書師有合《倉頡》《爰歷》《博學》三篇爲一本，統稱爲《倉頡篇》。兩漢魏晋南北朝時期，承襲《史籀》以來的字書傳統，更編纂有種種識字課本。據《漢書·藝文志》“小學類”的著錄，計有十家四十五篇。其中有司馬相如的《凡將篇》、史游的《急就篇》、李長的《元尚篇》、揚雄的《訓纂篇》〔三〕，均采取韵語形式，以便童蒙進行集中識字教育。而《隋書·經籍志》著錄中尚有賈魴的《滂喜篇》、張揖的《埤蒼》、班固的《太甲篇》《在昔篇》、蔡邕的《勸學》

　　〔一〕（清）王筠：《教童子法》，收入王雲五主編：《叢書集成初編》，中華書局，一九八五年，第一頁。

　　〔二〕《漢書》卷三〇《藝文志》，中華書局，一九六二年，第一七二一頁。

　　〔三〕《漢書》卷三〇《藝文志》，第一七一九～一七二〇頁。

《聖皇篇》《黄初篇》《女史篇》、崔瑗的《飛龍篇》、朱玉的《幼學》、樊恭的《廣蒼》、陸機的《吴章》、周興嗣的《千字文》、束晳的《發蒙記》、顧愷之的《啓蒙記》以及《雜字指》《俗語難字》《雜字要》等〔一〕，其中《滂喜》與《倉頡》《訓纂》合稱爲“三蒼”。這些蒙學字書今大多亡佚不存，祇有史游的《急就章》和周興嗣的《千字文》二書今尚流傳於世。

初期童蒙識字課本主要作爲識字用及各體文字的範本，重點在於字形的統一與結構。其後字書發展，範疇日廣，體類極繁，作用不一，有專論字形，有解説字形而兼論音義，通稱爲字書；而字書旁支的音韵書與訓詁書，一般也列入廣義的字書。檢視歷代字書與蒙書的發展，我們應有客觀的體認，即：有些字書是蒙書，但并非所有字書都是蒙書；同樣的，蒙書發展，體類衆多，有些蒙書是識字書，但并非所有蒙書都是字書。

蒙書本爲傳統小學的支流餘裔，後世萌生多方，遂與原本的小學分歧。所以近人余嘉錫特將古之小學析爲“字書”“蒙求”“格言”等三派，其中也深刻的道出字書與蒙書的關涉與原委。我曾從字書文獻的視角，對一百多件敦煌字書寫本進行叙録與考述，并將之歸納爲“童蒙誦習之識字書”“解釋音譯之字典書”“要用雜字的雜字書”“刊正字體之字樣書”“解説俗語之俗字書”及“胡漢對照之譯字書”等六類〔二〕。兹謹聚焦於蒙書的質性，參考前賢見解，將敦煌寫本中的識字類蒙書（包括童蒙誦習及廣義蒙書的字書）區分爲：綜合性識字類、雜字類、俗字類及習字類等四類，分别略述如下：

第一節　綜合性識字類蒙書

所謂“綜合性識字類蒙書”，是指以識字爲主要目的，却又能灌輸倫理、道德、思想與日常生活知識的蒙書。在今所知見的敦煌寫本中，屬於這一類

〔一〕《隋書》卷三二《經籍志一》，第九四二～九四五頁。

〔二〕朱鳳玉：《敦煌寫本字書緒論》，《華岡文科學報》第一八期，一九九一年，第八一～一一八頁；朱鳳玉：《敦煌文獻與字書》，《静宜人文學報》一九九四年第六期，第九～三七頁。

性質的識字類蒙書，主要有：《千字文》《新合六字千文》《開蒙要訓》《百家姓》等四種。這些蒙書既承襲傳統字書的體制，采韵文短語形式，以灌輸綜合知識，發揮集中識字的教育功能；又呈現出唐五代乃至宋初識字、習字相結合的識字教育特色，在中國蒙書發展史上扮演着承上起下，繼承創新的角色。兹分別略述如下：

一 《千字文》

南朝梁周興嗣次韵的《千字文》，是隋唐以來最爲風行的蒙學讀本之一，後世與《三字經》《百家姓》齊名，合稱爲"三百千"。在周興嗣之前，以一千個不重複的字，撰成語意連貫的篇章，名爲《千字文》者，有多種。今可考見的有三國時期曹魏著名書法家鍾繇的《千字文》[一]。梁時豫章文獻王蕭巋的第六子蕭子範也製有《千字文》，記室蔡薳奉命注釋之[二]。日本《古事記》載：應神十六年（二八五），百濟人王仁携《論語》十卷，《千字文》一卷到日本，爲漢字傳入日本之始。這也説明了早在三世紀末《千字文》便已傳入日本成爲日人學習漢字的教材。當然這本《千字文》不會是周興嗣次韵的《千字文》，應該是鍾繇的《千字文》。所以日本尾形裕康《我國における千字文の教育史的研究》一書中將鍾繇所撰本稱之爲《古代千字文》以區别之[三]。隋唐以來流行的各種《千字文》中，最盛行且影響最大的首推周興嗣次韵的本子。

試看歷代史志目録的著録，《隋書・經籍志》載："《千字文》一卷，梁侍郎周興嗣撰。"[四]《舊唐書・經籍志》載："《千字文》一卷，蕭子範撰。又一

〔一〕 故宮博物院藏有《王羲之行書臨鍾繇千字文》，傳爲王羲之作品，後世認爲非王羲之真迹，恐爲宋人摹集王羲之字，間參入仿王字的臨寫本。原文網址：https://kknews.cc/culture/yg2mggb.html

〔二〕（唐）姚思廉：《梁書》卷三五《蕭子範傳》："王愛文學士，子範偏被恩遇，嘗曰：'此宗室奇才也。'使製《千字文》，其辭甚美，王命記室蔡薳注釋之。"（中華書局，一九七三年，第五一〇頁）

〔三〕〔日〕尾形裕康：《我國における千字文の教育史的研究》，校倉書房，一九六六年，第六三頁。

〔四〕《隋書》卷三二《經籍志》，第九四二頁。

卷，周興嗣撰。"〔一〕《新唐書・藝文志》載："蕭子範《千字文》一卷。周興嗣次韵《千字文》一卷。"〔二〕《宋史・藝文志》載："《千字文》一卷，梁周興嗣次韵。"〔三〕可見唐代周興嗣《千字文》與蕭子範《千字文》是并世流傳，而周興嗣本流行較廣，後世持續流傳，且不斷風行；蕭子範本唐時尚見流傳，兩宋時則未見著録，蓋已亡佚不傳。

周興嗣《千字文》獨傳而盛行，蓋以全篇四字一句，對仗工整、叶韵鏗鏘，文采斐然。内容豐富，包羅天文地理、文學藝術、歷史流變、名賢事蹟、修身治國、禮儀規範等，既可使學童於有限的篇幅中獲得廣博的文化知識；又易於學童朗朗上口，便於記誦。深具閱讀實用性的一千個常用字，條理系統有致，形式整齊優美，音韵格律自然，又能囊括漢字基本結構與筆畫，加上大書法家王羲之的字迹，更可作爲習字典範。内容、形式的特色與識字、習字的功能，真是相得益彰。自隋唐以來成爲啓蒙識字、習字最主要的教材。五代王定保《唐摭言》有云："顧蒙，宛陵人，博覽經史，慕燕許刀尺，亦一時之傑……甲辰淮浙荒亂，避地至廣州，人不能知，困於旅食，以至書《千字文》授於聾俗，以换斗筲之資。"〔四〕宋王讜《唐語林・補遺》也説："西蜀官妓薛濤者，辯慧知詩，嘗有黎州刺使作《千字文》令，帶禽鳥魚獸，乃曰'有虞陶唐'。"〔五〕

隋唐五代《千字文》除了在教育領域發揮他的功能外，其魅力更在大衆文化與日常生活中綻放出光芒與影響。隋唐時，侯白《啓顔録》一書中，記録有三則内容均與《千字文》有關的笑話。一則是有關"《千字文》歇後詩"的笑話"封抱一"〔六〕，此則笑話，運用《千字文》中的"天地玄黃""雁門紫

〔一〕《舊唐書》卷四六《經籍志上》，第一九八六頁。

〔二〕《新唐書》卷五七《藝文志一》，第一四四九頁。

〔三〕《宋史》卷二〇二《藝文志一》，第五〇七三頁。

〔四〕（五代）王定保撰，姜漢椿校注：《唐摭言》卷一〇《韋莊奏請追贈不及第人近代者》，上海社會科學院出版社，二〇〇三年，第二一九頁。

〔五〕（宋）王讜撰，周勛初校證：《唐語林校證》卷六《補遺》，中華書局，一九八七年，第五八八頁。

〔六〕（宋）李昉等編：《太平廣記》卷二五六《嘲誚四》，中華書局，一九六一年，第一九九四頁。

塞""左達承明""罔談彼短"四句，并用歇後格隱去各句的最後一字，成爲一首歇後詩，用以嘲諷過客面黃、鼻塞、眼病、身短。另外有一則"《千字文》語乞社"[一]，就是在原有四字句的《千字文》上，有的在句前，有的在句後，增添二字以連貫詞義。似此在《千字文》基礎上，進行增字、調整順序的擴編，除了凸顯《千字文》在民間廣爲流行，且爲社會各階層熟知的具體情況外，也反映了人們求新求變的心理需求。這在《千字文》盛行的時代裏，可說是一種必然的發展。今存敦煌寫本中也保存有斯五七八〇號及伯三九一〇號兩件以唐代流行歌辭《皇帝感》來驪括周興嗣《千字文》的《新合千文皇帝感辭》。每句歌謠均嵌入《千字文》的字句，用以歌頌大唐天子玄宗皇帝的政績。

又從敦煌藏經洞發現總數多達一百七十七號有關《千字文》的寫本，可以得到印證，這些寫本的遺存也足已説明隋唐五代時期，此書不僅在中原地區廣爲流行，甚至遠在西陲地區的敦煌，也被普遍采爲識字、習字及書法之教材。

再者，如隋有智永、唐有褚遂良、孫過庭、張旭、懷素等書法名家各體真迹的流傳，所以後世有關《千字文》的論述衆多，舉凡文獻、書法、文學、文字、掌故、教育、文化、思想等方面，不一而足，幾可構成一部"千字文文化史"。特別是一九〇〇年敦煌莫高窟藏經洞有關《千字文》各類寫本的發現，中外據以探究討論的論文一時蠭起，掀起研究熱潮。

一九二三年，日本羽田亨發表《漢蕃対音千字文の斷簡》[二]，最早介紹并披露伯三四一九號漢蕃對音《千字文》殘卷照片，關注漢字音的變遷及音譯問題；一九二六年，法國伯希和（Paul Pelliet）在"Toung Pao（《通報》）"發表了《千字文考》[三]，考論周興嗣與鍾繇《千字文》的相關問題，檢討有關《千

〔一〕《太平廣記》卷二五二《詼諧八》，第一九五七頁。

〔二〕［日］羽田亨：《漢蕃對音千字文の斷簡》，《東洋學報》第一三卷第三號，一九二三年，第三九〇～四一〇頁。

〔三〕 Paul Pelliet. Le Tsien Tseu Wen ou Liver des mille mots. "Toung Pao 通報" vol. XXIV, 1926。伯希和撰，馮承鈞譯：《千字文考》，《圖書館學季刊》一九三二年第一期，第六七～八六頁。

字文》的矛盾記載，據敦煌寫本伯二七二一號《雜抄》"論經史何人修撰製注：《千字文》，鍾繇撰，李暹注，周興嗣次韵。"考論《千字文》的作者問題；一九八七年黃家全《敦煌寫本〈千字文〉試論》[一]，據英、法藏三十一件寫本語文教育的觀點論述當前識字教學、正字法、字義及其音韵學上價值等，并提到《千字文》選錄的字大都是小韵的第一個字，即傳統所謂的"紐首字"；一九九〇年宋新民《敦煌寫本識字類蒙書研究》[二]；一九九一年鄭阿財《敦煌蒙書析論》[三]，叙錄了四十三件寫本，簡述了研究概況；一九九二年東野治之《講座敦煌5·敦煌漢文文獻》的《訓蒙書》一節，主要論述敦煌文獻中的《千字文》和《千字文注》[四]。一九九五年周丕顯《敦煌本〈千字文〉考》[五]，簡述三十四件寫本的概況，及《千字文》的歷代著錄與文獻記載；二〇〇二年鄭阿財、朱鳳玉《敦煌蒙書研究》[六]，據當時所見四十七件（《新合六字千文》除外）進行詳細叙錄，論述寫本性質與敦煌各類寫本的價值；張娜麗《敦煌本〈注千字文〉注解》[七]，探究斯五四七一號、伯三九七三號兩件《注千字文》抄本是否爲李暹注本，及其相關問題；二〇〇七年王曉平《上野本〈注千字文〉與敦煌本〈注千字文〉》[八]，檢視日本古抄本《千字文注》，對黑田彰等《上野本注千字文注解》加以補正，并據以探討與敦煌本《注千字文》的關係；二〇〇八

〔一〕　黃家全：《敦煌寫本〈千字文〉試論》，敦煌文物研究所編：《1983年全國敦煌學術討論會文集·文史·遺書編下》，甘肅人民出版社，一九八七年，第三三四～三六二頁。

〔二〕　宋新民：《敦煌寫本識字類蒙書研究》，中國文化大學中文研究所博士論文，一九九〇年。

〔三〕　鄭阿財：《敦煌蒙書析論》，漢學研究中心編：《第二屆敦煌學國際研討會論文集》，第二一一～二三四頁。

〔四〕　[日]池田温編：《講座敦煌5·敦煌漢文文獻》，第四〇一～四三八頁。

〔五〕　周丕顯：《敦煌本〈千字文〉考》，收入周丕顯：《敦煌文獻研究》，甘肅文化出版社，一九九五年，第一八一～一九九頁。

〔六〕　鄭阿財、朱鳳玉：《敦煌蒙書研究》。

〔七〕　張娜麗：《敦煌本〈注千字文〉注解》，《敦煌學輯刊》二〇〇二年第一期，第四五～五九頁。

〔八〕　王曉平：《上野本〈注千字文〉與敦煌本〈注千字文〉》，《敦煌研究》二〇〇七年第三期，第五七～五九頁。

年張涌泉、張新朋《敦煌本〈千字文〉叙録》[一]，調查統計今所知見敦煌遺書中一四〇號有關《千字文》的寫本，包括習字雜抄在内，《千字文》《千字文注》及《新合六字千文》，全面而系統地加以叙録；二〇一八年常蓋心《從敦煌寫本看〈千字文〉在唐五代時期的使用》[二]，更廣搜一百六十件寫本，在此基礎上，據寫本呈現的抄寫情況，從習字、抄寫、背寫到正式抄寫教四階段析論《千字文》的教育功能，并考察書法臨摹與習字功能，及在音韻、編次的使用，展現《千字文》在唐五代敦煌地區豐富多樣的教育文化功能。以下本文謹作簡單的寫本概述，而《千字文》後世流傳至廣，不必録文，相關研究，成果豐碩，更無須贅述。兹謹就敦煌寫本分從識字習字、習書雜寫、書法臨摹、注解本等論述其寫本性質，析論價值與意義。并將敦煌寫本中保存珍貴的唐人《千字文注》根據原卷一一辨識，逐録全文，附録於後，以供參考。

（一）寫本概述

敦煌文獻涉及《千字文》的寫本，我在一九九一年《敦煌蒙書析論》中曾就當時已公布所得見的敦煌寫本檢得四十三件[三]。之後俄國、日本及中國各地收藏也陸續公布，許多殘卷、碎片紛紛被辨識出來，而各館藏大型圖録的陸續印行及清晰的數位影像掃描的流通，提供了篩檢與普查更爲有利的條件。二〇〇八年張涌泉、張新朋《敦煌本〈千字文〉叙録》調查統計有關《千字文》的寫本更是多達一百三十五件[四]。

二〇〇九～二〇一三年日本大阪杏雨書屋《敦煌秘笈》刊布了七五八

〔一〕 張涌泉、張新朋：《敦煌本〈千字文〉叙録》，《中國俗文化研究》第五輯，巴蜀書社，二〇〇九年，第一一二～一三五頁。

〔二〕 常蓋心：《從敦煌寫本看〈千字文〉在唐五代時期的使用》，金瀅坤主編：《童蒙文化研究》第三卷，第二六五～二八〇頁。

〔三〕 鄭阿財《敦煌蒙書析論》，《第二屆敦煌學國際研討會論文集》，第二一一～二三四頁。二〇〇二年《敦煌蒙書研究》叙録四十七件，二〇〇七年《開蒙養正：敦煌的學校教育》提及五十多件。是其寫本數量，隨公布而遞增。

〔四〕 張涌泉、張新朋：《敦煌本〈千字文〉叙録》，《中國俗文化研究》第五輯，第一一二～一三五頁。

號敦煌寫本，其主體爲李盛鐸舊藏，《敦煌遺書總目索引》著録散二四〇、五四九二號的李盛鐸原藏〔一〕，即《李木齋氏鑒藏燉煌寫本目録》著録的五十一、四百二十七〔二〕，影本今見《敦煌秘笈》羽五一號、羽四二七號〔三〕。此外《敦煌秘笈》册九收録有二件《千字文》寫本殘卷，分別爲羽七〇七號習字與羽七四二號，蓋亦出自李盛鐸舊藏。二〇一八年常蠡心調查，又增加了國圖十五件，拍賣新見的一件，累計總數達到一百六十件之多。扣除散二四〇號、五四九號李盛鐸原藏，現歸杏雨書屋重複計算的二件，實得一百五十八件。

按館藏而言，包括英國國家圖書館藏三十七件，英國原印度事務部圖書館藏一件，法國國家圖書館藏五十六件，俄羅斯科學院東方研究所聖彼得堡分所藏三十四件，中國國家圖書館藏二十二件，日本杏雨書屋藏四件，上海圖書館藏二件，北京大學圖書館藏一件，嘉德拍賣一件。兹據常蠡心提供表列如下：

〔一〕 商務印書館編：《敦煌遺書總目索引》，商務印書館，一九六二年，第三一八、三二三頁。

〔二〕 榮新江：《李盛鐸藏敦煌寫卷的真與僞》，《敦煌學輯刊》一九九七年第二期，第一～一八頁。

〔三〕 ［日］吉川忠夫編：《敦煌秘笈・影片册一》，武田科學振興財團，二〇〇九年，第三四三～三四四頁；《敦煌秘笈・影片册五》，武田科學振興財團，二〇一一年，第三六〇～三六二頁。

蒙書名	寫卷狀況					合計	題記
	完整	殘缺	雜寫	綴合	碎片		
千字文	斯五四五四號、斯二八三五號、北京保利十二週年二〇一七年秋季拍賣會拍品一六〇二號背、伯一六三四號、伯二一六三號、伯三一〇八號	伯三〇六二號、伯三六二六號、伯三六一四號、斯三二八七號、伯二一一七〇號背、斯五五九一號、伯二一一一號背、伯四九三七號背、伯二八八八號、斯四九四八號背、斯四九四九號背、伯二〇五九號背、伯二四四一號背、伯三六五八號、伯二六四七號	伯二號、伯二七二號、伯二七六九號、伯二一六八號、伯三三〇五號、伯三三二三號、伯三六二九號、斯三六六六號、伯四〇五三號、斯四四六一號背、斯三〇一一號背、斯三八七號背、斯三九〇四號、斯四九六九號、斯四一〇七號、斯一〇三號背、俄弗七五號背、一〇三號背	羽四二七號+伯三七四三號、伯四〇九一F一九號+伯四〇九一F二〇號+伯四〇九一F二一號+伯四〇九一F二二號+伯四〇九一F二六號+伯四〇九一F二八號+伯四〇九一F三一號+伯四〇九一F三三號+伯四〇九一F三六a號+伯四〇九一F三六b號+伯四〇九一F三九號、伯四〇六六號+伯四〇七七號、伯二七五九號+伯二一七七號、俄敦一一〇九號+俄敦一一八九九號+五五三四六號、伯三一九六號、伯三三七三號、斯一二七二號	伯三二四三號、伯三〇五四號、伯二八二五號、伯二六七七號碎十號、九四碎五號、斯九九八八號、俄一二三號背、斯一四號、北敦一三號背、〇三〇七號、伯特三二〇四號、斯一二〇六號、伯三三號、九碎十三號、斯一二一七三號、斯一四四號、四四號A號	一百二十七件	斯三八三號《百鳥名》:"庚寅年十二月日押牙索木子自手記耳。伯三一〇八卷背:"道勝佳寫千文一卷,押衙申昌潤書機(記)。"

續表

蒙書名	寫卷狀況						題記
	完整	殘缺	雜寫	綴合	碎片	合計	
		斯五一一四號、斯五八一九號、斯二八九四號、斯四一七號背、斯五一三九號、斯五五九四號、俄敦一〇四二二號、北敦四〇〇八三號、北大敦一二六號、北敦一二一八號、羽七〇七號、羽五二四號、伯三一一四號、伯三八四九號	俄敦一三一九號背、俄敦九五三號背、北敦五七一二號背、北敦三一三九號背、北敦九〇八七號背、北敦一一四一〇二八號背、上圖五七號背、羽五七號背、特四〇一七號、伯特一一六六號	俄敦一二六六一號＋俄敦一八九五號、俄敦二六〇九號背＋俄敦八一〇七號＋俄敦七九六七一六八一號、俄敦八九五五號＋俄敦一四四二號＋俄敦四一〇號背、俄敦五一八九號、俄敦五二二〇號、俄敦五二一一號、俄敦五二二〇七號＋俄敦二五〇四號＋俄敦三〇九五 A 號＋俄敦三〇九五 B 號＋俄敦二四八二號、俄敦五六一四號＋伯五〇二四號＋北敦九三三七號＋北敦九五三號、敦九五三號	伯三八七五 A 號、斯八一號、斯一二三七二一四二一號、俄敦五二號、俄敦八 B 號、俄敦七五四四號、北敦一六號、北敦一六〇三八號		北京保利十二週年二〇一七年秋季拍賣會拍品一六〇二一號背《千字文》："我今日出家時說不過。"伯三八一號："乾寧三年歲丙辰二月十九日靈圖寺學士郎汜賢信書記之。"

續表

蒙書名	寫卷狀況					合計	題記
	完整	殘缺	雜寫	綴合	碎片		
		斯二七○三號、斯四八五二號、斯六三五號背、斯八一九七號背、上圖一一○號、伯三六九二號背、伯三八四九號、伯四一五八號、斯五七二三號、斯五七八三號、斯六三七號背、北敦二○七號背、北敦九三二六號、北敦九三五○號、北敦九四九九號		北敦九三二八號＋北敦九三五四號、北敦九一○一號＋北敦一一一四○三號＋北敦一一一八七號A號＋北敦一二一六○號＋北敦一二一六一號＋北敦一二一六二號＋北敦一二一六三號＋北敦一二一九○A號＋北敦一二一九○B號＋北敦一二一九○C號＋北敦一三二○四號、北敦一三一八五號＋北敦一三一八七號＋俄敦一四九五號、北敦一六四九○A號＋北敦一六四九○B號			
千字文注		斯五四七一號、伯三九七三號背	北敦六五七六號背			三件	

續表

蒙書名	寫卷狀況					合計	題記
	完整	殘缺	雜寫	綴合	碎片		
真草千字文				俄敦八七八三號＋俄敦五八四七號＋俄敦八九○三號＋伯三五六一號		一件	卷末有正式題記："貞觀十五年七月十五日臨此本，將善進記。"另有一後來題記："上元二年十二月十五日氾英乾。"
篆楷對照千字文					伯四七○三號＋伯三六五八號	一件	
汉藏千字文		伯三四一九號，英印一三二三號				二件	
						一百三十四件（一百七十三號）	

以上寫本依形式論，主要爲卷子本及殘片；斯五四五四號、伯三○六二號、伯三六二六號、伯四八○九號、斯五五九二號、伯四五七八號等六件則爲册子本。

今存首尾俱全的寫本有斯三八三五號、伯三四一六號、伯三一○八號、斯五四五四號、北京保利十二週年二○一七年秋季拍賣會拍品一六○二號背等五件，保存最爲完整。其他卷子或多或少皆有殘缺，又其中有不少殘卷殘片字體、筆迹、格式相同，係同一寫本的分割斷裂，如伯三六五八號與伯四七○二號，羽四二七號與伯三七四三號等可加以綴合，如上表，經綴合後計得十七件。

各本抄寫情況有題記的寫卷計有九件，依時代先後分別爲：

伯二四五七號正面《閱紫籙儀》後有題記："開元廿三年太歲乙亥九月丙辰朔十七日丁巳。"按：開元廿三年爲公元七三五年。此《千字文》係利用官方道教經典的背後書寫，其年代當爲九世紀中以後，屬歸義軍時期。

伯二八二五號正面《太公家教》後有題記："大中四年庚午正月五日學生宋文顯讀，安文德寫。"按：大中爲唐宣宗年號，大中四年爲公元八五○年。

伯二六七七號卷背有題記"咸通十一年十月廿日""咸通十年三十日等雜寫"。按：咸通十年爲公元八七○年。

伯四八九九號+伯五五四六號背"乾寧貳年歲次乙卯四月五日"。按：乾寧爲唐昭宗年號，乾寧貳年爲公元八九五年。

伯三二一一號"乾寧三年歲次丙辰二月十九日靈圖寺學士郎氾賢信書記之"。按：乾寧爲唐昭宗年號，乾寧三年爲公元八九六年。

伯三一○八號卷背有"趙勝佳寫千文一卷，押衙申昌潤書機（記）""庚辰年十二月廿日金光明寺僧惠員"。按：庚辰當爲後梁末帝貞明六年公元九二○年。

伯三○五四號正面《開蒙要訓》，後有題記："維大唐天福叁年歲次己亥九月五日張富郎書。"卷背有題記："維大唐天福叁年歲次己亥五月六日張富郎自首（手）之耳書。"按：天福爲後晉高祖年號，天福叁年爲公元九三九年。

斯三八三五號後抄《百鳥名》之後有題記："庚寅年十月日押牙索不子自手記耳。"卷背有"太平興國九年四月二日莫高鄉百姓馬保定賣宅舍契"。按：庚寅年當爲後唐明宗長興元年（九三○），或宋太宗淳化元年（九九○）

伯三二三一號"甲戌年五月廿九日平康鄉官齋歷"；斯六一二三號"戊寅

年六月十四日渠人轉帖”，均有“索不籍子”，是斯三八三五號的“索不子”當即“索不籍子”，則庚寅年當爲宋太宗淳化元年。

伯三一七〇號“歲三月十九日顯德寺學士郎張成子書記之”。按：年號干支殘，難定年代。

其他抄本則皆無紀年可考。

從以上題記提供的紀年資訊判斷，這些識字用的《千字文》抄本，其抄寫的年代集中在九世紀中到十世紀，也就是敦煌歸義軍時期。總的來說，從上述抄本推測的年代看來，《千字文》從七世紀中到十一世紀，一直在敦煌地區廣爲流傳。

（二）寫卷性質

從各件敦煌寫本《千字文》的寫本原生態來觀察，呈現出或全，或缺，或書於正面、背面，或書於卷首、卷末，或字體工整、拙劣，或漢藏對譯等諸多現象，所以可以明確證實《千字文》在唐五代時期的敦煌地區廣爲流傳，同時顯現出此一綜合性識字類蒙書受到各地區、各階層及各民族普遍歡迎的情形。

我在《敦煌蒙書析論》中曾將所見的敦煌寫本《千字文》抄本依其性質，分爲識字習字、書法臨摹、注解本、漢藏對音等四類，分別進行簡要論述。二〇〇八年張涌泉、張新朋《叙錄》，將當時所能見到的一百三十五件敦煌《千字文》寫本，分篆書、真草、漢藏對音、普通本、注本、六字本六類，作了系統全面的介紹，其中普通本因寫卷衆多，又分爲正式抄本和習字雜抄二小類。

二〇〇二年鄭阿財、朱鳳玉《敦煌蒙書研究》對當時所見的有關《千字文》敦煌寫本逐一叙錄，分類論述，并附敦煌寫本《千字文注》殘本的錄文。以下謹從蒙學識字教育理念出發，兼顧現存敦煌寫本《千字文》抄本呈現的實際現象，仍就識字習字、書法臨摹、注解本、漢藏對音等四類，分別論述其性質，大要如下：

1.識字習字

（1）識字抄本

中國古代教育雖然普及，但除王公、貴族與少數官宦、仕紳之子弟外，一般平民子弟較少有機會接受教育。又由於受到家庭經濟能力的限制，童蒙接受教育的時間不長，因此私塾蒙館教授的内容多以識字爲主，以便日常生活寫信、記帳之用。而《千字文》篇幅簡短，内容豐富，通俗易懂，押韻自然，便於兒童朗讀背誦，掌握了《千字文》就具備了初步的閲讀能力，進一步打下良好的識字基礎。因此自梁朝成書以來，便取代漢代《急就篇》成爲中國學童最流行的識字、習字的教材，這也是敦煌所保存的蒙書資料中，《千字文》抄本爲最多的主要原因。

這些《千字文》抄本往往出現在同一寫本與其他文獻合抄的情况，如：斯三八三五號，前抄《太公家教》，後抄《百鳥名》，依字迹當係出自同一人之手；伯四九三七號正面抄有《百行章》；俄敦六〇二八號正面抄《百行章》；伯五五四六號背有《武王家教》雜寫；伯三二一一號正面抄有《王梵志詩》，背并有雜寫"學郎大歌張富進"；伯二八二五號正面《太公家教》；伯三〇五四號正面抄有《開蒙要訓》；伯二六七七號正面有《唐詩叢抄》《論語集解》。這些寫本出現與其他蒙書合抄的情形，明顯地呈現出這些抄本都是作爲識字教材之用。

（2）習字雜寫

由於《千字文》所收的字在書法上具有代表性，同時也成爲兒童習字的好教材。敦煌寫卷中，保存不少字迹潦草，每字重複書寫一兩行多至四行，每行行首字略大，類似童蒙習字的《千字文》殘卷，如伯三一一四號、伯三一六八號、斯二七〇三號、斯五六五七號、斯五七二三號、斯五七八七號、斯六一七三號、北敦四〇八三號背等，反映了當時兒童習字的書寫狀况。

敦煌莫高窟藏經洞的重見天日，六萬多號的寫卷，是中古時期人民生活的活化石，將中古社會生活的方方面面，鮮明的呈現在千百年後世人的眼前。在這批大量且多樣的童蒙教材中，我們發現了《千字文》作爲唐代敦煌地區學童學習的作業，以及老師批改作業的實物，不但爲中國古代教育實况提供了極其珍貴的第一手材料，更爲唐代學童教育留下了鮮明的歷史見證。

如法藏伯二六四七號（見下圖）有一件敦煌當地學生的《千字文》習字。此卷正背書，正面是《大乘無量壽宗要經》，卷背先抄有《晏子賦》《五更轉》，後接抄《千字文》。

抄寫的《千字文》，開頭第一行寫《千字文》的篇名及作者"千字文勅員外散綺（騎）恃（侍）郎周興嗣韵"，以下則有"千字文勅員外散騎侍郎周興嗣韵

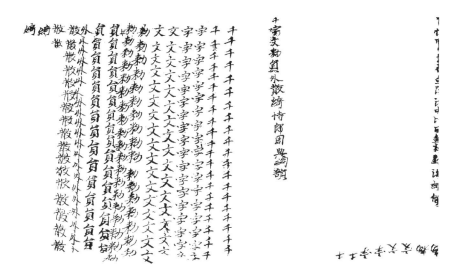

法藏伯二六四七號《千字文》習字

天地玄黃宇宙"每字各寫二次作爲領頭字，也就是準備讓學童每字各習寫二行，僅有領頭字的，當是預留的作業。這件寫卷錯別字不少，如"騎"寫成"綺"，"侍"寫成"恃"，都是明顯的錯別字，反映出學童抄寫的正常現象。又從寫卷來看，這個學童的作業祇完成了"千字文勅員外"等六字，各二行；"散"字抄了一行，其餘僅有領頭字，領頭字下空白的，則是預留未完成的作業。由此看來，這是件學生未完成的功課。看似不起眼的寫卷，所呈現的却是千年前學童抄寫單字的情形，同時也説明了此件寫本是當時敦煌地區學童習字的實物。

　　此外，特別引人注意的是英藏斯二七〇三號《千字文》寫本（見下圖）。這是一份現存最爲古老的學生習字作業的原件。原件斷裂爲二段，寫的是《千字文》中的"雲、騰、致、雨、露、結、爲、霜、金、生、麗、水、玉、出、崑、崗"與"光、果、珍、奈、李、菜、重、芥、薑、海、鹹"等，中間缺掉的是"劍、號、巨、闕、珠、稱、夜"等七字。

　　這件習字作業係書寫在唐代敦煌官府文書的背面，文書正面署有天寶八年（七四九）史令狐良嗣牒及乾元元年（七五八）史張元貞的牒。從這件習字作業可以看出，當時學生接受嚴格正規習字訓練的情形，每字反覆練習三十到一百遍，最後再將習字合寫一遍。習字的教學方法是先由教師寫上當天的日期，然後根據單字的難易度及學生的負荷量，要求每天練習三至五字

不等。現可得見保存下來的寫卷，是從十八日到二十五日，中間掉的當是
"廿二日、廿三日、廿四日"三天。

英藏斯二七〇三號《千字文》寫本

更特別的是，這份卷子上面還保留唐代教師批改的"手迹"，即在"玉"
字之後，寫下"漸有少能，亦合甄賞。休"的批語。"甄賞"意爲簡拔獎勵。
如《晉書·張光傳》："（光）處絕圍之地，有耿恭之忠，宜加甄賞，以明獎
勸。"[一] 意思是：學生的習字漸有進步，合當獎勵，讚賞。表達了教師的鼓勵
與希望。最後的"休"字，意謂"稱讚，贊美。"如漢代蔡邕《郭有道碑文
序》："群公休之，遂辟司徒掾。"[二] 或可兼作類似現代批改作業後寫的"閱"
字，表示作業批閱已完成。這件學童《千字文》習字作業同時保存有教師的
批語，提供了中國古代習字教育的實物證據，反映了唐代童蒙習字教育的具
體實況。

2.書法臨摹

梁周興嗣《千字文》本來就是以書法名家王羲之的字次韻成文的，面世之

[一]（唐）房玄齡：《晉書》，中華書局，一九七四年，第一五六四頁。

[二] 呂思勉：《文學與文選四種》，譯林出版社，二〇一六年，第一四二頁。

後，由於文辭精美，形式整齊，加上所組合的一千個字都不重複，因此成爲歷代書法家競相書寫的對象，也是一般文人雅士用來臨摹的習字範本。《隋書·經籍志》便著録有《篆書千字文》和《草書千字文》兩種不同的書體。唐代更流傳有摹搨臨寫周興嗣次韵王羲之字的《千字文》，又由於唐太宗酷愛王羲之的書法，因而王羲之體的《千字文》更是風行全國。唐代李綽《尚書故實》説：

　　右軍孫智永禪師自臨八百本，散與人間，江南諸寺各留一本。永往住吳興永福寺，積年學書，秃筆頭十甕，每甕皆數石。人來覓書，并請題頭者如市，所居户限爲之穿穴，乃用鐵葉裹之，人謂爲鐵門限。後取筆頭瘞之，號爲退筆塚，自制銘志[一]。

　　今存敦煌寫本中《真草千字文》有伯三五六一號、俄敦八七八三號、俄敦八九〇三號、俄敦五八四七號等四件，其中伯三五六一號的真草《千字文》，字迹工整書法絶佳，運筆結體與智永禪師臨本無殊。伯三五六一號首缺尾完，存三十四行，行十字，前真後草。起楷書“□□（侍巾）帷房”，迄草書“焉哉乎也”；卷末有題記“貞觀十五年（六四一）七月臨出此本蔣善進記”。題記與正文末行之間有“上元二年（六七五）十二月十三日寫”“上元二年十二月十五氾英乾”文字兩行，又有“七月出此本”等後人塗鴉文字；題記後有“委翳落葉飄飄遊”草書一行，墨迹較淡，且爲後人塗鴉文字所覆蓋。

　　一九七四年臺静農曾撰《蔣善進真草千字文殘卷跋》，稱此本：“行式悉同智永禪師本。末行題‘貞觀十五年七月臨出此本蔣善進記’，此云臨者，當是臨永師本，乍觀之，其運筆結體，幾與永師無殊。校以小川簡齋舊藏永師真迹，則蔣之真書，已無永師之凝鍊，純是初唐風範，略似虞永興。其草書雖具永師形象，不若永師之能精神内斂，如米襄陽所云：‘秀潤圓勁，八面具

　　〔一〕（唐）李綽：《尚書故實》，收入王雲五主編：《叢書集成初編》，中華書局，一九八五年，第一三頁。

備'者。雖然，蔣善進可稱善學永師者。"〔一〕饒宗頤編的《敦煌書法叢刊》第十八卷碎金（一）收錄此卷，題作"智永真草千字文殘卷。"下注"唐貞觀十五年（六四一）蔣善進臨"〔二〕。蓋因古人重王羲之書法，以王字集成《千字文帖》，南朝陳智永、唐歐陽詢、虞世南、褚遂良、孫過庭、張旭、李陽冰及懷素等名家皆有臨本，一時蔚爲風氣。可見《千字文》不但是當時小學普遍使用的識字課本，也是習字的範本，同時也用作書法臨摹之教材。

法藏伯三五六一號《真草千字文》

二〇〇八年張涌泉、張新朋《敦煌本〈千字文〉叙録》更發現俄藏三件《真草千字文》殘片與法藏伯三五六一號字體款式全同，可以綴合。其綴合後的情形爲俄敦八七八三號＋俄敦五八四七號＋？＋俄敦八九〇三號＋伯三五六一號》。

此外，尚有伯三六五八號與伯四七〇二號篆楷對照《千字文》寫本，我

〔一〕臺靜農：《蔣善進真草千字文殘卷跋》，《敦煌學》第一輯，一九七四年，第一一三頁。

〔二〕饒宗頤編集：《敦煌書法叢刊》第一八卷《碎金（一）》，二玄社，一九八三年，第四～一〇頁。

在《敦煌蒙書研究》叙録《千字文》寫本時，指出此兩卷字體、筆迹、格式
相同，爲同一寫本，應綴合。張涌泉、張新朋《叙録》以爲伯三六五八號與
伯四七〇二號爲同一件斷裂爲二，伯四七〇二號在前，伯三六五八號在後，
中間篆書部分仍有兩行半殘缺，應綴合。此寫本篆字結構與一般不盡相同，
爲宋以後所罕見，以字形學的立場觀之，頗具研究價值[一]。

俄敦八七八三號＋俄敦五八四七號＋？＋俄敦八九〇三號＋伯三五六一號《真草千字文》

伯三六五八號篆楷對照《千字文》寫本　　伯四七〇二號篆楷對照《千字文》寫本

———————————

〔一〕 饒宗頤編集：《敦煌書法叢刊》第一八卷《碎金（一）》，第八八頁。

3.注解本

在敦煌寫卷中，也發現配合教學用的《千字文》注釋本，分別爲伯
三九七三號與斯五四七一號兩件〔一〕，這兩卷首尾皆殘。《隋書‧經籍志》著録
有兩種《千字文》注本，一種是梁國子祭酒蕭子雲注，另一種是胡肅注。然
因這兩種注解本今已失傳，所以無法確定現存敦煌寫本所保存的兩件注解本，
是根據何種注本抄寫的。不過筆者將兩卷重覆的部分加以比對，這兩件寫本
係根據同一注本抄寫的。

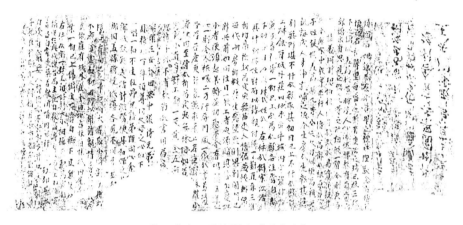

伯三九七三號注釋本《千字文》

敦煌本《雜抄》中"經史何人修撰製注"下提及"《千字文》鍾繇撰，李
暹注，周興嗣次韵"〔二〕。日本藤原佐世編的《日本國見在書目録》"小學家"注録
有："千字文一卷李暹注""千字文一卷梁國子祭酒蕭子雲注李暹注"。又日本上

〔一〕 北京中國國家圖書館北敦六五七六號《維摩詰所説經疏》（擬），卷背有零散段
落計九十九行，蓋爲正面的補充文字，其中有兩行文字："小兒竹馬童子注千文；勢將抱
良（梁）死，還同竹馬期，縱使風雨至，不避雨霑衣"，或以爲《千字文注》殘本。按：
此蓋爲引《千字文注》"信使可覆"的注文以補充《維摩詰所説經疏》。

〔二〕《雜抄》，一名《珠玉抄》，又名《益智文》，或稱《隨身寶》。是唐五代時期，
普遍流行於瓜沙地區的一種童蒙教材。參見朱鳳玉《敦煌寫本雜抄研究》，《木鐸》第一二
期，一九八八年，第一二〇～一三八頁。

英藏斯五四七一號《千字文》

野淳一氏所藏的《注千字文》一卷也記有"千字文趙人李暹序注"〔一〕，序裏叙述鍾繇《千字文》的成書經過，爲晋末播遷，載書遇雨，幾至糜亂，《千字文》亦在其中，於是命王羲之重爲編綴繕寫，但是文理、音韵不順，至梁武帝，乃命周興嗣重爲次韵。接着説明李暹注《千字文》的過程，爲東魏武定年間，身爲秘書省郎中的李暹，奉旨到楚城撫慰邊蠻，路經潁川遇侯景之亂不得歸，遂入西京（長安）度過三十餘年，并撰有《注千字文》。由於這本書没有刊刻年號，《隋書·經籍志》亦未載李暹注本，藏經洞這兩個卷子是否爲敦煌地區所獨有，或是唐代以前流傳的《千字文》，則有待進一步考訂。此外還有大東急文庫藏《纂圖附音增廣古注千字文》，此書亦有李暹序。一九七七年小川環樹《千字文について》〔二〕，曾據斯五四一一號探討李暹注《千字文》等問題，根據上野本附注體例保留二句一對的形式，以及注中所用南北朝時期的州、郡、縣的地方制度，推定李暹注本完成於南北朝時代末期的可能性是很高的。之後，張娜麗《敦煌本〈注千字文〉注解》、王曉平《上野本〈注千字文〉與敦煌本〈注千字文〉》結合日本學界對上野本千字文注的研究成果，與敦煌本《注千字文》的關係更進一步的探討，呈現敦煌文獻與日本古寫本整合研究的拓展。

4. 漢藏對音

敦煌寫卷中漢藏對音的《千字文》計有伯三四一九號及英國原印度事務部圖書館藏敦煌文獻漢文部分Ch.86.iiback（ IOL.C.132）等二件。從這可以看到，《千字文》以常用單字組成句子的内容，通順流暢，又能表達一定的意義，亦非常適用在其他各民族學習漢字的需要上，所以吐蕃佔領敦煌時期，當地人就據漢文《千字文》加上吐蕃對音，成爲敦煌所獨有的學習漢文的識字教材。可知，《千字文》這類蒙書不僅在漢族地區盛行，也流傳到其他各民族間，影響深遠。這些寫卷的發現，不僅爲研究唐宋時代敦煌社會文化生活的情況，提供寶貴的資料，同時在漢藏文化交流上，也具有相當重要的意義。其對音呈現的語音現象更是語言學研究的珍貴材料。

〔一〕 日本昭和五十七年（一九七二年）十二月公布大阪上野淳一氏藏署爲李暹注的《千字文注》，一般稱爲"上野本"。

〔二〕［日］小川環樹：《中國語學研究》，創文社，一九七七年，第二二六~二四一頁。

伯三四一九號

英印一三五號

（三）敦煌寫本《千字文》的價值

　　《千字文》因其押韵自然，結構簡單，易於朗讀背誦，對後代蒙書有着極
爲深遠的影響。其價值概而論之有以下幾點：

1.爲敦煌的童蒙教材提供有力證明

目前發現的敦煌蒙書寫本，以《千字文》的寫卷數量最多，計有一百七十七個卷號，一百五十八件除了可以説明其在敦煌廣爲流傳的情形外，更可證明此一時期的識字教育以《千字文》居主流。又這些寫卷常與其他蒙書合抄在一起，如斯四九〇一號背雜寫《千字文》中間雜有《新集嚴父教》與《太公家教》；斯六一七三號正面抄《太公家教》，背面則抄《千字文》；伯四九三七號《千字文》前抄有《開蒙要訓》，背面則抄有《百行章》；伯五五四六號正面爲《武王家教》，背面《千字文》。凡此種種，都呈現出唐五代期間，敦煌地區《千字文》抄本與其他蒙書同卷合抄，搭配學習的實際情形，可見其性質明顯是兒童習誦的教材。其中斯二七〇三號《千字文》寫本，爲今所知見最早的學生習字作業及教師批閱記録的實物遺存，是中國教育事業源遠流長的歷史見證，對研究中國教育史具有時證的重要價值。

2.足證周興嗣本爲敦煌廣爲流傳的本子

現存的敦煌寫本《千字文》，大多是周興嗣次韵的内容，可見隋唐五代時期在敦煌地區《千字文》的流行周興嗣本一枝獨秀。有關《千字文》的作者，向來衆説紛紜。除了周興嗣之外，可察考者尚有：鍾繇、蕭子範、梁武帝蕭衍等人，可見在周興嗣之前，已經有人用一千個有限而不重複的字，编寫成一篇語義連貫的文章，并命名爲《千字文》，而且不衹一種。但由於周興嗣编寫的《千字文》，形式整齊、語句通暢，内容豐富，前後連貫，頗便記誦，所以廣爲流行。其他编撰的《千字文》遂漸失傳。周興嗣的《千字文》不但流傳廣遠，同時也爲民間所熟悉，因而被運用到日常生活之中。例如《大藏經》《道藏》《知不足齋叢書》，即用"天地玄黄，宇宙洪荒"等《千字文》字疊，作爲分類順序。甚至藥舖、當舖也以《千字文》字疊來開立當票，放置藥物。雖後代仿作、續編不斷，然亦無法取代周興嗣《千字文》的地位。

3.敦煌本《千字文注》，保存《千字文》古注的風貌

雖然《隋書・經籍志》所載蕭子雲和胡肅注未被保存下來，其原貌不可考，而《舊唐書・經籍志》及《新唐書・藝文志》亦没有著録李暹注《千字

文》，但至少從敦煌寫本中可以考察《千字文注》的部分面貌。

從上可知，《千字文》除了白文本在敦煌流傳外，唐代敦煌地區也普遍流傳着有注解的《千字文》教科書。這些《千字文注》是爲了輔助童蒙教學之用，針對不同的學習對象，或不同的時空背景，而將内容做部分的增減，所以把伯三九七三號、斯五四七一號、李暹注與上野本《千字文注》的内容加以比對後，可以發現四種注之文本并不是完全相同。這些不同時代的注本，正可反映出各時代在幫助童蒙理解時，所做不同的詮釋，而呈現出各種不同注解本的風貌。其中上野本附注的體例完整，内容簡潔，又很少引用故事説話類，最能傳達南北朝時代李暹注的原貌。據考斯五四七一號與上野本有一部分注文的内容相同，而且在"始制文字，乃服衣裳"的注文有重複及增補的情形，所以斯五四七一號可能是從李暹注增補。

從内容上來説，敦煌本《千字文注》中具體引用故事説話類的例子很多，與早期李暹注相比，在典籍的引用上有明顯的增加；在體例上，又有別於唐代傳統誦習用較爲簡潔的訓蒙書，許多内容皆作詳細的引證，注文的比重也增加不少。換句話説，敦煌本《千字文注》型態上的變化，可以看出當地學習者的要求，同時顯現出敦煌當地的獨特性。

4.敦煌本漢藏對音《千字文》具方音研究的價值

敦煌本英印一三二號與伯三四一九號爲蕃漢對音《千字文》，對於研究唐五代西北方音頗具價值。在中國第一個應用漢梵對音本考定中國古音的，首推一九二三年汪榮寶的《歌戈魚虞模古讀考》[一]，不過汪氏所應用的漢梵對音材料，僅限於一些零碎的名詞，相較之下，遠不如敦煌石室所發現的漢藏對音寫本來得更加可貴，它們代表的是唐五代流行於西北地區的一部份方音，羅常培便極爲重視。羅氏《唐五代西北方音》一書中，主要應用了五種漢藏對音材料，其中第一種便是漢藏對音千字文殘卷[二]。此殘卷，法人馬伯

〔一〕　汪榮寶：《歌戈魚虞模古讀考》，《國學季刊》第一卷第二號，一九二三年，第二四一～二六三頁。

〔二〕　羅常培：《唐五代西北方音・序》，商務印書館，二〇一二年，第一～二頁。

樂（H.Maspero）[一]、伯希和（P.Pelliot）[二]、日人羽田亨等曾引用過[三]，不過均爲零碎片段。羅氏《唐五代西北方音》一書則是有系統的利用此一寶貴材料，持與《切韵》進行比較，用以上溯《切韵》音與唐五代西北方音的關係，并試圖擬測其所代表的方音系統。由於梁周興嗣次韵的《千字文》成編以來，世多流傳，故對敦煌寫本《千字文》不作校錄，僅將《千字文注》錄文以爲附錄。

附：敦煌寫本《千字文注》錄文

兹據伯三九七三號與斯五四七一號兩件《千字文注》寫本錄文如下：

二（前缺）

爲夜光之寶也。

菓珍李奈

《詩》云：“丘中有李，彼留子起。”《世説》曰：“燕國高道縣王豐家好李，大如鵝，恐人得種，鑽其核，破而賣之。”涼州出奈，堪爲脯。果中美好者，李奈也。

菜重芥薑

趙國出芥，食之香美，子可爲醬。《論語》曰：“魚膾芥醬之屬，又云，不撤薑食。曰此二物，皆好也。”

海鹹河淡

《吳都賦》曰：“煮海成鹽。”故曰海鹹。不論煮河，故宜河淡也。

鱗潛羽翔

鱗者，黿、龜、鼉之屬；有翼，翔於林野。故《詩》：“匪鶉匪鳶，翰（翰）飛戻天。匪鮪匪鱣，潛兆於泉也。”

〔一〕見［法］馬伯樂（H.Maspero）"*LE DIALECTE DE TCH'ANG-NGAN SOUS LES T'ANG*"《長安唐代語言考》，法國遠東學院院刊第二册，一九二〇年，第二一～二二頁。

〔二〕見Paul Pelliet.Le Tsien Tseu Wen ou Liver des mille mots. "Toung Pao 通報" vol.XXIV，一九二六，第一七九～二一四。伯希和撰，馮承鈞譯：《千字文考》，《圖書館學季刊》一九三二年第一期，第六七～八六頁。

〔三〕見羽田亨《漢蕃對音千字文の斷簡》，《東洋學報》第一三卷三號，一九二三年，第三九〇～四一〇頁。

龍師火帝

《春秋傳》曰：伏羲氏之王天［下］，以龍治事，龍瑞，以龍記；火帝氏，以火記事。

鳥官人皇

《春秋》曰：人皇之時，以鳥記官，祀（祝）鳩氏爲司徒。鴡鳩氏爲司馬，尸（鳲）鳩氏爲司空，爽鳩氏爲司寇，以鳳凰知天時，故鳥名曆正之官也。

始制文字

《易》曰：上古之時，刻木結繩，三丈二寸，而後世聖人易之以書契。皇帝史官蒼頡見鳥迹而造文字。自斯之後，文字漸興，故記之也。

乃服衣裳

自伏羲氏以前，人代淳樸，無其文字，唯剋（刻）木結繩以紀其日。至伏羲氏王天下，人氏奸僞，故計教而用治之，十言謂八卦與消息。《易》曰："古孝（者）伏羲氏之［王］天下，始畫八卦。"由此言文籍之字始制。曰："古者結繩而治，後世由此文籍制易聖王。《易》曰之以書契。以服衣裳，始皇（黄）帝〔堯〕舜也。"《易》曰："黄帝、堯、舜，垂衣裳以始（治）天下，蓋取諸《乾》《坤》《繫辭》詳之矣。"

推位讓國、有虞陶唐〔一〕

《史記》曰："帝堯名放勛，黄帝之玄孫。舜名重華。堯年十六，封爲唐侯，故號陶唐。虞，芮之地，號曰有虞。堯聞舜有聖德，妻其二女，推位與之，舜復推禹，故言推位讓國。有虞、陶唐，二君。"

弔民伐罪

弔者矜恤之義。紂王無道，百姓困苦，周武王發愍百姓之酷暴，興盟津之上，八百諸侯不期而主自咸討可伐也。伊尹相湯，伐桀之，走鳴條之野，亦爲弔人（民）伐其有罪之君。八百諸侯於甲子日同志討之。率其族若林，會於牧野。紂之兵人，干戈自繫，血流漂杵。一著戎衣，天下定，萬姓得君武王，若旱苗之蓬（逢）滋雨，悉皆蘇耳。故《書》曰："待我后，后來其蘇息。"此其事也。

周發殷湯

周發者，武王之名。殷湯者，成王之號。桀無道，湯伐之。紂無道，周武王伐之。此

二君，皆爲矜恤養生，伐無道之君。

坐朝問道

昔堯舜帝，有天下。舉十六族，任以爲政，并得其人，故端坐朝堂，垂拱無爲，問主治道之事。一解云，漢孝文帝時，合國朝臣，皆誦老子《道德經》五千文。不解數字之義，天下莫能知者。問（聞）河上公，曉於老子之義，文帝造使往，諮請不解者。河上公曰："道德貴重，安遥問？"帝駕從而往問之。帝曰："普天之下，莫非王土；率土之人，莫非王臣。"子雖有道，終是朕人，不能自屈，何乃高乎？朕足使公富貴貧賤，只可須臾，何得寬漫，要朕自至也？"河上公忽然從坐，躍身苒苒在虛，昇雲而去，去地十丈，答於帝曰："上不至於天，下不履地，中不累人，逍遥而自安，何人之有哉？能令余富貴貧賤。"帝見於此，恐懼下車，稽首拜謝，摧肝膽而請問道德之義。故曰坐朝問道。坐朝於國，問道於河濱也。"

垂拱平章

《書》曰："九族已睦，平章百姓，百姓昭明。"邕邕而化天，無爲，端拱無事，故平章百姓，堯舜如此也。

愛育黎首

《禮記》曰："愛育萬物。"《詩》云：公能遵百禽之法，捨以足用，寬愛人黎，務香國至於坰野。黎者，衆人也，首者，渠帥者，大也。令之合長。明王治道，堯、舜、禹、湯并周武，悉皆愛育蒼生故。

臣伏羌戎

明王治道，遐荒慕化，梯山海，貢寶輪琛而祀，戎羌敢不從命。又武王伐紂之時，有庸、蜀、羌、〔髳〕、微、盧、彭、濮人等八國，皆羌之國，不伐不討，皆來臣伏之也。

遐邇壹體

遐之言遠，邇之言近，明王治道，万國來賓，伯來朝，歲星入出，咒於之類，能不一幹（體）歸仁也。

率賓歸王

王者往也，聖人受命，何不歸往也。文王在岐州之日，德化慈愍，名流四表。紂之無道，百姓兆亡，皆來奔周。赴其仁聖，負其子而至者，有八十萬户，皆來歸往。王有埋藏枯骨之功，湯王有開恩之惠，以此慈流，九夷歸往。故諺云："湯甃解，四海歸仁，周骨見埋，九夷內附也。

鳴鳳在樹

詩云："鳳凰鳴矣于彼高崗，梧桐生矣于彼朝陽。"鳳凰非梧桐不栖，非竹實不食。周文王在岐州之日，有鷟鷟鳴岐；武之時，集於豐户，明王聖主，鳳凰而來也，見於道有王。

白駒食場

白駒者，即麒麟也。明王之時，有聖人乘白駒來朝。《詩》云："皎皎白駒，食我場苗，縶之維［之］，以永今朝。"縶猶伴也。

化被草木

周家惠厚，仁及草木，故能内九族，以成福禄。《漢書》曰："沈豐字聖通，吳人也，作冷陵太守。甘露降五縣，芝草七十株。景帝賜黄金百溢，繒百疋。"張衡《京（東）都賦》曰："澤浸昆蟲，振威八宇"故也。

賴及萬方

賴者，被也，及者，至也，万方，萬國也。文王之時，及万國万方，百姓無不被恩及者。又雲（云）：禹察塗山，執玉帛者万國，孝也。

蓋此身髮、四大五常

蓋者，詰之端。八尺之身總名四大。五常者，仁、義、禮、智、信。《孝經》曰：人懷五常之性，常者恒也。在天爲五星，在地爲五常。四大者，即肉爲地大，血爲水大，暖爲氣火大，冷氣爲風大，此謂四大。五星者，東方歲星，南方熒惑，西方太白，北方辰星，中央鎮星也。五岳者，東有太山，南有霍山，一名衡山，西有華山，北有恒山，中有嵩山，此皆恒常之故也。

恭惟鞠養

夫王身之道，惟恭與孝。色養二親，雖遭凶年，父母不乏。昔孝子，一夜視衣厚薄，枕之高下，此恭於二親。敬上愛下，此施於他人。欲敬其親，先敬他人，名恭惟鞠養。□□離在家竭力以養老母。時有羌賊在田捉□□之，禮叩頭曰："我有老母在家，我爲取菜供養。君若殺我，老母交闕朝湌，願君放我作羹與母食訖，我即自來就死，終不失信。"賊遂放還家。禮入門，歡悦怡笑。作羹與母食訖。母問禮曰："於今飢饉，使子辛苦，何有歡樂，忽然怡笑？"禮曰："兒向者在田取菜，逢賊欲殺兒，兒爲阿孃未朝湌，乞命少時。若欲愁憂，恐孃不樂，是以歡悦見，今就死，好住！"母曰："既免賊手，何乃自去？"禮曰："兒若不去，賊就家取兒，賊若來，驚恐阿孃，即非孝子。"其弟隔墙聞兄此言，密自走出，而至賊所，謂曰："向來仁者，是我之兄。君既須肉，我肥肉多，我兄孝養，羸弱肉少。今代我兄取死，願君殺我，然莫殺我兄。"須臾之間，張禮走到："本許殺我，何爲殺弟？"賊見張禮兄弟如此，悉皆流淚，遂赦二人之命，使送還，而乃遺米一斗，令與老母。鞠養之道，其由如此也。

豈敢毀傷

《孝經》曰："父母已生，亦當自全而歸之。"又曰："父母之體，不敢毀傷，孝之始也。"孝子之法，外不爲非，內能行孝，不犯三千之罪，豈有鞭杖加之。子遭鞭杖，父母憂之，父母既憂，即非孝子。子之法，莫使父母憂，唯疾痛何使父母憂之。《論語》曰："唯其疾之憂。"此其義。

女慕貞潔

《禮記》曰："女子出門，必擁遮其面。夜［行］以燭，無燭則不行。"恭姜嫁於衛世子恭伯，早亡，姜遂守志，一心不二。父母欲奪其志嫁之，然姜誓不許。喻貞夫之事韓朋。宋王聞其美，聘以爲妃。捨賤，曰："卿本庶人之妻，今爲一國之母。衣即綾羅，食則咨（恣）口，何有不樂，而不歡喜？"貞夫曰："妾本辭家別親，出適韓朋，生死有疋，貴賤有殊。雙孤有黨，不樂神龍；魚鼉水居，不樂高堂；燕雀有群，不樂鳳凰；庶人之妻，不樂大王。韓朋須賤，結髮夫婦；宋王雖貴，非妾獨有。"又辭曰："蓋聞，一馬不被二鞍，一車不串四輪，妾既一身，不事二君。"乃投朋壙而死。此貞潔之志全也。斯之者，世代之所希奇，當今之時，未見也。

男效才良

《世說》曰："魏武帝曹操，與楊修，字德祖，二人常（嘗）共遊。見曹娥碑，背有八字，題云'黃絹幼婦外孫齏臼'。然帝莫曉其意，德祖可然解之。帝謂祖曰：'不可解不也？'祖曰：'解也。'帝曰：'勿■待■思之。'遂行卅里，帝問祖前□□曰：'黃絹色絲，色絲者絕字也，□□（少女）者妙字，外孫者女子，好字。□□（齏臼）者，受辛；受辛者，辭字。□辭。'帝曰：'朕向思之，□□無智，隔行卅里。'□曹操爲帝，陳思□疾而欲殺之，令遺□□不却殺。陳思王七□其釜下燃豆子釜□□（中泣），□□（本自）同根生，相煎何大急。'□□□殺。"諺云："才慚七步，學愧三冬。"由此言之，七步者即陳思王曹植也，三冬者即東方朔也。學問三冬，文章足用。受號三冬七步之才。此三人者，人倫之中軌範，邦家之內羽儀，男子之中量，若此故也。

知過必改

《論語》曰："過則勿憚改。"又云："有過能改與無過者同，過而不改，斯過矣。"

《春秋》曰："昔秦穆公亡駿馬，有道偷殺之，公見更賜酒，恐駿馬之肉發病然。五人悔過，自念以報恩。後秦被晉敗，此五人併以報穆公，公得免難也。"一解云，秦穆公遣三師伐鄭，路由晉界，其臣蹇百里等陳曰："不可也，必亡於三崤之間。"公不聽，遂引君東襲。晉臣先軫及姜之奇等，致伏兵三崤之中，滅秦三軍，侯輪不返，疋馬不歸。穆公聞之，深自悔責，恨不用賢之言。尚書有秦穆公悔過之篇，故之知過必改也。

得能莫忘

夫人立身之道，必須剋己行仁，博學六藝，所得所能，終始勿忘之。《心府》曰："益知新月無怠，故切切而問之，近近而思之，思之在於外，思之在於心也。

罔談彼矩

罔者無也。立身之道，謙讓爲先，推直與人，抱曲向己，莫論他人之短，自置己之有長，自謂己之有長。故《禮記》曰："君子不以所能於衆，不以所長於義。"皆不自代其功，遏惡而揚善，君子之道，不以視之也。

靡恃己長

君子之人，不論己是。聞人之善，傾喜之；聞人之惡，慘感之；聞人有失，爲憂之。卑人之長，自取其短，小人不能然也。

信使可覆

《論語》曰："信近於義，言可覆。君子之言，無不近信義者。"故云："君子一諾，千金不移也。"昔魏文侯與楚王期獵，至期日雨甚，文侯置雨赴，左右諫曰："雨甚不可進。"文侯曰："與人期，何得不赴而失信。"一解云，昔尾生與女子期梁下，須臾水至，尾生恐失期所，不避溺，抱梁取死，表我之信也橋梁。若非橋梁，何得水至而溺死也。一解云，漢時，郭細侯任并州刺史，年滿下官，乃有群小兒，皆乘竹弓，來至其門曰："府君何日還？某等欲送府君。"然。細侯與期於路。自至其日，細侯行至期所，停車息馬而待之。左右曰："何故也？"細侯曰："吾與童兒期此。"左右曰："童兒之言，何可信也？"細侯曰："不也。與人期，豈可失也。"須臾之間，有數十小兒，皆乘竹馬而至。歎曰：竹馬之信，尚不可欺，況乃士人君子乎？一解云，昔張元伯、范巨卿，千里赴期，時猶不失；邢高與呂安爲友，亦千里命駕；元伯、巨卿千里命駕，即邢高、呂安是也。《詩》云："誓將抱〔梁〕死，還同竹馬期，縱使風雲至，不避雨沾衣。此信始可覆。

器欲難量

《雜說》云："郭林宗遊於汝南，過袁奉高，不宿而退還。或人問曰：'奉高如何也？'

宗曰；'奉高之才器，辟千千之深溪，萬頃之池沼，澄之不清，撓之不濁。其器深廣難惻（測）也。我之於彼，何能比擬也。'"

墨悲絲染，

墨子者，梁惠王時人也。蓋有衛道之士，與莊周同遊，著書廿篇，號曰道家。素書殺同聖體，爲居惡俗，染之成，墨悲其失所見，枉沈淪。堯舜染□□□，▨（紂）染崇侯而成闇主。近愚闇，近聖者明，近穢者臭，近蘭者香，人之善云："楊珠泣岐路，墨子悲染絲。如何失本性，識道更何時也。"

［詩讚羔羊］

□□（詩讚）羔羊，邵南之國，被文王之化，在位節儉，如羔羊食乳，跪而飲之。人若違〔一〕此，不□□之如此，嘆感傷懷，因而《詩》曰"羔羊"。□□解，有心悲可嘆，人翻無若此，申辭命筆，作斯詩也。

景行維賢

景之言大，有大德□□▨君也。昔周相成王攝政七年，制禮作樂，天下大定，四海歸仁。公避流言之謗，東征□□▨侯，故作鴟鴞之詩，以遺王。成王不敢請公，此由景行高遠，惟賢惟聖也。

［克念］作聖

《尚書》曰："克勤於國，克儉於家，不自盈大，功高由志念，業廣由積勤。有志則功高，能勤則業廣。"又云："惟聖罔念作狂，惟狂克念作聖，〔桀紂非〕實狂愚，由□□不善，致舍子亡國被家。文王本非聖人，由勤念於善，得枝連八百，號曰"聖人"也。

德建名立

《禮記》曰："德潤身，富潤屋。"《論語》曰："君子之德風。"故言高遠之君子，能德立言，立美名於後世，揚高德於將來。以夫子爲立言，以文王爲立德，万代而傳之，明同日月者故也。

形端表正

《雜語》曰：夫形正者影必端，表斜者影必曲。君子之人，不受斜僻之言，抱志守貞，不虧二行；縱逢哀亂，不爲強暴之男；俗有傾移，不奪恭美之操，柳下惠、顏叔子是也。

〔一〕 斯五四七一止於此。

叔子在室，夜逢滯雨，鄰家有一女，其舍爲雨漬損，女奔叔子，叔［子］恐人疑之，遂令女秉明，明盡，徹（撤）草屋草，續明至曉，不虧其志。柳下惠，朝參不逮門，遂宿於門側。時有一女，亦不及門，同宿於門内。其時極寒，惠恐女凍死，以抱覆之，不虧其行。此二人，形性正直表正如斯故也。

空谷傳聲

《説苑》曰："昔陳思王，登於魚山，臨於東河。忽聞巖岫之中有誦經聲，青（清）麗哀婉，流響肅然有雲氣，不覺□（斂）衿，祇敬，而習此聲。傳之後人，即今梵音是也。"一解云，昔晉文公，於釜山求介子推，不得於山中，使人乎推，響應甚審，終自不見其身。文公以火焚之，推抱樹燒死。谷之響自此有之，故空谷傳聲之也。

虛堂習聽

《書》曰："昔魯恭王壞孔子宅，以爲恭王聽之，使人□□，得先王之典籍，遂不壞宅。此置虛堂習聽□□也，虛堂靜聽者，其事專之久□。

禍因惡積

積惡之家，必有餘殃，███████禍則至也。

福緣善慶

積福善之家，必有餘慶，故福及子孫也。

尺璧非寶

（後缺）

二　《新合六字千文》

《千字文》在隋唐五代時期是極爲流行的，即使在西陲偏遠的敦煌，也仍風行不替。學童識字、習字，多采之以爲教材，士人頗有臨摹習書者，在社會各階層廣爲風行，影響深遠，因此注解、改編、續編、仿作者紛陳。今所得見的敦煌寫本中，有據《千字文》加以改編，以每句各加二字，形成六字一句，兩句一韵新形式的《新合六字千文》。以今所知見，計有英藏編號斯五四六七號、斯五九六一號及法藏伯三八七五號、伯五〇三一號等四個卷號。

根據現存的寫本看，《新合六字千文》的功能蓋與《千字文》相同，同爲綜合識字類的蒙書，也是屬於《千字文》的續作、改編之類的蒙書。此一蒙書僅見存於敦煌文獻中，既可提供唐、五代敦煌地區童蒙識字教育面貌的寶貴材料，又可供作考察《千字文》在教育史影響與發展的參考。

一九八八年，周祖謨《敦煌唐本字書叙錄》一文，在"童蒙誦習的字書"中介紹了斯五九六一號的寫卷，指出所稱"新合六字千文"是就周興嗣本原句四字之外，另增加兩個字，使原句意思稍稍顯豁，學者易於理解，可能是鄉里塾師所爲，詞句不免拙劣[一]。一九九一年，朱鳳玉《敦煌寫本字書緒論》介紹了斯五四六七號、斯五九六一號二件寫本[二]。一九九七年，邰惠莉《敦煌本〈六字千文〉初探》[三]，將斯五四六七號及斯五九六一號二件《六字千文》保存的相同部分，錄文互校，并作注釋；評述《六字千文》的增字特點及優劣，并判斷《六字千文》的作者，至少是此一寫卷的抄寫人，似爲敦煌當地人。二〇〇一年，張娜麗《敦煌本〈六字千文〉初探析疑——兼述〈千字文〉注本問題》[四]，針對邰惠莉《敦煌本〈六字千文〉初探》所錄《六字千文》部分内容提出訂正與補校，同時據敦煌《千字文注》及日本上野本《千字文注》，對《六字千文》新增二字的來源等問題進行考述，指出"大部分直接或間接地出現在"敦煌本及日本上野本，纂圖附音本等《千字文》古注本的注文之中，因而斷定絶大部分是據《千字文》注本而增補的。二〇〇二年鄭阿財、朱鳳玉《敦煌蒙書研究》[五]，據寫本進行叙錄、錄文及性質與内容之探究。二〇〇八年張涌泉《敦煌經部文獻合集》作了細緻

〔一〕 周祖謨：《敦煌唐本字書叙錄》，《敦煌語言文學研究》，第四三頁。

〔二〕 朱鳳玉：《敦煌寫本字書緒論》，《華岡文科學報》第一八期，一九九一年，第九二～九三頁。

〔三〕 邰惠莉：《敦煌本〈六字千文〉初探》，《敦煌研究》一九九七年第一期，第一四八～一五四頁。

〔四〕 張娜麗：《敦煌本〈六字千文〉初探析疑——兼述〈千字文〉注本問題》，《敦煌研究》二〇〇一年第三期，第一〇〇～一〇五頁；張娜麗：《敦煌本〈六字千文〉初探》析疑（續）——兼述〈千字文〉注本問題》，《敦煌研究》二〇〇二年第一期，第九三～九六頁。

〔五〕 鄭阿財、朱鳳玉：《敦煌蒙書研究》，第四〇～五〇頁。

的校録〔一〕。二○一四年王金娥《敦煌蒙書與蒙學研究》在前賢的基礎上也作了録文與校釋〔二〕。

（一）寫本概述

以今所知見敦煌寫本《新合六字千文》計有四個卷號，分別爲英藏：斯五四六七、斯五九六一二號，及法藏伯三八七五號、伯五○三一號，四號中伯三八七五號、伯五○三一號可綴合，實際爲三件寫本，兹將其寫本概況表列如下：

序號	卷號	寫本狀況	行數	首尾題	題記	同卷資料
一	斯五九六一號	卷子本首完尾殘	七十一	首題：《新合六字千文》一卷	有	
二	斯五四六七號	册子本首完尾缺	十三	首題：《六字千文》		前抄《妙法蓮華經·觀世音菩薩普門品》。
三	伯三八七五號+伯五○三一號	首尾俱缺殘片	二+六			

其中伯三八七五號碎片七僅存二殘行，第一行存"蒙（芬）芳□（似）蘭□（斯）"五字，第二行存"宜郡淵澄"四字，伯五○三一號碎片僅存六行，文字漫漶。第一行存"百川東□□□（流不息）"，第二行存"言辭和雅安定"，第三行存"□□□（勤懇榮）業所基"，第四行存"蘇秦攝職從□（政）"，第五行存"八佾樂殊貴賤"，張涌泉、張新朋《叙録》確認此二片皆爲《新合六字千文》殘片，且字體相同，可以綴合。

〔一〕 張涌泉主編：《敦煌經部文獻合集》第八册，中華書局，二○○八年，第三九八○～三九九六頁。

〔二〕 王金娥：《敦煌蒙書及蒙學研究》，蘭州大學博士學位論文，二○一四年。

伯三八七五號+伯五〇三一號《新合六字千文》

（二）録文

　　茲以斯五九六一號爲底本，用斯五四六七號、伯三八七五號+伯五〇三一號參校，并參諸家校釋，録文如下。

新合六字千文一卷

鍾鉥撰集千字文，唯擬教訓童男。

　　石勒稱兵失次，梁帝乃付周興。員外依文次韵，連珠貫玉相承。散騎傳名不朽，侍郎万代歌稱。天地二儀玄黄，宇宙六合洪荒。日月滿虧盈昃，陰陽辰宿列張。四時寒來暑往，五穀秋收冬藏。三年閏餘成歲，十二月律吕調陽。神龍雲騰致雨，九月露結爲霜。黄金生於麗水，白玉本出崑崗。劍號一名巨闕，隨侯珠稱夜光。燕國菓珍李奈，蜀郡菜重芥薑。衆水海鹹河淡，[□□□□□□]。太昊龍師火帝，少昊鳥官人皇。伏羲始制文字，黄帝乃服衣裳。若論推［位］讓國，有虞堯舜陶唐。開羅弔民伐罪，唯有周發殷湯。三郎坐朝問道，無爲誰（垂）拱平章。愛育兆人黎首，臣伏四夷戎羌。萬國遐邇一體，八萬率賓歸王。鳴鳳梧桐在樹，賢人白駒食場。仁慈化被草木，恩德賴及萬方。蓋此八尺身髮，四大四支五常。閔騫恭惟鞠養，曾參豈敢毀傷。恭姜女慕貞潔，曹植男效才良。顏迴（回）知過必改，子夏得能莫忘。罔談彼人之短，靡恃己德之長。郭汲信使可覆，袁奉器欲難量。墨子感悲絲染，詩贊跪乳羔羊。人君景行維賢，雖狂尅念作聖。文王德建名立，刑（形）端無移表正。子推空谷傳聲，陳王虛堂習聽。受禍因其惡積，享福寔緣善慶。子罕尺璧非寶，大禹寸陰是競。若論資父事君，無過曰嚴與敬。董永孝當竭力，紀信忠則盡命。忠臣臨深履薄，孝子夙興溫清。芬芳似蘭斯馨，如松柏之茂盛。百川東流不息，宜郡淵澄取暎。人君容止若思，言辭和雅安定。若能篤初誠美，慎終如始宜令。懃懇榮業所基，萬古籍甚無竟。張儀學優澄（登）□（仕），蘇秦攝職從政。邵伯存以甘棠，歸思去而益咏。八佾樂殊貴賤，五禮分別尊卑。居上寬和下睦，伯鸞夫唱婦隨。男八外受傅訓，女十入奉母儀。親時諸姑伯叔，姪悌猶子比兒。孔懷朋友兄弟，昆李（季）同氣連枝。交有禮義投分，切磋琢磨箴規。都督仁慈隱惻，哀愍造次弗離。懷忠節義廉退，抱信顛沛匪虧。志性安靜情逸，心員豐動神疲。守真志意盈滿，必無逐物意移。堅持四知雅操，尊官好爵自縻。君王都邑華夏，絕高東西二京。東西（京）背芒（邙）面落（洛），西京浮謂（渭）據經（涇）。宮殿［崝］嶸盤鬱，樓觀飛峻側驚。圖寫奇禽異獸，畫彩前聖仙靈。丙舍第三傍啟，武帝甲帳對楹。鴻臚肆筵設席，太常鼓瑟吹笙。公卿昇階納陛，弁轉崎嶇疑星。右通達於廣內，左達通於承明。宣帝既集墳典，亦聚碩學郡（群）英。杜蒿（稿）鍾隸草嘉，漢帝漆舒（書）壁經。□□府羅將相，衢路使狹（俠）槐卿。韓起戶封八懸（縣），□□□□□□。□□（高冠）執戰（戟）倍（陪）輦，三公驅轂振纓。□□□□□□，□□（車駕）肥馬衣輕。班超策功茂實，□□□□□□。□□（磻溪）文列伊尹，二賢佐時阿衡。□□□□□□，□□（微旦）周公熟（孰）營。桓公匡合天下，□□□□□□。□□（綺里）能回漢惠，悅感傅說武丁。□□□□□□，□□多士寔寧。晉楚二君更霸，□□□□□□。□（晉）侯假途滅虢，迴至踐土會盟。□□□□□□，□□酷弊煩形（刑）。張良起舅頗牧，□□□□□□。□□□（宣微沙）漠之地，馳譽表於丹青。□□□□□□，□□（百郡）秦皇吞併。五岳最宗恒岱，□□□□□□。□□（雁門）焦盧紫塞，雞田河岸赤成（城）。

□□□□□□，□□（鉅野）帝戰洞庭。其問曠遠綿邈，□□□□□□。□□（治國）之本於農，當須務茲稼穡。□□□□□□，□□我藝黍稷。稅熟貢新於君，□□□□□□。□□（孟軻）性敦樸素，吏（史）魚如矢秉直。□□□□□□，□□（勞謙）謹敕自約。聆聽察其理惡，□□□□□□。□□胎（貽）厥嘉猷，試（誡）歡（勸）勉其祗植。□□□□□□，□□寵增抗極。人行殆辱近恥，□□□□□□，□□□（兩疏叔）姪見機，解組是誰造逼。□□□□□□，□（沉）默性愛寂寥。陳鎮求古尋論，□□□□□□。□□（欣奏）塵累自遣，憂戚謝去歡招。□□□□□□，□□莽卉抽條。楷（枇）杷仲秋晚翠，□□□□□□。□□□多委翳，落葉飄逐風飆。□□□□□□，□□（凌摩）負天降（絳）霄。□□□□□□。□□□輶攸畏，□□□□□□。□□□□□□，□□適□□□（口充腸）。

（後缺）

（三）《新合六字千文》的蒙書性質與內容特色

斯五九六·號首題 "新合六字千文一卷"。"新合" 二字，即明確顯示此一讀物蓋爲重新組合之作。按：唐代通俗讀物、歌謠每每隨時改易而新編不斷。因此，題名前貫以 "新集" "新合" 的著作層出不窮。如《新集文詞九經抄》《新集嚴父教》《新集吉凶書儀》《新集周公解夢書》等；《新合千文皇帝感辭》《新合孝經皇帝感辭》等是也。"新合" 也作 "新集"，如《新合孝經皇帝感辭》，斯五七八〇號寫本作《新合孝經皇帝感辭》，而伯二七二一號則題作《新集孝經十八章》。此卷題名作 "新合六字千文"，當不難看出係基於舊作《千字文》進行重新組織逗合。《千字文》原爲每句四字，而新編則爲六字句，每句增加二字。

第二行爲 "鍾鈇撰集千字文，唯擬教訓童男"，有據此以爲 "鍾鈇" 乃此一新編的作者，而《新合六字千文》的目的是打算用來作爲教育兒童的讀物。按：原卷 "鍾" 下一字 "金" 旁加 "未"，此字不見字書，翟理斯（Lionel Giles）《英國倫敦博物館漢文敦煌卷子注記目錄》著錄作 "鍾鈇"，然 "鍾鈇" 亦不見史傳載籍，不知何時何人？是否爲《新合六字千文》的作者，頗有疑慮。根據行文上下文義，疑 "鍾鈇" 當作 "鍾繇"。

張涌泉《敦煌經部文獻合集》云："按原字亦有可能爲'録'字，'鍾録'或爲'鍾繇'之誤。原文前八句係交代《千字文》的編撰者，而與《新合六字千文》的作者無關。"〔一〕"鍾録撰集千字文，唯擬教訓童男。石勒稱兵失次，梁帝乃付周興，員外依文次韵，連珠貫玉相承，散騎傳名不朽，侍郎萬代歌稱"段乃概述《千字文》成書與風行的經過，爲《新合六字千文》編撰之張目。意思説：《千字文》原爲鍾繇所撰，目的在於用來教育訓示孩童的。其後由於石勒稱兵作亂，致使文獻載籍受到兵燹之厄而失却次第。梁武帝乃命員外散騎侍郎周興嗣依據王羲之書法中選取一千個不重複的字次韵編撰，因其編次"連珠貫玉相承"，易於傳誦，乃廣爲流傳，致使萬代歌稱，散騎侍郎周興嗣之名得以流傳不朽。日本上野本李暹《注千字文》有序云：

《千字文》趙人李暹序注

《千字文》者，魏大尉鍾繇之所作也。梁・邵王蕭綸評書曰：鍾繇之書，如雲鵠游天，群鴻戲海，人間難遇。王羲之書，字勢雄强，如龍跳淵門，虎臥風閣，歷代寶之，永以爲訓，藏諸秘府。逮永嘉失據，遷移丹陽。然川途重阻，江山退險。兼爲石氏逼逐，驅馳不安，復經暑雨，所載典籍，因兹糜爛，《千字文》幾將湮没。晋中宗元皇帝恐其絶滅，遂敕右軍琅琊之人王羲之繕寫其文，用爲教本。但文勢不次，音韵不屬，及其將導，頗以爲難。至梁武帝受命員外散騎侍郎周興嗣，另推其理，致爲之次韵也。

上野本李暹序所言與敦煌本《新合六字千文》中所説的"石勒稱兵失次，梁帝乃付周興"的歷史因由相合。

敦煌本《新合六字千文》在叙説編纂緣起後，正文便從"天地二儀玄黄，宇宙六合洪荒"起，内容係立足於周興嗣《千字文》的基礎上，每句增添兩字，成爲六字一句的《六字千文》。增添後的《新合六字千文》在内容上并不相悖，衹是形式上略有變化而已。其組合的形式約有以下三種：

〔一〕　張涌泉主編：《敦煌經部文獻合集》第八册，第三九八六頁。

1.新添兩字在原句首（加黑之字爲新添字）：

陰陽辰宿列張　　**四時**寒來暑往　　**五穀**秋收冬藏　　**燕國**菓珍李柰

蜀郡菜重芥薑　　**顏回**知過必改　　**子夏**得能莫忘　　**子罕**尺璧非寶

子推空谷傳聲　　**陳王**虛堂習聽　　**郭汲**信使可覆　　**董永**孝當竭力

紀信忠則盡命　　**張儀**學優登仕　　**蘇秦**攝職從政　　**邵伯**存以甘棠

五禮分別尊卑　　**男八**外受傅訓　　**女十**入奉母儀　　**親時**諸姑伯叔

姪悌猶子比兒　　**昆季**同氣連枝

2.新添兩字在原句中。此種組合方式，主要依據內容增添文字，純爲行事需要，於原文意義上并無多大拓展。如：

天地**二儀**玄黃　　宇宙**六合**洪荒　　日月**滿虧**盈昃　　露結**九月**爲霜

有虞**堯舜**陶唐　　劍號**一名**巨闕　　愛育**兆人**黎首　　臣伏**四夷**戎羌

鳴鳳**梧桐**在樹　　形端**無移**表正　　言辭**和雅**安定　　孔懷**朋友**兄弟

3.增添兩字根據意思任意插入句中，每句的最後一字仍然是原文的字，并不影響原來的押韻情況。如：

黃金**生于**麗水（金生麗水）　　白玉**本**出昆崗（玉出昆崗）

罔談**彼**人**之**短（罔談人短）　　靡恃己**德之**長（靡恃己長）

墨子悲**感**絲染（墨悲絲染）　　詩贊**跪乳**羔羊（詩贊羔羊）

受禍**因其**惡積（禍因惡積）　　**享**福**寔**緣善慶（福緣善慶）

如松**柏之**茂盛（如松茂盛）　　百川**東**流**不**息（川流不息）

居上**寬**和下睦（上和下睦）

又詳審其内容與上野本李暹《注千字文》關係頗爲密切，茲就現存敦煌本《六字千文》殘卷與上野本對照，列舉一二，以見一斑。如：

序號	《六字千文》	上野本李暹《千字文注》
一	雖狂尅念作聖	尚書曰：**雖狂克念作聖**，罔念作狂哉
二	受禍因其惡積	**受禍因其惡積**
三	圖寫奇禽異獸	**圖寫奇禽異獸**似聖兒
四	高冠執戟陪輦	衛士皆着**高冠執戟**而陪輦也
五	如松柏之茂盛	**若松柏之茂盛**郁郁狀也

上舉五例中，一至三例敦煌本《六字千文》與上野本李暹注本完全相同；第4例敦煌本《六字千文》全見於上野本李暹注。至於第五例，則僅《六字千文》作"如"，上野本作"若"的差別而已。

此外，有《六字千文》所增添的二字見諸於上野本的。如：

其一：.百川東流**不息**　　百川東流，不舍晝夜

其二：**絶高**東西二京　　**絶高**謂京也

其三：高冠執戟**陪輦**　　衛士皆着高冠執戟而**陪輦**也

其四：稅熟貢新**於君**　　新熟必先貢**於君**

《六字千文》雖然每句增添二字，然其内容均忠於原作，不作改變。所增添的兩個字，主要在於事典的點明，具體指出事典的關係人物，使各句《千字文》的意思較爲明顯，頗有助於學童對歷史事件與故實的理解。如《千字文》"墨悲絲染"，《六字千文》作"墨子感悲絲染"；《千字文》"存以甘棠"，《六字千文》作"邵伯存以甘棠"〔一〕。

（四）《新合六字千文》的寫作背景與成篇時代

斯五九六一號首題"新合六字千文一卷"，意味着這是在舊作《千字文》的基礎上進行重新組織加工的作品。《千字文》爲每句四字，新編則每句六字。寫卷第二行題爲"鍾銇撰集千字文，唯擬教訓童男"，"鍾銇"是這新編的作者，原卷"鍾"下一字"金"旁加"未"，此字不見字書，疑爲訛字。有以爲當作"鍾銇"，然"鍾銇"不見史傳載籍，所以他的確切時代、里籍及生平均難以查考。甚至是否爲《新合六字千文》的作者，也值得再斟酌。根據行文上下文義，"鍾銇"很有可能是"鍾繇"的誤抄。

又今所得見的敦煌寫本斯五四六七號及斯五九六一號等二件抄本，均無年代與題記可資考索其年代。不過斯五九六一抄本"開羅吊民伐罪"中"民"字不缺筆避諱，然"哀愍造次弗離"中，"愍"字却缺筆作"愍"。學童抄寫

〔一〕　張娜麗《敦煌本〈六字千文〉初探析疑——兼述〈千字文〉注本問題》（《敦煌研究》二〇〇一年第三期，第一〇〇～一〇五頁），對《六字千文》新增二字的來源，與敦煌《千字文注》及日本上野本《千字文注》進行了詳細比對，可資參考。

蒙書，大抵不甚嚴謹，俗字、別字、錯字觸目可見，蓋爲常態。因此避諱與否實非斷代的主要參考與依據。又斯五九六一卷背有"癸酉年十一月□日龍□""赤心鄉百姓"等二行雜寫。按：此癸酉年可能爲唐宣宗大中七年公元八五三年，或後梁乾化三年公元九一三年。抄寫時間當在此前。

瞿理斯（Lionel Giles）《英國倫敦博物館漢文敦煌卷子注記目録》，著録斯五四六七（瞿三一二二）說"十世紀寫本"〔一〕。按：此件係册子本，依形制推之，其抄寫時代殆爲九、十世紀，亦即晚唐五代

至於《新合六字千文》成書的背景，"新合"二字，即已說明此書乃基於原有《千字文》的基礎進行增改成編的，因此當然是在《千字文》盛行的情況下産生的。《隋書・經籍志》"小學類"載有：

《千字文》一卷梁給事郎周興嗣撰

《千字文》一卷梁國子祭酒蕭子雲注

《千字文》一卷胡肅注

《篆書千字文》一卷

《演千字文》五卷

《草書千字文》一卷〔二〕

足見隋代《千字文》已普遍流行。因此，不但有注，同時也有篆書、草書等各種字體《千字文》的出現。隋侯白《啓顔録》中有三則笑話，内容均與《千字文》有關。分別是"封抱一"，此則見於《太平廣記》卷二五六，明馮夢龍《古今譚概・文戲部》引《啓顔録》，"《千字文》歇後詩"，内容說：

唐封抱一任棟陽尉，有客過之，既短，又患眼及鼻塞，抱一用《千字文》語作嘲之，詩曰："面作'天地玄'，鼻有'雁門紫'；既無'左達

〔一〕 Lionel Giles："*Descriptive catalogue of the Chinese manuscripts from Tunhuang in the British Museum*"，London，1957，pp.84～85。

〔二〕《隋書》卷三二《經籍志一》，第九四二頁。

承’，何勞‘罔談彼’。”出《啓顔録》〔一〕

“面作‘天地玄’”，用歇後格，隱去“黄”字；“鼻有‘雁門紫’”，隱去“塞”字；“既無‘左達承’”，隱去“明”字；“何勞‘罔談彼’”，隱去“短”字。以《千字文》作歇後詩以嘲諷過客面黄、鼻塞、眼病、身短。

第二則是“患目鼻人”，此則見於《啓顔録》，《廣滑稽》標作“相嘲眼鼻”。《太平廣記》記載：

> 一人患眼側睛及瞖，一人患齇鼻，俱以《千字文》作詩相咏。齇鼻人先咏側限人云：“眼能‘日月盈’，爲有‘陳根委’。”患眼人續下句：“不别‘似蘭斯’，都由‘雁門紫’。”〔二〕

側睛人與齇鼻者分别以《千字文》作歇後詩相互嘲諷，“眼能‘日月盈’”，隱去“昃”字；“爲有‘陳根委’”，隱去“瞖”字；“不必‘似蘭斯’”，隱去“馨”字；“都由‘雁門紫’”，隱去“塞”字。

第三則是“《千字文》語乞社”，與《新合六字千文》頗有異曲同工之妙。此則見於《太平廣記·詼諧八》，内容説：

> 敬白社官三老等：切聞政本於農，當須“務兹稼穡”，若不“雲騰致雨”，何以“税熟貢新”？聖上“臣伏戎羌”，“愛育黎首”，用能“閏餘成歲”，“律吕調陽”。某人等，并“景行維賢”，“德建名立”。遂乃“肆筵設席”，“祭祀蒸嘗”，“鼓瑟吹笙”，“弦歌酒讌”，“上和下睦”，“悦豫且康”，“禮别尊卑”，“樂殊貴賤”，酒則“川流不息”，肉則“似蘭斯馨”，非直“菜重芥薑”，兼亦“果珍李柰”，莫不“矯首頓足”，俱共“接杯舉觴”，豈徒“戚謝歡招”，信乃“福緣善慶”。但某乙某“索居閑處”，“孤

〔一〕《太平廣記》卷二五六《嘲誚四》，第一九九四頁。
〔二〕《太平廣記》卷二五七《嘲誚五》，第二〇〇七頁。

陋寡聞"，雖復"屬耳垣牆"，未曾"攝職從政"，不能"堅持雅操"，專欲"逐物意移"。憶內則"執熱願凉"，思酒如"骸垢想浴"，老人則"飽飫烹宰"，某乙則"饑厭糟糠"。欽風則"空谷傳聲"，仰惠則"虛堂習聽"。脱蒙"仁慈隱惻"，庶有"濟弱扶傾"，希垂"顧答審詳"，望咸"渠荷滴歷"。某乙即"稽顙再拜"。終冀"勒碑刻銘"，但知"悚懼恐惶"，實若"臨深履薄"。出《啓顔録》[一]

　　時人用《千字文》句戲作乞社："切聞政本於農，當須務兹稼穡，若不雲騰致雨，何以税熟貢新，聖上臣伏戎羌，愛育黎首。"共四十餘句，稱爲戲社，文中在原有的四字句《千字文》上，或在句前，或在句後，增添二字以連貫詞義。也有多增加兩字反其意而爲之，如"酒則川流不息，肉則似蘭斯馨"等句，其中"當須務兹稼穡"一句，就與敦煌寫本《新合六字千文》句子相同。由此可説明，至少在隋代時已經有爲《千字文》增字的藝文出現，而其流傳蓋因《千字文》在民間廣爲流行，且爲社會各階層所熟知，增加新字、調整順序祇是藉助《千字文》達到宣傳的作用而已。

　　似此在《千字文》基礎上，進行增字、調整順序的擴編，除了凸顯《千字文》在民間廣爲流行，且爲社會各階層熟知之具體情況外，也反映了人們求新求變的心理需求。這在《千字文》盛行的時代裏，可説是一種必然的發展。敦煌寫本斯五七八〇號、伯三九一〇號二件就是以唐代流行歌辭《皇帝感》來羈括周興嗣《千字文》的《新合千文皇帝感辭》。每句歌謡均嵌入《千字文》的字句，用以歌頌大唐天子玄宗皇帝的政績。其中斯五七八〇號題爲《新合千文皇帝感辭》；伯三九一〇號題爲《新合千文皇帝感一十一首》，詳覈寫本内容，實存九首。每首七言四句，二句一韵。伯三九一〇號册子本字拙劣且多俗訛，兹以斯五七八〇號爲底本，校録其内容如下：

〔一〕《太平廣記》卷二五二《詼諧八》，第一九五七頁。

言咨四海貴諸賓，黃金滿屋未爲珍。

雖然某乙無才學，且聽歌裏説千文。

天寶聖主明三教，追尋隱士訪才人。

金聲玉管恒常妙，近來歌裏轉加新。

御注孝經先□唱，又談千文獻明君。

一一總依書上説，不是歌裏漫虛傳。

天地玄黃辨清濁，籠羅萬載合乾坤。

日月本來有盈昃，二十八宿共參辰。

宇宙洪荒不可測，節氣相催秋復春。

四時迴轉如流電，燕去鴻來愁煞人。

三年一閏是尋常，雲騰致雨有風涼。

暑往律移秋氣至，寒來露結變成霜。

形端表正自將身，四海知識總相親。

禍因惡積行千里，福緣善慶滿鄉鄰。

海水由來有鹹味，河水分流入建章。

龍魚帶鱗潛戲水，鴛鴦刷羽遠遨翔。

劍號句闕七星文，珠稱夜光蛇報恩。

菜重芥薑續所貴，李柰甚珍獻聖君。

《新合千文》一卷

　　歌謠每句均嵌入《千字文》的字句，用以歌頌大唐天子玄宗皇帝的政績。可見《千字文》在唐、五代時期的普遍流行，即使地處西陲偏遠地區的敦煌，也是風行不替。既是學童識字、習字，所采用的教材。又是談天説笑的媒介與材料，其影響之廣泛，真可謂無遠弗屆。因此，仿作、續編、改編也就成爲一時的風潮。

三　《開蒙要訓》

　　“開蒙”意謂開悟啓迪童蒙，“要訓”意謂“重要的字詞”。《開蒙要訓》，顧名思義是專爲童蒙識字教育而選取日常切要字詞編成的通俗識字書。采四字一句，兩句一韵，包括了平上去入四聲的轉換，全篇三百五十句、一百七十五韵，凡一千四百字。其成書時代蓋爲六朝，與梁·周興嗣《千字文》時代相近，是唐、五代時期與《千字文》同爲敦煌地區民間最爲流行的識字蒙書。

此書是敦煌文獻中識字教育與日用生活事物相結合的綜合識字類蒙書，寫本件數僅次於《千字文》，其性質、功能與後世"雜字"書相同，祇是不以"雜字"名書而已。值得關注的是《千字文》是文人教育系統的綜合識字類蒙書，《開蒙要訓》屬庶民教育的綜合識字類蒙書，二者在敦煌地區雙軌并行，同時流通。

有關《開蒙要訓》的敦煌寫本，一九九九年汪泛舟《〈開蒙要訓〉初探》著錄有二十七個寫卷。祇有幾個寫卷較全，多爲殘缺，未見一個具規範性的完本。我在二〇〇二年《敦煌蒙書研究》中就當時已公布可知見的敦煌文獻過濾篩檢，計得三十七件。分別是英國國家圖書館藏十四件，法國國家圖書館藏十七件，中國國家圖書館、上海圖書館、俄羅斯東方研究所聖彼德堡分所、日本天理大學圖書館等單位所藏各一件，羅振玉、李盛鐸私藏各一件。之後，俄藏寫卷、北京國家圖書館藏、上海圖書館、日本杏雨書屋等大型圖録相繼出版，許多殘卷、碎片因而一一得到辨識與綴合，張新朋《敦煌寫本〈開蒙要訓〉研究》在調查敦煌文獻的過程中又認定了三十個個卷號，綴合後計得十四個殘片，累計叙録多達八十八件（含殘片綴合）。英藏十六號，法藏二十四號，中國國家圖書館六號，上海圖書館二號，羅振玉藏六片、天理圖書館一片、俄藏三十二號、原李盛鐸舊藏（現歸藏杏雨書屋）一號。經張新朋綴合後，計得五十七件。

另外，日本京都龍谷大學所藏大谷文書，也有吐魯番出土的《開蒙要訓》殘片二十四號，充分説明了《開蒙要訓》在唐五代西北地區流行的盛況。

有關敦煌寫本《開蒙要訓》的研究，主要從一九二五年，劉復《敦煌掇瑣》據完整的伯二五七八號寫卷輯録全文[一]，披露於世開始。一九三三年羅常培《唐五代西北方音》[二]，援引伯二五七八號寫本中音注以探討唐五代敦煌方音。

〔一〕見劉復：《敦煌掇瑣》，"中研院歷史語言研究所"，一九二五年，第三〇五~三一一頁。

〔二〕羅常培：《唐五代西北方音》，《"中研院歷史語言研究所"單刊甲種》之一二，上海中國科學公司，一九三三年。

一九八三年吉田雅子《敦煌寫本〈開蒙要訓〉にみられる音注字と〈廣韵〉との比較》專就伯二五七八號、伯三二四三號二件《開蒙要訓》音注字與《廣韵》進行比較〔一〕；一九八六年吉田雅子《敦煌寫本〈開蒙要訓〉的音韵體系——押韵、異文、音注》〔二〕，則以伯二四八七號號寫本爲主，從押韵及抄寫異文所反映的語音問題進行探討；一九八八年高田時雄《敦煌資料による中國語史の研究》運用《開蒙要訓》押韵、異文、音注作爲研究唐代語音的寶貴資料〔三〕；一九八九年宋新民《敦煌寫本〈開蒙要訓〉叙錄》叙錄了所見的三十個寫本〔四〕；一九九九年汪泛舟《〈開蒙要訓〉初探》簡述二十七個寫本概況〔五〕，概括了全書的主要内容，論述其在教煌學、語言學及教育學等多學科的研究價值；二〇〇二年鄭阿財、朱鳳玉合撰《敦煌蒙書研究》概述三十七件《開蒙要訓》寫本〔六〕，逐錄全文，并論述編者與時代、形式與内容、價值與影響；二〇〇三年朱鳳玉《敦煌寫本〈開蒙要訓〉與台灣〈四言雜字〉》比較二者形式與内容的同質性〔七〕，論述雜字類識字教育蒙書的發展與演變；二〇〇八年張新朋《敦煌寫本〈開蒙要訓〉叙錄續補》〔八〕，二〇〇九年張新朋《日藏〈開蒙要訓〉斷片考》〔九〕；二〇一二年高天

〔一〕［日］吉田雅子：《敦煌寫本〈開蒙要訓〉にみられる音注字と〈廣韵〉との比較》，《東洋大學大學院紀要》第二〇號，一九八三年，第一四九～一六六頁。

〔二〕［日］吉田雅子：《敦煌寫本〈開蒙要訓〉的音韵體系——押韵、異文、音注》，《東洋大學大學院紀要》第二三號，一九八六年，第二二六～二四二頁。

〔三〕［日］高田時雄：《敦煌資料による中國語史の研究》，創文社，一九八八年。

〔四〕宋新民：《敦煌寫本〈開蒙要訓〉叙錄》，《敦煌學》第一五辑，一九八九年，第一六五～一七七頁。

〔五〕汪泛舟：《〈開蒙要訓〉初探》，《敦煌研究》一九九九年第二期，第一三八～一四五頁。

〔六〕鄭阿財、朱鳳玉：《敦煌蒙書研究》，第五一～六七頁。

〔七〕朱鳳玉：《敦煌寫本〈開蒙要訓〉與台灣〈四言雜字〉》，《中國俗文化研究》第一辑，二〇〇三年，第一二〇～一二八頁。

〔八〕張新朋：《敦煌寫本〈開蒙要訓〉叙錄續補》，《敦煌研究》二〇〇八年第一期，第九八～一〇二頁。

〔九〕張新朋：《日藏〈開蒙要訓〉斷片考》，《汲古》第五五號，二〇〇九年，第六二～七一頁。

霞《敦煌寫本〈開蒙要訓〉字詞箋釋一則》[一];二〇一三年張新朋《敦煌寫本〈開
蒙要訓〉研究》[二],此爲其二〇〇八年博士論文修訂後的正式出版,從作者與時
代、形式與内容、研究價值、寫卷叙録、異文分析、詳細校注等,全面的整理與
研究;二〇一四年張新朋《大谷文書別本〈開蒙要訓〉殘片考》[三];二〇一五年張
新朋《東亞視域下的童蒙讀物比較研究——以〈千字文〉與〈開蒙要訓〉之比較
爲例》延續其博士論文的論述[四];二〇一六年張新朋《敦煌、吐魯番出土〈開蒙
要訓〉寫卷叙録》[五],叙録了今所得見的敦煌、吐魯番文獻中的《開蒙要訓》寫
卷,其中敦煌寫本八十二件,并對殘片進行綴合;二〇一七年高天霞《敦煌寫
本〈開蒙要訓〉字詞補釋》[六],鄧文寬《敦煌本〈開蒙要訓〉三農具解析》[七],均
選擇其中詞語進行校釋或解析;二〇二〇年鄭阿財《〈開蒙要訓〉的語文教育
與知識積累》[八],以《開蒙要訓》與歷代主要識字類蒙書收録字數比較,論述其
識字量符合隋唐以來童蒙識字教育的實際;分析其内容層次與知識積累,具滿
足日常生活用字需求的實用性。敦煌寫本《開蒙要訓》是觀察中古時期百姓社
會生活面貌的視窗,也是考察歷代民間識字書發展與現代幼兒啓蒙教材編纂的
借鑒。

〔一〕 高天霞:《敦煌寫本〈開蒙要訓〉字詞箋釋一則》,《漢語史學報》第一二輯,
二〇一二年,第三一四~三一五頁。

〔二〕 張新朋:《敦煌寫本〈開蒙要訓〉研究》,中國社會科學出版社,二〇一三年。

〔三〕 張新朋:《大谷文書別本〈開蒙要訓〉殘片考》,《敦煌研究》二〇一四年第三
期,第八一~八六頁。

〔四〕 張新朋:《東亞視域下的童蒙讀物比較研究——以〈千字文〉與〈開蒙要訓〉
之比較爲例》,《浙江社會科學》二〇一五年第一一期,第一〇七~一一三頁。

〔五〕 張新朋:《敦煌、吐魯番出土〈開蒙要訓〉寫卷叙録》,《在浙之濱——浙江大
學古籍研究所建所三十周年紀念文集》,中華書局,二〇一六年,第三六七~三九六頁。

〔六〕 高天霞:《敦煌寫本〈開蒙要訓〉字詞補釋》,《漢語史研究集刊》二〇一七年
第二期,第二六七~二七三頁。

〔七〕 鄧文寬:《敦煌本〈開蒙要訓〉三農具解析》,《敦煌吐魯番研究》第一七卷,
二〇一七年,第一~四頁。

〔八〕 鄭阿財:《〈開蒙要訓〉的語文教育與知識積累》,《浙江師範大學學報》(社會
科學版)》二〇二〇年第一期,第一~一二頁。

　　回顧既有的研究成果，主要有寫卷叙録、文獻校録、音韻及詞語文、編纂體制的考論，其中張新朋《敦煌寫本〈開蒙要訓〉研究》《敦煌寫本〈開蒙要訓〉叙録續補》較爲晚出，叙録較全、本文校録完整而詳細可參考。

（一）寫本概況

　　敦煌文獻已公布的《開蒙要訓》寫本，計有八十八個卷號，其中有不少殘卷碎片經學者研究而加以綴合，綴合後總計有五十七件寫本，兹將各件寫本概況表列如下：

《開蒙要訓》寫本概況表

	卷　號	寫本狀況	保存行數	首尾題	題記	同卷資料
一	斯七〇五號	首缺尾完	八三行	尾題：開蒙要訓一卷	有	
二	斯一三〇八號	首缺尾完	七九行	尾題：開蒙要訓一卷		
三	斯五四三一號	册子本首完尾缺	一三五行	首題：開蒙要訓一卷		
四	斯五四三七號	册子本	一行	封面題：開蒙要訓		漢將王陵變
五	斯五四四九號	册子本首缺尾完	二十四行	尾題：開蒙要訓一卷		
六	斯五四六三號	册子本首缺尾完	三十行	尾題：開蒙要訓一卷	有	
七	斯五四六四號	册子本首完尾缺	一百四十三行	首題：開蒙要訓一卷	有	
八	斯五五一三號	首尾俱殘	二十七行			
九	斯五五八四號	册子本首完尾缺	四十九行	首題：開蒙要訓一卷	有	
一〇	斯五七五四號背	册子本	題	雜寫開蒙要訓一卷及上大夫		正面：新集文詞九經抄
一一	斯六一二八號+北敦一二三五五號+北敦一〇一九九號	首尾俱殘	八＋四＋四行			

	卷　號	寫本狀況	保存行數	首尾題	題記	同卷資料
一二	斯六一三一號+斯六二二四號+俄敦四七九九號	首尾俱殘	三＋八＋二行	首題：開蒙要訓一卷		
一三	斯九四四八號+斯九四四九號+斯九四七〇號	首尾俱缺	九＋八行			
一四	伯二二四九號背	雜寫	九行			正面：大般若波羅蜜多經 背面：後抄有壬午年雇工契
一五	伯二四八七號	卷子本首尾俱全	全本七十四行	首題：開蒙要訓一卷 尾題：開蒙要訓一卷		
一六	伯二五四五號背	卷子本		雜寫開蒙二字	有	正面：孝經
一七	伯二五七八號	卷子本首尾俱全	全本一百一十二行	首題：開蒙要訓一卷 尾題：開蒙要訓一卷	有	
一八	伯二五八八號	卷子本首完未鈔完	五十七行	首題：開蒙要訓一卷		亡文、燃燈文、齋文
一九	伯二七一七B號背+俄敦五二六〇號+俄敦五九九〇號+俄敦一〇二五九號	首完尾缺	一百三十一＋九行	首題：開蒙要訓一卷	有	正面：碎金
二〇	伯二八〇三號背	卷子本背字	四行		有	天寶九載敦煌郡倉納穀牒
二一	伯三〇二九號	卷子本首完尾缺	二十四行	首題：開蒙要訓一卷		背面：雜寫狀牒帳目，金光明最勝王經
二二	伯三〇五四號	卷子本首尾俱完前二十三行下殘	九十六行	首題：開蒙要訓一卷 尾題：開蒙要訓一卷	有	背面：緇阿百歲篇、國師唐和尚百歲篇

續表

	卷　號	寫本狀況	保存行數	首尾題	題記	同卷資料
二三	伯三一〇二號	首尾俱缺	三十七行			背面：孔子項託問書
二四	伯三一四七號	卷子本首完尾缺		首題：開蒙要訓一卷		與俄敦一一〇六六號字體相似，疑爲同一人所抄
二五	伯三一六六號背	卷子本	六行	首題：開蒙要訓一卷	有	正面爲禮懺文
二六	伯三一八九號	首缺尾完	二十六行	尾題：開蒙要訓一卷	有	聞道側書難學郎詩抄
二七	伯三二一一號背	卷子本	存"麨麵篩麩"四字		有	正面：王梵志詩卷二背面前有千字文雜寫
二八	伯三二四三號+俄敦一九〇八三號	卷子本首尾俱殘	六十七+五行	尾題：開蒙要訓一		背面：藏文、雜寫
二九	伯三四八六號	首尾俱缺	二十行			
三〇	伯三三一一號背	卷子本首完尾缺	九行	首題：開蒙要訓一卷	有	正面：春秋正義銜名
三一	伯三四〇八號+俄敦四九〇七號	卷子本首完尾缺	四十三行	首題：開蒙要訓一卷		
三二	伯三六一〇號	卷子本首尾俱完	全本八十五行	首題：開蒙要訓一卷尾題：開蒙要訓一卷		
三三	伯三八七五A號	卷子本首殘尾完	全本九十七行	首題：開蒙要訓一卷尾題：開蒙要訓一卷		背面：社司轉帖
三四	伯三九〇八號	册子本		封面左側寫：訓一卷坤		新集周公解夢書

	卷　號	寫本狀況	保存行數	首尾題	題記	同卷資料
三五	伯四九三七號背	卷子本	一行			正面：百行章 背面後抄千字文
三六	伯四九七二號背	首完尾缺	一行	首題：開蒙要訓一卷		正面：古賢集
三七	伯五〇三一號碎八	首尾俱缺	二行	首題：開蒙要訓		
三八	北敦五二〇三號	首完尾缺	二行	首題：開蒙要訓一卷		
三九	北敦一二二七八號背	首尾俱缺	五行			正面：急就篇 背面：齋意文
四〇	北敦一四六六七號	首完尾缺	五十三行	首題：開蒙要訓一卷		
四一	北敦一五四三四號背	首尾俱缺	八行			社司轉帖
四二	北敦一六三六一號	殘片	二（殘行）			
四三	上圖一七之七號（八一二三八八）	首缺尾完	二十六行	尾題：開蒙要訓一卷		
四四	上圖一一〇號背（八一二五六〇）	卷子本 首完尾缺 習字	九十七行		有	正面：阿毘曇心論 背面：前千字文習字
四五	羅一號＋羅二號＋羅五號＋羅六號（《貞松堂藏西陲秘籍叢殘》）		十一＋十＋十＋十行	羅六號尾題：開蒙要訓一卷		
四六	羅三號＋羅四號＋天理本（《石室遺珠》第六小片）		十三＋九＋六行			

	卷　號	寫本狀況	保存行數	首尾題	題記	同卷資料
四七	羽二九號	首完尾缺	五十二行			
四八	羽六八二號背		三行			
四九	俄敦二六五五號＋俄敦一〇二五八號＋俄敦四四一〇號＋俄敦六二三六號＋俄敦一四四二號＋俄敦八九五號＋俄敦三九九一號＋俄敦一八九五九號＋俄敦一二七一五號＋俄敦一二六七三號＋俄敦一八九六〇號＋俄敦一二六〇〇號＋俄敦一二六〇一號＋	首尾俱缺	三＋十七＋十二＋四＋十三＋二＋四＋四＋九＋六＋（七）行		
五〇	俄敦一四〇二號			開蒙要訓一卷乾坤覆載十字		
五一	俄敦二四八五B號背	首尾俱殘	五行			
五二	俄敦二六五四號	册子本	九行			下女夫詞
五三	俄敦五四二七號＋俄敦五四五一B號	首尾俱殘	十八行			
五四	俄敦五八三九號	首尾俱殘	六行			
五五	俄敦六五八六號＋俄敦六一三六號＋俄敦六五八二號＋俄敦一一〇四八號＋俄敦一〇二七七號	首殘尾完	十＋二十六＋十四＋六＋六行	尾題：開蒙要訓一卷		

	卷　號	寫本狀況	保存行數	首尾題	題記	同卷資料
五六	俄敦一〇七四〇號	首尾俱殘	五行			
五七	俄敦一一〇六六號	首尾俱殘	七行			

以上卷號經綴合後，計五十七件。首尾完整計有：伯二四八七號、伯二五七八號、伯三〇五四號、伯三六一〇號、伯三八七五號等五件。斯五五一三號爲《開蒙要訓》摘抄，斯五四三七號、斯五七五四號背、伯二二四九號背、伯二五四五號背、伯二八〇三號背、伯三一六六號、伯三二一一號背、伯三九〇八號、伯四九三七號背、北敦五二〇三號、上圖一一〇號背、俄敦一四〇二號等十二件爲習字雜寫，其他均爲殘卷與殘片。伯二五七八號及俄敦二四八五有標注直音。

（二）録文

兹以伯二五七八號爲底本，參校各寫本，并參酌諸家校録，爲便於讀者通讀了無疑滯，凡俗字可確定正字者，直接正録，誤字正録者加“（ ）”，以區別之；底本缺字、脫字，可依據其他寫本補定無誤者，不外加“〔 〕”“（ ）”增補符號；若有不確定性，則外加“〔 〕”“（ ）”增補符號。本書原則上不出校記，各寫本中俗字、異體字、別字、假借字、訛誤字等差異可詳參“敦煌蒙書校釋與研究”各卷之相關校記，以下各蒙書之録文亦同，不再説明。

開蒙要訓一卷

乾坤覆載，日月光明。四時來往，八節相迎。春花開艷，夏葉舒榮。蕖林秋落，松竹冬青。霧露霜雪，雲雨陰晴。晦暮昏暗，曉暝霞生。雷雹霓電，霹靂震驚。氷寒凍冷，暖熱温清。五岳嵩華，霍泰恒名。江河淮濟，海納吞并。湍波漂浪，沈溺渦泫。舡艘艦艇，浮汎流停。君王有道，恩惠弘廓。萬國歸投，兆民歡躍。諸佞潛藏，奸邪憩惡。臣佐輔弼，匡翊勤恪。賞賚功勳，封賜禄爵。宴會嘉賓，奏設伎樂。酣醼飲酒，勸酌酬醒。諷誦吟咏，吼唤蹤横。喧笑歌舞，鬧動音聲。琵琶皷角，琴瑟簫箏。箜篌箳策，筑磬笛笙。孝敬父母，承順弟兄。翁婆曾祖，嫂姪孫嬰。伯叔姊妹，姑姨舅甥。婚姻娉嫁，夫婦媒成。油燈蠟燭，炬照輝盈。貧賤富貴，奴婢使令。牣勤壯健，運輦提擎。孤惸鰥寡，老弱衰停。睡眠寢寐，憒悶煩情。帷帳床榻，氈褥威儀。屏風倚郭，幔幕懸垂。毾㲪氍毹，盂閣須彌。茻簀薦藺，薦蓆鋪施。繰絲撫璽，綿絮繂縺。紡褐裘裝，麻葛蒿枲。紵練單紃，布絹紬絁。綾紗繒綵，羅縠錦繡。鮮紋雙絚，絀縵緊繝。針縷綻綴，補袟穿陋。接續絳緄，緫絡禊就。襜襠褌袴，衫襦褾袖。襟襴領紐，裸襷新舊。帔巾帊幞，袍被裙究。緝績纑縈，女人傭作。機梭筬筟，踑滕鞦纂。筭緯織幅，經引紡絡。紫絑蒢枋，緋紅碧綠。緗縹紺綺，斑黄皂帛。篋籠箱櫃，衣裳疊襞。鞋襪靴鞵，屨履屧屐。粧奩鏡匣，脂粉薰澤。粔粨黸黛，梳鈚釵隻。髮髻髮鬟，鬢髷髭鬜。頭額頄頤，齒舌脣口。眉眼鼻耳，頸項臂肘。腰脊胸腋，腕抓指拇。骭膊腿胜，跟踝脚手。脇肋脊背，腓腨膝後。脾腎腸肚，肺肝心部。髓腦筋骨，瘦瘠羸醜。病患疾疹，痛癢疼軀。癩禿胗癧，癬疥痾疸。瘡痍癰瘤，腫欼肌膚。膿血髡污，鍼灸療除。瘕痳欬嗽，涕唾呵嘘。癃殘攣跛，矬矮侏儒。癲癇贛憃，癡騃頑愚。聾盲啞吃，坊巷街衢。羞恥慙戁，愧惡鄉閭。珍寶貨賂，璧璧硨磲。頗黎瑪瑙，琥珀珊瑚。瑠璃瑇瑁，金銀玉珠。鉛錫鍮鑞，銅鐵之徒。鋼鑢銷鎔，爐冶鑄鑵。鼎鑊釜鐕，銼鑣鍑䥕。土鍋鋧銚，鎗鏊揩桉。鏵鍫钁鑱，斧鑿鑠鍛。鎌釤鈎鋸，錯鑢錐鑽。耬犂耕搆，鋤刨壟畔。植稚稀疎，概密調短。亢旱燋枯，溝渠溉灌。柯桐橿柄，芟刈撩亂。削斫斬剉，蹂挼押按。权杷挑撥，扙策聚散。秬積苫持，浸漬淹瀾。舉質券契，保證賒獲。違限不償，抵捍拒格。示語靡從，擒挐攝搦。蹴踏拳箏，拗捩搭搕。推揀拽挽，罵詈嗔責。逃竄隱避，徵挈債索。訴辭辯牒，曹府恐窀。駈馳駅乘，走骤跳躑。緩急遲鈍，快駛奔驛。車轅轂輞，輪輻軨轒。釭鐧枕軸，鞅乾轉輻。篷篊篷簹，悃𢜱顯赫。雕鐫刻鏤，剗削鏘鏰。鍍刮刮捋，杇腐隨宜。尖喝偏庆，側正傾敧。瑕璺于陳，填塞拈捭。鐏壺盆鉢，盃椀盞巵。盤擎㯕楪，瓢杓筯匙。罌㼡瓶楹，盆瓮甌炊。漿糜酪飯，羹臛粥糜。葅菁鮓脯，鮮鱠魚魦。店肆興販，悋怙慳惜。酤賣接侍，豐饒添益。餅肉菜茹，爨煠煮炙。煎熬焦煿，鹽豉調適。臘臈鮪脮，鹹醶醆酢。饍饁𩜁粅，鈘䭏粢料。䭥饠籠餤，饞饊饅餕。餛飩餡餪，糙粒研斷。疎齮齬齚，喫噉飽滿。貪婪費耗，饞劼乖嬾。粳粮糯秋，禾粟穙稻。糜黍穀麥，豌豆稴蕎。碓磑碾磨，杵臼舂搗。麨麵篩麩，麁澀細好。颺簸糠糩，秕麩其蒿。稻穰稭莢，曬曝乾燥。菱蓮荷藕，芙蓉枝草。谷澗嵼壑，崖崩岸倒。燒燃柴薪，擔携負抱。構架椽柱，栿檁槄梁。博扂蛀吻，雀桷簷廊。厠廄厢庌，板棧廳堂。菴蘆屋舍，置牖安窻。關籥楗柵，備禦寧康。庫藏居貯，窖窖囷倉。泥鏝梯蹬，塼墼墾墙。掃灑庭院，料理園塲。畦菀蒔蒔，栽插端行。槐榆椿楮，桐梓柘桑。槙槴椑柿，柑橘檳榔。瓜桃李柰，棗杏梨棠。蔥蒜韭薤，茱萸椒薑。芸薹薺蓼，葫蕯芬芳。蔓菁葵芥，蘿蔔蘭香。蓻蒿藜藿，笋蕨蓴穬。劚掘坑壄，豎蒜埋檜。堡壁籬柵，周匝遮防。胎卵濕化，蚰蜓蛯蜋。蚊虻蟻虱，蜂蝶螳螂。蝦蟆蜉蛤，龜鱉鯊鯉。鮎鯉鱧鰤，鯨鯢鱒鮒。蚖蚘蝮蝎，蟒蝮身腔。鷦鵲鳩鴿，鴻鶴鳳凰。雞鴨鵝鴈，鶉鳩鴛鴦。鷹鵰鷁鶘，翅翮翱翔。麝香麋鹿，猿猴狖麘。羆熊狐兔，虎豹犲狼。驢馬牛犢，肫狗猪羊。駱駝騾象，餧飼肥强。騟騮騅駮，驄駬馻驥。鞍轡鞦轡，靷韅轚轃。橋韃韃鞑，帶鞲鞘傍。鈚骹箭鏃，弰弩鈍剛。劫賊剝脫，怕怖懼忙。偷盜私竊，越蠶非常。追蹤逐迹，忖慞思量。謀計智略，掩捉搜贓。詐偽詿惑，衒誘誇張。挐捕攤賭，酬賽輸觴。圍碁握槊，戲弄披倡。牢囚獄禁，繫縛愆殃。撿驗察訪，勿妄誣謗。拷捽鞭棒，枷鏁杻械。判無阿黨，豈詎賢良。筆硯紙墨，記錄文章。童蒙習學，易解難忘。

開蒙要訓一卷

天成四年九［月］十八日燉煌郡學仕郎張▨▨▨書

（三）抄寫時代與性質

1.抄寫時代

今所知見敦煌寫本《開蒙要訓》八十八號及綴合情形如上表。其中存有題記有記年者七個寫本，茲依年代先後爲序分別爲：

斯七〇五號："大中五年三月廿三日，學生宋文獻誦安文德寫。"按：大中五年爲公元八五一年。

伯三二一一號：卷末題記："乾寧三年歲丙辰二月十九日學士郎氾賢

信書記之也。"按：乾寧三年爲公元八九六年。

　　伯二五四五號背：存有與《開蒙要訓》抄者同一人所抄的雜寫"張富得、李苟""同光三年乙酉"。按：同光三年爲公元九二五年。

　　伯二五七八號：卷末題記："天成四年九月十八日敦煌郡學仕郎張▨▨書。"按：天成四年爲公元九二九年。

　　斯五五八四號：首題前有"清泰貳年乙未歲二月十五日，蓮臺寺比丘願丞略述寫記"。按：清泰貳年乙未爲公元九三五年。

　　伯三〇五四號：卷末題記"維大唐天福參年歲次己亥九月五日張富郎書也"。按：天福參年爲公元九三八年。

　　斯五四六三號："顯德五年十二月十五日大雲寺學郎。"按：顯德五年爲公元九五八年。

　　可見九、十世紀晚唐五代期間《開蒙要訓》在敦煌地區廣爲傳抄，正規抄本反應的是當時誦習課本的性質，是流行的學童誦習的識字課本；習字、雜抄計有十二件，所呈現的是學生初學識字習字，或學習後背寫的遺存。

2.寫本性質

　　《開蒙要訓》的寫本性質，可從今存敦煌寫本的相關題記來考察，其中

北京中國國家圖書館北敦一四六六七號《開蒙要訓》

有幾件寫本卷末題記署有抄者、使用者姓名身份，如斯七〇五號有"學生宋文獻誦、安文德寫"、斯五四六三號有"大雲寺學郎"、斯五五八四號有"蓮臺寺比丘願丞略述寫記"、伯三一八九號有"三界寺學士郎張彥宗寫記"、伯二五七八號有"敦煌郡學仕郎張████書"、伯三〇五四號有"張富郎書"等，可知抄寫者或使用者的身份主要是敦煌地區的學生、學郎、學士郎。

　　按：敦煌寺院需要有具基本學識的人來充實僧團的組織；同時，在官學廢弛的情況下，寺學也肩負着民間教育的社會責任，因而大半寺院都有寺學的興辦。州縣官學的學生稱"學生"；寺學的學生，自稱"學士郎"或"學仕郎"，省稱"學郎"。從上舉寫卷題記署名可見《開蒙要訓》在唐、五代敦煌地區廣泛流行，是當時州、縣學和寺學普遍采用的綜合性識字教材。不僅可供作童蒙識字之用，同時也作爲失學的成年人認字之用，内容提供一般日常生活中名物、事務，以期知書曉理，具有一舉數得的學習功能。

法藏伯二五七八號《開蒙要訓》

　　今公布的敦煌吐魯番文獻中保存有逾百號的《開蒙要訓》寫本，印證了此書在中古時期爲廣大民衆所學習，是唐五代民間廣爲采用的綜合識字類啓蒙教材，内容豐富，知識面廣，既教導認識基本常用字，又傳播自然和社會知識，有利於啓迪兒童智慧，擴大其知識視野；又能够符合兒童由淺入深、

循序漸進的學習程式。其編纂目的主
要是因應一般平民子弟實際生活所需
用字而編。這與後世民間盛行的《四
言雜字》《五言雜字》《六言雜字》及
《七言雜字》等性質與教育目的一貫，
祇是因應不同時代、不同地區而有不
同的編纂，內容也不斷有所增删，這
是民間雜字系綜合識字類蒙書的共
性[一]。正因如此，所以"雜字"書的
編纂時代與作者均不易考訂。

（四）編撰者與編撰時代

1.《開蒙要訓》的編者問題

　　現存敦煌寫本《開蒙要訓》均
未見有標示作者名氏。日本平安朝中
期藤原佐世（八二八～八九八）所編
的《日本國見在書目錄・經部小學
家》中著錄有"《開蒙要訓》一卷"，
下面標"馬氏撰"[二]。既無名字，也没
標注年代。一九六二年，商務印書館
編《敦煌遺書總目索引》在"索引部
分"說明："《開蒙要訓》一卷，六
朝仁壽馬氏撰，見《日本國見在書

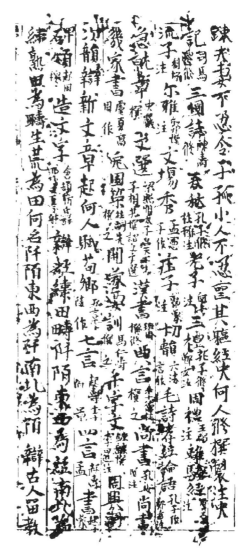

法藏伯二七二一號《雜鈔》寫本

<hr />

　　[一]　張志公《傳統語文教育教材論：暨蒙學書目和書影》："雜字書有幾個突出的特
點：第一，通俗；第二，結合特定物件的生活實際，注重日常應用；第三，帶有顯著的地
方色彩，鄉土風味。"（第三六頁）
　　[二]　[日]藤原佐世：《日本國見在書目錄》，中華書局，一九九一年，第一九頁。

目録・小學類》。"〔一〕又日本天理圖書館出版的《善本寫真集・開蒙要訓》則說："係隋文帝仁壽年間（六〇一～六〇四）馬氏所撰，曾在日本平安朝時代（七九四～一一九二）使用過，之後散佚。"

然而《善本寫真集》的説法所據爲何？不得而知。唯今所得見敦煌寫本中有一名爲《雜鈔》，又名《珠玉抄》《益智文》《隨身寶》的知識類蒙書，此蒙書中有一系列供當時學生閲讀參考的書目。當中有《開蒙要訓》一書，見法藏伯二七二一號《雜鈔》寫本圖片的第五行，在《開蒙要訓》書名下有雙行小字，清楚標注"馬仁壽撰之"。《敦煌遺書總目索引》的説明，當是結合敦煌寫本《雜鈔》載録及《日本國見在書目録》的著録而來。天理大學圖書館《善本寫真集》的解説，似把"仁壽"二字作爲隋文帝楊堅的年號來理解。然敦煌寫本《雜鈔》著録爲"馬仁壽撰之"，非"仁壽馬氏撰之"。

周一良《敦煌寫本雜鈔考》考證伯二七二一號《雜鈔》卷子是晚唐寫本〔二〕，但纂集時代遠在抄寫之前，當較接近《開蒙要訓》成書的年代。又該卷所列舉各書的修撰及作注者姓名，稱述的體例均爲姓名并舉，如"《兔園策》，杜嗣先撰之。《開蒙要訓》，馬仁壽撰之。《千字文》，鍾繇撰，李暹注，周興嗣次韵"，是姓氏下"仁壽"二字不宜作爲年號解讀，《開蒙要訓》一書的編撰者姓"馬"名"仁壽"無疑。似不宜解讀爲"隋仁壽馬氏"所撰。

2.《開蒙要訓》的成書年代

至於《開蒙要訓》一書的時代，在今所知見的寫本中，其中抄寫年代，時間最早的是斯七〇五號，爲唐宣宗大中五年（八五一）；最晚的是斯五四六三號，爲後周世宗顯德五年（九五八），前後相距一百多年，可見唐五代期間《開蒙要訓》即在民間傳抄流行，從藤原佐世《日本國見在書目録》的著録，可知曾在中晚唐時傳入日本。

〔一〕商務印書館編：《敦煌遺書總目索引》，第四六一頁。

〔二〕周一良：《敦煌寫本雜鈔考》，《燕京學報》第三五期，一九四八年，第二〇五～二一一頁。此據《周一良集》第三卷《佛教史與敦煌學》，遼寧教育出版社，一九九八年，第二七一～二七九頁。

至於成書年代，雖然《日本國見在書目録·經部小學家》著録"《開蒙要訓》一卷"没有標注年代。但羅常培《唐五代西北方音》曾據《開蒙要訓》的押韻情况推斷其成書年代當在"東晉與齊梁之間"〔一〕。我以爲《日本國見在書目録》著録《開蒙要訓》時，前後著録蓋存在一定的時序意識，其先後排序情况是《開蒙要訓》前爲"《啓蒙記》三卷　晉散騎常侍顧凱（愷）之撰""《小學篇》王羲之撰"，《開蒙要訓》後緊接着爲"《千字文》一卷　周興嗣次韵撰"〔二〕。考顧愷之晉安帝義熙初年（四〇五）爲散騎常侍；周興嗣（四七〇？~五二一）梁武帝時得鍾繇書破碑千餘字，命周興嗣以韵次之，成《千字文》。此一著録皆屬字書，且依時序先後排序，據此以推，羅常培的推斷時間符合，當是可取。

（五）《開蒙要訓》識字量與選字的實用性特色

晉魏隋唐，隨着時代推移、教育普及與社會變動，除了官學、世家大族的家學外，里巷村學、私塾等民間教育也漸趨發達。識字乃是讀書和學問的基礎，所以不論官學或私學，童蒙教育都是從識字開始，因應民間童蒙教育的實際需求，各類識字類蒙書，也隨之鑱出。《開蒙要訓》與《千字文》在唐代是雙軌并行而廣爲流傳的，其流傳風行，蓋取决於識字量與實用性。

古人接受教育伊始，先行以較短的時間，集中認識一定數量的常用字，然後才進行背誦、講解。清代唐彪《家塾教學法》下卷便强調了童蒙認字的重要與認字教學的方法：

> 凡教童蒙，清晨不可即上書，須先令認字；認不清切，須令再認，不必急急上書也。何也？凡書必令學生自己多讀，然後能背。苟字不能認，雖欲讀而不能；讀且未能，烏能背也？初入學半年，不令讀書，專令認字，猶爲妙法〔三〕。

〔一〕　羅常培：《唐五代西北方音》，第二八頁。

〔二〕　［日］藤原佐世：《日本國見在書目録》，第一九頁。

〔三〕　（清）唐彪輯著，趙伯英、萬恒德選注：《家塾教學法》下卷《童子最重認字并認字法》，華東師範大學出版社，一九九二年，第一七頁。

　　學童認字到了一定的識字量，然後才進行背誦，進而漸次展開閱讀與寫作的教學。歷代啓蒙教育以識字爲先，識字教材的編寫，至少已有二千多年的歷史，因此識字教學與教材的編纂累積了豐富的經驗；對於識字量的選取也不斷地在現實環境因應中調整。就今所知，漢初閭里書師合"秦三蒼"爲一篇，仍稱《蒼頡篇》，凡五十五章，計三千三百字；揚雄《訓纂篇》，凡三十四章，計兩千零四十字，今佚；史游《急就篇》，凡三十二章，計兩千零一十六字；周興嗣《千字文》凡一千字；《百家姓》計四百七十二字，《三字經》計一千二百四十八字；而流行於唐五代的《開蒙要訓》，計收録一千四百字。

　　從以上不同時期各識字類蒙書收録字數的增減，可以看出蒙書編纂的趨向是與時俱進，切合實用。

　　總體考察，隋唐以後流行的童蒙識字書，其收録的單字總數大抵不超過兩千字——這是長期以來在實際教學中所獲得符合現實的概數。因爲這些單字的覆蓋率高，加上構詞，即足以進行一般閱讀、寫作。即使今天國民日常用字與國民學校學生常用字，大抵也差不多是這個數量。

　　試將《開蒙要訓》與《現代漢語常用字表》《教育部常用漢字表》進行比較分析，除去現今常見的物名、地名、音譯詞，以及唐代以來社會變遷、名物更替後現今所無或不切時需的字詞外，我們可以發現：《開蒙要訓》雖然成書於六朝，流行於唐五代，但其收録的一千四百個單字中，仍有大半見於《現代漢語常用字表》《教育部常用漢字表》。又成書於清康熙年間潘子聲的《養蒙針度》，全書紀録《三字經》《百家姓》《千字文》等蒙書，《四書》《五經》等經典，以及《古文觀止》《歷朝東捷録》等十六種典籍，總計收録不重複的漢字（即所謂不二字）八千二百四十七個。如果認識了這八千二百四十七個漢字，不僅能夠通讀上述十六本經典，還幾乎能通讀所有中國傳統的經典。其中《三字經》的不二字五百二十個，《百家姓》的不二字三百二十二個，加上《千字文》的不二字一千個，去掉重複的，學童讀畢《三字經》《百家姓》和《千字文》，累計可認識一千五百字左右，與《開蒙要訓》識字量相近。足見《開蒙要訓》的識字量，在當時頗能滿足童蒙日常生活用字之需求，這也是《開蒙要訓》之所以能成爲唐五代民間風行童蒙識字教育用書的因素之一。

（六）《開蒙要訓》的內容層次與知識積累

敦煌寫本《開蒙要訓》編撰宗旨爲教導兒童識字，同時以灌輸學童日常生活基本知識爲主，是一部符合教育原理、因應孩童學習、切合實際生活的通俗識字類教材。從今所得見敦煌文獻所保存數量可觀的《千字文》及《開蒙要訓》寫本來考察，可證明此二種蒙書在唐五代敦煌地區的廣泛流行，在州、縣學和寺學中，都被列爲必讀的啓蒙書籍。然《千字文》除供作識字教材外，更多兼作習字與臨摹之用。敦煌寫本《千字文》有白文、注本、音注，有蕃漢對音，有名家書法、文士臨摹、抄寫，更有學童習字、塗鴉。相較而言，《開蒙要訓》則較集中於識字之功用，其抄本、摘抄、習字雜寫，主要爲白文，間有注音（伯二五七八號、伯三二四三號）。

《千字文》與《開蒙要訓》同爲繼承《蒼頡篇》《急就篇》等一類古代識字蒙書發展而來，其體制上均采用四字韵語的整齊句，《千字文》全文一千字，《開蒙要訓》全文一千四百字。而由於《千字文》兼具識字及習字的功能，《開蒙要訓》以識字爲主，二者使用的寬廣度自有差別，今存敦煌寫本《千字文》數量超過一百七十號，而《開蒙要訓》五十七件，約爲《千字文》寫本數量的半數。《千字文》的編撰層次較高，內容多歷史故實。從抄寫的形態看，《千字文》有篆字書寫本、真草書寫本、漢藏對音本；從一般抄寫的情形看，有一般抄本、讀本、注本及學生習字、塗鴉；寫本的層次有書法名家、文士、學郎。相較而言，《開蒙要訓》純爲民間識字之用，編撰層次則較爲通俗；內容更偏重於現實生活的知識層面，更能突顯出庶民教育的特色；其抄寫形態基本爲白文，間有音注本，而抄寫者主要爲初學識字之學童，文化水準不高。

雖然如此，但《開蒙要訓》編撰的形式基本上與《千字文》相同，在內容編排方法上也與《千字文》相類似。全篇呈現了日常生活各個方面，主要包括以下內容：

1. 天地歲時、四時景象、山岳河川等自然名物。如：

乾坤覆載，日月光明。四時來往，八節相迎。春花開豔，夏葉舒榮。藜林秋落，松竹冬青。霧露霜雪，雲雨陰晴。晦暮昏暗，曉暝霞生。雷電規電，霹靂震驚。冰寒凍冷，暖熱溫情。五岳嵩華，霍泰恒名。江河淮濟，海納吞并。湍波漂浪，沉溺渦浤。舡艘艦艇，浮汎流停。

2. **君臣宴飲、孝悌人倫等。如：**

君王有道，恩惠弘廓。萬國歸投，兆民歡躍。諂佞潛藏，奸邪憩惡。臣佐輔弼，匡翊勤恪。賞賚功勳，封賜禄爵。宴會嘉賓，奏設伎樂。酣觴飲酒，勸酌酬酲。諷誦吟咏，吼唤蹤横。喧笑歌舞，鬧動音聲。琵琶鼓角，琴瑟簫箏。箜篌箄簧，筑磬笛笙。孝敬父母，承順弟兄。翁婆曾祖，嫂侄孫嬰。伯叔姊妹，姑姨舅甥。婚姻娉嫁，夫婦媒成。

3. **起居寢處、臥具、服飾女紅等。如：**

帷帳床榻，氈褥威儀。屏風倚障，幔幕懸垂……綌練單絎，布絹紬絁。綾紗繒綵，羅縠錦繡……褣襠褌袴，衫襦褾袖……帔巾帊襆，袍被裙穷……緝續纑縈，女人傭作。機梭筬筟……經引紡絡……紫絳蘇枋，緋紅碧緑。緗縹紺綺，斑黄皂帛。篋簏箱櫃，衣裳疊襞。鞋襪靴絜，屨履屐屐。

4. **身體髮膚、人體器官、疾病療除等。如：**

髮髻髮鬘，鬢髯髭䰄。頭額頰頤，齒舌唇口。眉眼鼻耳，頸項臂肘。腰脊胸腋，腕抓指拇。髀膊腿胜，跟踝腳手。脇肋脊背，腓腨膝後。脾腎腸肚，肺肝心部。髓腦筋骨，瘦瘠羸醜。病患疾疹，痛癢疼軀。癩禿胗癭，癬疥瘑疽。瘡痍癰癤，腫𤵝肌膚。膿血皛汗，鈹灸療除。痕痳欬嗽，涕唾呵噓。癱殘攣跛，矬矮侏儒。癲癎癉恙，癡騃頑愚。

5. **珍寶器物、農具稼穡等。如：**

珍寶貨賂，瑿璧砷碟。頗黎瑪瑙，琥珀珊瑚。瑠璃瑇瑁，金銀玉珠。鉛錫鍮鑞，銅鐵之徒。錮鑄銷鎔，爐冶鑄鑵。鼎鑊釜鍋，銼鑵鍑鬵。土鍋鍸銚，鎗鏊楷桉。鏵鍫钁鑱，斧鑿鏨鍛。鐮釤鉤鋸，錯鑢錐鑽。耬犁耕搆，鋤刨壅畔。稙稚稀疏，概密調短。亢旱燋枯，溝渠溉灌。柯柯欚柄，芟刈撩亂。削斫斬剗，蹂揉押按。杈杷桃撥，扠策聚散。穜積苫持，浸漬淹瀾。

6. **卷契借貸、詞訟信譽、車馬交通等。如：**

舉質券契，保證賒獲，違限不償，抵捍拒格。示語靡從，擒挈撮搦。蹴踏拳箏，拗捩搭摑。推捒拽挽，罵詈嗔責。逃竄隱避，徵掣債索。訴辭辯牒，曹府恐竊。駈馳馱乘，走骤跳躑。緩急遲鈍，快駛奔驛。車轅轂軻，輪輻軨轊。

7. **飲食器具、五穀雜糧、調味烹飪等。如：**

鏏壺盔鉢，杯椀盞卮。盤檠欙梊，瓢杓箸匙。甖瓷瓶橝，盆瓮甊炊……
漿糜酪飯，羹臛粥糜。菹薺鮓脯，鮮鱠魚鮁……餅肉菜茹，爔㸌煮炙。煎熬
炰熰，鹽豉調適……粳粮糯秫，禾粟穬稻。穈黍穀麥，豌豆䅯蕎。

8. **房屋結構等。如：**

構架椽柱，栿檁槫梁。搏㮰蚩吻，雀栢簷廊。厠廄厢庌，板棧廳堂。庵
廬屋舍，置牖安窗。開鑰榐枈，備禦寧康。庫藏居貯，窖窨囷倉。泥鏝梯蹬，
塼墼壘牆。掃灑庭院，料理園場。畦菀種蒔，栽插端行。

9. **農耕植物、昆蟲魚類、飛鳥走獸、家禽家畜。如：**

槐榆椿楮，桐梓柘桑。槙櫨榉柿，柑橘檳榔。芯桃李柰，棗杏梨棠。蔥
蒜韭薤，茱萸椒薑。芸薹薺蓼，葫蒜芬芳。蔓菁葵芥，蘿蔔蘭香。蒿蒿藜藿，
筍蕨蓴穰……胎卵濕化，蚰蜒蛝蜽。蚊虻蟣虱，蜂蝶螳螂蝦蟆蜂蛤，黿鱉魦
鰉。鮎鯉鱣鱖，鯨鯢鱒魴。蚖虵蝮蝎，蟒蝮身腔鷯鵲鳩鴿，鴻鶴鳳凰。雞鴨
鵝鴈，鷮鷦鴛鴦。鷹雕鵰鶻，翅翮翱翔麝香麋鹿，猿猴狙玃。羆熊狐兔，虎
豹豺狼。驢馬牛犢，肫狗豬羊。駱駝騾象，餧飼肥强。

10. **盜劫偸竊、賭賽囚繫問訊等。如：**

劫賊剝脫，怕怖懼忙。偸盜私竊，越蕃非常。追蹤逐迹，忖度思量。謀
計智略，掩捉搜贓。詐僞誑惑，眩誘誇張。撙蒱攤賭，酬賽輸觴。圍碁握槊，
戲弄披倡。牢囚獄禁，繫縛愆殃。撿驗察訪，勿妄誣謗。栲榨鞭棒，枷鏁杻
械。判無阿黨，豈誑賢良。

　　以上列舉，大致已概括了《開蒙要訓》的主要內容。該書在教育兒童識字
的同時，也灌輸各種日常生活的知識，藉以啓迪兒童的智慧，確實是一種切合
實際生活、符合教育原理的通俗識字類啓蒙教材。張新朋《敦煌寫本〈開蒙要
訓〉研究》第七章，曾立 "《開蒙要訓》與《千字文》之比較" 一節，分別討
論二者的收字用韵、内容層次及對後世的影響[一]。《開蒙要訓》與《千字文》并

────────────

〔一〕　張新朋《東亞視域下的童蒙讀物比較研究——以〈千字文〉與〈開蒙要訓〉之
比較爲例》(《浙江社會科學》二〇一五年第一一期，第一〇七~一一三、一五九頁)略有
補充，可資參考。

世成篇，同時流行，形式、體制相同，篇幅相當，祇是階層有別。相較於漢代的《急就篇》，南朝梁的《千字文》更爲通俗，深具生活性與社會性。敦煌寫本《開蒙要訓》無疑是研究唐五代西北方音、社會風俗的寶貴材料。

西漢元帝時黄門令史游所編的《急就篇》（或作《急就章》）是我國現存最早的兒童識字習字教材。現存版本計分三十四章，以“急就奇觚與衆異，羅列諸物名姓字。分别部居不雜厠，用日約少誠快意，勉力務之必有喜。請道其章”開頭，其後以“宋延年，鄭子方。衛益壽，史步昌”三言韵語列舉一百三十二個姓字接續，至“姓名訖，請言務”止，之後緊接着以“錦繡縵紵離雲爵，乘風縣鐘華洞樂。豹首落莫兔雙鶴，春草雞翹鳬翁濯”等七言韵語將有關錦繡、染色、絲帛、稻梁、蔬醬、果餌、衣襦、針縷、履襪、金屬、器用、竹木、魚蝦、席帳、飾物、珠玉、樂器、膾炙、酒釀、人體、弓矛、車輿、鞶勒、房屋、農具、六畜、鳥獸、疾病、醫藥、喪祭等類常見事物之名目加以臚列[一]。文字無重複，具有集中識字、整齊押韵、注重實用、知識面廣等特色，因此自漢魏至唐代始終是初學識字的重要教材，唐顏師古和宋王應麟曾爲之作注。唐以後，《千字文》與《開蒙要訓》廣爲流行，《急就篇》的作用與地位開始逐漸減低。詳審敦煌寫本《開蒙要訓》，屬歌括式，四言韵語，既不分類立部，也無標目。然審其內容，不難發現《開蒙要訓》的基本性質雖與《急就篇》《千字文》相似，但其收録的字詞則以日常生活的語詞用字爲主，而非正經正史之雅正。究其性質，較之《急就章》《千字文》更能反映當時民間教育的主要目的，乃在於識字、記帳、寫信，實爲應付日常生活之實際需求而編。

敦煌寫本中還有與《開蒙要訓》同屬識字類蒙書而專以日常生活語詞爲主的《俗務要名林》，二者兩相比較，更能説明《開蒙要訓》內容層次與知識積累的特色。《俗務要名林》的“俗務”，蓋指世俗間尋常百姓日常生活習以爲常的各種事務；古曰名，今曰字，“要名”，則指重要的常用的事務名稱字詞；“林”者取叢聚之意。顧名思義，《俗務要名林》指的是將百姓日常生活習以爲常的各種事務的切要字詞彙聚成林、以便檢索的字書。由命名取意，

〔一〕（漢）史游撰，曾仲珊校點：《急就篇》，岳麓書社，一九八九年。

可知此書是把民間日常生活中各種常用重要之語彙加以分類編排，以求便於檢閱并供學習之通俗要用字書。這與專爲童蒙識字教育而選取日常切要字編成的童蒙識字書《開蒙要訓》同樣具有通俗化與大衆化的價值取向。

《俗務要名林》主要彙集當時日常生活所使用的最切要的一些詞語，采取六朝以來類書分類立部之體式，依其詞語名義分類立部，并對詞語進行簡單的音義注釋。今所得見計有伯二六○九號、伯五○○一號、伯五五七九號、斯六一七號等四件殘本寫卷。參考前賢研究成果，彙整之後，總計得四十一部類，分別爲：[身體部]、親族部、[國號部]、宅舍部、男服部、女服部、器物部、田農部、養蠶及機杼部、女工部、彩帛絹布部、珍寶部、香部、彩色部、數部、度部、量部、秤部、市部、果子部、菜蔬部、酒部、肉食部、飲食部、聚會部、雜畜部、獸部、鳥部、蟲部、魚鱉部、木部、竹部、草部、船部（伯五○○一號作舟部）、車部、戎仗部、火部、水部、疾部、[藥部]、手部。姜亮夫在《敦煌——偉大的文化寶藏》及《敦煌學概論》中即以爲：《俗務要名林》應是唐代的一部字典。全書按事物分類編排，每類常用物名若干，然後逐一注上音義……這種分義類的編輯法，是六朝以來的類書體式，民間所慣用[一]。字書與類書常容易混淆，余嘉錫在《內閣大庫本碎金跋》一文中即曾説：

　　諸家目録皆收此書入類書類，蓋以其上自乾象、坤儀，下至禽獸、草木、居處、器用，皆分別部居，不相雜厠，頗類《書鈔》《御覽》之體。然既無所引證（惟《人倫篇》中有注數條），又不盡涉詞藻，其意在使人即物以辨其言，審音以知其字，有益多識，取便童蒙，蓋小學書也[二]。

由於《俗物要名林》依類立目，分別部居，其體式均與類書無二。加上此書歷代史志不録，敦煌文獻所見都係殘本，在殘卷缺題的情況下，更容易與類書

〔一〕 姜亮夫：《敦煌——偉大的文化寶藏》，上海古典文學出版社，一九五六年，第一二四頁；姜亮夫：《敦煌學概論》，中華書局，一九八五年，第六一～六二頁。

〔二〕 余嘉錫：《內閣大庫碎金跋》，余嘉錫：《余嘉錫論學雜著》，中華書局，一九六三年，第六○五頁。

相混而被視爲類書，如伯五○○一號即是〔一〕。我們看到後世與《俗務要名林》體制全同的“碎金”系字書，如宋刻《重編詳備碎金》、明本《大字應用碎金》等，歷來諸家目録皆收入“類書類”，可見其容易誤入類書的情形，實不難理解。

事實上，分類立部乃是最便於檢閲的編排方式，無論雜字書還是類書，均頗多采此體式。今存《俗務要名林》之部類亦與初唐著名類書《藝文類聚》《初學記》頗多相同。如：《藝文類聚》全書一百卷，計分四十七部：天部、歲時部、地部、州部、郡部、山部、水部、符命部、帝王部、后妃部、儲宫部、人部、禮部、樂部、職官部、封爵部、治政部、刑法部、雜文部、武部、軍器部、居處部、産業部、衣冠部、儀飾部、服飾部、舟車部、食物部、雜器物部、巧藝部、方術部、内典部、靈異部、火部、藥香草部、草部、寶玉部、百穀部、布帛部、果部、木部、鳥部、獸部、鱗介部、蟲豸部、祥瑞部、灾異部〔二〕。

唐代四大類書之一的《藝文類聚》是歐陽詢主編的官修類書，其分類體系自然成爲各類圖書典籍分類立目的指導；然類書編纂蓋爲論政、爲文之時，以備檢索文章辭藻、掌故事實之用。官方編修的類書，呈現的是官方文化的思想體系，反映的是國家體系、典章制度及上層社會的各類生活事物。《開蒙要訓》與《俗務要名林》爲中古時期民間通俗蒙書，呈現的則是通俗化、大衆化與切合日常實際生活的庶民文化特色。

《俗務要名林》分部立目，詞語下施以反切注音、釋義，便於尋檢，具詞典工具書之功能。《開蒙要訓》的字詞編排，隱然有類別區隔，然并不分部立目，除伯二五七八號、伯三二四三號二件抄本對個別難字偶有直音音注外，絶大部分抄本都不標音。該本原爲白文，非供檢索，而是爲使“童蒙學習，易解難忘”諷誦的綜合識字類蒙書。所以，《開蒙要訓》是普及語文知識與生活常識二者統整合一的綜合性識字蒙書。一般字典是彙集語詞、按一定方式編排，以備查檢參考的工具書；且收字量大，收字範圍廣，基本求全，不僅限於日常生活的字詞，還應該提供必要的知識。《開蒙要訓》以字收録，《俗

〔一〕　王重民：《伯希和劫經録》，著録“5001 類書（似爲《俗務要名林》）。”見商務印書館編《敦煌遺書總目索引》，第三一一頁。

〔二〕（唐）歐陽詢撰，汪紹楹校：《藝文類聚》，上海古籍出版社，一九六五年。

務要名林》以字詞語彙收編，但同樣是將知識性與實用性結合在一起。《開蒙要訓》是用來諷誦的童蒙識字課本，《俗務要名林》是用來檢索的民間通俗字詞小詞典，二者仍有所差別。

從日常生活知識面向的視角來觀察，《俗務要名林》的編纂，通過各部類的編排，將衣食住行育樂各類不同的知識領域逐一聯繫貫串，形成日常生活的一個知識網絡。如"果子部、菜蔬部、酒部、肉食部、飲食部、聚會部"呈現的是當時一般百姓日常生活中的飲食來源及結構，食品種類及烹飪，主食、副食、果蔬種植，宴飲、聚會等飲食文化與相關常識；"男服部、女服部、彩帛絹布部"呈現了當時百姓衣服、裝飾、紡織、布料等相關常識；"宅舍部"中有關於建築居住文化的相關常識；"器物部、田農部、養蠶及機杼部、女工部"爲有關於唐人日常生產與生活的相關常識。儘管涵蓋面并非上至天文、下至地理，無所不包，但日常生活所需的常識與知識領域基本上都有涉及，足以應付一般百姓日常生活之所需。

《開蒙要訓》内容也是從天文、地理、四時景象及山岳河川等自然名物與知識開始；然後君臣之道、宴會歡樂和人倫關係；食衣住行等物質文明；如寢處和衣飾、人體器官及各種疾病、珍寶、器物和稼穡；卷契、借貸信譽、車馬交通和雕鑿工具；飲食器具、五穀雜糧、調味料及烹飪方法；房屋結構、農耕植物；還有昆蟲、魚類、飛鳥走獸及家禽、家畜；械鬥、偷竊、賭博等等。這些内容層次與編排次序，除了知識積累的考慮外，更合乎當時的知識架構。許慎《説文解字·叙》一開頭提到中國文字的初造："古者庖犧氏之王天下也，仰則觀象於天，俯則觀法於地，視鳥獸之文，與地之宜，近取諸身，遠取諸物，於是始作《易》八卦，以垂憲象。及神農氏結繩爲治，而統其事，庶業其繁，飾僞萌生，黄帝之史倉頡，見鳥獸蹄迒之迹，知分理之可相別異也，初造書契。"〔一〕一般用來説明造字之起源爲八卦與結繩；其次是黄帝的史官倉頡初造書契。這一段内容爲大家所熟知，我覺得可從另一視角去看，那便是人類造字

〔一〕（清）嚴可均輯，許振生審定：《全後漢文》卷四九《説文解字叙（許慎）》，商務印書館，一九九九年，第四九五頁。

取象，先從天文、地理，再到自然界動植物，然後人體本身手足耳目等器官，逐漸擴及身外其他的各類事物。既然造字的先後取象有其次第，那麼識字也應有先後次第，由淺而深，從易而難，符合學習心理，由天文、地理，自然事物而人倫事理，次第由近而遠，由具體而抽象。這就建構成一個識字的網路。

《開蒙要訓》與《俗務要名林》二者均采用按義聚類的編排體例，羅列百姓日常生活關係最爲密切的字詞語彙，呈現通俗化、大眾化的編撰價值取向。内容層次方面，透過各部類所列之字詞語彙，不難窺見中古時期敦煌地區人們現實生活的面貌，乃至當時全國百姓日常生活的基本樣貌與知識體系。這也是《開蒙要訓》在唐五代民間盛行的另一個主要因素。

綜上所述，《開蒙要訓》確實具有通俗雜字書的通俗、實用及鄉土的特色。其編纂目的主要是因應一般平民子弟實際生活所需用字而編，一千四百個字的識字量，符合百姓日常生活需求的基本字量，能在童蒙教育有限時間内完成語文教育的識字基礎。隨着時代變革，這類蒙書當與時俱進，因應不同時代、不同地區而有不同的編纂，内容也不斷有所增删變衍，新的字書也就隨時湧現。這是《開蒙要訓》在宋朝之後不再流行、終至消失不傳的原因，也凸顯了民間通俗蒙書傳承性與變異性的特質。

四 《百家姓》系

《百家姓》這一類姓氏識字書的興起，其來有自。蓋以宗法、氏族制度是中國社會根本基礎，它是根據血緣關係將同姓氏的人們聯結成一個共同體，因此人們都很重視自己的姓氏。《唐會要》載："氏族者，古史官所記——故官有世胄，譜有世官。過江則有僑姓，王謝袁蕭爲大，東南則有吳姓，朱張顧陸爲大，山東則有郡姓，王崔盧李鄭爲大，關中亦號郡姓，韋裴柳薛楊杜爲大，代北則有虜姓，元長孫宇文於陸源寶爲大，各於其地，自尚其姓爲四姓"〔一〕。李唐立國，尤重族氏與郡望，社會普遍講高門，論郡望。貞觀以來官修"氏族志""姓氏録"代有編纂，著名的如唐太宗時所修的《貞觀氏族志》，唐高宗、武則天時官修的《姓氏録》。

〔一〕《唐會要》卷三六，第六六三頁。

　　唐高宗、武則天時的《姓氏録》，全篇共收録二百四十五姓，二百八十七家，分爲九等。當時五品以上的官員全部收入，各以品位爲等第。此類姓氏氏族譜録在當時婚姻崇尚門第的風氣之下，對現實生活有着一定的作用。影響所及，民間各類姓氏書也不斷湧現。今敦煌文獻中有斯二〇五二號《新集天下姓望氏族譜》、北敦八六七九號《天下姓望氏族譜》等多種寫本，無疑是唐代此類姓氏譜牒流行的遺存。

　　斯二〇五二號《新集天下姓望氏族譜》的序文有言：“夫人立身在世，姓望爲先。若不知之，豈爲人子？雖即博學，姓望殊乖。晚長後生，切須披覽。但看，姓望分明。謹録元出州郡，分爲十道如右。”全篇列舉姓氏，強調姓氏郡望的重要性，并註明各姓氏的郡望。在如此重視姓氏郡望的社會氛圍下，提供了各類《姓氏録》《百家姓》滋生的豐厚土壤。

　　今傳世的蒙書《百家姓》，作者不詳，但撰著時代一般都説是北宋初年。最早對這一問題提出看法的是南宋王明清（約一一二七～一二〇二），他在《玉照新志》卷三中説：“如市井間所印《百家姓》，明清嘗詳考之，似是兩浙錢氏有國時小民所著。何則？其首云‘趙錢孫李’，蓋錢氏奉正朔，趙乃本朝國姓，所以‘錢’次之。‘孫’乃忠懿之正妃，又其次，則江南李氏。次句云‘周、吳、鄭、王’，皆武肅而下后妃。無可疑者。”〔一〕“似是”二字，表明作者對此問題的意見并不很確定。

　　根據記載，有關名爲《百家姓》的書，在唐代時已經出現。明梅鷟（約一四八三～一五五三）《南雍經籍考》卷下，便著録有“虞世南《百家》一卷”〔二〕。此書與杜環《千字文》、虞世南《千字文》、趙子昂《千字文》及鮮于樞《真草千字文》著録在一起，可見此《百家》當是虞世南《百家姓》。明談

────────────

〔一〕（宋）王明清：《玉照新志》，收入王雲五主編：《叢書集成初編》，中華書局，一九八五年，第四九頁。

〔二〕（明）梅鷟《明南雍經籍考》“雜書類”條著録：“杜環《千字文》一卷，虞世南《千字文》一卷，虞世南《百家》一卷……趙子昂《千字文》一卷，鮮于樞《真草千字文》一卷。”收入葉德輝編《觀古堂書目叢刻》第二册，湘潭葉德輝觀古堂印，清光緒二十九年至民國七年（一九〇三～一九一八）。

遷（一五九四～一六五八）《棗林藝簣・百家姓》有云："《百家姓》相傳宋
人作，故首趙。《南雍志》有唐虞世南《百家姓》一卷。"〔一〕虞世南《百家姓》
原書不傳，唐代史志不錄，故其是否爲虞世南所作，實難以考定，但衡以初
唐以來重視姓氏郡望的風氣，姓氏錄、姓望世族譜一類撰著的流行，此《百
家姓》極有可能爲虞世南或託名虞世南之作。

北宋初期的《百家姓》蓋承襲唐代風氣，逐漸醞釀而産生的。此《百家
姓》以"趙錢孫李"起首，收錄單姓四百零八，複姓三十，計四百三十八姓。
姓氏較爲完備，廣爲流傳，爲世人所熟知；而宋以前有關"百家姓"一類的
姓氏篇章紛紛失傳，乃至爲世人所遺忘，唯宋初所編的《百家姓》定於一尊。

一九〇〇年敦煌文獻的發現，其中保存有屬於《百家姓》系的姓氏書寫
本二類。一類爲晚唐五代歸義軍時期敦煌當地流傳以"張王李趙，陰薛唐鄧"
起首的姓氏書，計有伯二九九五號、伯二三三一號背、伯三〇七〇號背、伯
三一九七號背、北敦五六七三號背等十八件。這一系統的寫本大多有"張王
李趙。陰薛唐鄧，令狐正等。安康石平，羅白米史"，其餘姓氏序次各本差異
甚大，似無定本。其中較完整的寫本約有百餘姓，有些姓氏帶有西北地方特
色；因此，或稱之爲《姓氏錄》，或擬名爲《敦煌百家姓》。

另一類有三件寫本則是以"趙錢孫李，周吳鄭王"起首，是大家熟知宋初
成編的《百家姓》，當是中原流傳至敦煌傳抄的寫本，因藏經洞封閉的年代蓋在
十一世紀初，顯示世傳《百家姓》確爲宋初所編，且傳播至西北敦煌地區，爲今
所見最早的《百家姓》寫本實物留存。這二類抄寫姓氏的寫本，看似不起眼，但
却在中國姓氏文化史上具有相當重大的意義。兹依時代先後，分別論述如下：

（一）《敦煌百家姓》（《姓氏書》）

敦煌雖地處西北邊陲，然漢代以來以其交通樞紐，軍事重鎮及商業都會
的特性，成爲華戎交匯之地。東漢魏晉戰亂時期，許多中原世家遷徙其地避

〔一〕（明）談遷：《棗林藝簣》，收入王雲五主編：《叢書集成初編》，中華書局，
一九九一年，第三頁。

難，六朝時胡漢雜處，而大唐盛世，中西交通暢達，敦煌地區更是多元民族匯集，因此其地域的氏族相較於中原更複雜。關於敦煌的氏族，日本的池田溫、土肥義和等有過重要研究，土肥義和在《歸義軍時期（晚唐五代宋）的敦煌》一文中曾對八至十一世紀初敦煌歸義軍時期住民一萬零五百人進行姓氏別的統計，列舉了一百一十四姓，依人數多寡排序如下："張、索、王、李、氾、陰、安、曹、宋、令狐、鄧、趙、吳、劉、康、翟、石、馬、閻、梁、高、楊、唐、羅、陳、郭、董、孔、杜、史、何、龍、程、武、賀、米、薛、田、白、賈、周、孫、呂、徐、馮、孟、畫、范、尹、彭、就、韓、朱、樊、齊、胡、辛、蘇、盧、姚、任、侯、左、傅、慕容、竹、荊、郝、平、沈、竇、裴、雷、麴、段、穆、崔、成、岳、祝、常、菜、鄭、譚、延、游、景、鄯、燒、目、黑、解、蔣、申、溫、達、嚴、支、明、渾、雙、沙、柴、吉、洛、蔡、闞、黃、邦、因、屈、桑、仍、阮"。〔一〕這些姓氏與有十五件寫本的《敦煌百家姓》（《姓氏書》）所載姓氏大抵符合。其中排序居前的二三十姓，基本也是敦煌地區歸義軍時期當地的名族大姓，如鉅鹿索氏、武威陰氏、濟北氾氏、敦煌張氏、清河張氏、南陽張氏、隴西李氏、敦煌曹氏、譙郡曹氏、敦煌翟氏、太原閻氏，還有"太原王氏""京兆杜氏""扶風馬氏""太原令狐氏""豫章羅氏"、吳氏、"扶風竇氏""彭城劉氏"等。鄭炳林《敦煌的世族與歸義軍政權》根據敦煌文書中大量的碑文、墓誌銘、邈真贊等人物傳記資料分析，認爲敦煌的氏族來源有兩方面，第一，敦煌周邊少數民族經通商、內附等方式遷徙敦煌，到唐末五代已成爲教煌的大族，有龍、康、慕容、渾、安、石等姓。第二，遷居敦煌的漢族，分別爲：來敦煌任職的各級官吏和士卒，因罪遷居敦煌，因中原戰亂避難敦煌的等三種〔二〕。此一看法明顯與《敦煌百家姓》（《姓氏書》）所呈現的姓氏相切合，反映的正是敦煌歸義軍時期社會世族實況。

─────────────

〔一〕〔日〕榎一雄編：《講座敦煌2·敦煌の歷史》，大東出版社，一九八〇年，第二五四頁。

〔二〕　鄭炳林：《敦煌的世族與歸義軍政權》，"一九九〇年敦煌研究院敦煌學國際學術討論會"宣讀，見論文縮寫文，第六五～六六頁。

　　一九六二年《敦煌遺書總目索引》王重民《伯希和劫經録》著録伯二九九五號擬作"殘《姓氏書》"并説明："與《百家姓》頗相近"〔一〕。此件爲卷子本，首尾俱完，計十二行。前三行上稍有損泐，起"張王李趙，天下不少，陰薛唐鄧"，迄"圓穆胡辛，申馮吕劉"，卷末有誦讀沙彌抄寫的七言五句打油詩。一九八六年，王仲犖《敦煌石室出殘姓氏書五種考釋》有所介紹，以爲此雜姓氏書係寫經生隨手所寫，并迻録全文及卷末七言詩，雖然寫本辨識多有待商榷，然其對此文獻的説明，仍多有可取。如言"這首詩的詩句内容來看，寫經生認爲沙彌不用他，所以就不會注意姓氏之學，一行人來進香，由於沙彌不懂姓字之學，急切索字不得，因此他寫了這一張姓氏書。既有不少中原腹地的姓氏，也介紹了隴西的李、牛、彭、辛、聞諸姓，西平的鄭姓，武威的賈、陰諸姓，敦煌的氾、索、曹諸姓，焉耆的龍姓，龜兹的白姓，鄯善的鄯姓，吐火羅的羅姓，昭武諸國的康、米、安、石等姓。這些姓氏的人，經常到敦煌莫高窟來進香，因此寫經生認爲有必要把他們的姓氏寫出。這五句詩，雖拙樸無華，但把沙彌拙疏無學的嘴臉寫出，躍然紙上。"〔二〕

　　張涌泉《敦煌經部文獻合集》采納柴劍虹的意見，比照《百家姓》將敦煌文獻中此類《姓氏書》性質的寫本定名爲《敦煌百家姓》，叙録了十四件寫本，以爲這些寫本可能産生於張氏歸義軍統治敦煌時期〔三〕。之後，任占鵬《〈敦煌百家姓〉寫本的整理與姓氏學習》在《合集》的基礎上，對同類寫本十八件進行詳細的叙録，也采納了《敦煌百家姓》的題名，并分別從姓氏加"郎"的形式，與姓名的抄寫，專門抄寫姓名的寫本等三方面來析論此類寫本的用途，以及此類抄本與社司轉帖的關係等，做出了細緻的論述〔四〕。二〇二〇

　　〔一〕　王重民：《伯希和劫經録》，《敦煌遺書總目索引》，第二七七頁。

　　〔二〕　王仲犖：《敦煌石室出殘姓氏書五種考釋》，《敦煌吐魯番文獻研究論集》第三輯，北京大學出版社，一九八六年，第八～一九頁。

　　〔三〕　張涌泉主編：《敦煌經部文獻合集》第八册《小學類字書之屬》，第四〇〇六～四〇一八頁。

　　〔四〕　見任占鵬：《〈敦煌百家姓〉寫本的整理與姓氏學習》，廣島大學"中國童蒙文化與東亞國際學術研討會"會議論文，二〇一八年。

年任占鵬《姓氏教材〈敦煌百家姓〉與晚唐五代的敦煌社會》一文中曾統計了二十二件寫本，就《敦煌百家姓》與敦煌大族、教育的關係進行了探討，可供參考〔一〕。

然由於原本均無題目，早期學者如王重民、王仲犖均擬爲《姓氏書》。王重民《伯希和劫經録》著録擬作“殘《姓氏書》”并説明：“與《百家姓》頗相近”柴、張、任擬爲《敦煌百家姓》自有一定道理。然從今存各件寫本無一全同的抄寫情況看，顯然未見有編纂的定本作爲底本傳抄，似乎透過口誦筆録，或爲歸義軍時期敦煌地區當代姓氏雜録、書抄，不具定本特質。其内容不若傳世北宋《百家姓》四字韵語，編纂有秩的定本流通；其屬性最初恐未必作爲蒙書之用，而是做爲敦煌社會生活中須知的姓氏，尤其是僧人從事宗教活動必須知悉當時各種姓氏，以便應對。另外便是一般結社活動，社司轉帖的書寫時，必須熟悉敦煌當地的這些姓氏。之後，寺學學郎用以學習姓氏，練習文字抄寫，自然擴大功能與用途，成爲具有蒙書性質姓氏字書。

1.寫本概述

今所得見《敦煌百家姓》(《姓氏録》)的寫本計有十五號。分别爲英藏：斯八六五號背、斯四五〇四號背、斯五一〇四號等三號；法藏：伯二三三一號背、伯二九九五號、伯三〇七〇號背、伯三一四五號背、伯三一九七號背、伯三三六九號背、伯三五五八號背、伯三六九二號背、伯四五二五號背等九號；中國國圖藏：北敦三九五五號背、北敦五六七三號背等二號；日本杏雨書屋藏：羽二九號背一號。任占鵬新近統計有二十五件〔二〕，其中斯一三九二、斯二八九四背、斯四一〇六背、斯四四四三背、伯三二一一、伯三四一八背、伯三七三九、伯三八九四、伯四〇一七、北敦一六一八一背等，大多爲雜寫姓字，另外有的是人名目，如伯三二一一，這些均不合《敦煌百家姓》(《姓

〔一〕　見任占鵬：《姓氏教材〈敦煌百家姓〉與晚唐五代的敦煌社會》，《敦煌吐魯番研究》第一九卷，上海古籍出版社，二〇二〇年，第一八七～二〇〇頁。

〔二〕　見任占鵬：《敦煌寫本《敦煌百家姓》與唐五代姓氏教育——兼論其與〈蒼頡篇〉〈急就篇〉〈百家姓〉的聯繫》，《敦煌吐魯番研究》第二十一卷，上海古籍出版社，2022年，第二一一～二二五頁。

氏書》）體例，我們從姓氏排序及結構系統，着眼於《敦煌百家姓》姓氏字書的概念，則計有十五件。茲將寫卷概況表列如下：

序號	卷　號	行數	保存部分	題記	同卷資料
一	斯八六五號背	一	七姓		正面：父母恩重經、般若波羅蜜多心經 背面：後抄社司轉帖
二	斯四五〇四號背			有	十願歌、讚大聖真容七言詩、寺名、鄉名、菩薩名、行人轉帖、契約、《千字文》
三	斯五一〇四號	五	兩句		前抄觀世音經，後有社司轉帖、佛名
四	伯二三三一號背	七		有	社文、願文、舍施文、五臺山讚文、文書習字、十大弟子文
五	伯二九九五號	十二			七言詩
六	伯三〇七〇號背	三		有	社司轉帖、行人轉帖、《諸星母陁羅尼經》
七	伯三一四五號背	六	二十五句	有	正面：社司轉帖 背面：《上大夫》《上士由山水》、職官、姓名、鄉名
八	伯三一九七號背			有	新撰時務纂集珠玉要略抄一卷（存標題）、習字"南無"等
九	伯三三六九號背	二	二十八姓	有	正面：孝經 背面：後抄《上大夫》、社司轉帖
一〇	伯三五五八號背				正面：王梵志詩一卷 背面：雜寫姓氏、社司轉帖
一一	伯三六九二號背	三		有	正面：李陵與蘇武書一首、蘇子卿遺書 背面：《千字文》習字、五言詩、社司轉帖
一二	伯四五二五號背	一	四姓	有	佛經習字
一三	北敦三九五五號背		四姓		《上大夫》、寺名
一四	北敦五六七三號背	六十七		有	社司轉帖、九九歌鈔
一五	羽二九號背			有	"郎君須立身"詩、文書習字、《百行章》題、曲子等

以上十五號寫本有題記或有相關年代資訊可資判斷抄寫年代的計有十一件，依年代先後略述如下：

伯三三六九號題有"乾符三年十月二十日學生索什德書卷書▨（記）之也""咸通十五年五月八日沙州魯仲、索什德、索康七"等語，與前文《孝經》字體不同，應該是後來的隨筆習字。其抄寫年代當爲乾符三年（八七六）。

伯三〇七〇號背前抄社司轉帖、行人轉帖，後抄社司轉帖、《諸星母陁羅尼經》，字體相同。轉帖中有"潤（閏）三月九日録事龍帖""丙辰年潤（閏）月録事龍帖""乾寧三年丙辰潤（閏）二月録事龍"。按：乾寧三年爲公元八九七年〔一〕，此《敦煌百家姓》（《姓氏録》）抄寫年代當在此年或稍後。

北敦五六七三號背抄有雜字、《九九歌》、"丙辰年潤（閏）二月八日社人詮信母亡轉帖鈔"與《敦煌百家姓》（《姓氏録》）爲同一人所抄。"丙辰年潤（閏）二月"字體與伯三〇七〇號背中的"乾寧三年丙辰潤（閏）二月録事龍"相近，抄寫時間當在乾寧三年（八九七）。

伯二三三一號背面：《敦煌百家姓》（《姓氏書》）七行，社文、願文、捨施文、五臺山贊文等三十九行，雜寫八行，《佛名經》五行，便麵曆三行，同一人所抄。抄有"何（河）西節押衙銀青光禄大夫檢校國子左傘（散）其（騎）常押衙"，抄寫年代應該在歸義軍統治敦煌之後。便麵曆中有"戊五（午）年五月十五日"，據以推測，其抄寫年代當在九五八年。

伯三六九二號背：正面《李陵與蘇武書一首》，有尾題"壬午年二月廿五日金光明寺學郎索富通書記之耳"。索富通是索勛的孫子、張淮深的外孫。"壬午年"爲後梁龍德二年，公元九二二年。背面有《千字文》習字、五言詩、社司轉帖、《敦煌百家姓》（《姓氏録》）等，出自同一人所抄，與正面顯非同一人所寫。其中社司轉帖題有"壬午年十一月二日録事王康三帖"。"王康三"見於伯三二三四號背"甲辰年（九四四）二月已後净土寺東庫惠安、惠戒手下便物曆"，據以推斷"壬午年"當爲龍德二年（九二二）。

_____

〔一〕　郝春文：《敦煌寫本社邑文書年代匯考》，《首都師範大學學報（社會科學版）》一九九三年第四期，第三五~三六頁。

斯四五〇四號背有十願歌、讚大聖真容詩、寺名、鄉名、菩薩名、行人轉帖兩件、《敦煌百家姓》、太子成道經抄、乙未年三月七日押衙龍弘子貸生絹契、乙未年正月一日靈圖寺僧善友貸生絹契、《千字文》及發願文等。《敦煌經部合集》認爲："貸絹契二件的'乙未年'當是清泰二年（九三五）。"〔一〕

伯三一九七號背有書儀、五言詩、七言詩、天福伍年庚子歲麥粟等物賬、雜寫等，字體不一。其中有題記"維大宋乾〔德〕四年歲次丙寅六月十七日大王夫人出南門巡邊"，與《敦煌百家姓》的字體一致，是《敦煌百家姓》抄寫的年代當在乾德四年（九六六）。

伯四五二五號背有佛經習字，爲同一人所書。其中題有"太平興國八年九月"，是其抄寫年代當爲太平興國八年（九八三），或稍後。

伯三一四五號背：正面爲社司轉帖稿，題有"戊子年閏五月錄事張"，從唐至宋初，祇有北宋端拱元年（九八八）有閏五月〔二〕。《敦煌經部文獻合集》依據其中的部分姓名又見於十世紀後期的敦煌社會經濟類文書，推斷抄寫年代大約在十世紀後期〔三〕。羽二九號背有"郎君須立身"詩、"學郎大歌梁████""百行章""勅歸義軍節度使銀青光禄大夫"以及"████元年丙戌歲十一月█日燉煌""████元年丁亥歲"等。丁亥年當爲九二七或九八七年。

整體考察，其抄寫年代蓋爲九世紀中後期到十世紀中期，即敦煌歸義軍時期。其姓氏顯示符合當時政治社會下大族望姓的實際情況。

〔一〕張涌泉主編：《敦煌經部文獻合集》第八冊《小學類字書之屬》，第四〇〇七～四〇〇八頁。

〔二〕〔日〕竺沙雅章：《敦煌出土'社'文書的研究》，《中國佛教社會史研究》（增訂版），朋友書店，二〇〇二年，第四八二～四八三頁；〔日〕藤枝晃：《敦煌曆日譜》，《東方學報》（京都）第四五號，一九七三年，第四三一頁；郝春文：《敦煌寫本社邑文書年代匯考（二）》，《首都師範大學學報（社會科學版）》一九九三年第五期，第七九頁；〔日〕海野洋平：《敦煌童蒙教材〈牛羊千口〉史料輯覽》，《一關工業高等專門學校研究紀要》第四六號，二〇一一年，第二七頁。

〔三〕張涌泉主編：《敦煌經部文獻合集》第八冊《小學類字書之屬》，第四〇〇九頁。

2.録文

以上十五號寫本，頗多零散雜寫，如：伯四五二五號背祇有"張王李趙"四姓，斯八六五號背祇有"張王李趙，陰薛唐"七姓，其他大多爲二三十姓的寫本。其中以伯二九九五號、伯三一四五所抄録的姓氏最多，伯三〇七〇號背存三十九姓，伯二三三一號背存六十六姓。綜觀各寫本，基本以"張王李趙，陰薛唐鄧"起首，在"安康石平羅，白米史曹何"之後，各寫本的姓氏内容排序相當分歧，未見章法，難以斷句，有些還在姓氏之間夾雜名字，顯然并非編排有秩成熟的"百家姓"姓氏書。以下謹據伯二九九五號、伯三一四五、伯三〇七〇號背、伯二三三一號背的原卷影本進行文本録校，逐録如下：

（1）伯二九九五號

□（張）王　李　趙　天　下　不　少　陰　薛　唐　鄧

□（令）狐　正　等　安　康　石　平　羅　白　米

使（史）曹　何　闞　隗　周　索　牛　楊　宋

高　賀　董　留　尹　麴　程　齊　左

竇　孔　達　暮（慕）容　落　閻　鄩　霍

袁　馬　遊（游）姚　常　氾　荆　郭　橋　徐

翟　量　裴　陳　龍　羽　柳　郝　價（賈）温

沙　杜　沈　岳　談　彭　嚴　孫　晝　田

吳　屈　鄭　樊　燒（饒）吉　段　侯　朱　武

柴　崔　成　任　多　泊　渾　蘇　鉗　苻

傳（傅）星　解　圓　穆　胡　辛　申　馮

吕　劉

沙彌天生道理多，人名不得那（奈）人何！

從頭至尾没閑姓，忽若學

字不得者，杆（打）你沙彌頭惱（腦）破。

（2）伯三一四五號

□（穀）通　頗　退　渾　張　王　李　趙　陰　薛　唐［鄧］康　安　石　吉　羅　白

米　史　曹　何　景　梁　胡　竇　宋　蘇　黑　穆　彭　程　麴　屈　郝　鄩

伯二九九五號

就沈郭祝崔橋申傳任侯關遊（游）沙左龍袁隗唐擲（鄭）
劉徐柳姚黃馮雷岳常周樂譚令狐孟盧□
蔣渾霍荊葛韓范氾樊侶伊賀泊閻慕容翟
齊金菜（蔡）畫吳田陽價（賈）孔孫索柴雙董陳杜朗
裴万連

伯三一四五號

（3）伯二三三一號背

張王李趙，陰薛

張王李趙，陰薛唐鄧，令狐正等。安康石必（平）羅，白米吏（史）曹何。霍雷柳宋，戒因、願成、幻福。鄭龐崔姚馬程索彭單牛盧劉穆杜郭就常馮裴賀高樊衞梁氾范孔陳像閻董畫尹渾蕺（蘇）段燒寅魚吳郎辛華

（4）伯三○七○號背

張王〔李〕趙，陰薛唐鄧，令狐正等。安康石必（平）羅，白米史曹何。

3.《敦煌百家姓》（《姓氏書》）的性質

首先，從《敦煌百家姓》與社司轉帖合抄情況來考察。社司轉帖是社邑通知社人參加活動的通知單，社司轉帖一般要寫明因何事，帶何物，在什麼時間，到什麼地點去取齊，遲到者、不到者以及遞帖延誤者的罰則，發帖的時間和發帖者的職務、姓名等。在帖文後或帖文前要列上被通知的社內成員姓名。被通知者接到轉帖後，在自己的姓名右下角寫上“知”字或在姓名右側加一點等表示已知的記號，再轉給下一個人〔一〕。社邑在敦煌地區非常流行，敦煌文獻中這類文書多達近三百件。實際使用的社司轉帖有近百件，其他有複本或内容相同的，還有相當數量原未抄完，説明了結社活動在唐五代是相當重要而頻繁的社交活動。社司轉帖是結社活動的日常應用文書，學郎、僧侶多有學習之必要，根據範本依樣套用或習作，因此，出現不少複本或内容相同的抄件也就不難理解。在帖文或前或後需列被通知者姓名的情況下，抄寫姓氏録或百家姓便是極自然的事了。

我們從同一寫本中出自同一人所抄的其他文獻來考察，十五件寫本中有八件與社司轉貼合抄，分別爲：

〔一〕　參郝春文:《中古時期社邑研究》，新文豐出版公司，二○○六年，第一九七頁。

伯三〇七〇號背：背面《敦煌百家姓》前抄社司轉帖、行人轉帖二十八行，後抄社司轉帖九行。

伯三一四五號背：正面爲社司轉帖稿，背面《敦煌百家姓》，正背同出一人所抄。

伯三三六九號背：背面雜寫有《敦煌百家姓》及"社司"等。

伯三五五八號背：背面《敦煌百家姓》，後有社司轉帖一行。

伯三六九二號背：背面有《敦煌百家姓》，前有社司轉帖。

斯八六五號背：背面《敦煌百家姓》前有三件未抄完的社司轉帖。

斯四五〇四號背：背面《敦煌百家姓》前抄有行人轉帖兩件。

斯五一〇四號：正面《敦煌百家姓》等雜寫五行，前抄有社司轉帖。

北敦五六七三號背：背面《敦煌百家姓》前有"丙辰年潤（閏）二月八日社人詮信母亡轉帖鈔"。

特別是伯三一四五社司轉帖後的姓名部分，共計二十一個姓名。其姓名如下：

　　景慶進、梁繼紹、胡醜撻、竇不藉奴、蘇富甯、黑骨兒、程佑住、穆再温、彭章午、麴山多、屈幸全、郝端兒、郜流潤、祝懷義、就願受、崔馬兒、橋兵馬使、申衍悉雞、傅粉堆、侯遂子、任昌進。

以上二十一位姓名，每一位的姓，基本上見諸於卷背抄寫的《敦煌百家姓》中，順序也是依序。

又如斯二八九四號背社司轉帖所列的人名，更是按照"張王李趙，陰薛唐鄧，安康石吉羅，曹白米史……"的順序抄寫。計有八十個姓名。其姓名如下：

　　張富德、王清兒、李萬定、趙没利、陰彦弘、薛什子、唐慶住、鄧福勝、安員吉、康幸深、石海全、吉昆崗、羅瘦兒、曹達怛、白擋搖、米不勿、史幸豐、唐文通、宋苟奴、邦醜撻、泊知客、辛懷恩、孫昌晟、令狐萬端、鄭甖禍、程滿福、劉建昌、郭幸司、高憨灰、陽繼受、氾再昌、樊賢者、氾醜奴、菜醜莘、董胡八、賀吉昌、索善通、翟大眼、尹酉子、孔阿朵、閻碑魁、左山榮、馮阿察、馬良興、桑阿率、陳喜昌、溫員遂、雒咄拙、就彥深、雙佛德、傅奴子、星粉堆、沈尚憨、竇討擊、善美住、達麹麵、史大頭、盧漸勝、彭悉矛刂、譚什德、韓通達、郝延、郝安定、蘇醜兒、解儒晟、吳頪奴、呂端絶、武明藤、柳皷頭、姚延郎、嬌病溫、美午子、美黑頭、雷灰子、黑住奴、仍歸盈、燒不勿、周押衙、城將頭、麹像子。

以上八十個姓名，除個別字相同外，大部分字是不同的。不僅有漢人，還有胡人姓名，如曹達怛、白擖擖、米不勿、桑阿率、雒咄拙、彭悉矛刂、燒不勿等。有漢有胡，便於實際應用。還有一些非實用的轉帖，抄寫姓名雖不見得按照特定規律抄寫，然基本選字多不重複，可能作爲專門學習對於姓氏之用[一]。

其次，從《敦煌百家姓》與蒙書合抄情況來考察。從披閱瀏覽敦煌寫本時，可見有許多《敦煌百家姓》的寫本往往與《千字文》《上大夫》《上士由山水》等五言詩習字及社司轉帖習書一起。而正面也往往抄寫的是《王梵志詩》《開蒙要訓》等蒙書。如：

斯四一〇六號背：背面合抄有《上士由山水》、數字習寫，《上大夫》及《敦煌百家姓》姓名習字。

伯三三六九題記"乾符三年（八七六）十月二十日學生索什德書卷書（記）之也"背面雜有《敦煌百家姓》、姓名外，還有敦煌流行的習字蒙書《上大夫》。

伯三六九二號背：正面《李陵與蘇武書一首》，尾題"壬午年二月廿五日金光明寺學郎索富通書記之耳"。背面與《敦煌百家姓》合抄的有《千字文》習字、五言詩、社司轉帖等。

伯三一四五號背：背面《敦煌百家姓》前抄有《上大夫》、姓名、五言詩、敦煌鄉名等。

〔一〕 任占鵬：《姓氏教材〈敦煌百家姓〉與晚唐五代的敦煌社會》，《敦煌吐魯番研究》第十九卷，第一九九頁。

伯三五五八號背：正面抄一卷本《王梵志詩》，尾題"亥年正月十七日三界寺"。背面：有姓氏，社司轉帖，雜寫等。字體稚嫩。

斯四五〇四號背卷子本。正面爲《四分律比丘含注戒本》卷上、卷中。背面有十願歌、讚大聖真容詩、寺名、鄉名、菩薩名、行人轉帖兩件、《敦煌百家姓》、太子成道經抄、乙未年三月七日押衙龍弘子貸生絹契、乙未年正月一日靈圖寺僧善友貸生絹契、《千字文》及發願文等。發願文字體較好，其他文本字體較稚嫩，是另一人所寫。

北敦三九五五號背：背面《上大夫》。

羽二九號背：正面爲《開蒙要訓》。背面有"郎君須立身"詩、"學郎大歌梁███""百行章"。

綜合上述，可見從這些與敦煌識字類蒙書《開蒙要訓》《千字文》，習字類《上大夫》《上士由山水》，以及德行類蒙書《百行章》、一卷本《王梵志詩》等的合抄情況，同時題記有學郎名字，如伯三六九二號有"金光明寺學郎索富通"，羽二九號背有"學郎大歌梁███"及"郎君須立身"學郎詩殘句，均可説明這些寫本蓋爲敦煌地區寺學學郎所用，且從抄寫的字體大多稚嫩的情況來看，其抄寫者的身份當以初識字的學郎居多，其次則爲寺院僧侶。

4. 從姓氏學習擴展到識字用途

伯二九九五號《敦煌百家姓》(《姓氏録》)後附詩一首云："沙彌天生道理多，人名不得奈人何！從頭至尾没閑姓，忽若學字不得者，打你沙彌頭腦破。"從這件《敦煌百家姓》(《姓氏録》)抄本內容及卷末所附打油詩的解讀：小沙彌儘管天生能言善道，佛理又多，然而現實生活中，面對寺院活動，香客進香，知客招呼或香火登録，人名姓氏必須記得，此本抄寫姓氏爲西北地區及敦煌地區主要的姓氏，學會定能實用，無一閑姓。可見沙彌學習這一批姓氏，便能在與信衆交接時，稱呼無差；同時兼作習字之用，使香火登録，明示不誤。是其功能基本與《百家姓》相同，祇是局限地區範圍較小，然却能更加符合敦煌寺院僧人的實際需求。

又伯三一四五號《伯希和劫經録》作"社司轉帖"，背面爲習書雜字。按：背面習書雜字二十行，分別雜寫《上大夫》《牛羊萬口》《上士由山水》、人名、敦煌鄉名、部落名等雜寫十四行，另於第十四行"通頬退渾"部落名下接抄有姓氏六行，二十五句，句四字，總計百字。首句爲"張王李趙"，與通行的《百家姓》排列順序不同，各姓皆係敦煌地方所有，與伯二九九五號内容多同，似爲敦煌地區專用的姓氏書。而從同卷合抄《上大夫》《牛羊萬口》《上士由山水》等敦煌寫本常見學童習字雜寫，可以證明伯二九九五號及伯三一四五號"姓氏書"殘卷應是敦煌當地所編適用於敦煌社會的姓氏書。

　　綜合十五件寫本呈現的情況，主要以"張王李趙"起首爲共同的特徵，再者依各件寫本抄寫的年代均爲九至十世紀來論，這些都是流行在敦煌張氏歸義軍統治時期的，把當時流行於敦煌地區的姓氏熟語連在一起，加上中原和沙州地區的大姓，正如王仲犖所言："既有不少中原腹地的姓氏，也介紹了隴西的李、牛、彭、辛、聞諸姓，西平的麴姓，武威的賈、陰諸姓，敦煌的氾、索、曹諸姓，焉耆的龍姓，龜兹的白姓，鄯善的鄯姓，吐火羅的羅姓，昭武諸國的康、米、安、石等姓"。編者可能也利用了沙州一些姓氏、郡望之類的書，編出一套還不成熟但是可以反映當時沙州社會階層結構的簡單姓氏郡望書，供學童認識社會世族、學習姓氏稱謂之用，其初心并非出於爲童蒙識字而編。

　　我們從今所得見的敦煌文獻中，還有《新集天下姓望氏族譜》《郡望姓氏譜》《姓氏書》《姓氏録》一類與《百家姓》同樣列舉姓氏的寫本。或有將之視爲姓氏識字類蒙書[一]。按：斯二〇五二號《新集天下姓望氏族譜》及伯三一九一號擬題爲《天下郡望姓氏譜》殘卷、伯三四二一號擬題爲《氏族志》殘卷、北敦八六七九或擬爲《姓氏録》[二]，國圖遺書總目擬題爲《唐貞觀八年五月十日高士廉等條舉世族奏》及斯五八六一號擬題爲《姓氏書》殘卷的寫本，性質相同，蓋爲姓氏源流及當時姓望地理分布而編的姓氏地理書性質，均首列州郡、出幾姓，下列望姓。此類文獻蓋史部譜牒類姓望譜之屬，是古代記述氏族世系的書籍。《新集天下姓望氏族譜》并序有云："夫人立身在世，

　　〔一〕　王金娥《敦煌藏經洞所出識字類蒙書略論》將《百家姓》《姓望書》《新集天下姓望氏族譜》《姓氏書》和《姓氏録》五種，列爲姓氏字類蒙書。(《語文學刊》二〇一七年第五期，第一一九～一二六頁。

　　〔二〕　此殘卷著録了八十五郡的三百九十八姓，今殘存六十六郡、二百五十九姓，每郡下注有州名。

姓望爲先，若不知之，豈爲人子。雖即博學，姓望殊乖，晚長後生，切須披覽"足見此類文獻之功能屬性蓋非識字教育的蒙書明矣[一]。

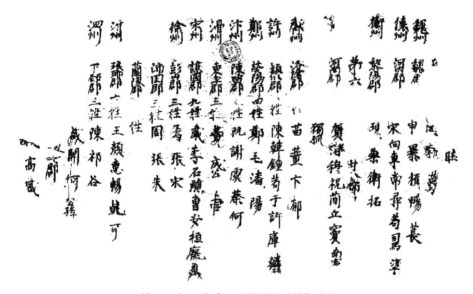

伯三一九一號《天下郡望姓氏譜》殘卷

5.《敦煌百家姓》(《姓氏録》) 的特色

《敦煌百家姓》(《姓氏録》) 是九至十世紀敦煌當地流行適用於敦煌社會的姓氏書。從現存十五件寫本所遺存的姓氏加以統計，計有一百五十姓，基本上以"張王李趙，陰薛唐鄧"等漢族大姓爲起首，加上"安康石平羅，白米史曹何"等西域著姓，構成了歸義軍統治敦煌時期的姓氏郡望，對當時政權的構建、社會的穩定起到了一定的作用，是具有敦煌地區特色的姓氏書。

〔一〕 一九一一年繆荃孫將北敦八六七九號定名爲《貞觀八年條舉氏族事件》，并加考證，之後中日學界對敦煌文獻中有關此類寫本的研究不斷，今所見計有斯五八六一號、伯三一九一號、北敦一〇六一三號、北敦一〇〇七六號、斯九九五一號、羽五九R號、北敦八六七九號、伯三四二一號、斯二〇五二號等九件。研究篇章不少，或爲文獻考證、考釋，或爲定性與定名，或創作時代探究，多有可觀。

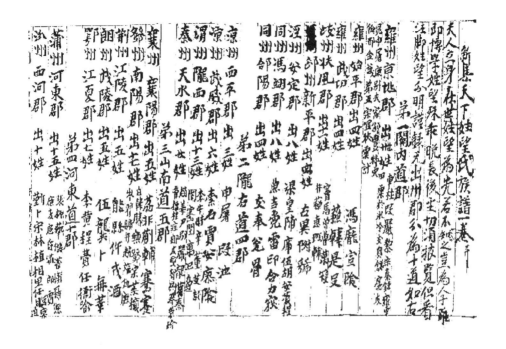

斯二〇五二號《新集天下姓望氏族譜》

敦煌地區歸義軍時期，張議潮張氏家族爲大，故開頭以張姓爲第一，陰姓、曹姓爲大族，除漢族外，其他多元民族，康、安、曹、石、米、何、火尋、戊地、史爲昭武九姓。

據張涌泉《敦煌經部文獻合集》統計，各寫本所抄姓氏相同者達百分之七十五左右，可見它們應該有一個共同的來源。筆者比對各個寫本，大抵以"張王李趙，陰薛唐鄧"爲開頭。基本前上二十二字"張王李趙，陰薛唐鄧，令狐正等。安康石平羅，白米史曹何"爲各寫本共同的性質內容與次序，如：

伯三一九七號背：張王李趙，陰薛堂（唐）鄧，令狐〔鄭〕宋，安康石吉羅，白米史曹何。

伯三〇七〇號背：張王〔李〕趙，陰薛唐鄧，令狐正等。安康石必（平）羅，白米史曹何。

伯二三三一號背：張王李趙，陰薛張王李趙，陰薛唐鄧，令狐正等。安康石必（平）羅，白米吏（史）曹何。

伯三六九二號背：張王李趙，陰薛唐登（鄧）。安康石□□，□□□曹何。

斯四五〇四號背：張王李趙，陰薛唐鄧。令狐鄭宋，安康石吉羅，白米史曹何。

伯三一四五號背：張王李趙，陰薛唐［鄧］。安康石吉羅，白米史曹何。

伯二九九五號：□（張）王李趙，天下不少，陰薛唐鄧，□（令）狐正等。安康石平羅，白米▨（史）曹何。

北敦五六七三號背：張王李趙，陰薛，崔盧柳鄭唐劉杜范董荼石蔣梁黃，康石必（平）羅，白米史曹河（何）。

在"安康石平羅，白米史曹何"之後各寫本的姓氏内容排序相當分歧，未見章法，甚至姓氏之間還夾雜名字，難以句讀。由於傳統字書大抵以四字韻語的編排方式爲主，如流行最爲廣泛的《千字文》《開蒙要訓》便是。《敦煌百家姓》的基調也是以四字一句爲主，如"張王李趙，陰薛唐鄧，令狐正等"羅列敦煌當地的世家大姓；同時也以五言句來接續，如"安康石平羅，白米史曹何"等，是敦煌望族的"昭武九姓"。

從"張王李趙"的開頭以及寫本的流行年代，推測出《敦煌百家姓》的編纂時代應該是張議潮推翻吐蕃統治，建立歸義軍之後，曹氏歸義軍之前。編者把當時流行於敦煌地區的姓氏熟語連在一起，加之中原和沙州地區的大姓，與沙州姓氏、郡望之類的書，編出一套還不成熟但是可以反映當時沙州社會階層結構的簡單姓氏郡望書，用於學童的姓氏學習。

從寫本的抄寫情況來看，《敦煌百家姓》是從啓蒙教育的初學者便開始接觸、學習的重要内容。而且，沿用了《急就篇》中姓氏學習方式，敦煌寫本中往往把姓氏與名字相結合，選取的名字盡量沒有重複的字，有的加入了品德修養教育，比如"張賢君、王辛通、李君子、趙文賢、安文德"，也有把姓氏和職官連接在一起的形式，比如"翟使君、索指揮、陳都衙"，也有把僧官、僧名等内容放在一起學習的形式。尤其是把《敦煌百家姓》與社司轉帖中的姓名部分完美的結合在一起，這是識字與日用簡單應用文書結合，學以致用的典範。

（二）《百家姓》寫本

北宋初年的《百家姓》是繼《千字文》之後，中國流傳最爲普遍的識字類蒙書。南宋初年陸游《秋日郊居》詩有云：“兒童冬學鬧比鄰，據案愚儒却自珍。授罷村書閉門睡，終年不着面看人。”詩下，自注：“農家十月，乃遣子弟入學，謂之冬學。所讀《雜字》《百家姓》之類，謂之村書。”〔一〕南宋初年王明清《玉照新志》對當時流傳於“市井間”《百家姓》雖不知作者爲誰，然認爲“似是兩浙錢氏有國時小民所著”。其文云：

世傳《太公家教》，其言極淺陋鄙俚。然見之唐《李習之文集》，至以《文中子》爲一律。觀其中猶引周、漢以來事，當是有唐村落間老校書爲之。太公者，猶曾、高祖之類，非渭濱之師臣明矣。《文中子》想亦是唐所録，其言未免疎略。經本朝阮逸爲之潤色，所以辭達於理，學者宜熟究之焉。如市井間所印《百家姓》，明清嘗詳考之，似是兩浙錢氏有國時小民所著。何則？其首云“趙錢孫李”，蓋錢氏奉正朔，趙乃本朝國姓，所以錢次之，孫乃忠懿之正妃，又其次則江南李氏。次句云“周吴鄭王”，皆武肅而下后妃，無可疑者〔二〕。

南宋釋居簡（一一六四～一二四六）《北磵集·丘運使後堂上樑文》有云：“拋梁上，鴛尾掃除雲物障。八面玲瓏一鏡中，主人胸次同昭曠。拋梁下，莫論少室山人價。百家姓裏聖人名，無道桓文之事者。”〔三〕而明黄佐《泰泉鄉禮·平旦施早學之教誦書正句讀》云：“誦讀務貴熟不貴多。如資性能記千字以上者，祇讀六、七百字，不得盡其聰明。年小者，祇教一二句而止，勿强其多記。或用《孝經》《三字經》，不許先用《千字文》《百家姓》《幼學

〔一〕（宋）陸游撰，錢仲聯校注：《劍南詩稿校注》，上海古籍出版社，二〇一五年，第一七八三頁。

〔二〕（宋）王明清：《玉照新志》，收入王雲五主編：《叢書集成初編》，第四九頁。

〔三〕（宋）釋居簡：《北磵集》卷九《丘運使後堂上樑文》，《文淵閣四庫全書》第一一八三册，第三九頁。

詩》《神童酒詩》《吏家文移》等書，以次讀《中庸》《論語》《孟子》，然後治經。"〔一〕可見宋明以來《百家姓》已成爲民間通行的蒙書之一。

北宋初期以"趙錢孫李"起首的《百家姓》，是民間對氏族姓氏認知的普遍需求而編的，他的編撰與流傳，正爲人們了解和查驗自己姓氏提供明確的依據。全篇共四百七十二個字，除篇末的"《百家姓》終"四個字之外，另外的四百六十八個字，由四百零八個單姓和三十個複姓組成，所以《百家姓》共收錄有四百三十八個姓氏，所收姓氏實際上遠不止一百家。透過《百家姓》的誦習，可以明瞭全國姓氏的全貌。由於郡望是大家望族的郡屬，了解自己姓氏的郡望，尋根溯源，乃中國人的普遍心理需求。因此後世流傳的《百家姓》，特別在姓氏下注明了所屬的郡望。

一九七七年十月潘重規師在中國文化大學中國文學研究所開授"敦煌學研究"課程，第一堂課開講時特別說明道："正常的課程是上有名的餐廳，品嚐有名的菜色；敦煌學這一從未列入正式菜單的課程，可以說是一群好事之徒，登山涉水，在荒凉原野中吃的野餐，是大家動手、大家合作、大家伙做成的野餐。這份野餐，可能粗劣不堪口，可能是凡間從未曾有的異味。"緊接着老師就舉了個例子，說："在法國巴黎國家圖書館藏的敦煌漢文寫本中，保存有寫着'趙錢孫李'幾個大字的紙張，從字迹來看，很顯然這一紙張是孩童的習字，雖然如此，但是却具有相當的價值，它的出現證明了《百家姓》是宋朝初年的作品。"

借着這個例子，老師苦口婆心地告訴我們，敦煌文獻的價值，不僅是長卷、佚籍具學術價值，深受學界重視；即使是片紙、隻字，仍舊有其不可忽視的學術意義與文獻價值。我就是當時參與野餐那群好事之徒的一個。

一九八八年周祖謨《敦煌唐本字書叙錄》在介紹"童蒙誦習的字書"中，也提到了伯四六三〇與伯四五八五號《百家姓》〔二〕。一九九一年我在《敦煌蒙

〔一〕（明）黄佐：《泰泉鄉禮》卷三，《文淵閣四庫全書》第一四二册，第六一七頁。

〔二〕周祖謨：《敦煌唐本字書叙錄》，《敦煌語言文學研究》，北京大學出版社，一九八八年，第四四～四五頁。

書析論》"綜合識字類集中識字類"中簡介這二件寫本〔一〕。二〇〇〇年汪泛舟《敦煌古代兒童課本》在代前言的簡述中論及"姓氏識字課本"也提到了這二件寫本〔二〕。二〇〇二年，鄭阿財、朱鳳玉合著《敦煌蒙書研究》"敦煌寫本識字類蒙書"中立"百家姓"一節，叙録寫本，逐録全文，并論述其價值與源流。二〇〇七年《開蒙養正——敦煌的學校教育》中立"宋初流傳《百家姓》"〔三〕。二〇〇八年張涌泉《敦煌經部文獻合集·小學類字書之屬》中，録校法藏及俄藏等三件《百家姓》寫本〔四〕。二〇一七年王金娥《敦煌藏經洞所出識字類蒙書略論》將《百家姓》《姓望書》《新集天下姓望氏族譜》《姓氏書》和《姓氏録》五種，列爲姓氏字類蒙書〔五〕。

1.寫本概述

今所得見敦煌寫本《百家姓》計有三件，編號爲伯四五八五號、伯四六三〇號、俄敦六〇六六號。兹將其寫本概況表列如下：

敦煌寫本《百家姓》寫本概況表

序號	卷號	寫本狀況	保存行數	保存部分	首尾題	題記
一	伯四五八五號	殘存二葉	二十四	"趙錢孫李，周吴鄭王"等六十姓	無	無
二	伯四六三〇號	殘存二葉	二十四	"郟浦尚濃温莊"到"令狐鐘鍾離宇文"	無	無
三	俄敦六〇六六號	一紙二折抄寫二次	六+六	"趙錢孫李，周吴鄭王"到"戚謝鄒喻三十六姓"	無	無

〔一〕　鄭阿財：《敦煌蒙書析論》，《第二屆敦煌學國際研討會論文集》，漢學研究中心，一九九一年，二一七～二一八頁。

〔二〕　鄭阿財、朱鳳玉：《敦煌蒙書研究》，第五頁。

〔三〕　鄭阿財：《開蒙養正——敦煌的學校教育》，第三六～四二頁。

〔四〕　張涌泉主編：《敦煌經部文獻合集》第八册《小學類字書之屬》，第三九九七～四〇〇五頁。

〔五〕　王金娥：《敦煌藏經洞所出識字類蒙書略論》，《語文學刊》第三七卷第五期，二〇一七年，第一一九～一二六頁。

　　伯四五八五號殘存二葉。每半葉六行，行六字。"趙趙錢錢孫孫"，迄
"橫橫廣楊楊仿"字體工整，蓋爲習書。伯四六三〇號殘存二葉。每半葉六
行，行六字。起"郟浦尚農溫莊"，迄"諸葛聞人東方"。按：伯四六三〇號根
據内容依次當爲第一、二、四、三面，伯四五八五號四面次第較亂。然二本
均係楮紙，小册子本，紙張均爲高約二十一點五、寬約四十三點五厘米。字
迹與行款一致，當是同一寫本。依其字體與抄寫情形觀之，似爲兒童習字。
如伯四五八五號"蔣"抄作"將"，"楊"抄作"陽"等。

伯四五八五號（一）

伯四五八五號（二）

伯四六三〇號（一）

伯四六三〇號（二）

　　俄敦六〇六六號，蓋將一紙二折，抄寫二次，每一摺頁六行，行六字。
自"趙錢孫李，周吳鄭王"到"戚謝鄒喻"三十六姓。與傳世本《百家姓》前
三十六姓全同。個别字左右兩側又有小字重抄，可見實際上作爲童蒙習字教材。

2.録文

伯四五八五號

第一面

　　　趙趙錢錢孫孫

　　　李李周周吳吳

  鄭鄭王王馮馮

  陳陳褚褚衛衛

  將（蔣）將（蔣）沈沈韓韓

  楊陽（楊）朱朱秦秦

第二面

  朱朱朱朱朱朱

  秦秦秦秦秦秦

  尤尤尤尤尤尤

  許許許許許許

  何何何何何何

  呂呂呂呂呂呂

第三面

  費連連岑岑廉

  薛薛雷雷賀賀

  伊伊湯湯樂樂

  傅傅余余皮皮

  邊邊齊齊康康

  伍伍余余元元

第四面

  德德盛盛永永

  義義泉泉東東

  南南獻獻應應

  印印龍龍成成

  劉劉李李覽覽

  橫橫廣楊楊傲

伯四六三〇號

第一面

  郟浦尚農溫莊

  別晏柴瞿閻充

慕蓮茹習宦艾

魚容向古易慎

戈廖庚終暨居

第二面

匡國文寇廣祿

闕東歐殳沃利

蔚越夔隆師鞏

庫轟晁勾敖融

冷訾辛闞那簡

饒空曾母沙乜

第三面

赫連皇甫尉遲

公羊澹臺公冶

宗政濮楊（陽）淳于

鄆（單）于大叔申屠

公孫仲孫軒轅

令狐鐘鍾離宇［文］

第四面

養鞠須豐巢關

蒯相查後荆紅

游竺權逯蓋益

桓公万侯（俟）司馬

上官歐陽夏俟（侯）

諸葛聞人東方

俄敦六〇六六號

趙錢孫李周吳

鄭王馮陳褚衛

蔣沈韓楊朱秦

尤許何呂施張

俄敦六〇六六號

孔曹嚴華金魏

陶姜戚謝鄒喻

3. 敦煌本《百家姓》的價值與源流

（1）敦煌本《百家姓》的價值

《百家姓》的作者不詳，但撰著時代一般均以爲是宋代。明朱國楨《湧幢小品》説："今《百家姓》，以爲出於宋，故首以'趙、錢、孫、李'，尊國姓也。"〔一〕而宋王明清《玉照新志》更説："如市井間所印《百家姓》，明清嘗詳考之，似是兩浙錢氏有國時小民所著。何則？其首云：'趙錢孫李'，蓋錢氏奉正朔，趙乃本朝國姓，故前次之；孫乃終懿之正妃；又其次則江南李氏。次句云'周吳鄭王'，皆武肅而下后妃，無可疑者。"〔二〕後世論《百家姓》的撰著時代，大抵援引王明清的説法。如明陸深（一四七七～一五四四）《蜀都雜抄》第一條有云："蜀人多奇姓。今《百家姓》以爲出於宋朝，故首以趙錢孫李，尊國姓也。"〔三〕明李詡（一五〇六～一五九三）《戒庵老人漫筆》卷二"百家姓不同"條曰："《村學訓蒙夜記》有《百家姓》一書，四言成句，單姓四百零八，複姓三十。以趙爲首者，必宋人所編也。"〔四〕清劉毓崧（一八一八～一八六七）《通義堂文集》有《宋本百家姓考》一文，以爲："《百家姓》以趙姓居首，其書必作於宋代。次以錢、孫、李三姓，論者謂'錢'爲吳越王之姓，'孫'爲吳越王妃之姓，'李'爲南唐國姓。今考宋太祖興於建隆元年（九六〇）正月，歲在庚申。南唐後主亡於開寶八年（九七五）十二月，歲在乙亥。首尾凡十六年。而開寶七年（九七四）九月，太祖已命

〔一〕（明）朱國楨：《湧幢小品》卷一八《百千萬姓編》，《明代筆記小説大觀》，上海古籍出版社，二〇〇五年，第三五二九頁。

〔二〕（宋）王明清：《玉照新志》，收入王雲五主編：《叢書集成初編》，第四九頁。

〔三〕（明）陸深：《蜀都雜抄》"蜀人多奇姓"條，《巴蜀叢書》第一輯，巴蜀書社，一九八八年，第三三七頁。

〔四〕（明）李詡：《戒庵老人漫筆》卷二"百家姓不同"條，中華書局，一九八二年，第六一頁。

吳越出師夾攻南唐，是歲在甲戌，吳越即奉宋命與南唐構兵。其境內之人編
《百家姓》者，斷不列李姓於首句。然則此書之成，必在庚申正月以後，甲戌
八月以前。其爲宋初之人所輯，無可疑矣。"[一] 諸家所言爲推測，所持説法寬
泛，未見深究，究竟何時何人編撰，始終存疑。

　　按：宋太祖趙匡胤奪取後周政權，建立宋朝是在公元九六〇年。當時，
趙宋雖尚未統一全國，然地方割據政權如南唐、吳越等國，均紛紛向宋入貢
稱臣。南唐亡於九七五年，吳越亡於九七八年。據王明清之説，則《百家姓》
應作於九六〇到九七八年之間，換言之，是錢氏有國時吳越人所編撰。其編
撰時代可以説是北宋初期，也可以説是五代十國。

　　按：敦煌藏經洞的封閉原因與年代，雖各家説法不一，然其封閉年代應
在一〇〇二年以後不久，最晚不會晚於一〇三五年西夏到來。今敦煌寫本中，
赫然發現有：伯四五八五號及伯四六三〇號二件《百家姓》寫本，證明今普
遍流行"趙錢孫李，周吳鄭王"的《百家姓》確實在北宋初期即已存在，且
遠傳至西北邊陲的敦煌地區，同時還做爲童蒙識字習字之用。

　　（2）《百家姓》的流行

　　《百家姓》全書係采集姓氏編爲四言韵語，以便童蒙誦讀。共收集
四百三十八個姓氏，其中單姓四百〇八個，複姓三十個。開首二句爲"趙錢
孫李，周吳鄭王"八姓，以趙居首，蓋尊宋朝國姓。此篇之所以廣爲流傳，
除了滿足人們追求姓望郡望的心理外，全篇以單字組成，僅爲姓氏，文字基
本上不重複，適合於做識字課本。又全文以韵語寫成，句短押韵，音律性强，
朗朗上口，頗適合孩童興味，易於背誦。如：

　　　　趙錢孫李，周吳鄭王。
　　　　馮陳褚衛，蔣沈韓楊。
　　　　朱秦尤許，何呂施張。

〔一〕（清）劉毓崧：《通義堂文集》卷五《宋本百家姓考》，收入《儀徵劉氏集》，廣
陵書社，二〇一八年，第三四七頁。

孔曹嚴華，金魏陶姜。
戚謝鄒喻，柏水竇章。

其中複姓的編排也是如此，如：

万俟司馬，上官歐陽。
夏侯諸葛，聞人東方。
郝連皇甫，尉遲公羊。
澹台公冶，宗政濮陽。

《百家姓》與《千字文》一樣，是極具影響力的傳統蒙書。自宋代流傳開後，歷久不衰。當蒙童背誦學習時，見到自己的姓氏，或所熟識的姓氏，當倍感親切，尤能增加誦習興趣。此外，《百家姓》上的文字，基本上不重複，經由日常生活中所接觸的姓氏，推而廣之，以認識其他各姓，背誦之後便可快速認識四五百個單字，達到集中識字的學習效果。凡此均是《百家姓》所以能成爲宋元以來盛行不替，歷久不衰的童蒙識字教材。明清時“三、百、千”更成爲傳統蒙學的代表經典，大爲流傳，影響深廣。

但是由於《百家姓》有文無義，祇有形式而無内容，所以很快的便有各種改編、續作、注解的産生。又由於“趙錢孫李、周吳鄭王”很明顯的具有趙宋皇朝的特徵，後代統治者必然進行改編。

此外，《百家姓》的字數有限，收錄姓氏頗有遺漏，如單姓中的“商、岳、塗、來”等，複姓中的“左丘、叔孫、鮮于、胡毋”等重要姓氏，不足以反映中國姓氏的全貌，因此也有擴編增廣的出現。後世增編或改編之作，如宋采真子《千姓編》、明吳沈等編《皇明千家姓》、清康熙撰御製《百家姓》、民國《重編百家姓》等等皆是[一]。

〔一〕　徐梓：《百家姓的改作及其原因》，《文史知識》一九九八年第二期，第四八～五四頁。

第二節　雜字類蒙書

周秦兩漢爲識字習字而編撰的字書，如《史籀篇》《蒼頡篇》《爰歷篇》《博學篇》《凡將篇》《急就篇》等等字書也是早期的蒙書。内容涉及姓氏、禮樂、職官、組織、事物等各方面字詞，均采取韵語形式加以連綴，此類字書均屬便於童蒙集中識字之用的蒙書，其選字編排具雜字書的性質。

雜字書是以"雜字"爲名的編撰，一九六二年張志公《傳統語文教育初探》〈一集中識字〉一章中，立有"雜字"一節，介紹了"宋代以前的字雜字""明清流行的各種雜字"[一]；一九九七年又發表了《試談〈新編對相四言〉的來龍去脈》論述中國最早附圖的童蒙識字書《新編對相四言》(《魁本對相四言雜字》[二])，這是較早對雜字書性質提出具體説明學者。

按："雜字"的"雜"，《説文·衣部》收録，説解爲："五彩相會。從衣集聲。"段玉裁注云："五采相合也……所謂五采彰施於五色作服也。引伸爲凡參錯之偁。亦借爲聚集字。"按：《説文·隹部》："雧，羣鳥也。從三隹。"雧，意謂群鳥相聚也。"雧""雜"字音與語根均同，義多假借。漢·揚雄《方言》卷三："雜，集也。"魏·張揖《廣雅·釋詁三》："雜，聚也"，均取"聚集"義。是隋前所謂《雜字指》《雜字解詁》《要用雜字》《雜字要》《雜字》等以"雜"冠名的書，蓋取"聚集"義，指"聚集難字""聚集俗字或"聚集要字"而成編。"雜"又有"駁雜"義，是以"雜"冠名的書，容有一名多義，廚具及外，以其内容不具系統，而兼有内容"駁雜"的意思。

以宏觀的視角看，雜字書實際上可謂源遠流長。初期蓋以貴族、文士讀書作文用字爲核心，隨着社會發展，教育普及，因應不同對象，不同需求的各類雜字書應運而生；其後庶民階層的擴大，滿足其日常生活所需字詞學習與檢索而編的雜字書逐漸定型，成爲此類的主體，所以中國雜字書的歷史長河，從遠源、濫觴、匯流、波瀾壯闊、支流分派，不同時期，呈現的名稱不

〔一〕　張志公：《傳統語文教育初探》(附蒙學書目稿)，上海教育初版社，一九六二年。

〔二〕　張志公：《試談〈新編對相四言〉的來龍去脈》，《文物》一九七七年第十一期，第五七~六三頁。

一，内容性質有別，體制功能多樣，有專有博。

中國傳統蒙學中的雜字書，一般指的是一種常見的啟蒙識字讀本，是將常用字詞彙匯集成册，根據類別加以組織，或連綴成韵，以便記誦。這類書籍源遠流長，使用廣泛，指涉對象趨於模糊，性質也不具確定性，以致稱名多有分歧，包含内容也寬廣不一。

若從唯實的觀點來看，識字教育用途的雜字書，實則早已有之，如周之《史籀篇》，秦之《蒼頡篇》《爰歷篇》《博學篇》，兩漢之《凡將篇》《急就篇》《元尚篇》《訓纂篇》等，雖不以雜字名書，然其實質皆是用以教學童之書；又名稱不一，然其爲聚集各類要字以供學童學誦習知識字書則無二致。敦煌寫本唐五代廣爲流行的《開蒙要訓》《俗物要名林》等性質、形制相同的識字類蒙書，實質内容也與後世之雜字書相同，祇是命名取義各有側重而有所不同而已。

從唯名觀點看，以“雜字”作爲書名，蓋起於漢魏六朝，據《隋書．經籍志》所録，早在漢魏時期便已出現，如後漢太子中庶子郭顯卿撰《雜字指》一卷，魏・掖庭右丞周成《雜字解詁》四卷，鄒里撰《要用雜字》三卷[一]，隋密州行軍參均李少通撰《雜字要》三卷；《唐書・藝文志》載：魏・張揖《雜字》一卷[二]。惜今皆不傳，僅得從清人馬國翰《玉函山房輯佚書》、任大椿《小學鉤沉》所輯佚的片段略窺其梗概。知其内容性質蓋爲查考之用，是漢魏六朝的“雜字”書，雖書名冠有雜字，然以收録“難字、俗字”爲主，其編纂内容、性質、宗旨與功能，均與與唐宋元明清所謂的“雜字”迥然有別。

唐代以前屬於雜字性質的蒙書大多不傳，識字用非正規童蒙識字課本的雜字書，祇能根據史書及相關文獻的記載，呈現出宋代已廣泛流行的信息。如《宋史・夏國傳》載有西夏開國皇帝李元昊（一〇〇三~一〇四八）曾“譯《孝經》《爾雅》《四言雜字》爲蕃語”[三]。李元昊所譯的《四言雜字》，大概與明清以後民間流行識字讀本的各種雜字書屬同一類型，是北宋初期中原

〔一〕《隋書》卷三二《經籍志一》，中華書局，一九七三年，第九四二~九四三頁。

〔二〕《新唐書》卷五七《藝文志一》，中華書局，一九七五年，第一四四七頁。

〔三〕《宋史》卷四八五《外國傳一・夏國傳上》，第一三九九四頁。

已有《四言雜字》的流行。又南宋詩人陸游（一一二五～一二一〇）《秋日郊居》第三首也提到："兒童冬學鬧比鄰，據案愚儒却自珍。授罷村書閉門睡，終年不着面看人。"詩下自注："農家十月乃遣子弟入學，謂之冬學。所讀《雜字》《百家姓》之類，謂之村書。"〔一〕可見，雜字書在宋代已是民間普遍使用的識字類蒙書。祇是宋元版雜字今多散佚。

近年來在國學熱潮與蒙學研究的推動，引發各界對傳世蒙學相關文獻的關注，紛紛對傳世的雜字書展開調查、搜集與整理研究。搜集的明清至民國的各類雜字書，相當豐富，種類也多。如《雜字類函》及續，計收録明清民國以來編印的各類雜字十四類二百四十五種〔二〕；王建軍主編《清至民國嶺南雜字文獻集刊》一五册〔三〕，共收録一百零一種雜字文獻，所屬地區涵蓋了廣東、廣西、香港、澳門等以及歷史上深受漢文化影響的東南亞國家諸如新加坡、越南等。學界的研究也以明清時代的雜字爲主要對象，如李振聚《宋元明雜字書籍考》〔四〕、顧月琴《日常生活變遷中的教育：明清時期雜字研究》〔五〕、戴元枝《明清徽州雜字研究》〔六〕、陳煜瑶《浙江雜字書研究》〔七〕。

明清以來，此類教材使用的對象是市井小民與農村子弟、學徒等，其教育的目的，也祇在使受教者能略識之無，懂得記帳、寫信，足供日常生活之需即可，教育的時間也短，因此書中内容、語句，既多爲市井日常生活的寫照，而編者也大多爲生平不詳的市井中人。這些教材，也因施教時間長短不

〔一〕（宋）陸游撰，錢仲聯校注：《劍南詩稿校注》卷二五，上海古籍出版社，二〇〇五年，第一七八三頁。

〔二〕 李國慶編《雜字類函》一一册，計收明清至民國期間各類一百五十七種（學苑出版社，二〇〇九年）李國慶、韓寶林《雜字類函（續）》一五册，計收明清至民國期間各類雜字九十八種（學苑出版社，二〇一八年）。

〔三〕 王建軍主編：《清至民國嶺南雜字文獻集刊》，廣西師範大學出版社，二〇一八年。

〔四〕 李振聚：《宋元明雜字書籍考》，山東大學碩士論文，二〇一二年。

〔五〕 顧月琴：《日常生活變遷中的教育：明清時期雜字研究》，光明日報出版社，二〇一三年。

〔六〕 戴元枝：《明清徽州雜字研究》，上海教育出版社，二〇一七年。

〔七〕 陳煜瑶：《浙江雜字書研究》，浙江師範大學碩士論文，二〇一九年。

一、地區南北不同，受教對象身份的差異，而有所改易新編。因此不同時期、不同對象、不同地區所使用的雜字書也存在着不同的文化面向。經由識字教育，將此類書籍中的自然觀、神道觀、倫理觀、道德觀、歷史觀等，灌輸給民衆，更形成了庶民文化的主要核心，當是研究俗文化與俗語言的寶貴材料。

敦煌文獻的唐五代寫本中，有收録常用字詞，加以分類，依類相聚而編纂的雜字書蒙書，如《俗務要名林》《雜集時用要字》《雜字》等，其書名還繼承六朝文士雜字書之命名，而内容功能則隨社會教育發展而轉向爲庶民識字實用而編，將識字教育與日用常識、實用技藝相結合，其分類體制，與《急就篇》《千字文》等識字類蒙書相似，既符合童蒙識字教育之用，也適用於廣大平民百姓日常用字之需求，其編輯多隨地域與階層的不同，而有所改易，無論從功能、體制乃至書名論，顯然是開啓宋、元、明，民間通俗實用"雜字類"識字教材之先河。唐五代爲庶民子弟養成教育而編纂的雜字類識字書興起，其内容主要反映庶民日常生活各類事物的字詞，如敦煌寫本《俗務要名林》便是當時廣爲流行的雜字類蒙書。唐宋之際更出現直接反映庶民日常生實際活且以"雜字"名書的識字蒙書，如：杏雨書屋《敦煌秘笈》羽四一號寫本，此蓋爲歸義軍節度使張承奉統治敦煌時期（八九四～九一○）的作品，尾題有"《雜字》一本"；斯六一○號首題《雜集時要用字》，也是同性質的雜字類蒙書，也可省稱爲"雜字"。這些均屬雜字類蒙書的珍貴遺存，茲將敦煌寫本《俗務要名林》《雜集時用要字》《雜字》三種，分別論述如下：

一　《俗務要名林》

敦煌寫本識字類蒙書中有《俗務要名林》，此書係依據事物名稱分類編纂的通俗字書。自發現以來便受到一定的關注。一九二五年劉復《敦煌掇瑣》即對伯二六○九號作了初步的迻録[一]，蔡元培在《敦煌掇瑣序》也對此資料的價值加以説明，他説："又如《刊謬補缺切韵》《字寶碎金》《俗務要

〔一〕　劉復：《敦煌掇瑣》，"中央研究院歷史語言研究所"專刊，一九二五年。

名林》等，記當時俗語、俗字，亦可供語言學、文字學的參考。"[一]一九五六年姜亮夫在《敦煌——偉大的文化寶藏》"敦煌的語言文學材料"一節中，也以伯二六〇九號《俗務要名林》爲例，指出其乃唐代以事務爲類而編輯的一種字典，爲適應民間需要而作[二]。一九七五年，林明波《唐以前小學書之分類與考證》一書的附録二"敦煌卷子中之小學書"，根據《敦煌掇瑣》所輯録之伯二六〇九號加以叙録，以爲此書是"考古俗字、古音之重要資料"[三]。

以上大多爲簡介概述，真正研究的展開則要到一九七六年日本慶谷壽信發表《敦煌出土の〈俗務要名林〉（資料篇）》[四]，及一九七八年的《〈俗務要名林〉反切聲韵考》[五]，這兩篇主要根據《掇瑣》所録的伯二六〇九號卷子加上英藏斯六一七號的殘卷，彙録成資料篇；重點聚焦在寫卷的音注、切語，據以考其聲韵。一九八八年，周祖謨發表了《敦煌唐本字書叙録》[六]，其在"物名分類字書"一節，也據伯二六〇九號、斯六一七號二寫卷加以叙録，以字書的觀點，關注其物名分類的特色。一九九一年，朱鳳玉在《敦煌寫本"碎金"系字書初探》中確定伯五〇〇一號爲《要名林》的殘卷之一，并對斯六一七號，伯二六〇九號，伯五〇〇一號等三種《要名林》寫卷進行詳細的叙録與初步的研究[七]。一九九二年在"第二屆國際唐代學術會議"發表《敦煌寫卷〈俗物要名林〉研究》對《俗務要名林》的性質與體式、編撰的時代進

〔一〕 蔡元培：《敦煌掇瑣序》，劉復：《敦煌掇瑣》，第三頁。

〔二〕 姜亮夫：《敦煌——偉大的文化寶藏》，第一二四頁。又見姜亮夫《敦煌學概論》，第六一～六二頁 。

〔三〕 林明波：《唐以前小學書之分類與考證》，東吳大學中國學術著作獎助委員會，一九七五年，第八〇七頁。

〔四〕 ［日］慶谷壽信：《敦煌出土の〈俗務要名林〉（資料篇）》，《人文學報》第一一二號，一九七六年，第八一～一二五頁。

〔五〕 ［日］慶谷壽信：《〈俗務要名林〉反切聲韵考》，《人文學報》第一二八號，一九七八年，第一～五九頁。

〔六〕 周祖謨：《敦煌唐本字書叙録》，《敦煌語言文學研究》，第四一頁。

〔七〕 朱鳳玉：《敦煌寫本"碎金"系字書初探》，《第二屆敦煌學國際研討會論文集》，漢學研究中心，一九九一年，第五〇一～五二〇頁。

行論述，持與宋元明流行之《碎金》《要用雜字》相較，闡明其間的關係，并指出其内容具有反映唐代生活面貌的意義[一]。

　　一九九六年，洪藝芳《論〈俗務要名林〉所反映的唐代西北方音》利用寫卷的音注、反切等音韵資料呈現的語音現象，考察唐代西北方音[二]；張金泉、許建平《敦煌音義書匯考》校録了伯二六〇九號、斯六一七號、伯五〇〇一號三件，并附録伯五五七九號[三]；一九九七年，陳璟慧以《敦煌寫本〈俗務要名林〉研究》爲題撰寫碩士論文，在前賢基礎上，進行了寫卷叙録與系統、性質體例、編者年代之論述，説明其在詞彙、音韵、訓詁方面之價值，并作録文與校箋[四]。

　　二十一世紀以來，有關《俗務要名林》的研究也有十多篇，其在寫本校録方面主要有二〇〇八年張涌泉《敦煌經部文獻合集》[五]，總結前賢研究成果，將伯二六〇九、伯五〇〇一＋伯五五七九＋斯六一七全部寫卷進行整理、綴合，做出全面完整而細緻的校録，提供後人研究論述較好的文本依據。有關字詞考釋方面，主要有姚永銘《〈俗務要名林〉校補（一）》[六]、張小艷《敦煌寫本〈俗務要名林〉字詞箋釋》針對個別語詞作了補校與箋釋[七]。有關音韵研究方面，主要以音注、直音爲研究對象，對其音注來源與構成及其所反映

　　〔一〕　朱鳳玉：《敦煌寫卷〈俗物要名林〉研究》，《第二屆國際唐代學術會議論文集》上册，文津出版社，一九九三年，第六六九～七〇〇頁。

　　〔二〕　洪藝芳：《論〈俗務要名林〉所反映的唐代西北方音》，《慶祝潘石禪先生九秩華誕敦煌學特刊》，文津出版社版，一九九六年，第五一一～五三二頁。

　　〔三〕　張金泉、許建平：《敦煌音義匯考》，杭州大學出版社，一九九六年，第六四五～七四四頁。

　　〔四〕　陳璟慧：《敦煌寫本〈俗務要名林〉研究》，杭州大學碩士學位論文，一九九七年。

　　〔五〕　張涌泉主編：《敦煌經部文獻合集》第七册“小學類訓詁之屬”，第三六一一～三七一一頁。

　　〔六〕　姚永銘：《〈俗務要名林〉校補（一）》，《浙江大學漢語史研究中心簡報》二〇〇五年第三期，第四六～五八頁。

　　〔七〕　張小艷：《敦煌寫本〈俗務要名林〉字詞箋釋（一）》，《語言研究輯刊》第五輯，二〇〇八年，第三〇〇～三一〇頁；《敦煌寫本〈俗務要名林〉字詞箋釋（二）》，《語言研究輯刊》第七輯，二〇一〇年，第二六一～二八三頁。

的語音現象進行探討，如郭麗《再論〈俗務要名林〉的反切和直音》〔一〕，李紅《敦煌本〈俗務要名林〉音注聲母再探討》〔二〕，高天霞《敦煌本〈俗務要名林音注聲母再探討〉誤例辨析》〔三〕。有關內容與反映生活文化的研究，主要有朱鳳玉《敦煌通俗字書所呈現之唐五代社會文化研究芻議——以敦煌寫本〈俗務要名林〉爲例》〔四〕，《敦煌通俗字書中音樂語詞呈現之樂器析論》〔五〕，葉嬌《唐代敦煌民衆服飾芻議——以敦煌文書〈雜集時用要字〉和〈俗務要名林〉爲中心》〔六〕，高天霞《從〈俗務要名林〉看我國唐代鄉村的聚會宴飲與娛樂——以詞語考釋爲主》〔七〕，高啓安《唐五代敦煌飲食文化研究》等〔八〕，都是依據《俗務要名林》收錄的詞彙，進行敦煌文化或唐代文化、唐代社會生活等相關研究。全面綜合研究的主要有高天霞《敦煌寫本〈俗務要名林〉語言文字研究》〔九〕。

總體而論，這些研究大都從語言學、文字學出發，着眼於音韵、詞彙材料。至於將此書從識字類蒙書視角展開論述的，主要爲二〇〇二年鄭阿財、朱鳳玉的《敦煌蒙書研究》。今在此一基礎上，謹就寫卷進行簡要概述，迻錄

〔一〕 郭麗：《再論〈俗務要名林〉的反切和直音》，《中國學研究》第一三輯，濟南出版社，二〇一〇年，第二二九～二三六頁。

〔二〕 李紅：《敦煌本〈俗務要名林〉音注聲母再探討》，《敦煌學輯刊》二〇一一年第一期，第一三六～一四二頁。

〔三〕 高天霞：《〈敦煌本《俗務要名林》音注聲母再探討〉誤例辨析》，《漢語史研究輯刊》第一六輯，二〇一三年，第四二二～四三八頁。

〔四〕 朱鳳玉：《敦煌通俗字書所呈現之唐五代社會文化研究芻議——以敦煌寫本〈俗務要名林〉爲例》，《敦煌吐魯番研究》第一四卷，上海古籍出版社，二〇一四年，第四九九～五二二頁。

〔五〕 朱鳳玉：《敦煌通俗字書中音樂語詞呈現之樂器析論》，《2013敦煌、吐魯番國際學術研討會論文集》，第五九～七八頁。

〔六〕 葉嬌：《唐代敦煌民衆服飾芻議——以敦煌文書〈雜集時用要字〉和〈俗務要名林〉爲中心》，《敦煌研究》二〇一一年第五期，第八二～八六頁。

〔七〕 高天霞：《從〈俗務要名林〉看我國唐代鄉村的聚會宴飲與娛樂——以詞語考釋爲主》，《隴東學院學報》二〇一四年第六期，第三二～三四頁。

〔八〕 高啓安：《唐五代敦煌飲食文化研究》，民族出版社，二〇〇四年。

〔九〕 高天霞：《敦煌寫本〈俗務要名林〉語言文字研究》，中西書局，二〇一八年。

全文，并論述性質、體式、時代，與敦煌相關字書、宋元明流行之碎金、雜字的比較，并析論其價值。

（一）寫本概述

今所得見敦煌寫本中屬於《俗務要名林》的寫卷計有：伯二六〇九號，伯五〇〇一號，伯五五七九號和斯六一七號等四號，分屬兩個寫本系統。其中伯五〇〇一號（首尾俱缺，存四十一行），伯五五七九號殘片（首尾具殘，存十行）與斯六一七號（首尾俱缺，存二百一十五行）等，三件屬於同一寫本系統[一]，伯二六〇九號首殘尾完，存一百六十四行，尾題有"俗物要名林一卷"則屬於另一種系統之殘卷。各寫卷件皆正文大字單行，注文以雙行小字出之。茲將寫本概況表述如下：

卷　　號	寫本狀況	保存行數	首尾題	同卷蒙書資料
伯二六〇九號	卷子本　首缺尾完 正文大字單行，注文雙行小字。	一六四	尾題 "俗物要名林一卷"	卷背：癸亥年龍勒鄉百姓力貨物契等習書文字
伯五〇〇一號＋ 伯五五七九號＋ 斯六一七號	卷子本 首尾俱缺 正文大字單行，注文雙行小字。	四一＋一〇 ＋二一五＝ 二六六		

伯五〇〇一號＋伯五五七九號＋斯六一七號，首尾俱缺，均無首尾題。朱鳳玉《敦煌寫卷〈俗務要名林〉研究》以爲伯五〇〇一號殘卷内容、體式與伯二六〇九號一致，當亦是《俗務要名林》之殘卷[二]。斯六一七號《敦煌遺書總目索引·斯坦因劫經録》著録爲《俗務要名林》，伯五〇〇一號《敦

〔一〕　張涌泉判定此三殘卷係同一寫卷殘破斷裂，加以綴合。詳細綴合情形參見《敦煌經部文獻合集》第七册，第三六一一～三六一四頁。

〔二〕　參朱鳳玉：《敦煌寫本"碎金"系字書初探》，《第二屆敦煌學國際研討會論文集》，第五〇八～五〇九頁；《敦煌寫卷〈俗物要名林〉研究》，《第二屆國際唐代學術會議論文集》上册，第六六九～七〇〇頁。

煌遺書總目索引·伯希和劫經録》著録作類書（似爲《俗務要名林》）、伯五五七九號《伯希和劫經録》著録失録，《敦煌遺書總目索引新編》補録作"殘字書"〔一〕。張金泉《敦煌音義匯考》以其"所注字皆與屋舍相關，相似伯五〇〇一號宅舍部"，故附載於《俗務要名林》，二〇〇八年張涌泉《敦煌經部文獻合集》明確的判定與伯五〇〇一號、斯六一七號爲同一《俗務要名林》寫卷的斷裂，加以綴合。此一寫卷與有題名《俗務要名林》一卷，二者皆爲傳抄本，不存在祖本與傳抄本的關係。

伯二六〇九號殘卷，内容殘存：［量部］、［秤部］、［市部］、菓子部、菜蔬部、酒部、肉食部、飲食部、聚會部、雜畜部、獸部、鳥部、蟲部、魚鱉部、木部、竹部、草部、舟部、車部、戎仗部、［水部］、［藥部］、手部等二十三部。

伯五〇〇一號+伯五五七九號+斯六一七號内容殘存：［身體部］、親族部、□□（國號）部、宅舍部、男服部、女服部、器物部、田農部、養蠶及機杼部、女工部、綵帛絹布部、珍寶部、香部、彩色部、數部、度部、量部、秤部、市部、果子部、菜蔬部、［酒部］、肉食部、飲食部、聚會部、雜畜部、獸部、鳥部、蟲部、魚鱉部、木部、竹部、草部、船部、車部、戎仗部、火部、水部、疾部、藥部、手部。

綜合各寫本系統，除去重疊的二十三部，總計殘存四十一部，近一千五百個字詞語彙〔二〕。内容涉及當時社會生活的方方面面，舉凡食、衣、住、行，乃至動物、植物、軍事、地理、醫藥等，所收詞語均爲當時庶民百姓日常生活關係最爲密切的事務名物。

（二）録文

茲以伯五〇〇一號+伯五五七九號+斯六一七號爲（底一），伯二六〇九號爲（底二），并參考前賢録文，據原卷重新校録，逐録全文如下。原卷正文

〔一〕 敦煌研究院編：《敦煌遺書總目索引新編》，第三三六頁。
〔二〕 因寫本有殘損，各家統計略有異同。

單行大字，注文爲雙行小字，爲方便版面處理，茲把注文改爲單行小字。

俗務要名林

（前缺）

［身體部］

主反。臍音齊。股█□□名。音█。██亜□腰肉。蒲礼反。膝音悉。脛膝下骨。█冷反。腨█（股）□█□臀坐處。徒渾反。皮臚臚，皮之別名。良諸反。█□█躄反。血呼穴反。

親族█（部）

曾祖去己四業（葉）。上則騰反，下宋古反。高祖█□（去己）三（四）□（葉）□（考姅）父母亡後，稱父曰考，母曰姅。伯叔姑姨下由之反。舅巨□相謂。妯音逐，娌音里。嫂蘇考反。新婦子孫之妻。外甥□

□□□（國號部）

漢中國人號。楚中█（南）國人號。吳東南國人號。越亦東南國人█（號）。□□（西鄙）人號。蠻南鄙人號。狄北鄙人號。高麗東海█□█（國人號），下力█□（知反）。□羅亦東海東國人號。倭倭，東在高麗東。烏和反。崐嵛南海□□□（南國人）號。█（下）□胡塞北國人號。鮮卑上私延反。定（突）厥上徒忽反。吐█（蕃）□僬羯亦胡類，在東北。上亡發反，下居歇反。契丹上丘要反。屠□傅加反。蜑南蠻別號。音誕。獠獠南蠻別號。█（上）側卯反，下音老。□

宅舍部

城隍隍，城塹。音皇。坊音方。郭城郭。██。街衢并城中路。上音佳，下臣（巨）俱反。巷紅絳反。閭巷頭。刀（力）居反。村城外聚居處。倉昆反。墟村中空地。█虛反。█（隣）五家爲隣。里五僯（隣）爲里。█（鄉）五里爲鄉。宅屋宇宇，屋四乘（垂）。岳。廈因簷爲屋。所雅反。廉接█爲偏屋。音次。█（閨）内房。音圭。閣力（小）門。古合反。房室并寢處。庫貯財處。苦路反。倉貯米穀。七郎反。窖地倉。古孝反。窨地室。於禁反。厨竈屋。直朱反。廠屋無壁。處兩反。庵小草屋。烏含反。廬亦草屋。力諸反。棚所以閣█（物）。薄耕（耕）反。井汲水處。甃井甃。█（側）救反。竈祖到反。圊厠并下洩所。上音清，下初慮反。櫩屋垂。音塩。亦作簷字。█（棟）屋顛。都弄反。椽直緣反。桷梠之別名。音角。桁音衡。梁音良。柱直女反。枅音鷄。枡音升。楣門██（上橫木）。尋扇。限門下木。胡眼反。門戶窓下初良反。

牖小窗。余九反。扇扉并門扇板。□（上）□戰反，下音非。■（壁）補覓反。押押
壁。音甲。坒以水平■（地）。皮敬■（反）。構架并營造之稱。上古候反，下音嫁。庸
屋■（上）平。博■■（孤反）。峻屋■險。■■反。附（斜）附（斜）峻。音斗。寬
大也。窄狹■（窄）。□革反。瓱大瓦。布縮反。甂小瓦。■幼反。甌博上音禄，下音
專。鈄鏂花■（飾）。上縛謀反，下烏樓反。礎柱下石。蘇朗■（反）。

男服部

飾■呼■反。纓於盈反。□■■□■血■音□。■音□。衫袍巾居銀反。帽莫
報反。簪側金反。■五物皆■□■反。襖□下早二反。褌古門反。松褌，職容反。鞾
靴吁■反。■（音）里。鞋户佳反。■■經。疎西反。韤亡發反。繫皮繫也。博講
反。屧蘇協反。屐渠逆反。莫□絰帶皮。他丁反。鎬弓上音鳥，下古宂反。絛靴繩。
土高反。筆■（悲）□■（反）。□書詩諸反。簡佳眼反。軸陳六反。袠陳栗反。

女服部

假髻上音賈，下音即。髪頭髪。皮義反。■□楚皆反。鈴釵之類。奴協反。步摇
下余昭反。珮■對反。釧處戀反。鐶指鐶。胡關反。媚子上■■□（反）。胭賢上烏賢
反。鏡匣鏡匣。胡甲反。莊飾面。音狂。奩莊奩。音廉。鬜子上烏協反。鴉■上烏加
反。胭支（脂）上音燕，下音支。胡粉下府吻反。青黛下音代。蘭澤■清香。■□
（膏）下古到反。口脂下諸夷反。梳所居反。枇密梳。頻二反。眉篦布鷄反。領巾下
居銀反。帔子上普義反。裙音群。褔（袹）複上音麦，下音福。袟被上音里，下羊石
反。袴褶上普（苦）荅反，下音當。襟衣前■幅。音金。■襟之名。■■（反）。袖徐
救反。褾卑小反。褌裾褌，於遥反。紐紐子，居（尼）柳反。襷裾襷，普諫反。裾□
□腰群。上卑■反，下音悉。襌單音。月衣袷無絮■。■□。■□。■郚下章亮反。
幞幞子。苻玉反。帊小幞子。普亞反。裹□■子。上上向□反，下音身。挽生子上免
難，亡辨反。■■□

□□□（器物部）

□■類。□連反。鉗子上巨嚴反。鑷□■（小）■（也），呼訝反。■□□，
■（音）■。□丁感反。罐水罐也。古亂反。筹木筹也。他郎（朗）反。桶他孔反。
枯剉物■（板）。知林反。□弗策之別名。物（初）産反。掃帚［上蘇］到［反］，亦
蘇老反，下之西反。簸箕上■（補）□□（反），卜（下）居□音老。筐音匡。籮音羅
■（也）。籃籠郎孔反，又落洪反。篩音■□抓欙上側卯反，下音離。窣甑窣也。涷

箒上音□，□（下）之酉□（反）。◻槃槃飲食者。余慮反。梯傷梨反。箔簾上蒲各反，下音廉。▓（櫓）◻碾尼戰反。磑五▓（對）反。碓音對。臼石臼。集（渠）六反。磨莫餓反，又莫蛾反。▓◻杵嗔呂反。鍬七遥反。鋤加（助）居反。钁（钁）俱縛▓（反）。鑱士懺▓（反），▓（又）▓（衒）反。◻斧方宇反。鑿藏各反。鋸菑慮反。鏟▓（初）限反。鎊普郎反。▓◻錐識（職）惟反。鑽祖亂反。砧打鐵砧，如（知）林反。▓（磓）直追反。鉗臣（巨）嚴反。▓（錯）◻□（鑢）音慮。柯鐮柄。音辞。柯斧析（柯）。音歌。橛鑿橛也，巨京反。橿鋤▓（橿），音薑。◻上奴隷反，下敷安反。絣絣墨繩，補萌反。揀懸繩望直，豎釧反。界鋸木，音介。▓◻削相略反。剗以刀□。初眼反。刻苦勒反。鏤郎豆反。鐫刻石▓（也），粮▓□（反）。◻剜斗削也，烏丸反。削於緣反。鍬作麦曲刀刀。居月反。劈普歴反。◻秦列反。劖截全▓。祖本反。栒（栓）山員反。

田農部

地田壃田界。居郎反。畔蒲半反。畝二百卌步爲一畝。莫補反。頃百畝爲一頃。闊穎反。壈▓□▓。町地狹長。他丁反。圩地广平。他鼎反。塍▓（稻）畦也。食陵（陵）反。耕耕田。各萌反。墾闢田。康很反。▓◻杷薄加反。塌耕塌。音塌。垈耕塊。音代。塊土團也。苦對反，或作凷。垎地鞕也。胡革反。壩沙土。乃臥反。▓（礅）礧杅田木。上音六，下音逐。耰下種具。落侯反。耩小犂也。音講。掩犂種。於輒反。鏵鏵子。胡麻反。瓣□上音辟。種下子也。章用反，又章舅（勇）反。蒔種田也。臣二反。栽（栽）種拊。則来反。苗穀苗也，明驕反。秧（秧）▓□▓（苗）。□（於）良反，亦於丙（兩）反。苗肥。調勻（勻）扁。上唐遼反，下羊倫反。稠苗多也。直流反。概亦故（苗）多也。居義反。稀苗▓（少）。虛▓反。穄田薄苗浅。虛尒（忝）反。稑苗自生。音呂。茠以手除草。呼高反。耡感華除草。助余反，又音助。穫收穀也。胡郭反。刈（刈）魚沛反。芟所衒反。襪普末反。穖十束爲穖。魯戈反。疊音牒。債（積）音亦（迹）。藉大積。資利反。堆穀堆也。丁回反。堅聚粒。自喻反。陙小堅也。丁戈反。塐上音素，下音布。蘿枷打麥杖。上音羅，下音歌。擔當濫反。桫檐（擔）之兩頭尖者。音忿。▓（穀）▓麥糸（黍）襪（稷）豆謂之▓（五）穀。公祿反。米銘礼也（反）。粟。薜穀莖。各滿反。穗音遂。粒音音（立）。麦宛反。▓烏本反。▓（稻）。糧反。籼糧之刃（別）名也。音似（仙）。糯女月□（反）。種稻晚熟。直容反。豆徒侯反。萁豆莖。呂機反。礴豆榑（礴）也。普胡反。踏磨豆。初麦反。麦▓□▓（反）。

稞青稞。苦和反。稭麥莖。古之（玄）反。䵣麥■（糠）。羊力反。麫莫見反。麰芳于反。䴴麥末也。蘇骨反。麧䴴頭。胡没反。黍高（商）吕反。秫舒聿反。穈（糜）黍之類。音眉。穄亦黍類也，音祭。蕎（蓧）麥上音渠。一名蕎麥。渠驕反。枲麻枲也。古典反。漚水中熟麻。烏侯反。麻麻里惡。七遥反。麻麻骨也。音皆。桑素郎反。枿枿桑也。莫卜反。颺颺穀也。音羊。籭音師。檐（擔）當藍反。梿（捷）音輦。頹（摑）紅講反。楬（揭）渠謁反。圌貯穀可（所）。殊緣反。囤小圌也。徒本反。春碓■（春）。輸容反。搗（搗）杵春。都老反。賜悚（悚）并再春也。上徒郎反，下音伐。臽出白中米。羊沼反。曬眼并因（日）中■■（曬物）。上所寄反，下音浪。曝亦曬物也。薄報反。炕火上乾物也。康浪反。簸櫛去糠粃。上博我反，下資典反。餺飥。

養蠶及機杼部

蠶昨含反。槌直類反。箔音薄。栫箔槮也。陟革反。籧草薦（簾）也。在協反。籠棌桑籠。魯紅反。鈎采桑鈎也。古侯反。鬟移蠶就寬（寬）。緤履反。簇蠶簇也。悆禄反。繭公典反。繰蘇勞反。軒繰軒也。渠王［反］。機居疑反。杼直与反。筬杼之別名。音成。筐筬筐。音匡。綜祖弄反。滕桑證反。梭蘇和反。籆王縛反。緯子上蘇對反。篰■上音福，下音雨。筵機筵也。居輒反。尿篗柄也。且（丑）利反。摇絡摇也。余照反。橰槔、井上居列反，下古刀反。井亦是汲水機。

女工部

績績麻爲布。祖秋（狄）反。緝績之別名。雌入反。縈績縈也。於營反。紡芳往反。紗所加反。繐紗之別名。音盧。緊紡緊也。居忍反。緯橫絶（絲）也。玄貴反。織諸式反。絡郎各反。交絓絲交處。古等（苧）反。絟廿絲爲一絟。力圭反。繢織餘，練頭。匱位反。剪刀上資練反。尺量物笐。處亦反。針之林反。線私見反。縷練縷也。力主反。翦裁衣也。資典反。裁割上音材。縫扶容反。刺清客反。補博古反。䄐補䄐也。徒會反。綴連綴也。貞鋭反。絎絎，縫也。何孟反。纏縫録也。略（毗）然反。繻、緉闈縫。二專反。紬小縫也。居［輒］反。褚裝衣。卜（丁）吕反。繵綴絮。於謹反。納補納。奴荅反。袄縱絮。直栗反。綻縫解更縫。除諌反。緝對縫也。渠記反。襦衣襦殺。疎盍反。㧪指㧪也。苦僂反。衦磨展衣。各滿反。巧刵上苦卯反，下苦八■（反）。拙章劣反。縵紡縵。麻諌反。筦收紗筦。胡路反。絲思疑反。絇絲絇也。俱遇反。繇從絲。音摇。

綵帛絹布部

綵雜色帛。千待反。繒綵云（之）別名也。目（自）陵反。綺輕妙（紗）綵。袪蟻反。繡錯綵縷。纈胡結反。縠紅禄反。綾力競反。紋小綾。音文。獨窠綾名。下苦和反。雙絚（距）上（下）音巨。氍甲上俱眉反。雀眼上將藥反。填心上音田。已上五種綾名。羅盧名（多）反。孔雀羅名。下將藥反。瓜子，許春已上三種羅名。錦居飲反。波斯錦名也。下音私。臥鹿上音（吾）貨反，下音禄。鴨子上烏甲反。對鳳已上田（四）種錦名。絹規面反。練熟練。郎見反。帛帛練，音白。帒絹帒。臣（巨）淹反。帄絹匹。當了反。絁舒夷反。紬直由反。緻絹密。直智反。紕疎惡也。[□]離反。綿絲（弥）連反。絮想慮反。牽繰惡絮。上苦賢反，下力之反。布補路反。筒布細布名。上音同。高機布上細布。土布上音杜。板布上博限反。帗布上音私。蕳布上土蠟反。紵布上直▨▨（反）。練（練）青紵布。色魚反。葛緝葛爲布。崗達反。氎細毛布。徒協反。毧亦毛布。胡葛反。蕉布緝蕉爲布。即遥反。

珍寶部

金銀卜（下）魚巾反。玉璧下卑亦反。碼瑙上音馬，下奴老反。珊瑚上蘇女（安）反，下音胡。琥珀上荒古反，下普革反。頗黎上善（普）和反，下郎▨（稽）反。琉璃上音流，卜（下）音離。玳瑁上音代，下莫代反。鍮石上湯樓反。礜墨也。烏稽反。銅音同。鉛年專反。錫星歷反。白鑞下郎荅反。鐵土結反。鉼金銀等鉼。姑猛反。銍鐵銍也。所京反。鏉鐵銍鏉。所救反。鏗鐵鏗也。古郎反。鍒鍒鐵。兩（而）由反。

香部

牛頭栴檀香栴，諸然反。檀，唐千（干）反。熏陸香▨（上）勳，下六。沉水香上直林反。篯香次（沉）香之浮者。上則□▨（反）。零祾香上郎下（丁）反。藿香上▨（荒）郭反。甲煎香中則見反。丁子香。蘭澤香單香也。馝大香氣。蒲没反。

彩色部

青倉經反。黄胡光反。赤處光反。白彭革反。紅户工反。紫津履反。緋府韋反。絳黄巷反。緑良玉反。碧非逆反。烏任（汪）始（姑）反。皂藏者（老）反。蘇方上桑盧反。鬱金顋上於弗反。下染黑，烏閑反。皰淺色。敷勿反。斒斕色不純也。上布㝹（穿）反，下力問（閑）反。贗色不真。五晏反。黢色壞。於歇反。贋。

數部上所喻反。

數起於壹二三四五六七八九十廿卅卌、五十、六十、▨▨（七十）、八十、九十、一百。十百爲一千，十千爲一万，十万爲一億下於力反，十億爲一兆下音趙。雙所江反。隻之亦反。兩力掌反。奇一隻也。居宜反。

度部上徒路反。

度起於忽蠶口出絲名爲忽。十忽爲一絲，十絲爲一毫下胡高反，十毫爲一氂下力之反，十氂爲一分下府云反，十分爲一寸，十寸爲一尺，十尺爲一丈，十丈爲〔一〕引。

量音亮。部

量起于圭下古迷反。六粟爲一圭，十圭爲一抄下楚交反，十抄爲一撮下七活反，十撮爲一勺下章略反，十勺爲一合下古荅反，十合爲一升，□□□（十升爲）一斗，十斗爲一斛〔下胡木反〕。

秤部上處證反。

□□□□（秤起於黍）下商呂反。十黍爲〔一〕參下七含反，十參爲一銖下巨朱反，廿四銖爲一兩，一六兩爲一斤，卅斤爲〔一〕鈞下規隣反，四鈞爲一石。

市部

市辰里反。鄽市之別名。遲連反。行胡郎反。肆行之別名。音四。邸丁礼反。店丁念反。商行者爲商。音傷。賈坐者爲賈。音古。亦作估字。賣莫懈反。買莫熊（罷）反。糶〔吐吊反〕。糴徒歷反。酤買酒也。古胡反。沽賣酒也。古路反。賒買物未与錢。舒遮反。賒買物預少（付）錢。徒紺反。販緻賤買貴賣。上方万□（反），□□（下音）致。質將物知（質）錢。之粟（栗）反。贖還錢聚（取）物。傷欲反。貸借与人物。他愛反。貣假取人物。唐勒反。▨▨（筭計）□▨（上蘇）亂反。贏得利。音盈。鋭折本。盈綴反。

果子部

果古火反。李音里。柰奴盖反。柑音〔甘〕。橘規律反。橙直利（耕）反。棗音早。樗棗上而兖反。栗離七反。桃徒高反。梨力之反。林檎下渠金反。枇杷上婢卑反，下蒲家反。梅草（莫）杯反。杏音幸。椑〔音卑〕。柿音士。石榴下音流。烏敜上（下）蒲没反。榠樝上莫經〔反〕，下側加反。木瓜下古華反。櫻桃上烏耕反。蒲陶上薄姑反，下徒高反。菱水草實。力顛（兢）反。蓮郎顛（顛）反。荷蓮〔葉也〕。〔音何〕。藕蓮根。五口反。薢茩▨▨▨（上房于）反，□□□□（下自資反）。甘蔗之夜反。瓠子上胡路反。芋子上于付反。瓜古華反。青帆瓜名。下池禁反。黃瓝亦瓜名，下蒲蓮反。胡爐瓠實。上音胡，下音盧。瓟馬瓟子。蒲角反。埯種瓜坎。烏敢反。

菜蔬部

椒即搖反。［薑］［居良反。蕐茇上卑粟（栗）反，下補割反。芥音戒。蔓菁上莫
干反，下則丁反。菘蔓菁之類。私戒（戎）反。葵巨規反。［蕊］［麁紅反］。韭音九。
蒜蘇亂反。薤胡戒反。葫蒜（蒜）之別名。荒烏反。胡荽下息唯反。蘿葍上音羅，下
蒲北反。蘭香上音（落）干反。香菜下而由反。蓼子上音了。香蘇下桑盧反。蘘荷上
而羊反，下音何。苜蓿上音目，下音宿。蕓薹上音□，□▨（下音）▨。▨（蓴）▨
（水）中滑菜。常倫反。薺情礼反。萵苣上烏和反，下音巨。芹音勤。莧胡諫反。苟杞
下音起。薇山上菜。音薇。蕨亦山止菜。居月反。葫蕙（蒠）一名倉耳。上音胡，下音
徒（徙）。藜蓼（藋）上落兮反，下徒弔反。藿豆葉也。荒郎（郭）反。茄子上音伽。
［豌豆］［上烏丸反］。積豆籬上豆。止（上）土（北）顯反。營豆野豆。音勞。芙苦
芙。烏老反。

［酒部］

酒津西反。麴丘六反。蘖魚渠（桀）反。醖造酒也。於問反。釀女亮反。酵古
孝反。酘再安米。徒陋反。醲厚酒。女龍反。醇并厚酒。時倫□（反）。醪白酒。郎▨
（刀）反。醨薄酒。刀（力）之反。醅酒一酘。普迴反。酮酒壞。徒捻反。糟酒滓。作刀
反。粕糟安水。普各反。▨（醅）□▨（漉酒）具。楚流反。漉漉酒。音禄。濾去酒
滓。良預反。押押酒。烏甲反。柞槽押酒具，［上側］嫁反。下音曹。

肉食部

羊腔金（全）羊也。苦江反。胖邊羊（半）胖也。上陟魚反，下補眠反。鹿髏上音
禄，下出（土）猥反。䐉羊腹中脂。桑安反。膫牛脂。郎刀反。血呼穴反。［脂］［職離
反］。肪膌腹中脂。音方。胰膌腹中息肉。音夷。腦羊頭中脂。奴老反。膍胵鷄雉腹内
食府。上頻移反，下處脂反。

飲食部

洮以水洮米也。杜勞反。淅淅米。之列反。炊蒸之別名。昌惟反。餐饙飲（飯）未
熟。上音脩，下府云反。泚泚米也。側亮反。餾餾飯也。力救反。蘇凝牛羊乳。桑盧反。
酪郎各反。蜜弥粟（栗）反。油油麻脂。羊周反。焦焦菜也。音□（㸚）。□（腩）▨
（腩）菜。奴咸反。飯炊米爲飯。符万反。飧夕食，以水沃飯也。蘇昆反。溲溲麵。流
（疏）分（久）反。煎煎餅（餅）也。資連反。煮煮物也。之呂反。瀹瀹菜也。羊灼反。
煠沸陽（湯）。羹古衡反。臛呼各反。麋老小食。音眉。粥薄麋。之六反。糕糜黏米糜。
上音商（高）。黍臛黏米餅（餅）也。上舒呂反，下呼各反。餛飩上胡昆反，卜（下）杜

昆反。飴餅上音甲，下卑領反。脂䭔下都雷反。籠餅上洛東反，下卑領反。鞸鑼上音
必，下音羅。餶飳上音浮，下湯苟反。膏餶餶飳之別名。下音葉。餹杜郎反。餳薄餹。
辝盈反。籔桑嬾反。粡粳以餹籔爲團也。上撫于［反］，下音流。麰麧上勒賢反，下郎
苟反。糧餅▨（寒）具也，北人□□（作之）。□□▨（上音還）。膏糧下音還。粗籹高
（膏）糧之別名。上［音］巨，下音汝（女）。砂萁上所加反，下音其。糖糕上杜郎反，
下杜迴反。［餈］［情移反］。粎［博滿反］。粽資关（送）反。糎烏結反。粉碎米爲麵。
不准反。䴴昌少反。精音步。豆餡豆末和餹。下於月反。餅胅下音淡。饆（饆）十番
［餅］爲一饆（饆）也。婢卑反。䊧羹䊧。素感反。菹菜菹也。側魚反。醬即亮反。酢食
（倉）路反。塩移廉反。豉辰利反。酸酢味。蘇丸反。鹹塩多。音咸。辛音新。辣辛也。
郎割反。苦康魯反。甘古［南］反。甜甘也。唐兼反。淡康（唐）攬反。餿餅（飯）壞。
所求反。墋餅（飯）有沙。初錦反。餘日西食也。［識］兩反。餉送食也。䭜（識）亮
反。䴵所以粘物。黃盧反。黏䴵，黏也。左（尼）廉反。䵴擣薑爲䵴也。則黎反。

聚會部

鋪設上普洛（路）反，下（又）普盧反。餖飣上丁豆反，下丁定反。飲宴上於錦
反，下烏見反。言話下胡霸反。湌膳喫飲食也。上倉安反，下音善。嘗少喫。音常。啜
細齧也。常悦反。喫苦歴反。噉徒敢反。嗽徒敢反。唯（嗺）嚼上秦唉反，下秦略反。
欻脣（脣）呼。［呼］甲反。歙細欻也。昌説反。鮫五巧反。嚙五結反。饞慵嗜食而嬾
也。上土（士）銜反，下蜀容反。餒食貪食也。上烏倒（到）反。饕餮貪財爲饕，貪
食［爲］餮。上土高反，下湯切反。貪婪不知足。上土含反，下郎甘反。舐舌取食。神
氏反。吮神亮（兖）反。唵以掌進食。烏感反。師嗽上祖苔反，下所角也（反）。嗅嗓
上補各反，下子入反。歐喀上烏苟反，下音宄（客）。吐哯上土路反，下羊制反。戯懅
（劇）上虛義反，下渠逆反。攤捕上湯干反，下薄始（姑）反。握槊上烏角反，下踈角
反。圍碁上干（于）非反，下渠衣反。僞隷不事生業。上士（士）盍反，下郭（郎）帝
反。叫噪上古弔反，下蘇致（到）反。嬲咔上郎反，下郎貢反。嘲哳交反。謎隱語也。
莫計反。酩酊醉也。上冥冷反，下丁冷反。醉子類反。醒醉歇也。蘇零反，又蘇靳反。
解醒上姑買反，下直盈反。收舉下居許反。罯覆物。烏感反。罩亦覆也。所（知）教
反。鞈亦覆也。莫干反。洗盪上星礼反，下唐朗反。杙刷上音式，卜（下）所劣反。摒
擋上卑敬反，下當朗反。坔以灰淹也。蒲本反。圣除糞也。府云反。瞥净潔也。烏猛
（猛）反。

雜畜部

馬家（蒙）賈反。牛魚留反。驥盧和反。驢力諸反。駝駝上郎各反，下唐羅反。騙駱（駿）上丁革反，下音麦。駏驉上音巨，下音虚。羊余良反。膌陜魚反。狗古厚反。猫兒上眉驕反，下音兒。馬駒下舉虞反。犢子上音獨。馬有駿下音宗。尾亡鬼反。毛色騮赤騮、紫騮。下力周反。騘音忿。赭白上音者。連錢騘馬也。秦連反。驃匹妙反。駱丘栗反。騅音佳。駁補角反。騟以朱反。駱郎各反。騧古華反。［駁］［音父］。驐都昆反。草草馬。鍑鍑馬耳。所留反。印蕃印。伊刀（刃）反。鬐銜上斌利反，下胡監反。排沫上蒲皆反，卜（下）音末。繮鞓上居郎反，下空弄反。鞍韉上音安，下則蓮反。鞦音秋。鐙丁鄧反。靻（靻）懸鐙皮。之列反，亦逆靻（靻）。韉連鞍皮。蘇雷反。鞭卑延反。鞘鞭皮也。所交反。鞍鞘也。屨脊上他曳（計）反，下音積。龍頭上落各（冬）反。絆音半。刷所劣反。鞁鞁馬也。皮義反。卸馬去鞍。司夜反。驕［躍上馬也］。匹扇反。驪馬驪也。知戰反。槽櫪上音曹，下音歷。橤其月反。餕（駿）馬食粟多。離甑反。驫馬多惡。莫歷反。驢毛色有青黃烏白驢下音唐。騾親略反。格駅物具。胡草（革）反。紂鞍後灘（繩）。直西反。牛有特■（下）唐勒反。犈普角反。犍居言反。牸音字。牯小（水）牛也。音故（古）。牰牛毛色。於問（間）反。犡亦牛色。力知反。觠［牛角甚曲。巨員反］。［觰］以角上廣。陟加反。牦牛無角。苦和反。牫牛鼻中■■（曲木）。羈虞反。牸牷之別名。居戀反。紖牛繩也。直引反。鞲收繩於頭也。音卜。舭觪上丁礼反，下昌欲反。齝中（牛）吐食。刃（丑）之反。羊有羔羊子。音■（高）。羯羝上居謁反，下當黎反。羖羭上音古，下音歷。㸰羊息羔，［芳］万反。羥里（黑）羊。㺜（烏）閑反。羶羊㺜（臭）。式連反。豬有猪（猭）大豬。符云反。豭亦大豬也。音加。豵普角反。豩子宗（宋）反。豲小豬。子紅反。独豬子也。徒渾反。欄圈圈豬所也。上音蘭，下求充反。齹豬牙曲也。巨員反。蚭豬握（掘）地。呼雪（雷）反。㺒豬食也。所教反。泔米泔也。苦（古）監（藍）反。滓側擬反。澱唐見反。粹麻油粹也。所巾反。以上普（并曰）豬食。狗膽（瞻）苟（狗）取（耳）大垂。［丁甘反］。［貼］［耳小垂也］。丁兼反。耼耳小垂着頭，丁選（篋）反。［劇］以力（刀）去苟（狗）勢。居［言反］。亦是劇（劇）牛字。趑苟（狗）走疾也。蘇和反。［忌］［犬吐食。七鳩反］。獚走遲也。孟（盆）本反。

獸部

犀野牛也。音西。象徐兩反。熊爲宮反。羆（羆）音悲。虎音武。豹博教反。豺野苟（狗）也。士皆反。狼似家苟（狗）而火（大）。音郎。麋音眉。鹿音禄。麞音章。
麂音几。麈［音主］。麔音京。麀似鹿而小也。薄交反。麢羊野羊也。上郎丁反。麝香
上神夜反。菟土路反。玃呼丸反。狢胡各反。狐野孤（狐）［也］。［音胡］。狸力之反。
狝猴上音弥，下音侯。猨似猴而火（大）也。音爰。鼫（鼫）鼨野鼠也。上古熒反，
下郎丁反。鼤食竹根鼠也。音脊（留）。鼢小野鼠。符粉反。麚雄鹿名。［音加］。［麀］
［雌麀（鹿）］。音憂。麛麛（鹿）兒也。眼鷄反。罝取獸網也。即加反。槍刺獸刃也。
七羊反。弶射獸［弩］也。［奇亮反］。［檻］［取獸闌］也。胡黤反。穽穿地陷獸。情
郢反。

　　鳥部

　　鵝我羅反。鴨烏甲反。雞古奚反。雉陳里反。鶉烏含反。鶉鶉之類也。音純。鷄
（鶏）鳩上房干（于）爲（反），下九劉反。白鴿下古荅反。鴟老鴟也。處之反。鴉老
鴉反（也）。烏加反。鵲親略反。鷰烏見反。雀將藥反。鸚鵒上具俱反，下音欲。鸚鵡
上烏庚反，下音武。鶯烏庚▓（反）。布穀一名戴勝也。鴈五晏反。鶬［音倉］。鴻户工
反。鶻户不（木）▦（反）。鸖户各反。鸛雀上古亂反。鷹一凝反。鸇鵰上之連反，下
羊照反。鶻胡骨反。鶺鴒上音積，下音零。鵜鶘上徒奚反，下音胡。鸕鷀上音盧，下音
慈。鈎鵅（鵅）上古侯反，下音格。士（土）梟下音（古）堯反。鳥有毛羽下于付
反。翅身刑（利）反。翮長毛也。户革［反］。毿毛垂兒（貌）也。蘇含反。凭毛落也。
湯卧反。姼毛落日（貌）。撫云反。嘴鳥口也。津水反。距強吕反。嗉［藏食處］。音素。
膉鳥胸前。失（央）力反。喊啅鳥食物也。上苦咸反，下丁角反。卵鳥卵也。郎短反。
菢鳥伏卵也。薄報反。鷇卵壞也。徒亂反。黐所以黏鳥也。丑知反。［翼］。

　　蟲部

　　蛇毒虫名。而（神）占（遮）反。蚺大虵名。而占反。蟒赤（亦）大虵。莫朗反。
土虺虵名。下董（薰）鬼反。黄［蝮］［亦虵名也。下音侯］。蠍亦毒虫也。與謁反。
蜈蚣上音吳，下音公。蝦蟇上户加反，下莫加反。［蛙］［春蛙也。烏佳反］。螳螂上音
唐，下音郎。［蟬］［食連反］。蟭蟟上即遥反，下郎調反。蝘蜓上烏見反，下唐見反。
蚸蜴（蜥蜴）上光（先）歷反，下音亦。蛼（蛼）蟩上千歷反，下音覓。曲蟮下音
善。蝸牛上故花反。蜣蜋上丘良反，下音良。虸蜉上音頻，下音浮。蟻［子］［上魚累
反］。螻蛄上音樓，下音姑。蚰蜒（蜒）上音由，下音延。蠐螬上音齊，下音曹。蝎虫
上紅達反。蜘蛛上音知，下音朱。青蜓下徒丁反。蛺蝶上烏牒反，下音牒。蜂撫容反。

蠮［蝓］上烏結反，下烏公反。虴蜢上睹草（革）反，下莫耿反。蠅粂（余）陵反。蚊子上音文。蠓子上莫勒（動）反。虻莫耕反。蜫（蟋）狗蜫（蟋）。博雞［反］。蚤猧（狗）蚤也。音卑（早）。虱踈訖反。蟣居憙反。蚩蝮上音求，下所由反。蝶蝀上音薄，下音束。蜎子上嬰向（余隴）反。蠁［子］上嬰（興）向反。胆（蛆）虫在因（肉）［中］。七余反。鼠升吕反。蝙蝠飛鼠。上音邊，下音福。

魚鼇部

魴符王反。鯾魴之別也（名）。早（卑）連反。鯉良以反。鯖精之（精赤）反。鯽［音即］。鮒蟥（鯽）之別名。音附。鱒藏本反。鯇文（胡）板反。鱗音橫。鮊音白。魝音力（刀）。魟蘇［了］反。鮎奴兼反。鮹所交反。鱧音礼。鮦鱧之別名。直勇反。鱅蜀容反。鱖居衛反。鑊音穫。鰱音連。鰕鰱之別名。音敘。鱏音尋。鹹苦（居）咸反。鮻蘇如（和）反。鰯鰁上音草（革），下五革反。鮑五回反。鰱鱨上音郎，下薄郎反。鰌泥鰍也。音秋。鱣常演反。黿居爲反。鼈黿上卑列反，下音元。鼉唐羅反。獺［湯末反］。螃蟹上薄郎反，下胡買反。鮮（蚌）蒲講反。蛤古荅反。螺郎和反。蝦呼加反。蜆音顯。網所以取魚也。［音罔］。罟［網之類。音古］。罾小網。音曾。罩陟教反。釣丁叫反。筍音苟。梁音良。魚鮍幹魚鮍也。普儀反。醃塩漬魚也。於業反。鰾魚膠也。頻小反。［鱗］［魚甲也。力真反］。鰭（鰭）巨移反。鰝魚掉尾也。博末反。腥魚臰（臭）。音星。鮮生魚。音仙。

木部

松翔龍反。栢（柏）音百。楹敕盈反。杉所銜反。楸音秋。梓音秋（子）。柘之夜反。荊音荊（京）。檀徒蘭反。懷音懷。槐懷（檴）之別名也。音因（回）。桐音同。榆年（羊）朱反。柳良久反。欅柳之別名。音舉。楊音羊。椿褚倫反。杆五千（干）反。樟敕居反。穗無患子。胡慣反。楓音風。枏音南。樟音章。柞音作。櫪柞之別名也。音歷。槲胡祿反。栖尺紹反。檮直由［反］。棟所賣反。楝苦棟（楝）也。郎見反。楨女貞（楨）。音貞。檪灰可染也。［土含反］。［柃］［灰亦可染］。李郢反。根樹根也。［古恩反］。［株］［張朱反］。莖大（火）耕反。輪岡滿反。柯音歌。條唐遼反。枝章移反。葉羊涉反。椺（梜）木里（理）文。音甲。榴大木［未］割也。户昆反。

竹部

筇竹節高堪作枝子（杖竹）也。巨龍反。篕（篕）音介（斤）。竹所（知）六反。笙竹上古惠反。篠細竹也。桑了反。笋笋（竹）牙也。私尹反。籜笋皮也。易（湯）洛反。簳中箭笴也。各旱反。箬箹葉也。音若。筐竹笓（笓）也。之熱反。笨篾骨。盆本反。

草部

蘆郎胡反。葦細蘆也。云鬼反。荻逢（達）歷反。蒿呼高反。薪蒿上音斜。艾五
盖反。蓬薄紅反。茅莫交反。管茅之別名也。古顏反。薍茅之類。五患反。蓓黃蓓也。
薄段（改）反。苉可爲屬也。音亡。蘱郎對反。蒯蘱之別名也。古懷（苦壞）反。藺良
信反。蔗平表反。可爲席。菁亦可爲席。古玄反。菰光胡反。蔣即良反。蒲薄姑反。莠
羊九反。稊度稽反。稗彭拜反。猶音由。檾麻屬也。口迴（迴）反。藤音騰。葛崗達
反。茜根可染也。倉見反。槎春取葉可爲飲也。宅加反。薧死草也。乎（采）古反。蔫
草死也。於言反。［矮］［亦草死也。於危反］。若亂草也。人者反。芒穀草也。音亡。

舩部

舩神專反。舸蜀江中舩也。姑我反。舸一木舩也。音同。艇舸之別名。亭冷反。舶
海中大舩。音白。艃釣魚小舩也。巨葉（恭）反。艘舩數也。蘇刀反。舷舩舷也。音賢。
帆進舩慢（幔）也。音凡。篙進舩竹。音高。橈入橈。槳大橈也。時（將）兩反。櫓
音魯。棹陳教反。㧊斗洩舩中水升（斗）也。上荒古反。檣帆竿。秦羊反。縴舩上大繩。
音律。絙亦大繩。古恒反。戕哦駐船大栓。上作郎反，下古羅反。樺竹樺也。薄皆反。
柀大（木）柀也。音伐。

車部

轅車轅也。音袁。轂居木反。輞音岡。軸音逐。輻音福。軒轂中鐵也。音工。輨
軸上鐵。古晏反。轄鐵頭軸。行八反。箱車身也。音襄。［幩］［箱底橫木也。亦作桄字。
古皇反］。［輾］［車屐也。渠逆反］。［枸杺］［上古佳（侯）反，下音心］。［槅］［古厄
反］。［簟］［安車軸也。所眷反］。簹箱前後榍（欄）也。音當。軯前後柱也。音主。靷
車軵也。胡犬反。［亅］［懸繩也。丁了反］。［篷］［箱上盖也。薄蒙反］。軬逢（篷）之
別名也。防遠反。［軥］［軥頭也。古豆反］。［索］［繩之別名。桑落反］。［輲］［車後重
也。虛言反］。［轛］［車前重也。珍利反］。

戎仗部

幕音莫。鎧康待反。兜鍪上當侯反，下莫侯反。具裝上奇遇反，下側良反。錏鍜
上烏加反，下户牙反。釳項上徒本反，下紅講反。覆膊上芳付反，下音博。臂褠上賓二
反，下古侯反。弓居隆反。箭諾見反。橫刀上胡盲反，下當勞反。劍居驗反。磧倉亂
反。稍所角反。槍七羊反。棑薄皆反。楯棑之別名。神准反。骨軺上傍礼反，下楚加

反。箹簏上音胡，下音禄。鞘刀鞘也。私妙反。鈚普雞反。髇鳴箭也。虛交反。笴箭
也。剛旱反。筈箭筈。苦括反。箭筈著弦處。鏃箭鏃也。柤▨（木）□（反）。□▨弦
也。□□□。▨（彄）弦頭也。苦侯反。㢨（㢨）弦中麁處。徂感反。弰弓末也。所
交反。彄弦急也。許縛反。弽□□果□□埓離拙反。擨普麥反。

火部

柴土（士）佳反。薪柴之別名也。私隣反。灰呼迴反。炭土旦反。燒舒遥反。燃
而連反。焚燃之別名。符表（袁）反。爇北人呼燃也。而拙反。焌急燒也。翠血反。炙
諸亦反。燻許之（云）反。熬五高反。焳物（初）卯反。煻（𤆍）灰埋令熟也。烏乃
（刀）反。炮薄交反。烙郎各反。燋燎上即遥反，下郎彫反。燥燥焦氣力（也）。盧含
反。爆火裂也。博教反，又普角反。炦火聲也。步（陟）訝反。烊火盛也。徒冬反。燖
燖頭也。祖高反。烥火地（也）也。私［□反］。爐火水（木）餘也。秦引反。燗以瞻
反。亦作焱。煙烏研（研）反。亦作炯（烟）。煻煨熱灰也。上徒郎反，下烏因（回）
反。橐爐扇。蒲介反。炱煤竈中墨也。上徒來反，下莫杯［反］。塵埃上直隣反，下烏
來反。窰燒瓦所也。余招反。冶鑄金所也。盈者反。坑骨灰和漆。胡段反。爐鍛金所也。
落胡反。鞴皮袋吹火也。亦蒲介反。鍛打鐵也。當亂反。鎔贲金也。羊鐺反。鑄瀉金爲
器也。之喻反。鋻水鋻尹（刃）也。古電反。釬燒金相着也。胡且（旦）反。錮以鐵縛
物。居玉反。

水部

漳諸羊反。淇勒（勤）衣反。已上二水在河北。汶無運反。在兗州。泗音四。在泗
州。［汝］人与［反］。在妳（汝）州。沁七禁反。在沁州。瀷（潁）營屏反。在豫州。
漢呼半反。霜（霸）。渭方（于）貴反。已上四水在雍州。伊田（因）夷反。洛郎各反。
漊（灅）直連反。澗呼限反。汚（洹）弥㳂（演）反。涴於元反。已上三水在襄州。洲
水中可居也。音州。渚水中高地。諸与反。岸水畔地也。五且（旦）反。灘水流急處戈
（也）。土干反。湍灘之別名。土官反。磧水流淺處也。千歷反。波風搖水也。補羅反。浪
水波也。郎向反。潮海水潮也。直遥反。灣水曲處。烏還反。潭水停處。徒南反。淦水流
緩也。奴簟反。過水迴也。烏和反。洇（洄）㳅水迴急也。上音回，下音伏。沿下水也。
夷［□］反。泝水上也。先路反。洗以水洗物。先礼反。浣洗之別名也。朝（胡）管反。
湔少浣也。即先反。濯亦洗也。徒角反。沐洗髮。音木。浴洗身也。羊蜀反。淹於嚴反。
漬秦二反。漬秦二反。潤而俊反。浸資禁反。濺水傍射也。津見反。灒秋（水）迸散也。

但且（祖旦）反。涴泥着物也。烏卧反。蘸物内水也。澤陷反。泥奴黎反。涅深泥也。蒱（蒲）[□]反，或作并（湴）。汮横木度水也。之藥反。橋巨騎（驕）反。

疾部

黶面上有里（黑）子。▓▓▓（於琰反）。吃語難。居▓▓（乞反）。▓（�）目動也。□□□。▓（眨）目連▓（瞤）。□□□。□▓▓▓。□□□。（底卷後缺）

□□（藥部）

▭土郎反。▓▓（乳）▭及（反），下而▓（主）□（反）。▭

□反。人參草藥也。下疏林反。甘草上古南反。

手部

摩抄上莫和反，下桑歌反。摸㨝上音莫，下音（蘇）落反。抹摋上音末，下桑達反。揩㩘上苦皆反。搓挪上倉哥反，下奴哥反。挼莏上奴和反，下蘇和反。按攤上烏旦反，下奴旦反。捼捺上奴回反，下奴達反。搯捾上土高反，下烏末反。挑擿上土堯反，下土歷反。摘捋上丁革反，下盧末反。拈搦上奴兼反，下奴麦反。敁敠稱量也。上了（丁）兼反，下丁果反。撩弄上落蕭反，下郎貢反。把握上捕賈反，下烏角反。拾掇上音十，下丁末反。爬搔上薄加反，下蘇高反。掐捩上苦甲反，下郎結反。捻奴牒反。捏奴結反。撚奴典反。搊楚尤反。抓側交反。撈盧刀反。揉挺上而由反，下舒延反。牽苦連反。挽亡反反。捇攞上呼哧反，下郎可反。撦裂上車者反，下音列。擺補解反。撥補末反。擘補麦反。揎須緣反。揞手覆也。焉感反。捧芳勇反。抐（抐）内也。而睡反。扨從上取也。踈臻反。擇音宅。捉捽[下]時（昨）卒反。拗拉上烏巧反，下郎荅反。捦捉也。巨金反。扠築上勑佳反，下音竹。打搨上丁冷反，下當臘反。捶撲上丁回反，下彭角反。扠捌上側解反，下阻力反。敲擊頭也。口交反。推敲上土回反，[下]先惣反。蹙拶上子六反，下婦（姊）末反。撼扽上胡感反，下音頓。抽拔上勑留反，下彭八反。拋擲上普交反。搰擲之別名。王忽反。攪姑卯反。掏杜高反。掊手掊也。薄交反。攣居願反。攲以筯取物也。曲宜反。擭撮上烏獲反，下七活反。齎持上即稽反，下直離反。攎攬上音盧，下音覽。提携上杜鷄反，下户圭反。擡掣上徒來反，下昌熱反，又昌裔反。掀高舉也。虛言也（反）。揨拄上丑庚反，下智主反。擱舉也。名（各）郎反。舁擱移物置他處也。延諸反，亦与魚反。

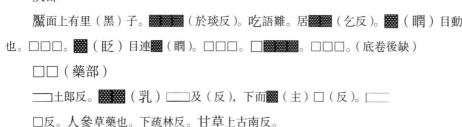

《俗務要名林》一卷

（三）《俗務要名林》的性質與名義

1.《俗務要名林》的性質

有關《俗務要名林》的性質，由於學者學術背景不同，關注重點不一，以致自來看法不盡相同。或從其分類立部的編排形式將之歸爲類書〔一〕，或以收録字詞而歸爲字書〔二〕，我在一九九〇年"第二屆敦煌學國際研討會"宣讀《敦煌蒙書析論》論文時，特將其視爲蒙書，歸入識字類中的要用雜字類蒙書〔三〕。

按：此書係根據伯二六〇九卷末題有"《俗物要名林》一卷"而定名的。《俗物要名林》，顧名思義，此所謂"俗務"，蓋指世俗間的各種事務，更指生活中的日常事務；又古曰名，今曰字〔四〕，是知"要名"即要字，指的是重要常用的事務名稱、文字。"林"，指衆多事物一一會聚如林，古代字書常以林名書，如：晋吕忱編有《字林》。可見此書的命名取義乃針對民間日常生活中各種常用的事務字詞語彙加以分類編排，是爲了便於檢閱并供學習的通俗要用字書。其編排體例采聚詞成部，立部成林，編爲一卷，故名爲"俗務要名林"。因此本質爲字書，而又具類書的編纂形式，就内容與功能論，實際上具有識字類蒙書性質。符合蒙養階段以識字爲先的早期識字蒙書的特性，而采分類立部編排，便於尋檢，故凸顯兼具字書、蒙書與小型類書的多重性格。

唐五代敦煌地區流行的《俗務要名林》是古代字書《爾雅》《急就篇》一類的延續發展，而内容則較《急就篇》《千字文》通俗，是以大衆日常生活事

〔一〕　如《敦煌遺書總目索引》王重民《伯希和劫經録》將伯五〇〇一號題作"類書（似爲俗務要名林）"，任麗鑫《敦煌類書叙録》，蘭州大學敦煌研究所碩士學位論文，二〇〇八年，第三四~三六頁。

〔二〕　如周祖謨：《敦煌唐本字書叙録》，《敦煌語言文學研究》，第四一頁。

〔三〕　鄭阿財：《敦煌蒙書析論》，《第二節敦煌學國際研討會論文集》，第二一一~二三四頁。

〔四〕《周禮·春官·外史》："周禮春官掌達書名于四方。"鄭玄注："古曰名，今曰字。"（（漢）鄭玄注，（唐）賈公彦疏：《周禮注疏》卷二六，十三經注疏整理委員會整理：《十三經注疏》，北京大學出版社，二〇〇〇年，第八三六頁）

務爲核心，更能反映唐代民間教育的主要目的乃在於識字、記賬、寫信，以應付日常實際生活的需求。深具庶民蒙書通俗性、實用性之特色。

2.《俗務要名林》具類書的編纂特質

敦煌寫本依類立目的字書，體製易與後世類書相混。《俗務要名林》分別部居，標舉名目，其體式均與類書無二。姜亮夫在《敦煌——偉大的文化寶藏》及《敦煌學概論》中，即以爲：《俗務要名林》應是唐代的一種字典。全書按事物分類編排，每類常用物名若干，然後逐一注上音義……這種分義類的編輯法，是六朝以來的類書體式，民間所習用[一]。正因具類書之體式，且在殘卷缺題的情況下，此類字書往往被視爲類書，如：伯五〇〇一號即是。關於字書與類書容易混淆的情形，余嘉錫在《内閣大庫本碎金跋》一文中，即曾説：

> 諸家目録皆收此書入類書類，蓋以其上自乾象、坤儀，下至禽獸、草木、居處、器用，皆分别部居，不相雜厠，頗類書鈔、御覽之體。然既無所引證，又不盡涉詞藻，其意在使人即物以辨其言，審音以知其字，有益多識，取便童蒙，蓋小學書也[二]。

後世與《俗務要名林》體制全同的"碎金"系字書，如：宋刻《重編詳備碎金》，明本《大字應用碎金》等，歷來諸家目録皆收入"類書類"，即不難理解。事實上，分類立部是最便於檢閲的編排方式，無論要用雜字書或類書，均頗多采此體式。今存《俗務要名林》的部類亦與初唐著名類書《藝文類聚》《初學記》頗多相同，茲舉《藝文類聚》一書所分的四十七部爲例，以便與《俗務要名林》相較。

《藝文類聚》全書一百卷，計分：天部、歲時部、地部、州部、郡部、山部、水部、符命部、帝王部、后妃部、儲宫部、人部、禮部、樂部、職官部、

[一] 姜亮夫：《敦煌——偉大的文化寶藏》，第一二四頁；《敦煌學概論》，第六一~六二頁。

[二] 余嘉錫：《内閣大庫本碎金跋》，收入《余嘉錫論學雜著》，第六〇〇~六〇一頁。

封爵部、治政部、刑法部、雜文部、武部、軍器部、居處部、産業部、衣冠部、儀飾部、服飾部、舟車部、食物部、雜器物部、巧藝部、方術部、内典部、靈異部、火部、藥香草部、草部、寶玉部、百穀部、布帛部、果部、木部、鳥獸部、鱗介部、蟲豸部、祥瑞部、灾異部等四十六部〔一〕。

除部類相同外，《俗務要名林》所收録的名目亦有多見於《藝文類聚》各部下之子目者。兹舉菓子部及鳥部爲例，對照如下，以見一斑。

《俗務要名林》《藝文類聚》"菓子部"對照表

《俗務要名林》	《藝文類聚》卷八六、八七
菓子部三八	菓部上下三六
果、**李**、奈、**柑**、**橘**、**橙**、**棗**、樗棗、**栗**、**桃**、**梨**、**林檎**、**枇杷**、**梅**、**杏**、樺、**柿**、**石榴**、鳥勃、檳榳、**木瓜**、**櫻桃**、蒲陶、**菱**、**蓮**、**荷**、**藕**、蒐此、**甘蔗**、瓠子、**芋子**、**瓜**、青匹、黄觚、胡爐、觑、垵。	**李**、**桃**、**梅**、**梨**、甘、**櫻桃**、**石榴**、**柿**、楂、**菓**、**奈**、**棗**、**杏**、**栗**、胡桃、**林檎**、甘藷、沙棠、椰、**枇杷**、燕薁、樧、蒟子、枳棋、柚、**木瓜**、杜梨、芋、楊桃、葡萄、檳榔、荔枝、益智、椹、芭蕉、**甘蔗**、**瓜**。

《俗務要名林》《藝文類聚》"鳥部"對照表

《俗務要名林》	《藝文類聚》卷九〇至九二
鳥部四四	鳥部上中下三八
鵝、**鴨**、**雞**、**雉**、**鵠**、**鶉**、**鶲鳩**、**白鴿**、**鷗**、**鴉**、**鵲**、**鷰**、**雀**、**鸛鴒**、**鸚鵡**、**鶯**、布穀、**鷹**、**鴿**、**鴻**、**鵠**、**鶴**、**鸛雀**、**鷹**、**鸕**、**鶿**、**鶺**、**鶺鴒**、鶒鵬、鷾鷥、鴝鴒、土梟、鳥有毛羽、翅、翮、氄、毻、毨、嘴、距、嗉、臆、喊啄、卵、苞、鰕、繛。	鳥、鳳、**鸞**、**鴻**、**鶴**、**白鶴**、黄鵠、**雉**、**鶉**、孔雀、**鸚鵡**、青鳥、雁、**鵝**、**鴨**、**雞**、山雞、**鷹**、**鶲**、鳥、**鵲**、**鷰**、**鳩**、**鷗**、反舌、倉庚、鶺鴒、啄木、鴛鴦、鳿鶒、鸂鶒、白鷺、鷺鷀、**鷗**、**鵬**、精衛、翡翠、鵬鳥。

從上表可見其中所收詞語有同有異，《俗務要名林》《藝文類聚》二者相同的以黑體加陰。《藝文類聚》同部《俗務要名林》未見者，主要多數爲南方或外國遠方所有之水果與鳥類，屬上層社會所喜愛或賞玩的珍奇水菓、鳥類，或

〔一〕（唐）歐陽詢撰，汪紹楹校：《藝文類聚》，上海古籍出版社，一九六五年。

爲文學常用詞彙。《俗務要名林》有而未見《藝文類聚》同部所收者，蓋爲民間常見，或因《俗務要名林》爲庶民日常生活所用之詞彙，故原屬菜蔬的菱、蓮、荷、藕、蒐茈、瓠子、青瓜、黄瓤、胡爐等，平民百姓生活中做爲瓜菓之用，故歸菓子部。這些現象正可說明《俗務要名林》民間通行之要用雜字書通俗性、地域性與實用性，與正統類書《藝文類聚》典雅性質當有所差異。

（四）《俗務要名林》的體式探源

就今所得見的敦煌寫卷伯五〇〇一號＋伯五五七九號＋斯六一七號與伯二六〇九號等《俗務要名林》殘卷，殘存：身體部、親族部……藥部、手部等四十一部觀之，此書顯係采取六朝以來類書分類立部之體式，將民間日常生活所需之語彙，加以分類編排之字書；亦即具類書之體式，因此在殘卷缺題之情況下，伯五〇〇一號即被視爲類書。

考首開依内容性質分類釋詞體例之先河者，當推《爾雅》一書。今本三卷，按十九類分爲十九篇，分別爲："釋詁、釋言、釋訓、釋親、釋宮、釋器、釋樂、釋天、釋地、釋丘、釋山、釋水、釋蟲、釋魚、釋鳥、釋獸、釋畜、釋草、釋木"。其爲中國第一部訓詁名著，亦是經師解釋六經訓詁之彙集，爲讀經者必備的工具書，故列在十三經之列，而其名書之取義"爾，近也；雅，正也。"其重要與雅正可知。

中國現存最早的識字教材西漢史游的《急就篇》，其體式雖爲七言及三言韵語，但就其識字功能與分類的特色而論，當是魏晉南北朝"要用雜字"書與《俗務要名林》之濫觴。因此敦煌寫卷《俗務要名林》一類，以名物分類編排的字書，就其體式而言，係《爾雅》《急就篇》之支流餘裔。然其收録的語彙，則以日常生活的用語爲主，大抵爲俗語俚詞，而非正經正史之雅正，究其性質，實爲因應民間日常生活之需而編，而其編纂亦以標舉名物爲主，并施以音讀，此與《爾雅》之以釋義爲主迥異。《爾雅》專爲解經而設，收列的詞語自然是經典雅言；《要名林》爲普通百姓傳授日用知識而編，收列的自然是日常生活用語詞彙。

兹將今所得見伯五〇〇一號＋伯五五七九號＋斯六一七號與伯二六〇九號等二種寫本系統《俗務要名林》所殘存三卷之部名，臚列如下，以供參考：

《俗務要名林》殘卷部名表

伯五〇〇一號+伯五五七九號+斯六一七號	伯二六〇九號
伯五〇〇一號+伯五五七九號 ［身體部］殘存一〇 親族部 殘存一〇 □□（國號）部 殘存二〇	
宅舍部 殘存五九 男服部 殘存二八 女服部 殘存四六 斯六一七號 器物部 殘存六四 田農部 一〇〇 養蠶及機杼部 二六 女工部 四四 綵帛絹布部 四七 珍寶部 二〇 香部 一〇 彩色部一八 數部 二六 度部 九	
量部 九	〔量部〕殘存六
秤部 七	〔秤部〕六
市部 二三	〔市部〕殘存二二
菓子部 三八	菓子部 三三
菜蔬部 三五	菜蔬部 殘存二九
〔酒部〕二〇	酒部 二〇
肉食部 一〇	肉食部 一一
飲食部 七一	飲食部 殘存七〇
聚會部 四八	聚會部 四八
雜畜部 一〇四	雜畜部 殘存九三
獸部 三五	獸部 三四
鳥部 四六	鳥部 四八
蟲部 四五	蟲部 四五

續表

魚鱉部 五五	魚鱉部 五五
木部 四四	木部 四一
竹部 一一	竹部 一一
草部 三四	草部 三三
船部 二一	舟部 二一
車部 二四	車部 二四
火部 四一	
水部 五〇	
疾部 殘存五	戎仗部 殘存三二
	水部 殘存一七
	藥部 五殘存三
	手部 六六
	俗務要名林一卷

法藏伯二六〇九號《俗務要名林》

　　《俗務要名林》的編排體式，采傳統字書音義韵書的形式，正文大字單行，注文以雙行小字出之。注文主要標示反切或直音，以便學習，對於較爲冷僻之字詞，或相近詞語須加區別時，更施以簡單釋意。如上圖手部第四～五行："拑搦上奴兼反，下奴要反。战挱稱量也。上丁兼反，下丁果反。撩弄上落蕭反，下郎頁反。把握上捕買反，下烏角反。拾掇上音十，下丁末反。爬搔上薄加反，下蘇高反。""拑搦、战挱、撩弄、把握、拾掇、爬搔"等各詞之下均以雙行小字標示每字之反切。其中唯有"战挱"一詞先以"稱量也"標釋義，其後再施以反切。尤其相近詞語，爲區別其使用的差異，也多施以簡單釋意以區別之。如市部："市辰里反。鄽市之別名。遲連反。行胡郎反。肆行之別名。音四。邸丁禮反。店丁念反。商行者爲商。音傷。賈坐者爲賈。音古。亦作估字。"這也是有學者將之歸爲音義字書的原因。

《俗務要名林》編排體例是以部類爲綱，以詞條爲目，以詞條爲綱，以注釋爲目。"以義爲綱，義近相次"將詞語羅列，全書依字詞所涉義類分爲"身體部""親族部"……"藥部""手部"等四十一個部類。此一體例蓋源自漢代的《爾雅》，而有所發展。此外，詞語的注釋包括注音與釋義，傳承了六朝隋唐音義書注音釋義的特色，并凸顯了識字蒙書"音義皆注，以音主"的實際需求。

（五）《俗務要名林》的成書時代

《俗務要名林》的成書年代，由於歷代史志均未見著録，而今所知見的四個敦煌寫卷均無年代與題記可資考其年代。英人翟理斯著録斯六一七號（翟七八〇〇號）時，疑爲第七世紀寫本。慶谷壽信《敦煌出土の〈俗務要名林〉（資料篇）》注八云："虎，音武，可能是避李淵之祖父襄公之名諱。"[一]周祖謨《敦煌唐本字書叙録》則以爲"由'虎'字下避諱音'武'來看，可能就是出於唐人之手。"[二]按：斯六一七號及伯二六〇九號"獸部""虎"字下均注云："音武"。考唐高祖之祖父諱虎，字文彬。唐人避諱或缺筆作"虍"，或變體作"虎"，作"虝"；或以武代虎，或改虎爲獸、豹或彪，其例非

〔一〕［日］慶谷壽信：《敦煌出土の〈俗務要名林〉（資料篇）》，《人文學報》第一一二期，一九七六年，第一二四頁。
〔二〕周祖謨：《敦煌唐本字書叙録》，《敦煌語言文學研究》，第五〇頁。

一〔一〕。黄正建《敦煌文書與唐五代北方地區的飲食生活》一文中，認爲此卷文字作於唐代，其證據有二，除“獸部”“虎”字寫作“虎音武”外，并提出“飲食部”中收有“饆饠”一詞，以爲“饆饠”此一食品最早出現是在唐代。東魏賈思勰《齊民要術》一書中并無有關“饆饠”的文字，然而唐代史籍中却多次記載了“饆饠”食品。并且，衹有它在日常生活中十分常見，才會被收入《俗務要名林》這樣的事典，所以《要名林》一定撰於唐代〔二〕。按：“饆饠”又作“畢羅”是一種有餡的麵食。唐李匡文《資暇集·畢羅》云：“畢羅者，蕃中畢氏、羅氏好食此味，今字從食非也。”〔三〕早在梁顧野王（五〇二～五五七）《玉篇·食部》即有：“饆，卑吉切，饆饠，餅屬也”；“饠，洛河切，饆饠。”〔四〕因此説《俗務要名林》撰於唐代則是；若説“饆饠”最早出現是在唐代則未諦〔五〕。

《俗務要名林》除“獸部”以“音武，注虎字”外，鳥部“鶉”下，斯六一七號及伯二六〇九號注作：“鷗之類也，音純”；“鷂”下注作：“羊照反”。按：“純”爲唐憲宗李純之名諱，“照”爲則天武后之名諱，寫卷皆不避諱。

又如菓子部：“荷蓮葉也。音何。”“葉”寫本作“𦶬”，飲食部：“煠湯中煠物。士匣反。”“煠”寫本作“㷹”，避唐太宗名諱。《舊唐書·高帝本紀》載：顯慶二年（六五七）“十二月乙卯，還洛陽宮。庚午，改‘昬’‘葉’

〔一〕參見（清）周廣業：《經史避名彙考》，明文書局，一九八一年，第二一四～二二〇頁。

〔二〕黄正建：《敦煌文書與唐五代北方地區的飲食生活》，《魏晋南北朝史資料》第一一輯，一九九一年，第二六五頁；收入黄正建：《走進日常：唐代社會生活考論》，中西書局，二〇一六年，第八八～一〇四頁。

〔三〕（唐）李匡文撰，吴企明點校：《資暇集》卷下，收入《唐宋史料筆記叢刊》，中華書局，二〇一二年，第二〇二頁。

〔四〕（南朝·梁）顧野王撰，胡吉宣校釋：《玉篇校釋》卷九，上海古籍出版社，一九八九年，第一九九四頁。

〔五〕以《俗務要名林》内容所反映的社會生活來考察，其收録的詞彙菓子部、菜蔬部的種類與北魏賈思勰創作於六世紀上半葉的《齊民要術》有較多的一致性。

字。"〔一〕是正式避唐太宗李世民名諱，世字除缺筆改字之外，其部件中含有世亦改，如"葉"作"萊"，"煤"作"煉"皆是，蓋始於公元六五七年。據此則《要名林》抄寫年代上限當爲公元六五七年。《要名林》各寫本對太宗之後諸帝名諱，皆不避。如顯字，高宗諱，《要名林》不避。《册府元龜·帝王·名諱》曰："中宗諱顯，儀鳳二年十月封英王，改名哲；聖曆元年册爲皇太子，複名顯；神龍元年正月即位，改'顯政殿'爲'昭慶殿'，'顯德殿'爲'章德殿'，'顯聖侯廟'爲'昭聖侯廟'。"〔二〕神龍元年爲七〇五年，《俗務要名林》不避"顯"字，説明其抄寫年代當不晚於此時。據此張涌泉以爲這些寫本大約都是唐太宗、唐高宗間的抄本〔三〕。高天霞《敦煌寫本〈俗務要名林〉語言文字研究》也從《俗務要名林》所反映的語音特點可推斷其爲七世紀的作品〔四〕。

（六）與後世"碎金""雜字"系的關係

1.《俗務要名林》與宋元明流行之"碎金"

王重民在《中國善本書提要·子部·類書類》，著録明初刻本《碎金》一卷時，云："敦煌所出《碎金》，亦有數種，余別擬爲《明本大字應用碎金》作一跋，統述其原委，兹不多贅。"〔五〕而著録《明本大字應用碎金二卷》時則

〔一〕《舊唐書》卷四《高帝本紀》，第七七頁。

〔二〕（宋）王若欽等編纂，周勛初等校訂：《册府元龜》卷三，鳳凰出版社，二〇〇六年，第三三頁。

〔三〕張涌泉主編：《敦煌經部文獻合集》第七册，第三六一五～三六一六頁。

〔四〕高天霞云："透過《俗務要名林》的切語與《經典釋文》，《五經文字》，慧琳《音義》及八——〇世紀的漢藏對音材料，敦煌通俗韵文等其前後時期的語音材料的比較，我們發現，《要名林》所反映的語音現象介乎《釋文》與慧琳《音義》之間，與《文字》最爲接近而略早於《文字》。如《要名林》微紐與明紐雖基本可分，但混用比例很高，而《文字》明微二紐則徹底分開了；《要名林》清青基本分用，而《文字》合二爲一。《文字》爲唐人張參所撰，約成書於公元七七六年，既然《要名林》的時代略早於《文字》，那麽它爲七世紀後半葉作品的推斷就基本可信。"（《敦煌寫本〈俗務要名林〉語言文字研究》，第七頁）

〔五〕王重民：《中國善本書提要》，上海古籍出版社，一九九一年，第三六六頁。

云："敦煌所出此種小類書甚多，余久擬檢閱敦煌殘卷，然後爲此本寫一詳
跋，未能如願。"〔一〕方師鐸在《明刻行書本〈碎金〉與敦煌唐寫本〈字寶碎
金〉殘卷之關係》一文中，將明代流行的碎金與敦煌寫卷《字寶碎金》視爲
一類。方氏云："我很懷疑，這本明刻《碎金》就是由唐人的《字寶碎金》演
進而成的。他經歷了唐宋元明歷代的修改與增加，因而成分越來越重，外形
愈去愈遠，從原來的四聲分卷，擴充了十倍，因而成爲四十篇。"〔二〕事實上，
明代所謂"碎金"一類的字書，史志目録，載録甚多，至今尚見有刻本的流
傳。唯此類字書，與敦煌寫本《字寶碎金》（當稱《字寶》，或《碎金》）、《白
家碎金》等，無論內容或體制均相去甚遠，無甚干係，當是同名而異實之作。
考後世以"碎金"爲名之字書，如：宋刻本《重編詳備碎金》、明刻本《碎金
一卷》、《明大字應用碎金二卷》等，審其全書，則不難發現其屬於以名物、
事類分類排比編纂以供日常生活之需的字書；與《碎金》《白家碎金》等專收
口頭俗僻語彙之內容不同；而體制亦與《碎金》《白家碎金》等不分類，但以
平、上、去、入四聲編排之體制迥異。

　　考宋、元、明分類語彙之"碎金"系字書甚多，余嘉錫《碎金跋》即列
舉：《大字碎金》《通用碎金》《碎金集》《碎金精要》《草字碎金》《真字碎金》
《碎金》《明本大字應用碎金》等多種〔三〕，余氏於跋中就原書所載的地名、官
制詳加考證：明刻行書本《碎金》，乃永樂初用洪武本略改者，而《明本大
字應用碎金》作於洪武四年以前，同時進一步舉證其沿襲宋、元本之舊，而
疑《碎金》之爲書，在元時即已有之〔四〕。余氏考證甚詳，疑《碎金》當在宋、

〔一〕　王重民：《中國善本書提要》，第三六五頁。
　　〔二〕　方師鐸：《明刻行書本〈碎金〉與敦煌唐寫本〈字寶碎金〉殘卷之關係》，《東
海學報》第六卷第一期，一九六四年，第一～一七頁；收入方師鐸：《文史叢稿》專論下
篇，大立出版社，一九八五年，第一八三頁。
　　〔三〕　見余嘉錫：《內閣大庫本碎金跋》，收入《余嘉錫論學雜著》，第六〇〇～
六〇一頁。
　　〔四〕　見余嘉錫：《內閣大庫本碎金跋》，收入《余嘉錫論學雜著》，第六〇一～六〇四頁。

元時已有之，殊不知日本天理大學圖書館即藏有宋刻《重編詳備碎金》[一]，而"據序文，編者乃‘今京華張君雲翼’，然其製作當是前有所承，其原作者雖不可考，然由序文‘舊本之刊已歲久’句，其於北宋時代即已成書。序文之末有‘嘉熙戊戌’字樣，則序文寫於嘉熙二年（一二三八），其所謂‘今’云者，無疑是指出版者之時代即南宋時代。又據序文，謂張雲翼將‘舊本’的碎金加以‘增廣’，校訂其謬誤，對其‘真本’更加訂正，於是將其刊行"[二]。

　　按：後世碎金一類字書的内容體式，實非源自敦煌寫卷《碎金》《白家碎金》等字書衍化蜕變而成，其蓋承自《俗務要名林》等字書發展而來。以下試將《俗務要名林》與宋刻《重編詳備碎金》[三]《明本大字應用碎金》[四]及明刻行書本《碎金》等書之部類條列對照如下：

《重編詳備碎金》《明本大字應用碎金》及明刻行書本《碎金》等書之部類條列對照表

俗務要名林	重編詳備碎金	明本大字應用碎金	明刻行書本碎金
身體部	疾病卅七	疾病四十	疾病卅八
親族部	爭訟卅八	爭訟四十一	爭訟卅九
國號部	藝業卅九	藝業廿九	藝業廿七
宅舍部	應用四十	應用四十二	應用四十
男服部		卅郡三	郡邑三
女服部		帝王四	帝王四
器物部	乾象一	乾象一	乾象一
田農部	坤儀一	坤儀二	坤儀二

　　〔一〕　王重民《中國善本書提要・碎金一卷》有云："日人長澤規矩也等所編佚存書目，載宋本重編詳備碎金三卷，題宋張雲翼編，并有嘉熙戊戌雙桂書院序：‘惜序文甚短，僅謂重編，原委未盡。’"（第三六六頁）按：天理大學出版社，一九八一年七月影印天理圖書館善本叢書漢籍之部第六卷有《重編詳備碎金》即是書。

　　〔二〕　［日］小川環樹：《〈重編詳備碎金〉解題》，《天理圖書館善本叢書・漢籍之部》第六卷《重編詳備碎金》，天理大學出版部，一九八一年，第八頁。

　　〔三〕　見北京圖書館古籍出版編輯組編：《北京圖書館古籍珍本叢刊》第七六册"子部・類書類"《明本大字應用碎金》，書目文獻出版社，二〇〇〇年，第四〇七頁。

　　〔四〕　見台北"中央圖書館"藏：《明本大字應用碎金》二卷、一册，明初刊本，卷上、葉一上。

俗務要名林	重編詳備碎金	明本大字應用碎金	明刻行書本碎金
養蠶及機杼部	人倫三	人倫七	人倫七
女工部	三教四	三教八	三教八
綵帛絹布部	五常五	五常九	五常九
珍寶部	文官六		
香部	武官七		
綵色部	司局八	司局六	
數部	華夷九		
度部	百穀十	百穀廿二	百穀十九
量部	五味十一	五味廿五	五味廿三
秤部	食餌十二	食餌廿四	食餌廿二
市部	菜蔬十三	菜蔬廿三	菜蔬廿一
菓子部	果實十四	花果廿七	花果廿五
菜蔬部	綵帛十五	綵帛十八	綵帛十七
酒部	彩色十六	彩色十九	彩色二十
肉食部	珍寶十七	珍寶卅八	珍寶卅六
飲食部	服飾十八	服飾十八	服飾十六
聚會部	水族十九	水族十二	水族十二
雜畜部	飛禽二十	飛禽十一	飛禽十一
獸部	畜獸廿一	走獸十	走獸十
鳥部	蟲豸廿二	蟲豸十三	蟲豸十三
蟲部	家生廿三	家生卅四	家生卅二
魚鱉部	屋宅廿四	屋宅卅一	屋宅廿九
木部	舟船廿五	舟船卅二	舟船三十
竹部	農器廿六	農器廿一	農器十八
草部	工具廿七	工具三十	工具廿八
船部	蠶織廿八	蠶織二十	蠶織十五
車部	書籍廿九	書籍十四	書籍十四
火部	兵革三十	兵革卅五	兵革卅三
疾部	漁獵卅二	漁獵卅六	漁獵卅四

俗務要名林	重編詳備碎金	明本大字應用碎金	明刻行書本碎金
戎仗部	技樂卅三	技樂卅七	技樂卅五
藥部	花藥卅五	香藥廿六	香藥廿四
手部	身體卅六	身體卅九	身體卅七
		品官五	資格五
		易卦十五	
		算法十六	
			未入流六

由上列對照可知，雖名目不一，然所指事項大致相同。敦煌寫卷《俗務要名林》，實爲宋、明"碎金"系字書的來源無疑，唯後世"碎金"系字書，則多臚列事物品名，甚罕注音釋義，此與斯三二七七號、斯六二〇八號等要用雜字類字書似乎較爲相近。不過宋刻本《重編詳備碎金》，尚保有《俗務要名林》一類於字下注以切語或直音的遺風，如"乾象篇第一"十二時下："日昳徒結切。"廿四切氣下："驚蟄直立切。""處昌守切暑。"時刻下："發欁雷去切。"此爲注以切語者；氣候下："溫燠鬱。"乾象下："霜霰線。""月珥耳。""薄蝕食。""鑱鏓代。"則爲施直音者。此外，亦間有於名目下釋義者，如："乾象篇第一"乾象下："霧露天氣下曰霧，地氣上曰露。"明本亦然，如《明本大字應用碎金》"乾象篇第一園蔬"時刻下："發欁雷去聲"，"坤儀篇第二"五嶽下："華山華州音畫"、坤儀下："港泒匹買切""村墅種與切""瞳吐管切町""火衒弄""闤環闠胡對切""橋塊兔""堰洪紅"。明刻行書本《碎金》"乾象篇第一"時刻下："發欁雷去聲"，氣候下："溫燠郁"，天文下："霰音線、霖音索"，"坤儀篇第二"、地儀下："港泒匹賣切""漢漊力鬥切""村墅坤與切""瞳吐管切町"，形勢下："岑崟音吟"。

2.《俗務要名林》與《新刻寰宇雜記》

除上述宋刻本《重編詳備碎金》、《明本大字應用碎金》二卷及明刻本《碎金》一卷等外，明萬曆間浙江錢塘刻書家胡文煥所輯的《格致叢書》中，有《新刻寰宇雜記》一種。

《格致叢書》世所流傳，卷帙不一。胡氏所刻各種叢書所收子目互有異同，且多寡亦有差別，其所收各書也多任意删節變換。《澹生堂書目》《彙刻書目》及《四庫簡明標注》均著爲初編四十六種，二編三百三十四種，《四庫全書總目》"存目"中，則著録一百八十一種，并注"較他本稍備，或爲全帙歟"[一]。《中國善本書提要》著録美國國會圖書館藏本爲一百五十六種，《中國叢書綜録》著録爲一百六十八種。蓋因明代書賈爲求牟利，隨印數十種，隨刻一目録，甚至隨定一名，意在新人耳目，冀其多售，以致有此紛淆雜亂之情形。

今遍檢台北"中央"圖書館及台北故宫圖書館藏的各本《格致叢書》及北京圖書館古籍善本書目所著録的各本《格致叢書》，均未見收有《新刻寰宇雜記》，後得友人之助抄得王重民先生所謂的《新刻寰宇雜記》全帙二卷。其目如下：

《新刻寰宇雜記》目録

上卷

乾象第一、時令第二、坤儀第三、郡邑第四遵依大明官制、帝王第五、文資第六、武資第七、官職第八已上遵官制、三教第九、人倫第十、五常十一。

下卷

五味十二、食餌十三、百穀十四、蔬菜十五、百花十六、果實十七、香藥十八、竹木十九、蠶織二十、綿帛二十一、彩色二十二、珍寶二十三、服飾二十四、飛禽二十五、走獸二十六、水族二十七、蟲豸二十八、宫室二十九、舟船三十、工具三十一、藝業三十二、家生三十三、雜具三十四、鞍馬三十五、兵革三十六、漁獵三十七、技樂三十八、書籍三十九、易卦四十、筭法四十一、身體四十二、疾病四十三、争訟四十四、應用四十五、人事四十六。

[一]（清）永瑢等：《四庫全書總目》，第一一三七頁。

王重民《中國善本書提要》著録美國國會圖書館藏“明本大字應用碎金二卷”，有云：“是書（《明本大字應用碎金》二卷）凡四十二目，《寰宇雜記》乃有四十二目，非胡文焕所增，即文焕以前人所增也。《州郡》《官職》之類，胡刻《雜記》依明制加詳，殆明中葉時人所爲也。”[一]持《寰宇雜記》與宋刻本《重編詳備碎金》、明刻本《碎金》一卷、《明大字本應用碎金》二卷相較，則知《寰宇雜記》除部目增爲四十六目外，亦有少數部目有所分合，而各部的内容亦隨時代而有所增損；可知此類通俗要用雜字書乃民間極爲普遍流行的日常必備書籍，且因應各個時代的實際需求，而有所調整增删改編，或變易書名，然究其源則無二致。

3.《俗務要名林》與後世的雜字書

“要用雜字”是承襲《急就篇》《千字文》一類童蒙識字課本而發展出來的通俗字書。此一體類的字書起源亦早，《隋書·經籍志》即著録有後漢郭顯卿撰《雜字指》一卷，可見漢時已有雜字類的字書。後代此類的編著名目繁多，有三言、四言、五言、六言、七言，體例不一，要皆屬於歌括體的百姓通俗雜字書。如明、清以來的《四言雜字》《五言雜字》《七言雜字》《益幼雜字》《創業雜字》《士農工商買賣雜字》《包舉雜字》《捷徑雜字》等等均是[二]。敦煌寫卷《俗務要名林》正是上承《爾雅》《釋名》之分類體制，與《急就篇》《千字文》等童蒙字書；下啓宋、元、明《碎金》系小類書型的字書，開民間通俗實用雜字書之先河。

例如：《益幼雜字》，其非歌括式字書，全篇五千多詞，既不連屬成文，亦不編爲韵語，而以類編排，分爲五穀、蔬菜、人物等六十類，當是《俗務要名林》一類的支流餘裔，祇是規模更加擴大而已。清康熙年間王相所編的《世事通考雜字》亦是此類之演變，分類更細，收詞更多。又如清乾隆庚戌刊行之《六言雜字》，雖爲六言韵語，然全篇分天文、地理、人物、時令、人事、身體等二十四類；一九二八年富記書局所出木刻本《捷徑雜字》雖采四

〔一〕　王重民：《中國善本書提要》，第三六五頁。
〔二〕　參見張志公：《傳統語文教育初探：附蒙學書目稿》，第二九頁。

言韵語，然標有人事、人情、農事、園蔬、雜貨、器皿、什物等七類。如：
"園蔬"類之"小菜時蔬，大蒜蔥韭。蘿蔔白菜，晶子芋頭，冬南苦瓜，茄子
辣椒"，"雜貨"類之"楊梅柚李，板栗核桃。桂圓南棗，蓮子冰糖。瓜子花
生，橄欖檳榔"，都爲日常所用的名物語彙。民國初年所編四言韵語《農村雜
字》，全篇亦分序言、身體、修養、農具、農事、農産、傢俱、土木、工藝、
女紅、布匹、交通、商業、花木、禽獸、鱗介、蟲類、礦物、親屬、簿記、
迷信、時令、社會、氣象等二十四類〔一〕。

凡此均可窺見敦煌寫卷《俗務要名林》於民間通俗雜字書發展史上的地
位，而從其通俗性與地域性的特色觀之，亦不難發現其承先啓後的一脈關係。
采分類立部的編排方式，以編録民間日常生活事物名目的實用性，更反映自
來民間以能識字、記賬、寫信作爲童蒙教育的實際需求與目的。

（七）《俗務要名林》反映唐代生活之面貌

姜亮夫《敦煌學概論》中對《俗務要名林》的價值有一簡要的論述：
"（《俗務要名林》）書中多俗字，往往不見於通常的字書和韵書，這同寫書
目的——爲俗務要名而作，應是一致的。所以，它無疑是唐代社會，尤其是
敦煌地區的社會生活的寫真，可以從中考見當時語言情況和社會情況。"〔二〕確
實，《俗務要名林》作爲唐五代敦煌地區流行的識字類蒙書，其本質爲字書，
所收録的字詞詞彙自然具有考察中古時期語言文字的語料價值，而其注音釋
義的内容，也提供了訓詁與語音研究的寶貴材料。然從識字類蒙書的視角來
看，《俗務要名林》的蒙書特性，還顯示在生活化、實用性與地域性的特色，
展現了蒙書與社會生活緊密結合的諸多面向，更使此書成爲後世考察唐代社
會生活文化的寬廣視窗。兹謹以"飲食部"所收的各種食物名目與烹飪方式
爲例，略窺當時民間的實際飲食狀況。

《俗務要名林·飲食部》有：

〔一〕《捷徑雜字》《包畢雜字》《農村雜字》，岳麓書社，一九八九年。
〔二〕 姜亮夫：《敦煌——偉大的文化寶藏》，第一二四頁；又見姜亮夫：《敦煌學概
論》，第六一～六二頁。

洮、淅、炊、餐饋、泔、餾、餾、蘇、酪、蜜、油、溲、煎、煮、煤、瀹、焦、腩、飯、飱、羹、臛、糜、粥、糕糜、黍臛、餛飩、飥餅、脂腥、籠餅、鞞饠、餢飳、膏飱、糖、錫、餳、籺糗、爨饉、餭餅、膏糫、粔籹、砂蓁、糖餳、瓷、粴、粽、檀、粉、麨、糒、豆惋、餅䏑、䍶、糫、菹、薑、醬、酢、鹽、豉、酸、鹹、辛、辣、苦、甘、甜、淡、餿、墋、餘、飴、䏑黏。

以上從“洮”至“腩”，乃指食物之烹飪方法；從“飯”至“薑”等，爲主食與副食；自“醬”至“淡”爲調味；自“餿”至“黏”爲食物的狀況。按：唐歐陽詢《藝文類聚·食物部》所錄子目，僅“食、餅、肉、脯、醬、酢、酪蘇、米、酒”等九類，未足以顯現唐代的飲食生活，尤其不能反映民間飲食的實際面貌。段成式《西陽雜俎·酒食》中，記述了唐代的食物原料和酒等名稱、飲食掌故，還輯録唐以前《食次》《食經》所載菜點做法[一]。其中頗多與《俗務要名林》所録有關，而《俗務要名林》所録亦頗有未見於《西陽雜俎》者，未見者主要爲反映唐代敦煌及北方地區民間飲食生活之特色。

再以《俗務要名林·菓子部》爲例，其收入有：“李、奈、柑、橘、橙、棗、樗棗、栗、梨、林檎、枇杷、梅、杏、柿、石榴、桃、鳥勃、槙櫨、木瓜、櫻桃、葡萄、菱、蓮、荷、藕、薁芘、甘蔗、瓠子、芋子、瓜、青瓲、黄瓲、胡爐、匏、掩。”按：北魏賈思勰《齊民要術》十卷九十二篇（成書於五三三～五四四），所論涉及農作物栽培、耕作技術、農具、牧畜、獸醫、食物加工、蔬菜、果樹、茶竹等方面，較系統地總結六世紀以前黃河中下游地區的農業經驗。其卷十“五穀、果蓏、菜茹非中國物産者·果蓏”中，從“棗、桃、李、梨、奈、橙、橘、甘、柚”到“槇、餘甘、蒳子、芭蕉、扶留”止[二]，所列四十二種中，多半爲《俗務要名林》所有，而《俗務要名林》

〔一〕　參見（唐）段成式：《西陽雜俎》前集卷七，第六七～七二頁。

〔二〕　參見（北魏）賈思勰撰，繆啓愉校釋：《齊民要術》，農業出版社，一九八二年，第五七〇～五七一頁。

中之"樗棗、林檎、梅、杏、柿、石榴、鳥勃、槙楂、木瓜、櫻桃、葡萄、蓮、荷、藕、蒬茈、瓠子、芋子、瓜、青瓝、黃瓝、胡瓝、瓟、㛑。"其與《齊民要術》對照，有無同異之間，正可反映出《俗務要名林》之通俗性與地域性。

有關利用《俗務要名林》收録的詞彙，進行敦煌文化或唐代文化、唐代社會生活等具體的研究，成果漸豐，如前舉朱鳳玉、葉嬌、高天霞、高啓安等所發表之論文可供參考與借鑑。

二 《雜集時用要字》

在敦煌文獻中，屬於雜字類蒙書除題名《俗務要名林》及《雜字》二種外，尚有題名爲《雜集時用要字》一種。今存一件抄本庋藏於英國倫敦不列顛圖書館，編號斯六一〇號。審其内容，係取日常生活中的語彙，除開頭"乾、坤……兑、震"八卦爲單音詞外，多以二字一句的雙語詞，如："昏暗""虹霞""服飾""綿絮"，分别部居，其體制與《俗務要名林》頗爲相近。

有關《雜集時用要字》一類識字蒙書的整理與研究，相對較晚。一九八八年，周祖謨《敦煌唐本字書叙録》，在"物名分類字書"類中叙録了斯六一〇號《雜集時用要字》及斯三二二七號、斯六二〇八號"某氏字書殘卷"[一]。一九九一年，朱鳳玉《敦煌寫本字書緒論》[二]，在"要用雜字的雜字書"類《雜集時用要字》對斯六一〇號做了詳細的叙録，并作了簡要論述。一九九六年，張金泉、許建平《敦煌音義匯考》中[三]，校録了斯五五一四號、伯三七七六號、斯六一〇號、伯三三九一號、斯三八三六號、斯三二二七號、斯六二〇八號等《雜集時用要字》七種。二〇〇二年，鄭阿財、朱鳳玉《敦煌蒙書研究》"敦煌寫本識字類蒙書"一節的"雜字類蒙書"叙録了斯六一〇

〔一〕 周祖謨：《敦煌唐本字書叙録》，《敦煌語言文學研究》，第四八～四九頁。

〔二〕 朱鳳玉：《敦煌寫本字書緒論》，《華岡文科學報》第一八期，一九九一年，第八一～一一八頁。

〔三〕 張金泉、許建平：《敦煌音義匯考》，杭州大學出版社，一九九六年，第七四五～七八九頁。

號、斯三二二七號、斯六二○八號三件《雜集時用要字》寫本，并據以録文，論述其内容與性質[一]。二○○八年，張涌泉《敦煌經部文獻合集》中總結前賢成果，增補了新公布的俄藏俄敦一一三一號+俄敦一一三九號B+俄敦一一四九號背；俄敦二八二二號西夏漢文寫本，總計收入九種[二]，以其體制與斯六一○號《雜集時用要字》相似，因而將之擬爲《雜集時用要字》一類識字蒙書，進行了詳細的叙録與完整校録。二○○九年，陳敏《〈俗務要名林〉與〈雜集時用要字〉研究管窺》[三]，在前賢研究基礎上，從俗字的角度、名物考源與釋義出發，進行闡述與補充考證。

實際上，敦煌雜字類蒙書今所得見屬於《雜集時用要字》一類的寫本，計有原題《雜集時用要字》的斯六一○號及擬爲《雜集時用要字》的伯三二二七號背+斯六二○八號等三個卷號，均爲殘本。斯六一○號首題《雜集時用要字》，其他二號殘卷雖缺題，然其内容性質與形式體例，均與《雜集時用要字》相似，故據斯六一○號擬爲《雜集時用要字》殘本。

此外，伯三三九一號、伯三七七六號、伯二八八○號也有分類立目，其體制與斯六一○號《雜集時用要字》相似，也當擬爲《雜集時用要字》。

（一）寫本概述

張涌泉《敦煌經部文獻合集》收録的《雜集時用要字》寫本，總計有斯五五一四號、伯三七七六號、斯六一○號、伯三三九一號、斯三八三六號背、斯三二二七號、斯六二○八號、俄敦一一三一號+俄敦一一三九B號+伯一一四九號背、俄敦二八二二號等九種。其中斯六一○號、斯三二二七號+斯六二○八號、伯三三九一號、伯三七七六號、伯二八八○號等六個卷號，經綴合後爲五件寫本，内容具分類立部，每部下彙集相關語辭，以雙音詞爲

〔一〕　鄭阿財、朱鳳玉：《敦煌蒙書研究》，第九八～一○二頁。

〔二〕　張涌泉主編：《敦煌經部文獻合集》第八册"小學類字書之屬"，第四一四三～四二四○頁。

〔三〕　陳敏：《〈俗務要名林〉與〈雜集時用要字〉研究管窺》，廈門大學碩士學位論文，二○○九年。

主，少數爲單音詞。

至於羽四一R號、斯三八三六號背、斯五五一四號、俄敦一一三一號+俄敦一一三九B號+伯一一四九號背等六個卷號，經綴合後爲四件寫本，其中羽四一R號原本尾題有《雜字》一本，其他均爲不知名的類似殘本，比對内容分類與體式，與羽四一R號寫本相似，均無分類立部，且無注音、釋義，當據羽四一R號擬爲《雜字》殘本較爲妥適。茲將原題及擬題爲《雜集時用要字》五件寫本的概況表略如下：

《雜集時用要字》寫本概況表

序號	卷號	寫本狀況	保存行數	首尾題	題記	同卷資料
一	斯六一〇號	卷子本首完尾缺	一二	首題：＂雜集時用要字壹阡（千）參伯（佰）言	有	前抄《啓顔録》，背面爲失名類書
二	斯三二二七號+斯六二〇號	卷子本首尾俱殘	三四+二八		有	斯三二二七號前抄：下女夫詞、韓朋賦。後接抄《新商略古今字樣》 斯六二〇號前抄：西州回鶻殘文書、十二月詩、古賢集，後抄《新商略古今字樣撮其時要并引證正俗釋下卷第三》
三	伯三三九一號	卷子本首尾俱殘	五八			背有：千字文雜寫等，丁酉年正月社司轉帖
四	伯三七七六號	册子本首完尾缺缺題	八一			前有地契草稿二行
五	伯二八八〇號	册子本	四〇		有	前有習字雜寫。後有《論語》卷次、篇名等雜寫。

斯六一〇號《雜集時用要字》殘卷與前抄《啓顔録》字體一致，係出同一人之手。《啓顔録》末行有雙行小字題記：“開元十一年捌月五日寫了劉丘

子於二舅□。"據此題記大致可以推斷此件字書抄寫的時間上限當爲開元十一年（七二三）。

斯三二二七號正面抄《韓朋賦》及《下女夫詞》。背面有失題名的字書抄本，首尾俱缺，存三十四行。後部接抄"新商略古今字樣"與斯六二〇八號爲同一内容的抄卷斷裂爲二，可以綴合。

斯六二〇八號後抄"新商略古今字樣撮其時要并引證正俗釋下卷第三"八行。背面抄有"山西州迴使五拾捌碩由四四（置？）見（領？）廿八口酒壹百"殘文書，《十二月相思曲》《古賢集》等内容，末有題記"□酉年二月七日張學儒書"。一九八九年朱鳳玉《敦煌寫本字樣書研究之一》指出斯三二二七號及斯六二〇八號，無論就内容、體制或性質而言均與斯六一〇號《雜集時用要字》相似，且斯三二二七號和斯六二〇八號兩卷字體行款全同，内容相銜，當是同一寫卷斷爲二，應予綴合[一]。斯三二二七號末尾與斯六二〇八號起首，内容重複"█□。竹葉。▨□。雲碧。洗清。支黄。鶴卵。鵝黄。█□。深紅。草緑"等二十二字。兩者大致綴合後殘存類目計有：□（石）器部、靴器部、農器部、車部、冠幘部、鞍轡部、門窗部、舍屋部、屏郭部、花釵部、綵色部、□纈部、□□（音響部）、飲食部、薑笋部、菓子部、席部、布部、七事部、酒部。各部所收字詞均爲雙音詞，偶有三音詞。

伯三三九一號内容分類抄録詞語，體式與斯六一〇號寫卷相近。寫卷類目第十三行"菜蔬"、二十六行"使用物"、三十四行"衣物"、四十一行"寶物"、四十四行"雜藥"。所收以雙音詞爲主，偶亦有單音或三音詞，無注釋。抄寫較爲雜亂，所抄詞語頗有不易辨認或詞義不明者。卷背有署"丁酉年正月"的《社司轉帖》稿，其"丁酉年"，郝春文《敦煌社邑文書輯校》定作公元九三七年，正面抄寫的時間當在此年之前。蓋爲晚唐五代的寫本。

伯二八八〇號分類抄録詞語，多爲物名或人名、地名。其體式與上列各本《雜集時用要字》相近。寫卷類目依次有"飯食名目""綾絹名目""鐺鏊

〔一〕　朱鳳玉：《敦煌寫本字樣書研究之一》，《華岡文科學報》第一七號，一九八九年，第一二二頁。

名目”等名目。所收字詞以雙音詞爲主，也有不少兩個音節以上的詞組，顯示具有其地域性。倒數第二頁有“庚辰年十月廿二日郭願長”，“庚辰年”當爲後梁貞明六年（九二〇），或北宋太平興國五年（九八〇）。

（二）録文

敦煌本《雜集時用要字》均殘缺不全，兹將斯六一〇號（底一）、斯三二二七號（底二）、斯六二〇八號（底三）三個不同殘本内容相續，可大致綴合，其中底一與底二之間中缺，底二與底三有重複，但内容相接。以下將三者作爲底本，用斯五五一四號、伯三七七六號、斯三八三六號背、俄敦一一三一號+俄敦一一三九B號+伯一一四九號背、俄敦二八二二號參校，録定清樣如下，詳細校記，請參見本套叢書《雜集時用要字》的校記。

雜集時用要字壹仟參伯（佰）言

二儀部第一

乾西北方。坤西南方。巽東南方。艮東北方。離西北方。兑西方。震東方。坎北方。雷雹。睍電。霹靂。昏暗。虹霞。暉曜。霧露。霽晴。霜霰。冰凍。冷暖。暄暑。温凉。澡浴。潔净。掃灑。廳舘。拂拭。埃塵。西園。命友。東園。延賓。

衣服部第二

服飾。袝裓。襤襠。裙被。裐襖。袹複。褾袖。襟襴。袍被。領紐。腰襻。襪乳。襱裙。幪紗。羅縠。錦綺。綿絮。頭帤。僛汗。衫袴。抱肚。半臂。褌襦。腰周。梐（插）膊。冠幘。革帶。針線。補綴。縫綻。繶緂。紡緝。

音樂部第三

琵琶。箏笛。箜篌。篳篥。欱笙。笳簫。鍾鈴。罄鐸。塤箎池。擊築。彈。扭絃。剔撥。拊拍。琴瑟。鼓角。吹贏。讚咏。諷誦。歌舞 。叫唤。謿譪。訶嗽。

（中缺）

犁耳。鋤鏵。▩（鍬）▭ 針錐。鑚鎚。釘▩。□□。

▩（石）器部

砺礡。砓礨。碓磆。碑碣。銘誌。師子。騏驎。石羊。石人。石碑。石矴。磨石。薔（薑）臼。礪石。温石。

靴器部

鞋襪。靴履。接勒。爪頭。綿鞋。氈屧（屟）。繞脚布。

農器部

犁樓。枚八。廉■■■。梗■■■■。杈杷。陸軸。梗枷。碨磑。稍縮桐。稍穀。打麥。鐮鈠。冶場。灑掃。簸筐。栲栳。攤聚。散挏撲。斛斗。圓囷。蠶蠒。繰絲。曬曝。

車部

車鞦。轎索。領鞍。■（科）子。鞔鞥。篷簟。牛■。逆耜。靷子。

冠幘部

襆頭。巾子。帽子。吳鬘。髻子。釵子。簪笏。篦子。

鞍轡部

鞍韉。英拂。鞘鞢。韂瓦。遊韁。銜腔。杏葉。鞦轡。障泥。拔塵。屜（屟）脊。馬絆。驢榴。

門窗部

門户。關店。窻牖。牀榻。櫃檻。槽櫪。剄碓。梯楂。棘籬。橛砧。欄架。

桔槔。

舍屋部

椽瓦。筹籬。樑柱。枓栱。棒栿。榑楓。連簷。堂屋。房間。編庫。廚廠。客廳。仏堂。博砌。毺氍。

屏障部

屏風。鄿子。鏡臺。鏡匣。梳箱。如意杖。粧匳。楦檯。拂子。机子。

花釵部

攏頭花。旋風花。兩支花。鈿掌。月掌。牙梳花。扇。

綵色部

緋紫。麯塵。蓼濫。絳紫。綾錦。羅繡。丁香。■□。竹葉。■□。雲碧。洗清。支黃。鶴卵。鵝黃。■□。深紅。草綠。

□纈部

夾喉。■（辯）■。■納。牽牛。□□。釦文。車川。蓁星。七■。■（鹿）班。■（暈）□。錦綢。豎綢。偏暈。刺綢。碁紗。□□。■子。開明。縠子。刷綢。吳綢。

音■□（響部）

琵琶。琴瑟。箜篌。篳 ⸺■。方嚮（響）。銅鈸。拍板。吹 ⸺■。擊築（筑）。

飲食部

■■。■□。□■。餺餅。乳蔺。百支。■■。豆餅。白團。■□。粗粆。餻糜（麋）。黍臞。餛飩。餺飥。頭蹄。肝肚。白瓜。肉繡腸。灌易。魚膾。菟生。臟腌。魚腩。麀煠。鮌（鮧）鯡。蝦鮓。淅□。粳粱。粉粥。■■。燺剝。鵝鴨。■■。□■。方碁。柳葉。餳飿。酪漿。乾味■（子）。■（砂）糖。石蜜。胡椒。蓽撥。胡擂子。馬芹子。橘皮。石髓。乳腐。條脯。乾酪。鹿臘。獐臘。

薑笋部

木耳。薺苣。紫薑。鹿角。松■。肉醬。醬苤。

菓子部

梨柿。桃■。石榴。胡桃。林檎。搵梣。梅杏。李奈。樼■（棗）。芙蓉。芡蘺。菱角。蒲菊。甘蔗。荷蓮。藕根。

席部

龍鬚。鳳翮。萉子。開（莞）藺。蒲合。夾帖。葦簟。籧篨。

布部

火麻。高機。樹皮。單繐。土繐。蕉葛。竹疏。絟布。裺巾。鬱林。紫綟。支江。象簟。白疊。

七事部

帶。鉉子。礪石。火■（鑽）。針■（筒）。解錐。楔胜真。竿（箅）縿袋。

酒部

春臘。桑落。酴釀。白醪。胡酒。蒲潊酒。醖釀。醵酒。清酒。清濁。醅漉。壓醋。

（三）性質與内容

題名爲《雜集時用要字》，“雜集”蓋指組合彙聚成編，“時用”一詞，則指爲當世所用，如《北史·李彪傳》：“（彪）識性嚴聰，學博墳籍，剛辯之才，頗堪時用。”〔一〕“要字”一詞與《俗務要名林》的“要名”同義，指的是重要主要的字詞語彙。是此書顧名思義，當是彙聚雜録當世所用各類主要的名物字詞語彙加以分類編纂組合而成的一部識字書。二者基本性質相同，衹是《俗務要名林》强調的是日常生活所用，呈現實用特性；《雜集時用要字》强調的是當世所用，除具實用特性外，還顯示具時代特性。

《雜集時用要字》未見史志目録著録，也不見載籍提及。蓋以其爲民間應時之編。此識字類蒙書之編纂大抵因時、因地、因對象所需而編選，傳本衆多，内容不一，然性質相同，率以一般百姓日常生活實用之字詞爲主要内容，因此各傳本間每有承襲，也多有異同。其流傳更隨時變異而有所增删，并在名稱内容上有所改易與轉化，因此每每流行一時之後，旋即消失在歷史長河之中。這也是蒙書發展的變與不變的通則。對於蒙書的變異與消亡，我曾在《敦煌童蒙讀物的分類與總説》提出粗淺的看法説：“蓋因一般庶民子弟少有接受教育的機會，能受教者亦多以識字、記賬、寫信爲滿足，或以學習應對進退與爲人處世之基本規範爲目的。教學時間短，教學内容要求層次不高，因此多以基本識字、普通常識、倫理道德、與處世箴言等爲主。既非高文典册，亦頗涉俚俗，致使史志不録，而爲後世所罕知。加以其時雕版印刷尚未風行，蒙書之流通端賴鈔寫，保存自是不易；又既爲啓蒙所用，使用階段必短，用過之後，鮮有刻意保存；且求實用，則必與時具遷，隨時改易。凡此種種當是造成敦煌蒙書大多後世不傳之原因。”〔二〕

詳審《雜集時用要字》的内容，主要采取日常生活中的語彙，按義類分

〔一〕（唐）李延壽：《北史》卷四〇《李彪傳》，中華書局，一九七四年，第一四五八頁。

〔二〕鄭阿財：《敦煌童蒙讀物的分類與總説》，郝春文主編：《敦煌文獻論集——紀念敦煌藏經洞發現一百周年國際學術研討會論文集》，遼寧人民出版社，二〇〇一年，第一九九~二〇〇頁。

部，立有類名。以二字一句，如："昏暗""虹霞""服飾""綿絮"，於類目下，分別部居，其體制與《俗務要名林》頗爲相似，祇是字詞下没有音釋而已。其中所見類名，斯六一〇號《雜集時用要字》殘卷有：二儀部、衣服部、音樂部；斯三二二七號＋斯六二〇八號《雜集時用要字》（擬）殘本有：石器部、靴器部、農器部、車部、冠幘部、鞍轡部、門窗部、舍屋部、屏障部、花釵部、彩色部＋□纈部、音響部、飲食部、薑笋部、菓子部、布部、七事部、酒部。伯三三九一號《雜集時用要字》（擬）殘本有：菜蔬、使用物、衣物、寶物、雜藥、伯二八八〇號《雜集時用要字》殘本（擬）有：飯食名目、綾絹名目、鐺鏊名目。

就其分部立名而論，實與《俗務要名林》相似，其中車部、綠色部、菓子部、酒部之名則全同。可見二書性質相同，關係密切。張金泉、許建平在《敦煌音義書匯考》一書中則以爲《雜集時要用字》可視爲《俗務要名林》的無注簡本或條目表[一]，均爲民間用來作爲童蒙識字教育的通俗字書，其所收録的字詞語彙，除可供作漢語詞彙史及唐代口語的研究外，也是研究唐代社會生活史的寶貴材料。

（四）《雜字》系字書在西夏的流傳與影響

敦煌夙有"華戎所居一都會"的稱謂，自古以來便是胡漢雜處。歷史上的敦煌，唐五代北宋期間，分别爲大唐、吐蕃、敦煌張氏、曹氏的歸義軍及党項族的西夏所統治。不同時期，不同民族的統治，所展現的衣冠、文物、制度、宗教則不盡相同，敦煌地區的文化傳統也隨着接觸交流而有所繼承與創新，以符合實際的需求。因而形成了敦煌文化的特色。

西夏是公元一〇三八至一二二七年間由党項羌拓跋部在中國西部建立的政權。唐初，党項首領拓拔赤辭率部歸附於唐，唐賜姓李氏。後傳位至李繼遷，擴張成雄踞一方的割據勢力。一〇二八年，其子李元昊滅甘州回鶻，後又取瓜州、沙州，控制整個河西走廊。一〇三八年，元昊稱帝，取名大夏，

〔一〕 張金泉、許建平：《敦煌音義書匯考》，第七四五頁。

定都興慶府（今銀川市）。其地位於宋之西北，故稱西夏。居民以党項人及漢人爲主，另有吐蕃人、回鶻人等。西夏大量吸收漢文化，使用漢字，重視儒學教育，使用漢文典籍、翻印漢文經典，創作漢文詩文。立國初期，雄心壯志的李元昊命野利仁榮（　？　～一〇四二）仿照漢字特點，於大慶元年（一〇三六）創製出党項族歷史上特有的蕃書，即西夏文。字形方整，筆畫繁複。群臣上表稱頌，景宗李元昊遂下令改元，確定爲國字，頒行境內。又設蕃漢二字院，分別掌管與宋朝、吐蕃、回鶻等王朝的文字往來。天授禮法延祚二年（一〇三九）建蕃學，野利仁榮等又受任主其事，譯《孝經》《爾雅》《四言雜字》爲蕃語〔一〕，以蕃文書寫，教授蕃、漢官僚子弟，學成後量授官職，各州也設定蕃學。

在西夏文創製前，西夏重視儒學，其教育制度承襲唐宋之制，教材都用漢籍經典，今黑水城出土漢文文獻，可見遺存。西夏世掌夏國史職的蕃、漢教授斡道冲（　？　～一一八三）八歲時即以精通儒典《尚書》而中童子舉，成爲佳話。敦煌地區唐宋流行的《俗務要名林》《雜字》《雜集時用要字》等以日常生活與實用性爲主的雜字類蒙書在西夏流傳；同時還有仿照漢文《雜字》《雜集時用要字》而因應西夏現實需求新編的漢文蒙書。西夏文創制後，西夏教育則以蕃學爲主。西夏啓蒙教材的編撰，每每由政府官員從事，先是漢文西夏文對照的字書《番漢合時掌中珠》，今存有抄本與刻本。

敦煌石室遺書的發現，其中保存了大批中古時期各類型的通俗讀物，且多爲當時敦煌地區縣學、鄉學、寺學、私塾、義塾等學郎所用的教材讀本，這些教材對於邊陲地區的教育與文化傳播深具影響力，敦煌、黑水城遺留下來的這些西夏文物，提供了不少印證西夏與漢文化交融與遞變的實物，透過這些材料我們也可以一窺敦煌在西夏統治時期的教育狀況。其中如西夏漢文本《雜字》、西夏文本《雜字》以及蕃漢對照的《番漢合時掌中珠》等的流傳，更可以印證。莫高窟保存有不少西夏時期的石窟，也發現了不少的西夏

〔一〕《宋史・夏國傳上》載："（元昊）教國人紀事用蕃書，而譯《孝經》《爾雅》《四言雜字》爲蕃語。"（《宋史》卷四八五《夏國傳上》，第一三九九五頁）

文獻，包括了漢文、西夏文，西夏文與漢文對照等珍貴文獻，主要在莫高窟北區。其中也有《番漢合時掌中珠》刻本的殘頁。俄藏也有不少黑水城出土的《番漢合時掌中珠》散頁，經拼合成四個印本[一]。

《番漢合時掌中珠》，是一種西夏文與漢文音義雙解的語彙辭典。既是學習西夏文字的基礎教材，也是溝通西夏與漢文的橋樑[二]。此書爲西夏仁宗乾祐二十一年（一一九〇）党項學者骨勒茂才所編。序文云："今時人者，番漢語言可以俱務，不學番言，則豈和番人之衆；不會漢語，則豈入漢人之數。番有智者，漢人不敬；漢有賢士，番人不崇。若此者，由語言不通故也。"全書編纂體例以"天、地、人"三才分爲三部分，每部分又按"上、中、下"分爲三類，即：天體上（天空）、天相中（日月星辰）、天變下（天體自然變化）、地體上（大地）、地相中（山川河海）、地用下（礦產、植物和動物）、人體上（君子、小人）、人相中（人體各部）、人事下（人事活動及有關事物）等九集。最後一類約占全書一半，包括親屬稱謂、佛事活動、房屋建築、日用器皿、衣物首飾、農事耕具、政府機構、訴訟程式、彈奏樂器、食饌、馬具、婚姻等。其分類立部及收錄生活常用語彙，顯然也是受到漢文雜字系蒙書的影響，透過這些材料我們可以一窺敦煌在西夏統治時期童蒙教育的狀況。

緊接着則是因應西夏實際需求仿照《雜字》《雜集時用要字》而編的漢文蒙書，如俄藏俄敦二八二二號或稱《雜字》，或稱《雜集時用要字》。此一寫本係一九〇九年俄國科茲洛夫（P.K. Kozlov，一八六三～一九三五）率領考察隊，在黑城遺址（今屬内蒙古自治區額濟納旗）發現的西夏漢文文獻，今藏聖彼得堡東方學研究所。一九九八年上海古籍出版社與俄羅斯科學出版社東方文學部共同出版了《俄羅斯科學院東方研究所聖彼得堡分所藏敦煌文獻》，第十

〔一〕 俄羅斯科學院東方研究所聖彼德堡分所、中國社會科學院民族研究所、上海古籍出版社編：《俄羅斯科學院東方研究所聖彼得堡分所藏黑水城文獻》第一〇冊，上海古籍出版社，一九九九年，第一～三七頁。

〔二〕 寧夏回族自治區博物館、敦煌研究院均藏有西夏刻本《番漢合時掌中珠》，見史金波、陳育寧主編《中國藏西夏文獻》第一三冊，甘肅人民出版社、敦煌文藝出版社，二〇〇五年，第九頁。

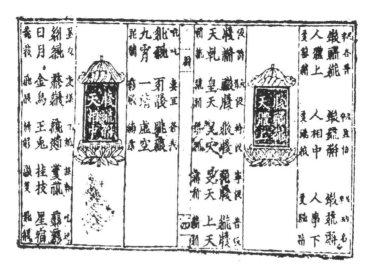

俄藏西夏刻本《番漢合時掌中珠》

《番漢合時掌中珠》序

册中便收録有所謂的"蒙學字書"，指的就是這個漢文本的《雜字》。這件抄本是蝴蝶裝，前後均有缺頁，殘存三十六頁。無題、無序、無題記。每頁七行或八行，行十字或十二字，全書計存二五三行。內容以事類分部，各部前立部目

"乂乂部第乂"，現存二十部，部目次第自"〔漢姓名第一〕"（原殘，依内容擬）、"番姓名第二"……至"地分部第十九""親戚長幼二十"。書影如下：

一盤　若干
一副　一隊　一群　一盞　一領
論語部第十三
煩惱　單論　罵詈　申陳　崇獲
幹連　勾追　因依　罪行　取問
分析　公松　受賄　受罰　受承
決斷　徒役　投狀　裁詳　入案
文狀　開定　犯法　疾速　隱藏　根柢
利害　闊打　協和　怨恨　遲延　搔擾
嶮峻　爭競　知見　傷損　側近
東夷　南蠻　西戎　北狄　堅固
兇產　謹慎　卒暴　奮　氣候
測度　省會　鏜弩　疾病　痊瘥

俄敦二八二二西夏漢文《雜字》

由於書中未見年代題記，難以確定其具體編撰的時間。但根據官位、司分、地分部來看，其中有的詞語西夏後期才可能出現。此書將詞語按事門分類進行編輯，内容涉及日常生活、文化藝術、社會政治、科學技術等方面，每部前均依内容與類別標立題目。雖然學界對於此書的定名、斷代問題仍有爭議〔一〕，但其屬於西夏流行的識字類蒙書則無異議。其分類如下：

> 漢姓名第一、番姓名第二、衣物部第三、斛斗部第四、果子部第五、農田部第六、諸匠部第七、身體部第八、音樂部第九、藥物部第十、器用部第十一、居舍部第十二、論語部第十三、禽獸部第十四、樂部第十五、顏色部第十六、官位部第十七、司分部第十八、地分部第十九、親戚長幼二十。

〔一〕 有將此書定名爲《雜集時用要字》，而以爲其成書年代上限爲一一七〇年，下限是一二一〇年左右。西夏學研究者史金波則主張此書當定名爲《雜字》。見史金波《西夏漢文本〈雜字〉初探》，白濱等編：《中國民族史研究》第二輯，中央民族學院出版社，一九八九年，第一六七～一八五頁。

　　可見"雜字"一類漢籍在當時西夏學習漢文化，漢人學習西夏文發揮了極大的作用。今黑水城出土的《雜字》寫本，雖非《四言雜字》，然其性質屬"雜字"類字書之流甚明，當是西夏建國初期流行的新編。又西夏在啓蒙教材的編撰上，每每由政府官員來從事，例如作爲兒童習字蒙書《碎金》的編撰者職稱是"宣徽正"，"宣徽正"是宣徽院的最高長官。又其使用施教的蒙書内容也是豐富而多樣，如西夏建國之初，野利仁榮曾將《四言雜字》翻譯成西夏文，後來又編寫有《雜字》《番漢合時掌中珠》及《碎金》等一類的識字類蒙書，可見與中國傳統童蒙教育一樣，都是從識字入手，并注重實用性而結合日常生活的常用字。

　　近代發現的西夏文獻有多種字書，《雜字》就是其中之一[一]，西夏文《三才雜字》是一部供學童識字所用的西夏文蒙書。

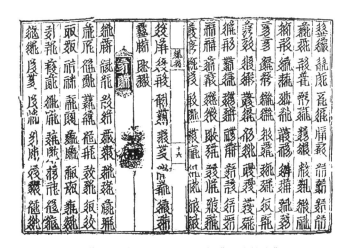

俄藏黑水城出土西夏文刻本《三才雜字》

　　現存西夏文《三才雜字》既有寫本又有刻本，主要出土於黑水城、莫高窟、武威小西溝峴等西夏遺址。其中俄藏收録六件，英藏收録十四件，中

────────────

　　〔一〕　最早西夏文編目見戈爾芭切娃和克卡諾夫編著、白濱譯《西夏文寫本與刊本》（З.И.Гораачева и.Б.И.Кычанов,*Тангутские рукогиси и ксипографы*，Москва 1963 г.стр. pp.48-52），登録號爲二一〇、四一五一、六三四〇、八〇八一，刊本，蝴蝶裝；登録號四四二八 則爲寫本—蝴蝶裝，字書譯爲《字雜》。

國藏收録六件，以上殘本大體分屬四種本子[一]。一九八六年，日本西田龍雄《西夏語"月月樂詩"的研究》對俄藏的這批殘本進行考述，指出所有這些殘卷都是名爲《三才雜字》的同一種書，其中存在新舊兩個版本的區別[二]。一九九五年，聶鴻音、史金波結合漢文本《雜字》對同時出土於黑水城地區的六件西夏文《雜字》殘片進行了翻譯考釋，并利用俄、中、英三方現存材料對其内容進行復原研究[三]。一九九七年，王静如、李範文《西夏文〈雜字〉研究》對《雜字》的來歷及文本做了介紹[四]，并對夏漢兩個文本做了比較，同時也對西夏文《雜字》的特點及反映出的問題做了深入研究。現存較完整的西夏文《雜字》，内容計分二十六部，部目如下：

> 天河部、地部、山部、河海部、寶部、絲部、男服部、女服部、木部、菜部、草部、穀部、馬部、駱駝部、牛部、羊部、飛禽部、野獸部、蛆虫昆虫部、番族姓部、人名部、漢族姓部、親屬稱謂關係部、身體部、屋舍部、飲食器具部。

西夏文《雜字》與漢文本《雜字》同爲黑水城出土的西夏文獻，其時代相去不遠、名稱相同，形式一樣，其編輯體例、内容雖有差異，然其相承沿革脈絡實不難窺見。總體來看，其體制與敦煌寫本斯六一〇號、伯三三九一號、伯三七七六號、伯二八八〇號等分類立部《雜集時用要字》相似，當係受到此類漢文雜字類蒙書的影響。從這些敦煌、黑水城所發現西夏王國遺留的文物，提供不少印證西夏與漢文化交融與遞變的實物，隨着俄國、中國、英國、法國、

[一] 惠宏、段玉泉：《西夏文獻解題目録》，陽光出版社，二〇一五年，第九~一〇頁。

[二] ［日］西田龍雄：《西夏語"月月樂詩"の研究》，《京都大學文學部研究紀要》第二五號，一九八六年，第一~一一六頁。

[三] 聶鴻音、史金波：《西夏文〈三才雜字〉考》，《中央民族大學學報》一九九五年第六期，第八一~八八頁。

[四] 王静如、李範文：《西夏文〈雜字〉研究》，《西北民族研究》一九九七年第二期，第六八~八六頁。

日本等西夏漢文及西夏文文獻的相繼公布出版[一]，讓我們從中更完整的看到西夏對《雜字》《雜集時用要字》等唐宋漢文雜字類蒙書的接受與轉變。

三　《雜字》

在敦煌文獻中屬於雜字類的蒙書除《俗務要名林》《雜集時用要字》外，還有一種題名爲《雜字》的寫本，此件原爲李盛鐸所藏，後歸日本羽田亨舊藏編號羽四一號，今存日本大阪杏雨書屋。二〇〇九～二〇一三年杏雨書屋《敦煌秘笈》刊布了七五八號敦煌寫本，其中編號四一R著録的便是題名"雜字一本"。[二]

李盛鐸乃敦煌寫卷流散史上的焦點人物，其舊藏原有《李木齋氏鑒藏敦煌寫本目録》流通，此目録蓋出自其子李滂之手，所著録的李氏家藏敦煌寫本，之後爲日本京都大學羽田亨教授購得，現收藏在大阪武田財團的杏雨書屋。

一九六二年《敦煌遺書總目索引》曾據傳抄本將《李木齋氏鑒藏敦煌寫本目録》收入《敦煌遺書散録》一九〇至五五〇號等四三二件寫本目録，即原目的一至四百三二[三]，其中散録二三〇"戊寅年曆日"一件，原目"四一戊寅年曆日"，《敦煌秘笈》第一册著録"①四一R　題名雜字一本 ②原番號：四一　原題名：戊寅年曆日"[四]。其原番號即本於《李木齋氏鑒藏敦煌

〔一〕《俄羅斯科學院東方研究所聖彼得堡分所藏黑水城文獻》第二三册，上海古籍出版社，二〇一四年；《英國國家圖書館藏黑水城文獻》第五册，上海古籍出版社，二〇一〇年；《中國藏西夏文獻》第二〇册，二〇〇五年；《法國國家圖書館藏敦煌西夏文文獻》，上海古籍出版社，二〇〇七年；武宇林、〔日〕荒川慎太郎主編：《日本藏西夏文文獻》，中華書局，二〇一一年。

〔二〕　按：《敦煌秘笈》的其主體爲李盛鐸舊藏，主要來自羽田亨對李盛鐸舊藏的收購。

〔三〕　參榮新江：《李盛鐸藏卷的真與僞》附録《李木齋氏鑒藏燉煌寫本目録》，《敦煌學輯刊》一九九七年第二期，第一～一八頁。

〔四〕〔日〕吉川忠夫編：《敦煌秘笈》影片册一，杏雨書屋，二〇〇九年，第二七五～二八〇頁。

寫本目録》，知此寫本原件出自李盛鐸舊藏。《鑒藏目録》爲簡目，不分正反，僅著録主要的部分，故題爲“戊寅年曆日”。實際上，原件爲正背書，正面首殘尾完，尾題有“雜字一本”，背面首尾俱殘，依内容擬題爲“戊寅年曆日”。

二〇〇九年杏雨書屋《敦煌秘笈》第一册正式出版，二〇一一年，日本岩本篤志發表了《敦煌秘笈“雜字一本”考——“雜字”からみた歸義軍期の社會》一文[一]，對羽四一號 R 和背面文書（羽四一號背）作了專題研究，并對此件《雜字》内容所反映的歸義軍社會情況有了初步的探討。二〇一四年趙貞《杏雨書屋藏羽41 R〈雜字一本〉研究——兼談歸義軍時期的童蒙識字教育》[二]，文中持續就羽四一號 R 所收語詞涉及地理、政治、經濟、軍事、職官、外交、民族、宗教、社會生活等方面進行考察，以爲這些語詞反映了沙州社會實際情況，當是歸義軍政權官學中爲推行童蒙識字教育而編寫的教材。

由於有羽四一號 R 原卷明確署名《雜字一本》的寫本可比對，經過内容體制的比對，以爲今存斯三八三六號背、斯五五一四號、俄敦一一三一號＋俄敦一一三九 B＋俄敦一一四九號背、俄敦二八二二號等六個卷號四件缺題的殘本與羽四一 R 性質相同，因將之擬爲《雜字》殘本似乎較爲妥適。

尤其是俄藏的俄敦二八二二號殘本，史金波在一九八九年發表《西夏漢文本〈雜字〉初探》對此寫本進行全面介紹并迻録全文[三]，以其文乃分門別類的語詞集，與西夏文《雜字》相同，因擬名爲《雜字》。然敦煌學界及蒙書研究者較少關注，直到一九九八年上海古籍出版社與俄羅斯科學出版社東方文學部共同出版了《俄羅斯科學院東方研究所聖彼得堡分所藏敦煌文獻》第十

〔一〕［日］岩本篤志：《敦煌秘笈“雜字一本”考——“雜字”からみた義軍期の社會》，《唐代史研究》第一四號，二〇一一年，第二四~四一頁。

〔二〕趙貞：《杏雨書屋藏羽41 R《雜字一本》研究——兼談歸義軍時期的童蒙識字教育》，《敦煌學輯刊》二〇一四年第四期，第四八~六八頁。

〔三〕《中國民族史研究》二，中央民族學院出版社，一九八九年，第一六七~一八五頁。

册，收錄俄敦二八二二號《蒙學字書》即此件以來[一]，隨即引起學界的研究興趣。先後發表論著多達二十篇，或校錄全文，或考論內容體制，或利用所收錄的各類詞彙，分從社會制度、經濟形態、日常生活、文化藝術、科技教育、民風民俗、民族關係等各個方面進行解讀，藉以瞭解西夏社會各個面向，成果可觀。然對此一殘本的稱名不一，或通稱爲"蒙學字書"，或擬名爲"雜字"[二]、《雜集時要用字》[三]，莫衷一是。

按：稱《雜集時用要字》者，蓋以其比對的對象爲斯六一○號《雜集時要用字》；稱《雜字》者，蓋以黑水城遺址有多種西夏文《三才雜字》。個人以爲西夏創造文字後，首先翻譯的漢文典籍中有《四言雜字》[四]。又敦煌研究院藏有三件西夏文《三才雜字》，均爲莫高窟北區出土，編號爲Ｂ五六：六○、Ｂ一八四：一一和刻本殘片四六五：五。俄國聖彼得堡東方寫本研究所也有內蒙古黑水城遺址發現多種西夏文《雜字》，全稱《三才雜字》，有西夏初刻本、乾佑十八年（一一八七）、乾定二年（一二二四）寫本等，可見西夏文《三才雜字》在敦煌、黑水城是流行較廣的一種通俗讀物。而有關西夏漢文或西夏文中均未見有《雜集時要用字》。前賢擬名爲《雜字》蓋從西夏漢文雜字傳播及西夏文《三才雜字》的流行等來考察，自然較切合實情。

按：《雜集時要用字》與《雜字》的性質基本相同，稱《雜字》也可以是《雜集時要用字》的省稱。不過，就敦煌現存"雜字"類識字蒙書，明確有書名的寫本，其名稱有《俗務要名林》《雜集時要用字》與《雜字》三種，若據以和羽四一號Ｒ原題《雜字一本》作比較，則俄敦二八二二號號擬名，似以《雜字》

〔一〕　見《俄羅斯科學院東方研究所聖彼得堡分所藏敦煌文獻》第十册，第五八～六七頁。按：自來中文論述提及西夏漢文《雜字》，多誤作俄敦二八二五號，如史金波《西夏漢文本〈雜字〉初探》，《中央民族史研究》二，第一六七～一八五頁。

〔二〕　如史金波《西夏漢文本〈雜字〉初探》，其後孫星群、朱鳳玉等多從之。

〔三〕　如二○○五年許文芳、韋寶畏《俄藏黑水城2822號文書〈雜集時要用字〉研究》，《社科縱橫》二○○五年第六期，第一七四頁。其後馬德、黃皓等多從之。

〔四〕　《宋史·夏國傳》載："元昊自制蕃書，命野利仁榮演繹之，成十二卷，字形體方整，類八分，而畫頗重複。教國人紀事用蕃書，而譯《孝經》《爾雅》《四言雜字》爲蕃語。雜字。"（中華書局，一九七七年，第一三八九五頁）

較爲妥適，且合乎漢文蒙書在西夏流傳的實際歷史。一九九九年朱鳳玉《俄藏敦煌寫本〈雜字〉研究》[一]，依内容性質與體制擬爲《雜字》，并據其官位、司分、地分部論，此書當編於西夏後期之作，顯非敦煌藏經洞所出。蓋以二次世界大戰一九四一年德國攻佔蘇聯列寧格勒，一九四一年九月至一九四三年一月，圍城八七二天，館藏圖書多所搬動，導致俄藏黑水城文獻與敦煌文獻混淆。實際上俄敦二八二二號漢文本《雜字》并非敦煌的蒐集品，而是科兹洛夫收集的黑水城文獻，因混入敦煌文獻而被誤編。無論如何，此一漢文本《雜字》作爲西夏時期的寫本是毫無疑義的，故本文將俄敦二八二二號排除在敦煌蒙書之列。

（一）寫本概述

羽四一號原本尾題《雜字》一本，另斯三八三六號背、斯五五一四號、俄敦一一三一號+俄敦一一三九號B+俄敦一一四九號背等五卷號，經綴合後爲三件寫本，均爲不知名的類似殘本，比對内容分類與體式，與羽四一號R寫本相似，均無分類立部，且無注音、釋義，因據羽四一號R擬爲《雜字》殘。兹將此六個卷號，四件寫本的概況略述如下：

敦煌《碎金》寫本概況表

序號	卷號	寫本狀況	行數	保存部分	首尾題	同卷資料
一	羽四一號R	卷子本 首缺尾完	三五		尾題：雜字一本	背面：戊寅年具注曆日
二	斯三八三六號背	卷子本 首尾俱缺	三〇			正面：佛經戒律問答
三	斯五五一四號	卷子本 首尾俱缺	二四	字詞大字，下小字切語		
四	俄敦一一三一號+ 俄敦一一三九號B+ 俄敦一一四九號背	殘片 分類抄録詞語	一一			後抄禮懺文

〔一〕《新國學》二，巴蜀書社，二〇〇〇年，第三〇五～三二五頁。

　　羽四一號 R《雜字一本》所收字詞以雙音詞爲主，間有單音詞及二個音節以上的詞組音詞。《李木齋氏鑒藏敦煌寫本目録》著録此件時，僅著録做"四一　戊寅年歷日"，二〇〇九年大阪杏雨書屋《敦煌秘笈》第一册著録"①四一 R　題名雜字一本②原番號：四一　原題名：戊寅年曆日"。二〇一一年，岩本篤志對此件"雜字"中有關"官廳""音樂""非漢民族""軍事"等相關詞彙所反映的歸義軍社會進行探討[一]。二〇一四年，趙貞從沙州歸義軍官學童蒙識字教育的教材出發，認爲其中所收的雜字，涉及歸義軍政權的地理、政治、經濟、軍事、職官、外交、民族、宗教、社會生活等方面，是反映歸義軍時期沙州社會實際與整體面貌的重要語詞。顯示了歸義軍時期沙州官學童蒙教育具有實用性與通識性的特點[二]。斯三八三六號背《雜字》（擬）寫卷類目：大致可分爲禽獸、百草、飲食三大類，其中禽獸類包括禽鳥、牲畜、蟲豸、野獸等小類，但皆無標目，各類畛域也不分明，顯得雜亂。缺題。《敦煌遺書總目索引》劉銘恕《斯坦因劫經録》著録作"類書"，説明云："殘存鳥，獸，食物三類。"周祖謨《敦煌唐本字書敘録》定作"某氏字書殘卷"，并稱："這又是一卷雜抄的分類字書……其中包括鳥類，牲畜類，蟲類，野獸類，藥類，食品類等詞，但無標目。"張金泉、許建平《敦煌音義匯考》擬題爲"雜集時用要字"之一。

　　斯五五一四號是一種分類記載詞語的書，内容計分雷、電等天地氣象之屬，四肢身體之屬，裝束衣物之屬，鐵器之屬等四段落。所收字詞以單音字爲主，少數爲雙音詞。《敦煌遺書總目索引》劉銘恕《斯坦因劫經録》著録作"雜字"説明云："殘卷，大抵以偏旁相同者相隸屬。"周祖謨《敦煌唐本字書敘録》擬題"某氏字書殘卷"，張金泉、許建平《敦煌音義匯考》擬題爲"雜集時用要字"之一。按：《英藏敦煌漢文文獻》將此卷擬作"開蒙要訓摘抄"。

　　俄敦一一三一號＋俄敦一一三九號＋俄敦一一四九號背前爲本件，後爲

〔一〕［日〕岩本篤志：《敦煌秘笈"雜字一本"考——"雜字"からみた歸義軍期の社會》，《唐代史研究》第一四號，二〇一一年，第二四~四一頁。

〔二〕趙貞：《杏雨書屋藏羽41 R〈雜字一本〉研究——兼談歸義軍時期的童蒙識字教育》，《敦煌學輯刊》二〇一四年第四期，第四八~六八頁。

"禮懺文",《俄藏》擬題"蒙書"。按：内容分類抄録詞語，所收字詞以雙音詞爲主，間有兩個音節以上的詞組。雖然抄寫較爲雜亂，然開頭標列有敦煌十一鄉名，包括"赤心鄉"和"玉關鄉"，顯示出具有地域特性。據學者研究，敦煌縣十一鄉爲唐大中二年（八四八）歸義軍創建以後所設置，直到十世紀三十年代，曹氏歸義軍政權改通頰部落爲鄉，十一鄉變爲十二鄉；公元九四四年曹元忠執政後，裁撤通頰，玉關二鄉，又形成十鄉建制[一]。據此推斷，應該是九世紀後期至十世紀初期敦煌歸義軍時期的寫本。

（二）録文

由於此類《雜集時用要字》的寫本頗多罕用字及俗體字，且多殘泐漫漶，不易辨識。羽四一號R題有"《雜字》一本"的寫本，相對而言，是此類文獻中較爲完整的，兹謹據以按核原卷，重新校録，迻録全文如下，以供參考。

（1）羽四一號R《雜字》一本

▢▢次於韵而如行

▢▢驛。烽補（鋪）等。州縣▢▢▢▢▢新城。玉門。常樂。邑歸。紫亭。壽昌。沙谷。馬圈口。塞外。南沙。北阜。東河。千渠。栗子。城東。宜秋。無窮。掉消。鵠渠。黑沙堡。▢白昌。袖光。山勃。洛推谷。黄草泊。

〔一〕 參見陳國燦：《唐五代敦煌縣鄉里制的演變》，《敦煌研究》一九八九年第三期，第三九～五〇頁；馮培紅：《歸義軍時期敦煌縣諸鄉廢置申論》，《敦煌歸義軍史專題研究續編》，蘭州大學出版社，二〇〇三年，第六五～七四頁。

脫靴堆。雍歸谷。空穀。磑場頭。康哺堡。磑墮烽。欂子。東大□。西大烏。
外澗。荊草。馱剩。牽拽。堡送。屈喚。邀請。知客。驛官。廳子。供備
水餳（飯）。羊。臆。脾。腿。膊。肋。渾飽□。餢頭。䬧餅。餶飿。饐餺。
鐵餃。饌欂。餡。麵。餕飥。燒俟。喫酒。破用。驅馳。搘。搊。撮。踏
儸。唱謌。吹笛。打鼓。篳篥。箏板。大廳。西衙。樓上。典黨（當）。鐺
鍋。銚。鑯。釜。電。竈。縛蓆。圖。鋤子。種金。大斧。斫斤。鏵。鐮刀。
驢。騾。特。犢。餧飼。肥瘦。戴（載）。襆子。髦。袍子。襠。褌。襦（襦）。
袴。衫子。禮巾。裙裝。長袖。衣襴。鞋韈。皮裘。龍家。割羅多。赤書。
宰相。絳帽子匠。般運。莊載。都督。狄寅。司徒。司空。尚書。僕射。指
撝。都衙。衙前子弟。和。泥壁。修城。釀儲。執持。掌案。稅檢。差科。
役次。藏冰。敊（椒）房。養育。肬刀。錯磨。基階。牆脫。塹壘。槽上。
屋。褐袋袋。車箱。□成蓋。長供。設頭。顯納。進奉。朔方入奏。西同。
曲澤。興胡。細腰。□□。篇籤。何嗟拙。骨碎拙。突磨□。阿羅。訥悉雞。
獨瓾蚖。崑崙仍。鉢盂。禪師。僧政。統録。都知。校棟（練）。將頭。遊弈
（奕）。馬補（鋪）。捉道。探道息。先□。走馬使。雜字一本

（2）斯三八三六號背

（前缺）

■■。■■（家鷄）。■■（野鷄）。■■。□□梢魚。大澤。鴛鴦。
持鸇。鶴鴒。澤く（雉）。雀兒。鷹鴨。白䳡。倉鶴。浸河。濤河。雁鳥。鵰
鷙鶻。鳾鵲。老鴟。角鴟。鳩鴿。飛獸。金翅。大鵬。鳳凰。鸚鵡。生生。

□子。父驢。草驢。驢駒兒。留駝。草駝。馬駝兒。■。留馬。草馬。
父馬。馬駒兒。犍牛。將牛。牸牛。

風蟲。狗操（蚤）。壁蝨。羯羊。羝羊。羖羊。母羊。羔。蝦蟆。蚯蚓。
鼀。蝮蝎。蛷蜋。䊀蟓。蟻子。蜘蛛。

鼠。鼨鼠。狢子。兔雙。鼠狼。鼠豹。獷兒。野狐。狼兒。黃牛。野駝。
犎牛。老鼠。■■。熊猫。猨猴。胡孫。

地葚。馬乳。地榆。黃柏。沒藊子。胡餃子。赤蒿。龍鬚。閣草。接續。
紫草。緋草。黃草。羊蹄。落梨。萱草。胶秀。蕡草。蒼茸。白蒿。馬藺。
苦參。蒼茸。白頭。老翁。駝蹄。茨其。蘆芙。苜蓿。穀車。蓴草。黃金。

皂頰。砂蓬。醬。脂蔥。醬。蒜。醬。五刺。黑豆。醬。百草。

麥▩（麵）。▩▩。醬。乳酪。麨團。壏鹹。蕪荑。醬。芥口。乾脯。析肋。湯藥。腌臉。漿。酢乳。腐酪。鱠鱠。猪蹏。韮爛。伴。魚鮍。魚鯆。魚▩。胡酒。清酒。蒲萄酒。白醪。麥酒。生肝。䖑子。皿分。豆半。酒肉。羊肉。猪肉。饚飰。鐶餅。索餅。饆羅。煎餅。餅饊。餸餅。來餻。餝飥。▩▩。▩▩□——

（3）斯五五一四號

雷路回。雹蒲角。覢電堂見。虹胡籠。霓五嵇。月暈無問。氏（昏）呼昆。雺莫貢。

晶子情。光古皇。暉許歸。曜戈（弋）笑。霜所良。霰丁見。霽子計。睛（晴）疾盈。温烏渾。

暾地昆。温烏渾。暾地昆。旱何滿。澇物竈。乾古寒。燥蘇告。均居春。匀羊均。風方隆。颺與章。邑英及。暱失人。地徒四。壚落胡。塽（塽）□□。垎下白。地堤堰於盡。豁呼活。嶮□□。

四肢（肢）。胑比（此）支。骨古忽。骼古核。形户經。鬚相俞。鬢必忽。髯領胡感。髻古詣。鬟□□。髮方伐。髾山交。頂丁挺。顆奴領。胭項胡講。髮鬣良涉。髭即移。鬚（鬚）。頰古俠。頤與之。頦古亥。頡古盖。髑徒谷。髏落侯。腦奴晧。頔□□。眼五限。瞼居儉。眉武悲。睫紫葉。喉胡溝。嚨盧紅。齒昌里。齗半（牛）斤。胷許容。臆於力。肘□□。腋羊益。

臂卑義。腕烏翫。臍（臍）组嵇。膀步光。胱古皇。肋盧得。脇虚葉。趺徒結。腨時戀。跟古痕。踝胡瓦。

裝側羊。束書蜀。袝苻遇。袚傷遇。襟居音。襴落干。衿□□。衵□□。帶都盖。系胡計。褄於霄。襻音慢。頭度侯。絙自拱。袀都了。複方六。裌古押。汗戶旦。褌古軍。袴苦故。

襦日朱。韤望發。鞦一帛。灼君侯。籍強免。篦普迷。鑷居輒。鉸古孝。翦子賊。巧交。判（韧）恪八。唧資悉。呶女交。抨▩。毹山虞。匣胡甲。粧奩力監。福（褔）

鎗楚庚。鐓五到。刷所劣。剉麁臥。鐘烏倉。鑊胡郭。鍋古和。鈷鏻摸朗。又莫補。

鎊普郎。鐯鑼。鑀□□。乾▨。釾步侯。鏂烏侯。鑛鈕女□。（綠）□（與）口。

（後缺）

（3）俄敦一一三一號＋俄敦一一三九號B＋俄敦一一四九號背

敦煌鄉。莫高鄉。神沙鄉。龍勒鄉。洪潤鄉。□（平）康鄉。洪池鄉。玉關鄉。効穀鄉。赤心鄉。慈惠鄉。

□柴。枝夫。官布。地子。貸便。麥粟。黃麻。豌豆。稻穀。紅▨（藍）。麻子。粳米。官草。粮食。酒醋。鎹醬。乾貨。濕物。斛斗。鏨鑃。尺寸。疋段。鎌鋸。犁▨（鏵）。樓枺。驢馬牛羊。家中錢財資産。生死吉凶。善惡。愚癡。明暗。乳酪。肉脯。天地。日月星宿。四▨（時）五行。春夏秋冬。人民。叒會。東西南北。金▨（銀）銅鑵。▨。使用。布疋。紬縜。綾羅。錦繡。▨。▨襆。床鋪。桉枷。▨。▨竈。▨（碓）磑。針錐。瓬甕。木盆。▨▨

（三）敦煌寫本《雜字》的性質與源流

羽四一號R《雜字》一本，岩本篤志據卷中所見新城、玉門等鎮以及西衙、樓上等詞，推定爲歸義軍節度使張承奉統治敦煌時期（八九四～九一〇）的作品。

按：雜字一類是中國漢魏六朝以來常見的字書，或爲難字而編，或爲俗字而作，而以實用要字而編的雜字最爲流行，流傳也廣。敦煌地區歸義軍時期以雜字爲書名或具雜字性質的通俗字書也甚爲盛行，如《俗務要名林》《雜集時用要字》《雜字》等，可説上承漢魏六朝，下接北宋、西夏乃至元、明清各代，形成中國雜字書的系統。羽四一號R號《雜字》的發現，使敦煌雜字系字書除了《俗務要名林》《雜集時用要字》外，更具體的保存有題名《雜字》的實體寫本，提供了雜字類蒙書發展脈絡的珍貴材料。

中國古代除官學、私學外，在各城鎮、農村尚有"閭里書師雜字"從事訓蒙之私塾蒙館，其教學之對象大半爲未成年之兒童、青少年。其教學之目的，主要在教導學童識字，附帶灌輸日常生活所需之普通常識及道德規範。而在農村，一般孩童入學，其目的但求能識字、寫信、記賬而已，因此教材之編纂多以教授童蒙識字爲主。據《漢書・藝文志》所載："《史籀篇》者，周時史官教學童書也。"[一]而秦漢以來，代有所編，唯諸書已佚，今存者僅史游之《急就篇》，其後則有梁周興嗣之《千字文》，此二書一出，遂成爲隋唐時期童蒙之主要識字課本。除此之外，亦有因時因地而編之各種雜字書，卷帙與種類可謂繁多；而内容與體制亦雅俗共存；同時亦每有深具地方性者。

唐前雜字一類的編撰，據《隋書・經籍志》所載：後漢太子中庶子郭顯卿撰《雜字指》一卷，魏掖庭右丞周成《雜字解詁》四卷，鄒里撰《要用雜字》三卷，隋密州行軍參均李少通撰《雜字要》三卷；《唐書藝文志》載：魏張揖《雜字》一卷。惜今皆不傳，無法持與相較。

敦煌寫本保存有以識字爲目的的通俗讀物《開蒙要訓》，全書一千四百多字，也是用四言韵語介紹自然名物，社會名物，寢處衣飾，身體疾病，器物工具，行動操作，飲食烹調，耕作，樹木，鳥獸等，開頭説："乾坤復載，日月光明；四時來往，八節相迎。"最後説："筆硯紙墨，記録文章；童口習學，易解難忘。"内容收録日常生活用字，尤重實用，雖不立部目，然已見分類編排之實，持與後世各"雜字書"相較，其性質相近，而影響則隱然可見。

此外，還有幾種與《開蒙要訓》成書時間相近，内容性質與編輯體製大體相似近，而其名稱或稱"雜字"，或不以"雜字"命名的雜字類蒙書。然整體而言，此類通俗讀物無疑是後世各類"雜字"書的濫觴。換言之，"雜字"書從漢魏六朝的興起，經過唐、五代的流行與衍化，發展到宋代而趨於定型，成爲宋元明清民間識字教育的重要讀物，在社會上具有深遠的影響。

宋代"雜字"書的大量出現，給予李元昊創建的西夏王朝相當的影響。參上一節"《雜集時用要字》"中論及"《雜字》系字書在西夏的流傳與影響"時據《宋史・夏國傳》所載，西夏在公元一〇三六年創造了文字後，首先翻譯《四言雜字》與《孝經》《爾雅》，足見"雜字"一類漢籍在當時西夏學習漢文化，漢人學習西夏文具有相當的影響力，發揮了極大的作用。惜宋本《四言雜字》原書不傳，難窺原貌。不過敦煌莫高窟北區及黑水城出土的

〔一〕《漢書》卷三〇《藝文志第十》，第1721頁。

文獻中，有俄敦二八二二號漢文《雜字》（或稱《雜集時用要字》）的寫本及
多件西夏文《三才雜字》的印本，提供印證的珍貴實物。

今黑城出土二八三a（原藏録號俄敦二八二二號）《雜字》，雖非《四言雜
字》，然其性質屬"雜字"類字書之流甚明，當是西夏建國初期流行之新編。
朱鳳玉《俄藏敦煌寫本〈雜字〉研究》曾據《俄羅斯科學院東方研究所聖彼
得堡分所藏敦煌文獻》第十册〔一〕，收録俄敦二八二二號《蒙學字書》進行研
究，指出其爲俄藏黑水城出土漢文《雜字》文獻混入敦煌文獻的誤編，并析
論其體制與内容，以爲内容性質與敦煌本《俗務要名林》相似，其編輯體例
也大致相同。唯以編纂與使用對象有别，一爲北宋西夏官方所用，一爲唐五
代敦煌及中原地區民間所用，以致分類詳略不同，内容要目與語詞多寡亦有
所不同，更進而持與同爲黑水城出土的西夏文《雜字》及敦煌本進行比較，
以爲其時代相去不遠、名稱相同，形式一樣，雖其編輯體例、内容有差異，
然而相承沿革脈絡實不難窺見。

考溯體制源流，此類雜字書蓋濫觴於現存最早之識字類蒙書西漢元帝時史
游《急就篇》。《急就篇》成書時間約在公元前四〇年左右。其開端云："急就
奇觚與衆異，羅列諸物與名姓字。分别部居不雜厠，用日約少誠快意，勉之務
之必有喜。請道其章"其後則以三言韵語列舉一百三十二個姓字，其次於"姓
名訖，請言務"後，即以七言韵語將有關錦繡、染色、絲帛、稻梁、蔬醬、果
餌、衣襦、針縷、履襪、金屬、器用、竹木、魚蝦、席帳、飾物、珠玉、樂
器、膾炙、酒釀、人體、弓矛、車輿、轡勒、房屋、農具、六畜、鳥獸、疾
病、醫藥、喪祭等類常見事物之名目加以臚列〔二〕。由於《急就篇》具有集中識
字、整齊押韵、注重實用、知識面廣等特色，因此自漢魏以後即廣爲私塾用爲
識字之課本，南北朝時亦普遍用作初學識字之教材，唐代以降，各類識字類蒙
書興起，尤其《千字文》《開蒙要訓》等的廣爲流傳，其作用始漸次減低。

詳審西夏漢文本《雜字》，雖非歌括式，亦非韵語，全書采分類立部之編

〔一〕《新國學》二，巴蜀書社，二〇〇〇年，第三〇五～三二五頁。
〔二〕 參見（漢）史游：《急就篇》，岳麓書社，一九八九年。

排方式，然審其内容，其基本性質與《急就篇》相似，均爲民間日常生活事物之名目。較之《急就篇》更能反映西夏時代與地域現實生活的實際需求。這說明了雜字書的興盛，蓋以其編撰頗能因時因地調整編選用字，以切合實際用途與需求。如羽四一號《雜字》反映歸義軍時期敦煌地區的現實環境。

（四）敦煌寫本《雜字》的影響與價值

宋代詩人陸游（一一二五～一二一〇）《秋日郊居》八首之七提到"兒童冬學鬧比鄰，據案愚儒卻自珍；授罷村書閉門睡，終年不著面看人"。詩下自注："農家十月乃遣子弟入學，謂之冬學。所讀《雜字》、《百家姓》之類，謂之村書。"〔一〕《大元通制條格》卷五"傳習差誤"條也載：

> 至元十年五月大司農司各道勘晨官申各路府州司縣，在城關厢已設長學外，據村莊各社請教冬學，多係粗識文字之人，往往讀《隨身寶》、《衣服雜字》之類，枉誤後人，皆宜禁約〔二〕。

這類爲田夫牧子所誦的村書，便是唐宋以降的蒙書。可見，雜字書在宋、元期間已是民間普遍使用的識字類蒙書，顯示宋代以來蒙書的普遍發展，農村蒙學的短期補習教育，其識字教材當以切合農村一般民眾生活的現實需求。明清以來"雜字"系日用通俗蒙書的編纂與印行更是蔚爲風氣，這些日用雜字書收録的内容幾乎涵蓋了社會生活的方方面面，對人們日常生活的參考發揮極大的功能，是具實用性的通俗讀物。其編纂的方式也都力求分門別類以便檢索；甚至增加注釋，大量插圖，使閱讀者通曉易解。

宋以後，此類雜字書歷經元、明、清三代，與時俱進，多方改易，新編層出不窮，種類繁多，形式多樣〔三〕。有爲全國通用而編的，也有個別地區而編的。因

〔一〕　錢仲聯校注：《陸游全集校注》卷二五，浙江教育出版社，二〇一一年，第九頁。

〔二〕　見《大元通制條格》卷五，（台北）文華書局，一九六八年，第二〇五頁。

〔三〕　近年廣爲蒐集彙編的如李國慶編《雜字類函》及續，收録明清民國期間編印的各類雜字十四類，多達二四五種，依受教對象而有通用、專用之別。且亦有地域、民族之分。

此内容有顯著的鄉土色彩，流露地方方言特色，這種識字類蒙書性質多同，特別是以通俗實用爲導向的編纂，采分類立部之編排，收録民間日常生活實用性之事物名目，反映出民間以能識字、記賬、寫信作爲童蒙教育的實際需求與目的。

　　隨着社會發展，此類雜字書的功能也不斷的擴大，除了教人識字外，還兼作普及文化常識與生活知識，體類更爲繁多，或綜合、或專業；或簡要、或翔實，體例也多樣。如《益幼雜字》，此書爲非歌括式之字書，全篇五千多詞，既不連屬成文，亦不編爲韵語，而是以類編排，分爲五穀、蔬菜、雜貨、人物等六十類，當是《俗務要名林》一類的支流餘裔，衹是規模更加擴大。清康熙年間王相所編的《世事通考雜字》也是此類的演變，分類更細，收詞更多。又如清乾隆庚戌刊行之《六言雜字》，爲六言韵語，全篇分天文、地理、人物、時令、人事、身體等二十四類；民國十七年富記書局所出木刻本《捷徑雜字》采四言韵語，標有人事、人情、農事、園蔬、雜貨、器皿、什物等七類。如：“園蔬”類之“小菜時蔬，大蒜葱韭。蘿卜白菜，晶子芋頭”，“雜貨”類之“楊梅柚李，板栗核桃。桂圓南棗，蓮子冰糖。瓜子花生，橄欖檳榔”，都爲日常生活之名物語彙。民國初期四言韵語之《農村雜字》，全篇亦分序言、身體、修養、農具、農事、農産、家具、土木、工藝、女紅、布匹、交通、商業、花木、禽獸、鱗介、蟲類、礦物、親屬、簿記、迷信、時令、社會、氣象等二十四類。其體例與規模可見漢時雜字類字書之樣貌。後代此類之編著名目繁多，體例不一，每句字數從三言至十一言多有，以四言爲主，五言、七言次之，間有雜言；以四言爲主，要皆屬於歌括體的通俗雜字書。

　　特別值得留意的是：隨着後世小百科式日用類書的流行，“雜字”一類的通俗字書，也受到日用類書分門別類的體制與日常生活實用的功能影響，蒙書、通俗字書紛紛向日用類書靠攏，如：《新鍥鼇頭備用雜字元龜》《五刻徽郡釋義經書士民便用通考雜字》《新刻增校切用正音鄉談雜字大全》《增補類編音釋四民切用便讀雜字》《增補幼學須知雜字大全》《增補易知雜字全書》《增補素翁指掌雜字全集》《增補音釋世事通考雜字》《新刊廣輯居家緊要日用雜字》《新增萬寶元龍雜字》等。

　　又如《增補幼學須知雜字大全》，全書三卷。卷上題作“通考雜字幼學須知”，分爲：天文門、地理門、時令門、人物門、歲壽門、文官門、武職門、（文官服色、武官服色）、仕宦門、士業門、農業門、百工技藝門、商賈門、番國門、身體門、病症門、人事門、婚姻門、喪祭門、官冕衣服門、金銀首飾靴鞋門、系帛門、女工門、綵色門、數目門、訟獄門。卷中題作“增補通考雜字幼學須知”，計分：宮室門、木器門、竹器門、磁器酒器門、石器采器門、樂器玩器門、鐵器軍器門、寶貝門、雜貨類、花草門、竹木門、藥名門、五穀門、蔬菜門、子茶料門、茶酒油門、葷食門、素食門、禽門、獸門、魚蝦門、蟲蛇門、漁獵門、船隻門、通用門、俗字門、釋道門。卷下題作“增補家禮帖式大全幼學須知”，内容收録了：人品稱呼、父黨無姓、親族有姓、母黨、妻黨、鄉黨、請雅俗帖、請女客帖、世事請帖等生活應對應酬禮儀。

從上述不難窺見敦煌寫卷《俗務要名林》《雜集時用要字》《雜字》等，是開民間通俗實用雜字書之先河，在日用字書的發展歷程中，特別是以通俗實用爲導向的編纂，采分類立部之編排，收録民間日常生活實用性事之物名目的特性，具有承上啓下之地位。

在這種風氣下，除了“碎金”系日用通俗類書外，明清以來還興起了采日用類書形式編纂的“雜字”系通俗字書。體類更爲繁多，或綜合、或專業；或簡要，或翔實。如《益幼雜字》《世事通考雜字》《六言雜字》《捷徑雜字》《農村雜字》，不一而足。甚至作爲周邊日本、越南等國學習漢語文的識字教材而被引進，影響所及，還可見有日本、越南模仿雜字體例編寫的雜字。

如日本學者柴彦輔及其弟柴貞谷曾參照中國雜字系通俗字書編寫《雜字類編》七卷[一]。分天文、地理、動物、植物等十八門類，日文漢文對照，以漢字爲主，旁注日文。其序有言：“拓筆臨紙，録事記實，卒迫之際，檢尋極變，而釋義的切音樂。”從體例及内容來看，顯然是日人積極學習中國蒙書樣式的典範。

〔一〕 見［日］日柴貞谷:《雜字類編・序》,（日本京都）瀬尾源兵衛等刊，泛愛堂藏版，天明六年（一七八六）。

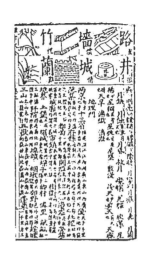

越南編纂的日用字書《指南玉音解義》，又名《重鑴指南品彙野譚并補遺大全》。此書爲漢喃雙語詞典，共兩卷，卷上三十目、卷下十目，收錄漢語詞條約三千四百條。編者不詳。有景興二十二年（一七六一）再版序文。越南古文獻學者陳文玾以爲《指南玉音解義》是一部漢喃雙語詞典，學界也公認是研究喃字寶貴的古籍文獻。文中明確的説明此書的編纂意圖“解義南俗，以通章句”。全書上下二卷，卷上分三十目，分別爲：天文第一、地理第二、人倫第三、身體第四、臟腑第五、食部第六、飲部第七、餅部第八、衣冠第九、錦繡第十、宮室第十一、舟車第十二、農務第十三、禾穀第十四、蠶室第十五、織紙第十六、鑄器第十七、木匠第十八、金玉第十九、撒絹第二十、器用第二十一、文字第二十二、婚姻第二十三、報孝（祭器）第二十四、喪禮第二十五、樂器第二十六、公器第二十七、兵器第二十八、法器第二十九、雜戲第三十。卷下分十目，分別爲：羽蟲部第三十一、毛蟲第三十二、鱗蟲類第三十三、甲蟲類第三十四、木類第三十五、花類第三十六、果類第三十七、根藤類第三十八、皮藤類第三十九、南藥類第四十。

內容性質與唐代敦煌《俗務要名林》《雜集時用要字》、宋明“碎金系”“雜字系”字書，不論是編輯體例或收錄字詞性質均極相似，同爲分類立部，收入詞彙。祇是標音釋義部分，《指南玉音解義》以雙行喃字加以解義。這種繼承中國日用通俗字書之傳統，又因應越南本身使用對象的需求而有所調整，分類詳略不一，内容載録的詞彙多少亦有所異同〔一〕。

《雜字》這種簡單實用的識字教材，極其普通，然其源遠流長，且影響深遠，還可見不經意地流傳到日本、越南等周邊國家，在接受的同時更有所發展，實在出人意外，其價值、意義實不可小覷。

第三節　俗字類蒙書

所謂俗字類蒙書是指專爲説解日常生活口語常談的文字、語彙而編的字書。按：文字乃記録語言的書寫符號，隨着生活語言的變化，不斷的豐富；繼而新語言的産生，新的詞彙、新的文字也不斷的增加。唐代經歷南北朝的胡漢交融，以及中印文化的交流，新語言、新詞彙劇增，而地處華戎所交的敦煌地區更是鮮明。因此，説解俗語詞彙而編的識字教材也就應運而生。今所得見的敦煌寫本俗字類蒙書，計有：《碎金》及《白家碎金》二種。兹分別略述如下：

一　《碎金》

《碎金》，或稱《字寶》，一般誤作《字寶碎金》，蓋二種書名合稱。今存有：斯六二〇四號、伯二〇五八號、伯二七一七號、伯三九〇六號、俄敦五二六〇號背、俄敦五九九〇號背、俄敦一〇二五九號背、北敦三三九〇號背（北六六二一號、雨九〇號）等八个卷號寫本。其中斯六二〇四號除序文外，大都完整，伯二〇五八號，序文完整，正文未抄完。合校後，可得全貌。計收三七三八字，以平、上、去、入四聲編排，每聲約百餘條，計四三四條語詞。收入的語彙，皆爲唐代民間口語、俗語，語詞大都注以反切或直音。敦煌寫本通俗字書《碎金》，自發現以來，即受到學者的注意。一九二四年上虞羅氏編印了羅福萇輯録的《沙州文録補》，即收録有《字寶序》一篇〔二〕。此

〔一〕　見鄭阿財：《從敦煌文獻看日用字書在東亞漢字文化圈的容受——以越南〈指南玉音解義〉爲考察中心》，《中國俗文化研究》第十輯，二〇一五年，第三～一七頁。

〔二〕　羅福萇輯録：《沙州文録補》，上虞羅氏印，一九二四年，第二頁。

篇乃英藏斯六二〇四號殘卷的部份録文。一九二五年劉半農《敦煌掇瑣》一
〇三有《字寶碎金》一篇，載録了法藏伯二七一七號的全部録文[一]。一九五五
年姜亮夫《瀛涯敦煌韵輯》一書，不但有法藏伯二七一七號全文的録文，還
有姜氏的跋[二]。一九六四年方師鐸據姜氏録文撰《明刻行書本〈碎金〉與敦
煌唐寫本〈字寶碎金〉殘卷之關係》一文[三]。一九八五年砂岡和子《敦煌出
土〈字宝碎金〉の語彙と字體》對其采録的語彙進行研究[四]。一九八九年，
劉燕文《從敦煌寫本〈字寶〉的注音看晚唐五代西北方音》主要利用《碎
金》的語彙、切語及直音等進行語音研究[五]。一九九一年，朱鳳玉《敦煌寫本
〈碎金〉系字書初探》從字書的視角對敦煌寫本《碎金》進行系統的文獻探
討[六]。一九九三年，張金泉《論敦煌本〈字寶〉》、朱鳳玉《試論敦煌本〈碎
金〉之價值》均對此字書進行概述，也論述其特性與價值[七]。一九九六年朱
鳳玉《論敦煌本〈碎金〉與唐五代詞彙》[八]《論敦煌本〈碎金〉在詞彙學上的

〔一〕 劉復:《敦煌掇瑣》一〇三《字寶碎金》，"中央研究院歷史語言研究所"，
一九二五年，第五四九~五六八頁。

〔二〕 姜亮夫:《瀛涯敦煌韵輯》論部卷一八，上海出版公司，一九五五年，第
四一九~四二〇頁。

〔三〕 方師鐸:《〈明刻行書本〈碎金〉與敦煌唐寫本〈字寶碎金〉殘卷之關係》，《東
海學報》一九六四年第一期，第一~一七頁;收入《方師鐸文史叢稿:專論下篇》，大立
出版社，一九八五年，第一五七~一八六頁。

〔四〕 〔日〕砂岡和子:《敦煌出土〈字宝碎金〉の語彙と字體》，《中國語學》第
二三三號，一九八五年，第一三〇~一三七頁。

〔五〕 劉燕文:《從敦煌寫本〈字寶〉的注音看晚唐五代西北方音》，國家文物局古文
獻研究室編:《出土文獻研究續集》，文物出版社，一九八九年，第二三六~二五二頁。

〔六〕 朱鳳玉:《敦煌寫本〈碎金〉系字書初探》，《第二屆敦煌學國際研討會論文專
集》，一九九一年，第五〇一~五二〇頁。

〔七〕 張金泉:《論敦煌本〈字寶〉》，《敦煌研究》一九九三年第二期，第九二~九八
頁。朱鳳玉:《試論敦煌本〈碎金〉之價值》，《林景伊教授逝世十週年學術論文集》，
一九九三年，第五二七~五三四頁。

〔八〕 朱鳳玉:《論敦煌本〈碎金〉與唐五代詞彙》，《潘石禪先生九秩華誕敦煌學特
刊》，文津出版社，一九九六年，一九九一年第五六五~五八〇頁。

意義》[一]《論敦煌本〈碎金〉在解讀敦煌俗文學的意義》[二]等系列論文，以及
一九九七年出版《敦煌寫本碎金研究》一書，是對敦煌寫本《碎金》的全面
整理與研究，可供參考[三]。一九九七年，張金泉《敦煌遺書〈字寶〉與唐口語
詞》針對此書的口語詞進行論述[四]。一九九八年，劉燕文《敦煌寫本〈字寶〉
〈開蒙要訓〉〈千字文〉的直音、反切和異文》[五]；二〇〇三年，朱鳳玉《敦煌
本〈碎金〉與宋、明俗用雜字之比較》[六]；二〇〇四年張金泉《字寶考》[七]；
二〇〇五年，張弦《字寶校注》[八]；二〇〇八年張涌泉《敦煌本〈字寶〉叙
錄》[九]，《敦煌經部文獻合集》"小學訓詁類之屬"據斯六二〇四號、伯三九〇
六號、伯二〇五八號、伯二七一七號、俄敦五二六〇號背、俄敦五九九〇號
背、俄敦一〇二五九號背、斯六一九號背、北敦三三九〇背號等九件寫本，
校錄《字寶》一種，其中將斯六一九號背所謂《白家碎金》視爲未抄完的
《字寶》[一〇]；二〇一一年李豔紅《敦煌字書〈白家碎金〉與〈碎金〉比較研究》，

〔一〕　朱鳳玉：《論敦煌本〈碎金〉在詞彙學上的意義》，《嘉義師院學報》一九九六
年第一〇期，第三四一~三五六頁。

〔二〕　朱鳳玉：《論敦煌本〈碎金〉在解讀敦煌俗文學的意義》，一九九六年九月四
川聯合大學主辦"海峽兩岸敦煌語言文學研討會"宣讀，後收入項楚主編：《敦煌文學論
集》，四川人民出版社，一九九七年，第二七五~二九四頁。

〔三〕　朱鳳玉：《敦煌寫本碎金研究》，文津出版社，一九九七年。

〔四〕　張金泉：《敦煌遺書〈字寶〉與唐口語詞》，《古漢語研究》一九九七年第四期，
第五六~五九頁。

〔五〕　劉燕文：《敦煌寫本〈字寶〉〈開蒙要訓〉〈千字文〉的直音、反切和異
文》，《語苑擷英——慶祝唐作藩教授七十壽辰學術論文集》，北京語言文化大學出版社，
一九九八年，第四六~七〇頁。

〔六〕　朱鳳玉：《敦煌本〈碎金〉與宋、明俗用雜字之比較》，《漢語史學報》第三輯，
二〇〇三年，第四一一~四一七頁。

〔七〕　張金泉：《字寶考》，張涌泉、陳浩主編：《浙江與敦煌學——常書鴻先生誕辰
一百周年紀念文集》，浙江古籍出版社，二〇〇四年，第五五七~五六五頁。

〔八〕　張弦：《字寶校注》，山東大學碩士學位論文，二〇〇五年。

〔九〕　張涌泉：《敦煌本〈字寶〉叙錄》，《中國典籍與文化論叢》第一〇輯，北京大
學出版社，二〇〇八年，第一二二~一三〇頁。

〔一〇〕　張涌泉：《敦煌經部文獻合集》第七册，第三七一二~三八〇〇頁。

在前賢整理研究的基礎上比較研究《白家碎金》與《碎金》，對照同一詞語在不同書中的記録和注解，同時歸納這些詞語在《碎金》中的排序特點〔一〕。

（一）寫本概述

敦煌文獻中，以"碎金"爲名的字書，今所知見計有：斯六二〇四號、伯二〇五八號、伯三九〇六號、伯二七一七號＋俄敦五二六〇號背＋俄敦五九九〇號背＋俄敦一〇二五九號背等七個卷號，四件寫本。另北敦三三九〇號背（北六六二一號、雨九〇號）雜抄有：沈侍郎《讚碎金詩》殘句："□□□□（墨寶三千）三百餘，展開勝讀兩車書，人間□□□□□（要字應來盡），□□（呼作）零金也不虛。"等十七字。兹將寫本概況表列如下：

敦煌《碎金》寫本概況表

卷　號	寫本狀況	保存行數	首尾題	題記	同卷資料
伯三九〇六號	册子本首尾俱完	一百三十三		有	前抄：《雜抄》。後抄：《貧士述情》《書儀》。《碎金》末後有沈侍郎《讚碎金》等詩四首。
伯二〇五八號	卷子本首完尾缺	九十二	題："大唐進士白居易千字圖次鄭氏字圖鄭氏字寶千金亦曰碎金。"		前抄："大乘五方便北宗"。後抄："南天竹（竺）國菩提達摩禪師觀""嘆佛文"。背抄："水則道場""書儀""兒郎偉"。
斯六二〇四號	册子本首缺尾完	二百二十七		有	卷末有沈侍郎〈讚碎金〉等詩四首。
伯二七一七號＋俄敦五二六〇號背＋俄敦五九九〇號背＋俄敦一〇二五九號背	卷子本首缺尾完	一百八十八＋十＋四＋四＝一百九十七			後抄：《開蒙要訓》《大方等大集經菩薩念佛三昧分卷第六》"殘契"。

〔一〕　李豔紅：《敦煌字書〈白家碎金〉與〈碎金〉比較研究》，《西南民族大學學報》二〇一一年第一〇期，第一六四～一六七頁。

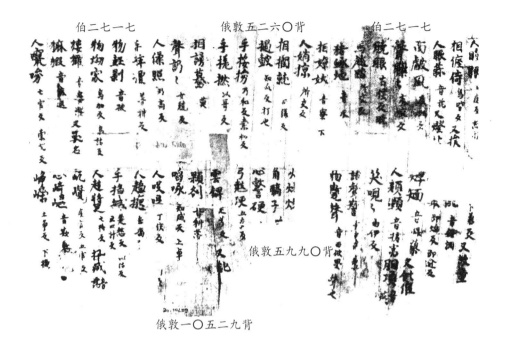

以上所叙録的寫本中，伯二七一七號有多處斷裂，上列俄藏殘片正爲其斷裂部分，《敦煌經部文獻合集》（第三七一四頁）有綴合圖，可參考。經綴合後成四件。其中斯六二〇四號首殘尾完，序文殘存十三行。内容有：平聲一〇三條、上聲一〇三條、去聲一〇四條、入聲一〇七條，全篇總計抄録語詞四一七條。伯二〇五八號首完尾殘，序文完整。全篇内容計存：平聲一〇六條、上聲一〇三條、去聲三十八條、入聲七十七條，總計殘存語詞三二四條。伯二七一七號首殘尾完，序文約殘存三分之一。内容計有：平聲八十三條、上聲一〇一條、去聲六十三條、入聲一〇五條，總計三五二條。伯三九〇六號首尾俱完，缺題，序文完整。内容計有：平聲一〇四條、上聲一〇六條、去聲一〇五條、入聲一〇六條，全篇總計四二一條。

按：以上四件寫本，内容、編次均同；條目、音注、釋義詳略間有不同，且有明顯錯漏、訛誤之現象，足見此四件寫本均非原本，而係同一書輾轉傳抄的不同寫本。其中伯二七一七號次第與其他各本頗有出入，而注音或用“反切”，或用“直音”，亦與其他三件抄本明顯不同；是伯二七一七號所據以抄録的底本當是自爲一系。又伯二〇五八號、斯六二〇四及伯三九〇六號三本，其内容次第、注音采"直音"，或"反切"，或并用，多同，甚至切語上字每誤"丁"作"乃"，如"探疊丁卧反"誤作"乃卧反"。凡此與伯二七一七號有異，此三件當是同據另一底本或同一底本系統抄寫。伯二七一七號四聲分部，每部分上下二欄，有絲欄，字體工整，爲各卷中書法較佳者。又此本上聲"壯備"條下，反切"虎講反"，"虎"字缺末筆，作"虏"，避唐高祖之諱。惜此本序文及平聲多有殘缺，去聲脱漏甚多。伯二〇五八號四聲分部，不分欄而連抄，爲各卷中唯一具書題及完整序文的寫卷。斯六二〇四號出自於僧智貞所抄，疑抄於後梁乾化二年（九一二），是較早的抄本。伯三九〇六號爲册子本，四聲分部，"平聲"分作三欄；"平""上""去"三部則并作四欄。抄録語詞爲各卷最多且四聲條目最爲平均，條目次第較少錯亂的抄本。依題記有"天福柒年（九四二）壬寅肆月貳拾日伎術院學郎知慈惠鄉書手吕均書"。按：敦煌伎術院創設於歸義軍時期，是爲歸義軍掌管祭典、天文、曆法及其他實用技術的專職機構；也是培養專職的學校。"學郎"又稱"學士郎""學士"，是唐五代時期敦煌地區對學生的稱謂。"慈惠鄉"，乃唐朝以來敦煌縣轄内的一個鄉。"書手"是指擔任書寫、抄寫工作的人員。處於"寫本時代"的唐代，官方或民間均有從事爲官府、寺院、私人抄寫圖書典籍、宗教經文、公私文書等職業的社會群體，統稱爲書手。唐代書手在政府機構中的設置，據《舊唐書·職官志》《新唐書·百官志》及《唐六典》所載，門下省、中書省及秘書省等均普遍有書手的設置。主要從事經籍圖、佛道經典的繕寫，以及官文書的謄抄。而在民間非官方、非政府的私人或寺院也有所謂書手的存在，包括傭書爲業的貧寒文人、經生，也包括民間日常文書契約的抄手、墓誌碑刻的書丹手等等[一]。

　　唐代制定計帳與户籍主要依據的手實，是唐代在基層官吏監督下居民自報户内人口、田畝以及本户賦役承擔情況的登記表册，每年填報一次。因此各鄉里均有書手協助文書業務。唐元積《同州奏均田狀》即記載令里正書手等在旁協助百姓自通手實狀，云："昨因農務稍暇，臣遂設法各令百姓自通手

〔一〕　參周侃：《唐代書手研究》，首都師範大學博士學位論文，二〇〇七年。

實狀，又令里正書手等傍爲穩審，并不遣官吏擅到村鄉。"可見唐代地方下級行政單位的鄉里有書手的編制，協助處理地方文書業務[一]。"知"意爲掌管、主持。可見吕均以伎術院學郎的身份掌管敦煌縣慈惠鄉文書的抄寫工作，此一寫本乃學郎吕均所抄，是各卷中較好的抄本。又其前抄録有通俗蒙書《雜抄》（又稱《隨身寶》《益智文》《珠玉鈔》）屬敦煌地區學郎的用書。

（二）録文

兹以伯三九〇六號爲底本，參校諸本，并參考前賢校釋成果，重新録文，逐録全文如下：

《碎金》序

大唐進士白居易千金字圖　次鄭氏字圖鄭氏字寶　千金亦曰碎金

凡人之運［手］動足，皆有名目。言常在口，字難得知。是以兆人之用，每妨下筆，修撰著述，費於尋檢，雖以談吐，常致疑之。又俗猥刺之字，不在經典史籍之内。聞於萬人理論之言，字多僻遠，口則言之，皆不之識。至於士大夫及轉學之客，貪記書傳典籍之言，計心豈暇繁雜之字。每欲自書，或被人問，皆稱不識。何有恥之下輩，而慚顔於寡知，則有無學之子，劣智之徒，或云俗字不曉，斯言謬甚。今天下庶士同流，庸賢共處，語論相接，十之七八，皆以協俗，既俗字而不識，則言話之訛訛土戈反矣。在上者，固不肯録而示之；小學者又貪輕易而傲之。致使曖昧賢愚，蒙（麤）細無辯。余今討穷《字統》，援引衆書，《翰苑》《玉篇》，數家《切韵》，纂成較量，輯成一卷。雖未盡天下之物名，亦粗濟含毫之滯思。號曰《字寶》，有若碎金。然零取救要之時，則無大段，而副筆濟用之力，實敵其金，謂之《碎金》。開卷有益，讀之易識。取音之字，注引假借。余思濟衆爲大，罔以飾潔爲美，將持疑從來者也。成之一軸，常爲一卷，俯仰瞻矚，實有所益，省費尋檢也。今分爲四聲，傍通列之如後。

〔一〕（唐）元稹撰，吴偉斌編年箋注：《新編元稹集》，三秦出版社，二〇一五年，第七二三四頁。

平聲

肥腖（臕）體筆苗反，又儦。物孋斜苦乖反，又喎。肥𦝼膭烏懷反，丑乖反。目矁䁘上兜，下所支反。人瞠眼丑更反，怒視。扐揉丁兼反，又战量。相搋（揑）倚烏皆反，又挨。心忪恌音鍾調。人蒜眼音花，又燈灺。人㰤㰤即焰反，即逾反。面皵風支加反。髀牌音脾髀，又化俹。聲𣂴𣂴䀠支咬反。人頗頤音孩夷。胭項音燕。曉眼古侯反。笑覘覘由伊反。馬趰踏捎。語聲𧪝音西，破悲也。豬蚵地音灰。物甃聲音西，破甖聲也。相嫽妭音寮，下鉢。手捈捨自鹽反，下尺者反。人娋掉捎音。火燇炒自鹽反。相摑就而緣反。角觿子呼交反。搧鼓知爪反，打也。心瞥硬五交反。手掎掖乃和反，素和反。弓㲉硬五交反。手搓撚以歌反。雲鉦定前反，又鈚。相謾騖莫干反。顆剫音科落。聲訥訥女驚反。嗗啄側咸反，下卓。人係照乃高反，不解醫狂。人䐔咀丁侯反，多割反。手抨擅上普耕反，下灘。人趨捷去嬌反。物𧿇剝音披。手摺拽楚愁反；以結反，又以計反。物坳凹烏加反；烏話反。人趨趲七將反。扢減析斤反，音訧。玃玃音婁羅。巑岏疾官反，五官反。猵猳音麻遐。心崎嶇欺。人𠺕唆七官反，下丁末反。崝嶸士爭反，下橫。手𠺕唆七官反，下乃末反。事躝跚音蘭珊。人壓孅七兼反，七鹽反。脝肛疋江反，許江反。人㝪泥丑加反，足踏泥是也。膧脹浦江反，許丈反。毛氄耗下侯反，素侯反。磽确苦交反，口角反。朋儕音柴。人姦譌音乖。人䨋寒蘇官反。犦膠丑知反。相嬥嬰烏合反，烏哥反。犦雀兒音同前，粘取也。物諄正之勻反。相戲奪測緘反。鼓聲𪔠𪔠徒紅反。跧伏支關反。鼓聲𪔨𪔨騰騰。拴絆數關反。聲䕽䕽音蓬。輕睒睒蘇公反。齒齫齳音包，下五交反。鏡盦音廉。頭䵂音須。草蔫萎於焉反，下威。趒集音鳩。趒趄雌蛆。人嚚虛虛嬌反。品姝姝丁鉤反，又曉嘘一腰反。靴鞥鞋素勻反。湯洋滓之加反。色顆暈烏還反。倚俙音希。物糗糊音慢。人譅𧬱五甘反，下噪。狗獋吠呼刀反。趒利音莎。人擅駮徒蘭反，下補角反。石礧臼下舅。蹱直丑凶反。醲醲女江反。兒裯襦白耕反，七夜反。紆惡衣俱反。拳扠人丑皆反，又搋。心不嘽展音攤。挼酒素回反。貪惏音藍。啈喋上士閑反，下驟。鳥䳑音油。口齜齗知皆反。慵饞石容反，士咸反。獫頭居靴反。𥯤掎物音飢，又剖同上。

上聲

物䶩塞口雅反。𥸩麻音傾。口哆脣丁我反。揣度測浣反。性愉悇於講反，於校反。垢圻音苟，下夏。夥語音顆。詭譎音鬼決。哂咍尺忍反，得來反。矯詐居天反。炰膿居用反。鞴袋音敗。物柔磋音盞。兒嫩騃魚解反。水眏濊音豁。相憯即敢反。亂氅氅尺兩反。人鼾睡音汗。亂攘攘而兩反。寬犍犍尺者反，又鞞。人言言去偃反，魚偃反。銛鐞筈自侵反。面麼攞莫我反，力我反。箭笴公罕反。面齷齗之患反，五患反。口剖析浦苟反。力擺撼莫解反。剟割途果反。擬攄希偃反。物齴仰魚偃反。足簸籭傅我反，手列反。輪輥動公穩反。掍擲公穩反。獵狻音毯，下糝。相訮惹染諾。人鼷鼻音喜。詒習音兗。寒瘮所錦反。縱馬音兗。穿窌音孔亦作竅。相詯誘吉典反。馬啌嗓音仲，息朗反。人魅魖嶮虛。皯黵公罕反，贈。人紕猌音比姿。人狡猾絞滑。手撊壓尺染反，一賴反。手垂彈丁我反。壯傂傋麥講反，許講反。霮雺烏敢反，七敢反。暐曄于韋反，于劫反。色黯黤烏陷反，直陷反。礦硬古猛反。義槩子知買反。石上硾直類反，石上杆。弄傀儡子力外反，五每反。石懸縋直類反。手抳抹彌引反，下末。人醜顔多典反。人顡害其朕反。人羞赧女眼反。人直顉直降反。人匾匶必淺反，都兮反。口噤其朕反。人体倖疋問反。顚頣其朕反。逆剩七養反。賭賽睹塞。衣繿縷力甘，力羽。藏弆音舉。人詃誚所馬反，七笑反。小兒偈偒烏瓦反，女瓦反。面誚所馬反。火炶爇上點，下如悅反。草榦茇公罕反，下音缽。又踮脚點脚。膟著殂鶻反。點頭聡耳爽音。手臼物之六反。手舀物一小反。人潸然音山。命舛尺遠反。衣紐繢尼九反，丘類反。人柱杖枴子古懷反。醂柹力敢反。錢辮疋善反。旱歉一斂反。音聲相謅楚卯反。身黶誌一奄反。眼睃著士錦反。人磚文而拱反。叵耐頗奈。物磣硤士錦反，下剌。駊騀（騀）頗我。螺蚌蛤音棒。嵬峨五迴反，下我。人伎倆音忌兩。湫隘即休反。手推擻推聳。勦絕即了反。合巹合謹。戽斗音虎。人昏懞。傘蓋散。

去聲

人譋謔七焰反，下料。刃崩鈍枯恠反。俵散悲廟反。驢騃膝力禁反。又作摽悲廟反。馬踋踦阻。物跂坐音弃。瘡脪腫希近反。妬妡妒害。口吪哂息願反。低圯音備。人隧硶音隊碎。人詿誤卦悟。肥肬臄丁暗反，呼紺反。飣餖丁定反，都勾反。揹啅噪知孝反，素告反。緍綴則暗反，知衛反。揹啗啄知減反。鐕釘同前，與定反。人魑魈音貌，色貌反。叛媄音叛換。

蹭蹬七鄧反，下鄧。人膩胗女話反。咀嚼七序反，疾藥反。自矜衒音縣，誇也。皮鞚縣、帶，亦鞍。覬覦音既逾。人渝濫俞濫，不清凈之貌。又眩矅旋音縣，下鷂。貿鬻音冒育。不憤惋忿腕。鳥窠蘖測慮反。鬼祟息季反。插擩之甲反，而喻反。物精粹息季反。人臋䐢孤磑反。不尷尬音減介。斗杚㔕子孤外反。物泥涴烏過反。物窖䆒音教蔭。倨傲音鉅。麥蟉蚟呼交反，下注。潚渧音隸帝。日曬曝所介反。俺覆一劍反。相詆謼呼架反。噲笑苦買反。物璺罅音問。物港洞乎貢反。笑㗂㗂呼架反。人髖膝丘類反。侚從羊俊反。物趀趲下讚。人皰鼻白效反。䳺涖色力見反。食餘饡賊岸反。齒齗使音。車肇輂希連反，下之逸反。人愚戇知項反。年周晬則外反。馬齻草限。揬疊丁臥反。打諢人五困反。滔入水烏陷反。物䤋藏烏陷反。頭赤顐顐五困反，託頭程僧政。楦鞶緊侯角反。笡侍七夜反。賺毀直陷反。手孿物居援反。踜蹭蹬下鄧。飯餾䬣音溜壯。齟齬助御。物枘土音鈍。厏厊乍迓。勁挺苦定反，乃定反。舊黗黗睹鈍。心惛惻呼困反。亞勵力外反，欲側。賣不售受。歐㕣七朕反。詬罵呼勾反。馬走趫尺焰反，又垂䡴。人眼盰魚絹反。火炧音謝。人齈㽱音。鼻䶎䶐呼貢反，怒貢反。大奃㵗匹貌反。石琯瑒公困反，直硬反。人緊趬吉要反。轠䡖畺控。趑蹻㮙也。䮆馬行也，疋善反。水瀺灂士陷反，士學反。酒沃酹音屋，力外反。手揾蘸則陷反，居忿反。躁性七到反。物醻貴即要反，改醮。水瀗洗所患反，又渲。睡寱語音藝。人慥暴七造反，又慅。譀譪呼陷反，呼介反。人趠頭丑孝反。人氈膝音冒懆。眑眼音賣。睥睨疋契反，五計反。頂顖音信。

入聲

毛毾㲪音答跋。人脉臍音麥坼。人佤僁丁挾反，下孌。硉兀力骨反，五骨反。人矆的上鑊；下酌。扒擮上抹，下截。寬皱皵臘答。澥溯音斛速。襆頭音輒。口呷歠户甲反，尺悦反。手捏搙奴結反，女角反。物堞實直葉反。物皴皮丑悦反。又膪切直葉反。人犴狢音岸谷。馬跑躅音包，下竹。腌肉一劫反。捽鞭所麥反。又濕浥殗邑。沸灒灒七合反。驢趯趚笛歧。乾曝曝音泣。物蹙拶即六反，子葛反。乾皵皵口角反。棄摛捅罷跋。聲擽擽百角反。手揩擦七葛反。動颸颸于聿反。抛物揤人音側。動扤扤五骨反。手掉搰音銚，下虛聿反。人脚瘃音竹。人嚬嘁音頻；即六反。人湁濇敕立反，下澁。揎捋音宣，勒末反。白醭出莫卜反。人䶦䶗音莫，丑角。花穙穙莫卜反。肥頳顋音末曷。汗霡霂陌木。人剳箚知角反，知訖反。由甲同上。煮煠士甲反。手搤握音厄。心憋起必列反。心忸怩恧尼。水湒湒即入反。手㨔物侯音。脚踧蹴侯瞀。口嚀嗏博接。兒頭毣毣音木。擭搦烏麥反，女革反。䊩米扶八反。手掇掐即悦反，口角反。物黦色於列反。汗濊泧音末豁。磣碌力末反。人探頣士革反。辛辣力末反。人瞌睡音榼。黿糲力末反。巧㚘苦八反，又。又蜂螫尺職反。猲頭尺若反。蜂蜇人知列反。走趨趨結音。皮皴皸七合反。灑灑音節。
食饜飽必列反。爛烙熨洛。人齝齒音夏。薆眼豁。刟掊丁彫反，烏末反。語訐讖
居列反，魚列反。物斡豁戶末反，烏末反。言嗃訾侯角反，下剝。人喫吤丁列反，盧
聿反。㜸面僕。人落籜音託。齊蠚蠚所六反。口囓嚅而葉反，下儒。勻玾玾側六
反。人㒸㒸音列掣。高嶵嶸乃列反，五結反。小瞳眣一決反，下血。潑水音撥，又
沛。穿扝音鶻，穿穴也。手搚拉之葉反，下臘。燘作俟郭反。礤礍一頰反，下帖。
眨眼之甲反。鞍毲毱音越諾。屆塞之甲反。憻懾之葉反。馬行騼楚甲反。插塞之甲
反。趨趖麴縮。語讋之葉反。門橝皮碧反。蹴踏七育反。兒嚃口惻末反。飛趨起居列
反。人矻矻碌碌上窟，下禄。淹爛於劫反。噦逆氣於厥反。輕蔑米列反。喘喋喋一
頰反，上得解反。雨霎霎。軍纛音毒。面酢皺。

　　沈侍郎讚碎金

　　墨寶三千三百餘，展開勝讀兩車書，人間要字應來盡，呼作零金也不虛。

　　白侍郎 同前

　　猲頭讕趖人難識，濊浽婢𡢃惱家心，寫在篋中甚敬重，要來一字一碎金。

　　吏部郎中王建 同前

　　一軸零書則未多，要來不得那何人，從頭至尾無閑字，勝看真珠一百螺。

　　白侍郎寄盧協律

　　滿卷玲瓏實碎金，展開無不稱人心，曉眉歌得白居易，飈喧盧郎更敢尋。

　　天福柒年壬寅肆月貳拾日伎術院學郎知慈惠鄉書手呂均書。

（三）正名、性質與年代

1.《字寶碎金》應正名爲《碎金》或《字寶》

　　以上敘錄中的斯六二〇四號、伯二〇五八號、伯二七一七號及伯三九
〇六號四件抄本，一九二四年羅福萇在《沙州文錄補》一書中，即據日本
狩野直喜藏斯六二〇四號卷子照片抄錄部分序文，而署爲《字寶序》[一]；
一九二五年劉復《敦煌掇瑣》亦輯錄了伯二七一七號，并題爲《字寶碎

〔一〕 羅福萇輯錄：《字寶序》，《沙州文錄補》，第二頁。

金》[一]；一九五五年姜亮夫《瀛涯敦煌韵輯》除抄録伯二七一七號外，更爲此卷作跋，題名爲《字寶碎金》，并於跋文中明確地説："以卷首序文而論，書名當爲《字寶碎金》。"[二]其後諸家相承襲用，如：《敦煌遺書總目索引》、王重民編《伯希和劫經録》，著録伯二七一七號、伯三九〇六號，均作《字寶碎金》[三]，劉銘恕編《斯坦因劫經録》，著録斯六一九號、斯六二〇四號亦均題爲《字寶碎金》[四]。其後黄永武編《敦煌寶藏》《敦煌遺書最新目録》等著録時亦因之[五]。然此一寫本字書，正確書名當稱之爲何？

　　按：伯二〇五八號卷子，首題有："大唐進士白居易千金字圖，次鄭氏字圖，鄭氏字寶，千金亦曰'碎金'。"又序文云："號'字寶'，有若'碎金'。"是知此書應名爲《字寶》，亦稱《碎金》，而非《字寶碎金》。羅福萇《沙州文録補》作《字寶》是正確的。又考"碎金"一詞，本指零碎的金子，金子爲可貴之物，故取以爲零篇佳作之稱。如：《世説新語·文學第四》："桓公見謝安石作簡文謐議，看竟，擲與坐上諸客曰：'此是安石碎金'。"[六]其後更有以"碎金"爲書名者，如：《唐人碎金鈔》十卷、宋晁迥《法藏碎金録》、明《大學碎金》《通用碎金》、清張大超《碎金》四卷、清郎玉銘《靈堂碎金》六十八卷、清王恒振《碎金海録》廿卷……等是也。此類書籍，大抵雜録要言、文字、詞語，以爲隨時檢索而編，如：晁迥《法藏碎金録》一書，即雜録儒、釋、道三家之言，以爲修身養性之助。

　　按：敦煌此類寫本，序文均有："零取救要之時，則無大段，而副筆濟用之力，實敵其金，謂之碎金。"足證其命名之取意。而伯三九〇六號、斯六二〇四號寫本及斯六一九號《白家碎金》末尾附有沈侍郎《讚碎金》詩有："人

〔一〕　劉復：《敦煌掇瑣》一〇三《字寶碎金》，第五四九～五六八頁。。

〔二〕　姜亮夫：《瀛涯敦煌韵輯》論部卷一八，第四一九～四二〇頁。

〔三〕　王重民編：《伯希和劫經録》，《敦煌遺書總目索引》，第二七一～二九七頁。

〔四〕　劉銘恕編：《斯坦因劫經録》，《敦煌遺書總目索引》，第二三七頁。

〔五〕　黄永武編：《敦煌寶藏》，新文豐出版公司，一九八三年；黄永武編：《敦煌遺書最新目録》，新文豐出版公司，一九八六年。

〔六〕　余嘉錫：《世説新語箋疏·文學第四》，中華書局，一九八三年，第二六八頁。

間要字應來盡，呼作零金也不虛。"白侍郎《讚碎金》詩有："寫向篋中甚敬
重，要來一字一碎金。"吏部郎中王建《讚碎金》詩有："從頭至尾無閑字，勝
看真珠一百螺。"白侍郎《寄盧協律》詩有："滿卷玲瓏實碎金，展開無不稱人
心。"等四首稱讚頌揚《碎金》的詩，雖係爲此書廣告依託名家文士之作，然
其詩題均稱"讚碎金""讚"爲動詞，意謂讚揚、稱頌，"碎金"爲名詞，是讚
揚稱頌的對象，當是本書的書名。且各詩内容均扣就"碎金"内容之珍寶，讚
其如零碎黃金之可貴，則"碎金"當是此字書通行之書名無疑。再者，屬於
此書節略系統的斯六一九號卷子，其題名清清楚楚地作《白家碎金》，當是就
《碎金》來進行簡編。亦可佐證此書稱《碎金》較之《字寶》通行。

再者，日本入唐求法高僧圓仁（七九四~八六四）於日本仁明朝承和
十四年，相當唐大中元年（八四七），所呈的《入唐新求聖教目録》中，即著
録有《碎金》一卷，疑即此書[一]。總此皆可證明此寫本當名爲《碎金》，又名
《字寶》，而"碎金"爲名實較普遍。

至於伯二〇五八號卷子，首題有："大唐進士白居易千金字圖，次鄭氏字
圖，鄭氏字寶，千金亦曰'碎金'。"又序文云："號'字寶'，有若'碎金'。"
這種新舊書名相疊并稱的現象，在敦煌文獻中的通俗讀物，時有可見，如伯
三九〇六號册子本，與《碎金》同抄在一起的《雜鈔》，敦煌文獻中有十幾件
寫本，其序文即云："《雜抄》一卷，一名《珠玉抄》，二名《益智文》，三名
《隨身寶》"可當是此類蒙書與時俱進，隨時改易，而多有新集成編；因此，
書名每每新舊相疊，更有同一書具有多名稱，甚至有略出繁簡本并存的情形。
《碎金》《白家碎金》顯然也是此一現象的呈現。

2. 敦煌寫本《碎金》的編者與性質

（1）敦煌寫本《碎金》的編者

敦煌寫本《碎金》爲唐五代民間流行的通俗字書。有關本書的編撰者，
伯二〇五八號寫本開頭題有"大唐進士白居易千金字圖 次鄭氏字圖 鄭氏字

〔一〕〔日〕釋圓仁：《入唐新求聖教目録》，《大正新修大藏經》卷五五册，第
二一六七號，第一〇八四頁。

寶　千金亦曰碎金”，一九八八年周祖謨《敦煌唐本字書叙録》叙録鄭氏《字寶》説：“‘鄭氏’不知爲何人？……稱爲字寶，稱爲碎金，言其可貴，值得珍視。”〔一〕一九九七年朱鳳玉《敦煌寫本碎金研究》討論編者與年代時，指出：斯六二〇四號、伯三九〇六號《碎金》寫卷末及斯六一九號《白家碎金》寫卷前，均抄録有沈侍郎、白侍郎、吏部郎中王建等的《讚碎金》詩及白侍郎《寄盧協律》詩。根據詩作内容所表述的意旨，也明顯地是以白居易作爲《碎金》的編者。考索沈侍郎、王建、盧協律，其時代確實與白居易同時且彼此均有往來酬唱，雖是如此，但敦煌寫本所抄録的沈侍郎、白侍郎、吏部郎中王建等的《讚碎金》詩及白侍郎《寄盧協律》詩，均不見於今所流傳的《白居易集》《王建詩集》《王司馬集》《全唐詩》各有關詩文集中。

究竟白居易是否真爲《碎金》的編者？或另外有《鄭氏字圖》《鄭氏字寶》等字書的編纂？朱鳳玉《敦煌寫本碎金研究》指出白居易《歲除夜對酒》詩有云：“醉依（烏皆反）香枕卧，慵傍暖爐眠。”據清汪立名《白香山年譜》此詩作於開成二年（八三七），時白居易六十六歲於洛陽任太子少傅分司〔二〕。白居易於“依”下自注“烏皆反”，蓋因口語中有音“烏皆反”意思爲“依靠”的字，但於寫作此詩時，尚不知此字如何寫，祇好借助“烏皆反”的注音及“依”的字義，以表述口語中的“捱”。而敦煌本《碎金》平聲有：“相捱倚（烏皆反）又挨”。《龍龕手鑑·手部》云：“挨，烏皆反。倚也。”又《正字通·手部》云：“挨，今俗凡物相近謂之挨。”可見唐代口語“捱”與“挨”同，意爲貼近、倚靠。若《碎金》爲白居易所編，則白居易此詩當作“醉捱香枕卧”或“醉挨香枕卧”，應不致如此費事地作“依”并注上切語“烏皆反”。又白居易《山石榴寄元九》詩有：“山石榴，一名山躑躅，一名杜鵑花，杜鵑啼時花撲撲。九江三月杜鵑來，一聲催得一枝開。”按：敦煌寫本《碎金》有：“花樸樸莫卜反”，撲《廣韻》莫木反，與莫卜反，音同。《碎金》取音作字，若此書爲白居易所編，詩作當不會捨“樸樸”而用“撲撲”。據

〔一〕　周祖謨：《敦煌唐本字書叙録》，《敦煌語言文學研究》，第五二～五三頁。

〔二〕　（唐）白居易撰，朱金城箋校：《白居易集箋校》，上海古籍出版社，一九八八年，第二三一六～二三一七頁。

此，可見敦煌本《碎金》當非出自白居易之手[一]。其題署白居易，當是依託、吹噓的手段；依託寄名於當時頗負盛名、且以口語淺顯易懂的通俗白話詩人白居易，實極爲合理的。爲了增强其宣傳的可信度與感染力，更加上與白居易同時且有交往唱和的沈侍郎、王建、盧協律，實不難理解[二]。至於蒙書、俗文學等一類作品，依托名家以廣流傳，唐五代頗爲常見，敦煌寫本中亦屢見不鮮，是有關編者問題仍有待斟酌。

二〇〇八年張涌泉《敦煌經部文獻合集》"小學訓詁類之屬"校録《字寶》時，以爲：丁卷（斯六一九號）又題"白家碎金"，底卷（斯六二〇四號）及甲卷（伯三九〇六號）、丁卷（斯六一九號）所附《讚碎金》詩作者又有"白侍郎"，這個"白家"和"白侍郎"，據伯二〇五八號的題署及附詩"曉眉歌得白居易"句，大概可以斷定都是指"白居易"而言[三]。"白家"一詞白居易詩文中經見。故"白家碎金"以"白家"指稱白居易，與當時人們的習慣用法一致。如《入唐新求聖教目録》所載的"《碎金》一卷"是本書，那麽本書的撰作時間就可限定在公元八二八至八四七年之間，而白居易去世於八四六年，這也就意味着本書極有可能是白居易生前問世的，其作者也許真的與白居易有關（圓仁《入唐新求聖教目録》既有《碎金》一卷，又有《白家詩集》六卷，誠非偶然）。

雖然如此，張涌泉也注意到：何以"白家碎金"又稱爲"鄭氏字寶"？"白家碎金"與"鄭氏字寶"，"鄭氏字寶""大唐進士白居易千金字圖"的關係又如何？這些都還是疑問。同時也重視朱鳳玉提出的白居易詩中一些語詞

〔一〕　朱鳳玉：《敦煌寫本碎金研究》，第八九～九一頁。

〔二〕　郝春文主編《英藏敦煌社會歷史文獻釋録》第三卷斯六一九號背校録説明："此書失作者，朱鳳玉教授據前録唐人讚碎金詩等資料，認爲此書之作者爲白居易，而此件標題中一"白家"之"白"，即指白居易。她還推測此書之成書年代在九世紀初期。"（社會科學文獻出版社，二〇〇三年，第四二三頁）朱鳳玉論述結論"其題署涉及白居易當是依託、吹噓的手段；依託寄名於當時頗負盛名，且以口語淺近易懂的通俗白話詩人白居易，實極爲合理的。爲增强其宣傳的可信度與感染力，更加上與白居易同時且有交往唱和的沈侍郎、王建、盧協律，實不難理解"（朱鳳玉：《敦煌寫本碎金研究》，第九〇頁），《釋録》説明顯然有所誤解。

〔三〕　張涌泉：《敦煌經部文獻合集》第七册，第三七一二～三八〇〇頁。

與本書用字不同的問題，因此他總結時也說：潘重規《瀛涯敦煌韵輯》，朱鳳玉《敦煌寫本碎金研究》等均謂"白侍郎"，"白家"等是出於依托，推斷《字寶》作者爲白居易、王建以後之人，似亦不無道理。

個人基於研究俗文學及通俗蒙書的經驗，以爲朱鳳玉《敦煌寫本碎金研究》提到：通俗讀物與字書的編纂，主要在切合民間日常生活之所需，因此内容率皆通俗，語多俚野，字多鄙俗，實非出於大雅之作。又其流傳每因時代更替與區域的變化，迭有改易，致使舊編新製，與時俱移。故一般而言，編者姓氏率皆無可考定；而史志多不載録，成書年代也不易確知。此種内容通俗性、作品的變異性與作者的隱匿性等特點，實乃通俗文學、通俗讀物的共同特徵。敦煌文獻中的通俗讀物，如：《古賢集》《新集嚴父教》《雜抄》(又名《隨身寶》《珠玉抄》《益智文》)、《新集文詞九經抄》等皆是如此。其中縱有書名或作者署名涉及文人、名士者，實則多屬依托，而非真正出自其人之手。如《太公家教》《武王家教》《崔氏夫人訓女文》等是也。敦煌寫本《碎金》，是民間流行專門記載解釋日常口語詞彙的通俗字書，其亦具有一般通俗讀物的特質。此書編者實亦不可考知，雖今存寫本提及白侍郎、沈侍郎、王建、盧協律等唐代著名文人，然大抵是此書宣傳廣告所作的吹嘘依托而已。應是合理的推斷，值得參考。

（2）敦煌寫本《碎金》的性質

敦煌寫本《碎金》的體制全不分門類，亦無連貫，且不押韵；内容屬通俗口語文字，所録語詞，主要以形容人之動作、容貌及事物之情狀者爲多。此類通俗字書自來均"既無所引證，又不盡涉詞藻，其意在使人即物以辨其言，審音以知其字，有益多識，取便童蒙，蓋小學書也"〔一〕。

蓋《碎金》一卷，全卷以平、上、去、入四聲編排，所收録皆爲唐代民間口語、俗語以及僻字、俗字語彙，每條語詞下注以反切或直音，其成書之動機與性質，可由其序文窺知：作者係有感於人人口說的語言，却不能著於人人目睹的文字，以致於口能言之而下筆却不能書；又通行俗字，是用以記口中的言語，然其字却不見於史傳典籍之内，即使學士大夫亦多不能識之，

〔一〕 余嘉錫：《内閣大庫本〈碎金〉跋》，《余嘉錫論學雜著》，第六〇〇～六〇一頁。

以致聆聽通俗語言，或不能書；目睹通俗文字，或不能識，再加以上位者既不肯著錄以示人，小學家又輕忽而不屑，以致日日宣之於口而不能書寫，日日書之於紙而無法識讀。因此，作者乃發憤纂成此書，用以濟時而救弊。作者於日常生活中，體驗到語言與文字的關係，使日常生活的語言與文字得以合爲一體，而無重“雅”輕“俗”之弊，其成書的旨意既明晰又正確，實是一部值得重視的生活口語字書。

宋趙叔向有《肯綮錄》一卷，全書凡三十四條。其第一條“俚俗字義”下開頭有云：

> 《歸田記》云：京師食店賣酸餡者，皆大牌榜於衢路。而俚俗昧於字法，轉酸從食，餡從臽。有滑稽子曰：彼家所賣餕臽，不知爲何物也。以余觀之，山谷法帖見於世者皆作酸㿮。《韵略》上聲，《集韵》與陷同音，在去聲。注云：餅中餡也。《篇韵》皆無餡字，不知歐陽公從何得也。《俚方言》云：關東西謂甊爲甋；或曰䉰；或謂之酢餡。而《唐韵》甋，䉰，與方言所音已不同矣，豈特此也。今士大夫因循相承，信筆而書，極爲未允；因從陸法言《唐韵》，摘世間所常用者，以示兒曹於後[一]。

後收錄有“謂人亂髮曰鬅鬆音蓬松”“惺忪耳慧也”“胮肛音龐缸，肥大也”等一百多個口語詞彙。趙叔向《肯綮錄》的立意與《碎金》序中所言多同，可見兩書的性質相同，詳審其所錄諸語詞，其中亦多有見於敦煌本《碎金》所收者。如：

《肯綮録》與敦煌本《碎金》對照表

《肯綮録》	敦煌本《碎金》
匾匜物之薄者曰匾匜，音梯	匾匜必淺反，都兮反
歪斜物之不正曰歪斜，音咼	物歪斜苦乖反又喎

〔一〕（宋）趙叔向：《肯綮録》第一條《俚俗字義》,《學海類編》第八册，江蘇廣陵古籍刻印社，一九九四年，第五六七頁。

續表

《肯綮録》	敦煌本《碎金》
扠以拳加物曰扠，丑皆反	拳扠人丑皆反又雘
小兒衣曰繃席下慈夜切	兒繃席百耕反，下謝
齒傷于酸曰齼音楚	齒齼使音
腫瘡曰希音歗	瘡晞腫希近反
器破未離有痕曰璺音問	物璺雘音問
垢曰垢价音嘎	垢价音苟，下嘎

按：《肯綮録》雖係筆記雜著，但其"俚俗字義"部分，蓋以"今士大夫因循相承，信筆而書，極爲未允；因從陸法言《唐韵》，摘世間所常用者，以示兒曹"，觀其所録諸詞語與《碎金》所收詞語之性質無異，動機亦同。後世專録方言詞彙的有清毛奇齡《越語肯綮録》，其卷前小序説明撰作緣起亦云：

> 宋趙叔向作《肯綮録》，采方言之切日用者，編之成帙。予考《隋韵》，每有與越俗語相發明。凡居平呼其音而不得其文者，《韵》多有之。因略爲筆記，名《越語肯綮録》[一]。

由此亦可旁推襯出《碎金》一書的性質。

（3）敦煌寫本《碎金》的抄寫年代

敦煌本《碎金》成書之年代，今從寫本加以考察：伯三九〇六號有題記作："天福柒年壬寅肆月二十日伎術院學郎知慈惠鄉書手吕均書"，斯六二〇四號題記作："壬申年正月十一日僧智貞記"，其後有："同光貳載姑洗之月，冥生壹拾貳葉，迷愚小子汝南薛彦俊。"天福爲後晋高祖年號，天福七年壬寅，當公元九四二年；同光爲後唐莊宗年號，同光貳年當公元九二四年，而壬申年則疑爲唐宣宗大中六年（八五二）或後梁太祖乾化二年（九一二）或北宋太祖開寶五年（九七二）；衡以卷背同光年號，則壬申當以乾化二年

─────────────

〔一〕（清）毛奇齡：《越語肯綮録》序，"中央研究院"傅斯年圖書館藏《西河合集》，康熙年間李塨刊本，第一～五頁。

（九一二）爲宜。此外，斯六一九號"民"字避唐太宗諱缺筆，又其卷背有《懸泉鎮過使行玉門軍使曹子盈狀》中説："將軍大造，拔自塞城，擢居專鎮，分符有愧於先賢。"後另寫有"使守左驍衛將軍御史大夫張"，據榮新江研究，以爲時間應在八九九前後[一]；又伯二〇五八號背《兒郎偉》有："三五年間作賊，令公親自公權兵。一討七州殷厭伏，從兹賊寇平寧。"榮新江以爲可能是天成二年（九二七）的産物[二]。據此，推知其抄寫年代爲五代初年，而其成書年代之下限，亦不得晚於此。又斯六二〇四號及伯三九〇六號卷末有白居易、王建諸人題詩，雖或出於依託，則其成書必不得早於白居易與王建。考白居易生於唐代宗大曆七年，卒於唐武宗會昌六年（七七二~八四六）；王建爲唐德宗貞元間進士（約七六七~八三一）均爲中唐間人。且伯二〇五八號有言："大唐進士白居易"，考白居易登進士第，時爲唐德宗貞元十六年（八〇〇）。又日本圓仁《入唐新求聖教目録》中著録之《碎金》一卷，若即是書，則其成書時代宜爲唐宣宗大中元年（八四七）以前。綜上以論，則疑此書之成書年代當在九世紀初期。

（四）取材與體例

1.敦煌寫本《碎金》的取材

古代視口語詞彙爲"俚俗"，乃不登大雅之堂，因此對於口語詞彙的研究一直未能重視，傳統訓詁學主要研究對象以先秦典籍及《説文》《廣雅》等書中的詞彙爲主，對於歷代出現的口語詞彙則相對的鮮有探究。東漢時，服虔《通俗文》可算是第一部研究口語詞彙的專著，惜早已亡佚。魏晉六朝出現的口語詞彙，主要可從梁顧野王的《玉篇》，隋陸法言的《切韵》以及唐玄應、慧琳的《一切經音義》等書窺見。至於唐、五代所出之口語詞彙，則有賴《廣韵》《集韵》等書加以保存。敦煌寫本《碎金》確是今所得見專收口語詞彙的唐代通俗字書，其所收録的口語詞彙并非全無所據，試看其序文所云："余今

〔一〕 榮新江：《歸義軍史研究——唐宋時代敦煌歷史考索》，上海古籍出版社，一九九六年，第九二頁。

〔二〕 榮新江：《歸義軍史研究——唐宋時代敦煌歷史考索》，第三二二頁。

討窮《字統》，援引衆書，《翰苑》、《玉篇》、數家《切韵》。纂成較量，輯成一卷。”可知編者自言其書係參考《字統》《翰苑》《玉篇》及數家《切韵》等編纂成書的，并非全憑口耳，信手摘録，毫無所據。至於未見於今所得見的《玉篇》及各家《切韵》者，或可見於失傳的《字統》、《翰苑》、原本《玉篇》，或其他未見的《切韵》中。當然其中也有唐五代的新生詞語，而爲唐前韵書、字書所未載者。又較《廣韵》晚出三十一年，編於宋仁宗寶元二年的《集韵》，其於音韵學史的地位雖不如《廣韵》，但《集韵》收字“務從賅博”，一個字多種寫法，不論正、古、異、俗，盡加收録，全書收字五萬三千五百二十五字，較《廣韵》多出二萬七千三百三十一字，足足增加了一倍多。清顧廣圻説：“蓋自宋以前群書之字，略見於此矣。”〔一〕王力《中國語言學史》也説：“《集韵》之所以不同於《廣韵》，主要是收字多，注解詳。”〔二〕因此，《碎金》所收的字，不見於《玉篇》《切韵》《廣韵》者，有可見於《集韵》所録〔三〕。

2.敦煌寫本《碎金》的體例

對於一本字書的了解，除了掌握其編纂動機、内容性質與全書的取材之外，全書的編排、注音、釋義等義例，也是探賾此書意藴的重要方法。若能析論全書的體例，相信對尋繹其成書的旨趣，必有一定的助益。

敦煌寫本《碎金》是流行於民間的通俗字書，并非出自大雅方家之手；且規模篇幅也小，未必有嚴謹的體制與條例。但《碎金》一書的取材，并非無所憑依，而是：“討窮《字統》，援引衆書，《翰苑》《玉篇》，數家《切韵》”纂成一卷；則其編纂之體例，雖粗疏不謹嚴，然自有其規矩。全卷所收録的詞語俗字，據其序文所説：“又俗猥剌之字，不在經典史籍之内，聞於萬人理論之言，字多僻遠，口則言之，皆不之識。”是知其所收録的詞語以不在經典

〔一〕（清）顧廣圻：《補刊集韵序》，《集韵》，清嘉慶十九年年補刊重刻棟亭藏本道光丙戌揚州重刻，葉一上。

〔二〕王力：《中國語言學史》，《王力全集》第一二卷，山東教育出版社，一九九〇年，第九三頁。

〔三〕有關敦煌寫本《碎金》的取材，詳細情形參見朱鳳玉：《敦煌寫本碎金研究》，第五六～七〇頁。

史籍之内、非典雅書面語的通俗口語文字爲主。姜亮夫在《P.2717卷字寶碎金跋》中最早對此書的體例提出介紹，他說：

> 全卷以四聲分所録皆唐時口語或俗語，而于不甚通俗之字，注以反音或直音。一語中有但注一字之音者，有注二三字者……注語亦有釋義者，如："語聲誓"條下注云："音西。彼悲也。""物甏聲"條下云："音西，破甏聲也。""人岁泥"條注云："足踮泥。""皮乾"條注云："音縣。帶也。"……"穿扣"注云："音鶻。穿穴也。"等皆是。然爲量極少，皆當爲當時不甚流行或殊語之在別域而不甚通行者，懼覽者不知，故附之以義也〔一〕。

蔣禮鴻在《中國俗字學研究導言》一文也說：

> 《碎金》的通例每兩個字爲一條，前面冠以這兩個字所屬的類目，如："人，狡猾。""草，䡅茇。"〔二〕

一九三三年張金泉《論敦煌本〈字寶〉》"《字寶》書例"一節，繼續闡述《碎金》之體例〔三〕。可見明體例，對一書的正確了解是極具重要性。兹以校訂後的定本爲基礎，分析歸納，依編排、注音、釋義等三方面論述其體例如後。

（1）編排

敦煌寫本《碎金》，全書一卷，以平、上、去、入四聲編排，分別爲平聲一〇八條，上聲一〇四條，去聲一〇七條，入聲一〇九條，總計凡四二八條，主要爲正統字書所不載的口語詞彙。所録的詞語，注音有二音以上者，其編排原則一以首字音讀之四聲歸屬編次。平、上、去、入四聲中，各聲調下所

〔一〕 姜亮夫：《瀛涯敦煌韻書卷子考釋》卷一八之三《P.2717卷字寶碎金跋》，浙江古籍出版社，一九九〇年，第二六一頁。

〔二〕 蔣禮鴻：《中國俗字學研究導言》，《蔣禮鴻語言文字學論叢》，浙江古籍出版社，一九九四年，第一二三頁。

〔三〕 張金泉：《論敦煌本〈字寶〉》，《敦煌研究》一九九三年第二期，第九五~九七頁。

録之詞語，不似《切韵》《廣韵》等韵書，或《干禄字書》一類之字書，於同聲調内之字，復依韵之先後爲次；也不像《五經文字》一類，於同聲調内之字，復按部首先後排列。《碎金序》對於四聲編排則云："今分爲四聲，傍通列之如左"，凡同一聲調内，因音義相通的詞語，或音同，或雙聲，或疊韵，則編爲一組，并列編排一起。可見其編排確實自有其一定的條例存在。然由於原本分欄，或作上下二欄，或作上、中、下三欄，或四欄，其原本"傍通""又字"，同在一欄，後因各抄本欄位不一，或有連抄不分欄者，以致頗有"意義并同"傍通與假借、異體之"又字"或隔一條，或隔二條，而不相屬。

"傍通"，即一聲調内、音義相通的詞條編成一組，并列出現。《碎金》序中所説的："今分爲四聲，傍通列之如後"，就是此意。又傍通可分爲音通、義通及音義并通三類。

"又字"。敦煌寫本《碎金》往往在注語之後出一"又"字，下接假借字或異體字，一般稱之爲"又字"，其序中所謂的"取音之字，注引假借"就是指此。

（2）注音例

《碎金》收録的詞語，既如其序所言，是"不在經典史籍之内，聞於萬人理論之言，字多僻遠"，"言常在口，字難得之"可見收録的詞語主要爲唐代常用的口語俗語而非書面語，雖"字多僻遠"，然"口則言之"，是此詞語對時人而言，音義并不生疏，衹要讀出音來，就不難理解其詞義，亦即所謂"尋音辨義"。因此，注音乃《碎金》全書的主要内容，釋義則非其重點，故全書甚少及之。

《碎金》的注音，有注一字之音，有注一詞語之音，而其注音形式，主要采用反切，其次則是直音。而注詞語二字之音，則有全采反切，或全采直音，亦有反切與直音并用，其中多有抄者後加、後改之情形，以致體例凌亂，頗不單純。就各抄本所呈現的狀況歸納，計有"反切""直音""反切直音并用"三類。

"反切"，是中國古代的一種注音方法，它的産生是爲了補救讀若、直音等注音方法之不足。反切是用兩漢字合起來爲一字注音，所謂"上字取聲，下字取韵"。

"直音"，《碎金》一書音注，除了使用反切外，采用直音方式的約有五十則。直音是以一字譬况作音，也就是以同音字注音。目的是爲被注音字指明讀音，其形式是一對一的關係。敦煌《碎金》音注采直音多用"音某";而注詞語二字之音采直音者,則有"音某某""某某""音某,下某""上某、下某"等形式。

"反切直音并用",其形式有"上某某反,下某""上某,下某某反""音某,下某某反""某某反下某""音某,某某反""某某反,音某"。

(3)釋義例

敦煌寫本《碎金》乃一專收通俗口語詞彙之字書,其特色主要在以文字記錄口語,亦即以音取字,故卷中詞語注明音讀者至詳,解釋意義者絕少且簡。主要係各抄者,因個人需要隨手附加、附抄,以致各抄本,特別是伯二七一七號與伯三九一〇六號、斯六二一〇四號、伯二一〇五八號釋義"條目"不一,詳略不同。

《碎金》所采輯皆當代口中的恒言,所著錄的皆通俗手寫的文字,其詞義全憑讀音得知,口語詞彙,聽音便悉,難在不能識,不能讀。當時可聽音辨義,然因時有古今,地有南北,音多變異,語有轉移,致成難識、難解。雖然如此,但《碎金》一書的通例,於每條詞語前多冠以所屬義類,此實亦有助於取義,張金泉曾統計《碎金》一書內有名詞六十四條,動詞二百一十七條,形容詞一百二十四條,三類詞總四百零五條,全書"盡天下之物名"或曰"名目",都是實詞。詞條常以首字表明義類,如"人"爲首字有六十八條,"手"有二十條,"心"有七條,"面""身""眼"諸字有一百一十九條。此似乎與《碎金》序文所云:"凡人之運手動足,皆有名日",重點頗相吻合[一]。

(五)敦煌寫本《碎金》的價值

敦煌寫本《碎金》雖然通俗,然於民間俗語詞發展與應用上具有極其珍貴的價值。蓋自漢魏六朝以來,因語言發展,爲新興語言詞彙而編的雜字書、俗字書種類已不再少數,自署名東漢服虔的《通俗文》以下,史志所載,不下數十種,

---

[一] 有關敦煌寫本《碎金》的體例,詳參朱鳳玉:《敦煌寫本碎金研究》,第七〇~八四頁。

然皆不傳。唐以後至明清，俗語搜羅與研究漸起，若將敦煌寫本《碎金》持與相較，當有助於中國俗語詞字書發展的考察，并加深對《碎金》的正確認識。特別是與《碎金》相提并論的《俗務要名林》以及同名爲“碎金”的宋明通行分類詞彙小類書，宋趙叔向雜録筆記《肯綮録》中的“俚俗字義”，明代佚名《目前集》的“俗字”等，相互對照，可以窺知，敦煌寫本《碎金》一類字書在共時與歷時上的意義。藉此得以知悉敦煌寫本《碎金》與《俗務要名林》雖具有通俗字書的共性，但亦各自具有其特性，即：《俗務要名林》乃廣收日常生活各類事物的語詞，故篇幅較大，且以名詞居多。敦煌寫本《碎金》則是專爲口語詞彙而編，範圍窄，篇幅小，收語較專，且多係俗語、冷僻字。

所以分類詞彙的小類書與字書性質頗爲近似，致使學者頗有混爲一談者。敦煌寫本《碎金》輯録、傳世以來，學者每與明清流行的《應用碎金》一系共論，而以爲敦煌寫本《碎金》是明清《應用碎金》一系類書的源頭。

此外，敦煌寫本《碎金》“取音作字”，故詞語多以反切或直音，其音多爲唐代口語方音，乃當時社會實際語音，此與《切韻》一類主要記書面音的韻書顯然不同，因此在音韻學上具有極爲珍貴的價值。再者，《碎金》的序文，對於六朝以來言文關係理念的繼承與開展，亦具有相當的價值。至於，全書所録四二八則唐代流行的口語詞彙，除可資考察唐代口語詞彙的發展外，更是閱讀敦煌文獻，尤其俗文學作品的有利工具。故整體而言，此書秘藏於敦煌石室，千載之後，有幸得以重見天日，經由全面深入探討、舉例論證之後，對其價值更能得到客觀的認識與評估。誠如蔡元培爲劉復《敦煌掇瑣》作序所言，以爲此書：“可供語言學、文字學的參考”〔一〕；姜亮夫也强調此書：是考唐代語音的重要材料，其在《瀛涯敦煌韻輯》特加校録〔二〕；其後潘師重規《瀛涯敦煌韻輯別録》，除對姜輯進行刊謬補正，使唐代倖存之俗字書得以昭顯於世外；尤其正視此書“作者子雲之志”爲“俗字不識，言話訛訛”而編

───────────

〔一〕 劉復《敦煌掇瑣》序云：“《字寶碎金》《俗務要名林》等，記當時俗語、俗字，亦可供語言學、文字學的參考。”（第一～二頁）

〔二〕 姜亮夫《敦煌學概論》云：“收録的大都是唐代西北俗語，既是考唐音的重要材料，也是讀其他卷子以至唐宋以來俗文學的不可少的‘字典’。”（第六一頁）

纂的動機，此書的價值乃由注音，進而擴展到語言文字因隨時變遷而産生的俗字焦點上。

余意以爲：就文獻而論敦煌寫本《碎金》的發現，使我們得以知悉此類字書於中國民間通俗字書發展史，實具承上啓下的時代意義。正如唐蘭在《中國文字學》中説：

> 漢以後，基於事實的需要，許多人就去搜集代表新語言的文字，《通俗文》是這一類書裏最早發現的。據顏氏的推論，當然不是服虔做的。可是殷仲堪既引過服虔《俗説》，可見這種字書在殷氏前（公元四〇〇年以前）已經出現 了。顏氏説："文義允愜，實是高才，"又説："河北此書，家藏一本，"可以看出這本書的精善和流行的廣遠。後來如王義《小學篇》，葛洪《要用字苑》，何承天《纂文》，阮孝緒《文字集略》，一直到敦煌所出唐人著的《俗務要名林》《碎金》之類，都屬於這個系統[一]。

可知《碎金》的重現，對考察中國古代字書發展史具有一定的意義。吾人可藉此書具體理解六朝以來此類雜字書的内容特性與編纂體制。

又由前論得知《碎金》係專録唐代口語詞彙的俗字書，其價值當首在詞彙學上，具有考察唐代口語詞彙的實際價值。整體而言，此書秘藏於敦煌石室，千載之後，有幸得以重見天日，對於其價值與意義，於全面深入了解後，實宜予以正視并給予重新的評估。

二 《白家碎金》

今所知見的敦煌字書中，《碎金》《白家碎金》是晚唐、五代敦煌地區極爲流行專爲説解日常生活中口語常談的文字、語彙而編的俗字書。其中《白家碎金》蓋爲《碎金》（又名《字寶》）的簡略本，今存僅有斯六一九號一件寫本。由於此件寫本的縮微膠卷、或《敦煌寶藏》及《英藏敦煌文獻》等寫

〔一〕 唐蘭：《中國文字學》，上海古籍出版社，二〇〇五年，第一四頁。

本圖録均相當模糊，難以辨識，而國際敦煌學項目（IDP）數位掃描此件至今尚未公布，以致有關的整理研究，相對較少。

　　一九九一年，朱鳳玉《敦煌寫本“碎金”系字書初探》對斯六一九號寫本進行叙録，并與斯六二〇四號等四件《碎金》（又名《字寶》）略做體制内容的比對，確認諸家著録斯六一九號爲《百家碎金》，實際應爲《白家碎金》，是《碎金》的節略本〔一〕。一九九七年朱鳳玉《敦煌寫本碎金研究》一書，廣泛搜羅寫本，進行細密校理疏證；探究《碎金》的系統、正名、取材、體例、作者與成書年代等相關問題，其中也涉及了《白家碎金》的相關論述，然由於英藏斯六一九號《白家碎金》卷子，當時祇能仰賴影本與微卷，苦於此卷字多模糊不清，且多殘缺，故僅作參考，而不據以校箋〔二〕。一九九七年我赴倫敦參加英國圖書館舉辦的敦煌會議，特代爲調閲原卷細作抄録，以供補充校録。一九九八年朱鳳玉《敦煌文獻中的廣告文學》則針對斯六一九號《白家碎金》前抄沈侍郎、王建、白侍郎等詩結合伯三九〇六號、斯六二〇四號《碎金》末尾沈侍郎讚《碎金》詩等，討論唐五代托名詩篇的廣告性質，兼論《白家碎金》的白侍郎當指白居易，然却是依托，非真爲白居易之作〔三〕。一九九九年朱鳳玉又撰《英藏斯六一九號〈白家碎金〉考釋》，對斯六一九號《白家碎金》作了全文校録，并作書名、作者、時代等相關考釋〔四〕；二〇〇二年收入鄭阿財、朱鳳玉合著的《敦煌蒙書研究》“識字類蒙書”中的“俗字類蒙書”〔五〕。二〇〇三年郝春文《英藏敦煌社會歷史文獻釋録》第三册也對斯六一九號進行釋文〔六〕。

　　〔一〕　朱鳳玉：《敦煌寫本“碎金”系字書初探》，《第二屆敦煌學國際研討會論文集》，第五〇一～五二〇頁。

　　〔二〕　朱鳳玉：《敦煌寫本碎金研究》。

　　〔三〕　朱鳳玉：《敦煌文獻中的廣告文學》，《山鳥下聽事，簷花落酒中：唐代文學論叢》，中正大學中國文學系，一九九八年，第六四七～六七四頁；後收入《敦煌俗文學與俗文化研究》，上海古籍出版社，二〇一一年，第三一～四九頁。

　　〔四〕　朱鳳玉：《英藏S.619〈白家碎金〉考釋》，《吳其昱先生八秩華誕敦煌學特刊》，文津出版社，一九九九年，第三五四～三九九頁。

　　〔五〕　鄭阿財、朱鳳玉：《敦煌蒙書研究》，第一三二～一三八頁。

　　〔六〕　郝春文主編：《英藏敦煌社會歷史文獻釋録》第三册，第四二一～四二七頁。

二〇一一年李豔紅:《敦煌字書〈白家碎金〉與〈碎金〉比較研究》,在前賢整理研究的基礎上對《白家碎金》與《碎金》進行了有關的比較研究[一]。

（一）寫本概述

敦煌文獻中的《白家碎金》一卷,僅有一件寫本。藏英國倫敦國家圖書館編號斯六一九號,茲將寫本概況表列如下。

斯六一九號《白家碎金》寫本概況表

卷號	寫本狀況	行數	保存部分	首尾題	題記	同卷蒙書資料
斯六一九號背	卷子本首完尾殘	五九行	"心忪恌音鍾調"至"打諢人打渾相□五困反"。未抄完。	首題:《白家碎金》一卷	無	正面:抄《讀史編年詩卷上并序》。背:《白家碎金》前抄有《懸泉鎮遏使行玉門軍使曹子盈狀》、《欲宜抽身直上飛》詩四首、《都虞侯安懷恩處分趙奴奴兄弟争論事牒》、沈侍郎、《谷校書十五弟次韵》等詩五首。

英人翟理斯（LIONEL GILES）所編的《英國倫敦不列顛博物館藏漢文寫本解題目録》（*Descriptive Catalogue of the Chinese Manuscripts form Tunhuang in the British Museum*）編號爲七一九一號。卷子本,淡黄色紙,長二六〇公分。首完尾缺,正背書。正面抄有《讀史編年詩卷上并序》,背面分別抄有:《懸泉鎮遏使行玉門軍使曹子盈狀》、《欲宜抽身直上飛》詩四首、《都虞侯安懷恩處分趙奴奴兄弟争論事牒》、沈侍郎、《谷校書十五弟次韵》等詩五首、《白家碎金》一卷。

〔一〕李豔紅:《敦煌字書〈白家碎金〉與〈碎金〉比較研究》,《西南民族大學學報》二〇一一年第十期,第一六四～一六七頁。

《白家碎金》前有沈侍郎、王建、白侍郎等詩。

沈侍郎

墨寶三千三百餘，□□（展開）勝讀五車書，人間要字□（應）來盡，喚作零金也不虛。

王建郎中同前

一軸零書則未多，要來不問那又何，從頭至尾無閑字，勝看珍珠一石（百）螺。

白侍郎贈

滿卷玲瓏實碎金，展開無不稱人心，曉眉歌問白居易，厖傂盧郎敢君人。

谷校書十五弟次韵

病來無力染花牋，獨對孤燈夜不眠，爲想蘭亭流碧水，更和秋雨起愁煙，深勞佳咏□難奉，心逐寒灰已上天，從此一章休綴土，磧西新更有詩仙。

又詶校書次韵

准擬休題四句詩，緣君牽挽又抓□，擬前拋却直拋却，及見紅牋又却書，滿頭白髮侵衰鬢，爭忍流連不放伊，經讀淨名三卷寶，始覺人間能幾時。

（二）録文

兹以斯六一九號背爲底本，參酌諸家録文，重新録文如下。

《白家碎金》一卷

心忪恌音鍾調。心以用筆，著授四鎮，經碎金。

肥臕體筆苗反，肥充。又儦。相捱倚鳥皆反。聲矂矂音炒。曉眼古侯反。馬趭踏所交反。相嫽妭音寮妭。人婋掠音捎。相捔就而緣反。手授掇及禾反，素和反。相謾蕎。聲訥訥女驚反。人倸照乃高反。手抨擅普耕反，壇。物盉剝音圮。物坳宄上於交反，烏話反。獀玀婁羅。猵猣麻霄。人壓孂於鉗反，七鹽反。人㜽泥五加反。人嚷唉七和反，素戈〔反〕。手攛捪七官反，居活反。毛毻耗丁侯反，素侯反。朋儕柴朋。人霙寒蘇官反。相婣阿菴。物諄正之勻反。蓁蓁同音。鑿鑿徒揚反。聲竫竫逢音。齒齫齻音包，五交反。蔫萎於焉反，下威。嚚虛虛嬌反。嘵嘘一霄反。湯洺涔年涔。人灆譀五甘反。趂利音莎。釀釀女江反。躓直醜凶反。紆惡衣具反。心不嘽展音灘。貪婪音藍。□□□鳥圗音油。物彌斜苦乖反。又喎。眍䁖兜，下所支反。相操丁兼反。□□□人噈嗽即焰反，即逾反。髀脾音裨隳。仳離。人顙頤。胭項。笑睨睨由伊反。聲誓西。物甈聲瓦器損。手撍揞自鹽反，尺者反。火爆炒擼，去毛。髇箭呼交箭。心謷硬五交反。弓彀硬五交。雲錍正兮。又鈚批。顆剖科落。唕啄 之鹹反，下〔卓〕。人哎咀丁侯，多割。人趚捷喬音。手搊拽楚愁反。人趨趉〔七〕將反，趨。扤減音誡。巑岏疾官，一官。心崎崛。崢嶸事。蹣跚音欄。胜肛疋江反，許江反。膧脹浦江反，知丈反。磽礭苦交反，口角反。人奻讕乖訛。鷚鳥兒丑知反。相戲奪測減反。跧伏。拴絆數關反。輕睓睓蘇公反。鏡奩音廉。頭涓須音。趞趑雌蛆。品姝姝丁鉤反。靴鞁鞋素鉤反。色顈暈側還反。物糗糊。狗㹟吠乎刀。人擅駮□□□癟臼舅。兒褙褓。拳扠丑皆。接酒素回反。嘬嚛屠驟。口齻齼知皆反，古紇反。人獗頭君鞠反。篕掎夾音飢。又刼。慵饞士容反。蜻蜓青。䶩喉嚨〔□〕羅反。口哆脣丁我反。性愹恘於講反，得稍反。夥語音□。哂哈古羊反。焦䐑五甲反。物柔碊音盞。水畖㵰音豁。亂氂氂尺兩反。亂攘攘同上。人言言□□□面磨攞魚我反，力末。戲衦之患反，五患。力擺撼莫解反。擬攄希〔偃〕反。輪輥動公穩反。又掍擲同上。相詍惹如鹽反。詡習立誦反。縱馬吉遠反。詶誘上如選。人魑魅。人魆魊音人比諡。手捫摩一賴反。手垂鼙力我。霉雺鳥敢反。色黯黬烏陷，直陷。義㮝子音□。弄傀儡子。捵抹上民，下末。人直頞直降反。人顡害於禁反。口噤同上。顉頷其朕反，於禁反。賭賽音賽。藏弃去語反。小兒倗倚鳥瓦反，女瓦反。火炶爇點燈字，下□。又踍脚同上。脺著爼鵲反。手舀物。命舛尺遠反。人拄杖拐子古懷反。錢辮□疋。聲相謅楚卯反。點頭聹耳。人㒳文而拱反。巨耐頗奈。駁駛頗我。嵬峨。湫隘悄。勸絕即了反。斝斗。傘蓋散。糅麻傾。揣度側跪反。垢坉上後，下夏。詭譎鬼音，子戒反。矯詐。韝袋。兒嬾駭魚解反。相憯嘗即敢反。人鼾睡音汗。足簸簫博我反，下烈反。劀割逢果反，上□。物麟仰莫偃反。□□□□獫獫音檻□□。穿窅孔。或窬。奸宄音間。舌舐恀。或她同上。人鱻寒瘆瘆所禁反。馬喹嗓□嗓子馬。黔公宰，□亦玻□。人狡猾吉交反。力擎掮許講。壯佷備麥講反，虎講反。暉曄。磺硬古猛反。石上硾上類反。石懸縋墜音。區匼□淺反，都兮反。人覷顏多典反。人羞赧五揀反。人體俸或認反。逆剌七亦反。衣服衣繼縷人甘反，力極反。人誃誚取鳥反，上少。草斡芰鉌幹。淚湑。衣紐續之類反。酥柿奴敢反。身饜誌力敢反（一奄反）。眼瞇士錦反。物磄硋同上。螺蚌蛤捧合。人伎倆下兩。手推攙 □□□□ 乭之僅。人昏憬莫孔反。旱歕一劍反。醢醬音海。 □□□□ 老姥音母。腐爛父武反。人誷諒七焰反，下料。俵散。又攄物。跂坐音棄。妬妎妬害。低圮又音備。人言圭誤。飣餤。皮車玄音懸，帝□。自矜衒亦懸。又眩曜。不憤惋。鬼祟。物精粹息□。不尵尬監介。物窖窨。倨傲據傲。隸渧隸帝。嚕笑古買。俺覆一劍反。物港洞呼貢反。人體膝丘類反。物趒趫。鶴洌色鶴練白。齒齗使策。□□□□ 心知項反。馬贇草音限。打諢人打渾相□，五困反。

（三）《白家碎金》是《碎金》的節略本

1.《百家碎金》應爲《白家碎金》

英藏斯六一九號卷子的題名，一九三九年向達《倫敦所藏敦煌卷子經眼目録》著録時作《百家碎金》[一]，一九五七年英人翟里斯《英國倫敦不列顛博物館藏漢文寫本解題目録》著録此卷編號爲七一九一號，作《白（當作百）家碎金》，是原卷作"白"，著録者以爲當作"百"[二]。一九六二年《敦煌遺書總目索引》劉銘恕《斯坦因劫經録》著録斯六一九號亦作"《百家碎金》一卷"，《敦煌寶藏》《敦煌遺書最新目録》因之。

按：原卷作《白家碎金》一卷，"白"字筆畫完整無缺，"白"字第一筆，亦不見有耗損之迹，筆勢起筆完整，非"百"字之殘存無疑。且《白家碎金》一卷前十六行有沈侍郎、王建、白侍郎等詩，與伯三九〇六號、斯六二〇四號《碎金》末尾沈侍郎讚"碎金"等相同，審其内容實爲《碎金》之節本。又伯二〇五八號

〔一〕 向達：《倫敦所藏敦煌卷子經眼目録》，《北平圖書館圖書季刊》，新一卷四期，一九三九年，第三九七～四一九頁；收入向達《唐代長安與西域文明》，商務印書館，二〇一七年，第二一九頁。

〔二〕〔英〕翟理斯：《英國倫敦不列顛博物館藏漢文寫本解題目録》，見 Lioned Giles, *Descriptive Catalogue of the Chinese Manuscripts from Tunhuang in the British Museum*, London，1957，pp.237.

《碎金》寫本，首題有"大唐進士白居易千金字圖"，據此推知斯六一九號寫卷當依原卷首題作《白家碎金》爲是，作《百家碎金》者，非。如下圖：

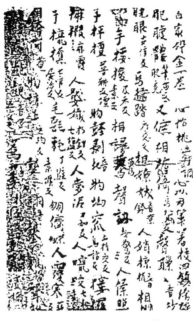

斯六一九號《白家碎金》

2.《白家碎金》是《碎金》的節略本

詳審斯六一九號《白家碎金》的體制，與敦煌寫本《碎金》一致，内容亦與《碎金》相同，《白家碎金》抄録的字詞語彙均見於《碎金》，祇是較《碎金》爲簡略，碎金篇幅完整，敦煌寫本《碎金》一卷，有序。全書收録詞語凡四二八條，以平、上、去、入四聲編排。收録詞語，主要爲以音取字；爲"尋音辨義"，字詞語彙下多施以注音，有注一字之音，有注一詞語之音，而其注音形式，蓋有"反切""直音""反切直音并用"三類。因專收通俗口語詞彙，主要在以文字記録口語，故卷中詞語注明音讀者較詳，解釋意義者少且簡。

《白家碎金》無序，又未見四聲分部排序。殘存二三七條，内容蓋以四聲先後爲序，平聲（一〇四條）、上聲（一〇五條）、去聲（二八條），去聲似未抄完，入聲未抄。就現存條目相較於《碎金》的内容，顯然條目減少，注音釋義亦有省略，尤其釋義部分，且次第也多有跳脱凌亂，但内容均見於《碎金》，顯然是在《碎金》的基礎上進行摘抄截録的節略本。兹舉一段對照如下，以爲節本之明證。

《碎金》与《白家碎金》相關部分对照表

《碎金》		《白家碎金》
肥臕體筆苗反，又儠	物彌斜苦乖反。又㖞	肥臕體筆苗反，肥充。又儠
肥尵尵烏懷反，又醜乖反	目䁳眵上兜，下所交反	
人瞠眼醜更反	拑捒下兼反又㪏量	
相偓倚烏皆反又挨	心怭恌言鍾調	心怭恌言鍾調 相偓倚烏皆反
人眼蒜音花又燈	人㰏㪲即焰反，即逾反	
面皵風交加反	嬶矲音脾㜦	
聲瓅瓅友咬反	人頯頤音孩夷	聲瓅瓅音炒
物窨窨音教蔭	倨傲音鉅	物窨窨。倨傲□□□
麥螆蛀呼交反，下注。	凝渧音㵫帝	凝渧音㵫帝。噲笑古買反
日曬曝所介反	俺覆一劍反	俺覆一劫反。物港洞□□□
相詾譯呼架反	噲笑苦買反	人髖胅丘類反。物趔趔
物礨礌音問	物港洞乎貢反	鷁淜色。齒齘使策□□
笑㗛閙呼架反	人髖胅丘類反	□□□知項反。馬贇草音限
佝從羊俊反	物趔趔下讚	打諢人□□相，五困反
人齁鼻白效反	鷁淜色力見反	
食餘饌賊岸反	齒齘使音	
車肇蟄希連反，下之逸反。	人愚戇知項反	
年周晬則外反	馬贇草限	
採疊乃臥反	打諢人五困反	

　　二〇〇八年張涌泉《敦煌經部文獻合集》"小學訓詁類之屬"校録《字寶》一種時，將斯六一九號背視爲未抄完的《字寶》[一]；李豔紅《敦煌字書〈白家碎金〉與〈碎金〉比較研究》，針對《白家碎金》《碎金》所録詞語的

〔一〕　張涌泉主編：《敦煌經部文獻合集》第七册，第三七一二～三八〇〇頁。

注音釋義内容進行比較，并對照《白家碎金》的詞語在《碎金》排序情況。
得知内容簡略的《白家碎金》與内容完整的《碎金》，二者出現一些值得關
注的差異現象。如：《碎金》中的一些詞語，前面有名物詞，可使詞語表達
的意義更爲明白，《白家碎金》收録這些詞語時，僅有詞語，而未見前面的
名物詞。如《碎金》"鼓聲鼕鼕"，《白家碎金》作 "鼕鼕"；《碎金》"草蔫
萎"，《白家碎金》作 "蔫萎"；《碎金》"人嚚虛"，《白家碎金》作 "嚚虛"。
又《碎金》收録的動詞性詞語後面有表示動作涉及的物件，《白家碎金》收
録這些動詞性詞語，未見有後面表示動作涉及的物件詞語。如：《碎金》"拳
扠人"，《白家碎金》作 "拳扠"。此外，《碎金》收録的詞語下，有詞語的
注音與釋義，《白家碎金》收録的詞語，僅有注音，釋義也多不見。如：《碎
金》："人垡泥醜加反，足踏泥是也。"《白家碎金》："人垡泥醜加反"；《碎金》：
"人僚照乃高反，不解醫狂。"《白家碎金》："人僚照乃高反"；《碎金》："鷯雀
兒音同前，粘取也。"《白家碎金》："鷯雀兒丑知反" 等，顯然是《白家碎金》
有意的省略。蓋僅類字書乃專爲 "言常在口，字難得知。" 而編，其收録詞
語，旨在 "取音作字"，因此釋義非其必要，故全篇極少有釋義，即使完整
的《碎金》，其有釋義者僅十則而已。《白家碎金》僅見 "肥臕體筆苗反，肥
充""物甐聲瓦器損 " 二則。衡以抄寫實況，當爲有意識的删簡節略，而非
抄録時無意識的脱漏。

《碎金》前有序、正文依平、上、去、入四聲立部標目，《白家碎金》前
既無序、後又無四聲立部，今斯六一九號寫本未見入聲詞語，當係未抄完。
現存平、上、去各收録詞語雖均見於《碎金》，然相較《碎金》各部中的詞語
排列，次序凌亂，顯然并非直據《碎金》寫本爲底本節録謄抄。綜此以觀，
《白家碎金》應是就《碎金》加以簡編的節略本。

（四）《白家碎金》作者考

有關敦煌寫本《碎金》及其節略本《白家碎金》的作者，雖今存寫本前
後附有白侍郎、沈侍郎、王建、盧協律等唐代文人的讚美詩歌，然各篇作品
均不見各詩人之詩文集，且傳世文獻均未見載録，殆爲此書宣傳廣告吹噓依
托之作。兹謹就寫本資料所提供的訊息，細爲考索，探討敦煌本《白家碎金》

的編者問題。

斯六一九號敦煌寫本《碎金》節略本，書名署爲《白家碎金》。此卷前有沈侍郎、王建、白侍郎等詩，是其書名所謂“白家”的“白”，當是意指中唐的白話社會詩人白居易；而伯二〇五八號《碎金》寫本，首題有“大唐進士白居易千金字圖　次鄭氏字圖　鄭氏字寶　千金亦曰碎金”，根據此首題的意思，似指“大唐進士白居易”編有《千金字圖》一書，又稱《碎金字圖》，其後鄭氏編有《字圖》、又編有《字寶》。據此更可輔證斯六一九號《白家碎金》的“白家”很顯然就是指“白居易”。

又斯六二〇四號、伯三九〇六號《碎金》寫卷末及斯六一九號《白家碎金》寫卷前，均抄録有沈侍郎、白侍郎、吏部郎中王建等的《讚碎金》詩及白侍郎《寄盧協律》詩。

其中白侍郎《讚碎金》詩云：“鴉頭讕趄人難識，潑洺婢矯惱家心，寫在篋中甚敬重，要來一字一碎金。”而白侍郎《寄盧協律》詩有云：“滿卷玲瓏實碎金，展開無不稱人心，曉眉歌得白居易，廳庭盧郎更敢尋。”根據詩作內容所表述的意旨，也明顯的是以白居易作爲《碎金》的編者。

按：《法國巴黎國家圖書館藏敦煌漢文寫本解題目録》第四册，著録伯三九〇六號《碎金》卷子，以“沈侍郎”爲“沈佺期”[一]。考沈佺期爲唐高宗上元二年（六七五）進士，在白居易前，時代不相吻合。查與白居易同時而彼此往來唱和者中，有“沈侍郎”之稱者，疑當指“沈傳師”。考沈傳師字子言，行八，是著名傳奇作家沈既濟的兒子。史稱蘇州吳縣（今屬江蘇）人，少爲杜佑所器重，貞元二十一年（八〇五）登進士第。元和元年（八〇六），登才識兼茂、明於體用科，授太子校書郎，以鄠縣尉直史館，進左拾遺、左補闕并兼史館修撰。十二年二月，充翰林學士。長慶元年（八二一）二月，遷中書舍人，仍充翰林學士。寶曆二年（八二六），入爲尚書右丞。七年，爲吏部侍郎。九年四月卒。傳師明《春秋》，長於史學。工書，楷隸行草均有名

〔一〕《法國巴黎國家圖書館藏敦煌漢文寫本解題目録》，見*Catalogue Des Manuscripts Chinois De Touen-Houangn*，IV，1991，pp393。

於時。《新唐書・藝文志》著録沈傳師參與修撰《憲宗實録》四〇卷，與令狐楚、杜元穎合編《元和辨謗略》一〇卷，均佚。《全唐文》卷六八四存其《元和辨謗略序》一篇。沈傳師能詩，與白居易、沈亞之、李德裕等相唱和。《全唐詩》卷四六六録其詩五首。《全唐詩補編・續拾》卷二六補二首。生平事迹見杜牧《唐故尚書吏部侍郎贈吏部尚書沈公行狀》、《舊唐書》卷一四九及《新唐書》卷一三二本傳。

唐朝文壇有二位王建，一在德宗朝，一在僖宗朝。寫讚《碎金》詩的"吏部郎中王建"當是指前者，即以寫宮詞聞名的"王建"。王建字仲初，關輔（今陝西）人，郡望潁川（今河南許昌）。約於德宗初年求學齊州鵲山，與張籍同學友善。貞元中歷佐淄青、幽州、嶺南節度幕，元和初復佐荆南、魏博幕。後轉渭南尉，與宦者王守澄聯宗，盡得宮中之情，作《宮詞》百首，膾炙人口；遷太府丞，長慶二年間任秘書郎。大和二年（八二八），自太常丞出爲陝州司馬，罷任閑居京郊，約卒大和中。王建與張籍過從甚密，與白居易、劉禹錫等亦有交誼，并多唱酬。白居易《授王建秘書郎制》稱："詩人之作麗以則，建爲文近之矣。故其所著章句，往往在人口中，求之輩流，亦不易得。"〔一〕《新唐書・藝文志》著録《王建集》一〇卷。今存《王建詩集》（又稱《王司馬集》）八卷。《全唐詩》卷二九七至三〇二編其詩爲六卷；卷八九〇收其詞一〇首；《全唐詩補編・續拾》卷二五補詩二首。事迹散見《唐詩紀事》卷四四及《唐才子傳校箋》卷四等。

至於白侍郎《寄盧協律》的盧協律，因僅提及姓氏與職官，未道名字，尤須細加按覈。按：與白居易同時而有交往之盧姓文人，有盧貞、盧拱、盧仝、盧士玫、盧載等多人。但其職官曾任協律郎者，則僅盧載一人。盧載，洛陽（今屬河甫）人，郡望範陽（今河北涿縣）。生於大曆後期。元和九年前後登進士第。元和、長慶之際爲山南東道節度從事。大約在長慶二年爲天平軍巡官，檢校協律郎。累遷司封郎中。開成元年，遷尚書左丞。後官至兵部侍郎。《全

〔一〕（唐）白居易撰，朱金城箋校：《白居易集箋校》（外集卷下、詩文補遺三），上海古籍出版社，一九八八年，第三九二一～三九二二頁。

唐詩》卷七九五存其詩二句。白居易有《盧載可協律郎天平軍巡官制》。

從以上人物的考索，可知敦煌寫本《碎金》卷子提及的人物沈侍郎、王建、盧協律，其時代確實與白居易同時且彼此均有往來酬唱，雖是如此，但敦煌寫本斯六二〇四號、伯三九〇六號《碎金》卷末及斯六一九號《白家碎金》卷前，所抄錄的沈侍郎、白侍郎、吏部郎中王建等的人《讚碎金》詩及白侍郎《寄盧協律》詩均不見於今所流傳的《白居易集》《王建詩集》《王司馬集》《全唐詩》各有關詩文集中。

敦煌文獻中有三件《崔氏夫人訓女文》，此爲訓示臨嫁女兒的通俗讀物，在唐代民間頗爲流行，致有刻本的出現，如伯二六三三號尾題有“上都李家印，崔氏夫人壹本”〔一〕，尾題前有白侍郎讚：“崔氏訓女，萬古傳名。細而察之，實亦周備。養育之法，方擬事人；若乏禮儀，過在父母。”詩一首：“亭亭獨步一枝花，紅臉青娥不是誇；作將喜貌爲愁貌，未慣離家住婿家。”又詩一首：“拜別高堂日欲斜，紅巾拭淚貴新花；徒來生處却爲客，今日隨夫始是家。”陳祚龍即以爲：《崔氏夫人訓女文》的崔氏夫人是依託會昌年間與白居易同享盛名而“孝行”聞名的崔琯等八龍的崔氏夫人。“訓女文”中所附的“白侍郎”當指白居易，不過《白侍郎讚》的“讚”及其下的“詩”二首，實未收入白居易的詩集及《全唐詩》，均係他人“謬爲”，託名附益，以增“訓女文”的“銷路”！所以託名白居易，蓋以白居易詩的語言，時稱通俗易懂〔二〕。

又時人多稱白居易爲“白侍郎”，如劉禹錫《樂天戲贈詩》：“才子聲名白侍郎，風流雖志尚難當，詩情逸似陶彭澤，齊曰多如周太平。”又詩題有“白侍郎大尹自河南寄示池北新葺水齋即事招賓十四韵兼命同作詩”，白居易亦每自稱“白侍郎”，如《晚桃花》詩：“春深欲落誰憐惜？白侍郎來折一枝。”因此自來均以敦煌寫本所提及的“白侍郎”爲白居易，祇碎金詩贊或以爲是白

─────────────

〔一〕　參見鄭阿財：《敦煌寫本〈崔氏夫人訓女文〉研究》，《中興大學法商學報》第一九期，一九八四年，第三一九～三三六頁。

〔二〕　參陳祚龍：《唐代西京刻印圖籍之一斑釋錄》，《陝西文獻》一九七三年第十五期，第三～七、一〇頁；收入陳祚龍：《敦煌資料考屑》，台灣商務印書館，一九七九年，第二五三～二六六頁。

居易的佚作；或以爲出自依托僞作。朱金城《白居易集箋校》收入"外集卷中詩文補遺二"，箋云："此詩載敦煌本《字寶碎金》，録自日本花房英樹《白氏文集の批判的研究》。"法藏伯三八二一號册子本中，抄有：《緇門百歲篇》《丈夫百歲篇》《女人百歲篇》《百歲詩》《十二時行孝文一本》《曲子感皇恩》《晏子賦》等。其中《十二時行孝文一本》計抄四種《十二時》，中有《白侍郎作十二時行孝文》，茲抄録如下：

平旦寅，早起堂前參二親。處分家中送菽水，莫教父母喚聲頻。
日出卯，立身之本須行孝。甘脆盤中莫使空，時時奉上知飢飽。
食時辰，居家治務最須勤。無事等閒莫外宿，歸來勞費父娘嗔。
隅中巳，終孝之心不合二。竭力勤酬乳哺恩，自得名高上史記。
正南午，侍奉尊親莫辭訴。迴乾就濕長成人，如今未合論辛苦。
日昳未，在家行孝兼行義。莫取妻言兄弟疏，却教父母流雙淚。
哺時申，父母堂前莫動塵。縱有些些不稱意，向前小語善諮聞。
日入酉，但願父母得長壽。身如松柏色堅貞，莫學愚人多飲酒。
黃昏戌，下簾拂床早教畢。安置父母臥高堂，睡定然後抽身出。
人定亥，父母年高須保愛。但能行孝向尊親，必得揚名於後代。
夜半子，孝養父母存終始。百年恩愛暫時間，莫學愚人不歡喜。
雞鳴丑，高樓大宅安得久。常勸父母發慈心，孝傳題名終不朽。

任二北《敦煌歌辭總編》將此篇著作權歸之於白居易，并於目次及篇題《十二時行孝文》下，明確的標有"白居易"。他說：

推重白氏之文人力求其作品淨化，每不肯和盤托出；轉不如看輕白氏者，在詆訶中，無所顧忌。如杜牧撰李戡墓誌曰："嘗痛自元和以來，有元白詩者，纖艷不逞，非莊士雅人，多爲其所破壞。流於民間，疏於屏壁，子父女母，交口教授。淫言媟語，冬寒夏熱，入人肌骨，不可除去。吾無位，不得用法以治之，欲使後代知有發憤者。"此指白氏言情之作，非仿爲傳孝一類。但通俗文字之流傳民間者已被定爲白作，又何嘗不可能? 又何從輕易否定? 固正好由此而推也[一]。

王重民則以爲此顯係僞托,他在《説十二時》一文中説:

　　敦煌出來的白侍郎《十二時行孝文》,白侍郎指的是白居易,不待辨就知道是僞託。那兩篇(包括誌公)《十二時》都是出自無名作家之手,經過了長期的傳誦,纔歸在誌公和白居易名下的[二]。

張錫厚《讀敦煌本〈白香山詩集〉殘卷》以爲:敦煌遺書明確題署白侍郎的作品,除伯三八二一號《白侍郎作十二時行孝文》外,尚有《碎金》寫卷提及的白侍郎《寄盧協律》、白侍郎《讚碎金》及伯三五九七號的白侍郎《蒲桃架》詩等,證明"白侍郎"之稱,傳流甚廣,敦煌卷本中大有取代詩人本名之勢。且認爲多數學者早已讚同"白侍郎即白居易"的説法,因而《十二時行孝文》中,題署"白侍郎作",實屬事出有因,白紙黑字,這是無可抹煞的事實,自然可以判爲白居易所作,至於是否爲托名僞作或抄手誤書所致,還須作進一步的考證[三]。歸義軍時期敦煌地區也出現有以"白侍郎"爲名的私學,敦煌寫本中可見署名爲白任郎門下弟子的題記,其署年均在北宋開寶與太平興國年間,計有三則,分別爲:

　　伯二五六六《禮佛懺滅寂記》卷末題記:"開寶玖年(九七六)正月十六日抄寫《禮佛懺滅寂記》,書手白待(待)郎門下弟子押衙董文受記。後有人來,具莫怪也。"

　　伯二八四一《小乘三科》卷背題記云:"太平興國二年(九七七)丁丑歲

　　〔一〕　任二北:《敦煌歌辭總編》,上海古籍出版社,一九八七年,第一三〇一~一三〇四頁。

　　〔二〕　王重民:《説十二時》,《上海申報·文史》第二二期,一九四八年;收入王重民:《敦煌遺書論文集》,中華書局,一九八四年,第一五八~一六三頁。

　　〔三〕　張錫厚:《讀敦煌本〈白香山詩集〉殘卷》,收入張錫厚:《敦煌本唐集研究》,新文豐出版公司,一九九五年,第二四三頁。

二月廿九日白仕(侍)郎門下學仕郎押衙董延長寫《小乘三科》。

伯四五二五(1)《□(社)條一道》的背題記云："太平興國七年（九八一）壬午歲二月十一日白侍郎門下學仕 厶乙到院內□□"

無論從空間或時間論，均不可能與白居易有關，也不可能是白居易的門下弟子，顯然是由於老嫗能解的白居易詩歌在敦煌地區的風行，使聲名卓著的白侍郎，在景仰與依托的雙重心理因素下，而有類作品與私塾署名白侍郎的出現，這自然是爲了宣傳廣告的目的。其實，類似此類作品"依托"名人的爭議問題，在中國俗文學與通俗蒙書中實爲屢見不鮮的現象，是具有時代特色與意義的。

第四節　習字類蒙書

隋文帝開皇元年（五八一）在京師長安置國子寺，設書學。《隋書·百官志》記載：

> 國子寺，祭酒，屬官有主簿，録事。統國子、太學、四門、書算學，各置博士（書、算各二人）、助教（書、算各二人）、學生（書四十人、算八十人）等員[一]。

隋唐楷書成熟定型，書法教育甚爲重視，特設置專門的書學博士掌管書法教育，并置有助教，在此書學教育政策下，唐代貞觀五年設書學，即爲"小學"及書法設置的專業科目，旨在教習掌握文字學知識和各種書寫知識與技巧等。唐代國子監下設有書學專學，并在科舉常科考試中設立了明書科目，童蒙習字教育無形中也深受影響[二]。書學，也成爲啓蒙教學内容的一環。

唐代蒙學階段書學教育所呈現的教學内容，可大別爲三：一爲初學入門

〔一〕《隋書》卷二八《百官志下》，第七七七頁。

〔二〕 金瀅坤：《唐代明書科與書學教育》，《遼寧大學學報（哲學社會科學版）》二〇一六年第二期，第一七~二二頁。

之習字類，練習基本筆法與文字架構；二爲習書類，以名家書帖爲範本，進行臨摹，如王羲之《尚想黃綺帖》《蘭亭序》，智永《真草千字文》的摹寫，以學習其書法風格；三爲習字兼習書，如《千字文》《開蒙要訓》《百家姓》等識字類蒙書的書寫，既認字又習字，而以認字爲主要目標。

二〇一九年任占鵬博士論文《敦煌識字寫本研究》[一]，主要全面梳理敦煌寫本中有關《上大夫》《上士由山水》《千字文》《正月孟春猶寒》《敦煌姓氏録》《開蒙要訓》等童蒙習字的寫本，分別論述其内容與用途，論文涵蓋了初學入門之習字及識字兼習字二類，一一檢視原卷，細爲杷梳、比對，詳加考述，提供了敦煌歸義軍時期學郎識字習字的具體實況，是系統性整理研究敦煌童蒙習字的佳作，具參考價值。

本節所論的習字類蒙書，是專以習字爲主，有別於書寫識字類蒙書的生字習字，也不是臨摹學習名人書帖一類，如王羲之《尚想黃綺帖》《蘭亭序》等個別書法風格及運筆技巧等一類，而是專爲初學者學習基本文字架構及筆法、筆序書寫而編的習字歌訣。如《上大夫》《牛羊千口》《上士由山水》等内容簡短，筆畫簡單，方便幼童學習的習字類蒙書。

一　敦煌寫本《上大夫》

古代童蒙語文教育，識字與習字分開，因此記誦之文字可多、可難，如《千字文》《百家姓》等，概以識字爲主，不論筆劃繁簡；然習字則力求筆劃簡省易學，既要合於學習心理，又須達到學習效果，學童習書描紅常用的《上大人》便是。《上大人》的内容爲“上大人，丘乙己，化三千，七十士，尔小生，八九子，佳作仁，可知礼也”等二十五字，筆畫簡單，却蘊涵中國文字的基本筆法。童蒙初學習字描紅，寫“上大夫”數語，旨在熟稔運筆與文字結構，因而，長久以來，流行不衰。宋元以來，文獻載籍多所述及，即在近代學童描紅亦仍有采之者，唯不知其起於何時。今敦煌文獻中多達三十六

〔一〕　任占鵬：《敦煌識字寫本研究》，日本廣島大學大學院綜合科學研究科博士論文，二〇一九年。

件有關《上大夫》的習書寫本，足見唐五代時期遠在西北邊陲的敦煌地區，《上大夫》已普遍作爲學童習字的蒙書，唐代以來便即流行全國，雖然全文僅有二十五個字，篇幅短小，但却構思精巧、趣味雋永，宋元明清更是流傳不替，筆記、小説記載尤多，其深入民間成爲日常生活的慣習，更爲生活的談資。清末民初閩台地區，甚至有以《上大人》内容二十五字，分別嵌入詩作的《上大人》歌謡流傳，簡短的二十五字，其影響却極深遠而廣泛。

　　有關《上大夫》儘管在民間普遍流行，然而一般習焉而不察，有關它的研究主要還是從敦煌莫高窟藏經洞大批唐五代寫本文獻的重見天日而受關注，對於其在習字教育的具體功能，也因敦煌寫本實物的呈現，得以清楚明白。如法藏伯三九〇六號的寫本，是一個卷子本，長三百零九、高二十九點六厘米。卷子正面抄寫《春秋經傳集解》；背面分別抄有：願文等佛教文書，以及社文等文書。卷末有二行字，内容完整，全文作："上大夫，丘乙己，化三千，七十士，二（尔）小生，八九子，可知其禮也。"字體工整，不像兒童習字。其中"二"當是"尔"的音訛字，可能受到前後文"三""七""十"等數字的影響。

　　另外法藏伯四九〇〇（二）號的另一件寫本，是張殘紙，原卷第一行有朱筆"試文"二字，照片看不清楚。其次有九行字，每行開頭各有朱筆一字，

法藏伯三九〇六號《上大夫》寫本

自右而左，分別是“上大夫丘乙己化三千”等九個字，每一朱筆下有一行墨書，計十多個相同的字，當是學童臨寫。如第一行：“上”字寫十三次，這很像今天小學老師要同學抄寫作業一樣，每個生字要各寫一行。

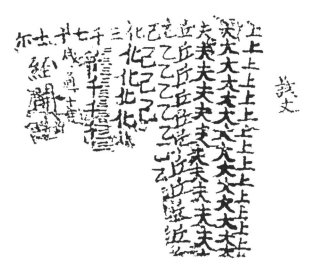

法藏伯四九〇〇號《上大夫》習字

此殘紙的保存，反映了唐代敦煌地區學童習字與今天習字情形是一致的。而在第十行出現有“咸通十年”四個字。“咸通”是唐懿宗的年號，“咸通十年”相當公元八六九年。這是一千一百多年前敦煌地區學童習字作業的實物。它的發現讓我們讚歎，同時也意味着《上大夫》這二十五字一篇兒童初學入門的習字教材，早在中唐時已廣爲流行，同時還傳播到西陲的敦煌地區。

有關敦煌文獻《上大夫》寫本的關注，最早爲一九二五年，劉復將他在巴黎披閱敦煌寫卷輯録的資料，彙印成《敦煌掇瑣》出版，其中便收録了伯三一四五號《上大夫丘乙己》二行。真正的研究主要從一九八七年王利器《跋敦煌寫本〈上大夫〉殘卷》開始[一]，一九八八年劉銘恕在《上大人、丘乙

─────────────

〔一〕　王利器：《跋敦煌寫本〈上大夫〉殘卷》，《文獻》一九八七年第三期，第一七五～一七九頁。又見《敦煌寫本〈上大夫〉殘卷跋尾》，《社會科學戰綫》一九九〇年第三期，第三二二～三二四頁。

己跋》中討論了《上大夫》的歷史、使用情況與文字的意義，提出了應重視此類文字，考察敦煌本與宋以後傳本的異同〔一〕。二〇〇一年朱鳳玉《敦煌寫本蒙書〈上大夫〉研究》對寫本序跋、内容與性質、時代流傳的考述外，并對《上大夫》在俗文學俗文化的呈現多所關注〔二〕。二〇〇二年鄭阿財、朱鳳玉《敦煌蒙書研究》將之列爲識字蒙書中的習字類蒙書加以介紹〔三〕；二〇〇七年劉長東《論中國古代的習字蒙書──以敦煌寫本〈上大夫〉等蒙書爲中心》〔四〕，關注《上大夫》寫本中的詩歌内容，尤其關注《上士由山水》及《王去求仙》等五言詩的儒道思想及其與《上大夫》結合，作爲啓蒙教材的意義；二〇〇七年鄭阿財、朱鳳玉《開蒙養正：敦煌的學校教育》立有《習字初階〈上大夫〉》一節加以論述〔五〕。二〇一一年日本海野洋平《童蒙教材"上大人"の順朱をめぐって：敦煌寫本 P.4900（2）、P.3369v に見る〈上大人〉黎明期の諸問題》，對敦煌寫本上大人順朱描紅遺存實物進行細緻分析〔六〕；二〇一二年丁志軍《從習字訓蒙到大衆娱樂──論蒙書〈上大人〉功能的歷史演變》〔七〕、二〇一三年吳喬《從敦煌"上大夫"看唐代民間書寫》〔八〕，統整前

〔一〕 劉銘恕：《敦煌遺書叢識》，《敦煌語言文學論文集》，浙江古籍出版社，一九八八年，第五一～五五頁。

〔二〕 朱鳳玉：《敦煌寫本蒙書《上大夫》研究》，《第五届唐代文化學術研討會論文集》，麗文文化事業公司，二〇〇一年，第八七～一〇四頁。

〔三〕 鄭阿財、朱鳳玉：《敦煌蒙書研究》，第一三九～一五六頁。

〔四〕 劉長東：《論中國古代的習字蒙書──以敦煌寫本〈上大夫〉等蒙書爲中心》，《社會科學研究》二〇〇七年第二期，第一八八～一九四頁。

〔五〕 鄭阿財、朱鳳玉：《開蒙養正：敦煌的學校教育》，《習字初階〈上大夫〉》，第一四～二二頁。

〔六〕〔日〕海野洋平：《童蒙教材"上大人"の順朱をめぐって：敦煌寫本 P.4900（2）、P.3369v に見る〈上大人〉黎明期の諸問題》，《歷史》第一一七號，二〇一一年，第一～一九頁。

〔七〕 丁志軍：《從習字訓蒙到大衆娱樂──論蒙書〈上大人〉功能的歷史演變》，《湖北民族學院學報（哲學社會科學版）》二〇一二年第二期，第一二三～一二六頁。

〔八〕 吳喬：《從敦煌"上大夫"看唐代民間書寫》，《大衆文藝》二〇一三年第一〇期，第六二～六三頁。

賢既有的成果，分別考察功能的歷史演變；或據以觀察民間書寫；二〇一七年任占鵬《敦煌寫本《上大夫》相關問題研究》充分掌握敦煌寫本《上大夫》的文獻與研究前沿，并就寫本中“牛羊千口”等語與《上大夫》的關係進行探討，從“上大夫……八九子”與“牛羊千口”等語的固定抄寫順序、性質、音韵等方面，分析了二者之間的密切關係，説明二者是一體的，并非各自獨立的姊妹篇，系統的論述，具有總結意圖[一]。

　　敦煌寫本中，除了《上大夫》外，也出現有《上士由山水》與《牛羊千口》等習字。祇是相對《上大夫》而言，并不那麽普遍，尤其《牛羊千口》，明顯具地域性與農民實用特性，可見敦煌寫本中特性之反映。二〇一二年海野洋平《敦煌童蒙教材“牛羊千口”校譯：蒙書〈上大人〉の姐妹篇》[二]，從《上大夫》寫本出發，對内容、時代進行細緻的考證，并關注寫本中有關《牛羊千口》，認爲是《上大夫》的姐妹篇。二〇一九年任占鵬《敦煌寫本〈上士由山水〉與學郎習字》，以《上大夫》作敦煌寫本中習字類蒙書的代表，《上士由山水》《牛羊千口》的習字遺存作爲附帶，加以介紹[三]。二〇二〇年海野洋平《敦煌童蒙教材〈牛羊千口〉再論：傳本〈上大人〉·敦煌本〈上大夫〉の逕庭をめぐる一考察》主要對敦煌本《上大夫》與傳世本《上大人》二者不同進行考察[四]。

（一）寫本概述

　　有關敦煌文獻《上大夫》寫本，今所得見總計有三十六件[五]。分別爲：

　　〔一〕　任占鵬：《敦煌寫本〈上大夫〉相關問題研究》，金瀅坤主編：《童蒙文化研究》第二卷，第二九二~三〇七頁。

　　〔二〕［日］海野洋平：《敦煌童蒙教材“牛羊千口”校譯：蒙書〈上大人〉の姐妹篇》，《一關工業高等專門學校研究紀要》第四七號，二〇一二年，第七~二二頁。

　　〔三〕　任占鵬：《敦煌寫本〈上士由山水〉與學郎習字》，金瀅坤主編：《童蒙文化研究》第四卷，第八五~一一一頁。

　　〔四〕［日］海野洋平：《敦煌童蒙教材〈牛羊千口〉再論：傳本〈上大人〉·敦煌本〈上大夫〉の逕庭をめぐる一考察》，《集刊東洋學》第一二三號，二〇二〇年，第六三~八三頁。

　　〔五〕　部分寫本《上大夫》的信息，承任占鵬提供，特此致謝。

英藏十四件：斯二六四號背、斯七四七號背、斯一二三二號背、斯一三六八號背、斯一四七二號背、斯二六四六號背、斯四一〇六號背、斯五四四一號、斯五六三一號背、斯五七五四號背、斯六〇一九號背、斯六六〇九號背、斯六九六〇號背、斯八六六八號背。法藏十一件：伯二一七八號背、伯二五六四號背、伯二七三八號背、伯二七七二號背、伯三一四五號背、伯三三六九號背、伯三七〇五號背、伯三七九七號背、伯三八〇六號背、伯四九〇〇（二）號、伯特二二一九號。俄藏二件：俄敦六〇五〇號背、俄敦八六五五號背。國圖九件：北敦一六四〇號、北敦一七四五號背、北敦一七七四號背、北敦三九五五號背、北敦四五六二號背、北敦六一四一號背、北敦七〇八九號、北敦一〇〇四八號背、北敦一三〇六九號背。茲將寫本概況表列於后（詳見敦煌寫本《上大夫》概況表）。

此三十六件，有十六件以"八九子"收尾，其中伯三八〇六號背以"八九子，可知其礼也"收尾。有十四件後面接抄"牛羊千口，舍宅不售，大王下手，甲子乙丑，之夫者也"等相關文字。

伯三一四五號王重民《伯希和劫經録》作"社司轉帖"，背面爲習書雜字。按：背面習書雜字二十行，分別雜寫《上大夫》《牛羊万口》《上士由山水》、人名、敦煌鄉名、部落名等雜寫十四行外，另於第十四行"通頗退渾"部落名下接抄有姓氏六行，二十五句，句四字，總計百字。首句爲"張王李趙"，與通行的《百家姓》排列順序不同，各姓皆係敦煌地方所有，與伯二九九五號内容多同，似爲敦煌地區專用的姓氏書，或稱擬題爲《敦煌百家姓》[一]。而從同卷合抄《上大夫》《牛羊万口》（或作《牛羊千口》）《上士由山水》等敦煌寫本常見學童習字雜寫，可以證明伯二九九五號及伯三一四五號"姓氏書"殘卷應是敦煌當地所編適用於敦煌社會的姓氏識字書。

〔一〕 參本書第一章"敦煌識字類蒙書"第一節"四 百家姓系"。

敦煌寫本《上大夫》概況表

序號	卷號	寫本狀況	保存部分	寫本年代	同卷資料
一	斯二六四號背		上大夫		付法傳
二	斯七四七號背		上大夫，丘乙已，化三千，七十二	元和十二年（八一七）	正面：論語集解
三	斯一二二三號背	首尾完整	上大夫，丘乙已，化三千，七十二，女小子，八九子		後接抄：牛羊千口，舍宅不受 正面：大般若波羅蜜多經
四	斯一三六八號背		"大夫"二字	天福柒年壬寅歲（九四二）以後	正面：《孝經》
五	斯一四七一號背	首尾完整	上大夫，孔乙已，化三千，七十二，口（尔）小生，八九子	十世紀前期	前抄：一二三四五六七八九十 後接抄：羊（牛）羊千口，舍
六	斯二六四六號背		"上大夫"三字		正面：《無量壽宗要經》
七	斯四一〇六號背	首尾完整		十世紀中後期	正面：《法句經》 前抄：上土由山水，後抄：牛羊千口
八	斯五四四一號	冊子本	上大夫	太平興國三年（九七八）	前抄：一二三四五六七八九十夾抄在《捉季布傳文中》。 後接抄：牛羊千口，舍宅不售，大王下手
九	斯五六三一號背	首尾完整	上大夫，丘乙已，化三千，七十二，女小生，八九子	太平興國五年（九八〇）	後接抄：牛羊千口，舍宅不售，甲子乙丑，之夫者也。一二三四五六七八九十百千万億
一〇	斯五七五四號背	冊子本	口口（丘乙）已，化三千，七十二		正面：《新集九經抄》

續表

序號	卷號	寫本狀況	保存部分	寫本年代	同卷資料
一一	斯六〇一九號背		丘 夫大		正面:《御注孝經》。
一二	斯六六〇九號背		上大夫，丘乙已，化三千，七十二，女小子		正面:《觀音經》。
一三	斯六九六〇號背		上大夫，丘乙已，化三千	同光三年（九二五）	正面:《佛說佛母經》《佛說善惡因果經》。前抄:部落百姓雜寫。
一四	斯八六六八號背	殘片	□□（上大）夫，丘乙已，化三千，七十二，女小生，八九子		後接抄:牛羊。
一五	伯二一七八號背	寫於天頭	上大夫上大夫丘乙		《苾芻威儀戒疏》。
一六	伯二五六四號背		［上］大夫，丘乙已，化三千，七十二，女小生，八九子	同光三年（九二五）	正面:晏子賦、斲䖺新婦詞、太公家教。背後接抄:牛羊千口，舍宅。
一七	伯二七三八號背	首尾完整	上夫，丘乙已，化三千，七十二，女□□（小生）	咸通十年（八六九）	正面:《太公家教》。後接抄:千字文、杜司轉帖、尚想黃綺，牛（羊）羊。
一八	伯二七七二號背	首尾完整	西域文八行，"上大夫，奉"一行		正面:《佛名經》卷第八。
一九	伯三一四五號背		上大夫，丘乙已，化三千，女小生，八九子	端拱元年（九八八）	正面:杜司轉帖。後接抄:牛羊萬口，舍宅。
二〇	伯三三六九號背	行首字	上大夫，丘……七十二，女小生，八九子	乾符三年（八七六）	正面:《孝經》。後接抄:牛口（羊）千口，舍不受，甲

續表

序號	卷號	寫本狀況	保存部分	寫本年代	同卷資料
二一	伯三七〇五號背	首尾完整	上大夫，丘乙己，化三千，七十二，女小生，八九子	中和三年（八八二）	正面：《論語》。前接抄：牛羊千口。
二二	伯三七九七號背	首尾完整	上大夫，丘乙己，化三千，七十二，女小生，八九子。	太平興國二年（九七七）	正面：太公家教、新集嚴父教、合字。後接抄：牛羊千口、合字。
二三	伯三八〇六號背	首尾完整	上大夫，丘乙己，化三千，七十二，女小生，八九子，可知其禮也。（字佳）		正面：《春秋經傳集解》。
二四	伯四〇〇〇號（二）	首尾完整	試文朱筆，行首：上大夫，七十士，化三千，上大夫，丘乙己，化三千，每字一行	咸通十年（八六九）	正面：《尚書序》。
二五	伯特二二一九號（伯二一四一五號）	殘片	口（化）三千，七十二，八九子。		後接抄：《牛羊千口》、吐蕃文。
二六	俄敦六〇五〇號背		千，七十二，女小口（生）八九子		後接抄：牛羊千口（口）。
二七	俄敦八六五五號背		丘乙己，化三千，七十二，尔		
二八	北敦一六四〇號	寫於天頭	夫丘，上大，乙己	八～九世紀	《維摩詰經》。

續表

序號	卷號	寫本狀況	保存部分	寫本年代	同卷資料
二九	北敦一七四五號背	卷首背面	上大	八世紀	正面:《妙法蓮華經》。
三〇	北敦一七七四號背		大夫丘	八～九世紀	正面:《金有陀羅尼經》。
三一	北敦三九五五號背	首紙背面	上大夫，丘一已，化三千，七	八～九世紀	正面:《無量壽宗要經》。
三二	北敦四五六二號背		"上大" 二字。		正面:《淨名經集解關中疏》卷上。背面:前爲尚書注疏雜抄、某田畝歷、社司轉帖、藏文、"上大"。
三三	北敦六一四一號背		"上大" 二字		正面:《無量壽宗要經》。背面:雜寫 "上大" 二字後有 "六"、"字"、藏文符號。
三四	北敦七〇八九號背	第四紙天頭	上大，夫丘，七十	九～十世紀	《妙法蓮華經》。
三五	北敦一〇〇四八號背	首尾完整	上大夫，丘乙已，化三千，七十二，女小生，八九子。	八～九世紀	正面:《維摩詰經》。後接抄:牛羊千口，舍宅不售，大王下手，甲子乙丑，之夫者也。後接抄:上土由山水。
三六	北敦一三〇六九號背	首尾完整	丘乙已，化三千，七十二，女小生，八九子。	九～十世紀	正面:《無常經》護首。後接抄:牛羊千口，捨（舍）宅不，天下土，大王正。

根據十一件有寫本題記紀年的寫本來觀察，總體而論其抄寫時間殆爲九至十世紀。是晚唐五代到北宋普遍流行於敦煌地區，也就是歸義軍時期童蒙教育普遍的習字教材。

（二）録文

兹以伯三八〇六號背爲底本，參校各本，并參酌諸家校録，逐録全文如下：

上大夫，丘乙己，化三千，七十士，尒小生，八九子，佳作仁，可知礼也。

（三）《上大夫》文本、内容與性質

1.《上大夫》的文本

《上大人》全篇，祇有短短的二十五個字，篇幅短小，以三字句，叶韵的歌訣式便於記誦。末尾添一"也"字作結。或以爲"尒""礼"正體爲"爾""禮"，然筆畫較爲繁多，《上大夫》作"尒""礼"顯然是爲童蒙習字，有意使用筆畫、結構簡單的俗體字。按："尒"爲"爾"的異體。《説文解字》云："尒，詞之必然也。"敦煌寫本"爾"多作"尒"。《廣韵》云："尒與爾同。"《字辨·體辨二》云："尒爾，尒，正字；爾行尒廢。""礼"爲"禮"的古文。《説文解字》云："禮，履也。所以事神致福也。從示從豊，豊亦聲，靈啟切。礼，古文禮。"《干禄字書·上聲》："禮、礼。并正。多行上字。"敦煌寫本"禮"多作"礼"。《上大夫》作"尒""礼"整體筆畫簡易，既是其時代慣用字，更顯示唐寫本的時代特徵。是此篇的流行正是因爲每字筆劃簡單，且蘊含漢字的基本筆法，熟練筆法結構，再據各類識字蒙書所認識的字，漸次書寫，筆法架構工整雅致，結體不致鬆散，所以唐宋以來一直作爲童蒙習字入門的基本教材，而歷久不衰。

《上大人》全文祇有二十五字，後世流傳的版本小有差異，如：敦煌本均作"上大夫"，傳世本作"上大人"；敦煌本"丘乙己"，傳世本作"孔乙己"；傳世本"佳作仁，可知禮也。"敦煌本未見此七字，僅伯三八〇六號背作"可知其禮也"。此外，從上表所列三十六件各本的文字也略有出入，如"七十二"與"七十士""女小生"與"尒小生"。

對於 "丘"，後世傳本作 "孔"，元謝應芳以爲是因避聖人諱而改，其《龜巢稿》有云："第四字乃聖人名諱，理合回避，豈宜呼之以口，以瀆萬世帝王之師乎？"〔一〕"女"，後通作 "尔"，蓋爲 "汝" 的同義替代。"士"，有作 "二""土" 者，當是形訛；"仁""人" 音同多通，爲敦煌寫本書寫習慣所常見。

對此或有以爲《上大人》的文本在唐末宋初尚未定型，其後文字多有補、改，後世流傳的《上大人》并非某一人一時的獨立製作，而是唐代以降經過多人增補、逐漸定型的結果〔二〕。

事實上，以目前所見三十六件敦煌寫本所顯示，"上大夫，丘乙己，化三千，七十士，尒小生，八九子" 十八字當無疑義，并無所謂版本不同，其有文字歧異，實因這些寫本除伯三八〇六號寫卷品相佳，字體工整雅致，顯非童蒙習字，又伯四九〇〇號上有教師示範硃筆書寫外，其他寫本率爲童稚初學習字，且當時童蒙學習，多以歌訣口誦，以致多音訛之字，當非所據版本不同所致。至於 "佳作仁，可知礼也"，敦煌寫本未見，而宋代載籍所録都有，因有宋人補定之説。

"上大人" 唐宋普遍流行，禪宗語録多有引述，南宋僧净善重集的《禪林寶訓》載北宋白雲守端（一〇二五～一〇七二）的《白雲廣録》提及："（白雲）又曰：上大人化三千可知禮也（行狀）。"〔三〕之後蹟藏主（僧挺守蹟）集《古尊宿語録》是晚唐五代至南宋初期禪宗的重要語録彙編，其卷二十九收録宋清遠（一〇六七～一一二〇）善悟所編《舒州龍門佛眼和尚語録》其中更提及有完整的《上大人》文本：

〔一〕（元）謝應芳：《龜巢稿》卷一四，《文淵閣四庫全書》第一二一八册，第三二九頁。

〔二〕劉長東：《論中國古代的習字蒙書——以敦煌寫本〈上大夫〉等蒙書爲中心》，《社會科學研究》二〇〇七年第二期，第一八八～一九四頁；丁志軍：《從習字訓蒙到大衆娛樂——論蒙書〈上大人〉功能的歷史演變》，《湖北民族學院學報（哲學社會科學版）》二〇一二年第二期，第一二三～一二六頁；徐梓：《〈上大人〉淺説》，《尋根》二〇一三年第一期，第四～九頁。

〔三〕（宋）釋净善重集：《禪林寶訓》，《大正新修大藏經》第四八册第二〇二二號，第一〇一九頁。

檀越請上堂。舉。端師翁住圓通日，楊次公、郭功甫每住參問此道。後來往復淮南，常求法要。一日功甫訪之，白雲師翁遂上堂云："前來蒙次公大儒訪及，爲上堂曾舉一遍。今日功甫到來，不可隱覆，更爲舉一遍。"此語甚是奇特，乃曰：上大人，丘乙己。化三千，七十士。尒小生，八九子。佳作仁，可知禮也。"遂下座。大衆，言雖麄淺，理實甚深。若不會上大人，如何登孔聖門，通曉六經子史，百氏詩書！[一]

2.《上大夫》的内容意義

《上大夫》，一般又作《上大人》。全篇篇幅短小，僅二十五字，且文字筆劃簡單而易識，然其内容意旨爲何？少人究詰，即使論及，也無定論。

清代梁章鉅《歸田瑣記・上大人》下記載梁章鉅家之塾師教其子女習字，寫《上大人》等字，然塾師既不知《上大人》出自何書，亦不知内容如何解釋。其云：

余流寓浦城，次兒、三兒、五兒及長女、三女，悉比户而居，内外孫十餘人，皆不過十歲上下，塾師延至四五人。有初學執筆者，每寫"上大人"等字，輒詢塾師以出在何書，如何講解，多不能對[二]。

即使有追究其意旨，也是不知如何解釋。縱有所解釋也是説法紛紜。或以爲此二十五字祇是隨意拼湊成篇，取其字畫簡少，内容毫無意義可言。明代祝允明《猥談・上父書》以爲：書坊有解，乃胡説。祝氏云：

"上大人，丘乙己，化三千，七十士，爾小生，八九子，佳作仁，可知禮。"右八句，末曳"也"字，不知何起。今小兒學書必首此，天下同

〔一〕（宋）賾藏主編集，蕭萐父、吕有祥點校：《古尊宿語録》卷二九《舒州龍門佛眼和尚語録》，中華書局，一九九四年，第五三八頁。

〔二〕（清）梁章鉅：《歸田瑣記》卷六《上大人》，中華書局，一九八一年，第一一五頁。

然。書坊有解，胡説耳[一]。

明代葉盛《水東日記・描朱》則云：

"上大人，丘乙己，化三千，七十士，爾小生，八九子，佳作仁，可
知禮也。""尚仕由山水，中人坐竹林，王生自有性，平子本留心。""王
子去求仙，丹成入九天，山中方七日，世上已千年。"已上數語，凡鄉學
小童，臨仿字書，皆昉於此，謂之描朱。爾傳我習，幾遍海内，然皆莫
知所謂。或云：僅取字畫簡少，無他義。或云：義有了了可解者，且有
出也。諸暨陳儒士洙今日云：嘗見宋學士濂晚年以眼明自誇，細書小字，
嘗及此。學士其知所自著耶？[二]

明代"上大人"已流傳甚久，致使其來源與意旨不甚明瞭，連葉盛都説
"莫知其所謂"，甚至不得已，還擬將此一不解之謎，去向宋濂請教。坊間更
是出現了一些如祝允明批評"胡説"式的解釋。如清代長篇小説《姑妄言》
第九回"鄔合苦聯勢利友，宦嫮契結酒肉盟"中，出現對"上大人"內容的
有趣解釋[三]。説：有位不識字的將軍李大要人返鄉帶回父親的家書，因帶信人
不慎將信遺失，祇得到鄉裏學館向學館先生要了一張小學生做書的"上大人"
來充當家書，後來被解讀爲：

上大人（上覆你遣大人），某乙己（你在任上，只我一個在家）化
三千，七十士（我有三千句話要對你説，内中有七十件事），爾小生，
八九子（你的幾個小老婆生了八九個兒子）佳作仁，可知禮也（都是家

〔一〕（明）祝允明：《猥談》，（明）陶宗儀等編《説郛三種・説郛續》卷四六，上海
古籍出版社，一九八八年，第二〇九七頁。

〔二〕（明）葉盛：《水東日記》，中華書局，一九八〇年，第一〇五～一〇六頁。

〔三〕（清）曹去晶：《姑妄言》第九回，鄭福田、王槐茂主編：《傳世孤本經典小説》
第三卷，金城出版社，二〇〇〇年，第四一一～四一二頁。

裏做出來的人，你要猜到是我幹的，可就是知禮的了）。

信上，"丘乙己"作"某乙己"，蓋清人尊崇孔子，不敢直呼其名，爲聖者諱，凡"丘"字多讀爲"某"，或直以"某"字取代。《姑妄言》第九回并有評說："百家姓直解爲千古第一講章；上大人一封書爲千古第一家信；宦賈童結拜千古第一盟文，不意此一回書内見此三絶"。此外，台灣民間故事中也有一則名爲《上大人》的故事[一]，内容與《姑妄言》所載可説有異曲同工之妙。故事説：有一小孩奉蕃薯姆之命代寫家書，寄給離家十多年的丈夫。小孩提筆，不知如何下筆，祇好將描紅格裏的《上大人》抄來充當。没想到信寄到南洋，竟然有位廟祝幫忙把信作出極爲巧妙的解釋：

上大人（稟上丈夫大人），孔乙己（空去了一紀年），化三千，七十士（中間也没有寄來三千元，或七十多錢），爾小生，八九子（不孝有三，無後爲大，自出門後没有回家，也少生了八九個兒子），佳作仁，可知禮也（既做家長的人，這種人情義理，應該明白才對），蕃薯姆的丈夫聽完很受感動，立刻匯錢回家，不久人也趕回來團圓。

從這二則妙趣橫生的解釋，可見"上大人"的旨意，自來解釋均望文生意，無甚深義可言。不過，宋人陳郁在《藏一話腴》中則以爲《上大人》全篇雖僅二十五字，然確深具妙理。他作出了如下的解釋：

孩提之童才入學，使之徐就規矩，亦必有方，發於書學是也。故"上大人，丘乙己，化三千，七十士，爾小生，八九子，佳作仁，可知禮也"，殊有妙理。予解之曰：大人者，聖人之通稱也。在上有大底人，孔子是也。丘是孔子之名，以一個身，己教化三千徒弟，其中有七十二賢士，但言七十者，舉其成數也。爾是小小學生，八九歲底兒子，古人八

〔一〕陳慶浩、王秋桂編：《中國民間故事全集》，《台灣民間故事集》第一册，遠流出版社，一九八九年，第三一七～三一九頁。

歲始入小學也。佳者，好也。作者，爲也。當好爲仁者之人。可者，肯
也。又當肯如此知禮節，不知禮，無以立也。若能爲人知禮，便做孔子
也做得。凡此一段也二十五字，而爾字居其中，上截是孔子之聖也，下
截是教小兒學做孔子。其字書從省者，欲易於書寫，其語言協韵者，欲
順口好讀，己、士、子、禮四字是音韵相協也。也之一字，乃助語以結
上文耳。雖不文，欲使理到，使小兒易通曉也〔一〕。

陳郁在宋代儒學的環境下，他對《上大人》的解讀，很顯然是從孔子着
眼，爲聖人立教，勉勵學子成人成聖。如果如此，"丘乙己"的"丘"當指孔
丘，孔丘曾爲魯司寇，爲在上大夫之列，則首句當依敦煌本作"上大夫"。

3.《上大夫》習字蒙書性質

《上大夫》的性質究竟爲何？我們從敦煌寫本的情形及宋元明清載籍所載
來觀察，可以肯定這是一種童蒙歌訣；同時也是學童習字的教材。在今所得
見的三十六件敦煌寫本《上大夫》中，法藏伯三七九七號同卷還抄有《太公
家教》《新集嚴父教》等蒙書，據此可知《上大夫》應該也屬於童蒙讀物的
性質。再者，南宋淳祐十二年（一二五二）普濟編《五燈會元・香山蘊良禪
師》載：

> 明州香山蘊良禪師，僧問："如何是透法身句？"師曰："刹竿頭上
> 舞三台。"曰："如何是接初機句？"師曰："上大人。"〔二〕

禪門所謂初機，意指初學入門。此借世俗教育爲喻，其突顯《上大人》
於童蒙教育中作爲小兒識字初學讀物的性質極爲明顯。又南宋人雪岩祖欽
（一二一六～一二八七）《雪巖和尚語錄》更將《上大人》與《論語》《孟子》

〔一〕（宋）陳郁：《藏一話腴》，（明）陶宗儀等編：《説郛三種・説郛》卷六〇，第
九一一頁。明代趙南星《目前集》前集也轉録此文。
〔二〕（宋）釋普濟著，蘇淵雷點校：《五燈會元》卷一二《明州香山蘊良禪師》，中
華書局，一九八四年，第七三五頁。

《毛詩》等同列爲小學教材之一。《雪巖録》云：

　　　　曰：那裏似世間村秀才，教小學，自《上大人》，讀到《論語》《孟子》《毛詩》《周易》一般〔一〕。

　　從這些記載就可以清楚的看出《上大夫》通俗蒙書的性質。

　　就三十六件寫本所呈現抄寫的情形看，除了《上大夫》外，大多連抄有"牛羊千口，舍宅不售，甲子乙丑，大王下首，之乎者也"等語，而《上大夫》抄寫在前。《上大夫》的意義與孔子及教化三千弟子有關，有明顯的儒家勸學意味。在敦煌流行着兩個版本的《上大夫》，"七十士，尔小生"是傾向書面用法的版本，"七十二，女小生"是較爲口語化的版本。宋代發展成爲《上大人》，捨棄了"牛羊千口"等語，加上了"佳作仁，可知禮"，內容全部成爲三字韻語，韻脚統一，末句加一"也"字作爲結束收尾語。宋以後的載籍記述，學童初學習字多使用，內容一致；祇是宋以後首句作"上大人"，此後《上大人》成爲專稱，內容也定型："上大人，丘乙己。化三千，七十士。尔小生，八九子。佳作仁，可知禮也"，共二十五字，前半句與孔子教化三千弟子，其中有七十二賢人的故事有關，後半句是鼓勵學童學仁、知禮，具有儒家勸學意義，內容簡明好記。

　　漢字筆畫多，結構複雜，因此古代教學時，是將"識"字與"寫"字分開。識字以眼辨識，筆畫可多。寫字習字，運筆筆畫宜少，"上大夫丘乙己"字體簡單，筆畫極少的二十五字，却能包含漢字的基本筆畫與結構，發揮簡單易學的學習功能。歌訣式的口訣可使學童從執筆，基本筆畫，到文字結構，循序漸進而終至有成。這是深刻瞭解漢字特色且符合兒童學習心理的教法。

　　"永字八法"是中國古代楷書書法用筆的基本法則。其法以"永"字八筆順序，闡述正楷筆勢的方法，是古代書法家練習楷書的基本運筆技法。八法依序爲：點、橫、豎、勾、仰橫、撇、斜撇、捺，按各自的筆勢以八字概括爲側、

〔一〕（元）釋昭如、釋希陵等編：《雪巖祖欽禪師語録》卷二《普說》，《卍續藏經》第一二二册，藏經書院版，新文豐出版公司，一九九四年，第五一九頁。

勒、弩（又作努）、趯、策、掠、啄、磔。這八筆是楷書基本筆畫，每筆各有特色，而又互相呼應，一氣呵成。"永"字八法運筆能熟練，寫出每筆的精神，楷書可算達到了相當水平。《上大夫》二十五個字每自筆畫階級簡單，但亦蘊含了永字八法之運筆技巧。茲將"永"字包含的筆畫與《上大夫》筆畫簡略對照如下：

"'永'字八法"與《上大夫》筆畫對照表

永字八法	"上大夫"筆法
點（側）　丶　永	小、礼
橫（勒）　一　永	上、三、十
豎（弩又作努）丨　永	上、十、千、士
勾（趯）　亅　永	小、子
仰橫（策）　ノ　永	礼
撇（掠）　丿　永	大、夫、八
斜撇（啄）　丿　永	佳、作、仁
捺（磔）　丶　永	大、夫、八

南宋龍舒居士王日休（？～一一七三）《訓蒙法》中對寫字教學列有專節討論，其有云：

> 寫字，不得惜紙，須令大寫，長後寫得大字；若寫小字，則拘定手腕，長後稍大字則寫不得。予親有此病也。寫字時，先寫上大，二三日，不得過兩字，兩字端正，方可換字。若貪字多，必筆劃潦草，寫得不好。寫得好時便放歸，午後亦可上學[一]。

作者談及自己寫字的經驗，認爲初練習寫字要寫大字，不可因愛惜紙張而寫小字，否則長大後則寫不成大字。同時提到寫字時，要先寫上大，即唐代以來流行的兒童習字初階入門《上大人》歌訣等二十五字。每日兩字，不得過多，待兩三日字端正後，才可換另外兩字，不可貪字多，如此練習，筆劃方不致潦草。

〔一〕 徐梓、王雪梅編：《蒙學要義》，山西教育出版社，一九九一年，第一五九頁。

元代謝應芳《龜巢稿·學書》説：

> 字書之學，訓蒙者率以"上大人"二十五字先之，以爲點畫簡易而易習也。然所謂三千，七十，殆若指孔門弟子而言，是則第四字乃聖人名諱，理合回避，豈宜手之口之，以瀆萬世帝王之師乎？其末兩語之乖刺尤甚。故某不揣狂瞽，嘗易之數與方名云云〔一〕。

明代祝允明《猥談》"上父書"條云：

> 上大人，丘乙己，化三千，七十士，爾小生，八九子，佳作仁，可知禮。"右八句，末曳"也"字，不知何起。今小兒學書必首此，天下同然〔二〕。

元明清時普遍使用《上大人》讓學童進行初學習字，一直到民國也都有采取描紅作爲兒童習字的主要仿書。宋末元初陳元靚《事林廣記》丁集"速成門"中"小兒寫字法"條也完全引用了龍舒居士王日休《訓蒙法》的内容，可見《上大人》一直是宋元明清以來兒童習字描紅的常用教材。明代葉盛《水東日記》提及《上大人》《尚仕由山水》《王子去求仙》等是鄉學小童，臨仿字書，皆昉於此，謂之描朱。也有作爲兒童仿紙之用。明代姚旅《露書》也載：

> 蒲陳山頭一禮宫，因就頹更作，於梁上得宋時歷日及童子仿紙一本，仿書即"上大人孔乙己"詩〔三〕。

清代俞樾（一八二一～一九〇七）《補自述詩》寫道：

〔一〕（元）謝應芳：《龜巢稿》卷一四《學書》，《文淵閣四庫全書》第一二一八册，第三二九頁。

〔二〕（明）祝允明：《猥談》，（明）陶宗儀等編：《説郛三種·説郛續》卷四六，第二〇九七頁。

〔三〕（明）姚旅撰，劉彦捷點校：《露書》卷七《迹篇》，福建人民出版社，二〇〇八年，第一七六頁。

嬌小曾孫愛似珍，憐他塗抹未停勻；晨窗日日磨丹矸，描紙親書
"上大人"。

是宋元人之所謂"摹朱""描朱"，明人又稱"仿紙"，即今所謂的"描
紅"。宋代晁補之《胡戢秀才效歐陽公集古作琬琰堂》詩："長年囊楮況易擲，
兒作摹朱婦遮壁。"〔一〕元馬致遠《薦福碑》雜劇第一折："[么] 則這寒儒，則
索村居，教伴歌讀書，牛表描硃。"〔二〕

二〇〇〇年八月我參加敦煌研究院舉辦的"二〇〇〇年敦煌學國際學術
研討會"，會後前往黃山，在屯溪老街歙硯舖上喜見有"上大人"習字描紅之
版刻一方，後承店主割愛。此版刻高十六點四、寬二十一點三、厚一點六厘
米。左右各三欄，每欄六格，版心有"月 日"，全文爲："上大人，孔乙己，
化三千，七十士，尒小生，八九子，佳作仁，可知礼也。學生□□□〔三〕，習字
一幅，呈正"，足見民國以來民間學子習書尚流行以《上大人》作爲描紅。茲
附版刻照片影本如下，以供參考。

"上大夫"習字描紅版刻

〔一〕（宋）晁補之：《雞肋集》卷九《胡戢秀才效歐陽公集古作琬琰堂》，《影印摘藻
堂四庫全書薈要》集部第三九册，世界書局，一九八八年，第五八頁。

〔二〕（元）馬致遠作：《薦福碑》，《全元雜劇初編》第五册，世界書局，一九八五
年，第五頁。

〔三〕 此三空格，爲版刻爲將來預留學生描紅之後的簽名空白。

又彰化鹿港台灣民俗博物館也收藏有“上大人”的版刻一方。版心雙魚尾，有“入德之門”及“東源”等字，每半葉五行。其文如下：

上大人孔乙己化三

千七十士尒小生八

九子佳作仁可知礼

也學生　　習字

天運　年　月　日

（四）《上大夫》的時代與流傳

1.《上大夫》的時代

在敦煌文獻尚未發現以前，對於《上大人》的時代，大多不知所自；或因缺乏明證而説法不甚了了。如清人俞樾《補自述詩》自注云：

小兒初學字，以朱字令其以墨描寫，謂之描紙。“上大人，孔乙己”等二十五字，宋時已有此語，不知所自始。僧寶雖未能書，性喜塗抹，每日爲書一紙，令其描寫[一]。

清代褚人獲《堅瓠壬集·上大人》也説：

小兒初習字，必令書“上大人，丘乙己，化三千，七十士，爾小生，八九子，佳作仁，可知禮也”，天下同然，不知何起[二]。

其間也有學者根據宋代編纂的禪宗語録載有唐人提及“上大人，丘乙

〔一〕（清）俞樾：《補自述詩》，《清代詩文集彙編》編纂委員會編：《清代詩文集彙編》第六八五册，上海古籍出版社，二〇一〇年，第一四九頁。

〔二〕（清）褚人獲輯撰，李夢生校點：《堅瓠集》壬集卷四，上海古籍出版社，二〇一二年，第七二二頁。

己。"一事，因而以爲唐末先有此語，至北宋時爲小兒所誦習。如清人翟灝《通俗編》有云：

> 葉盛《水東日記》："宋學士晚年寫此，必知所自。"……按《傳燈錄》，或問陳尊宿："如何是一代時教？"陳曰："上大人，丘乙己。"《五燈會元》郭功甫謁白雲……據此則知唐末先有此語，北宋時已爲小兒誦矣。其文特取筆畫簡少，以便童蒙，無甚義理。祝氏説，傅會無指〔一〕。

今敦煌遺書中有《上大夫》寫本多件，均係出自學童之手，有此實物，足可證明北宋之前已流行於敦煌地區，同時根據敦煌本的抄寫情形，亦可確定其爲小兒所誦習。至於其始自何時？似可根據寫本進行抄寫時代的推測并結合文獻推測其産生的下限。

現存三十六件敦煌寫本《上大夫》中，斯六九六〇號有題記"乙酉年五月十五日夫人西宅索奴子"；伯三七九七號有題記："開寶九年丁丑年四月八日王會。""維大宋開寶九年丙子歲三月十三日寫子文書了"；伯四九九〇號卷末有"咸通十年"字樣。斯六九六〇號"乙酉"可能爲唐懿宗咸通六年（八六五），或後唐莊宗同光三年（九二五），或宋太宗雍熙二年（九八五）；伯三七九七號"開寶九年"爲丙子年，公元九七六年；伯四九九〇號"咸通"則是唐懿宗年號"咸通十年"爲公元八六九年。

除了三十六件《上大夫》寫本外，斯一三一三號《大乘百法明門論開宗義記序釋》第七則解釋"言滿半滿於言派者"説：

> 言滿半滿於言派者，且如世小兒上學，初學"上大夫"等爲半字，後聚多字成一字者，今盡識會爲滿字。初爲淺根之人説，應四諦十二因緣等小乘之教。

〔一〕（清）翟灝：《通俗編》卷七《文學類》"上大人"條，大化書局，一九七九年，第一五四～一五五頁。

　　按：斯一三一三號《大乘百法明門論開宗義記序釋》，作者不詳。原無題，據內容擬題。此注疏係對曇曠撰《大乘百法明門論開宗義記》的序言逐句進行疏釋。卷末有題記：“辛酉年十二月十二日竟了。”“辛酉年十二月十三日了。”從內容及題記推知，應是某人於十二月十二日、十三日兩天講說《大乘百法明門論開宗義記序》的記錄。曇曠生於河西建康（在今甘肅張掖、酒泉之間）。出家後先在家鄉學習大乘佛學，後到長安（今陝西西安）西明寺專攻《大乘起信論》和《金剛般若經》。寶應二載（七六三）到敦煌，爲“傍求衆義，開決疏文”，撰寫《大乘入道次第開決》《大乘百法明門論開宗義記》《大乘百法明門論開宗義決》。晚年抱病口述《大乘二十二問》，回答吐蕃贊普提出有關大乘佛學的二十二個問題。在敦煌居留達二十多年，對大乘佛學在敦煌的流傳有重要貢獻。敦煌寫卷年代吐蕃佔領敦煌期間［建中二年（七八一）至大中二年（八四八）］，但稱紀年，不稱年號。辛酉年當是唐德宗建中二年或唐武宗會昌元年（八四一）。綜合寫卷資料，可見至晚唐懿宗咸通年間敦煌地區學子已流行以《上大夫》來習字。

2.《上大夫》的流傳

　　童蒙讀物的編纂具有時代性、區域性與階段性，每每與時俱移，隨時改易。因此一般流行期大多極爲短暫。《上大夫》自唐流傳以來，一直是歷代童蒙識字習字的通俗蒙書。清代翟灝《通俗編》卷七《文學類·上大夫》據《五燈會元》以爲：“唐末先有此語，北宋時已爲小兒誦矣。”宋代釋慧明《五燈會元》卷四“睦州陳尊宿”條提及《上大人》。按：陳尊宿即陳蒲鞋，唐僖宗時人，則《上大夫》在唐代必已盛行。再者敦煌寫卷有三十六件《上大夫》的學童抄本與雜寫，尤其斯一三一三號《大乘百法明門論開宗義記序釋》解釋“言滿半滿於言派者”引有“上大夫”，凡此證實唐時已流傳，更突顯其流傳的廣遠；同時也呈現出學童學習的實際情況。

　　元代方回《桐江續集·丙申歲生日七十自賦》詩中也提到：

　　　先君無罪謫封川，天畀遺孤出瘴煙；忽到古稀年七十，猶思上大化三千〔一〕。

方回有感時光匆匆，倏乎年已古稀，然孩童之時讀誦、手寫《上大人》之情景令人懷想，歷歷如在目前。可見《上大人》作爲童蒙識字習字教材在元代以前，民間已非常普遍，連方回小時候也都經歷過。元高明《琵琶記》卷上第十七出《義倉賑濟》則有：

【末白】："老的姓甚名誰？家裏有幾口？"【丑白】："老的姓丘名乙己，住上大村，有三千七十口。"【净】："胡説"【丑】："告相公：上大人，丘乙己，化三千，七十士。"【末】："一口胡柴。"〔二〕

明代小説、戲曲中，也多處提及了《上大人》。如吳承恩（約一五〇〇～一五八三）《西遊記》第八十五回"心猿木妒母，魔主計吞禪"中有：

（八戒）搖身一變，變做個矮判胖和尚，手裏敲個木魚，口裏哼阿哼的，又不會念經，只哼的是"上大人"〔三〕。

（明）章鳳翔《玉環記》第六出【净白】有：

念學生入儒林，懶讀書，怕作文。寫的字，"上大人"〔四〕。

〔一〕（元）方回：《桐江續集·丙申歲生日七十自賦》，《影印文淵閣四庫全書》第一一九三册，第四九〇頁。

〔二〕（元）高明：《琵琶記》卷上，《古本戲曲叢刊續集》第七册，上海商務印書館，一九五四年，第一四頁。

〔三〕（明）吳承恩：《西遊記校注》，里仁書局，一九九六年，第一五〇四頁。

〔四〕（明）章鳳翔：《玉環記》，《古本戲曲叢刊初集》第二二册，商務印書館，一九五四年，第七頁。

這些載籍在在顯示出當時《上大人》必然是家喻户曉的兒童通俗讀物。清朝《上大人》也普遍流行於蒙館。如褚人獲《堅瓠集》戊集卷三"館師嘆"條，言其有《硯田詩笑》一帙，計七言律詩四十首，其中便有：

先生虛話説難全，實景描寫更可憐；馬眼格橫"丘乙己"，梅花苟倒"去求仙"。二釐一管羊毛筆，五個三張麵袋簾；鐵硬紫硃稀爛墨，亂批習字點而圈[一]。

清代張伯行《養正類編》卷五引王虛中《訓蒙法·寫字》寫道：

寫字時，先寫"上大"，二三日，不得過兩字，兩字端正，方可換字[二]。

魯迅《孔乙己》寫道：

因爲他姓孔。別人便從描紅紙上的"上大人，孔乙己"這半懂不懂的話裏替他取下一個綽號，叫作孔乙己[三]。

又台灣嘉義玉珍書局出版的台灣歌册《錯了閣再錯勸世歌》中，也有這樣幾句：

小弟讀書真多款，上大人仔讀到番；我身讀書上大斷，出來不時甲人冤。我身讀書不識字，詩經讀透千家詩；軒開來看全袂記，閣再去讀二三年。

〔一〕（清）褚人獲輯撰，李夢生點校：《堅瓠集》戊集卷三，第三八○頁。
〔二〕（清）張伯行：《養正類編》卷五，收入王雲五主編：《叢書集成初編》，中華書局，一九八五年，第三三頁。
〔三〕魯迅：《呐喊》，風雲時代出版公司，一九九一年，第二○頁。

可見《上大人》自唐代以來，歷經宋、元、明、清，乃至民國初期，現代化教材盛行下，"上大人"仍在民間識字、習字教育中有其一定的流行。自唐以來，流傳千年，不可不謂久遠。

（五）《上大夫》的影響及其在俗文學的運用

童蒙讀物，在普遍流行的過程中，往往出現了檃括内容的詩歌。如作爲學童必讀的儒家典籍《孝經》，在敦煌發現的寫本中有《新集孝經十八章皇帝感》，便是以十八首《皇帝感》檃括《孝經》十八章經文。南宋更有官本雜劇《孝經借衣爨》《大孝經孫爨》；元代陶宗儀《輟耕録》中亦載有金元院本《孝經孤》《播鼓孝經》等。尤其是蒙書《千字文》《三字經》等，爲一般人所熟知，其内容更是每每被用來嵌入歌讚俗曲，如劉半農、李嘉瑞所編的《中國俗曲總目稿》中，便有北京刻本及濟南義和堂刻本《三字經五更》，内容即嵌入《三字經》字句，如：

　　一更裏，家人嘆連聲，奴勸丈夫當自警。"方少時"與你成婚配，從來未見過"勤有功"。不想"親師友"，難免"運不窮"。咱的家産本是"高祖興"，咱那父本是"傳二世"，萬貫家財"彼既成"[一]。

作爲童蒙習字教材的《上大人》也是一樣，往往成爲俗文學的題材，如前所提及《姑妄言》《琵琶記》等。或入小説鋪陳；或入戲曲宣説；民間歌謡或文章也往往將《上大人》的二十五字用來鋪陳，鑲嵌入詩。如福建武夷山永豐寺丁丑年六月十九日啓建"頂禮《梁皇寶懺》求福功德道場"，有"寒林孤魂斛食布告"，將《上大人》内容融入布告中，以紅紙抄寫貼於案上[二]。其全文如下：

　　西天佛法"上大人"，南朝聖賢"孔乙己"，斛食衣財"化三千"，賑

〔一〕劉復、李家瑞：《中國俗曲總目稿》，文海出版社，一九七三年，第六八四頁。
〔二〕陳益源：《〈上大人〉的來歷》，《國文天地》一九九八年第一三卷第八期；收入《臺灣民間文學采録》，里仁書局，一九九九年，第一二七～一三一頁。

濟汝等“七十士”，利生齋主“八九子”，改往修來“仐小生”，回心向善“佳作仁”，今生歡喜“知禮也”。

像這樣運用《上大人》的内容，可見其普遍流行而深入人心之一斑。余曾於“中央”圖書館台北分館見《台灣俗曲集》中也有《上大人歌》刻本一種。此《上大人歌》係閩南歌謠“七字仔”。全篇以二十五首七言絶句分別將《上大人》的二十五字依序嵌入各首首句的第一字，二三四句則統攝普遍流行於閩南地區的歷史演義。第二十六首則爲總結，説明此歌依序編唱廿五則故事，乃潮州蕭秀才所編。另台灣歌册中，尚有厦門博文齋書局出版及黄塗書局出版《改良上大人歌》，此兩本内容全同。《改良上大人歌》，内容與《台灣俗曲集》的《上大人歌》大同小異，除無第二十六首外，間有個别字句不同而已〔一〕。兹據《台灣俗曲集》所收迻録如下，以供參考。

新刻上大人歌

上字寫來一頭排，編出新歌唱出來。宋郊宋祈親兄弟，狀元榜眼一齊來。

大字寫來兩脚開，杞郎作城喃淚垂。姜女爲着人情苦，千里路途送寒衣。

人字寫來二人全，智遠酒醉睡瓜園。三娘受盡兄嫂迫，一冥拖磨到天光。

孔字寫來有子才，趙盾被了岸賈害。害死一家三百口，孤兒報怨天下知。

乙字寫來一畫勾，楊雄石秀上酒樓。翠屏山上殺死妻，投上梁山做賊頭。

己字寫來頭一碰，玉蓮捨命去投江。十朋江邊獻紙錢，後來夫妻得相見。

化字寫來兩朋張，楊管好箭共好鎗。射死番軍個個中，救出翠玉一小娘。

三字寫來三畫成，崇禎敗國脚脱靴。字闖李虎盡四散，聖朝有福見太平。

千字寫來頭上歪，三國姜維戰郭淮。姜維有弓又無箭，郭淮送箭去付伊。

七字寫來尾挑上，蒙正當初居破摇。虧得相府千金女，手攀柳枝過柴橋。

十字一畫一豎直，文舉坐堂打李直。李直受打就招認，打開冷房見玉真。

士字寫來相似土，三國猛將是吕布。鳳儀亭下戲貂蟬，殺死義父董郡侯。

〔一〕〔法〕施博爾（Kristofer Marinus Schipper）《五百舊本“歌册目録”》，另著録有清刊泉州見古堂辛卯年刊本，一九一四年文德堂本。

爾字寫來是覆謀，項羽烏江不肯渡。蕭何韓信用計智，後來坐位漢高祖。

小字二點在身邊，唱出唐朝郭子儀。七子八婿真富貴，夫妻相隨一百年。

生字一撇在肩上，鶯鶯小姐罵紅娘。賤婢無針不引綫，挑得張拱來跳牆。

八字寫來似目眉，唱出山伯祝英臺。二人同學有三年，未知英臺是女娘。

九字寫來一腳蹺，瓦崗好漢鬧唐朝。敬德單鞭來救主，仁貴領軍去平遼。

子字寫來腳蹺起，李廣慌忙假聖主。兄弟盡忠救國母，虧得李文中箭死。

佳字寫來土重疊，齊天取經難過劫。沙僧八戒拖命走，取出真經挑返來。

作字寫來二豎人，古時寶女棄買臣。買臣後來有官做，馬前覆水不相認。

仁字寫來一豎人，劉備猛將是趙雲。曹操雄兵失計智，救出阿斗丈坐天。

可字寫來有一口，潘章上陣敗軍走。關公雲長來助戰，救出關興共張苞。

知字一口在身邊，哪叱出世落海墩。龍王看見著一驚，抽出龍筋帶返去。

禮字頭上有一留，昭君出塞面憂憂。幾時得見漢王面，斬了奸臣毛延壽。

也字寫來腳蹺蹺，曹操潼關遇馬超。割鬚去袍拖命走，許褚走來報張遼。

編出新歌唱出來，廿五故事照頭排。請問此歌誰人編，正是潮州蕭秀才。

從上錄《上大人歌》全文，不難發現各首第一句都是分解《上大人》二十五字各字的字形特色，透過字體的形構解析以加深學習者的印象。而第二、三、四句則都統攝一則民間故事，藉以灌輸民間歷史知識，并增加其趣味性，達到學習的效果。統攝的故事都是家喻戶曉的小說戲劇故事，如第九首、第十二首、第二十一首、第二十五首爲《三國演義》；第十九首是《西遊記》；第五首是《水滸傳》；第二十三首是《封神演義》；第三首是《白兔記》；第四首是"趙氏孤兒"；第十首是《破窯記》；第十五首是《西廂記》等。其他有民間故事，第二首是"孟姜女送寒衣"；第十六首是"三伯英台"；第二十首是"朱買臣馬前潑水"等。這些足以顯現通俗蒙書《上大人》與俗文學關係之一斑。

可見《上大人》自唐代開始，歷經宋、元、明、清，乃至民國初期，在民間習字、識字教育發揮了一定的作用。甚至俗文學的小說、戲曲或民間歌謠也往往援引以爲題材，或將內容加以鋪陳；或鑲嵌入詩，其流行之廣，影響之大，真可謂雅俗共賞，三教同用。日本京都大學藏有上海慧空經房刊印流通的《梁皇寶卷全集》，卷末附有二十八句七言詩的《上大人詩注》。內容以《上大人》二十五字的每字作爲詩句首字的一篇勸世詩，正是一明顯例子。見右圖：

上界有佛在心頭，大小人家正好修。
人在浮生容易過，孔聖集書永傳流。

乙生命運皆前定，己身衣禄不須求。
化人行善修有益，三思而行再無憂。

千謀百計難逃數，七旬老人能幾秋。
十年興廢人多少，士農工商各自由。

爾爲善惡天必報，小心行事免懷愁。
生平莫作虧心事，八字按排不須求。

九重爵禄非容易，子孫發達是前修。
佳人非己休貪戀，作事公平福禄悠。

仁義禮智爲上等，可教後代書莫丟。
知書識禮人尊敬，禮門義路任君遊。

也有凡人成佛道，勸君即速早回頭。世人若依如此語，文武科甲占鰲頭。

日本京都大學藏《梁皇寶卷全集》
附《上大人詩注》

又俄國聖彼得堡東方學研究所收藏有一個寫本，是一張黃褐色的厚紙，正面抄寫有漢文佛典，背面在中央部分則寫着古藏文與漢字，文書寫的内容

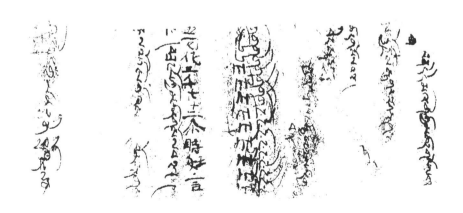

俄敦八六五五號背

是古藏文字母表的練習。令人驚訝的是在古藏文字母表下有一行幼稚而拙劣的漢字，殘存的内容竟然就是《上大夫》中的"化三千七十二尒時言"，這個《上大人》的斷片與同卷的古藏文字母表出同一人之手，這個寫本更告訴我們，《上大夫》不僅在中原漢族使用歷史長久而普遍，它在唐五代時期還流傳在中原周邊的民族，爲吐蕃所使用。其影響之深遠，難以想像，實不可以篇幅大小、字數多寡論。

早期童蒙教育主要在於識字教育。識字教材也每每成爲習字的對象，如梁代周興嗣《千字文》，長久以來都是識字、習字的重要蒙書。然《千字文》單字多，筆畫繁，小兒初學寫字不易入門。《上大人》二十五字，筆畫簡單，蘊涵中國文字的基本筆法。唐代以來一直是學童識字習字的最初教材。宋代以後更是塾書教學童習書描紅仿書所常用。直至民國，歷久不衰。

從敦煌文獻中保留的《上大夫》寫本與宋元明清的載籍文獻，乃至民國以來的小說、故事、歌謠加以考察，既可作爲唐代流行的真迹實證，又可清楚過去蒙館家塾使用的實際情況，所呈現的文獻意義與價值實不可等閑視之，當非一般所謂學童"雜寫""塗鴉"所能比。由於其家喻戶曉，耳熟能詳，以至於小說、戲曲、歌謠等俗文學作品中每每取以鋪陳、宣說或傳唱，其與俗文學的關係與影響又是令人始料所未及。

二 敦煌寫本《上士由山水》

前述敦煌寫本《上大夫》三十六件寫本中，有些後面接着寫有《牛羊千口》、數字，或作者不明的《上士由山水》五言詩句等，當是唐代流行的童蒙習字。二〇〇一年朱鳳玉《敦煌寫本蒙書〈上大夫〉研究》[一]，在叙録《上大夫》寫本時除迻録《上大夫》文本外，也迻録了斯四一〇六號背及伯三一四五號背等二件有關《上士由山水》的詩句；二〇〇二年鄭阿財、朱鳳玉《敦煌蒙書研究》習字類蒙書中也收録此詩句[二]。二〇〇七年，劉長東《論中國古代的

〔一〕 朱鳳玉：《敦煌寫本蒙書〈上大夫〉研究》，《第五屆唐代文化學術研討會論文集》，第八八~八九頁。

〔二〕 鄭阿財、朱鳳玉：《敦煌蒙書研究》，第一四〇頁。

習字蒙書——以敦煌寫本〈上大夫〉等蒙書爲中心》[一]，進一步關注與“上大夫”同屬習字性質的詩歌内容，對《上士由山水》詩的前半部分（從“上士由山水”到“文才比重仁”）的内容涵義進行探討，以爲除習字用途外，具有道家思想，并指出《上士由山水》和《王子去求仙》等五言詩是與《上大夫》結合在一起的啓蒙教育教材，研究意義不可忽視。二〇〇八年張涌泉《敦煌經部文獻合集》“訓蒙書抄”中分别校録了伯三一四五號背及斯四一〇六號背二件寫本，其中包含了《上大夫》《上士由山水》及《牛羊千口》等，認爲均屬訓蒙讀物[二]；二〇一二年日本海野洋平《敦煌童蒙教材“牛羊千口”校譯：蒙書〈上大人〉の姐妹篇》[三]，從具體的寫本出發，對一些寫本進行内容與時代的考證，析論《上大人》最初的文本及變化，認爲寫本中《牛羊千口》是《上大人》的姐妹篇。文中涉及斯四一〇六號背抄寫有《上士由山水》《上大夫》《牛羊千口》等習書的寫卷，以爲書寫年代蓋爲九世紀或十世紀。文中還提到伯特二二一九號背存有“坐竹林王”等殘句。二〇一九年任占鵬《敦煌寫本〈上士由山水〉與學郎習字》[四]，概述了四件《上士由山水》的敦煌寫本，并總結前賢成果，進一步展開系統的整理研究，論述其内容涵義與用途。

以下謹從敦煌蒙書的視角出發，就寫本書寫的原生態進行考察唐五代敦煌地區的童蒙習字，可知除當時流行全國普遍使用的《上大夫》外，同時并用的還有《上士由山水》及《牛羊千口》等，其中有關《上士由山水》的記載，在宋代以後的禪宗語録、燈譜，及元明時期文人筆記有所記述，説明唐宋以來仍有作爲習字之用。《牛羊千口》的習字，除敦煌寫本遺存外，後世似未見有載録，殆以其爲地域性、階段性的習字，因時空轉換而趨消亡。以下

〔一〕劉長東：《論中國古代的習字蒙書——以敦煌寫本〈上大夫〉等蒙書爲中心》，《社會科學研究》二〇〇七年第二期，第一八八～一九四頁。

〔二〕張涌泉主編：《敦煌經部文獻合集》第八册《訓蒙書抄（一）伯三一四五背》《訓蒙書抄（二）斯四一〇六背》，第四一二七～四一四二頁。

〔三〕［日］海野洋平：《敦煌童蒙教材“牛羊千口”校譯：蒙書〈上大人〉の姐妹篇》，《一關工業高等專門學校研究紀要》第四七號，二〇一二年，第七～二二頁。

〔四〕任占鵬：《敦煌寫本〈上士由山水〉與學郎習字》，金瀅坤主編：《童蒙文化研究》第四卷，第八五～一一一頁。

謹據敦煌寫本所見，參考前賢既有的成果，略論《上士由山水》童蒙習字的性質與流傳等相關問題，作爲敦煌寫本《上大夫》習字蒙書之附論。

（一）寫本概述

《上士由山水》的五言詩歌，主要功能與《上大夫》相同，是用作學童初學習字的詩句。今敦煌文獻所見計有七件寫本，分別爲斯四一〇六號背、伯二八九六號背、伯三一四五號背、伯四〇九三號、伯特二二一九號背（伯二四一五號）、北敦五二七號背、北敦一〇〇四八號背，茲將寫本情況列表概述如下：

敦煌《上士由山水》寫本概況表

序號	卷　號	内容	寫本年代	同卷資料
一	斯四一〇六號背	"上士油山水，中人坐竹林。王生白有性，平字本留心。立行方迴夜，文財比重人。去年出北地，今入日南音。"八句四十字。	十世紀中後期	正面：佛説法句經。背面前抄：門來善遠等；後接寫："上大夫"、"牛羊千口"、壹至拾、索、翟、陳、康等姓字雜寫姓字二十七字。
二	伯二八九六號背	背面于闐文寫本，中雜寫有"上士由山水"五字小字由左而右。還有雜寫"從德""侯司空""夫聞""太子""勑"等，字體稚嫩。		正面：《大乘密嚴經》卷中。
三	伯三一四五號背	"上士由山水，中人坐竹林。天生自有性，平子本留心。立行方迴也，文才比重仁。去年出北地，今日入南陰。未申孔父志，且作丁公吟。户内▨三史，門前出五音。若能求白玉，即此是黄金。"十四句，七十字；"黄金十萬斤，用盡却還貧。不如懃學問，大寶自隨身。"等四句，二十字。	端拱元年（九八八）	正面：社司轉帖前抄《上大夫》《牛羊萬口》；後接抄翟使君等姓氏名號及"敦煌百家姓"。

續表

序號	卷　號	内容	寫本年代	同卷資料
四	伯四〇九三號	封面有習字： 天生白友聖，平子本留心，立	封面有：庚寅年四月五日立契龍勒鄉百姓曹真昌	《甘棠集》《平脈略例》《般若波羅蜜多心經》。
五	伯特二二一九號背（伯二四一五號）	雜寫二行："坐竹林王""張之中"，硬筆書寫，字體稚嫩。		正面三行寫：《上大夫》、《牛羊千口》、藏文。與正面書寫出自不同人之手。
六	北敦五二七號背	雜寫：上士由山水，中人坐。		正面：《大乘密嚴經》卷中。
七	北敦一〇〇四八號背	"上士由山水"五字。		正面：《維摩詰所説經》卷上。背面：前寫"善慈順集一心奉來修造大王郎君"等、《上大夫》、《牛羊千口》。

伯三一四五號背

　　以上七件，以伯三一四五號背內容最爲完整，計分二部，前爲"上士由山水"五言詩，計十四句，七十字，起"上士由山水"，迄"即此是黃金"；後一首唱和詩，五言四句二十字，起"黃金十万斤"，迄"大寶自隨身"，書寫字迹較爲工整。正面爲社司轉帖稿，首尾俱全，計十七行，有題記"戊子年潤（閏）五月錄事張"。按：戊子年潤（閏）五月，當爲北宋端拱元年（九八八）。卷背二十行，書寫內容分別：《上大夫》《牛羊千口》《上士由山水》、官員名、人名、敦煌鄉名、《敦煌百家姓》等，非一人所寫，其中《敦煌百家姓》墨色較濃，字迹稍好，疑爲後寫。

　　其次，爲斯四一〇六號背，前後書寫有：《門來善遠》"壹貳參肆伍陸柒捌玖"，《上士由山水》《門來善遠》《上士由山水》《上大夫》《牛羊千口》"壹貳參肆伍陸柒捌玖"《敦煌百家姓》、姓名等內容。字迹稚嫩，蓋爲初學者之習書，《上士由山水》部分，起"上士由山水"，迄"今人曰南音"，凡八句，計四十字。其中，"上士由山水"前後兩遍，都不全，止於"今日入南音"。寫卷中有"令狐進子"，此姓名也見於斯二一五七號《佛説呪魅經》、斯三一八二號"癸亥年至乙丑年月次當番人納役簿"及俄敦四二七八號"十一鄉諸人付麵數"中，據此判斷，其書寫年代當在十世紀中後期。

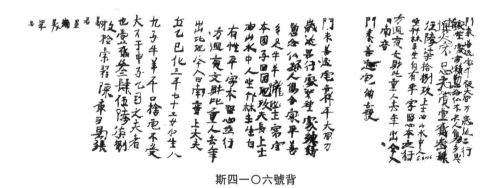

斯四一〇六號背

　　宋以後的傳世載籍也偶有述及"上士由山水"此一五言詩的詩句，然内容多半爲詩歌開頭的少數幾句，或隻言片語；敦煌寫本的發現，既提供此詩完整的内容，又顯示其早在唐五代時期便已在西北邊陲流傳，及其供作學童習字之用的具體實況，彌足珍貴。

（二）録文

兹以伯三一四五號背爲底本，參校各寫本，并參酌傳世載籍及諸家校録，逐録全文如下。

上士由（游）山水，中人坐竹林。王生自有性，平子本留心。

立行方回也，文才比仲壬。去年出北地，今日入南陰。

未申孔父志，且作丁公吟。户内▓三史，門前出五音。

若能求白玉，即此是黄金。

黄金十万斤，用盡却還貧。不如懃學問，大寶自隨身。

（三）内容與性質

1.《上士由山水》内容

此詩全篇采五言詩體，十四句，隔句押韵，林、心、壬、陰、吟、音、金平聲侵韵，一韵到底。後以首句入韵押平聲真韵的五言絶句接續，更進一步的强調勤學，作爲唱和。

有關《上士由山水》詩句敦煌寫本及傳世載籍留存的，每有異同，諸家釋讀也不盡相同。兹據録文參酌傳世文獻，針對歧異略作必要之釋讀説明。

“上士由山水”：上士，明葉盛《水東日記》作“尚仕”或“尚士”，劉長東以爲“尚”與“上”通。“由”，敦煌寫本各本作“由”，斯四一〇六號背誤作“油”，劉長東認爲“由”與“遊”和“游”通，當作“游”。宋代釋頤藏主集《古尊宿語録·滁州瑯琊山覺和尚語録》中作“游”，元代釋道泰集《禪林類聚·人境》作“遊”。按：游，有流動，不固定的意涵。與下句“中人坐竹林”坐，固定居住，意正相對。表達上士忘名，遨游逍遥於山水之間，劉長東引蘇軾《書學太白詩》：“有崔顥者，曾未及豁達李老，作《黄鶴樓詩》，頗類上士游山水。”是當作“上士游山水”，由游音同，寫本通用，初學習字，求便用由。

“王生自有性”：“王”，伯三一四五號背、伯四〇九三號作“天”，斯四一〇六號背、伯特二二一九號背及明葉盛《水東日記》作“王”。劉長東校作“天”，以爲“天生”。任占鵬以爲“王生”與下句的“平子”均爲人名。按：“王生自有性”與，“平子本留心”爲對句，當作“王”。任説爲是。

“立行方回也”：斯四一〇六號背先後兩見，均作“立行方迴夜”，伯三一四五號背作“立行方迴也”；《嘉泰普燈録·湖州道場正堂明辯禪師》作“立行方回也”〔一〕，“迴”與“回”同，當作“立行方回也”。“文才比仲壬”：斯四一〇六號背作“文財比重人”；伯三一四五號背作“文才比重仁”。劉長東據《嘉泰普燈録》作“文才比仲壬”，校改。按：財、才音同，財爲才之音訛，重仲音同，重爲仲之音訛，人、仁、壬音同，人、仁爲壬之音訛。仲壬與回也，人名相對。當作“文才比仲壬”。“立行方回也，文才比重仁（仲壬）”一句。劉長東指出“回也”指的是顔回，“仲壬”指的是東漢王充（字仲壬或作仲任）。并説：“習字蒙書選顔回和王充之目的是欲‘勵志’，即勉勵學童在德行和學問上當與二人比肩。”按：“立行方回也”與下句“文才比仲壬”爲對句，方與比對，“回也”與“仲壬”均爲人名，劉説爲是。

“今日入南陰”：斯四一〇六號背前後兩見，前作“今入日南音”，後作“今人日南音”。“今日入南陰”與前句“去年出北地”對句。去年與今日爲時間對；“北地”與“南陰”爲空間對。“南音”，與底下“門前出五音”的“音”字重韻。當據伯三一四五號背作“南陰”。

斯四一〇六號背中抄寫兩遍的《上士由山水》都是到“今日入南音”爲止，讓人誤以爲詩歌到此結束，劉長東對本詩的探討也是止於“今日入南音”。任占鵬以爲其下的“未申孔父志，且作丁公吟。户内▓▓三史，門前出五音。若能求白玉，即此是黄金”前後内容相續，韻脚相同連貫，屬《上士由山水》詩的部分詩句。至於伯三一四五號背《上士由山水》在“即此是黄金”後，有“黄金千萬斤，用盡却還貧。不如懃學問，大寶自隨身”四句。任占鵬以爲：“貧”字是平聲“諄”韻，“身”字是平聲“真”韻。押韻與《上士

〔一〕（宋）釋正受編，朱俊紅點校：《嘉泰普燈録》卷一六《湖州道場正堂明辯禪師》（海南出版社，二〇一一年，第四三三頁）：“今日忽有人間道場。如何是参議見佛燈得力句。只向道。上士由山水。中仁坐竹林。渠若雲。曾舉似人麼。只向道。立行方回也。文才比仲壬。”

由山水》不合。而且"黃金"二字與"即此是黃金"重複，所以判定它是一首單獨的詩歌。同時説：最後"若能求白玉，即此是黃金"是本詩的點睛之筆，表明意旨。高尚的德行、豐富的學問，可以求得白玉，獲得黃金；鼓勵學童不斷學習，追求進步。釋讀有一定見解，值得參考。

我仔細研讀伯三一四五號背"黃金十万斤，用盡却還貧。不如懃學問，大寶自隨身。"與前面"上土由山水"至"即此是黃金"的書寫，係同一人所寫，且連貫一氣，未有區隔。前十四句爲一首，後四句應是接續前詩的唱和詩。

按：《上土由山水》全篇詩句以"若能求白玉，即此是黃金。"作爲結束語，語義具足，而接寫的唱和詩"黃金十万斤，用盡却還貧。不如懃學問，大寶自隨身。"與《上土由山水》末句的結尾"黃金"二字作爲首句的起頭，是文學中常見的頂真修辭手法，有接續前詩之妙趣，而勵志勸學意旨更明白有力。《漢書·韋賢傳》云："賢四子。少子玄成復以明經歷位至丞相。故鄒魯諺曰：'遺子黃金滿籯，不如一經。'"〔一〕《梁書·徐勉傳》也載："嘗爲書誡其子崧曰：'古人所謂以清白遺子孫，不亦厚乎？又云：遺子黃金滿籯，不如一經。詳求此言，信非徒語。'"〔二〕漢魏六朝此一勸學理念，至隋唐五代更深入民間，成爲勸學的普遍思想。如敦煌寫本《發憤長歌十二時》（斯四一二九號、伯二五六四號、伯二六三三號、伯三八二一號）有："食時辰，偷光鑿壁事殷勤。丈夫學問隨身寶，白玉黃金未是珍。"敦煌最爲風行的家教類蒙書《太公家教》有云："勤是無價之寶，學是明月神球。積財千萬，不如明解經書。"一卷本《王梵志詩》也有："黃金未是寶，學問勝珍珠；丈夫無伎藝，虛霑一世人。"似可與隋唐文獻相互參照印證。

儒家傳統以"士"爲核心，在重名利的社會，隋唐時儒家教育子弟對名利的態度，有所看法。顏之推《顏氏家訓·名實》篇有云："上士忘名，中士立名，下士竊名"其"忘名""立名""竊名"便是"上士""中士""下士"

〔一〕《漢書》卷七三《韋賢傳》，第三一〇七頁。
〔二〕《梁書》卷二五《徐勉傳》，第三八三頁。

不同修爲境界的表現。以爲：上士徹底淡忘名利；中士據自我成就來立名；下士往往竊取他人的名利。《上士由山水》及其後的唱和詩，内容主要以上士、中人來鼓勵學童，以提高德行，勤於學問爲要務，顯示深具童蒙教學對人品與勸學之用心。

2.“上士由山水”性質

從敦煌寫本的原生態看，今存《上士由山水》的七件寫本，其中，斯四一〇六號背後接寫：《上大夫》《牛羊千口》、壹至拾、索、翟、陳、康等姓字雜寫姓字二十七字。伯三一四五號背前抄：《上大夫》《牛羊万口》；後接抄翟使君等姓氏名號及《敦煌百家姓》。伯特二二一九號背（伯二四一五號）正面三行寫有《上大夫》《牛羊千口》。北敦一〇〇四八號背前寫有《上大夫》《牛羊千口》。均與童蒙習字同卷書寫。其他伯二八九六號背雜寫“上士由山水”五字、伯四〇九三號封面“天生白友聖，平子本留心，立”十一字雜寫，北敦五二七號背“上士由山水，中人坐”八字雜寫，字迹拙劣，稚嫩。顯示這些寫本的性質，當同是童蒙的習字。

敦煌寫本伯三一四五號背、斯四一〇六號背除《上士由山水》，還有《上大夫》、《牛羊千口》、《敦煌百家姓》、姓名、數字等，學童將之一起書寫，顯示其當爲同一學習階段相同層次的習字教材。

又從歷代載籍記述來看，宋代禪宗燈録、語録記述禪師上堂、接引、參悟時，有不少提及《上上由山水》相關詩句，可知《上士由山水》在宋代的流行，且爲禪門釋子所熟知，但從這些記述尚無法明白其作爲習字之具體情形。元明時期的文獻記述中，有《上士由山水》作爲習字的相關記載。如元代李治《敬齋古今黈·拾遺》載：

> 文出升平世，禾生大有年。四克今日月，六合古山川。反樸次三五，古文丁一千。王功因各定，大作不相沿。主化布于下，人心孚自天。上方求士切，公亦立仁先。才行苟并至，位名尤兩全。末由弓治手，安比父兄肩。幸及布衣仕，宜希守令先。尺刀元并用，丹白具同研。去吏多甘老，休兵坐力田。干戈包已久，永卜本支延。歐陽永叔戲爲也。小兒初作字，點畫稍多，即難措筆，必簡易則易爲力。故小學有“上士由山

水，中人坐竹林”之語。歐公此詩，當亦爲兒輩設也[一]。

“文出升平世”是歐陽修所作的學童習字詩，内容很長，字筆畫也比較簡單。李治用“文出升平世”與“上士由山水，中人坐竹林”相比較，説明《上士由山水》是學童的習字書。

明代葉盛《水東日記・描朱》載：

　　“上大人，丘乙己，化三千，七十士，爾小生，八九子，佳作仁，可知禮也。”“尚仕由山水，中人坐竹林。王生自有性，平子本留心。”“王子去求仙，丹成入九天。山中方七日，世上已千年。”已上數語，凡鄉學小童，臨仿字書，皆昉於此，謂之描朱。爾傳我習，幾遍海内，然皆莫知所謂。或云：僅取字畫簡少，無他義。或云：義有了了可解者，且有出也[二]。

“尚仕由山水”即“上士由山水”傳誦的文字變異，明代時與《上大人》及《王子去求仙》同爲鄉學小童普遍流行臨仿描朱的教材。其記述情形，對照敦煌寫本伯三一四五號背、北敦一〇〇四八號背、伯特二二一九號背《上士由山水》之前都是抄有《上大夫》《牛羊万口》，説明實際童蒙習字的次第，都先學習簡單的《上大夫》，再學習《上士由山水》。

明二南里人編次、成書於萬曆二十五年（一五九七）的長篇神魔小説《三寶太監西洋記通俗演義》（又名《三寶太監西洋記》）第七十九回“寶船經過忽魯謨，寶船兵阻銀眼國王爺道”中記述：王公公道：“咱學生只是個口號兒，聊記歲月而已。”王爺道：“有來就是好的，哪管甚麼口號兒。”王公公援筆遂書一律，詩曰：上士由山水，中人坐竹水。王生自有水，平子本留水。寫猶未了，王爺不覺嘎嘎的大笑三聲，説道：“老公公，四個‘水’字都

〔一〕（元）李治：《敬齋古今黈・拾遺》卷一，收入王雲五主編：《叢書集成初編》，中華書局，一九八五年，第一一九頁。
　〔二〕（明）葉盛：《水東日記》卷一〇，第一〇五～一〇六頁。

來，倒是點水不漏。"[一]足見《上士由山水》在明代是大家熟悉的初學習字的詩句。

至於《水東日記》所載《王子去求仙》詩與《上士由山水》詩性質相同，都是以文字的基本筆畫爲主，適合學童習字，同爲明代學童習字之用。《王子去求仙》其故事源自晋代道士王質，負斧入山的傳説故事[二]。敦煌莫高窟三六六窟門口題有此詩[三]。宋代李濤的《次韵平垫王子厚登相山不及相過》云："兒童傳好語，王子去求仙。我住亦邇只，君胡不惠然。相望百里外，一別五年前。會聚渾閒事，鷺鷗盟要堅。"從此詩首句來看，《王子去求仙》在當時也是流行的學童啓蒙用詩歌。南宋普菴禪師《普菴印肅禪師語録·證道歌》云："三身四智體中圓，猶説三千及大千；八萬法門從此出，咄哉王子去求仙。"北宋以前似乎未見有相關的記述，敦煌寫本没有看到。

王利器《敦煌寫本〈上大夫〉殘卷跋尾》云：

舊時四川，幼童發蒙習字，塾師以土紅筆寫"一二三"等字，命學童依樣描寫，謂之"拉扁擔"，拉伸了，然後摹格反復寫"上下十卜丁，人干寸斗平"十字，久之，又換寫"王子去求仙，丹成入九天。山中方七日，世上已千年"。大概由於四川是道教盛行之地……故幼學習字，亦受其影響，與受儒家影響之"上大人，孔乙己"，異其趣矣[四]。

〔一〕（明）二南里人編次：《三寶太監西洋記通俗演義》，《古本小説集成》編委會編：《古本小説集成》第六一册，上海古籍出版社，一九九四年，第二一三五頁。

〔二〕西晋司馬彪《郡國志》："昔有道士王質，負斧入山，采桐爲琴，遇赤松與安期先生棋，而斧柯爛。"東晋虞喜《志林》、南梁任昉《述異記》都爲此一傳説故事疊加增補，形成王質入山觀仙人奕棋爛柯的故事，以人生易逝，而有山中方七日，世上已千年之傳説。

〔三〕高啓安：《一張據説是"莫高窟藏經洞"照片的考索》，中央文史研究館、敦煌研究院、香港大學饒宗頤學術館編：《慶賀饒宗頤先生九十五華誕敦煌學國際學術研討會論文集》，中華書局，二〇一二年，第五九八頁。

〔四〕王利器：《敦煌寫本〈上大夫〉殘卷跋尾》，《社會科學戰線》一九九〇年第三期，第三二四頁。

以前四川地區的先生教學童習字，先用紅筆寫一、二、三數字，讓學童描寫；然後反復描寫"上下十卜丁，人干寸斗平"；再過一段時間，換寫《王子去求仙》。這一過程中，習字是從筆畫少到筆畫多。

《上士由山水》和《上大夫》都具有儒家勸學的意義，《王子去求仙》具有道家求仙煉丹的思想，雖然意旨有所不同，然而作爲童蒙習字之功則是一致，由《上大人》擴大而來，使童蒙習字不致於太過單調，至於其詩意則正如葉盛所言："爾傳我習，幾遍海內，然皆莫知所謂"，顯然是在其次，不必太在意了。

（四）《上士由山水》的流傳

敦煌藏經洞的文獻紀年年代最晚的是俄敦三二二號《宋咸平五年（一〇〇二）五月五日曹宗壽夫婦施經題記》，是《上士由山水》最晚在十一世紀初便已流傳，上述所見的七件《上士由山水》敦煌寫本習字，其年代當爲十世紀，是五代北宋初期已流行於敦煌地區，作爲童蒙習字之用。

蒙書本爲童蒙學郎所使用，以世俗百姓的子弟爲教學對象，因其風行，漸漸爲釋門所接受，尤其宋元時期禪門每每以爲談資，更有作爲上堂、接引、參悟之機鋒[一]。北宋釋道原纂《景德傳燈錄》載：

> 問："如何是和尚家風？"師曰："石橋那畔有遮邊無，會麼？"僧曰："不會。"師曰："且作丁公吟。"[二]其中"師"是指"韶州白雲祥和尚實性大師（八八五～九六〇）。

大師對僧人所提的問題進行反問，僧人回答道"不會"，然後大師便說"且作丁公吟"。任占鵬以爲實性大師與僧人的對話中，實性大師引"且作丁

〔一〕　參見鄭阿財：《從敦煌文獻論蒙書在釋門的接受與運用》，《漢學與東亞文化研究——王三慶教授七秩華誕祝壽論文集》，萬卷樓，二〇二〇年，第一九～四〇頁。

〔二〕　（宋）釋道原纂：《景德傳燈錄》卷二二，《大正新修大藏經》第五一冊第二〇七六號，第三八四頁。

公吟"一句，用它的目的是讓僧人去學習。這一記載與《古尊宿語録·智門祚禪師語録》所載"問：'如何是祖師禪？'師云：'上大人。'又云：'會麼？'僧云：'不會。'師云：'不會且順朱。'"頗爲相似。《上大人》是基礎的習字蒙書，提問的僧人竟然不會《上大人》，智門祚禪師祇能告訴他不會的話就去順朱。順朱即描紅，是當時學童習字的主要方法，可以引申爲學習。也就是説，智門祚禪師是讓僧人從基礎開始學習。類似的對話，顯示禪門重視初習本心根基，每每藉助童蒙初學習字的《上大人》《上士由山水》等熟悉易懂的例子來開示弟子，此類記述，常見於宋元時期傳世的禪宗燈録、語録之中。顯示其在中原地區廣爲流傳。

例如：北宋釋惟白集《建中靖國續燈録·洪州壽聖普訥禪師》載："問：'朝蓋已臨於法會，還有西來意也無。'師云：'上士由山水。'"〔一〕南宋頤藏主集《古尊宿語録卷》卷四六《拈古》："師拈云：'且道如今作麼生會。'良久云：'上士游山水。中人坐竹林。'"〔二〕

南宋正受編《嘉泰普燈録·湖州道場正堂明辯禪師》："今日忽有人問道場：'如何是參議見佛燈得力句？'只向道：'上士由山水。中仁坐竹林。'渠若云：'曾舉似人麼？'只向道：'立行方回也。文才比仲壬。'"〔三〕

南宋釋崇嶽、釋了悟等編《密庵禪師語録·衢州大中祥符禪寺語録》載："上堂：'不求諸聖，不重己靈。摺折德山棒，啞除臨濟喝。終日泥豬疥狗，哆哆和和，不記月之大小、歲之餘閏，知他是凡耶是聖耶。祥符若放過，三十年後遭人撿點。若不放過，如何道得轉身句。'喝一喝云：'上士由山水，中人坐竹林。'"〔四〕

〔一〕（宋）釋惟白集：《建中靖國續燈録》卷六《洪州壽聖普訥禪師》，《卍續藏經》第一三六册，藏經書院版，第一〇四頁。

〔二〕（宋）頤藏主集：《古尊宿語録卷》卷四六《拈古》，中華書局，一九九四年，第九一八頁。

〔三〕（宋）釋正受撰，秦瑜點校：《嘉泰普燈録》卷一六，上海古籍出版社，二〇一四年，第四五九頁。

〔四〕（宋）釋崇岳、釋了悟等編：《密庵禪師語録》之《衢州大中祥符禪寺語録》，《大正新修大藏經》第四七册第一九九九號，第九六一頁。

　　元釋道泰集《禪林類聚・人境》中亦有類似記載："琅琊覺云：'且道如今怎生會。'良久云：'上士遊山水。中人坐竹林。'"〔一〕

　　諸如此類，可見《上士由山水》從五代北宋以降，廣爲流傳，除童蒙習字之外，同時也和《上大人》一樣，爲禪門所運用，明清禪門援引也大抵相似，如明末清初宗寶《道獨禪師語録》、清初《斌雅禪師語録》、清《雲峨喜禪師語録》等。而民間童蒙習字順朱描紅，直至民國初期依然相仍不替，足見其影響之深遠。

　　此外，敦煌寫本尚有不少《尚想黃綺帖》《蘭亭序》寫本，雖然也是童蒙書寫的，但此爲學習書法，故以大書法家王羲之的名帖作爲學習書寫的對象，其與上述《上大夫》《上士由山水》童蒙初學習字的性質有別，學習目標明顯不同，故不加討論。

〔一〕（元）釋道泰集：《禪林類聚》卷一〇《人境》，《卍續藏經》第一一七册，藏經書院版，第一一九～一二〇頁。

第二章　知識類蒙書

　　古代童蒙教育蓋以識字爲先，略識之無後，則灌輸生活實用知識、基本倫理、道德，以滿足常人立身處世所需的教育素養，塑造具有普世價值的人格。因此，教材内容無不隨着時代變遷，因社會發展而與時俱進，而逐漸有所擴展與增加，形成專博區分的發展趨勢。

　　秦漢至唐前的蒙書，主要爲韵語式的字書。唐五代的蒙書，除繼承既有的傳統外，隨着生活文化的變遷與民間教育的普及，教育内容與學習目標的多元化，促使蒙書體式種類多樣多種，且日趨完備，教育功能也朝向階段性的分工發展；從綜合性識字類蒙書爲主體，拓展出内容廣泛的各種知識類蒙書，舉凡歷史、掌故、自然、名物等等，不一而足。從今存敦煌蒙書的體類與内容來考察，似可約略窺見已具有近現代課程科目劃分的雛形。

　　敦煌文獻中各種知識類蒙書寫本，保存有不少展現詩文寫作教習的内容，尤其是詩文屬對一類的蒙書，呈現着識字教育達到具備讀書、寫字的一定基礎能力後，進階發展到寫作能力的養成。一般庶民教育的目標大抵以寫信、記事爲主，士族子弟或庶民子弟學而優者，進而學習舉業科考之詩文訓練。

　　敦煌文獻中有關知識類蒙書的内容，包羅範圍廣泛，分類也細，概而言之，約可分爲綜合知識、歷史知識、習文知識及算數知識等類。基本反映了唐代庶民的知識體系，也延伸照應有志舉業的學童有關詩文對策的學習知識。兹分别略述如下。

第一節　綜合知識類蒙書

所謂綜合知識類的蒙書，蓋指爲灌輸日常生活中所需的各類知識，包涵天文、地理、動物、植物等自然知識及歷史、人物、制度、節日、民俗、經典、文學等人文素養而編纂的蒙書。

作爲教育初基的識字類蒙書，以文字識讀爲主要目的，在選擇字詞的編撰過程中，將生活中常見的各類相關字詞加以纂集，藉以掌握日常生活所需的各類名物的字詞語彙，簡單勾勒初步的知識系統與輪廓，這是蒙書傳統的共通性。如周興嗣次韵的《千字文》，內容雖歷叙天地、氣象、博物、社會、歷史、倫理、教育等方面，然其爲歌括式四言韵語的識字書，其所及僅爲字詞，大抵爲日常名物、詞彙而已。唐五代蒙學發達，以知識教育爲核心的蒙書，接續着集中識字的識字類蒙書而發展，出現各類型的知識類蒙書。敦煌寫本中便有不少廣泛介紹與日常生活息息相關的天文、地理、動物、植物、礦物、生理、倫常等綜合知識類蒙書。這類蒙書既較集中識字、各類知識的內容具體而明確，同時也與側重倫理道德及生活規範的德行類蒙書迥然有別。其中《雜抄》《孔子備問書》等綜合知識類蒙書，內容豐富，涵蓋知識面較廣，歷史、地理、天文曆法、事物起源、社會常識以及倫理道德等，是爲開蒙啓智、傳播知識而編，類似《十萬個爲什麼》一類滿足孩童追求新知的讀物，是唐代庶民的綜合知識類蒙書，是研究唐代社會史及知識結構珍貴的參考材料。兹分別略述如下：

一　《雜抄》

《雜抄》是保存在敦煌文獻知識類蒙書中寫本最多的一種綜合知識類蒙書。又名《珠玉抄》《益智文》《隨身寶》，以一問一答的形式組織成篇，內容包容了天文、地理、歷史、生活等各方面的基本知識。今所知見計有：斯四六六三號、斯五六五八號、斯五七五五號、斯九四九一號、伯二七二一號、伯二八一六號、伯三一五五號、伯三三九三號、伯三六四九號、伯三六六二號、伯三六七一號、伯三六八三號、伯三七六九號、伯三九〇六號、羽六六三R號十五個卷號十三件寫本。其中以伯三七二一號卷子本最爲完整，凡一六四行，含首尾題及序文。另斯五六五八號與伯三九〇六號册子本爲同一寫本脱落爲二；斯四六六三號與伯三三九三號内容銜接，筆迹全同，當係一卷斷裂爲二而分藏兩地，宜綴合。其中伯二八一六號爲《雜抄》的節略本；伯三一五五號、日本杏雨書屋藏羽六六三R號爲《雜抄》别本。

最早提及敦煌寫卷《雜抄》的是劉復，一九二五年他在《敦煌掇瑣》一書中，提及法藏伯二七二一號的《雜抄》一卷，惜當時劉氏以爲其中"原寫本伏羲姓風下有一百三十五行，悉是雜記典故，全無道理，故未鈔録"[一]。因此僅録此卷首數行及末尾數段而已。直到一九四二年，日本那波利貞撰《唐鈔本〈雜抄〉攷—唐代庶民教育史研究の—資料—》一文，始根據伯二七二一號卷子加以研究，認爲《雜抄》是中唐時代爲一般庶民普遍教育用而編的一部常識寶典，并將全卷加以迻録[二]。一九四八年周一良《敦煌寫本〈雜抄〉考》，以爲伯二七二一號卷子當是晚唐寫本，其中所包含的材料則頗早，纂集的時代遠在鈔寫時代之前。并據寫卷内容"何名五岳"條；中岳"嵩高山"下注云："崿城縣"，以爲《唐六典》卷三《户部河南道嵩代二岳》下注云："中岳嵩山在河南宜成縣。"不可通。宋本宜作告。《唐六典》之"宜成"蓋亦爲"嵩城"形近而致訛也，幸賴此寫本《雜鈔》，得以證《元和志》之確而訂六典之誤。又據《雜鈔》中"何名三史？《前漢》《後漢》《東觀漢記》"條，而認爲三史之目猶存《漢紀》，這説明其所依據資料的時代必上去開元不遠，而迥在長慶之前[三]。一九五一年張政烺《敦煌寫本〈雜鈔〉跋》[四]，也據《敦煌掇瑣》所録之片段加以

〔一〕劉復：《敦煌掇瑣》，第三一三頁書眉。

〔二〕[日]那波利貞：《唐鈔本〈雜抄〉攷—唐代庶民教育史研究の—資料—》，《支那學》第一〇期，一九四二年，第一~九一頁。

〔三〕周一良：《敦煌寫本雜抄考》，《燕京學報》第三五期，一九四八年，第二〇五~二一一頁。收入《周一良全集》（第三編）《佛教史與敦煌學》，高等教育出版社，二〇一五年，第三三八~三四四頁。

〔四〕周珏良等編輯：《周叔弢先生六十生日紀念論文集》，第二五一~二五七頁。

立論，疑其即唐宋人之所謂《何論》。一九八二年黄永年《釋敦煌寫本雜
鈔中的“面衣”》，據伯二七二一號對“面衣”一詞詳加考釋〔一〕。一九八八
年朱鳳玉《敦煌寫本〈雜抄〉研究》曾就當時得見伯二七二一號等十個抄
本，加以迻錄，作成定本，略論其價值〔二〕。一九九〇年周丕顯《巴黎藏伯
字第二七二一號〈雜抄·書目〉初探》針對《雜抄》中開列的書目進行探
究〔三〕。周丕顯《巴黎藏伯字第二七二一號〈雜抄書目〉初探》，認爲該書
成書於高宗永淳經武周至開元之間，即七世紀後期至八世紀前期之間，而
開元間的可能性尤大。并以目録學的視角對該卷文書進行研究，認爲《雜
抄》所列書目反映了唐代下層知識分子的閱讀情況，是一份最低限度的推
薦書目，這一書目反映出唐時之風俗、信仰、世事、典故、科舉考試、社
會歷史背景諸多歷史真實。本人在《〈義山雜纂〉研究》，《從敦煌文獻看
李義山〈雜纂〉的性質》二篇論文中就二者的性质、形式相同條目的内容
進行比較與研究，論述《雜抄》與《雜纂》中唐時在社會廣泛流行，反映
唐代社會文化的面向；同時也據以佐證《雜纂》一書出自唐人之手，作
者當是李義山；凸顯敦煌蒙書較一般傳統蒙書更具實用性與時代性的特
色〔四〕。一九九三年王三慶教授《敦煌類書》則將之視爲問答體的類書，進
行文本校箋〔五〕。一九九五年朱鳳玉《從傳統語文教育論敦煌本〈雜抄〉》根
據十四件寫本，從語文教材兼具知識性、思想性、通俗性與實用性的特點

〔一〕　黄永年：《釋敦煌寫本雜鈔中的“面衣”》，《敦煌學輯刊》一九八二年第〇〇
期，第二〇～二二頁。

〔二〕　朱鳳玉：《敦煌寫本〈雜抄〉研究》，《木鐸》第一二期，一九八八年，第
一二〇～一三四頁。

〔三〕　周丕顯：《巴黎藏伯字第二七二一號〈雜抄·書目〉初探》，中國敦煌吐魯番學
會編：《敦煌吐魯番學研究論文集》，漢語大詞典出版社，一九九〇年，第四一五～四二九
頁。

〔四〕　鄭阿財：《〈義山雜纂〉研究》，《第一屆國際唐代學術會議論文集》，台灣學生
書局，一九八八年，第三一七～三八六頁；鄭阿財：《從敦煌文獻看李義山〈雜纂〉的性
質》，《木鐸》第一二期，一九八八年，第一一一～一一九頁。

〔五〕　王三慶：《敦煌類書》，麗文文化事業股份有限公司，一九九三年，第
一二三～一二六頁。

切入，考察其對現代兒童通俗讀物編纂的啓發[一]。一九九六年王喆《〈珠玉抄〉成書年代及作者考》，從書中涉及的人物、事件及反映的思想内容等方面推斷考證，《珠玉抄》成書年代上限應爲唐中宗神龍三年（七〇七），下限應爲唐肅宗寶應元年（七六二）[二]。二〇〇二年我與朱鳳玉合著《敦煌蒙書研究》，在第三章《敦煌寫本知識類蒙書》"第一節綜合之事類蒙書"中曾根據十三件敦煌寫本《雜抄》進行叙録，并迻録全文，進而探討成書時代、性質、形式、内容等相關問題進行較爲全面的論述，以爲此書在當時無疑是一本廣泛介紹現實生活中最具有價值的綜合性知識的啓蒙教材，可以稱得上是一部生活小百科全書。之後，研究不斷，主要如吴楓《珠玉鈔考釋》[三]，張弓《敦煌典籍與唐五代歷史文化》一書的《儒學章》中，牛來穎將之列入蒙書中的書抄，又以其所據材料之早者如高宗時期的嵩城縣，其下限當在代宗寶應年間，成書年代又與《太公家教》《新集文詞九經抄》等年代大致相彷彿，或許恰恰是張九齡《珠玉抄》之别本或"新抄"，故名"雜抄"[四]。伊藤美重子《敦煌寫本〈雜抄〉に關する諸問題》指出伯二八一六號等三件爲節略本，討論《雜抄》的故事及歲時記事的由來[五]。盧善焕（《敦煌本〈雜抄〉考述》討論雜抄年代、歷史價值，并據十件寫本進行録文與校釋[六]。韓巧梅《敦煌寫本〈珠玉抄〉研究》在前賢究

〔一〕 朱鳳玉：《從傳統語文教育論敦煌本〈雜抄〉》，《全國敦煌學研討會文集》，中正大學中國文學系，一九九五年，第二〇一～二二〇頁。

〔二〕 王喆：《〈珠玉抄〉成書年代及作者考》，《松遼學刊（社會科學版）》一九九六年第二期，第五七～五九頁。

〔三〕 吴楓：《珠玉鈔考釋》，《吴楓學術文存》，中華書局，二〇〇二年，第三四六～三五七頁。

〔四〕 張弓主編：《敦煌典籍與唐五代歷史文化》（一）"儒學章"，中國社會科學出版社，二〇〇六年，第一三六～一四一頁。

〔五〕 ［日］伊藤美重子：《敦煌寫本〈雜抄〉に關する諸問題》，《敦煌吐魯番出土漢文文書の新研究》，東洋文庫，二〇〇九年，第四〇五～四二七頁。

〔六〕 盧善焕：（《敦煌本〈雜抄〉考述》，收入黄正建主編：《中國社會科學院敦煌學回顧與前瞻學術研討會文集》，上海古籍出版社，二〇一二年，第一一七～一五二頁。

成果的基礎上[一]，據十四個卷號的寫本進行叙録匯校，就性质、来源、成书年代、作者及内容、体例等論題進行統整論述。陳麗萍《日本杏雨書屋藏羽663R號敦煌文書的定名》經過《雜抄》全本與羽六六三R號内容次序的比對，最終將羽六六三R號定名爲《雜抄別本》[二]。總體而言，這些研究大抵圍繞着《雜抄》内容性質及成書年代考論，并從新公布的敦煌文獻中梳理出相關寫本[三]。以上研究可資參考。

（一）寫本概述

今所得見敦煌寫本《雜抄》總計有十五號，十三件抄本，分別庋藏於英、法兩國，其中英藏有斯四六六三號、斯五六五八號、斯五七五五號、斯九四九一號等四號，法藏有伯二七二一號、伯三三九三號、伯三六四九號、伯三六六二號、伯三六七一號、伯三六八三號、伯三七六九號、伯三九〇六號等八號，經綴合後計十件寫本，另有伯二八一六號、伯三一五五號、羽六六三R號爲節略本與摘抄，詳見後列表“敦煌寫本《雜抄》概況表”。

以上十三件寫本中，斯五六五八號、斯五七五五號、伯三九〇六號等三件爲册子本，其他皆爲卷子本（伯三六六二號、伯三六八三背號、斯九四九一號三件爲殘片，依行款當爲卷子本之殘片）。其中以伯二七二一號卷子本最爲完整，凡一百六十四行，含首尾題及序文。另斯五六五八號與伯三九〇六號可綴合，綴合後，計存一百一十九行，内容相對完整，有尾題。又斯四六六三號與伯三三九三號内容銜接，筆迹全同，宜綴合，綴合後計八十一行。

〔一〕　韓巧梅：《敦煌寫本〈珠玉抄〉研究》，西北師範大學碩士論文，二〇一二年。

〔二〕　陳麗萍：《日本杏雨書屋藏羽663R號敦煌文書的定名》，《魏晋南北朝隋唐史資料》第三一輯，二〇一五年，第二七七～二九一頁。

〔三〕　另外還有李娜：《論〈雜鈔〉與“雜纂體”》，《黃岡師範學院學報》二〇一二年第一期，第八二～八六頁；張玥：《淺談〈雜抄〉書目對當時科舉考試的迎合》，《文化學刊》二〇一九年第四期，第二二八～二三〇頁。

敦煌寫本《雜抄》概況表

序號	卷號	寫本狀況	行數	保存部分	首尾題	題記	同卷資料
一	伯二七二一號	首尾俱全	一百六十四	全	首題:"雜抄一卷 一名珠玉抄 二名益智文 三名隨身寶 并序" 尾題:"珠玉新抄一卷"。	有	後接抄《開元皇帝讚金剛經讚一卷》計二十一行,《新集孝經十八章皇帝感》殘卷十二行。背面爲《舜子至孝變文一卷》。
二	伯三六四九號	首殘尾完 前十二行下半殘	一百六十四	全	首題:"雜抄一卷 一名珠玉抄 二名益……",尾題 "雜抄一卷"	有	背面有契約三件。
三	斯五七五五號	册子本首完尾缺	一百	○○~一○	首題:"雜抄一卷 一名珠玉抄 二名□□□ 三名隨身■(寶)"	有	册子(存六葉,一葉八~十行)。
四	伯三三九三號 + 斯四○六三號	首完尾缺	八十一	○○~一七	首題:"雜抄一卷 一名珠玉抄 二名益智文 三名隨身寶 并序"	有	斯四○六三號背面有社司轉帖三行。
五	伯三六七一號	首三三行殘上半,後四行殘下半	一百二十二	○二~二○			
六	斯五六五八號 + 伯三九○六號	册子本首缺尾完	五十四+六十五	○八~二三	尾題:《雜抄一卷》	有	伯三九○六號《碎金》,後接抄《雜抄》殘本,首尾完整,共九葉半又六行,再抄《書儀》殘本,存二葉。

續表

序號	卷號	寫本狀況	行數	保存部分	首尾題	題記	同卷資料
七	伯三七六九號	首尾俱缺	二十五	二〇～二一			
八	伯三六八三背號	斷片	二十二	〇五～〇八			正面《周易王弼注》殘卷。
九	伯三六六二號	斷片	七	一七～二〇			有些條目順序不同。或有雙行小字。
一〇	斷九四九一號	斷片	六	〇〇			
一一	伯二八一六號	首尾俱缺	二十一	節略本			
一二	伯三一五五號	首缺尾完	六十五	摘抄			
一三	羽六六三R號	首尾俱缺	十五	摘抄			

此外，與《雜抄》內容有所關涉的寫本，尚有伯二八一六號、伯三一五五號及日本大阪杏雨書屋藏羽六六三R號三件。其中伯二八一六號殘存二十一行，全爲摘録《雜抄》的內容，顯然是《雜抄》的節略本。王三慶《敦煌類書》將伯三一五五號列爲"節本珠玉抄甲"，《敦煌遺書總目索引》王重民《伯希和劫經録》中，著録題作"孔子備問書"。羽六六三R號《敦煌秘笈》著録作"題名：不知題類書。原題名《開蒙要訓》"。按：伯三一五五號爲卷子本，首缺尾完，缺題，存六十五行，原卷有斷句。起"得三千六百□兄弟九人，各住九處，是以後人因此即立九州，取之治道。"迄"六親近惡人，七抵慢良善，八切須削之。"其內容前三十八行爲孔子問，老子答，計問"人皇之後，有誰承之""伏羲之後，治化何似""伏羲之後，有誰承之""神農之時，何以治化""神農之後，有誰代之""祝融之後，有誰代之""軒轅之時，何以造化""顓頊之時，治化何似""帝舜之時，治化何似"等，內容文字頗近似《天地開闢以來帝王紀》，而與《雜抄》"辯年節日。昔人皇九頭，兄弟九人，人別居住，是以因次，即立九州，年月一日易十日，十日易百日，故以三百六十日爲一歲。"內容相涉。後二十七行則抄録了《雜抄》中的"論婦人四德""辯雞有五德之事""世上略有十種刳窒之事，言十無去就者，言五不達時宜者，五無所知者，五不自思度者，言六癡者，言有八頑者"等，顯然是《雜抄》與《孔子備問書》流行，讀者彙録摘鈔的綜合本，既非《備問書》亦非《雜抄》。

羽六六三R號存二十行，前一至六行抄"正月孟春猶寒、二月仲春漸暄"到"十二月仲冬劇寒"；第六至二十行抄"何名四時""何名八節""何名八節""何名五嶽""何名四瀆""何名三川""何名八水""何名三農""何名五穀""何名五果""何名五味""何名五色""何名五姓""何名五常""何名五德""何名六藝""何名三才"係摘抄《雜抄》內容。其性質與伯三一五五號相同，蓋爲學郎摘抄。

以上十三件寫本中，正背面保有題記，其中有紀年可資考察抄寫年代者計有四件，依時代先後條列如下：

伯三三九三號有題記："辛巳年（九二一）十一月十一日三界寺學士郎梁流慶書記之也"。

伯三九〇六號有題記："天福柒年（九四二）壬寅歲肆月貳拾日（四月

二十日）伎術院學郎知慈惠鄉書手吕均書"（《碎金》末尾題記），"天福柒年歲在壬寅夾鐘之月彫生貳拾壹葉（二月二一日）從表弟吕均書"。

伯二七二一號卷背《舜子至孝變文》有題記："天福十五年歲當己酉（九四九）朱明蕤賓之月賞生拾肆葉（五月一四日）寫畢記。"

伯三六四九號有題記："丁巳年（九五七）正月十八日净土寺學士郎賀安住自手書寫讀誦過記耳。"

從中可見抄寫時代蓋在十世紀中，爲敦煌歸義軍曹氏家族時期。其中題記保有抄寫者身份及姓名的有三界寺學士郎梁流慶，净土寺學士郎賀安住，伎術院學郎知慈惠鄉書手吕均。

抄寫者身分有敦煌歸義軍時期著名的三界寺、净土寺的學士郎[一]，以及歸義軍培養禮儀、陰陽、曆法、占卜等方面專門人才的伎術院學郎[二]。伯三九〇六號抄寫者是伎術院學郎吕均，他同時還是主持慈惠鄉書寫、抄寫工作的書手[三]，説明《雜抄》這種綜合知識性的蒙書是識字之後，年級稍大，學識略具的學生抄寫讀誦的書籍。

（二）録文

兹以伯二七二一號爲底本，與其他各本進行參校，并參考諸家録文，録全文如下。

_____

〔一〕敦煌寺院寺學的學生稱"學郎""學士""學仕""學士郎""學仕郎""學生"，其中稱"學士郎""學仕郎"者，在金山國以前的歸義軍時期使用過，但主要用來指學生的記載顯然出現在金山國以後。三界寺的學生有文書記載的都稱爲"學士郎"，曹氏政權以後，則統稱爲"學士郎"。參李正宇：《唐宋時代的敦煌學校》，《敦煌研究》，一九八六年第一期，第四三頁。

〔二〕唐代伎術院的建置，史無明載，然敦煌文獻中多見有敦煌伎術院，是張承奉建立金山國時新成立的機構，是掌管歸義軍典禮祭祀、占卜陰陽、天文曆法之事的職能部門。但它不僅僅是職能部門，同時也是爲歸義軍培養禮儀、陰陽、曆法、占卜等方面專門人才的教學部門。參李正宇：《唐宋時代的敦煌學校》，《敦煌研究》，一九八六年第一期，第四三頁。

〔三〕唐代鄉里設有書手。唐代元稹撰、吴偉斌編年箋注《新編元稹集》第一四册《同州奏均田狀》："昨因農務稍暇，臣遂設法，各令百姓自通手實狀。又令里正、書手等傍爲穩審，并不遣官吏擅到村鄉。"（第七二三四頁）

《雜抄》一卷

一名《珠玉抄》，二名《益智文》，三名《隨身寶》并序

蓋聞：天地開闢已來，日月星辰，人民種類，陰陽寒暑，四時八節，三皇五帝，宮商角徵羽，金木水火土，九州八音，山川道徑，壽形之物，貴賤賢愚，帝代相承，生死不及，周而復始。天地［之玄］，宗祖之源，人事之矣，并皆幽玄，莫能照察。余因暇日，披覽經書，略述數言，已（以）傳後代云耳。

論三皇五帝。何名三皇？伏羲、神農、黃帝。三皇何姓？伏羲姓風，神農姓姜，皇（黃）帝姓姬。何名五帝？顓頊帝、嚳帝、軒轅帝、［堯帝、舜帝。五帝何姓？顓頊帝、嚳帝同姓孫，軒轅帝姓軒轅］，堯帝姓伊祁，舜帝姓姚。

論三川、八水、五岳、四瀆。何名三川？秦川、洛川、蜀川。何名八水？涇水、渭水、灞水、滻水、灃水、滈水、潦水、潏水。何名五岳？東岳泰山，豫州；西岳華山，華州；南岳衡山，衡州；北岳恒山，定州；中岳嵩高山，嵩城縣。何名四瀆？江、河、淮、濟。各出何山？江出岷山，河出崑崙山，淮出桐柏山，濟出王屋山。

論九州、九經、三史、三才。何名九州？雍州、冀州、豫州、荊州、揚州、梁州、徐州、兗州、青州。何名九經？《尚書》《毛詩》《周易》《禮記》《周禮》《儀禮》《公羊》《穀梁》《左傳》。何名三史？《史記》《前漢》《東觀漢記》。何名三才？天、地、人。

論六國、六藝、五味。何名六國？齊、楚、韓、魏、燕、趙。何名六藝？禮、樂、射、御、書、數。何名五味？辛、恬（甜）、酸、鹹、苦。

論五穀、五果、五射、五德。何名五穀？房、芒、角、穗、散。何名五果？胡桃、石榴、栗子、雞頭、菱角。何名五射？賓射、太射、禮射、鄉射、燕射。何名五德？仁、義、禮、智、信。

論五姓、五行、三老、三備。何名五姓？宮、商、角、徵、羽。五姓作何聲色？黃聲宮、白聲商、青聲角、赤聲徵、黑聲羽。何名五行？金、木、水、火、土。五行各有何味？金味辛、木味酸、水味鹹、火味苦、土味甘。五味各屬何色？辛色白、酸色青、鹹色黑、苦色赤、甘色黃。何名三老？上

知天文、下知地理、中知人情。何名三備？君、父、師。

論三光、六暗、三農、元正、三朝、[五辛]。何名三光？日、月、星。何名三農？春蠶、夏麥、秋禾。何名三朝？冬、臘、歲。何名元正？歲首、正月、元日。何名六暗（物）歲、時、日、月、星、辰？六齊（氣）[陰、陽、風、雨、晦、明]。[日夜]。何名五辛？蔥、蒜、韭、芹、苢。

辨年節日。昔人皇九頭，兄弟九人，人別居住，是以因次，即立九州。年月一日易十日，十日易百日，故以三百六十日爲一歲。二月社者何謂？社者是地之主。神農嘗五穀，后稷播種。何名六畜？牛、馬、豬、羊、雞、犬。祝融造鐺、釜、犁、鏵，燧人出火，勾龍能平水土，故以春秋二社祭之。三月三日何謂？昔幽王臨水而遊，妻將亡，女齎酒食，至河上眺望觀看，作樂，解除幽王惡事，及收艾，大良。四月八日何謂？天子太子初生之日，廣會聖衆，設齋供養。五月五日何謂？高辛子姓煮粽，以其因之。又説昔屈原投汨羅水而死，後人作粽祭之也。六月六日何謂？其日造醬、麴，及收構子，大良。此月三伏日何謂？其日食湯餅，去瘴氣，除惡疚。七月七日何謂？看牽牛織女，女人穿針乞巧。又説高辛氏小子，其日死，後人依日受吊。十四、十五日何謂？爲大目乾連母青提夫人，緣將見功德之物，避見廣買雞肫，造諸惡業，墮在十八重地獄中，即至餓鬼獄中，受種種苦。目連投佛出家，後禪定觀知，遂告諸佛，啼泣救母。令七月十五日，造盂蘭佛盆供養。因此一切七代先亡父母，并皆得食喫自餘，時因爲罪重慳貪，故作猛火水，亦復然也。八月一日何謂？其日以墨點之，名爲炙，以厭万病，大良。九月九日何謂？昔帝嚳子名堯，八歲封爲唐侯，十六升天登位。堯九月九日大會諸侯，用麵米擬造麴。米未到之間，其九日，帝嚳崩，扶堯登位，百官總集，不得用酒。即用米糗吹（炊）之。團作番餅，用胡麻作米糗會諸侯。自爾已來，不令斷絕也。十月曉又日呈，何謂？昔漢高祖十月一日入秦，故作一日節，方飩爲尚。十一月冬至何謂？冬至之日，陽爻始動，萬物生芽；夏至之日，萬物燋粹，是以賀吉不慶凶也。十二月八日何謂？其日沐浴轉障，除萬病，名爲温室，于今不絕也。臘煞何謂？冬末爲神農和合諸香藥，并因晉武帝，至今不絕。寒食斷火何謂？昔介子（之）推在覆釜山中，被晉文公所燒，文公收葬，故斷火，於今不絕。

論始欲學之事。昔晋平公問師曠曰："吾年六十，始欲學道，恐年將暮矣，如之何？"師曠對曰："少而學，猶如日出東方；長而學者，如日中之光；老而學者，如燃燈之光。人生不學，冥冥如夜行。"歎曰："奇哉！吾朝聞道，夕死可矣乎！"

一言所（可）爲千金。昔者子路南遊，往辭孔子曰："願賜一言，即爲千金。"孔子曰："君子不整其身則無功，不廣學則無以輔君，不行人義則無信，不行謙恭則無敬。思此四章，可爲千金。"

辨四時八節。何名四時？春、夏、秋、冬。何名八節？立春、春分、立夏、夏至、立秋、秋分、立冬、冬至。

論婦人四德三從。何名四德？一、婦德；貞順。二、婦言；辭命。三、婦容；婉娩。四、婦功。絲麻。何名三從？婦女在家從父，出嫁從夫，夫死從子。

雞有五德者何謂？頭上有冠，是文，一也；足下有距，是武，二也；見食相唤，是義，三也；臨敵能鳴，是勇，四也；聲不失時，是信，五也。

何名鄉黨？万二千五百家爲鄉，五百家爲儻，五家爲鄰，五鄰爲里。

論三公九卿。《禮記》曰："從伏羲已來，天子有三公、九卿、廿七大夫、八十一元士。"三公：前御後丞，左輔太尚書，右弼者廷尉，万人有失，問之博士。三公者：太尉、司徒、司空。何名九卿？宗正卿、太常卿、司農卿、鴻臚卿、太僕卿、太尉卿、光禄卿、大理卿、太傅卿。

論忍事。天子忍之成其大，諸侯忍之國無害，吏人忍之名不廢，兄弟忍之則歡泰，夫妻忍之終其代，自躬忍之無患害。論不忍事。天子不忍群臣疎，諸侯不忍國空虛，吏人不忍刑罰誅，兄弟不忍別異居，朋友不忍情義疏，夫妻不忍令子孤，小人不忍喪其軀。

經史何人修撰製注。《史記》，司馬遷修。《三國志》，陳壽修。《春秋》，孔子修，杜預注。《老子》，河上公注。《三禮》，孔子修，鄭玄注。《周禮》，王弼注。《離騷經》，屈原注。流子，劉協注。《爾雅》，郭璞注。《文場秀[句]》，孟憲子作。《莊子》，郭象注。《切韵》，六法言作。《毛詩》《孝經》《論語》，孔子作，鄭玄注。《急就章》，史猷（游）撰。《文選》，梁昭明太子召天下才子相共撰，謂之《文選》。《漢書》，班固撰修。《典言》，李德林撰之。《尚書》，孔安國注。《尚書》幾家書？虞、夏、商、周。《兔園策》，杜嗣先撰之。《開蒙要訓》，馬仁壽撰之。《千字文》，鍾繇撰，李暹注，周興嗣次韻。

辨雜文章起何人。賦，荀卿。五言，李陵作。七言，起李伯景。四言，起韋孟。書，起子家。碑頌，起周穆。造文字，倉頡仿鳥迹而成天下字體。

辨經緯田疇阡陌。東西爲經，南北爲緯。熟田爲疇，生荒爲田。何名阡陌？東西爲阡，南北爲陌。

辨古人留教迹。何人種五穀？神農。何人造五味飯食？陽造。何人造醬酢？雲雷。何人穿井？伯益。何人造綾羅？帝嚳。何人造衣裳？〔龍荀〕。何人造甑？皇（黄）帝。何人造獄頌？皋陶。何人造酒？杜康。何人造弓箭？蚩尤。何人造車？奚仲。何人造琴瑟？師曠。何人造六甲？須子人。何人辨禽獸名？桓壇公。何人造瓦器？伯扶。何人造靴鞋？寧武子。何人造簫笛？嵇重康。何人造禮樂？周公。何人造演易？文王。何人造織機？老子。何人造刺繡？唐虞。何人造計筭？苞丁。何人造筆？蒙恬。何人造紙？蔡倫。何人造墨？田真。何人造文章？北綺穀、賈逵。何人造草書？秦才。何人造能飛帛書？張禮敬。何人造五經？孔子。何人造雞鳴？馮暄。何人造十二節？堯時。何人造笙？女媧。何人造箭？夷牟。何人造席？神農。何人造城堭？軒轅。何人造箏？秦王。何人造挽歌？羊角哀。何人造碓磑、盆盞？魯班。何人造犁耬？鴕奴。何人造衣甲？武王。何人造履？羊鳳。何人造斧鉞？蚩尤。何人吐飯成蜂？葛仙公。何人刻木作麥（舟）？魯班。何人力如牛，不與牛爭力？魯周公。何人行歌負薪？朱買臣。何人造琵琶？漢武帝。何人彈琴？蔡伯皆。何人造法律？堯。何人偷西王母桃？東方朔。何人造宮殿？顓頊。何人結草酬恩？魏武子。何人辯若懸河？郭象。何人善作書？崔寔。何人投轄留賓？陳遵。何人造斑竹？江（湘）妃。何人燒牛尾破燕？田單。何人甑行墮地不顧？孟敬。何人臨邛掃市？司馬相如。何人爲鄰不善三徙？孟母。何人伐匈奴至瀚海而還？霍去病。何人出行於市瓦礫盈箱？孟陽。何人死面衣，因誰而作？昔吳王不受忠臣直諫，而取佞臣宰嚭所讒，枉煞忠臣午（伍）子胥。後被越軍所誅，吳王臨死之時，告諸臣曰："吾取佞臣宰諂讒，枉殺忠臣午（伍）子胥。吾今死後，地下必見子胥，羞慚不已，請與面帛蓋之。"於今不絶。食瓶、五穀罌，因誰誰作？昔伯夷叔齊，兄弟相讓位，以周公見武王伐紂爲不義，隱首陽山，恥食周粟。豈不［食］我草乎？夷齊并草不食，遂餓死於首陽山。載死尸還鄉時，恐魂靈飢，即設熟食瓶、五穀袋引魂，今葬用之禮。

何謂養老乞言，因誰？昔紂時敬小不敬老，人年八十，并皆殺之。有兄弟二人慈孝，見父年老，恐被誅戮，造地陰窖，藏父而養。後有北漢匈奴國獻一木，粗細頭尾一種，復以膝（漆）之，不辨頭尾。復有草馬，母子兩疋一種，毛色形模相似。復有黃蛇壹雙，不知雄雌。天子不辨，遂訪告國內：若有人能辨木之頭尾，馬之母子，蛇之雌雄，賞金千斤。經數月，無人能辨。其藏父遂私問其子，具談木及馬蛇等事由而狀。父謂子曰："此不可足之。凡有人物，必有頭尾，輕重有殊，其木于水中没著，是頭者浮，是尾者沉；驅馬渡水，是母者於先，是子者隨後；持綿一團，遣蛇踏過，是雄者跳出，雌者在於綿中不動。"其子即用父言教，應募而答之，果以其辨木之頭尾，馬之母子，蛇之雄雌。得金千斤。時人云："養老乞言"，辨之具矣。此之因紂而起。

何謂羊羹不均，馴馬奔鄭？因誰？昔者宋將華元，與鄭將關期對戰。必有勝，如華元每日殺羊作羹，賜勞戰士。有御車人姓張名斟，每見華元不與羊羹，心有怨恨，口不出言，事懷中（衷）內。恰至交戰，御車人張斟趲馬舉轡，走及鄭軍。華元忽見，失聲喚曰："卿何以故？"御人曰："羊羹君得斟酌，舉轡在臣制之。"俄爾之間，即至鄭軍。鄭將得之，大喜，問其御人曰："何故打馬，來投吾軍？"御人曰："臣既卑賤之士，備爲御車人，勤勞之功，施力不淺。而華元日別殺羊作羹，賜予戰士，臣在左右，不知羹味，以此生怨，故來相投。"鄭將大笑曰："此是志士，大合寵禄，重加官爵。"却後宋軍退散，經一年許，宋昭公將金千斤，贖得華元及御車人還國，昭公謂華元曰："破敗都由此御人，吾欲煞之，以約後人。"華元曰："臣聞《論語》云：'不患貧而患不均。'是以兵將之過也，臣等死罪死罪。"時人云："羊羹不均，馴馬奔鄭。"此之謂也。

何謂陰施陽報？昔者孫叔敖爲童子之時，出見兩頭黃蛇，歸家告母而悲啼。母曰："如何悲乎？"敖曰："兒聞道［見］兩頭蛇者死矣'！是以悲耳。"母曰："蛇今何在？"敖曰："現恐後被人見，殺埋之。"母曰："大吉，無苦。

夫陰施者，必有陽報。必貴，勿憂。"後長大爲楚相。此之謂也。

辯金藏論法。夫人有百行，唯孝爲本。大柯不遠，以近取避（譬），從近至方，一步爲始。明王受諫則聖，曲木受繩則直。人有三事：一事父，二事君，三事師。非父不生，非君不事，非師不教。所以不欲，勿施於人；己欲求達，先達於人；己欲自立，先立於人。事無大小，關心者憂。人無信不立，車無輗軏不行。君子於（依）禮而行，小人出口則語。成人者美，破人者惡。君子一日三省其身則謙恭，勿輕慢他人，常自損已。以善人爲交，如入蘭芳之蕘；以與惡人爲交，如同鮑魚之穴。你（擬）作玉屑，莫爲瓦礫。績麻之婦，不能繡章；磚瓦之工，豈能鏤玉？君子千里同風，小人隔陌異俗。孔子卜鄰不卜宅。蓬生麻中，不扶自直；白玉投泥，不污其色。一夫不耕，必受其飢；一婦不織，必受其寒。食一粟，知耕夫之倦；服一綵，知織女之勞。日月雖明，不照覆盆之下；刀劍雖利，不斬無罪之人。知我者，爲我心憂；不知我者，爲我何求。將有限之身，求無窮之物，無窮之物未能至得，有限之身已終。不枉法，不得財。若得財，則枉法。既枉法，則害身；既害身，財將何用？兄弟如手足，妻子如衣服，衣服破而再新，手足斷而難續。行高於人，衆必非之。木秀于林，風摧雨折。外人將弓來射我，我即彎弓而向之；兄弟將弓來射我，我即啼泣而向之。君子先思而後語，必有中；小人先語而後恩，追悔何及。君不慈，無良臣；父不慈，無孝子。賜子千金，不如教子一藝。德潤身，富潤屋。豐年珠玉，不如儉年麥粟。在豐慮儉，在飽慮饑。故知桑下一飧，尤（猶）能扶輪之報，兩異同美并次，世無不得矣。

世上略有十種剒窒之事：見他人着新衣，强問他色目，是一；見他人鞍馬剩，好强逞解乘騎，是二；見他人書籍，擅把披尋，是三；見他弓矢，擅把張挽，是四；見他人所作，强道是非，是五；見他人書蹤，强生擅剝，是六；見人鬥打，出熱助拳，是七；見人諍論，傍說道理，是八；買賣之處，價會纏談，是九；不執一文，强酬物價，是十。以上十事，并須除之。

言十無去就者。不卸帽，通喧涼，一；言語多猥談，二；不叩門，直入人家，三；主人未揖，先上聽（廳），四；坐他床椅，交屍脚，五；局席不慎哂唾，六；主人未勸，先舉匙箸，七；探手隔人，取羹食，八；衆人飯未了，先卸匙箸，九；不離坐便漱口，十。以上十事，亦可除之。

言五不達時宜者。闐市吟詩誦賦，一；詐認貴人是親，二；下賤人前談書史，三；闐鬧之處吊孝人，四；入境不解順風俗，五。以上五者，子孫誤犯，亦可削之。

五無所知者。吃人飲食，無廉恥，一；借他物，須人索，二；得人物，無慚愧，三；到人家，折他花果，四；飯後不起，妨主人，五。以上五者，子孫誤犯，亦可除之。

五不自思度者。將領男女，登局席，一；盤上取物與男女，二；男女殘食，却歸主人，三；自誇男女足伎倆，四；將衆人酒盞賜與男女，五。以上五者，不令犯之。

言六癡者。爲客呼賓，一；勘問主人肉價貴賤，二；局散不起，三；語語遲婦，四；暑月向人家久坐，五；强買不賣物，六。已上六者，亦宜削之。

言有八頑者。借錢不還債，一；知過不改，二；共語不應人，三；見人言談，强自拗，四；不知己過見他非，五；不敬師長，六；親近惡人，七；抵誤良善，八。以上八者，切須除削之。

《珠玉新抄》一卷

（三）敦煌本《雜抄》的成書

有關《雜抄》的成書年代，最早探討的是日本那波利貞，他認爲此書是中唐後半期的作品[一]。其後周·良以爲伯二七二一號卷子當是晚唐寫本[二]，然其中所包含的材料則頗早，知其編纂時代遠在抄寫時代之前。按：《雜抄》一卷，雖有序文及首尾題，但均不著撰人，難以探考其成書年代。因此我們僅能從今存寫本抄寫年代與寫本内容等有關綫索，去探求可能的成書年代與流行的時期。其相關綫索大致如下：

其一，今所得見的十三件敦煌《雜抄》寫本，具有題記的祇有伯三三九三號與伯三六四九號。伯三三九三號題記作"辛巳年十一月十一日三

〔一〕〔日〕那波利貞：《唐代社會文化史研究》，第二五一頁。

〔二〕《周一良全集》（第三編）《佛教史與敦煌學·敦煌寫本雜抄考》，第三三八頁。

界寺學士郎梁流慶書記之也”，伯三六四九號題記作“丁巳年正月十八日净土寺學仕郎賀安住自手書寫讀誦過記耳”，其餘各抄本均無題記可資察考；但依其字迹、風格、形制觀之，當是晚唐、五代抄本。查唐五代歲次“辛巳”的計有：貞元十七年（八〇一）、咸通二年（八六一）、龍德元年（九二一）；“丁巳年”則有大曆十二年（七七七）、開成二年（八三七）、乾寧四年（八九七）、顯德四年（九五七）。伯三六四九號卷背有顯德四年契二件，則此丁巳當是顯德四年無疑。

其二，《雜抄》在“論經史何人修撰製注”開列的書目中，有關唐人的著作有“《兔園策》，杜嗣先撰之”。按：《兔園策府》敦煌文獻存有四件寫本，郭長城《敦煌本兔園策府研究》綜合各項資料，推斷當成書於唐高宗顯慶三年（六五八）之前，以永徽三年（六五二）最爲可信[一]。又“《文場秀句》孟憲子作。”按：《新唐書·藝文志》著録有“王起《文場秀句》一卷”[二]，《宋史·藝文志》著録有“《文場秀句》一卷”[三]，《宋秘書省續編到四庫闕書目》著録有“孟憲子撰《文場秀句》一卷，闕”[四]。另“《典言》李德林撰之”，按：李德林《典言》未見史志載録，《隋志》有後魏李穆叔及後齊荀士遜《典言》四卷，今吐魯番文書阿斯塔那一三四號墓文書中有隋薛道衡《典言》殘卷[五]，李德林爲隋唐時人，是李德林《典言》當亦隋唐間作品。

其三，《雜抄》中云：“《毛詩》《孝經》《論語》孔子作，鄭玄注。”按：《孝經》爲唐代前期科舉考試應考項目。自唐玄宗御注《孝經》於開元十年及天寶二年兩次頒行天下，令天下家藏《孝經》一本，科舉考試即采玄宗御注本。今《十三經注疏本》中，《孝經》即采用唐玄宗御注，宋邢昺疏。《雜抄》

〔一〕 參郭長城：《敦煌寫本兔園策府研究》，中國文化大學中文研究所碩士學位論文，一九八五年。

〔二〕《新唐書》卷六〇《藝文志四》，第一六二三頁。

〔三〕《宋史》卷二〇七《藝文志六》，第五二九五頁。

〔四〕 葉德輝考證：《宋秘書省續編到四庫闕書目》，《叢書集成續編》第三册，第二九七頁。

〔五〕 見國家文物局古文物研究室等編：《吐魯番出土文書》第五册，文物出版社，一九八三年，第九四～九六頁。

開列《孝經》取鄭玄注，是其成書當在玄宗御注前。

　　其四，《雜抄》有"何名三史？《史記》《前漢》《東觀漢記》。"按：魏晉時以《史記》《漢書》《東觀漢記》爲"三史"。自唐章懷太子李賢注《後漢書》，《東觀漢記》逐漸散佚，遂以《後漢書》充之。《唐會要・貢舉中》載：長慶二年（八二二）二月，諫議大夫殷侑奏請國子學、弘文館試以《史記》《漢書》《後漢書》《三國志》〔一〕。而未提及《東觀漢記》，是此時《東觀漢記》已佚。據此則《雜抄》中以"《史記》《前漢》《東觀漢記》"爲三史，則可推知其時代之下限。

　　其五，從《雜抄》中提及的有關地理沿革來看，"何名五岳？東岳泰山：豫州，西岳華山：畫（華）州，南岳衡山：衡州，北岳恒山：定州，中岳嵩高山：嵩城縣。"按：《新唐書・地理志》云："蔡州汝南郡，緊。本豫州，寶應元年更名。"〔二〕豫州，隋大業三年（六〇七）改爲河南郡。唐初復置豫州，寶應元年（七六二）改爲蔡州，寶應爲唐肅宗年號。改"豫州"爲"蔡州"，當是避唐代宗李豫諱。據此則"雜抄"成書當在寶應元年（七六三）前。

　　其六，"南岳衡山：衡州。"按：衡州隋置，大業初改爲衡山郡，唐武德四年（六二一）復爲州，天寶元年（七四二）改爲衡陽郡，乾元初復爲衡州。又《新唐書・地理志》云："衡山，上。本隸潭州，神龍三年來屬"〔三〕，是衡山在唐中宗神龍三年以前尚隸屬潭州，則《雜抄》成書當在神龍三年（七〇七）以後。

　　其七，又《雜抄》序有云："《雜抄》一卷，一名《珠玉抄》，二名《益智文》，三名《隨身寶》。"序文及首尾題均不著撰人。考宋鄭樵《通志・藝文略》"類書類"下，著録有"《珠玉鈔》一卷，張九齡撰"〔四〕；而《宋秘書省續

　　〔一〕（宋）王溥：《唐會要》卷七六《貢舉中・三傳（三史附）》，中華書局，一九五五年，第一三九八頁。

　　〔二〕《新唐書》卷三八《地理志》，第九八八頁。

　　〔三〕《新唐書》卷四一《地理志》，第一〇七一頁。

　　〔四〕（宋）鄭樵：《通志》卷六九《藝文略七》，中華書局，一九八七年，第八一四頁。

編到四庫闕書目》"類書"下，亦著錄有"張九齡撰《珠玉抄》一卷"[一]，不知是否即爲此書。按：張九齡爲開元朝賢相，生於唐高宗儀鳳三年（六七八），卒於玄宗開元二十八年（七四〇）。長安二年（七〇二），登進士第。神龍三年（七〇七），中才堪經邦科。綜合以上各有關資料，衡以成書年代的上下限，則《雜抄》一書有可能就是張九齡的《珠玉抄》。又韓巧梅據伯三六七一號《珠玉抄》背面，題記作"安懷光珠玉抄"而有《珠玉抄》原文係由安懷光所作的推測[二]。按：伯三六七一號《雜抄》正背字迹不佳，且文字頗多訛俗，雖卷背有兩行題記"安懷光珠玉抄"兩遍，又前尚有一行"安懷剛是个□□"是此卷顯爲學郎所抄。"安懷光"絕非"珠玉抄"作者。

（四）敦煌本《雜抄》的性質

今存十三件《雜抄》寫本抄寫的原生態，有助於我們的考察此書的命名、成書年代與內容性質。其中各件寫本保有的首題、尾題，存題名的有五件，分別爲：

伯二七二一號首題："雜抄一卷 一名珠玉抄 二名益智文 三名隨身寶并序"，尾題"珠玉新抄一卷"。

斯五六五八號+伯三九〇六號尾題："雜抄一卷 三名隨身寶 并序。"

斯五七五五號首題："雜抄一卷 一名珠玉抄 二名■■■（益智文）三名隨身■（寶）。"

斯九四九一號首題殘存"一名珠玉抄 二名益智文三名隨身■（寶）"。

伯三六四九號首題："雜抄一卷 一名珠玉抄 二名益……"，尾題"雜抄一卷"。

可確知此書一卷，名爲《雜抄》或名《珠玉抄》，又名《益智文》，也稱《隨身寶》，是一書多名。其中伯二七二一號尾題作"珠玉新抄一卷"，殆因隨

〔一〕 葉德輝考證：《宋秘書省續編到四庫闕書目》卷二"類書"，新文豐出版公司，一九八八年，第二九七頁。

〔二〕 韓巧梅：《敦煌寫本〈珠玉抄〉研究》，西北師範大學碩士論文，二〇一二年，第七二頁。

時增補，故有"新抄"之尾題，也可見敦煌寫本的隨意性。

試看其序文有云：

> 《雜抄》一卷，一名《珠玉抄》，二名《益智文》，三名《隨身寶》
> 并序
>
> 蓋聞：天地開闢以來，日月星辰，人民種類，陰陽寒暑，四時八節，
> 三皇五帝，宮商角徵羽，金木水火土，九州八音。山川道逕，壽形之物。
> 貴賤賢愚，帝代相傳，生死不及，周而復始。天地之［玄］，祖宗之源，
> 人事之矣，并皆幽玄，莫能照察。余因暇日，披覽經書，略述數言，以
> 傳後代耳。

由序可知，《雜抄》一名《珠玉抄》，又名《益智文》，又曰《隨身寶》。按：抄有抄錄要言的意思，敦煌文獻頗多以抄爲名的，有佛教文獻，如《四部律并論要用抄》；也有通俗讀物，如《新集文詞九經抄》，儼然成爲一種書籍體例。"雜抄"一詞作爲通稱，指的是意指按預定宗旨從各種書籍選取所需文字材料。在此蓋爲專稱，是作爲書名之用。其意指按預定宗旨從各種書籍選取所需文字材料纂輯而成。古代圖書每每可見，如清曾國藩《經史百家雜鈔》便是。敦煌蒙書題名爲《雜抄》，蓋着眼於此書的編纂形式，顯示其特色乃於就日常生活所需的各種知識擬訂問題宗旨，分別從的各類書籍、或言論中選取所需材料抄撮纂輯成篇，故名。這種以抄錄匯集成篇的著述方式，晉唐時期頗爲流行，尤其是卷帙繁多的佛教典籍，更是常見。

敦煌寫本伯二三八五號《毗尼心疏釋》中有一段對"抄"字的解釋説："抄者，略也。撮略正文，包括諸意也。略取要義，不盡於文。抄字著手，即拾掇之義，取其要者。"這是當時抄這種著述方式流行下，對於"抄"的名義作所做較爲明確的解説。是知此書名爲《雜抄》，蓋以其係抄撮一般日常知識與基本學養，以爲隨身備忘之用。

至於稱之爲《珠玉抄》《益智文》《隨身寶》，顧名思義，當是以學得此中知識宛如獲得珠玉，或此書內容對讀者的智慧將有所助益，是日常生活隨身必備的寶物。可知此書性質正如同後世的《萬寶全書》。

關於此書的性質，我們除了從序文可瞭解一二外，從其内容也可考知。
正文内容自 "論三皇五帝。何名三皇？" 始，至 "言有八頑者" 止，全卷係
采一問一答或論對的形式，歷叙歷史、天文、地理、山川、節氣、帝王、年
節、經史、事物起源、社會常識及倫理道德等，内容至爲豐富。審其體制，
每雜糅有六朝以來的類書形式，王三慶《敦煌類書》即將之視爲問答體之類
書〔一〕。

按：《雜抄》多采問答式，此與《小學紺珠》相似，究竟當屬類書或蒙
書？真是令人難以分辨。有關類書與蒙書的分辨問題，自來即已存在，例如
《小學紺珠》，雖史志入類書類，然王應麟《小學紺珠》序明白表示：

> 古者蒙養豫教，罔不在初，六年教之數與方名，八歲學六甲、五方、
> 書計之事⋯⋯乃采掇載籍，擬《錦帶書》始三才，終於萬物，緯以庶事，
> 分別部居，用訓童幼〔二〕。

綜合性知識類蒙書的體式，往往與類書無二。這一點，余嘉錫在《内閣
大庫本碎金跋》也提到，他説：

> 諸家目録皆收此書入類書類，蓋以其上自乾象、坤儀，下至禽獸、
> 草木、居處、器用，皆分別部居，不相雜厠，頗類書抄、御覽之體。然
> 既無所引證，又不盡涉詞藻，其意在使人即物以辨其言，審音以知其字，
> 有益多識取便童蒙，蓋小學書也〔三〕。

伯三三九三號卷子，有題記作："辛巳年十一月十一日三界寺學士郎梁流
慶書記之也"；伯三六四九號卷子有題記作："丁巳年正月十八日净土寺學仕
郎賀安住自手書寫讀誦過記耳"。按："學士郎""學仕郎"又可簡稱爲"學

〔一〕　參王三慶：《敦煌類書》，第一二三頁。
〔二〕　（宋）王應麟：《小學紺珠》，第一頁。
〔三〕　余嘉錫：《内閣大庫本碎金跋》，《余嘉錫論學雜著》，第六〇五～六〇六頁。

郎”，在張承奉西漢金山國（九〇六～九一四）以後用來稱州縣官學與寺學的學生[一]。“三界寺”“净土寺”是敦煌地區的僧寺，可知《雜抄》被當時敦煌地區的寺學用來作爲學生的啓蒙教材。敦煌寫本定格聯章《十二時》中也有：“食時辰，偷光鑿壁事殷勤，丈夫學問隨身寶，白玉黄金未足珍”[二]，這也見引於敦煌變文《䶲嗣書》“發憤長歌十二時”，足見《隨身寶》在唐五代的普遍流行。

此外，敦煌文獻中伯二五七九號、伯二五八一號、伯二五九四號、伯三七五六號《孔子備問書》其形式與《雜抄》相似，内容也多所雷同。又伯三一五五號卷子内容，後段同於《雜抄》，前段則同於斯五〇五五號、斯五七八五號、伯二六五二號、伯四〇一六號《開天闢地已來帝王紀》同屬歷史知識的通俗讀物。又《大元通制條格·傳習差誤》載：

> 至元十年五月大司農司各道勸農官申各路府州司縣，在城關厢已設長學外，據村莊各社請教冬學，多係粗識文字之人，往往讀《隨身寶》《衣服雜字》之類，枉誤後人，皆宜禁約[三]。

由此不但可知《雜抄》唐以後尚流傳民間，其與《衣服雜字》并提，更可確定其性質乃一般庶民的綜合知識類蒙書[四]。

（五）敦煌寫本《雜抄》的形式特色

學生的教育是通過教材内容的傳授，學習的興趣與效果，教材的編撰形

[一] 參高明士：《唐代敦煌的教育》，《漢學研究》一九八六年第二期，第二三一～二七〇頁。

[二] 任半塘：《敦煌歌辭總編》，第一二八八頁；潘重規：《敦煌變文集新書》，文津出版社，一九九四年，第一一九八頁。

[三] （元）至正中敕撰：《大元通制條格》卷五，華文書局股份有限公司，一九七〇年，第二〇四頁。

[四] 參鄭阿財：《敦煌寫本〈孔子備問書〉初探》，《敦煌學》第十七輯，一九九一年，第九九～一二八頁。

式，至爲重要。特別是傳統的啓蒙教育。一般來説，蒙養階段的教材多半采取韵語形式，或三言，或四言，要在利於唇吻，便於記誦。如大家熟悉的《三字經》《百家姓》《千字文》，或更早的《倉頡篇》《急就篇》等；也有采四言，參爲對偶，聯以音韵的，如《蒙求》《龍文鞭影》；也有采詩歌形式的，如《神童詩》《訓蒙詩》等；也有采抄書形式的，如《新集文詞九經抄》《明心寶鑑》等；也有采用雜輯格言諺語成編的，如《太公家教》《增廣昔時賢文》《名賢集》等。

敦煌本《雜抄》一卷，全篇内容包含天文、時序、地理、人事等日常生活常識，纂輯形式則雜糅各體，以一問一答的形式爲主，組織成篇，且多名數，甚爲特殊。考我國"發問型態"的作品，源遠流長。屈原《天問》即采韵語形式，以四言爲主，四句一節，每節一韵。以一百七十幾個問題，對客觀世界提出種種質問，其所問内容涉及宇宙形成、天體構造、地球形狀等自然形象以及遠古傳説、君臣遇合……等歷史問題。六朝以來，摹做漸多，遂有"天問體"之稱。敦煌本《雜抄》的這種形式與六朝佛教典籍所采用的問答形式較爲近似，特別是律的部分，如《律戒本疏》《律雜抄》《三部律抄》《律抄》等。當然在漢魏六朝的儒、道典籍中也時有以論難體形式寫成的，如葛洪《抱朴子》即多自設問答，解答時人疑難的篇章，班固《白虎通德論》也多有"何謂也""謂"的問答形式，如："三綱六紀"條下：

> 三綱者何謂也？謂君臣、父子、夫婦也。六紀者謂諸父、兄弟、族人、諸舅、師長、朋友也[一]。

雖然如此，但《雜抄》一問一答的形式，多爲名數，如："三皇""五帝""五岳""四瀆""九州""三才""六國""六藝""五味"等，顯然與唐代

〔一〕（清）陳立撰，吳則虞點校：《白虎通疏證》，中華書局，一九九四年，第三七三頁。

佛教典籍采用的形式有關。尤其受到釋門論疏，解釋名相、法數，采問答形式的影響。如六祖惠能《壇經·三科法門》中有：

> 三科法門者，蔭界入。蔭是五蔭，界是十八界，入是十二入。
> 何名五蔭？色蔭、受蔭、想蔭、行蔭、識蔭是。
> 何名十八界？六塵、六門、六識。
> 何名十二入？外六塵、中六門。
> 何名六塵？色聲香味觸法是。
> 何名六門？眼耳鼻舌身意〔一〕。

這種一問一答的形式在敦煌寫本通俗讀物中，屢見不鮮。如《孔子備問書》《天地開闢以來帝王世紀》等均是。又以名數編排的情形，也是通俗讀物常見的形式，如敦煌本《武王家教》也有"十惡""三耗""三衰""一錯""二誤""三癡"等，當是同屬唐代期間流行的體制，而宋王應麟《小學紺珠》，乃至清王用臣《幼學歌》等體制亦多相類，足見此一形式乃長期語文教育體驗下理想的形式之一〔二〕。

（六）敦煌寫本《雜抄》的内容價值

教育的最初基礎在於識字，進而以文字爲工具，藉以掌握日常生活所需的各類知識，包涵了自然知識、生活知識與歷史知識等等。傳統的啓蒙教材就内容而言，除認字外，灌輸倫常道德、培養人格思想是其要務；其次則是掌握文字工具，進而閱讀、書寫、表達、應用，同時又能掌握一定的自然知識、生活

〔一〕潘重規：《敦煌壇經新書》，佛陀教育基金會，一九九四年，第一九二～一九三頁。
〔二〕如《小學紺珠》中天道類有：三才、四大、七政、五星、三正……地理類有：三皇、五帝、三王、五伯、六國……《幼學歌》"天文門"有：九天、七政、九道、五星、三垣、四宮、四時、八風……"地理門"有：九州、五岳、四瀆、十藪、四關……"人事門"有：三皇、五帝、六朝、五胡、四傑、十三經、八卦、四始、六義、七觀、九錫、六律、八陣……"物類門"有：五旗、九旗、六節、五量、五權、五度、十端（後略）。"

知識、與歷史知識。全文約五千餘字的《雜抄》正是這樣的教材，它的內容極爲豐富。其序文云："日月星辰，人民種類，陰陽寒暑，四時八節，三皇五帝，宮商角徵羽，金木水火土，九州八音，山川道逕，壽形之物，天地之玄，宗祖之源，人事之矣"。無疑的，在當時是一本廣泛介紹現實生活中最具實用價值的綜合性知識的啓蒙教材，可以稱得上是一部生活小百科全書。

自來童蒙教育，對於歷史教育均相當重視。在傳統語文教材中，也或多或少有關歷史知識的內容。如《三字經》云："考世系，知終始。自羲農，至黃帝，唐有虞，號二帝。"清王用臣《幼兒歌》云："天皇地皇人皇氏，名曰三皇居上世；太昊炎帝及軒轅，唐堯虞舜爲五帝。"敦煌本《雜抄》中也有不少，如"論三皇五帝"條云：

何名三皇？伏羲、神農、黃帝。

三皇何姓？伏羲姓風，神農姓姜，黃帝姓姬。

何名五帝？顓頊帝、譽帝、軒轅帝、堯帝姓伊祈，舜帝姓姚。

"三皇""五帝"的說法歷來極爲分歧，《雜抄》中"三皇"的說法與《尚書僞孔傳序》及《帝王世紀》的說法相同；"五帝"的說法則與《史記‧五帝本紀》同[一]，代表了唐人的看法。

有關地理的知識，如"論三川、八水、五岳、四瀆"條云：

何名三川？秦川、洛川、蜀川。

何名八水？涇水、渭水、灞水、滻水、灃水、滈水、潦水、潏水。

何名五岳？東岳泰山，豫州；西岳華山，華州；南岳衡山，衡州；北岳恒山，定州；中岳嵩高山，嵩城縣。

何名四瀆？江、河、淮、濟。各出何山？江出岷山，河出昆侖山，淮出桐柏山，濟出王屋山。

〔一〕《史記》卷一《五帝本紀》，第一頁。

有關天文、時序、曆法等知識的，如"論三光、六暗、三農、元正、三朝"條云：

> 何名三光？日、月、星。
>
> 何名六暗、六氣？歲、時、日、月、星、辰；陰、陽、風、雨、晦、明。
>
> 何名三農？春蠶、夏麥、秋禾。
>
> 何名元正？歲首、正月、元日。
>
> 何名三朝？冬、臘、歲。

又如"辨四時八節"條云：

> 何名四時？春、夏、秋、冬。
>
> 何名八節？立春、春分、立夏、夏至、立秋、秋分、立冬、冬至。

有關倫理道德方面的，如"論婦人四德三從""五德"條云：

> 何名四德？一、婦德，貞順；二、婦言，辭命；三、婦容，婉悦；四、婦功絲麻。
>
> 何名三從？婦女在家從父，出嫁從夫，夫死從子。
>
> 何名五德？仁、義、禮、知、信。

有關典章制度方面的知識，如"何名三公九卿""何名鄉黨""何名五射"條云：

> 何名鄉黨？萬二千五百家爲鄉，五百家爲黨，五家爲鄰，五鄰爲里。
>
> 論三三公九卿。《禮記》曰："從伏羲已來，天子有三公、九卿、廿七大夫、八十一元士。"三公：前御後承，左輔太尚書，右弼者廷尉，万人有失，問之博士。

三公者：太尉、司徒、司空。

何名九卿？宗正卿、太常卿、司農卿、鴻臚卿、太僕卿、太尉卿、光禄卿、大理卿、太傅（府）卿。

有關節日起源的知識方面，其中對於年節時令行事頗多記述，且有與後世不盡相同者，可據以探討唐五代與敦煌地區的文化風俗。如"辨年節日"：

辨年節日。

昔人皇九頭，兄弟九人，人別居住，是以因次，即立九州。年月一日易十日，十日易百日，故以三百六十日爲一歲。

二月社者何謂？社者是地之主。神農嘗五穀，后稷播種……祝融造鐺、釜、犂、鏵。燧人出火，勾龍能平水土。故以春秋二社祭之。

三月三日何謂？昔幽王臨水而遊，妻將亡，女齋酒食至河上眺望盥觀看作樂，解除幽王惡事，及收艾大良。（中略）

十四十五日何謂？爲大目乾連母青提夫人，緣將兒功德之物，避兒廣買雞肫，造諸惡業，墮在十八重地獄中，即至餓鬼獄中，受種種苦。目連投佛出家，後禪定觀知，遂告諸佛，啼泣救母。令七月十五日，造盂蘭佛盆供養，因此一切七代先亡父母，并皆得食喫自餘，時因爲罪重慳貪，故作猛火水，亦復然也。

有關事物起源的知識方面，早在《周易》《呂氏春秋·有始》《説苑·辨物》等，就已經有關於事物起源問題的記述，但均甚爲零散。敦煌本《雜抄》"辯古人留教迹"中臚列的材料相當豐富，代表了唐代的看法，至可寶貴。陶宗儀的《説郛》收入有唐劉存《事始》、蜀馬鑑《續事始》及宋劉孝孫《事原》，而後世流行的《事物紀源》《格致鏡源》則是此類的集大成。

《雜抄》有：

辨古人留教迹

何人種五穀？神農。何人造五味飯食？陽造。

何人造醬酢？雲雷。何人穿井？伯益。

何人造綾羅？帝嚳。何人造衣裳？龍苟。

何人造甑？黃帝。何人造獄頌？皋陶。

何人造酒？杜康。何人造弓箭？蚩尤。

何人造車？奚仲。何人造琴瑟？師曠。

何人造六甲？須子人。何人辨禽獸名？桓壇公。

何人造瓦器？伯扶。何人造靴鞋？甯武子。

何人造蕭笛？稽重康。何人造禮樂？周公。

何人演易？文王。何人造織機？老子。

何人造刺繡？唐虞。何人造計筭？苞丁。

有關處世態度方面的，如"論忍事""論不忍事"條云：

論忍事：

天子忍之成其大，諸侯忍之國無害，吏人忍之名不廢，兄弟忍之則
歡泰，夫妻忍之終其代，身躬忍之無患害。

論不忍事：

天子不忍群臣疏，諸侯不忍國空虛，吏人不忍刑罰誅，兄弟不忍別
異居，朋友不忍情義疏，夫妻不忍令子孤，小人不忍喪其軀。

"忍"是中國傳統最爲普遍的處世哲學，在唐代更是一種社會風尚。從上
到下，莫不以能忍爲貴。史傳載籍記述甚多，如：張公藝書忍字百餘以進，
上善之，賜以綿帛事；婁師德唾面自乾等，均是膾炙人口的掌故。《王梵志
詩》云："難忍儻能忍，能忍最爲難。伏肉虎不食，病鳥人不彈。當時雖磌
堵，過後必安身。唾面不須拭，從風自蔭乾。"甚至引爲家訓，訓誡子弟，如
敦煌童蒙讀物《太公家教》《新集嚴父教》等，均見極力宣導。

就以上列舉的内容而論，顯與宋代以後通行的《三字經》《小學紺珠》等
一類蒙書性質近似，均是綜合各類基本知識成編，用以達成語文教育的整體
目標。

如《三字經》中有：

> 三才者，天地人；三光者，日月星；三綱者，君臣義，父子親，夫
> 婦順。曰春夏，曰秋冬，此四時，運不窮；曰南北，曰西東，此四方，
> 應乎中。曰水火，木金土，此五行，本乎數……稻粱菽，麥黍稷，此六
> 穀，人所食；馬牛羊，雞犬豕，此六畜，人所飼。

而《小學紺珠》一書中亦有：

> 三才、四大、七政、五星、三正、九州（以上天道類）
> 六律、五聲、四時、八節、二十四氣、十干、十二支、六甲、十二時
> 三朝、五行、六府、五色、五味、五德、三伏、二至（以上律曆類）
> 四方、九州、九州（九牧）五嶽、四瀆、三農、八川、四輔四夷
> （以上地理類）
> 三綱、四正、三事、四教、三老五更、三老（以上人倫類）
> 五常、六德（以上性理類）
> 五藏、六府（以上人事類）
> 六藝、五經、八卦、三墳、五典、五禮、五始（以上藝文類）

至於《雜抄》最後“辯金藏論法”一段，多爲格言諺語的輯録，内容屬
於待人處事的名言以及應對進退等社會交際的經驗談。如：

> 事無大小，關心者憂。人無信不立，車無輗軏不行……君子千里同
> 風，小人隔陌異俗。孔子卜鄰，不卜宅。蓬生麻中，不扶自直，白玉投
> 泥，不污其色。一夫不耕，必受其飢；一婦不織，必受其寒。食一粟，
> 知耕夫之倦；服一綵，知織女之勞。日月雖明，不照覆盆之下；刀劍雖
> 利，不斬無罪之人……不枉法不得財，若得財則枉法，既枉法則害身，
> 既害身，財將何用？兄弟如手足，妻子如衣服，衣服破而再新，手足斷
> 而難續……賜子千金，不如教子一藝。德潤身，富潤屋。

　　諸如此類，均爲長久以來民間生活的實際體驗心得，經過積澱而成爲民間處世哲學。這些内容也大量的出現在敦煌本《太公家教》《辯才家教》《新集文詞九經抄》《王梵志詩》一卷本等，同時風行於後世，廣爲民間所奉行，成爲中國民間文化的特質之一，後世通俗讀物《明心寶鑑》《增廣昔時賢文》《千金譜》《格言聯璧》等書中，亦多所承襲[一]。

　　此外，《雜抄》中還有很多有關生活行爲與日常交往中應注意的事項，如：“世上略有十種劄室之事”“十無去就”“五不達時宜”“五無所知”“五不自思度”“六癡”“八頑”等，均係一般人日常生活中不注意的瑣事，而當引以爲誡。這些與李義山《雜纂》不但性質、形式相同，甚至與《雜纂》第二十六項“不達時”十三則，第三十九項“失去就”十一則，第四十一項“强會”七則，内容頗多相同，既可證明《雜纂》必出唐人之手，且爲當時社會風氣，生活處事準則[二]。

　　除了日常生活所需的自然知識、歷史知識、倫常道德、處世原則外，《雜抄》也提供了進一步學習的基本工具與準備。張志公在《教材論》中説：

　　　　真正的傳統語文教育經驗是，在以讀寫實踐爲主的前提下，在適當的時機需要教給學生一些必要的知識，教給他們使用基本工具的方法，使他們把不自覺的學習逐漸轉化爲自覺的學習，從而提高其學習效率[三]。

　　〔一〕 如《太公家教》：“近朱者赤，近墨者黑，蓬生麻中，不扶自直……近佞者讒，近賊者盜。”“日月雖明，不照覆盆之下……刀劍雖利，不能殺清潔之士。”《辯才家教·〔勸〕善門章》云：“磨刀恨不利，刀利傷人指；求財恨不多，財多害人己。不枉法，不得財，若枉法，禍必來。”“積行章”：“積善之家，必有餘慶；積惡之家，必有餘殃。終日行善，善猶不足；一日行惡，惡即有餘。”《新集文詞九經抄》云：“莊子云：一夫不耕，天下受其飢；一婦不織，天下受其寒。”《王梵志詩》：“黄金未是寶，學問勝珍珠；丈夫無伎藝，虛霑一世人。”“兄弟實難得，他人不可親；但尋莊子語，手足斷難論。”
　　〔二〕 參鄭阿財：《從敦煌寫卷看李義山〈雜纂〉的性質》，《木鐸》第一二期，一九八八年，第一一一~一一九頁。
　　〔三〕 孫愛葆：《從〈傳統語文教育初探〉到〈傳統語文教育教材論〉》，《張志公語言和語言教育思想研討會論文選集》，語文出版社，一九九三年，第二四三頁。

因此傳統語文教育，除了日常生活知識與思想倫理等之外，有時還在這基礎上作深造進修或應科舉考試的準備。這些內容在《雜抄》中也都有所反映。張政烺以爲敦煌本《雜抄》即唐宋人之所謂《何論》，或其略出本，原因即在此。其内容多有如今日所謂的“教學提綱”，蓋爲將來舉進士時試論之準備。

又“經史何人修撰制注”一段，開列當時庶民教育的基本課本讀本：

《史記》，司馬遷修。

《三國志》，陳壽修。

《春秋》，孔子修，杜預注。

《老子》，河上公注。

《三禮》，孔子修，鄭玄注。

《周易》，王弼注。

《離騷經》，屈原作。

《劉子》，劉勰作。

《爾雅》，郭璞注。

《文場秀句》，孟憲子作。

《莊子》，郭象注。

《切韵》，陸法言作。

《毛詩》《孝經》《論語》，孔子作，鄭玄注。

《急就章》，史游撰。

《文選》，梁昭明太子召天下才子相共撰，謂之《文選》。

《漢書》，班固撰修。

《典言》，李德林撰之。

《尚書》，孔安國注。

《尚書》幾家書？虞、夏、商、周。

《兔園策》，杜嗣先撰之。

《開蒙要訓》，馬仁壽撰之。

《千字文》，鍾繇撰，李暹注，周興嗣次韵。

　　試看以上所開列的書目二十四種，依性質分，經、史、子、集四部兼具，其中，各重要典籍還標注了當時所崇尚的注本。顯然是爲深造進修或應科舉考試準備而設的。此外，"何名九經？"所開列的"《尚書》《毛詩》《周易》《禮記》《周禮》《儀禮》《公羊》《穀梁》《左傳》"。及"何名三史？"列舉"《史記》《前漢》《東觀漢記》"。整體而言，均與當時科舉考試有着密切的關係，這與清顧炎武《日知録·科目》條所記唐代考試的要求相吻合。《日知録·科目》有：

　　　　唐制取士之科，有秀才，有明經，有進士，有俊士，有明法，有明字，有明算，有一史，有三史，有開元禮，有選舉，有童子；而明經之別，有五經，有三經，有學究一經，有三禮，有三傳；有史料。此歲舉之常選也。其天子自詔曰制舉……見之史者凡五十餘科，故謂之科目〔一〕。

　　科目中所謂的"三經""五經""三禮""三傳""一史""三史"等，在《雜抄》所開列的書目中得到相應書籍，并詳細著録各種書籍的書名、作者、著作方式。顯然與進士、明經二科的考試内容相應，書目中不但提示了大經、小經、中經乃至詩賦、策問等有關的參考書目及注本，提供有志科考應試準備之參考。

　　至於書目中所提到的《千字文》《急就章》《開蒙要訓》《兔園策》《文場秀句》《典言》等，從表面上看，不是應考科目，似乎與科舉考試無關。但實際上，以今存的敦煌寫本《兔園策府》觀之，蓋爲策論模擬試題一類；《典言》《文場秀句》則亦爲詩賦考試的參考資料。《千字文》《急就章》《開蒙要訓》則爲集中識字的語文教材，正可與《雜抄》互相搭配，發揮互補作用。由目録學的觀點來看，可説爲當時一般基本學養與科舉制度下所列的一個指導閱讀的學習書目，其對當時環境而言，所挑選的書籍，均爲最具實用性，所選的注本均爲當時最通行的，可説是我們現存最早的一份推薦書目。

〔一〕（清）顧炎武著，（清）黃汝成集釋，欒保群、吕宗力校點：《日知録集釋》卷一六《科目》，上海古籍出版社，二〇一四年，第三六五頁。

　　就傳統語文教育的發展而言，唐代正屬於承先啓後的時期，就教材的發展而言，正是繼承與變衍的關鍵。敦煌本《雜抄》采取問答形式爲主，雜糅"論""辯"及格言諺語等語教形式，傳播天文、歷史、地理、生活等各方面的基本知識，并提示了倫理道德、生活儀節等方面的基本要求，反映了唐代的風俗、文化、思想等社會面貌，同時爲因應一般學生進一步參加科舉考試作準備，開列了一個最低限度的推薦書目，透過此類語文教材的研究與考察，可以了解此一時期民間普遍的自然觀、倫理觀、道德觀、價值觀、歷史觀。此類綜合性的語文教材兼具知識性、思想性、通俗性與實用性，充分顯現了民間傳統語文教育的特色。以今日觀點來看，雖然國民中小學教育課程分科體系完備，語文教育的教程書編訂，隨着時代、社會的發展而更臻專精，更具現代化；相對的，傳統語文教材自然不能符合時代需要，但像《雜抄》這一類綜合性語文教材，不論在形式、内容的編排，均能切合當時的社會脈動，因應當時的實際需要，這變與不變分寸的掌握，似可提供現代兒童讀通俗讀物編輯者的省思與借鏡。

二　《孔子備問書》

　　敦煌文獻中綜合性知識類蒙書除了《雜抄》外，還有性質、體制相同，内容相近，爲後世所不傳，歷代史志所不錄，題名爲《孔子備問書》的寫本。這類通俗蒙書，内容雖或粗俗淺陋，鄙俚不經，但却是唐代民衆日常生活所孕育出的通俗作品，最能反映當時社會生活與庶民思想的真實面貌。

　　今所知見的敦煌寫本《孔子備問書》，計有伯二五七九號、伯二五八一號、伯二五九四號及伯三七五六號等四件寫本。以伯二五八一號一卷最爲完整。全篇内容係針對天文、時序、地理、人事等日常生活的有關問題，經由一問一答的形式，組織成篇，藉以解答一般民衆心中渴望得到答案的基本知識。

　　一九九〇年我參加敦煌研究院主辦的"敦煌學國際研討會"曾發表《敦煌寫本〈孔子備問書〉初探》一文，梳理了《備問書》的寫本，進行了綴合與校錄，考定抄寫年代，并從内容、形式持與敦煌寫本《雜抄》《天地開關以來帝王紀》等進行比對，探究其性質及源流〔一〕。一九九九年又撰《敦煌通俗讀物中的自然科學教育——以〈孔子備問書〉爲例》一文，據《備問書》中有關天文、曆法方面的相關材料，析論其體現民間自然科學的教育内容〔二〕。二〇〇二年與朱鳳玉合著《敦煌蒙書研究》一書，將《孔子備問書》歸入敦煌寫本知識類蒙書中的綜合知識類進行論述〔三〕；二〇〇七年又在《開蒙養正：敦煌的學校教育》中專立"自然教育《孔子備問書》"一節進行論述〔四〕。二〇〇八年王晶碩士論文《敦煌寫本蒙書〈孔子備問書〉探究——兼論敦煌蒙書》在前述的基礎上，從中國蒙書發展和所反映的思想、文化意義等角度，對《孔子備問書》及其他敦煌蒙書，進行啟蒙教育發展中的作用及其所體現的社會文化意義的探討〔五〕；二〇一四年王金娥《敦煌寫本蒙書〈孔子備問書〉校正》也對文本進行了録校〔六〕。可供參考。

（一）寫本概述

今所知見的敦煌寫本《孔子備問書》，計有四個寫卷，均度藏於法國巴黎國家圖書館，分別爲編號伯二五七九號、伯二五八一號、伯二五九四號及伯三七五六號。兹將寫本概況表列如下：

〔一〕 鄭阿財：《敦煌寫本〈孔子備問書〉初探》，《敦煌學》第一七輯，一九九一年，第九九～一二八頁；收入段文傑等編：《1990年敦煌學國際研討會文集》，遼寧美術出版社，一九九五年，第四三四～四七二頁。

〔二〕 鄭阿財：《敦煌通俗讀物中的自然科學教育——以〈孔子備問書〉爲例》，《"二十一世紀敦煌文獻研究回顧與展望"研討會論文集》，中華自然文化學會發行版，一九九九年，第二二～三三頁。

〔三〕 鄭阿財、朱鳳玉：《敦煌蒙書研究》，第一九四～二二七頁。

〔四〕 鄭阿財、朱鳳玉：《開蒙養正：敦煌的學校教育》，第五四～六二頁。

〔五〕 王晶：《敦煌寫本蒙書〈孔子備問書〉探究——兼論敦煌蒙書》，西北師範大學碩士學位論文，二〇〇八年。

〔六〕 王金娥：《敦煌寫本蒙書〈孔子備問書〉校正》，《蘭州文理學院學報》二〇一四年第一期，第八～一二頁。

敦煌寫本《孔子備問書》概況表

卷號	寫本狀況	殘存行數	保存部分	首尾題	同卷資料
伯三七五六號 + 伯二五七九號	卷子本，首尾俱缺。	一七 + 三五	大字爲問，答以雙行小字出之。		
伯二五八一號	卷子本，首完尾缺。	一一六	大字爲問，答以雙行小字出之。	首題：“孔子備問書一卷周公注”。	背面：抄《辭娘讚》。
伯二五九四號背	卷子本，首完尾缺（未抄完）。	六	大字爲問，答以雙行小字出之。	首題：“孔子備問書一卷周公注”。	正面：《老子道德經》李榮注。背後接抄“金山國文書”字體不一，非一人所抄。

　　以上四件寫本中，伯二五七九號與伯三七五六號卷子，字體、行款一致，係同一人所抄，內容正相銜接，蓋爲同一抄本斷裂爲二，伯三七五六號爲伯二五七九號殘卷之前段，可以綴合。因此，實際上爲三件抄本。

　　伯二五八一號寫卷最爲完整。首題《孔子備問書》一卷，全文計一百一十六行，約一百五十五則問答。末行“何謂事君之道？恪勤盡忠，務於肅敬，獻可諫否”止，後尚有空行似未抄完。

（二）録文

　　兹以伯二五八一號爲底本，用伯二五七九號背＋伯三七五六號參校，并參酌諸家録文，對底本重新録文如下：

　　孔子備問書一卷　周公注　學道得道

　　孔子、周公曰：

　　何謂天地？答曰：運氣未分，幽幽冥冥，上下濛洪（鴻），無影無形，不濁不清，難分之氣，天地得成。清氣上浮爲天，濁氣下沉爲地。一黃一青，清濁之氣分爲陰陽之氣，陰陽之氣變爲五行。陰陽交錯萬物得生，吾今爲從，以知根本。

　　問曰：天何謂禁？［答］：天圓地方，運蓋爲禁也。

天爲地蓋者何？天地之氣，理大難測。觀之，運蓋爲之禁，非人難能決之。

問曰：天何以圓？地何以方？答曰：天不圓，無運動；地不方，何以安靖。

問曰：天何以運動？地何以安靖？天不運動，無以通氣；地不安靖，無以生物。

天運〔動〕則四時行，地安靖〔則〕萬物生。

問曰：天動何旋？幾時一匝？天運西行，謂之在旋，十二時一匝也。

伯二五七九號《孔子備問書》殘卷

伯三七五六號《孔子備問書》殘卷

　　何謂十二時？日之所處本具：正南午、日昳未、晡時申、日入西、黃昏戌、人定亥、日出卯、食時辰、隅中巳、夜半子、鷄鳴丑，故曰十二時是也。

　　何謂日月？太陽之昌爲日，太陽（陰）之昌爲月，故曰日月也。

　　日月何行？天西行，謂之在行也。

　　日月東行，何以西沒？天西行，日月東行，天一日一夜一匝，日三百六十五日一匝，月三十日一匝。天行疾，日月行遲，天力大，日月力少（小），是以行遲也。

問曰：日月逆行，天順行，日月去天遠近？日月者陰陽之氣莭，日月氣（去）天遠，去地近。天有卅三重，地厚卅六萬里。上至日月星晨辰，高下無蓋，所居長等如平地之也。

問曰：日月爲圓爲方？四天上，人因無光，視日月方；四天下，人因無光，視見日月圓者也。

問曰：日月誰造？日月菩薩造。一日一夜照四天下，終而復始也。日月菩薩七寶造〔一〕，東面黃金，西面白銀，南面琉璃，〔北面水晶〕，上蓋碧玉真珠，下蓋摩尼七寶，以助日月，日月明明，照曜四天下也。

問曰：天有幾重？天有卅三重。

又問：有人否？亦有人，其人不煞害衆生。

問曰：天高幾許？縱廣幾里？天有浮雲，上蓋虛空，上玄下黃，浩浩無有邊畔。須彌山處中，四面各方卅八萬里。天地圍繞，周匝不可窮盡，長短廣闊未能精識，非是凡人能決之也。

問曰：天有幾梁？地有幾柱？天無梁，地無柱，但有雲氣，支支相柱。

問曰：何謂七政？日月五星，是爲七政。陰陽變易，以定四時也。

問曰：何謂日月五星？太陽之昌爲日，太陰之昌爲月。主五星者，東方歲星，主春；南方熒或（惑）星，主夏；西方太白星，主秋；北方辰星，主冬；中央鎮星，主四季也。

五星各主何行，以合陰陽之氣？東方歲星，其色青，主木；南方熒或（惑）星，其色赤，主火；西方太白星，其色白，主金；北方辰星，其色黑，主水；中央鎮星，其色黃，主土，是以日月五星以合陰陽之氣也。

問曰：日何以順全月？何以數盡？因太陽之昌，一周三百六十五日以爲一歲；日者太陽之氣，卅日一終，因白所氣記識。一月卅日，十二月一周，三百六十五日一歲。

問曰：周匝幾度？三百六十五度，二千九百三十二里也。

問曰：日月行有錯幾度？一日一夜六十度，卅日一周，十二月爲一歲也。

問曰：五星何精？變爲何神？歲星木精，下爲神農；熒或（惑）火精，下爲風雨；太白金精，下爲神農；辰星水精，下爲雨師；鎮星土精，下爲仙公此也。

〔一〕　按：底本"日月菩薩七寶造"前有"問曰"二字，依上下文意，當爲衍文，刪。

問曰：何謂四天？春曰蒼天；夏曰昊天；秋曰青天；冬曰黃天。

問曰：何謂天地人？天在人上，地在人下，人居中間，上承於天，下隨於地，四時祭祀，不失其時，故曰天地人，以法三才也。

問曰：何謂神鬼？天曰神，地曰祇，人曰鬼是也。

問曰：何謂陰陽？天地之氣變爲寒暑，寒暑之氣變爲陰陽，陰陽之氣變爲生五行也。

問曰：何以大陽？何以小陽？春分之日，萬物萌芽，從地氣而生，始成長也。春者，木也。木之陽氣漸弱，故曰〔小陽〕。夏至之日，萬物滋長，百草茂盛，鳥獸浮（孵）化，煙焰在上，暑氣甚熱，夏暑者是火之子，火王暑氣在上，故曰大陽也。

問曰：何以小陰？何以大陰？陰主煞，秋分之日，萬物結實，五穀成熟，陽氣漸衰，故曰小陰。冬至之日，萬物燎枯，百虫蟄藏，水漸陰結成霜雪，寒氣在上，故曰大陰，此是也。

問曰：何以冬寒、夏熱、春暖、秋凉？冬者水主之氣漸寒，水者主寒，陰氣在上，陽氣在下，故曰冬寒。夏熱，太陽用事。春者木主之氣，木者水之子，太陽木王，主於陰陽之間，故曰春暖。秋凉者，金王之氣，太陰用事，陰陽迭代，陰氣上治，陰氣主冷，陽氣主熱，故曰秋凉。此之是也。

問曰：夏天甚熱，井泉何以冷？冬天甚寒，井泉何以暖？義與前者同。夏者太陽用事，陰陽迭代，陽氣上治，陽氣主熱，陰氣主冷，井泉冷暖隨其陰陽而巡還，此之是也。

問曰：天地若高若下？天東高西下；地西高東下；明星辰西行，水則東流，皆曰下而流。

衆星盡皆西行，北辰何以不動？北辰西爲大針，天用運轉，天以北辰喻如車軸，是以不動。

問曰：何曰天子？方制海內，謂之天子。人者禀受胎氣，頭圓法天，足方法地，左青龍，右白虎，前朱雀，後玄武。金銀爲骨體，車居爲四支，磨尼爲眼睛，琉璃爲心主。天子不能下治，故遣此人治民，故曰天子。

問曰：何謂三綱？君臣一，父子二，夫妻三，此是三綱。

何謂六支？君一，臣二，父三，子四，夫五，妻六，此之是也。

問曰：何謂皇后？

君臣治國，父子治家，夫妻治室，此之是也。

問曰：三綱何法？義與天子以同，皇后所生之子，三日大赦天下，以顯諸侯，三歲爲立宅，代父禪位承命，以號令爲天子。

問曰：何謂五行？一曰水，二曰火，三曰木，四曰金，五曰土是也。

問曰：五行所屬何方？木居東方，火居南方，金居西方，水居北方，土居中央。處其方，順則相生，逆則相煞，謂之陰陽也。

問曰：何名相煞。火能消金，金能尅木，木能尅土，土能尅水，水能尅火，故相煞。

問曰：何名謂王相？春木王，夏火王，秋金王，冬水王也。

問曰：何謂木王火相？春木，陽用事，故曰木王，是水之子，故曰王者尊也，其所勝。故曰土能生金，此而主，自餘放此也。

問〔曰〕：何以日辰？天有十日，地有十二辰，遂乃稱之，故曰日辰。

何謂十日？甲、乙、丙、丁、戊、己、庚、辛、壬、癸是也。

問曰：天有十日，合爲五行？甲乙爲木，在東方；丙丁爲火，在南方；戊己爲土，在中央；庚辛爲金，在西方；壬癸爲水，在北方是也。

問曰：地有十二辰，何方？子在正北，丑在子東，卯在寅南，寅在卯北，辰在卯南，巳在庚東，未在午西，申在酉南，戌在酉北，亥在子西。此是十二之辰所居之處是也。

問曰：十二辰何所配？寅爲虎，卯爲兔，辰爲龍，巳爲蛇，午爲馬，未爲羊，申爲猴，酉爲雞，戌爲狗，亥爲豬，子爲鼠，丑爲牛，故十二時也。

問曰：配幾時爲一歲？四時，共爲一歲，三百六十五日一歲也。

何謂四時？春、夏、秋、冬，此之是也。

何謂爲春？春：正月、二月、三月爲春，暖也。

何謂爲夏？四月、五月、六月爲夏，夏暑熱也。

何謂爲秋？七月、八月、九月〔爲〕秋，秋者涼冷也。

何謂爲冬？十月、十一月、十二月爲冬，冬者極寒也。

何謂四孟？孟者始也。正月孟春，四月孟夏，七月孟秋，十月孟冬，此是四孟。孟者極也盛也。

何謂四仲？仲者中也。二月仲春，五月仲夏，八月仲秋，十一月仲冬，此是四仲也。

何謂四季？季者末也。三月季春，六月季夏，九月季秋，十二月季冬，此四季末也。

何謂八節？立春、春分、立夏、夏至、立秋、秋分、立冬、冬至，此之節也。

問〔曰〕：一節幾日？一節卅五日也。

何謂立春？冬至後卅五日，陰氣日變，陽氣日升，百草萌芽，故曰立春也。

何謂立夏？春分後卅五日，陽氣日餘，百草生長，萬物茂盛，此之立夏是也。

何謂立秋？夏至後卅五日，陰氣日盛，陽氣日衰，故曰立秋也。

何謂立冬？秋分後卅五日，陽氣日衰，陰氣日上，百草皆死，故曰立冬也。

何謂冬至？至者極也。立冬之後卅五日，陰氣日極也，故曰冬至。

何謂夏至？至者極也。立夏後卅五日，陽氣極長，夏至極主，炎暑極上，故曰夏至也。

月建何處？正月建寅，二月建卯，三月建辰，四月建巳，五月建午，六月建未，七月建申，八月建酉，九月建戌，十月建亥，十一月建子，十二月建丑，是爲月建處也。

問曰：何謂三農三要？春鹽，夏麥，秋禾，此爲三要是也。

何謂晦朔？月建爲朔，月盡爲晦是也。

何謂旦夕？日出旦，日沒夕。

何謂六甲？甲子、甲戌、甲午、甲申、甲寅、甲辰是也。

問曰：六十甲子？甲子、乙丑、丙寅、丁卯、戊辰、己巳、庚午、辛未、壬申、癸酉、甲戌、乙亥、丙子、丁丑、戊寅、己卯、庚辰、辛巳、壬午、癸未、甲申、乙酉、丙戌、丁亥、戊子、己丑、庚寅、辛卯、壬辰、癸巳、甲午、乙未、丙申、丁酉、戊戌、己亥、庚子、辛丑、壬寅、癸卯、甲辰、乙巳、丙午、丁未、戊申、己酉、庚戌、辛亥、壬子、癸丑、甲寅、乙卯、丙辰、丁巳、戊午、己未、庚辰（申）、辛酉、壬戌、癸亥也。

問曰：六甲誰造？皇帝太史堯所造，具答如是也。

問曰：何謂三墳？三皇之書謂之三墳。

何謂五典？五典者，五經是也。亦名五典之藉，父善，母慈，兄友，弟恭，子孝，道之是也。

何謂八卦？東方震卦，東南方巽卦，南方離卦，西南方坤卦，西方兌卦，西北方乾卦，北方坎卦，東北方艮卦。乾天是父，坤地是母，合會能生萬物，是之八卦。

何謂九典？九州墳典是也。

問曰：八卦何主？乾主天，坤主地，坎主水，艮主山，震主木，巽主風，離主火，兌主金。

問曰：八卦乾、坎、艮、震、巽、離、坤、兌居在何方王？乾居西北方，王九月、十月；坤居西南方，王六月、七月；坎居北方，王十一月；艮居東北方，王十二月、正月；震居東方，王二月；巽居東南方，王三月、四月；離居南方，王五月；兌居西方，王八月。

問曰：八卦何造？伏羲所造，以推陰陽也。

伏羲何由造也？伏羲臨河釣魚，得一寒龜，背上有卦，因而造之。文王即用一卦變成六十四卦，八八六十四是也。至今使用和陰陽，定四時，上吉凶之禮，則此也矣。

問曰：文字誰造？古者倉頡所造，以名天下萬物也。

何謂五姓？宮、商、角、徵、羽，此之是也。

五姓何屬？角屬東方木，徵屬南方火，商屬西方金，羽屬北方水，宮屬中央土，此之是也。

何謂五色？青似木色，赤似火色，白似金色，黑似水色，黃似土色，故曰五色。

何名五味？木酸味，水醎味，火苦味，金辛味，土甘味，此是也。

何謂五藏？肝、脾、腎、肺、膽，名之五藏也。

何謂六府？水、火、金、木、〔土〕、穀，此是也。

何謂生活行？一曰水以爲潤萬物，二曰火以爲井竈，三曰木以爲犁樓，四曰金以〔爲〕利器，五曰土地以爲五穀，是以五行備也。

何謂五道？父子之道在東方，仁；君臣之道在南方，禮；兄弟之道在西方，義；夫妻之道在北方，智；朋友之道在中央，信。此名仁、義、禮、智、信。

問曰：何以名門？何以名戶？兩扇名門，一扇曰戶。

何謂五穀？粟、麥、稻、床（黍）、豆，此之是也。

何名六畜？豬、羊、雞、狗、牛、馬是也。

何名四獸？東方青龍，西方白虎，南方朱雀，北方玄武。

何名五木？東方桃木，西方栗木，南方杏木，北方榆木，中央梓木是也。

何名三皇？伏羲一，神農二，祝融三，此之是也。

問曰：何名五方之帝？東方青帝，南方赤帝，西方白帝，北方黑帝，中央黃帝也。

何名五帝？黄帝軒轅帝一，顓頊帝二，堯帝三，嚳帝四，舜帝五。德不及皇，故稱帝也。

何名三王？夏禹王一，殷王湯二，周文王三。德不及帝，稱皇（王）也。

何名六國？晋（齊）、楚、韓、魏、燕、趙是也。

何名三賢？管仲一，鮑叔牙二，甯武子三，此名三賢也。

何名四方？東、南、西、北，謂之四方。

何名四夷？東夷、西戎、南蠻、北狄。

何名五岳？東岳太山，南岳衡山，西岳畫（華）山，北岳恒山，中岳嵩高山，在洛州東界，是也。

何名四瀆？江、河、淮、濟。

九州在何方？東方：［冀州］、兗州、青州、徐州；南方：揚州、預（豫）州；西南方：荆州；西方：雍州。以洛州爲中都是也。

何名三公？司徒、司馬、司空三。司徒主民，司馬主兵，司空主土也。

何謂九卿？司農一，少府二，鴻盧三，太常四，宗正五，太僕六，光禄七，衛尉八，太尉九，此之是也。

九卿主何？衛尉、司農、宗正，［奉］司徒，主民；太僕、太常、太（廷）尉，奉司空，主土；鴻盧、太府、光禄，奉司馬，主兵。故曰九卿所主也。

何謂廿七大夫卿？九卿之員，一卿主三大夫，三九廿七，故曰廿七大夫也。

何謂八十一元士？一大夫管三士，今八十一元士此之也。

三老（公）何法？法三光，日月星辰此之也。

九卿何法？法九州也。

廿七大夫何法？法廿八宿。

元士何法？法九九八十一也。

何名三老？上者一百廿，次者一百一十，下者八十，此之是也。

何名三才？上知天文，下知地理，中知人情，此是也。

何名五更？知日月星辰，吉凶灾害□□之監，明山川河海之寒暑，風雨天氣所宜，謂之五更是也。

何名四輔？左青龍，右白虎，前朱雀，後玄武。

何名五經？《詩》《書》《易》《禮》《樂》，此之是也。

五經何主？《詩》爲木，主東方；《禮》爲火，主南方；《書》爲金，主西方；《易》爲水，主北方；《樂》爲土，主中央。此之是也。

六甲誰造？皇（黃）帝太使（史）堯造也。

何謂元正三朝？冬、臘、歲，此三節，故言三朝也。

何謂五果？桃、李、杏、奈、棗，是五果也。

何誰（謂）三雄？曹操王魏，劉備王蜀，孫權王吳，等三分天下，正時而居，不得侵奪，此之是也。

何謂五霸？秦穆公、宋襄公、楚［莊］公、晋文公、齊桓公等五人，皆能義蕩天下，并無爲禪，同是五霸也。

何謂六律？昔周公治化太平，以天下禮義，土廣人稀，不可家家教化。皆是周公親誨成行禮，故名六律，此之■是。

問［曰］：凡賢聖有父母否？答曰：諸佛者覺數生，菩薩者波羅［生］，辟支者定空生，羅漢者滅盡生，磬叩者平等生，緣覺者慈悲生，須陀含者含定生，天道者十善生，人道者五滅生，地獄者五逆生，奴婢者負債生，畜生者元割生，我（餓）鬼者舍忍生，煞害者不忍生，賊者驕慢者皆有怨家，豈由父母也？

問曰：人能生佛？佛能生人？聖能生地，地能生苗，苗能生木，木能生穀，穀能生場，場能生如來，如來能生佛，豈非人佛相生者也。

何名八難？一者天道難，二者畜生難，三者地獄難，四者餓鬼難，五者受苦難，六者、七者大道難，八者佛道難。

問曰：佛從何而生？答曰：昔者西方净土國王，性好精進，廣能布施，男女不惜身命，得道已後，生釋迦，釋迦生佛，救護父母，廣濟郡（群）生也。

何名三賢、四友？昔伯夷、叔齊、南（商）山四皓、許由、巢父等，故曰三賢四友也。

何名四大？天地合爲一大，水火合爲二大，風雨合爲三大，人佛相感爲四大也。

何名六府（根）？意、眼、耳、鼻、舌、身是也。

問［曰］：賢聖之中誰爲我？一堯，二舜，三介之推，四左伯桃，五羊角哀，六鮑叔牙，七洪療，八净蓋也。

何名三途？地獄一、惡鬼二、畜生三是也。

何名五濁？答曰：所以人道濁，君臣静國，朝廷静位，衆人静財，鄰國交戰，怨亡者衆，不見埋葬，是爲人道濁。二者煩惱濁，凡夫衆生，男女雜合，信心自用，不避尊卑，恣情和合，不知羞恥，是爲煩惱濁。三者陰陽濁，鬼亂煞無度，惡者興難，賢者及弱，橫死者衆，悲苦徹心，是爲陰陽濁也。

何謂五逆？一者煞害父母，二者欺兄弟姊妹，三奴欺死主，四者燒經壞佛，五者誅戮親眷，是五逆也。

何名八關齋？答曰：愛（受）婦（歸）五戒，以却衆惡鬼來，病人以至八王日，散行天王觀察衆生善惡，抄名字付諸惡使，惡鬼捕之。以此，如來慈憫衆生，教人年年三長之月，月有六齋，禮拜以避惡神。如不能長齋，常至八王日，詳共（供）少劍（薦），作無礙大齋，以賽（塞）衆神惡口舌，令人不遭橫惡。此八王日從冬至日算至立春之日，滿三百卌五日爲節。節日時，人不曉見觀詳共（供）營齋，當未由之，但詳造〔供〕，即名八關齋。衆心難期，遂即造共（供），此號名八關齋。

問曰：四輔何知？左輔、右弼、前義、後承，力幾失中，責於博士；星辰失度，責於太史；奸邪失中，責於尚書；苦樂不同，責於僕射，此之是也。

何謂六藝？禮、樂、射、御、書、數，謂之六藝也。

何謂五禮？吉、凶、賓、軍、嘉之五禮也。

何謂六德？智、人（仁）、聖、義、忠、和，此是也。

何謂三正四方？天地、日月、星辰，謂三正；東、西、南、北爲之四方是也。

何謂四道大？手、口、身、心謂之四道，地、水、火、風爲之四大。

問曰：何名鰥、寡、孤、獨、窮、劣？丈夫無妻曰鰥，婦人無夫曰寡，子無父母曰孤，父母無子曰獨，家無食曰窮，老無力曰劣，此之是也。

問曰：天子何以自稱寡人？答曰：君者有國有家，有父，父當位，〔有〕兄，兄當位，上無父，中無兄，持而當位。禮無兄，故以舉。天子無父事三老，無兄事五更，故稱寡人也。

何謂三備？父一、師二、朋友三是也。

問曰何謂婦人七出？一無子，二婬妷，三不事舅姑，四口舌，五竊，六妒，七惡疾。但犯一條即合棄之。若無七出，吹棄之徒一等。

何名三不去？一曾持舅姑之服，二娶賤後貴，三有所娶無所歸。難（雖）犯七出，不合去之，違大一等，若犯奸及惡病即士棄之。

問曰：女家有四不可聚（娶）何？第一不孝，二始多病婬色有生離之類，三及逆不順，四寡婦長養女無禮，此之是也。

何名太歲？答曰：太歲者，天地之御史，清道前後，亦須避之。上有五星辰交錯，前禁後忌，不得觸誤也。

何名太陽（陰）？太歲陰者，太歲之妻，常居太微，此三臣亦須避之，不可觸犯，必煞故也。

何謂大將軍？大將軍者，是天之上客，亦須避之。居在四方，三年一移，東方乘青龍，西方乘白虎，南方乘朱雀，北方乘玄武。觚角羊者必煞矣，須忌也。

何謂三伏？陰陽送（迭）代，相生相煞，故言三伏。

何謂台殿？天子所居曰台，正事之當［曰］殿也。

何謂宮室？皇后所居曰宮，燕寢之房曰室。

何謂廳雍？廳者諸侯知事之堂，雍者士庶逍遙之館。

問曰：天子何以無父兄？天子若有父，父當位；有兄，兄當位；禮無父兄，即身當位。爲無父事三老，無兄事五更，故舉之也。

何謂三不能避雨？言三者，一父母、二師、三凡。以人言爲諱，稱名字當須避父母之名諱。子避雨者即父母之名也。

問曰：何謂三避諱？一者國諱，二者父諱，三者母［諱］。凡人出身事官，先避國諱，後避父諱之名也。

何謂三神？

天神一，地祇二，社神三，此三神也。

問曰：三神何主？天者父也，能生長萬物；和□師者地也，地神能成物有者也，此能回風以順萬物，切磋相成，不由造作是也。

三備父、師、友何生？生子三歲，父將良師，教授識別，□□（朋友）切磋相成，故言三備。

何名［事］父之道？昏定，晨省，和顏悅色，恭敬孝順，小心翼翼，欲報父母之恩，昊天網（罔）極。

何謂事君之道？恪勤盡忠，務於肅敬，獻可諫否。

（三）《孔子備問書》的成書與抄寫年代

《孔子備問書》一卷，未題撰者，伯二五八一號及伯二五九四號於首題下署有"周公注"，當是依托無疑。此書以"孔子"命名，依托"周公"注，乃當代的風尚。蓋以"孔子""周公"爲當代民衆心目中學識智慧的表徵，敦煌文獻的通俗典籍中也多可見，如《孔子馬頭卜法》〔一〕《周公孔子占法》等〔二〕。此書歷代史志載籍均未見著録，後世亦不傳。幸賴敦煌石室遺書的保存，始得於千年之後，重見天日。今所得見者，唯以上所列四個卷號，三件寫本殘卷而已，且均無題記可資考察其抄寫年代。因此，祇能根據這些寫卷抄寫避諱的情況，來推測其抄寫之時限。

按：伯二五八一號卷子，"何曰天子"下："天子不能下治，故遣此人治民"；"何名三公"下，"司徒主民"；"九卿主何"下，"衛尉、司農、宗正、奉司徒，主民"等"民"字，皆避唐太宗李世民諱，缺筆作"㞢"。伯二五七九號卷子"何曰天子"下"天子不能治，故遣此人治民"，"民"字亦避諱缺筆作"㞢"。此外，伯二五七九號卷子於"十二辰何所配"下，"寅爲虎"，"虎"字變體作"㞦"，當是避唐太祖諱。據此則知此兩件寫本均出唐人之手，而其抄寫年代之上限，當不得早於唐太宗朝。

又詳審寫本內容，涉及唐代帝王名諱除上舉"民""虎"二字外，另有"治""照"二字，然均不避諱。如："陰陽迭代，陽氣上治""內方制海內，謂之天子""天子不能下治，故遣此人治民""君臣治國，父子治家，夫妻治室""昔周公治化太平"等，各句中的"治"字，係唐高宗李治之名諱，而寫卷均不避諱。又："日月菩薩造，一日一月照四天下""日月明明，照耀四天下也"二則字句中的"照"字，係武后名諱，寫卷也不避諱。因此，根據寫卷但避唐太宗諱而不避高宗、武后諱之情況來判斷，疑其抄寫年代即在太宗朝；而《孔子備問書》成書之年代，當在唐朝初年。

〔一〕 這是一本占卜書。敦煌保存六件寫本，均藏大英圖書館，編號分別：斯八一三號、斯一三三九號、斯二五七八號、斯九五〇二號、斯一一四一九號、斯一三〇〇二號背。

〔二〕 這本占卜書計有法國巴黎藏伯二五七四號，英國倫敦藏斯二八五九號、斯五六一四號等三件抄本。

（四）《孔子備問書》的内容體式及性質

　　敦煌寫本《孔子備問書》一卷，全篇内容係針對天文、時序、地理、人事等日常生活的有關問題，經由一問一答的形式，組織成篇，藉以解答一般民衆心中渴望得到答案的基本知識。今存内容有屬於天文的，例如：

　　　　何謂天地？天何謂禁？天爲地蓋者何？天何以圓？地何以方？天何以運動？地何以安靖？天動何旋？幾時一匝？何謂十二時？何謂日月？日月何行？日月東行，何以西没？日月逆行，天順行，日月去天遠近？日月爲圓爲方？日月誰造？天有幾重？有人否？天高幾許？縱廣幾里？天有幾梁？地有幾柱？何謂七政？何謂日月五星？五星各主何行，以合陰陽之氣？何以順全月？何以數盡？周匝幾度？日月行有錯幾度？五星何精？變爲何神？何謂四天？

　　而屬於時序、歷法的，例如：

　　　　何謂陰陽？何以大陽？何以小陽？何以小陰？何以大陰？何以冬寒、夏熱、春暖、秋凉？夏天甚熱，井泉何以冷？冬天甚寒，井泉何以暖？天地若高若下？衆星盡皆西行，北辰何以不動？何謂五行？五行所屬何方？何名相煞？何名謂王相？何謂木王火相？何以日辰？何謂十日？天有十日，合爲五行？地有十二辰，何方？十二辰何所配？配幾時爲一歲？何謂四時？何謂爲春？何謂爲夏？何謂爲秋？何謂爲冬？何謂四孟？何謂四仲？何謂四季？何謂八節？一節幾日？何謂立春？何謂立夏？何謂立秋？何謂立冬？何謂冬至？何謂夏至？月建何處？何謂晦朔？何謂旦夕？

　　而屬於人事的，例如：

　　　　何曰天子？何謂三綱？何謂六支？何謂皇后？三綱何法？何謂三農、

三要？何名五方之帝？何名五帝？何名三王？何名六國？何名三賢？何名三公？何謂九卿？九卿主何？何謂廿七大夫卿？何謂八十一元士？三公何法？九卿何法？廿七大夫何法？元士何法？何名三老？何名三才？何名五更？何名四輔？

就此內容而論，蓋爲傳統蒙書的核心知識體系，也是唐以後蒙書常見的內容。持與宋代的蒙書《三字經》〔一〕《小學紺珠》相較，其性質多有相近似之處。可見敦煌寫本《孔子備問書》傳達的知識當是唐代民間廣泛需求的基本知識。《三字經》中有：

> 三才者，天地人；三光者，日月星；
> 三綱者，君臣義，父子親，夫婦順。
> 曰春夏，曰秋冬，此四時，運不窮；
> 曰南北，曰西東，此四方，應乎中。
> 曰水火，木金土，此五行，本乎數；
> 曰仁義，禮智信，此五常，不容紊。
> 稻粱菽，麥黍稷，此六穀，人所食；
> 馬牛羊，雞犬豕，此六畜，人所飼。
> 曰喜怒，曰哀懼，愛惡欲，七情具。
> 匏土革，木石金，與絲竹，乃八音。

而《小學紺珠》一書中也有：

> 三才　四大　七政　五星　三正　九州　（以上天道類）
> 六律　五聲　四時　八節　二十四氣　十干　十二支　六甲　十二

〔一〕《三字經》是中國古代最爲流行的童蒙讀物之一，相傳爲南宋王應麟撰，明清學者陸續增補，一九二八年章太炎先生重加修訂。

時

三朝　五行　六府　五色　五味　五德　三伏　二至　（以上律
歷類）

四方　九州　九州（九牧）　五嶽　四瀆　三農　八川　四輔　四夷
（以上地理類）

三綱　四正　三事　四教　三老五更　三老　（以上人倫類）

五常　六德　（以上性理類）

五藏　六府　（以上人事類）

六藝　五經　八卦　三墳　五典　五禮　五始　（以上藝文類）

三皇　五帝　三王　五伯　六國　（以上歷代論）

六畜　六獸　五穀　五果　（以上動植類）……

《孔子備問書》不但彙集有關天文、時序、地理、人事等基本知識，尤其
全書各相關知識均以名數成編，此與敦煌寫本《雜抄》（一名《隨身寶》《益
智文》）及宋王應麟所編小類書型之蒙書《小學紺珠》，性質尤爲相似。

敦煌寫本《雜抄》中的"三皇""五帝""五岳""四瀆""九州""三
才""六國""六藝""五味""五穀""五果""五聲""五行""三光""三倫"
等，與《孔子備問書》相互比較，則不難得知其内容性質乃屬民間通俗讀物
一類無疑，其取名爲《孔子備問書》蓋以孔子爲博學多聞之表徵，而此書彙
集日常生活中有關天文、時序、地理、人事等基本知識成編，以爲蒙童初學
或一般民眾備用應急之需。既可益智，又可備問。

敦煌寫本《雜抄》據張政烺的研究，以爲即唐宋人之所謂"何論"，或
其略出本。如今日之所謂"教學提綱"，蓋爲將來舉進士時試論之準備[一]。
按：《雜抄》一書，體例非一。大體與張氏所言近似，其中尚有"經史何人修
撰制注？"一段，及卷末"世上略有十種剟窒之事""十無去就""五不達時

〔一〕張政烺：《敦煌寫本〈雜抄〉跋》，周玨良等編輯：《周叔弢先生六十生日紀念
論文集》，第二五一～二五七頁。

宜""五無所知"……"八頑"等與李義山《雜纂》多同的民間通俗讀物。而
"何論"所提的設問，雖每多涉及名數如"三傑""四科""四時""九州""九
功""九法""三正""三皇""五帝"等，然其題大抵皆有"何"與"論"二
字，題與科考無關，當非"何論"一類。而《孔子備問書》的形式，采設問
式一問一答，且多名數，二者性質實并不相同。又《孔子備問書》中頗多涉
及與佛教有關的知識，如：

問：日月誰造？

日月菩薩造，一日一夜照四天下，終而復始也。

問曰：日月菩薩七寶造，東面黃金，西面白銀，北面水晶，南面琉
璃，上蓋碧玉真珠，下蓋磨尼七寶，以助日月，日月明明，照耀四天
下也。

問：凡賢聖有父母否？

答曰：諸佛者覺數生，菩薩者波羅生，辟支者定空生，羅漢者滅盡
生，磬叩者平等生，緣覺者慈悲生，須陀含者含定生，天道者十善生，
人道者五滅生，地獄者五逆生，奴婢者負債生，畜生者元割生，餓鬼者
舍忍生，煞害者不忍生，賊者驕慢者皆有怨家。豈由父母也？

問：人能生佛？佛能生人？

聖能生地，地能生苗，苗能生木，木能生穀，穀能生場，場能生如
來，如來能生佛，豈非人佛相生者也。

何名八難？

一者天道難，二者畜生難，三者地獄難，四者餓鬼難，五者受苦難，
六者、七者大道難，八者佛道難。

問曰：佛從何而生？

答曰：昔者西方净土國王，性好精進，廣能布施，男女不惜身命，
得道已後，生釋迦，釋迦生佛，救護父母，廣濟群生也。

何名四大？

天地合爲一大，水火合爲二大，風雨合爲三大，人佛相感爲四大也。

何名六府（根）？

意、眼、耳、鼻、舌、身是也。

何名三途?

地獄一,惡鬼二,畜生三是也。

何名五濁?

答曰:所以人道濁,君臣諍國,朝庭諍位,衆人諍財,鄰國交戰,怨亡者衆,不見埋葬,是爲人道濁。二者煩惱濁,凡夫衆生,男女雜合,信心自用,不避尊卑,恣情合和,不知羞恥,是爲煩惱濁。三者陰陽濁,鬼亂煞無度,惡者興難,賢者及弱,横死者衆,悲苦徹心,是爲陰陽濁也。

何謂五逆?

一者煞害父母,二者欺兄弟姊妹,三奴欺死主,四者燒經壞佛,五者誅戮親眷,是五逆也。

何名八關齋?

答曰:爰歸五戒,以却衆惡鬼來,病人以至八王日,散行天王觀察衆生善惡,抄名字付諸惡使,惡鬼捕之。以此,如來慈愍衆生,教人年年三長之月,月有六齋,禮拜以避惡神。如不能長齋,常至八王日,詳供少薦,作無礙大齋,以塞衆神惡口舌,令人不遭横惡。此八王日從冬至日算至立春之日,滿三百卅五日爲節。節日時,人不曉見觀詳供營齋,當未由之,但詳造供,即名八關齋。衆心難期,遂即造供,此號名八關齋。

這殆爲作者雜糅有關佛教傳說的認知,用以解說日月等天文問題,其中間"凡賢聖有父母否""人能生佛"中提及的"何名八難""何名四大""何名六府""何名三塗""何名五濁""何名五逆""何名八關齋"等,更是佛教之名相法數。

除此之外,《孔子備問書》亦參雜有關民間信仰之内容,如:

何名太歲?

答曰:太歲者,天地之御史,清道前後,亦須避之。上有五星辰交錯,前禁後忌,不得觸誤也。

何名太陰？

太歲陰者太歲之妻，常居太微，此三臣亦須避之，不可觸犯，必煞故也。

何謂大將軍？

大將軍者是天之上客，亦須避之。居在四方，三年一移，東方乘青龍，西方乘白虎，南方乘朱雀，北方乘玄武。觚角羊者必煞矣，須忌也。

凡此均可説明《孔子備問書》的性質乃是一三教混同充滿民間思想色彩的蒙書。

（五）《孔子備問書》的體制源流

《孔子備問書》一書之性質乃爲民間通俗讀物，其内容多爲一般天文、歲時、地理、人事等常識，而全篇采一問一答之形式，與《雜抄》相同。但《孔子備問書》全篇以一百五十五則一問一答的形式，且多爲名數，則顯然爲當時佛教典籍所常用的形式。尤其唐代的釋門論疏中，解釋名相、法數，采問答形式者，更是屢見不鮮。而敦煌寫本的佛教文獻更是觸目可見，儼然形成一種特定論疏的形式。如《三寶四諦問》《大乘中宗見解》《小乘三科》《大乘三寠》《三寠法義》等〔一〕，其内容性質多同。試看《大乘中宗見解》中云：

問：衆生〔幾〕物成身？答：九九物成身。問：何者九物？答：四大、五蘊是爲九物。問：何者四大？答：地水火風，是名四大。問：四大有〔幾〕種？答：有二種。問：何者〔二種〕？答：一者外四大，二者内四大。問：何者外四大？答：地水火風，是名外四大。問：何者〔内〕四大？答：骨肉堅硬以爲地大；血髓津〔潤〕是名水大；體之温暖以爲火大；出〔息〕入息以爲風大。問：何者空識二大？答：空大者虚通分也；識大〔者〕了別（分）心〔也〕。問：此四大，因内四大感得外四

〔一〕〔日〕田中良昭：《敦煌禪宗文獻の研究》，大東出版社，一九八三年，第三四三～三八八頁。

大？因外四大感得内四大？答：因内感外。問：[何]者因内感外？答：
内有骨肉堅硬[妄]想感得外地大……問：[何者是五蘊]？答：色受想行
識，是名五蘊。[問]：何者是名色蘊……問：何者是十八界？答：六根、
六塵、六識，是十八界。問：何者是六根？答：眼耳鼻[舌身]意，是爲
六根〔一〕。

　　根據以上片段持與《孔子備問書》相互比較，則可得知其所采一問一答
的形式實無二致。又《孔子備問書》中亦多涉及佛教内容，知《孔子備問書》
當是深受當時社會風氣之影響，且亦廣受佛教習染與薰陶。

（六）《孔子備問書》與其他敦煌寫本的關係

1.《孔子備問書》與伯三一五五號寫卷

　　王重民於《敦煌遺書總目索引・伯希和劫經録》中，著録伯三一五五號
時亦題作《孔子備問書》，并説明："與他卷不同，内爲孔子問，老子答，蓋
因孔子問禮事而注此。"〔二〕按：伯三一五五號，爲卷子本，首缺尾完，缺題，
存六十五行，原卷有斷句。起"得三千六百□兄弟九人，各住九處，是以
後人因此即立九州，取之治道"，迄於"六親近惡人，七抵慢良善，八切須
削之"。

　　卷背有"社司轉帖""租地田契""五里江頭望水平"，"神沙鄉百姓令狐
賢威狀"等，其中"租地田契"有"天復四年歲次甲子捌月拾柒日立契"，其
字迹與正面相同，則此卷當抄於唐昭宗天復四年（九〇四）。

　　詳審其内容，前三十八行；以孔子問，老子答行之，計問"人皇之後，
有誰承之""伏羲之後，治化何似""伏羲之後，有誰承之""神農之時，何
以治化""神農之後，有誰代之""祝融之後，有誰代之""軒轅之時，何以
造化""顓頊之時，治化何似""帝舜之時，治化何似"等，内容文字頗近似

〔一〕　見伯三三五七寫卷。
〔二〕　王重民、劉銘恕編：《敦煌遺書總目索引》，第二八一頁。

《天地開闢以來帝王紀》[一]，而與《雜抄》迥異[二]。

　　《雜抄》與此略有相涉者僅"辯二年節日。昔人皇九頭，兄弟九人，人別居住，是以因此即立九州，年月一日易十日，十日易百日，故以三百六十日爲一歲。"一則而已。而《天地開闢以來帝王紀》則有：

　　　問曰：人皇之時，治化何似？人皇九頭，與日月合□。治經三千六百年，遂即滅矣，兄弟九人，各住一州，已後人因而出立九州，取之治道。以三百平日爲一歲，此之法者也。

　　　人皇之後，誰伏（復）治化？伏羲□天皇丞後，若此之是也。問曰：伏羲之後，治化何似？伏羲之時，未有禮儀，逢男爲夫，逢女爲婦。人無尊卑，走及禽獸。茹毛食血，居無宅□之地。"

　　　問曰：神農有何聖德？答曰：神農皇帝馬面鳥足人形，手執積零之杖，歷涉七十二山，口嚐百草，遇毒草者死，近好草者生。到黨牛頭山農石之中，雜樹上得五穀。棗樹上得大小麥（豆），犁樹上得大麥，杏樹上得小麥，桃樹上得稻穀，榆樹裏得麻，荆樹上得粟，將來交人佃種，傳世至今不絕。受命八千歲，遂即滅矣。

　　　問曰：神農氏何處人，姓何字誰，有何軌則？答曰：神農姓姜，上黨人，治在冀州，永王天下。爾時人人豺食鳴獸，人民轉多，食不可足。神農爲人歷涉七十二山，口嚐百姓草，望得甘美者與百姓食之。或值毒草者即死，唇口破壞，一日之中，百死百生，後至上黨牛頭山神石峪側，遂得嘉禾，一秖九穗，嚐之甚美，教人種之，甚美茂，遂濟禽□之命。治經八十年，遂即滅矣。"

　　〔一〕《天地開闢以來帝王紀》計有：斯五五〇五號、斯五七八五號、伯二六五二號及伯四〇一六號等四寫本。

　　〔二〕《雜抄》計有：斯四六六三號、斯五六五八號、斯五七五五號、斯九四九一號、伯二七二一號、伯二八一六號、伯三一五五號、伯三三九三號、伯三六四九號、伯三六六二號、伯三六七一號、伯三六八三號、伯三七六九號、伯三九〇六號、羽六六三R號十五個卷號，十三件寫本。詳見本書第二章第一節。

問曰：少昊何處人，有何軌則？答曰：五帝少昊，自（字）青陽，號金氏，鳳凰之樹，瑞以鳥名。在何（河）南教人造作衣裳、弓箭、置立倉庫、尊卑有別，治經一千年，遂即滅矣。禪位與顓頊也。顓頊高陽氏，皇（黄）帝之孫，高昌意之子。治在雍州上郡。台（？）殿（？）。遭旱五載，自責無德，將神（身）投海，海神不納，有一大魚負項而出。天感其心，須臾降雨，天下大豐。治經五年（原卷疑有脱文），遂即滅矣。禪位帝嚳。帝嚳高辛氏姓姬名受，黄帝九世孫，能分別五色，男女別途，吊問日吉凶迎送，治經一千一百年，遂即禪位堯帝。堯陶虞，名放勳，黄帝之孫，治在平陽，作法律，皋陶輔之井（？），造作刑獄。治經七十年而禪位舜虞。舜虞氏，高奴陽之後，河東人，姓□，字重華，治在蒲城。教人恭順，四方歸湊，治五十年，遂即禪于禹[一]。

至於伯三一五五號第三十九行起至六十五行止的二十七行，則全與《雜抄》相同，其中第三十九、四十二行爲"辯婦人四德三從"，四十一、四十二、四十三三行爲"辯雞五德之事"見於《雜抄》，文字略異，而其餘自四十三行"世上略有十種剳窒之事"至卷末"八切須削之"止，計有"世上十有剳窒之事""言十無去就""言五不達時宜者""五無所知者""五不自思度者""言六癡之者""言有八頑者"等，則與《雜抄》全同。是知《雜抄》《天地開闢以來帝王紀》及伯三一五五號卷子等均係唐代民間流行的通俗讀物，其内容除當時民間一般日常基本知識外，則多爲處世箴言，因其性質相同，形式相近，内容往往取材於同一來源；而仿作、改編更多因襲抄撮。因此，將伯三一五五號卷子視爲與《孔子備問書》《雜抄》等爲同一類之通俗讀物則是，若以其内容或形式間有相似，遂定名爲《孔子備問書》則非。然其一問一答的形式與《雜抄》《孔子備問書》多同，且頗有大量見於

〔一〕 參見郭鋒：《敦煌寫本〈天地開闢以來帝王紀〉成書年代諸問題》，《敦煌學輯刊》一九八八年第一、二期，第一〇二～一一三頁。

《雜抄》的内容，故將之視爲《雜抄》一類的摘抄，列入上節綜合知識類蒙書《雜抄》中討論。

2.《孔子備問書》與《雜抄》

在敦煌遺書中，《雜抄》與《孔子備問書》不但性質相同，形式一致，甚至内容亦頗有相涉的，如：

論：三皇五帝。何名三皇？伏羲、神農、黄帝。何名五帝？顓頊帝、嚳帝軒轅帝、堯帝、舜帝。何名五岳？東岳泰山豫州，西岳華山畫州，南岳衡山衡州，北岳恒山定州，中岳嵩高山曷城縣。何名四瀆？何名九州？雍州、冀州、豫州、荆州、揚州、梁州、徐州、兖州、青州。何名三才？天地人。六國、六藝、五味。何名六國？齊、楚、韓、魏、燕、趙。何名六藝？禮、樂、射、御、書、數。五穀、五果、五射、五德。何名五穀？房、芒、角、穗、散。何名五果？胡桃、石榴、粟子、雞頭、菱角。何名五射？賓射、太射、禮射、鄉射、燕射。何名五德？仁義禮知信。五聲、五行、三老、三備。何名五姓？宫、商、角、徵、羽。何名五行？金、木、水、火、土。五行各有何味？金味辛，木味酸，水味鹹，火味苦，土味甘。五味屬何色？辛色白，酸色青，鹹色黑，苦色赤，甘色黄。何名三老？上知天文，下知地理，中知人情。何名三備？君父師。論：三光、三農、三朝、元正、六暗、六齊、五辛？何名三光？日、月、星。何名三農？春蠶、夏麥、秋禾。何名三朝？冬、臘、歲。何名元正？歲首元月正日。何名六畜？牛、馬、猪、羊、雞、犬。四時八節。何名四時？春、夏、秋、冬。何名爲八節？立春、春分、立夏、夏至、立秋、秋分、立冬、冬至。三公九卿。禮記曰："從伏羲已來，天子有三公、九卿、廿七大夫、八十一元士。"三公者，太尉，司徒，司空。何名九卿？宗正卿，太常卿，司農卿，鴻臚卿，太僕卿，太尉卿，光禄卿，大理卿，太傅卿[一]。

〔一〕　見本書第二章第一節《雜抄》。

　　據此持與《孔子備問書》相互比較，則知其性質相同，内容相近，均係爲唐代民間流行的通俗讀物的基本内容。

　　綜上以觀，可知《雜抄》係綜合知識的童蒙讀物，或爲科考之準備而采"何論"體；或爲教學子進德修業而開列基本書目；或爲教誡處世箴言而抄撮格言、警句以誘導童蒙；《孔子備問書》則是雜集通俗歷史知識與處世箴言而成，而因孔子曾問禮於老聃，故依托孔子問老子答，此恐爲唐代三教論衡之風流行下的產物。至於伯三一五五號的"不知名小類書"，其中問答之形式及内容與《孔子備問書》雷同，顯示此類知識，蓋爲當時一般民衆所亟於知悉與記誦之基本知識，亦是當時社會廣大民衆經常提出之問題，而其不唯與科考常識有關，多涉及佛教傳説。如："崑崙山從廣幾許"將中國崑崙山與佛教之須彌山混爲一談，亦可見其雜糅兼采之民間通俗讀物特色。

　　《孔子備問書》相較於《雜抄》以中國文化及唐代科考參考經史典籍等傳統知識而言，雖然都是采用問答形式，從天、地、人、物逐一釋名，且内容上也具有共通性，然《孔子備問書》突出的是顯示他是在多元文化環境下的增删改易而來的。其間許多佛教的内容，頗似唐釋道世《法苑珠林》一類佛教百科全書的對天、地、人、事的解説。其知識體系與結構，逐漸從傳統以中原儒家爲核心的文化主導，朝向儒佛雜糅會通。且從蒙書而普及到民間各階層的通俗讀物，而非單純作爲蒙書之用。其性質與功能儼然已具備有民間通俗小百科，或後世知識秘笈，如《萬寶全書》一類之特性。

第二節　歷史知識類蒙書

　　古代童蒙教育以識字爲先，從周代史官教學童書的《史籀篇》，漢代"閭里書師"的《倉頡篇》《凡將篇》，史游的《急就篇》，到梁周興嗣次韵的《千字文》，這些唐前蒙書都是以集中識字爲主的蒙書，除識字外，也能灌輸倫理、道德、思想與日常生活知識。如《千字文》以二五〇句，隔句押韵的四字句成篇，内容包含天文、地理、政治、經濟、社會、歷史、倫理。其中從

"龍師火帝，鳥官人皇，始制文字，乃服衣裳。推位讓國，有虞陶唐。弔民伐罪，周發殷湯。坐朝問道，垂拱平章。愛育黎首，臣伏戎羌。遐邇壹體，率賓歸王。鳴鳳在竹，白駒食場，化被草木，賴及萬方"十八句，七十二字歷敘古代聖王，從伏羲、神農、少昊、天皇地皇人皇，介紹黃帝、堯、舜、商湯、周文武的事功，可謂已開蒙書歷史教育之端倪。

　　唐代教育發達，除傳統儒家經典教育之外，史書的教育也成為初學者的重要內容。尤其唐太宗襟懷貞觀盛世，以史為鑑是為大唐立國之策，史書兼有"懲惡勸善，亞於六經，堪為世教"的教化之用，故科舉中設有《史記》《漢書》《後漢書》的三史科〔一〕；同時最受重視的進士科，其中試策是考試的重要內容，往往需援引史事以鑒古論今，自然必需具備相當的歷史知識。所以歷史知識類的蒙書，必然應時而興。據史書所載高郢"九歲通《春秋》"〔二〕，王勃"九歲讀顏氏《漢書》，撰《指瑕》十卷"〔三〕，張薦"七歲善屬詩，十歲通《太史公書》"〔四〕。不祇是早慧的孩童能通三史，即使是一般學童也是頗富文史。如李白的《送王屋山人魏

　　〔一〕《唐會要》卷七六《貢舉中·三傳三史附》載：唐穆宗長慶二年（八二二）二月，諫議大夫殷侑奏請設置三史科，云："歷代史書，皆記當時善惡，系以褒貶，垂裕勸戒。其司馬遷《史記》，班固、范曄兩《漢書》，音義詳明，懲惡勸善，亞於《六經》，堪為世教。伏惟國朝故事，國子學有文史直者，弘文館弘文生，并試以《史記》、兩《漢書》、《三國志》，又有一史科。近日以來，史學都廢。至於有身處班列，朝廷舊章，昧而莫知，況乎前代之載，焉能知之？伏請置前件史科，每史問大義一百條，策三道。義通七，策通二以上，為及第。能通一史者，請同《五經》《三傳》例處分。"（第一三九八頁。）
　　〔二〕《舊唐書》卷一四七《高郢傳》載："高郢字公楚，其先渤海蓚人。九歲通春秋，能屬文。"（第三九七五頁）
　　〔三〕（唐）楊炯《王勃集序》云："君之生也，含章是托……九歲讀顏氏《漢書》，撰《指瑕》十卷；十歲包綜六經，成乎期月。"〔（唐）王勃著，（清）蔣清翊注：《王子安集注》，上海古籍出版社，一九九五年，第六五～六六頁〕
　　〔四〕（唐）權德輿《唐故中大夫守尚書工部侍郎兼御史大夫史館修撰上柱國賜紫金魚袋充吊贈蕃使贈禮部尚書張公墓志銘并序》載："有唐博物通理之君子常山張君，諱薦字孝舉……至君章大，七歲善屬詩，十歲通太史公書，未弱冠，有令聲於江湖間。"〔（唐）權德輿撰，郭廣偉校點：《權德輿詩文集》卷二二，上海古籍出版社，二〇〇八年，第三三七頁〕

萬還王屋·并序》說魏萬"十三弄文史，揮筆如振綺"[一]，韓愈《送靈師》詩也說："少小涉書史，早能綴文篇。"[二] 在這樣的環境背景下，詩人們紛紛創作大量的咏史詩，如李白、杜甫、李商隱、杜牧、劉禹錫等名家，中晚唐陸續湧現趙嘏《讀史編年詩》一百一十首，胡曾《咏史詩》一百五十首，周曇《咏史詩》一百九十五首等大型咏史組詩。另一方面，唐代的蒙學教育也逐漸突破單純識字的藩籬，教學内容逐漸豐富。在大量的敦煌蒙書中，有以歷史掌故及人物事迹爲主要内容而編纂的蒙書，讓兒童誦讀、記憶，以便灌輸歷史知識，并透過歷史人物的行爲典範，教導孩童忠孝仁義等品德。形式體制上，有采用對偶押韵四字句的形式，如李翰《蒙求》；有采七言歌行的，如不知撰者的《古賢集》。兹分別略述如下：

一 《蒙求》

《易經·蒙卦》云："蒙以養正，聖功也。"古人取其意因而稱小學教育階段爲蒙養階段。此階段所用之教材爲"蒙養書"，或"小兒書"。唐五代以還，由於李翰《蒙求》的盛行，且影響深遠，又以其題名蓋取自《易經·蒙卦》："匪我求童蒙，童蒙求我"之義，故後世童蒙讀物多以"蒙求"命名或概括。除采用《蒙求》一書之獨特編纂體裁外，亦有純以"蒙求"名義命名者。宋元明清時期，隨着蒙書的發展，甚至更擴展到經傳、文字、名物、小説、醫學、婦女等各個領域，現存諸如《六經蒙求》《經傳蒙求》《文字蒙求》《説文蒙求》《字體蒙求》《楷體蒙求》《名物蒙求》《小説蒙求》《歷代名醫蒙求》《訓女蒙求》《女蒙求》等。此類讀物種類之多，不下近百種，致使有將

〔一〕（唐）李白《送王屋山人魏萬還王屋并序》："魏侯繼大名，本家聊攝城。卷舒入元化，迹與古賢并。十三弄文史，揮筆如振綺。"〔見（清）王琦注：《李白全集》卷一六，中華書局，一九七七年，第七四九頁〕

〔二〕（唐）韓愈《送靈師》："靈師皇甫姓，胤胄本蟬聯。少小涉書史，早能綴文篇。"（屈守元、常思春主編：《韓愈全集校注》，四川大學出版社，一九九六年，第一四九頁）

"蒙求"作爲蒙書的主要派別，而與"字書""格言"鼎足而三〔一〕。以致後世有統稱童蒙用書爲"蒙求"者。足見《蒙求》一書在我國童蒙教育發展史上具有舉足輕重的地位與深遠的影響。甚至毗鄰的日、韓等國，長期以來《蒙求》亦曾特別流行，不僅翻印，甚至還有和刻箋注、校訂等多種本子的出版。

　　然而由於此書原著在中土早已失傳，後世所見殆爲後人補注，其原貌已不易窺知，遂致作者、卷帙、及作者自注等問題，一直成爲學界探討的焦點。近世地不愛寶，一九〇〇年敦煌藏經洞的發現，唐人寫卷得以重見天日，爲唐代古籍之考校與研究提供了極爲豐富且珍貴的材料，敦煌本《蒙求》的保存便是其中一例。誠如著名的文獻學家、敦煌學前輩王重民在《敦煌古籍叙錄》"李氏《蒙求》"叙錄中說："自中唐至于北宋，是書爲童蒙讀本，最爲通行。及徐子光《補注》出，而李氏原注微，及《三字經》《百家姓》行，而徐注又微。明清之間，學者們已不識李翰爲何人，遑論其書！"〔二〕足見敦煌寫本《蒙求》的發現，不但可復原唐代《蒙求》一書的原貌；對於考訂此書作者、時代及注文等相關問題，提供了一定的幫助，且對考察蒙書發展也具有相當的意義。

　　有關《蒙求》的研究甚多，或研究作者及時代問題，或研究內容體制及其在蒙書的地位與影響，不過主要都是根據宋代宋子光《蒙求補注》及日本

　　〔一〕　余嘉錫：《內閣大庫本碎金跋》云："《三倉》既亡，《急就》亦不行，然在學校未興以前，村塾小兒所讀之書，即古之小學，未嘗絕也。析而言之，可分三派。一曰字書，其源出於周興嗣，積字成篇，篇無複字，初學籀誦其文詞，臨摹其形體。其後有《百家姓》《雜字》之類，此《三倉》《急就》之嫡嗣，小學之正宗也。二曰蒙求，其源出於李翰，屬對類事，編成音韻，易於諷誦，不出卷而知天下。（四語出李良表及李華序）其後有《三字經》及《幼學瓊林》《龍文鞭影》之類，此《三倉》《急就》之別子，小學之支流餘裔也。三曰格言，其源出於《太公家教》，廣陳法戒，雜以俗語，使童蒙於次養正，淺識視爲菁蔡。其後有《神童詩》《女兒經》《增廣》之類，此則因《三倉》《急就》之體推廣之，於古者幼童讀《孝經》之意彌近，小學之濫觴也。蓋自唐、宋以來，幼童之所諷誦，不出三者。世儒不明斯義，獨以《爾雅》《說文》《切韻》等書蒙小學之名。於是蒙求格言之屬乃無類可歸，或入類書，或入儒家，甚且薄視之，以爲俗書不著於錄，非所以辨章學術也。"（《余嘉錫論學雜著》，第六〇〇～六〇一頁）

　　〔二〕　王重民：《敦煌古籍叙錄》，商務印書館，一九五八年，第二〇七頁。

流傳的古注來進行，另外就是關注後代對蒙求各種仿作續編的探討。日本的蒙求研究也是和漢文學研究的熱區，從平安朝《蒙求》風行，到《蒙求古注》的流傳，《蒙求和歌》、蒙求注在日本的流傳與影響的研究[一]。

最早關注到敦煌本《蒙求》的，首推王重民。一九五八年他在《敦煌古籍叙録》中，著録了"李氏《蒙求》"二件，編號爲伯二七一〇號及伯五五二二號。一九六二年《敦煌遺書總目索引·伯希和劫經録》則著録："五〇四四至五五二二（闕）"[二]；《敦煌遺書總目索引新編·伯希和劫經録》著録則作："五〇四四至五五二一（空號）"，著録伯五五二二號爲："《古文尚書·禹貢》十一行"[三]；《法國巴黎國立圖書館藏敦煌漢文寫卷注記目録》第五册（*CATALOGUE DES MANUSCRITS CHINOIS DE TOUEN ~ HOUANG*）亦作"孔安國《尚書·禹貢》"，而非《蒙求》。《敦煌遺書總目索引·伯希和劫經録》著録伯四八七七號云："《蒙求注》（兩册葉兩面鈔），依王氏叙録內容，試加按覈，其所謂伯五五二二號《蒙求》，應爲伯四八七七號，當是王氏誤記卷號。"一九九三年王三慶《敦煌類書》"類句體之類書"一節中也提及了伯二七一〇號及伯四八七七號二件《蒙求》寫本，并作録文[四]。二〇〇〇年汪泛舟《〈蒙求〉（補足本）》據宋徐子光《蒙求補注》利用敦煌寫本蒙求殘本進行補校[五]；邰慧莉《敦煌本〈李翰自注蒙求〉初探》根據敦研九五號、伯四八七七號二件敦煌殘本《李翰自注蒙求》持與徐子光補注進行比較研究[六]。二〇〇二年鄭阿財、朱鳳玉《敦煌蒙書研究》"歷史知識類蒙書"中，進行敦煌本的叙録與録文，考訂作者，并針對敦煌本《李翰自注蒙求》與台北故宫

〔一〕 如早川光三郎《蒙求諸本考》《蒙求と和漢朗咏集注釈書》等數十篇，對日本蒙求傳本及蒙求在日本的受容與影響方面的系列研究。

〔二〕 王重民、劉銘恕編：《敦煌遺書總目索引》，第三一二頁。

〔三〕 敦煌研究院編：《敦煌遺書總目索引新編》，中華書局，二〇〇〇年，第三三四頁。

〔四〕 王三慶：《敦煌類書》，第一一六頁。

〔五〕 汪泛舟：《〈蒙求〉（補足本）》，《敦煌研究文集——敦煌研究院藏敦煌文獻研究篇》，甘肅民族出版社，二〇〇〇年，第三六六 ~ 四三六頁。

〔六〕 邰慧莉：《敦煌本〈李翰自注蒙求〉初探》，《敦煌研究文集——敦煌研究院藏敦煌文獻研究篇》，第四三七 ~ 四五一頁。

古抄本（楊守敬在日本發現的卷子改裝本的《蒙求古注》）、日本林述齋《古
本蒙求》及宋徐子光《蒙求補注》進行比對，釐清了相關問題〔一〕。同年，張
娜麗《敦煌研究院藏李翰〈蒙求〉試解——與日藏古抄本之比較》將敦煌研
究院藏《蒙求》持與日藏《蒙求》試作比較，究其異同，并迻録敦煌研院藏
本全文，逐一加以校考〔二〕。二〇〇三年鄭阿財《敦煌本〈蒙求〉及注文之考
訂與研究》〔三〕，二〇〇六年牛來穎《"蒙求"體的形成與流行》也據三件敦煌
寫本立論，肯定了"蒙求體的出現，爲一批歷史及相關專門知識的初蒙讀物
提供了一種新的體例"〔四〕。二〇〇八年章劍《〈蒙求和歌〉と敦煌文書—敦煌
研究院藏九五號本<李翰自注蒙求>を中心に—》〔五〕。二〇一二年章劍《唐古
注〈蒙求〉考略——兼論〈蒙求〉在日本的流傳與接受》〔六〕。以上諸篇均可供
參考。

（一）寫本概述

　　除了敦煌寫本外，有關《蒙求》的傳本，目前存世的主要版本大致可分
爲：白文本與注文本二系。白文本，今所得見最早爲遼刻本。此本是一九七四
年七月二八日山西應縣佛宮寺釋迦塔於四層主像胸背部開洞，發現遼代秘藏中
所保存的。據一九九一年文物出版社《應縣木塔遼代秘藏》一書叙録説：

〔一〕　鄭阿財、朱鳳玉：《敦煌蒙書研究》，第二二七～二五三頁。
　　〔二〕　張娜麗：《敦煌研究院藏李翰〈蒙求〉試解——與日藏古抄本之比較》，《敦煌
研究》二〇〇二年第五期，第八一～九四頁。
　　〔三〕　鄭阿財：《敦煌本〈蒙求〉及注文之考訂與研究》，《敦煌學》第二十四輯，
二〇〇三年，第一七七～一九八頁。
　　〔四〕　牛來穎：《"蒙求"體的形成與流行》，張弓主編《敦煌典籍與唐五代歷史文
化》，中國社會科學出版社，二〇〇六年，第一〇九～一一五頁。
　　〔五〕　章劍：《〈蒙求和歌〉と敦煌文書—敦煌研究院藏九五號本〈李翰自注蒙求〉を
中心に—》，《中國學研究論集》第二〇號，二〇〇八年四月，第二二～三三頁。
　　〔六〕　章劍：《唐古注〈蒙求〉考略——兼論〈蒙求〉在日本的流傳與接受》，《天中
學刊》二〇一二年第一期，第七五～七八頁。

《蒙求》：框高二〇・四厘米，版廣二五・八厘米，麻紙，蝴蝶裝，第一葉及第九葉後半葉缺，第二葉版心有污殘。現經修復。本册爲三卷本《蒙求》，白文。全册現存七葉半，每葉二十行，行十六字。邊框左右雙線，上下單線，版心刻有版碼。楷書。“明”“真”缺筆避諱。現存文字自“燕昭逐臺”迄卷終。卷後音義存八行。音義天頭有一墨繪張臂人物。

按：此書在國内早已失傳，敦煌石室曾發現唐人寫本殘卷，存法國巴黎國家圖書館。此册爲遼刻孤本，甚爲稀有，據諱字，此書刊刻於興宗重熙之後[一]。

注文本主要有：台北故宮博物院藏楊守敬舊藏古鈔本（以下簡稱台故宮本）。按：此本存上卷一册，卷子改裝本。高二十八・八、寬十九・二厘米。界高二十三・三、行寬二・五至二・六厘米。每半葉六行，正文大字，每二句下作注，注文雙行小字。爲平安時代末期抄本，係楊守敬於日本所得。即楊守敬《日本訪書志》卷一一所著録的“古鈔蒙求一卷卷子改裝本”；其次爲日本元化中天瀑山人林述齋校“古本蒙求”刊本（以下簡稱林述齋本）。此爲木活字本，三册。日本寬政十一年《佚存叢書》第四帙。封面署“蒙求”，扉頁題“古本蒙求”，每半葉十行。正文每句下作注。楊守敬《日本訪書志》也著録。此本清末回傳入中國，光緒五年（一八七九）收入刊行的《畿輔叢書》中。此外，中國較通行的本子則是宋代徐子光《蒙求補注》，此本爲《四庫全書》所收，又作《蒙求集注》本。

一九〇〇年敦煌藏經洞的重見天日，其中存有三件《蒙求》寫本，分別庋藏於法國巴黎國立圖書館，編號爲伯二七一〇號和伯四八七七號；以及中國甘肅敦煌研究院藏編號九五號。三件均爲殘本。其中伯二七一〇號爲白文本，伯四八七七號及敦煌研究院藏本爲注文本。兹將寫本概況表列説明如下：

[一] 山西省文物局、中國歷史博物館主編：《應縣木塔遼代秘藏》，文物出版社，一九九一年，第五二頁。

《蒙求》寫本概況表

卷號	寫本狀況	行數	保存内容	首尾題
伯二七一○號	卷子本首尾俱缺	二八	白文	中題有"《〈蒙求〉序》趙郡李華撰"及"《蒙求》一篇安平李瀚（翰）製并序"。
敦研九五	蝴蝶裝首尾俱缺	七三	李良薦《蒙求》表及、李華〈《蒙求》序〉，《蒙求》李翰自注。正文大字，下雙行小字爲注文。	
伯四八七七號	蝴蝶裝存二葉		正文單行大字，注雙行小字。	

　　三件寫本中，敦煌研究院藏九五號，文中"虎"字均作"俿"，按：唐高祖之祖父諱虎，字文彬。唐人避諱或缺筆作"虍"，或變體作"虓"、作"俿"、作"虎"〔一〕；又凡遇"世"字則缺筆作"卋"，蓋避唐太宗李世民諱。伯四八七七號寫卷中則無避諱字。又此二件同爲蝴蝶裝（折子本），依形制推之，其抄寫時代殆爲九、十世紀，亦即晚唐五代〔二〕。綜而論之，是敦煌本蓋爲晚唐鈔本。

　　（二）録文

　　敦煌蒙書中存《蒙求》有伯二七一○號、伯四八七七號、敦研九五號三件不同殘卷，雖不能綴合，但彼此間内容銜接，又無交疊。兹對伯二七一○號、伯四八七七號、敦研九五號爲底本，用《蒙求注》等傳世本參校，并參考諸家録文，分別對其重新校録如下。

　　伯二七一○號

　　（前缺）

　　□□▨▨釋，童子則故（固）多弘益，老成亦頗覺起予，〔臣屬忝〕宗

〔一〕　參見（清）周廣業：《經史避名彙考》，明文書局，一九八一年，第二一四~二二○頁。

〔二〕　Jean-Pierre Drège，"*Les accordions de Dunhuang*" Contributions aux etudes de Touenhouang，Ⅲ，Paris 1984.

枝，職備蕃（藩）翰，每遠視廣聽，采異訪奇，未嘗遺一才，蔽片善，有可
甄録，不敢不具狀聞奏。陛下察臣丹誠，廣達聰義，念翰志學，開獎善之
門。伏願依資量授一職，微示勸戒（誡），臣良誠惶誠恐，頓首謹言。月日饒
州［刺史］李良上表，良令國子司業陸善經造表，表未行，李良授替，事因
寢矣。

《〈蒙求〉序》趙郡李華撰

安平李瀚（翰）著《蒙求》一篇，列古之人言行美惡，參之聲律，以授
幼童，隨而繹（釋）之，比其終篇，則經史百家之要奧，十得其四五矣。推
而引之，源而流之，易於諷習，形於章句，不出卷而知天下，其蒙求哉！周
易有童蒙求我之義，李公［子以其文］碎，不敢傳於達識，所務訓［蒙而已，
故以］蒙求爲名，題其首。每行注兩句，人名［外傳中有別］事可記者，亦
比附叙之。雖不配上［文，所資廣博。］從切韵東起每韵四字。

《蒙求》一篇安平李瀚（翰）製并序

　　王戎簡要，裴楷清通。
　　孔明臥龍，吕望非熊。
　　謝安高潔，王導公忠。
　　孔明臥龍，吕望非熊。
　　楊震關西，丁寬易東。
　　謝安高潔，王導公忠。
　　匡衡鑿壁，孫敬閉户。
　　郅都蒼鷹，寧成乳虎。
　　周嵩狼抗，梁冀跋扈。
　　郗超髯參，王珣短簿。
　　伏波標柱，博望尋河。
　　李陵初詩，田横感歌。
　　武仲不休，士衡患多。
　　桓譚非讖，王商止訛。
　　嵇吕命駕，程孔傾蓋。
　　劇孟一敵，周處三害。

（中缺）

敦研九五號

（前缺）

士，義或可稱。爰自宗周，逮茲炎漢，競徵茂異，咸重儒術。竊見臣境內寄住客前信州司馬倉參軍李瀚（翰），學藝淹通，理識精究，撰古人狀迹，編成音韵，屬對事類，無非典實，名曰蒙求，約三千言，注下轉相敷演，向萬餘事。瀚（翰）家兒童三數歲者，皆善諷誦，談古策事，無減鴻儒，不素諳知，疑爲神遇，司封員外郎李華，當代文宗，名望夙著，與作序云：不出卷而知天下，豈其蒙求哉！漢朝王子淵制洞簫賦，漢帝美其文，令宮人誦習；近代周興嗣撰千字文，亦頒行天下，豈若蒙求哉！錯綜經史，隨便訓釋，童子則固多弘益，老成亦頗學起予，臣屬忝宗枝，職備藩翰，每遠視廣聽，采異訪奇，未曾遺一才，蔽片善，有可甄錄，不敢［不］具狀奏聞。陛下察臣丹誠，廣遠聽之義，念翰志學，開獎善之門。伏願依資量授一職，微示勸誡，臣誠惶誠恐，頓首頓首，謹言。

（底本此處有脫文）

周易曰：有童蒙求我之義，李子以其文碎，不敢輕傳達識，所務訓蒙而已，故以蒙求名題。其每行注兩句，人名外傳中別事可紀記者，亦此附之。雖不配上文，所資廣博。從切韵東起每韵四字。

王戎簡要，裴楷清通。《晉書》：王戎字濬冲，裴楷字叔則，爲吏部郎闕。晉文公（帝）問其人於鍾會，會曰：裴楷清通，王戎簡要，其選也。於是用楷。

孔明臥龍，呂望飛熊。《蜀志》曰：諸葛亮字孔明，諸［葛］豐之後。漢末從叔父玄向襄州。徐庶見之，謂先生曰：諸葛孔明，臥龍也。將軍豈欲見之乎？後爲蜀丞相。先主曰：孤之有孔明，猶魚之有水也。《六韜》曰：周文王卜田，吏〈史〉扁爲卜田渭之陽。曰：將得吏。曰：非熊非羆，天遺我師。文王齊三日，田于渭陽。果見呂望坐茅。又云：坐磐石以魚，遂共車載而歸之，王師也。

楊震關西，丁寬易東。《東觀漢記》：楊震字伯起，儒學博通五經，時人號爲關西孔子。《漢書》：丁寬字子襄，善易，常東歸。門人曰：易東歸矣。

謝安高潔，王道（導）公忠。《晉書》：謝安石（時）家於會稽上工縣。優遊山林，六七年間，徵召不至，唯彈秦（琴）相屬，繼以禁固，晏然不屑。《晉書》：王道（導）字茂弘，覽之孫也。與中宗契同布衣，每拜山陵，哀慟左右。百官拜山陵自導始。

中宗嘗詔導升御床共坐，導辭曰：若太陽下岡，萬物蒼生何由仰照玄黃者也。

匡衡鑿壁，孫敬閉户。《西京新記》：匡衡字稚圭，匡東海承人。好讀書，家貧無油燭，穿鄰壁映孔讀書，後位至丞相。《楚國先賢傳》：孫敬字文寶，恒閉户讀書，睡以繩繫頭縣於樑上。嘗入市，人見之皆曰：閉户先生來。帝時徵不就也。

郅都蒼鷹，甯成乳虎。《史記》：郅都河東人，敢直諫，面折大臣於朝。時人見都側目，號曰蒼鷹。遷鴈門太守，威震匈奴。匈奴爲偶人像都，令騎馳射之，莫能中，見憚如此。《史記》：甯成爲漢中威尉，嚴酷。語曰：寧見虎，無值甯成一怒。成上操下，成如束濕薪，言急也。

周嵩狼抗，梁冀跋扈。《世說》：周嵩字仲智，伯仁之弟。母冬至日舉酒曰：本爲渡江，託足無所，今爾等并羅列，予復何憂。嵩起曰：伯仁志大才短，名重識闇，好乘人之弊，非自全道。嵩性狼抗，亦不容於世。後漢梁冀字伯卓，質帝善，封之爲跋扈將軍，四方貢獻，先輸於冀。乃乘輿一家三皇后六貴人，及冀被誅，賓客黜者三百餘人，朝庭爲空。張綱奏收冀財，充王府庫，減天下租賦之半也。

郗超髯參，王珣短薄。《世說》曰：王珣字元琳，郗超字景興，并有奇才，爲大司馬桓溫所眷。珣爲主薄，形狀短小。超爲記室參軍，爲人多髯。荊州爲之語曰：髯參短主薄，能令公喜，能令公怒也。

洑（伏）波標柱，博望尋河。後漢馬援爲伏波將軍，征南蠻，遂鑄銅柱以極漢南之界。薏以興請者。援爲人患氣，好食薏苡，迴載薏以歸，人以真誅此興。《漢書》：張騫漢中人，曾奉使西域，因窮河源。武帝封爲博望侯。得織女林梭石、安石榴等，嚴君平識此石也，願生入玉關也。

陵李初詩，田橫咸（感）歌。《漢書》：李陵字少卿，爲建章監，後爲將軍，失利，降匈奴。與蘇武詩云：携手上河梁，遊子暮何之。五言詩自此始。《漢書》：田橫秦末自立爲齊王，後居海島。高帝得天下，召橫，橫至，尸鄉自殺，從者不敢哭而不敢哀，故爲感歌以寄，哀者音大焉。今之挽歌是自田橫之始。

武仲不休，士衡患多。後漢傅毅字武仲，魏文帝《典論》曰：文人相推（輕），自古而然。傅毅之［於］班固，伯仲之間耳。而古（固）小之。《與弟超書》曰：武仲以能屬文爲蘭臺令吏（史），下筆不能自休。《晋書》：陸機字士衡，身長七尺，其聲如鐘，少有異才，文章冠世。張華爲（謂）之曰：人患才少，子患才多。茅（弟）雲文不及機，談論過之也。

桓譚非讖，王商止訛。《後漢書》：桓譚字君山，沛國人，小好學，治五經。光武即位，拜朝議郎，詔會靈臺。所詔曰：以讖決之，何如？譚曰：臣生不讀讖。頗有是非，由是失旨，出爲六安郡丞之官，不樂，中道病卒。《漢書》：王商字子威，有威重，身長八尺，身體鴻大。單于來朝，望見遷延却退，曰：真漢相矣。京師相驚以水，至天子及大臣將營無舟楫。商曰：此必訛言。衆心稍息，水亦不至。

嵇呂命駕，程孔傾蓋。《世說》：嵇康與呂安爲友其善，每一相思，千里命駕。《家語》：孔子之郊，遇程子於途，傾蓋而語，終日甚相悅，顧謂子路曰：取束帛以贈先生。傾蓋駐車曰：頭新傾，蓋若舊。

劇孟一敵，周處三害。《漢書》：劇孟以任俠顯，大將得孟，若一敵國。《晉書》：周處［字子］隱，年十八，縱情肆慾，忤意輒殺。謂鄉人曰：今歲豐熟，以何不樂？衆人歎曰：三害未除，何樂之有？南山有白額虎，長橋下有蛟，并子爲三害。處於是刹虎及蛟。言忠信，行篤敬，剋己暮年，州郡禮命也。

胡廣補闕，袁安倚賴。後漢胡廣字伯始，爲太尉，在朝無騫直之風而有補闕之益。故語曰：萬事不理問伯始，天下中庸有胡公。後漢袁安字邵公，汝南人，爲司徒，每言及國朝故事，未常不嗚咽流涕。天子及大臣皆倚賴公力也。

黃霸政殊，梁習治最。《漢書》：黃霸字永公，爲穎川太守，仁風大行，治殊政，嘉禾生於府，鳳凰集其境。帝美之，賜黃金冊斤。《魏志》：梁習字子虞，爲并州刺史，政治爲天下最。

翟子悲絲，楊朱泣歧。《淮南子》曰：翟墨子見練絲而泣之，爲其可以黃，可以黑。楊朱見歧路而哭之，爲其可以南，可以北。高誘曰：憫其別也。

朱博烏集，蕭芝雉隨。《漢書》：朱博字子元，爲御史大夫。府中列柏樹常有野烏數十栖其上，朝去暮來集，因名烏臺，號朝夕烏。蕭廣濟《孝［子］傳》：蕭芝字英㤤，至［孝］，除常〈尚〉書郎，有雉數十頭，飲啄宿止堂，有送至歧路，及下直飛鳴車前。

杜后生齒，靈王出鬚。《晉書》：成帝杜后諱陵陽，預之曾孫，父又見外戚。后少有姿色，然長猶無齒，有來求婚者輒中止。及納綵之日，一夜齒盡生出，在位六十年，無子，廿一崩。先是三越女子相與簪白花，望之如素柰，傳言天公織女死，爲之著服。至是而后崩。《皇覽》曰：周靈王諱汝心，生而有鬚，望明聰睿也。

賈誼忌鵩，莊周畏犧。《史記》：賈誼，洛陽人，年十八能誦詩屬文。帝甚悅之，超（詔）遷中散大夫，絳灌、馮敬之等害之，天子後亦疏之，不用其議。乃以誼爲長沙太守。三年有鵩飛入誼舍，止於空隅，誼以鵩不祥鳥也，作賦以自廣。《孟子》：莊周，楚人，爲人大賢，楚王聘以爲相。謂使者曰：子不見犧牲乎？衣以繒綵，詞（飼）以葭菊，牽入太廟之時，欲作狐（孤）犢安可得哉？遂不授（受）。

燕昭築臺，鄭莊置驛。《後語》：燕昭王即位，爲齊閔王所殺，得賢士與之同謀，以報先君之恥，即郭隗，曰：宜先尊隗，況賢於隗者，豈遠千里哉？昭王於是築臺造碣石室而師事隗，樂毅聞之，自魏而往；鄒衍聞之，自齊而往；劇辛聞之，自趙而往，賢士竟至。昭王以樂毅爲將，合趙秦晋楚之兵以伐齊，齊大敗，殺閔，至此大郭隗謀用賢之力也。《史記》：鄭莊子，〔字〕當時，陳留人，以任使自喜，免張羽之厄，聲聞梁楚，孝景時爲太子舍人，每五日洗沐，常置驛馬長安諸郊，請謝賓客，夜以繼日。所交皆大夫行天下有名之士。莊誡門下：客至無貴賤，無留門。以其者天下人山東諸公以此翕然稱莊之也。

瓘靖二妙，岳湛連璧。《晋書》：衛瓘字伯玉，索靖字幼安，俱能書，爲常書郎，號一臺二妙。世謂瓘得伯英之筋，靖得長芝之肉。瓘放手勝靖，舉筆有法，遠不及靖。《晋書》：潘岳字安仁，夏侯湛字孝若，并美姿容，每行止同與接茵。京都謂之連璧，岳少時挾彈出洛陽，婦人遇之者皆投果，連手縈繞之，投以果，遂滿車而歸。

郗詵一枝，戴憑重席。《晋書》：郗詵字廣基，舉賢良，射策爲天下第一。武帝問：卿自以爲何如？詵曰：猶桂林之一枝，崑山之片玉。今詞楊折桂自此始也《東觀漢記》：戴憑字次仲，拜侍中正且朝駕。帝會群臣諸王能説經史者，更相難詰義，有不通，輒奪其席以益通者。憑遂重坐五十餘席。故京師語曰：解經不窮戴侍中。

鄒陽長裾，王苻絳掖。《漢書》：鄒陽，齊人，上吳諱。王書曰：令臣盡智畢議易精極慮，則無國不可于飭固陋之心，一則何王之門不可由之長裾乎？後漢王苻字節信，安定人，度遼將軍皇甫曾謁，皇甫規辭官歸安定，鄉人有以貨賣鴈門守云：去官書謁規。規不迎，問：在郡食鴈美乎？頃苻在門，衣不衣帶規，規不禮鴈門守，乃倒屐出迎苻。時人曰：徒見三千石，不如一絳掖。著《潛夫論》之目篇。

鳴鶴日下，士龍雲間。《世説》：荀鳴鶴、陸士龍二人未相議會張茂先生，張公以并有大才，今日之會勿作常語，鶴後至。

3.伯四八七七號

（前缺）

益怒曰：獨不見人乎。慎夫人乃悟，賜益金五十斤。《晋書》：武帝跣不悟，太子愚，必有傳後意。嘗宴陵（凌）雲臺，衛瓘在側，欲微申其懷，因醉跪帝前，手撫御床曰：此床可惜。帝雖悟，因笑曰：公醉乎也。

于公高門，曹參趣裝。《漢書》：于定國字曼倩，東海人。其父于公，其閭門壞，父老方共治之。于公曰：少高大其門，令容駟馬高蓋。我治獄多陰德，子孫必德興者。至定國爲漢丞相，國子曰：爲御史大夫。《史記》云：曹參，沛人，後爲齊悼惠王相。聞蕭何卒，參曰：趣治行裝，予將入相。數日果召參。參囑後相曰：齊獄市爲寄，慎勿擾也。

庶女振風，鄒衍降霜。《淮南子》：庶女告天，雷電下擊景公室，傾水海大出。《許慎注》：庶女齊之，以寡養姑。姑無男有女，女利母以告寡姑，寡姑不能自解。故冤告灰。江文通云：庶女告天，振風襲於齊堂。《淮南子》曰：鄒衍盡忠於燕惠王，惠王信譖，繫下獄，衍乃仰告天而哭，正夏而天爲降霜之也。

范丹生塵，晏嬰脫粟。後漢范丹字史雲，爲萊蕪令，家貧，時人語曰：甑中生塵，范史雲釜中生魚，范萊蕪。《韓子春秋》：晏嬰字平仲，爲齊相，常食脫粟，飲食不重味。時有越石父，賢而縲絏，解左驂而贖之，乃前告請絕交。嬰具衣冠而謝曰：何絕之達（速）？石曰：贖我爲知己，無禮以絕之。延爲上客。

詰汾興魏，鱉冷王蜀。《御覽書》：後漢魏武帝諱詰汾，常率數萬騎畋於山澤。見輟耕自天下，而下既至，見美婦人待街甚盛。帝異而問之，對曰：兒，天女也。受命相偶。遂同寢宿，旦請還，明年同時復會於此。言終而別，去如風雨。及歲年，帝至所畋處，果復相見。天女所生一男以受帝曰：此君之子也。若親之子孫，當世世爲帝王。語訖而去。子即始祖號曰力徵，故時人諺曰：詰汾黃帝無婦家，力徵皇帝卅量家。《蜀王本記》云：望帝治汶山下田，積百餘歲，荊有一人死，名鱉冷，其屍口去隨江水，上至遂活，望帝以鱉冷爲相。蜀帝德不及鱉冷，遂授位與之也。

不疑誣金，卞和泣玉。《史記》：雋不疑，南陽人，爲郎事文帝。其同舍郎有先歸者，誤持同舍，舍主，意不疑，不疑謝之，買金償之，而先歸者歸金，金主大慚，以此稱爲長者。或有戲曰：不疑狀貌甚美照，盜嫂，何也？不疑聞之曰：我門無兄，終不自明。韓子曰：楚人卞和得玉璞楚山，獻之武王，武王使玉人相之曰：石也。刖卞和右足。後楚成即位，和抱其哭於楚山之下，三日三夜，淚盡繼之以血。王使玉人治之得寶，正與名曰、和氏之璧。對曰：昔我先君難剖玉而易則人之失。

檀卿沐猴，謝尚鴝鵒。許伯仁弟爲丞相，二千石皆賀蓋寬饒爲司隸不行。許伯仁請之，寬饒乃往，及至，乃東向獨坐，酒酣樂作。長信少府檀長卿起舞，爲沐猴以狗鬥，皆大笑。寬饒不悦，因趨奏長卿以列卿而作沐猴舞，失禮不敬者。《語林》云：謝鎮西時酒，後爲陽市肆，工鴝鵒舞，甚往（佳）。尚字仁祖，爲鎮西將軍也。

太初日月，季野陽秋。《世説》：夏玄字太初，時人見之云：朗如日月入懷。魏明帝后弟毛曾，嘗與玄共坐，衆皆曰：蒹葭倚玉樹。《世説》：褚裏陽秋，胃（謂）其裁中也，太傅絶重褚公，常稱季野雖不言謝，而四時之樂亦備之也。

荀陳德星，李郭仙舟。

（三）《蒙求》的體例及內容

根據宋徐子光《蒙求補注》論，《蒙求》一書原文分上中下三卷，取經傳史實故事，四言一句，現存版本計有五百九十六句，二千三百八十四個字，除了篇末最後的四句之最後四句 "浩浩萬古，不可備甄。芟繁摭華，爾曹勉旃" 乃結尾總結性用語，意在勉勵非典故外。基本上每句講述一個典故，另外有六個是一聯一典故，上下相對，相互補充説明，如 "鳴鶴日下，士龍雲間" "王儉墜車，褚淵落水" 等，總計有典故五百九十二個。結構獨特，每句由一個主謂結構短句構成，前後兩句對仗成聯，相互對偶的句子所講述的故事內容多有關聯。全文以韵文成篇，采偶數句押韵，八句一換韵。誠如李華《〈蒙求〉序》所言："列古之人言行美惡，參之聲律，以授幼童⋯⋯每行注兩句⋯⋯從《切韵》東起，每韵四字。"全文從 "王戎簡要，裴楷清通。孔明臥龍，吕望非熊" 押 "東" 韵開始，末尾爲 "宋女愈謹，敬姜猶績。鮑照篇翰，陳琳書檄" 押 "錫" 韵，最後以 "浩浩萬古，不可備甄。芟繁摭華，爾曹勉旃" 作結。

《蒙求》全文使用的典故多呈對偶形式，如 "孔明臥龍" 對 "吕望非熊"，"楊震關西" 對 "丁寬易東"，"謝安高潔" 對 "王導公忠" 對仗工整形成聯語。琅琅上口，簡單易記。體制特色使其成爲蒙書中的優勢。

在內容上則以歷史掌故爲主，涉及兩漢魏晉南北朝以來的賢臣良將、文士才女、傳説故事、寓言典故；有正有反，有邪有善，展現立體，詼諧生動，琅琅上口，側重客觀描述，不針對歷史人物進行是非的評判，這與傳統的道德類蒙學教材比較，具有明顯的優勢。

在選材上，《蒙求》突出唐代崇文重賢的文化教育思想，以文顯才的歷史人物掌故幾乎佔了將近三分之二。包含賢臣良將，品行高潔，深受世人瞻仰的歷史人物，如"謝安高潔，王導公忠""李陵初詩，田橫感歌""屈原澤畔，漁父江濱""衛青拜幕，去病辭第""廉頗負荊"等等，言簡意賅、栩栩如生；有激勵勸勉、勤學苦讀，可爲楷模的，如"匡衡鑿壁，孫敬閉户""顏回簞瓢，仲蔚蓬蒿""虞卿擔簦，蘇章負笈""孫康映雪，車胤聚螢""姜肱共被，孔融讓果"；也有歷代佞臣惡君反面人物之披露，藉以警戒世人，如"酈寄賣友，紀信詐帝""周嵩狼抗，梁冀跋扈""魯褒錢神，崔烈銅臭""劉玄刮席，晋惠聞蟆"等；也有涉及創造文明的人物，如"蒙恬製筆，蔡倫造紙""杜康造酒，倉頡制字""王喬雙鳧，華佗五禽""程邈隸書，史籀大篆"等。甚至還有歷代烈女，用以歌頌女性美德，如"馬後大練，孟光荊釵""馮媛當熊，班女辭輦""綠珠墜樓，文君當壚""宋女愈謹，敬姜猶績"等。

總體而言，《蒙求》徵引史書，提煉典故，加以注釋，灌輸童蒙歷史知識，增强人文素養。又通過歷史典範人物言行舉止的講述，培養忠孝仁義的品德，樹立正確的人生觀。在蒙學發展史上具相當的特色，對後代各類蒙書的編纂影響深遠。

（四）《蒙求》的作者與流傳

1.《蒙求》作者諸説平議

中國傳統蒙書中，聲名廣大、影響深遠，一般多以爲是《千字文》《三字經》和《百家姓》，即所謂的"三、百、千"。實際上，産生於中唐時期的李翰《蒙求》，這部歷史知識類蒙書，其知識含量廣大，體制適宜，曾經在宋代風行，其體制更在歷史上産生深遠的影響，而有"蒙求體"的形成，甚至後世有統稱童蒙用書爲"蒙求"，足見《蒙求》一書在我國童蒙教育發展史上舉足輕重的地位。

與中國毗鄰的日本，長期以來《蒙求》特別流行。不僅傳抄、翻印，甚至還有和刻箋注、校訂等多種本子的出版。其風行與影響可説遠超過《千字文》《三字經》。但長期以來，由於唐代《蒙求》原本失傳，學界研究大抵以宋代徐子光補注《蒙求》爲主，對於《蒙求》原書及唐代古注的重視與研究相對有所不足。

尤其有關《蒙求》一書的作者與時代問題，歷來存在着諸多的分歧。作者或作李翰，或作李瀚；時代以爲盛唐，或以爲五代。《蒙求》唐代已有古注，宋代風行也多有注本，致《蒙求》原本在中土逐漸散失。後世流傳文本，蓋仰仗宋徐子光《蒙求補注》方得以還原。然在日本却有古本《蒙求》、唐注《蒙求》的保存，清光緒六年（一八八〇）楊守敬在日本發現多種古本的《蒙求》，并於《日本訪書志》一書中加以叙録，二十年後，光緒二十六年（一九〇〇）敦煌藏經洞的發現，大批唐五代寫本中，保存有三件《蒙求》殘本。其中伯二七一〇號爲白文本，伯四八七七號及敦煌研究院九五號爲注文本。又一九七四年山西應縣木塔遼代秘藏中發現了現存最早的《蒙求》刻本，保存《蒙求》正文的大部分内容，且附有《音義》，均爲敦煌《蒙求》抄本所缺的内容，與傳世補注本的《蒙求》文本也有所不同，當更接近《蒙求》的原貌。這些有關《蒙求》的新材料，有助於探究《蒙求》的作者，與考察唐宋期間《蒙求》的流傳情況。

南宋大藏書家陳振孫《直齋書録解題》"類書類"著録《蒙求》三卷，有云："唐李翰撰。本無義例，信手肆意，雜襲成章，取其韵語，易於訓誦而已。遂至舉世誦之，以爲小學發蒙之首。"〔一〕説《蒙求》是唐人李翰所撰；宋葉大慶《考古質疑》、明顧起綸《蒙求標注》等也都持此説。然清《四庫提要》著録"《蒙求集注》二卷"下云："晋李瀚撰。瀚始末未詳，考李匡乂《資暇集》稱宗人瀚作《蒙求》，則亦李勉之族。又《五代史·桑維翰傳》稱："'初，李瀚爲翰林學士，好飲而多酒過，晋高祖以爲浮薄。'當即其人也。"〔二〕《全唐詩》收録《蒙求》，題下并注云"李翰（唐末五代人）"〔三〕，此外，《全唐詩》卷七三七作者小傳更云："李瀚，後唐天成中，擢進士第，仕晋，爲翰林學士，《丁年集》若干卷，今存詩一首。"〔四〕雖然明顧起倫《蒙求標注》序、清邢澍《守雅

〔一〕（宋）陳振孫：《直齋書録解題》卷一四"《蒙求》三卷"條，上海古籍出版社，一九八七年，第四二四頁。

〔二〕（清）紀昀總纂：《四庫全書總目提要》卷一三五"子部·類書類"，第三四四二頁。

〔三〕（清）曹寅等奉敕輯：《全唐詩》卷八八一，中華書局，一九六〇年，第九九六〇頁。

〔四〕《全唐詩》卷七三七，第八四一二頁。

堂文集》、周中孚《鄭堂讀書記》等均有考證，尤其周中孚在《鄭堂讀書記》
中遍檢歷代史志目錄，以爲《崇文總目》稱李瀚撰，俱誤加水旁，當作“翰”
爲是。并據各史志著錄次第，推論《蒙求》作者當爲唐之李翰而非石晉之李
瀚〔一〕。然《四庫提要》及《全唐詩》影響深遠，以致一般多承襲其說。

　　清光緒六年（一八八〇）楊守敬在日本發現卷子改裝本的《古鈔蒙求》
（今藏台北故宮博物院，以下簡稱台故宮本），這個本子開頭有唐饒州刺史李
良天寶五年《薦〈蒙求〉表》，其次則有唐李華《〈蒙求〉序》。這個發現，使
《蒙求》作者的問題再度引起熱烈討論。特別是余嘉錫《四庫提要辨證》根據
楊守敬《日本訪書志》所錄的資料，廣徵博引，精闢論述，終使《蒙求》作
者唐代李翰的面目爲之一清。二〇〇三年我在《敦煌本〈蒙求〉及其注文之
考訂與研究》一文〔二〕，也根據敦煌本《蒙求》寫本及台故宮本《古鈔蒙求》進
行初步的探究，印證了周中孚《鄭堂讀書記》推論《蒙求》作者當爲唐之李
翰而非石晉之李瀚的說法，得出的結論基本與余嘉錫相同，即《蒙求》作者
當係唐代宗朝之翰林學士李翰。

　　近年對於《蒙求》成書於唐代那個時期？仍有不同的看法。如傅璇琮主

　　〔一〕（清）周中孚《鄭堂讀書記》卷六〇“子部·類書類”“《蒙求集注》二卷”條
下云：“唐李翰撰，宋徐子光注。《四庫全書》著錄。案：李氏書，《崇文目》《讀書志》
《書錄解題》《通志》《宋史》所載俱作三卷。《崇文目》稱李瀚撰，俱誤加水旁。陳氏稱
唐李瀚撰，《宋志》稱李翰撰，《崇文目》及《宋志》雖不言何代，而《崇文目》列於王殷
範、白廷翰之前，《新唐志》雜家載王殷範《續蒙求》三卷，白廷翰《唐蒙求》三卷，《宋
志》列於邱延翰、劉綺莊、李商隱之前，則亦知非唐後人作也。《新唐志》偶失載耳。惟
《全唐詩》誤爲唐末五代人而近時金元李作補注，於例言中妄引王仲言《揮麈後錄》稱其
人爲晉內相，後仕契丹通顯云云，以傅會其說。不知仕契丹者，本名字日新，取瀚濯之
義，與瀚不相應。附《宋史》李濤傳，其歷官始末，與《揮麈錄》同，而加詳。又見陶介
立《五代史補》三，雕本流傳或訛瀚作瀚，非有兩人也。若著是書之李翰，其歷官事迹，
具見《新舊唐書》李華及蕭穎士傳。其作是書也，華嘗序之，以爲可以不出戶而知天下。
華序雖佚，然元遺山作《十七史蒙求序》尚引其說，見《遺山集》。則其爲唐之李翰而非
石晉之李瀚明矣。”（吳興劉氏嘉業堂刊本，第九葉至第十葉）
　　〔二〕鄭阿財：《敦煌本〈蒙求〉及其注文之考訂與研究》，《敦煌學》第二十四輯，
二〇〇三年，第一七七～一九八頁。

張撰作年代爲中晚唐[一]，郭麗提出《蒙求》一書的作者當爲唐代安平人李瀚（或作翰），成書年代定於盛唐時期，廣德二年（七六四）之前[二]，章劍則有成書在唐玄宗天寶五年（七四六）之前不久的説法[三]。儘管言人人殊，但《蒙求》是唐李瀚的説法學界大抵已有共識。

2.唐宋以來《蒙求》的流傳

結合唐代文化與科舉考試這一大背景，筆者以爲《蒙求》的寫作技巧與寫詩技巧相通，它的流行與詩賦在唐代科舉考試的地位有一定關係。同時，《蒙求》的誕生與推廣，均和史學在唐代的地位變遷相關聯。

唐代《蒙求》的成書，最初是用來作爲家庭教育的讀本，由於效果良好，因此在當時已有續書與仿作的出現。《新唐書・藝文志》便著録有王範《續蒙求》、白廷翰《唐蒙求》等[四]。到了宋代，《蒙求》的流傳更加盛行，“舉世誦之，以爲小學發蒙之首”[五]，“孩幼入學，人挾此册，少長則遂講授之”，流風所及，還影響到周邊的遼及西夏。

一九七四年山西應縣木塔遼代秘藏中發現雕版印刷的《蒙求》，白文刻本，上、中、下三卷，卷後爲音義八行。全册存七葉半，每葉二十行，行十六字。卷上前部殘缺，現存起於“燕昭築台，鄭莊置驛”，止於“隱之感鄰，王脩輟社”；卷中起於“阮放八雋，江皋四凶”，止於“應奉五行，張安三篋”；卷下起於“相如題柱，終軍棄繻”，止於“芟繁摭華，爾曹勉旃”。是現存最早的《蒙求》刻本，保存《蒙求》正文的大部分内容，且附有《音義》[六]，均爲敦煌《蒙求》抄本所缺内容，與傳世補注本也多所不

〔一〕傅璿琮：《尋根索源：〈蒙求〉流傳與作者新考》，《尋根》二○○四年第六期，第五八~六四頁。

〔二〕郭麗：《〈蒙求〉作者及作年新考》，《中國典籍與文化》二○一一年第三期（總七八期），第四九~五八頁。

〔三〕章劍：《唐古注〈蒙求〉考略——兼論〈蒙求〉在日本的流傳與接受》，《天中學刊》二○一二年第一期，第七五~七八頁。

〔四〕《新唐書》卷五九《藝文志三》，第一五三七頁。

〔五〕（宋）陳振孫撰：《直齋書録解題》卷一四，第四二四頁。

〔六〕見《應縣木塔遼代秘藏》，第四四七~四五○頁。

同，當更接近《蒙求》的原貌。刻本楷書，字體整齊。據其內容"明"與
"真"字缺筆，當是避遼穆宗及遼興宗的諱[一]。知此書當刊印於遼興宗重熙
（一〇三二～一〇五五）之後，爲遼代刻本。

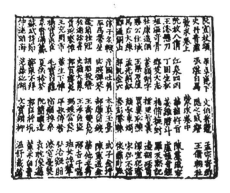

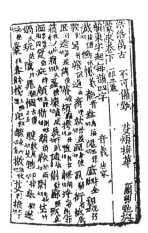

山西應縣木塔遼代秘藏《蒙求》刻本

斯坦因第三次中亞考古所獲Or8212/1344KK.0149a也有西夏漢文寫本《蒙
求》白文殘頁[二]。

〔一〕　按：穆宗耶律璟，後更名爲"耶律明"；興宗耶律宗真。

〔二〕　沙知、（英）吳芳思編著：《斯坦因第三次中亞考古所獲漢文文獻（非佛經部
分）》（二），上海辭書出版社，二〇〇五年，第一四三頁。

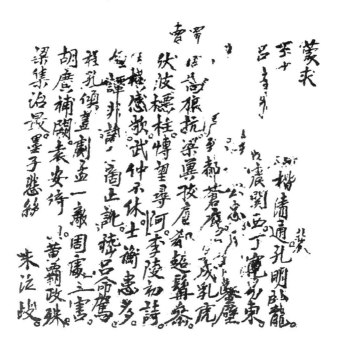

英藏西夏漢文寫本《蒙求》殘頁

唐代《蒙求》編成後，注釋、增輯、續作、改編代有所出。注釋之作，以宋徐子光的《蒙求補注》最爲風行。徐子光之作，既稱《補注》，是徐氏之前應已有其他《蒙求》注本的存在。事實上，唐李翰《蒙求》是一部"列古人之言行美惡，參之聲律，以授幼童"的書，是由諸多典故所組成的蒙書。其誦習的對象是童蒙，因此李翰在編成此書的同時，曾親自爲之作注。惜李翰《蒙求》自注中土早已失傳，而致湮没無聞。

隨着李良《薦〈蒙求〉表》和李華《〈蒙求〉序》的重現，有關唐代《蒙求》注的問題，也漸趨明朗。李良在《薦〈蒙求〉表》中說李翰"撰古人狀迹，編成音韵，屬對類事，無非典實，名曰《蒙求》，約三千言"之後，緊接着又說："注下轉相敷演，約萬餘事。翰家兒童三數歲者，皆善諷讀，談古策事，無減鴻儒，不素諳知，謂疑神遇。"而李華《〈蒙求〉序》中更說："李子以其文碎，不敢輕傳，達識所務訓蒙而已，故以蒙求爲名，題其首。每行注兩句，人名外傳中有別事可記者，亦比附叙之。雖不配上文，所資廣博。"足見李翰確曾親自爲所編的《蒙求》作注。今存台故宮本題："《蒙求》

本序安平李瀚撰并注", 既説明李瀚親自爲《蒙求》作注外, 同時也還透露出正文與注文一并流通的訊息。王重民《敦煌古籍叙録》説:"自中唐至於北宋, 是書爲童蒙讀本, 最爲通行。及徐子光《補注》出, 而李氏原《注》微, 及《三字經》《百家姓》行, 而徐《注》又微。明清之間, 學者們已不識李翰爲何人, 遑論其書!"〔一〕由於徐子光作補注, 李翰《蒙求》正文儼然稱爲"經", 徐子光及其後之注則成爲"傳", 猶如儒家經典般, 後世經注合刻盛行, 經書正文原貌遂不可得,《蒙求》的情況應也是如此。宋徐子光補注, 後又有附音義增廣, 及各家注解, 均以正文注文合刻, 其編排已大失原貌。《蒙求》唐代已有古注, 宋代風行也多有注本, 致《蒙求》原本在中土逐漸散失。後世流傳文本, 蓋仰仗宋徐子光《補注蒙求》方得以還原, 一九七四年遼代秘藏《蒙求》白文刻本的重現, 原貌已可獲睹。唐時古注也幸賴敦煌寫本及台故宮本等古鈔卷子本保存, 得以再窺原貌。

《蒙求》一書從經、史、子各類典籍中采擇古代人物事蹟, 將故事凝煉濃縮於書中, 每句一人一事, 所收人物多彩多姿, 且具行動示範效法之功, 確實對孩童多有開蒙啓迪之效, 因此唐宋時成爲風行之讀物。其體例對後世蒙書的影特別廣遠, 宋元明清時期, 有關經傳、文字、名物、醫學、婦女……等領域, 均出現有仿效《蒙求》體製, 采四言韵語, 上下兩句對偶的編撰。如宋王令《十七史蒙求》、南宋方逢辰《名物蒙求》、南宋周守忠《歷代名醫蒙求》、宋徐伯益《訓女蒙求》、元陳櫟《歷代蒙求》等, 簡要歷述古今朝代、帝王世系及治亂之迹。

元吳化龍《左氏蒙求》, 清代有黄本驥《六經蒙求》、應翔孫《經傳蒙求》、王筠《文字蒙求》、靈操《釋氏蒙求》等則爲各類專科蒙求。種類繁多多, 不一而足, 甚至發展出"蒙求體"的童蒙教材類型。

（五）敦煌本《蒙求》作者自注考論

敦煌寫本《蒙求》三件中, 有注文的爲敦煌研究院藏九五號及法藏伯

〔一〕　王重民:《敦煌古籍叙録》, 第二〇七頁。

四八七七號二件，殘存部分雖不足原書的十分之一，然對李翰《蒙求》自注
原貌的探討甚有助益。以下謹就敦煌本、台故宮本、林述齋本及補注本的引
書情形，表列對照如下，并說明其注文的系統關係。

《蒙求》敦煌本、台北故宮本、林述齋本、補注本引書對照本

蒙求條目	敦煌本	台故宮本	林述齋本	補注本
王戎簡要，裴楷清通	《晋書》	《晋書》	晋	《晋書》
孔明臥龍，呂望飛熊	《蜀志》《六韜》	《蜀志》《六韜》	《蜀志》《六韜》	《蜀志》《六韜》
楊震開西，丁寬易東	《東觀漢記》《漢書》	《東觀漢記》《漢書》	後漢、前漢	後漢、前漢
謝安高潔，王導公忠	《晋書》《晋書》	《晋書》《晋書》	晋、晋	《晋書》、晋
匡衡鑿壁，孫敬閉户	《西京新（雜）記》《楚國先賢傳》	《西京雜記》《楚國先賢傳》	前漢、《楚國先賢傳》	《西京新（雜）記》《楚國先賢傳》
郅都蒼鷹，甯成乳虎	《史記》《史記》	《史記》《史記》	《史記》《史記》	前漢、前漢
周嵩狼抗，梁冀跋扈	《世説》	《世説》	晋、後漢	《晋書》《世説》
郗超髯參，王珣短薄	《世説》	《世説》	晋	《晋書》
伏波標柱，博望尋河	《漢書》	《漢書》《後漢書》	後漢、前漢	後漢、前漢
陵李初詩，田横感歌	《漢書》《漢書》	《漢書》《漢書》	前漢、前漢	前漢、前漢
武仲不休，士衡患多	《典論》《晋書》	《典論》《晋書》	《典論》、晋	《典論》、晋
桓譚非讖，王商止訛	《後漢書》《漢書》	後漢、《漢書》	後漢、前漢	後漢、前漢
嵇呂命駕，程孔傾蓋	《世説》《家語》	《世説》《家語》	晋、《家語》	《晋書》《家語》
劇孟一敵，周處三害	《漢書》《晋書》	《漢書》《晋書》	前漢、晋	前漢、晋

續表

蒙求條目	敦煌本	台故宮本	林述齋本	補注本
胡廣補闕，袁安倚賴	《後漢書》	後漢、《後漢書》	後漢、後漢	後漢、後漢
黃霸政殊，梁習治最	《漢書》《魏志》	《漢書》《魏志》	前漢、《魏志》	《漢書》《魏志》
翟子悲絲，楊朱泣歧	《淮南子》	《淮南子》	《淮南子》	《淮南子》
朱博烏集，蕭芝雉隨	《漢書》、蕭廣濟《孝子傳》	《漢書》、蕭廣濟《孝子傳》	前漢、《孝子傳》	前漢、前漢
杜后生齒，靈王出髭	《晋書》《皇覽》	《晋書》《皇覽》	晋	《晋書》《左氏傳》
賈誼忌鵬，莊周畏犠	《史記》《孟子》	《史記》《孟子》	前漢、《莊子》	前漢、《莊子》
燕昭築臺，鄭莊置驛	《後語》《史記》	《後語》《史記》	《史記》、前漢	《史記》、前漢
瓘靖二妙，岳湛連璧	《晋書》《晋書》	《晋書》《晋書》	晋、晋	《晋書》、晋
郗詵一枝，戴憑重席	《晋書》《東觀漢記》	《晋書》《東觀漢記》	晋、後漢	《晋書》、後漢
鄒陽長裾，王苻絳掖	《漢書》、後漢	《漢書》《後漢書》	前漢、後漢	前漢、後漢
鳴鶴日下，士龍雲間	《世説》	《世説》	晋	《晋書》
伯四八七七號				
于公高門，曹參趣裝	《漢書》《史記》	《漢書》《史記》	前漢、前漢	前漢、前漢
庶女振風，鄒衍降霜	《淮南子》《淮南子》	《淮南子》《淮南子》	《淮南子》《淮南子》	《淮南子》、燕
范丹生塵，晏嬰脱粟	後漢、《韓子春秋》	《後漢書》《韓子春秋》	後漢、《晏子春秋》	後漢、《韓子》
詰汾興魏，鱉泠王蜀	《御覽書》《蜀王本紀》	《御覽》《蜀王本紀》	《北史》《蜀王本紀》	《北史》《蜀王本紀》
不疑誣金，卞和泣玉	《史記》《韓子》	《史記》《韓詩》	前漢、《韓非子》	前漢、《韓非子》

蒙求條目	敦煌本	台故宮本	林述齋本	補注本
檀卿沐猴，謝尚鴝鵒	《語林》	《漢書》《語林》	前漢、晋	前漢、晋
太初日月，季野陽秋	《世説》《世説》	《世説》《世説》	魏、晋	《魏志》、晋

　　從上列引書對照表可以發現：敦煌本與台故宮本相當接近。其中除了"博望尋河"條，台故宮本引書多《後漢書》；"桓譚非讖"條，敦煌本作《後漢書》，台故宮本作"後漢"；"詰汾興魏"條，敦煌本作《御覽書》，台故宮本作《御覽》；"范丹生塵"條，敦煌本、台故宮本作《韓子春秋》，林述齋本作《晏子春秋》，補注本作《韓詩》；"檀卿沐猴"條，台故宮本引有《漢書》，敦煌本無。這些出入，蓋爲傳抄脱漏所致，其他敦煌本與台故宮本幾乎全同。又敦煌注文本除引書與台故宮本多同外，内容繁簡也大底一致。足見敦煌本與台故宮本當是同一系統的不同抄本。

　　至於林述齋本注文引書則與宋徐子光補注本多同，則爲另一系統。此一系統與敦煌本、台故宮本相去較遠。其中敦煌本、台故宮本引《史記》《漢書》《後漢書》《晋書》等，林述齋本與補注本多標作"前漢""後漢""晋"等。此種情況或爲省略"書"字，或係但標人物事蹟之時代所致。依整體情況而論，斷非抄手偶然脱漏所能解釋。又"匡衡鑿壁"，敦煌本引《西京雜記》，林述齋本作"前漢"；"周嵩狼抗""郗超髯參""嵇呂命駕""鶴鳴日下"等條，敦煌本引《世説》，林述齋本皆作"晋"；"曹參趣裝""不疑誣金"，敦煌本引《史記》，林述齋本與補注本則并引"前漢"；"詰汾興魏"，敦煌本引《御覽書》，林述齋本與補注本則并引《北史》。其引書之差異現象，當係作注時代不同的呈現。

　　尤其敦煌本引《東觀漢記》《御覽書》及《後語》皆爲唐代流行之典籍。按：敦煌本《雜抄》其中"經史何人修撰製注"下有"何謂三史？《史記》《前漢》《東觀漢記》"，可見《東觀漢記》在唐代的流行與地位。唐後以《後漢書》取代《東觀漢記》，其書始漸趨式微。又《後語》即《春秋後語》，爲東晋孔衍所撰。全書十卷，叙述自三家分晋至楚、漢之爭止二百四十餘年間事。此書在唐五代時流傳甚廣，唐代徵引者甚多，有注本、譯本與節本流傳，大約亡佚於元代以後。敦煌寫本有：斯一四三九號、伯二五八九號、伯二五六九號等漢文寫本十件，及伯特一二九一藏文譯本〔一〕。至於《御覽書》，即《修文殿御覽》。此書唐代尚存，多記北朝事，李翰自注《蒙求》多用此書。林述齋本及補注本，多易之以《北史》，蓋以其書後世已散佚。

林述齋本與補注本之内容，相較於敦煌本與台故宫本而言，可説既繁雜而又不盡與正文條目事狀契合。此種現象誠如楊守敬《日本訪書志》所説："意此書在唐時，必多童蒙誦習，鄉俗鈔寫，憚其煩文，遂多删節，其後并所引書名略之。至宋徐子光不見有書名之本，但見其文與事，與見存書多異，又未能博考類書傳記，遂就現存書史換之，故往往有與標題不符。"〔二〕

此外，林述齋本每句下作注，如："王戎簡要"下注云"晋王戎字大仲，瑯琊人。裴楷字叔則，時史部闕，文帝問其人於鍾會。會曰：裴楷清通，王戎簡要，皆其選也。於是用楷。及武帝登祚，探策以卜世數。既而得一，不悦。楷曰：天得一以清，地得一以寧，王侯得一爲天下正。帝大悦。後累遷中書令"。"裴楷清通"下注云"事見上注"。此與李華《〈蒙求〉序》所言："每行注兩句"不合。

又敦煌寫本與台故宫本，李良《薦〈蒙求〉表》後，有"良令國子司業陸善經造表，表未行而良授善，事因寢矣"一行，林述齋本及補注無。凡此種種，均可想見敦煌本與台故宫本不但淵源爲最古，且當是較接近於李翰《蒙求》自注的原貌。

（六）《蒙求》在日本的傳播與影響

1.《蒙求》在日本的流傳

《蒙求》曾流傳在東亞的日本、韓國，尤其是日本。既流傳有《蒙求》，又有唐注《蒙求》寫本，不僅有漢刻本、傳抄本，更有和刻本，有箋注、校

〔一〕　參見康世昌：《孔衍春秋後語研究》，中國文化大學中國文學研究所碩士論文，一九八八年。

〔二〕　（清）楊守敬撰：《日本訪書志》卷一一"古鈔蒙求一卷"條，清光緒二十三年（一八九七）宜都楊守敬鄰蘇園刻本；賈貴榮輯：《日本藏漢籍善本書志書目集成》第一〇册，北京圖書館出版社，二〇〇三年，第一八～一九頁。

訂，更有異編、仿作的印行與流通。

《蒙求》在日本的流傳，《日本三代實録》元慶二年（八七八）八月二十五日條下提及陽成天皇的弟弟貞保親王始讀《蒙求》的情形，説：

> 是日，皇弟貞保親王於披香舍始讀《蒙求》，從四位下行式部大輔兼美濃權守橘朝臣廣相侍讀，小會置宴。右大臣特喚從五位上守左少弁巨勢朝臣文雄、文章博士從五位下兼大内記越前權介都朝臣良香、從五位下行大外記島田朝臣良臣、正六位上行少内記菅原朝臣惟肖等數人，令賦詩，管絃間奏，夜分而罷，賜禄有差[一]。

平安時代著名的漢詩作家都良香所賦的詩作《蒙求》：八月廿五日第四皇子於披香舍從吏部郎橘侍郎廣相好受蒙求便引文人命宴賦詩并序：“天生俊哲號天人，自就賢師問道真。今日童蒙皆擊盡，心臺一鏡遂無塵”收入平安中期紀齊名（九五七~九九九）編的漢詩集《扶桑集》卷九[二]，而詩序也收入藤原明衡（九八九？~一〇六六）編的《本朝文粹》卷第九“序乙”中[三]。可見在八七八年即唐僖宗乾符五年以前，《蒙求》已流傳日本，并爲皇室的漢學讀物。

近年蒙書研究漸受重視，《蒙求》在日本的傳播與發展，也受到關注。有關《蒙求》在日本的傳播，二〇一二年章劍發表有《唐古注〈蒙求〉考略——兼論〈蒙求〉在日本的流傳與接受》一文[四]，除對古注《蒙求》的成書及其編撰體例、流傳影響等基本問題進行梳理外，也對《蒙求》在日本的流

〔一〕［日］藤原時平等編：《日本三代實録》卷三四，吉川弘文館，一九八三年，第四三七頁。

〔二〕［日］紀齊名編：《扶桑集》，收入《群書類從》第八輯，《續群書類從》完成會，一九八〇，第一九九頁。

〔三〕［日］藤原明衡編《本朝文粹》，收録日本平安時代名家漢詩文的選集，凡一四卷、三九類、四二七篇。參［日］小島憲之校注：《懷風藻 文華秀麗集 本朝文粹》（岩波書店日本古典文學大系第六九），岩波書店，一九六四年。

〔四〕章劍：《唐古注〈蒙求〉考略——兼論〈蒙求〉在日本的流傳與接受》，《天中學刊》二〇一二年第一期，第七五~七八頁。

傳與接受做出了系統的論述；以爲《蒙求》的影響力一直延續至近代，江戶時代（一六〇三～一八六八）《蒙求》的受衆甚至擴大到一般庶民階層。之後《蒙求》的仿作大量湧現，直至明治維新後，仍然風潮不斷，現存《蒙求》仿作不下四十部。除仿作外，還有視《蒙求》爲漢學典籍而加以研究的，如林羅山《蒙求官職考》、宇都宮由的《蒙求爵位考》等十多種著作。

此外，平安時代的《枕草子》《源氏物語》《今昔物語集》《唐物語》等作品中也都能見到攝取《蒙求》內容爲素材的文藝創作表現。當時流行有"勸學院之雀能囀《蒙求》"的諺語，意味着平安時代到室町時代，誦讀《蒙求》的盛行。之後鐮倉時代源光行（一一六三～一二四四）的《蒙求和歌》選取二百五十多則《蒙求》故事，依照和歌集的傳統部類編排，將每則故事譯成日文再配以和歌，成爲一部中日文學合璧之作。又日本中小學生畢業歌中也有"螢の光，窗の雪"（螢火光，窗前雪）的句子，顯然是受到《蒙求》"孫康映雪，車胤聚螢"的影響。這種將《蒙求》積極日本化的嘗試，則是《蒙求》在日本的接受與日本文化交融的具體呈現。

我們檢索今所得知各圖書館收藏和刻本《蒙求》的相關資料，可以發覺日本有關《蒙求》刊刻確實極爲頻繁，印行年代尤其緊密，這些出版現象，均可印證十七至十九世紀的江戶時代（一六〇三～一八六八）《蒙求》在日本的風行與普及。如慶安二年（一六四九）、承應三年（一六五四）、天和二年（一六八二）、元祿七年（一六九四）、元文四年（一七三九）、寬保元年（一七四一）、明和四年（一七六七）、寬政二年（一七九〇）、寬政四年（一七九二）、寬政十二年（一八〇〇）、寬政十三年（一八八一）、享和二年（一八〇二）、文化三年（一八〇六）、文化十一年（一八一四）、文政十三年（一八三〇）、天保元年（一八三〇）、天保三年（一八三二）、嘉永二年（一八四九）、寬永十二年（一八五九）、安政五年（一八五八）等，幾乎每一朝代都有和刻本的印行。即使到了明治時代（一八六八～一九一一）前半葉，有關《蒙求》的和刻或活字本都還年年不斷的印行出版，如明治四年（一八七一）、十二年（一八七九）、十三年、十四年、十五年、十六年、十七年、十八年、二十一年（一八九〇）等。這些出版幾乎都是以宋徐子光《蒙求補注》爲主的和刻本。

其次，還有日本儒者、文學家的箋注、校、標注、訓點、增箋等。如：

岡白駒的箋注[一]，服部南郭的校[二]、服部惟恭的訓點標注[三]、村上信忠的標注[四]、平田豐愛的增箋[五]、佐佐木玷的標疏[六]、鈴木義宗的標注[七]等等，呈現出日本對《蒙求》接受的各種具體作爲與實際作品。

2.《蒙求》在日本的仿作

我曾考察中國蒙書在漢字文化圈的流傳與發展，以爲：蒙書在輸入國流行後，受到各界的接受，初期透過轉抄、翻刻，以廣流傳；進而爲求講解或有助閱讀學習，乃有批注、圖繪的出現；既已熟習，更有因環境與文化的差異，産生對中國傳統蒙書補編與改編的實際需求，更有甚者則是自主性的以各國各族爲主體，模仿中國蒙書形式自行編撰合乎本身需求的改編與仿作，既不沿用，也不依傍，更無須遷就中國蒙書的内容[八]。

江户時代儒者貝原益軒（一六三〇～一七一四）針對梁周興嗣《千字文》仿作有《本朝千字文》，文章開頭是日本的開國神話："日本開闢，謂國常立。諸册二神，夫婦之根"；又叙述奈良時代的史實："舍撰《書紀》，桔輯《萬葉》，帝建分寺，後造浴室。吉備歸唐，化乃假名"；結尾説："邦域

〔一〕（後晉）李瀚撰，（宋）徐子光注，［日］岡白駒箋注，平田豐愛增箋：九州大學藏《新增箋注蒙求》三卷，日本嘉永二年（一八四九）萬屋忠藏刊。

〔二〕（唐）李翰編，（宋）徐子光注，［日］服部南郭校：《標題徐狀元補注蒙求》三卷，刊年未詳（日本元文年間）。

〔三〕（唐）李翰撰，（宋）徐子光注，［日］服部惟恭訓點標注：《標題徐狀元補注蒙求》三卷，日本元文四年（一七三九）序，刻本，江户須原屋新兵衛等重印。

〔四〕（元）胡炳文撰，［日］岡松甕谷閲，村上信忠標注：《删定標注純正蒙求校本》三卷，日本明治十五年（一八八二）東京奎文堂野口愛刊本。

〔五〕《標題徐狀元補注蒙求箋注》三卷（即《新增箋注蒙求》），［日］岡白駒撰，平田豐愛增箋，日本嘉永二年（一八四九）刊。

〔六〕［日］岡白駒箋注，佐々木玷標疏：《標題徐狀元補注蒙求校本》三卷，日本安政五年（一八五八）刊本。

〔七〕（後晉）李瀚撰，（宋）徐子光補注，［日］岡白駒箋注，［日］鈴木義宗標注，［日］增田貢校：《鼇頭箋注蒙求校本》三卷，日本明治十四年（一八八一）東京原亮三郎刊本。

〔八〕參鄭阿財：《中國蒙書在漢字文化圈的流傳與發展》，《首都師範大學學報》二〇一八年第一期，第二一～二四頁。

繁昌，餘光無疆。歷史提要，勸懲捷徑。誠乎童兒，勤哉習讀。"大橋若水（一七九七～一八六二）於永嘉五年（一八五二）編撰《本朝三字經》，是日本《三字經》仿製本中，出版最早、流傳最廣、影響最大的仿作。每句三字，計一百五十四句，四百六十二字。全篇以"我日本，一稱和。地膏腴，生嘉禾。人勇敢，長干戈。衣食足，貨財多"開頭，緊接着敘述自神武天皇起歷代治亂之迹，人物之賢否得失。這些仿作顯然是基於日本國歷史、文化的實際情況，爲了切合受衆需求與教育實質目的，借鑑《千字文》《三字經》的歌訣式形式，與編撰特點下，成就出具有主體性且能真正反應日本民族歷史、文化的教材，是必要且極其自然的發展。

同樣的，《蒙求》傳入日本後的發展歷程，也是出現翻刻、注釋、音注；在熟習之後，也出現日本學者自主性的仿作，大抵以江戶時代爲主體，其中最早且最受重視的是《本朝蒙求》。今所知《本朝蒙求》三卷，爲菅亨仲徹編輯，辻質元樸校訂，有貞享三年（一六八六）跋。另外的仿作還有《桑華蒙求》三卷，爲備中足守藩第五代藩主木下公定所著，有寶永七年（一七一〇）序文；《扶桑蒙求》三卷爲文政元年（一八一八）根岸典則（鳳質）所著；《皇朝蒙求》三卷爲山下直温（一七九六～一八七九）所著；《大和蒙求》爲日柳政章（一八一七～一八六八）所著，有慶應三年（一八六七）序；《大日本史蒙求》五卷爲江戶時代末期吉川剛所著；《日本蒙求》三卷爲恩田維周（一七四三～一八一三）所著，撰寫年代不明。種類之多，仿作不斷，蔚然成風[一]。

二 《古賢集》

在莫高窟藏經洞發現的數十種敦煌蒙書中，《古賢集》是一種以七言歌行體的詩歌形式來歌咏歷史人物孝友、勤學、誠信、忠貞等事迹，用以教示學童的通俗讀物。它是敦煌文獻中以歌行體傳播歷史知識且極具特色的一種蒙書。

童蒙教育中以歷史掌故及人物事迹爲主要內容，讓兒童誦讀、記憶，以

〔一〕 參鄭阿財：《〈蒙求〉在漢字文化圈的傳播及其在日本接受的特殊意涵》，金瀅坤主編：《童蒙文化研究》第五卷，人民出版社，二〇二〇年，第四六～六七頁。

便灌輸歷史知識，透過歷史人物的行爲典範来教導忠孝仁義等品德。相較於講理說教的蒙書，更能吸引學童，同時也能豐富學童的寫作題材與内容。這類蒙書主要從唐代發展起來，有采用對偶押韵四字句形式的，如《蒙求》；有采七言詩歌形式的，如《古賢集》；也有采編年體的詩歌形式，如《讀史編年詩》[一]。

就詩歌文學的立場來看，《古賢集》與《讀史編年詩》可歸入咏史詩類，項楚《敦煌詩歌導論》與徐俊《敦煌詩集殘卷輯考》在校録與討論敦煌本《古賢集》時，均將這些作品視爲咏史詩[二]。《古賢集》這篇七言歌行體的長篇詩作，後世不傳，歷代史志目録也没有著録，今幸賴敦煌石室遺書的保存，世人才得以一窺它的風采。

據今已公布的敦煌寫卷看，《古賢集》總計有九個卷號，分別收藏在英國、法國及俄國。編號是：伯二七四八號、伯三一一三號、伯三一七四號、伯三九二九號、伯三九六〇號、伯四九七二號、斯二〇四九號、斯六二〇八號、俄敦二七七六號。根據這些寫本殘卷我們有幸得以獲睹這一篇完整民間通俗歷史教育詩歌的全貌。

有關《古賢集》的研究，最早是一九七四年陳祚龍在《敦煌學雜記》中提到有關中古敦煌流行的蒙書，曾據法國巴黎國家圖書館所藏六件《古賢集》

〔一〕《讀史編年詩》爲（唐）趙暇之作，與胡曾《咏史詩》、周曇《咏史詩》等時代、階層、性質相近，同屬中晚唐文人大型咏史組詩。敦煌寫本有斯六一九號一件，王重民先生早年曾抄歸，生前不及披露，後由夫人劉修業女士整理撰成《敦煌本〈讀史編年詩〉與明代小類書〈大千生鑒〉》發表於《敦煌語言文學研究》（第二二二～二三九頁）。之後，相關研究如謝巍：《敦煌本〈讀史編年詩〉作者佚名考及其他》，《江海學刊》一九八九年第六期，第一六九頁；陶敏：《敦煌寫本〈讀史編年詩〉的内容與作者》，《咸寧師專學報》一九九六年第二期，第五〇～五一頁；趙望秦：《趙暇〈讀史編年詩〉論》，《陝西師範大學學報（哲學社會科學版）》二〇〇四年第四期，第六七～七〇頁。

〔二〕項楚在《敦煌詩歌導論》第三章《民間詩歌‧咏史事》一節討論《古賢集》（新文豐出版公司，一九九三年，第一九一～一九四頁）；徐俊：《敦煌詩集殘卷輯考》（中華書局，二〇〇〇年，第一四七～一五三頁）則有校録。

寫本，進行校録〔一〕。一九七六年陳慶浩《古賢集校注》在陳祚龍的基礎上，加上英藏的二件《古賢集》寫本，重新進行校注〔二〕。一九八四年林聰明《敦煌俗文學研究》第五章"敦煌通俗詩考述"，將《古賢集》列爲"史事長篇歌咏"，立專節論述〔三〕。一九八八年韓建瓴《敦煌寫本〈古賢集〉研究》則針對各家説法進行商榷〔四〕；徐俊《敦煌詩集殘卷輯考》主要進行詩歌的校録〔五〕。二〇〇二年鄭阿財、朱鳳玉合撰的《敦煌蒙書研究》一書中，對此文獻曾有總結研究與録文〔六〕。二〇〇六年牛來穎在張弓主編的《敦煌典籍與唐五代歷史文化》中介紹了《古賢集》，并將之與《語對》《箴金》《雜抄》《蒙求》等相比較，發現他們互見之内容，且推測《古賢集》或許是針對形式各異的通俗讀物，擷英咀華而組成凝練而上口的通俗長詩。并言《古賢集》的産生，使靈巧上口的詩歌作爲蒙訓形式式之一，拓展了蒙書的樣式〔七〕。二〇〇六年朱鳳玉在"轉型期的敦煌學：繼承與發展"國際學術討論會中發表《敦煌蒙書〈古賢集〉與中晚唐咏詩史》〔八〕，二〇〇七年又在《開蒙養正：敦煌的學校教育》立有"史詩教育《古賢集》"一節加以述介〔九〕。二〇〇八年又發表《敦煌文學研究教學與唐代文化之互證——以〈古賢集〉與民間歷史教育關係爲例》析論《古賢集》具有類書的性格，且采近體詩以成編，可説是鎔類書、咏史

〔一〕　陳祚龍：《敦煌學雜記》，《幼獅月刊》一九七四年第五期，第五六～六一頁。

〔二〕　陳慶浩：《古賢集校注》，《敦煌學》第三輯，香港新亞研究所敦煌學會編，一九七六年，第六三～一〇二頁。

〔三〕　林聰明：《敦煌俗文學研究》，東吳大學中國學術著作獎助委員會，一九八四年，第一九一～二〇四頁。

〔四〕　韓建瓴：《敦煌寫本〈古賢集〉研究》，《敦煌語言文學研究》，第一五〇～一七六頁。

〔五〕　徐俊纂輯：《敦煌詩集殘卷輯考》，第一四七～一五三頁。

〔六〕　鄭阿財、朱鳳玉：《敦煌蒙書研究》，第二五三～二六三頁。

〔七〕　張弓主編：《敦煌典籍與唐五代歷史文化》，第一一六～一一七頁。

〔八〕　朱鳳玉：《敦煌蒙書〈古賢集〉與中晚唐咏詩史》，劉進寶、[日]高田時雄主編：《轉型期的敦煌學》，上海古籍出版社，二〇〇七年，第一二九～一四五頁。

〔九〕　鄭阿財、朱鳳玉：《開蒙養正：敦煌的學校教育》，第四七～五四頁。

詩於一鑪，用以進行民間童蒙歷史知識之教育〔一〕。其文學水平，雖遠不如唐代詩家之作，也不及晚唐胡曾、周曇等人之詩篇，然而由蒙學而滲入到民間，與講史變文的講唱、民間俗曲歌謠的傳唱，口耳相傳，潛移默化，成爲民間歷史知識的主要來源；長期以來，在民間發揮了正史與高文典册所不及之影響力，主宰着民間百姓的歷史觀，是觀察廣大民衆小傳統文化的窗口之一。二〇一二年王金娥《敦煌寫卷〈古賢集〉教育思想探微》〔二〕，王金娥、孫江璘《敦煌寫本〈古賢集〉典出〈史記〉考》〔三〕，二〇一三年王金娥《敦煌寫本文獻〈古賢集〉校釋商補》〔四〕，也對《古賢集》做了一些出典考及校補。

（一）寫本概述

今所知見的敦煌寫本《古賢集》，計有九件寫本，分別英藏：斯二〇四九號、斯六二〇八號等二件。法藏：伯二七四八號、伯三一一三號、伯三一七四號、伯三九二九號、伯三九六〇號、伯四九七二號等六件，俄敦二七七六號一件。兹將寫本概況表列於後（詳見敦煌寫本《古賢集》概況表）。

九件寫本中，伯二七四八號、伯三一七四號、斯二〇四九號、斯六〇二八號等四件首尾俱完。其中以伯二七四八號的抄寫字迹最爲工整。九件中存有題記的計有二件：

伯三一一三號前抄《法體十二時》《十根》。有題記："時後唐清泰貳年在丙申三月一日弟子禪師索祐住發心敬寫《法體十二時》一本，日常誦念，願一切衆生莫聞怨任之聲，早達佛日，令出苦海。"

〔一〕 朱鳳玉：《敦煌文學研究教學與唐代文化之互證——以〈古賢集〉與民間歷史教育關係爲例》，謝海平主編：《唐代學術研討會論文集》，里仁書局，二〇〇八年，第九一～一一五頁。

〔二〕 王金娥：《敦煌寫卷〈古賢集〉教育思想探微》，《語文學刊》二〇一二年第一三期，第六七～六八頁。

〔三〕 王金娥、孫江璘：《敦煌寫本〈古賢集〉典出〈史記〉考》，《甘肅聯合大學學報（社會科學版）》二〇一二年第六期，第六九～七三頁。

〔四〕 王金娥：《敦煌寫本文獻〈古賢集〉校釋商補》，《圖書館理論與實踐》二〇一三年第一一期，第六二～六四頁。

敦煌寫本《古賢集》概況表

序號	卷號	寫本狀況	行數	保存部分	首尾題	題記	同卷資料
一	伯二七四八號	首尾俱完	四〇		首題:《古賢集》一卷		正面:《古文尚書》。背面前抄:思邈人,怨春閨詞,《燕歌行》,國師唐和尚《百歲書》,《長門怨》,《沙洲敦煌二十咏》并序,諸詞人連句,《錦衣篇》。後抄:《大漠行》,《王昭君怨》。
二	伯二一一三號	首完尾缺	一八		首題:《古賢集》一卷	有	前抄:《法體十二時》《十根》。
三	伯二一七四號	首尾俱完	二五		首題:《古賢集》一本 尾題:《古賢集》了也		
四	伯三二九一號	册子本 存八葉		缺題 末完			前爲"《沙洲敦煌古足迹廿咏》并序"。
五	伯三六九〇號	首尾俱缺 共三紙	二四				背面:"洽人陰"藥方,又習字八行。
六	伯四九七二號	首完尾殘	二〇		首題:《古賢集》		
七	斯二〇四九號	首尾俱完	二八		首題:《古賢集》		正面:《毛詩》故訓傳鄭氏箋。背面前抄:五言詩述昭君事。後抄:《洛陽篇》、《酒賦》、《錦衣篇》、《漢家篇》、《大漠行》,丘爲《老人》、李白《將進酒》、王翰《飲馬長城窟》,詩一首,《老人相問嘆詩》、《龍門賦》、《藏鉤》、《北□篇》、《祝新婦文》。
八	斯六二〇八號	首尾俱完	二八		首題:《古賢集》	有	正面:《新商略古今字樣撮其時要并引正俗釋》下卷。背面前抄:酒眼,十二月相思曲。
九	俄敦二七七六號	首尾俱缺	十二				背面:有漢字大字僧侶名字"蔡口,陰圓,道濟,喜初,道暎"等。

伯六二〇八號有題記："□年二月七日張□□書□。"

（二）錄文

茲以伯二七四八號爲底本，參校其他八件寫本，并參酌諸家錄文，對底本重新錄文如下。

古賢集

君不見：

秦皇無道枉誅人，選士投坑總被墳。

范睢折肋人疑死，誰言重得相於秦。

相如盗入胡安學，好讀經書人不聞。

孔丘雖然有聖德，終歸不免厄於陳。

匡衡鑿壁偷光學，專錐刺股有蘇秦。

孫景（敬）懸頭猶恐睡，姜肱凱業不憂貧。

車胤聚螢而映雪，桓榮得貴賣金銀。

造賦題篇曹子建；羅含吞鳥曰才新。

甯戚馳車齊國相，朱買貧窮被棄身。

晏子身微懷智計，雙桃方便煞三臣。

許由洗耳潁川渠；巢父牽牛澗上驅。

夷齊餓首陽山下，遊巖養性樂閑居。

荊軻入秦身未達，不解琴吟反自誅。

蘇武落蕃思漢帝，身憑鴈足與傳書。

燕王被囚烏救難；干將造劍喪其軀。

爲父報讎眉間尺，直諫忠臣伍子胥。

結草酬恩魏武子，萬代傳名亦不虛。

靈輒一食扶輪報；隨侯賜藥獲神珠。

太公少年身不遇，八十屠鉤自釣魚。

有幸得逢今帝主，文王當喚召同車。

江妃淚染湘川竹，韓朋守死嘆貞夫。

蜀地救火有鸞巴，發使騰星檢不賒。

東方入海求珍寶，船頭迴面笑官家。

董仲書符去百惡，孫賓（臏）善卜辟妖邪。

張騫奉使尋河路，王母乘龍戴寶花。

歎念閻浮漢武帝，賫糧奉命度流沙。

誰見牽牛別織女，唯聞海客鎮乘槎。

延陵留劍掛松枝，壙下亡人詎得知。

伯桃併糧身受死，參辰無義競妻兒。

庭樹三荊恨分別，恒山四鳥嘆分離。

割袖分桃漢武帝，楊朱歧路起愁悲。

曾參至孝存終始，一日三省普天知。

王寄三牲猶不孝，慈母懷酬鎮抱飢。

孟宗冬笋供不闕，郭巨夫妻生葬兒。

董永賣身葬父母，感得天女助機絲。

高柴泣血傷脾骨，蔡順哀號火散離。

思之可念復思之，孝順無過尹伯奇。

文王得勝忘朋友，放火燒山覓子推。

子夏賢良能易色，顏淵孔子是明師。

集合古賢作聚韵，故令千代使人知。

《古賢集》

（三）《古賢集》的形式內容與年代

從體制上來看，《古賢集》全篇以"君不見"三字作爲起句的冒頭語，之後則是以七言四十韵，八十句，五百六十字，集合古代諸聖賢事迹，撰成長篇歌詩。全篇押韵的情形，共用真（與文韵通押）、魚（與虞運通押）、麻、支等四韵，皆平聲韵，形式十分整齊。基本上多以一句來歌咏一位賢人，間有用二句歌咏一位賢人，其中較爲特殊的是以四句歌咏姜太公的事迹。

在內容表現上，正如詩的最後二句所說："集合古賢作聚韵，故令千代使人知"。其主要內容大歌咏述孝友、勤學、文章、仕宦、誠信、忠貞等事迹，是以人物爲主，配合其事迹，灌輸歷史故實，藉以從中吸取經驗與教訓，以資啓發。因係爲童蒙教育而編的教材，所以内容較爲集中在歌咏古人奮發勤學的事迹，例如"匡衡鑿壁偷光學，專錐刺股有蘇秦。孫景懸頭猶恐睡，姜肱蚖業不憂貧。車胤聚螢而映雪，桓榮得貴賫金銀"等。透過這些勤學典範的古賢，能看到勉勵學童勤奮向學的蒙學思想。就功能而論，蓋以精簡通俗的詩句，概括歷史人物的經歷，便於學童朗誦，快速地掌握歷史故事，既可敦品勵學，又可積累相關歷史知識；同時還能在詩歌韵味的浸淫中，培養作詩的基礎。

至於《古賢集》的時代，九件寫卷中，二件附有題記抄寫年代。據伯三一一三號的題記，可知爲索祐住禪師於"後唐清泰貳年丙申三月一日"所抄寫，然因清泰貳年（九三五）爲後唐廢帝乙未年，次年方爲丙申年（九三六），這當是抄寫錯誤。另外，斯六二〇八號祇存月日及書寫者姓氏，年份的部分正好破失了，以致無法可考。

另外，伯二七四八號卷背《百歲書》序和正文中間爲襯紙文字所隔開，且《百歲書》序有兩行寫在襯紙上，可知抄寫前已有襯紙，而襯紙上有日期爲"大中四年七月廿日"，"大中"爲唐宣宗年號，大中四年爲八五〇年，顯然伯二七四八號這件寫卷應該是抄寫在大中四年以後。

此外，"孫敬懸頭猶恐睡"，《藝文類聚》引《後漢書》有："孫敬，字文質，好學，閉户讀書，不堪其睡，乃以繩懸之屋樑，人曰閉户先生。"指的應該就是這個典故。而《古賢集》各抄本均作"孫景"，敦煌寫本《孔子項託相問書》也作"孫景懸頭而刺股"或疑避五代時後唐高祖石敬塘的名諱而改。但整體而言，《古賢集》雖然作者不詳，然從題記、抄寫情況與寫卷書風等進行綜合考察，其流行時代當在晚唐，至於創作時代，則很可能是在大型咏史組詩與蒙書盛行的中晚唐時期。

（四）蒙書、類書與詩歌

蒙書從體制論，有采類書形式編纂的；從功能論，同時也具備有日常類書尋檢的實用功能。今所得見敦煌石室保存的文獻中，采書抄彙聚類書形式編纂的蒙書，如《新集文詞九經抄》《新集文詞教林》便是；有分別部居，標舉名目的，如《俗務要名林》等；有采類句形式，編纂成編的，如《蒙求》；

也有采詩歌體式成編的，如《古賢集》。這些體式均與歷代各形類書的體式相似。就功能論及性質論，顯然作爲童蒙教材之用，當屬蒙書一類；從編纂的形式論，與類書的確無二，且亦具有實用類書的功能，亦可歸入類書。因此自來研究敦煌文獻的學者，或從類書視角來考究〔一〕，或從蒙書面向來探研〔二〕。這些看似分歧，實則有其一定的道理；更凸顯了蒙書體制與類書的密切關係。其實，有關蒙書與類書糾結的問題，早在余嘉錫《内閣大庫本碎金跋》中已關注到此一問題。他説：

> 　　諸家目録皆收此書入類書類，蓋以其上自乾象、坤儀，下至禽獸、草木、居處、器用，皆分別部居，不相雜厠，頗類書鈔、御覽之體。然既無所引證，又不盡涉詞藻，其意在使人即物以辨其言，審音以知其字，有益多識，取便童蒙，蓋小學書也〔三〕。

足見類書與蒙書在體例形式與功能作用上頗多交涉，諸家目録著録此類書籍時皆收入類書；實際在民間使用上則是取便童蒙而又歸屬蒙書。如此分歧，蓋以文化階層不一，視角不同，歸類自然有異。有見於此，本人以爲文獻乃社會文化的産物，尤其在時空環境與文化階層的發展、演變下，所呈現的當是多元的文化現象，存在着多重的文化因素；單一面向的考察，實難以具足圓滿。過去目録學家在圖書分類時，已面臨類似的問題，爲了解決此一

〔一〕　王三慶在《講座敦煌5・敦煌漢文文獻》中“類書”一節（第三五七～四〇〇頁），便提及舊文排列體收有《事森》《新集文詞教林》《新集文詞九經抄》；類句體收録有《蒙求》；詩體收録有《古賢集》；文賦體抄收録有《兔園策府》；何論體書抄收録有《雜抄》。而在他的《敦煌類書》中，有研究録文與校箋，系統而深入研究。

〔二〕　如鄭阿財《敦煌蒙書析論》討論的對象包括了《俗務要名林》《蒙求》《新集文詞集九經抄》《文詞教林》《兔園策府》《雜抄》等（《第二屆敦煌學國際研討會論文集》，一九九一年，第二一一～二三四頁）。[日]東野治之《訓蒙書》一文據《敦煌遺書總目索引》臚列訓蒙書二十六種，四十七件抄本，其中也收入了《兔園策》《雜抄》《俗務要名林》《事森》等（《講座敦煌5・敦煌漢文文獻》，第四〇一～四三八頁）。

〔三〕　余嘉錫：《内閣大庫本碎金跋》，《余嘉錫論學雜著》，第六〇五～六〇六頁。

問題，因此也就有了"互著"的産生[一]。

不僅類書與蒙書存在這樣密切且糾葛的關係[二]，就是類書與詩歌，蒙書與詩歌也存在同樣的問題[三]。對於類書與詩歌的關係，近代較早進行探究的主要有聞一多，他在《類書與詩》一文裏針對唐初五十年文壇進行考察，以爲類書是當時著述物中第三種性質的東西，"它既不全是文學，又不全是學術，而是介乎二者之間的一種東西，或是説兼有二者的混合體"，從《北堂書鈔》《藝文類聚》等的編纂，不難明白唐太宗所鼓勵的詩，是"類書家"的詩，也便是"類書式"的詩[四]。聞氏此文雖然是篇論述初唐詩壇的短文，但從文學與學術關係的視角，特別是"類書與詩"的互動，確實頗有見地，也開啓了唐代詩學研究的另一面視窗。不過，對於類書與詩體發展及其關係的具體探討則少論及。

近年由於域外漢文學研究的發展，其中對日本漢文學的研究視野漸開，盛傳於日本的初唐李嶠《雜咏》漸受矚目[五]。按：李嶠《雜咏》，全編一百二十首，乃一采用與類書體制相同而寫作的大型五律咏物組詩。吟咏的

〔一〕 所謂"互著"，也就是參照法。是文獻著録時，針對一書可分入兩類時所采用的方法；明代高儒《百川書志》是最早采用互著法的書目；清章學誠《校讎通義》則對互著的宗旨加以闡釋，以爲互著與別裁是作爲解決類例間學術相互聯繫現象的一種方法。他説："蓋部次流別，申明大道，叙列九流百家之學，使之繩貫珠聯，無少缺逸，欲人即類求書，因書究學。至理有互通、書有兩用者，未嘗不兼收並載，初不以重複爲嫌；其於甲乙部次之下，但加互注，以便檢稽而已。"[（清）章學誠著，王重民通解，傅傑導讀，田映曦補注：《校讎通義通解》，上海古籍出版社，二〇〇九年，第一五頁]

〔二〕 如（唐）李翰《蒙求》，《宋史》卷二〇二《藝文志一》著録在"經類·小學類"；又同書卷二七〇《藝文志六》"子類·類事類"也著録。

〔三〕 如（唐）李嶠《雜咏詩》一二卷，《新唐書》卷六〇《藝文志四》著録在"丁部集録·別集類"。

〔四〕 聞一多《類書與詩》，原載《大公報》文藝副刊第五二期，收入《聞一多全集》六《唐詩編上》，湖北人民出版社，一九九三年，第四頁。

〔五〕 李嶠《雜咏》我國雖有著録而失傳甚久，至嘉靖間日本天澤氏（林衡）刻《佚存叢書》本始收入，又有正覺樓叢刊、藝海珠塵刊本，《全唐詩》復輯入。近人又整理出敦煌寫本《雜咏》殘篇。一九九八年上海古籍出版社更出版了胡志昂編、（唐）李嶠撰，張庭芳所注的《日藏古抄李嶠咏物詩注》。

題材，分別從日、月、星、風到珠、玉、金、銀，種類繁多。每題一詩，計一百二十題，分屬：乾項、坤儀、芳草、嘉樹、靈禽、祥獸、居處、服玩、文物、武器、音樂、玉帛等十二類，每類十首。持與初唐類書《藝文類聚》《初學記》《北堂書鈔》等相較，其標目與分屬門類相合，詩題序列亦一致，顯見初唐文人咏物風潮與文士編纂類書之密切關係。有關此一問題，近代唐代文學研究者已多所關注[一]。

　　另一方面，敦煌寫本《李嶠雜咏注》的發現，從神田喜一郎、王重民、黃永武、王三慶到徐俊《敦煌寫本〈李嶠雜咏注〉校疏》，諸學者對這一保存至今的唐人詩集注本投以相當的注意；或考論其文獻，或評析其詩學價值，更有全面校理注疏的呈現[二]。至於有關《雜咏》的類書性質，王三慶在研究敦煌類書時，便立有"詩篇體之類書"，其中即收錄了《李嶠雜咏·張庭芳注本》與《古賢集》。之後，葛曉音則從詩學的角度來觀察，論證《雜咏》采用五律分類咏物組詩的形式，是受"初唐以來專講對偶聲律的著作常用的示範方式的影響"，爲"唐初以來的作文入門類著作的慣例"，也與"唐初以來詩歌創作、類書編排以及指導對偶書特別重視咏物有關"[三]。并更進一步的指出

_____

〔一〕　如方師鐸：《傳統文學與類書之關係》，東海大學，一九七一年；姚華：《類書與中國古代文風》，《東方論壇》二〇〇三年第二期，第五八～六四頁；唐雯：《〈藝文類聚〉〈初學記〉與唐初文學觀念〉》，《西安聯合大學學報》二〇〇三年第一期，第七七～八〇頁。

〔二〕　[日]神田喜一郎：《敦煌本〈李嶠百咏〉》，《東方學會創立十五周年紀念東方學論集》，東方學會，一九六二年，六三～七〇頁；王重民：《敦煌古籍叙錄·李嶠雜咏注》，第二八九～二九〇頁；黃永武：《敦煌本李嶠詩研究》，《中華文化復興月刊》一九八八年第八期，第八～一五頁；胡志昂：《〈李嶠雜咏注〉考——敦煌本殘簡を中心に》，日本宋代詩文研究會《橄欖》第二號，一九八九年，第二七八～三〇三頁；[日]杤尾武：《大英圖書館蒐集555敦煌本〈李嶠雜咏注〉殘卷一考察》，《成城文藝》第一五七號，一九九七年，第一～三二頁；徐俊：《敦煌寫本〈李嶠雜咏注〉校疏》，《敦煌吐魯番研究》第三卷，北京大學出版社，一九九八年，第六三～八六頁；段莉萍：《從敦煌殘本考李嶠〈雜咏詩〉的版本源流》，《敦煌研究》二〇〇四年第五期，第七四～七八頁。

〔三〕　葛曉音：《創作範示的提倡和初盛唐詩的普及——從〈李嶠百咏〉談起》，《文學遺產》一九九五年第六期，第三〇～四一頁。

"這種大型詠物雜詩的出現，應與唐初以來大修類書的風氣有關"〔一〕。徐俊以爲葛氏所論無疑都是正確的。同時更提出應進一步的注意到它受唐初盛行的《文選》和《文選注》的影響〔二〕。

葛曉音還根據研究"平安時期日本漢文學"專家川口久雄的看法〔三〕，以爲："初唐詩人李嶠的《雜咏》一百二十首，也曾與白居易的新樂府和李翰的《蒙求》一起，在日本被列爲平安時代傳入的中國三大幼學啓蒙書。"然而這一事實長期以來一直爲中國學者所忽略〔四〕。早年神田喜一郎《李嶠百咏雜考》一文中引古賀精里《李嶠百咏箋略》序便提到："李巨山咏物凡一百二十首，其命題也博，其取材也贍，可抵一部類書矣。予幼而讀之，頗苦勾棘，迺欲搜討群籍爲之注釋。"〔五〕這已指出了李嶠咏物詩所具有的類書與蒙書特性。

長期以來，由於從事敦煌詩歌與敦煌蒙書研究的關係，對於以詩歌作爲蒙書及蒙書采用詩歌體式，乃至二者之間的相互交涉尤爲關注。竊自以爲：李嶠《雜咏》是唐人普及五言律詩的啓蒙教材，而唐代日本遣唐使、留學生也據以爲學習漢詩的典範，并携返日本，成爲平安時期日人學習漢詩的熱門詩集〔六〕。對葛教授的看法，本人除深表同感外，更從唐代文學史與文化發展的視野來關注，由初唐咏物詩延伸到唐代咏史詩的面向，特別是晚唐的大型咏史組詩與蒙書的發展。

〔一〕 葛曉音：《山水田園詩派研究》第四章《初唐山水詩的復變》，遼寧大學出版社，一九九三年，第一四〇～一四一頁。

〔二〕 徐俊：《敦煌寫本〈李嶠雜咏注〉校疏》，《敦煌吐魯番研究》第三卷，北京大學出版，一九九八年，第六三～八六頁。

〔三〕 ［日］川口久雄：《平安朝日本漢文學史》第二六章第六節，明治書院，一九六一年。

〔四〕 葛曉音：《創作範示的提倡和初盛唐詩的普及——從〈李嶠百咏〉談起》，《文學遺產》一九九五年第六期，第三〇～四一頁。

〔五〕 ［日］神田喜一郎：《神田喜一郎全集》第二卷《續東洋學説林》，同朋舍，一九八四年，第六五～八六頁。

〔六〕 ［日］藤原佐世：《日本國見在書目録》"別集家"著録"李嶠百廿咏一"，第八五頁。

　　唐詩題材分類研究，爲近期研究的風潮。作爲唐詩重要内容之一的咏史詩，在分類題材研究上，成果豐碩。綜觀研究方向，首在李白、杜甫、李商隱、杜牧、劉禹錫等作家咏史詩創作之研究；其次則是初唐、盛唐、中唐、晚唐咏史詩分段的研究；再者則是咏史詩所歌咏的人物、事迹；最後則是通代整體的研究[一]。而自來研究者大多據時代特色，對咏史詩的界義、起源、發展、價值、創作背景及藝術表現等，進行概括性的總結。此外，中晚唐大型咏史組詩研究的開展，近年尤受矚目。如趙望秦《唐代咏史詩組考論》，對吳筠、趙嘏、胡曾、周曇、汪遵……等人的咏史詩進行考論[二]，可説是較爲全面系統的研究。之後，趙氏又有《宋本周曇〈咏史詩〉研究》，對周曇咏史詩的主旨性質、史學思想、文獻價值與影響，多所立論，并對作品進行詳細校證[三]。然而對於中晚唐大型咏史組詩的陡增，如趙嘏《讀史編年詩》一百一十首，胡曾《咏史詩》一百五十首，周曇《咏史詩》一百九十五首等出現的文化因素，似乎仍有待進一步探討。

　　早在一九四八年，張政烺《講史與咏史詩》便從另一面向對晚唐叙事型咏史詩提出深入的看法[四]。他以胡曾爲例，指出流傳至今的《新雕注胡曾咏史詩》，有“邵楊叟陳蓋注詩，京兆郡米崇吉評注”，整個體製與平話體製“已甚相近”，而提出了講史淵源於晚唐咏史詩的觀點。近人研究敦煌講史變文與講史話本，對此説法多持肯定，而加以援引論述。任二北以爲：“中唐胡曾與唐末周曇，各有咏史詩百餘篇。其詩亦曾配合説白，講吟於市廛或宮廷間。”[五]又對於咏史詩與講史關係具體深入研究的，也是繼承張氏觀點以晚唐咏史對後世平話影響爲主的論述，如李宜涯的博士論文《晚唐咏史詩與平話

　　〔一〕　可參馮傲雪：《新時期唐代咏史詩研究綜述》，《咸陽師範學報》二〇〇五年第三期，第五九～六二頁。

　　〔二〕　趙望秦：《唐代咏史詩組考論》，三秦出版社出版，二〇〇三年。

　　〔三〕　趙望秦：《宋本周曇〈咏史詩〉研究》，中國社會科學研究所，二〇〇五年。全書分考論與校證二編。

　　〔四〕　張政烺：《講史與咏史詩》，《“中研院”歷史語言研究所集刊》第一〇分册，一九四八年，第六〇二～六四五頁。

　　〔五〕　任二北：《唐聲詩》，上海古籍出版社，一九八二年，第一九頁。

演義之關係》[一]。至於以當時文化因素來探究中晚唐大型咏史組詩的論著則不
多見。

　　一九九四年張晨《傳統詩体的文化透析——〈咏史〉組詩與類書編纂及蒙
學的關係》提示了咏史組詩與童蒙教育的關係，并且留意到咏史組詩與類書、
蒙學之間的關係[二]。此文雖也注意到敦煌寫本趙嘏《讀史編年詩》，但其所論
述的趙嘏、胡曾、周曇等，作者多是中晚唐的詩人，身份、地位、學養均屬
中上層文士，他們所做的咏史詩，與東漢以來咏史詩的傳統，或唐代大小李
杜等名家咏史詩的情懷與格調迥異。東漢以來咏史詩的傳統，多爲詩家個人
對歷史人事的咏歎與感懷，更多是借古人之酒澆我心中之壘塊，呈現的是個
人的歷史觀感與藝術表現；中晚唐如趙嘏、胡曾、汪遵、周曇等咏史詩的湧
現，其性質完全不同於大小李杜抒發個人情懷之作。然與民間純粹爲學童而
編寫詩歌體式的歷史類蒙書相較，其文學性仍然高出許多，且不能代表下層
民眾的文化意識。

　　敦煌本蒙書《古賢集》，不著撰者，蓋爲中晚唐時期從事民間私塾教育的
基層知識份子所撰作，用以作爲民間童蒙教育的歷史教材，所呈現歷史觀的
自然更貼近廣大民眾的心理，而其形式體制與功能，足以説明中晚唐時期蒙
書、類書與咏史詩相互交涉的現象。

（五）從《古賢集》看咏史詩體蒙書的文化因素

1.《古賢集》的咏史詩體因素

　　童蒙教育以識字爲先。識字之後，則一方面誦讀各類知識；一方面學習
爲文做詩。優美淺近的詩歌便於吟哦朗讀，又易於記誦；既可陶冶性情，又
可培養品德。加以唐詩發達，科舉考試以詩賦取士，因此童蒙讀物每每挑選
適合童蒙誦讀的詩篇，咏史詩一類的蒙書，便是唐宋新起的教材形式之一。
不過一般人對宋以後的《千家詩》《神童詩》等所謂兒童詩歌教材較爲熟悉。

　　〔一〕李宜涯：《晚唐咏史詩與平話演義之關係》，文史哲出版社，二〇〇二年。
　　〔二〕張晨：《傳統詩体的文化透析——〈咏史〉組詩與類書編纂及蒙學的關係》，《上
海社會科學院學術季刊》一九九四年第四期，第九八～一〇五頁。

事實上，晚唐五代時期便有爲童蒙而編的詩歌，有以格言入詩，用以教示童蒙行爲規範，訓誡兒童立身處事等，如敦煌寫卷中的一卷本《王梵志詩》及《夫子勸世詞》都采五言詩體。

晚唐時期流行於敦煌地區的《古賢集》是歷史教育的詩歌體蒙書，將典範的歷史人物隱括入詩，以七言長篇呈現。使學童誦讀簡單詩句，便能將鮮明的人物事迹牢記於心。這些歷史知識的積累，有助學童進一步的學習。就詩歌的觀點論，屬於中晚唐咏史詩的《古賢集》，他的流行自然有詩歌發展上的文化因素存在，以咏史詩體類作爲蒙書，也是中晚唐時蒙書樣式的新拓展。

中晚唐時期，咏史詩風行，許多詩人有意識的大量創作咏史詩[一]。像胡曾、周曇等人，動輒百首的大型咏史組詩，更是一時盛況，對當時的歷史教育與童蒙教育有着一定的影響。《古賢集》的出現，応當是在這種流行文化環境下，加上在傳統各種形式通俗讀物的發展歷程中，基於唐詩的成熟與普及所產生的篇幅不長且容量極大，并適合學童傳誦記憶的詩歌體蒙書。

史傳表現的是史家的歷史觀，及對歷史人物事件的看法與評價；傳統文人的咏史詩，表現的是文學家個人對歷史的見解與觀感，更多的是借古人之酒杯，澆我心中之壘塊，抒發個人之感懷；中晚唐大型咏史組詩則說教勸戒，語存諷意，詩多直陳而乏性靈。咏史詩體的蒙書所咏人物多爲歷史中之忠孝節義、智信仁勇典範式的人物，詩多平易，造語淺俗，便於琅琅上口，形象鮮明易記。

2.《古賢集》兼具蒙書與類書的雙重特質

《古賢集》的產生與流行，除了存在着中晚唐咏史詩發展的文化因素外，也存在着傳統類書事類取向的文化因素。王三慶《敦煌類書》中曾將《古賢集》的內容歸納分類爲以下幾類：

〔一〕　據統計，唐代咏史詩總數約有一四四二首，其中晚唐多達一〇一四首，約佔總數的百分之七十。參見王紅：《試論晚唐咏史詩的悲劇審美特徵》，《陝西師範大學學報（哲學社會科學版）》一九八九年第三期，第八三～八九頁。

一　勤學：匡衡、蘇秦、孫敬、姜肱、車胤、桓榮；

二　文學：曹子建、羅含；

三　窮達：寧戚、朱買臣；

四　聰智：晏子；

五　隱士：許由、巢父、夷齊；

六　忠烈：荆軻、蘇武、燕太子丹、干將、眉間尺、伍子胥；

七　報恩：魏武子、靈輒、隨侯；

八　知遇：太公、文王；

九　貞烈：江妃、韓朋貞夫；

一〇　方術：鸞巴、東方朔、董仲舒、孫賓；

一一　神仙：張騫、王母、漢武（明）帝、牽牛、織女；

一二　兄弟：田真兄弟、恒山鳥；

一三　敦信：延陵季子、左伯桃、參辰；

一四　慈惠：漢武帝、楊朱；

一五　孝友：曾參、王寄、孟宗、郭巨、董永、高柴、蔡順、尹伯奇。

　　在歸類之後，他并提出了簡明扼要的論點説：“從以上諸人之排次，可以看出作者有意識的把數人彙聚一處，有如類書之分類，實具類書性質，亦開《佩文韵府》等以韵文分類檢索諸類書的開端。”〔一〕這正説明了《古賢集》編排形式具有類書分類隸事的特質。從前節有關類書與蒙書關係之論述中，我們不難理解此種現象的產生，且其關係不僅僅止於性質上的關連。正如同李嶠的咏物詩集《雜咏》與類書之關係一般，除了人物的次序排列外，《古賢集》的內容，在人物、事類的來源方面，明顯的是依憑當時流行的類書。以下謹據王三慶《敦煌類書》校箋篇的資料，將《古賢集》中與類書相關之詩句一一梳理，加以對比，發現其人物見諸於敦煌本類書《語對》的比率相當高。其情形如下：

〔一〕　王三慶：《敦煌類書》，第一二一～一二二頁。

《古賢集》與《語對》條目內容對照表

《古賢集》	伯二五二四號《語對》
匡衡鑿壁偷光學	"勤學"類"穿壁"條注："匡衡字稚，東海人。家貧，鑿壁引臨舍火光讀書。"
孫敬懸頭猶恐睡	"勤學"類"刺骨"條注："蘇秦字季子，讀書至睡，引錐刺股。"
車胤聚螢而映雪	"勤學"類"聚螢"條注："車胤字武子，家貧無油，胤咸盛數十螢讀書，冬即雪映其所，後仕至司徒。"
羅含吞鳥日才新	"文筆"類"夢鳥"條注："羅含夢吞五色鳥，文辭日新。"
朱買貧窮被棄身	"棄夫"類"買臣妻"條注："漢朱買臣，會稽人也。家貧，好讀書，不是產業。妻求去……"
許由洗耳潁川渠	"高尚"類"箕山"條注："許由字成仲，堯時逸人。堯聞之，聘爲九州牧。尤以爲污，遂洗其耳會稽人也。家貧，好讀書，不是產業。妻求去……"
巢父牽牛澗上驅	"高尚"類"巢父"條注："堯時隱人，以樹爲巢而處其上，因號焉。"
荊軻入秦身未達 不解琴吟反自誅	"送別"類"易水"條注："燕丹太子使荊軻刺秦王，祖送易水之上，高漸離擊筑，宋意和之曰：風蕭蕭兮易水寒，壯士一去兮不復還。"
蘇武落蕃思漢帝	"客遊"類"雁書"條注："蘇武使匈奴，身憑鴈足與傳書漢武射得上林園中雁足得帛書云：武在匈奴，武遂得還。"
結草酬恩魏武子	"報恩"類"結草"條注。
靈輒一食扶輪報	"報恩"類"扶輪"條注："靈輒者，齊人也……"
隨侯賜藥獲神珠	"報恩"類"傷蛇"條注。
伯桃併糧身受死	"兄弟"類"併糧"條注。
庭樹三荊恨分別	"兄弟"類"三荊"條注。
恒山四鳥嘆分離	"兄弟"類"四鳥"條注。
割袖分桃漢武帝	"美男"類"董賢"條注。
曾參至孝存終始	"孝感"類"白鳥"條注。
孟宗冬笋供不闕	"孝感"類"冬笋"條注。
董永賣身葬父母	"孝感"類"感妻"條注。
感得天女助機絲	"孝感"類"感妻"條注。
高柴泣血傷脾骨	"喪孝"類"泣血"條注。
蔡順哀號火散離	"孝感"類"火飛"條注。

《古賢集》所歌咏的歷史人物，除了見諸敦煌寫本伯二五二四號《語對》外，其中有部份人物也見諸伯三六五〇號《籯金》、伯三五七三號《略出籯金》、伯四〇五二號《事林》、伯三七一五號"北堂書鈔體不知名類書"、伯二〇二一號《事森》；而具蒙書與類書特性的李翰《蒙求》《雜抄》（一名《隨身寶》）中，亦見載《古賢集》所歌咏的歷史人物。這些內容互見的現象，足以説明蒙書與類書關係，《古賢集》的情況更是具體例證。

3.《古賢集》的民間歷史意識因素

《古賢集》中歷史人物事迹的叙述，呈現的是庶民的歷史觀。與傳統的史傳或人事的咏史詩，乃至一般文士大型咏史組詩相比，均存在着明顯的落差。這所凸顯的正是雅文學、雅文化與俗文學、俗文化本質上的差異。因此，《古賢集》中所歌咏的內容，出現了不少正史所不載的人物事迹，有的見於稗官小説，有的則是出於民間傳説，此正是雅、俗文化差異的最好例證。例如"江妃淚染湘川竹，韓朋守死嘆貞夫""董仲書符去百惡，孫賓善卜辟妖邪""誰見牛郎別織女，唯聞海客鎮乘槎""董永賣身葬父母，感得天女助機絲"等，其中有些人物故事是敦煌通俗文學作品創作的題材，這説明了《古賢集》的通俗屬性，呈現的是底層社會的歷史文化。

《古賢集》中所歌咏的人物事迹，除了與敦煌流行的蒙書與類書互見外，也頗有見諸於今所得見敦煌變文內容的。如：

《古賢集》："相如盜入胡安學。"敦煌本《秋胡變文》有："兒聞古者有司馬相如，求學於梓童山，封達名而顯；蘇秦不學於鬼谷，六國之印不帶不歸。"《齖嘲書》也有："發憤長歌十二時：日昳未，暫時貧賤何羞，昔日相如未遇時，恓惶賣卜於廛市。"

《古賢集》："匡衡鑿壁偷光學，孫景（敬）懸頭猶恐睡。"敦煌本《孔子項託相問書》："孫景懸頭而刺股，匡衡鑿壁夜偷光。"

《古賢集》："專錐刺股有蘇秦。"敦煌本《齖嘲書》："發憤長歌十二時：晡時申，懸頭刺股士蘇秦，貧病即令妻行，衣錦還鄉争拜秦。"

《古賢集》："朱買貧窮被棄身。"敦煌本《齖嘲書》："發憤長歌十二時：平旦寅，少年勤學莫辭貧，君不見，朱買未得貴，由自行歌自負薪。"

《古賢集》："蘇武落蕃思漢帝。""身憑鴈足與傳書。"敦煌變文有《李陵變》《李陵蘇武執別詞》。

《古賢集》："燕王被囚烏救難。"敦煌本《鷰子賦》（二）有："燕王怨秦國，位馬變爲驎。"

《古賢集》："直諫忠臣伍子胥。"敦煌寫本有《伍子胥變文》。

《古賢集》："韓朋守死嘆貞夫。"敦煌寫本有《韓朋賦》。

《古賢集》："董仲書符去百惡。""孫賓（臏）善卜辟妖邪。"敦煌本《董永變文》："董仲長年到七歲，街頭遊戲道邊旁，小兒行留被毀罵，盡道董仲沒阿孃……此者便是董仲母，此時羞見小兒郎。我兒幼小爭知處，孫賓必有好陰陽。"

《古賢集》："張騫奉使尋河路。""王母乘龍戴寶花。""歎念閻浮漢武帝。""賣糧奉命度流沙。""誰見牽牛別織女。""唯聞海客鎮乘槎。"亦見於敦煌本《前漢劉家太子傳》。

《古賢集》："庭樹三荆恨分別。""恒山四鳥嘆分離。"敦煌本《伍子胥變文》中也有："由如四鳥分飛，狀若三荆離別。"

《古賢集》："孟宗冬笋供不闕。""郭巨夫妻生葬兒。"敦煌寫本《目連緣起》："孟宗泣竹，冬月笋生。王祥臥冰，寒溪魚躍。"

《古賢集》："董永賣身葬父母。""感得天女助機絲。"敦煌寫本有《董永變文》。

除了見諸於敦煌變文外，其内容也出現在敦煌俗曲歌謠，而傳唱於西北地區。例如隱逸、孝行、勤學人物多出現在伯二五六四號、伯二六三三號、伯三八二一號及斯四一二九號的"十二時"曲[一]。如《古賢集》："專錐刺股有蘇秦""孫敬懸頭猶恐睡""車胤聚螢而映雪"等，敦煌俗曲《十二時》有："平旦寅，少年勤學莫辭貧，君不見朱買臣未得貴，猶自行歌背負薪……食時辰，偷光鑿壁事殷勤，丈夫學問隨身寶，白玉黄金未足珍。隅中巳，專心發憤尋詩史，每憶賢人羊角哀，求學山中併糧死……日昳未，暫時貧賤何羞恥，昔日相如未遇時，悽惶賣卜於廛市。晡時申，懸頭刺股是蘇秦，貧病即令妻

〔一〕　寫卷或標《十二行孝文》，或題爲《發憤長歌十二時》。

嫂棄，衣錦還鄉争拜秦。"《古賢集》："董永賣身葬父母，感得天女助機絲。"
羅振玉《敦煌零拾》所收《十二時天下傳孝》則有："正南午，董永賣身葬父
母，天下流傳孝順名，感得織女來相助。"〔一〕又如"張騫奉使尋河路"，敦煌
俗曲伯三九一〇號中也有專曲歌唱〔二〕。

　　不僅人事同出，對歷史人物事迹的評價相近相承。這些共同性，道出社
會底層百姓共同的價值觀與道德觀。無論人物或事件的評價，均直接而形象，
其中也凸顯了俗文學與雅文學所呈現出的文化落差。又通俗讀物、童蒙教材
在後世俗文學的運用，也相當普遍，在凸顯了講唱者在説唱過程把握民衆的
心理與社會的脈動，這種現象早在敦煌變文中便已出現。例如敦煌本《太公
家教》，是現存敦煌蒙書中寫本最多、流行最廣的格言諺語類家訓蒙書。由於
民間廣泛的流傳，乃有敦煌講唱變文中，引以闡釋經義的，如：伯二四一八
號《父母恩重經講經文》："又《太公家教》：孝子事親，晨省暮省，知飢知
渴，知暖知寒。憂則共戚，樂即同歡。父母有病，甘美不餐。食無求飽，居
無求安，聞樂不樂，見戲不看，不修身體，不整衣冠，待至疾愈，整易不
難。"〔三〕便是極爲鮮明的例證。

　　"集合古賢作聚韵，故令千代使人知"的《古賢集》，采七言詩體，集合
古代賢人的事迹加以歌咏，它的作用是普及歷史知識，宛如一部通俗的歷史
教科書簡編。他的内容通俗易懂，且契合廣大民衆共同的心理需求。也與流
傳於民衆的通俗讀物、講唱變文、俗曲歌謠意趣相近且取向相同。這些都是
廣大民衆思想和文化的投射所共同組成小傳統的民衆文化意識；同時也是一
般民衆獲取歷史知識主要便捷的通道。

　　《古賢集》這一僅保存在敦煌藏經洞的唐五代民間歷史教育的咏史詩，

　　〔一〕　羅振玉：《敦煌零拾》五《俚曲三種》，上虞羅氏自印本，一九二四年。
　　〔二〕　參見鄭阿財：《敦煌寫卷定格聯章〈十二時〉研究》，《木鐸》第一〇期，
一九八四年，第二二九～二六〇頁；又鄭阿財：《從敦煌寫本 P.3910 考察"張騫乘槎"故
事之價值》，中國唐代學會編輯委員会編：《唐代文化研討會論文集》，文史哲出版社，
一九九〇年，第八〇一～八二〇頁。
　　〔三〕　潘重規：《敦煌變文集新書》，第四五五頁。

既具有類書的性格，又采近體詩的文體以成編，可說是熔類書、咏史詩一鑪，用以進行民間童蒙歷史知識教育。其文學水平，雖遠不如唐代詩家之作，也不及晚唐胡曾、周曇等人之咏史詩篇，然而由蒙學，而滲入到民間與講史變文的講唱，民間俗曲歌謠的傳唱，口耳相傳，潛移默化，成爲民間歷史知識的主要來源。長期以來，在民間發揮了正史與高文典册所不及的影響力，主宰着民間百姓的歷史觀，是觀察廣大民衆小傳統文化的窗口之一。

第三節 習文知識類蒙書

蒙學教育以識字爲初基，識字之後，則是透過閱讀誦習各類蒙書以廣泛吸取各類知識。一般庶民子弟少有接受教育之機會，若有機會受教也大抵是利用時短暫三個月的農閑時段來進行，即所謂的冬學。因此大多以識字、記賬、寫信爲滿足。由於教學時間短，教學内容要求層次亦不高，因此在完成基本識字量後，也會依序進行讀書、寫字、作文，以養成基本的語文表達能力。至於上層社會的蒙學，因係高門大户的子弟，大都以科舉考試爲要，因此識字教育之後，便誦讀經史，學習詩文寫作，其習文知識自當與科舉考試科目有關。

唐代是詩歌的黄金時代，也是詩歌的王國。詩風興盛，除了詩歌本身發展的文學規律外，科舉考試以詩賦取士，也是促進唐詩發達普及的另一主要因素。唐循隋制，繼續實行科舉制取士，其科舉考試之内容以經術爲主。高宗後期有所轉變。據宋王溥《唐會要》所載："調露二年四月，劉思立除考功員外郎。先是進士但試策而已，思立以其庸淺，奏請帖經及試雜文，自後因以爲常式。"[一]明胡震亨《唐音癸籤》："唐進士初止試策。調露中，始試帖經，經通，試雜文，爲有韵律之文，即詩賦也。"[二]其所謂的"雜文"，即指

〔一〕（宋）王溥撰：《唐會要》卷七六《貢舉中·進士》，第一三七九頁。

〔二〕（明）胡震亨：《唐音癸籤》卷一八《詁箋三·進士科故實》，上海古籍出版社，一九八一年，第一九六頁。

詩賦。又云："唐試士重詩賦者，以策論惟勸舊文，帖經祇抄義條，不若詩賦可以盡才。又世俗偷薄，上下交疑，此則按其聲病，可塞有司之責。"〔一〕進士考試的詩稱"試律詩"，通常爲五言六韵，共十二句。因爲是律詩，有着格律、聲韵的標準，就便於主考官掌握。

　　所以志在科考者當然要用心於聲律及對偶的講究，即使不是志在科考的一般庶民，詩文寫作之學習視爲當時之風尚，這些庶民學童詩文習作是如何進行的？科舉考試下的學子們如何透過規範的學習來確保詩作合乎考試之基本要求。這些習詩過程與相關材料，大都未見傳世載籍之載録與流傳，致使後世對唐時學童、舉子習詩之實況均不甚明暸。

　　過去學界僅能從日本入唐求法高僧弘法大師空海（七七四～八三五）《文鏡秘府論》所援引大量初、盛唐時期各種詩格、詩式等論詩文格式作法略窺一二〔二〕。近代敦煌文獻的發現，其中有不少屬於詩文寫作知識的蒙書，有詩歌典範，用以熟悉詩歌格律體式的入門教材，因試律詩旨在檢驗士子對聲律、對偶的掌握，所以士子習詩自然用心於聲病及對偶。盛唐詩格之論病犯、對偶一類的著述蜂出，乃自然趨勢，影響童蒙教學，中晚唐五代更是普遍。敦煌文獻中也多有遺存：有五言詩格律的讀本，如李嶠《雜咏》及張庭芳注本等；有學習詩文屬對類的，如：《詩格》《文場秀句》《語對》《略出贏金》等；有詩文隸事用典類的，如：《事森》《事林》等；此外，還有對策模擬範本，如：《兔園策府》《策府》等。這些提供後人瞭解唐人教導不同階段的學子如何學習詩文寫作的實際材料。兹依類論述如下：

〔一〕（明）胡震亨：《唐音癸籤》卷一八《詁箋三·進士科故實》，第一九七頁。

〔二〕［日］空海《文鏡秘府論》天卷"序"："貧道幼就表舅，頗學藻麗，長入西秦，粗聽餘論……即閱諸家格式等，勘彼同異，卷軸雖多，要樞則少，名異義同，繁穢尤甚。余癖難療，即事刀筆筆，削其重複，存其單號，總有一十五種類，謂聲譜、調聲、八種韵、四聲論、十七勢、十四例、六義、十體、入階、六志、二十九種對、文三十種病累、十種疾、論文意、論對屬等是也。配卷軸於六合，懸不朽於兩曜，名曰文鏡秘府論。"（［日］遍照金剛著，周維德校點，人民文學出版社，一九七五年，第二～三頁）

一　李嶠《雜咏》及張庭芳注

敦煌文獻中存有李嶠《雜咏詩》及注，計有八個卷號，分藏在英、法、中、俄。北敦三一九六號爲《雜咏詩》白文，其他伯三七三八號、斯五五五號、俄敦一一二一〇號、俄敦三〇五八號、俄敦二九九九號、俄敦一〇二九八號、俄敦五八九八號等七號爲《李嶠雜咏注》，是唯一保存至今的唐人注本唐人詩集。

李嶠爲初唐"文章四友"之一，一生詩歌創作成果頗豐，其中以咏物詩的量最多，是初唐咏物詩的代表作家，爲後代詩學研究者所關注。史稱李嶠"爲文章宿老，一時學者取法焉"[一]，表明其詩具有標準典範之特性。其咏物詩側重事物形態與特點的描述，引類觸物，是學習咏物詩寫作之典範，因此遂有《李嶠百咏》的編纂，其體例具類書編纂性質，也爲學界所矚目。同時結合日本古寫本《李嶠雜咏注》流傳的考察，也是域外漢文文學文獻研究的熱點。

蓋古人讀書，誦讀最爲基本。透過眼到、口到、耳到而最終收到心到的學習效果。詩歌爲美文，音韵鏗鏘，節奏有緻，極易琅琅上口，所以自來詩歌學習，尤重誦讀。清代以來，兒童讀詩多誦讀《唐詩三百首》，俗諺說："熟讀唐詩三百首，不會作詩也會吟。"可以說明兒童學習詩歌的初步及誦讀的效用。唐代兒童學習詩歌抄寫諷誦，雖然不見有如後代采用清乾隆時孫洙選編的《唐詩三百首》一類的詩歌選集，但應有其誦習的範本，使初學者能對詩歌的體式格律有整體風貌的認知，以便進一步實際學習詩歌之習作。敦煌文獻中張庭芳的李嶠《雜咏詩》注，蓋爲唐五代詩歌誦習範本，是"啓諸童稚"的讀本，是學童詩歌教學之用的寫本。

有關敦煌寫本李嶠《雜咏詩》及注的研究，自斯五五五號、伯三七三八號二件寫本公布以來，即深受學界關注。一九五八年王重民《敦煌古籍叙録》中便載有其在英法閱讀《李嶠雜咏注》寫本的叙録說："斯坦因所得五五五號，爲殘詩十七行，有注；伯希和所得三七三八號卷，僅六行，詩注均相似，書法

〔一〕《新唐書》卷一二三《李嶠傳》，第四三七一頁。

亦同，知爲同書，恨不知書名與撰人姓氏。劉修業女士爲東方語言學校編所藏
華文書目，偶檢《佚存叢書》本《李嶠雜咏》，謂此即《雜咏》殘卷，余檢閱
良然。更閲卷端張庭芳序，而知此殘卷詩注，即張庭芳所撰者。"〔一〕一九六二
年日本神田喜一郎撰有《敦煌本〈李嶠百咏〉について》介紹日本藏李嶠《雜
咏》的有關情況〔二〕。一九八八年黄永武《敦煌本〈李嶠詩〉研究》〔三〕、一九八九
年又撰《敦煌所見李嶠十一首的價值》對斯五五五號、伯三七三八號所存的
《雜咏詩》及《唐人選唐詩》持與《藝海珠塵》本，明銅活字《唐五十家詩集》
本及《全唐詩》本進行比對，細爲校録〔四〕。一九八九年胡志昂《李嶠雜咏注
考——敦煌本殘簡を中心に》以敦煌本結合日本古寫本展開研究〔五〕。一九九三
年王三慶《敦煌類書》將《李嶠雜咏・張庭芳注本》收入"詩篇體之類書"，
特别彰顯《雜咏》的類書性質〔六〕。一九九五年徐俊《敦煌寫本唐人詩歌存佚互
見綜考》確認了俄藏敦煌文獻中一殘卷爲敦煌遺書中的第三個李嶠《雜咏》寫
本〔七〕。一九九七年枥尾武《大英圖書館藏スタイン搜集555敦煌本〈李嶠雜咏
注〉殘卷についての一考察（上）》〔八〕。一九九八年隨着《俄藏敦煌文獻》的陸
續出版，徐俊進一步將英、法、俄所藏七件《雜咏詩》寫本對比日本藏本進行
校録，發表《敦煌寫本〈李嶠雜咏注〉校疏》以爲日本古寫本與敦煌本、張

〔一〕 王重民：《敦煌古籍叙録》，商務印書館，一九五八年，第二八九～二九〇頁。

〔二〕 [日]神田喜一郎：《敦煌本〈李嶠百咏〉について》，《東方學會創立十五周年紀念東方學論集》，東方學會，一九六二年，第六三～七〇頁。

〔三〕 黄永武：《敦煌本李嶠詩研究》，《中華文化復興月刊》一九八八年第八期，第八～一五頁。

〔四〕 黄永武：《敦煌所見李嶠十一首的價值》，《敦煌的唐詩續編》，文史哲出版社，一九八九年，第一～一八頁。

〔五〕 胡志昂：《李嶠雜咏注考——敦煌本殘簡を中心に》，日本宋代詩文研究會《橄欖》第二號，一九八九年，第二七八～三〇三頁。

〔六〕 王三慶：《敦煌類書》，麗文文化公司，一九九三年，第一二一頁。

〔七〕 徐俊：《敦煌寫本唐人詩歌存佚互見綜考》，《敦煌吐魯番研究》第一卷，北京大學出版社，一九九五年，第一二六頁。

〔八〕 [日]枥尾武：《大英圖書館藏スタイン蒐集555敦煌本〈李嶠雜咏注〉殘卷についての一考察（上）》，《成城文藝》第一五七號，一九九七年，第一～三二頁。

注原本之間存在不小的差距，日本流傳的《李嶠雜咏注》存在着改編、增益的情形〔一〕。二〇〇四年段莉萍《從敦煌殘本考李嶠〈雜咏詩〉的版本源流》從敦煌本的詩句白文異同、體例、詩注三方面進行版本比較，推測《李嶠雜咏》的源流，以爲公元七〇二～七〇五年間，李嶠出於啓蒙的目的創作了咏物詩一百二十首，并在短時間内即傳入敦煌，在李嶠去世前（七一五）對初本進行了改動〔二〕。而《雜咏詩》最遲當在嵯峨天皇（八〇九～八二三）時期傳入日本。日本的佚存都是屬於此一抄本系統。二〇一五年仝静碩士論文《敦煌詩歌中的李嶠咏物詩研究》，此文對英藏、法藏、及俄藏寫本中殘存的十七首《雜咏詩》進行文本的理解，嘗試總結《雜咏詩》的特點〔三〕。二〇一八年鄭阿財《從敦煌吐魯番文獻看唐代學童的詩學教育》從敦煌吐魯番文線中有關詩歌誦習範本、詩篇抄寫、格研習律及習作呈現等幾方面論述唐代學童詩學教育的步驟方法，特據李嶠《雜咏》及注論述兒童學習咏物詩範本的情形〔四〕。二〇一九年李爽碩士論文《抄有〈李嶠雜咏詩〉的敦煌寫本研究》總結前賢對敦煌寫本《李嶠雜咏詩》殘本研究成果，進行較爲完整的文獻整理〔五〕。總體而論，有關的整理研究，不論文獻考論，或文本評析，或其在詩學研究的價值，日本的流傳與影響，乃至全面校理注疏均有不錯的成果，有助於了解李嶠《雜咏》及張庭芳注在學習詩歌寫作的蒙書特性與功能。

（一）寫本概述

敦煌文獻中保存李嶠雜咏詩有關的寫本，計有八個卷號，分別爲：英藏：

〔一〕　徐俊：《敦煌寫本〈李嶠雜咏注〉校疏》，《敦煌吐魯番研究》第三卷，第六三～八六頁。

〔二〕　段莉萍：《從敦煌殘本考李嶠〈雜咏詩〉的版本源流》，《敦煌研究》二〇〇四年第五期，第七四～七八頁。

〔三〕　仝静：《敦煌詩歌中的李嶠咏物詩研究》，魯東大學碩士學位論文，二〇一五年。

〔四〕　鄭阿財：《從敦煌吐魯番文獻看唐代學童的詩學教育》，金瀅坤主編：《童蒙文化研究》第三卷，人民出版社，二〇一八年，第三～二三頁。

〔五〕　李爽：《抄有〈李嶠雜咏詩〉的敦煌寫本研究》，西華師範大學碩士學位論文，二〇一九年。

斯五五五號一號，法藏：伯三七三八號一號，俄藏：俄敦二九九九號、俄敦三〇五八號、俄敦五八九八號、俄敦一〇二九八號、俄敦一一二一〇號等五號，中國國圖：北敦三一九六號背一號。其中俄藏五個卷號皆爲殘片，行款嚴整，出自一人所抄，可綴合爲一件。

綴合順序爲俄敦一一二一〇號背＋俄敦三〇五八號背＋俄敦二九九九號背＋俄敦一〇二九八號背＋俄敦五八九八號背。各件均無首尾題，北敦三一九六號背爲無注白文，殘存"星""風"兩首的若干句。其他三件《李嶠雜咏詩注》，正文大字，注文爲雙行小字夾注，計殘存十七首詩及注。

敦煌寫本李嶠《雜咏》概況表

序號	卷　號	寫本狀況	行數	保存部分	題記	同卷資料
一	北敦三一九六號背	卷子本首尾俱殘	五	殘存"星""風"兩首的若干句。		正面抄：維摩詰所説經卷下。
二	斯五五五號	一紙首尾俱殘	一七	《殘存李嶠雜咏注》七首，正文單行大字，注文爲雙行小字夾注。	有	背面抄《唐人選唐詩》三四行，與正面抄者不一。
三	伯三七三八號	一紙首尾俱殘	六	殘存《李嶠雜咏注》四首，正文單行大字，注文爲雙行小字夾注。	有	背有題記與正面字迹非一。
四	俄敦一一二一〇號背＋俄敦三〇五八號背＋俄敦二九九九號背＋俄敦一〇二九八號背＋俄敦五八九八號背	殘片	五＋（二＋六）七＋九＋九	殘存《李嶠雜咏注》《硯》《墨》《紙》《酒》《扇》《月》六首。		正面：醫方。

伯三七三八號與斯五五五號雖内容不相銜接，不能綴合。但王重民《敦煌古籍叙録》以爲伯三七三八號字體及注文格式，與斯五五五號正面相同，原應出自一書。徐俊贊同王氏看法，更從筆迹斷定，此二件寫本爲同一人所抄，而主張"兩卷雖不能先後銜接，但不能排除原爲一卷，因殘裂而分置的

可能”，是同屬一件寫本的分裂。計存羊（補題）、兔（補題）、鳳（首題）、
鶴（首題）、銀（補題）、錢（首題）、錦（首題）、羅（首題）、綾（首題）、
素（首題）、布（首題）等十一首詩注。

　　二〇〇〇年徐俊《敦煌詩集殘卷輯考》增加俄敦二九九九號背、俄敦三
〇五八號背爲《李嶠雜咏詩》，并提出俄敦一〇二九八號背與俄敦二九九九
號背＋俄敦三〇五八號背殘片可綴合〔一〕。二〇〇二年又在《敦煌寫本詩歌
續考》一文中補充了俄敦五八九八號背、俄敦一一二一〇號背的内容〔二〕。
綴合後，俄藏寫本内容殘存《硯》《墨》《紙》《酒》《扇》《月》六首詩，除
《硯》爲五言三句，其他均爲五言八句。二〇一九年李爽碩士論文根據徐俊的
研究將圖版嘗試調整排列，順序從上至下、從右到左加以調整，圖示如下：

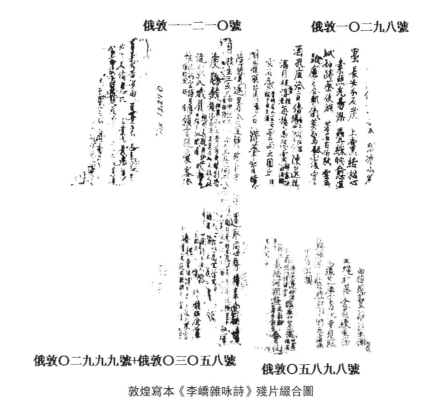

敦煌寫本《李嶠雜咏詩》殘片綴合圖

〔一〕　徐俊：《敦煌詩集殘卷輯考》，第三五六頁。
〔二〕　徐俊：《敦煌寫本詩歌續考》，《敦煌研究》二〇〇二年第五期，第六六～六七頁。

（二）録文

　　兹以北敦三一九六號背爲底本，并參酌諸家校録，對李嶠《雜咏》詩重新録文。又依日本本李嶠《雜咏注》的内容先後順序，分别以伯三七三八號、斯五五五號、俄敦一一二一〇號背＋俄敦三〇五八號背＋俄敦二九九九號背＋俄敦一〇二九八號背＋俄敦五八九八號背爲底本，并參酌諸家校録，對敦煌諸本李嶠《雜咏注》重新録文如下：

　　［李嶠《雜咏》］

　　（前缺）

　　［星］

　　（蜀郡靈槎轉，豐）城寶氣彰。

　　將軍臨（北塞，天子入西秦。）

　　未作三台輔，寧爲（五老臣）。

　　（今霄潁）川曲，誰識聚賢人。

　　［風］

　　▭▭向▭▭

　　［李嶠《雜咏注》］

　　（前缺）

　　［羊］

　　▭▭玉羊星在山。蘇武在兌（匈）奴，以毛裹雪吞之。莫言洪漸力，長牧上林隈。▭▭羊豕之間。式牧羊在山上林花中。

　　［兔］

　　□□□（上蔡應）初擊，平崗兔不稀。《史記》："李斯臨刑，謂其子曰：更得與汝牽黄犬，臂蒼鷹，逐狡兔。"古詩："平崗走寒兔。"目隨槐葉長，刑（形）逐桂枝飛。《莊子》："槐入季春，五日而兔目，十日而獵耳。"虞嘉《論》曰："月中有桂樹。"《春秋元命包》曰："月中有白兔。"漢殿跧容伏，梁園隱迹微。《魯靈光殿賦》曰："狡兔跧伏於側。"《西京記》曰："梁孝王有兔園以養兔。"方知感純孝，郅郭引兵威。《孝子傳》："謝方儲，至孝，感白兔馴，其廬有賊入，避之不入壘。"

靈禽十首・鳳

有鳥自丹穴，其名曰鳳皇。《山海經》曰："鳳出南方丹穴。"九包應聖瑞，五色成文章。《孝經援神契》："鳳皇有九包：一曰心合度，二曰包命等。"《韓詩》："鳳，靈鳥，五色成文章。"屢向秦樓側，頻過穎水陽。秦穆女弄玉好，□□成鳳臺。

鶴

黃鶴遠聯翩，從鸞下紫煙。古詩："黃鶴遠"

（後缺）

［銀］

（前缺）

漏水也〔一〕。詩："後□□。光浮滿月光。銀河。即漢。靈山有珍甕，仙閣表明王。孫氏《瑞圖》曰："明王有道，則出銀甕。"

錢

五銖方立漢，九府昔興周。《食貨志》曰："周太公立九府鑄錢。"又漢用五銖錢行於天下。天龍帶泉寶，地馬入重溝。《食貨》曰："錢在天莫如龍，在地莫如馬。"《後漢》："王莽改五銖錢爲泉貨。"俊光武惡真人也。王武子向北邙山下編錢買馬埒，號爲金埒。趙壹囊初乏，何曾筯欲收。漢趙一詩曰："文藉雖滿腹。不及一囊錢。"何曾，字穎考，日食萬錢，猶無下筯之處。不聞盧鵲吠，貪吏絕來求。仲和爲莘（華）陽太守，性貪，使吏巡門索，門人哥（歌）曰："盧鵲何喧喧，有吏來在門。披衣欲出門，府吏欲得錢。"

錦

漢使巾車促，河陽步障新。漢馮夫人乘錦車送烏孫公主。石崇列錦步障卅里爲貪。浮雲仙石曉，霞滿蜀江春。山中有錦石。又貝錦斐成，濯色江波。又雲靈，色如亂錦。色美迴文□（妾），花驚製綺人。晉竇韜爲秦刺史，從流沙，取妾。其妻蘇氏在家，錦作迴文以叙怨。古詩："莫愁十三能織綺，十四學裁衣。"《書》曰："綺，文錦，綺之屬。"帷屏朝夕發，流彩遍重茵。茵，褥也。《寡婦賦》："易錦茵以席。"婦人有錦屏風。

羅

妙舞隨裾動，嬌聲入扇清。古詩："飄我羅裳裾。"又：婦人有羅扇。蓮花隨帳

〔一〕　斯五五五號起"漏水也"。

發，秋月鑒帷明。古宮闕薄，婦人有蓮花帳。阮藉詩："薄帷鑒明月。"雲薄衣初卷，蟬□（飛）翼似輕。蟬翼羅。《楚詞》："雲衣兮白露裳。"秦宮織纖縠，流思切琴聲。荆軻刺始皇，始皇請聽琴聲。琴聲曰："纖縠羅衣何足掣？"始皇乃跳而走，左右擊煞軻。

綾

金鏤通秦國，青縑達漢君。《三秦記》曰："秦始皇以金鏤綾服之。"《漢官儀》曰："尚書郎卧青綾被中。"落花遥寫鳳，飛鶴遠圖雲。古詩："客從遠方來，贈我文鵲綾。"又曰：古人有鳳文綾，散花綾。晋春有白鶴雲。色帶冰霜影，光含霜雪文。何當步障□，同與日將曛。

素

擢手□□女，纖腰洛浦妃。古詩："□□（迢迢）牽牛星，皎皎河漢女。"《洛神賦》："腰如束素。"又伏羲女洛水死。遠方魚漸躍，上花（苑）雁初飛。古詩："□（客）從遠方來，遺我雙鯉魚。"《尚書》："武王渡河，白魚入舟。"漢蘇□裂帛繫書來還上林花中。畫帳通螢影，娥庭聚日（月）輝。婦人有素畫帳，又羿妻恒娥竊藥。羿覺之，上奔入月。又白如素焉。行看婕妤扇，空切故人衣。班婕妤詩："新裂齊紈素。"

布

御績創羲皇，緇冠表素王。伏羲之時，始衣麻布。《語》："孔子，羔裘玄冠不以吊。"緇，黑也。孔子號素王。暴泉飛掛鶴，火浣則天光。山有水懸下，如倒掛白鶴。《天臺》曰："瀑布飛流以介道。"《魏略》曰："梁冀得火浣布，燒之更白。席上皆驚。"孫布登三相，劉君闢四方。幸因春斗粟，來穆棘棗（華）芳。公孫弘爲漢丞相，卧布被中爲三公。漢高祖："吾□布衣手提三尺劍取天下。"哥曰："安得猛士兮守四□。"（底卷書寫止此）

（前缺）

［硯］

開冰小學□（前）[一]。□（君）苗徒見燒，誰咏士衡篇。

墨

長安分石炭，上黨結松心。繞畫蠅初落，含蘇綬更深。素絲光易染，

_____

〔一〕 俄敦一一二一〇號背＋俄敦三〇五八號背＋俄敦二九九九號背＋俄敦一〇二九八號背＋俄敦五八九八號背起"開冰小學"四字。

疊綵映愈沉。□□（別有）張芝學，書池幸見臨。

紙

妙迹蔡侯施，芳名古（左）伯馳。雲飛錦綺落，花發縹紅披。舒卷隨幽顯，廉方合軌儀。莫驚反覆守，□□（當取）葛洪規。

酒

孔座洽良儔，座上賓恒滿，罇中酒不空。陳筵□□（幾獻）酬。陳筵遵好酒，閈門棋留賓。臨風竹葉滿，竹葉，酒名。湛月桂香浮。桂，酒。每接高陽宴，郁家池，□陽池。飲酒醉□□。長陪河朔遊。夜飲酗，暑之飲焉。會從玄石飲，昔時有人玄石，酣千日之酒。雲雨出圓丘。□□郭憲含□。

扇

翟羽舊傳名，蒲葵寶曉□（清）。花輕不滿面，羅薄詎障聲。逐暑含風轉，臨秋帶月明。還取同心契，持表合歡情。

月

桂生三五夕，《南仲記》曰："南州有桂樹，生月中。" 蓂開二八時。《瑞應圖》曰："堯時蓂莢生庭。從朔至十五日，日生一葉。從十六日，日落一葉也。" 分暉度鵲鏡，《神異記》曰："昔有夫婦別，將鏡□破。人執一片，以爲其信。其妻□□通。鏡化爲飛至，夫乃知之。後人鵲安背上是也。" 流影入蛾眉。鮑明遠《玩月詩》曰："娟娟似蛾眉。" 皎潔□□□，陸□（士）衡詩曰："安寢□□（北堂）上。明月□（入）我牖。" 胗朧鑒薄帷。阮嗣宗詩曰："薄帷鑒明月。" 願言從愛客，□□□□（清夜幸同）嬉。魏曹祖詩曰："君子敬愛客，清夜遊西園，明月澄清景。"

（三）抄寫年代與作者

1.抄寫年代

敦煌寫本李嶠《雜咏詩》殘本北敦三一九六背抄寫的時間，雖然正面《維摩所説經》寫本尾題《維摩經》卷下，後有題記"戌年四月一日，寫《維摩經》一部畢功，記之也"，根據使用"戌年"地支記年，可知是吐蕃統治時期（七八六～八四八）的寫經。雖然李嶠《雜咏詩》殘詩是在《維摩經》寫本的卷背，但却不同於一般正背書寫的寫卷正面時代在前，後面時代在後。

蓋此件殘存的《雜咏詩》是黏貼在背面
的小殘片，顯然是作爲裱補之用，其書寫時
代當然早於正面。又正面文書的關係複雜，
未必全都有同一使用身份的相關性。

　　此殘片的書寫字迹爲行楷，字體清秀，
運筆圓熟，堪稱書家，與正面吐番時期《維
摩經》寫經明顯不同，既非一般經生體，更
非學童或寺學學郎所抄寫。《中國國家圖書館
藏敦煌遺書》著録：根據題記有"戌年"，斷
定正面《維摩經》爲吐蕃統治時期的寫本。

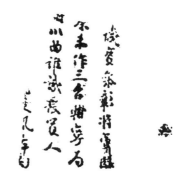

北敦三一九六號背李嶠《雜咏詩》

而黏貼在背面小殘片的李嶠《雜咏詩》殘詩則斷爲唐寫本七至八世紀。應是
合理。

　　至於《李嶠雜咏注》寫本的抄寫年代，俄藏五號殘片并無題記及相關資
訊，英藏斯五五五號殘本卷尾有題記"（上缺）歲乙卯月林鐘日劉晟校定"。法
藏伯三七三八號背面有題記"癸亥年正月廿二日得此文書記之，人莫取來"，
字迹與正面不同，顯非一人所抄。抄寫在前，背面題記當爲使用者所題。此
"癸亥年"應是九〇三年，抄寫時間當此之前。據日本《佚存叢書・李嶠雜咏
詩注》卷首有"登仕郎守信安郡博士張庭芳"的記載，張庭芳爲《雜咏詩》作
注的時間是天寶六年（七四七），此應是《雜咏詩注》寫本抄寫年代的上限[一]。

2.李嶠及其《雜咏詩》

　　《雜咏詩》的作者爲李嶠（六四五？～七一四？），字巨山，趙州贊皇
（今河北贊皇縣）人。十五歲通經，弱冠登進士，高宗時舉制策甲科，授長
安尉，遷監察御史，給事中。忤武后旨，出爲潤州司馬。後詔爲鳳閣舍人。
聖曆初，遷同鳳閣鸞臺平章事，轉成均祭酒，聖曆二年（六九九）領銜修撰
《三教珠英》。中宗即位，貶爲通州刺史。後拜吏部侍郎，封贊皇縣男。睿宗

　　〔一〕〔日〕林衡輯：《佚存叢書・李嶠雜咏詩注・序》："研章摘句，輒因注述，思鬱
文繁，庶有補於琢磨，俾無至於凝滯，且欲啓諸童稚，焉敢貽於後賢！於時巨唐天寶六載
龍集强圉之所述也。"（江蘇廣陵古籍刻印社，一九九二年影印）

即位，貶爲懷州刺史。玄宗開元初改廬州别駕後卒。生平事迹見《舊唐書》卷九四、《新唐書》卷一二三、《唐才子傳》卷一及《大唐新語》卷八。

李嶠歷仕高宗、武后、中宗、睿宗四朝，爲武后及中宗朝四位大學士之一。"嶠富才思，有所屬綴，人摘傳誦"。其詩多應制咏物之作，詞采典麗，晚年爲文章宿老，學者多取法之。《汾陰行》最爲膾炙人口，唐玄宗以此稱之爲"真才子"。咏物詩亦受時人重視。少與鄉人蘇味道齊名，合稱"蘇李"。張説《五君咏》譽其"李公實神敏，才華乃天授……故事遵臺閣，新詩冠宇宙"〔一〕。又與崔融、蘇味道、杜審言并稱"文章四友"，躋身初唐諸名家間。晚年爲文章宿老，學者多取法之。李嶠原有集五十卷，已散佚，明人輯成《李嶠集》三卷，收詩一百七十七首；《全唐詩》存詩五卷；又有《李嶠雜咏注》今見日本《佚存叢書本》及古抄本多種，收録咏物詩一百二十首，張庭芳爲之作注。

《李嶠雜咏詩》，《新唐書·藝文志》著録："李嶠《雜咏詩》十二卷。"〔二〕南宋晁公武《郡齋讀書志·别集類上》著録"《李嶠集》一卷"，云："右唐李嶠巨山也……集本六十卷，未見。今所録一百二十咏而已，或題曰《單題詩》，有張方注。"〔三〕《宋史·藝文志》："李嶠詩十卷。""李嶠新咏一卷。"〔四〕元辛文房撰《唐才子傳》"李嶠"下著録："今集五十卷，《雜咏》十二卷，單題詩一百二十首，張方爲注，傳於世。"〔五〕"新咏"之"新"新當爲"雜"字形近之訛，"雜咏"與"單題詩"實爲一種，均指《雜咏詩》。

《李嶠雜咏詩》又稱"單題詩"又作"百廿咏""百二十咏"等，是專寫生活中各種物品具有類書性質的組詩。此組詩共一百二十首，分上下兩卷，共十二部。據《佚存叢書》等書中的排列次序爲：上卷有乾象、坤儀、芳草、

〔一〕（唐）張説撰，熊飛校注：《張説集校注》卷一〇《詩·五君咏五首·趙公李嶠》，中華書局，二〇一三年，第五〇三頁。

〔二〕《新唐書》卷六〇《藝文志四》，第一六〇九頁。

〔三〕（宋）晁公武撰，張猛校證：《郡齋讀書志校證》卷一七《楚辭類·别集類上》，上海古籍出版社，一九九〇年，第八三七～八三八頁。

〔四〕《宋史》卷二〇八《藝文志七》，第五三三〇、五三三二頁。

〔五〕（元）辛文房撰，傅璇琮校箋：《唐才子傳校箋》卷一《李嶠》，中華書局，一九八七年，第一二七頁。

嘉樹、靈禽、祥獸六部。下卷有居處、服玩、文物、武器、音樂、玉帛六部。每部十首，每首五言八句，幾乎句句用典。日本《佚存叢書》、《日藏古抄李嶠咏物詩注》、《唐五十家詩集・李嶠集》、《全唐詩》完整收録此一百二十首詩。

3.張庭芳李嶠《雜咏詩注》

李嶠《雜咏詩注》，宋代以後在中國已經亡佚。所以《四庫全書總目提要》云："嶠詩一卷，今尚存，然已佚其注。"[一]南宋晁公武《郡齋讀書志》著録云："（李嶠）集本六十卷，未見。今所録一百二十咏而已，或題曰單題詩，有張方注。"[二]元辛文房《唐才子傳》著録承《郡齋讀書志》。按：《新唐書》《通志》《宋史》著録有："張庭芳注庾信《哀江南賦》一卷。"[三]再者，日本《佚存叢書》中的《雜咏詩》題作"李嶠雜咏百廿首"并存有張庭芳的序。題爲《故中書令鄭國公李嶠雜咏百二十首序》，張庭芳自署爲"登仕郎守信安郡博士"，序末署有"於時巨唐天寶六載（七四七），龍集强圉之所述也"。序亦見《全唐文》卷三六四，文字小異。序文中有云："頃尋繹故中書令鄭國公李公百二十咏，藻魔詞清，調諧律雅，宏溢逾於靈運，密緻掩於延年。特茂霜松，孤懸皓月。高標凜凜，千載仰其清芬；明鏡亭亭，萬象含其朗耀。味夫純粹，罕測端倪。故燕公刺異詞曰'新詩冠宇宙'，斯言不佞，信而有徵。於是欲罷不能，研章摘句，輒因注述，思鬱文繁，庶有補於琢磨，俾無至於凝滯。"[四]綜上以論，晁公武《讀書志》、辛文房《才子傳》所作的"張方"殆爲"張庭芳"之訛。

李嶠《雜咏詩》約在盛唐時東傳日本，而張庭芳的李嶠《雜咏詩注》也

〔一〕（清）紀昀總纂：《四庫全書總目提要》卷一三五《子部四五・類書類一・事類賦三十卷》，第三四四四頁。

〔二〕（宋）晁公武撰，張猛校證：《郡齋讀書志證》卷一七《楚辭類・別集類上》，第八三七~八三八頁。

〔三〕《新唐書》卷六〇《藝文志四》，第一六二二頁；《通志》卷七〇《藝文略第八・賦》，第八二六頁；《宋史》卷二〇八《藝文志七》，第五三三二頁。

〔四〕《全唐文》卷三六四《故中書令李嶠雜咏百二十首序》第三六九三頁。

在此後相繼傳入日本而廣爲流行，現今日本仍保存有多種古抄本。今存最早的抄本爲嵯峨天皇（八〇九～八二三在位）宸翰本，存詩二一首，現被指定爲日本國寶。平安朝中期（八六七～一〇八六），《雜詠詩》作爲基本幼學書目在宮廷貴族及士族間廣泛流傳。鎌倉時期（一一八五～一三三三）學者源光行據《雜詠詩》翻作《百咏和歌》，序云："夫鄭國公始賦百廿咏之詩，以諭于幼蒙；張庭芳追述數千言之注，以備於後鑒。"根據此序言可知，日人誦習《雜詠詩》主要參照張庭芳的詩注。一九九八年胡志昂編有《日藏古抄李嶠咏物詩注》[一]，前言中列舉了日本現存的李嶠《百二十咏詩注》舊抄本有八種，分別爲：① 慶應義塾大學藏室町時期寫本，題爲《百二十咏詩注》，足本，卷首有張庭芳序。② 尊經閣藏室町時期寫本，題爲《百二十咏詩注》，僅存上卷，卷首有張庭芳序。③ 天理圖書館藏江户末期鈔延德二年（一四九〇）本，題爲《一百二十咏詩注》，足本，卷首有張庭芳序。④ 神田喜一郎氏藏甲本，嘉永二年（一八四九）鈔延德二年本之再鈔本。⑤ 神田喜一郎藏乙本，嘉永二年鈔延德二年本之再鈔本。⑥ 田中教忠氏藏本，嘉永二年鈔延德二年本之再鈔本。⑦ 禿氏祐祥氏藏本，嘉永二年鈔延德二年本之再鈔本。⑧ 陽明文庫室町時期鈔本，内題《注百咏》現存上卷之下[二]。

　　二〇一二年，福田俊昭在《李嶠と雜咏詩の研究》一書的第二部"書誌篇"第二章"有注本《雜咏詩》の諸本"也介紹了日本所見的傳本及日本以外的有注本（即英、法、俄藏的敦煌本）并將各注本進行比較，探討詩注的成立過程[三]。敦煌寫本的注文據神田喜一郎和徐俊的考證，當更接近於張庭芳注的原貌，而在日本流傳過程中所謂的張庭芳注隨着傳播，轉轉傳抄而有了較大的改編、增益。相對而言，已非張注原貌。

　　〔一〕（唐）李嶠撰，張庭芳注：《日藏古抄李嶠咏物詩注》，上海古籍出版社，一九九八年，第六頁。

　　〔二〕（唐）李嶠撰，張庭芳注：《日藏古抄李嶠咏物詩注》，第六頁。

　　〔三〕〔日〕福田俊昭：《李嶠と雜咏詩の研究》，汲古書院，二〇一二年，第四三〇～五三二頁。

（四）李嶠《雜咏》詩及張庭芳注的蒙書性質

初唐詩壇上崔融、李嶠、蘇味道、杜審言等被視爲一個文學群體，稱爲"文章四友"。蓋以四人的作品風格接近，其詩作中，應酬之作佔有很大比例；内容大多以歌功頌德、宮苑遊宴爲主，但相較於初唐沈佺期、宋之問等宮廷詩人，他們的詩歌自有特色。在其他作品中，有時透露了詩歌變革的消息，特別是在詩歌體制上，對近體詩的發展具有積極的貢獻。李嶠、蘇味道都官至拜相之尊。尤其李嶠的應制詩好用典故，對仗工整，用詞貼切，典雅華麗，是其特色，是當時宮廷詩壇的領袖，其最有影響力的主要在咏物詩。張説《五君咏》中《李趙公嶠》曾讚其"新詩冠宇宙"。一些平常之景，如大自然中的風、雲、花、雨、雪等，以及日常用具器物等，李嶠都能發想奇特，巧爲設喻，對仗、音律、章法都合新興的律詩要求，對唐代五言律詩的推廣普及發揮了極大的影響力。

李嶠咏物詩曾在當時被選出一百二十首編成《李嶠百咏》，可説是其奉詔應景之作的集大成。内容分作乾象、坤儀、芳草、嘉樹、靈含、祥獸、居處、服玩、文物、武器、音樂、玉帛等十二部，每部十首，結構龐大，在詩歌史上具有開創意義。

《李嶠百咏》將初唐以來的格律、對偶、用典、詞彙選用統整，不但被奉爲詩法楷模，盛唐詩人張庭芳爲之作注，對嶠詩推崇備至。其《故中書令李嶠雜咏百二十首序》以爲："故燕公刺異詞曰'新詩冠宇宙'，斯言不佞，信而有徵。於是欲罷不能，研章摘句，輒因注述，思鬱文繁。庶有補於琢磨，俾無至於疑滯。"[一]并具"且欲啓諸童稚"之效。《李嶠雜咏》一百二十首詩作中的平仄、對仗、用韵等聲律情況充分展現了近體詩的風貌及格律體制上的要求。從唐代詩歌教學的角度看，確實當是近體詩初學入門方便有效的啓蒙讀本，在唐代蒙學發展也具有一定貢獻。

李嶠雜咏在唐代廣爲流傳，甚至東傳至異域日本，日本遣唐使、留學生曾據以爲學習漢詩的典範，并携返日本，成爲平安時期日人學習漢詩的典

〔一〕《全唐文》卷三六四張庭芳《故中書令李嶠雜咏百二十首序》，三六九三頁。

範〔一〕。李嶠雜咏之編輯雖原非爲童蒙習詩而編，然由於其極具五言律詩寫作範本之特性，因而也被用來作爲學郎詩歌教育誦習的教材。在日本，李嶠《雜咏詩》與白居易的新樂府、李翰的“蒙求”一起被列爲平安時代傳入的中國三大幼學啓蒙書〔二〕。鎌倉時期學者源光行曾據《李嶠百咏》而有《百咏和歌》并序之作，其序言有云：“夫鄭國公始賦百廿咏之詩，以諭于幼蒙；張庭芳追述數千言之注，以備於後鑒。”〔三〕據此序除可知日人誦習《雜咏詩》主要參照張庭芳的詩注外，也可知《李嶠雜咏注》最初是被用作“以諭于幼蒙”的讀本，束傳日本後，一直作爲幼學讀物而廣爲流傳，更有大量無注本及注本的流傳與刊刻〔四〕。經過幾百年的流傳，現存的日本古寫本已非張庭芳注原貌，而是在張注本基礎上，加人了多種因素演變而成。與日本所存諸寫本相比，敦煌寫本更接近於《雜咏》張注原貌，但敦煌寫本注文引文大多爲括取其義而言之，同樣存在着隨意性的特徵。敦煌本與日本藏本的保存，印證了李嶠《雜咏》（《百二十咏》）在當時確實有用來作爲學郎、舉子詩歌習作養成的基礎教材。

敦煌詩歌寫本《李嶠雜咏注》是今存唯一的唐人注本詩集。李嶠咏物詩側重事物形態與特點的描述，引類觸物，爲習詩者學習咏物詩之寫作提供了誦習入門之用。王三慶《敦煌類書》立有“詩篇體之類書”，其中即收録了《李嶠雜咏·張庭芳注本》，特別彰顯《雜咏》的類書性質〔五〕。之後，葛曉音從詩學的角度論證《雜咏》采用五律分類咏物組詩的形式，是受“初唐以來專講對偶聲律的著作常用的示範方式的影響”，爲“唐初以來的作文入門類著作的慣例”，也與“唐初以來詩歌創作、類書編排及指導對偶書特別重視咏物

〔一〕［日］藤原佐世：《日本國見在書目録》“別集家”著録“李嶠百廿咏一”，第八五頁。

〔二〕［日］川口久雄：《平安朝日本漢文學史の研究》第二四章第六節“源光行の蒙求·百咏·樂府和歌”，明治書院，一九六一年，第九八五～九九四頁。

〔三〕［日］栃尾武編：《百咏和歌注》，汲古書院，一九七九年。

〔四〕［日］福田俊昭：《李嶠と雜咏詩の研究》第二章《有注本＜雜咏詩＞の諸本》，第四三〇～五三二頁。

〔五〕　王三慶：《敦煌類書》，第一二一頁。

有關"〔一〕。

　　竊自以爲：詩歌作爲蒙書及蒙書采用詩歌體式，二者之間彼此相互交涉，李嶠《雜咏》是唐人普及五言律詩的啓蒙教材，我國史志雖有著録，然中土失傳已久。《李嶠雜咏注》是天寶六年（七四七）張庭芳爲了有助於童稚的詩歌學習，特針對當時流行的詩歌創作範式《李嶠雜咏》"研章摘句，輒因注述"，以期"庶有補於琢磨，俾無至於疑滯"〔二〕。敦煌本的流傳説明《李嶠雜咏》在唐代西北邊陲敦煌地區仍舊是詩學教育的流行教材，其在大唐盛世廣爲流行，盛况不難想見。

　　一九九五年，葛曉音《創作範式的提倡和初唐唐詩的普及——從〈李嶠百咏〉談起》也關注到《李嶠百咏》類書的編纂體例與蒙學意義，認爲《李嶠百咏》是一部以詩體撰寫的"作詩入門"的類書〔三〕。它采用大型組詩的形式，將唐初咏物、用典、詞彙、對偶等常用技巧融爲一體，以基本定型的五律表現出來，給初學者提供了便於效仿的創作範式。

　　二○○二年，劉藝在《李嶠〈雜咏詩〉：普及五律的啓蒙教材》在論述李嶠咏物詩的藝術特色時，特別關注《雜咏詩》獨特的蒙學價值，以爲："在《雜咏詩》中，從内容到體式，從最基本的一個意象、一個詞語、一個典故、一個句子、一聯詩乃至整首詩的選擇，構築一步步示範，人們可以清楚地看到一首詩之創作軌迹。"〔四〕同時又在《蒙學視野中的李嶠〈雜咏詩〉》一文中，從蒙學的視角對李嶠《雜咏詩》給予進一步的闡發："衹有從蒙學角度入手，

　　〔一〕　葛曉音：《創作範示的提倡和初盛唐詩的普及——從〈李嶠百咏〉談起》，《文學遺産》一九九五年第六期，第三〇～四一頁。

　　〔二〕（唐）李嶠《雜咏詩》一二卷，《新唐書》卷六〇《藝文四》著録在《丁部集録·別集類》。張庭芳《李嶠雜咏詩注》，新舊唐書未見著録。（宋）晁公武《郡齋讀書志》載："李嶠集本六十卷，未見。僅所録一百二十咏而已，或題曰單題詩，有張方注。"（第八三七～八三八頁）按："張方"蓋"張庭芳"之誤。

　　〔三〕　葛曉音：《創作範式的提倡和初唐唐詩的普及——從〈李嶠百咏〉談起》，《文學遺産》一九九五年第六期，第三〇～四一頁。

　　〔四〕　劉藝：《李嶠〈雜咏詩〉：普及五律的啓蒙教材》，《四川大學學報》二○○二年第一期，第一三五～一四四頁。

才能真正看清其雜咏詩的優長與不足，并給予公允的評價。"〔一〕

《李嶠百咏》作爲詩歌誦習的教材，在近體詩發展與唐代歌教學的推動上具有一定的貢獻，也留下了鮮明的印記。從詩歌創作的選題、取材、以及典故、對偶的使用，具體的將其文學知識與詩歌創作經驗傳承給初學入門者，依托於内容的借鑒、題材的取捨、典故的吸收、對偶的使用，傳承文學知識和創作經驗并進行文學教育，從詩歌語言到詩體格律、隸事、用典等技巧，拾階而上，體現出從閱讀積累到模仿熟練再到體會感物的提升。從詩歌教育與蒙學的交叉視角出發，更能體會李嶠《雜咏詩》在唐代童蒙詩歌寫作乃至日本平安朝漢詩學習的實用功能與蒙學價值。

二　《詩格》《文場秀句》等對句蒙書

唐代興起的近體詩，在體制上主要有平仄、押韵及對偶三要項。平仄、押韵是詩歌的一般規範，對偶則是律詩特有的規範。唐代科舉以詩賦取試，應試詩一般爲五言律詩，因此對偶自然成爲習作詩歌的重點。

唐代科舉考試重詩賦，蓋以詩賦可以盡才，加上世俗偷薄，對與考試的公平客觀上下交疑，采取詩賦考試，按其聲病，則可塞有司之責。試詩通常以五言六韵，共十二句。因格律、聲韵等標準，便於主考官評審。如此一來，對偶的講求便成爲唐代詩學之初基。

蒙學教育在識字習字的基礎養成之後，便會漸次展開日常生活各類知識的傳習，同時也開始灌輸詩文寫作的相關知識，尤其是世家大族子弟，無不以科舉仕途爲目標，故除了從詩歌範本習得作詩使用的格律與詩歌風格外，對於律詩體制特有的要求對偶，賦體寫作對仗與用典的要件，都得多所傳習。因此有關指導詩文寫作的蒙書，其編纂内容自然必需具備相關知識，使啓蒙者能熟記對偶的名目與例句，并令其勤於檢索典故。

唐代文風鼎盛，詩賦大興，方便文士詩文寫作臨時尋檢對句麗語與事文

〔一〕　劉藝：《蒙學視野中的李嶠〈雜咏詩〉》，《四川師範大學學報》二〇〇二年第三期，第八〇～八六頁。

而編纂的類書，官修私編，應時而起，史志目録多所著録，而不見載籍録之作亦復不少。今敦煌文獻中即存有不少此類寫本，如《詩格》、《文場秀句》、《語對》（擬）、《纂金》、《略出纂金》、《事林》、《事森》等。蓋爲唐五代流傳於敦煌地區，或敦煌當地文士所編纂；或爲詩文評論，或爲麗句、事文類書；或有題名，或失題名；編者或具名，或失名。總體而論，其主要編纂體制蓋爲類書形式，編纂目的則以供作文士臨文尋檢，或科舉考試作詩寫賦對偶技巧與對句事文參考之用，其後隨着流傳，功能爲有擴大，而有不少成爲童蒙詩文習作教學的讀本與教材。

其中所謂《語對》一類，并非寫卷上原有的書名題目，而是學者根據寫本内容性質所作的擬題，總計有六個卷號。法藏：伯二五二四號、伯四六三六號、伯四八七〇號；英藏：斯七八號、斯七九號、斯二五八八號等六個卷號，據内容考察，可分爲三種寫本系統，類目及條目采大字，條目下的事文則采雙行小字。三系中，除伯二五二四號爲完本外，餘二系僅殘存個别部類文字。其中以伯二五二四號册子本的内容完整，其他皆爲首尾不全的殘本。今所遺存的内容有：諸王、公主、公卿、醜男、醜女、閨情等四十個事類部，其下又分維城、盤石、瑤枝、瓊萼等六百多條對語。伯二五二四號部類雖全，然就其寫本形式爲册子本，從圖書裝幀史論當屬晚唐五代，在就其抄寫的情况看，多有跳行、誤抄、漏抄的現象來考察，顯然是三系中較晚的過録本。

早期劉師培《敦煌新出唐寫本提要》之《古類書殘卷之二》對伯二五二四號寫卷進行論述，以爲是 “古類書四百五行。此書之例，亦依事區類。首行標題類名，次按類隸事，集爲對偶，與徐堅《初學記》同，惟注例弗一軌”；又言 “虞世南《兔園册》十卷，陸費《備舉文言》二十卷，李途《記室新書》三十卷，略與此書相似。”〔一〕一九一七年羅振玉《古類書三種跋》之一也對伯二五二四號寫卷進行了叙録，關注點是古類書所具有的輯佚

〔一〕劉師培：《敦煌新出唐寫本提要》，《國粹學報》第七卷第一期，一九一一年。此據鄭學檬、鄭炳林主編：《中國敦煌學百年文庫・文獻卷（一）》，甘肅文化出版社，一九九九年，第四～四七頁。

功能〔一〕。

　　二十世紀八十年代，隨着各國寫卷的陸續公布、縮微膠卷與照片的陸續流通，研究漸次熱烈，一九八五年，成田守《敦煌類書殘卷の一考察》，就敦煌類書殘卷與日本文學的關係進行了叙説〔二〕。一九八五年，王三慶《古類書伯二五二四號及其複抄寫卷之研究》《敦煌本古類書〈語對〉研究》對《語對》進行較爲詳細與系統的研究〔三〕。并將《語對》與《類林》系、《篆金》系類書進行比較研究，以爲《語對》上承《類林》而有增編，下啓《篆金》系類書，其成書年代約在神龍至景雲年間（七〇五～七一一）。一九八六年，福田俊昭《敦煌出土の〈贏金〉と〈無名類書〉》此文中所謂的《無名類書》指的是《語對》，福田將寫本叙録之後，進行異同對比，伯二五二四號與斯七八號，斯二五八八號對照，以弄清諸寫本的系統，諸寫本之間的關係〔四〕。

　　一九九九年，白化文《敦煌遺書中的類書簡述》一文中認爲〔五〕：王三慶參照《隋書·經籍志》和《新唐書·藝文志》中著録的"朱滑遠《語對》十卷"，代擬書名爲《語對》。然此卷篇幅不太長，又不分卷，絶非朱氏那部十卷本著作。王氏擬定的書名，雖能説明此卷特點，但容易和朱氏《語對》混淆，似以另外定名爲宜。如果把此卷看成是《語對》的簡化改編本，或是唐末五代之際在敦煌地區爲教學需要而進行改編的一種節本。王三慶從《語對》

　　〔一〕　羅振玉《鳴沙石室古籍叢殘·古類書三種跋》："存四百餘行，其體例略如《初學記》之事對，摘二字爲目，兩兩相對，而注事實於下。寫卷頗草草，誤字盈幅。所徵引逸書甚多，爲采輯古佚籍者之鴻寶也。"（上虞羅氏影印刊行，一九一七年）

　　〔二〕　［日］成田守：《敦煌類書殘卷の一考察》，《東洋研究》第七五號，一九八五年，第一一七～一三一頁。

　　〔三〕　王三慶：《古類書伯二五二四號及其複抄寫卷之研究》，《敦煌學》第九輯，一九八五年，第六三～八一頁；王三慶：《敦煌本古類書〈語對〉研究》，文史哲出版社，一九八五年。

　　〔四〕　［日］福田俊昭：《敦煌出土の〈贏金〉と〈無名類書〉》，《東洋研究》第七七號，一九八六年，第三一～六三頁。

　　〔五〕　白化文：《敦煌遺書中的類書簡述》，《中國典籍與文化》一九九九年第四期，第五〇～五九頁。

編制的考察，以爲此一類書是便於隨身携帶的工具，也是提供課讀時的檢索備用，也是作爲兒童學習詞彙的類別及事類的材料。有關《語對》詳細可參本叢書王三慶的校釋與研究。

另有敦煌寫本類書《籯金》爲武周時期李若立所作，博采衆長，删繁就簡，完成於唐中宗神龍年間。今存寫本伯三九〇七號、斯二〇五三號等兩卷；中唐時吐蕃佔領敦煌前州學博士陰庭誠曾對李若立的《籯金》進行删節，對其中語對、事例附注進行改動，而成簡單實用的新作，今存寫本伯二九六六號、伯三三六三號、伯四八七三號、斯五六〇四號等四件；九世紀末歸義軍時期張球更對《籯金》加以修訂、改編，精簡成《略出籯金》三十篇，每篇分若干"事類"，篇下有序文及事例，并加夾注以應教授生徒之需。顯然，《略出籯金》不僅是精簡實用的類書，而更具有鮮明的蒙書特點，今存有伯二五三七號、伯三六五〇號等二件寫本。楊寶玉更進一步的認爲是晚唐敦煌文士張球辦學時，"改編類書，或以自己的作品教授生徒"，其删改成《籯金》簡本"正適應了教學所需"〔一〕。

有關敦煌類書《籯金》研究可參王三慶《敦煌類書》〔二〕、李强《敦煌寫本〈籯金〉研究》〔三〕、鄭炳林、李强《晚唐敦煌張景球編撰〈略出籯金〉研究》〔四〕、鄭炳林、李强《陰庭誠改編〈籯金〉及有關問題》〔五〕、魏迎春、鄭炳林《敦煌寫本李若立〈籯金〉殘卷研究——以 S.2053v 號爲中心的探討》〔六〕、屈直

〔一〕楊寶玉：《晚唐文士張球及其興學課徒活動》，金瀅坤主編：《童蒙文化研究》第二卷，人民出版社，二〇一七年，第三八～五四頁。

〔二〕王三慶：《敦煌類書》，第九九～一〇六頁、三九三～四三二頁。

〔三〕李强：《敦煌寫本〈籯金〉研究》，蘭州大學敦煌學研究所博士學位論文，二〇〇八年。

〔四〕鄭炳林、李强：《晚唐敦煌張景球編撰〈略出籯金〉研究》，《敦煌學輯刊》二〇〇九年第一期，第一～一七頁。

〔五〕鄭炳林、李强：《陰庭誠改編〈籯金〉及有關問題》，《敦煌學輯刊》二〇〇八年第四期，第一～二六頁。

〔六〕魏迎春、鄭炳林：《敦煌寫本李若立〈籯金〉殘卷研究——以 S.2053v 號爲爲中心的探討》，《敦煌學輯刊》二〇一一年第三期，第一～二〇頁。

敏《敦煌寫本〈篡金〉系類書敘録及研究回顧》[一]。有關《略出篡金》詳細可
參本叢書楊寶玉的校釋與研究。

以下謹以《詩格》《文場秀句》爲代表，論述寫本的内容、性質，并探究
其在詩文對偶理論及麗句誦讀與學習上所呈顯的蒙書功能。

（一）《詩格》殘卷

唐代律詩講究對仗，對偶名目更是學童必須熟悉記誦的詩學内容。敦煌
本斯三〇一一號《詩格》殘卷的存在，從側面透露出對偶論在唐代敦煌地區
學童學習詩歌創作時實踐之一斑。

唐代詩學論著初期使用的“格”，意思大都指法式、標準；規格，内容主
要在討論詩歌的體制、格式方面等的問題。具體地説，就是指聲律、屬對、
句式等創作的規範。這些都是詩歌的形式要素，也是促進唐代近體詩成熟的
重要元素。而以“詩格”作爲詩學論著的命名，蓋期以作爲詩歌寫作規範自
許。此類著作之編寫動機，大抵供作初學入門之用；或爲應舉詩歌考試之便。
因此，對偶論自然是此類論著的重要内容之一。

敦煌本斯三〇一一號《詩格》殘卷，内容確爲唐人《詩格》無疑，雖僅
殘存幾行，内容相當有限，且都見於傳世文獻中，雖對唐人詩學理論的研究
無甚助益，然其抄寫情況，却可印證對偶理論在唐人詩歌習作的實踐歷程。
二〇一三年我曾撰《從敦煌本〈詩格〉殘卷論唐代詩學對偶理論的實踐》，以
爲《詩格》一類詩學“規範”著作的產生是唐代詩歌創作普及的重要助力之
一，因根據敦煌寫本斯三〇一一號《詩格》殘卷，進行梳理、考述，并藉以
觀察唐代學童學習詩之歷程，以及對偶理論在唐人詩歌實踐的實況，確定
《詩格》一類詩學著作對詩歌寫作之形式要求與技巧示範的流通，是唐代律詩
成熟與普及的一個重要因素[二]。二〇一八年發表《從敦煌吐魯番文獻看唐代學

〔一〕 屈直敏：《敦煌寫本〈篡金〉系類書敘録及研究回顧》，《敦煌學輯刊》
二〇一一年第一期，第一五三~一六五頁。
〔二〕 王三慶：《從敦煌本〈詩格〉殘卷論唐代詩學對偶理論的實踐》，《文學新鑰》
第一七册，南華大學文學系，二〇一三年，第五五~八四頁。

童的詩學教育》，文中就已公布的敦煌吐魯番文獻，篩檢出有關學郎所抄的詩作、詩格、日常習詩與作爲習字的詩歌範本等文獻，分別從誦習範本、抄寫詩篇、研習格律、以及習作呈現等幾方面論述唐代學童詩學教育的步驟方法及其具體實況，可供參考〔一〕。

1.寫本概述

英藏斯三〇一一號，卷子本，中間斷裂，散失一段，今存頭尾兩段，分作A、B二件。斯三〇一一A號高二十八、長一百五十厘米，依内容爲前段；斯三〇一一B號，高二十八、長三百厘米，依内容屬後段。

斯三〇一一A號，正背書。正面：《論語集解》卷六，首尾俱缺，存八十四行。

背面：有"短短短""伯盈""索員住"等雜寫。後接抄《詩格一部》片段，四行。

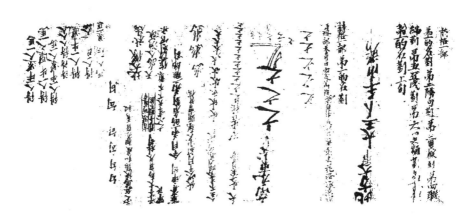

斯三〇一一A號敦煌寫本《詩格》殘卷

2.録文

謹就今存斯三〇一一A號敦煌寫本《詩格》殘本，分別依其行款迻録全文如下：

〔一〕 王三慶：《從敦煌吐魯番文獻看唐代學童的詩學教育》，金瀅坤主編：《童蒙文化研究》第三卷，人民出版社，二〇一八年，第三～二三頁。

斯三〇一一A號

　　詩格一部

　　弟一的名對。弟二隔句對。弟三雙擬對。弟四聯

　　綿對。弟五互成對。弟六異類對。弟七賦體對。

　　弟一的名對。

上句接着有：倒書一行："北方大聖大王卜手□□"，之後"詩格一部"
二行習書，全文如下：

　　詩格一部、弟一的名對。

　　詩一格部天青白雲外、山俊（峻）紫微中。鳥飛誰（隨）影去，花

　　洛（落）逐遥（搖）風。

3. 寫本的抄寫年代

斯三〇一一A號《詩格》之後有倒書雜寫："南無東方之之之""大大以
青陽告社之之之""全不來問願成伏伏伏""伏以今月判支都頭曹住信"等，
其中夾雜有"弟一的名對，弟二聯綿對""千字文敕員外""得人一牛還人一
馬"等。

二〇〇〇年徐俊《敦煌詩集殘卷輯考》曾校録斯三〇一一A號《詩格》
殘卷中"天青白雲外、山峻紫微中。鳥飛隨影去，花落逐搖風"的詩句，并
在校記中提及：

　　原鈔《論語集解》卷六、七背，倒書四段："詩格一部：弟一的名

　　對，弟二隔句對，弟三雙擬對，弟四聯綿對，弟五互成對，弟六異類對，

　　弟七賦體對。"……按此處所存"七對"名目，與《文鏡秘府論》東卷

　　《二十九種對》的前七對完全一致……《文鏡秘府論》東卷《二十九種對》

　　第六異類對云："異類對者，上句安天，下句安山……詩曰：'天青白雲

外、山峻紫微中。鳥飛隨影去，花落逐摇風。'"〔一〕

　　徐氏雖以輯録敦煌詩集殘卷爲主，然對斯三〇一一Ａ號有關《詩格》殘卷"七對名目"也明白的指出其與《文鏡秘府論》之對應關係；二〇〇二年，張伯偉《全唐五代詩格彙考》"《詩格》佚名撰"條下，對斯三〇一一Ａ號《詩格》殘卷全文進行校録，解題中更明確的對此殘卷内容、名目、次第、詩句，詳爲比對〔二〕。并指出斯三〇一一Ａ號《詩格》殘卷值得注意的兩點，即：可證"對偶説"爲時人之通説，可爲空海"古人同出斯對"之語作一旁證；又殘卷字迹，幼稚拙劣，當爲學郎所書，據此可見唐《詩格》之作在民間頗流行之一斑。

　　關於此文年代，從内容上推斷，應該屬初、盛唐之間。該卷正面所抄爲《論語集解》，卷七前有"戊寅年十一月六日僧馬永隆手寫《論語》一卷之耳"一行，徐俊擬定爲公元八五八年（唐宣宗大中十二年），池田温則擬定爲公元九一八年〔三〕。從書寫款式來看，其中有將紙倒轉倒書之現象，姜亮夫以爲："中唐前往往將紙倒轉而倒抄下，至中唐，此類情況便少見，至唐末張議潮後，便不再倒寫。敦煌寫卷中，此類現象多出現於中唐前，至中唐便少見，唐末便絶迹。"〔四〕此亦有助於判斷此文抄寫年代不會晚至五代時期。

4.《詩格》的源流

　　此所謂"詩格"，指的是"詩歌法式"一類的文學批評著作，包括以"詩格""詩式""詩法"等爲名的論著。這一類的詩學著作在唐代最爲風行，數量也多；既是唐代詩學論著的主要形式，也是唐代詩學理論的淵藪。

〔一〕　徐俊：《敦煌詩集殘卷輯考》，第八七四頁。

〔二〕　張伯偉：《全唐五代詩格彙考》，江蘇古籍出版社，二〇〇二年，第一一〇～一一一頁。

〔三〕　徐俊：《敦煌詩集殘卷輯考》，第八七四～八七五頁。

〔四〕　陶秋英纂輯、姜亮夫校讀：《敦煌碎金·導言》"款式問題"，浙江古籍出版社，一九九二年，第七頁。

　　較早正視唐代《詩格》展開論述的是文學批評史研究者郭紹虞與羅根澤。郭紹虞在一九三四年出版的《中國文學批評史》中，除論述皎然《詩式》外，更立"論格論例之著"一節，概述中晚唐五代的詩文賦格作品，并就撰者、存佚、著録等情况分别條列論述，以爲此一時期《詩格》《詩例》之作多屬依託之著，且"過涉瑣碎，轉成拘泥"〔一〕。同年羅根澤也出版了《中國文學批評史》"漢魏六朝部分"，一九四三年修訂後，分册出版到"晚唐五代部分"，其中《隋唐文學批評史》《晚唐五代文學批評史》分册對各種《詩格》有更多的探究。他以爲："'詩格'有兩個盛興的時代，一在初盛唐，一在晚唐五代以至宋代的初年。"〔二〕

　　由於唐五代有關詩格文獻大多散失，雖然明本《吟窗雜録》載有近三十種初唐至宋有關詩格、吟譜、句圖等詩學理論資料，提供吾人豐富的研究文獻〔三〕。然自《四庫全書總目提要》以來，頗以爲其内容多依託僞作〔四〕，多少影

　　〔一〕　郭紹虞：《中國文學批評史》上卷"第五編隋唐五代·第三章復古運動的銷沈時期"，商務印書館，一九三四年，第二七二～二八一頁。

　　〔二〕　一九四三年商務印書館出版羅根澤《周秦兩漢文學批評史》《魏晋六朝文學批評史》《隋唐文學批評史》《晚唐五代文學批評史》，其中《隋唐文學批評史》《晚唐五代文學批評史》對各種《詩格》多所探究；一九五七年古典文學出版社重印，將此四書合爲《中國文學批評史》，分爲上下册；一九六一年北京中華書局又將其未定稿兩宋部分加入，出版《中國文學批評史》上中下三册。本文援引均據中華書局版，以上見第五編《晚唐五代文學批評史》第二章《詩格上》、第三章《詩格下》，第一七～四七頁。

　　〔三〕　明刊《吟窗雜録》，題名宋陳應行輯。按：《吟窗雜録》原本三〇卷爲南宋人編纂，假託北宋蔡傳之名；而五〇卷爲重編本，題名作陳應行。

　　〔四〕　按：《四庫全書總目提要》卷一九七"《吟窗雜録》五十卷（編修勵守謙家藏本）"提要云："舊本題狀元陳應行編。前有紹興五年重陽後一日浩然子序。序末有嘉靖戊申孟夏崇文書堂家藏宋本刊字，蓋僞書也。前列諸家詩話，惟鍾嶸《詩品》爲有據，而删削失真。其餘如李嶠、王昌齡、皎然、賈島、齊己、白居易、李商隱，諸家之書，率出依託，鄙倍如出一手。而開卷魏文帝詩格一卷，乃盛論律詩。所引皆六朝以後之句，尤不足排斥。可謂心勞日拙者矣。"按：《吟窗雜録》卷四至卷五所收的王昌齡《詩格》，其中或有真僞混雜；卷六題作《詩中密旨》内容，係淺薄之人雜抄元兢《詩髓腦》、崔融《唐朝新定詩格》、皎然《詩議》及佚名《詩式》内容拼湊而成。

響了後人對此批文獻之探究熱度。

在東鄰的日本，平安時期入唐求法高僧空海有《文鏡祕府論》六卷傳世。此書蓋爲因應當時日本學習漢詩文之需求而編撰。其旨在論述平上去入、四聲八病之要；用韵換韵，種類用法之殊；起句落句，對偶病犯修辭之方。又論用字造句，定章謀篇爲文之術；虛静衛氣、命意率情構思之法，亦皆道其中窾而示之以要，允爲當時日本文章之手鑑，詩歌之津梁；更是日本詩文論之嚆矢，修辭學之開宗，其影響日本漢文學，可謂既深且遠。

按：詳審此書實非弘法大師空海所草創，而係其裒輯唐前諸家詩文格式，削複存單，添綴貫串而成。其所引用之詩文篇章，秘篇甚多，不可勝舉；而取材之詩文格式，亦每多見諸吾國史志及《日本國見在書目録》等，大多爲今已亡佚者。如：隋劉善經《四聲指歸》，唐杜正倫《文筆要决》、上官儀《筆札華梁》、崔融《唐朝新定詩格》等。此外，也頗有今雖尚存，然内容多有異同者，如：王昌齡，《詩格》、釋皎然《詩議》等，是此類詩學著作端賴此書而得以存其梗概，或藉此書而得以窺其原貌。清楊守敬《日本訪書志》首次對《文鏡秘府論》古鈔本進行著録，并介紹其内容與價值[一]，之後，引發學界的關注，才有郭、羅等的援引論述。

特別是一九四八年日本小西甚一《文鏡祕府論考》研究篇、考文篇的先後問世[二]，整理研究全面系統，提供了豐富可靠的文本基礎，更激發了中日學者有關唐五代《詩格》的整理與研究。主要有潘重規師《隋劉善經四聲指

〔一〕楊守敬清光緒二十三年刊《日本訪書志》卷一三“《文鏡秘府論》六卷古鈔本”著録云：“此書蓋爲詩文聲病而作，彙集沈隱侯、劉善經、劉滔、僧皎然、元兢及王氏、崔氏之説。今傳世唯皎然之書，餘皆泯滅。按《宋書》雖有平頭、上尾、蜂腰、鶴膝諸説，近代已不得其詳。此篇中所列二十八種病，皆一一引詩，證佐分明。”（賈貴榮輯：《日本藏漢籍善本書志書目集成》第一〇册，第一三五頁）

〔二〕［日］小西甚一：《文鏡秘府論考》（研究篇上），大八洲出版，一九四八年；［日］小西甚一：《文鏡秘府論考》（研究篇下），大日本雄辯會講談社，一九五一年；［日］小西甚一：《文鏡秘府論考》（考文篇），日本雄辯會講談社，一九五三年。

歸小箋》〔一〕《文鏡秘府論研究發凡》〔二〕，王夢鷗《初唐詩學著述考》〔三〕，王利器《文鏡秘府論校注》等〔四〕，乃至近年張伯偉《全唐五代詩格彙考》〔五〕、盧盛江《文鏡秘府論彙校彙考》等的出版〔六〕。一九七六年我在碩士論文《空海文鏡秘府論之研究》也有所論述〔七〕。

　　總結前賢研究成果，可知唐五代詩格之作衆多，包括文格和賦格，約有六十餘種，其中雖有後世散佚，然今所得見仍不在少數，主要有：上官儀《筆札華梁》、佚名《文筆式》、魏文帝《詩格》、元兢《詩髓腦》、皎然《詩式》、皎然《詩議》、崔融《唐朝新定詩格》、李嶠《評詩格》、王昌齡《詩格》、王昌齡《詩中密旨》、白居易《金鍼詩格》、白居易《文苑詩格》、賈島《二南密旨》、王叡《炙轂子詩格》、李洪宣《緣情手鑑詩格》、鄭谷等撰《新定詩格》、僧齊己《風騷旨格》、僧虛中《流類手鑑》、徐夤《雅道機要》、徐衍《風騷要式》、王玄《詩中旨格》、王夢簡《詩格要律》、僧神彧《詩格》、僧保暹《處囊訣》、僧景淳《詩評》等。足見唐人詩學有關格法問題確實風行一時且著述宏富〔八〕。又此類詩學論著中以“詩格”爲名者衆多，可見“詩格”是唐代詩學中，講究詩的法式規則一類著作的專有名詞，此類著作無疑是唐代詩學的核心。

5.《詩格》的蒙書性格

　　《詩格》一類著述對於近體詩主體的律詩，其寫作要項中的對偶尤其重

　　〔一〕　潘重規：《隋劉善經四聲指歸小箋》，《中國學報》第一卷第四期，一九四五年，第三～一〇頁。

　　〔二〕　潘重規：《文鏡秘府論研究發凡》，劉百閔編：《中日文化論集》第一輯，中華文化出版事業委員會，一九五五年，第一～二四頁。

　　〔三〕　王夢鷗：《初唐詩學著述考》，台灣商務印書館，一九七七年。

　　〔四〕　王利器：《文鏡秘府論校注》，中國社會科學出版社，一九八三年。

　　〔五〕　張伯偉：《全唐五代詩格彙考》，江蘇古籍出版社，二〇〇二年。

　　〔六〕　盧盛江：《文鏡秘府論彙校彙考》，中華書局，二〇〇六年。

　　〔七〕　鄭阿財：《空海文鏡秘府論之研究》，中國文化學院中國文學研究所碩士論文，一九七六年。

　　〔八〕　張伯偉《全唐五代詩格彙考》考及全唐五代各類詩格著述三十一種，另有詩格存目二十一種。

視，論述也多，因此專爲訓練兒童屬對，掌握聲韵格律的啓蒙讀物也不斷出現。代有發展，即在明清也出現有按韵分編，包羅天文、地理、花木、鳥獸、人物、器物等虛實應對的學習詩歌寫做之蒙書。從單字到雙字、三字對、五字對、七字對到十一字對，聲韵協調，琅琅上口，從中得到語音、詞彙、修辭的訓練。如明司守謙《訓蒙駢句》："天轉北，日生東。東風淡淡，曉日濛濛"；清李漁《笠翁對韵》："天對地，雨對風。大陸對長空。山花對海樹，赤日對蒼穹。"清車萬育《聲律啓蒙》："雲對雨，雪對風，晚照對晴空。來鴻對去燕，宿鳥對鳴蟲。"……都是采用這種方式編寫，廣泛流傳而歷久不衰。

唐代對偶不僅是律詩的要項，試策、試賦均須屬對。詩歌創作素重對偶，晋、宋以來，蔚爲風氣。湘東王蕭繹《詩評》甚至説："作詩不對，本是吼文，不名爲詩。"《隋書·經籍志》著録《對林》十卷、《對要》三卷以及朱澹遠所撰之《語對》《語麗》各十卷。《文心雕龍·麗辭》篇則有言對、事對、正對及反對四種對偶之説。唐代近體詩興起，更在此基礎上多所發展，上官儀、元競、崔融及皎然等紛紛對對偶的理論進行論述與總結。《文鏡秘府論》更條列諸家對偶論，從六對、八對、十一種對到二十九種對，分類精細，提供了解初、盛唐對偶理論發展的主要線索。

作爲童蒙學習用書的"詩格"一類，不需深究理論，分類也不用太過精細，但求常用，正如《文鏡秘府論》中空海所説的"右十一種，古人同出斯對"等。亦如張伯偉《詩格論》所説："'詩格''詩法'畢竟爲初學而設，而且，即便就初學而言'格'，'法'也祇是詩之技，而非詩之'道'，創作的真諦，秘訣并不在此。所以，明代以後，詩壇上'詩格''詩法'的議論雖未絶迹，但所佔的比重卻微乎其微了。"[一]"詩格"一類蒙書，遂逐漸被認爲是"俗書""陋書"，尤其是清人，往往目之爲"家村"俗陋之言而棄之不顧。

敦煌本斯三〇一一Ａ號《詩格》殘卷，同卷後有倒書"千字文敕員外""得人一牛，還人一馬"，筆迹爲同一人。其中"得人一牛，還人一馬"

〔一〕 張伯偉：《全唐五代詩格彙考》"詩格論（代前言）"，第一頁。

蓋出《太公家教》。《千字文》《太公家教》是唐代盛行的蒙書，更是敦煌普遍流行的寺學教材。從這些雜寫合抄的情況可知寫卷的性質是學郎之習書。《詩格》既流傳於敦煌地區，可想見是學郎習詩的基礎，内容講究對偶，并標舉對偶名目，是唐五代敦煌地區學童學習詩歌寫作的重要内容。此寫卷正可反映出唐五代敦煌地區學子透過《詩格》進行詩歌習作的實況〔一〕。

　　（二）《文場秀句》

　　有關詩文對句一類的小型類書，在敦煌文獻還有《文場秀句》的殘本三個卷號。分別爲：法藏伯二六七八號、伯三九五六號與日本大阪杏雨書屋藏羽七二b之二號，其中伯二六七八號與伯三九五六號爲同一寫本的斷裂，可以綴合。實際計有二件寫本。存天地、日月、風雲、雷電、煙霧、春、夏、秋、冬、帝德、瑞應、王等十二大“部類”，每部類下收詩文秀句若干，麗句以雙行小注解釋，總計有一九三條。

　　《文場秀句》是唐五代流行的科舉考試參考用書，也是民間流傳作詩習文的啓蒙教材，原書早已亡佚，敦煌文獻保存部分内容，使吾人得以窺見此書的部分原貌，藉以了解唐五代兒童詩學教育的情況。雖然是書撰成之後，未能得到中土文人雅士的廣泛重視，也未能在傳世典籍中保存，但却曾流傳到日本，并在日本得到一定的傳播，在多部日本文獻中被加以著録、援引，可見《文場秀句》在唐代文化傳播上的重要價值。

　　關於《文場秀句》的研究，一九六二年，羅根澤《中國文學批評史》分析詩句圖的淵源時，指出：“王起有《文場秀句》一卷，《通志·藝文略》列在‘詩話類’，《新唐書·藝文志》則列入‘總集類’，大概是在撰集文場詩賦秀句。可見選集麗句，在五代前後已形成一時的風氣，所以産生了專門選集麗句的詩句圖。”〔二〕

　　至於有關敦煌寫本《文場秀句》的整理與研究，一九六二年，《敦煌遺書

──────────

〔一〕　鄭阿財：《從敦煌本〈詩格〉殘卷論唐代詩學對偶理論的實踐》，《文學新鑰》第十七册，第五五~八四頁。

〔二〕　羅根澤：《中國文學批評史》，上海古籍出版社，二〇〇三年，第五一八頁。

總目索引》王重民《伯希和劫經録》將伯二六七八號擬題作"小類書",伯三九五六號擬題作"類林"[一]。一九九一年法國國家圖書館敦煌寫本目録第四册著録伯三九五六號時已將此二號綴合伯三九五六號(+伯二六七八號),寫卷無題名而未予擬題[二]。一九九三年,王三慶《敦煌類書》中將《文場秀句》擬作《語對甲》,對其所録内容及體例進行了概述,并迻録伯三九五六號及伯二六七八號二寫卷的内容,奠定了《文場秀句》研究的文本基礎[三]。一九九四年,福田俊昭《〈注好選〉所引の〈文場秀句〉考》一文,則對平安中期爲童蒙學習而編纂的漢詩文佳句選集《注好選》中所引的《文場秀句》進行探討,提供研究《文場秀句》的新文獻[四]。二○○三年,李銘敬《日本及敦煌文獻中所見〈文場秀句〉一書的考察》將日本各文獻中所見《文場秀句》的引文進行了摘録,爲探究《文場秀句》一書在日本的傳布和影響提供一定的文獻基礎[五]。二○○八年,永田知之《〈文場秀句〉小考——"蒙書"と類書と作詩文指南書の間》在李銘敬研究成果的基礎上,分析《文場秀句》内容、體例,認爲敦煌文書伯二五二四號《語對》的部分内容,有可能是《文場秀句》的佚文[六]。二○一二年,周西波《〈敦煌秘笈〉"羽072b"寫卷的性質與意義》在討論"現所知見之敦煌道教齋文寫卷與"羽072b"之内容性質"一節時,對羽七二b之二號所抄録的文字中指出其内容乃《文場秀句》之殘卷,并持與《注好選》所引用的《文場秀句》字句相對照,同時説明敦煌寫卷將

〔一〕 王重民、劉銘恕編:《敦煌遺書總目索引》,第二七○、二九九頁。黄永武編《敦煌寶藏》題作"類林",上海古籍出版社《法藏敦煌西域文獻》擬作"籯金"。

〔二〕 "*Catalogue des manuscrits chinois de Touen ~ Houang*". Volume IV (n° 3501–4000). École française d'Extrême Orient, PARIS, 1991, PP.473–478。

〔三〕 王三慶:《敦煌類書》,第一○七頁。

〔四〕 [日]福田俊昭:《〈注好選〉所引の〈文場秀句〉考》,《東洋研究》第一一三號,一九九四年,第四五~五八頁。

〔五〕 李銘敬:《日本及敦煌文獻中所見〈文場秀句〉一書的考察》,《文學遺産》二○○三年第二期,第六二~六八頁。

〔六〕 [日]永田知之:《〈文場秀句〉小考——"蒙書"と類書と作詩文指南書の間》,[日]高田時雄編集:《敦煌寫本研究年報》第二號,二○○八年,第一一一~一三四頁。

之與其他齋文片段抄録在一起，顯然是基於“秀句”的功能，作爲寫作齋文時遣辭造句的參考用途[一]。二〇一四年，王三慶《〈文場秀句〉之發現、整理與研究》一文則進一步分析《文場秀句》與日本杏雨書屋藏羽七二b之二號與伯二五二四號《語對》的關係[二]。二〇一五年，永田知之《〈文場秀句〉補説——〈敦煌秘笈〉羽072と〈和漢朗咏集私注〉》據杏雨書屋羽七二b之二號所見《文場秀句》對其前論進行補充，討論《文場秀句》的作者及目録書對其分類，并據釋信阿（一一六一年成書）的《和漢朗咏集私注》引王起《文場秀句》之説加以論述[三]。二〇一八年，林華秋碩士論文《唐代蒙書〈文場秀句〉研究》在前賢研究的基礎上，以今所得見《文場秀句》的内容爲基礎，結合相關史料分析《文場秀句》的性質，探討此書的作者、成書背景等，析論《文場秀句》具有蒙書、詩文創作及科舉考試參考書的多重屬性，可見其作爲科舉考試應試書在唐代科舉中具有一定的作用[四]。二〇二〇年，王三慶《敦煌辭典類書研究：從〈語對〉到〈文場秀句〉》着眼於此種類書提供學習詞彙的類別和事類内容，以爲《文場秀句》的辭組事類示範爲文的作用，可供教導學童利用事典，組成篇章之用[五]。以上研究可資參考。

1.寫本概述

敦煌寫本《文場秀句》今所得見有三個卷號。伯二六七八號、伯三九五六號及日本杏雨書屋藏羽七二b之二號等三卷個號，其中伯二六七八號

〔一〕　周西波：《〈敦煌秘笈〉“羽072b”寫卷的性質與意義》，《慶賀饒宗頤先生九十五華誕敦煌學國際學術研討會論文》，中華書局，二〇一二年，第四七三～四八八頁。

〔二〕　王三慶：《〈文場秀句〉之發現、整理與研究》，《2013敦煌、吐魯番國際學術研討會論文集》，成功大學中國文學系，二〇一四年，第一～一二二頁。

〔三〕〔日〕永田知之：《〈文場秀句〉補説——〈敦煌秘笈〉羽072と〈和漢朗咏集私注〉》，〔日〕高田時雄編集：《敦煌寫本研究年報》第九號，二〇一五年，第五七～七一頁。

〔四〕　林華秋：《唐代蒙書〈文場秀句〉研究》，首都師範大學碩士學位論文，二〇一八年。

〔五〕　王三慶：《敦煌辭典類書研究：從〈語對〉到〈文場秀句〉》，《廈門大學學報（哲學社會科學版）》二〇二〇年第四期，第一六四～一七二頁。

與伯三九五六號爲同一寫本的斷裂，可以綴合。計有二件寫本。兹將寫本概況表列如下：

敦煌寫本《文場秀句》概況表

序號	卷號	寫本狀况	殘存行數	保存部分	首尾題	同卷資料
一	伯三九五六號+伯二六七八號	卷子本，首尾俱完，秀句爲單行大字，下事文雙行小字。	三十六+三十＝六+六行	"天地第一"至"王第十二"十二部。		
二	羽七二b之二	卷子本，首尾俱殘，秀句爲單行大字，下事文雙行小字。	三十五行，第七行至十四行爲《文場秀句》。	"天地""日月"二部。	首題：《文場秀句》	一至七行及一五～三五行爲"道教齋儀"。

伯三九五六號存三十六行，第十一行下半部分殘缺，起"天地第一"，訖"景臨東井"；伯二六七八號存三十行，第八行下半部分殘缺，起"五月日東井也"，訖於"八公淮南王"。其形式秀句爲單行大字，其下書其解釋，爲雙行小字。法藏目録第四册著録已將二卷綴合併入伯三九五六叙録作伯三九五六號（+伯二六七八號）。

寫卷綴合後，計存"天地第一""日月第二""風雲第三""雷電第四""煙霧第五""春第六""夏第七""秋第八""冬第九""帝德第十""瑞應第十一""王第十二"等十二部。據日本所存文獻引《文場秀句》的內容，包括《注好選》《仲文章》《倭名類聚抄》《言泉集》《遊仙窟》《三教指歸注集》《性靈集注》《净土三部經音義集》等八部文獻，可推知《文場秀句》尚應有"兄弟""朋友"等部類。伯三九五六號+伯二六七八號原件似未抄録完。

2.録文

兹以伯三九五六號+伯二六七八號爲底本，用羽七二b之二號參校，并參酌諸家録文，對底本重新録文如下。

〔文場秀句〕

天地第一

乾象：天文。坤元：▨▨▨（地理）。圓清：天形〔圓〕，〔氣之清者上爲天也〕。方濁：地形［方］，［氣之濁者下爲地也］。圓蓋：天圓在上，如蓋。方輿：地▓（方），［如在下輿］。玄［蓋］：［天色玄也］。黃輿：地色［黃也］。高天 厚地 九天：天有九重之霄，地有九野，有陽數九。十地：地有十洲，又陰數十。穹隆：天形穹隆然也。礚礴：地形礚礴，言廣大也。圓清上廓，懸日月以爲綱；方濁下凝，列山河而作鎮。圓蓋上［信］，耀七星於乾紀；方輿下闢，列五鎮於坤維。

日月第二

金烏：日色赤，故云金烏。日中有三足烏。玉兔：月色白，故云玉兔。月中有兔如玉。陽烏：日爲陽精。陰兔：月爲陰精。朝曦：曦和爲日御。夜魄：十五日已（以）後，明宵而魄生。曦光：日也。娥影：月也。扶光：日出於扶桑也。桂影：月中有桂樹。烏景・蟾暉：日中有烏，月中有蟾蜂（蜍）。蟾蜂（蜍），蝦蟆。朝暉：日也。夜景：月也。暉氣：日也。望舒：月也。日烏 月兔 杲杲：日光。皎皎：月光。杳杳：日將夕。暉暉：月正圓也。金烏旦上，散朱景於遙空；玉兔霄臨，騰素華於迥漢。▓（蟾暉）東上，烏景西頃（傾）。

風雲［第］三

風松：風松，舞長松之下。蘋吹：風起於□（青）萌（蘋）之末。□□：──────風────。

浮雲：□□雲。蘋吹 騰雲 風驚地籟：風□□□（吹地物）爲聲，故曰地籟。雲起天津：天津，地畔。風虎：虎嘯風［生］。雲龍：龍與雲起也。飄風：吹貌。飆颷：風聲。重疊：雲貌。清泠：風入竹，聲且涼。徘徊：雲騰飛揚貌。風飄篁而似琴，竹叢生曰篁，聲似琴。雲起岫而成蓋，雲起於山岫，如單蓋。龍飛天路，便品獨之聲；雲虎嘯巖幽，即舞長松之下。

雷電第四

豐隆：雷師。列缺：雷師。迅雷：言迅疾。起電：疾如走電。倚柱雷：夏侯泰（太）［初］倚柱而書，雷震其柱而不驚。投壺雷：玉女投壺，天爲之笑，▓（則）電。天威：雷如天威。天笑：注上。砰片彭反訇大宏反：雷聲。曜雷光豐震響，仍驚倚柱之雷；列缺流暉，即起投壺之電。奔雷震響，走電飛光。

煙霧第五

青煙：煙色青。碧霧：霧色輕。重霧：霧色重。長煙：煙長。薄霧：霧薄。朝煙 夕霧 濃煙 苦霧 靄靄・霏［霏］・飄颻：飛▓（貌）。鬱鬱・紛紛・依霏·泛豔：并煙霧飛散之貌。青煙旦上，碧霧晨凝；斂薄霧於遥空，卷長煙於迴漠。夕霧□（凝）而巖出□，朝煙散而遠岫昏。

春第六

青陽戒序：春［色］青。緹幕飛灰：律管以度灰，緹幕帷之，四時氣至，彫（琱）管飛灰。太皞司辰：《月令》：春時，其帝太皞。句芒應［節］：《月令》：春時，其帝句芒。和風：風氣温和。淑景：景氣淑美。翔鳩變羽：二月，鷹化爲鳩。賀鳥翻空：二月，鳩來。金塘散碧：金塘池邊岸。亦曰：銀塘碧。玉律飛緹：玉管以□（緹）幕帷之。獻歲：歲初獻，受湧。發春：春□□物皆□。年［華］照灼：言年之光華，明灼然也。淑氣芳菲：言春氣芳菲。春鳥初吟，嘯（簫）管而齊發。新紅散彩，共錦績以争輝：四月，紅始見。柳葉如眉，暎夕流而逸賞：上巳三月，成公子以三月飲於洛水。桃花似臉，向朝日以開紅：花得日昭（照）更益紅。上［巳］名辰，成子安之：青泉清，禊飲。暮春芳禊，潘正叔之良遊：禊，三月三日，飲酒拂除▨，謂之禊飲，潘尼自（字）正叔，於▨泉青禊飲。曲沼徵燕：地曲曰沼，燕謂徵其華彩。

夏第七

麥壟驚秋：四月麥［如］秋雲，言麥將衰之時，更微涼如秋。峰雲麥夏：夏雲如山峰。日月道：夏時，日行南方赤道，日南陸。律戒珠（朱）明：夏爲朱［明］。碧卉抽萌，花發宜男之草：卉，草之總名。萌者，謂草也。宜男，萱草之别名。青蘋開葉，香流少女之風：風起於青蘋之末。《易》云：巽爲風。□□□□譔少女之風。柳岸飄絲：柳條弱如絲也。桃原（源）散□ 炎風扇▨：炎風，熱風。熾景流空：熾景，熱景。荷花覆水，迷疑野客之裳：揚雄《反離騷》云：▨（被）芙蓉之朱裳。蘭葉舒階：即似幽人之珮，隱▨（大）以蘭爲珮（佩）也。景臨東井：五月，日［在］東井也。蝶舞南園：故詩云：借問此何時，胡蝶遊（飛）南園。

秋第八

金商變節：商爲秋，秋爲金。玉管移辰：玉管侯四時之氣，四時氣至，則管飛［灰］。玉露垂條·金風動律：并秋風秋露。龍梭輟響，望月鏡以宵移：織女欲就牽牛，且亭（停）龍梭之響。織女以月爲鏡也。鵲影臨河，見雲衣之夜度：織女欲渡天河，藉鵲鎮河。織女以雲爲衣，謂七月七日也。節序變衰：言變改爲衰落。芳叢摇落：言林中零落。律惟南呂：八月，律中南呂也。氣爽西郊：謂氣爽而高，秋四方，故云西郊。素律司辰：秋日，故云素律。白藏戒節：秋爲白藏。玉霜皎净：霜如玉。金徒夜咏：刻漏家有金徒抱箭，所以更漏，秋時則長。寒蟬輟響：秋深則蟬鳴。侯鴈來賓：鴈侯時來，如賓客之羈寓。菊散金花：菊花黄如金矣。灰飛玉管：解見上也。

冬第九

黑帝司辰：顓頊爲黑帝。玄冥紀侯：《月令》云：其神玄冥。玄冥，水神也。灰移緹幕。律戒玄英：冬爲玄英。霜氣晨嚴：言霜氣嚴冷也。風威曉勁：冬風可畏，故風威勁急。愁雲暮結：冬至似愁。苦露朝凝：重霧謂之苦霧。凝亦結也。雪彩如花冰光似鏡。寒蟲響切　旅雁聲哀　瑶宿迴天・璧月窮紀：十二月，月窮紀日迴天於______。

帝德第十

金鏡：天子振金鏡。玉燭：謂四時。南風：舞歌《南風》之曲。東户：古有道天子。五帝：少皥、顓頊、高辛、唐、虞是也。三皇：伏羲、神農、皇（黄）帝。三王：周、夏、殷。八眉：堯眉八彩。雙瞳：舜目雙瞳。至化　淳風　一人　萬乘：天子萬乘。駕嶮：言嶮路不通梯，不山入貢嶮。八表：四方四角，謂之八表。梯山：言梯山入貢。九垓　有截・無垠：并言遠境。象浦：在南方也。月津：在西方［也］。紫宸・丹禁：并言天子所居之處。方金（今）道光東户，德邁南風；條玉燭以乘時，振金鏡而凝化。恩霑八表，南宫象浦之鄉；澤被九垓，西極月津之豈（塏）。淳風敷於有截，既駕嶮而來珍；至化布於無垠，亦梯田而入貢，息飛塵於五嶽恒山、太山、嵩高山、衡山、華山，静驚浪於四溟四海。

瑞應第十一

騰黄：神馬。絲（兹）白［赤汗］：赤血馬。赤文緑地：并堯時負圖龍馬。紕牛：瑞牛。露犬：瑞犬。朱英・紫脱：并瑞［草］。蓂莢蕪（芜）華：并瑞草。天驥：《漢書・天馬歌》。澤馬：魏時見上黨。慶雲甘露，五色之鳳；一角之麟，雲芝同紫紫，雲紫，泉露俱甘甘泉，白馬門雀。兹白乘黄之駟，紕牛露犬之歌，朱英秀而紫蓂慶雲朝泛，甘露霄懸。

王第十二

維城：《詩》云：宗子維城。盤石：漢時，立子孫盤石之固。十枝：扶桑有枝，十日伐出，言分日之十枝也。五潢：五潢，天潢，疏闊於天潢。金枝：天子親貴云，故曰金枝。瓊萼：花喻兄弟。王者，天子之昆季是也，故云瓊萼。戚里：親戚之里。宗盟：《左傳》

云：周之宗盟，異姓爲後。大王風：宋玉《風［賦］》云：此大王之雄風。小山桂：淮南
工劉安有小山之徒，爲《招隱［士］》云：攀桂枝兮聊淹流（留）。兔苑：梁孝王有兔苑。猨
巖：梁孝王有落猨巖。帝子：是天帝之子。天人：陳思王有天人之才。八公：淮南王有。

3.《文場秀句》的作者與時代

《文場秀句》敦煌寫本不著作者，而歷代史志目録及文獻載籍有所著録，
然作者不一。其中藤原佐世的《日本國見在書目》小學家著録“文場秀句一
卷”，但未標注撰者姓名。《宋史・藝文志》“子部・類事類”書名雖同，但不
著撰人。此外著録記叙的情形，概而言之，大別有二：

其一，作者爲王起。《舊唐書・王起傳》有：“爲太子廣《五運圖》及
《文場秀句》等獻之。”〔一〕《新唐書・藝文志四》“總集”下：“王起《文場秀
句》一卷。”〔二〕《通志略・藝文略八》“詩評”：“王起《文場秀句》一卷”〔三〕。

一九九一年，日本福田俊昭《王起の傳記》一文，在探討王起其人的過
程中指出，《文場秀句》爲王起爲太子所獻，并論述王起家族世系、登科入
仕等情況〔四〕，爲探討《文場秀句》的作者提供了重要的文獻資源。一九九四
年，福田又撰《〈注好選〉所引の〈文場秀句〉考》〔五〕，進一步對《注好選》
中所引《文場秀句》的内容進行考察，同時也對《文場秀句》作者進行了探
究，指出《注好選》中所引《文場秀句》的作者爲王起，是唐文宗開成元
年至開成二年間爲莊恪太子而編寫的〔六〕。二〇一五年，永田知之《〈文場秀

〔一〕《舊唐書》卷一六四《王起傳》，第四二八〇頁。

〔二〕《新唐書》卷六〇《藝文志四》，第一六二三頁。

〔三〕《通志》卷七〇《藝文略八》，第八二八頁。

〔四〕 按：日本福田俊昭的《王起の伝記》指出：“そしで太子の爲に《五運圖》及
び《文場秀句》などを獻上した。”詳參［日］福田俊昭《王起の伝記》，《東洋研究》第
一〇一號，一九九一年，第五三頁。

〔五〕 詳參［日］永田知之《〈文場秀句〉補——〈敦煌秘笈〉羽〇七二と〈和漢朗咏
集私注〉》，收入［日］高田時雄編集：《敦煌寫本研究年報》第九號，第六〇~六九頁。

〔六〕 按：福田俊昭的《〈注好選〉所引の〈文場秀句〉考》中指出：“《注好選》の
《文場秀句》は中唐の詩文家王起の著作で，開成元年か開元二年に，皇太子莊恪太子の
教養教育の爲に著したものである。”詳參［日］福田俊昭《〈注好選〉所引の〈文場秀
句〉考》，《東洋研究》第一一三號，一九九四年，第五六頁。

句〉補説——〈敦煌秘笈〉羽〇七二と〈和漢朗咏集私注〉》一文也通過分析《和漢朗咏集私注》《五位圖》《廣五運圖》，以及王起撰有《大中新行詩格》的情況，指出《文場秀句》的作者爲王起。其成書約在八三五～八三八年爲太子侍讀時。

按：《舊唐書》《王起傳》中已明白提到莊恪太子登儲，王起"爲太子廣《五運圖》及《文場秀句》等獻之"[一]。也就是王起的《五運圖》及《文場秀句》，都是在原有的《五運圖》及《文場秀句》上加以增編擴大。

王起（七六〇～八四七），字舉之，行十一。唐代律賦作家，出自太原王氏，揚州都督府倉曹參軍王恕之子，王播之弟。性孝友，嗜學，讀書過目不忘。貞元十四年（七九八）登進士第，元和三年（八〇八）復中制策賢良方正、能直言極諫、博學宏詞科。唐穆宗即位，拜中書舍人。長慶元年（八三一），遷禮部侍郎。唐文宗即位，加集賢學士、判院事。開成三年（八三八），入爲翰林侍講學士。唐武宗即位，會昌元年（八四一）爲禮部尚書，判太常卿事。會昌四年（八四四），正拜尚書左僕射、知吏部貢舉。王起三典舉場。周侍郎墀時刺華州，以詩賀之，王起因有《和周侍郎見寄》詩，答和云："貢院離來二十霜，誰知更忝主文場。楊葉縱能穿舊的，桂枝何必愛新香。九重每憶同仙禁，六義初吟得夜光。莫道相知不相見，蓮峯之下欲徵黃。"[二]唐宣宗大中元年（八四七），王起逝世於漢中，贈太尉，謚文懿。

《新唐書·藝文志》著録王起有《王氏五位圖》十卷[三]、《寫宣》十卷[四]、《李趙公（李吉甫）行狀》一卷[五]、《王起集》一百二十卷[六]、《文場秀句》一卷[七]《大中新行詩格》一卷等[八]。均佚。《全唐詩》卷四六四録存其詩六首，

〔一〕《舊唐書》卷一六四《王起傳》，第四二八〇頁。
〔二〕《全唐詩》卷四六四，第五二七二頁。
〔三〕《新唐書》卷五八《藝文志二》，第一四六一頁。
〔四〕《新唐書》卷五八《藝文志二》，第一四七三頁。
〔五〕《新唐書》卷五八《藝文志二》，第一四八五頁。
〔六〕《新唐書》卷六〇《藝文志四》，第一六〇七頁。
〔七〕《新唐書》卷六〇《藝文志四》，第一六二三頁。
〔八〕《新唐書》卷六〇《藝文志四》，第一六二六頁。

《全唐文》存其文三卷。王起文多賦奏，詩多贈和之作。王起專攻律賦，文辭典雅，對偶工巧，爲一時名家。《文苑英華》《全唐文》載其律賦六十六篇，是賦作品較多的文士。

　　其二，作者爲孟獻忠。敦煌寫本《雜抄》（又名《珠玉鈔》）"經史何人修撰製注"下著錄有："《文場秀句》：孟憲子作。"《宋秘書省續編到四庫闕書目》"類書"有"孟獻子撰《文場秀句》一卷，闕"〔一〕。日本所存注本《遊仙窟》"絳樹青琴，對之羞死"注中引有"孟獻忠《文場秀句》曰：絳樹者，古美妾也"〔二〕。按：日本流傳《金剛般若經集驗記》三卷，後收入《大藏新纂卍續藏經》（卷八七），書題署作："《金剛般若經集驗記》并序　梓州司馬　孟獻忠撰。"〔三〕自序末云："今者取其靈驗尤著，異迹尅彰，經典之所傳，耳目之所接，集成三卷，分爲六篇……雖不足發揮聖教，光闡大乘，庶貽諸子孫，以勵同志。于時大唐開元六年歲次戊午奧（當作粵）四月乙丑朔八日壬申撰畢。"可知此書成於開元六年（七一八）。南宋陳思《寶刻叢編·京兆府中·咸陽縣》著錄《唐太子中舍人楊承源碑》，引《集古錄》云："唐孟獻忠撰，集王羲之、褚遂良、歐陽詢等諸家書。承源字嗣本，弘農華陰人，仕至太子典郎追贈太子中舍人，碑以景龍三年十月立《集古錄》。"〔四〕中宗景龍三年即七〇九年。

　　敦煌本《雜抄》題"孟憲子作"，"獻""憲"二字或爲同音通假之俗寫別字。一九九三年，王三慶《敦煌類書》一書中指出："孟憲子之有《文場秀句》似乎居前，而王起之作乃爲增廣之本。"〔五〕并在《〈文場秀句〉之發

〔一〕　葉德輝考證：《宋秘書省續編到四庫闕書目》，《叢書集成續編》第三册，第二九七頁。

〔二〕　〔日〕藏中進編：《江戶初期無刊記本遊仙窟——本文和索引》，和泉書院，一九七九年，第一五頁。

〔三〕　（唐）孟獻忠撰：《金剛般若經集驗記》，《卍續藏經》第一四九册，藏經書院版，第七五頁。

〔四〕　（宋）陳思：《寶刻叢編》卷八《京兆府中·咸陽縣》，《影印文淵閣四庫全書》第六八二册，第三四七頁。

〔五〕　王三慶：《敦煌類書》，第一二四頁。

現、整理與研究》一文，中進一步指出敦煌文獻《文場秀句》的作者當爲孟獻忠[一]。

二〇〇三年，李銘敬《日本及敦煌文獻中所見〈文場秀句〉一書的考察》從相關史料的著録情況入手，通過考證日本流傳的《注好選》《遊仙窟》《言泉集》《仲文章》《倭名類聚抄》等文獻，結合現存日本文獻中對《文場秀句》內容的引用情況，指出敦煌文獻中所見《文場秀句》與王起所撰《文場秀句》，當爲書名相同而類別不同的兩種著述，并認爲出現在日本衆多文獻引文中的《文場秀句》（包括《文場》），其作者當爲活動於武則天至唐玄宗時期的孟獻忠[二]。

二〇〇八年，永田知之《〈文場秀句〉小考——“蒙書”と類書と作詩文指南書の間》，指出伯二七二一號中有“《文場秀［句］》孟憲子作”，認爲“獻”和“憲”音似，則“孟憲子”和“孟獻子”可以認爲是同一個人物[三]，并以爲在王起《文場秀句》之前，已存在有孟獻忠的《文場秀句》；且王起的《文場秀句》是以孟憲忠的《文場秀句》爲底本增補而成[四]。

據孟獻忠編撰的《金剛般若集驗記》得知，他在長安三年（七〇一）時任申州司户時開始采録有關《金剛經》的靈驗事迹，開元六年（七一八）任梓州司馬時期撰成此《集驗記》三卷。

我們從《金剛般若集驗記》收録的靈驗故事中，可見很多屬於獻忠自稱親自聽聞的記録，如：《救護篇》“雋州判官崔善冲事”，注云“獻忠時任梓州司馬，崔善冲親説”“梓州郪縣吏唐宴事”，注云“獻忠時任梓州司馬，親問

〔一〕王三慶：《〈文場秀句〉之發現、整理與研究》，王三慶、鄭阿財合編：《2013年敦煌、吐魯番國際學術研討會論文集》，第一二～一三頁。

〔二〕李銘敬：《日本及敦煌文獻中所見〈文場秀句〉一書的考察》，《文學遺產》二〇〇三年第二期，第六二～六八頁。

〔三〕［日］永田知之：《〈文場秀句〉小考——“蒙書”と類書と作詩文指南書の間》，［日］高田時雄編集：《敦煌寫本研究年報》第二號，二〇〇八年，第一一一～一三四頁。

〔四〕［日］永田知之：《〈文場秀句〉補説——〈敦煌秘笈〉羽072と〈和漢朗咏集私注〉》，［日］高田時雄編集：《敦煌寫本研究年報》第九號，二〇一五年，第六〇頁。

其人"。詳檢《金剛般若集驗記》所收孟獻忠親自采録的靈驗記，故事發生時間均在萬歲通天年間至開元五年之間。據此推知，孟獻忠當是活動在則天武后到唐玄宗時代的人物。開元六年（七一八）任梓州司馬時，完成《金剛般若集驗記》三卷的編撰，而《文場秀句》的編成當在之後的某一時間。估計約在玄宗開元天寶之間。

由史志著録《文場秀句》明白有王起與孟獻忠著二種，所以大多數學者主張王起與孟獻忠各自撰著有《文場秀句》，衡以王起與孟獻忠的文學背景及著述的性質，此一看法應屬客觀而合理。一九四二年，日本學者那波利貞《唐鈔本〈雜抄〉攷—唐代庶民教育史研究の一資料—》一文，在分析敦煌本《雜抄》過程中，涉及了《文場秀句》作者的探討，指出敦煌本《雜抄》中所見《文場秀句》爲孟憲子撰，與王起所撰《文場秀句》爲兩種不同的書籍。

按：同名異書乃中國古代典籍經常出現的現象，尤其在唐代科舉以詩賦取士，近體詩蓬勃發展的詩學環境下，有關詩格、秀句一類的詩文評論及參考書更是一時蠭出，代有因革、增廣，或同用舊有原本書名，如《詩格》，以今所知見而言，有舊題魏文帝撰的《詩格》、佚名撰的《詩格》、王昌齡撰的《詩格》，僧神彧撰的《詩格》；有崔融撰《唐朝新定詩格》、鄭谷等的《新定詩格》、李嶠撰《評詩格》、白居易撰的《金箴詩格》《文苑詩格》；王叡撰的《炙轂子詩格》等等。這種同名異書的現象在蒙書、類書中也相當普遍，如：敦煌寫本斯二〇五三號背、斯五六〇四、伯三九〇七唐李若立編撰的《籯金》類書，伯二九六六、伯三三六三、伯四八七三爲敦煌陰庭誠改編的《籯金》，伯二五三七，伯三六五〇爲敦煌張景球改編的《略出籯金》，三者書名同爲《籯金》。《文場秀句》也存在著作同一書名而作者不同的情況，先有成書於唐元開元六年（七一八）梓州司馬孟獻忠所編撰的《文場秀句》，後有王起在八三五～八三八年間爲莊恪太子侍讀時，在孟獻忠《文場秀句》上增廣的《文場秀句》。

4.《文場秀句》類書與科考用書特性

"文場"本指文壇。如南朝梁劉勰《文心雕龍・總術》説："文場筆苑，有術有門。"〔一〕唐代科舉以詩賦取士，因而有指科舉的考場爲文場。如唐王起《和周侍郎見寄》詩："貢院離來二十霜，誰知更忝主文場。"〔二〕唐白居易《醉後走筆酬劉五主簿長句之贈》云："齊入文場同苦戰，五人十載九登科。"〔三〕"秀句"是指優美的詩文詞句。南朝梁鍾嶸《詩品》卷中稱謝朓的詩："一章之中，自有石玉。然奇章秀句，往往警遒。"〔四〕唐杜甫《送韋十六評事充同谷郡防御判官》詩有："題詩得秀句，札翰時相投。"〔五〕是《文場秀句》顧名思義，蓋指將文壇優美的詩文詞句加以分類編纂，以便檢索，供作科舉考場寫作詩賦時的參考用書。

選取詩文麗詞秀句，分類立目編排成編的《文場秀句》，從形式上論，是具類書性質，所以《宋秘書省續編到四庫闕書目》著録此書即將之列入"類書"，王三慶也認爲《文場秀句》編纂體例，與杜公瞻的《編珠》及敦煌寫本《語對》《籯金》等類書極爲相似，均屬"類語體類書"〔六〕；從內容論，《新唐書》藝文志著録"王起《文場秀句》一卷"入"總集"，鄭樵《通志略·藝文略》著録"王起《文場秀句》一卷"則入"詩評"，蓋視爲唐代總集、詩評一類的文學評論書；然就其使用功能論，以其爲詩文寫作指南，宜被視爲科舉考場詩賦寫作的參考用書。兹分別略述如下，以明其特質。

其一，《文場秀句》的類書特性。類書之名，古所未有。宋王應麟《玉海》

〔一〕（南朝）劉勰撰，詹瑛義證：《文心雕龍義證》，上海古籍出版社，一九八九年，第一六四九頁。

〔二〕《全唐詩》卷四六四，第五二七二頁。

〔三〕（唐）白居易著，朱金城箋校：《白居易集箋校》，上海古籍出版社，一九八八年，第六三六頁。

〔四〕（南朝）鍾嶸著，陳延傑注：《詩品注》卷中，人民文學出版社，一九六一年，第四八頁。

〔五〕蕭滌非主編：《杜甫全集校注》第一册，人民文學出版社，二〇一四年，第八六三頁。

〔六〕王三慶：《〈文場秀句〉之發現、整理與研究》，王三慶、鄭阿財合編：《2013年敦煌、吐魯番國際學術研討會論文集》，第三頁。

説："類事之書，始於《皇覽》。"〔一〕《皇覽》是三國魏文帝時劉劭、王象、桓範、韋誕、繆襲等奉敕編撰以供皇帝閱讀，故名《皇覽》。《皇覽》之後，歷代官修多有仿效，隋唐尤盛，私家編纂中小型類書也隨之興起，體類繁多。張滌華《類書流別·體制第三》曾對自古以來類書之發展，總結爲三變，張氏説：

> 若論千餘年來類書之内容，則有三變焉。最古類書，大都專輯故事（如《皇覽》《遍略》）；稍後乃有掇拾字句者（如《語對》《語麗》）；更後則事文兼采（如《類聚》《初學記》）。故類事之書，其始多混入史、子，而後來又往往與總集參合。所以然者，類書初興，本以資人君乙夜之覽，故于古制舊事，最爲詳悉。及其流既廣，文家漸用之以備忘，詞臣漸作之以供遣用，于是采摭遂及于華藻。迨乎科舉學盛，士子又據以爲射策之資。射策則記覽之博，翰墨之華，咸所重視，故事文兼采之體，終乃應運以起。蓋供應生于需求，蜕嬗緣乎時會〔二〕。

類書的起因多方，其中漢魏六朝文學發展，文體演變，文體從單行散文，漸趨駢麗排偶，而行文修辭崇尚隸事用典，這是促使類書興起的重要原因之一。張滌華《類書流別·緣起二》有云：

> 至類書所以濫觴于魏世者，亦自有故，原夫由漢至魏，文體丕變，單行寖廢，排偶大興，文勝而質漸以漓，其時操觚之士，馳騁華辭，而用事采言，益趨精密。于是記問之學，緣以見重。其或强記不足，誦覽未周者，則乞靈鈔撮，效用諛聞，期以平時搜輯之勤，借祛臨文翻檢之劇；故網羅欲富，組織欲工，類書之體，循流遂作。此爲時代之所孳育，其來有自，非偶然也〔三〕。

〔一〕（宋）王應麟纂：《玉海》卷五四《藝文·承詔撰述：類書》第二册，江蘇古籍出版社、上海書店，一九八七年，第一〇二五頁。

〔二〕 張滌華：《類書流別》，商務印書館，一九五八年，第二一頁。

〔三〕 張滌華：《類書流別》，第一四～一五頁。

　　隋唐之世文風蔚然，應制唱和乃文官之時作，詩賦策對爲科舉之常科。因應時需，類書之編纂體例，有兼該事文，有偶語隸事文。如隋杜公瞻的《編珠》、歐陽詢等的《藝文類聚》、徐堅《初學記》便是。此爲隋唐時期官修類書所流行的主要體制。孟獻子《文場秀句》成書約在唐玄宗開元年間（七一三～七四一），王起據孟獻子書以增廣的《文場秀句》，約成書於唐文宗開成初年八三五～八三八年之間。其編撰體制也是以事文并舉爲主，與《編珠》《藝文類聚》《初學記》體制多有所似。

　　按：《藝文類聚》是唐高祖李淵下令歐陽詢等編修，成書於武德七年（六二四）的大型類書，全書一百卷，約百餘萬言，分四十六部，設七百二十七個子目。分類按目編次，故事在前，均注出處。所引詩文，均注時代。之後徐堅等奉敕撰《初學記》，全書三十卷，分二十三部，三百一十三子目，大致與諸類書相同，規模較《藝文類聚》小，屬中型類書。《南部新書》載開元十三年五月，集賢學士徐堅等纂經史文章之要，以類相從，上制曰“《初學記》”。晁公武《讀書志》則曰：“初學記三十卷，唐徐堅等撰。初，張說類集事要以教諸王，開元中詔堅與韋述等分門撰次。”

　　此時類書編纂大抵以詩文并録，“事文兼采”的體例爲主。所謂“事文兼采”的體例，是指類書在編排各部類下之具體内容時，不僅輯録“事”（即經典中相關内容的記載），也摘録相關之“文”（如詩、賦、頌之類）的編撰方式。如《初學記》的體例，蓋前爲敍事，次爲事對，末爲詩文。其敍事雖雜取羣書，而次第若相連屬，與他類書獨殊。其所采摭，皆隋以前古書。而去取謹嚴，多可應用。在唐人類書中，博不及《藝文類聚》，而精則勝之。

　　事文并舉類書模式其實是一個組合模式，我們認爲它没有固定的格式，它是由類事、類文、類句、類語等類書基本元素組合起來的，如《藝文類聚》是類事、類文之組合，《初學記》是類事、類語、類文之組合。王三慶以爲《文場秀句》并未完全按照《藝文類聚》中“事文兼采”的體例進行編排，而是更多輯録了“事”相關的内容，較之《藝文類聚》，《文場秀句》一書的

"事文兼采"體例似乎與《編珠》更爲相似〔一〕。按：杜公瞻《編珠》自序謂其體例是"隸事爲對，下注出處"。隸對朱書，出處墨書，即自序中所説"朱書者故實，墨書者正義"，"故實"即隸對，"故實"即出處。《編珠》的編纂特點是"取其事之切於用"，故實簡明而切於用者編録之，所謂"故實"即是《編珠》二字對、三字對、四字對從引書中提煉出來的標題，合四字、六字或者八字，這些作爲標題的詞句，兩兩相對。標題下引用古書以用來解釋這些"對語"標題。這種"對語"形式與《初學記》中的"事對"形式部分相同，具有很大的相似性。《編珠》對於《初學記》"事對"部分體例的創立有很大的影響，也影響《文場秀句》的體制〔二〕。

《文場秀句》的編撰體例與《編珠》存在着諸多相似之處，具有小型類書特性，故《宋秘書省續編到四庫闕書目》將"孟獻子撰《文場秀句》"列爲"類書"。尤其《文場秀句》的類目、條目編排與事文內容又與敦煌文獻中小型類書《語對》，多有共同性和相似之處，謹以"王"的類目內容對照表列如下，以見一斑。是二書具同質性，均屬兼采事文的小型類書。

敦煌本《文場秀句》《語對》之"王"類目內容對照表

序號	《文場秀句·王第十二》	《語對·王》
一	維城：《詩》云：宗子維城。	維城：《毛詩》曰："懷德維寧，宗子維城。"
二	盤石：漢時，立子孫盤石之固。	盤石：漢時，立子孫爲盤石之固。
三	金枝：天子親貴云，故曰金枝。	瑶瑶枝。
四	瓊萼：花喻兄弟，王口（者）天子之昆[弟]，故云瓊萼。	瓊萼：喻王者兄弟，言其貴也，亦云金枝玉葉。
五	戚里：親戚之里。	戚里：親戚之里。
六	宗盟：《左傳》云：周之宗盟，異姓爲後。	宗盟：《左傳》曰：周之宗盟，異姓爲後。

　　〔一〕　王三慶：《〈文場秀句〉之發現、整理與研究》，王三慶、鄭阿財合編：《2013年敦煌、吐魯番國際學術研討會論文集》，第一~二二頁。
　　〔二〕　按：《編珠》采用"事對"的形式並非首創，《四庫全書總目》卷一三五《事類賦》提要稱："六朝以前舊笈，據《隋書經籍志》所載，有朱澹遠《語對》十卷，又有《對要》三卷、《群書事對》三卷，是爲偶句隸事之始。"恐較《編珠》爲早。

續表

序號	《文場秀句·王第十二》	《語對·王》
七	大王風：宋玉《風[賦]》云：此大王之雄風。	雄風：宋玉《風賦》曰：此大王之雄風。
八	小山桂：淮南王劉安有小山之徒，爲《招隱[士]》云：攀桂枝兮聊淹留。	小山：淮南王劉安有小山，爲《招隱[士]》云：攀桂樹兮淹留。
九	兔苑：梁孝王有兔苑。	兔苑：漢梁孝王有落猿巖，游兔苑（園）。
一〇	猨巖：梁孝王有落猨巖。	猨巖。
一一	帝子：是天帝之子。	帝子。
一二	天人：陳思王有天人之才。	天人：陳思王有天人之才。
一三	八公：淮南王有□□	八公：淮南王有八公之賓。

　　從以上對照可以看出《文場秀句》與《語對》二者體例、分類、條目相同，内容有完全相同的，也有少許差異的，説明二者屬於同一類的詩文秀句類書，且有相承因襲的關係，其采“事文兼采”的體例，蓋便於讀者尋檢詩文創作所需要的資料或素材。同爲唐代詩賦盛行下的寫作參考需求下産物。

　　其二，科考詩文寫作參考用書的性質。關於《文場秀句》的性質，史志目録著録，或入“總集”，或入“詩評”、或入“類書”，以致學界對其屬性有不同觀點，主要也是側重有别，實則一書，因時因人，每每呈現多重交叉特性。如有着眼於編撰宗旨，或據内容，或依體制，或就使用者的需求與功能，立論自有不同。

　　就《文場秀句》的性質而言，從形式體制論本質即具類書屬性，從指導學習詩文的功能論則具科舉文場參考書特性。《舊五代史·馮道傳》云：“道謂任贊曰：《兔園册》皆名儒所集，道能諷之。中朝士子止看《文場秀句》，便爲舉業，皆竊取公卿，何淺狹之甚耶！”[一]清代俞正燮所撰《癸巳存稿·科

　　〔一〕（宋）薛居正等撰：《舊五代史》卷一二六《周書·馮道傳》，中華書局，一九七六年，第一六五七頁。

場書》中，便引用《舊五代史·馮道傳》《新唐書·藝文志》等内容，對《文場秀句》的性質進行了分析，言："今人謂科場書爲《兔園册》，非也……《兔園册》者，唐貞觀時，虞世南爲蔣王撰集，其人不事科場。《文場秀句》，王啓（啓當爲起之音訛字）所集，懷挾本也。"〔一〕即指出《文場秀句》與《兔園策府》同爲科場用書。

再者，我們從與孟獻忠《文場秀句》同爲開元年間所編，且同屬"事文并舉"的類書《初學記》，也是兼有類書和總集的性質來看，其編撰本以輔導王子"學習綴文"爲目的，之後流傳民間成爲科舉學子的參考用書，這種現象也可作爲《文場秀句》科舉用書的旁證。而王起因莊恪太子李永登儲，在孟獻忠的基礎上增廣擴編《文場秀句》，且會昌年間又知吏部貢舉，曾三典舉場，因此《文場秀句》流傳民間，成爲科舉文場的參考用書，當是自然發展的結果。

一九五八年，吕思勉《讀史劄記·兔園策》，論及《文場秀句》時，指出《文場秀句》村童因有意科名而讀之書，又言："自元以降，科舉之法已變矣，然村塾之中，仍有以《故事瓊林》《龍文鞭影》教學童者……其書皆爲儷語，而以故實爲注，實新撰之《兔園册》《文場秀句》也。"〔二〕認爲《故事瓊林》《龍文鞭影》當爲《兔園策府》《文場秀句》之新撰者。一九八九年周丕顯《巴黎藏伯字第二七二一號〈雜鈔·書目〉考》一文，通過分析《文場秀句》的書名，指出觀其名則可知其爲科舉考場應試用書〔三〕。

5.《文場秀句》的蒙書功能

童蒙教育識字爲先，此爲知識之汲取、品德之涵養與詩文寫作語文表達能力之訓練。隨着科舉制度的發展，在詩賦、策對取士爲主流的引導下，詩文寫作的教育也成爲童蒙教育的主要内容之一，有關的蒙書隨之産生，敦煌

〔一〕（清）俞正燮撰：《癸巳存稿》，商務印書館，一九三七年，第四三三～四三四頁。

〔二〕 吕思勉：《讀史札記·兔園策》，收入吕思勉：《吕思勉全集》第一〇册，上海古籍出版社，二〇一五年，第九三〇～九三一頁。

〔三〕 周丕顯：《巴黎藏伯字第二七二一號〈雜鈔·書目〉考》，《圖書與情報》一九八九年第一期，第四八～五三頁。

寫本《文場秀句》便是此類遺存的一種。

《日本國見在書目録》中著録有"《文場秀句》一卷"，并將此書與《蒼頡篇》《急就篇》《千字文》等蒙書一同歸入"小學家"，可見其具有蒙書之性質。

試從今存敦煌寫本《文場秀句》的內容論，其載録的內容多爲天地、日月、風雲、雷電、煙霧、四時等較爲基礎、淺顯的內容，同時是初學者入門階段需要了解和掌握的基礎知識。這與敦煌寫本其他識字類蒙書的內容是相同的，如《千字文》："天地玄黃，宇宙洪荒。日月盈仄，辰宿列張。寒來暑往，秋收冬藏。潤餘成歲，律呂調陽。雲騰致雨，露結爲霜。"《開蒙要訓》的開篇："乾坤覆載，日月光明。四時來往，八節相迎。春花開艷，夏葉舒榮。蘽林秋落，松竹冬青。霧露霜雪，雲雨陰晴。晦暮昏暗，曉暝霞生。雷電規電，霹靂震驚。"均從天文、地理、四時等自然名物開始，由淺入深地與識字、知識等教育相互貫通。

又其事義內容的釋文，大多采用簡練、易解的釋文，利於初學者認識記憶并掌握所列事對，如《日月第二》中"曦光""朝暉""暉氣"的釋文爲"日也"，"娥影""夜景""望舒"的釋文爲"月也"，爲簡單的判斷句，對事對進行了解釋，便於初學者理解。且對於之後詩文創作的進行與應用，從而提高作詩習文教育的效率。這些都凸顯了《文場秀句》所具備的蒙書特質。

與孟獻忠《文場秀句》同爲開元年間所編，且同屬"事文并舉"的類書《初學記》，也是兼有類書和總集的性質。其編撰本以輔導王子"學習綴文"爲目的，是教科書式的類書。雖爲類書，卻具有適合童蒙學習的邏輯性與指導詩文創作的實用性等特徵，凸顯了類書兼具蒙書的特性。所以當《初學記》流傳入民間後，隨着受衆的轉換，使原爲"王子教科書"的地位，頓時改變成了"鄉學教科書"，指導童蒙學習詩文創作的"教科書"優點尤爲鮮明。同樣的發展規律與文獻傳播現象也呈現在孟獻忠《文場秀句》及王起增廣的《文場秀句》，再而凸顯了《文場秀句》的蒙書特質。

又《文場秀句》作爲以類書形式編撰的蒙書，雖未得到中土文人雅士的重視，然卻流傳日本，并在文化傳播上扮演了重要角色，日本有多部文獻中著録、援引、保留了《文場秀句》的內容。尤其日本平安中期以來盛行漢詩

文佳句選集的名編《注好選》，其編選宗旨蓋在選取重要知識或佳話以供初學
入門及童蒙學習之用，是一部基礎入門學問的童蒙書。其選集之詩文蓋爲當
時知識階層所認可，具有普遍價值及代表性〔一〕。

另鎌倉時代（一一九二～一三三三）天台宗唱導流派安居流所用的唱導
資料代表作《言泉集》，其所援引的文獻中，除了《文場秀句》外還引用了
《蒙求》，《蒙求》是唐代經典的童蒙讀物，此二書同時被引用，可見《文場
秀句》與《蒙求》同具有蒙書的特性。平安時期的《注好選》與鎌倉時期的
《言泉集》都是日本的啓蒙用書，此二書均引用《文場秀句》，似可作爲《文
場秀句》具蒙書性質的另一佐證。

三 《事森》詩文事類蒙書

詩文寫作的入門指導，除了掌握聲律、對偶的訓練外，進一步對於引用
典故以充實詩文的事義也是重要的一環。

“典故”是個復合詞。“典”蓋指語出經典，“故”則指故事、故實，
即人事。“典故”是指詩文等作品中引用的古代故事及有來歷出處的詞
語。適切的運用典故，對於詩文作品既可增色又可徵驗。故自古以來作
詩行文多所用之，一般稱之爲事類，意謂文章中引用古事故實以類比事
理。六朝時，對“事類”的稱呼不一，或稱“事類”，或“事義”，或
“用事”。

西晉摯虞（？～三一二？）《文章流別論》云：“古詩之賦以情義爲主，
以事類爲佐。”此所謂“事類”蓋指引古事或成辭。

至於梁鍾嶸（約四六八～五一八）《詩品序》有云：“但自然英旨，罕值
其人。詞既失高，則宜加事義。雖謝天才，且表學問，亦一理乎！”其稱
“事義”概與“事類”含義相同。

而北齊顏之推（五三一～五九一）《顏氏家訓·文章篇》云：“文章當以

<hr>

〔一〕 參李育娟：《〈注好選〉と敦煌啓蒙書》，《国語国文》第八二卷第三號，
二〇一三年，第一～一六頁。

理致爲心腎，氣調爲筋骨，事義爲皮膚，華麗爲冠冕。"此所謂的"事義"蓋指運用典實，意思同於"用事"。

梁蕭子顯（四八七～五三七）《南齊書·文學傳論》云："今之文章，作者雖衆，總而爲論，略有三體……次則緝事比類，非對不發，博物可嘉，職成拘制。或全借古語，用申今情，崎嶇牽引，直爲偶説。唯睹事例，頓失清采。此則傅咸五經，應璩指事，雖不全似，可以類從。"其言"緝事比類"即指"事類"，且以"全借古語""唯睹事例"清楚的説明"事類"的含意，包括用典與用事的雙重要點。

梁劉勰《文心雕龍》更立有《事類》一篇，專論寫作時援引類似的典故或成語及古書中事例文辭的方法。此文開宗明義的説："事類者，蓋文章之外，據事以類義，援古以證今者也。"指出引用"成辭"來説明道理，用古人的事來徵實事情的義理，并闡釋寫作時運用事類，一方面在於原有的才氣；一方面在於學習的工夫。若學習不廣，則難於引用事義；不善運用辭藻。

總體而言，"事類"與"典故"或"用典"大抵相似，然亦有所差異，其範圍較"典故"大。作爲中國古代修辭學上的專門術語的"事類"，與現代修辭學上的"引用"大致類似，以致有將"事類"等同於"引用"，但實際上二者範圍大小有別，"事類"的範圍要比"引用"小，其内容主要包括：用古事及引成辭。"引用"指的是"用他人的事例或言詞作爲根據"所指涉的内容較爲寬泛，涵蓋了古今中外的事例或言詞。就名義論，"事類""典故""引用""事義"含意相似，寬廣略有同異。隨時指稱每有所重，隋唐以來所謂"事類"殆指文章寫作時，往往引用古事以證明今事，利用有關的關的故事來強化所要表達的旨意。其時詩文寫作講究"事類"，因而乃有各種類書的編撰，以資"事類"檢索運用之參考。宋高承《事物紀原》："證古類事，其始本出於梁沈約之徒，屬辭比事，往往成編，故唐白居易傚之爲《六帖》。"[一]

〔一〕（宋）高承撰，（明）李果訂，金圓、許沛藻點校：《事物紀原》卷四《經籍藝文部》第一七"類事"條，中華書局，一九八九年，第一八八頁。

敦煌寫本中有關事類的蒙書，有以成語典故爲主的秀句、麗詞，如敦煌寫本《文場秀句》《語對》《略出纂金》等，可彌補才情不足之憾；有以古人故事來徵實事義爲主的類書，可救助學習不廣之困，如《事林》《事森》等便是，此類以道德倫理和文化知識爲主要内容，以人名居首爲詞條的小型類書，其編纂目的蓋爲詩文寫作引用古事以證明今事之參考而編。

《事森》《事林》主要内容爲“舉人事”，也就是説舉以前的人物故事，用以作爲行文時表達某種意義時，略舉古人的事來作爲徵驗。就形式論，屬類書，就使用功能論，可作爲詩文寫作初學入門的參考，因此，具有類書與蒙書交叉的文獻特質，且抄本有敦煌地區寺學學郎的題記，當可視爲習文知識類之蒙書。伯四〇五二號所題《事林》二字可否視爲書名？從抄録八位勤學事類時，出現董仲舒、倪寬三抄、桓榮二抄等情況，似乎不具編纂意圖，而是誦讀事類之餘，爲加深記憶所抄録，“《事林》一卷”恐爲戲題。因非正式編纂之類書，且篇幅短小，以其内容性質與《事森》相近，故附於《事森》之後略加説明。

（一）《事森》

敦煌文獻中存有《事森》寫本二件殘本，分別爲法藏伯二六二一號及英藏斯五七七六號。作者不詳。伯二六二一號末有題記“戊子年四月十日學郎員義寫書故記”，此“員義”應與伯四〇五二號《事林》寫本題名“員義”的爲同一人。據題記可知此卷乃員義以净土寺學郎的身份在唐天成三年（九二八）左右抄録。從寫卷的内容、叙事行文的内在規律及卷上題名來看，顯然也是受到《類林》一書的影響。

一九五七年王重民等六人共同編撰《敦煌變文集》凡分八卷，總計收入七十八篇，其中卷八收録《搜神記》《孝子傳》二篇，屬於變文講唱寫作素材的資料。《孝子傳》由王慶菽校録，據伯二六二一號爲原卷，斯五七七六號爲甲卷，斯三八九號爲乙卷，伯三五三六號爲丙卷，伯三六八〇號爲丁卷進行比勘而整理出《孝子傳》一篇。這是最早對伯二六二一號及斯五七七六號寫卷進行整理。之後，學界幾乎都承此以立論。對於“講唱寫作素材”的看法潘重規先生提出了“似一種類書”的説法，潘先生在英、法批閲敦煌寫卷對

《敦煌變文集》内容一一比勘，除發現《變文集》許多錯録、錯校、漏校之處，因有一九八三年《敦煌變文集新書》的編定，其中《孝子傳》增補改動之處達一百四十七條，又發現《孝子傳》的底本勘本的選擇存在問題，并指出伯二六二一號寫卷可能是一種類書。其在《敦煌變文集新書・孝子傳》校記中第一次提出疑問，説：

　　　　規案：伯二六二一號卷凡白紙七紙，有上下欄，首載報施事數則，次廉儉篇，次孝友舜子等，似一種類書[一]。

　　一九八四年，進藤英幸《敦煌寫本類書殘卷管見——盜馬譚を中心に》據伯二六二一號寫卷以"秦穆公盜馬報恩"一事爲中心進行研究，文中對伯二六二一號寫本做了全面概述[二]。一九八五年，進藤英幸續作《敦煌本無名類書殘卷考——Pelliot2621（Recto）釋文（上）》，對伯二六二一號"報恩篇"進行了録文，并對"韓信""秦穆公"等條目内容進行詳細的出典考證[三]。一九八九年，王三慶《〈敦煌變文集〉中的〈孝子傳〉新探》有鑒於王慶菽校録的《孝子傳》一篇，核之事實，矛盾不少，疑竇叢生[四]。而認爲所具以校訂的這幾卷，内容并不完全相同，行文體例也不一致，有些故事甚至與孝子没有關係，存在許多編排體例上的問題。衹是因内容相似的孝子故事而被放在一個主題之下，實際上應分爲兩類文獻，伯二六二一號及斯五七七六一號類是類書，伯二六二一號卷末的"事森"才是這二個寫卷的名稱，另一類則是近似話本小説。這是第一次正式將伯二六二一號及斯

　　〔一〕潘重規：《敦煌變文集新書》，中國文化大學中文研究所，一九八三年，第一二六七頁。

　　〔二〕[日]進藤英幸：《敦煌寫本類書殘卷管見——盜馬譚を中心に》，收入[日]川口久雄編：《古典の變容と新生》，明治書院，一九八四年，第八九一～九〇三頁。

　　〔三〕[日]進藤英幸：《敦煌本無名類書殘卷考——Pelliot2621（Recto）釋文（上）》，《東洋研究》第七五號，一九八五年，第一三三～一四六頁。

　　〔四〕王三慶：《〈敦煌變文集〉中的〈孝子傳〉新探》，《敦煌學》第一四輯，一九八九年，第一八九～二二〇頁。

五七七六號寫卷視爲類書《事森》，并將之與其他擬爲《孝子傳》的文獻分別開來討論。

　　一九九三年，王三慶《敦煌類書》更進一步將伯二六二一號及斯五七七六號寫卷定性爲"人名冠首之類書"，定名爲《事森》，對該寫卷進行録文、箋注和研究。并認爲伯二六二一號"書名既題《事森》，篇名又不出《類林》範疇，事類近乎《類林》原有，行文體例亦與《類林》一致，可斷言乃受《類林》一書影響而有意與《類林》增勝之改編本[一]。

　　二〇一〇年，竇懷永、張涌泉主編的《敦煌小説合集》中將《事森》歸入"古體小説"甲類"志人類"之下，對伯二六二一號寫卷和斯五七七六號寫卷進行了詳細的題解和録文校注[二]。

　　二〇一九年，張文舉碩士論文《敦煌本類書〈事森〉研究》，對前賢有關伯二六二一號及斯五七七六號二件《事森》寫本的性質和寫卷作者及抄寫年代研究進行梳理；釐清此二件寫卷與《孝子傳》的關係，對作者員義身份進行再探，從事例與故事體例探究《事森》與《類林》的關係，認爲《事森》是以《類林》爲底本，兼采其他民間所修類書編撰而成的童蒙教材[三]。

　　二〇二〇年，吳園碩士論文《敦煌寫本〈事林〉〈事森〉整理與研究》，在前賢的基礎上，對《事林》《事森》進行了整理與研究，析論《事森》的内容、性質及引書，又通過對《事森》殘存篇目與《類林》《語對》《籝金》的對比，闡釋《事森》的體例，以爲與《類林》的體例關係最爲密切，可稱之爲《類林》系類書，對寫卷内容進行録文與校注[四]。

　　〔一〕 王三慶：《敦煌類書》，第七一頁。

　　〔二〕 竇懷永、張涌泉：《敦煌小説合集》，浙江文藝出版社，二〇一〇年，第五七~六九頁。

　　〔三〕 張文舉：《敦煌本類書〈事森〉研究》，南京師範大學碩士學位論文，二〇一九年，第六~十五頁。

　　〔四〕 吳園：《敦煌寫本〈事林〉〈事森〉整理與研究》，蘭州大學敦煌研究所碩士學位論文，二〇二〇年，第四九~一八〇頁。

1.寫本概况

今所得見敦煌文獻中的《事森》寫本，計兩件，分別爲法藏：伯二六二一號，英藏：斯五七七六號。兹將寫本概况表列如下：

敦煌寫本《事森》概况表

序號	卷號	寫本狀况	行數	保存部分	首尾題	題記	同卷資料
一	伯二六二一號	卷子本首缺尾完	一九八	〇〇二～〇四六	尾題：《事森》	有	背面：子虚賦、貳師泉賦、漁父歌、滄浪賦、占耳鳴耳熱心動、驚面熱目潤等法。、雜寫"甲辰年五月十三"、啓、狀、殘契約。
二	斯五七七六號	卷子本首尾俱殘	二四	鮑出、王祥、王脩、王褒、吳猛			

按："戊子年四月十日學郎員義書寫故記"并五言學郎詩一首："書不飲酒，恒日筆頭乾，且作隨疑（宜）過，即與後人看。"

此題記雖僅有干支紀年，而無年號。不過伯二六二一號卷背抄録《漁父〔歌〕滄浪賦》題記："長興五年歲次癸巳八月五日，敦煌郡净土寺學仕郎員義。"又伯二〇四九號卷背《長興三年净土寺直歲感達算會曆》也有"員義"署名。故知伯二六二一《事森》末題記"戊子年"當是後唐明宗天成三年（九二八）。所以推論此卷乃員義以净土寺學郎的身份在唐天成三年左右抄録，至遲不會晚於《事森》所題時間。

"長興五年歲次癸巳"，年號與干支紀年不符，長興爲後唐明宗李嗣源年號，共四年，長興五年四月十六改元清泰，爲清泰元年甲午（九三四），因敦煌地區偏遠，皇帝改元而未及時得知，繼續沿用舊年號干支紀年，故出現此處錯誤，當爲長興四年歲次癸巳（九三三）[一]。

再者，伯二六二一號卷末後有學郎詩："書不飲酒，恒日筆頭乾，且作隨疑（宜）過，即與後人看。"北敦八六六八號尾題《百行章一卷》卷末題記之後也有這首學郎詩："寫書不飲酒，恒日筆頭乾，且作隨宜過，即與後人看。"可見這是唐五代時期敦煌地區學生流行的打油詩。按：北敦八六六八號《百行章一卷》有題記："庚辰年正月廿一日，净土寺學使（仕）郎王海潤書寫。鄧保住、薛安俊札用。"又有："庚辰年正月十六日，净土寺學使（仕）郎鄧保住寫記述也，薛安俊札用。"題記僅有干支紀年，而無年號。不過題記中的人名"薛安俊"亦見於斯二六一四號《大目乾連冥間救母變文并圖一卷》的題記。斯二六一四號題記："梁貞明七年辛巳歲（九二一）四月二十六日净土寺學郎薛安俊寫。"明白的標示"梁貞明七年辛巳歲"，據此得知北敦八六六八號題記的"庚辰年"，當是後梁貞明六年（九二〇）。結合伯二六二一號卷背"長興五（四）年歲次癸巳（九三三）"據此以推，則伯二六二一號正面題記"戊子年"當爲後唐明宗天成三年（九二八）。

題記："净土寺學仕郎員義"或以爲即"翟員義"[二]，仔細檢閱伯二六二一號正面題記清清楚楚作"員義"二字，"員"字上并無空或缺。背面題記："净土寺學仕郎"以下寫卷漫漶，字迹模糊難以辨認。是否作"翟員義"實不得而知。

2.録文

兹以伯二六二一號寫本爲底本，以斯五七七六號參校，并參酌諸家録文，重新録文如下。

［《報恩篇》］

　　□（靈輒）難而歸仕□▨至門監□欲煞趙遁（盾），▨▨（遂陰）

〔一〕按：核伯四〇五二號漫漶二字，實不似員義，且與伯二六二一號《漁父（歌）滄浪賦》卷末題記："長興五年歲次癸巳（九三三）八月五日，敦煌郡净土寺學仕郎員義。"字迹似不相同。二件是否同一人所抄，當存疑。

〔二〕陳大爲：《唐後期五代宋初敦煌僧寺研究》，上海古籍出版社，二〇一四年，第五一頁。

養獒，候□［靈］輒時見獒趁遁（盾），輒▨（以足？）蹴獒，下頷折，遁（盾）至朝門，車無一輪，辄又以臂代輪，以酬桑下一飱之恩。故書云："血臂迴輪是也。"出《史記》。

韓信，淮陰人也。家貧，釣於下邳，漂母哀之，將信歸家，供其衣食。經數月餘，信謂母曰："信誰（雖）久學，家貧無以自資，□（數）遭因（困）辱，今蒙母哀念，設食賜衣，何敢忘□▨（壽），後當有報。"母曰："見子高才，因以飢貧，不忘（望）報也。"後遇秦無遁（道），天使劉、項撥亂中原，信乃仕漢，登壇授鉞，佩▨（印）專征，敗項籍於垓下。天下大定，高祖拜信爲□□（楚王），衣錦而飯下邳，楚王於是就漂母所居，親迎拜□（謝），□（且）酬贈千金，以答往來一飯之恩。出《前漢書》。

秦穆公有駿馬，被賊盜將，乃自將▨（兵）逐遁，至岐山，見賊五人，煞馬而食其肉，穆公捨而不殺，喚至馬前。穆公謂賊曰："我聞喫馬肉者，不得酒喫，必死。"乃命左右索酒，變（遍）［飲］五人，放之令去。後經數載，穆公伐晋，展陣未戰，見有五人，活摛（擒）晋惠公至馬前。穆公恠（怪）而問曰："汝等何人？"監（盜）人曰："臣等五人，即是皆昔盜馬之子，今來報恩。"故詩云："［昔］日飲盜馬，五夫濟一身。楚莊捨絕瓔（纓），國有救［命］人"是也。

楚（樊）曄：楚（樊）曄者，南陽人也。時爲新野市令，因將箪笥空餔盤，就獄奉送，光武得此一人飱，終更不忘。後登天位，乃召楚（樊）曄，拜爲河東郡都尉。光武戲言謂楚（樊）曄曰："一箪笥得都尉，何如？"曄但頓謝而已。言多不載。出《後漢書》。

翟母：翟母者，大梁汴州人也。漢高祖以（與）楚項羽作戰，兵敗，高祖窘急，走投▨（延）鄉，翟母藏之。高祖及定天下，乃召翟母，酬以千金，拜爲國母，子孫之葉，無不封官。

《廉儉篇》

許由，穎川人也。隱於箕山，無有杯器，以手掬水而飲。時有采柴之人，見而哀之，遂與（以）半片瓢子贈之，令用飲水。許由得己，夜後樹在松枝，風吹歷歷作聲，由以爲煩，平旦解而弃之。事出《高士傳》。

鮑焦：鮑焦者，不知何處人也。衣不絲麻，不食五穀，隱居深山，衣著木皮，喫犬貫（木實），飲渭水。有無端之小人往窮之，謂鮑焦曰："木實、渭水，天之所成，非汝所爲。"鮑焦請衣時（於是）不食，抱樹而死。出《列女傳》。

范甯（冉），字史雲，陳留人也。本爲萊蕪縣令，或十日不炊，或終日不食，時人語云："甑中生塵范史雲，竈底生魚范業無（萊蕪）。"出《後漢書》。

楊震，震字伯不知（起），弘農人也。爲荆州太守（刺史），後遷拜東萊刺使（太守）。路經昌邑，昌邑令王蜜（密）是震在荆州日所起舉乃木（茂才），乃木（茂才）感其恩眷，乃賚金三斤，以獻楊震。震苦邀不受，密曰："夜静，無人所知，願君納受。"震曰："天知，地知，子我知，何謂無人知？"密懃而退。俗語云："楊震畏四知，楊彪（秉）去三惑。"彪（秉），即震之孫（子）也，父子清儉，俱有令名。三惑，所謂酒、色、財。出《後漢書》。

陳重（雷義）：重（義）字仲翁（公），汝南人。嘗濟人死罪，後之有報恩者。密投金與仲翁（公），[報恩者]承塵上。後因毀屋得金，其舍主已死。内（納）之於縣[曹]，官至三公。出《[後]漢書》。

黃餉（向），向字文章，豫章人也。常行於路，拾得遺金一賣（囊），訪主還之。是後漢人也。

郝子廉，太原人也。常遠行，於路取井水飲馬，輒投數錢於井中。過於姊妹家，姊爲設食，飯訖，闇留錢數十文於席下而去。出《前漢書》。

羊▨（續），字興祖，太山平陽人也，爲南[陽]太守。初到之日，郡丞奉餉生魚，續使人懸之於庭。他日，郡丞再獻生魚，續使人出前/所奉者以示，郡丞見魚，懃愧而去。葛布爲襖，裏破，補黃絲（紙）。出《後漢[書]・良吏傳》。

孟宗，[字]恭武，江夏人也。晋武帝時，爲雷池監，典魚鹽之務，此皆属於宗。身自捕魚作鮓，而寄與母，母曰："汝爲魚官，寄鮓與吾，奈何[不]避也？"母遂不食，封鮓還子。宗收清直流，後舉[爲侍中]。武[帝大會群臣，宗爲性少酒，酒過度，在]座，嘔吐，[吐]出皆是麥飰，母子廉儉如此。出《吳録》。

華歆，字子［魚，與北海管寧爲友。二人鋤田，見金，寧揮鋤，與磚瓦無異；歆］屈（捉）而擲之，二人并弃不顧。魏初［人］。出《世記（説）》。

《孝友［篇］》

舜子姓姚，字仲（重）華，父名瞽叟，更娶後妻，生一子，名蒙（象）。舜有孝行，後母嫉之，語瞽叟曰："爲我殺舜。"叟用妻言，遣舜［□］泥，［舜］知母意，手持雙笠上舍。叟從後放火燒之，舜乃與（以）兩腋挾笠，投身飛下，不損毫毛。後右（又）使舜濤（淘）井，舜既［入］，父與（以）灌（罐）承（盛）泥，又感天，降銀錢致（置）於井中，舜見銀錢，上語父曰："泥中有銀錢，可以收取。"父母見銀錢，净（争）競頭覓，如此往返，銀錢已盡。舜見井中傍有一龕，可以容身。上告父曰："井泥已盡，可以索出我。"父母遂生惡心，與（以）大石鎮之，將土填塞，驅牛而踐。父妻相謂曰："舜之（子）已亡。"於是，舜旁掐一穴，内得以（與）東家井連，從井中出，便投歷山，躬耕力作。時飢歉，舜獨豐熟。父坐填井，兩目失明；母亦頑愚（愚），弟復史（失）音，如此辛苦，經十年不自存立。後母負薪，向市易米，值舜糶米，於是舜見識之，遂便與［米］，佯不敢取錢，如是非一。叟怪之，語妻曰："此我重華也。"妻曰："百尺井底，大石鎮之，豈有治（活）理。"叟曰："卿但牽我至市，觀是何人。"其妻於是將叟至［市］，叟曰："據子語音，正似我兒重華。"舜▨（曰）："是也。"於是前抱父大哭，哀慟天地。以手拭其父淚，兩目重開，母亦聽（聰）惠，弟復能言。市人見者，無不悲歎，稱舜至孝。堯帝聞知，娉與二女，大者俄（娥）皇，少（小）者女英，堯王於是禪位與舜子。女英生子，號曰商均，成人不肖，似象也，不堪嗣位。舜乃禪帝位而歸於禹。出《太史公・本紀》

姜詩，字士游，廣漢人也。母好食江水。其妻取水，不及時還，詩怒，遂［棄其妻］，其妻亦孝婦，猶寄隣家，不歸父母之第。詩母好食生魚，［每作膾，倩人送之，陰養入故，詩母感之，遂命］還家，於是舍旁忽生湧泉，味如江水，水中并□□□（出雙鯉）魚，母得食之。此蓋孝子至誠，天所酬也。出《列女□（傳）》。

蔡順，字君長，汝南平輿人也。少失其父，獨養老母。王莽末，天下飢荒，緣桑摘椹，赤、黑易（異）器盛之。赤眉賊見，向前問之，答曰："黑者奉老母，赤者自供。"賊等見，知是孝子，遂不殺順，［遺］米三升、牛蹄一雙，將奉賢母。順母曾至婚家，飲酒過度，嘔吐顛倒，順恐母中毒，自嘗其吐。母後命終，停喪堂上，東家火起，以（與）順屋相連，獨身不能移動，乃伏棺號泣。火遂飛過，越燒西家，一時蕩盡。順母生時怕雷，每至大震雷電，順便走繞墳大哭，曰："順在此，願孃莫驚。"太守聞之，若遇天雷，給順車馬，令往墓所。太守韓置（崇）用順爲南閣祭酒。出《後漢書》。

老萊子，楚人也，至孝。年七十，不言稱老，恐傷其母。衣五彩之服，示爲童子，以悅母情。至於母前，爲童兒之戲。或眠與母益養，腳跌仆地，作嬰兒之啼。楚王聞名，與（以）金帛徵之，用爲令尹，辟而不就。六國時人，出《孝子傳》。

王脩，字叔治，北海營陵人也。年七歲，至孝。母以社日亡，白秋，隣里會，脩憶念其母，哀墓（慕）號絕，隣里聞之，爲之罷社。仕至青州別駕。漢末魏初人。出《孝子傳》。

吳猛，字世雲，豫草（章）人也。年七歲，有孝行。每至夏日，則伏於父母床下。親問其故，答曰："兒恐蚊虻來及父母，兒願代之。"晉時人。官至卿相。出《孝子傳》。又云："猛扇枕令冷，以進父母。冬則溫席，以奉二親。街得▩（果）實者，中（終）不自喰，抱持飯家，以獻老親。及長大，甚有才俊也。"

孟宗甚有至孝之心，母歿，冬節時至，笋尚未生，宗入林欲笋，［笋］爲之［生］。

樹列驚風，怨結吾丘之氣。丘吳（吾）子太（大）哭於道，爲母孝，孔子問也。

母投掃（杼）以傷懷。曾条爲人孝，有人以（與）曾条同名。忽有人告［其母］云："曾条煞人。"其母自知子孝，必無此事。三度来告，母始投掃（杼），踰猛（牆）而走觀之。出《史記》。

思負来（米）而流涕。子路常孝，爲親百里外負米，後於父母前乞游，到楚國［爲］尊官。願欲負米爲親，不可得也。

閔子騫，名損，魯人也。父娶後妻，生二子。騫供養父母，孝敬無怠，後母嫉之，所生親子，衣加綿絮，子騫與（以）蘆花絮衣。其父不知。冬月，遣子御車，騫不堪甚，騫手凍，數失轡靷，父乃責之，騫終不自理。父密察之，知騫有寒色。父以手撫之，見衣甚薄，毀而觀之，始知非絮；後妻二子，純衣以綿。父乃悲歎，遂遣其妻。子騫雨淚，前白父曰：“母在［一］子寒，母去三子單，願大人思之。”父愍而止，後母悔過，遂以三子均平，衣食如一，得成慈母。孝子聞於天下。魯哀公召騫爲費邑宰，名列孔子之從（徒），周敬王時［人］。出《春秋》也。

董永，千乘人也。少［失］其母，獨［養］於父，家貧備力，篤於孝養。至於農月，永以鹿車推父，至於畔上，供養如故。後數載，父終，葬送不辦，遂取主人錢一萬，即十貫也，將殯其父。葬殯已畢，遂來償價（債）。道逢一女，願欲與永爲妻。永曰：“僕貧寒如是，父終，無已（以）殯送，取主人錢一萬，今充身償債爲奴，焉敦（敢）屈娘子。”婦人曰：“心所相樂，誠不恥也。”不得已，遂與婦人同詣主人。主人曰：“汝本言一身，今二人同至，何也？”永曰：“買一得二，何怪也？”“有何所解也？”答曰：“會織絹。”主人［曰］：“但與［織］絹三百疋，放汝夫妻飯還。絹［織］經一旬，得絹三百疋。主人驚怪，遂放二人歸迴。行至本期之優（處），妻辭曰：“我是天之織女，見君至孝，天帝故遣我助君償債，今既免子之難，不合久在人間。”言訖，田昇天，永掩淚不已。天子徵永，拜爲郭（御）史大夫。出《孝子傳》。

董黯，字孝理（治），會［稽］越州勾章人也。少失其父，獨養老母，甚恭敬。每得甘菓美味，馳走獻母，每（母）常肥悦。比隣有王寄者，其家劇富，寄爲人不孝，每於外行惡，母常憂懷，形容羸庾（瘦）。寄母謂黯母曰：“夫人家貧年高，有何供養，恒常肥悦如是？”［黯］母曰：“我子孝順，是故示（尒）也。”黯母後語寄母曰：“夫人家富，美膳豐饒，何以羸瘦？”寄母答曰：“［我子不孝］，故瘦尒。”寄後聞之，乃煞三牲，致於母前，拔刀脅抑，令喫之。專伺候董黯出外，直入黯家，他母下母床，苦辱而去。黯尋知之，即欲報怨，恐母憂愁，嘿然含愛（受）。及母壽終，葬送已訖，乃斬其頭，持祭於母。自縛詣官，會赦得免。後漢人。出《會稽録》。

薛苞,字孟常,汝南人也。後母憎之,令苞在外。至於夏日,踰垣竊入門内,洒掃而去。父母怒,復更趁之。苞不得已,結草庵於里巷之首,經營美味,輒请人送上父母,父母悔過,呼苞還家。漢時書也。

郭巨,字文舉,河内人也。家〔貧〕,養〔母〕至孝,妻生一子,年三歲。巨謂妻曰:"家貧如此,時歲飢虛,所得老飲食,供養老母,猶不充飽,更被嬰孩分母飲食。子可再有,母不可得。共卿埋子,以全母命。妻不敢違,從夫之意。巨自執鍪,妻乃抱兒,來入園後。後令妻殺子,巨即掘地,纔深一尺,掘着一鐵器。巨低腰/顾視,乃見一釜,釜中滿盈黃金。巨連招妻,妻曰:"抱兒則至。"兒且猶活,妻不忍下手。夫謂妻曰:"卿見此釜之金,其上有一鐵券云:'天帝賜孝子黃金,官不得奪,私不許侵。'巨既得〔金〕,驚怪不以(已),乃陳於縣,縣已(以)申州,州與(以)表奏天子,天子下詔,曰:"金還郭巨,供養其母。"乃表門以彰孝德。《〔孝〕子傳》。

江革,字次翁,齊國臨淄人也。老母年邁,以載母,不使牛馬,乃自居轅中挽車,令不動搖,恐母不安。後漢人也。出《〔後〕漢書》。

鮑出,字文才,京兆人也。家貧,時亂,出於田,拊得蓬子數升,令弟走送飯家,以(與)母食。母在家中,被嚴賊數十人,以繩貫母掌,驅劫而去。弟見惶懼,走來報兄,具陳上事。出聞已,大怒,便持刀遂(逐)賊。奔三五里,赹跌(迭)狂賊,於是數劫賊相謂曰:"摧(推)母還他。"出既然得母,欲却迴。比鄰有一婦人,亦落賊中,婦人遥叫,頭向出,〔出〕知其意,迴更斬賊,賊白(曰):"子何無智,還母已了,而更煞人!"出指隣婦:"此是我嫂。"賊復摧(推)與。出既免母死難,將母避亂,欲往南陽。每歷山險,出以母年老,不使搖動,乃與(以)籠盛母。背負而行,出有力,不避險阻,路人見者,無不稱歎。前漢靈〔帝〕末,魏文帝初時人也。出《漢書》。

鮑永,字君長,上黨人也。求(永)爲人至孝。妻以母前叱死狗,永責非禮,便即遣之。漢光武時,官至司隸校尉,今之御史是也,魯郡太守。出《後漢書》。

王祥,字休徵,瑯琊人也。事後母〔孝〕。夜中伺祥卧,後母持刀,欲往害祥,值祥少出,内逼少出是也,误研其被。祥心知之,口終不言,色養無殆

（怠）。家庭有菓樹一株，其子甚繁，後反（母）［恐］及蟲鼠竊之，令祥看。天時（時大）雨，祥抱樹，經宿徹旦，雪濕寒凍。

［王裒］，字元偉，王脩之孫也。晋（魏）高貴［郷］公［時］，司馬文王爲大將軍，秉政，裒父名義（儀），爲將軍司馬，［枉爲文王所害。裒葬其父訖，乃于墓前起庐，曉夜哀慟，墓前有數柏樹，裒］涕淚，所沾着之樹，樹色慘［悴］，以（與）語（餘）樹不同。

趙孝，字長平，沛國人也。

［《貞潔篇》］

宋死貞潔去（者），昔扶風馬融之女，字珠也。其爲妻，一名顔也。其夫殁已，守志不嫁。時有董貞（卓）秉國政，遂將璧兩雙，雜綵千疋，奴婢百人，来欲娶之。父母見利，欲許。珠俄歎曰：“六安（妾）夫存，立以五德，貞瀾執志，何忘夫家？闻婦人不更……

［《敦信篇》］

與王平原對戰，正作君三舍。三舍者，兩軍對戰，而三度迴避，不放戰也。及重耳歸晋，立爲文公。楚將子玉與（以）師伐宋，王生（告）急於晋。文公興兵救宋，以（與）楚軍對戰，文公爲三舍退以報往，［楚］軍逐之三舍。文公縱兵大哭楚戰，王平子玉。［子玉］被楚成王煞。

季札，吳之公子説也。使於隣国，北過徐君。徐君見札寶劍，不言欲之。札知其意，口不言許之，以往使未達，不授劍。［繋］於徐君之墓，去。書曰：“延陵之信也。”出《説夢》。

孟子，名軻，齊人也。孟子嬰孩之時，闻東家煞猪聲，問其顔舜。（底本抄寫至此）

《事森》

3.《事森》的門類與内容

敦煌寫本《事森》，伯二六二一號殘存四十人事迹，分屬報恩篇、廉儉篇、孝友篇、貞潔篇、敦信篇五類。斯五七七六號殘存有鮑出、王祥、王修、王裒、吳猛、伯夷叔齊等六人事迹，無門類，依其人物故事均屬“孝友”一類。

王三慶認爲從寫卷的内容、叙事行文的内在規律及卷上題名來看，《事

森》明顯是受到《類林》一書的影響，劉全波也認爲《事森》可能是《類林》
系統改編本的一種，是敦煌地區的一種供童蒙學習用的改編本。僅將《事森》
人物列表如下：

敦煌寫本《事森》人物列表

篇名	人物數量	人物名稱
報恩篇	五	靈輒、韓信、秦穆公、樊曄、翟母
廉儉篇	一〇	許由、鮑焦、范冉、楊震、雷義、黄向、郝子廉、羊續、孟宗、華歆
孝友篇	二一	舜子、姜詩、蔡順、老萊子、王修、吳猛、孟宗、丘吾子、曾參、子路、閔子騫、董永、董黯、薛苞、郭巨、江革、鮑出、鮑永、王祥、王褒、趙孝
貞潔篇	一	宋貞潔者（袁隗妻、皇甫規妻）
敦信篇	三	晋文公、季札、孟子

《類林》沒有題寫篇名，但是據史金波《類林》復原本[一]，將《事森》寫
卷與《類林》篇目及條目進行比對：

《類林》中卷一《廉儉篇》記"許由、鮑焦、范丹、董宣、孟宗、黄向、
公儀休、晏子、孫叔敖、子思、袁精目、楊震、羊續、華歆、郝子廉"十五
人，與《事森》重合的有許由、鮑焦、范冉、孟宗、黄向、楊震、羊續、華
歆、郝子廉九人，較《事森》缺一雷義。而雷義出現在卷五《仁友篇》，同篇
還有華歆。楊震還出現在卷十《祥瑞篇》。

《類林》卷二分三篇，即《孝行篇》記"董黯、眉間尺、伯夷叔齊"三
人，《孝感篇》記"董永、蔡順、姜詩、薛包[二]、丁蘭、韓伯瑜"六人，《孝友
篇》記"王修、吳猛、趙孝宗[三]、姬旦、尹伯奇、鮑山"六人[四]，而《事森》

〔一〕 史金波、黄鎮華、聶鴻音：《類林研究》，寧夏人民出版社，一九九三年，第
二四九~三二六頁。

〔二〕 此處"薛包"當爲"薛苞"。

〔三〕 此處"趙孝宗"當爲"趙孝"。

〔四〕 此處"鮑山"當爲"鮑出"。

祇有《孝友篇》記"舜子、姜詩、蔡順、老萊子、王修、吳猛、孟宗、丘吾子、曾參、子路、閔子騫、董永、董黯、薛苞、郭巨、江革、鮑出、鮑永、王祥、王褒、趙孝"二十一人，多出"舜子、老萊子、孟宗、丘吾子、曾參、子路、閔子騫、郭巨、江革、王祥、王褒"十一人。卷三《聖明篇》記鮑山、王祥二人，《行果篇》記王褒、趙孝宗與吳猛三人，卷五《方術篇》記有吳猛，舜子還出現在卷十《祥瑞篇》。

《類林》卷三《敦信篇》記"魏文侯、吳起、季札、孟子、尾生、晉文公、郭伋、范式"八人，與《事森》重合的有季札、孟子、晉文公三人。

《類林》卷六《貞潔篇》記"秋胡妻、劉長卿妻、皇甫規妻、息夫人、韓馮妻、馬皇后、宋弘、王嬙、衛共妻、柳下惠、顏叔子"十一人，與《事森》重合的僅有一人，即宋貞潔者，皇甫規妻。

《類林》卷七《報恩篇》記"靈輒、魏顆、隋侯、漢武帝、伍員、翟母、蒯參、麋竺、秦穆公、楚莊王、楊寶、樊曄、孫鍾、楊公、毛寶"十五人，與《事森》重合的有"靈輒、翟母、秦穆公、樊曄"四人，韓信則出現在卷八《貧達篇》。

《事森》有篇目，可與《類林》寫卷中的人物對應，雖廉儉篇、孝友篇、敦信篇、貞潔篇、報恩篇等五篇名目一樣，有可能是轉抄，但人物數量取捨故事內容又不一致；《語對》雖有部分篇目與《事森》類似，但人物故事排列及內容選取不同；《籯金》雖人物部分重合內容相仿，但篇目與內容性質完全不同。

3.《事森》的類書性質與蒙書功能

（1）類書的性質

有關伯二六二一號、斯五七七六號《事森》寫本的性質，自來法不一，概而言之，約有以下幾種：

①史部雜傳

一九五七年王重民等編撰的《敦煌變文集》將伯二六二一號、斯五七七六號視爲《孝子傳》。按：漢代以孝治天下，劉向因有《孝子傳》之編撰，之後在長期孝悌力田觀念影響的氛圍下，因應教育及士人出仕所需，相關的《孝子傳》文獻更是代有所出，如：晉蕭廣濟《孝子傳》、徐廣《孝子傳》、陶潛《孝傳》、虞槃佐《孝子傳》、劉宋王韶之《孝子傳》、師覺授《孝子傳》、鄭緝之《孝子傳》、南齊宋躬《孝子傳》、南朝梁武帝《孝子傳》、梁元帝《孝德傳》、《孝友傳》、劉虬《孝子傳》、北燕申秀《孝子傳》、北魏韓顯宗《孝子傳》等，此類《孝子傳》均係按人物類別編纂的類傳，是史部雜傳的主體。這類雜傳對每一孝子的人物傳記都注明材料出處。

《敦煌變文集》將敦煌寫本中有關孝子人物傳記的寫本殘卷伯二六二一號（二十三則）、斯五七七六號（六則）、斯三八九號背（五則）、伯三五三六號背（三則）、伯三六八〇號背（三則）加以彙整，參照漢魏六朝以來《孝子傳》的內容及體例，擬名爲《孝子傳》，作爲講唱變文的參考素材，收入《變文集》的最後一卷，其理念與觀點自有可取，無形中也顯示出此類文獻具史部雜傳的性質。其後論者，大抵承接此説，如郝春文《石室寫經：敦煌遺書》"敦煌寫本四部書（古籍）的内容與價值"一節中的"史部"説：

> 敦煌遺書中還保存了一些按人物類別編纂的類傳。如《孝子傳》，記述了郭巨、舜子、文讓、向生等人的孝行事迹。S.5776《孝友傳》，則記載王祥、王修、王褒、吳猛孝行和伯夷叔齊讓國等事，每傳都注明材料出處……這些類傳中的不少人也見載於傳世史籍，但與傳世史籍的記載比較，情節和文字都有出入，説明這些雜傳有自己的材料來源……在中國古代，爲了宣傳和提倡孝行，人們撰寫了多種《孝子傳》。但敦煌寫本《孝子傳》文字簡略，具有口語化特徵，且配以七言詩，這些都與傳世的《孝子傳》不同。敦煌寫本《孝子傳》關於郭巨等人的孝行故事，雖然有荒誕不經的成分，但在當時對普通民眾却有教育意義。所以，這些依據史籍記載改寫的在敦煌民間流行的類傳，既可以是童蒙教材，其故事也會在民間口耳相傳，自然也會有教化意義[一]。

〔一〕 郝春文：《石室寫經：敦煌遺書》，甘肅教育出版社，二〇〇七年，第一〇六~一〇七頁。

②人名冠首的類書

一九六二年，王重民在《敦煌遺書總目索引·伯希和劫經録》著録伯二六二一號作："事森一卷。末題：'戊子年四月十日學郎員義書寫故記'。背爲'子虚賦''滄浪賦'等。"[一]未做進一步説明。劉銘恕在《敦煌遺書總目索引·斯坦因劫經録》著録斯五七七六號作："孝子傳（？）向云搜神論"説明："存王祥、王修、修孫裴、吴猛、伯益、叔齊等傳"一九八三年，潘重規先生在《敦煌變文集新書》校記中提出伯二六二一號卷，似一種類書[二]。一九八四年，進藤英幸將伯二六二一號寫本視爲無名類書殘卷[三]，一九九三年，王三慶《敦煌類書》據伯二六二一號寫本有明確署爲《事森》，更進一步將伯二六二一號及斯五七七六號寫卷定性爲"人名冠首之類書"《事森》是其書名。且以其内容體例與《類林》多有相合之處，而以爲此書極可能是《類林》系統改編本中的一種。二○○七年，郝春文《石室寫經——敦煌遺書》"敦煌寫本四部書（古籍）的内容與價值"一節中的"子部"，采取王三慶的看法，説：

> 以人名冠首的敦煌類書有《類林》（P.2635等）、《事林》（P.4052）、《事森》（S.5776等）和《瑚玉集》（S.2072）等。所謂以人名冠首的類書，是指該書在摘引古籍時，先列人名，其下摘録該人之事迹，不同類别的人分類編排[四]。

二○一八年，劉全波《類書研究通論》將敦煌類書分爲六種體例，分别是"類事類書""類文類書""類句類書""類語類書""賦體類書"與"事文

〔一〕 王重民、劉銘恕編：《敦煌遺書總目索引》，第二六八頁。

〔二〕 潘重規：《敦煌變文集新書》，第一二六七頁。

〔三〕 ［日］進藤英幸：《敦煌寫本類書殘卷管見——盗馬譚を中心に》，收入川口久雄編：《古典の變容と新生》，第八九一～九○三頁；［日］進藤英幸：《敦煌本無名類書殘卷考——Pelliot2621（Recto）釋文（上）》，《東洋研究》第七五號，一九八五年，第一三三～一四六頁。

〔四〕 郝春文：《石室寫經：敦煌遺書》，第一一九頁。

并舉類書",將《事森》歸入"類事類書"〔一〕。并認爲"類事類書"是中國類書發展的主流。

③志人類的古體小説

一九九八年《敦煌學大辭典》,張鴻勛撰《孝子傳》詞條説:"傳記故事集。斯三八九號存五則,斯五七七六號存六則,伯二六二一號存二十三則,伯三五三六號、三六八〇號各存三則,去其重複,共得三十五則,均無作者署名。各卷原無題,以其雜記歷代孝子事迹傳説……《敦煌變文集》輯爲一篇,擬名《孝子傳》。然兩《唐書》經籍,藝文誌著録《孝子傳》有蕭廣濟,師覺授,王紹韶之等諸家,敦煌諸寫卷是否爲上述諸人之作,殊難驟定。且所輯某些故事,不類孝行,或疑非同一著作。各則記事簡略,每條下記出處,有《史記》《列女傳》《後漢書》《會稽録》《口陽春秋》等;某些傳末係以七言詩咏,如舜事之末詩二首,與《舜子至孝變文》結尾之詩文字全同,對研究該作以至變文之流變,有一定參考價值。"〔二〕蓋從文學研究觀點出發,將此寫卷視爲"傳記故事集"。

二〇一〇年,竇懷永、張涌泉《敦煌小説合集》將敦煌小説分爲兩類"古體小説"與"通俗小説"。其中收録《事林》《事森》,將之歸入"古體小説""志人類"。此種分類受到早期學者對《事林》《事森》研究的影響,雖然在《事森》題解中引王三慶之論,説到其與《孝子傳》的區別,但仍然與《孝子傳》同歸於"古體小説""志人類"做比較研究〔三〕。

（2）蒙書的功能

類書的根本性質在於以類相從,因此編纂體例是其在形式上鮮明的特徵。類書的功能主要在於"臨事取給用便檢索""儲材待用備文章之助"。而蒙書爲蒙養之用書,依內容有識字、知識、德行等不同性質,爲便學習、記誦,形式多方,或歌訣,或書抄,或類聚,或雜纂。依內容性質,選用便宜之體制成編,其中每有采類書之形式者,故部分蒙書具有類書之性質。

〔一〕 劉全波:《類書研究通論》,甘肅文化出版社,二〇一八年,第九四頁。

〔二〕 季羨林主編:《敦煌學大辭典》,上海辭書出版社,一九九八年,第五八四頁。

〔三〕 竇懷永、張涌泉:《敦煌小説合集》,第五七~五九頁。

　　類書源於魏文帝曹丕令儒臣編纂的《皇覽》，南北朝時，文章崇尚駢儷講究用典隸事，於是集録典故，排比麗句，以補記誦之不足，供臨文尋檢之類書漸多。隋唐文風尤盛，供作詩文取材之用的類書大興，因科舉考試而編之小型通俗類書也應時代需要而湧現，童蒙或有志科考者，有取以作爲學習之參考。如《初學記》便是從爲王子學習而編的類書因時代及讀者轉換而改變承學習詩文的蒙書；亦有塾師刪減改編以爲蒙學教材，如李若立編纂的《籯金》，經陰庭誡刪節改編的《籯金》，再有張球改編爲《略出籯金》用以作爲生徒學習用書。這種類書與蒙書之間所存在特殊的交叉融合現象，在敦煌文獻所保存的類書與蒙書中更是展現得極爲鮮明。

　　通過前賢對伯二六二一號、斯五七七六號寫本研究的梳理，可見敦煌寫本《事森》具有多元的性質。從目録學的視角來考察，當是屬於史部雜傳一類；從文獻學的視角與編纂形制論，當如王三慶所謂的“人名冠首之類書”或劉全波所説的“類事類書”；若從文學視角來檢視，又是傳記故事集，也是“志人類的古體小説”。

　　諸家從不同視角出發，看到了敦煌寫本《事森》所具有的不同性質特徵。但在不同特徵之中，其實還存在着具有相同的蒙書功能。如郝春文指出此書的史部雜傳性質時，還説：“這些依據史籍記載改寫的在敦煌民間流行的類傳，既可以是童蒙教材，其故事也會在民間口耳相傳，自然也會有教化意義。”

　　我們從伯二六二一號《事森》卷末的題記“戊子年四月十日學郎員義書寫故記”及學郎詩：“書不飲酒，恒日筆頭乾，且作隨疑宜過，即與後人看。”可以得知抄者爲員義。雖然伯二六二一號背面題記：“净土寺學仕郎”以下寫卷漫漶，字迹模糊難以辨認。但正反面題記均清楚的標示抄者的身份是“净土寺學仕郎”。

　　姜伯勤《敦煌社會文書導論》説：“净土寺是敦煌歸義軍時期是敦煌歸義軍時期地產較少且祇有兩個僧團的晚出的寺院。但净土寺寺學學生學郎的記載却留存的最多。”〔一〕按：寺院是從事佛事活動的場所。隨着佛教的發展，

〔一〕　姜伯勤：《敦煌社會文書導論》“第三章學校與禮生”，第八九頁。

寺院功能不斷擴張，更成爲一個兼具宗教、政治、經濟、文化等職能的社會組織，堪稱是當時社會文化的中心。敦煌是絲綢之路上的佛教聖地，尤其歸義軍時期，敦煌寺院需要具有基本學識的人來充實僧團的組織；同時，在官學廢弛的情況下，也肩負着民間教育的社會責任，因而大半寺院都有寺學的興辦。寺學的學生，自稱"學士郎""學仕郎"，或省稱"學郎"。據敦煌寫本題記及莫高窟壁畫題記中所得見的五九則有"某某寺學郎""某某寺學士郎""某某寺學仕郎"的資料，得知唐五代北宋初期敦煌地區先後出現的寺學，計有：净土寺、蓮臺寺、靈圖寺、金光明寺、三界寺、龍興寺、永安寺、大雲寺、乾明寺、顯德寺等十所僧寺。

敦煌寫本題記中，有關净土寺學郎抄寫的寫本，我們看到歸義軍時期净土寺寺學的授課内容，基本上以儒家經典爲主，兼有佛教經典，其中明確屬於敦煌蒙書寫本的，如北敦八六六八號《百行章一卷》有題記"庚辰年(九二〇)正月廿日王海潤、鄧保住、薛安俊"、伯二八〇八號《百行章》尾題後有題記"貞明九年(九二三)癸未歲四月廿四日陰義進"、伯三六四九號《雜鈔》卷末題記"丁巳年(九五七)正月十八日賀安住"等，這可以作爲伯二六二一號《事森》寫本爲净土寺學士郎員義所抄，其作爲蒙學教材的功能，是毋庸置疑的。

附：《事林》

（一）寫本概述

法藏伯四〇五二號寫卷，米色薄紙，現呈淺褐色，册葉裝，由兩張二十七厘米的雙葉紙和兩張十三點五厘米的單葉紙（第一葉和第四葉）黏合而成。寫卷邊緣輕微破損，中間折痕較多，有紅黑色兩種墨迹，大部分字迹整齊可辨，唯有第三葉左側紙張上面部分字迹潦草難認。共記載八人事迹，分別是董仲舒、兒寬、桓榮、朱買臣、承宮、寧越、蘇秦以及路温舒。其中董仲舒、兒寬事迹被抄寫三遍，桓榮事迹被抄寫兩遍，其餘五人均寫一遍。共四十三行，每行約有二十三個字。起自"君須[早]立身……"，訖於"路温舒……出《漢書》"。

《事林》一卷，作者不詳。首葉封面題："君須［早］立身，莫共酒家親。■■■，此《事林》一卷，點注看口。"次葉事類之前又有淡墨書題"《事林一卷》"，皆抄錄者所題書名。按：■■■二字原卷漫漶，難以辨識。王三慶作"員義？"，以爲抄錄者員義，爲當時寺學中的學子，其鈔錄之書，還有伯二六二一號《事森》一卷，當爲同人。進而據伯二六二一號卷背抄錄《漁父滄浪賦》題記："長興五年歲次癸巳（九三三）八月五日，敦煌郡净土寺學仕郎員義。"及伯二〇四九號卷背《長興三年净土寺直歲感達算會曆》，推論此卷乃員義以净土寺學郎的身份在唐天成三年（九二八）左右抄錄，至遲不會晚於《事森》所題時間。然而此卷所題《事林》二字可否視爲書名？從抄錄董仲舒、倪寬、桓榮、朱買臣、丞宫、寧越、蘇秦、路温舒等八人勤學事類時，董仲舒、倪寬三抄、桓榮二抄的情況，似乎不屬於意圖編纂的著作，而是讀書時默書《勤學》的遺迹。二〇〇〇年，施萍婷主編《敦煌遺書總目索引新編》，二〇〇八年任麗鑫碩士論文《敦煌類書叙録》從之[一]。二〇一八年劉全波《類書研究通論》及二〇二〇年吳園碩士論文除指出"長興五年歲次癸巳（九三三）"，年號與干支紀年不符，長興爲後唐明宗李嗣源年號，共四年，長興五年四月十六改元清泰，爲清泰元年甲午（九三四），因敦煌地區偏遠，皇帝改元而未得知，繼續沿用舊年號干支紀年有變，故出現此處錯誤，當爲長興四年歲次癸巳（九三三）外，其他均從之[二]。

（二）録文

兹以伯四〇五二號寫本，迻録全文，并參考諸家録文，校録如下：

君須立身莫共酒家親/蓋聞龍沙西裔四面并是番戎/厶乙聞明君則四方慕化八表所以通歡/是論語卷實相凝空随/實相凝空随以呈法身湛寂寞應物/實實實

〔一〕　任麗鑫：《敦煌類書叙録》，蘭州大學碩士學位論文，二〇〇八年，第一四頁。
〔二〕　按：核伯四〇五二號慢漶二字，實不似員義，且與伯二六二一號《漁父滄浪賦》卷末題記："長興五年歲次癸巳（九三三）八月五日，敦煌郡净土寺學仕郎員義。"字迹似不相同。二件是否同一人所抄，當存疑。

《事林》一卷

董仲舒，廣川人也，少耽學，下幃（帷）讀書，弟子莫見其面；在家三年不窺薗中；乘馬三年，不知牝母，節［在］經傳，仕至江郡（都）王相。前漢武帝時人。〔一〕

倪寬者，千乘人也，師事博士孔安國，家［貧］，［常］與人傭力，带書客鋤。漢武帝時，位至丞相。前漢□（武）帝時人，出《漢書》〔二〕。

桓榮，字春卿，沛國龍亢人也。與僕人桓元卿俱在田捃拾，休息之際，榮輒開書卷於田頭讀之，元卿曰：“貧賤［如］此，竟用是何？”榮終身不改。及帝召通尚書，選入爲皇太子師，榮遂對策高第。帝大善之，拜榮爲太子少傅，太子受榮才，稱弟子之礼。帝賜其車馬衣物，榮陳之於庭，謂父兄曰：“此蒙稽古之力元。”卿歎曰：“我田家子，安知學問爲貴乎？”後漢光武時人。出《［後］漢書》。

朱買臣，字翁子，會稽吳人也。家貧，好讀書，不事產業。其妻羞之，求去。買臣曰：“吾年冊當貴，今已卅九，卿努力待之。”其妻不聴，遂去，買臣亦不苦留之。明年，買臣随上計吏客，將車詣長安，曰上書陳使宜，武［帝］賢之，使待詔於金馬門。值邑人嚴助貴幸，薦買於天子，武帝遂拜買臣爲侍中，後遷會［稽］太守。帝謂［買］臣曰：“富貴不歸故鄉，如夜行衣錦，今子爲本郡［郡守］，竟如何？”買臣曰：“但頓首辭謝而已。”買臣將發會稽，郡聞新府君當至，發民治道，故妻共後夫俱來治道，買臣遂見而識之，會（命）後車載其夫妻到郡舍後園屋中，給其衣食。數日，妻愧，遂便（自經）而死。前漢人。《漢書》。

丞（承）宮，字尚（少）子，瑯［邪］姑幕人也。年九歲，爲牧豕。鄉里有徐子盛者，將《春秋》教諸生數百人，丞（承）宮當樂其業，因去其猪，學聴經。有猪主来，欲笞之，諸生共救得免。因留門下，爲諸生晝則拾薪，

〔一〕　底卷“董仲舒”條有重抄三遍，兹僅録此條。

〔二〕　底本“兒寬”條抄寫了兩遍，第二遍不再重録。底本第二遍“孔安國”下有雜亂抄寫詩句：“白龍共烏嶺，對望玉門［关。番戎］視陽關，戍精周迴［崗］。勢具諸中有，敦煌郡太保。千年間氣運，合五□□生。羌戎無不跪，伏塞□［烽］火。”

夜誦經典。漢明帝時，位至［博士］〔一〕。

　　寧越，衛人也。苦耕之勞，謂友人曰：“何猶（由）可免貧也？”友人對曰：“可勤學卅年，必得免也。”寧越曰：“他人食，吾不食；他人寢，［吾不寢］，積十五年以當，可待，未必卅年也。”後果通藝，周威王師之，拜爲上卿。出《春秋外傳》。

　　蘇秦，洛陽人也，少與魏人張儀爲囡（友），同師事鬼谷先生。讀書至/睡，懸頭於屋梁上，亦以木錐刺股，勤學，位至丞相，佩六國之印。及皈東周，周顯王爲掃道，列鼎而食。豈謂勤學之力也。

　　路温舒，字長君，鉅鹿人也。與人牧牛於大澤中，温舒截蒲爲簡，勤學。太守見，乃奇之好學。因命爲生，學進，時拜九卿。出《漢書》。

（三）名義與性質

　　伯四〇五二號寫卷最初被認定爲雜抄。一九六二年王重民《敦煌遺書總目索引·伯希和劫經録》著録此卷説“小册子（雜抄史書）”〔二〕。王重民判定伯四〇五二號寫卷爲雜抄，而且是一部頁數不多的關於史書的記録。一九八六年，黄永武《敦煌遺書最新目録》著録説：“伯四〇五二號類書好學條雜抄。”〔三〕一九八七年，王三慶《敦煌古類書研究之一：〈事林一卷〉（伯四〇五二號）研究》，認爲伯四〇五二號寫卷是學郎之習書，非有意編纂之類書，《事林一卷》蓋爲戲題〔四〕。一九九三年王三慶《敦煌類書》始將伯四〇五二號寫卷視爲“人名冠首之類書”單獨提出整理研究，名爲“《事林》一卷”〔五〕。内容條目與《增廣類林》中《勸學篇第六》十分相近，經過對照比較，可知伯四〇五二號寫卷當爲與《類林》體制相同，然雖屬《類林》系統，

〔一〕　底卷“爲牧豕”三字至“位至”二字，用朱筆塗抹。

〔二〕　王重民、劉銘恕編：《敦煌遺書總目索引》，第三〇〇頁。

〔三〕　黄永武：《敦煌遺書最新目録》，第七五五頁。

〔四〕　王三慶撰、林艷枝助理：《敦煌古類書研究之一：〈事林一卷〉（伯四〇五二號）研究》，《敦煌學》第一二輯，一九八七年，第九九～一〇八頁。

〔五〕　王三慶：《敦煌類書》，第七〇頁。

却是非正規類書的通俗性小類書。

伯四〇五二號題名《事林》，無論是原書題名，或係抄者戲題，作爲"人名冠首之類書"的書名，有一定的含意與適合性。按："林"本指成片的竹、木。許慎《説文解字》云："平土有叢木曰林。"《吕氏春秋・安死》："世之爲丘壟也，其高大若山，其樹之若林。"高誘注："木藁生曰林也。"後引伸泛指人或事物的會聚、匯集處。如司馬遷《報任少卿書》："士有此五者，然後可以託於世，而列於君子之林矣。"梁蕭統《文選・序》："歴觀文苑，泛覽辭林，未嘗不心游目想，移晷忘倦。"顧名思義，蓋指將典範人物事迹類聚成林，故名"事林"。

又古代類書以"林"字作爲書名，不少，如六朝《諫林》、佛教類書《義林》、唐代《類林》《意林》《史林》等。尤其唐代宰相于志甯之子于立政編撰的小型類書《類林》，雖原書已佚，但敦煌寫本存有伯二六三五號、俄敦九七〇號、俄敦六一一六號等三個卷號的殘本，可見唐代此書流傳於敦煌地區。

從編纂體例來看，《事林》應歸入"類事類書"之下，并具有"人名冠首"的特點，目前殘留，計有八人事迹，通過條目内容比較發現，《事林》與《類林》相似，但并非《類林》抄寫或複本，而是寫卷抄録者根據自己認知進行删減排列而形成的，顯然是從日常常用類書進行删簡改編，以應蒙學教材之需。

（四）體例與内容

敦煌遺書伯四〇五二號寫卷《事林》，首殘尾殘，共四十三行，每行約有二十三個字。共記載八人事迹，分別是董仲舒、倪寬、桓榮、朱買臣、承宫、寧越、蘇秦以及路温舒。其中董仲舒、倪寬事迹被抄寫三遍，桓榮事迹被抄寫兩遍，其餘五人均寫一遍。無門類，但根據人物故事可知都是"勤學"之事。

《類林》中卷一《勤學篇》記"董仲舒、車胤、朱買臣、匡衡、楊震、孫敬、甯越、路温舒"六人，與《事林》重合的有董仲舒、朱買臣、甯越、路温舒四人。卷五《仁友篇》記"蘇秦"一人，與"張儀爲友"之事。卷六

《異識篇》記"董仲舒"一人，雖人名相符但故事不合。

《語對》斯七九號、伯二五二四號寫卷中之《棄夫》記"買臣妻、覆水"二則，與《事林》相符的有一則對應一位人物，即"朱買臣不置產業，其妻羞之，求去"之事，根據內容分析可歸入"棄夫篇"。

《語對》伯二五二四號寫卷《勤學篇》記"下帷、截蒲、懸頭、刺股、穿壁、聚螢、流麥、帶經、一見、五行、負笈、編柳、絳帳、百遍、忘冠、折尺、賣樵"十七則故事，與《事林》相符的有四則對應四位人物，即"董仲舒下帷讀書""路溫舒截蒲爲簡""蘇秦讀書至睡，木錐刺股"以及"桓榮行常帶經而鋤"。此篇中"懸頭"與"賣樵"二則雖人物不符，但故事可從"蘇秦讀書至睡，懸頭梁上"與"朱買臣買樵自給"二事得知。

因《事林》無篇目，所抄寫內容較短且根據人物故事均是"勤學"之事，雖與《類林》相似，但并不非全據《類林》抄寫，應是寫卷抄録者根據自己認知經過揀擇删減，另行排列而形成的。

四　杜嗣先《兔園策府》

《兔園策府》又作《兔園冊府》《兔園策》《兔園冊》，唐杜嗣先（六三四～七一二）奉蔣王李惲之命撰，仿應科目策，自設問對，引經史爲訓注而編成。原書早已散佚，今敦煌寫本《兔園策府》保存了該書的序文及第一卷。此書爲記叙自然名物、社會事物、人文禮儀、政事征討等掌故的賦體類書，最初是應對試策參考之用，與當時的科舉制度有着深厚的聯繫，後來的流傳，殆因內容切中時務，引經據典，以古爲鑒的特色，且篇幅不大，便於學習、參考，所以流傳廣泛，甚至傳到了日本等周邊國家。

隨着政治環境的轉變，《兔園策府》漸漸失去了時代環境上所具有的"實用"性，地位隨之下降，祇有華麗對偶的辭藻，及旁徵博引的資料，依然流傳，逐漸成爲學習詩文寫作知識類的蒙學教材，最終趨於消亡。

《新五代史·劉岳傳》載："宰相馮道世本田家，狀貌質野，朝士多笑其陋。道旦入朝，兵部侍郎任贊與岳在其後，道行數反顧，贊問岳：'道反顧何爲？'岳曰：'遺下《兔園册》爾。'《兔園册》者，鄉校俚儒教田夫牧子之所誦也，故岳舉以誚道。道聞之大怒，徙岳秘書監。"〔一〕

五代孫光憲《北夢瑣言》對於《兔園策府》"詼諧所累"條下也載："宰相馮道，形神庸陋，一旦爲丞相，士人多竊笑之。劉岳與任贊偶語，見道行而復顧，贊曰：'新相回顧，何也？'岳曰：'定是忘持《兔園册》來。'道之鄉人在朝者聞之，告道。道因授岳秘書監、任贊授散騎常侍。北中村塾多以《兔園册》教童蒙，以是譏之。然《兔園册》乃徐庾文體，非鄙朴之談，但家藏一本，人多賤之也。"〔二〕蓋因此書可藏於襟袖之間，便於携帶，隨時取用，馮道數度反顧，劉岳因譏笑其遺落隨身携帶的寫作參考秘笈《兔園策府》。總之，後世社會變遷，科考崇尚有異，《兔園策府》遂淪爲鄉野村童用來習文的教材。

按：《兔園策府》係杜嗣先"針對常科試策，以自撰式之四六駢文，奉唐蔣王惲命令而作。其注文引經史爲訓，纂古今事爲四十八門，分爲十卷。現敦煌本則僅存序文及卷一部分，凡五篇目，約爲原書十分之一。其成書年代當在高宗顯慶三年（六五八）之前，正是蔣王徙封梁王時，即永徽三年（六五二）左右"，是當時用作教導童蒙習文，以備科考的教材。盛行於唐宋，惜後世不傳。今敦煌寫本存有斯六一四號、斯一〇八六號、斯一七二二號、伯二五七三號、俄敦五四三八號等五個卷號。其中斯一七二二號與伯二五七三號爲白文本，内容可綴合；斯六一四號也是白文本，而斯一〇八六號則有雙行夾注。

有關敦煌寫本《兔園策府》的研究，自敦煌遺書發現以來即受到關注，早在一九一三年羅振玉將所得文書及海外藏卷伯希和提供的遺書照片十三種《鳴沙石室佚書》影印出版，其中便收録了伯二五七三號《兔園策

〔一〕《新五代史》卷五五《劉岳傳》，第六三二頁。

〔二〕（五代）孫光憲撰：《北夢瑣言》，中華書局，二〇〇二年，第三四九～三五〇頁。

府》殘卷影本，後并附有王國維撰寫的《〈兔園策府〉跋》〔一〕，跋文簡短約五百字，然對此書的作者、卷數、成書時間進行了簡要考述。以爲此寫卷抄於貞觀年間，而此書盛行於五代，至宋季尚存。對於作者是杜嗣先還是虞世南，王氏認爲"殊未可臆定"，但懷疑并非虞世南所撰，可能是因爲虞世南撰有《北堂書鈔》而"嫁名於彼"。對該書的卷數，王氏認爲"此書盛行之際，或併三十卷爲十卷"。其成書時間在李惲"改封蔣王、安州都督"時（貞觀七年至永徽三年）。一九四二年日本那波利貞《唐鈔本雜抄攷—唐代庶民教育史研究の一資料》，據伯二五七三號《兔園策府》殘卷迻録全文，并探討成書年代及性質，指出該書撰成於永徽三年（六五二）至上元年中（六七四～六七五）約二十年間（即成于顯慶、龍朔、麟德、乾封、總章、咸亨年間），是適用于庶民普通教育的教科書〔二〕。一九五七年吕思勉《隋唐五代史》"第二十章隋唐五代政治制度"也論及《兔園策府》，在引述《五代史・馮道傳》《新唐書・劉岳傳》《困學紀聞》《宋史・藝文志》《郡齋讀書志》《北夢瑣言》等後説："合觀諸文，知士大夫之尚此書，初蓋以供對策之用，然後有所重者，惟在其儷語而不在其訓注，蓋有録其辭而删其注者，故卷帙止三分之一，若寫作巾箱本，則并可藏之襟袖之間矣。村童無意科名，何必誦此等書？然其師何知？但見取科名者皆誦之，則亦以之教其弟子矣。"〔三〕吕氏之論道出《兔園策府》從科舉策問參考用書轉變爲蒙書之因由，雖未引録敦煌寫本，然其所論頗值參考。

　　至於對敦煌寫本《兔園策府》有較全面的整理與研究一直要到一九八〇年代才開始。一九八四、一九八五年間，郭長城先後發表了《敦煌寫本兔園

　　〔一〕見羅振玉編：《鳴沙石室佚書》，宸翰樓影本，一九一三年。又一九二五年羅振玉編《鳴沙石室佚書》，上虞羅氏石印本，也刊布了伯二五七三號《兔園策府》的影寫本，并將王國維跋文作爲提要附録於後。後王國維此跋後載《觀堂集林》卷二一，第一〇一四～一〇一五頁。

　　〔二〕［日］那波利貞：《唐鈔本雜抄攷—唐代庶民教育史研究の一資料—》，［日］那波利貞《唐代社會文化史研究》，第一九七～二六八頁。

　　〔三〕吕思勉：《隋唐五代史》，中華書局，一九五九年初版，一九八四年上海古籍出版社重印，第一一一五～一一一七頁。

策府叙録》〔一〕《敦煌寫本〈兔園策府〉佚注補》及碩士論文《敦煌寫本兔園策
府研究》〔二〕，是較早根據敦煌文獻中伯二五七三號、斯六一四號、斯一〇八六
號、斯一七二二號等四件寫本，進行叙録，除將伯二五七三號與斯一七二二
號綴合外，更將全文校注，在此基礎上，對《兔園策府》的性質、作者、成
書時代及背景、流傳過程展開全面的論述，并析論原注體例、引書及其研究
價值，并附寫卷圖版，翔實研究，奠定了敦煌寫本《兔園策府》階段性研究
的良好基礎。

　　一九九三年，日本本田精一發表了《〈兔園策〉考：村書の研究》一
文，梳理了歷代史志載籍對《兔園策府》的載録，判定《兔園策府》的書
名、作者與卷數，并論述其性質、發展與源流〔三〕。同年，王三慶《敦煌類
書》將《兔園策府》歸入“文賦體之類書”，據斯六一四號、斯一〇八六號、
斯一七二二號、伯二五七三號等四件寫本，進行校箋與研究〔四〕。主要從類書
的視角對《兔園策府》進行簡略的論述，認爲：就現存卷一諸篇來看，本書
較之《類語》諸體的叙文或《北堂書抄》體之文字水平，都要來得高明。因
此，後人以《兔園册》與三家村學究編纂的私家類書等同，實際上是未見
原書，想當然地不公正評論，從全書體制來看，這體類書的編纂是前所未
有的創舉，而且影響宋代吴淑《事類賦》一體的開端，其重要性可以由此
想見。一九九四年，周丕顯《敦煌古鈔〈兔園策府〉考析》簡單述了四件
敦煌寫本的概況，對《兔園策府》古代著録及歷代略做述評，并迻録寫卷

　　〔一〕　郭長城：《敦煌寫本兔園策府叙録》，《敦煌學》第八輯，一九八四年，第
四七～六三頁。
　　〔二〕　郭長城：《敦煌寫本〈兔園策府〉佚注補》，《敦煌學》第九輯，一九八五年，
第八三～一〇六頁；郭長城：《敦煌寫本兔園策府研究》，中國文化大學中文研究所碩士學
位論文，一九八五年。
　　〔三〕　〔日〕本田精一：《〈兔園策〉考：村書の研究》，《九州大學東洋史論集》第
二一號，一九九三年，第六五～一〇一頁。
　　〔四〕　王三慶：《敦煌類書》，第一一七～一一九頁。

文字〔一〕。一九九八年，劉進寳《敦煌本〈兔園策府·征東夷〉產生的歷史背景》以爲此書成於於貞觀十年（六三六）至上元中（六七四～六七六），因從史學的研究視野以爲《征東夷》策問當是唐太宗父子面臨征伐高麗之困境下的產物，且從側面也可體現唐代科舉考試注重社會現實、學以致用的積極方面〔二〕。

　　二〇〇一年，屈直敏《敦煌本〈兔園策府〉考辨》對《兔園策府》的作者和成書年代做了重新考訂〔三〕。二〇〇二年，鄭阿財、朱鳳玉著《敦煌蒙書研究》將《兔園策府》歸入習文知識類蒙書，從寫本概述、錄文、作者與卷數、性質與流傳等方面對敦煌寫本《兔園策府》進行考述，認爲《兔園策府》的作者爲杜嗣先，原作有訓注，計“三十卷”，後因删去其注而併爲“十卷”。五代時期此書爲習文的童蒙讀物，後淪爲鄉野村童用來習文的教材〔四〕。

　　二〇〇六年，張弓主編的《敦煌典籍與唐五代歷史文化》儒學章“蒙書”一節由牛來穎撰寫，將《兔園策府》列入“敦煌蒙書中的通書類書與書抄”加以簡述〔五〕。二〇〇六年，王璐碩士論文《敦煌寫本類書〈兔園策府〉探究》，在前人研究既有的基礎上，探討敦煌本《兔園策府》的作者與時代、思想内容、性質特點，及其在科舉、教育史上的意義，主要着重在《兔園策府》與唐代類書的編纂、與唐代科舉考試的關係的析論〔六〕。其重點在參考葉國良《唐

―――――――――――――

〔一〕　周丕顯：《敦煌古鈔〈兔園策府〉考析》，《敦煌學輯刊》一九九四年第二期，第一七～二九頁。

〔二〕　劉進寳：《敦煌本〈兔園策府·征東夷〉產生的歷史背景》，《敦煌研究》一九九八年第一期，第一一一～一一六頁。

〔三〕　屈直敏：《敦煌本〈兔園策府〉考辨》，《敦煌研究》二〇〇一年第三期，第一二六～一二九頁。

〔四〕　鄭阿財、朱鳳玉：《敦煌蒙書研究》，第二六三～二七九頁。

〔五〕　張弓主編：《敦煌典籍與唐五代歷史文化》，第一三二～一三五頁。

〔六〕　王璐：《敦煌寫本類書〈兔園策府〉探究》，西北師範大學中國古典文獻學碩士學位論文，二〇〇六年。

代墓志考釋八則》中録出的"徐州刺史杜嗣先墓志"原文[一]。據杜嗣先在蔣王惲幕府任職的時間推測《兔園策府》成書年代在唐高宗顯慶三年（六五八）至麟德元年（六六四），甚至進一步把《兔園策府》的成書年代鎖定在六六一至六六四年；此論文的主要貢獻則在於從俄藏中確認俄敦五四三八號爲《兔園策府》的殘片[二]。二〇〇八年，葛繼勇《〈兔園策府〉的成書及東傳日本》也結合敦煌文書、《杜嗣先墓誌》和日本文獻的相關記載，對《兔園策府》的成書及流播日本等問題進行了梳理，指出杜嗣先撰寫《兔園策府》的時間當在其任蔣王僚佐期間，即顯慶三年（六五八）至麟德元年（六六四）之間，并據墓誌載杜嗣先曾參與接待八世紀初來華的日本遣唐使，推測其所著《兔園策府》很可能在八世紀初已傳入日本，并作爲啓蒙教材而廣爲流傳[三]。二〇一三年，郭麗《〈兔園策府〉考論——兼論唐代童蒙教育的應試性傾向》除對《兔園策府》的作者、卷數、成書年代等再行討論，主要考定成書年代約在龍朔二年（六六二）至麟德元年（六六四）年之間，認爲其性質是高級階段的童蒙教育用書，反映了唐代童蒙教育教材爲科舉服務的特徵和童蒙教育的應試性傾向[四]。二〇一四年，葛繼勇《〈兔園策府〉の成立、性格及びその日本傳來》，在二〇〇八年撰文的基礎上再行增補，增添了《杜嗣先墓誌》關聯的記事及《兔園策府》的性質與使用狀況二節[五]。二〇一六年，屈直

〔一〕 一九九二年葉國良發現《徐州刺史杜嗣先墓誌》原石及其妻墓石實物，并依其格式，抄録原文，於一九九五年撰成録文及考釋，見《唐代墓誌考釋八則》（《台大中文學報》第七期，一九九五年，第六二～六五頁）。此墓誌對《兔園策府》作者及成書時間之考訂甚爲重要，惜學界關注與利用相對較晚。

〔二〕 此外，王璐先後還有《敦煌寫本類書〈兔園策府〉考證》（《唐都學刊》二〇〇八年第四期，第八一～八五頁）、《〈兔園策府〉與唐代類書的編纂》（《西安文理學院學報》二〇一四年第五期，第二四～二七頁），均係其碩士論文部分的別出。

〔三〕 葛繼勇：《〈兔園策府〉的成書及東傳日本》，《甘肅社會科學》二〇〇八年第五期，第一九六～一九九頁。

〔四〕 郭麗：《〈兔園策府〉考論——兼論唐代童蒙教育的應試性傾向》，《敦煌研究》二〇一三年第四期，第九三～一〇〇頁。

〔五〕 葛繼勇：《〈兔園策府〉の成立、性格及びその日本傳來》，《日本漢文學研究》第一〇號，二〇一四年，第一七～四〇頁。

敏《敦煌写本《兔园策府》叙録及研究回顧顾》，在諸家著録敦煌寫本《兔園策府》的基礎上，根據寫卷影本對五個卷號的寫本進行較詳盡的叙録，并對二〇一四年以前有關《兔園策府》的研究成果進行系統性的梳理和回顧[一]。同年，孫士超《敦煌本〈兔園策府〉與日本古代對策文研究》，認爲唐代具"科舉類書"性質的《兔園策府》成書後很快便傳入日本，成爲官私學校的教材和參考書，對當時律令官人的對策文創作和科舉應試產生了積極影響[二]。本文主要論述敦煌本《兔園策府》殘卷對日本古代策文整理和試策文學研究具有重要的參考價值。二〇二〇年，劉全波、曹丹《論〈兔園策府·議封禪〉產生的歷史背景》，以爲其《兔園策府》"議封禪"一策，可謂唐太宗、唐高宗兩朝屢議封禪的縮影。通過"議封禪"歷史背景的深入發掘，有助於明晰《兔園策府》一書產生的歷史背景和唐初相關歷史事件之間的諸多關聯，而《兔園策府》的成書時間極有可能是唐高宗時期第一次熱議封禪的龍朔二年（六六二）前後[三]。

　　整體而言，大抵爲文獻考述、寫本校録，研究論題較集中作者、成書時間、類書體例及其與科舉策問的關係，研究視野主要從文獻學、類書及史學的科舉策問出發，兹從蒙書的視角來進行考察尚有論述的空間。

（一）寫本概述

　　今所得見敦煌寫本《兔園策府》計五個卷號，分別爲英藏斯六一四號、斯一〇八六號、斯一七七二號；法藏伯二五七三號；俄藏俄敦五四三八號。其中伯二五七三號＋斯一七七二號背可綴合，綴合後得四件寫本，兹將寫本概況表列如下：

　　〔一〕　屈直敏：《敦煌寫本《兔園策府》叙録及研究回顧》，《敦煌學輯刊》二〇一六年第三期，第二二～三二頁。

　　〔二〕　孫士超：《敦煌本〈兔園策府〉與日本古代對策文研究》，《日語學習與研究》二〇一六年第八期，第一七～二四頁。

　　〔三〕　劉全波、曹丹：《論〈兔園策府·議封禪〉產生的歷史背景》，《甘肅廣播電視大學學報》二〇二〇年第四期，第六～一〇頁。

敦煌寫本《兔園策府》概況表

序號	卷號	寫本狀況	行數	殘存部分	首尾題	題記	同卷資料
一	伯二五七三號+斯一七七二號背	卷子本首完尾缺+首缺尾完	一六+一七三	首題"《兔園策府》卷第一并序杜嗣先奉教撰"+序文、卷一"辨天地、正歷數、議封禪、征東夷、均州壤""兔園策府卷第二"	首題:"兔園策府卷第一杜嗣先奉教撰"尾題:"兔園策府卷第二"		斯一七七二號正面:《毛詩詁訓傳》"國風·周南"殘卷。
二	斯六一四號	卷子本首缺尾完	一三二	序文、《辨天地》、《正歷數》、《議封禪》、《征東夷》、《均州壤》	尾題:"菟(兔)園策第一"	有	後有雜寫"高門出貴子,好木不良才,思見不得"與題記字迹相同,係同出一人之手。字迹拙劣,顯爲學童塗鴉。
三	斯一〇八六號	卷子本首尾俱缺文中有雙行小字。	一七〇	《正歷數》《議封禪》《征東夷》			
四	俄敦五四三八號	卷子本首尾俱缺	一二	《議封禪》《征東夷》			

以上五個卷號,法藏伯二五七三號與英藏斯一七七二號背兩卷號,紙張、字迹相同,内容銜接,係原爲一卷,後斷裂爲二而分藏英、法兩地,伯二五七三號在前,斯一七七二號背在後,二者可綴合成一件。綴合後,則爲首尾完整的《兔園策府》,有題名、卷次、作者署名及序文。

另日本大谷文書四〇八七號吐魯番文書殘片,存八行,後五行爲《兔園策府》內容,共三十五字,內容爲:"《易》曰:利用賓於王。"《書》曰....斯則昇賢之大執……奧則薪樞之咏興……發,自周征造士,漢……懸甲入科而。"屬卷第一并序的開頭部份。

綴合後計四件寫本,其中斯六一四號有題記:"巳年四月六日學生索廣翼寫了",署有索廣翼的題記字迹稚拙與抄寫的《兔園策府》字迹不同。題記後有雜寫"高門出貴子,好木不良才,思見不得"與題記字迹相同,係同出一人之手。字迹拙劣,顯爲學童塗鴉。卷背有"都盧八卷大□□"及"索翼進□□園策府□"。顯然出自學童之手,是此抄本爲學郎索廣翼讀誦所用的書本。

(二)録文

茲以伯二五七三號+斯一七七二號背爲底本,參校各寫本,并參酌諸家校録,對底本重新録文,逐録全文如下:

《兔園策府》卷第一并序　　杜嗣先奉教撰

《易》曰:利用賓於王。《書》曰:明試以功,▨(議)事以制;斯則昇賢之大執,辨政之嘉謀。采其奧則薪▨(樞)之咏興,選其]精則桂林之響發。自周徵造士,▨□□□(漢辟賢良),□□□□□(擢高第以登)庸,懸甲科而入士(仕)。劉君詔問,吐河洛之詞;仲舒抗答,引陰陽[之]義孫弘則約文而切理,杜欽則指事以陳謨;魯丕以雅素申規,馬融以儒宗獻可。斯乃對問之大體,詢考之良圖。求之者期於濟時,言之者期於適務。使文不滯理,理必會文,▨▨▨(削腴)論以正辭,剪浮言而體要。非夫宏才博古,達政通機,無以登入室之科,徒用踐高門之地。

▨▨▨(自魏晉)之後,藻麗漸繁;齊梁以還,文華競軼。構虛詞而飾巧,穿異辯以邀能,文皆理外之言,理失文中之意。將陳正道,掩巢燧於毫端;欲叙昇平,擯唐虞於字末。境纔臻於九服,遠述幽冥之荒;德未靜於一戎,先動雲雷之氣。奏諛言而竊位,假繁論以豐辭;匪窮理之大猷,乖得賢之雅訓。

大唐奮庸庶績,翼亮鴻基,拂蓮兆於滋川,納蘭圖於榮浦。淹中碩藝,并列三雍之官;平府遺編,咸歸七門之史。執禹麾而進善,坐堯衢以訪賢。故事有南宮之賓,待詔即東館之客。秀異之薦,并躡長途之龍;孝廉之徵,俱振充庭之鷺。故得能官同於濟巨，多士茂於基邦，草澤靡遺，英奇必進。

伏惟大王分華星樹，毓慶雲柯，固盤石以開基，列維城而作鎮。中山文梓，獨振蟠龍之詞；淮岫芳叢，先警騰麚之韵。遂奏金箱之典，停日彎於昆吾；坐陳丹轂之篇，下月輪於清夜。駿駕駟馬，禮盛於從梁；面試銅臺，文高於入魏。東平蒼之雅望，北海靖之英聲；湛楚醞於芳筵，飾燕金於駿骨。由是徐陳并列，沐鳧沼以趨歡；牧馬爭歸，望鴻臺而漸翼。

顧惟虛賤，謬奉恩光。昔因耕鑿之勤，頗覽詩書之訓，登學山而覆簣，鼓文河以濫觴。爰從羈貫之年，肇應揚庭之問，以茲下隸，來陪上藩，暫赴長裾之門，更對脩篁之苑。璿灰屢變，緹襲空珍，忝遊梁之一班，同背淮之千里。忽垂恩教，令修新策。今乃勒成十卷，名曰《兔園策府》，并引經史，爲之訓注。雖則膠言斐論，無取貴於緗油，然而野識蕘詞，理難同於翰墨。傳之君子，有慚安國之言；懸之市人，深乖呂韋之旨。所定篇目，題之如左：

辨天地正曆數議封禪征東夷均州壤

問：氣象初構，形質始萌，倚杵分高下之容，迴輪表運行之數。然則駕雲甄海，鍊石補維，徒聞夸父之林，空紀太章之筭。至若玄黃定體，珠璧連輝，列九野於躔房，疏五潢於清淺。窺其正色，有惑於蒙莊；覽其要終，多疑於鄭竈。子既獵華彫篆，采懿緗紬，對宵景以馳芳，概秋旻而發響。登科入辟，必俟英賢；賾祕鉤沉，理宜昭晰！

［對］：竊以玄儀未闢，九變混其萌芽；素質爰分，四遊定其昇降。然則十端虛廓，九道交迴，仰之者莫測其源，言之者罕詳其要。或明其載水，或説以浮空，地若卵中之黃，天如山外之色。楊泉覆▨▨▨▨（繳之諭），▨（未）穷廣大之容；仲任倚蓋之談，詎識周流之象。

當今握璿衡而臨極，運玉斗以司辰。上括乾樞，旁吞地▨（絡）；▨（陽）光抱珥，陰彩重輪。星披五老之圖，雪▨（映）四神之轍。抗天臺於南極，闢玄關於北荒，▨▨▨（西越繞）蛇之▨▨（丘，東）逾扑黿之壑。珠囊靡失，玉燭咸調，傃風律以來庭，皓雲歌而入贄。猶覆窮精四術，覽奧三家，欲明甄曜▨（之）篇，思聞考▨（靈）之説。旁羅大象，側訪庸材，雖異談天，聊陳管見。

夫以玄黃質判，偃伏形殊，元氣輕而上騰，陰氣凝而下薄。方之若火，則煙颺而灰沉，譬之若舟，則外行而內靜。天綱既位，坤道方成，八極以之肇分，五材因而并運。

至若曦光散彩，稟陽氣以成形；娥魄凝輝，感陰靈而爲質。星照白榆之影，憑於萬物之精；河疏析木之津，假以百川之氣。

至若金臺混極，靈山降英，鏤芳桂以飛輪，拂若華而逗景。真人負笈，遠造天關；海客乘查，遥依星渚；補維立極，化杖成林。理慣探賾之端，事隱言名之際。嗽乳遊鈞之説，唯聞託夢之人；懸鈞破鏡之談，空傳■（揿）詞之客。

夫以東遊天縱，終迷對日之言；西蜀含章，竟詘蓋天之論。前賢往哲，猶且爲疑，末學庸能，良難備述。謹對。

正曆數

問：出震開元，皇■■（雄標）合緯之首；繞樞提象，容成著命曆之初。五德遞遷，三微驟變。寅賤（餞）之職，■■（分散）於疇人，［如淳曰：家業世世相傳爲疇。律，年二十三傳之疇］官，各從其［父學］。吐納之儀，參差於銅史。［陸倕《新刻漏銘》曰］：耳不輟音，眼無［流眄，銅使司刻］，金徒抱箭也。月絃日［繞之］法，課校而難詳。［《漢書·律］曆志》曰：漢初，［方］綱紀大其（基），以［張蒼言，用《顓頊曆》，而朔晦］月見，弦望滿虧，多非事。洛下陵渠之言，推尋而罕究。［《漢書·律曆志》曰：願募治］曆者［以造漢］太初曆，迺選鄧平及酒泉侯、方士唐都、洛下閎，都分天部而閎運算。復使校曆官者復覈太初曆，晦朔弦望皆最密，日月如連書，五星若連珠，陵渠奏狀，遂用鄧平曆，□□（以平）太史丞者也。今欲別徵杓建，改正攝提，《漢書·律曆志》曰：玉衡杓建，天之綱也。如淳曰：杓音標，斗端星。又曰：三苗亂德，孟陬殄滅，攝提失方。注云：月正爲孟陬，閏餘乖錯，不與正歲值，謂之殄滅。攝提，星名，隨斗杓所指，若誤，三月當指辰而乃指巳，是爲失方也。必使璧彩交躔，珠光叶緯。《漢書·律曆志》云：日月初躔，星之紀。躔云舍。珠光璧□（彩）并在上文。登臺候朔，占五雲而不差，入幕窺灰，應四氣而無爽。《春秋傳》曰：辛亥朔，日南至，公既登觀臺以望而書，禮［也］。凡分、至、啓、閉，必書雲物，爲備故也。□（五）雲謂五色物，風［雲］氣也。《續漢書·律曆志》曰：候氣之法，爲室三重，塗釁必周，密布緹幔。室中以木爲案，每律各一，內卑外高，從其方位，

［加］律其上，□（以）灰抑其内，案律而候之。氣至者灰去。其爲氣動者灰散，人與外風動者其灰聚。四氣：▨（肆）□□［時也］。陸倕《□（新）刻漏銘序》曰：察四氣之盈虚，課六曆之疎密也。欲致斯道，有憒厥由，《論語》：道之將行也與？命□（也）！謝莊《月賦》曰：昧道懵學也。宜陳推步之方，以廣詢求之路！《漢書·律曆志》曰：推日□（月）元統。許慎《説文解字》：□□（歲、從）步戍聲。謂推步以成一歲。《毛詩》：詢於芻蕘。《尚書》曰：求諸野，得之於傅巖之豀也。

　　［對］：竊以立天立地，四遊與六氣交馳，《易》曰：立天之道曰陰與陽，立地之道曰柔與剛。四遊事注訖。《春秋傳》曰：發□□（天有）六氣。杜君注云：六氣謂陰陽風雨晦明之謂也。爲帝爲王，五德與三微遞運。《孝經三五圖》曰：五帝，起寅畢午，三五從未至酉。《白虎通》曰：夏以爲建寅爲正，殷以建丑爲正，周以建子爲正，謂之三微。亦注《漢書·律曆志》曰，前已注訖，五德亦注訖。若不精窮數象，推步陰陽，則龍蛇有易度之妖，水火成相沴之變。《春秋傳》曰：物生而復有象，象而後□（有）滋，滋而後有數，推注訖。《左氏傳》曰：歲在□（星）紀而淫於玄枵。杜云：星紀而淫於玄枵，□□（星紀）在丑，□（斗）牛之次，玄枵在子，虚危之次。□□（又曰）：蛇□（乘）龍。杜云：蛇，玄武之宿，歲星爲青龍，失次在虚□（危）下，爲□（蛇）所乘也。□□□□□□（《漢書·五行志》曰）：時□（則）有草夭，時□（則）有蠃蟲之孽，時□（則）有羊禍，時□□□□（則有目痾），時則有赤眚（眚）、赤祥，惟水沴火。注云：沴音麗。由是黃神馭宇，既命曆於容成，丹陵膺圖，亦欽象於羲仲。《孔子家語》：黃帝死三百年，人畏其神。容成造曆已注訖。《帝王［□］［世］紀》：堯生於丹陵，乃命羲和，欽若昊天，曆象日月星辰，敬授人時。《尚書中侯》：舜祗德欽象，習堯祗位也。

　　自疇人輟務，日御廢官，胤后承亂紀之誅，齊▨（詩）興倒裳之刺。疇人已注訖。《春秋傳》曰：冬十月［□］［朔］，日有食之。不書□（日），官失之□（也）。天子有日官，諸侯有日御。羲和廢時亂日出《尚書》文。《毛詩□（序）》曰：東方未明，刺無節□（也）。挈壺氏不能掌職焉，東方未明，顛倒衣裳。注云：挈壺氏失漏刻之節，東方未明而□□□（以爲明），故

□（羣）臣促遽，顛倒衣裳也。端餘莫辨，晦朔不分，九章之要罕傳，六曆之流競作，《春秋傳》曰：先王之正時□（也），履端於始，舉正於中，歸餘於終。《漢書·律曆志》曰：周武王訪箕子，□□（箕子）言大法九章，而五紀明□（曆）法。又曰：有黃帝、顓頊、夏、□（殷）、周及魯曆。□（以）張蒼言用顓頊曆，□□□□（比於六曆），疏潤中最□（爲）徵近也。遂□（使）張蒼首制，尚興壺遂之言，鄧平創規，猶煩壽王之奏。《漢書·律□〔曆〕志》曰：元封柒年，太中大夫公孫卿、壺遂、太史公司馬遷等言：曆紀廢壞，宜改正朔。又云：陵渠奏用鄧平曆。元鳳三年，〔□□〕〔太史〕令張壽王上書□（言）：曆者，天地之大紀，今陰陽不調，更曆之過也，詔下詰問，壽王不伏（服）也。

聖上以欽明履運，曆數在躬，踐翼承基，函元孕象，《書》曰：放勛欽明。帝堯足履翼注在禮樂策中。《漢書·律曆志》曰：太極之氣，函三爲一。注云：元氣□（始）起於子、未分之時，天地□（人）混合爲一也。帝德崇矣，天文粲然。故得███（珠緯）編囊，璿光艷燭，《尚書》曰：帝德廣運。五星合度謂之珠囊，已注訖。□□□（《尚書》曰）：在璿美（璣）玉衡。注：璿，美玉。彩雲垂█（慶），溽露凝甘。《宋書》曰：南日（昌）□□（戊午）午時，天氣清明，有彩雲映覆郡邑，甘露白雲降。《史記·天官書》曰：若煙飛（非）煙，非（若）雲非雲，鬱鬱紛紛，蕭索輪囷，是謂卿雲。卿雲一名慶雲。《莊子》曰：乘彼白雲，入於帝鄉。《淮南子》曰：昔太清之治（始）代，天覆以德，地載以樂而甘露下也。萐薦影於宵輪，條輟響於風緒。《帝王□（世）紀》曰：萐莢者，瑞草也。月朔日生一莢，十五日生十五莢，十六日落一莢，及晦而晦（盡）。若月小，則餘一莢厭而不落，智（王者）以是占日月之數，故名曆莢，堯時莢階而隨月生死。王充《論衡》曰：王者太平時，則五日一風，風不鳴條，十日一雨，雨不破塊。《楚辭》曰：哀秋冬之緒風也。若乃統三正，播六虛，█（翠）嫣符籙之祥，黃樞降靈之運，《白虎通》問：夏以建寅爲正，殷以建丑爲正，周以建子爲正，故曰三正。《漢書·律曆志》曰：天施、地化、人事是爲三統。□（其）於三正也，黃鍾爲天正，林鍾爲地正，太簇爲人正。又曰：《易》大衍之數五十，周其（其用）四十有九，成陽六爻，得周流六虛之象也。《河圖挺佐輔》曰：黃

帝持齋七日七夜，天老五聖皆從以遊於河洛之間。至於翠嬀之淵，大鱸魚折
（溯）流天（而）至，顧問五聖，皆曰莫見，獨與天老迎之，五色果見（畢
具），魚汎帛（白）圖，蘭葉朱文，以授黃帝。中央帝含樞事已注訖。《春秋
運斗樞》曰：帝舜衹於德，榮光休至，黃龍負卷圖置舜前，四合而連戶。宋
均注曰：含樞之使也。四合道相入，類有戶，言可開閉□（也）。事亦見《尚
書中侯》。固可漂蕩馳驟之迹，陶甄巢燧之初。揚雄《美新》曰：流虞、滌
殷、蕩周。《白虎通》曰：三皇步，五帝驟，三王馳，五霸鶩。《韓子》曰：
有巢氏以虺蛇害人，構木巢其上而人悦之，故稱有巢氏。《河書（圖）》曰：
昔有巢氏駕飛麟，從日月。《禮含文嘉》曰：遂人氏鑽木取火，炮生爲熟。令
人無腹疾，遂天之意，故云遂人氏。《典略》曰：燧人氏教鑽燧取火，故免腥
臊，所以稱之燧人氏也。猶復發斂陰陽，宣考天地，窮十端之升降，覈五紀
之循環。《漢書·律曆志》曰：黃帝察發斂，定清濁也。孟康曰：□（春）夏
爲發，秋冬爲斂。清濁，聲之清濁也。又曰：倪寬與博士等曰：陛下宣考天
地，爲萬世則。《春秋繁露》天有十端，注訖。《尚書·洪範》□□□□（曰：
協用五）紀。

　　若使懸炭窺衡，瞻緹侯管，《淮南子》曰：懸土炭於衡，夏至濕，故炭重
之，冬至燥，故炭輕。亦見《□（續）漢書》之文。明推三乘十之變，得損
一會九之宜。推三事已注訖。《漢書·律曆志》曰：以五乘十，大衍之數也。
《漢書·□□（律曆）志》曰：三分黃鍾，三分損一，下生林鍾。三分林鍾益
壹，止上生太簇。三分太簇損一，下生南呂。叁分南呂益一，上生姑洗。陰
陽相生，自黃鍾始，其法皆用銅。又曰：《易》三天九，而（兩）地十，是爲
會數，九會而復元。注云：謂四千六百一十七歲□□□□（之月數也），所
□（謂）元月也。然後刻箭金壺，回杓玉斗，正太初之曆，窮大衍之數。□
（陸）平原《漏□（刻）賦》曰：挈金壺以南羅，潛幽水而北戢，伏陰蟲以
承波，吞恒流其如挹。杓：斗也。唐都獻法，采之而勿遺，劉氏定譜，存之
而取則。唐都洛下宏校曆事□□□□□□□□（已注訖。《漢書·律曆志》）
曰：孝成世，劉向總六曆，作《五紀論》。向子歆究其微妙，作《三統曆》及
《譜》也。自然［清］臺有准，黃道無差。珠璧連七曜之文，金木叶五行之
次。□□（謹對）。《漢書·律曆志》曰：大司農中丞麻光等廿餘人，與丞相、

御史大夫、軍□（史）各一人，雜候上林清臺，課諸曆疏密，凡十□（一）家。黃道注訖。日月五星謂之七耀。《家語》：季康子問孔子五帝之名而不知其實，請問何謂？孔子曰：昔丘也聞諸老聃，天有五行，金、木、水、火、土，分時化□（育），以成萬物，其神［□］［謂］之五帝，□□□□（王肅注曰：）佐天理物者也。古之王者易代改號，取法五行，五行終始相生亦象其義。

議封禪

問：省方戒典，昇中既號，《周易·觀卦》：象曰：風行地上，觀，先王以省方觀人設教。《禮記》曰：昔者先王尚有德，尊有道，舉賢而置之，聚衆而誓之。是故因天以事天，因地以事地，故因名山升中於天。鄭玄注曰：升、上也。中猶成□（也）。謂至方岳，焚（燔）柴祭天，以號諸侯之成功也。逖聽前古，空覽夷吾之詞，司馬相如《封禪書》曰：率邇者踵武，逖聽者風聲。《史記》曰：齊桓公欲封禪，管仲夷吾曰：古者封太山，禪梁甫者七十二家，夷吾所記十有二焉。昔者無懷氏封太山，禪云云。伏羲、神農、炎帝封太山，禪云□（云）。黃帝封□（太）山，禪亭亭。顓頊、帝嚳、堯、舜封太山，禪云云。禹封太山，禪會稽。□□□□□□（湯封太山，禪云云）。周成王封太山，禪社首。古之封禪，鄗上□（之）黍，北里之禾，所以爲盛。□□（注云）：鄗音臛。江淮之間，一茅三脊，所□（以）爲籍□（也）。東海□（致）比目之魚，西海□（致）比翼之鳥，然後物有不召而自至者十有五焉。今鳳凰麒麟不至，嘉禾不生，而欲封禪，無乃不可乎！於是桓公乃止。《封禪書》曰：逖聽風聲也。發揮中葉，唯傳茂陵之札。《易》曰：發揮□（於）剛柔而生爻。《漢書》曰：司馬相如著書茂陵。又曰：長卿未死時，爲一卷書，□（曰）：有使來取書，奏□□（之）！其遺札書云封禪事。

然則君臨大寶，駕馭黎元，《易》曰：天地之大德曰生，聖人之大寶曰位。司馬相如《封禪書》曰：厚福以浸黎元。混車書而總八方，會玉帛而朝萬國。干寶《晉紀總論》曰：太康之中，天下書同文，車同軌。牛馬被野，餘糧棲畝。《史記》曰：禹會諸侯於塗山，執□（玉）帛者萬國也。莫不崇大禮，登介丘。《禮記》曰：大禮與天地同節。司馬相如《封禪書》曰：蓋周躍之隕航，休之以燎，微夫斯之□（爲）符也，以登介丘，不亦恧□（乎）！注云：介、大□（也）。窆移駕象之巖，蓋轉常龍之岫。崔豹《古今注》曰：□（五）輅衡上□□□（金爵者），朱鳥□（也），□衡鈴，鈴謂和鑾也。或謂：朱鳥，鷺鳥也。鷺衡鈴，故謂之鷺，今或爲鑾，事一而義異。《墨子》曰：黃帝合鬼神於太山，駕象車，六蛟龍。《封禪書》曰：意者，太山、梁甫設壇場望幸，蓋□□□□（號以況榮）。《龍魚河圖》曰：東方太山府君神，姓圓名常龍，南方衡□（山）府君神，姓丹名靈峙。西方華陰山府君神，姓浩名鬱佇。北方恒山府君神，姓登名僧。中央崇高山府君神，姓壽名逸羣，呼之令人不病耳。

　　當今風▨（淳）化洽，道穆時邕，方欲肅彩仙間，揚徽日觀，《漢書》曰：武帝東巡海上，夏四月，還。脩封太山，禪石閭。應劭曰：石閭山在太□（山）下趾南方，方［士］言仙人閭□（也）。應劭《漢官儀》曰：太山東南名日觀，日觀者，鷄□（一）鳴時見日。玄虬警路，蒼龍順時。張平子《東京賦》曰：陸玄虬之奕奕，齊騰驤以沛艾。《禮記月令》曰：□（春）之月，天子居青陽，左□（介）乘鷺輅。駕蒼龍，載青旌，□□（衣青）衣也。班瑞諸侯，告成山岳，《尚書》曰：既月乃日，觀肆岳□□（羣牧），班瑞於羣后。□（注）：班、還。瑞謂圭璧。《漢書・武□（帝）紀》曰：登封太山。注云：王者功成治定，告成功於天。封、崇也，助天之高（也）。刻石紀號，有金策石函，金泥玉檢之封焉。討論圖籍，須叶禮經。當陳摛掞之詞，用補飛英之略！《尚書序》曰：討論墳典。左太冲《蜀都賦》曰：王褒韡曄而秀發，揚雄含章而挺生，幽思絢道德，摛藻掞天庭。司馬相如《封禪書》曰：飛英聲、騰美（茂）寶也。

　　對：竊以肆覲羣后，府曦觀以時巡，《尚書》曰：五年一巡守也，羣后四朝。曦、日也。日觀已注訖。時巡者，二月東巡狩，五月南巡狩，八月西巡狩。十□（一）月北巡狩也。告成方岳，陵天樞而紀號。告成方岳注訖。樞、門也。王嬰《古今通□（論）》曰：太山一名天門。是知探玉策，結金繩，應劭《風俗通》曰：岱宗上有金篋玉策，能知人□（年）壽修短。武帝探得十八，因倒讀之曰八十。案：岱宗封者，立碑高一丈二尺，金□（泥）銀繩，印之以璽也。蒲駕登丘，芝泥封檢，《漢書・郊祀志》曰：秦始皇即位三年，東巡狩郡縣，於是徵齊魯之儒生博士七十人，至於太山下。諸儒生或議曰：

古者封禪爲蒲車，惡傷□（山）上之草木也，掃地祭馬，言其易遵□（也）。《運斗樞》曰：舜東巡狩，黃龍五采負圖，以黃玉爲匣，白玉爲樞，金繩黃芝泥兩端。仲（中）有七十二帝地形之制，天文宮位分度之差者。■（眇）觀列辟，擬議者多人，遜覽前王，成功者罕就。《封禪書》曰：歷選列辟，以迄於秦。《易》曰：議（擬）之而後言，議之而後動也。

　　良以政途未廣，天位猶艱，《書》曰：天位艱哉。徒想宏儀，空陳大禮。由是齊桓有問，恥符瑞之未臻，秦帝將昇，困風雨之爲弊。齊桓公注訖。《□□（漢書）·郊記□（祀）志》曰：秦始皇三年，東巡，自上太山，立石頌□□（始皇）德。從陰道下，禪於梁甫。始皇之上太山，中阪遇暴風雨，休於太山大樹下，儒□（聞）始皇遇聞□□（風雨）而便議之也。雖復仁翔濟鳳，覽張奏以爲疑，范曄《後漢書》曰：光武初生於濟陽，有風皇集。又曰：張純字伯仁，爲大司空。奏上議封禪，詔不訥。至建武三十年，又奏曰：自古受命爲帝，必有封禪，以告成功。今攝提之歲，宜及嘉時，遵唐帝之典。帝乃東巡，□（以）純□（從），□□（并上）元封舊儀及刻石□（文）也。運啓譙龍，對蔣書而流汗。《魏志》曰：熹平元年，黃龍見□（譙）。太史令單颺曰：後當有王者興，不及五十年，亦當復見，天事恒象。此其應也。內黃殷□□□（登默而）記之，至延康元年三月，又見譙。登聞□（之）曰：颺之言驗乎！《魏書》曰：護軍蔣濟上封禪曰：自古革□□（命受）符，未有不蹈梁甫、登太山者。魏振百王之弊，成天地之道，上天報應，嘉瑞茂祥，比古寧逾，此儀久廢，宜下公□□（卿，廣）撰其禮。詔曰：聞濟此言，使吾汗出流足。

　　我國家之創歷也！《尚書》曰：曆數在汝躬。統天正，紐地鈐，《春秋》曰：夏正得天統。班固《□（典）引》曰：高光二聖，蓋以膺玄天之正統，受克讓之歸運。《符瑞圖》曰：地鈐者，不振搖也。《孝經援神契》曰：神靈滋液，百珍寶用則，地紐鈐。宋均注曰：鈐、帶。駕昊騰英，飛軒踐籙。少昊《帝王世紀》曰：少昊金天氏，黃帝子，姬姓，是爲玄囂，有皇鳥之瑞，□□（以鳥）記官。又曰：昔軒氏之一曰□（有）熊氏，姬姓。有景雲之瑞，以雲記官也。御龍圖而承景命，握麟璽而總禎符，孫氏《瑞應圖》曰：帝堯即位，坐河渚之濱，神龍赤色負圖而至，備載山澤河海之形，國□（土）之分域。《晋中其□（興）書》曰：元帝建武元年，江寧人虞廸得白玉麒麟璽一紐，以獻。文曰：長壽萬年。班固《典引》曰：逢吉丁辰，景命。陶混氣之鄉，教漸無明之國。《遁甲開山圖》曰：有□（南）溟之山，金堂玉室，無上混氣（上無元氣），實滋神化。張平子《思玄賦》曰：經石密之闇野，不識踪之所由。《楚辭》曰：日安不□（到），燭龍何照？注云：言天之西北，有幽冥無日之國，有龍銜燭而照之者。郎三光於乾盖，飛五色於雲柯，三光，日月星。班固《典引》曰：經緯乾坤，出入三光。《文子》以天爲盖，以地爲車，四時爲馬，[陰]陽爲驂。京房《易飛候》：四方常有大雲，五色具而不雨，其下有賢人隱。□（陸）平原《□（淳）雲賦》曰：金柯玉葉也。麥警馴索之翬，蘆引翻朱之鴈。《爾雅》曰：伊洛而南，素質五彩□□（皆備）章曰雉。潘安□（仁）《射雉賦》曰：麥漸漸以擢芒，雉鷕鷕而朝鴝。《後漢書》曰：魯恭爲中年令，雉馴桑下。□□□□（《尚書大傳》曰）：周成王時，越裳重譯，來貢白雉。崔豹《古今注》曰：鴈自□（河）北度江南，瘦脊，能高飛，不畏繒繳。每至還河北，體肥，不能高飛，恐爲□（虞）所獲，常銜蘆，長數寸，以防繒繳□（焉）。《淮南子》曰：鴈從風而飛，愛氣力，銜蘆翔，備繒繳也。《漢書》曰：太始三年，行幸東海，獲赤鴈，作歌曰：赤鴈集，五采文。茱漪湛閏，膏露凝華，《尚書中候》曰：堯沉璧於河，榮出光。鄭玄曰：榮光五色從□□（河水）中出。《毛詩》曰：河水清且漣漪。干寶《正言》曰：河榮清，聖人出，里社鳴，聖人生。《□（後）漢書》曰：河潤九里。《符瑞圖》曰：甘露者，一名膏露。《鶡冠子》曰：聖人之德，上及太清，下及太寧，中及萬物，則膏露下。鳳栖（棲）雙殖之桐，龍遊五花之樹。《淮南子》曰：鳳皇非梧桐不棲，非竹實不食。魏文帝詩曰：雙桐出（生）空井。孫氏《瑞應圖》曰：君子在位則神龍見。《括地圖》曰：方山有池，方七百里，羣龍居之，□（多）五花樹，龍恒食之也。仁犧薦骼，瑞鰈呈鱗。《春秋注》曰：麟者、仁獸□（也）。司馬相如《封禪書》曰：犧雙骼共柢之獸。《爾雅》曰：西海（東方）有比翼之鳥，不比不飛，其名□（謂）鶼。南方有比目之魚，不比不行，□（其）名爲鰈也。ㄓ黍合其一秠，靈茅藉其三脊。鄭玄《詩》《傳》及《禮》注并云：秬ㄓ即黑黍酒耳。ㄓ者，言芬□（香）條暢□（也）。秬，黑黍，一秠二米。孫氏《瑞應圖》曰：黃帝時，南

夷乘白鹿□（來）獻秬鬯。《漢書·郊祀志》曰：管仲曰：江淮之間，一茅三
脊，所以爲籍。孟康曰：所謂靈茅也。協風揺扇，景化潛流，榮鏡八荒，財
成萬有。協風，和風也。班固《典引》曰：盛哉皇家，功君百王，榮鏡宇宙。
揚雄《甘泉賦》曰：天明□□（閶闔）兮地門開，八荒協兮萬國諧。《易》
曰：財成天地之道也。

　　夫以軒皇駕象，總會百靈，夏禹登山，朝宗萬國。《家語》曰：昔禹會諸
侯於塗山，執玉帛者萬國。亦見《史記》。若使觀風展彩，鳴鸞珠獸之巖。觀
風注訖。司馬相如《封禪書》曰：展采錯事。□□（鳴鸞）注訖。《山海經》
曰：太山有獸焉，其狀□（如）豚而有珠，環水出馬，注於江也。發號揚輝，
瘞玉金鷄之岫。《封禪書》曰：勒功中岳，以彰至尊。舒盛德，發號□（榮）。
班固《典引》曰：將絣萬嗣，揚（煬）洪輝，奮景炎。《易是類謀》曰：太山
亡金鷄，西岳失玉羊。鄭玄注曰：太山亡金鷄者，箕星亡也。西岳失玉羊者，
狼星□（失）也。翠華西轉，蒼駕東巡。張平子《南都賦》曰：望翠華兮葳
蕤，建太常兮緋緋。駟飛龍兮驖驖，振和鸞兮京師。□□□□□（總萬乘
兮徘徊），按平路兮來歸。豈不思天子東巡之詞哉。蒼駕已注□（訖）也。創
射牛之儀，起訑麟之祭。《漢書·郊祀志》曰：□（上）與公卿諸生議封禪，
封禪用□（希）曠絶，莫如其儀［體］，而羣儒［□□□］［采封禪］、《尚
□□□（書》《周）官》《王制》□（之）望祀射牛事。蘇林曰：當祭，廣□
（廟）射其牲，以除不祥。臣瓚案：射牛示親歈。揚雄《甘泉賦》曰：煙感黃
龍□（兮），熛訑碩麟。祗肅天地，允答神人，《漢書·郊祀志》曰：有司曰：
陛下肅祗郊祀。司馬相如《封禪書》曰：天人□（之）際已交，上□（下）
相發允答也。開封中之白雲，望嶺側之青氣。《漢書·郊祀志》曰：帝上太
山，下陰道，禪肅然，有白雲見封中。《漢武帝故事》曰：梁父山之上，有白
雲肅然爲蓋。應劭《漢官儀》曰：世祖封禪，□□（夕有）青氣，上與天屬，
遥望不見嶺□□（山巔）也。作範前古，垂裕後昆，千年之慶既臻，萬歲之
音可發。謹對。《漢書·郊祀志》曰：武帝幸縱氏，禮登中岳太□（室）。從
官在山上，□（聞）若有言“萬歲”之音，問上□（上）不言，問下□（下）
不言，乃令祠官加增太室（祠）也。

　　征東夷

問：風郊未清，月營頻偃，風謂風夷。《論語》：子欲居九夷。注：東方之夷有九種。《傳》曰：畎夷、玕夷、□□（方夷）、黃夷、伯夷、赤夷、玄夷、風夷、陽夷。明組之俗，長纓罕羈，《山海經》曰：朝鮮在列陽東，明組□（邑）居海中。《漢書・終軍傳》曰：使南越，說其王。軍請受長纓，必羈南岳王，致之闕下。軍遂□（往）說越王，□□（越王）聽許，請舉國內屬。天子大說也。雖挫遊魂。未除殘孽。今欲重飛雲鳥，再動環龜，《太公六韜》曰：四面有□（敵），若之何？曰：當爲雲鳥之陣。《司馬兵法》曰：□（凡）戰，□□（背風），背高，□□□□□（兼含環龜。注曰）：兼含者，晝夜行，四面干戈，謂之環龜也。橫行遺玉之鄉，拓地捐琴之壑。《山海經》曰：東海外有青馬、三騅，爰有遺玉、視肉、有月母之國，中有琴。又曰：東海之外有大壑，曰少昊之國，帝顓頊於此棄其琴瑟。注曰：言今壑中有琴瑟。《漢書》曰：橫行匈奴中。虞丘壽王《驃騎論□□（功論）》曰：東越滄海，□□（西極）河源，拓地萬里，海內晏然。將使占蹄之俗，革化而內遷，負羽之軍，稜威而外蕩。《魏略》曰：鮮之俗常用十月飲食歌舞，名之曰舞天。有軍事，祭天，煞一牛，觀蹄以占吉凶。牛蹄解者爲凶，合者爲吉。江淹《別賦》曰：若乃邊郡未和，負羽從軍，遼水無極，鴈山參雲也。奇正之術，應有二權，攻取之方，佇聞三略！《淮南子》曰：兵有三勢二權。有氣勢，地勢，□□（因勢）。將勇而輕敵。卒果敢而樂戰，氣如飄風，聲如雷電，此之謂氣勢。狹路津關，大山名塞，羊腸道，魚笱門，一人守隘，千人不過，此之謂地勢。因其勞倦□□（怠亂），饑渴□□（凍暍），□□□□（擠其揭揭），此之謂因勢。善□（用）間諜，出於不意，使敵人之兵無所適備，此謂智權。前後不相躁，左右不相干，受刃者少，傷敵者衆，此之謂事權。黃石公記兵法之篇有上略，中略、下略，謂之三略也。

對：竊以風夷、畎夷之［地］，獷俗難陶，辰韓、弁韓之鄉，狼心易擾。綿歷既久，職貢靡脩，風夷注訖。獷、戾。《魏略》曰：韓在帶方南，南與倭接。種有三：一曰馬韓，二曰辰韓，三曰弁韓。辰韓、古之辰國。左太冲《吳都賦》曰：職貢納其苞軌。狼子野心也。成其旅距之心，熾其飛走之路。《毛詩》曰：獫狁孔熾。走喻禽獸。班固《東京賦》曰：飛者未及翔，走者未及去。遂使荒城狡菟，未挂良弓，《漢書》曰：元封三年，朝鮮王□□（斬其）右渠來降，遂定真番，臨屯、樂浪、玄菟四郡。又朝鮮也□（有）玄菟城。張顯《析言》曰：言狡獸死，良弓藏也。絕島奔鯨，屢迷疏（疏）綱。海曲曰島。木玄虛《海賦》曰：若乃橫海之鯨，突兀孤游，茹鱗甲，吞龍舟。或乃蹭蹬窮波，陸死鹽田，巨鱗插雲，耆獵刺天。《孔德璋表》曰：奔鯨妄進，故曝括嶼。《漢書・刑法志》：漢初，改秦法，斲雕爲朴，破觚爲圓兮，網漏吞舟之魚。《老子》曰：天網恢恢，疏而不漏也。觀其向背之趣，議其姦宄之由，良以前王無懷遠之威，歷代寡牢籠之略。雖窮豎亥之筭，未越青丘，空問海人之衣，唯臨滄沼。《山海經》曰：帝使豎亥步，自東極至於西極，五億十選九千八百八步。豎亥右手把筭，左手指青丘北。郭璞注《山海經》云：舊説魏黃初中，太守王頎討高句麗□□（王宮），盡其東界，臨□（大）海。問其耆舊，海東復有人不（否）？云：嘗在海中得一布褐，身如中人，衣兩袖長三丈，即長臂人衣也。使聲馳日城，化浹天崖，則落隼之貢可徵，獻狐之賓自至。《孔子家語》曰：孔子在陳，有隼落於陳侯之庭而死，楛矢貫之，石砮，其長尺有咫。惠公使人如孔子□□（館而）問焉。孔子曰：隼之來遠矣！此肅慎□（氏）之矢。昔武王尅商，通九夷百蠻，使各以其方賄來遠（貢）矣。此（於是）肅慎是（氏）□□□（貢楛矢）、石砮。以分太姬，配胡公，而封諸陳。《周書・王會篇》曰：成王時，青丘亦獻九尾之狐。

伏惟聖上以飛天御曆，括地開家；風清執象之君，化軼繞樞之帝。懸玉鏡，席蘿圖，踐三英，登九望。操環把縵之俗，乘蠡卷殼之鄉，一臂一目之酋，毛人羽人之國，莫不踐珠澤，跨桑津，嚮仁義之風，盡梯航之獻。顧茲遼碣，獨阻荒隅，未戢五兵，猶勞再駕。夫以九梨（黎）虐政，猶興中冀之誅；三苗不龔，爰動姚墟之代。

今既兵承廟略，將稟神謀；黃鳥降旗，玄狐授籙。命［度遼之］將，興轉石之師。地陣籠山，天船蓋海；蒙輪萬隊，絡鐵千羣；旆插［雲心，鼓］鳴雷骨；翻日車於糅雪，縱烈火於秋原。鼈山無作固之基，鯨海息羣飛之浪。鶻頭既截，龍膝方迴。先除衛滿之兇，却掃孫淵之孽。靖帶方之氛祲，安肅慎之黎元。不勞荀彘之謀，詎待涉河之説。然後置南部之尉，朝東海之君。掛弓扶桑，洗兵海島；文馬既放，琱戈復韜。刊不耐之城，勒丸都之岫，視六合其如指掌，何一隅之足芥哉！謹對。

均州壤

問：庶土交正，垂範前經；地利必分，騰規往訓。由是張衡摛賦，辨沃墝於二京；裴秀制圖，審高卑於六體。然則窊隆異等，勞逸不同，將均貢篚之差，寔表京坻之積。

至乃人稀土曠，滄瀛有彌望之郊；揮汗〔駕肩〕，汾晉無立錐之地。今欲均其土宇，任以遷居，使戶割膏腴，家豐菽粟。猶恐首丘難變，懷土易安，食水多怨讟之謠，涉河無率從之誥。可否之理，當有令圖；勸導之宜，咸敷厥旨。

對：竊聞人惟邦本，本固邦寧；務本必於安人，基邦在於弘眾。譬███（潭深）魚集，林茂鳥歸；山海██████（不厭於高）深，家國必資於富實。

曩者隋網紊緒，天下分崩，荊棘旅階）庭，狐兔踐於城邑。我國家纂期膺曆，攝運受終，逢五老而受圖書，獵雙童而基霸主。澄清六合，榮鏡八荒，再讓而天下自歸，一戎而兵戈已偃。

聖上以大明統極，提象御辰，景化溢於幽遐，神功暢於動殖。駕雲甄海，益地開圖，義里恒空，閑田莫競。猶恐州如馬齒，疎密不同；地若龍鱗，膏腴兼倍。將欲平分土宇，申畫郊圻，以爲汾晉黎甿，邑居湫隘；滄瀛郊野，耕墾未周。五土之利尚荒，四人之務猶褊。

若夫體國經野，訓俗濟時，擇利而行，應權而動。若使廣開敦諭，各任遷居，咸遵樂土之詩，共解薰風之慍。使其環桑起宅，荷鍤趨疇，龍梭曳蠶妾之機，鳳粟滿田夫之積。然後崇禮節，務耕耘，政令絕蒼鷹之威，聚斂無餓豺之暴，即可千倉起咏，九賦咸均，繈（襁）負滿於康莊，雞犬聞於郊境。謹對。

（三）作者與卷數

《兔園策府》一書，後世亡佚，賴敦煌文獻的發現得以保存，一窺原書面貌之梗概。另敦煌寫本《雜抄》"經史何人修撰製注"下也提及"《兔園策府》杜嗣先撰之"，日本平安時期藤原佐世（八四七～八九八）的《日本國見在書目録》也著録有"《兔園策》九卷，不著撰者"〔一〕。然此書《舊唐書·經籍志》《新唐書·藝文志》均未見著録，宋、明其他史志目録雖多所著録，然情況不一，兹依序條列如下：

晁公武《郡齋讀書志》："《兔園策》十卷，右唐虞世南撰。奉王命，纂古今事爲四十八門，皆偶儷之語。五代時行於民間，村野以授學童，故有遺下《兔園册》之誚。"〔二〕

尤袤《遂初堂書目》："《兔園册府》，未著撰者及卷數。"〔三〕

南宋紹興中《宋秘書省續編到四庫闕書目》卷一"別集類"："《兔園策》十卷，未著撰者。"同書卷二"類書類"："《兔園策》十卷，未著撰者。"〔四〕

王應麟《困學紀聞》："《兔園册府》三十卷，唐蔣王惲令僚佐杜嗣先仿應科目策，自設問對，引經史爲訓注。惲，太宗子，故用梁王兔園名其書。馮道《兔園册》，謂此也。"〔五〕

脱脱《宋史·藝文志》集部"別集類"："杜嗣先《兔園策》十卷"〔六〕；同書卷二〇九集部"文史類"："杜嗣先《兔園策府》三十卷。"〔七〕

陳第《世善堂藏書目録》："《兔園策》十卷虞世南。"〔八〕

以上著録情況，以日本平安時期藤原佐世（八四七～八九八）所編的《日本國見在書目録》爲最早，而以南宋時期的載録最多，宋以後著録較少，

〔一〕〔日〕藤原佐世：《日本國見在書目録》，第八九頁。

〔二〕（宋）晁公武撰，孫猛校證：《郡齋讀書志校證》，第六五〇頁。

〔三〕（宋）尤袤：《遂初堂書目》，收入王雲五主編：《叢書集成初編》，中華書局，一九八五年，第二四頁。

〔四〕葉德輝考證：《宋秘書省續編到四庫闕書目》，《叢書集成續編》第三册，第二五九、二九六頁。

〔五〕（宋）王應麟著，（清）翁元圻等注，欒保群、田松青、吕宗力校點：《困學紀聞》，上海古籍出版社，二〇〇八年，第六七〇頁

〔六〕《宋史》卷二〇八《藝文志七》，第五三五二頁。

〔七〕《宋史》卷二〇九《藝文志八》，第五四〇八頁。

〔八〕（明）陳第編：《世善堂藏書目録》，收入王雲五主編：《叢書集成初編》，中華書局，一九八五年，第三八頁。

且多承襲宋人記述。綜上記述加以歸納，關於《兔園策府》的作者，有作
"不著撰者"（《日本國見在書目録》《遂初堂書目》《宋秘書省續編到四庫闕
書目》），有作"虞世南"（《郡齋讀書志》《世善堂藏書目録》），有作"杜嗣
先"（《困學紀聞》《宋史》）。

　　究竟《兔園策府》的作者爲誰？按：今所見敦煌寫本伯二五七三原卷首
題明白署名"杜嗣先奉教撰"，而敦煌寫本《雜抄》在"論經史何人修撰製
注"中也提及："《兔園策》，杜嗣先撰之"，可見唐時流傳的《兔園策府》，作
者可確定是杜嗣先無疑。

　　惟宋晁公武《郡齋讀書志》及明代陳第《世善堂藏書目録》有"虞世南"
説法的出現；後《兔園策府》亡佚，世人未見原書，因而率多沿襲晁氏的説
法。近人聞一多在《類書與詩》中，也以爲《兔園策府》爲虞世南所撰[一]。
按：晁公武《郡齋讀書志》著録《兔園策府》除了作者不同外，其所記述此
書之卷數、内容性質與敦煌寫本所呈現的卷數、門類及偶儷文體都完全符合，
足見其所指當爲同一書本，祇是作者不同而已。對此歧異，王國維《〈兔園策
府〉跋》曾作了以下的推測説：

　　　　竊疑世南入唐，太宗引爲記室，即與房玄齡對掌文瀚，未必令撰此
　　等書，豈此書盛行之際，或并三十卷爲十卷，又以世南有《北唐書鈔》，
　　嫁名於彼歟？[二]

　　有關杜嗣先撰作的資料不少，祇是在《徐州刺史杜嗣先墓誌》未發現
前，有關杜嗣先的生平都不得其詳，故自來大多據《困學紀聞》所載推測應
與蔣王惲有密切的關係。鄭樵《通志·藝文略家譜類》有《蔣王惲家譜》一

　　〔一〕 聞一多在《類書與詩》："文學被學術同化的結果，可分三方面來説。一方面是
章句的研究，可以李善爲代表，另一方面事類書的編纂，可以號稱博學的《兔園册子》與
《北唐書鈔》的編者虞世南爲代表。"（原載《大公報》文藝副刊第五二期，《聞一多全集》
六《唐詩編上》，第五頁）。

　　〔二〕 王國維：《觀堂集林》卷二一，第一〇一四～一〇一五頁。

卷，下注明："惲，太宗第七子，書載其後。"此書不知是否與《兔園策府》
有關，難以確知。據《資治通鑑》載，惲死後由其子煒嗣蔣王，爲武后所
害，且被抄家，或許此書當時正在流行，爲恐惹禍，遂嫁名於虞世南？

又清杭世駿對於《兔園策府》作者則提出調和的説法，以爲：《兔園策
府》原爲三十卷，乃唐太宗時杜嗣先及虞世南二人奉蔣王惲令所撰。他説：
"兔園册者，策問策對也，唐太宗時，蔣王惲令僚佐杜嗣先、虞世南等仿應
科目策，自設問對，引經史爲訓注，用梁王兔園名其書曰兔園册府，共三十
卷。"〔一〕杭世駿的考訂，似乎根據王應麟《困學紀聞》的説法，衹是加入了
"虞世南"，以解釋各家著録有關作者的歧異問題。

至於卷數問題，根據以上各家著録，有"不著卷數"（《遂初堂書目》），
有作"九卷"（《日本國見在書目録》），有作"十卷"（《郡齋讀書志》《宋秘
書省續編到四庫闕書目》《世善堂藏書目録》），有作"三十卷"（《困學紀聞》
《宋史》）。主要有十卷、三十卷及九卷等三種不同的説法。王國維《〈兔園策
府〉跋》除了懷疑作者虞世南的説法，恐是後人嫁名外，對於此書卷數則以
爲十卷本疑爲三十卷本删併的結果。之後，吕思勉《隋唐五代史》"隋唐五代
政治制度"一章中則提出：

　　題名之異，蓋由纂集本非一人，無足爲怪，獨其卷數不同耳。（中
略）合觀晁、孫諸文，知士大夫之尚此書，初蓋以供對策之用，然後有
所重者，惟在其儷語而不在其訓注，蓋有録其辭而删其注者？故卷帙止
三分之一，若寫作巾箱本，則并可藏之襟袖之間矣〔二〕。

王、吕二家以爲十卷本乃三十卷本後來删併的結果，主要根據宋王應麟
《困學紀聞》的説法。按：根據王應麟有關《兔園策府》的記述，持與敦煌

〔一〕（清）杭世駿：《訂訛類編·續補》"兔園册子"條，上海書店，一九八六年，
第五二頁。
〔二〕吕思勉：《隋唐五代史》第二〇章，第一一一六頁。按：吕氏所謂"纂集本非
一人"的解釋，乃依馮道"兔園册皆名儒所集"的説法，并無實據。

寫本一一按覈，發現二者多相契合，祇是在卷數多寡有所差異而已。《困學紀聞》作"三十卷"，而敦煌寫本斯六一四序文作"十卷"。蓋杜嗣先原作有訓注，計"三十卷"，後因刪去其注而併爲"十卷"，序文爲符合實情乃不作"勒成三十卷"，而作"勒成十卷"或"勒成一部"。

由於有不同卷數的流傳，因此，《宋史·藝文志》乃分別予以著録。而後世"重其儷語而刪其訓注"，遂使十卷本大爲流行，以致之後的著録多作十卷。至於《日本國見在書目録》著録作"九卷"，恐爲十卷本流傳至日本後有所散佚，而致殘存九卷，或以爲藤原佐世《見在書目録》蓋據冷然院所藏漢文典籍而編，成於八七五年冷然院被焚之後，其所據漢籍當是該院火劫後之遺存，九卷本應是十卷的殘存[一]。

（四）性質與流傳

除了宋代以來的史志目録著録外，《兔園策府》在唐末五代的載籍中，也間有記述，可見其在當時流行之一斑。五代孫光憲《北夢瑣言》説："《兔園册》乃徐庾文體，非鄙朴之談。"又日本寬平年間（八八九～八九七）藤原佐世據冷然院漢文典籍所編的《日本國見在書目録》著録有"《兔園策》九卷"，敦煌本《雜抄》著録"《兔園策》杜嗣先撰之"，以及敦煌石室遺書中所發現的五個卷號四件《兔園策府》寫本，在在顯示出杜嗣先《兔園策府》在唐五代時期流傳的廣泛，不僅在中原地區流傳，也見於西北邊陲的敦煌，甚至還遠播到東瀛。宋代史志目録尤多著録，更可見宋時此書盛傳之一斑。明代陳第《世善堂藏書目録》也有著録，明馬中錫（一四四六～一五一二）《中山狼傳》也提及："往年衣短褐，侶木石，手不知揖，心不知學，今持《兔園册》，戴笠子，腰韋帶，衣寬博矣。一絲一粟，皆我力也。"[二]是明代時，此書尚流傳民間，祇是不再像唐代那樣受到重視，甚至淪爲鄉校俚儒教田夫牧

〔一〕 王璐：《敦煌寫本類書〈兔園策府〉考證》，《唐都學刊》二〇〇八年第四期，第八一～八五頁。

〔二〕 （明）馬中錫：《東田文集》卷三《雜著》，收入王雲五主編：《叢書集成初編》，中華書局，一九八五年，第一〇〇頁。

子所誦的雜書〔一〕。

　　對於《兔園策府》一書的性質，自來看法也有歧異，可説是見仁見智。不過，從各家的評述也不難窺見《兔園策府》的流傳與性質的轉變。《新五代史・劉岳傳》於論述馮道行徑時説："宰相馮道，世本田家，狀貌質野，朝士多笑其陋。道旦入朝，兵部侍郎任贊與岳在其後，道行數反顧。贊問岳'道反顧何爲'？岳曰'遺下兔園策爾'。兔園策者，鄉校俚儒教田夫牧子之所誦也。故岳舉以消道。"〔二〕

　　從《新五代史》中劉岳對《兔園策府》一書的看法，以爲乃三家村老學究所編，用以教田夫牧子的習文通俗之書，可知五代時期此書内容性質已被視爲習文的童蒙讀物。又《舊五代史・馮道傳》曰："（後唐）明宗曰'此人朕素諳委，甚好宰相'，俄拜端明殿學士，端明之號，自道始也。未幾，遷中書侍郎刑部尚書平章事，凡孤寒士子，抱才業，素知識者，皆與引用。唐末衣冠履行浮躁者，必抑而鎮之。有工部任贊，因班退，戲道於後曰'若急行，必遺下兔園策'。道尋知之，召贊曰'兔園策皆名儒所集，道能諷之，中朝士子，止看文物秀句，便謂舉業，皆竊取公卿，何淺狹之甚耶'，贊大愧焉。"〔三〕《舊五代史》中，馮道以爲"《兔園策》皆名儒所集"。五代、北宋間的孫光憲在《北夢瑣言》"詼諧所累"條中説："劉岳與任贊偶語，見道行而復顧，贊曰'何也？'岳曰'定是忘持兔園策來'。道鄉人在朝者，聞之告道，道因授岳祕書監，任贊授散騎常侍。北中村墅，多以兔園策教童蒙，以是譏之。然兔園策乃徐庾文體，非鄙樸之談。但家藏一本，人多賤之也。"〔四〕劉岳、任贊將之視爲北中村墅鄙樸之談，而孫光憲則以爲《兔園策府》的駢儷之風，可媲美於南梁徐陵、庾信之文體。據敦煌本《兔園策府》，文字清

　　〔一〕《新五代史・劉岳傳》云："兔園册者，鄉校俚儒教田夫牧子之所誦也。"（第六三二頁）又《北夢瑣言》云："北中村塾多以兔園册教童蒙。"（第三四九～三五〇頁）以及晁公武《郡齋讀書志》也説："五代時盛行於民間，村野以授學童。"（第六五〇頁）

　　〔二〕《新五代史》卷五五《劉岳傳》，第六三二頁。

　　〔三〕《舊五代史》卷一二六《馮道傳》，第一六五六～一六五七頁。

　　〔四〕（五代）孫光憲：《北夢瑣言》，第三四九～三五〇頁。

麗，且多儷語，與孫光憲所言多相契合。可見其原本出自唐蔣王李惲的僚佐杜嗣先之手，爲"名儒所集"，非"鄙樸之談"。後世社會變遷，科考崇尚有異，遂淪爲鄉野村童用來習文的教材。

呂思勉對此提出相當合理的解釋，他説："合觀諸文，知士大夫之尚此書，初蓋以供對策之用，然後有所重者，惟在其儷語而不在其訓注。蓋有録其辭而删其注者，故卷帙止三分之一。若寫作巾箱本，則并可藏之襟袖之間矣。《文場秀句》，由此作也。村童無意科名，何必誦此等書？然其師何知？但見取科名者皆誦之，則亦以之教其弟子矣。抑爭名者於朝，爭利者於市，朝市之間，風氣之變恒速，而在鄉僻之地則遲。唐宋取士，皆尚辭華，故其人習於聲病對偶。自元以降，科舉之法已變矣！然村塾之中，仍有以《故事瓊林》《龍文鞭影》教學者⋯⋯其書皆爲儷語，而以故實爲注，實新撰之《兔園策府》《文場秀句》也。問以誦此何爲？則亦曰："昔人如是，吾亦如是而已，無可説也。"[一]由呂氏之説，不難理解《兔園策府》一書性質的轉變及其流傳消亡的原因。

（五）敦煌寫本《兔園策府》蒙書的功能體現

《兔園策府》一書，若從"對策"文體視角論則屬於別集；從編撰體例來看，則屬於類書；若就實際使用的情況來看，《兔園策府》在唐五代時其用途已轉爲學生學習詩文的蒙書。

試看敦煌寫本《兔園策府》今所存的内容有序文及第一卷《辨天地》《正歷數》《議封禪》《征東夷》《均州壤》等五篇。其序文有言："忽垂恩教，令修新策。今乃勒成一部（一本作十卷），名曰《兔園策府》，并引經史，爲之訓注。"知是杜嗣先奉蔣王李惲之令，參照科舉試策編撰範文，以備習作參考之用。

按：唐代科舉考試大體可分爲常科和制舉兩種，常科中的明經科是"先帖文，然後口試，經問大義十條，答時務策三道。"[二]進士科考試内容有一項

〔一〕呂思勉：《隋唐五代史》第二〇章，第一一一六頁。
〔二〕《新唐書》卷四四《選舉志》，第一一六一頁。

制（策）、兩項制（雜文—策）和三項制（帖經—雜文—策）的變化。制舉通常祗試策問。

《兔園策府》一書采用策問的書寫形式，與唐代科舉考試策問的格式完全相同，現存第一卷篇目題《辨天地》《正歷數》《議封禪》《征東夷》《均州壤》等五篇，基本屬時務策，這種有意模仿科舉考試策問形式的編撰，儼然就是唐代科舉試策考試的試題與答案。

推究其轉換的緣由，蓋以科舉制的設立與發展，爲平民百姓提供了入朝爲官的機會，隨着科舉的興起，教育迅速向普通大衆普及。唐代科舉考試的主要考查内容爲“策”，唐前期的試策文又多以駢文賦體創作。由此，試策文的創作也就成爲童蒙教育的重要内容。《兔園策府》作爲仿科舉對策文之文集，以駢文爲文體創作，結構嚴謹、音韵和諧、典故豐富、辭藻華麗，應用於童蒙教育中，是完美的習文教材。在敦煌寫本尚未出現之前，傳世典籍中論及《兔園策府》皆以爲是鄉校塾師教童蒙之書，實其來有自也。

《兔園策府》這類雖本非蒙書，然隨着現實環境的需求，此書的内容對於民間有志科考的學生提供了一個有效的學習教材，可藉以奠定日後應舉的基礎。類似的模擬試題、試卷在敦煌寫本中也可見到，如俄敦三九〇一號存有“讀孝經一卷足以立身治國論”“立心以道傳不欺爲王本論”，俄敦一九〇一五號存有“問：周鄭交直，其失孰甚，試明言之”，這二件寫本都是策問模擬試卷草稿的遺存。另外北敦一四四九一號+北敦一四六五〇號更存有：“孝子感應”、“斷貪濁”、“〔論酷虐〕”、“世間貪利不憚刑書”、“唯欲貪求亦有義讓”、“問豪富”、“問婦女妖貌”、“問富貴人唯覓財利亦有清潔”、“修禮讓息逃亡”、“安撫貧弱”、“問帝王感瑞不同”、“問武勇猛人”、“進士無大才”、“括放客户還鄉”、“問音樂所戲”、“三代官名多少”、“審官授爵”、“隱居不仕，爲是無才，爲不遇時”、“問俊人聰辯”、“僧尼犯法”、“斷貪濁”、“書籍帳”、“蘭菀”、“山石”、“善治術”、“山”（擬）、“海”（擬）、“地”、“江河”、“請雨”等三十篇問對，每篇分策題、策問、對策三部分。（詳附：策府）

再者，斯六一四號卷末有題記“巳年四月六日學生索廣翼寫了。”後有學郎詩抄“高門出貴子，好木不良才，男兒不學問”，前後筆迹相同，字迹稚嫩，當是學童索廣翼塗鴉之作。雖然與《兔園策府》非同出學生索廣翼一人所抄，然詩抄、題記同出索廣翼之手，是《兔園策府》抄本爲索廣翼誦讀所使用的本子。這表明此書爲學童所使用，是童蒙學習詩文的誦習用書。

總之，《兔園策府》的本質是唐代策問的範文，唐代科舉試策，對策文體多爲“賦”，故《兔園策府》對策文體爲賦，而以事類編目，基於此一體製特徵，王三慶《敦煌類書》將其歸爲“類事賦”。後由於時空轉換，視角與側重隨之有所改觀，其功能用途也有所不同。原爲蔣王傅杜嗣先奉教撰的《兔園策府》，是參照科舉試策編撰的範文。到了晚唐五代已逐漸成爲教人屬文、典故和知識等方面的蒙書，爲“鄉校俚儒教田夫牧子之所誦”，“北中村墅多以《兔園册》教童蒙”。隨着時代社會變遷，科考崇尚有異，《兔園册府》遂淪爲鄉野村童用來學習文章寫作的教材了。

附：“策府”

中國國家圖書館藏北敦一四四九一號+北敦一四六五〇號綴合成一件性質與《兔園策府》相似的文本，或擬題作“問對”，或作“策府”，此敦煌寫本寫作年代蓋爲貞觀前期，或貞觀年間，通過對唐初進士科、明經科和制科試策考試的特點，以及相關考試制度的分析，認爲本件文書應該是唐初進士科試策的模擬試策範文“策府”，彌足珍貴。此件文書内容豐富、時代較早，對研究唐初進士科試策具有重要意義。但長期以來，學界對此關注甚少。一九九九年鄭阿財《敦煌本〈明詩論〉與〈問對〉殘卷初探》最早對北敦一四四九一號的收藏情況進行了概述，并對寫卷進行了錄文和研究[一]。二〇〇七年，鄭阿財、朱鳳玉《開蒙養正：敦煌的學校教育》又對該卷進行了介紹[二]。二〇一〇年，劉波、林世田《敦煌唐寫本〈問對〉箋證》一文，將兩件文書綴合在一起，對文書的收藏情況做了詳細的説明，并進行了錄文和

〔一〕 鄭阿財：《敦煌本〈明詩論〉與〈問對〉殘卷初探》，成功大學中國文學系：《第四屆唐代文化學術研討會論文集》，成功大學教務處出版組，一九九九年，第三〇三～三二五頁。

〔二〕 鄭阿財、朱鳳玉：《開蒙養正：敦煌的學校教育》，第一二三～一二六頁。

校箋，對策文中的典故也有初步解讀[一]。

（一）寫本概況

此件由北敦一四四九一號和北敦一四六五〇號綴合而成，斷裂紙縫上的文字可以完全彌合。北敦一四四九一號長一百五十厘米，北敦一四六五〇號長四百八十點八厘米，綴合後，首尾俱缺，長六百一十四、高二十點三厘米，共得十六紙，三百零六行[二]。其中，北敦一四四九一號爲劉廷琛舊藏，《敦煌劫餘録續編》擬定爲"問對二十六條"[三]，《中國國家圖書館藏敦煌遺書精品選》擬作"殘策"[四]，《國藏》擬作"對策"；北敦一四六五〇號卷首鈐有朱印"趙鈁珍藏"印一方，卷尾鈐有朱印"元方審定"印一方，係趙鈁舊藏，《國藏》擬作"對策"。原件在劉廷琛收藏時尚未撕裂，大概劉廷琛舊藏轉入張子厚手中時，劉氏家人爲了增加數量，將寫卷撕裂爲二；或者是寫卷流出劉家之後被撕裂。撕裂下來的前半段（北敦一四四九一號）被吳甌收買，一九五四年吳氏收購的敦煌寫卷被國家收回，交付北京圖書館；後半段（北敦一四六五〇號）轉歸趙元方，上個世紀五十年代初，趙氏又將其捐贈給北京圖書館[五]。

（二）録文

兹以北敦一四四九一號+北敦一四六五〇號綴合本爲底本，并參酌諸家

〔一〕　劉波、林世田：《敦煌唐寫本〈問對〉箋證》，《文津學志》第三輯，國家圖書館出版社，二〇一〇年，第一一五～一四二頁。

〔二〕　詳見劉波、林世田：《敦煌唐寫本〈問對〉箋證》，《文津學志》第三輯，二〇一〇年，第一一五頁。

〔三〕　北京圖書館善本組編：《敦煌劫餘録續編》，國家圖書館出版社，一九八一年，一二四頁。

〔四〕　中國國家圖書館善本特藏部等編：《中國國家圖書館藏敦煌遺書精品選》，國家圖書館出版社，二〇〇〇年，第一九頁。

〔五〕　劉波、林世田：《敦煌唐寫本〈問對〉箋證》，《文津學志》第三輯，二〇一〇年，第一一五～一一六頁。

校録，重新録文并加序號，全文如下：

（一）孝子感應

問：古來孝子，行何德（德）行，感何□□不朽。宜明至理，無俟昌言。

某對：某聞立身之道，以孝■（爲）□□郭巨埋於愛子，大孝傾其■□□焉出穴，所以孟仁得笋，抽■（之）□□□至孝通靈，無一言而不感；一心□□者，不敢惡於他親。《書》曰：唯孝動■（天）□□。

（二）斷貪濁

問：夫以貪官害政，濁宰亂民，□□異式，塞彼貪心。

某對：某聞種藕深池，則根■□□枝榮，豈非處物得宜。故以相□□任得人，必須吏部嚴明；曹傄□□擢仁者以安人，使民謠五袴□；■（負）殘於隴畝，使號備夫；能令穢濁勵心，清廉盡力；□（鷹）隹（隼）猶知逐日，況於員首者哉！謹對。

（三）[□□□]（問酷虐）

問：古來唯聞善政，罕見虐□，■美寬弘，希陳酷宰。既無其惡，何以顯能。子素■（語）□，宜陳指説。

某對：某聞紂王酷虐，割叔父之心；桀帝犲狼，烹忠賢之士。昔嚴延在任，長安有流血之屢。王吉當官，沛國有全屍之色。至如周吁（紆）聞赦，前決大刑。侯覽見豪，誣之破没。斯乃乳彪害物，何名至治者哉？譬魅蠱之侵民等，蟪虫之食木；民遭蠱害，立見傾亡；樹被蠹侵，尋者倒仆。蒼生何罪，逢此凶時者哉！謹對。

（四）世間貪利不憚刑書

問：世間馳騖，貪競寔繁。貴賤咸然，非利不可。熟知刑憲，不忘條章。掛綱觸繩，仍從伏法。何其頓（鈍）爾，冀子明言。

某對：某聞世界貪淫，玄文已之舊説。蒼生競利，俗教之所先陳。枳橘遂以改儀，梅杏於焉變質。信土風之有隔，實世界之應然者也。既而去聖遥遠，黎庶澆灕。儉約之記未聞，賒（奢）縱之風彌切。自大唐膺籙，四海歸仁；玄芝於是見祥，朱草欝焉呈瑞；貪泉已息涌浪，□（浪）井於是濤波；民懷廉恥之心，俗有邑人之美；寧止解官留犢，即擅時生；受物送臺，而無宗子。謹對。

㈤唯欲貪求亦有義讓

問：世道貪競，以貪爲本。爲有義讓，爲止貪求。子既博聞，無或斯辯。

某對：某聞閻浮穢濁，釋典之所記焉。世道澆浮，孔經之所著矣！然則黔黎蠢蠢，情有未同。庶類敖敖，意然不等。或志昏聲色，或意靜林泉，或鼎食以裂山河，或蔬飯而居蓬篳，或控弦億兆之衆建國開基，或聞授位之名，則臨河洗耳。故張禹有讓田之美，久著莆苗；陶石有施飯之名，仍傳蘭萊。何必梁鮪散物，獨降學生；安帝拯窮，偏須貞婦。豈有唯應貪覓，而無義讓哉！謹對。

㈥問豪富

問：韓魏已來，人多侈竟；相嘲誇調，各尚資財。雖有其言，未覩其事。子之強識，并是何人？

某對：某聞色聲世堺，富誕爲先；豪貴矜誇，故其然矣！至如石崇錦鄣，五十里以霞生；吉甫粥鎗，卅里而雷沸。況乎漢稱金屋，周曰璧臺，豈止羊琇嬌豪，家燃獸炭！前王孫傲岸，室累千金而已。謹對。

㈦問婦女妖貌

問：婦女妖華妍鄙，雖別近之所覩，未見異人。往古以來，誰爲令淑？如其出物，子可具陳。

某對：某聞越衆驚人，多諸妖異；狂花實萼，有艷無成。至如野狸入朝，時稱吏部；曲蚓當路，世號神童。故褒姒笑而傾周，妲己歡而滅紂。危邦亂政，其在茲乎？何令淑之可陳，特妖耶（邪）之作也。後賢明達，寧非龜鏡者哉！謹對。

㈧問：富貴人唯覓財利亦有清潔

問：世多聲色，各擅名聞。或紫蓋臨朝，或繡衣本邑。情無廉素，意在憍賒（奢）。爲當悉事貪求，爲當更有清潔。

某對：某聞惟岳極峻，栴檀與蒿艾聚林；惟海極深，明珠与蜯礫同處。故知人之異也，豈可雷同？至如祈帝登朝，情敦堯讓；嬴君即位，意在憍賒。昔少平有洛陽之□（令），□□（覆尸）布被。興祖南陽之職，黄紙（祇）充衣。███（豈真）▭乃仲翁捐於赤鐵，詎得渾茲妍鄙，▭。

(九)修禮讓息逃亡

問：修何異術，得民知禮讓，以息逃亡。

某對：某聞國以民爲本，民以食爲先；國以民爲基，民以食爲命。故移風易俗，以樂爲先。安上治民，以禮爲本。所以大帝之后，教耕耜之方。雲師之皇，道六書之典。使人知礼讓，家給千箱。然後簡茂戚以臨邦，選懿蕃（藩）而荏俗。誅豪恤弱，錙負知歸。何亡叛之有乎，豈黔黎之不足？謹對。

(十)安撫貧弱

問：安慰窮弱，止遏豪強，修何異術，使無侵犯？

某對：某聞遏強禁暴，在國之恒規。撫弱恤貧，先王之令典。至如怯夫懦劣之輩，煢獨飢寒之徒。得豪貴之侵凌，被富強之抑奪。無由自雪，何以面存？若不優矜，交懸暑刻；必須勤加慰撫，親省風謠；使無犯毫釐，安其本業。遣鰥煢之類，重得來蘇；凶暴之徒，懲其有犯。勵壯夫於耕耜，勸老弱於蠶綿。必使家給民豐，調租俱足。自然豪貴自擾，孱弱無虞。邑號邑邑，州稱濟濟。唐堯之治，未敢云前。舜禹之都，何曾比擬。蒭蕘之見，斯而已哉！謹對。

(十一)問：帝王感瑞不同

問：聖王御世，皆受天苻。衆后臨朝，承膺乾命。至於刼露降礼，理有不同。或白狼銜鈎，或玄龜負字，或丹鳳巢閣，或赤雀集酂。行有何殊，而能異感？

某對：某聞洛龜負字之徵，河龍銜圖之瑞。火禽巢於阿閣，仁獸集於丘園。榮光耀彩之奇，休氣浮空之瑞。魚人白面之美，龍馬赤文之徵。玄鳥化玉之形，赤雀銜書之異。逐帝王而出没，膺哲后而時來。故人非常人，瑞非常瑞。或託生右脇，或頂上受胎。或感電光而有身，或吞鷰卵而懷孕。雖曰握圖不二，而稟有異端，乃受籙是同，而隨因有。各至如乾象無改，陰陽之氣乃差。帝號不殊，而剛柔之行斯別。或恩沾草木，則玄芝與秬穄連蕪。或惠及山陵，則瑠璃与白玉俱至。或澤臨毛羽，則麒麟与鸞鳳并臻。豈直（祇）殷帝白狼、周王赤雀而已？謹對。

(十二)問：武勇猛人

問：夫人受質，稟有不同。往古以来，誰稱勇健？剛毅武猛，斯乃何人？宜陳所能，以怯未悽。

某對：某聞共氏觸山，傾天陷地。殷王大力，索鐵申鈎。烏獲戴鼎之奇，石蕃負沙之異。孟君拔牪（距）之勇，許生怒目之威。吳漢敵國之名，張飛万人之譽。或發憤而壯髮衝冠，或嗔眸而電光出眼，或叱吒而烟霞舒卷，或震吼而河海奔流，斯并皴氣風馳，收屑霧斂，轟轟礚礚，豈紙筆之能陳者也。謹對。

十三 進士無大才

問：諸州進士，無復往昔之人。昔則博綜群經，該羅史籍。爲是人無厚德，爲是舉不得人。二三審察，情所未悮。幸子明釋，以慰虛衿。

某對：某聞春陽一照，隸竹抱虛節而抽萌。夏雨纔臨，紅蓮捧心而出沼。況於人也，寧不馳名者哉？昔乎審越專經，周威許爲上宰。承宮願學，漢明用以侍中。竊見近代舉人，職不逾於九品。豈獨量才有薄，亦乃班爵無優。謹對。

十四 括放客户還鄉

問：往者民遭寇亂，流散外邦。年月既淹，各成忘本。今聖上慈育，重造生民。使無弃憤（墳）陵，旋其本邑。即欲括還桑梓，於啓理云何？冀爾明言，以陳民願。

某對：某聞疲狐將殞，尚解首丘；黜兔臨殂，猶知望坂。況於人也！寧無眷戀者哉！往以火運告終，犳狼荐食；荆揚人物之所，翻爲麋鹿之邦，鑿（罄）洛喧嘩之都，俄成戰場之地。百姓因茲離散，蒼生爲此不安。今蒙舜日照臨，堯風遠扇。使民敦舊業，墳陵有重掃之期。許放還鄉，九族有再親之義。可謂馬無北思，鳥絶南枝。等微子之歸周，同漢高之過沛。桑榆再造，俗咏來蘇。若子卿之入漢朝，燕丹之歸本國，舞蹈美矣，何樂加之者乎？謹對。

十五 問音樂所戲

問：雅樂管絃，其来已久。比雖傳習，終無感物之徵。如有一能，宜陳所善。

某對：某聞五音六律，上帝嘉猷。雅樂歌詩，先王之令範，至如蔡邕燋尾之曲，定鍾律於漢朝；師延濮水之音，發哀婬乎衛室；雍門在齊之抃（弄），孟嘗有悲嘉之聲；高離入秦之絃，秦君有悵中之歎。子晋調乎笙管。翔鳳於是輪迴，叔夜撫其清絃；衆鳥於焉鳴舞。豈獨長沙斂袖之美，加其三郡之能；亦乃延年寥亮之音，遂得紫宮之寵。可謂下迷禽鳥，上惑天心。猶稱無感之徵，何期謬也。謹對。

十六　三代官名多少

問：三代迄兹，官名繁省。更何損益，理合時宜。遲尔嘉言，莫爲遊説。

某對：某聞舜帝握圖，官纔五十；湯王御歷，員止百人。周日立於三公之官，秦興郡縣之之職，漢加特進之號，魏起尚書之名。故知繁省不同，隨帝王而變；革官名改轉，逐時政而剛（删）治。夫國大而員多，國微而位少。某以搜求千古，各有異端；商度百王，非無折衷。況我皇功格上皇之上，光逾麗日之光；同火帝而臨民，等雲師而施職。麟爲畜養，鳳作鷄鶩；黄河累歲而清，朱草連年而茂；衆祥雜沓，万瑞駢（駢）羅。官參周漢之官職，選魏秦之職。故宰牧思茵，令漢僕清廉；燮理陰陽，憂心百姓；牢籠漢魏，苞括殷周。繁省之事，唯宜損益之科備矣。謹對。

十七　審官授爵

問：或卑門而德茂，或隆蔭而人凡。爵賞上古稱難，選人方今不易。若爲品藻，使得其人。

某對：某聞織錦成文，良資五色。聖皇御宇，理籍賢明。夫色惡而錦昏，臣愚而主暗。必須授受無濫，爵賞以人。便能匡贊皇規，彝倫帝道。昔齊桓管仲，高宗傅説；方之舟艤（職），寔曰鹽梅；蜀葛孔明，楚昭奚恤。可稱梁棟，得号股肱。斯乃英靈降世之臣，俊哲匡時之宰。必須人才稱職，前審後行；不可虛望高門，隆官舊蔭。至如伊尹媵臣，終堪輔國；審戚扣角，遂捻朝端。豈曰高門，非高門也？然相龍駒於酒肆，采英俊於山林。得龍馬者，可以汗血追風；得賢臣者，可以興邦定國。必須詳審，量得其人。爵不忝人，人無愧爵。斯乃皇猷允暢，其在兹乎？謹對。

十八　隱居不仕爲是無才爲不遇時

問：夫隱逸栖巖，自稱高尚。爲是無才可仕，爲是仕不遇時？爲是性愛林泉，爲是不貪榮顯？豈有欽（親）耒耜，弃簪纓；貴荒蕪，賤華者？損玉食，就糟糠；理有惑焉，佇聞嘉説。

某對：某聞微蓾小草，順四序而敷榮；稟識黔黎，逐昔因而受報。所以龍興雲舉，虎嘯風生。故知植葉不同，行有乖殊者也。昔庄周被名，乃起犧牛之悲。任永得徵，遂託青盲之疾。高鳳被漢明之五召，不變松筠；王犢降齊宣之五臨，無虧本操。於是許由聞乎帝位，遂洗耳於箕川。務光得以上公，乃投河而自殞。并傳芳猷於曩代，稱美譽於當今。豈有才不昇朝，竄身巖谷者也。謹對。

（十九）問俊乂聰辯

問：古来俊乂聰哲異人，爲是握錐掛髮之勤，爲是天然爽邁，爲是博通經史，爲復辯出心神。子既該聞，宜陳佳德。

某對：某聞六度所攝，随報分而不同；植葉異端，逐種子而差別。稟五常之氣，皆以因其所因。受四大之軀，并以果其前果。故知明暗不等，愚智懸殊者也。至如甘羅十二，處丞相之尊；張强此年，任侍中之重。昔士季九歲，明於五經；仲宣十二，通經善史。葛元遜之神辯，吳國見而銜屑。秦子勑之謳譏，蜀朝聞而結舌。至如崔琰九歲，祗對越於漢朝；揚氏此年，訓答驚乎晉日。何必懸頭刺股，遂著金箱；亦乃辯出無端，傳茲玉篋。謹對。

（二十）僧尼犯法

問：佛道二衆，尚在研精。數息清虛，思禪靖默。比見出家之士，流宕俗塵，或犯奸非，或躭酒宍，或競財賄，或畜妻房。若爲懲斷，使能清肅。

某對：某聞玄黄畜作，則教戒於是欝興；二門啓塗，訓導之方著矣！然則閻浮五慾，尚在色聲。道乃學似牛毛，成如麟角。且人之異也，所好不同。譬若箕星燄而風生，畢星興而雨起。或思禪而樂道，或嗜酒而貪淫。宜加勒三綱，嚴持館主。若有清齊潔素，遠色離聲；不雜俗塵，無干世務；即遣随其行業，録上申臺；嘉其清善之功，重彼懃誠之志。可以在所官物，資給衣粮；使香燭無虧，幡燈具足。以四弘之力，薰被國王；行六度之功，莊嚴率土。若有老弱之輩，通其酒藥之方。如其碌碌之徒，雖無精行灼然，宜令自守。若犯奸資酒宍，不憚憲章，公行穢雜之流，仰令通上，并依俗律，盡往推繩。使影正影端，源清流潔；智燈重顯，惠日加暉。法鼓鏗鏘，法雲靉靆；人知迴向，俗稟菩提。佇見精誠，何憂塵點。謹對。

（二十一）斷貪濁

問：大以官人在任，貪濁者多，躬自治民，親行大罪。若爲懲斷，使清得廉。

某對：某聞設官分職，尚在得人。用非其才，則妨賢蠹政。巨川可滿，

厄漏難盈。渴馬無讓水之心，餓彪焉守宍之志。求牛覓馬，寧可得乎？逆坂
走丸，未之聞也。夫欲停斷，理在銓衡。至如京師，白劫之時；元脩吏部之
日，懼四知之士無可勝階，畏三惑之賢將何進祿。自我皇滌澆風，而布有道；
蕩貪穢，而舉賢才。豈假胡質貞廉，名彰晉室；羊茂清謹，譽重漢朝。邦除
李盛之謠，國無袁毅之說歟。自然清肅，絕彼貪婪者哉。謹對。

㊇書藉帳

問：藉帳之體，貫編戶丁；三年一書，恐繁文筆。若爲折衷，以利君民。

某對：某聞六書著矣，墳藉於是欝興；八躰斯陳，史傳於焉。焕爛所以
貫編丁戶，帳錄軍民。品其貧富之差，明其少老之異。斯乃陳其鄉里，顯以名
年。恐其增減之愆，防其除附之失。或將生而代死，或取富而爲貧，或卅而次
男，或六十而求養。改張漏佞，奸多。若非宰牧憨心，令長加意。精研蔄貌，
嚴勒薄書。豈不止彼奸非，防其狡猾。故三年一籍，上哲嘉謀；每年手實，先
王上策。繁之尚猶疎漏，省之除削轉滋。愚見管聞，宜依舊定。謹對。

㊉蔄苑

問：古者置園，其来久。如有奇名異處，子可詳焉。

某對：某聞靈崐已茂，漢靈帝造靈崐苑，太尉揚賜上書以苑勞民力。揚賜上書；
五苑豐成，應佳致請。秦時天飢，應佳請發五苑給民。王曰：賞有功，無功俱賞也。
申明以之供孝，申明孝養，種菓供侍二親，楚王聞之，召爲左司馬。王焕藉此養身。
河内人常債雜園，不交世利。苑園饒邯鄲之賓，二世苑園，覆水離合，昭（晚）
春旱夏，邯鄲襄園麗人，遊往鬥雞走苑之也。上林多騎射之士。漢上林苑，廣三百
[里]，置令、丞、左右尉，養百獸無數。至秋冬射獵，客万騎千乘之。豈直素奈朱李，
獨獻梁王。梁孝王東苑三百里，甚足李捺（奈）。亦乃丹橘紅桃，便供晉后。晉洛陽
宮有圃園、靈芝園、石祠園，足桃摘（橘）也。謹對。

㊃山石

天地無言，資四時而成歲，聖人端拱，仰百辟以和平。

問：炭嶺峻嶒非人所置。高巖峙疊，豈曰人功。既逐天地而栽（裁）成，
与造化而同久。因何名號，誰所居焉？子乃練古知今，宜陳委實。

某對：某聞華山之上，仍生千葉之蓮。出《吳華山記》。九極（疑）巖中，
還起九峰之勢。出《皇覽・冢[墓]記》。此乃因華立號，逐數興名。昔夷齊首

陽之阿，巢許箕山之曲。七賢逸乎晋嶺，四皓潛於華山。四皓出《三秦記》。禹遊覆釜之崗，龍符乃見。出《晋大康記》。穆帝羽陵堯生之所，蠹蠹仍逢。能使漢武清齋，登乎玉女之室。麗山頭有秦始皇祠，不齋戒不得上。故漢武帝虧乃上，上有仙人玉女宮室之也。列長求道，便逢石髓之泥。列長休，一邯鄲人，与嵇康善，入太行山隱，東北雷聲，往視，見山破，石中有孔尺許，有青渥流出，列取搏之，随手即撥，味如粄米飯也。列食九，捉歸与康，皆爲青石，捫作銅鳴。案神山五百歲一開，其中有髓，服之與天地同畢之。斯并上哲前蹤，後賢継軌。其山名也如此，其登陟者如彼。謹對。

二十五 善治術

問：古來宰政治民，修何異術；物咏其蘸，有何清素，而能致感。

某對：某聞子産鄭邦，皴休風而訓俗，政無刑罰，路不拾遺。時生得留犢之名，田子乃送牛之美。故景昇在任，民繦負而爭歸；桓公佐時，獸投河而去境。至若岑君除其枳棘，仇氏化以鴟梟。交州起賈父之歌，南陽興杜母之譽。豈獨虞延放囚之德，起自漢年；亦乃謝明躔此遺風，傳香晋室。謹對。

二十六 [山]

問：因何曰山，仁者所愛，有何靈怪，誰感其徵。子既博聞，遲能嘉説。

某對：某聞山者産也，生乎万物，鳥獸依焉。吐納風雲，成乎鎮岳；出乎寶貝，富國興邦。故仁者以安人，山者以養人，則仁人愛矣。夏桀道喪，堯山乃崩；幽厲德衰，禄山便壞。桀勵，昔扇怪興。出《隨巢子》。越王築壘，恠埠忽来；范蠡維城，記怪山一夜，從東海中来，百姓怪之。故曰怪山，出《吳越春秋》也。黑帝興悲，鬼哭山陷。出《易通》也。然河東王屋，隴西烏鼠，弘農熊耳，南郡荆山，并棲賢集智之方，盤龍巢鳳之所。豈直華太桓霍，嵩高巖麗者哉！謹對。

二十七 [海]

問：山用岳爲宗，水以海爲主。五岳之名既別，四海之号應差。山以載負稱仁，海據何能顯德。宜陳所在，無俟遊辭。

某對：某聞孟子之説，觀海歎水，遊聖難言。子而陳，水莫大海，不可爲量。故曰：海者晦也，弘乎濁穢。故黑而晦，君乘十德；海水于夷，故稱仁也。然東海之東，碧海斯而不醶；蓬萊溟海，無風自波。此乃海之異也。

鯨鯢涌而皴洪濤，鯤鴻舉而曳雲翼，可稱壯也。万川歸之，而不溢江河；注之而不盈，故可稱其深也。靈槎應期而不爽，足可稱其信也。其智非通聖人，異景純身，無尺水之才，詎識溟波之量。聊馮布皴，冒應雷門。悵忽迷神，周悼不具。謹對。

㉘地

問：地之四極，并至何方？方別相去，復應幾里？東西南北，并有何名？子既括綜典墳，宜明指説。

某對：某聞泰遠居，東傳之孔載。邠國西處，其來邈焉。北典祝栗之名，南闈濮鈆之号。出《爾雅》。南北二億三万五千餘里，東西二億三万三千里乎。出《河圖［地］括象》。齊州以南戴日，爲丹穴之鄉；北極戴斗，寔曰崆峒之地。出《爾雅》。昔桓公問地數於管子，管子陳之以里名。某識謝前規，才非天性，猥蒙提獎，添預實王，智不謀身，焉能度土。管闚前典，傍采逷書；輕敢述焉，何訦万一。戰惶交争，悚悸多兼。謹對。

㉙江河

問：水以海爲宗，弘苞容而爲德。至如江河浩瀚，猶注滄溟。未委江河。若爲苞異。如有靈覎，子可陳焉。

某對：某聞泝江皴浪，著乎山海之經；白奔湧，出於尋揚之記。所以淮南款四江水，肥仁養稻；寔美前書，姜詩之母好焉。傳於列女之説。遂使魏文悵望，萬騎亭縣。魏文帝出廣陵，欲伐吳。歎曰：吳據洪流，且夕糧罄。魏雖武騎千隊，魏（未）可用之乃也。張禹勤公，單舟觸浪。《東觀漢紀》曰：張禹字伯達，揚州刺史，當行部別駕，四江有伍胥神，不可渡。禹曰：子胥忠臣也。知刺史銜命，必取波之也。河乃崑崙所出，《爾雅》之所著焉。馬頰騰波，郭生郭璞之所注矣。主弱臣强之兆，斯而乃鬪；世道當應濁亂，其水便昏。豈虛言哉，非虛言也。言出京房《易傳記》。自我皇膺籙，河乃頻清。五色掞天，三光動地。龜龍獻瑞，玄石呈祥。海出明珠，江輸臣見（蜆）。絲綸雜沓，難可言哉！瞻候吉凶，并其靈也。謹對。

㉚請雨

問：天雨不降，禾罄燋萎。施何異方，而能感澤？

某對：某聞雲興礎潤，陰陽之氣和。《春秋元命》，苞曰：陰陽和，爲雨之名。

霧宿三朝，神圖之欲降。《帝王世紀》曰：黃帝時，天大霧三日，帝遊洛水，見大魚，煞五牲醮之，天甚雨七日七夜。魚流得圖書，令附圖視，萌蒿是也。《文士傳》曰：霧三日，必甚大雨，自此爲始。楚歌纔奏，秦國滂沱。《蜀王本紀》曰：秦王枉誅其子，蜀侯煇絃，知無罪，迎葬。咸陽雨三月，道路不通。因葬成都，能興風雨。蜀人請雨，祠侯以楚歌歌之，名曰天鬼，輒有報應也。天撤特成，魏朝洪瀉。魏《管輅別傳》曰：清何光府君問輅："今旱，何時雨？"輅曰："天撤召五星宣布黃符，命雷公電父風伯、雨師。十月向暮，了無處氣泉。共嘻輅，輅曰：樹上已少女微風，樹聞已有陰陽鳥和鳴。若少男反風，險鳥亂翔，其應至矣。曰：未東北雷起，一更中大雨，洪注流溢。廣漢焚軀之土，遂獲奔流；涼輔，字漢儒，廣漢人也。白五官掾，夏旱出禱；連日無効，乃積薪自焚。自旦至隅中，山氣轉起；雷雨大作，一郡沾潤之也。洛陽曝體之人，便蒙皴浪。《長沙 [耆] 舊傳》曰：祝良，字古卿，爲洛陽令，時旱，天子祈雨不得，良乃曝身階庭，自晨至中，紫雲輻起，甘雨大大降也。豈暇日傍赤氣，即致風雨。漢《東方朔別傳》曰：武章曰："旁有赤雲，如冠洱（珥）。"上召太史，曰：恐有岳氣。更問朔，朔曰：太史言非也。紫，不有風，即有大雨。後數日，果大風暴雨。賜朔帛五十匹。亦以牛面塗牛，終歸大雨。顧微《廣州記》曰：鬱林祈山，東南有池，有石牛，民祠之。歲旱煞牛，以牛面和塗，塗石牛背，天祀畢，天即大雨，洗牛背，塗盡後睦之。閬中之齋息供，主簿之火停薪。《益部耆舊傳》曰：漢中趙瑤，字充珪，爲閬中令，遭旱，率掾史齊讚，四年旱，張喜主簿宣山宗等，積柴自焚，大雨也。但使令長愨心，何憂不降者也。謹對。

（三）寫卷的時間與定名

北敦一四四九一號+北敦一四六五〇號《策府》（問對）寫本并無題記與紀年，劉波、林世田《敦煌唐寫本〈問對〉箋證》據文中有"自大唐膺籙，四海歸仁"一句，推斷其撰寫時間當在唐朝統一全國之後；并根據"括放客戶還鄉"一句作爲佐證，以爲這一景象與唐初的時局相符合。此外，寫卷中出現二十六次"民"字，均缺末筆，避唐太宗諱；"治"字出現八次，均直書并不避高宗諱；因而據此推斷此寫本抄寫的時間當在貞觀年間。

另外，"括放客戶還鄉"篇對策中有云："往以火運告終，豺狼荐食；荆揚人物之所，翻爲麋鹿之邦；馨洛喧嘩之都，俄成戰場之地。百姓因茲離散，蒼生爲此不安。今蒙舜日照臨，堯風遠扇。"一段，其中"火運"一詞，蓋指隋朝而言。《隋書・高祖本紀上》云："况木行已謝，火運既興，河、洛出革命之符，星辰表代終之象。"[一]又《唐語林・補遺》明確記載："唐承隋代火運，故爲土德。"[二]對策中"荆揚"，指代以荆州和揚州爲中心的長江中上游和下游地區。是"荆揚人物之所，翻爲麋鹿之邦"一句所描述的情景，顯然是隋末唐初，長江中下游地區以蕭銑、杜伏威、李子通、沈法興、輔公祐和宇文化及、陳稜等農民起義和隋末叛亂紛紜迭起，竞相争雄的情况，也應當包含了隋煬帝死在江都之事[三]。"罄洛喧嘩之都，俄成戰場之地"一句，則描述了洛陽地區先有瓦崗軍翟讓、李密起義，後有王世充獨霸洛陽，竇建德也因解救洛陽的王世充被殲滅等歷史事實[四]。隨着初唐國内各種叛亂勢力的消除，安定百姓，著籍入户，發展農業生產，便成當務之急，因此本卷中的策題都是針對類似的問題進行發問和對策的。

金瀅坤更進一步通過進士科、明經科和制科試策的不同情况的探討，借此來判定本件寫卷的性質和定名。以爲：唐初明經科試策考試重正經，即注重經學内容，制科試策尚未實行，唐初祇有進士科試策注重時務策，結合本件寫卷中策文多以時務策爲主，符合進士科試策的特點。比照《兔園策府》記載策文的語言、内容、格式特點，與本篇極爲相似，雖然不是同一部書，但編撰者的思路和目的以及二者的性質都很相似，故可以將本篇性質定作"策府"，較爲確切反映文書的内容[五]。

（四）性質與内容

北敦一四四九一號＋北敦一四六五〇號《策府》（問對）全卷計存問對三十篇，每篇分策題、策問、對策三部分。策題就是簡明的標題，共

〔一〕《隋書》卷一，第一一頁。

〔二〕（宋）王讜撰，周勛初校證：《唐語林校證》卷五《補遺》，第四六一頁。

〔三〕參考牛致功：《唐高祖傳》，人民出版社，一九九八年，第一三一~一五〇頁。

〔四〕參考牛致功：《唐高祖傳》，第三三~四三、一一五~一三〇頁。

〔五〕詳參金瀅坤：《敦煌本"策府"與唐初社會——國圖藏敦煌本"策府"研究》，《文獻》二〇一三年一期，第八四~九八頁。

有"孝子感應""斷貪濁""問酷虐""世間貪利不憚刑書""唯欲貪求亦有義讓""問豪富""問婦女妖貌""問富貴人唯覓財利亦有清潔""修禮讓息逃亡""安撫貧弱""問帝王感瑞不同""問武勇猛人""進士無大才""括放客户還鄉""問音樂所戲""三代官名多少""審官授爵""隱居不仕，爲是無才，爲不遇時""問俊人聰辯""僧尼犯法""斷貪濁""書籍帳""園菀""山石""善治術""山""海""地""江河""請雨"，共三十題，其中有三篇失題名，兹據文義擬補"論酷虐""山""海"。三十題的内容大致分爲選賢用能、整頓吏治、治國安民、書籍安民、釋山川等幾個方面。全文以"括放客户還鄉""審官授爵""進士無大才"等篇策文爲中心，結合其他策文對本件"策府"涉及的有關唐初治國安民、選賢用能觀念及社會風氣進行探討。

至於其問對形式與文體如何？兹就完整者舉一二例説明如下：

例如第六道，標題作"問豪富"，而模擬試題則是：

> 問：韓魏已來，人多侈競；相嘲誇調，各尚資財，雖有其言，未覩其事，子之强識，并是何人？

"問"是起問辭，標識以下爲題目。"韓魏已來，人多侈競，相嘲誇調，各尚資財"是引導問題的導問辭，"雖有其言，未睹其事"爲問題，"子之强識，并是何人"則是促對語。

這裏的"韓魏"，指春秋時晋國的韓氏、魏氏兩家大臣，後又共同分晋立國而爲諸侯，後代多用以稱富貴之家。問題的大意是：從春秋時代晋國的韓魏以來，人們多競相以奢侈爲尚，相互誇耀嘲笑，崇尚資財。這種情況，雖然時有所聞，歷史上有何具體人物與事實，請博聞强記的你，指出究竟有哪些？試題後，緊接着便是模擬的答題：

> 某對：某聞色聲世界，富誕爲先；豪貴矜誇，故其然矣。至如石崇錦郭，五十里以霞生；吉甫粥鎗，卅里而雷沸。況乎漢稱金屋，周曰璧臺，豈止羊琇嬌豪，家然獸炭！前王孫傲岸，室累千金而已。謹對。

“某對”爲起對辭，“某聞”爲承對詞，標識以下爲考生的答案内容；“謹對”爲終對詞，標識在此之前爲考生的答案。全文以四六駢體作答。大意爲：聲色有形的花花世界，富貴荒誕，誇耀權貴也就如此了。至於像晋代的石崇用錦製屏幕來遮蔽風塵，長達五十里，彷彿彩霞一般的壯觀；周朝尹吉甫大富，鼎釜煮粥聲聞三十里，沸騰之聲宛如雷聲。更何況漢武帝稱金屋藏嬌，周穆王有重璧之臺。豈止像羊琇嬌貴豪侈，家用小屑炭做成獸形來温酒；前王孫也態度高傲，屋室堆砌盡是黄金千兩而已。

就形式而論，這些命題都是以“問”作爲開始，作答則以“某對：某聞”爲開頭，最後以“謹對”作結束，屬於標準策問的“問對”形式。其所問的題目，大概約三四十字，而對答也不長，大抵七八十字。就其所問的内容而論，如“孝子感應”“斷貪濁”“問酷虐”“世間貪利不憚刑書”“唯欲貪求亦有義讓”“問豪富”“問婦女妖貌”“問富貴人唯覓財利亦有清潔”“修禮讓息逃亡”“安撫貧弱”等，均非關經義，亦非屬方略，明顯是所謂“時務策”。又各“問對”前均立有標題，可見蓋爲士子準備考試所用之參考讀本，而其第三道“問對”脱標題，則顯見爲傳抄者所脱漏，則其普遍流傳亦可想見。

敦煌文獻除了這一件對策範本的寫卷外，很難得地還保存有學子對策習作的相關寫本。俄國聖彼得堡東方學研究所藏俄敦三九〇一號與俄敦一九〇一五號，便是。這二件都是硬筆書寫，字體相同，内容相銜接，當係同一寫本，可綴合。

俄　　　敦
三九〇一號存
二十行，内容存
“讀孝經一卷足以
立身治國論”“立
心以道傳不欺爲
王本論”二篇，
内容多有塗改，
大概是草稿。俄

敦一九〇一五號，存十一行，内容爲“問：周鄭交直，其失孰甚，試明言之”〔一〕。寫本如圖：

唐代科舉的明經策問，初僅試策，要求“按章疏試墨策十道”，即試經義。高宗時加試帖經，至玄宗開元年間并將經策十條改爲口問大義十條，另加試時務策三道，始確定三場試。然而明經試時務策，旨在調和明經、進士二科之短長也。其後則漸趨流於形式，正如傅璇琮所言：“答時務策，對明經來説恐怕衹不過是虛應故事，唐代文獻中没有一篇明經時務策的文章保留下來，連這方面稍爲具體一點的記載也没有。”〔二〕而敦煌寫本斯六〇八二號《明詩論》殘卷，就其内容而言，乃屬經義問答之策，而非時務策。其作用很明顯的是明經考生爲準備筆試，或爲準備口試，所作的事前練習。此是唐代明經策問考試下的具體産物。唐代科舉制度之研究，大都詳進士而略於明經，蓋因文獻不足。今敦煌本《明詩論》雖不是名家之作，且爲殘卷，然在缺乏此類資料的情況下，能於千載之下窺其一斑，填補唐代明經問義的部分情況，實具意義；又對唐代明經策試《詩經》，依據《毛傳》《鄭箋》的情況，以及唐代詩經學研究等現象提供了局部的寶貴資料。

再者，自來凡有穩定的考試制度與考試方式，則考生爲迎接考試，總會積極用心的做好考前準備，模擬考試更是應考者必要的練習。甚至由於唐代科舉考試録取名額少，考生人數多，而且一經録取就能身登仕途，從此青雲直上，是其必競争十分激烈，因此，考生在考前會設法猜測考題，夜以繼日勤奮練習，以便應考。此外，也由於命題範圍廣，因此，考生大都以歷届考題練習作答，或以歷届考題爲據，擬出若干類似或内容相近的題目進行練習〔三〕。不論中原的士子或邊陲考生，人同此心，心同此理，古今中外一也。從敦煌寫本北敦一四四九一號＋北敦一四六五〇號“策府”殘卷的流傳，可爲明證。

〔一〕　參鄭阿財、朱鳳玉：《開蒙養正：敦煌的學校教育》，一一八～一二二頁。

〔二〕　傅璇琮：《唐代科舉與文學》，陝西人民出版社，二〇〇七年，第一一六頁。

〔三〕　沈重：《唐代名人科舉考卷譯評》，江西高校出版社，一九九四年，第一一九～一二〇頁。

除上述敦煌寫本中對策範文及學生的對策習作相關的寫卷外，吐魯番文書中也有阿斯塔那出土的唐寫《論語鄭氏注》對策殘卷，美國普林斯頓大學也收藏有經義策殘卷，這些文獻的發現反映出當時西部邊陲的沙州（敦煌）、西州（吐魯番）等地與中原一樣，唐代官學、私學教育與科舉考試影響下，學生與士子們揣摩、練習對策，準備進士、明經科舉考試的情形，可説并無二致。

附：算術知識類蒙書《九九乘法歌》

九九乘法的口訣，一般稱作九九乘法表，又稱九九歌、九因歌，是中國古代數學運算中用來進行乘除、開方等的基本運算規則表。九九乘法，先秦典籍已經常提及，如《管子・輕重篇》便説：“處戲作，造六濱，以迎陰陽。作九九之數，以合天道，而天下化之。”〔一〕漢代以來載籍如《戰國策》《淮南子》《説苑》《漢書》《孔子家語》等更多論及。可見秦漢時，九九乘法已是日常實用的算數口訣了。三國時代魏國的劉徽注《九章算術》更説“昔在包犧氏始畫八卦，以通神明之德，以類萬物之情，作九九之術，以合六爻之變”〔二〕，可見“九九乘法”的產生是源遠流長的。

至於“九九乘法歌”或“九九乘法表”的流行，以現在所能看到的出土實物來説，二十世紀初斯文赫定發現的樓蘭文書中便有寫在兩張殘紙上的九九乘法表，居延漢簡（簡七五.一九A）、疏勒河流域出土漢簡、敦煌漢簡等也都出現有漢代的“九九乘法”簡。二〇〇二年出土的里耶秦簡木牘也有一件完整的“九九乘法表”〔三〕，這是目前所能見到中國乘法口訣的最早實物。

〔一〕 黎翔鳳撰，梁運華整理：《管子校注》卷二四《輕重戊第八十四》，中華書局，二〇〇四年，第一五〇七頁。

〔二〕《九章算術》九卷，是現存最早的中國古代數學著作之一，《算經十書》中最重要的一種。其作者已不可考。三國時期魏元帝景元四年（二六三），劉徽爲《九章》作注。

〔三〕 參湖南省文物考古研究所、湘西土家族苗族自治州文物處、龍山縣文物管理所：《湖南龍山里耶戰國——秦代古城一號井發掘簡報》，《文物》二〇〇三年第一期，第四～三五頁；劉金華《秦漢簡牘“九九殘表”述論》，《文博》二〇〇三年第三期，第二五～二八頁。

編號爲 J 一（一六）一，全文完整如下：

[九九]八十一，[八九七]十二，七九六十三，六九五十四，五九四十五，四九卅六，三九廿七，二九十八，[八八]六十四，七八五十六，六八四十八，五八四十，四八卅二，三八廿四，二八十六，七七四十九，六七四十二，五七卅五，四七廿八，三七廿一，二七十四，六六卅六，五六卅，四六廿四，三六十八，二六十二，五五廿五，四五廿，三五十五，二五而十，四四十六，三四十二，二四而八，三三而九，二三而六，二二而四，一一而二，二半而一。

凡千一百一十三字。

這些出土文物，讓我們見到了秦漢以來九九乘法表的實物，不但證明九九乘法最遲在秦漢時代便已經存在，且同時普遍而廣遠流行。

李儼一九二六年《敦煌石室"算書"》[一]、一九三五年《敦煌石室"算經一卷并序"》[二]、一九三九年《敦煌石室"立成算經"》關注敦煌文獻中的算經寫本[三]，其中也涉及了"九九表"，但均從算學的研究視角來加以研究。

敦煌漢文文獻中文獻保存有今日學童背誦"九九乘法表"相同的歌訣式，呈現在各種算經中的"九九表"及算術知識類蒙書《九九乘法歌》計有十六件，反映了唐五代此種算術知識口訣式蒙書的普及。

一九二五年劉復《敦煌掇瑣》便逐錄了伯三三四九號《算經一卷并序》，一九三六年，向達發現斯一九號和斯五七七九號號寫卷，將這兩件與伯三三四九號對校之後，確定三者同屬一書。斯一九號是其中第二十九至五十五行，斯五七七九號則是第一百行至末尾部分。三件拼合後，內容包括序、識、法表（九九表）、十進小數、度量衡制等，大多援自《孫子算經》，但兩者有

〔一〕 李儼：《敦煌石室"算書"》，《中大季刊》第一卷第二期，一九二六年，第一～四頁。

〔二〕 李儼：《敦煌石室"算經一卷並序"》，《國立北平圖書館館刊》第九卷第一號，一九三五年，第三九～四六頁。

〔三〕 李儼：《敦煌石室"立成算經"》，《圖書季刊》新第一卷第四期，一九三九年，第三八六～三九六頁。

里耶秦簡《九九乘法表》

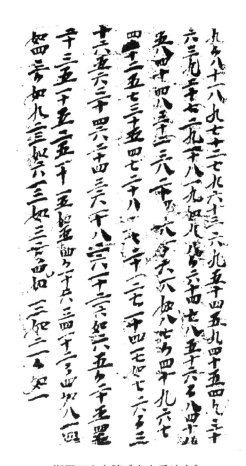

斯四五六九號《九九乘法表》

所出入。之後將敦煌《算經》寫本納入算學史研究者頗多。《算經》一類文獻，不單祇有"九九表"，如《孫氏算經》上部爲乘法口訣"九九表"，下部是"自相成得╳╳"、"╳人之分人得╳╳"。如："六九五十四，自相乘，得二千九百一十六。六人分之，人得四百八十六。"；《立成算經》上部爲乘法口訣"九九表"，下部是"直下""通前"的數目，後面有相應數碼，如："九九八一⊥丨直下八十一⊥丨""八九七十二⊥‖通前一百五十三丨≣‖"。童蒙算術知識的"九九乘法歌"則單純的從"九九八十一"到"一一如一"共四十五句口訣，便於背誦而已。郝春文《英藏敦煌社會歷史文獻釋録》第一卷校録了斯一九號和俄敦三九〇三號《算經》殘卷，第四卷校録了斯九三〇號背

《立成算經一卷》[一]。

　　有關敦煌寫本算術知識類蒙書的研究則較少關注。一九九〇年，我在《敦煌蒙書析論》論文的知識類蒙書中，介紹了算術知識"九九乘法歌"寫本二件[二]。一九九一年，李并成《從敦煌算經看我國唐宋時代的初級數學教育》在介紹敦煌《算經》《立成算經》《算書》的同時，也提及斯一九號背、斯五七七九號、斯六二六七號、斯四五六九號、伯三三四九號均載"九九乘法表"[三]。一九九一年，王進玉《敦煌遺書中的數學史料及其研究》介紹敦煌數學文獻時，也提到了伯二五〇二號背、斯四五六九號、斯六一六七號、斯八三三六號背、俄敦二一四五號背、俄敦二九〇四號等多件"九九表"[四]。一九九八年，劉鈍在《敦煌學大辭典》里的《九九表》條中提及斯四五六九號、斯六一六七號等存有四十五句的乘法口訣，與伯三三四九號，斯九三〇號及《孫子算經》規格相同，但與三十六句先秦典籍中的古九九表及宋代普遍使用八十一句的大九九表均異[五]。二〇〇二年，鄭阿財、朱鳳玉《敦煌蒙書研究》知識類蒙書中叙録了英藏斯四五六九號、斯八八三六號及俄藏俄敦二一四五號等三件《九九乘法歌》寫本[六]。二〇〇七年，《開蒙養正敦煌學校教育》中"古老算學《九九表》"一節中，介紹了四件敦煌寫本學童使用的《九九乘法歌》，論述現代小學教育九九乘法表之教學與運用[七]。二〇一一

　　〔一〕　郝春文主編：《英藏敦煌社會歷史文獻釋録》第一卷，科學出版社，二〇〇一年，第一九～二二頁（社會科學文獻出版社，二〇一八年修訂版，第四八～五三頁）；《英藏敦煌社會歷史文獻釋録》第四卷，社會科學文獻出版社，二〇〇六年，第四一六～四二二頁。

　　〔二〕　鄭阿財：《敦煌蒙書析論》，《第二節敦煌學國際研討會論文集》，漢學研究中心，一九九一年，第二一一～二三四頁。

　　〔三〕　李并成：《從敦煌算經看我國唐宋時代的初級數學教育》，《數學教育研究》一九九一年第一期，第三九～四二頁。

　　〔四〕　李迪主編：《數學史研究文集》第二輯，内蒙古大學出版社，一九九一年，第五八～六五頁。

　　〔五〕　季羨林主編：《敦煌學大辭典》，第六〇一頁。

　　〔六〕　鄭阿財、朱鳳玉：《敦煌蒙書研究》，第二七九～二八〇頁。

　　〔七〕　鄭阿財，朱鳳玉：《開蒙養正：敦煌學校教育》，第四二～四七頁。

年，張小虎《敦煌算經九九表探析》文中云敦煌算經文書中提及九九乘法表者共有十二件[一]。二〇一一年，王進玉《敦煌學和科技史》第二章"數學史研究""内容豐富的數學知識"一節中，梳理了敦煌文獻中各種數學文獻，其中表列有"九九表"計十四件，并做詳細叙録與説明，可資參考。

敦煌寫本的發現證明了唐五代敦煌地區繼承先秦兩漢以來九九乘法表的流傳，從學童實際的抄寫、默寫、雜抄，更説明其在童蒙教育的普遍學習。

（一）寫本概述

今所知見敦煌漢文文獻中有關《九九表》的寫本計有十六件，含各種算經中的"九九表"及算術知識類蒙書《九九乘法歌》。這些寫本分別爲英藏：斯一九號背、斯九三〇號背、斯四五六九號、斯五七五一號背、斯無八五九號、斯六一六七號背、斯八三三六號背等七件；法藏：伯三三四九號、伯二五〇二號背、伯三一〇二號背三件；俄藏：俄敦二一四五號背、俄敦二九〇四號、俄敦三九〇三號件；北京國圖藏：北敦五六七三號背、北敦一〇八二〇號背兩件；日本杏雨書屋藏：羽三七R號一件。謹將寫本概況表列如下：

敦煌寫本《九九表》概況表

序號	卷號	寫本狀況	保存部分	首尾題	題記	同卷資料
一	斯一九號背	首尾俱殘	《算經》中有；九九八十一至二九一十八等二十八行。	算經殘卷		與俄敦三九〇三號、羽三七R號爲同一卷可綴合
二	斯九三〇號背	首尾完整	《立成算經》中有；九九八一至一一如一等四十五句	首題：立成算經一卷		正面：《洞淵神咒經》卷第六 背面：《立成算經》《河西都僧統賜次紫沙門悟真》

〔一〕 張小虎：《敦煌算經九九表探析》，《溫州大學學報（自然科學版）》二〇一一年第二期，第一～六頁。

續表

序號	卷號	寫本狀況	保存部分	首尾題	題記	同卷資料
三	斯四五六九號	一紙 首尾完整	"九九八十一"至"一一如一"等七行。			
四	斯五七五一號背		《立成算經》殘卷四句。			
五	斯五八五九號	一紙 首尾俱殘	《算經》殘卷三十行，上半截殘。			與伯三三四九號爲同一卷可綴合。
六	斯六一六七號背		"九九八十一"至"一九如九"等九行，九句。			正面：《占卜書》。背面：《前抄敦煌二十咏》。
七	斯八三三六號背		"六九五十四"至"一九如九"等五行，十一句。			正面：《祝願新郎》《新婦文》。背面雜寫：《九九乘法歌》（倒書五行）《龍泉寶劍擎腰等》《新集文詞九經抄殘卷》。
八	伯三三四九號		《算經》：九九八一至一一如一等四十五句。	算經一卷并序		
九	伯二五〇二號背		"九九八十一"至"一三如一"等四十句。			卷背："前抄寅年便麥契稿二件"。
十〇	伯三一〇二號背		大寫數字八句。			
一一	俄敦二一四五號背	殘卷	"九九八十一"至"一三如一"等七行，四十句。			正面：《七階佛名經》殘卷。背面：前抄《九九乘法歌》《十恩德讚》。
一二	俄敦二九〇四號		七句。			

續表

序號	卷號	寫本狀況	保存部分	首尾題	題記	同卷資料
一三	俄敦三九〇三號		《算經》殘卷。			
一四	北敦五六七三號背		雜寫十句。			
一五	北敦一〇八二〇號背	一紙首尾完整	"九九八十一"至"一一如一"等六行。			
一六	羽三七R號		《算經》，二十二句。			

　　以上十六件屬於《立成算經》有二件，屬於《算經》有五件，其他斯四五六九號、斯六一六七號背、斯八三三六號背、伯二五〇二號背、伯三一〇二號背、俄敦二一四五號背、俄敦二九〇四號、北敦五六七三號、北敦一〇八二〇號背等九件。爲童蒙"九九乘法歌訣"。另尚有三件藏文寫本的"九九乘法歌訣"，分別是法藏伯特一〇七〇號、伯特一二五六號及莫高窟北區出土寫本B五九：一〇號。

　　（二）録文

　　兹以斯四五六九號爲底本，参校各本，全文逐録如下：

　　九九八十一，八九七十二，七九六十三，六九五十四，五九四十五，四九三十六，三九二十七，二九一十八，一九如九。

　　八八六十四，七八五十六，六八四十八，五八四十，四八三十二，三八二十四，二八一十六，一八如八。

　　七七四十九，六七四十二，五七三十五，四七二十八，三七二十一，二七一十四，一七如七。

　　六六三十六，五六三十，四六二十四，三六一十八，二六一十二，一六如六。

　　五五二十五，四五二十，三五一十五，二五一十，一五如五。

　　四四一十六，三四一十二，二四如八，一四如四。

三三如九，二三如六，一三如三。

二二如四，一二如二。

一一如一。

（三）傳世文獻中的"九九表"

傳世文獻中，最早記載完整四十五句"九九表"的是成書於西晉（二六三～三一七）的《孫子算經》。有關内容是通過具體的計算問題引入九九口訣表，開頭説：

九九八十一，自相乘得幾何？答曰：六千五百六十一。

六千五百六十一，九人分之。問：人得幾何？答曰：七百二十九。

以此提問導入籌算運算方法，并指出：

自八八六十四至一一如一，并準此。

之後，按九九口訣順序提出一系列的計算結果：

八九七十二，自相乘，得五千一百八十四，八人分之，人得六百四十八。

七九六十三，自相乘，得三千九百六十九，七人分之，人得五百六十七。

（中略）

一九如九，自相乘，得八十一，一人得八十一。

右九九一條，得四百五，自相乘，得一十六萬四千二十五，九人分之，人得一萬八千二百二十五。

（中略）

二二如四，自相乘，得一十六，二人分之，人得八。

一二如二，自相乘，得四，一人得四。

右二二一條，得六，自相乘，得三十六，二人分之，人得一十八。

一一如一，自相乘，得一，一乘不長。

右從九九至一一，總成一千一百五十五，自相乘，得一百三十三萬四千二十五五，九人分之，人得一十四萬八千二百二十五。[一]

《孫子算經》繼承了古代傳統的"九九表"，并在此基礎上還補充了"一九"至"九九"，使其結構更加完整，形成了所謂"小九九"的系統；也繼承了里耶秦簡《九九表》中累積求和的計算。此外，還增加了"幾幾自相乘"的運算，擴展了"九九"的乘法功能以及"幾人分之"的計算，使之可以運用於除法計算。

（四）古代算學的"九九表"與蒙學的《九九乘法歌》

九九乘法口訣表是古代籌算運算方法的基礎，必須暗誦熟記，方能於實際生活中精準快速的運用，是童蒙教育最為根柢的算數知識。敦煌寫本中保存有學童使用的《九九乘法歌》計有斯四五六九號、斯六一六七號背、斯八三三六號背、伯二五〇二號背、伯三一〇二號背、俄敦二一四五號背、俄敦二九〇四號、北敦五六七三號背、北敦一〇八二〇號背等九件。其中英藏斯八三三六號本同卷還抄有蒙書《新集文詞九經抄序》，推知《九九乘法歌》為敦煌地區教育兒童的算學歌訣，也是唐五代兒童的基本算學教材。

這些童蒙寫本的九九乘法歌訣，是由"九九八十一"起，到"二二如四"止，如居延漢簡、疏勒河流域出土漢簡等都是。約於五到十世紀之間，乘法口訣才擴充到"一一如一"，如敦煌寫本便是。不管是止於"二二如四"或"一一如一"，因開始為"九九"二字，因此古人便取以為乘法口訣而稱之為"九九乘法"。

歷代"九九表"到"九九乘法歌"的發展與流傳，常見乘法口訣有兩種：

〔一〕（唐）李淳風注：《孫子算經》卷上，收入王雲五主編：《叢書集成初編》，中華書局，一九八五年，第三～七頁。

一種是四十五句的，通常稱爲“小九九”，還有一種是八十一句的，稱爲“大九九”。其實“小九九”和“大九九”的差異僅在“小九九”將重複乘算的部分略過不計，因此才會造成四十五句和八十一句的差異。

由上可見，敦煌本《九九乘法歌》的内容和現今所常見的乘法歌大致相同，唯一不同的是敦煌本《九九乘法歌》的數算是由九到一的排列，而現今慣用的則是由一到九的排列，這種變革大約發生在十三、十四世紀。中國數學史研究先驅錢寶琮（一八九二～一九七四）《中國數學史話》“籌算記數·四則運算”一節説：“籌算的乘、除法都要用九九口訣，唐朝以前的乘、除口訣四十五句，從‘九九八十一’開始，到‘一一如一’終止，大序和後世的口訣恰恰相反，因爲口訣開始的兩個字是‘九九’，所以乘法表就叫做‘九九’，又因爲一般算術離不了乘、除，乘、除都要熟練‘九九’，所以在古代‘九九’又是算術的代用名詞。”〔一〕

以上所舉各種算經“九九表”與《九九乘法歌》計有十六件，大多繼承《孫子算經》，除了規格相同外，既不同於先秦典籍中三十六句的古“九九表”，也不同於宋代和西方普遍使用的八十一句大“九九表”。此外，敦煌簡、居延簡均發現有“九九表”的漢代木簡，其内容均不見有“一九如九”“一八如八”等九句，對此王國維以爲古法起於“九九”而終於“二二”，共三十六句。然敦煌寫本“九九表”是自“九九”到“一一”共四十五句的小九九表，與目前使用八十一句的“大九九表”不同，故稱三十六句者爲“九九表”，唐以前“九九表”自“九九八十一”起，至“二二而四”止，凡三十六句。唐代是自“九九”到“一一”凡四十五句，稱爲小“九九表”，與後代流行八十一句的“大九九表”乘法表列次序，正好顛倒。這種口訣順序的發展與轉變可能從宋代開始。

關於八十一句“大九九乘法表”的發展，二〇〇八年七月清華大學入藏約兩千五百枚竹簡，依同批竹簡的碳十四測定及自身文字特徵，確定爲戰國晚期的文獻。因清華大學所藏而稱“清華簡”。内容多爲經、史類典籍。其中

〔一〕　錢寶琮：《中國數學史話》，中國青年出版社，一九五七年，第一六頁。

有一組簡形制特殊，寬於其他簡，正面畫有朱色欄線，共計二十一支，完整者十七支，另四支上端殘缺。將二十一支簡編聯而成册後，可形成一個數字方陣形式的算表。因其功能與運算直接相關，被定名爲《算表》。這件清華簡算表，是公元前三〇五年戰國時代的算器文物，比較早先發現的里耶秦簡九九乘法表和張家界漢簡九九乘法表文物早一個世紀[一]。清華簡《算表》的核心部分是完整的“大九九”，是一個比一般“九九”更大、結構嚴整的算表。此一發現，既填補了先秦數學文獻實物的空白，又證實了中國早已有了小“九九”與大“九九”。

又或有以爲：“九九表”表中有“二三而六”等讀法，《周禮疏》亦引“三三而九”，知唐人尚作“而”，至《容齋續筆》才見“三三如九”，表明改而作如，始於宋代[二]。王進玉以爲：今查敦煌算書與《孫子算經》，兩書“九九表”全載四十五句（始“九九”而終“一一”），且“而”作“如”也相同。《孫子算經》成書於公元四百年前，現又得敦煌寫本旁證，可見羅振玉“始於宋代”之説不確。按：敦煌寫本“如”與“而”多通。“如”：《廣韻》人諸切（日母魚韻）；“而”：如之切（日母之韻）。二者聲母相同，魚韻與之韻同用，所以“如”和“而”爲同音通假。唐五代西北方音中“之魚同用”的例證相當多，主要集中在“而”和“如”二字的通假，例如：敦煌變文《雙恩記》：“現神光而周遊净土。”“而”原卷作“如”；《盂蘭盆經講經文》：“忘却憂愁而快樂。”“而”台北“中央圖書館”三二號原卷作“如”。《捉季布傳文》：“問訖蕭何而奏曰：“昨朝二將騁頑嚚，凌毀大王臣等辱，罵觸龍顔天地嗔。”“而”伯三六九七号作“如”，伯二七四七號、斯二〇五六號、斯五四一一號作“而”。《孔子項託相問書》：“隨擁土作城，在内而坐。”“而”伯三八八三號作“而”，伯三八三三號、斯一三九二號作“如”。可證唐時已有作“而”爲“如”，蓋爲西北方音通假故也。

〔一〕李學勤主編：《清華大學藏戰國竹簡（肆）》，中西書局，二〇一三年，第一三七頁。

〔二〕《九九術》跋，見羅振玉、王國維編著：《流沙墜簡》釋一（中華書局，一九九三年，第九三頁），上虞羅氏宸翰樓印，一九一四年，第九葉、十葉上。

　　敦煌藏文寫本中也保存有三件九九乘法寫本，二件爲莫高窟藏經洞所出，今收藏在法巴黎，分別爲伯希和收集品之伯特一〇七〇號與伯特一二五六號，係十世紀的文書，從"九九八十一"開始到"一一如一"爲止，全用藏文書寫。以及敦煌莫高窟北區出土寫本 B 五九：一〇號。

　　伯特一二五六號的殘片中，存有八行，二百零八個音節。內容也是"九九八十一"到"一一如一"的九九乘法的口訣。這個殘片的背面有于闐劉司空文書，據研究指的是九四〇年前後途經敦煌前往中原朝貢的于闐使臣劉再昇，所以這件殘本當是九四〇年前後的所抄寫的。既是吐蕃人學習漢文化的見證，又爲中華數學流行史提供了另一個有利的旁證。

　　這幾件文書的發現，可供探究敦煌本藏文九九乘法寫本與西藏籌算中的九九乘法寫本的關係及其發展演變[一]。也説明瞭九九乘法口訣的通行，不但超越時空，更跨越了民族。

　　總體而言，無論如何，《九九乘法歌》是敦煌童蒙教材繼承優良傳統的一個典範：將一項日常生活中最重要也最基本的數算知識，透過韵律節拍的輔助而編成歌訣，不僅形式短小、方便記誦，對於學齡幼童與里巷小民來説，都是最容易記憶背誦的"生活常識"。

　　〔一〕　才項多傑：《敦煌出土藏文九九乘法寫本與西藏籌算中的九乘法表的關係研究》，《敦煌研究》二〇一九年第五期，第一〇二～一一〇頁。

敦煌蒙書校釋與研究

主編　金瀅坤

副主編　盛會蓮

導論卷

（下）

鄭阿財　著

文物出版社

第三章　德行類蒙書

　　所謂"德行"指的是道德品行。《論語·先進》云："德行：顏淵、閔子騫、冉伯牛、仲弓。言語：宰我、子貢。政事：冉有、季路。文學：子游、子夏。"[一]孔門四科，德行爲首，言語、政事、文學次之。漢晋六朝承之，晋代葛洪《抱朴子·外篇·循本》："德行文學者，君子之本也。"[二]南朝宋劉義慶《世説新語》卷上《德行第一》的第一則便提到："陳仲舉言爲士則，行爲世範，登車攬轡，有澄清天下之志。"[三]可見"言爲士則，行爲世範"，爲德行追求的典範，也是傳統教育的理想目標。除了儒家經典的學習與形塑外，漢魏六朝的家訓，隋唐五代以下的蒙書也多所重視，敦煌文獻中有不少屬於德行類的蒙書，有摘抄九經三史，參詳古今，可修不可廢，可法不可遺的道德禮儀嘉言懿行，如《新集文九經抄》《文詞教林》《百行章》等；有以家訓、家教，對家族子弟儀容、舉止、行爲、作風的要求與禁誡，如《太公家教》《武王家教》《新集嚴父教》《崔氏夫人訓女

　　[一]（魏）何晏注，（宋）邢昺疏：《論語注疏》卷一一《先進》，十三經注疏委員會整理：《十三經注疏》，第一六○頁。

　　[二]（晋）葛洪著，楊明照校箋：《抱朴子外篇校箋》，中華書局，一九九七年，第四○一頁。

　　[三]（南朝宋）劉義慶：《世説新語》卷上《德行第一》，上海古籍出版社，二○一二年，第一頁。

文》等；也有采通俗白話格言訓誡詩的，如一卷本《王梵志詩》等。茲分別略述如下。

第一節　一般類蒙書

有關道德品行之訓誡類的蒙書，傳統都以摘録經典史傳中含有教育意義可爲準則的話語，纂輯成編，以供學子閱讀，收敦品勵學之功，豎言行舉止之範。

自來周孔之道，老莊之言，往聖賢哲足以薰陶習染的智慧語言，多爲蒙書編撰所采擇。這些聖賢精粹的話語，一般稱之爲格言。如《三國志·魏志·崔琰傳》所説：“蓋聞盤于游田，《書》之所戒，魯隱觀魚，《春秋》譏之，此周、孔之格言，二經之明義。”〔一〕南朝梁沈約《奏彈王源》一文也説：“且非我族類，往哲格言，薰不猶雜，聞之前典。”〔二〕儒家經典前言往行，足以爲世人教育典範之佳言粹語，後世稱爲格言，每每被捃拾匯集抄撮成編，以供蒙學之書，而種類漸多。因此，後世有將“格言”類作爲中國古代小學的一個單獨門類，如余嘉錫《內閣大庫本碎金跋》將古代的“小學”編撰分“字書”“蒙求”“格言”三個門類，但基於蒙書中一般“格言”多爲勸勉、訓誡內容，故本書特將之歸在“德行”類蒙書中的一般蒙書。今所得見敦煌文獻中計有《新集文九經抄》《文詞教林》《百行章》等，茲分別論述如下。

一　《新集文詞九經抄》

敦煌文獻德行類的蒙書中，《新集文詞九經抄》是以哀輯九經諸子之粹語與史書典籍之文詞嘉言成編，其援引的聖賢要言，均一一標舉書名或人名，蓋爲唐代科舉制度與私學教育發展下所產生的，是書抄類書性質的蒙書。其內容、體制，對後代蒙學讀物的發展有著極大的影響。然此一寶貴材

〔一〕《三國志》卷一二《魏书·崔琰传》，第三六八頁。

〔二〕（南朝·梁）沈約著，陳慶元校箋：《沈約集校箋》卷三《彈文·奏彈王源》，浙江古籍出版社，一九九五年，第九九頁。

料自敦煌石室發現以來，除王重民曾在一九三八年針對伯二五九八號、伯二五五七號及斯五七五四號做了簡略的介紹，後收入一九四一年《巴黎敦煌殘卷叙錄》第二輯外〔一〕，過去一直没有得到應有的重視與利用。王重民《叙錄》説：

　　《新集文詞九經鈔》
　　　巴黎藏是書兩卷：甲卷著錄號碼在二五九八，開端殘缺；乙卷在二五五七，似未抄完。兩卷相校，文字大致相同，而互有詳略，雜輯九經諸子中佳言粹語，頗有助於修身，蓋在《開蒙要訓》之上，爲入德之門也。卷内劉通劉會之言，《九諫》《要決》之書，與古經史并引，而其人不見於正史，其書亦未見著錄，則并當時社會上通行之童蒙書也。唯《九諫書》爲張仁亶撰，余別有跋。錄是書自序如下：
　　　　包括九經羅含内外通閱三史是要無遺今古參詳禮儀咸備忠臣孝子從此而生節婦義夫亦因此起若夫天地一指陰陽二儀人無異形善惡分像故足以運身詞能利人步有進退詞有善惡惡詞而衆草不植而自生善言而百穀非力無自媚口雖一也開則香臭異聞人之一焉異則有深淺視深窺淺咸由懇學而成以賢則愚莫不皆因學而成智昔偷光慕道善自前聞刺股懸頭傳之往典
　　　　　　　　　　　　　　　　　　　　一九三八年八月五日
　　　斯五七五四卷僅存開端十三行，題作《新集九經抄》一卷，據以校改序文三字。又“惡詞而衆草，善言而百穀”，兩而字斯氏本并作如。
　　　　　　　　　　　　　　　　　　　一九三九年一月十三日〔二〕

　　王氏此文，僅概略介紹伯二五九八號、伯二五五七號與斯五七五四號等三寫本及迻錄此書的部分序文。王氏所錄序文不全，且對《新集文詞九經抄》一書的内容、時代、成書與價值等相關問題，亦未深究。更何況巴

〔一〕　後收入王重民：《敦煌古籍叙錄》，第二一三～二一四頁。
〔二〕　王重民：《敦煌古籍叙錄》，第二一三～二一四頁。

黎藏伯二五九八號與伯二五五七號二寫卷，文字既不相同，又無重複，内容更非如王氏所言，屬於詳略之別。此二寫卷實乃同一書不同部位的不同抄本。伯二五五七號是《新集文詞九經抄》的前段部分，伯二五九八號則爲後段部分，二者關係絶非如王氏所説“甲卷著録號碼在二五九八，開端殘卷；乙卷在二五五七，似未抄完。兩卷相校，文字大致相同，而互有詳略”。我曾於一九八六年“敦煌學國際研討會”發表《新集文詞九經抄研究》〔一〕，叙録了十三件寫本，綴合伯二五五七號、伯三六二一號、伯二五九八號三件成爲具有首題、尾題，且内容完整的《新集文詞九經抄》一卷并序，討論其成書、引文及與《明心寶鑑》之關係。一九八九年，更有《敦煌寫卷新集文詞九經抄研究》一書，據十六件寫本進行整理研究，并完成全文校箋，可供參考。之後，一九九三年，王三慶《敦煌類書》將之視爲類書，列入“近似書名冠首之書抄”。一九九五年李丹禾《敦煌殘卷〈新集文词九经抄〉初探（之一）》〔二〕，主要介紹了十件寫本，并據伯二五五七號寫本進行全文簡單校録。二〇〇二年，鄭阿財、朱鳳玉《敦煌蒙書研究》〔三〕，將之置於“敦煌寫本德行類蒙書”，叙録十八件寫本，對内容與性質、引書等進行了説明。二〇〇二年，鄭炳林、徐曉麗《俄藏敦煌文獻〈新集文詞九經抄〉寫本綴合與研究》〔四〕，以爲俄藏八個卷號中，有六個過去著録誤定爲《百行章》，其實乃《新集文詞九經抄》的殘片，透過抄寫字體、内容等比對，確認是同一件《新集文詞九經抄》斷裂的碎片，可拼接爲三塊，雖與英、法藏本無關，當是張氏歸義軍初期敦煌文士所抄。二〇〇四年伊藤美重子《敦煌の通俗類書〈新集文詞九経抄〉につい

　　〔一〕　鄭阿財：《新集文詞九經抄研究》，《漢學研究》第四卷第二期，一九八六年，第二七一～二九〇頁。

　　〔二〕　李丹禾：《敦煌残卷〈新集文词九经抄〉初探（之一）》，《古文獻研究》第二輯，浙江古籍出版社，一九九五年，第一六六～一七九頁。

　　〔三〕　鄭阿財、朱鳳玉：《敦煌蒙書研究》，第二八七～三一三頁。

　　〔四〕　鄭炳林、徐曉麗：《俄藏敦煌文獻〈新集文詞九經抄〉寫本綴合與研究》，《蘭州大學學報》二〇〇二年第三期，第九～一九頁。

て——〈老子〉〈莊子〉の引用例の檢討》[一]，專就《新集文詞九經抄》引用《老子》《莊子》的例子進行檢討。

以下就今所得見的二十一件寫本進行寫卷概述、錄文，并析論其内容與性質，體式與引書，論述《新集文詞九經抄》與西夏《經史雜抄》、明初《明心寶鑑》等關係，以説明其在中國德行類蒙書的發展與影響。

（一）寫卷概述

今所得見的敦煌寫本《新集文詞九經抄》總計有二十一號。分別爲法藏：伯二五五七號、伯二五九八號、伯三一六九號背、伯三三六八號、伯三四九六號背、伯三六一五號背、伯三六二一號、伯三九九○號、伯四五二五號、伯四九七一號等十號，英藏：斯五七五四號、斯八八三六號等二號，俄藏：俄弗二四七號、俄敦一三六八號、俄敦二一五三號、俄敦二一九七號、俄敦二七五二號、俄敦二八四二號、俄敦六○五九號、俄敦六○一九號等八號，及上圖三○號背一號。寫本概況表列如下：

敦煌寫本《新集文詞九經抄》概況表

序號	卷號	寫本狀況	行數	首尾題	題記	同卷資料
一	伯二五五七號+伯三六二一號+伯二五九八號	卷子本首尾俱全	一百八十四+三十二+一百九十九	首題"新集文詞九経抄一卷并序"尾題"新集文詞九経鈔一卷陰賢君書記本"	有	卷背：使牓、社司轉帖、人獸圖、錦衣篇、十二時辰
二	伯三一六九號背+？+伯三四六九號背+伯三四一五號背		二十八+？+十五+十九			正面：隷古定尚書孔傳禹貢

〔一〕［日］伊藤美重子：《お茶の水女子大学人文科学紀要》第五七號，二○○四年，第一二一～一三五頁。

續表

序號	卷號	寫本狀況	行數	首尾題	題記	同卷資料
三	伯三三六八號	卷子本首尾俱缺	九十六			背面：押衙王慶元致判官書、殘文書、殘佔書、習字
四	伯三九九〇號	卷子本首尾俱缺	二十九			背面：解夢書
五	伯四五二五號	卷子本首尾俱缺	十一	首題"〔雜〕抄一卷"		
六	伯四九七一號	卷子本首尾俱缺	十三			
七	斯五七五四號	卷子本首完尾缺	一三	首題"新集九経抄一卷"		卷背：開蒙要訓一卷
八	斯八三三六號背	斷片	五			正面有：祝願新郎、新婦文外背面有：《九九乘法歌》的倒書
九	上圖三十號背	首尾俱缺	六十七			
一〇	俄弗二七五二號+俄敦二八四二號	殘片	七+十五			
一一	俄敦六〇一九號+俄敦六〇五九號+俄敦二一五三號+俄弗二四七號+俄敦二一九七號	殘片	二十一下部殘缺+二十一下半殘+二十一+二十三+十三			
一二	俄敦一三六八號	殘片	八			

其中法藏伯二五五七號、伯二五九八號及伯三六二一號三號寫本紙張、型款相同，字體一致，内容相銜，可以綴合。綴合後依序爲伯二五五七號＋伯三六二一號＋伯二五九八號成爲首尾完整的“新集文詞九經抄一卷并序”〔一〕。

伯三三六八號條次凌亂，爲異系列本。又伯三一六九號此卷與伯三四六九號、伯三四一五號字迹、行款全同，係同一卷之分裂斷片。依正面内容順序，伯三四一五號與伯三四六九號銜接，而伯三四六九號與伯三一六九號間脱一段。依背面内容順序則伯三一六九號與伯三四六九號間脱一段，而伯三四六九號與伯三四一五號銜接。即伯三一六九號背＋？＋伯三四六九號背＋伯三四一五號背。是與《新集文詞九經抄》同一體例性質相近的同類寫本。

另俄藏俄敦二七五二號＋俄敦二八四二號等二殘片可綴合，俄敦六〇一九號＋俄敦六〇五九號＋俄敦二一五三號＋俄弗二四七號＋俄敦二一九七號等五殘片可綴合〔二〕。是著録的二十一號寫本，實爲十二件寫本。

其中斯五七五四號存有首題：“新集九經抄一卷”及序，伯二五五七號首題：“新集文詞九經抄一卷并序”，伯四五二五號首題：“□(雜)抄一卷”，伯二五九八號有尾題：“新集文詞九經鈔一卷陰賢君書記本”。是此書全名爲“新集文詞九經抄一卷并序”，省稱做“新集九經抄一卷”。

（二）録文

兹以伯二五五七號＋伯三六二一號＋伯二五九八號爲底本，參校各寫本，并參酌諸家校録，對底本重新録文，逐録全文如下。

《新集文詞九經抄》一卷并序

包括九經，羅含内外，通闢三史，是要無遺，今古參詳，禮儀咸偹。忠

〔一〕　詳細綴合情形，參見鄭阿財：《敦煌寫本〈新集文詞九經抄〉研究》，《漢學研究》第四卷第二期，一九八六年，第二七七～二八〇頁。

〔二〕　俄藏的綴合詳情見鄭炳林、徐曉麗：《俄藏敦煌文獻〈新集文詞九經抄〉寫本綴合與研究》，《蘭州大學學報》二〇〇二年第三期，第九～一九頁。

臣孝子，從此而生；節婦義夫，亦因此起。若夫天地一指，陰陽二儀，人無異形，善惡分像。故足以運身，詞能利人，步有進退，詞有善惡。惡詞如衆草，不植而自生；善言如百穀，非力無自媚。口雖一也，開則香臭異聞；人之一焉，量則有深淺。視深窺淺，咸由懇學而成名；以賢測愚，莫不皆因學而成智。昔偷光慕道，善自前聞；刺股懸頭，傳之往典。孔子曰：未有不法而自正，不教而自爲。《淮南子》曰：未有捨舟檝而涉江海，棄銜勒而御馬者也。故典籍於人，亦猶是矣。《禮記》云：玉不琢，不成器；人不學，不知道。劉通曰：繭質含絲，[待繰]而出，人性懷智，須學乃成。《老子》曰：修之[於]身，其德乃真。《論語》云：修飾以成人。至於小人君子，向背不同，取捨由身，易於反掌。周公曰：善自作福，惡自作災。孔子曰：吉凶由人，禍福由身。行善則吉，行惡則凶。爲人由己，豈由人乎哉？是知道德禮義，可修不可廢，可法不可違。行之，則君子見焉，違之，則小人露矣。故以群書纂義，且濟時須。刪簡繁文，通闡内外，爰今引古，是要無遺，訓俗安邦，號名《家教》，題標舉目，示之云爾。夫屋破者，恒畏風雨，心邪者，常憂禍患。若補得屋，則風雨不入其室；[正]心得意，則禍患不入其門。世人悉補屋，以却風雨；不知正心，以除禍患，何其愚惑者矣。

賈誼曰：有冲天之翼者，必不栖息於桑榆；有方外之心者，必不論談於名利。名利者，是[小]人之淺志；志道者，是君子之深識。故小人以名利爲宗，君子以道德爲主。

孔子曰：君子喻於[義]，小人喻於利。白玉投泥，則不能損起（其）色；君子游於濁世，則不能染亂其心。故知松柏可以負霜雪，明智可以涉艱危。歲寒，然後知松柏之心；世濁，自表通人之志。

劉會曰：積穀帛者，不憂飢凍；抱道德者，不懼凶邪。

《論語》云：聖人君子，有道則見，無道則隱。

《賢士傳》曰：鑿井而飲，耕田而食，日出而作，日入而息，無欲無榮，不求帝力，何患能及。

孔子曰：内省不疚，何患何懼。

《老子》曰：人心惟危，道心惟微。

馬卿曰：夫明者遠見於未萌，智者避危於未形。禍固多藏於細微，而發人之所忽。

《尚書》云：怨不在大，亦不在小。

顏淵曰：君子見毫毛之善，不謂之小，不敢不勉；有纖芥之虧，不謂之微，不敢不懼。

《論語》云：言寡尤，行寡悔。

《尚書》云：不矜細行，終纍大德。

《鮑子》曰：河海不讓於細流，以成其大。故君子以含弘爲大，海水以博［納］爲深。

《老子》曰：不出戶而知天下，不窺牖以見天道，爲之於未有，理［之］於未亂。

《尚書》云：政理於未亂，保邦於未危，思患預防之。

《左傳》云：預俻不虞，古之善政。

孔子曰：人無遠慮，必有近憂，禍至自怨，何瘳差乎！

《莊子》云：人能清目靜耳，心神不勞，自至於道。

《老子》曰：鑒明者，塵埃不能污；神清者，嗜慾不能謬。賢人君子，心貞意敏，情慾豈能染。

顏淵曰：重己莫若敬人，保己莫若安人。若有以自益，必有以自損。故君子務其所益，以防其損；修身非以求榮，且以遠辱。

孔子曰：恭爲德首，慎爲行基。富貴者以博施爲德，貧賤者以志貞爲賢，故君子貧則志［貞］，富則勤施。

周公曰：知善不行，謂之狂；知惡不改，謂之惑。

魏朗書曰：棄智遺情，是無際畔；和光同塵，俗無能纍。

蔡［伯］喈曰：善者榮之基，惡者辱之本。人皆莫能棄惡而從善。

《論語》云：白圭之玷，尚可磨；斯言之玷，不可違。

《尚書》云：作德心逸日休，作僞心勞日拙。

劉通曰：無情以接人物，在愚而恒通；有情以接人物，觸慮而成礙。

楊雄曰：君子修身，樂聞其過；小人無度，樂聞［其］譽。聞其過，則修德日新；聞其譽，則益驕而自滿。

《尚書》云：作德心日新，萬邦爲懷；守志自滿，九族乃離。

《禮記》云：君子不可不修身。思修身，不可不侍親；思侍親，不可不知人；思知人，不可不知天；思知天，［則不可不知天命］。若修身乃知孝，知孝乃知人，知人乃知賢不肖；［知賢不肖］，乃［知天］命所保。

《易》曰：君子見善則遷，有過則改。

劉會曰：君子無親，非道不同；小人無親，非理（利）不合。

《禮記》云：無辭不相接，無禮不想見。以德報德，則人有所歡（勸）；以怨報德（怨），則人有所懲。

《尚書》云：侮慢自賢，反道敗德。自滿者，人損之；自謹者，［人］益之。

王舒曰：君子不自稱善，非以讓人，惡其蓋人。

《老子》曰：地下水流之，天道祐謙，神明託虛。

《禮記》曰：愚人好自用，賤人好自專。

孔子曰：賢與不賢，各親其子。

季路曰：居家之方，唯儉與約；立身之道，爲（唯）讓與謙。

老子曰：大盈若冲，其用不窮。

《尚書》云：謙受不益，滿招損。

《論語》云：性相近，習相遠。信［近］於義，言可復；恭近於禮，遠恥辱。

《尚書》云：習行不義，將成其性，逆天害人，是爲無道。

《論語》云：君子坦蕩蕩，小人長戚戚。不惡於人，無所憂懼。

《禮記》云：知禮樂之情者能製，識禮樂之文［者］能作（述）。作樂以應天，製禮以配地。同則相親，異則相敬。

孔子曰：上好禮，則人莫不敢（敢不）敬；上好義，則人莫不敢（敢不）服；上好信，則人莫不用情。德至於天，天不秘道；德至於地，地不秘寶。

《尚書》云：天地者，人之父母。農勤稼穡則有秩，以下承上則有福。非天私人，惟祐德。

《孝經》云：孝感天地，通於神明者，［孝］至於天，則風雨順時；孝至於地，則有百穀熟成；孝至於人，重譯來貢。

陽王（王陽）曰：孝至於神，則冥運有助。

《孝子傳》云：董永賣身葬父母，天女蹈機。曾參曰一於親，枯井涌其甘醴。郭巨埋兒養母，天賜黃金。孟宗志恭，冬竹抽筍。王祥盡孝，魚躍冰池。楊雍感通，田收白璧。

《尚書》云：作善降之百祥，作不善降之百殃。

《老子》曰：善人者，是不善人之師；不善人者，是善人之資。善惡雖不眉（媚）行，非惡無能顯善。

《尚書》云：吉人爲善，惟日不足；凶人爲不善，亦惟日不足。惡貫已滿，天必誅之，若不誅之，天可與同過。

《莊子》曰：若人作不善於顯明之中者，人得而誅［之］，若作不善於幽冥之中者，鬼得而誅之。

《老子》曰：罪莫大於淫，禍莫大於貪，咎莫大於讒，此三者是爲禍原。小則危身，大則滅家。

《易》曰：善不積，不足以成名。

《左傳》云：積善之家，必有餘慶；積惡之家，必有餘殃。

鄒衍曰：積行［絫行］，有時［而用］；棄義背理，有時而亡。

太公曰：積穀防飢，積行防衰。

《易》曰：二人同心，其利斷金。同心之言，其臭如蘭。

《左傳》云：意合，胡越爲兄弟，陳重、雷義也；不合，則骨肉爲讎敵，朱像（象）、管蔡也。

太公曰：斜徑敗於良田，讒言敗於善人。理國信讒，必害忠臣；理家信讒，必疏其親；夫妻信讒，必見生離；朋友信讒，必至死怨。

孔子曰：利口能以覆邦家，讒言能［以］離骨肉。

屈原《離騷經》云：積毀銷金，積讒磨骨。

太公曰：雖有周孔之才，其餘不足觀。

《論語》云：雖有宋朝之美，而無祝鮀之佞。

《列仙傳》曰：甘蔗雖甘，而不可食［杖］；佞人悅己，亦不可親。

《抱朴子》曰：佞人在世，必飛砂走石，暴風折木。

班固《西都賦》云：風毛雨血，灑野蔽天；彭蠡之鳥，萬萬爲群。

《漢書》云：朝無佞臣，五行不亂。

《易》曰：水火金木土，是五行。

《禮記》云：天無私覆，地無私載，日月無私照，君子無私惠。

孔子曰：君子敬而無失，恭而有禮。四海之內，皆爲兄弟。

《尚書》云：皇天無親，惟德是輔；人心無常，惟惠之懷。

《論語》云：克己復禮，衆歸仁焉。

《孝經》云：孝於親者，可移於君；悌於兄者，可移於長；居家理治，可移於官。三者備矣，則揚名於後世，以顯父母。

《尚書》云：萬夫之長，可以觀政。

《論語》云：心思忠信，行思篤敬，則在目前，當若見之。

《禮記》云：君子履霜雪，必有悚惕之心，守禮讓爲家風，敦淳朴爲時俗，百行俱備，無怨無嗟。

孔子曰：質勝文則野，文勝質則史，文質斌斌（彬彬），然後君子。

《莊子》云：勞我以生，休我以死，生兮何足喜，死兮何足悲。

劉通曰：婦人懷孕，不得不生；既生，不得不死。猶飢，不得不食；既食，不得不出。應出不出，與身爲患，應死不死，豈是吉哉！未有不死之人，祇可出有早晚，命有長短。

《老子》曰：全其真，守其分，率性而動，則可長生。

《父（文）子》曰：樹欲静，而風不搖；性欲平，嗜欲害之。

《家語》云：樹欲静而風不止，子欲養而親［不］待。

《淮南子》曰：河水欲清，沙壤穢之。

《孝經》云：言滿天下無口過，行滿天下無怨惡。

孔子曰：知名之士，見利不動，臨死不恐。

子夏曰：死生有命，富貴在天。

太公曰：相命以定，鬼神不移。

《尚書》云：人能嚴肅，鬼神自遠。

《論語》云：天神曰祇，地神曰鬼，非其祖考而祭之曰諂。

子路曰：未能事人，焉能事鬼；未能知生，焉能知死。

《老子》曰：君能慎戒，臣能奉上，人君清静，天氣自正。

《要決》云：事君事父者，唯以忠孝爲主；爲君爲父者，須以慈愛爲宗。

《禮記》云：爲君止於人仁，爲臣止於敬，爲父止於慈，爲子止於孝，爲友政（止）於信。若違斯之行，雖讀經書，終無益也。

《論語》云：事父母能竭其力，事君能致其〔身〕，與朋友交，言而有信，雖曰未學，吾必謂之學矣。

孔子曰：入則孝，出則悌，謹而信，汎愛衆而親仁，行有餘力，則可以學文矣。

《左傳》云：君義，臣行，父慈，子孝，兄友，弟恭，謂之六順。

《論語》云：惠而不費，勞而不怨，欲而不貪，泰而不驕，威而不猛，謂之五美。

孔子曰：足食，足兵，民信之矣。

《易》曰：人之輔勤，勤則不遺。

《尚書》云：不慭作勞，秋無黍稷。

《營（管）子》曰：〔倉〕廩實，知禮節；衣食足，知勞（榮）辱。

《老子》曰：理身者，愛氣則身全；理國者，愛人則國安。

《莊子》曰：人之於君，如示（水）之有土；君之於人，如身之特（恃）足。

《要決》云：一國之君，萬方仰賴。君若安靜無欲，則〔不〕擾亂群生，天下大理；君若好酒色臺榭，畋獵戰伐，任佞棄賢，勞役無道，人患其苦，亂逆必興。逆亂既興，則人亡君死。是知一身之內，總賴心生。心若安靜無欲，則不擾亂諸情，身心安〔泰〕。心若荒淫財色，任僞棄真，名利纏懷，規求不已，順情則喜，違情則怒，喜怒交馳，則血氣停；血氣停，則四大病生。是知人亂由君而起，君須息亂，以求安身。苦由心而生，心須思苦求樂。若君息亂，則人安；心息苦，則身樂。四大相尅，針藥可治；四大相爭，法律可定。若病在膏肓，針藥不能救；亂在君德，法律不能匡。

《老子》曰：理國繁，則天下亂；理身繁，則神氣散。

《莊子》曰：情之傷性，性妨情，性之〔貞〕則情銷，〔情〕熾則〔性〕滅，猶如煙生於火，〔煙〕鬱則火滅，火盛則煙微；冰生於水，冰遏則水絕，冰泮則水通。

孔子曰：無義而生，無功而賞，不仁而富，禍之基。

揚雄曰：許而不與，怨之府；結而不固，禍之路。

孔子曰：不仁者不可以久處約，不可以長處樂。久居貧困，則將濫竊；久居富貴，則將憍逸。君子固窮，小人窮斯濫矣。

劉會曰：若欲揚名獲福者，必須豎仁行於里間；若欲進達遷官者，必須列清忠於邦國。

孔子曰：省徭役則人壽，薄賦斂則人富。

《西京賦》云：稅繁役勞，人盡力殫。

《鹽鐵論》云：秦法繁於秋荼，羅網密於凝脂。

《老子》云：天網恢恢，疏而不漏；法令滋彰，盜賊多矣。

《尚書》云：無偏無黨，王道蕩蕩；無道不（無）偏，王道平平；無反無仄，王道正直。

《禮記》云：王言如絲，其出如綸。

《易》曰：慢藏誨盜，冶容誨淫。

顏淵曰：不治高位，不苟其得，淡然自守，惟道爲務。

《莊子》云：色眩於目，聲流於耳。

郭景亂（純）《長笛賦》云：遇清歌則樂，感悲聲則哀。

潘安仁《笙歌賦》云：聞之者悲，聽之者嗚咽。

《尚書》云：至理馨香，感於神明；黍稷非馨，明德惟馨。

《孝經》云：安上理人，莫善於禮；移風易俗，莫善於樂。

《禮記》云：大亂禮與天地同和，大樂與天地同節。

《易》曰：聖人與天地同其德，與日月齊其明。

《史記》云：唐堯之德，其知如天，其仁如神，就之如日，望之如雲。

武侯曰：不可［以］己之所能，而責人之所拙；不可以己之所［短］，而割人之所長。是知憂樂者，行之難，不［可不］勉。見憂不能勞則傷人，見樂不能悦則違和，故智者不失憂樂之節，以崇仁和之德。

《孝經》云：因嚴以教敬，因親以教愛，因情以教仁，而樂乎！畏其刑罰，愛其德義，是曰愛而畏之。

《禮記》云：禮經三百，威儀三千，道德仁義，非禮不成，教訓［正］俗，非禮不俻。故禮者，非日非月而天下明，非帛非絲而天下暖。

《尚書》云：立愛惟親，立敬惟長，行之在己，終於四海。

《毛詩》云：相鼠有體，人而無禮；人而無禮，胡不遄死。相鼠有皮，人而無儀；［人而無儀］，不死胡爲。

衛伯儒曰：矜莊嚴恪，人之本（大）節；謙恕恭敏，慎行之本；寬惠博愛，養身之基；好問勤學，立智之始。

《尚書》云：好問則裕，自用則小，惟德無小，萬邦惟慶。

王舒曰：賢者懷己不足，是以有餘；愚者自謂有餘，故常不足。

孔子曰：聞詩可以言語，聞禮可以立身。不讀詩，無以言；不讀禮，無以立。故禮樂詩書，人之所須；恭敬揖讓，人之所尚。

《要決》云：世人讀經書者，爲求其理，理能生智，智言自斷耶。爲（若）人雖造經書，不能耽翫，而盛於函篋之中者，猶［人］結網以捕魚，魚鱉在深水，若網成高懸，不入水，無以得魚鱉，有經書不讀，福智無由生也。

《易》曰：天地之中，人最爲貴。貴於萬物者，以其有情，人之無情，何異於草木；貴於禽獸者，以其有禮，人之無禮，何殊於鳥獸也。

《曲禮》云：鸚鵡能言，［不］離飛鳥，猩猩能語，不離禽獸。人之無禮，何殊禽獸。

孔子曰：鳥獸不可以同群。

《莊子》曰：人以類聚，鳥以群［分］。［魚相忘於江湖，人相知於道術］。

［孔子］曰：君子群居，［言不阿黨］；小人群居，言不及義。

顏書曰：林鳥共彩，野鵲同群。

王陽曰：君子千里同風，小人隔陌異俗。

［《老子》曰：善］爲士者不武，善戰者不怒，善勝敵［者不與，善用人者爲下，是謂不爭之德］，用人之力。

曾參曰：以德勝人則强，以力勝人則亡。

《尚書》云：同力度德，同德度義。力均，則有德者勝，德均，則秉義者强。揆度優劣，勝負可見。

《［論］語》云：爲力不同科，古之道也。

《禮記》云：觀人設教，教不失人。

孔子曰：可以言而不與言，失人；不可以言而與言，失言。時［然後言］，人不厭其［言］；樂然後笑，人不厭其笑；義然後取，人不厭其取。

《［左］傳》云：人心不同，其如面焉。

［《周書》曰］：人口如川，不可掩塞。

［孔］子曰：不降其志，不辱其身。

《［尚］書》云：失道求名，古人賤之。

孔子曰：三年不爲禮，禮必壞；三年不爲樂，樂必崩。是以喪不過三年。

孫良曰：三日不談，口邊急；三日不行，道荊棘。習無不利，學必專精。

子貢（曾子）曰：以能問於不能，以多問於寡。有若無，實若虛，君子謙［謙］，常如不足。

《孟子》曰：積土成山，纍學成聖。

［《論語》曰］：切磋琢磨，以成寶器。

劉通曰：鍊金水出，鑽木火生。人學則成智，智通則成聖。

《莊子》曰：鏡以照水，以證清察；人以智靜，物以蔽藏。

《要決》云：鏡以照面，智以照心；鏡明則塵垢不止，智明則欲惡［不］生。［人之無道，猶車之無軸，不可駕；人之無道，不可以行。］

嚴君［平］曰：疾行不能逐影，大聲不能掩響。［默然託蔭，則影響無所聞；常體卑弱，則禍患無緣起。］

《［論］語》曰：欲人勿知，不如勿爲；欲人勿問（聞），不如勿言。

又（《六韜》）云：修身莫若敬，避強莫如順。

蔡伯皆（喈）：［喜怒在心］，言出於口，［言出不可］還，覆水不可收。是知口舌者是禍患之門，滅身之府。言出患入，言失身亡。

又曰（《六韜》）云：君長不以喜而賞，不以怒而誅；賞不及於無功，罰不加［於］無罪。

《［尚］書》曰：寧失不常之罪，不枉無辜之善。

［《論語》云］：刑罰不中，則人無所措手足。

［孔子曰］：舉直措諸枉，則人服；舉枉措諸直，則人不伏（服）。

《九諫》曰：賞有功則人喜，罰無過則人怒。［若賞無功則有功者怨，若罰有罪則仁悅。］

《莊子》云：聖智賢人清目而不視，靜耳而不聽，閉口而不言，棄心而

［不］慮。

《老子》云：大辯若訥，大巧若拙。澄心净性可安神，辯口多言□亡身。

劉通曰：鐸以聲自毀，薰以香自滅，龜以智自割，翠以羽自殘，膏以明自煎，石以玉碎質。

孔子曰：吾日三省其身，見賢思齊焉，見不賢而内自省。

孔子曰：人誰無過，過而能改；過而不改，是謂過矣。

《要决》云：聞過不改是愚人，見鞭不行是駑馬。

孔子曰：君子之過如明月之蝕，人皆見之。吾嘗終日不食，終夜不寢，以思，無益，不如學也。

《要决》云：脈是候病之機，心是察過之主。

《尚書》云：以誼制事，以□□□（禮制心）。

孔子曰：君子有九思：視思明，聽思聰，色思温，貌思恭，言思忠，事思敬，疑思問，忿思難，見德（得）思義。三思而後行，再思可矣。

《老子》曰：金玉滿堂，莫之能守。小人不知天命，而富貴多求。

諸葛武侯曰：賢而多財，則損其志；愚而多財，則益其過。

《尚書》云：玩人喪德，玩物喪志。

王舒曰：吾以志道爲寶，不以金玉爲寶。

又曰：才（財）能害己，必須遠之；色能敗身，必須畏之。

《禮》云：慾不可縱，縱必過；財不可親，親必辱。

《老子》曰：嗜欲傷神，財多纍身，故不欲富貴。口不欲五味，目不妄視，口不妄語，則無怨惡。

劉通曰：知足則無害，無害則身全。

《語》曰：己所不欲，勿施於人。在家無［怨］，在邦無怨。

《老子》曰：以己身知人身，以己家知人家。聖人無常心，以百姓爲心。君子無求備於一人。

《淮南子》曰：兆人之耳聽，以四海之目視。

《語》曰：己欲求達，先達人；己欲求立，先立人。

趙古曰：攝（捨）己從他，萬事銷和；攝他從己，諸事競起。

劉會曰：世人皆好人之愛己，不好己之愛人；皆嫌人之惡己，不嫌己之惡人。己之妻妾則不欲顧視，見他妻子則生淫蕩之心；己之父母則欲得使人崇敬，見他父母則不能屈己尊重。如復終日，孜孜怨恨儕伍，不能反躬自責，內省其身。

《禮》曰：善則稱人，過則稱己，則人不爭；善則稱君，過則稱己，則人作忠。善則稱親，過則稱己，則人孝。是故君子貴人而賤己，先人而後己。

《書》云：君之有德，惟臣成之；君子無德，惟臣誤之。以德則理，不以德則亂。

孔子曰：父有爭子，則身不陷於不義；君有爭臣，則不失於天下。

《禮》云：諫君三，不用則逃而俙之；諫父三，不用則隨而泣之。

《九諫》曰：聖明之君，必納直臣之諫；昏暗之主，多受佞媚之言。納諫者惟木從繩，受佞者如甘以壞。其言甘，其害廣；其言直，其利深。療膏肓者，必進苦口之藥；決狐疑者，要諫逆耳之言。項羽失天下，由不用范增之言；高祖得天下，由納張良之謀。太宗至聖，不違魏徵之言；帝嚳至聖，常開人軌之諫。

《尚書》云：木以繩直，君以諫明，庶政惟和，萬邦咸寧。

《孟子》曰：忠言逆耳，良藥苦口。良藥苦於口而利于病，忠言逆於耳而利於行。

太公曰：勤耕之人，必豐穀食；勤學之人，必居官職。

《莊子》云：一夫不耕，天下受其飢；一婦不織，天下受其寒。

《禮》云：天子親耕，勸農士；皇后親蠶，勸女工。

《尚書》云：內不憂人，外不勸德。帝不順祝，降亡時喪。

太公曰：君子筆耕，小人力耕。

孔子曰：君子心爭，小人力爭；君子鬥德，小人鬥力。以德勝人則強，以力勝人則亡。

《老子》曰：聖人君子，其性如水，壅之則止，決之則流。能方能圓，曲直隨形。居上能愛人，爲下能敬順，雖柔而不剛。水能滅火，陰能銷陽。是知弱必勝強，柔必勝剛。

《詩》云：左之左之，君子宜之；右之右之，君子有之。君子不器。

《語》曰：寬則得眾，敏則有功。居上不寬，爲下不敬，臨喪不哀，吾何以觀之哉！恭而無禮則勞，順而無禮則葸，勇而無禮則亂，直而無禮則絞。不患人之不己知，患己不知人。不患無位，患己不立。

王陽曰：士爲知己者死，女爲悅己者容。

《書》云：天作孽，猶可違；自作孽，不可逭。

《禮》云：迅雷風烈，必變其容；仁賢之人，敬天之怒。

嵇仲曰：險人敬而遠之，賢人親而近之。彼以惡來，我以善應；彼以曲來，我以直應。夷心無恨，則不能怨之。

孔子［曰］：惡人與言，遜辭以自免，故云：進人以禮，退人之（以）禮。仁者安人，智者利人。

《莊子》曰：於我善者，吾亦善之；於我惡者，吾亦善之。我既於人無惡，誰能於我惡乎？

《尚書》云：居寵思危，罔不惟畏；若人不畏，則人可畏之刑。

孔子曰：君子高卑而益懼，小人寵慢則憍奢。小人目短易盈，君子視深難測。

《尚書》云：惟日孜孜，無敢怠惰，天之所罰，不避貴賤，惟善不及。

孔子［曰］：爵禄粟帛，國之所重，無功者不得輒賞。

劉向曰：奢心易動，儉志難全；害生於自勞，禍成於意得。

孔子曰：小人近之則不遜，遠之則怨。

《孟子》曰：通人達士不依世以廢道，不毀俗以危身。

孔子曰：志士於人，無求生以害人，有殺身以成人。

《莊子》云：［恕］己不私於物，敬身不惕於人，敬則疏者皆親，恕己人之自伏。

《孝經》云：己慢人之親，人亦慢己之親。人能弘道，非道弘人。

《語》曰：犬以守禦，馬以代勞。犬馬皆能有養，不敬，何以別乎？

《孝經》云：敬其父則子悅，敬其兄則弟悅，敬一人則千萬人悅。所敬者寡，而悅者衆。

《禮》云：以德德往，則德來；來而不往，非禮也；往而不來，亦非禮也。

《尚書》［曰］：功高由志，業廣由勤。

《語》曰：不患貧，而患不均；不患寡，而患不安。齊之以刑，人免而無恥。而（如）殺無道，以就有道，何如？

孔子曰：焉用殺？法貴行，不必在刑。

又云：刑嚴則人怨，政善則人安。

《九諫》曰：水澄則自清，火打則熾盛，樹搖則鳥散，水混則魚驚，主泰則人安，時清則衆悦。

劉會曰：臣者君之馬，國之舟，舟固則國濟，馬良則君安。

《要決》云：治於家國者，猶如構屋。構屋者先固其基，立身者須實其行。

孔子曰：不在其位，不謀其政。

《左傳》云：德以柔中國，刑以威四夷。

劉會曰：理國者必藉賢臣，理家者必資良長。

《尚書》云：伊尹去而紂桀亡，箕子囚而紂滅，傅説相而殷盛，姜子牙用而周興。故知得一賢而天下安，失一賢則宗社墜。用人罰罪，其在兹乎？

《老子》曰：貴莫大於無罪，樂莫大於無憂，富莫大於知足。

太公曰：一人守隘，萬夫莫向。貪心害己，利口傷身。

子貢曰：多言失行，食飽傷心。貧而樂，富而憂，君子憂道不憂貧。

《詩》云：知我者謂我心憂，不知我者謂我何求。無事當貴，緩步當車，清貧長樂，濁富多憂。

《要決》云：寧無事而家貧，不有事而居富；寧無病居茅廬，不有病坐金屋。

《六韜》云：王人之道，如龍之首，高居而遠望，視徐而審聽。

《淮南子》曰：聖人之德，如樽在衢，如泉在垓，所欲者皆得之。

《老子》曰：聖人不積德不積財，有德以接人，有才（財）以與貧。執別（利）愚（遇）患，執道全身。

武侯曰：毒藥在俎，餓徒不食；財處不義，仁賢不窺。節士非惡榮華，清人非好貧賤。

《毛詩》云：濟濟之士，文王以寧。所譽者貴，所憎者誅。

《史記》云：停兵日食千金。又曰：大軍之後，必有凶年。

又曰：天下有道，庶人不議。

《語》曰：鳳鳥不至，河不出圖。

理智以（與）世，仁者樂山，如山之安，自然不動。智者動人能日進，是仁者靜，無欲所緣是謂靜。智者樂，自役其志，是以樂。仁者壽，性靜者多壽。

太公曰：欲求其短，先取其長；欲求其圓，先取其方；欲求其柔，先取其剛；欲防外敵，先須自防；欲量他人，先須自量。揚人之惡，皆是自揚；傷人之語，還是自傷。因風吹火，用氣不多；含血遜人，先污其口。

《易》曰：出其言善，則千里贏之。

武侯曰：一言之益，重若千金；一語傷人，痛如劍割。悅以使人，人忘其勞。

《尚書》云：悅以使人，人忘其勞。

《莊子》曰：若以逸道使人，雖勞不倦；若以生道殺人，至死不怨。

《論語》云：君使臣以禮，臣事君以忠。

王良曰：若委以報事，君子以其道。

問（聞）之曰：成事不說，遂事不諫，既往不咎。

《史記》云：單醪投河，三軍告醉。

太公曰：甘言可以償債，美語賑煞飢人。

《毛詩》云：鶴鳴九皋，聲聞於天；鐘鼓於宮，聲聞於外。

《尚書》云：士有一過於家，家必喪；君有一過於國，國必亡。

《東京賦》曰：若一物之所失，如己納之於隍。

《尚書》云：爲政者敬身恐懼，不敢荒怠自安。

孔子云：孝者德之本，善者福之基。禮義立仁，謙敬立身。

曾子曰：鳥之將死，其鳴也哀；人之將死，其言也善。

《禮記》云：三餘之暇，可以學文矣。冬是歲之餘，夜是日之餘，風雨月之餘。

孔子曰：學如不及，猶恐失之。學而不思則罔，思而不學則殆。

王陽曰：道□□□（不師授）謂之傳聞，學不師授謂之汎濫。

孔子曰：德以潤屋，□□□慎，不學者將落。

太公曰：祇解以糞糞其地，而不解以德糞其身。賜子千金，不如教之一伎。

孔子曰：學如牛毛，成如麟角。

李琳曰：勤是無價之寶，慎是護身之符，作詩龍宮海藏，學士明月神珠。良田萬頃，不如薄伎隨軀。

鄭玄曰：不患無位，患己不立。上不怨天，下不怨人。

《尚書》云：爲山九仞，功虧一匱。

《老子》曰：合抱之木生於毫末，九層之台起於纍土，千里之行始於足下。

《尚書》云：若昇高，必自下；若行遠，必自邇。高必下爲基，貴必以賤爲本。奉先思孝；接下思恭。政以仁義爲常，辭以理實爲要。

劉會曰：造燭者爲求其明，讀經書者爲求其理。明以照室，理以照心。

孔子曰：德之不修，學之不講，聞義不能徙，不善不能改，是吾憂也。一勞永逸，蹔菲久寧。

《傳》云：玉性潔白，不由人飾而明；薑桂自辛，不是良田益味。

諺云：綫因針而入，不因針而急；女因媒而嫁，不因媒而親；薑因地而生，不因地而辛。

《莊子》曰：荊華之材，不堪棟樑；蓬蒿之中，必無大廈。

《老子》曰：直木先伐，甘泉先竭。直則枉，曲則全；窪則盈，弊則虧。家敗妻亡，國危臣隘。

《六韜》云：人食於禄伏於君，魚食於餌牽於緡。

《易》曰：吾有好爵，與爾靡之。

《淮南子》曰：鐵不可以爲舟，木不可以爲釜。燕麥何可獲，兔絲何可絡。

孔子曰：先難而後穫，然後受禄。

高宗謂傅説曰：君爲元首，〔臣〕爲股肱。若作酒醴，爾惟麴；若作和羹，爾惟鹽梅；若濟巨川，用汝作舟楫；若歲大旱，用汝作霖雨；若作金，用汝作礪。

桓公謂管仲曰：寡人有仲父，如飛鴻之有翼。

《老子》曰：知人者智，自知者明；知勝者强，知足者富。

孔子曰：君子矜而不爭，群而不黨。成人之美，不成人之惡。

《老子》曰：［上］德不德，謂之無德；下德不失德，是以有德。

孔子曰：人不以利口爲德，犬不以善吠爲良。有德者必有言，有言者未必有德。

又曰：多言失行，食飽傷心。

太公曰：十言九中，不語者勝。

又曰：火炎不可嚮近，浮言不可利用。萬句浮言，不及一句妙理；千船魚目，不及徑寸明珠。

《要决》云：服藥不當病，不如不服。

語曰：言不中理，不如不言；藥不當病，反傷其命；言不中理，反害其身。

又云：言有速患，行有招恥。

《風俗通》曰：有師曠之聽者，不可惑以淫哇之聲；有離珠之明（者），不可眩以紅紫之色。

孔子曰：非禮勿視，非禮勿聽，非禮勿言，非禮勿動。

《老子》曰：塞目不妄視，閉口不妄言。

又曰：飄風不終朝，驟雨不終日。天之喜怒尚不能久，況於人乎？

又曰：物極則返，樂極則哀。

《老子》曰：禍兮福所伏，福兮禍所倚。

孫良曰：多言多過，多事多禍。

《語》曰：詩三百，一言以蔽之。

孔子曰：詞窮兩造，片言可以折獄。

劉會曰：若以財交者，財盡則疏；若以色交者，色衰則棄。

孔子曰：見小利，則大事不成。

《書》去邪勿疑，疑謀勿成。

劉通曰：以殺止殺，古之恒典；賞一勸百，前王令范。

《尚書》云：視遠惟明，聽德惟聰。

孔子曰：君子務本，本立而道生。

《史記》云：辭聽、色聽、氣聽、耳聽、聲聽，是謂五聽。

《尚書》云：雨以潤物，陽以乾物，暖以長物，寒以成物，風以動物，五者來備，則庶類番庶。

《語》曰：雖有周孔之才多其餘不足觀。

周朝云：理國不用佞臣，理家不用佞婦。

曹大家曰：夫不賢則無以婦，婦不賢則無以事夫。

《論語》曰：其身正，不令而行；其身不正，雖令不從。上之化下，猶風之靡草。

《儀禮》云：自正率下，易爲其政；自盜上盜，難爲其政。

太公曰：若人孝於親，子亦孝於身；身若不孝，子亦如之。

《家語》曰：慈父不愛不孝之子，明君不納無朋之臣，寧愛有力之奴，不用無力之子。

《毛詩》曰：母兮生我，父兮育我。出入顧我，我始成人。

《莊子》曰：父母生我劬勞，欲報之恩，昊天罔極。

太公曰：養子，汝之（知）己身不孝；己苦，方悉人勞。

《孟子》曰：忠臣不隱詞於君，孝子不偏辭於父。忠不失節，孝不失常。

《論語》云：雖遭凶年，父母不知。父母在，不遠遊，遊必有方。

《禮記》云：所遊必有常，所習必有業。出必告，返必面。

《孝子傳》云：丁蘭刻木爲母，出入諮陳，首信無謬，況於生父母云。

孔子曰：求名之道，勤恪是資；立身之道，因慈忍爲主。

《語》曰：言忠信，行篤敬。

《孝經》曰：夙夜匪懈，以事一人。戰戰兢兢，如臨深淵，如履薄冰。

太公曰：牛懷舐犢之恩，羔申跪乳之勞，慈鳥恭反哺之恩，高柴父喪，泣血之痛。

曾子曰：百行之先，無以加於孝乎！三一條中，罪莫大於不孝。

王陽曰：行莫道於忠孝，尊莫高於君親。

《孝經》云：養則致其敬，病則致其憂，喪則致其哀，祭則致其嚴。生事之以禮，死葬之以禮，祭之以禮。祭神如神在，故鬼享之。

《禮記》云：天子喪曰崩，諸侯曰薨，大夫曰卒，士曰不禄，庶人曰死。

在床曰屍，在棺曰柩。

又曰：周尸爲棺，周棺爲槨。

《禮記》云：悲哀在中，形變於外；痛疾在心，口不甘味，身不安美。成壙而歸，不敢處室，居於倚廬。哀親在外，寢苫枕塊，哀親之在土。

王陽曰：事君有犯無隱，利不苟得，難不苟免，兢兢戒慎，恐辱其身；事父有隱無犯，氣溫色和，常無自喜，孜孜不怠。

子游曰：事君數，斯辱矣；朋友數，思（斯）疏矣。

《禮》云：冬溫夏清，昏定晨省。

太公曰：父母有疾，甘美不餐，食無求飽，飢無求安，問（聞）樂不樂，是戲不看，不修身體，不整胗冠，待至疾瘉，正（整）亦不難。

《禮》云：君有疾，以藥，臣先嘗之；親有疾，以藥，子先嘗之。行此二者，則不失忠孝之情也。

《語》曰：富與貴是人之所欲，貧與賤是人之所惡。

《莊子》云：磨刀恨不利，刀利傷人指；求財恨不多，財多還害己。

《老子》曰：自足之人，常自足矣，知足不辱，知止不殆。

劉會（曰）：家富者人不遠求，志滿者心不外緣，無疾者不訪良醫，無欲者不窺榮（寵）。

《論語》云：不義而富，於我如浮雲，非己之不有，不以其遂弓之，不貴。

《孟子》曰：谿壑雖大，尚猶可填；人心雖微，難可充滿。

諺〔云〕：人爲財死，鳥爲食亡。此言雖小，可喻於大口。

劉通曰：居官正色者，不剛不柔；寬猛相濟，直直如弦天，清若冰壺，動止有規；言信無謬，察言觀色，至必憂人。賞重罰輕，功過無濫。此則輔主之道，惠人之基。官祿永終，富貴長久。

《尚書》云：撫我則后，虐我則讎。

《論語》曰：不〔令〕而罰謂之虐，不教而煞謂之暴，此二患，賢人不爲。

《書》云：刑故無小，宥過無大。過誤所犯，雖大必制；不忌故犯，雖小必刑。

律通異義，禮逐人情；臨事以權，法無膠柱。

《史記》云：不可膠柱以調弦（絃），不可刻舟以求劍。

《尚書》云：學古入官，議事以制，建官惟能，蒞事惟能。怠無荒，四夷來王。

《九諫書》曰：將欲祭饗，必先齋戒；欲用賢良，先去貪佞。若牢饌不潔，鬼神不歆；朝有佞臣，賢人不立。是知曲直不相宜，清濁偏相忌。

《離騷》云：善鳥香草，以比賢良；惡禽臭物，以比讒佞；虯龍鸞鳳，以託君子；飆風虹霓，以喻小人；靈修美人，以媲忠貞。

傳云：寔繁有徒，事不可類。

孔子曰：血氣方剛，戒之在鬥；血氣未定，戒之在色；血氣既衰，戒之在得。

太公曰：惡必須遠，善必須親；孟母三徙，爲子擇鄰。

孔子曰：見善如不及，見惡如探湯。

又曰：凶險之人，近猶不可，況交乎？

劉通曰：近於貪佞，猶如懷蝎，坐臥不安。

《莊子》與善人相隨，猶如霧露中而行，雖〔不〕濕衣，時時有潤。

太公曰：近佞者諂，近賊者盜，近朱者赤，近墨者黑，蓬生麻中，不扶者自直。

孔子曰：善者榮之基，要（惡）者辱之本。

孔子曰：三人共行，必有我師焉。擇其善者而從之，其不善者而改之。溫古（故）而知新，可以爲師矣。後生可畏，焉知來者不如今也。

太公曰：針雖有金，非鑢不見；人懷道義，非學不明。

《易》曰：金、石、絲、竹、匏、土、革、木，謂之八音。

《毛詩》云：析薪如之何？匪斧不剋；娶妻如之何？匪媒不得。

劉會曰：非學不智，非人不德，非德不賢，非賢不聖，非聖不通。

宋玉對楚襄王曰：體貌閑麗，天之所受；〔口〕多微辭，所學於師。

孔子曰：內無君子之德，外服君子之衣者，狗以羊犬之都，虎豹之皮，此謂之繡外而麻裏也；不服君子之衣，而懷仁賢之行，此謂之錦中而紵表也。

《賢士傳》云：色不染無穢，財不貪無欲，酒耽無犯觸，不輕他，不被辱，不惱他，自安樂；心平等，無怨惡。

太公曰：仁慈者壽，凶暴者亡，忍忿者安，忍辱者全。百行之中，忍之爲上；忍如安宅，灾怪不生；忍如神鎧，衆兵不加；忍如大舟，濟於彼岸。

太公曰：見善如渴，聞惡如聾。女慕貞潔，男效才良。影直形端，心堅道政（正）。

《論語》曰：父在觀其志，父沒觀其行，三年無改於父之道，可謂孝矣。

《孝經》云：天子無父，事三老；無兄，事五更，猶不常懈怠，而況於凡也。

王良曰：欲知其君，先觀所使；欲知其父，先視其子；欲知其人，先觀其友。君政（正）則臣清，友善則人良。

《管子》曰：麒麟之駒，行則千星；鳳凰之歇，飛則冲天。

太公曰：將軍之門，必出勇士；傳學之家，則有君子。

《楊楷書》曰：水行不避蛟龍，漁父之勇；陸行不避猛兕，獵夫之勇；白刃相交，視死若歸，烈士之勇：當朝不避權豪，直言其事者，忠臣之勇。

太公曰：女無鏡，不知面之精粗；士無良朋，不知己之有失。

《鮑子》曰：生我父母，知我朋友。朋友相親，車馬不謝。

孔子曰：金者三友，友善者成，友惡者壞。

《莊子》曰：君子交，淡如水；小人交，甜如蜜。君子淡以久，小人恬則絕。

郭象曰：不盡人之歡，不竭人之能，則四海之交可全。

宋弘曰：貧賤之交不可忘，糟糠之妻不下堂。

《史記》云：白頭如新，傾蓋若舊。

《老子》曰：行賣膠漆，如海如山，人之不恒，否泰有時。豐免飢趨之弊，貧不可輕，富不可待。昔太公未遇，釣魚於水；相如未達，賣卜於市；巢父隱移山；魯連赴海。知貧富不定，貴賤無常。蒿艾之下，或有蘭芳；流沙之中，不無珠玉。賢愚雜合，不可知之；魚龍同形，不可以識。

孔子曰：好奢則儉，好儉則豐。

季孫曰：家無食粟馬，室無衣帛妾。無金不賄貨，不害於家。

孔子曰：所食不過滿腹，所衣不過覆身。少欲知足，樂道安身。

又曰：貴不與憍期，貴則憍而自至；富不與侈期，富則侈而自至。

《詩》云：執轡如組，兩驂如舞。

賦云：輕生重氣，結黨連群。

賦云：筆不停輟，文不加點。由基善射，百發百中，虛弦鴈落，架矢猿啼。文經天地，武定禍亂，安不忘危，治不忘亂。

《韓詩》曰：文士筆端，武士鋒端，博士舌端。

《老子》曰：天下漫漫，枉死者半。

孫良曰：閫外之事，將軍裁之。

孔子曰：君子不重則不威，學則不固。

《老子》曰：重爲輕根，根重則長存，葉輕則凋落。

張成曰：苗疏難直，根淺易危。

張良曰：危同纍卵，安若太山。

《史記》云：逐鹿於中原，不知鹿死誰手？楚既失之，齊亦未得。散鹿臺之財，發巨橋之粟。

《詩》云：厭厭夜飲，不醉不歸。

《禮》云：郊天祭廟，非酒不享；君臣朋友，非酒不享；鬥怒相加，非酒不息，此酒之功也。昔阿闍世王爲酒誅母，丁冲爲酒盡軀，夏桀爲酒亡國，此酒之過也。是知酒者成敗之原，孰可〔不〕慎之。

李琳曰：病則無法，醉則無軌。

《史記》云：文王母懷文王，目不視惡色，耳不聞淫聲。口不出惡言，日夕勤學以進道。

諺云：生男如狼狗，恐其最；生女如鼠狗，恐其虎。

太公曰：婦人之禮，言必細語，行必緩步，止則斂容，動則庠序，耳無塗聽，目無邪視，出無冶容，入無廢飾。

女有三從之儀：在家從父，出嫁從夫，夫歿從子。

《婦誡》云：夫婦者義以和親，恩以好合，若行楚撻，義欲何依？呵罵若喧，恩欲何止？恩義既廢，夫婦離矣。夫有再取之義，婦無二適之文，是故夫者不可逃。若行違神祇，天則罰之。禮義有道，夫則薄之。得意一人，是謂永畢；失意一人，是謂永訣。

《毛詩》云：妻子好合，如鼓琴瑟。

《神女賦》云：傾城復傾國，佳人難再得。

《莊子》云：兄弟如手足，妻子如衣服；衣服破而更新，手足斷而難續。

《鮑子》曰：手足具而形骸全，耳目虧而視聽闕。

《詩》曰：兄弟鬩于牆，外御其侮。

孫良曰：夫妻之禮，相敬如賓，和如琴瑟，敬則不辱，和則不疏，王妃曰后，諸侯曰夫人，大夫曰孺，庶人曰妻，妻猶齊也。

《史記》云：妲己惑紂，紂失其政；褒姒作亂，周王見亡。

《書》云：人惟舊，物惟新。衣貴新成，不尚故朽；食貴新美，不敬塵味。

孫良曰：蹈錦之美，誰之不欲？精糠之供，何人不賤？

又曰：天下熙熙，皆爲利來；天下攘攘，皆爲利往。

禮方（防）君子，律禁小人，刑禁不上大夫，禮不下庶人。

《詩》云：惟鵲其巢，惟鳩居之。惟天爲大，惟堯則之。

《神仙（傳）》曰：巢居知風，穴處知雨。

趙平曰：魚鱉何親？螻蟻何疏？

《老子》曰：天地爲鎮，陰陽爲炭，萬物爲精，遊魂爲變。

太公曰：量才受職，相女受夫，量肌受藥，自度其軀，才力不可以強進，賢愚不可以混居。

《易》曰：德薄而位尊，智小而謀大，鮮不及矣。

王充曰：人身難得，中國難生。

《語》曰：夷狄之有君，不如諸夏之亡。

《史記》云：夷狄之子，生而同彩，長乃異語。

《論語》云：子清爲城宰，聞弦歌之聲。夫子莞爾笑曰：割雞焉用牛刀。

《漢記》云：用則如虎，不用如鼠；用之則行，捨之則藏，雖在陳蔡，而弦歌不絕。

太公曰：少而學者，如日出之光；長而學者，如日中之光；老而學者，如日暮之光；老而不學，冥冥如夜行。

子曰：不學面牆。

《史記》云：莊子惠子遊於橋梁之上，莊子觀其魚，謂惠子曰：子知魚樂不？惠子曰：魚樂也。《莊子》曰：子非魚，焉知魚樂也？惠子曰：子非我，不知魚樂也乎!

孔子曰:宰予晝寢,朽木不可彫,糞土之牆不可圬。

劉會曰:投石於江河,則萬載而不潤;聚愚人,邇於道,則終身不移。

廉平曰:滴淚添江,颺埃助霧,不見其損益。

《莊子》曰:不登峻岑,不知天之高;不履深谷,誰知地之厚,不讀經書,焉表世事玄廓也。

《莊子》曰:利劍難近,好女難親;利劍傷手,好女傷身。

《莊子》曰:日月欲明,浮雲蓋之;蕙蘭欲羞,秋風敗之。

陰賢君書記本

（三）性質與內容

現存二十一個卷號十二件寫本中,雖然大多沒有抄者姓名、身份等相關信息可資考索寫本性質與使用者,但從斯五七五四號卷背題有“《開蒙要訓》一卷”是敦煌地區普遍流行的唐代民間綜合識字類蒙書;斯八八三六號正面除有祝願新郎、新婦文外,背面有五行《九九乘法歌》的倒書,是唐代童蒙學習算數基礎的乘法口訣;伯二五九八號卷末有題記:“新集文詞九經鈔一卷陰賢君書記本”後有“孔子造以後修;學如牛毛,成如鱗角”“十五年間共學書”“孟春猶寒、伏惟”等三行雜書。背面第一行有“中和叄年四月十七日未侍（時）書了,陰賢君書”。此後主要分抄有:使牓、社司轉帖、人獸圖、錦衣篇及十二時辰名。且卷背第一行題記,與正面係同一抄手,爲正面接書之題記。“學如牛毛,成如鱗角”亦見《秋胡變文》,爲當時常用的諺語,南宋王應麟以爲此語出曹魏蔣濟之《蔣子萬機論》[一]。而“孟春猶寒、伏惟”爲書信開首應酬語,顯然此蓋爲學郎抄後之雜寫。凡此均不難窺見其蒙書的性格,顯然是爲唐、五代時民間一般學子的讀本。

〔一〕（宋）王應麟:《元本困學紀聞》卷一三《考史》,國家圖書館出版社,二〇一七年,第一七六頁。

再者，我們從書名《新集文詞九經抄》來看，顧名思義，當是一部最新輯録史傳諸子之文詞與九經中有助進德修身的佳言粹語，以爲訓蒙誡俗的讀物，也是一部抄録典籍要言排比而成的通俗類書。其書名標示"新集"一詞，即指"新編"而言。試觀我國歷代典籍中，頗多以"新集"二字冠於書名之前，以示其書係最新編纂之作。如《新集至治條例》《新集古文四聲韵》等，尤其唐人的編著，更是屢見不鮮。以敦煌石室遺書而言，即有：《新集天下姓望氏族譜》《新集吉凶書儀》《新集兩親家接客值日學儀》《新集周公夢解書》《新集孝經一十八章皇帝感》《新集備急灸經》《新集雜別紙》《新集諸家九族尊卑書儀》《新集時用要字》《新集嚴父教》等是也。

至於以"抄"作爲書名，則是指明此書乃抄撮裒輯各典籍中的精要言論，編纂成書以示其要，并資備忘與檢索應用。"抄"或作"鈔"，敦煌遺書中以"抄"爲書名者爲數甚多。有的是因卷帙繁多，不易研讀尋繹而删繁節要的各種"要抄""略抄""摘抄"。其所謂的抄，蓋取節要、摘録之義，正如敦煌寫卷伯二三八五號卷背《毘尼心疏釋》中所言：

> 抄者，略也。因令撮略正文，包括諸意也。略取要義，不盡於文
> "抄"字着手，即拾掇之義，取其要者。

此種情形尤以佛教的大部經、律、論、疏爲多。如《涅槃經節抄》《正法念處經摘抄》《三部律抄》《四分律删繁補缺行事鈔》《比丘含注戒本小鈔》《四部律并論要抄》《大毗婆沙論雜抄》《大乘百法明門論抄》《因明入正理論略抄》《小乘部義鈔》《大乘四法經釋抄》《大乘百法明門論開宗義記疏抄》《金剛旨贊疏抄》等。

此外，如《勤讀書抄》、《勵忠節抄》、《雜抄》（又名《珠玉抄》）、《應機抄》等，則或爲勸勉後輩勤讀而"隨手劄記，以示子孫"；或爲教誡學子而類聚聖賢的嘉言懿行，以勵忠君愛國；或捃摭抄録日常知識與基本學養的精要，以助益童稚愚氓之智。

綜上以觀，則可推知《新集文詞九經抄》當係一擷取九經諸子之要言與聖賢文章之粹語，摘抄輯録以資研讀檢索的編著。正如其序文所言：

　　包括九經，羅含内外，通闡三史，是要無遺，古今參詳，禮儀咸
備……是知道德禮義，可修不可廢，可法不可遺。行之君子見焉，違之
小人露矣。故以群書纂義，且濟時須。刪簡繁文，通闡内外，援今引古，
是要無遺，訓俗安邦，號名家教。題標舉目，示之云爾。

　　而其書名所謂的"文詞"，當是泛指古今聖賢之文章。至於"九經"一
詞，則指儒家的九種經書。唯唐時"九經"名目時有不同，約而言之主要有
三：一爲谷那律"九經庫"所指的《易》《書》《詩》《禮》《樂》《春秋》《論
語》《孝經》《小學》；二爲陸德明《經典釋文》所列舉的《易》《書》《詩》
《三禮》《春秋》《孝經》《論語》；三爲徐堅《初學記》所列舉的《易》《書》
《詩》《三禮》《春秋左氏傳》《公羊傳》《穀梁傳》。而開元八年（七二〇）國
子司業李元璀奏定以《三禮》《三傳》及《毛詩》《尚書》《周易》等爲九經。

　　按：唐代科舉考試常科設進士、明經、道舉、三禮、三傳、三史、五經、
九經、童子等科目，按照科目的不同，選取"九經"中不同的經書作爲必考
内容，因此，"九經"便成了舉子學習必備教材。據《唐書・選舉志》所載，
唐代科舉以九經取士，即《易》《書》《詩》《三禮》《三傳》等，諸生亦依九
經文字的多寡，分《禮記》《春秋左氏傳》爲大經，《詩》《周禮》《儀禮》爲
中經，《易》《尚書》《春秋公羊傳》《穀梁傳》爲小經。又敦煌寫本《雜抄》
中有"論：何名九經？《尚書》《毛詩》《周易》《禮記》《周禮》《儀禮》《公
羊》《穀梁》《左傳》。"是"九經"之稱宜指《易》《書》《詩》《三禮》及《三
傳》而言。

　　蒙學階段，初學時短，"九經"不僅份量龐大，且艱深，難以掌握，不
易入門，因選取"九經"中之精粹言論、名段，刪繁節要，依類相聚，匯集
成編，以爲啓蒙之用。《新集文詞九經抄》《文詞教林》等摘要、略抄、摘抄
"九經"等便是這類性質的蒙書。這顯示敦煌此類蒙書是隨着唐代科舉對士庶
影響不斷加深，出現的另一編撰特點。

　　《新集文詞九經抄》援引典籍的情形，除九經之外，主要尚有《論語》
《孝經》及《老子》《莊子》《史記》等。蓋以通三經者，大經、中經、小經各

一；通五經者，大經皆通，餘中經、小經各一；而《論語》《孝經》則須兼通。又唐承六朝盛談玄學之後，加以唐初倡言道教，故《老子》《莊子》亦列於經典之中，如陸德明《經典釋文》即於《周易》《尚書》《毛詩》《三禮》《三傳》《孝經》《論語》之外，將《老子》《莊子》置於《爾雅》之前。而唐玄宗開元二十九年創設崇玄學，置生徒，令習《老子》《莊子》《文子》《列子》，每年并準明經例考試，是爲道舉。

《新集文詞九經抄》所援引的典籍情形，既合唐代科舉與教育的狀況，且亦合乎唐代一般民間教育的風氣與内涵。試以敦煌文獻資料所提及的教材覈之，即可得知，如《秋胡變文》云：

> 是數千年老仙，洞達九經，明解七略，秋胡即謝，便乃祇承三年，得九經通達。

又云：

> 服得十帙文書，并是《孝經》《論語》《尚書》《左傳》《公羊》《穀梁》《毛詩》《禮記》《莊子》《文選》。

而《雜抄》中“經史何人撰製注”下，其列舉的經典傳注則有：

> 經史何人修撰製注？《史記》司馬遷修，《三國誌》陳壽修，《春秋》孔子修、杜預注，《老子》河上注，《三禮》孔子修、鄭玄注，《周易》王弼注，《離騷經》屈原著，《劉子》劉勰著，《爾雅》郭璞注，《文場秀句》孟憲子作，《莊子》郭象注，《切韻》陸法言作，《毛詩》《孝經》《論語》孔子作、鄭玄注，《急就章》史游撰，《文選》梁昭明太子召天下才子相共撰，《漢書》班固修，《典言》李德林撰之，《尚書》孔安國注，《尚書幾家書》虞、夏、商、周作，《兔園策》杜嗣先撰之，《開蒙要訓》馬仁壽撰之，《千字文》鍾繇撰、李暹注，周興嗣次韵。

凡此，均足以説明《新集文詞九經抄》援引儒家的九經要言與道家老莊諸書，實合於當時教育的風尚，其所用的經注，如《老子》河上注，《三禮》鄭玄注，《孝經》《論語》鄭玄注亦相契合。

至於《新集文詞九經抄》之所以摘取九經要籍的典言要語以成編，推究其因，概以唐代私學發達，然士子雖未必通三經、五經，其至於一經未通，然祇要精神通悟，有文詞史學者，亦可充俊士。如《唐會要·學校》載：

> 開元二十一年（七三三）五月敕，諸州縣學生，年二十五已下，八品、九品子。若庶人生年二十一已下，通一經已上，及未通經，精神通悟、有文詞史學者，每年銓量舉選，所司簡試，聽入四門學，充俊士；即諸州人省試不第，情願入學者聽[一]。

而一般私學學生之下者，但求能應對進退，知書達禮，待人處事，有所規范，明善惡，辨是非，則立身足矣。因此捃摭當時教育與社會流行要籍之格言、警句式的要抄讀物，乃爲“以群書纂義，且濟時須”的應時編著。

此書援引群書，題標舉目的體制，則與雜取群書，以類相從便於檢閱的類書，頗爲相近，且可備一己之遺忘。其書雖爲庶民教育的通俗讀物，而無門類之分，然實亦兼具類書的特性。其與唐徐堅《初學記》的“叙事”尤爲相似，祇要持與《初學記》卷一七“人部上”、卷一八“人部中”相較即可得知。且唐代抄録典籍排比成編的類書中亦多有以“抄”“鈔”爲名者，如：虞世南《北堂書鈔》、王伯嶼《勵忠節抄》、不著撰人的《碎金抄》《勤讀書抄》《應機抄》《麟角抄》等是也。

此外，從後世承襲《新集文詞九經抄》發展而成的明代通俗讀物《明心寶鑑》一書，區分爲：繼善篇、天理篇、順命篇、考行篇、正己篇、安分篇、存心篇、戒性篇、勸學篇、訓子篇、省心篇、立教篇、治政篇、治家篇、安義篇、遵禮篇、存信篇、言語篇、交友篇、婦行篇等二十篇來看，則更能顯

〔一〕《唐會要》卷三五《學校》，中華書局，一九五五年，第六三四頁。

現其具有類書的性格。因此《新集文詞九經抄》固然是"訓俗安邦，號名家教"的蒙書。然依其內容、體制而論，則宜視爲通俗類書，此爲敦煌通俗讀物兼具訓誡與供作爲文參考的一大特色。

（四）體式與引書

《新集文詞九經抄》序文開宗明義即説："包括九經，羅含內外，通闡三史，是要無遺。"則知其所援引的經史傳注，諸子百家，應極賅博。今詳審其書，凡所捃撫之典籍要言，總計爲九十二種，四百五十八則。另序文引有八則，共四百六十六則。兹將其援引的情形表示如下：

《新集文詞九經抄》援引典籍表

書名人名	則數	書名人名	則數	書名人名	則數	書名人名	則數
九諫	四	又云/曰	十三	子	四	子貢	二
子夏	一	子游	一	子路	一	文子	一
六韜	四	王文舒	三	王充	一	王良	一
王陽	六	孔子	五十九	太公	二十五	老子	三十三
毛詩	五	左傳	六	史記	十一	西京賦	
列仙傳	一	曲禮	一	宋玉	一	宋弘	一
孝子傳	二	孝經	十	李琳	二	武侯	三
屈原離騷經	一	孟子	五	抱朴子	一	尚書	三十五
易	十三	周公	二	周朝	一	周語	一
東京賦	一	季孫		季路		要決	九
風俗通	一	神女賦	一	神仙傳	一	高宗謂傅説	一
家語	二	書	九	班固西都賦	一	桓公謂管仲	一
馬卿	一	孫良	六	淮南子	五	郭景純長笛賦	
郭象	一	張成		張良	一	曹大家	
莊子	二十二	婦誡	一	曾子	二	曾參	
嵇仲	一	詩		廉平		楊楷書	
楊雄	三	傳云	二	賈誼	一	漢記	一
漢書	一	語	十四	鄒衍	一	趙古	一

續表

書名人名	則數	書名人名	則數	書名人名	則數	書名人名	則數
趙平	一	管子	二	潘安仁笙歌賦	一	鄭玄	一
論語	二十一	賢士傳	二	蔡伯喈	二	賦	二
劉向	一	劉通	九	劉會	十一	儀禮	一
諺	三	諸葛武侯	一	鮑子	三	韓詩	一
衛伯儒	一	禮	十	禮記	十六	顏淵	三
顏書	一	魏朗書	一	離騷	一	嚴君平	一
鹽鐵論	一						

綜觀《新集文詞九經抄》所援引的書，以數量而言，經部書籍出現的次數，幾佔全數之半；其次則爲老、莊等道家典籍。其中《論語》幾佔四分之一，《尚書》十分之一，《老子》（含河上注）約十分之一，其次爲《太公家教》《禮記》《莊子》《詩》《易》《孝經》《史記》，其援引的情形與唐代教育的實際狀況相吻合。亦即以《易》《詩》《書》《三禮》《三傳》等九經及《論語》《孝經》爲主，兼及崇玄學之《老子》《莊子》《列子》《文子》等書，且亦合乎民間庶民教育處事倫理與道德的要求。

（五）成書與抄寫年代

關於《新集文詞九經抄》一書之時代，由於歷代史志均無著録，僅宋代鄭樵《通志・藝文略》經類下，著録有《九經抄》二卷，《九經要抄》一卷[一]，且均無著撰人與撰時，無法考其成書之時代，而《新集文詞九經抄》之序文，亦無訊息可資考察。因此，欲考其成書時代，則祇能由其援引之典籍，以定其上限，由其抄本之年代，來定其下限。

二十一件《新集文詞九經抄》寫本均無編者署名，年代不詳。史志目録及歷代載籍均未見著録。祇能根據寫本存在的信息，推知其抄寫年代。如伯二五九八號尾題："新集文詞九經鈔一卷陰賢君書記本"背面第一行有"中和

〔一〕（宋）鄭樵：《通志》卷六三，第七六二頁。

叁年四月十七日未侍（時）書了，陰賢君書”與正面係同一抄手，爲正面接書之題記。按：“中和”爲唐僖宗的年號，中和叁年即公元八八三年。是歸義軍張淮深後期的抄本。抄者爲陰賢君。陰爲敦煌大姓世族，陰賢君，未見敦煌學郎名録，當是敦煌歸義軍時期的文士。

此外，我們從伯二五五七號抄寫内容中，“世”字作“廿”，“民”作“人”，蓋避唐太宗諱；“治”字作“理”，蓋避唐高宗諱。雖然不能據此斷定其確切的抄寫年代，但至少可説明此一寫本抄寫上限當在唐高宗時代，即七世紀中後期。

在《新集文詞九經抄》所援引的近百種典籍中，可資考察其成書年代的，主要爲唐代的相關文獻《九諫書》及《太公家教》。

《九諫書》，除了《新集文詞九經抄》引用四則，《文詞教林》卷上引用二則外，法國國家圖書館藏伯三三九九號册子本，尚存有此書之殘本一紙兩葉。中央題有“幽州都督張仁亶上《九諫書》”，次即進書表。王重民《敦煌古籍叙録》曾加叙録，并説：“是書不見兩唐志著録，惟《秘書省續編到四庫闕書目》‘雜家’有張仁稟（按當作亶）撰《九諫書》一卷，而敦煌本《新集文詞九經抄》，徵引獨多，以與九經三史并列，則唐末五代時，此書流傳正盛，考《唐書·突厥傳》，稱：“幽都督張仁亶爲天兵東道總管。”又《張仁愿傳》：“仁愿華州下邽人，本名仁亶，以音類睿宗諱改焉。”又云：“萬歲通天二年，擢仁愿爲肅政臺中丞，檢校幽州都督。”則九諫書當上於萬歲通天中，仁亶尚未改名；原卷與突厥傳不作仁愿，從其朔也〔一〕。其後陳祚龍撰《敦煌寫本九諫書校詁》進一步加以精詳的詮釋，并確定張仁亶“出任幽州都督，時在神功元年冬，閏十月甲寅與聖曆元年八月庚子之間，按相當於公元六九七年十二月十一日與公元六九八年九月二十二日之間”〔二〕。可

〔一〕 王重民：《敦煌古籍叙録》，第一九〇頁。（宋）鄭樵：《通志》卷六三，第七六二頁。

〔二〕 陳祚龍：《敦煌寫本〈九諫書〉校詁（上）》，《大陸雜誌》一九六二年第四期，第一～三頁；陳祚龍：《敦煌寫本〈九諫書〉校詁（下）》，《大陸雜誌》一九六二年第五期，一五～二〇頁；收入陳祚龍：《敦煌學海探珠》，台灣商務印書館，一九七九年，第二〇二～二〇四頁。（宋）鄭樵：《通志》卷六三，第七六二頁。

見幽州都督張仁亶上《九諫書》其時當在神功元年（六九七）至聖曆元年（六九八）之間。

而《太公家教》一書則是我國唐宋期間廣爲流行的蒙書，《新集文詞九經抄》《文詞教林》等，曾大量的援引，而關於《太公家教》一書的成書年代，近代學者研究甚多，諸家推測《太公家教》成書年代當在七世紀下半葉，八世紀則廣泛傳播於全國各地，當是合理的推論，詳參本書第四章第二節《太公家教》。

綜上以觀，則《新集文詞九經抄》一書之成書年代，上限當大約在公元七五五至八〇〇前後。又今存《新集文詞九經抄》之各抄本中，有年代題記的，惟獨伯二五九八號，其背面第一行“中和叁年四月十七日未侍（時）書了，陰賢君書”，此與正面筆迹相同，係出一人之手，爲正面接書之題記，且正面尾題亦有“新集文詞九經抄一卷陰賢君書記本”，中和爲唐僖宗年號，是此書成書年代之下限，不得晚於唐僖宗中和叁年（八八三）。

是此書著作時間約在開元八年（七二〇）李元璀奏定以《三禮》《三傳》《毛詩》《尚書》《周易》等爲九經訂名之後，文宗開成二年（八三八）十三經刻石之前；從引七世紀末成書的張仁亶《九諫書》及成書於七世紀下半葉，八世紀廣爲傳播於全國各地的《太公家教》作爲旁證來推測，加上伯二五九八號陰賢君抄録《新集文詞九經抄》時題署時間爲“中和叁年”（八八三），是其成書當在八世紀末九世紀中，應是合理的推斷。

（六）《新集文詞九經抄》與西夏文《經史雜抄》

一九〇九年俄國科茲洛夫考察隊在黑水城遺址獲得一份西夏文蒙書——《新集文詞九經抄》（以下簡稱“九經抄”），編號 и н в.№.13513613713879825626465，現藏俄羅斯科學院東方文獻研究所。一九九九年，上海古籍出版社刊布原件圖版，編者擬題爲“經史雜抄”[一]。

〔一〕《俄羅斯科學院東方研究所聖彼得堡分所藏黑水城文獻》第一一册，上海古籍出版社，一九九九年，第一一七～一三二頁。

按：此一文獻最早著録於一九六三年俄國學者戈爾巴喬娃和克恰諾夫合著的《西夏文寫本和刊本》，當時標名爲“佚題”，主要介紹此一文獻的版式形制與保存狀況，并指出其中九種摘譯的出處〔一〕。二〇〇二年聶鴻音《西夏本〈經史雜抄〉初探》一文據此進行探究，增補了古語出處十二種，并據其内容性質擬題爲“經史雜抄”。二〇〇八年，黄延軍博士論文《西夏文〈经史杂抄〉研究》針對此書全文逐字解讀〔二〕，并參考拙著《敦煌寫本〈新集文詞九經抄〉研究》進行比對，發現該書與敦煌漢文本蒙書《新集文詞九經抄》相同或相近的引文計有一七〇餘則，從而推測該書主要是以敦煌寫本《新集文詞九經抄》爲基礎編譯而成的，因將西夏文《經史雜抄》的擬題修正爲《新集文詞九經抄》。隔年又在《西夏文〈經史雜抄〉考源》一文中又作了簡明的論述〔三〕。

英國國家圖書館藏西夏文《新集文詞九經抄》

另英國國家圖書館藏的西夏文 Or.12380–2636（K.K.II.0275.z）如上圖，是

〔一〕　З.И.Горбачева и Е.И.Кычанов, Тангутские рукописи и ксилограФы,Москва：Издательство восточной литературы,1963, c.35–36. 見白濱譯，黄振華校：《西夏文寫本和刊本》，中國社會科學院民族研究所歷史研究室資料組編：《民族史譯文集》第三輯，中國社會科學院民族研究所歷史研究室資料組，一九七八年，第一九～二〇頁。

〔二〕　黄延軍：《西夏文〈經史雜抄〉研究》，中國社會科學院博士學位論文，二〇〇八年。

〔三〕　黄延軍：《西夏文〈經史雜抄〉考源》，《民族研究》二〇〇九年第二期，第九七～一〇三頁。

斯坦因於一九一四年在黑水城考古所獲。原件圖版刊布於《英藏黑水城文獻》第三冊[一]，擬題爲"經史雜抄"，實際上也應修正爲《新集文詞九經抄》。

英藏東方文獻一二三八〇～二六三六號號寫本與俄藏夏譯《新集文詞九經抄》刻本相應部分文字重合，但形制不同，應屬於不同版本的同題文獻；而原定名爲"太宗擇要文"的英藏東方文獻一二三八〇～三四九四號殘片，其條目出自《論語·顔淵》，與俄藏夏譯《新集文詞九經抄》在語言風格、思想主題、版式形制上均存在一致性，可能是俄藏本《新集文詞九經抄》尾佚的某一頁。這些西夏文文獻的遺存爲漢文蒙書在西夏傳播提供了具體的實證，也説明了蒙書在漢文化的周邊民族與國家的接受與影響。

（七）《新集文詞九經抄》與明初《明心寶鑑》

《明心寶鑑》成書於明初，編輯整理者爲明人范立本。全書計分：繼善篇、天理篇、順命篇、孝行篇、正己篇、安分篇、存心篇、戒性篇、勤學篇、訓子篇、省心篇、立教篇、治政篇、治家篇、安義篇、遵禮篇、存信篇、言語篇、交友篇、婦行篇等二十篇。內容輯録中國歷代經典中的格言、警句，雜糅儒、釋、道三家學説，薈萃孔子、孟子、老子、莊子等先聖先賢有關個人品德修養、安身立命的論述精華。其宗旨則在勸善進德。因此，長久以來一直流行在廣大民間，甚至被視爲善書而流通在佛堂寺廟間，成爲我國庶民教育與民間信仰的寶笈。明朝以後，并風行於日、韓、越南等漢字文化圈，是現存中國第一部翻譯成西方文字的漢文古籍。

日本酒井忠夫在《中國善書の研究》一書中，即以爲：《明心寶鑑》是近於善書的教戒書，可以將之視爲明代流行的善書之一。所謂"善書"，是指勸人爲善的書，其稱自宋代以後即已沿用。由於善書以一般民衆爲其勸善懲惡的主要對象，因此內容通俗淺近，且多含鄙俚的民間宗教信仰色彩，致使文人雅士不觀，史志載籍罕録。然在夙重漢文化的鄰國：朝鮮、日本、越南等

〔一〕 西北第二民族學院、英國國家圖書館、上海古籍出版社編：《英藏黑水城文獻》第三冊，上海古籍出版社，二〇〇五年，第一七八頁。

國，其普遍流行反有遠盛於我國者，特別在韓國，《明心寶鑑》一直被視爲學習漢文的寶典，直至今日，它仍舊爲韓國私塾必備的漢文教材，其影響之深遠可知。

對於此書的編者與編纂年代，長久以來一直不詳，也没有人去探討究竟。直到一九五七年向達在《唐代長安與西域文明》一書中始提出：《明心寶鑑》爲晚明王衡所編的説法。向氏斷定《明心寶鑑》爲明王衡所編，按：日本内閣文庫藏《新鋟京版音釋提頭大字明心寶鑑正文》，卷首有“太倉緱山王衡校書林弼廷陳氏梓”。而日本元禄五年（一六九二）及元禄十二年刊的和刻本《明心寶鑑》誤作“太倉緱山王衡著”，向氏所據恐即此也。然新版《唐代長安與西域文明》則改作“僅明（？）人所作的《明心寶鑑》”[一]。

一九七一年十二月十三日，在韓國慶尚北道達城郡西本里洞的仁興書院大樑上發現了《明心寶鑑》之木刻版，此版乃朝鮮朝末期，高宗六年（一八六八）時所刻。由於《明心寶鑑》作爲韓國漢文教材始於何時，確切時間已難查考，但無疑的數百年間它確實一直是韓國學習漢文的要籍，而一般流行版本却僅有本文，前既無序，後亦無跋，更無編者姓氏。然仁興齋舍的刻本，不但前後有“嘉靖庚戌三月念後德水李珥字叔獻”的序和跋文，而且凡例中還提及“露堂先生哀茸詔後學之書，獨賴此篇之存，世遠板瑪，多有訛誤，故改正鋟梓”。

此本一出，韓國學者紛紛據以探討立論，而主張《明心寶鑑》一書乃高麗忠烈王（一二七五～一三〇八）的儒臣秋適所編著的漢學基本教材。其時代遠早於晚明的王衡，係韓國編著，而非中國舊編。然仔細研究其所據以立論的資料，發現存在頗多疑點。1.此書所有的李珥序跋均不見於《栗谷全書》及歷來有關李珥的文獻中。2.有關秋適編《明心寶鑑》之事，歷來所有文獻及《露堂全書》與高麗史傳等，均無言及。3.《明心寶鑑》全書所録皆爲中國典籍要語及先賢之佳言，而未見有韓人之文句。4.仁興齋舍版《明心寶鑑》刊於高宗六年（一八六八），所有的序跋，除李珥外，均較秋適晚約六百年。

〔一〕　向達：《唐代長安與西域文明》，商務印書館，二〇一七年，第二五四頁。

如許傳序（高宗三年，一八六八），李源祚序、趙基升序、柳疇睦序、申佐模跋均爲高宗五年，李彙載跋、秋世文跋，均爲高宗六年。顯然李珥的序跋乃後人所僞託，而秋適爲《明心寶鑑》編者的説法不攻自破。

尤其一九八〇年韓國清州發現了《新刊校正大字明心寶鑑》，此書爲韓國最早的初刊原本。其卷首序文有"洪武二十六年（一三九三）歲在癸酉二月既望武林後學范立本序"，卷末有"景泰五年（一四五四）甲戌十一月初吉奉直郎清州儒學校教授官庾得和謹跋"，而跋文中有"此書但有唐本"，是分明此書原爲中國編著，中國刊本，逕至此時始有韓國刊本。清州本《明心寶鑑》計二十篇，七六九條，而仁興齋舍本爲十九篇，二四二條，其顯然是略本。更何況明代晁瑮《寶文堂書目》卷中"類書類"下，即著録有《明心寶鑑》。晁瑮爲明嘉靖二十年（一五四一）進士，《明實録》萬曆十五年（一五八七）十月辛酉福建道御史林文英疏有云：

> 辛酉，福建道御史林文英疏陳五事……曰：散蓮社以杜亂階。蓮社一會雖云千百，而尊信惟在一人，即其所尊供者。立爲鄉約之首，而副以老儒，責令誦習大誥及《明心寶鑑》等書，則人心明而邪説破矣[一]。

可知在萬曆以前《明心寶鑑》已相當普及且廣受民間所重視。此外，在此同時一五九〇年即有 Fr.Juan Cobo 翻譯的西班牙文《明心寶鑑》[二]，明代嚴從簡《殊域周咨録》中亦有：

> （安南國）如儒書則有……《太公家教》《明心寶鑑》《剪燈新話》等書[三]。

〔一〕《明神宗實録》卷一九一，"中研院歷史語言研究所"，一九六二年，第三五七八頁。

〔二〕按：一五九二年，天主教教士高母羡（Juan Cobo）在菲律賓得到當地閩南華僑的協助，將《明心寶鑑》全文翻譯，以中文、西班牙文對照的方式呈現，成爲目前所知中國翻譯史上第一部譯爲西方文字的書籍。原稿抄本現藏馬德里西班牙國立圖書館。

〔三〕（明）嚴從簡：《殊域周咨録》卷六，中華書局，一九九三年，第二三八頁。

又越南漢文小説《傳奇漫録》"范子虛遊天曹緣"中"種瓜得瓜，種豆得豆；天網恢恢，疏而不漏"下，《新編傳奇漫録抄本》有注云："此句出《明心寶鑑》。"綜上以觀，是《明心寶鑑》一書乃明代盛行中國民間的通俗讀物，隨着當時韓國、日本、越南、菲律賓等的往來，而傳至各國，成爲學習漢文及中國道德思想的重要寶典。

至於有關編者問題，事實上，《明心寶鑑》與其他中國傳統民間原有的通俗讀物一樣，其編者大多不知姓名，此乃中國通俗讀物的通性。又由於其普遍流行，致歷代均有增減改編，加以民間善書一類讀物，多半出自仕途失意者的文人之手。因此，編者姓名多不易確認，也難以考定。如：韓國清州本有"武林後學范本立序"，日本內閣文庫藏《新鍥京版正訛音釋提頭大字明心寶鑑正文》有"太倉邐山王衡校"，尊經閣文庫藏明版《明心寶鑑定本》有"張文啓開之重訂"，清光緒三十一年版《明心寶鑑》之有"常州余樂宗謹述"等。事實上，詳覈《明心寶鑑》所援引的佳言粹語，發現其顯然不是直接取自各書的原著，而是由當時流行的通俗類書、蒙書與善書等，纂集抄撮而成。其主要乃根據唐五代民間盛行的《新集文詞九經抄》與《文詞教林》一類的讀物，加以增刪纂輯而成，其纂輯改編的時代，當在南宋末期，并隨傳播而時有增刪。尤其明代善書盛行，此書屢有改編校印，其後流傳至韓國、日本、越南等地，復有翻刻，且有刪削簡編。在韓國奎章閣中藏有《明心寶鑑》抄三本，其中兩本有刊記，一作"崇德二年丁丑季夏開刊"；一作"崇禎後甲辰春泰仁孫基祖開刊"。"抄"有"節本"之意，崇德二年即韓國李朝仁祖十五年；崇禎後甲辰，則爲李朝顯宗五年，足知其時《明心寶鑑》早已普遍行流於韓國，且有"抄"的出現。

以下試就《明心寶鑑》引書內容與《新集文詞九經抄》相同者，列表如下，以明其編輯的根據：

《明心寶鑑》與《新集文詞九經抄》引書相同統計表

援引書名	《新集文詞九經抄》	《明心寶鑑》
子曰	二七	八六
子貢	二	五

續表

援引書名	《新集文詞九經抄》	《明心寶鑑》
子夏	一	一
孔子	一	一
王良	一	一
太公	一四	三四
左傳	一	一
有子	一	一
老子	八	一七
宋弘	一	一
尚書	七	七
周禮	一	一
易	三	四
武蘇（侯）	二	二
家語	一	五
真言决	五	五
益智書	二	五
莊子	六	八
曾子	一	三
詩	一	三
語	一	一
漢書	二	三
論語	四	四
賢士傳	一	一
蔡伯	一	一
魯共公	一	一
劉會	二	二
劉通	一	一
諸葛武侯	二	二
衛伯儒	一	一
離騷經	一	一

續表

援引書名	《新集文詞九經抄》	《明心寶鑑》
禮記	一	四
顔子	一	三
嚴君平	一	一
蘇武	一	一

　　由上表可知，在全本《明心寶鑑》二十篇，七六九則中，見引於《新集文詞九經抄》的竟然多達一〇八則。至於《明心寶鑑》所引而不見於《新集文詞九經抄》的，尚有許多見引於《文詞教林》卷上殘卷及伯三三六八號《新集文詞九經抄》一系的殘卷中，而其中有的可能見於《文詞教林》卷下，有的則是編者增添。尤其唐以後名賢的嘉言粹語，如宋代"明道先生""橫渠先生""康節先生"及《近思録》、《性理書》、元代史弼的《景行録》等，通俗善書《太上感應篇》與俗語俚諺等。其中，唐以前的經典嘉言與聖賢警語，顯多襲取《新集文詞九經抄》《文詞教林》等一系的通俗讀物而來。而有關宋人的嘉言爲數亦，其中引宋仁宗、宋真宗、宋徽宗等宋代帝王之作，均稱"真宗皇帝御製""仁宗皇帝御製""神宗皇帝御製""徽宗皇帝勸學"，不冠朝代名。而稱引唐朝皇帝之作則作"唐太宗御製"，此正可説明此書最初編纂時代當在南宋，經元、明而迭有增删。此外，此書的編纂，不論就形式或内容來看，主要還是承襲唐五代盛行的《文詞教林》《新集文詞九經抄》等一類的讀物而來。如：《新集文詞九經抄》引《太公家教》而誤作"家語曰"，《明心寶鑑・省身篇第十一》引用此則，亦作"家語曰"，其承襲的情形顯而易見。

　　敦煌寫本《新集文詞九經抄》的重現，不僅爲現存唐代典籍增添一部蒙書，更重要的是此寫本在整個蒙書發展的歷程上，有着承上啓下的重要意義。這種彙抄經、史、子、集嘉言粹語，一一標舉名目的訓誡式蒙學讀本，在唐、五代期間盛行於敦煌地區，可知其流傳的普及與影響的深遠。尤其就體制形式與内容性質，我們從《文詞教林》《新集文詞九經抄》與《明心寶鑑》之間的關係，又由《明心寶鑑》襲取《新集文詞九經抄》《文詞教林》進而發展爲依内容分篇的情形，正如同伯四九九五號分章式的《太公家教》一樣，凡此均可看出其增删改易的痕迹，及其遞嬗變衍的歷程。日本鎌倉初期藤原孝範編的《明文抄》五卷，采録金言佳句二千餘則，援引書籍多達二百種，無論體制或内容性格，均與《新集文詞九經抄》相似，足見唐代此類通俗讀物的普遍流行與影響，甚至還遠播東瀛。足見《新集文詞九經抄》一類的、書抄式的蒙書，不但是研究唐代蒙書的重要資料，也是研究中國蒙書在漢字文化圈傳播與受容的珍貴資料。

二　《文詞教林》

《文詞教林》就其性質、内容與形式而言，均與《新集文詞九經抄》相似，同是"鳩書摘義，理意相扶，删簡繁文，通闡内外，援今引古，是要無遺"的訓誡類讀物。在今所知見敦煌寫卷中有伯二六一二號殘卷，前十二行首題《新集文詞教林》卷上，僅殘存序文，之後爲《文詞教林》計三百〇九行，摘引典籍語粹六十五種二百二十二則。一九八四年鄭阿財撰《敦煌寫本新集文詞九經抄研究》一書[一]，内有全文校箋，一九九三年王三慶《敦煌類書》將之視爲類書，列入"近似書名冠首之書抄"[二]，加以討論，并作校録。可供參考。

（一）寫卷概述

伯二六一二號卷子，今庋藏於法國巴黎國家圖書館。係卷子本，正背書，正面爲本卷，有絲欄。計抄有《新集文詞教林》卷上、《文詞教林》卷上并序。卷背則標有"兒郎偉"十三行。

1.《新集文詞教林》卷上

首完尾殘，存十二行，首題："新集文詞教林卷上。"起"包括九經，參詳内外"，迄"思而不學則殆"。其全文如下：

〔一〕鄭阿財：《敦煌寫卷新集文詞九經抄研究》，第三六四頁。
〔二〕王三慶：《敦煌類書》，第八六～八九頁。

《新集文詞教林》卷上并序

《新集文詞教林》卷上。包括九經，□□（參詳）内外，通開（闢）三史，引古爰（援）今，禮義之世，忠孝之學，□□□□（立德），吾道了緣，若不明焉，咸從此起。

士有百行，古難備陳，略而言之，大數舉十：孝義者，立身之本；讀書者，立身之業；仁恕者，立身之美；廉儉者，立身之節；謙恭者，立身之操；謹信者，立身之德；不吝者，立身之要；擇交者，立身之急；慎口者，立身之務；不躁者，立身之道。

行前十事，足以保身全名，無忝爾也。疏之者，不□（敢）；□之者，不敢侮。法鼓自鳴，所感彌至，富貴則□（不）□□（不）□，□□（貧賤）則不竊不濫。語必稽古，言必興語。■夫以■□切爲務，斯濫小人之行，故窮君子之節，□□孔子曰：學而不思則忘（罔），思不而學則□（殆），□□

2.《文詞教林》卷上并序

首尾俱完，計三百○九行。首題："文詞教林卷上并序。"起"若夫天地一指"，迄於"熟（孰）可察也"。

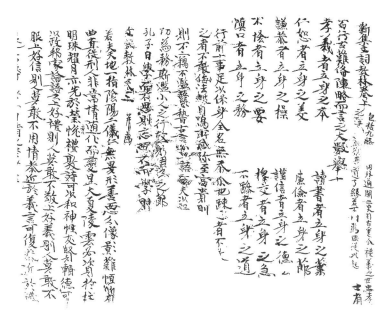

伯二六一二號殘卷《文詞教林》

（二）録文

　　兹以伯二六一二號爲底本，用伯二五五七號＋伯三六二一號＋伯二五九八號《新集文詞九經抄》參校，并參酌諸家校録，對底本重新録文，迻録全文如下。

《文詞教林》卷上并序

　　若夫天地一指，陰陽二儀；仁無異形，善惡分像。影難恒質，曲直從刑，人非常情，随化而變，且大夏淩雲，必資於柱；明珠耀月，亦先於瑩磨，悦禮敦詩，可以和神性；友賢輔德，可以正邦家。《論語》云："上好禮，則人莫敢不敬；上好義，則人莫敢不服；上好信，則人莫敢不用情。信近於義，言可復；恭近於禮，遠恥辱。"《老子》曰：修之於身，其得乃真；修之於鄉，其得乃長。故君子以議制事，以禮制心，有條而不紊，則綱維自利；在法多違，則手足無措。《毛詩》云：靡不有初，鮮克有終。《六韜》云：取其初者，必不薄其後；慎其終者，必不愆其始。孔子曰：未有不法而自政，不教而自爲者。《淮南》曰：未有捨舟檝而涉江海，棄銜勒而能御馬者也。故典籍於人，亦猶是矣。《禮記》云：玉不琢，不成器；人不學，不知道。是以禮樂詩書，人之所須；恭敬揖讓，人之所上。董仲曰：不出户而知天下，何必歷遠以劬勞。且足以運身，詞有利害；足有進退，詞有善惡。惡詞如衆草，不植而自生；善詞而百穀，非力而自媚。口雖一也，開則吉凶兩途；人知一焉，量則深淺不等。視深窺淺，咸由懇學而成，以賢測愚，莫不因學而德。懸頭刺股，勗懈前聞；慕道偷光，傳之往典。至如小人君子，向背不同，取捨非難，易於反掌。蔡喈曰：貴賤無常，唯人所速，苟善，則庸夫之子可至三公；苟不善，則三公之子反爲凡庶。孔子曰：吉凶由人，禍福由身。行善則吉，行［惡］則凶；爲人由己，而由人乎？是知道德禮義，可修不可廢，可法不可違。法之，則君子見焉；違之，則小人露矣。故以鳩書摘義，理意相扶，删簡繁文，通羅内外，爰今引古，是要無遺，政俗匡家，咸由此起，勒成兩卷，號曰《教林》，上下標名，示之云爾。夫屋破［者］恒畏風雨；心邪者常憂禍患。若補得屋，則風雨不入其室；若正得意，則禍患不入其心。世人悉補屋敗，以却風雨；不知正心，以除禍患，何其愚惑者矣！天地之中，以生爲命，能者養以取福；不能者敗以取禍。禍福生於道，而出於愛惡。榮辱生於己，不在於人，世人皆知衣弊之惡，而莫知失言行之辱也。

《論語》云：白珪之玷，尚可磨；斯言之玷，不可爲。

《易》曰：出其言善，則千里之外應之；出其言不善，則千里之外違之。

蔡喈曰：善者榮之基，惡者辱之本，人皆雖樂榮惡辱，而皆莫能棄惡而從善也。

魏朗書曰：棄智遺情，是無際畔；和光同塵，俗無能累。

周公曰：知善不行謂之狂；知惡不改謂之惑。

《老子》曰：少則得，多則惑。無名無欲長存，有名有欲者亡身。

孔子曰：巧言利口則亂德義，小不忍則亂大謀。

《東觀漢書》云：有機智之心者，必有機巧之詐。漢陰丈人，抱甕終日。

《真言決》云：君子無親，非道不同；小人無親，非利不合。若有故而合，必有故而離。無故不同，無因可異。世人若以財交者，財盡則踈；以色交者，色衰則棄；以名交者，名亡則絕；以勢交者，勢去則離。若有所向，必有所背；若有所志，必有所唯。若向善，必背惡；若志偉，必唯賢。

《尚書》云：吉人爲善，惟日不足；凶人爲不善，亦唯日不足。惡貫若滿，天必誅之，天可以同過也。

《莊子》曰：若人爲不善於顯明之中者，人德而誅之；凶人爲不善於幽暗中者，鬼得而誅之。

孔子曰：白頭如新，傾蓋若舊。

曾子曰：巧於言語，善於顏色，難与不勞而能。

武侯曰：六轡成之，騏驥齊力；宮商均調，琴瑟放曲。圓行方止，物之定質。滿之不已則溢，高之不已則漂，驅之不已則躓，引之不已則匱。

蔡喈曰：失名位者多察人而害善，怨一人則衆人嫉之，害一善則群夫惡之。

《尚書）》曰：天作孽，猶可違；自作孽，不可逭。

賈誼曰：有冲［天］之翼者，必不棲息於桑榆；有方外之心者，必不論談於名利。名利者是小人之淺智；志道者是君子之深識。故小人以名利爲宗，君子以道德爲主。

孔子曰：君子諭於義，小人諭於利。白玉投於緇泥，則不能損其色；君子遊於濁世，則不能染亂其心，故知松柏可以負霜雪，明智可以涉艱危。歲寒然後知松柏之心；世濁自表仁賢之志。

孔子曰：志於仁，無求生以害仁，煞身以成仁。

《孟子》曰：通仁達士，不依世以廢道，不毀俗以危身。松柏不爲嚴霜彫，節士不欲險難變。

《莊子》曰：智者守智以待終，愚者抱愚以至死。

《韓詩傳》云：人之於仁，甚如水火也。

郭象曰：山不讓塵，遂能成其峻；海不辭露，所以致其深。故君子以含弘爲大，海以博納爲深。

《真言決》云：事君忠，事父孝，唯以忠孝爲主；爲君爲父者，須以慈愛爲宗。

《禮記》曰：爲君止於仁，爲臣止於敬，爲父止於慈，爲子止於孝，爲友止於信。若違斯之不行，雖讀經書，亦無益也。

《論語》云：事父母能竭其力，事君能致其身，與朋友交，言而有信，雖曰未學，吾必謂之學矣。

孔子曰：入則孝，出則悌。謹而信，汎愛衆而親仁，行有餘力則以學文。是知孝實天經，忠爲令德，匪忠匪孝，去此何從。孝敬仁義，百行之首，立身之本。孝敬則宗族安之，仁義則鄉黨重之。行成於內，名著於外。

《左傳》云：君義臣行，父慈子孝，兄友弟恭，謂之六順。

《論語》云：惠而不費，勞而不怨，欲而不貪，泰而不驕，（威而）不猛，謂之五美。

《老子》曰：理身者，愛氣則身全；理國者，愛人則國安；理身躁疾則失精神，理國躁疾則失君位。天道以人道同，天人相通，精氣相貫，人君清净，天氣自正；人君多欲，天氣煩濁；吉凶利害，皆由於己也。

《韓詩外傳》云：人之於君，如水之有土；君之於人，如身之恃足也。

《唐制》云：理萬機者慮擾，憂四海者███。

《尚書》云：朕躬有罪，無以萬方；萬方有罪，罪在朕躬。

《莊子》曰：足寒傷人，心勞傷國。下安則上逸，時弊則君憂。

■■■■■《真言决》曰：駑馬不懼鞭策，勞人不怯於形書。足寒者必傷其心，人勞者必損其國。

張良書曰：務簡則情寬，政閑則心逸。

《老子》曰：天道惡煩濁，人心惡多欲。

周興《千文》云：性靜情逸，心動神疲。

《禮記》云：喜怒哀樂愛惡欲，謂之七情。

陸連云：性之與情，猶火之與煙；火是〔煙本〕，煙生則妨火；性是情本，情生則妨性；性之與情，猶水之與波；靜則是水，動則是〔波〕，性動則是情。

劉協書云：情之傷性，性之妨情，性貞則〔情〕銷，情熾則性滅，猶如煙生於火，煙鬱則火滅，煙微則火盛；又如冰生於水，冰遏則水絕，冰泮乃水通。

《真言决》云：一國之君，萬方仰賴。君若安靜無欲，則不擾亂群生，天下大理；君若好酒色臺榭，田獵戰伐，任佞棄賢，勞役無道，人患其苦，亂逆必興，亂逆既興，則人亡君死。是知一身之內，總賴心生，心若安靜無欲，則不染亂諸情，身心安泰。心若荒淫財色，任僞棄真，名利纏身，規求不已，順情則喜，逆情則怒，喜怒交馳，則血氣隔壅，血氣隔壅則四大病生。是知人亂由君而起，君須息亂以求安身，苦由心而生，心須息苦以求樂，若君息亂，則人安；心息苦，則身樂。若四大相尅，針藥可治；四人相争，法律可定。若病在膏肓，針藥不能救；亂在君得，法律不能匡。

《尚書》云：士有一過於身，家必喪；君有一過於身，國必亡。

《禮記》云：德至於天，天不秘道；德至於地，地不秘寶。

《楊冰書》云：得以攘災，無遠不屆；仁以恤獄，在幽成理。

《尚書》云：皇天無親，惟德是輔；人心無常，惟惠之懷。

《張良書》曰：上玄輔德，有感必通；明神祐仁，無微不達。君子履霜雪，必有怵惕之心；守禮讓爲家風，敦淳朴爲時俗；百行俱偹，無怨無嗟。

《老子》曰：財利不累於身心，聲色不亂於耳目，則終身不危殆。

任昇曰：寵辱驚其心，嗜欲亂其義。

《真言决》云：鏡以照面，智以照心；鏡明則塵垢不能止，智明則惡欲不能生；人之無道猶車之無軸，車之無軸不可以駕，人之無道不可以行。

《論語》云：言忠信，行篤敬，蠻貊之邦亦可行矣；言不忠信，行不篤敬，雖居州里亦不可行。

孔子曰：人無信不立，車無輗軏不行；故須去［兵］食存信也。

《真言决》云：積穀帛者不憂饥凍，抱道德者不慮凶邪。

孔子曰：君子敬而無失，恭而有禮，四海之內，皆爲兄弟也。

《尚書》云：立愛惟親，立敬惟長，始於邦家，終於四海。

《論語》云：尅（克）己復禮，衆庶歸焉。

《老子》曰：唯之与阿，相去幾何，善之以惡，相去何若？

《尚書》云：爲善不同，同歸於理；爲惡不同，同歸於亂。

王充《論》曰：百川以異流周會於海；万道分義總成乎實。

《老子》曰：天地爲鑪，陰陽爲炭，万物爲精，遊魂爲變。

《莊子》曰：勞我以生，息我以死；生兮何足喜，死兮何足憂。

《老子》曰：日中則移，月滿則虧；物盛則衰，樂極則悲，故（古）之常也。

淘（陶）潛云：有生必有死，有始必有終，自古賢聖，誰獨能免。

《真言决》云：孕歸（婦）不得不生，既生不得不死；猶飢不得不食，既食不得不出；應出不出，与身爲患；應死不死，豈是吉哉！故知未有不出之食，未有不死之人，祇可出有早晚，死有短長也。

《論語》云：心思忠信，行思篤敬，則在目前，富若見之。

馬瑗（援）曰：禦寒莫若重裘，正（止）謗莫若自修。

孔融曰：美玉以持寶爲貴，列士以淡然爲高，雖有韞櫃之珍，猶以沽之爲賤。

顔淵曰：重己莫若敬人，保己莫若安人。若有以自益，必有以自損，故君子務益以防其損，修身非以求名，且以遠惡；行善非以求榮，且以違辱。

孔子曰：恭爲德首，慎爲行基；富貴者以博施爲德，貧賤者以志貞爲賢。故君子以貧則志貞，富則勤施。

《老子》曰：富當賑貧，貴當務賤，而反驕恣，必有禍患。

太公曰：鑑明者塵垢不能汙，神清者嗜欲不能謬。賢人君子，心貞意敏，情欲豈能染也。

《莊子》曰：人能清目静耳，心神不勞，自至於道。

《老子》曰：人君不静則失威，理身不静則身危。

顏淵曰：不治名高，不求苟得，淡然自守，惟道爲務。

孔子曰：雖在陳蔡，而絃歌不［輟］。

任昇曰：君子達則兼濟天下，窮則獨善其身。

《老子》曰：道體無形，深不可測，遠不可極。道非常名，可名非常名，建德若偷，含光藏曜，匿端滅迹，至之爲道。

《尚書》云：人心惟危，道心惟微，惟精惟一，允執厥中。

《唐制》曰：未嘗不孜孜訪道，戰戰臨人，思至公以濟時，念無私以育物。

《尚書》云：內不憂人，外不勤德，上帝不順，祝降時喪。

《老子》曰：勞身而逸人，薄己而厚物。

夷齊曰：不降其志，不辱其身。

《尚書》云：失道求名，古人賤之。

《論語》云：時然後言，人不厭其言；樂然後笑，人不厭其笑；義然後取，人不厭其取。

《左傳》云：人心不同，其若面焉。

孔子曰：可與言，而不與之言，失人；不可與言，而與之言，失言也。

《禮記》云：觀人設教，教不設人。

《孝經》云：因嚴以教敬，因親以教愛，因情以教仁，而人樂乎。畏其刑罰，愛其得義，是以愛而畏之。

《莊子》曰：若以逸道使人，雖勞不倦；若以生道煞人，雖死不怨。

《易》曰：悦以使人，人忘其勞。

孫良曰：若畏以執事，君子盡其忠；悦以使人，小人盡其力。

《論語》曰：君使臣以禮，臣事君以忠。成事不說，既往不咎。

《左傳》曰：簞醪投河，三軍告醉。

《周書》云：人口如川，不可掩塞。

孔子曰：君子群居，言不阿黨；小人群居，言不及義。

《尚書》云：無偏無黨，王道蕩蕩；無黨無偏，王道平平；無返無側，王道正直。

《老子》曰：無爲人自清，無欲而自静，多事害神，多言害身；口開舌舉，必有禍患。

《莊子》曰：全其真，守其分，率性而動，則可長生。

《淮南子》曰：樹欲静，而風摇之；性欲平，嗜欲害之；河水欲清，沙壤穢之。

孔子曰：知命之士，見利不動，臨死不恐。

太公曰：相命已［定］，鬼神不能移。

《尚書》云：人能嚴肅，鬼神自遠。

子夏曰：生死有命，富貴在天。

孔融曰：志士不以榮譽爲樂，不以獨立爲高，亦不以秉權故憍，不以失志爲屈。

衛伯儒曰：矜莊嚴恪，人之大節；謙恕恭敏，慎行之本；寬惠博愛，養身之基；好問勤學，立智之始。

《尚書》云：好問則裕，自用則小。惟［德］無小，万邦惟慶。

馬卿曰：明者遠見於未萌，智者避危於無刑，禍固多藏於細微，而發人之所忽。

楊雄曰：患生於所忽，禍發於細微。

太公曰：仁慈者壽，兇暴者亡。

《尚書》云：怨不在大，亦不在小。

《易》曰：小人以小善爲無益而不爲，以小惡爲無傷而不去，怨積而不可掩，罪大不可解。

顏淵曰：君子見毫釐之善，不謂知(之)小，不敢不勉；有纖芥之虧，不謂之微，不敢不懼。

《論語》云：言寡尤，行寡悔。

《尚書》云：不矜細行，終累大德。

《論語》云：欲人物（勿）知，莫若物（勿）爲；欲人勿聞，莫若勿言。

嚴光曰：疾形不能逐影，大聲不能掩響，默然託蔭，則影響無所由；常體卑弱，則禍患無所緣。

《孝經》云：君惠臣忠，父慈子孝，祸亂無緣得。

《尚書》云：善自作福，惡自作灾；作善降之百祥，作不善降之百殃。

孔子曰：舌柔齒剛，齒■■■□（先亡舌存）；忍忿者安，忍辱者全。天下柔弱，莫過於水，而攻■（堅？）■■能先，水能滅火，陰能銷陽。

任昇曰：處屈辱能忍，見■利能忍，在忿争能忍，稟此三者，禍患從何而生。

《老子》曰：至柔者水也，至堅者金也，水能貫堅入剛，無所不通。

議云：草木生於柔脆，死則堅强，人爲堅强之行者，是入死［之］徒；爲柔弱之行者，是出士之顏。

太公曰：修身莫若敬，避强莫若順；以德勝人則强，以力勝人則亡。

《易》曰：聖人與天地合其德，與日月齊其明。

孔子曰：禮主於敬，喪主於哀；尔愛其羊，我愛其禮；爲禮不敬，臨喪不哀，吾何以觀之哉。言不忠，禮不足觀也。

《毛詩》云：相鼠有體，人而無禮；人而無禮，胡不遄死。相鼠有皮，人而無儀；人而無儀，不死何爲。

《論語》云：己所不欲，勿施於人；在家無怨，在邦無怨。

《尚書》云：惟日孜孜，無敢怠墮，天之所罰，不避貴賤，惟不善及。

《毛詩》云：王公雖重，理［無］偏敬。有功必記，有過必罰。

《易》曰：吾有好爵，以爾縻之。

《九諫書》曰：賞有功則喜，罰無過則天怒；若賞無功，［有功］者怨；若罰無罪，有罪人悅。

《六韜》云：君長不以喜而賞，不以怒而誅；賞不及於無功，罰不及於無罪。

《尚書》云：寧失不常之罪，不枉不辜之善。

《論語》云：刑罰失中，則人無所措手足，舉直措諸枉，則人服；舉枉措諸直，則人不服。

《禮記》云：刑法以威，禮義以柔。慎終若始，則無敗事。

《尚書》云：學古入官，議事以制；建官惟賢，蒞事惟能。有得者尊以爵，有功者報以禄；功多以賞，不道以戮；賞以勸之，戮以威之。德惟善政，政在養民。無怠無荒，四夷來王。

《老子》曰：愛色者費精神，愛財者遇禍；財多藏於府庫，生有攻劫之憂，死多藏於丘墓，□（致）有掘塚探屍之患；所愛者少，所亡者多。是以聖人君子，積德不積財，有德以教人，有財以［與］貧；執利遇患，執道全身。

《六韜》云：王人之道，如龍之首，高居遠望，視［徐］而聽審。

《易》曰：君子見善遷，有過則改。

《老子》曰：▨子從而享太牢。

孔子曰：人誰無過，過在能改；過而不改，是爲過也。

《真言決》云：聞過不改，即是愚人；見鞭不行，即是駑馬；駑馬終日受鞭策，愚人終日受毀挫。［毀挫］不知慚恥者，而甚於駑馬也。

孔子曰：顔氏之子有不善，未嘗不知，知之，未嘗復行。

《老子》曰：直木先伐，甘井先竭。

子貢曰：君子之過，如日月之蝕，人皆見之，君子不隱過，必自改。

劉向曰：藥若不瞑眩，厥疾不瘳。

《真言決》云：佛法許以發露懺悔；王法許以舉覺首愆；若發露事不盡，不成懺悔；舉覺事不盡，不得成首愆；若懺悔改過者，必須發露盡誠；舉覺首愆者，必須陳辭盡狀。若懺悔更造罪，不及元不懺；首愆更造過不及元不首；首罪者則須擢志日新，懺悔者則［須］盪心恒一。

《老子》曰：貴莫大於無罪，樂莫大於無憂，富莫大於知足，知足之人，天遺其禄，不知知足，折關之咎。

曾子曰：吾日三省吾身，爲人謀［不忠乎］？見賢而思齊焉，見不賢者，而内自省也。

《論語》云：視思明，聽思聰，色思溫，貌思恭，言思忠，事思敬，疑思問，忿思難，見德思義，三思而後行，再思可矣。

《易》曰：慢藏誨盜，冶容誨淫。

《禮記》曰：君子不可［不］修身，思修身，不可不知天；修身乃知孝，知孝乃知人，知人乃知人賢不肖，乃知命所保也。

《易》曰：居則觀其象，動則觀其變。

《尚書》云：視遠惟明，聽德惟聰。

孔子曰：知人者智，自知者明。

子貢曰：不患人之不己知，患己不知人也。□□善者思人必知之；有善惡己所不知，是惑於事也。

管仲曰：士爲知己者死，馬爲知馭者馳。

趙信曰：人爲知己者死，女爲悦己者容。

《論語》云：天神曰神，地神曰祇，人神曰鬼，非其祖考而祭之曰諂也。

孔子謂季路曰：未知生，焉知死；未能事人，焉能事鬼。

《尚書》云：至理馨香，感於神明，黍稷非馨，明德惟馨。

孔子曰：人無遠慮，必有近憂。

《左傳》云：備預不虞，古之善誡也。

《禮記》云：禮防君子，律禁小人。

《易》曰：形不上大夫；禮不下庶人。

《老子》曰：不出户而知天下，不窺牖以見天道，爲之於未有，理之於未亂，不見而明，不爲而成。

孔子曰：人無仁賢之者，必淫恣其情，不能☒行礼樂之人。仁義忠信，人之四科。

《論語》云：仁義礼智，其爲四端。

議曰：不煞爲仁，不盗爲義，不亂爲禮，不淫爲智，忠實爲信。

《老子》曰：增高者崩，貪富者致患。絕利去欲，不辱其身。

《尚書》云：作德心逸日休，作僞心勞日拙。

劉通曰：無+情以接物，在遇而恒通；有情以接人，觸慮而成礙。

孔子曰：無言不酬，無德不报；以德報得，得往則德來。

《禮記》云：無辞不相接，無礼不相見，以德报得，則人有所勸；以怨報怨，則人有所懲。

《莊子》曰：於我善者，吾須善之；於我▧□（惡者），吾亦善之；我既於人無惡，人能於我惡乎？

孔子曰：惡人難與言，遜辞以自勉。

嵇仲曰：險人敬而遠之，賢人親而近之，彼以惡來，我以善應；彼以曲來，我以平應；夷心無憾，則不敢怨之。

《論語》云：進人以禮，退人以禮，人者安仁，智者利人。

《禮記》云：知禮樂之情者能製，識禮樂之文者能述。作樂以應天，制禮以配地。同則相親，異則相敬。

《老子》曰：善人者是不善人之師，不善人者是善人之資。

《尚書》云：德無常師，主善爲師。

孔子曰：温故而知新，可以爲師矣。

《易》曰：善不積，不足以成名；惡［不積］，不足以滅身。

孔子曰：省滛（徭）［役］則人壽，薄［賦］劍（斂）則人富。

《西京賦》曰：稅繁役勞，人盡力彈。

《鹽鐵論》云：秦法繁於秋荼，蔡網密於凝脂。

《老子》曰：天網恢恢，踈而不漏；法令滋彰，盜賊多有。

《禮記》云：王言如絲，其出如綸。

《左傳》云：公家之事，無知不爲。

《太公家教》云：斜耕敗於良田，讒言敗於善人。理國信讒，必害忠臣；理家信讒，必踈其親；夫妻信讒，必見生離；朋友信讒，必致死怨。

《恒█書》曰：積毀銷金，積讒磨骨。

《博物志》云：甘蔗雖甘，而不可杖；佞人悅己，亦不可用。

《歸真論》云：世人虛險，性器難量；□□□□，行以願違；口如脂膏，心若錐刀，言甘如密，反相讎□，不可以貌相。

顔舒曰：雖有周孔之才，晏嬰之機，其餘不足觀也。

《論語》云：不有祝鮀之佞，而有宋朝之美。

孔子曰：人不以利口爲德，犬不以善吠爲良。有德不必有言，有言不必有德。

《老子》曰：如嬰兒之未言，雞子之未分，明珠在蚌中，美玉處於石間，内雖照外而愚頑。

太公曰：十言九中，不語默然。

《尚書》云：火炎不可嚮近，浮言不可利用。

《真言決》云：万句浮言，不如一句妙理；千舩魚目，不如徑寸明珠。

趙平曰：藥不當病，不及不服；言不中理，不及［不言。藥不當病，反傷其命；言不中理，反〕害其身。

孔子曰：不仁者不可以久處約，不可以長處樂。若久居富貴則驕傲逸，久居窮困則将濫竊。君子固窮，小人窮斯濫矣。

《論語》云：質勝文則野，文勝質則史；文質彬彬，然後君子。

《禮記》云：善則稱人，過則稱己，則人不爭；善則稱親，過則稱己，則人孝；君子貴人而賤己，先人而後己。

《尚書》云：君之有得，惟臣成之；君之無德，惟臣誤之。以德則〔治〕，不以德則亂。

孔子曰：君有諫臣，不失於天下；父有爭子，則身不陷於不義；士有爭有（友），則身不離於令名。君父有不義之臣子，不諫說，則亡國破家之道。

《禮記》云：君子一諫，不用則逃之；父三諫，不從則随而泣之。君臣有義則合，無義則離；親不可去，志在感勤。

《孝經》云：進思盡忠，退思補過。

《九諫書》云：聰明之君必納直臣之諫，昏闇之主多愛媚佞之言。納諫者惟木從繩，受佞者如甘以（似）壤。其言甘，其害廣；其言直，其利課（深）。療膏肓者必進苦口之藥；決狐疑者要陳逆耳之言。古項羽失天下，由不用范增之策；高祖德天下，由納張良之謀。太宗至聖，不違魏徵之言；帝嚳生（至）聖常聞人軌之諫。

《漢書》云：人君從諫，其國輔圓。

《尚書》云：木以繩直，君以諫明，庶政惟和，万邦咸寧。

馬援曰：扁鵲之治其病，以□□□（刀刺骨）；聖人救國之失，以忠言拂耳，刺骨小痛，而長利在身；拂耳逆於心，其行久福；甚病之人，利在忍痛，猛毅之君，利在拂耳。是以宣子納諫而全魏，虞公以逆拂耳而滅國亡身也。

《孟子》曰：良藥苦口而利於疾，忠言拂耳而利於行。

寧武子曰：駿馬難乘，而伯樂所願；勁弓難張，而蓬蒙所操；直士難御，而明君使臣；駑馬易馴，而庸人所欲；弱弓易張，而懦夫所好；佞事以所，而闇主使用所能；損友易佞，而小人所結；智者身病則求良醫，行哭則求益友；得良醫則病療而長壽，慕益友則名朗而顯。愚者則返抱是疢逐邪言，舉謬而從佞惑，逐邪言則病困而命殁；從佞惑則德鄙而行辱。

《抱朴子》曰：佞人在世必飛沙走石，暴風折木。

《漢書》云：朝無邪佞，五行不亂。

《易》曰：金木水火土，是之謂五行。

《老子》曰：善爲士者不武，善戰者不怒，善用人者爲下，不争之德，用人之力。

《真言决》云：理國理家者，猶而須構屋，構屋者先固其基，立身者須實其行，成家者須安其業，理國者須靜其人；屋成可以庇人物，身立可以養神明，家全可以安老幼，國理可以保君臣。若築基不實，屋必崩頽；心行若虛，身必殆辱；臣妾危苦，家必喪亡；百姓亂理，國必顛墜，國若〔顛〕墜，君臣何以存；家若喪亡，老幼何所託；身若殆辱，神明何以安；屋若崩頽，人物何以庇；成敗如斯，熟可察也。

（三）《文詞教林》與《新集文詞教林》

《新集文詞教林》故名思義，當是在既有舊編的《文詞教林》之上進行改編，故曰新集。但是否爲同一人的增補修訂之改編，或是《文詞教林》流行後，後人在其基礎上以《新集文詞教林》試爲新編？其承襲因革的情形如何？因《新集文詞教林》僅存序文十二行，其内容完全不存，實在無從比對，其間增删改易的情形如何？自是難以查考。

《新集文詞教林》僅殘存十二行，似序非序，實難據以比較研究。疑似擬在《文詞教林》的基礎上試圖進行改編而作“新集”，但新集之作尚未完成，《新集文詞教林》卷上標題下這十二行字蓋爲序文草稿。或原本構想以《新集文詞教林》爲名，後改變想法放棄“新集”，新集未完成的序文草稿也就放棄不用了。但無論如何，從其殘存的内容依然可以看出此編當是與《新集文詞九經抄》性質、類型相同，是采取書抄形式的格言訓誡類的蒙書。《新集文詞教林》首題下的雙行小字“包括九經，□□（參詳）内外，通闡三史，引古援今，禮義之世，忠孝之學，□□□□（立德），吾道了緣，若不明焉，咸從此起。”殆爲後來補注抄録的。與《文詞教林》的序“故以鳩書摘義，理義相扶，删簡繁文，通羅内外，援今引古，是要無遺，正俗匡家，咸由此起”以及《新集文詞九經抄》的序“包括九經，羅含内外，通闡三史，是要無遺，今古參詳，禮義咸備。忠臣孝子從此而生，節婦義夫亦因此起……故以群書纂義，且濟時須。刪簡繁文，通闡内外，援今引古，是要無遺"文句近似，所叙述的編輯方法與編輯目的意思也相通，凸顯出民間蒙書的傳承性，以及傳抄、改編歷程中的因革特性。

（四）《文詞教林》的性質與形制

至於《文詞教林》卷上并序，全文計引典籍語粹六十五種二百一十九則，其與伯二五五七號+伯三六二一號+伯二五九八號等綴合拼湊而成的《新集文詞九經抄》一卷并序，兩者詳加比對，發現不僅性質、形式相同，且所援引的佳言粹語也頗多相同。二者序文内容、文辭也多雷同，祇是《文詞教林》的序文較詳，《新集文詞九經抄》的序文較略而已。以下特將二書序文排比對照如下：

《文詞教林》《新集文詞九經抄》序文對照表

《文詞教林》并序	《新集文詞九經抄》一卷并序
若夫天地一指，陰陽兩儀；人無異形，善惡分像。影難恒質，曲直從形。人非常情，隨化而變。且大廈雲，必資於柱；明珠耀月，亦先於瑩。悦禮敦詩，可以和神性；友賢輔德，可以政邦家。《論語》云："上好禮，則人莫敢不敬；上好義，則人莫敢不服；上好信，則人莫敢不用情。信近於義，言可復；恭近於禮，遠恥辱。"老子曰："修之於身，其德乃真；修之於鄉，其德乃長。"故君子以議制事，以禮制心。有條而不紊，則綱維自利；在法多違，則手足無措。《毛詩》云："靡不有初，鮮克有終。"《六韜》云："取其初者，必不薄其後；慎其終者，必不僭其始。"孔子曰："未有不法而自正，不教而自爲者。"淮南曰："未有捨舟楫而涉江海，棄銜勒而能御馬者也。"故典籍於人，亦猶是矣。《禮記》云："玉不琢，不成器；人不學，不知道。"是以禮樂詩書，人之所須，恭敬揖讓，人之所尚。董仲不出户而知天下，何必歷遠以劬勞。且足以運身，詞有利害；足有進退，詞有善惡。惡詞如衆草，不植而自驅；善詞如百穀，非力而自媚。口雖小也，開則吉凶兩途；人之一焉，量則深淺不等。	包括九經，羅含内外，通闡三史，是要無遺，今古參詳，禮儀咸備，忠臣孝子從此而生；節婦義夫亦因此起。若夫天地一指，陰陽二儀，人無異形，善惡分像。故足以運身，詞能利人，步有進退，詞有善惡，惡詞如衆草，不植而自生；善言如百穀，非力而自媚。口雖一也，開則香臭異聞；人之一焉，量則有深淺。視深窺淺，咸由懇學而成，以賢測愚，莫不因學而成智。昔偷光慕道，善自前聞；刺骨懸頭，傳之往典。孔子曰："未有不法而自正，不教而自爲。"淮南子曰："未有捨舟楫而涉江海，棄銜勒而御馬者也。"故典籍於人亦猶是矣。禮記云："玉不琢，不成器；人不學，不知道。"劉通曰："繭質含絲而出，人性懷智，須學乃成。"老子曰："修之〔於〕身，

續表

《文詞教林》并序	《新集文詞九經抄》一卷并序
是深軀窺淺，咸由墾學而成。以賢測愚，莫不因學而得。懸頭刺股，勗儆前聞，慕道偷光，傳之往典。至如小人君子，向背不同。取捨非難，易於反掌。蔡〔伯〕喈曰："貴賤無常，唯人所速，苟善，則庸夫之子可至三公；苟不善，則三公之子反爲凡庶。"孔子曰："吉凶由人，禍福由身。行善則吉，行〔惡〕則凶。爲人由己，而由人乎！"是知道德禮義，可修不可廢，可法不可違。法之則君子見焉，違之則小人露矣。故以鳩書摘義，理義相扶，删減繁文，通羅内外，援今引古，是要無遺，正匡家，咸由此起，勒成兩卷，號曰教林，上下標名，示之云爾。夫屋者恒畏風雨，心邪者常憂禍患。若補得屋，則風雨不入其室；若正得意，則禍患不入其心。世人悉補屋以却風雨，不知正心以除禍患，何其愚惑者矣。天地之中，以生爲命，能者養以取福；不能者敗以取禍。禍福生於道，而生於愛惡。榮辱生於己，不在於人。世人皆知衣弊之惡，而莫知失言行之辱也。	其德乃真。"論語云："修飾以成人。"至如小人君子，向背不同，取捨由身，易於反掌。周公曰："善自作福，惡自作灾。"孔子曰："吉凶由人，禍福由身。行善則吉，行惡則凶。"爲人由己，豈由人乎？是知道德禮義，可修不可廢，可法不可違。行之則君子見焉，違之則小人露矣。故以群書纂義，且濟時須。删減繁文，通闡内外，援今引古，是要無遺，訓俗安邦，號名家教，題標舉目，示之云爾。夫屋破者，恒畏風雨，心邪者，常憂禍患。若補得屋，則風雨不入其室；正得意，則禍患不入其門。世人悉補屋以却風雨，不知正心以除禍患，何其愚惑者矣。

由上列對照發現，《新集文詞九經抄》的序文，除開端"包括九經、羅含内外……節婦義夫亦因此起"與"劉通曰：繭質含絲而出，人性懷智，須學乃成""《論語》云：修飾以成人"等三段文字爲《文詞教林》序所無外，其餘全篇均爲《文詞教林》的序文所涵括，祇是其間存在少數詞句異同，與引文順序不一而已。而開端"包括九經……節婦義夫亦因此起"一段，則與《新集文詞教林》卷上標題下之雙行文字多同。

又就序文的結構與文義觀之，《文詞教林》的序文，不但結構嚴緊，剪裁得當，而且文義暢達，脈絡貫串。至於《新集文詞九經抄》的序文，則結構鬆散，文義滯礙，剪裁之迹，觸目可及。且序文開頭言"包括九經，羅含内外，通闡三史，是要無遺"，而後面又説"故以群書纂義，且濟時須。删減繁文，通闡内外，援今引古，是要無遺"。前後重複，實爲疊床架屋。尤其言及書名的緣由説"訓俗安邦，號名家教。"此與《新集文詞九經抄》的書名，不相契合。不若《文詞教林》序中所説"正俗匡家，咸由此起，勒成兩卷，號曰《教林》，上下標名，示之云爾。"來得名實一致。

（五）引用書籍

伯二六一二號《文詞教林》卷上除序文外，引書及古代名人要語，計六十五種二百一十九則。兹將伯二六一二號《文詞教林》卷上所引用的書名則數，分別列表如下：

伯二六一二號《文詞教林》卷上引書表

書名	則數	書名	則數	書名	則數
九諫書	二	于□	一	子貢	二
子夏	一	六韜	三	王充	一
孔子	二八	孔融	二	太公	六
毛詩	三	左傳	五	夷齊	一
西京賦	一	老子	二三	任昇	三
孝經	三	武侯	一	東觀漢書	一
孟子	二	抱朴子	一	尚書	二六
易	一一	周公	一	周書	一
周興千文	一	唐制	二	馬援	二
孫良	一	真言決	一〇	淮南子	二
郭象	一	張良書	二	莊子	八
陸連	一	陶潛	一	甯武子	一
曾子	二	博物志	一	趙平	一
趙信	一	揚雄	一	稽仲	一
賈誼	一	楊水書	一	揚冰書	一
董仲舒	一	漢書	二	管仲	一
論語	一九	蔡伯喈	二	劉向	一
劉尚書	一	劉通	一	衛伯儒	一
韓詩外傳	二	禮	一	禮記	一三
顏淵	三	顏舒	一	魏朗	一
歸真論	一	議	二	顏光	一
鹽鐵論	一	□子	一	□馬□卿	一
□□	一	□□□（離騷經）	一		

鄭阿財《敦煌寫卷〈新集文詞九經抄〉研究》曾將《文詞教林》與《新集文詞九經抄逐條》進行比對，從中得見《文詞教林》與《新集文詞九經抄》二者之間的密切關係，兩者承襲的痕迹十分明顯[一]。《新集文詞九經抄》蓋爲《文詞教林》之後所改編新編的通俗讀物，而《文詞教林》《新集文詞教林》則爲其據以編纂的主要資料，這正是《文詞教林》卷上尚有三十一種而三十八則未見於《新集文詞九經抄》的原因。而《新集文詞九經抄》所引書文多達九十二種，四百五十八則，其中有未見於《文詞教林》卷上者，有可能爲《文詞教林》卷下，或《新集文詞教林》所援引。也可能因其爲新集，所以一方面對舊作有所承襲，另一方面有所增益的緣故。

三 《百行章》

《百行章》爲唐初宰相杜正倫所編撰，爲唐代官方頒布的童蒙教材，是童蒙德行教育方面的集大成者，也是現存官方頒布德行類蒙書的先驅。全書一卷并序，凡分八十四章，約五千字。每章約義標題，起"孝行章第一"，迄"勸行章第八十四"，以忠孝節義統攝全書，摘録儒家經典中的要言警句，多出自《論語》《孝經》《左傳》《禮記》等經典；而典故則多源於《史記》《説苑》等典籍。其開篇有"至如世之所重，唯學爲先，立身之道，莫過忠孝"，明確的顯示作者編撰的意圖，蓋希冀通過此一教化，爲唐朝造就忠臣孝子及清官廉吏。

此書歷代史志雖有著録，然宋代以後此書便已失傳，今幸賴敦煌寫本中保存有此書抄本二十二個卷號，計十八件，使吾人於千載之後仍得以一睹杜氏《百行章》的原貌，同時又可據以窺見此書在唐五代時期風行實況的一斑。

有關《百行章》的研究，一九三九年，羅振玉《貞松堂藏西陲秘笈叢殘》影印所藏敦煌寫本《百行章》殘卷[二]。一九五八年，福井康順《〈百行章〉についての諸問題》開始對此書的章數問題進行探討[三]。之後陸續有一九七九年

〔一〕 鄭阿財：《敦煌寫卷新集文詞九經抄研究》，第四七～九一頁。

〔二〕 羅振玉：《貞松堂藏西陲秘笈叢殘》，上虞羅氏影印，一九三九年。

〔三〕 ［日］福井康順：《〈百行章〉についての諸問題》，《東方宗教》一三、一四合刊，一九五八年七月，第一～二三頁。

林聰明《杜正倫及其〈百行章〉》[一]；鄧文寬一九八四年《敦煌寫本〈百行章〉述略》[二]、一九八五年《敦煌寫本〈百行章〉校釋》[三]、一九八七年《跋敦煌寫本〈百行章〉》[四]；一九九〇年胡平生《敦煌寫本〈百行章〉校釋補正》等篇章[五]，均先後對十三件敦煌寫本《百行章》進行整理與研究，奠定了《百行章》文獻的主要基礎。

二〇〇一年，陸離《敦煌本〈百行章〉所反映的唐初統治思想》結合史籍中有關貞觀年間唐太宗君臣論治的記載[六]，探討了敦煌本《百行章》所反映的唐初統治思想。二〇〇〇年，汪泛舟《敦煌古代兒童課本》在前賢基礎上[七]，據十三件寫本立論，分閱讀篇、注釋篇及研究篇，進行介紹；二〇〇二年，鄭阿財、朱鳳玉《敦煌蒙書研究》增添了伯二五六四號成十四件[八]，并指出俄藏有六件被著録爲《百行章》的寫本，其内容實爲《新集文詞九經抄》，而非《百行章》；二〇〇六年，僧海霞《從敦煌本〈百行章〉看唐初的法制思想》據《百行章》有關禮法制度的内容進行唐代法治思想之考察[九]。二〇〇八年，伊藤美重子《敦煌文書にみる學校教育》"第三章　士人教育

〔一〕　林聰明：《杜正倫及其〈百行章〉》，東吳大學中文研究所碩士學位論文，一九七九年。

〔二〕　鄧文寬：《敦煌寫本〈百行章〉述略》，《文物》一九八四年第九期，第六五～六六頁。

〔三〕　鄧文寬：《敦煌寫本〈百行章〉校釋》，《敦煌研究》一九八五年第四期，第七一～九八頁。

〔四〕　鄧文寬：《跋敦煌寫本〈百行章〉》，《1983年全國敦煌學術討論會文集》（文史遺書編下），甘肅人民出版社，一九八七年，第九九～一〇七頁。

〔五〕　胡平生：《敦煌寫本〈百行章〉校釋補正》，《敦煌吐魯番文獻研究論集》第五輯，第二七九～三〇六頁。

〔六〕　陸離：《敦煌本〈百行章〉所反映的唐初統治思想》，《敦煌研究》二〇〇一年第二期，第九六～一〇〇頁。

〔七〕　汪泛舟：《敦煌古代兒童課本》，第六六～一六九頁。

〔八〕　鄭阿財、朱鳳玉：《敦煌蒙書研究》，第三二〇～三四八頁。

〔九〕　僧海霞：《從敦煌本〈百行章〉看唐初的法制思想》，《成都理工大學學報（社會科學版）》二〇〇六年第一期，第五七～六四頁。

《百行章》"〔一〕，據十七個卷號的寫本對《百行章》的内容，記述特徵進行論述，并將《百行章》原文譯爲日文；二〇一二年，郭明霞、郎全發、王文瑜《敦煌寫本〈百行章〉孝道思想初探》在前賢整理研究的基礎上〔二〕，聚焦於孝道思想在《百行章》道德教化運用的析論；二〇一三年，王文瑜《敦煌寫本〈百行章〉倫理思想及其現代德育價值研究》以《百行章》倫理道德思想爲主綫〔三〕，探究其對現代倫理道德教育的研究價值；二〇一八年，武紹衛《進階學習中學生的知識構成與積累：敦煌蒙學教育觀察之一例——以 S.3491+P.3053〈百行章〉爲例》〔四〕，以斯三四九一號+伯三〇五三號這件初學者的《百行章》抄本及其抄寫所依據的底本斯一九二〇號，考察其間保留初學者學習的痕迹，以了解初學階段中教育與學習的具體運行形態。以上研究成果可供參考。

（一）寫卷概述

今存敦煌寫本《百行章》總共有二十二個卷號，經綴合後，計有寫本十八件。分別爲英藏：斯一八一五號、斯一九二〇號、斯三〇四六號、斯三四九一號、斯五五四〇號等五件；法藏：伯二五〇二號、伯二五六四號、伯二八〇八號、伯三〇五三號、伯三〇七七號（伯特一五一號）、伯三一七六號、伯三三〇六號、伯三七九六號、伯四九三七號等九件；俄藏六號四件：俄弗二四七號+俄敦二八六三號+俄敦三〇七六號、俄敦四八五三號、俄敦六〇二八、俄敦一二五二三號。中國國圖藏一件：北敦八六六八號（北八四四二號，位字六八號）、羅振玉藏一件（《貞松堂西陲秘笈叢殘》）。兹將寫本概況表列如下：

〔一〕［日〕伊藤美重子：《敦煌文書にみる學校教育》，第一九三～二七九頁。

〔二〕郭明霞、郎全發、王文瑜：《敦煌寫本〈百行章〉孝道思想初探》，《蘭州學刊》二〇一二年第五期，第二〇二～二〇四頁。

〔三〕王文瑜：《敦煌寫本〈百行章〉倫理思想及其現代德育價值研究》，蘭州商學院碩士學位論文，二〇一三年。

〔四〕武紹衛：《進階學習中學生的知識構成與積累：敦煌蒙學教育觀察之一例——以 S.3491+P.3053〈百行章〉爲例》，高田時雄主編：《敦煌寫本研究年報》第一二號，二〇一八年，第八五～九九頁。

敦煌寫本《百行章》概況表

序號	卷號	寫本狀況	行數	首尾題	題記	同卷資料
一	斯一九二〇號	卷子本首尾俱全	二七二	首題：百行章一卷杜正倫		卷背雜寫有：學生大歌（哥）龍儒德、樊青兒、樊安昇、樊萬通、樊保昇、樊延昌、樊賢者、樊萬盈……南山申奴子、申懷定、申實子、申儒盈
二	斯三四九一號 + 伯三〇五三號	卷子本首尾俱全	二五一 + 二七	首題：百行章一卷杜正倫		背抄：《大方便佛報恩經》
三	伯三三〇六號	卷子本首完尾缺	一八六	首題：百行章一卷	有	背抄：《月令儀節》一卷
四	伯三一七六號	卷子本首完尾缺	三一	首題：百行章一卷杜正倫		
五	斯五五四〇號	册子本首完尾缺	一六	首題：百行章一卷		《燕子賦》《七言詩》《山花子詞》
六	伯三七九六號	卷子本首完尾缺	一〇	首題：百行章一卷杜正倫		
七	俄敦六〇二八號	卷子本首完尾缺	九	首題：百行章一卷杜正倫		
八	俄弗二四七號+俄敦二八六三號 + 俄敦三〇七六號	殘片	五	首題：百行章一卷		
九	伯三〇七七號（伯特一五一號）	吐蕃文卷背習字	二			
十	伯二五〇二號背	卷背習字	一			正面：類書
一一	羅振玉舊藏《貞松堂西陲秘笈叢殘》	卷子本首尾俱缺	一九七			

續表

序號	卷號	寫本狀況	行數	首尾題	題記	同卷資料
一二	斯一八一五號	卷子本首尾俱缺	二四			背面:《六十甲子納音》
一三	俄敦四八五三號	殘片	三			
一四	俄敦一二五二三號	卷子本首尾俱缺	七			
一五	北敦八六六八號	卷子本首缺尾完	五一	尾題:百行章一卷	有	
一六	伯四九三七號	卷子本首尾俱缺	三三			
一七	伯二五六四號背	卷背雜寫				正面:《晏子賦》《新婦文》《太公家教》。背面雜寫:《不知名佛典》《新合孝經皇帝感詞》《上大夫》《契約》《雜帳》
一八	伯二八〇八號	僅存尾題	一	尾題:百行章一卷	有	

　　在二十二個卷號中,斯三四九一號+伯三〇五三號二個卷號可綴合,俄弗二四七號+俄敦二八六三號+俄敦三〇七六號三個卷號可以綴合,綴合後《百行章》總計有十八件寫本,其中斯一九二〇號及斯三四九一號+伯三〇五三號二件寫本,首尾俱完,首題有書名"《百行章》"、作者"杜正倫"及序;而有題記的也有二件,分別是:伯二八〇八號題記"時維大梁貞明玖年癸未歲四月廿四日净土寺(學)士郎清河陰義進書記之"及北敦八六六八號題記"庚辰年正月廿一日净土寺學使郎王海潤書寫。鄧保住,薛安俊用"。

　　按:伯三一七六號背面:雜寫人名數行。中有"陰作坊""鄧都講""陰義進",字迹與伯二八〇八號相同,疑同爲陰義進所抄。"貞明"爲梁末帝年號,貞明七年改年號爲"龍德","癸未"當是"龍德三年(九二三)"。伯二八〇八號題記"貞明玖年癸未歲四月廿四日",當是由於五代時期中原戰亂,年號改換頻仍,敦煌地區僻處西陲,消息傳遞較慢,不知改元,而仍襲用舊有年號。

另外，伯三三〇六號卷背有“開運四年丁未歲三月廿六日押衙”，後晉出帝開運四年爲公元九四七年。

北敦八六六八號題記僅有干支記年，而無年號。不過題記中有人名“薛安俊”，此名亦見於斯二六一四號《大目乾連冥間救母變文并圖一卷》的題記。斯二六一四號題記：“梁貞明七年辛巳歲（九二一）四月二十六日净土寺學郎薛安俊寫”，明白的標示“梁貞明七年辛巳歲”，據此得知北敦八六六八號題記的“庚辰年”，當是後梁貞明六年（九二〇）。也就是説二件有題記的寫本，其抄寫年代均在後梁末帝年間。至於其他各件雖無題記可資考察年代，然寫本中“世”字與“民”字均避唐太宗李世民的名諱，或缺末筆，或改“世”爲“代”，改“民”爲“人”，是大抵爲唐抄本無疑。

總體看來，敦煌《百行章》的抄寫年代以五代時期爲多，當是敦煌歸義軍時期的蒙學用書。

（二）録文

兹以斯一九二〇號爲底本，參校各寫本，并參酌諸家校録，對底本重新録文，逐録全文如下。

百行章一卷（并序）杜正倫

臣察三墳廓遠，誰曉其源？五典幽深，何能覽悉？至如世之所重，唯學爲先，立身之道，莫過忠孝。欲憑《論語》拾卷，足可成人；《孝經》始終，用之無盡。但以學而爲存念，得獲忠孝之名。雖讀不依，徒示虚談何益？存忠則須盡節，立孝追遠慎終。至於廣學不仕明朝，侍省全乖色養；遇霑高位，便造十惡之愆；未自勵躬，方爲三千之過。臣每尋思此事，廢寐休湌，故録要真之言，合爲《百行章》一卷。臣以情愚智淺，采略不周，雖非深奥之詞，粗以誡於愚濁。

孝行章第一

孝者，百行之本，德義之基。以孝化人，人德歸於厚矣。在家能孝，於君則忠；在家不仁，於君則盗。必須躬耕力作，以養二親；旦夕諮承，知其安否；冬溫夏清，委其冷熱；言和色悦，復勿犯顏；必有非理，雍容緩諫。晝則不居房室，夜則侍省尋常。縱父母身亡，猶須追遠，以時祭祀，每思念之。但以孝行殊弘，亦非此章能悉。

敬行章第二

敬者，修身之本。但是尊於己者，則須敬之。老宿之徒，倍加欽敬。是以《孝經》陳其敬愛，望欲不慢其親。仲尼先立此章，憑以敬之爲大。敬人之尊，人還敬己之親；敬人之朋，人還敬己之友。故云：所敬者寡，而悦者衆。

忠行章第三

身沾高位，倍須持志憂君，臨危不改其心，處厄不懷其恨，當陣不顧其軀，聘使不論私計。君言乖理，犯顏諫之，共修政教，以遵風化。善宜稱君，惡宜稱己。進思盡忠，退思補過。能如此者，長守富貴。故云：不欲犯顏諫諍者寡，而悦者衆。

節行章第四

君親委寄，没命須達其功；蒙寵銜恩，衰軀守其全志。縱任邊隅重將，不得越理奢華；若在禁闕長廊，特須加其兢悚，終日用心，夙夜匪懈。是以明君而待賢臣，聖主而思良輔。

剛行章第五

爲國亡軀，不泄其言；爲君盡命，不改其志；邊隅鎮遏，持節無虧；臨陣處危，存忠莫二。

勇行章第六

軍機警急，有難先登。拓定四方，息塵静亂。率領兵卒，賞罰當功。君親有危，不顧其命。

施行章第七

良田下子，乃獲秋收之果；韞匵之珍，施之以納其價。劉節身居高位，乃得太府之卿；裴寂告謀，身處唐朝之相。

報行章第八

功臣不賞，後無所使；節士不録，人誰致死？至於前行之臣，如何不記意？但以君情深重，銜珠以報其恩，捨弊同榮，持環而奉其德。

恭行章第九

入公門，斂手而行；在公庭，鞠躬而立；對尊者，卑辭而言。二親在堂，不得當門而佇；國有明君，不得當街而蹈。縱居私室，恒須整容；至於妻子之間，每加嚴恪。終日畏天懼地怕君者，是謂恭行。

勤行章第十

居官之體，憂公忘私；受委須達，執事有功。在家勤作，修營桑梓；農業以時，勿令失度；竭情用力，以養二親。此則忠孝俱存，豈非由勤力？而若居官慢墮，則有點辱及身。在家不勤，便追弊劣之困。必須夙夜匪懈，以託榮名，預爲方計，以防其損。

儉行章第十一

藏如山海，用之有窮；庫等須彌，還成有乏。儉者恒足，豐者不盈。在公及私，皆須有度。事君養親，莫過此要。

謹行章第十二

榮華當勢，謹約其心。慮過思愆，勿令縱逸。治家之道，重戒苦言，莫聽侵暴他人之物。在官之法，謹卓小心，共遵風化，奉法治人。一則父母無慢，二乃君臨爲美。

貞行章第十三

雖遭亂代，不爲强暴之勇；俗有傾移，不奪恭美之操。秋胡賤妾，積記傳之；韓氏庸妻，今猶敬重。婦人之德，尚自而然，況乃丈夫，寧不刻骨？

常行章第十四

存忠立孝，不可輕移；恭敬思勤，無疑輒改；清平嚴慎，恒懷在心；節義廉政，不容離己。但以百行無虧，故名“常行”。

信行章第十五

一言之重，山岳無移；一信之虧，輕於塵粉。昔時張范，今猶贊之；掛劍立於丘墳，人無不念。是以車因輪轉，人憑信立。

義行章第十六

爲人之法者，貴存德義。居家理治，每事無私；兄弟同居，善言和氣。好衣先讓，美食駿之。富貴在身，須加賑恤。飢寒頓弊，啜味相存。但看併糧之友，積繦若爲；一室三賢，持名何譽？

廉行章第十七

臨財不爭，則無恥辱之患；對食不貪，蓋是修身之本。爭財則有滅身之禍，貪食刻招毀之敗。齊之三將，以味亡軀。單醪投河，三軍皆慶。

清行章第十八

貴在不煩，居官在職，清爲其本。四知之行，行以持名。濁濫之官，何以稱譽？雖持清行，恩及治人，不以清酷虛虐無理。若清而枉酷，人還怨之，耕稅非理，戶口逃竄。是以人煩則亂，水煩則濁。

平行章第十九

在官之法，心平性政，差科定役，每事無偏。遣富留貧，按强扶弱。勿受囑請，莫納求情。若受囑請，事乃違心；若納貨賄，便生進退。非直於身危嶮，晝夜情不寧安。若恩威不平，則難斷決，上下官司，遞相顔面，競生相取。是以富者轉富，貧者轉貧。日月雖明，覆盆難照；時君至聖，微氂難知。人之冥也，何能自說？

嚴行章第廿

在官及私，莫自寬慢，勿輕言笑，謬語虛談。舉動折旋，皆須軌則，使人畏愛，則而像之。若身爲重將，嚴若秋霜；位至王公，威同猛獸。先加嚴訓，犯者治之；罪責當時，無容懸罰。是以杖可廢於家，刑不可廢於國。若家無杖，奴婢逃亡；懸罰則人心多怨。或則不自修身，慢於卑下，輕行嗔怒者，未爲人事。

慎行章第廿一

立身終始，慎之爲大。若居高位，即須慎言。言出患入，言失身亡。朋友交遊，便須慎杯。杯則惡至，惡則加刑。養身之道，便須慎食。病從口入，能損其軀。就師療疾，乃可慎醫。針灸失度，能盡其命。非時不得畋獵，走馬不過一里。親知故識，無事莫過；寡婦之門，無由莫往。欲論百行之中，慎行尤急。略而言之，陳其巨盡。

愛行章第廿二

明君受諫，治化無窮；不納忠言，國將危敗。赤心於君者，不可枉戮；直諫其智者，不可濫誅。桀紂暴虐，天乃喪之；堯舜慈人，傳名不已。

諫行章第廿三

爲臣盡諫，託命存邦，必須犯顏，喪身全國。詔言易進，忠語難陳。是以茅焦就鑊，始皇見而歸慈；荀息累棊，虞公睹而收過。

忍行章第廿四

有人談好，未可即喜；有人道惡，未可即嗔。勿信讒言，莫信佞語。［言語］侵人，飲氣忍之，縱有道理，安詳分雪。不得恣其三毒，返燒其身。若不能忍，禍患交至。梁人灌楚，尚致二國之和；宋就忍之，乃獲安邦之樂。

思行章第廿五

在朝思過，恐有愆犯。在室思農，生人之重。遠涉思家，憂其在亡。臨寇思君，達其本志。居貴思賤，憶昔布衣。家富思貧，念其饑饉。言須三思，勿輕出口。行須三思，勿從濫友。思思之，是其大。

寬行章第廿六

天寬無所不覆，地寬無所不載，一切憑之而立。化寬無所不歸，率賓大唐。海寬無所不納，吞併小國。恩寬惠及四海，八方歸化。德寬萬里影從。高驪馳驛送降，稱臣萬載，隨主計沒落之兵，如遷邑。吳王獲江南，與之立，身自歸朝，統率京兆之所。威承皇旨，智寬無處不危，唐朝廓清四海，天下太平。清寬何人不敬？言跨大衆，海內雲奔。唯有持窮，不得自寬。上下無法，尊卑失禮，亂逆生焉。

慮行章第廿七

人生在世，唯須擇交。或因良友而以建名，或以弊友而以敗己。一朝失行，積代虧名，方始追悔，如何可及？但以清清之水，塵土濁之；濟濟之人，愚朋所誤。

緩行章第廿八

行步邕容，無勞急速。言辭理定，務在敦明。刻罪惟愆，皆須審究。君王問答，詣實而陳。

急行章第廿九

君臨危陣，如救頭然。父母處厄，猶身陷火。朋友有難，事等孔懷。凡人有喪，皆須匍匐。

達行章第卅

爲臣之禮，達以爲功。臨陣處危，貴存誰巧；是以相如趙國臣，奉璧言碎柱而將還；齊晏聘齊國臣，梁挑陳辯辭而見納之也。

道行章第卅一

萬事之基，總覽之要，治家無道，衆人不顧；治國無道，鄰國怪之。是以明君在殿，百姓無憂；家長東西，奸盜競起。婦人之言，不可專用；佞臣之語，無宜濫依。必須勵己勵心，以治家國。

專行章第卅二

事君養親，專心無二。父在不可自專，君存無容自擅。專行未成孝，自擅未可爲忠，私行可爲臣子？

貴行章第卅三

性之不去者衣食，事之不可廢者耕織，必須營之。是以金銀飢不可食，珠玉寒不可衣。粟帛之重，莫能過者。一夫不耕，有受其飢；一女不織，有受其寒。但以立國存家，唯斯之甚。

學行章第卅四

良田美業，因施力而收；苗好地不耕，終是荒蕪之穢。人雖有貌，不學無以成人。但是百行之源，憑學而立，禄亦在其中矣！

問行章第卅五

父母顏色有改，即須憂而問之，知其善惡。縱使每事自閑，亦須問其智者。不解則問，寧得自專？亦須問其良長。是以三人同行，必有我師焉。

備行章第卅六

居在澤側，預爲隄防；治國治家，不虞難測。人非瓜果，何以知心？曉夜兢兢，實爲方略也。

飭行章第卅七

衣服巾帶恒須整，門户屋舍須净潔，自是尋常。莫學小兒赤體露形，在於街巷。從小訓之，莫令縱逸。必使言音典政，陳話美辭。不得碎濫之言，輕尔忤上。人前莫聽涕唾，同食勿先漱口。父母之床，理合不坐；兄嫂之床，無宜輒棄。若父母在坐，兒弟悉立，有命須謝。在尊之前，不可受卑者拜。縱有殊才異能，亦不得輒言。

弘行章第卅八

弘者以忍爲大，不以失意損志。但能受辱如地，萬物皆依，寬容如海棠流俱竄。不受則溢，不容則滿。莫見小花瑕，物窮人之短。見小則大，窮則不長。若職當高位，愛人如子。若居要職，理務如絲。臨事不煩，治民不倦。不愛成憎，不理成怨。若煩則濁，若倦則奢。犯法之不改徒，雖獲實情，矜而勿喜。苦言重誡，令遣改修。退罰進尊，是其恩也。不改成愆，不修成過，爲隱不爭道，爲匿法令言也。

政行章第卅九

立身之道，先須敬己，方始敬人。己若不正，令而不從。令既不從，從何爲政？是以形端影正，身曲影斜。故曰：爲政以德，譬如北辰，天下拱手而向之。

直行章第四十

曲木畏直繩，心邪畏直士。繩能束攬萬物，直能逆耳忠諫。寧抱直而死，不從曲而生。是以玉碎留名，不同瓦在。見醜物起狂心，莫生諛姤。若在，誑或，四海還往。無由諛姤，皇天不祐。

察行章第四十一

事君之道，察其顏色；養親之道，察其寢食。君顏若改，必有不安之事；二親退餐，定有違和之甚。是以特須察其言，觀其顏色也。

量行章第四十二

才堪者不可枉黜，才劣者不可濫霑。必須量才授位，量器所容。補官選職，貴在得人。器小未可容多，才劣寧堪大用。至於每事，皆須量斷。但以世間之事，并宜存心。惡人不可共居，耽酒不可同飲。小人以利生欺，君子以酒相敗。如此之徒，皆須遠之。若親惡種，後悔無由。綢繆同恥，刑戮相及。

近行章第四十三

善人須依，君子須附。一言之益，實重千金；一行之虧，痛於斧鉞。但近善者，惡即自消，卜鄰而居是也。居近良鄰，日有所進。居近惡鄰，日有所退。財能害己，何假苦哉。酒能敗身，不勞多飲。色能盡命，特須割之。奢能招禍，翼翼小心。浮薄之事，并宜去之。言無非法，行存於己。

就行章第四十四

邦有道，則事其明朝。邦無道，則卷於懷。君子之恥心如繩，心能束攬萬物，不用，卷之在懷。是以危邦不入，亂邦不居，察其所安，便將就也。若居亂，邑未納其忠；若在暗邦，不盡其命，仕於明君。接客無貴賤，至者皆看，吐握忘疲，今猶積響。貧賤者未必可輕，富貴者何勞敬重？人生在世，衰盛何常？落葉飄搖，翻翻彌遠。

讓行章第四十五

見尊側立，長者避之，同流下劣之徒，皆須讓路。避則無所不通，讓者無所不達。涉苦先登，分財後取。故云：溫良恭儉讓，是以得之。溫則不涼，良則不貪，恭則不慢，儉則不奢，讓則不爭。

志行章第四十六

同〔志〕曰友，友寒，己亦不重衣；友飢，己亦不飽食；友患，己亦如之言，寄死託孤之徒，同遭盛衰之侶。故云：自遠方來，不亦樂乎？以索居久遠，不得盡其智；柔居在朝，流自卑焉。善雖當高位，默默爲人，內外柔和，上下無怨。人之視己，亦如己視人家。若爲強剛，必獨折。

愍行章第四十七

蠢動含靈，皆居人性，有氣之類，盛愛其軀。莫好煞生，勿規他命。身既惜死，彼亦如之。欲求長命，何忍煞害？沙彌命盡煞命，如來未得道，睹蒼生悉渡之也。

念行章第四十八

終其身，不忘親；居生位，莫忘生。是以愛子始悟父慈，身勞方知人苦。若國盛，基強民；若國衰，必須決之以時，賦之以理。

憐行章第四十九

憐貧恤老，撫育孤窮。莫看顏面，去其阿黨。知其勤墮，賞之以功，罰之以過。若賞不當功，罰不當罪，雖率士衆，無用力焉。

身行章第五十

身當寵貴，不可以勢凌人。若守困窮，不可以苟求朝夕。是以仁者不以盛衰改志，智者不以存亡易心。

蒙行章第五十一

蒙人引接，至死銜恩。受祿居寵，滅身非謝。傷蛇遇藥，尚有存報之心；困雀逢箱，猶報眷養之重。是以寧人負己，莫己負人。

凡行章第五十二

人多敦者，皆輕非理而談，賤亦不聽容止無則。治家不成，言不及義，誰爲稱名？故云：君子不重則不威。唯須自嚴正。察獄須問罪不易。人心險隔山等山河，或帶罪之徒，□□而致出免；無愆之類，辯拙而入辜。特須審劾根源，無勞抑酷。囚情既定，刑戮將加，必須覆審，勿令冤濫。

才行章第五十三

才過周孔，恒言將短；智惠灼然，常卑下劣；貴在從衆，勿表獨能；謙退於人，穹窮於己。

進行章第五十四

欲立身，先立人；欲達己，先達人。進人者，人還進之；立人者，人還立之。是以獨高則危，單長必折。

救行章第五十五

鄰有驚急，尋聲往奔；人遭厄難，便須匍匐。墜流蒙救，尚獲延年；必若施功，寧有無報！

擠行章第五十六

救危扶厄，濟養衆生。若睹病患飢寒，啜續其命。但以桑中之弊，尚致扶輪；併糧之恩，須報泉路。

畏行章第五十七

雖處幽冥，天佛知之；雖居暗昧，神明察之，不可以幽冥顯改其操行。終日畏天懼地，無宜寬慢。

懼行章第五十八

二親年老，昏耄在堂；明君年邁，扶衰治國；兄弟爲篤，晝夜臨床；此之三者，何能不懼？若居榮寵，如履薄冰；位至公卿，如飄汎海。

斷行章第五十九

妖言惑衆，國之常害；蠱毒厭魅，是人所憎。必須止其二事，共修正法。絕劫盜生民，世人所嫉；攤蒱博戲，二親之慢。非直滅身破家，幾許損於朝憲。如此之事，直須絕之。

割行章第六十

情色處，無能爲之。不改原火，盛風便加，嫉妒因茲而起。細尋斯事，幻化皆空；廢寐思量，何曾有實？苦言重戒，必須割之。若也不依，豈成人子？

捨行章第六十一

寧舍有罪，不濫無辜。枷杖定辭，披指取占，人非木石，何以堪當？是以楚救於絕纓，乃置投軀之女；秦舍群盜，後有沒命之臣。

盛行章第六十二

顏貌儼然，望而畏之；容止進退，觀而則之。不可輕喜，無宜輒嗔。喜怒二情，能戲大志。

嘿行章第六十三

言之甚易，收之甚難。喪國興邦，皆由一諾。多言多失，不如嘿然。失之毫釐，謬之千里。

普行章第六十四

在官之體，斷決無偏；在家之法，平如概揆：莫生愛憎，勿爲彼此。偏厚不如薄遍，獨好不如衆醜。

遵行章第六十五

信憑佛法，敬神遵道，莫起慢心，勿生不信。五戒十善，種果之因；祇奉神祇，收福無量。

讚行章第六十六

掩惡揚善，說是除非，稱其美名，勿傳微碎。慈烏返哺，漢相慚之；君子貴言，身居不恥。但以成人之美，不成人之惡。

揚行章第六十七

士無良朋，誰以顯其德？人無良友，無以益其智；女無明鏡，何以照其顏色？是以良友能揚其德也。

毀行章第六十八

父母有疾，不得光悅其身，臨食忘味，絕於梳洗。君有危難，棄好衣馬，捨其音樂。故云：食旨不甘，聞樂不樂。擇遜辭而言，不得穢語；細碎之句，不可妄申。是以口無擇言，言滿天下；寡陳美報，有何口過？避家、國之諱，直須慎之。小者見老，速而避之；輕人值重，便須讓路；賤者見貴，馳驟而去。能存此行，終身何患？

疑行章第六十九

立身之道，疑則問之。勝於己者，以託爲友。至於察獄之罪，疑從斷之爲難，出没二途，論情不易，是以賞疑爲重，罰疑爲輕。

哀行章第七十

臨喪助泣，盛進育養之情；殯穴睹壙，以加悲恩劬勞之念。懷將十月，困辱三年，代喘傾心，回乾就濕，乳哺之恩，實難可報。父者，天也，母者，地也，欲報之恩，昊天罔極。若不崩摧，而乃何以親之？

謀行章第七十一

貯財成禍，積物成怨。求之不與，交生患害。若諜讒患孝，閭里心平；恡財慳惜，親舊相刑。

識行章第七十二

察言觀色，審其善惡，擇朋而交，非人莫往。賢愚等貌，非知無以成真；驥駑齊形，不駕寧知其駿？若相成者，數陳逆耳之言；相敗者，偏事浮華之語也。

知行章第七十三

温故知新，可以師矣。若不廣學，安能知也？未遊邊遠，寧知四海之寬？不涉丘門，豈知孝者爲重乎？

克行章第七十四

克己修身，事之大用；行恩布德，天下歸焉。若居貴法，不可虧移；領率鄉閭，唯須整肅。

誠行章第七十五

執當加心，役民以理。浮華之計，不及拙樸。巧妙之端，而不如成功顯效。是以朝花之草，夕則零落；松柏之茂，經冬不變。卑恭下人，自益於己，人皆敬之；欺慢於人，自損於己，無損於人，人皆害之。若輕相持，下能凌上，豈不恥乎？

棄行章第七十六

夫婦之義，人倫所先。好則同榮，惡則同恥。不得觀其花蕊，便生愛重之心；一旦衰零，方懷棄背之意。若犯七出之狀者，不用此章。

護行章第七十七

山澤不可非時焚燒，樹木不可非理研伐。若非時放火，煞害蒼生；伐樹理乖，絕其產業。有罪即能改，人誰無過？過而不改，必斯成矣。故云：顏回有改，孔子如其仁也。從旦已來，何言不是，何行不周，夜則尋思，晝則修改。故云：吾日三省其身。謂思察己之所行難。居家理治，禁約爲先。婦女小兒，勿聽多語。鄉閭鄰里，淡以交遊。朋友往還，無勞親昵。比鄰借取，有則與之，回前作後，誰無短缺？此能相濟，彼亦無慚；有而不與，致招怨患。

速行章第七十八

去就進退，俯仰敬從；應接隨機，無容賒緩。至於使往東西，不及人馬，依期而赴，勿使父母有憂。

疾行章第七十九

借取時還，貸物早償。此雖小事，廉恥之本。若值天灾危厄，百姓無端，又蒙賑恤者，不拘此限。

存行章第八十

若居高位，須存戀舊之情；率領鄉閭，莫缺尊卑之禮。衙廳府縣，不用此條。醮席私情，先人後己。

德行章第八十一

貧不改操，揖讓如常。退職失寵，猶須恭肅。士之常也，不以榮辱而易其心；仁之禮也，不以盛衰而虧其志。

留行章第八十二

陳救勇急，典記留名；去就改修，持榮千載；仁慈愍念，善自稱傳；贊揚守志，可爲君子。

守行章第八十三

守者，貧則守慎，勿共濫人同榮；窮須不虧守志，莫與弊友交遊。貴不改其容，便則不改其操。湛然自守，可謂至矣。

勸行章第八十四

教人爲善，莫聽長惡；勸念修身，勿行非法。但以心居奸盜，羅網及之。凶橫相陵，刑獄交重。非直身加苦痛，幾許損族虧名。

（三）作者與成書

《百行章》的作者，從今存十八件中，斯一九二〇號、斯三四九一號＋伯三〇五三號、伯三一七六號、伯三七九六號、俄敦六〇二八號等五件，首題均明白署爲："百行章一卷杜正倫"，不但如此，歷代史志目録著録，也都有所著録，是敦煌蒙書中少數具有明確作者的一種。史志著録情形如下：

> 《新唐書·藝文志·儒家類》："杜正倫《百行章》一卷。"
>
> 《崇文總目·儒家類》："《百行章》一卷，杜正倫撰。"
>
> 《宋秘書省續編到四庫闕書目·子類·子書》："《百行章》一卷，闕。"
>
> 《通志·藝文略·諸子類·儒術》："《百行章》一卷，杜正倫撰。"
>
> 《宋史·藝文志·子部·雜家類》："杜正倫《百行章》一卷。"〔一〕

北宋最大官修目録書《崇文總目》全書六十卷，成於慶曆元年（一〇四一），其著録有《百行章》一卷，可知《百行章》一書北宋時尚存，而編纂於宋徽宗政和年間（一一一一～一一一八）的《宋秘書省續編到四庫闕書目》，著録此書却作"闕"，則可推知此書亡佚的年代大約在南宋之際。敦煌寫本的保存，使杜正倫《百行章》全卷及序在千載之後得以完整再現，至爲寶貴。

1. 杜正倫其人

杜正倫，唐代相州洹水（今河南安陽市）人，大約生於南朝陳宣帝太建七年（五七五），卒于唐高宗顯慶三年（六五八），年約八十三歲。《舊唐書》卷七〇、《新唐書》卷一〇六有傳。

隋文帝仁壽中（六〇一～六〇四），與兄正玄、正藏俱以秀才擢第，爲世

〔一〕《新唐書》卷五九《藝文三》，第一五一三頁；（宋）王堯臣等編：《崇文總目》卷三《儒家類》，收入王雲五主編：《叢書集成初編》，中華書局，一九八五年，第一三一頁；葉德輝考證：《宋秘書省續編到四庫闕書目》卷二，《叢書集成續編》第三册，第二九五頁；《通志》卷六六《藝文略四》，第七八六頁；《宋史》卷二〇五《藝文志》，第五二〇八頁。

人所稱美。仕隋爲羽騎尉。入唐，歷遷齊州總管府録事參軍。太宗召直秦王府文學館。貞觀元年，因爲魏徵的推薦，被擢爲兵部員外郎。二年，拜給事中，兼知起居注。四年，累遷中書侍郎。後加散騎常侍，行太子左庶子，兼崇文館學士。十年，復授中書侍郎。賜爵南陽縣侯。高宗顯慶元年，改黃門侍郎，兼崇賢館學士，進同中書門下三品。二年，兼度支尚書，遷中書令，進封襄陽縣公。三年，爲李義府所排擠，出爲橫州刺史，并削其封邑。不久卒於貶所。

杜正倫深明釋典，善屬文，嘗與中書舍人董思恭夜直論文，思恭謂人曰："與杜公評文，今日覺吾文頓進。"著述頗富，《舊唐書》本傳云："有集十卷，行於代。"《新唐書·藝文志》著録其《春坊要録》四卷、《百行章》一卷、《杜正倫集》十卷。其他載録尚有《憲宗前代君臣事迹》十四篇、《維城典訓》二十卷、《武后訓記雜載》十卷、及〈傳教記〉等。今除敦煌石室遺書中保存有《百行章》，日本五島慶太郎藏有《文筆要訣》影本外，餘皆亡佚。輯存詩文尚有《侍宴北門》、《冬日宴於庶子宅》二詩、《彈張瑾將軍等文》、《彈李子和將軍文》、《請慎言疏》、《釋法護葬銘》、《與賈敦頤等共修書致三藏法師謝聞戒法》等。

2.編撰背景

中國自來教育莫不以發揚孝道爲本，三代以來，教育宗旨莫不歸本於孝。兩漢之世尤重孝道，自漢武帝罷黜百家，獨尊儒術後，歷代帝王對儒家所强調的孝道，更是百般宣揚，帝王謚號，每每冠之以"孝"字，察舉制度也多以孝子廉吏爲對象。同時對於《孝經》的誦習更是勤勸不輟。李唐代興，繼炎漢而稱盛世，其文治武功均足以媲美，教育風氣則較諸兩漢尤爲發達而普遍。教育的宗旨，更是極力倡導誦習《孝經》，唐玄宗甚至親爲《孝經》作注，頒行天下及國子學，并列爲修習及考試的科目。

啓蒙教育内容除知識的灌輸外，德行教育也是重要的一環。而德行教育也多以《孝經》最爲主要，此種現象在唐代俗文學作品中處處呈現，如：《敦煌零拾》所收録的《歎五更》便有：

　　一更初，自恨長養枉生軀，耶娘小來不教授，如今争識文與書。

二更深，孝經一卷不曾尋，之乎者也都不識，如今嗟嘆始悲吟。

三更半，到處被他筆頭算，縱然身達得官職，公事文書爭處斷。

四更長，晝夜常如面向牆，男兒到此屈折地，悔不孝經讀一行。

五更曉，作人已來都未了，東西南北被驅使，恰如盲人不見道。

又敦煌寫卷《舜子至孝變》也提及：

舜即歸來書堂裏，先念《論語》《孝經》，後讀《毛詩》《禮記》。

以上二則，一則是民間通俗的流行歌謠，一則是大家所熟知的講史性變文；前者說及小時爺娘不教文與書，以致今日連之乎者也都不認識，後悔當初《孝經》不曾讀一行；後者，明言《孝經》乃書堂必讀之書。可見《孝經》在當時確爲民間童蒙誦習的主要教材。

除《孝經》外，唐代庶民啓蒙最爲通行的教材，如：《太公家教》《新集嚴父教》《古賢集》等，內容旨趣，主要也是以教孝、勸孝、立身行道等格言要訓爲核心。《太公家教》《新集嚴父教》等，乃民間編撰未經頒敕的蒙書；而《百行章》則是官方頒行的啓蒙教材。層次雖有不同，然教忠、教孝的旨趣并無二致。

《百行章》的編纂目的，蓋因見於唐初，社會風氣頹敗，忠孝不行，爲官不善，作者乃思以忠孝匡正世風，教化天下。杜正倫《百行章》序云：

臣察三墳廓遠，誰曉其源？五典幽深，何能覽悉？至如世之所重，唯學爲先，立身之道，莫過忠孝。欲憑《論語》拾卷，足可成人；《孝經》始終，用之無盡。但以學而爲存念，得獲忠孝之名。雖讀不依，徒示虛談何益？存忠則須盡節立孝，追遠慎終。至於廣學不仕明朝，侍省全乖色養；遇沾高位，便造十惡之愆；未自勵躬，方爲三千之過。臣每尋思此事，廢寢休餐，故録要真之言，合爲《百行章》一卷。臣以情愚智淺，采略不周，雖非深奧之詞，粗以誠於愚濁。

在序言裏，杜正倫以"臣察三墳廓遠，誰曉其源？五典幽深，何能覽悉？"起頭，開宗明義地説明他編撰《百行章》的目的是："至如世之所重，唯學爲先，立身之道，莫過忠孝。欲憑《論語》十卷，足可成人；《孝經》始終，用之無盡。"然而世人每有飽讀詩書，却對父母不能盡孝，對君王不能效忠，徒然淪爲虛談而已。有感於此，杜氏乃"録要真之言，合爲《百行章》一卷"。而以"臣以情愚智淺，采略不周，雖非深奧之詞，粗以誠於愚濁"作結。説明此篇主要采摘《孝經》《論語》等儒家經典中的精闢言論，編成淺顯易懂的詞句，雖非深奧的言詞，但可粗略的用來告誡愚昧昏濁。

《百行章》作者杜正倫，初唐時朝中官員。篇中典故多源於《史記》《左傳》《禮記》《説苑》等典籍，摘引儒家經典中有關修身養性、齊家治國的要言警句頗多。鄧文寬論證杜正倫《百行章》當撰成於唐高祖武德末年，太宗貞觀初，不晚於貞觀三年（六二九）[一]。《百行章》全篇的思想内容也當是貞觀初年，國家思治此一時代背景的影響。全書凡八十四章，名爲《百行章》，猶言"士有百行"，其"百"乃爲概約之説。内容以忠孝節義、清廉誠信教育爲主旨。摘引儒家經典中有關修身養性、齊家治國的要言警句。顯然是希圖通過這種教化爲唐朝造就大批忠臣孝子和清官廉吏。

3. 蒙書特色

唐代蒙書蓋有爲帝王之太子、王公貴族之子弟而編撰，也有爲滿足庶民子弟養成教育而編撰的。二者對象與目標不盡相同，文詞、内容有雅俗之分，層次也自有不同。杜正倫此書的編撰顯然希望藉此教化能爲唐朝造就大批忠臣孝子和清官廉吏，

惜此書南宋以後亡佚，遂不爲人知。一九〇〇年敦煌文獻的發現，使其

〔一〕 鄧文寬《敦煌寫本〈百行章〉述略》以爲：《百行章》"施行"章第七提到裴寂，裴寂貞觀三年先被免官，遭遣故里，後長流静州。時杜正任給事中，兼知起居注，身居禁要，對裴寂受貶理當知之甚審。在此後當不敢於《百行章》中頌揚裴寂，以免觸犯"龍顔"。故推斷其成書當在武德末到貞觀初年，貞觀三年爲其下限。(《文物》一九八四年第九期，第六六頁)

原貌得以重見。透過這些敦煌遺存的寫本，我們可以窺見唐代教育普及，庶民教育發達，寫本傳寫流通，原爲帝王之家太子誦習的蒙書，也隨着傳播流行於敦煌地區，當代文士及寺學學郎每每用以傳習，成爲雅俗共賞的蒙學讀本，甚至爲敦煌歸義軍時期佛教寺院寺學學郎的用書等等傳播歷程的一二軌迹。

今存十八件《百行章》抄本中伯二八〇八號題記，載明了此抄本爲“梁貞明玖年四月廿四日净土寺學士郎清河陰義進”所抄。北敦八六六八號題記也載有“庚辰年正月廿一日净土寺學使（士）郎王海潤書寫。鄧保住、薛安俊用”。其中的“净土寺”是敦煌吐蕃時期至歸義軍時期敦煌地區的重要寺院之一，相當於晚唐五代宋初。姜伯勤説：“也許這個晚出的寺院在佛教僧團規模上無力與其他大寺競爭，遂十分熱心於其時正蔚爲新潮的寺院辦學。”[一]今敦煌文獻中保存有不少净土寺學郎抄寫的各經學、文學及蒙書寫本，其中題記署名有薛安俊的還有：斯二六一四號《大目乾連冥間救母變文并圖》一卷，題記：“貞明柒年（九二一）辛巳歲四月十六日净土寺學郎薛安俊寫張保達文書。”伯二〇五四號《十二時普勸四衆依教修行》題記：“同光貳年（九二四）甲申歲蕤賓之月蕣彫二葉學子薛安俊書。”可見其時净土寺寺學的授課內容基本上以儒家文化爲主，兼習佛教經典，這是敦煌寺學的特色。

（四）體制與内容

1.體制

杜正倫《百行章》是敦煌蒙書中少數知道作者的作品之一，更是少數由上層社會文士所編撰且經由官方頒布的訓蒙讀物。其書名中所謂的“百行”，蓋指各種品德行爲[二]。儒家尊德行，重修身，後世士大夫對立身行己之

〔一〕　姜伯勤：《敦煌社會文書導論》，新文豐出版公司，一九九二年，第八九頁。
〔二〕　如漢代班固《白虎通·考黜》云：“孝道之美，百行之本也。”（《白虎通疏證》，第三〇七頁）而《詩·衛風·氓》“士之耽兮猶可説也。”鄭箋：“士有百行，可以功過相除。至於婦人無外事，維以貞信爲節。”（《毛詩正義》，十三經疏注委員會整理：《十三經注疏》，第二七一～二七二頁）

道，每多訂定具體要求，或舉百事爲數，因謂之爲百行。儒者百行之中，以孝爲宗〔一〕。《孝經·三才章》："子曰：夫孝天之經也；地之義也；民之行也。"唐玄宗御注云："孝爲百行之首，人之常德。"《孝經注疏序》開宗明義便説："孝經者，百行之宗，五教之要。"宋代邢昺《孝經正義》也説："士有百行，以孝爲本。本立而後道行，道行而後業就。"足見杜正倫《百行章》一書的命名取義正在於此。《百行章》序中更明白的説道：

> 至如世之所重，唯學爲先，立身之道，莫過忠孝。欲憑《論語》拾卷，足可成人；《孝經》始終，用之無盡……故録要真之言，合爲《百行章》一卷。

由序文不難窺知杜正倫《百行章》的編撰，蓋根本於《孝經》，所以全卷八十四章的内容要旨無不以孝道思想爲其核心。這顯然也與唐代立國倡導孝道有關。另一方面，隨着唐代對《孝經》的提倡，除了孝道思想産生重大的影響外，《孝經》自《開宗明義章第一》至《喪親章第十八》，凡十八章，此種分章立目的形式，對類似讀物的形式也發揮了相當的影響力。如陳邈妻鄭氏便有仿《孝經》而作的《女孝經》十八章，成爲後世婦女教育的要著；而杜正倫《百行章》除要旨本於《孝經》外，其體制上自《孝行章第一》至《勸行章第八十四》，共分八十四章，分章立目，約義標題的體制，顯然也是受到《孝經》的影響。

此外，《百行章》全卷的體制除正文八十四章外，前有序文，已説明本書的編撰動機與宗旨，以爲《三墳》《五典》難知，《論語》《孝經》則深具意義。但是，由於當時有着忠孝不行、爲官不正的社會現實，乃決意編撰蒙書，塑造新人，以振國家。

〔一〕　如《三國志·魏志·王昶傳》有云："夫孝敬仁義，百行之首，行之而立，身之本也。"（第七四五頁）百行各種品行。三國魏嵇康《與山巨源絶交書》："故君子百行，殊途而同致。"（戴明揚校注：《嵇康集校注》卷二，人民文學出版社，一九六二年，第一一六頁）《舊唐書》卷一八八《孝友傳·劉君良》："士有百行，孝敬爲先。"（第四九一九頁）

又爲了避免行文冗長，有幾章特別於正文中施以雙行小注，以求條理清晰，且能發揮語意周全之效。全卷八十四章中，正文中施以雙行小注的計有五章。這些雙行小注，有的是舉例説明，以爲正文的佐證。如《寬行章第二十六》云：“恩寬惠及四海，八方歸化。德寬萬里影從。高麗馳驛送降，稱臣萬載；隋主討遼没落之兵，如還京邑。吳王援江南興之圍，躬自歸朝，統率京兆之所。威承皇旨，智寬無處不危，唐朝廓清四海，天下太平。清寬何人不敬，言誇大衆，海内雲奔。”又《弘行章第三十八》云：“莫見小花瑕，莫窮人之短：不受則溢，不容則滿。見小則大，窮則不長……臨事不煩，治民不倦：不愛成憎，不理成怨。若煩則濁，若倦則奢。”此外則是以雙行小注來進行對正文的補充的。如《思行章第二十五》云：“在朝思過，恐有愆犯。在家思寵，生人之重。遠涉思家，憂其在亡。臨寇思君，達其本志。居貴思賤，憶昔布衣。家富思貧。念其飢饉。”又《近行章第四十三》云：“財能害己，何假苦哉。酒能敗身，不勞多飲。色能盡命，特須割之。奢能招禍，翼翼小心。浮薄之事，并宜去之。言無非法之，行不存於己。”

2.内容

《百行章》第一章《孝行章》開宗明義便云：“孝者，百行之本，德義之基。以孝化人，人德歸於厚矣。在家能孝，於君則忠；在家不仁，於君則盜。”强調孝爲百行之本，在家能孝，方能移孝作忠。蓋儒家理想的道德世界，乃一以孝道爲基礎的倫理世界，而其政治理想也根源於孝道的發揚與維繫。《論語·爲政篇》説：

> 或謂孔子曰：“子奚不爲政？”子曰：“書云：‘孝乎爲孝友於兄弟，施於有政。’是亦爲政，奚其爲爲政？”[一]

是孔子論政，植根於孝道，蓋離開孝道，則無由以爲政。而《曾子·大孝篇》更云：

〔一〕《論語注疏》，十三經注疏委員會整理：《十三經注疏》，第二四頁。

故居處不莊，非孝也。事君不忠，非孝也。蒞官不敬，非孝也。朋友不信，非孝也。戰陣無勇，非孝也。五者不遂災及乎身，敢不敬乎？故烹熟鮮杳，嘗而進之，非孝也，養也。君子之所謂孝者，國人皆稱願焉，曰：幸哉有子如此，所謂效也〔一〕。

據上，則可窺知儒家的政治理想實植根於孝道而極力主張以孝治家，進而擴展爲以孝治鄉，推而極之，則以孝治國。蓋以孝治家，則人知敬長，爲人子於一家中盡孝於父母，則爲人臣於天下亦必能盡忠於天子。《禮記·祭統篇》有言："忠臣以事其君，孝子以事其親，其本一也。"〔二〕能盡其孝於親者，亦必能盡其孝於天下之大家長，這就是所謂的忠。所以能盡孝道者，則無勸忠之慮。所以《孝經·廣揚名章》説："君子之事親孝，故忠可移於君。"而《士章》則説："以孝事君則忠。"〔三〕《戰國策·趙策》也説："父之孝子，君子忠臣也。"《後漢書·韋彪傳》更引《孝經緯》説："孔子曰：事親孝故忠可移於君，是以求忠臣必於孝子之門。"〔四〕《百行章》全卷八十四章的内容一本儒家傳統思想，并反映唐朝初年的儒家思想，而以忠孝爲其核心，擴及敬信、節義等各種德行，希望透過教化，能爲大唐培養出忠臣孝子。《百行章·忠行章第三》云："身霑高位，倍需持志憂君。臨危不改其心，處死不懷其恨，當陣不顧其軀，聘使不論私計。君言乖理，犯顔諫之，共修正教，以遵風化。善宜稱君，過宜稱己。"《剛行章第五》云："爲國亡軀，不泄其言；爲君盡命，不改其志。邊隅鎮遏，持節無虧；臨陣處危，存忠莫二。"

《百行章》的内容除了"忠孝"之外，主要尚有：禮法制度、以民爲本、與民生息、刷新吏治、任賢選能、寬仁慎刑和崇奉佛教等思想。不難看出是在大唐盛世時代氛圍下的産物。

〔一〕（清）阮元注釋：《曾子十篇》，王雲五主編：《叢書集成初編》，第三五～三六頁。

〔二〕《禮記正義》，十三經疏注疏委員會整理：《十三經注疏》，第一五七一頁。

〔三〕（唐）李隆基注，（宋）邢昺疏：《孝經注疏》，十三經疏注疏委員會整理：《十三經注疏》，第一六頁。

〔四〕《後漢書》卷二六《韋彪傳》，第九一八頁。

第二節　家訓類蒙書

　　自古以來中國世家大族對於子弟的訓誡、管教甚爲重視，行之於文字的各種規約、訓示，如家規、家範、家訓、家教、家誡等等，在傳統社會中，發揮相當重要的影響。這些規誡名目衆多，概念廣泛，其中以家訓與家教最受到關心傳統家庭教育研究者所重視。

　　實際上，家訓主要着眼於宗族內部，偏重於處理宗族內部的關係和自治，以及社會處世之道、禮儀應對。家教更偏重於子弟文化知識、德行和禮儀的教育以及教育子弟的方法等等。家訓是終生的，以社會化教育爲主，傾向全時段的訓誡，一般涉及整個家族上下幾代人，是適用於中國古代宗族社會的需求。而家教則重在關注子弟幼小可塑時期的教育，傾向於童蒙教育，且側重於單個家庭內部子弟的具體教育。因此就蒙書而言，往往指的是家教，很少涉及家訓。

　　中國歷代蒙學發達，蒙書的種類也多。主要有識字類蒙書、知識類蒙書與德行類蒙書等三大體系，其中以德行類的蒙書，對於受教者人格的塑造，價值觀、道德觀的養成影響最深，關係人們行爲準則最大，也是個人立身處事的根本。尤其以家族爲核心的傳統家庭教育，訓誨勸誡一類的家教文獻始終風行不輟。依內容而論，有勸學、勸孝、戒淫、戒鬥等；依訓誨勸誡的對象而論，則有教誡兒童的蒙學，有約束教誨女子的女誡，形形色色，不一而足。唐代以"家教"命名的家範，據《宋秘書省續編到四庫闕書目》的著錄，提及唐代顏真卿有《家教》三卷[一]，可見唐時已有以"家教"命名之作，惜今不傳。

　　慶幸的是一九〇〇年敦煌石室的重見天日，大批唐五代宋初的寫本文獻中，保存有《太公家教》《武王家教》《辯才家教》等名爲"家教"的唐代蒙書多種，以及《新集嚴父教》《崔氏夫人訓女文》等同屬家範、家誡性質的家

　　〔一〕《宋秘書省續編到四庫闕書目》卷二《子類・儒家》著錄："顏真卿撰《家教》三卷，闕。"（葉德輝考證：《叢書集成續編》第三册，第二七二頁）

教類蒙書。這些寫本反映了唐五代北宋初期家教實況與内容，凸顯傳統家教一類文獻在敦煌地區民間教育中扮演的角色，是提供蒙書研究、考察家教演變與發展的寶貴材料。兹分別論述如下：

一　《太公家教》

敦煌石室發現的唐寫本《太公家教》是現存最早的格言諺語類的家訓蒙書，也是敦煌家教類蒙書寫本最多的一種，今所得見計有五十號。全篇一卷，計分三部分，首爲序文，凡二十二句，一百零二字；次爲正文，凡二十三段，共二百八十一則，計二千四百六十五字；後爲跋文，十三句，六十字。全文含序、正文及跋共計六百一十三句，二千六百二十七字。

“序”文中明確交待此書編撰的目的是“助誘童兒，流傳萬代”，跋文則云：“唯貪此書一卷，不用黄金千車，集之數韵，未辨疵瑕，本不呈於君子，意欲教於童兒。”可見其教育目的是面向社會大衆，并不强調教示對象爲自家的子弟。與“家訓”訓誡功能主要面向家族，并冠以姓氏有很大的差別，正凸顯了庶民教育的蒙書特質。

《太公家教》的内容性質與古代蒙學施教的旨趣無甚差異，全篇多次提及“教子之法”“養子之法”“育女之法”等語，尤其教導學習灑掃應對進退之節，留意食息言動之際，使之從容周旋，動静云爲，合宜中節，以達到潜移默化之功。可見作者此篇的着眼點是家長教育兒女，與現代家庭教育比較相近。主要取材於經史典籍中的格言警句，并集録當時社會流行的俗語諺語，數量可觀，實可視爲唐以前民間諺語的結集。這種突破傳統蒙書以詩文成篇的窠臼，而是將豐富繁雜的經典要義，加以把梳改寫，成爲琅琅上口的韵語短句，并廣采耐人尋味的諺語，雅俗融合，展現“格言諺語體”的特殊體式，令人倍感親切，彷彿家中長者的諄諄教誨，循循善誘。尤其便於口傳、利於記憶、極易於接受，這種特色使它成爲流傳久遠的處事箴言，開創了德行類格言式家教蒙書的先河，流傳廣泛，影響深遠。

除了敦煌文獻五十個卷號的寫本外，吐魯番文書也有：大谷三一六七號、三一六九號、三一七五號、三五〇七號、四三七一號、四三九四號等六號殘片。敦煌吐蕃文的文獻中也有翻譯成吐蕃文的《太公家教》寫本，如法藏敦煌藏文文獻伯特九八七號、伯特九八八號，以及日本台東區立書道博物館藏中村不折舊藏敦煌西域文獻中一件藏文寫本。顯現《太公家教》在唐五代時期盛行的一斑。

此書一卷，全文篇幅雖短，然自發現以來，即廣受海内外學者的矚目。一九一三年，羅振玉《鳴沙石室佚書》最先披露其舊藏《太公家教》一卷寫本全文，此寫卷首題僅存"卷"字，開頭缺"余乃生逢亂"五字[一]。一九二八年，王國維據羅氏藏卷撰《太公家教跋》可說揭起《太公家教》研究的序幕[二]。之後學界紛紛據以研究，迄今先後發表論文專著不下四十篇，主要如下：

（一）王重民：《太公家教考》，載《周叔弢先生六十生日紀念論文集》，龍門書店，一九五〇年，第一六九～一六七頁。

（二）王重民：《跋〈太公家教〉》，《申報（上海）》一九四八年四月十日，第七版。

（三）蘇樺：《〈太公家教〉——我國的古典兒童讀物之三》，《國語日報兒童文學週刊》第二七〇期，一九七七年六月二十六日。

（四）高國藩：《敦煌寫本〈太公家教〉初探》，《敦煌學輯刊》第五輯，一九八四年，第六四～七七頁。

（五）周鳳五：《〈太公家教〉研究》，《古典文學》第六集，一九八四年，第三一七～三五一頁。

（六）周鳳五：《敦煌寫本太公家教（含武王家教）校勘記》，載《鄭

〔一〕　羅振玉輯：《鳴沙石室佚書》，上虞羅氏宸翰樓影印暨鉛印本（藏國家圖書館），一九一三年，第四〇頁。後收入羅振玉編纂：《鳴沙石室佚書正續編》，北京圖書館出版社，二〇〇四年，第三四五頁。原卷現歸藏北京國家圖書館，編號北敦一四七四八號（北新九四八號）。

〔二〕　羅振玉：《鳴沙石室佚書》，東方學會刊，一九二八年。後題爲《唐寫本〈太公家教〉跋》，收入王國維：《觀堂集林》卷二一《史林》，第一〇一二～一〇一四頁。

因百先生八十壽慶文史論文集》，台灣商務印書館，一九八五年，第五一三～五五八頁。

（七）汪泛舟：《〈太公家教〉考》，《敦煌研究》一九八六年第一期，第四八～五五頁。

（八）周鳳五：《敦煌寫本太公家教研究》，明文書局，一九八六年。

（九）汪泛舟：《〈太公家教〉考補》，《蘭州學刊》一九八六年第六期，第八〇～八五頁。

（一〇）周鳳五：《太公家教重探》，《漢學研究》一九八六年第二期，第三五五～三七七頁。

（一一）朱鳳玉：《太公家教研究》，《漢學研究》一九八六年第二期，第三八九～四〇八頁。

（一二）胡同慶：《〈太公家教〉與〈增廣賢文〉之比較》，《敦煌研究》一九八七年第二期，第五一～五七頁。

（一三）汪泛舟：《〈太公家教〉別考》，《敦煌語言文學研究》，北京大學出版社，一九八八年，第二四〇～二四七頁。

（一四）閻國權：《唐〈太公家教〉在敦煌》，《敦煌文史資料選輯》第三輯，一九九五年，第一四五～一四九頁。

（一五）許玟芳：《敦煌本〈太公家教〉卷數及思想初探》，《龍華學報》第一三期，一九九六年，第五二～五八頁。

（一六）周愚文：《敦煌寫本〈太公家教〉初探——校勘與分析》，《教育研究輯刊》第三八期，一九九七年，第一二八～一八一頁。

（一七）歐純純：《〈太公家教〉與後代童蒙教材的關係》，《東方人文》二〇〇二年第一期，第二一～三八頁。

（一八）張求會：《陳寅恪佚文〈敦煌本〈太公家教〉書後〉考釋》，《歷史研究》二〇〇四年第四期，第一七五～一八〇頁。

（一九）劉安志：《〈太公家教〉成書年代新探——以吐魯番出土文書為中心》，《中國史研究》二〇〇九年第三期，第一四三～一五〇頁。

（二〇）張新朋：《敦煌寫本〈太公家教〉殘片拾遺》，《社會科學戰線》二〇一〇年第四期，第四七～五一頁。

（二一）蔡馨慧：《唐代敦煌寫本〈太公家教〉的儒家德育思想析探》，《嶺東通識教育研究學刊》第三卷第四期，二〇一〇年八月，第九九～一二七頁。

（二二）張新朋：《〈敦煌寫本〈太公家教〉殘片拾遺〉補》，《敦煌學輯刊》二〇一二年第三期，第七〇～七五頁。

（二三）張新朋：《敦煌寫本〈太公家教〉殘卷綴合三則》，《魏晉南北朝隋唐史資料》第三〇輯，二〇一四年十月，第一八二～一八八、二九四頁。

（二四）張新朋：《長沙窰瓷器之〈太公家教〉題識考辨二則》，《尋根》二〇一七年第一期，第六〇～六四頁。

（二五）陳踐：《敦煌藏文文獻〈古太公家教〉譯釋（上）》，《西藏民族大學學報（哲學社會科學版）》二〇一七年第二期，第四六～五一頁；陳踐：《敦煌藏文文獻〈古太公家教〉譯釋（下）》，《西藏民族大學學報（哲學社會科學版）》二〇一七第三期，第五一～五八頁。

（二六）薩爾吉、薩仁高娃：《敦煌藏文儒家格言讀物研究—以中村不折舊藏本〈古太公教〉爲中心》，《中國藏學》二〇一七年第一期，第三九～五九頁。

（二七）景鳳安：《唐代女子教育研究——基於〈女論語〉和〈太公家教〉的分析》，《童蒙文化研究》第二卷，人民出版社，二〇一七年，第二八五～二九九頁。

（二八）（日）太田晶二郎：《太公家教》，《日本學士院紀要》第七卷第一號，一九四九年，第二三～三二頁。

（二九）（日）入矢義高：《〈太公家教〉校釈》，載《福井博士頌壽紀念東洋思想論集》，一九六〇年，第三一～六〇頁。

（三〇）（日）黑田彰：《屏風、酒壺に見る幼學：太公家教について》，《文學》第一二卷第六期，二〇一一年，第四三～五八頁。

（三一）（日）黑田彰：《杏雨書屋本太公家教について——太公家教攷・補（2）》，《杏雨》第一四號，二〇一一年，第二三四～二九一頁。

（三二）（日）黑田彰：《抜き取られた敦煌文書：何彥昇、咠威のこ

となど・太公家教攷・補（3）》,《京都語文》第一九號，二〇一二年，第一八〇~二〇二頁。

（三三）（日）黑田彰:《太公家教考》,《日本敦煌學論叢》第一卷，比較文化研究所，二〇〇六年。

（三四）（日）黑田彰:《音読する幼學－－太公家教について（特集フォーミュラ－－聲と知を繫ぐもの）》,《文學》第七卷第二號，二〇〇六年，第三九~五四頁。

（三五）（日）岡田美穂:《太公家教の諸本生成と流動》,《中京大學文學部紀要》第四一卷第二號，二〇〇六年，第一四二~一一〇頁。

（三六）（日）黑田彰:《大谷文書の太公家教:太公家教攷・補》,《文學部論集》第九三號，二〇〇九年，第一五~三四頁。

（三七）（日）三木雅博:《幼學の會編著〈太公家教注解〉》,《和漢比較文學》四四號，二〇一〇年，第一三五~一四一頁。

（三八）（日）伊藤美重子:《敦煌寫本〈太公家教〉と學校》,《お茶の水女子大學中國文學會報》第二〇號，二〇〇一年，第六九~八九頁。

（三九）（日）松尾良樹:《音韵資料としての "太公家教" ——異文と押韵》,《アジア・アフリカ言語文化研究》第一七號，一九七九年，第二一三~二二五頁。

（四〇）（日）遊佐昇:《敦煌文獻にあらわれた童蒙庶民教育倫理:王梵志詩・太公家教等を中心として》,《大正大學大學院研究論集》第四號，一九八〇年，第一五一~一六一頁。

（四一）幼學の會編:《太公家教注解》,汲古書院，二〇〇九年。

（四二）（法）戴密微（PAUL DEMIÉVILLE）:《王梵志詩附太公家教》 *"L'oeuvre de Wang le Zelateur (WangFantche), suivie des Instruction de l'aieul (T'ai—kong Kia—kiao) Poemes populairies des T'ang"*, Paris: College De France Institut Des Hautes Etudes Chinoises, 1982。

其中專書有周鳳五《敦煌寫本太公家教研究》及幼學の會編《太公家教注解》二種；其他專以《太公家教》爲研究對象發表的論文大小篇章超過

四十篇。另外一般蒙書的論述中也偶有援引或觸及者。總體而論，蓋各依所長以立論，且均有所得。其中泰半集中於《太公家教》寫本文獻的校勘、綴合，其次則是對於《太公家教》的性質、作者與時代之探討，考究其內容來源，以敦煌文獻學的整理爲主；再者則是從蒙學的視角進行關注，論述《太公家教》的功能，對此類家教類蒙書進行溯源泝流。近年更關注吐蕃文《太公家教》的譯注與比較；也有心於《太公家教》在民間流傳與影響，及其在漢字文化圈的傳播〔一〕。綜觀研究的議題、面向，顯示敦煌蒙書《太公家教》影響的時間漫長，空間廣泛。

（一）寫本概述

今所知見五十個卷號的寫本，分別爲英藏：斯四七九號、斯一一六三號、斯一二九一號、斯一四〇一號、斯三八三五號、斯四九〇一號背、斯四九二〇號、斯五六五五號、斯五七二九號、斯五七七三號、斯六一七三號、斯六一八三號、斯六二四三號、斯一〇八四七號等十四號；法藏：伯二五五三號碎一、伯二五六四號、伯二六〇〇號、伯二七三八號、伯二七七四號、伯二八二五號、伯二九八一號、伯二九三七號、伯三〇六九號、伯三一〇四號、伯三二四八號、伯三四三〇號、伯三五六九號、伯三五九九號、伯三六二三號、伯三七六四號、伯三七九七號、伯三八九四號、伯四〇八五號、伯四五八八號、伯四八八〇號、伯四九九五號等二十二號；北敦八一三七號、北敦一六四六五號、北敦一一四〇八號等三號；《鳴沙石室佚書》一件(北敦一四七四八號)；《貞松堂西陲祕籍叢殘》一件；俄藏俄敦三八五八號、俄敦三八六三號、俄敦三八九四號、俄敦一二六九六號、俄敦一二八二七號等五號；日本寧樂美術館藏一件、日本有鄰館藏一件及杏雨書屋羽六六四號（一）R、羽六六四（九）R等二件。茲將寫本概況，表列如下：

〔一〕　朱鳳玉：《敦煌本〈太公家教〉的傳播及其在中國俗文化的展現》，《中華炎黃文化研究會童蒙文化專業委員會第五屆國際學術研討會論文集》，甘肅敦煌，二〇一九年。

敦煌寫本《太公家教》概況表

序號	卷號	寫本狀況	行數	首尾題	題記	同卷資料
一	斯四七九號	卷子本首缺尾完	四六	尾題：太公家教一卷 背題：太公家教一卷	有	內容爲武王家教
二	斯一一六三號	卷子本首缺尾完	六五	尾題：太公家教一卷	有	
三	斯一二九一號	卷子本首尾俱缺	二九+一三			
四	斯一四〇一號	卷子本首尾俱缺	三八			
五	斯三八三五號	卷子本首缺尾完	九三	尾題：太公家教一卷	有	前抄：千字文、百鳥名 背：離合詩
六	斯四九〇一號背	卷子本首完尾缺	一	首題：太公家教		新集嚴父教、千字文
七	斯四九二〇號	卷子本首缺尾完	四二	尾題：太公家教一卷	有	背：與某都頭書
八	斯五六五五號	卷子本首缺尾完	一〇一	尾題：太公家教一卷		
九	斯五七二九號	卷子本首尾俱缺	一三			
十	斯五七七三號+？+斯六二四三號	卷子本首尾俱缺	三一+？+二六			
一一	斯六一七三號	卷子本首缺尾完	四六			
一二	斯六一八三號	卷子本首缺尾完	二一			

續表

序號	卷號	寫本狀況	行數	首尾題	題記	同卷資料
一三	斯一〇八四七號	册子本	一	封皮有"太公家教一卷"		
一四	伯二五五三號碎一	卷子本首尾俱缺	一〇			
一五	伯二五六四號	卷子本首尾俱完	一二三後五行上略有殘缺	首題：太公家教一卷尾題：太公家教一卷	有	前抄：晏子賦、齖䶗新婦文背面：佛典、百行章、殘契、雜帳
一六	伯二六〇〇號	卷子本首缺尾完	四六	尾題：太公家教一卷		前三行爲《太公家教》跋，之後内容爲《武王家教》
一七	伯二七三八號	卷子本首缺尾完	一二九（九八＋三二）	尾題：太公家教一卷	有	後合抄：武王家教
一八	伯二七七四號	卷子本首尾俱缺	二〇			背抄：付法藏傳
一九	伯二九三七號	卷子本首尾俱缺	六七		有	背有學郎詩
二〇	伯二九八一號背	卷子本首缺尾完	八三			正面：春秋經傳集解背：合抄武王家教
二一	伯三〇六九號	卷子本首尾俱缺	二四			
二二	伯三一〇四號	卷子本首尾俱缺	三七			
二三	伯三二四八號背	卷子本首尾缺俱	四〇			正面：乾寧四年具注曆
二四	伯三四三〇號	卷子本首尾俱缺	六八			
二五	伯三五六九號	卷子本首缺尾完	七一	尾題：太公家教一卷	有	背：光啓三年官酒户馬三娘及押牙陰季豐牒二件

序號	卷號	寫本狀況	行數	首尾題	題記	同卷資料
二六	伯三五九九號	卷子本 首完缺尾	八九	首題：太公家教一卷	有	
二七	伯三六二三號	卷子本 首缺尾完	一二四 前一九行 上截殘	尾題：太公家教一卷		
二八	伯三七六四號	卷子本 首尾俱完	一二五 前六行下 有殘缺	首題：太公家教一卷尾題：太公家教一卷	有	合抄武王家教背：社司轉帖
二九	伯三七九七號	卷子本 首缺尾完	五六	尾題：太公家教一卷	有	接抄：新集嚴父教背有上大夫習字
三〇	伯三八九四號	卷子本 首尾俱缺	九九			卷背：雜寫題：太公家教一卷
三一	伯四〇八五號	卷子本 首尾俱缺	四一			
三二	伯四五八八號	卷子本 首缺尾完	三四	尾題：太公家教一卷	有	雜寫：學字經，今三再，言語壹，勿不解，富次家，中大郎。一行
三三	伯四八八〇號	卷子本 首缺尾完	一〇	首題：太公家教一卷		
三四	伯四九九五號背	卷子本 首尾俱缺	五一			
三五	伯五〇三一號	殘片	五			
三六	北敦八一三七號背	卷子本 首完尾缺	一五未抄完	首題：太公家教一卷		前有三行雜寫：太公家教一序文開頭
三七	北敦一六四六五號C+？+北敦一一四〇八號（一）	卷子本 首缺尾完	三+？+二九		有	後抄：孝經序

續表

序號	卷號	寫本狀況	行數	首尾題	題記	同卷資料
三八	《鳴沙石室佚書》(北敦一四七四八號)	卷子本首尾俱完	一二八	首題：太公家教一卷 尾題：太公家教一卷		
三九	《貞松堂西陲祕籍叢殘》甲+乙+俄敦三八五八號	殘片	（一〇+一二）+一八++一七			
四〇	俄敦一二八二七號+俄敦一二六九六號+俄敦一九〇八二號	殘片	八+一〇+六			
四一	寧樂本+俄敦三八九四號+俄敦三八六三號+?+伯二八二五號	卷子本首缺尾完	一三+三+七+九八	尾題：太公家教一卷	有	後接抄：武王家教 背有：歸義軍、節度使牒、社司轉帖
四二	有鄰館藏	五殘片				
四三	羽六六四號（一）R	卷子本首尾俱缺	三〇			背面：尚想黃綺帖習字

以上五十個卷號，其中有些殘卷屬於同一寫本的斷裂，可以綴合。分別爲：

1. 寧樂本+俄敦三八九四號+俄敦三八六三號+?+伯二八二五號四號綴合

按：寧樂本係由多層紙張粘合而成，不同層面紙張上有不同內容的文字遺留。表層今存文字二十一行，右起第一至十三行爲《太公家教》殘文，第十四至二十一行爲《王梵志詩》殘文。《太公家教》部分，首尾及上下多已殘缺，僅第三行至第五行文字完整，行十八字或十九字。

俄敦三八九四號，殘片，正面存殘文三行，首尾及下部殘，第一行存“白銀乍可相與好”，第二行存“弟子有束脩”，第三行存“父教子之法

（常）"；背面僅存"嗽（漱）口"二字。

張新朋以爲，以上四個《太公家教》抄件，字體相近，可以判定，他們出自同一人之手。以行款言之，寧樂本完整者行十八字或十九字，俄敦三八六三號補齊殘缺後知每行所抄在十八至二十一字之間、俄敦三八九四號補齊殘缺後所推知的行款爲行二十字、伯二八二五號起首部分每行所抄在二十字左右，四者行款基本相合。以卷背内容言之，四者中除寧樂本外，其他三者可見内容亦相一致。綜合字體、行款、卷背文書的情況，判定四者來自同一寫卷，可以綴合。其綴合圖如下：

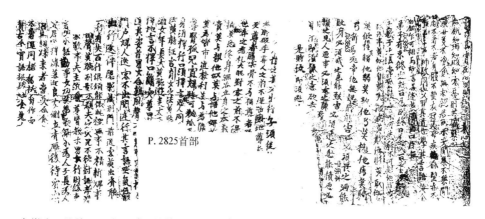

P.2825首部

寧樂本+俄敦三八九四號+俄敦三八六三號+?+伯二八二五號四號（首部）《太公家教》綴合圖

2.北敦一六四六五號C+?+北敦一一四〇八號（一）二號綴合

按：北敦一六四六五號C殘片，存殘文三行，爲《太公家教》殘文，依次爲："者如日出知""光人生不學""舌舌柔則"。北敦一一四〇八號（一）殘卷，存二十九行，抄《太公家教》《孝經序》兩種文獻及雜寫若干。第一至十九行，爲《太公家教》，起"（言不成章）"，訖"本不程於（君）"。其後爲朱筆題記"維大晋天福八（年）（九四三）""之書不得（亂）"二行及墨筆題記"時天福九年（九四四）甲辰"一行。張新朋以爲二殘片，書風甚近，字體頗似，行款亦相吻合。北敦一六四六五號C所存恰好爲北敦一一四〇八號（一）起首三行下部所缺文字之一部分。判定二者乃同一寫卷之裂，可以綴合。

Дх3894V

Дх3863V

P. 2825 V（首部）

俄敦三八九四號背＋俄敦三八六三號背＋?＋伯二八二五號四號背（首部）《太公家教》綴合
圖（背面）

3.俄敦一二八二七號＋俄敦一九〇八二號＋俄敦一二六九六號三號綴合

按：俄敦一二八二七號殘片，正面殘存八行，起“凡愛”，末行訖“污染”；背面抄有學郎詩兩行。俄敦一九〇八二號殘片，正面殘存文六行，首行起“親損”，末行訖“（翁）婆敬事”；背面倒書文字兩行，抄“門前”“八十隨能”等字。俄敦一二六九六號殘片，殘存文十行，首行起“女行則緩步言”，末行訖“無親”。

俄敦一二八二七號末行止於“污染宗親”句“污染”二字，而俄敦一九〇八二號始於“宗親”，二者在内容上恰好相連；俄敦一二六九六號首行補“夫主泛愛尊賢教示男”九字後又恰好與俄敦一九〇八二號末行“敬事”二字相連，且該行抄十六字與其他兩片行款亦合；再參之字體、行款及三者銜接處基本吻合的外形，可知三者當爲同一寫卷之斷裂，可綴合。

4.羅振玉藏本之一＋俄敦三八五八號綴合

按：俄敦三八五八號，殘片，殘存十七行，首行存某二字的左端殘迹，次行起“序竟慎口言終（身）”，末行訖“白玉投泥”。張新朋以爲，羅振玉《貞松堂藏西陲秘笈叢殘》，收録《太公家教》殘片三片，兩片可以綴合，綴合後存十八行，起“□（即）父事之。十年已上，即兄□□（事之）”，訖

"□□□□（斜徑敗于）良田。讒言敗□□□（於善人）"。經比對行款、書風相近，當是同一寫卷之斷裂。

5.斯五七七三號+斯六二四三號二卷號綴合

按：斯五七七三號殘片，存三十一行，起"□（時）流，惡人欲染"，訖"當道作舍，苦於客"。斯六二四三號，殘存二十八行，首行僅存文字左半，據殘迹可知爲"君比干雖惠，不能自免其身"，訖"舌柔則長"。張新朋以爲此二殘本行款相合；抄寫風格一致，判定二者乃同一寫卷之裂，可以綴合，綴合後二者之間仍殘留"不慎之家，苦於官府"至"微子雖賢，不能諫其暗君"等二十四行左右的文字。

五十個卷號的寫本，經過綴合後，計得四十三件寫本。其中以伯二五六四及鳴沙石室佚書本爲首尾俱全的完整本。

各寫本中有題記或同件寫本存有相關題記可資參考的，計有十三件，依時序先後，條列如下：

1.伯二八二五號卷末有題記作"大中四年（八五〇）庚午正月十五日學生宋文顯讀，安文德寫"，卷背有題記作"大順元年（八九〇）十二月，李家學郎，是大哥爾"。

2.伯二七三八號卷背有社司轉帖若干通，其中有"咸通十年己丑六月八日男文莫母"。按：咸通十年爲公元八六九年，正面所抄當在此年之前。

3.斯四七九號題記作"乾符六年（八七九）正月廿八日學士呂康三讀誦記"。

4.伯二九三七號卷背有題記作"維大唐中和肆年（八八四）二月廿五日沙洲敦煌郡學士郎兼充行軍除解□太學博士宋英達"。

5.伯三五六九號卷末有題記作"景福二年（八九三）二月十二日蓮臺寺學士索威建記耳"。

6.伯三七六四號卷末有題記作"天復九年（九〇九）己巳歲十一月八日學士郎張厶乙午時寫記之耳"。

7.伯四五八八號卷末有題記作"壬申年（九一二）十月十四學士郎

張盈信紀書之"。

8.伯二五六四卷背殘契有："乙酉年五月日立契□□王定善。"按：此乙酉年，當爲後唐同光二年（九二五）。

9.斯三八三五號卷背有題記作"庚寅年（九三〇）十二月口日，押牙索不子自手記耳"。

10.斯四九二〇號卷背雜寫有"長興二年（九三一）"及"丁未年正月十四日燉煌鄉百姓陳繼松"，丁未年當爲後晋開運四年（九四七）。正面抄寫當在九三一年之前。

11.北敦一一四〇八號卷尾有朱筆二行："維大晋天福八年（九四三）□……□之書不得亂□……□"墨筆題記一行："時天福九年甲辰□……□"按："天福九年甲辰"當爲開運元年九四四年。

12.斯一一六三號題記作"庚戌年（九五〇）十二月十七日永寧寺學士郎如順進白自書記"。

13.伯三七九七號卷背有題記作"維大宋開寶九年（九七六）丙子歲三月十三日寫子文書了""開寶九年丁丑年四月八日，王會長自手書記。學郎大歌（哥）李延"。

從以上資料可明白地確定《太公家教》是敦煌歸義軍時期最爲流行的家教類蒙書，抄寫時代最早的是伯二八二五號，題記作"大中四年（八五〇）庚午正月十五日學生宋文顯讀，安文德寫"；最晚的是伯三七九七號，題記作"維大宋開寶九年（九七六）丙子歲三月十三日寫子文書了"，説明《太公家教》在敦煌地區流行時間超過一百年以上。

從敦煌寫本所見抄寫者署名的有：斯四七九號"學士吕康三讀誦記"、斯一一六三號"永寧寺學士郎如順進白手書記"、伯二八二五號"學生宋文顯讀，安文德寫"、伯二九三七號"沙洲敦煌郡學士郎兼充行軍除解□太學博士宋英達"、伯三五六九號"蓮臺寺學士索威建記耳"、伯三七六四號"學士郎張厶乙午時寫記之耳"、伯四五八八號"學士郎張盈信紀書之"等，從這些我們可清楚地推知抄者身分是敦煌各寺學的"學士郎"、州學、縣學的"學生"等，可知《太公家教》一書，在晚唐五代至北宋初期，普遍盛行於敦煌地區，作爲學童的啓蒙教材。特別是斯七二八號《孝經》寫卷，卷末有題記："丙申年五月四日靈圖寺沙彌德榮寫過，後董弟子梁子松。庚子年二月十五日靈圖學郎李再昌已，梁子松。"卷背有學郎寫的打油詩説："學郎大歌（哥）張富千，一下趁到《孝經》邊，《太公家教》多不殘，獶玀兒〔中〕實鄉偏。"更證明了《太公家教》與《孝經》都是當時敦煌地區寺學學郎所使用的課本。

又這些卷子抄寫的月份主要集中在十月到二月間，這似乎也説明了民間教育主要對象是農村子弟，而受教月份主要在秋收之後的農閑時段，正是一般所謂的"冬學"。這與《齊民要術》卷三引東漢崔寔《四民月令》所説"冬十一月，硯冰凍，命幼童入小學，學篇章。"即"謂九歲以上，十四以下。篇章謂六甲、九九、《急就》、《三倉》之屬。"的情形相吻合〔一〕。

（二）録文

兹以伯二五六四號爲底本，參校各寫本，并參酌諸家校録，對底本重新録文，全文如下：

太公家教壹卷

余乃生逢亂代，長值危時，亡鄉失土，波迸流離，祇欲隱山學道，不能忍凍受飢；祇欲揚名於後代，復無晏嬰之機；才輕德薄，不堪人師；徒消人食，浪費人衣；隨緣信業，且逐隨時之宜，輒以討論墳典，簡擇詩書，依經傍史，約禮時宜，爲書一卷。助誘童兒，留傳萬代，幸願思之。

經論曲直，《書》論上下，《易》辨剛柔。風流儒雅，禮尚往來，尊卑高下。得人一牛，還人一馬。往而不來，非成禮也；來而不往，亦非禮也。知恩報恩，風流儒雅；有恩不報，豈成人也。

事君盡忠，事父盡孝。禮聞來學，不聞往教。捨父事師，必望功効。先

〔一〕（北魏）賈思勰著，繆啓愉校釋：《齊民要術校釋》卷三《雜説第三十》，農業出版社，一九八二年，第一六三頁。

慎口言，却整容貌。善事須貪，惡事莫樂。直實在心，勿行虛教。

孝子事親，晨省暮參。知飢知渴，知暖知寒。憂則同戚，樂則同歡。父母有疾，甘美不餐。食無求飽，居無求安。聞樂不樂，聞戲不看。不修身體，不整衣冠。父母疾愈，整亦不難。

弟子事師，敬同於父。習其道術，學其言語，[有疑則問，有教則受]。黃金白銀，乍可相與。好言善述，莫漫出口。臣無境外之交，弟子有束脩之好。一日爲君，終日爲主；一日爲師，終身爲父。

教子之法，常令自慎，勿得隨宜；言不可失，行不可虧。他籬莫騫，他户莫窺；他嫌莫道，他事莫知；他貧莫笑，他病莫譏；他財莫願，他色莫思；他强莫觸，他弱莫欺；他弓莫挽，他馬莫騎。弓折馬死，償他無疑。

財能害己，必須遠之；酒能敗身，必須戒之；色能致亂，必須棄之；忿能積惡，必須忍之；心能造惡，必須裁之；口能招禍，必須慎之；[見人善事，必須讚之]；見人惡事，必須掩之；鄰有灾難，即須救之；見人鬥打，必須諫之；見人不是，必須語之；好言[善]述，必須學之；[意欲去處，必須審之；不如己者，必須教之]；非是時流，必須避之；羅網之鳥，悔不高飛；吞鈎之魚，恨不忍飢；人生誤計，恨不三思；禍將及己，悔不慎之。

其父出行，子則從後；路逢尊者，齊脚斂手。尊者賜酒，必須拜受；尊者賜肉，骨不與狗；尊者賜果，懷核在手；勿得棄之，違禮大醜。對客之前，不得斥狗；對食之前，不得唾地，不得漱口。憶而莫忘，終身無咎。

立身之本，義讓爲先。賤莫與交，貴莫與親。他奴莫與語，他婢莫與言。商販之家，慎莫與婚；市道接利，莫與爲鄰。敬上愛下，汎愛尊賢；孤兒寡婦，特可矜憐。乃可無官，不得失婚。身須擇行，口須擇言。共惡人同會，禍必及身。

養子之法，莫聽誆言；育女之法，莫聽離母。男年長大，莫聽好酒；女年長大，莫聽遊走。丈夫好酒，揎拳捋肘；行不擇地，言不擇口；觸突尊賢，鬥亂朋友；女人遊走，逞其姿首；男女雜合，風聲大醜；慚恥宗親，損辱門户。

婦人送客，不出閨庭；所有言語，下氣低聲；出行逐伴，隱影藏形；門前有客，莫出齊聽；一行有失，百行俱傾；能依此禮，無事不精。

新婦事夫，敬同於父。音聲莫聽，形影不覿。夫之父兄，不得對語。孝養翁家，敬事夫主；汎愛尊卑，教示男女；行則緩步，言必細語；勤事女功，莫學歌舞；少爲人妻，長爲人母；出則斂容，動則庠序；敬慎口言，終身無苦。希見今時，貧家養女；不解絲麻，不閑針縷；貪食不作，好戲遊走；女年長大，聘爲人婦；不敬翁家，不畏夫主；大人使命，説辛道苦；夫罵一言，反應十句。損辱兄弟，連累父母；本不是人，狀同豬狗。

含血噀人，先污其口。夫人不言，言必有中；十言九中，不語者勝。小作人子，長爲人父；居必擇鄰，慕近良友；側立齊聽，候侍賓侶。客無親疏，來者當受。合食與食，合酒與酒。閉門不看，還同豬狗。拔貧作富，事須方寸。看客不貧，古今實語。握髮吐飱，先有嘗據。閉門不看，不如豬鼠。

高山之樹，苦於風雨；路邊之樹，苦於刀斧；當道作舍，苦於客旅；少慎之家，苦於官府；牛羊不圈，苦於狼虎；禾熟不收，苦於雀鼠；屋漏不覆，壞於梁柱；兵將不慎，敗於軍旅；人生不學，費其言語。

近朱者赤，近墨者黑；蓬生麻中，不扶自直；白玉投泥，不污其色。近佞者諂，近偷者賊；近癡者愚，近聖者明；近賢者德，近淫者色。貧人由懶，富人慤力；勤耕之人，必豐穀食；勤學之人，必居官職。良田不耕，損人功力；養子不教，費人衣食。

與人共食，慎莫先嘗；與人同飲，莫先執觴；行不當路，坐不背堂；路逢尊者，側立道傍；有問善對，必須審詳。子從外來，先須就堂；未見尊者，莫入私房；若得飲食，慎莫先嘗；饗其宗祖，始到爺孃；次需兄弟，後及兒郎。食必先讓，勞必自當；知過必改，得能莫忘。

與人相識，先正容儀；稱名道字，然後相知。倍年以長，則父事之；十年以長，則兄事之；五年以長，則肩隨之。三〔人〕同行，必有我師焉。擇其善者而從之，其不善者而改之。滯不擇職，貧不擇妻；飢不擇食，寒不擇衣。小人爲財相煞，君子以德義相知。

欲求其短，先取其長；欲求其圓，先取其方；欲求其弱，先取其强；欲求其柔，先取其剛；欲防外敵，先須自防；欲量他人，先須自量；揚人之惡，還是自揚；傷人之語，還是自傷。凡人不可貌相，海水不可斗量。茅茨之家，或出公王；蒿艾之下，或有蘭芳。助祭得食，助鬪得傷；仁慈者壽，凶暴者亡。清清之水，爲土所傷；濟濟之人，爲酒所殃。聞人善事，乍可稱揚；知人有過，密掩深藏。是故罔談彼短，靡恃己長。

鷹鷂雖迅，不能快於風雨；日月雖明，不照覆盆之下；唐虞雖聖，不能化其明主；微子雖賢，不能諫其闇君；比干雖惠，不能自免其身；蛟龍雖聖，不能煞岸上之人；刀劍雖利，不能煞清潔之士；羅網雖細，不能執無事之人；非灾橫禍，不入慎家之門。人無遠慮，必有近憂。

斜徑敗於良田，讒言敗於善人。君子以含弘爲大，海水以博納爲深；寬則得衆，盡法無人。治國信讒，必煞忠臣；治家信讒，家必敗亡；兄弟信讒，分別異居；夫婦信讒，男女生分；朋友信讒，必至死怨。天雨五穀，荆棘蒙恩。抱薪救火，火必盛炎；揚湯止沸，不如去薪；千人排門，不如一人拔關。一人守隘，萬夫莫當。貪心害己，利口傷身。瓜田不躡履，李下不整冠。聖君雖渴，不飲盜泉之水；暴風疾雨，不入寡婦之門。孝子不隱情於父，忠臣不隱情於君。法不加於君子，禮不下於小人。君濁則用武，君清則用文。多言不益其體，百伎不妨其身。

明君不愛邪佞之臣，慈父不愛不孝之子。道之以德，齊之以禮。小人負重，不擇地而息；君子困窮，不擇官而仕；屈厄之人，不羞執鞭之事；飢寒在身，不羞乞食之恥。貧不可欺，富不可恃；陰陽相催，周而復始。太公未遇，釣魚於水；相如未達，賣卜於市。巢父居山，魯連赴海，孔明盤桓，候時而起。

鶴鳴九皋，聲聞於天；竈裏燃火，煙氣成雲；家中有惡，人必知聞；身有德行，人必稱傳。惡不可作，善必可親；人能弘道，非道弘人。孟母三徙，爲子擇鄰。不患人之不己知，但患己不知人也。欲立其身，先立於人；己欲求達，先達於人。立身行道，始於事親；孝無終始，不離其身。修身慎行，恐辱先人；己所不欲，勿施於人。

近鮑者臭，近蘭者香；近愚者闇，近智者良；明珠不瑩，焉發其光；人生不學，言不成章。小而學者，如日出之光；長而學者，如日中之光；老而學者，如日暮之光；人生不學，冥冥如夜行。柔必勝剛，弱必勝强；齒剛即折，舌柔則長。凶必横死，欺敵者亡。女慕貞潔，男效才良；行善獲福，行惡得殃；行來不遠，所見不長；學問不廣，智惠不長。

欲知其君，視其所使；欲知其父，先視其子；欲作其木，視其文理；欲知其人，先知奴婢。君子固窮，小人窮斯濫矣。病則無樂，醉則無憂；飲人狂藥，不得責人無禮。聖人避其醉客，君子恕其酒士。智者不見人之過，愚夫好見人之恥。女無明鏡，不知面上之精麤；人無良友，不知行之虧失。

兵將之家，必有勇夫；博學之家，必出君子。人相知於道術，魚相望於江湖。是以結交朋友，須擇良賢，寄死託孤。意重則密，情薄則疏；榮則同榮，辱則同辱；難則相救，危則相扶。勤是無價之寶，學是明月神珠。積財千萬，不如明解一經；良田千頃，不如薄藝隨軀。慎是護身之符，謙是百行之本。香餌之下，必有懸魚；重賞之下，必有勇夫。有功者賞，有過者誅。慈父不愛無力之子，祇愛有力之奴。養男不教，不如養奴；養女不教，不如養猪。癡兒畏婦，賢女敬夫。孝是百行之本，故云其大者乎。

余之志也，四海爲宅，五常爲家；不驕身體，不慕榮華；食不重味，衣不絲麻。唯貪此書一卷，不用黄金千車，集之數韵，未辨疵瑕，本不呈於君子，意欲教於童兒。

太公家教一卷

（三）命名取義

《太公家教》一書“太公”一詞的命名取義，歷來討論的甚多，因關係此書性質，乃特加檢討。

最早對《太公家教》一書“太公”二字提出釋義的是宋代王明清，他在《玉照新志》卷三説：“世傳《太公家教》，其言淺陋鄙俚。然見之唐李習之文集，至以文中子爲一律。觀其中猶引周漢以來事，當是有唐村落間老校書爲之。太公者猶曾高祖之類，非渭濱之師臣明矣。”[一] 王氏以爲《太公家教》，

〔一〕（宋）王明清：《玉照新志》卷三，收入王雲五主編：《叢書集成初編》，第四九頁。

乃唐時村落間老校書所爲，"太公"二字，是指曾高祖之類，不是釣魚渭水河濱八十始遇文王，後輔武王滅紂興周的姜太公——呂尚。近代學者如蘇樺均贊同此説[一]。

　　然王國維不表贊同，他認爲"太公"二字未必指曾高祖，他在《太公家教》跋中説："卷中有云：'太公未遇，釣魚水（水上奪渭字），相如未達，賣卜於市，口天居山，魯連海水，孔鳴盤桓，候時而起。'書中使古人事止此，或後人因是取太公二字冠其書，未必如王仲言曾高祖之説也。"[二]王國維的説法，余嘉錫在《四庫提要辯證》一書的"顔氏家訓提要辯證"中，即提出了異議，他説："考古人摘字名篇，多取之第一句，否則亦當在首章之中。今王氏所引在其書之後半，未必摘取以名其書。且其前尚有'唐虞雖聖，不能化其明主；微子雖賢，不能諫其暗君；比干雖惠（惠字疑是忠字之誤），不能自免其身'云云，亦是用古人事，不獨太公數句也。"[三]

　　其後，王重民在《太公家教考》一文中，則補充證據以加强王國維的主張，并提出他的看法，説："王國維不贊成太公是曾祖之説，他以爲《家教》中舉了'太公未遇，釣魚渭水；相如未達，賣卜於市……'四個歷史故事，後人就用第一個故事的'太公'來作書名。我以爲這種推測，還不够確切。我在伯希和所得的古寫本書中，看到一卷原本《六韜》（Pelliot 三四五四）。是漢代到唐代相傳的原本，所載都是太公對文王和武王所説的種種嘉言懿行。因此，漢唐時代的人，就拿來用爲進德之書。《太公家教》就是本着這個意思，從《六韜》裏取出一些最有進德之助的嘉言，來用作童蒙讀本的。可是《太公家教》是專取太公對文王説的話；他對武王説的話，別纂成一部《武王家教》，在敦煌石室內也發見了幾本。宋元豐中（一〇七八～一〇八五）删去《六韜》裏面的嘉言懿行，專剩下一些言'兵'的話，所以王國維没有想到

　　〔一〕　蘇樺：《太公家教——我國的古典而兒童讀物之三》，《國語日報兒童文學週刊》第二七〇期。

　　〔二〕　王國維：《觀堂集林》卷二一《史林後·唐寫本〈太公家教〉跋》，第一〇一四頁。

　　〔三〕　余嘉錫：《四庫提要辯證》卷一四《子部五·雜家類一·顔氏家訓》，雲南人民出版社，二〇〇四年，第七二二～七二三頁。

《太公家教》是會出於《六韜》的。"〔一〕由於王重民是我國著名的文獻學家，又是我國早期少數能親眼目驗法國巴黎所藏敦煌寫卷學者之一，因此，以他在古典文獻方面豐富的知識，加上有着"直接"的證據，所以此文一出，無不得到學術界的認同。

然周鳳五《太公家教研究》一文，則對王重民根據伯三四五四號原本《六韜》所下的結論提出了批評，但對於"太公"一詞依舊主張是指輔助武王興周的太公〔二〕。主要因爲他認爲《太公家教》有先後二種本子：一爲叙述體，全篇由作者一人直述，書前有小序，書後附短跋，首尾具足，題作《太公家教》；一種爲問答體，假託周武王與姜太公互爲問答，由前者設問後者作答，一問一答，題作武王家教；題爲《武王家教》的，的確與"太公"書有關，他是《太公家教》的原本，是真正的《太公家教》，而敦煌寫本中題爲《太公家教》的乃第二本《太公家教》。因此，他説："《太公家教》的得名是由原本書中周武王與姜太公而來，太公是書中的主人翁，書名冠以太公正爲此故。"〔三〕

周氏批評王重民之説，甚是。然而他將先後二本《太公家教》的命名取義，混爲一談，不無可議之處。《武王家教》爲原本《太公家教》的説法是否成立？姑且不論。即使《武王家教》是"原本太公家教"，也祇能説在原本《太公家教》（武王家教）之後，有一同名異實的《太公家教》出現，至於其命名取義，實無相同的必然性。

"太公"一詞，究何所指？實應就全書内容性質與作者自序加以觀察。《太公家教》序文云："余乃生逢亂代，長值危時，亡鄉失土，波迸流離，祇欲隱山學道，不能忍凍受饑；祇欲揚名後世，復無晏嬰之機；才輕德薄，不堪人師；徒消人食，浪費人衣；隨緣信業，且逐時之宜，輒以討論墳典，簡擇詩書，依經傍史，約禮時宜，爲書一卷。"而其跋文也云："余之志也，四海爲

<hr>

〔一〕 王重民：《太公家教考》，周玨良等編輯：《周叔弢先生六十生日紀念論文集》，第七○~七一頁。

〔二〕 周鳳五：《太公家教研究》，《古典文學》第六集，一九八四年，第三二○頁。

〔三〕 周鳳五：《太公家教研究》，第三三○頁。

宅，五常爲家，不驕身體，不慕容華，食不重味，衣不絲麻，唯貪此書一卷，不用黃金千車，集之數韵，未辨疵瑕；本不呈於君子，意欲教於童兒。"

從序及跋文中可得知：《太公家教》的作者分明是一位歷盡滄桑的鄉村老者，其爲教導兒童，乃從詩書、墳典、經史中，簡擇嘉言警句，集爲韵語，編纂成書。而全書內容旨在教導子弟進德修業，治家立身，則《太公家教》一書當是唐代村塾教者，以家庭長者的口吻教喻兒童的格言諺語式通俗蒙書無疑。"太公"一詞，清代趙翼《陔餘叢考》以爲年老之通稱，其引證詳〔一〕，則《太公家教》之太公，當如王明清所説，指的是"曾高祖之類"的家庭長輩。

（四）成書時代

由於《太公家教》的成書時代，不見於唐宋的史志目錄，所以祇能從唐代載籍中所述，及作者自序去探求。唐代載籍中提及《太公家教》的，今所知祇有李翱曾提及，他在《答朱載言書》一文中説："義不深，不至於理，言不信，不在於教勸，而詞句怪麗者有之矣，《劇秦美新》、王褒《僮約》是也。其理往往有是者，而詞章不能工者有之矣，劉氏《人物志》、王氏《中説》，俗傳《太公家教》是也。"〔二〕李翱生於唐代宗大曆七年（七七二），卒於唐武宗會昌六年（七七二～八四一），是韓愈大弟子，爲韓愈後輩古文家，是創作有成且有文學主張的學者，"答朱載言書"是李翱最重要的一篇文論，他強調造言必求辭工，而辭工不在於辭藻，貴在於創。李翱對於《太公家教》取義於經典之嘉言，轉爲通俗淺近的白話文，雖其理往往有是，然其言則極爲淺陋鄙俚，因此提出嚴厲的批評。此觀點

〔一〕　詳見清代趙翼《陔餘叢考》卷三六"太公"條，商務印書館，一九五七年，第七八九～七九〇頁。

〔二〕（唐）李翱：《李文公集》卷六《答朱載言書》，上海古籍出版社，一九九三年，第二八～二九頁。題下注謂"一本作梁載言"。又［（宋）姚鉉編，（清）許增校：《唐文粹》卷八五《書七·論文下》題作《答進士王載言書》，且第一句"義不深，不至於理，言不信，不在於教勸"作"義不主於理，言不在於教勸"。《唐文粹》卷八五《書七·論文下·答進士王載言書》，浙江人民出版社，一九八六年，第三三九頁］

南宋王明清和朱熹亦曾加以抨擊。王明清《玉照新志》卷三説："世傳《太公家教》，其言淺陋鄙俚。然見之唐李習之文集，至以文中子爲一律。觀其中猶引周漢以來事，當是有唐村落間老校書爲之。"〔一〕《朱子語録·程子之書二》云："文中子不曾有説見道體處，祇就外面硬生許多話，硬將古今事變來壓捺説或笑，似《太公家教》。"〔二〕

　　從李翱的提及《太公家教》，至少證明在中唐公元八世紀中期《太公家教》已經存在。而九世紀、十世紀時普遍流行傳抄於敦煌地區，是非常合理的。又就内容性質、文章風格，及所用語詞與唐代通俗文學，如變文、王梵志詩等頗多相同〔三〕，且文中有徑引梁·周興嗣《千字文》之詞句的，如"知過必改，得能莫忘"；"女慕貞潔，男效才良"，有取意於隋代顏之推《顏氏家訓》一書中的語句，如"良田千頃，不如薄伎隨軀"等等，又由其序中得知作者所處的時期乃"亂代""危時"，衡之以唐代的歷史，則其成書的年代當在安史之亂以後，李翱之前〔四〕。

　　龍谷大學《大谷文書》中吐魯番出土文書也見有《太公家教》殘片多件〔五〕，法藏敦煌藏文文獻伯特九八七號、伯特九八八號二件寫本，其内容不少即譯自漢文本《太公家教》，日本東京台東區立書道博物館藏中村不折舊藏敦煌西域文獻中的一件敦煌藏文寫本《太公家教》顯示漢文本《太公家教》一

　　〔一〕（宋）王明清：《玉照新志》卷三，收入王雲五主編：《叢書集成初編》，第四九頁。

　　〔二〕（宋）朱熹：《朱子語録》卷九六《程子之書二》，朱傑人、嚴佐之、劉永翔主編：《朱子全書》第一七册，上海古籍出版社、安徽教育出版社，二〇〇二年，第三二五四頁。

　　〔三〕參見朱鳳玉《王梵志詩研究·研究篇》，台灣學生書局，一九八六年，第二八〇~二八四頁。

　　〔四〕按：高國藩《敦煌寫本太公家教初探》直據序文亦以爲"他的寫作年代是在安史之亂以後"。（《敦煌學輯刊》一九八四年第一期，第六六~六七頁）

　　〔五〕鄭阿財：《學日益齋敦煌學札記》，《周一良先生八十生日紀念論文集》編委會編：《周一良先生八十生日紀念論文集》，中國社會科學出版社，一九九三年，第一九三~一九六頁。

書〔一〕，在吐蕃佔領敦煌期間就已在當地非常流行。諸家推測《太公家教》成書年代當在七世紀下半葉，八世紀則廣泛傳播於全國各地〔二〕，當是合理的推論。

（五）取材來源

《太公家教》是一部中唐至北宋期間盛行於廣大民間的蒙書，全書除少數例外，其餘均采四言韵語訓誡式的語氣，編寫成書，據其序文所説："討論墳典，簡擇詩書，依經傍史，約禮時宜，爲書一卷，助誘兒童，流傳萬代，幸願思之。"則知其書係就"詩書""墳典""經史"等，揀擇一些佳句警語，并采集合乎"時宜"的格言諺語，增減變易，集爲韵語而成的。因此，記載孝道思想的主要寶典《孝經》，記述日常生活細小行爲規矩的《曲禮》，以及記録儒家爲人處事之方的《論語》等，即成爲《太公家教》主要取材來源，又有取自《禮記》《論語》《孝經》《荀子》《老子》《莊子》《淮南子》《韓詩外傳》《説苑》《列女傳》《抱朴子》《顔氏家訓》《漢書》《晉書》《傅玄箴》《千字文》等。兹將其主要取材情形，略舉數條如下，以明此書之組織與取材的來源〔三〕。

　　1.禮尚往來，尊卑高下。得人一牛，還人一馬。往而不來非成禮也。來而不往亦非禮也。
　　按：此據《禮記・曲禮上》增減改易而成。《禮記・曲禮上》云："禮尚往來，往而不來非禮也，來而不往，亦非禮也。人有禮則安，無禮則危，故曰：禮者不可不學也。夫禮者，自卑而尊人，雖負販者必有專

〔一〕　陳踐：《敦煌藏文文獻古〈太公家教〉譯釋（上）》，《西藏民族大學學報（哲學社會科學版）》二〇一七年第二期，第四六~五一頁；陳踐：《敦煌藏文文獻古〈太公家教〉譯釋（下）》，《西藏民族大學學報（哲學社會科學版）》二〇一七年第三期，第五一~五八頁；薩爾吉、薩仁高娃：《敦煌藏文儒家格言讀物研究——以中村不折舊藏本〈古太公家教〉爲中心》，《中國藏學》二〇一七年第一期，第三九~五九頁。
　　〔二〕　朱鳳玉：《〈太公家教〉研究》，《漢學研究》第四卷第二期，一九八六年，第三八九~四〇八頁；劉安志：《〈太公家教〉成書年代新探——以吐魯番出土文書爲中心》，《中國史研究》二〇〇九年第三期，第一四三~一五〇頁。
　　〔三〕　詳參張阿財、朱鳳玉：《敦煌蒙書研究》，第三六〇~三六五頁。

也，而況富貴乎？"

2.禮聞來學，不聞往教。

按：此徑抄自《禮記・曲禮上》之文。

3.孝子事父，晨省暮參。

按：此取意於《禮記・曲禮上》："凡爲人子之禮冬温而夏清，昏定而晨省。"

4.食無求飽，居無求安。

按：此徑抄自《論語・學而》："子曰：'君子食無求飽，居無求安。'"

5.父母有疾，甘美不餐，聞樂不樂，聞戲不看。

按：此取意於《論語・陽貨》及《孝經・喪親章第十八》。《論語・陽貨》："子曰：'食夫稻，衣夫錦，於女安乎？'曰：'安。''女安，則爲之！夫君子之居喪，食旨不甘，聞樂不樂，居處不安，故不爲也。今女安，則爲之！'"《孝經・喪親章第十八》："子曰：'孝子之喪親也，哭不哀，禮無容，言不文；服美不安；聞樂不樂；食旨不甘；此哀戚之情也。'"

6.臣無境外之交，弟子有束脩之好。

按：此取意於《禮記・檀弓上》與《論語・述而》。《禮記・檀弓上》："縣子曰：古之大夫，束脩之問不出竟，雖欲哭之，安得而哭之？"《論語・述而》："子曰：自行束脩以上，吾未嘗無誨焉。"

7.路逢尊者，齊腳斂手。

按：此取意於《禮記・曲禮上》："遭先生於道，趨而進，正立拱手。"

8.尊者賜酒，必須拜受。尊者賜肉，骨不與狗。尊者賜果，懷核在手。勿得棄之，爲禮大醜。對客之前，不得叱狗。對食之前，亦不得漱口。

按：此取意於《禮記・曲禮上》，而加以增删改易。《禮記・曲禮上》云："侍飲於長者，酒進則起，拜受於尊所。""毋反魚肉，毋投與狗骨。""長者賜，少者賤者不敢辭。賜果於君前，其有核者懷其核。""尊客之前不叱狗讓食不唾。"

9.身需擇行，口需擇言。

按：此取意於《孝經·卿大夫章第四》："非法不言，非道不行。口無擇言，身無擇行。言滿天下無口過，行滿天下無怨惡。"

10.一行有失，百行俱傾。

按：此取意同於《女論語·守節第十二》："一行有失，百行無成。"

11.近朱者赤，近墨者黑。

按：此逕用晋《傅玄箴》："近朱者赤，近墨者黑，聲和則響清，形正則影直。"

12.蓬生麻中，不扶自直。

按：此《荀子·勸學》："蓬生麻中，不扶而直。"

13.白玉投泥，不污其色。

按：此取意於《論語·陽貨》："子曰：不曰白乎，涅而不緇。"

14.知過必改，得能莫忘。

按：此逕錄《千字文》之字句。

15.子從外來，先須就堂，未見尊者，莫入私房。

按：此取意於《禮記·曲禮上》："夫爲人子者，出必告，反必面。"

16.倍年以長，則父事之；十年以長，則兄事之；五年以長，則肩隨之。

按：此取意於《禮記·曲禮上》："年長以倍，則父事之。十年以長，則兄事之。五年以長，則肩隨之。群居五人，則長者必異常。"

17.三人同行，必有我師，擇其善者而從之，其不善者而改之。

按：此取意於《論語·述而》："子曰：三人行，必有我師焉，擇善者而從之，其不善者而改之。"

18.欲求其柔，先取其剛。

按：此取意於《老子》三十六章："柔弱勝剛强"與七十八章："弱之勝强，柔之勝剛"。

19.日月雖明，不照覆盆之下。

按：此取意《抱朴子·內篇·辨問》："日月有所不照，聖人也所不知，豈可以聖人所不爲，便云天下無仙！是責三光不照覆盆之内也。”

20.人無遠慮，必有近憂。

按：此逕録《論語・衛靈公》：“子曰：人無遠慮，必有近憂。”之文

21.斜徑敗於良田，讒言敗於善人。

按：此取意於《漢書・五行志》成帝時歌謡：“邪徑敗良田，讒口亂善人，桂樹華不實，黄鳥巢其顛。古爲人所羨，今爲人所憐。”

22.瓜田不躡履，李下不整冠。

按：此用古樂府《君子行》語。《君子行》云：“君子防未然，不處嫌疑間。瓜田不納履，李下不正冠。”

23.聖君雖渴，不飲盗泉之水。

按：此取意於《淮南子・説山訓》及《水經注》二十五引《尸子》。《淮南子》：“曾子立廉，不飲盗泉。”《水經注》引《尸子》曰：“孔子至於（勝母），暮矣而不宿，於盗泉，渴矣而不飲，惡其名也。”

24.法不加於君子，禮不下於小人。

按：此取意於《禮記・曲禮上》：“禮不下庶人，刑不上大夫。”

25.道之以德，齊之以禮。

按：此取意於《論語・爲政》：“子曰：‘道之以政，齊之以刑，民免而無恥。道之以德，齊之以禮，有恥且格。’”

26.君子困窮，不擇官而仕。

按：此取意於《韓詩外傳》：“家貧親老者，不擇官而仕。”

27.鶴鳴九皋，聲聞於天。

按：此取意於《詩經・小雅・鶴鳴》：“鶴鳴九皋，聲聞於野。”

28.人能弘道，非道弘人。

按：此用《論語・衛靈公》之“子曰：‘人能弘道，非道弘人。’”

29.不患人之不己知，患己之不知人也。

按：此用《論語・學而》之“子曰：‘不患人之不己知，患己不知人也。’”

30.欲立其身，先立於人；己欲求達，先達於人。

按：此取意於《論語・雍也》“子曰：‘夫仁者，己欲立而立人，己

欲達而達人。’”

31.立身行道，始於事親。

按：此取意於《孝經·開宗明義章第一》：“立身行道，揚名於後世，以顯父母，孝之終也。夫孝，始於事親，中於事君，終於立身。”

32.孝無終始，不離其身。

按：此取意於《孝經·庶人章第六》：“故自天子至庶人，孝無終始，而患不及者，未之有也。”

33.修身慎行，恐辱先人。

按：此取自於《孝經·感應章第十六》：“修身慎行，恐辱先也。”

34.小而學者，如日出之光，長而學者，如日中之光；老而學者，如日暮之光。人如不學，冥冥如夜行。

按：此取意於《說苑·建本篇》及《顏氏家訓·勉學篇》。《說苑》云：“師曠曰：‘盲臣安敢戲其君乎？臣聞之，少而好學，如日出之陽，壯而好學，如日中之光，老而好學，如炳燭之明，孰與昧行乎。’”《顏氏家訓》云：“幼而學者，如日出之光，老而學者，如秉燭夜行，猶賢乎瞑目而無見者也。”

35.柔必勝剛，弱必勝強。

按：此取意於《老子》三十六章：“柔弱勝剛強。”七十八章：“弱之勝強，柔之勝剛，天下莫不知，莫能行。”

36.女慕貞潔，男效才良。

按：此徑用《千字文》語。

37.欲知其君，視其所使，欲知其父，先視其子。

按：此取意於劉向《列女傳》：“且吾聞之，不知其子者，視其父；不知其君者，視其所使。”

38.君子固窮，小人窮斯濫矣。

按：此徑用《論語·衛靈公》：“子曰：君子固窮，小人窮斯濫矣。”

39.飲人狂藥，不得責人無禮。

按：此取意於《晉書·裴楷傳》：“足下飲人狂藥，責人正禮，不亦乖乎？”

40.人相知於道術，魚相望於江湖。

按：此取意於《莊子·大宗師》："故曰：魚相望乎江湖，人相忘乎道術。"

41.良田千頃，不如薄藝隨軀。

按：此諺語取意於《顏氏家訓·勉學篇》。《顏氏家訓》云："諺曰：'積財千萬，不如薄伎在身。'"

（六）《太公家教》的接受與影響

1.《太公家教》在敦煌地區的接受與影響

《太公家教》一書，雖是作者爲"助誘兒童"而編的蒙書，其文辭淺俗鄙俚，屢受批評，然淺近通俗的用語正是其主要特色之一，而其內容多爲簡擇經典中爲人處事之格言警語，對於一般民衆思想行爲的砥礪，頗有助益，因而閱讀對象逐漸擴展，其書也由原來童蒙訓誡讀物提升爲一般民衆立身修德的處世寶箴。

（1）《太公家教》爲敦煌社會的接受情形

寺學是唐、五代敦煌教育的主體，而《太公家教》是寺學普遍流行的教材，也是敦煌百姓生活智慧的源泉。因此，當寺院俗講活動時，僧人講唱經文也有援引《太公家教》來闡釋經義的情形。如：伯二四一八號《父母恩重經講經文》（見下圖）在講釋"經：月滿生時，受諸痛苦，須臾好惡，祇恐無常，如煞猪羊，血流洒地"時，說："所以書云：曾子曰：百行之先，无以加於孝矣。夫孝者，是天之經、地之義。孝感於天地也，通於神明。孝至於天，則風雨順序；孝至於地，則百穀成熟；孝至於人，則重譯來貢；孝至於神，則冥靈祐助。"之後緊接着說："又《太公家教》：孝子事親，晨省暮參，知飢知渴，知暖知寒。憂則共戚，樂即同歡。父母有病，甘羹不飡。食無求飽，居無求安，聞樂不樂，見戲不看。不修身體，不整衣冠，待至疾愈，整易不難。"〔一〕

〔一〕 項楚：《敦煌變文選注》（增訂本），中華書局，二〇一九年，第一一〇七頁。

伯二四一八號《父母恩重經講經文》

　　佛教東來中土弘法，其最大障礙，即在於與中國固有的孝道思想相抵觸。所以釋門中的有識之徒，爲消弭弘法的障礙，乃就佛教中有關孝道思想的典籍，加以翻譯流通；另一方面則新造倡導孝道的佛典，以調和彼此的文化衝突，這些新造佛典雖被斥爲疑僞經而不入藏，然其內容深具佛教中國化之特色，在民間廣爲流行。尤其唐五代佛教徒更運用新的講唱方法俗講變文，在寺院道場、佛教法會、齋供等活動中宣說，他們積極地用各種方法，提倡孝道和中國倫理觀念，因此得到儒釋融合，交流灌注，發榮滋長的功效。《父母恩重經講經文》便是當時風行的一種講唱文學。上舉法藏伯二四一八號寫卷，除援引佛典經文要義外，更穿插儒家經典以闡述孝道，勸誘世人修道行孝、報父母長養之恩，其中也引用了當時流行的蒙書《太公家教》。可見《太公家教》在當時民間已廣泛的流傳，爲大衆所熟知，以致才會有講唱經文時，引以闡釋經義的情形〔一〕。

──────────

　　〔一〕伯二四一八號《父母恩重經講經文》有引書云："積穀防饑，養子備老。"又北敦六四一二號（河字一二號）《父母恩重經講經文》也有："人家積穀本防飢，養子還徒（圖）被（備）老時。"其文句均見於敦煌寫本《太公家教》。

　　不但如此，甚至還成爲當時民間通俗讀物共同取材的對象，如《新集文詞九經抄》《文詞教林》等一類通俗讀物，便大量地引用《太公家教》中立身修德的處世箴言〔一〕。《續修四庫全書提要》著錄《太公家教》一卷，《提要》即云："巴黎所藏敦煌古卷，有《新集文詞九經鈔》兩軸，屢引是書。"〔二〕按今所得見敦煌寫卷《新集文詞九經抄》中，抄錄套有"太公曰"的，計伯二五九八號，二十二則；伯二五五七號，四則；另有一則引作"家語曰"，然實亦《太公家教》語。又伯二六一二號《文詞教林》卷上引有"太公曰"六則，伯三一六九號引有"太公曰"一則。又《新集文詞九經抄》一系的寫卷，伯三三六八號有十二則，伯三九九〇號有三則，另有一則引作"家語曰"。

　　因係引用、傳抄，或憑記憶引錄，或從聽聞紀錄，經輾轉抄寫後，頗有異文。此外，還有不少未見於敦煌寫本有序跋且正文完整《太公家教》的文本中，即所謂《太公家教》的佚文。

　　（2）《太公家教》與一卷本《王梵志詩》

　　敦煌寫本《太公家教》的内容爲當代社會民衆普遍接受，逐漸滲入民間文化之中。時代較晚的一卷本《王梵志詩》也和《太公家教》性質相同，内容相近，同樣在唐宋時普遍流行於廣大民間，且爲庶民訓誡的通行教材，甚至被奉爲一般民衆立身修德的處世寶箴。

　　一卷本《王梵志詩》的内容，以孝、悌、敬、慎等儒家教育所要求的生活禮儀及處世格言爲主。其寫作時代，當爲《王梵志詩》各系中最晚，時間當在晚唐五代。《宋史・藝文志》"別集類"著錄有"《王梵志詩集》一卷"〔三〕，將其排列次序安置在"廖凝詩集七卷""廖遜師集二卷""廖融詩集四卷"之後。按：廖凝（生卒不詳），後周南康虔化（今江西寧都）人，後唐清泰二年（九三五）進士。廖融（約九三六年前後在世）爲廖凝弟。廖遜，五代虔化人，三位均爲五代時期的"廖氏文學集團"（廖匡圖、廖正圖、廖遜、廖融、廖凝）成員。是此"《王梵志詩集》一卷"當被視爲五代時期的詩集，

〔一〕　參鄭阿財《敦煌寫卷新集文詞九經抄研究》，第九三～一〇七頁。
〔二〕　見《續修四庫全書提要》第九册，台灣商務印書館，第一〇四一頁。
〔三〕　《宋史》卷二〇八《藝文志七》，第五三五〇頁。

成編於十世紀初期，似可作爲佐證。

　　項楚對王梵志詩進行了深入的研究與周詳的校注後，在《王梵志詩校注》一書的"前言"就提出了一卷本《王梵志詩集》編寫於晚唐時期，是在《太公家教》的基礎上改寫而成的主張。我個人深表贊同，以爲：一卷本的《王梵志詩》是在《太公家教》的影響下，撰寫成九十二首五言絶句的通俗白話訓誡詩。以下試將一卷本《王梵志詩》與《太公家教》的内容，分別就旨趣表現相同及詞語極度相似，進行對照，略舉數例如下：

　　　　①《太公家教》云：
　　　　知恩報恩，風流儒雅；有恩不報，豈成人也。
　　　　一卷本《王梵志詩》則有：
　　　　有恩須報上，得濟莫孤恩。但看千里井，誰爲重來尋。
　　　　知恩須報恩，有恩莫不報。更在枯井中，誰能重來救。
　　　　②《太公家教》云：
　　　　禮尚往來，樂尊高下。得人一牛，還人一馬。
　　　　一卷本《王梵志詩》有云：
　　　　得他一束絹，還他一束羅。計時應大重，直爲歲年多。
　　　　③《太公家教》云：
　　　　他嫌莫道，他事莫知。他貧莫笑，他病莫譏。他財莫願，他色莫思。他强莫觸，他弱莫欺。
　　　　貧不可欺，富不可恃。陰陽相催，周而復始。太公未遇，釣魚於水。相如未達，賣卜於市。
　　　　一卷本《王梵志詩》有云：
　　　　他貧不得笑，他弱不得欺。太公未遇日，猶自獨釣魚。
　　　　④《太公家教》云：
　　　　見人善事，必須讚之。見人惡事，必須掩之。
　　　　聞人善事，乍可稱揚。知人有過，密掩深藏。是故罔談彼短，靡恃己長。
　　　　一卷本《王梵志詩》則有：

見惡須藏掩，知賢唯讚揚。若能依此語，秘密立身方。

⑤《太公家教》云：

對客之前，不得叱狗。對食之前，亦不得漱口。憶而莫忘，終身無咎。客無親疏，來者當受。合食與食，合酒與酒。閉門不看，還同猪狗。拔貧作富，事須方寸。看客不貧，古今實語。

一卷本《王梵志詩》則有：

停客勿叱狗，對客莫頻眉。供給千餘日，臨歧請不飢。

親客無疏伴，喚即盡須喚。食了寧且休，祇可待他散。

貧人莫簡棄，有食最須呼。但惠封瘡藥，何愁不奉珠。

⑥《太公家教》云：

其父出行，子則從後。路逢尊者，齊脚斂手。尊人之前，不得唾地。尊者賜酒，必須拜受。尊者賜肉，骨不與狗。尊者賜果，懷核在手。勿得棄之，爲禮大醜。

一卷本《王梵志詩》則有：

尊人相逐出，子莫向前行。識事相逢見，情知乏禮生。

尊人共客語，側立在傍聽。莫向前頭鬧，喧鬧作鴟鳴。

逢人須斂手，避道莫前盪。忽若相衝著，他強必自傷。

尊人與酒喫，即把莫推辭，性少由方便，圓融莫遣之。

⑦《太公家教》云：

勤是無價之寶，學是明月神珠。積財千萬，不如明解經書。良田一頃，不如薄藝隨軀。

一卷本《王梵志詩》則有：

黃金未是寶，學問勝珠珍。丈夫無伎藝，虛霑一世人。

養子莫徒使，先教勤讀書。一朝乘駟馬，還得似相如。

除上舉内容外，《太公家教》尚有教人謹言慎行、謙讓柔忍、行善戒惡等爲人處世，待人接物之道，以及立身處世之本，齊家教子之方等；多與《王梵志詩》相近，尤其與一卷本相通，無怪乎法儒戴密微會將《太公家教》與《王梵志詩》編在一起，合印刊行，不無道理。

　　《太公家教》在唐代的傳播與影響，從上舉《父母恩重經講經文》及通俗蒙書《文詞教林》《新集文詞九經抄》的援引，還有出現諸多《太公家教》異文與佚文的現象，乃至於五代時期民間出現在《太公家教》的基礎上改寫創作出通俗訓誡詩《王梵志詩》一卷本，這些敦煌庶民通俗讀物的不斷產生，前後相續，且有增刪改易，彰顯出蒙書所具有的傳承性、變異性與集體性的特色。

2.《太公家教》在敦煌以外的流傳與影響

　　敦煌文獻保存有大量的《太公家教》寫本，吐魯番地區也出現有唐時期《太公家教》寫本殘片〔一〕。最早對吐魯番文書中《太公家教》寫本加以關注的是鄭阿財，一九九三年他首次揭示比對出大谷三一六七號、三一六九號、三一七五號、三五〇七號等四件殘片俱屬《太公家教》寫本〔二〕。二〇〇二年張娜麗、二〇〇四年劉安志相繼根據新出版的《大谷文書集成》發現大谷四三九四號《太公家教》是一件值得注意的寫本〔三〕。

　　儘管上揭五件《太公家教》寫本內容多殘缺不全，且無題記紀年，但從書法風格分析，應該都是唐朝統治西州時期（六四〇～七九二）的寫本，是唐代西州時期高昌地區學童的蒙書，尤其這些寫本大多數隱然可見學童讀誦加筆的朱筆、朱點，這與阿斯塔那三六三號墓所出唐景龍四年（七一〇）卜天壽抄孔氏本鄭氏注《論語》有學郎題記的寫本，同樣出現有朱筆圈點及塗

　　〔一〕　有關吐魯番出土文書，藤枝晃曾進行分期，分為AA、A、A'、C、D五期：AA北朝前期，相當高昌國以前時期；A與A'相當高昌國時期，A為北朝後期，A'為高昌國寫本；C相當唐時期，D相當唐西州以後時期。（〔日〕藤枝晃著，白文譯，李愛民校：《中國北朝寫本的三個分期》，《敦煌研究》一九九〇年第二期，第四〇～四九頁）此分法為《大谷文書集成》及《旅順博物館藏新疆出土漢文佛經選粹》采用調整為六期：AA北朝前期、A北朝後期、C1高昌國時期、C2吐蕃佔領時期、D回紇時期。本文采榮新江團隊旅順博物館藏新疆出土漢文文獻簡目分為：高昌郡時期、高昌國時期、唐時期。

　　〔二〕　鄭阿財：《學日益齋敦煌學札記》，《周一良先生八十生日紀念論文集》，第一九三～一九六頁。

　　〔三〕　張娜麗：《西域發見の佚文資料──〈大谷文書集成〉所收諸について》，《學苑》第七四二號，二〇〇二年，第二六～四三頁；劉安志：《〈大谷文書集〉成古籍寫本考辨》，《新疆師范大學學報（哲學社會科學版）》二〇〇四年第一期，第四四～四七頁。

改的現象，都是唐西州時期學童習讀寫本時共同的習慣，其爲當時流行之蒙書是毫無疑義的。

除漢文與吐蕃文對照的蒙書外，還有根據漢文蒙書翻譯成吐蕃文的蒙書。如日本書道博物館有中村不折舊藏一六號寫卷，其卷背爲吐蕃文的《太公家教》，内容以"古人太公之教，爲後人的遺訓，昔有傳説"開頭。文中始於"凡人不譴責對方缺點"并以掌故來闡釋義理，倡導謙遜、忠孝、勤奮等，并非背離漢文《太公家教》旨意，結尾則云"《太公家教》終"。然文中語句并非完全與漢文本的《太公家教》一致，其中有部分語句相對，也還有更多内容引自漢文的其他儒家經典。此件可説是吐蕃人繼承漢文蒙書《太公家教》甄選更多符合吐蕃教育需求的儒家經典要語嘉言，進行改編，擴大内容的吐蕃文蒙書〔一〕。

此外，在中原地區，中唐時韓愈的大弟子李翱（七七二～八四一）在與朋友朱載言討論文學主張的一封信中説到：有義理而詞章不工的情形時，特别將《太公家教》跟魏朝劉劭《人物論》、隋代王通《中説》并列作爲例子，這説明了《太公家教》在中唐時已相當盛行。不過書名前加上"俗傳"二字，意味着這是一本民間流傳不知作者的通俗讀物〔二〕。

唐代民間《太公家教》也廣爲流傳，我們從湖南長沙窑，唐代的瓷器遺存見到瓷器上題有不少與《太公家教》相同或相近的字句。按：長沙窑，即《全唐詩·石渚》詩中的"石渚窑"。長沙窑自一九六五年考古發現，至今已有六十多年，其間有關考古的新發現不斷，尤其是窑爐遺蹟、生産作坊遺迹以及大量窑具、瓷器標本的出土，全面揭示了長沙窑在唐代中期發展、晚唐鼎盛、五代衰落的過程。長沙窑瓷器的造型十分豐富，品類多樣，功能齊全，基本滿足了人們生活各個層面的需求。這些瓷器上每每題有詩句，嘉言諺語。尤其是執壺上因書寫的名款不同，則其在日常生活中的功用也大不相同。如：書寫"此是飲瓶，不得别用"的執壺，其功用是飲具；書寫"陳家美春酒"的執壺，其功用爲酒具，應是酒肆定製的燒器；而書寫"陳家茶店"的執壺，

〔一〕 參薩爾吉薩仁高娃《敦煌藏文儒家格言讀物研究——以中村不折舊藏本<古太公教>爲中心》，《中國藏學》二〇一七年第一期，第三九～四九頁。

〔二〕 詳見清代趙翼《陔餘叢考》卷三六"太公"條（第七八九～七九〇頁）。

其功用爲茶具，應是茶社定製的燒器。詩詞有五言詩、六言詩與七言詩，常以詩文第一句爲標題，如“君生我未生”詩文壺、“春水春滿池”詩文壺等。二〇一一年，日本學者黑田彰《屏風、酒壺に見る幼學——太公家教について》一文〔一〕，根據一九九六年紫金城出版社出版的《長沙窰》一書所收錄有題詩、題記、題字的二五〇件，比對篩選長沙窰瓷壺上題有字句與《太公家教》相關的有八種十七件。二〇一七年，張新朋也發表了《長沙窰瓷器之〈太公家教〉題識考辨二則》〔二〕。

長沙窰：懸釣之魚，　　長沙窰：羅網之鳥，　　長沙窰：高山之樹，
　　悔不忍飢　　　　　　　悔不高飛　　　　　　　苦於風雨

　　與《太公家教》本文完全一致的，如“羅網之鳥，悔不高飛”“人生誤計，恨不三思”“高山之樹，苦於風雨”“蓬生麻中，不扶自直”等；與《太

〔一〕［日］黑田彰：《屏風、酒壺に見る幼學——太公家教について》，《文學》第一二卷第六號，二〇一一年，第四三～五八頁。
〔二〕　張新朋：《長沙窰瓷器之〈太公家教〉題識考辨二則》，《尋根》二〇一七年第一期，第六〇～六四頁。

公家教》本文小有歧異的，如"懸釣之魚，悔不忍饑"，《太公家教》作"吞鉤之魚，恨不忍饑"。"屋漏不蓋，損其樑柱"，《太公家教》作"屋漏不覆，壞於樑柱"等。這意味著長沙窯的這些唐代瓷器與《太公家教》同樣保存民間流行的格言諺語，或者可能是《太公家教》流行，其中相關詞句深入民衆，長沙窯瓷器製作時所援引。

3.宋元明以來《太公家教》的傳播與影響

蒙書的特性，因時製宜，與時俱進，概以貼近百姓，實用爲主，其編纂內容每每隨着時間而推移，跟着社會日常生活的需求而有所調整，改動之後，不斷有新編、新集的出現，舊編、舊版也就逐漸失傳。然而當年盛行的蒙書，其中具普世價值的經典內容與膾炙人口的名言警句，還是被新編、新集的蒙書保存下來，繼續傳播，發揮其對後世的影響。《太公家教》便是其中最爲鮮明的例子。

宋以後的蒙書，承襲唐代，發展出更多元且有系統的蒙書，《三字經》《百家姓》《千字文》《千家詩》即成爲一套不可分的童蒙教材，甚至取代以前的蒙書。直至今日年長一輩，多還熟悉"三、百、千、千"。雖然如此，作爲訓誡處世箴言的《太公家教》不但北宋流行，即在南宋亦仍舊深爲民衆所知悉，如胡仔《苕溪魚隱叢話後集》卷一五"杜荀鶴"條引嚴有翼《藝苑雌黃》云："（杜荀鶴）《唐風集》中，詩極低下，如'要知前路事，不及在家時'，'不覺裏頭成大漢，初看竹馬作兒童'之句，前輩方之《太公家教》。"[一]張淏《雲谷雜記·杜荀鶴詩》云："（杜荀鶴）其他往往傷於俚俗，前輩因之爲《太公家教》，正以其語多鄙近也。"[二]又項安世的《項氏家説》卷七"用韵語"條説："古人教童子多用韵語，如今《蒙求》《千字文》《太公家教》《三字訓》之類，欲其易記也。《禮記》之《曲禮》，《管子》之《弟子職》，史游之

〔一〕（宋）胡仔纂集，廖德明校點：《苕溪魚隱叢話後集》，人民文學出版社，一九六二年，第一一一頁。

〔二〕（宋）张淏：《雲谷雜記》卷二《杜荀鶴詩》，中華書局，一九五八年，第二九頁。

《急就篇》，其文體皆可見。"〔一〕而《朱子語録·程子之書二》亦有："不曾有説見道體處，祗就外面硬生許多話，硬將古今事變來壓捺説或笑，似《太公家教》。"〔二〕

由嚴有翼、張淏、項安世及朱熹的話語中，雖對《太公家教》多所貶抑，但恰可説明其在當時社會之流行，且頗具影響力。可以確定，南宋時《太公家教》還流行於民間。

宋以後，元代陶宗儀《南村輟耕録》卷二五"院本名目"條"諸雜院爨"項下有《太公家教》，其中尚有"打注論語""論語謁食""擂鼓孝經""襄衣百家詩""埋頭百家詩""背鼓千字文""變龍千字文""摔盒千字文""錯打千字文""木驢千字文"等等〔三〕。此外，元雜劇中亦有提及《太公家教》的，如：武漢臣《老生兒》第二折有："卜兒云：住住住，你也休閑，請你個太公家教聽。"又無名氏《凍蘇秦》第二折："卜兒云：不爭凍餓死了俺這臥冰的王祥，兀的不没亂象殺你那太公家教。"此外，錢大昕《補元史藝文志》，金代部分，經部釋語類中，著録有《女直字太公書》〔四〕。

明初范立本輯録的善書類通俗讀物《明心寶鑑》，全書由二十篇、六七百段文字組成。内容雜糅儒、釋、道三家學説，薈萃明代之前中國先聖前賢有關個人品德修養、修身養性、安身立命的論述精華。這也是中國歷史上譯介到西方的第一本古籍，一五九二年被譯成西班牙文，手抄本於一五九五年被帶回西班牙獻給王子斐利三世，現收藏於馬德里西班牙國立圖書館。後來《明心寶鑑》又流傳到中國近鄰國家，六百多年來一直風行於韓國、日本、越南等國。

〔一〕（宋）項安世：《項氏家説》卷七《説經篇第七·用韵語》，中華書局，一九八五，第八三頁。

〔二〕（宋）朱熹：《朱子語録》卷九六《程子之書二》，朱傑人、嚴佐之、劉永翔主編：《朱子全書》第一七册，第三二五四頁。

〔三〕（元）陶宗儀：《南村輟耕録》卷二五，上海古籍出版社，二〇一二年，第二七九頁。

〔四〕（清）錢大昕：《補元史藝文志·經部·譯語類》，收入王雲五主編：《叢書集成初編》，中華書局，一九八五年，第一五頁。

　　此書引録"太公曰"之文計有二十八則，其中一則爲《武王家教》，餘二十七則爲《太公家教》，另有一則"家語曰"，實亦《太公家教》之文〔一〕。

　　明代傳奇中，亦有提及《太公家教》的，如《雍熙樂府》二，端正好《黄粱夢》散套云："我不合滄浪洲住了一期，芙蓉亭過了一宵。抵多少遲違了太公家教。"又《雍熙樂府》十三、《鬥鶴鶉》散套云："若説俺上祖、盡爲儒、輩輩無官士大夫。看太公家教蕭何律，《大學小學》和《論語》。"而在明代，《太公家教》亦流傳到安南，嚴從簡《殊域周咨録》卷六"安南"條下有云："（安南國）如儒書則有……《太公家教》《明心寶鑑》《剪燈新餘録》等書。"〔二〕

　　清初，則有滿文譯本《太公家教》。《八旗通志·儒林傳卷下·阿什坦傳》云："阿什坦，字海龍，滿州正黄旗人……世祖章皇帝順治二年，以通滿漢文，選授内院六品他勒哈哈番。時天下初定，滿漢人文漸盛，凡公事兼用滿漢文。阿什坦翻譯《大學》《中庸》《孝經》，及《通鑑總論》《太公家教》等書，刊行之。當時翻譯者，咸奉爲準則，即止通滿文者，亦得藉爲考古資。"〔三〕

　　二〇〇一年，王小盾《越南訪書札記》〔四〕，提及他在越南河内見到至今流傳於越南民間而未被官方書庫收藏啓定元年（一九一六）抄寫的殘本《太公家教》存十六頁，采用漢字正文與越南喃字小注相間的形式。他還録有一小段正文：

　　　　一日相逢，萬劫因緣。四海之内，兄弟皆也。同道者，千里之尋；不同道者，過門不入。有智者如年高，無智者頭（徒）勞百歲。人離鄉

　　〔一〕參鄭阿財：《流行域外的明代通俗讀物〈明心寶鑑〉初探》，《法商學報》第二五期，一九九一年，第二六三~二八六頁。

　　〔二〕（明）嚴從簡：《殊域周咨録》卷六，第二三八頁。

　　〔三〕（清）鄂爾泰等修：《八旗通志》卷二三七《儒林傳卷下·阿什坦傳》，東北師范大學出版社，一九八五年，第五三三九頁。

　　〔四〕王小盾：《越南訪書札記》，項楚主編：《新國學》第三卷，巴蜀書社，二〇〇一年，第五〇頁。

則易，物離鄉則貴。國正天心順，官聲民自安。王以民爲本，民以食爲先。王有良將，家有賢妻。兄弟如手足，夫妻如衣服。千家萬家一家好，千草萬草一草香。日日養客不貧，夜夜偷人不富。入山逢虎易，開口告人難。人貪財而死，鳥貪食而亡。羅網之鳥，悔不高飛；懸鈎之魚，悔不忍饑。人心如鐵，官法如爐。守分愁難入，無食禍不侵〔一〕。

按：此一内容性質風格雖與敦煌本《太公家教》相似，但持與今所得見的敦煌本《太公家教》相對照，僅"羅網之鳥，悔不高飛；懸鈎之魚，悔不忍饑"，與敦煌本《太公家教》相同，其他則均未見。其中"國正天心順，官聲民自安"，見《明心寶鑑·省心篇第十一》："狀元詩云：國正天心順，官清民自安。妻賢夫少禍，子孝父心寬。""兄弟如手足，夫妻如衣服"，見《明心寶鑑·安義篇第十五》："莊子云：兄弟如手足，夫妻如衣服。"敦煌寫本《新集文詞九經抄》有："莊子云：兄弟如手足，妻子如衣服；衣服破而更新，手足斷而難續。"敦煌寫本《雜抄》有："兄弟如手足，妻子如衣服；衣服破而再新，手足斷而難續。"〔二〕"人貪財而死，鳥貪食而亡"，《明心寶鑑·省心篇第十一》："人爲財死，鳥爲食亡。"是以越南流傳的并非《太公家教》的原本，極有可能是從《明心寶鑑》所引用的《太公家教》；或是與《明心寶鑑》其他同質性的格言警句加以采錄，并增添相近文句。雖非《太公家教》的直接傳播，却也是《太公家教》間接傳播的影響表現。猶如：清乾隆年間李海觀（字孔堂，號綠園）所作的長篇白話小説《歧路燈》第三回《王春宇盛饌延客　宋隆吉鮮衣拜師》有一段，説：

潛齋也大笑説道："非是我不出嫂夫人所料，是你所見太拘。若説是兩個學生，叫他們跟着家人去上會，這便使不得；若是你我同跟着他到會邊望望即回，有何不可？自古云：'教子之法，莫教離父；教女之法，

〔一〕 王小盾：《越南訪書札記》，項楚主編：《新國學》第三卷，第五〇頁。
〔二〕 鄭阿財：《敦煌寫卷新集文詞九經抄研究》，第二八〇頁。

莫教離母。'……祇是教幼學之法，慢不得，急不得，鬆不得，緊不得，一言以蔽之，曰難而已。"[一]

周鳳五《敦煌寫本太公家教研究》據此以爲婁潛齋所引述的"教子之法，莫教離父；教女之法，莫教離母"，與《太公家教》文句相似，唯《太公家教》作"養子之法，莫聽誑語；育女之法，莫教離母"微有不同。《歧路燈》這所謂"古語"，其實是作者緣園老人李海觀引用《明心寶鑑·訓子篇第十》："男子失教，長大頑愚。女子失教，長大粗疏。養男之法，莫聽誑語。育女之法，莫教離母。"并非直接引用《太公家教》，不過確實是有間接的影響。

此外，《太公家教》一書，實不僅是一本通俗蒙書而已，此書集録當時社會流行的諺語，爲數頗多，實可視爲唐以前民間諺語的結集，此點對於民間廣爲流傳的《昔時賢文》《格言諺語》等一類格言諺語彙編的通俗讀物，影響尤鉅。《太公家教》輯録的諺語中，頗有見於後世通俗讀物的，如：

> 積金千兩，不如明解經書。(《昔時賢文》)
> 養子不教如養驢，養女不教如養猪。(《昔時賢文》《格言諺語》)
> 養兒防老，積穀防饑。(《昔時賢文》《格言諺語》)
> 凡人不可貌相，海水不可斗量。(《昔時賢文》)。
> 養女不教如養猪。(《增廣賢文》)

諸如此類均具有易於接受、便於口傳、利於記憶的特色，此恐爲《太公家教》之所以能流傳久遠而影響至今的原因。

（七）伯四九九五號分章式《太公家教》的發現及其價值

敦煌石室所發現的《太公家教》，不僅使唐代風行的家教蒙書得以重見天

〔一〕（清）李海觀：《歧路燈》，《古本小説集成》編委會編：《古本小説集成》第三輯，上海古籍出版社，二〇一七年，第四五~四六頁。

日，更重要的是提供了傳統蒙書發展史一條清晰的脈絡。此書的佚而復得，使中國格言諺語式的蒙書，如《明賢集》《小兒語》《續小兒語》《昔時賢文》《千金譜》《格言諺語》等，找到了源頭。不論就書的體制形式或内容性質，《太公家教》當是最早的一部，實可説是此類蒙書的祖禰。

尤其值得注意的是敦煌寫本伯四九九五號卷子，此卷《敦煌遺書總目》著録作“小類書分章”。審此殘卷存有“迎行章第八”“事夫章第九”“慎行章第十”“辯設章第十一”“辯信章第十二”“慎口章第十三”。就其内容實爲《太公家教》。其《迎行章》第八内容爲：“婦人送客，不出閨庭，能依此禮，無事不精。”《事夫章》第九爲：“新婦事君，敬同於父……閉門不看，還同猪狗。”《慎行章》第十内容爲：“拔富作貧，事須方寸……勤學之人，必居官職。”《設辯章》第十一内容爲：“良田不耕，損人功力……知過必改，得能莫忘。”《辯信章》第十二内容爲：“與人相識，先整容儀……朋友信讒，必至死怨。”《慎口章》第十三内容爲：“天雨五穀，荆棘蒙恩……貪心害己，利口傷殘。”是知此係就《太公家教》一書，依其内容要旨加以分章標目。

此卷的發現，對唐代蒙書的發展與演變，實具深意。考唐代立身進德之書，頗多模仿《孝經》而加以分章立篇，如宋若莘、宋若昭的《女論語》，全書即分“立身”“學作”“事父母”“事舅姑”“事夫”等十二章；而敦煌寫本杜正倫編撰的《百行章》〔一〕，也是依“行”分章；此外，《辯才家教》也是依内容分作十二章〔二〕，且各立標目，足見《太公家教》一書普遍流行後，爲求便於記誦并加深各段之要旨，乃有依其内容性質，區分章節，標立章目，以另一形式的讀物流行傳布，此與《辯才家教》不但形式相同，内容性質相近，且有不少雷同之處。而同以“家教”爲名，其間自存有相互影響的關係。後世如明初范立本編纂的《明心寶鑑》，不但内容頗多援引《太公家教》原文，其分“繼善篇第一”“天理篇第二”“交友篇第十九”“婦行篇第二十”等二十篇，恐亦承此沿革而來。

〔一〕　參見林聰明：《唐杜正倫及其百行章》，東吳大學中文研究所碩士學位論文，一九七九年。

〔二〕　參見鄭阿財：《敦煌寫本家教别裁〈辯才家教〉校釋及綜論》，金瀅坤主編：《童蒙文化研究》第四卷，第八五～一一一頁。

二 《武王家教》

敦煌寫本中屬於家訓類蒙書而以"家教"爲名的，除了《太公家教》外，尚有《武王家教》與《辯才家教》二種。其中，《武王家教》是敦煌所出重要蒙書之一，其形式采用對話體，通過"武王"與"太公"的一問一答，來闡明進德的嘉言懿行。今所得見的敦煌寫本大多與《太公家教》合抄，二者關係密切，甚至被誤爲《太公家教》的一部分。

事實上，《武王家教》是中國古代具有相當特色的家教類蒙書。全篇采用"武王問太公"的問答體，以太公對答的形式，摘引、摘編相關典籍、流行俗語，分類羅列；間采四至六言對偶句一類"家教體"常用的編撰形式，同時在提問對答之間，還夾雜了"經典摘編"和"借名經典云"的内容，展現唐代問答體蒙書豐富的樣貌。編撰體例及内容與《太公家教》差距頗大，當係後人仿效《太公家教》，藉名周武王、太公，而題名作《武王家教》的另一部"家教"。其編撰體例顯示出唐代問答體的歷史淵源及其在蒙書編撰中的使用。

今存敦煌寫本的《武王家教》，計有十三件卷號殘本，合校後可得全貌。早在一九五八年王重民便注意到此一蒙書的寫本，他說：

> 我在伯希和所劫的古寫本書中，看到一卷原本《六韜》。是漢代到唐代相傳的原本，所載都是太公對文王和武王所説的種種嘉言懿行。因此，漢唐時代的人，就拿來用爲進德之書。《太公家教》就是本着這個意思，從《六韜》裏取出一些最有進德之助的嘉言，來用作童蒙讀本的。可是《太公家教》是專取的太公對文王説的話；他對武王問的話，別纂成一部《武王家教》[一]。

一九八二年，法國戴密微在《王梵志詩附太公家教》一書的引言中也説：

〔一〕 王重民：《敦煌古籍叙録》，第二二一頁。

　　在某些卷子中，《太公家教》基本上是教導文王的，後面有一名爲《武王家教》的附録[一]。

　　之後，周鳳五一九八五年，《敦煌寫本太公家教（含武王家教）校勘記》[二]，一九八六年，《敦煌寫本太公家教研究》中據九件敦煌寫本《武王家教》進行校勘，并有專章討論有關《武王家教》的相關問題[三]。二〇〇二年，鄭阿財、朱鳳玉《敦煌蒙書研究》則據十一個寫本，進行叙録、録文，探討其來源與性質，成書年代及其與敦煌《雜抄》《義山雜纂》內容雷同的特色[四]。二〇一四年王金娥《敦煌蒙書及蒙學研究》博士論文中，在前賢的基礎上，對《武王家教》也作了録文校釋[五]。金瀅坤《唐代問答體蒙書編撰考察——以〈武王家教〉爲中心》[六]，則關注唐代問答體的歷史淵源、問答體在蒙書編撰中的使用情況，并探究《武王家教》數字冠名分類等相關問題，可供參考。

（一）寫本概述

　　今所知見敦煌寫本《武王家教》，計有十三個卷號。分別庋藏在英、法、俄三國。其中英藏有：斯四七九號、斯一一六八一號等二個卷號，法藏有：伯二六〇〇號、伯二八二五號、伯二九八一號、伯三六七四號、伯四七二四

　　〔一〕　廖伯源、朱鳳玉譯：《戴密微著〈王梵志詩附太公家教〉引言》，《敦煌學》一九八五年第九期，第一一六頁。

　　〔二〕　周鳳五：《敦煌寫本太公家教（含武王家教）校勘記》，收入《鄭因百先生八十壽慶論文集》，一九八五年，第五一三～五一八頁。

　　〔三〕　周鳳五：《敦煌寫本太公家教研究》，明文出版社，一九八六年，第六九～八六頁。

　　〔四〕　鄭阿財、朱鳳玉：《敦煌蒙書研究》，第三七六～三八七頁。

　　〔五〕　王金娥：《敦煌蒙書及蒙學研究》，蘭州大學博士學位論文，二〇一四年，第一七七～一七八頁。

　　〔六〕　金瀅坤：《唐代問答體蒙書編撰考察——以〈武王家教〉爲中心》，《廈門大學學報（哲學社會科學版）》二〇二〇年第四期，第一四一～一五二頁。

號、伯四八九九號、伯五五四六號等七個卷號，俄藏有：俄敦○○九八號、俄敦○○五一三號、俄敦○六○三五號、俄敦一七四四七號等四個卷號，經綴合後，計得九件寫本。兹將寫本概況，表列如下：

敦煌寫本《武王家教》概況表

序號	卷號	寫本狀況	殘存行數	首尾題	題記	同卷蒙書資料
一	伯二六○○號	卷子本首尾俱缺	四十七	尾題"太公家教一卷"		抄：《太公家教》與《武王家教》。卷首前三行爲《太公家教》
二	斯四七九號	卷子本首缺尾完	四十六	尾題"太公家教一卷"	有	抄：《太公家教》與《武王家教》
三	伯二八二五號	卷子本首缺尾完	四十二	尾題"太公家教一卷"	有	抄：《太公家教》與《武王家教》。背有："歸義軍節度使牒""社司轉帖"
四	伯三七六四號	卷子本首尾俱完	三十六	首題："太公家教一卷"尾題："太公家教一卷"	有	抄：《太公家教》與《武王家教》
五	伯四八九九號 伯五五四六號	殘卷	九+二十四	題有"《武王家教》一卷并序"	有	背抄：《千字文》"社司轉帖"
六	俄敦○六○三五號+ 俄敦○○五一三號+ 俄敦○○○九八號+ 俄敦一七四四七號		二十三+十八+十一+九	尾題："□□家教一卷"	有	正面有："學郎詩"。背面有："學郎詩"
七	伯二九八一號	卷子本尾缺	三			計抄：《太公家教》與《武王家教》
八	伯四七二四號	殘片	一			
九	斯一一六八一	殘片	三			

　　法國巴黎國家圖書館已將伯四八九九號與伯五五四六號綴合，歸藏於伯五五四六號，因此 IDP 及法藏圖録已無伯四八九九號的藏卷。另俄藏四個卷號也是同一寫本斷裂，當綴合。依次爲：俄敦六〇三五號＋俄敦五一三號＋俄敦九八號＋俄敦一七四四七號。

　　今存《武王家教》寫本有題記的計有五件，依時代先後爲序如下：

　　　　伯二八二五號題記作：“大中四年庚午正月十五日，學生宋文顯讀，安文德寫。”大中四年庚午，公元八五〇。

　　　　斯四七九號有尾題作“太公家教一卷”。後并有題記作：“［乾］符六年正月廿八日，學生吕康三讀誦記”。乾符六年爲公元八七九年。

　　　　伯四八九九號＋伯五五四六號殘卷綴合。伯五五四六號卷尾有倒書：“伊州學生龍進通書本”。卷背社司轉帖及《千字文》雜寫。有一行題記“乾寧貳年歲次乙卯陰賢信書記之也”。乾寧貳年爲公元八九五年。

　　　　伯三七六四號有題記作：“天復九年己巳歲十一月八日，學士郎張厶乙午時寫記之耳。”天復爲唐昭宗年號，僅有三年，天復九年己巳當爲後梁開平三年，公元九〇九年。

　　按：九件寫本中，伯二六〇〇號、斯四七九號、伯二八二五號、伯三七六四號、伯二九八一號等現存均與《太公家教》合抄，《太公家教》在前，且伯二六〇〇號、斯四七九號、伯二八二五號、伯三七六四號四件均題爲《太公家教》一卷。僅有伯四八九九號＋伯五五四六號題作“《武王家教》一卷并序”；且其内容“夫妻相敬……口人莫與交通，淫人莫與相親”至“此情可藏於金櫃也”爲其他與太公家教合抄的武王家教所無，是敦煌寫本中所僅見的。俄敦六〇三五號＋俄敦五一三號＋俄敦九八號＋俄敦一七四四七號，尾題有“口口家教一卷”殘存“太公曰家有三耗”至“相報，是其常理也”，内容全屬《武王家教》，然不知尾題究竟作“太公”還是“武王”。

　　綜合寫本抄寫情況，顯示出《太公家教》與《武王家教》性質雖然相近，然各自獨立成書，不可混爲一書。

（二）録文

茲以伯二八二五號號爲底本，用伯三七六四號、斯四七九號、伯二六〇〇號、伯四八九九號＋伯五五四六號、俄敦六〇三五號＋俄敦五一三號＋俄敦九八號＋俄敦一七四四七號、伯二九八一號參校，并參酌諸家校録，對底本重新録文，全文如下。

武王家教

武王問太公曰："人生天地之間，以何爲貴？願聞其要。"太公答曰："天下萬物貴賤不等者何，由家有十惡？"武王曰："何名爲十惡？"太公曰："耕種不時爲一惡，用物無道爲二惡，早臥晚起爲三惡，癈作喫酒爲四惡，畜養無用之物爲五惡，不惜衣食爲六惡，蓋藏不牢爲七惡，井竈不利爲八惡，貸取倍還爲九惡，不作燃燈爲十惡。"

武王曰："家無十惡，不富者何？"太公曰："家有三耗。"武王曰："何名爲三耗？"太公答曰："禾熟不收，苦於風雨爲一耗；蓄積在場不早持打，苦於雀鼠爲二耗；盆甕碓磑覆蓋不勤，掃略（掠）不净爲三耗。"

武王曰："家無三耗，不富者何？"太公曰："家有三衰。"武王曰："何名爲三衰？"太公曰："恃酒健鬪爲一衰；子逐他婦，婦逐他夫爲二衰；手不執作，專爲盜賊爲三衰。"

武王問太公曰："人命長短不等者何？"太公曰："世人由家，有一錯、二誤、三癡、四失、五逆、六不祥、七奴、八賤、九愚、十狂。"

武王曰："何名爲一錯？"太公曰："養子不教爲一錯。"

［武王曰］："何名爲二誤？"太公曰："貪酒逐色爲一誤；不擇師友，損辱己身爲二誤。"

［武王曰］："何名爲三癡？"太公曰："誹謗調戲爲一癡，未語先笑爲二癡，言語不善爲三癡。"

［武王曰］："何名爲四失？"太公曰："好挽他弓，好騎他馬爲一失；飲他酒，勸他人爲二失；喫他飯，笑他人爲三失；借他物，轉借人爲四失。"

［武王曰］："何名爲五逆？"太公曰："不孝父母爲一逆，不愛師友爲二逆，事官不勤爲三逆，違上命教爲四逆，鄉黨不相脣齒爲五逆。"

[武王曰]：“何名爲六不祥？”太公曰：“與惡人交往爲一不祥，無事生嗔爲二不祥，輕慢師長爲三不祥，夜起露形爲四不祥，非理求財爲五不祥，有過不改爲六不祥。

[武王曰]：“何名爲七奴？”太公曰：“跣脚下床爲一奴，食不漱口爲二奴，著鞋上床爲三奴，起立著褌爲四奴，坐起背人爲五奴，露形洗浴爲六奴，口面不净爲七奴。”

[武王曰]：“何名爲八賤？”太公曰：“行步匆匆爲一賤，蹺脚立尿爲二賤，坐不端正爲三賤，你我他人爲四賤，唾涕汙地爲五賤，著雜色衣裳爲六賤，不自修飾爲七賤，坐不擇地八賤。”

武王曰：“何名爲九愚？”太公曰：“躭酒逐色爲一愚，求財不足爲二愚，好衣薄德爲三愚，自談己善爲四愚，好説他人爲五愚，慳貪恡惜爲六愚，妒嫉勝己爲七愚，行惡不慮爲八愚，被辱不耻爲九愚。”

武王曰：“何名爲十狂？”太公曰：“爲下忤上爲一狂，説他密事爲二狂，立身無志爲三狂，不修道業爲四狂，見善不習爲五狂，輕慢勝己爲六狂，嗔他行善爲七狂，同類相欺爲八狂，專習鷹犬爲九狂，讒説他人爲十狂。”

《禮記》云：“君子不失色於人，不妄言於口。”《莊子》云：‘吾比養汝，憐汝極深；汝今養子，應知吾心；汝今不孝，子亦如之；相續相報，是其常理也。’”

[武王曰]：“欲成益己如之何？”太公曰：“五穀養人，種之；六畜代人，畜之；家産生活，勤之；酒能敗身，去之；色能喪身，畏之；口能招禍，慎之；雖豐錢財，儉之；糧食少短，節之；尊長教誨，依之；勤奴健婢，憐之；若有愆過，罸之；自能歸首，恕之；惡人欲染，避之；恭勤孝養，習之；口欲出言，審之；無財與者，悦之；不自決者，問之；言語不典，正之；引道苦空，化之。”

武王曰：“欲教子孫如之何？”太公答曰：“爲子慈孝，爲父威嚴，爲兄矜和，爲弟孝順，夫妻相敬，莫與□□。□人莫與交通，淫人莫與相親；他奴莫與語，他□□□□，□□家特可遠之。飲君酒莫嫌薄食，□□□□（莫）嫌粗，受君賜莫□（嫌）惡。孤寡莫近，小人莫欺。樗蒲六博，令汝家貧；貪淫嗜酒，豈不滅身。”莊子云：“窮巷莫立，他牆莫窺，他弓莫挽，他馬莫騎，他兒莫抱，他事莫知。窮巷莫立，道理長爲。他墻莫窺，自慎防之。他弓莫挽，豈自張；他馬莫騎，量自傷；他兒莫抱，豈驚忙；他事莫知，無禍殃。"

男教學問，擬待明君；女教針縫，不犯七出。〔日〕常莫用佞言，治家莫取婦語；憐子始知父慈，身勞方知人苦。慎莫多事，多事被人憎；見事如不見，無言最爲能；莫爲無益事，莫居無益鄰；莫聽無益語，莫親無益人。此情可藏於金櫃也。

武王家教一卷

（三）年代、性質與形成

與唐代一般通俗蒙書一樣，《武王家教》也是不著撰人，且爲歷代史志所不録，因此其成書年代頗難考訂。祇能從寫卷抄寫的年代來推知其流傳的時代，并從其内容來考察其成書的大致時期。

在今存的十三個敦煌寫本《武王家教》殘卷中，有題記可考抄寫年代的計有三件，依時代先後分别爲：伯二八二五號題記中的大中四年，即公元八五〇年；斯四七九號題記中的乾符六年，即公元八七九年；伯三七六四號題記中的天復九年己巳歲，當爲後梁開平三年，公元九〇九年。是《武王家教》寫本的抄寫年代蓋在晚唐五代。其成書的下限當不得晚於大中四年，即公元八五〇年。

王重民《敦煌古籍叙録》中以爲漢唐時從原本《太公六韜》中撮取進德之助的嘉言，用作童蒙讀本。其中專取太公對文王的問答則成《太公家教》一書，而太公與武王的問答則别纂成《武王家教》一部[一]。周鳳五則以爲《太公家教》從篇首自序到篇末跋尾，看不出那一句是"太公對文王説的話"，更找不著一絲一毫文王的蹤影。他發現《武王家教》篇首的一段：

　　武王問太公曰："凡夫皆蒙天地覆載，何爲貴賤不等、貧富不同？願

〔一〕 王重民：《敦煌古籍叙録》，第二二一頁。

爲説之。"太公答曰："天下萬物不等者何？由家有十惡。"武王曰："何名爲十惡？"太公曰："耕種不時爲一惡，用物無道爲二惡，早臥晚起爲三惡，廢作喫酒爲四惡，畜養無用之物爲五惡，不惜衣食爲六惡，蓋藏不牢爲七惡，井竈不利爲八惡，貸取倍還爲九惡，不作燃燈爲十惡。"

與《初學記》卷一八中所引《太公六韜》中的：

武王問太公曰："夫貧富豈有命乎？將治生不得其意？"太公曰："盗在其室！計之不熟，一盗；收種不時，二盗；取婦無能，三盗；養女太多，四盗；棄事就酒，五盗；衣服過度，六盗；封藏不謹，七盗；井竈不便，八盗；舉息就利，九盗；無事燒火，十盗。安得富也。"〔一〕

二者確有雷同之處。而《初學記》所引《太公六韜》不見於今本，且内容所言不外庶民的日常生活之道，也不像出自《六韜》這種討論"取天下與軍旅之事"（《漢書・藝文志》語）的書。因此，認爲《武王家教》所見太公、武王問答的形式與兩漢以來相傳《太公書》的基本形式一致，很有可能是從《太公書》中脱化而來的。即或不然，至少也是後人模仿《太公書》的形式寫成的。

無論《武王家教》的來源是從兩漢以來相傳的《太公書》所托胎轉化而來，還是模仿《太公書》的形式所編寫而成的，它的性質都是用來作爲童蒙讀本則是肯定的。我們從今所得見的十三件敦煌寫本來考察，其中，斯四七九號、伯二六〇〇號、伯二八二五號、伯二九八一號、伯三七六四號等五件都是與《太公家教》合抄在一起，可見他的性質也是與《太公家教》一樣，都是爲"助誘童兒"所編的蒙書。另一方面，從斯四七九號的題記："學生吕康三讀誦記"；伯二八二五號的題記："學生宋文顯讀，安文德寫。"以及伯三七六四號的題記："學士郎張厶乙午時寫記之耳。"更

〔一〕　周鳳五：《敦煌寫本太公家教研究》，第七五～七六頁。

清楚地確定《武王家教》是唐五代時期"學生""學士郎"所用來讀誦的教材無疑。

（四）編撰形式的特色

《武王家教》的編撰特點就是采用了"武王問太公"的問答體，兼采經典摘編，融匯"家教體"而成。對於《武王家教》的編撰體例，金瀅坤曾做了《唐代問答體蒙書編撰考察——以《武王家教》爲中心》有了深入的分析與論述[一]，文中以爲:《武王家教》中采用的"武王問太公"問答體大致可分爲三個部分：其一，第一至四問采用連續兩級問對，引出"十惡"到"十狂"等十三類問題，以太公對答的形式，摘引、摘編相關典籍、流行俗語中的諸種不當、不雅行爲，以數位冠名事類，分類羅列。其二，第五至六問采用單級問對，但對答形式采用蒙書編撰常用的"家教體"，即四至六言對偶句，對前四問相關對答進行總結和提升。其三，最後兩問對答之間，夾雜了"經典摘編"和"藉名經典云"的内容，對此前相關對答的不足進行補充。

有關《武王家教》問答體的直接影響，周鳳五《敦煌寫本太公家教研究》、鄭阿財、朱鳳玉《敦煌蒙書研究》，都曾指出《武王家教》的"十惡"與《六韜》之"十盗"内容存在着摘引關係。金瀅坤除了對《武王家教》問答體和數字冠名進行了文化溯源，更就《武王家教》中"武王問太公"的問答體與《六韜》中的相關内容進行了更進一步的詳細比較。將《武王家教》的問答體持與《雜抄》《孔子備問书》《辩才家教》等各類敦煌蒙書，分別就簡單問答體、實名問答體與借名問答體等三種類逐一比較，論述其關係與影響。以爲《武王家教》編撰形式的最大特點就是以"武王問太公"的問答體，并以此冠名"武王家教"，以問答形式分別問答了十五類問題，指出人生尊卑、貧富、壽命長短、成就和子孫教養等，取決於七十一條不良、不當行爲舉止。具體來講，前五大類"武王問太公"的問答體，基本上是從《六韜》

〔一〕 金瀅坤：《唐代問答體蒙書編撰考察——以〈武王家教〉爲中心》，《廈門大學學報（哲學社會科學版）》二〇二〇年第四期，第一四一～一五二頁。

《雲笈七籤》《義山雜纂》《雜抄》等典籍、蒙書和俗語中，摘引當時流行的、有關修行的俗語、諺語內容，在保持原有語言風格的基礎上，以數字冠名，分類排序，方便子弟學習和記憶。

至於伯四八九九號＋伯五五四六號別本增補的第六問，就是爲了進一步提高其權威性，模仿《辯才家教》問對體中"借名經典云"的方式，增加了"《莊子》云"部分，實爲對《太公家教》等蒙書相關內容和流行諺語、俗語的摘編和改寫，與《莊子》沒有太大關係。

再從各本《太公家教》《武王家教》抄寫的原生態來考察，顯示《太公家教》有序、正文及跋。跋文之前，所有寫本多都有《武王家教》的任何內容，說明《太公家教》是獨立完整的一部蒙書。今見抄有《武王家教》內容的寫本，除了伯四八九九號＋伯五五四六號一件的卷背題有"《武王家教》一卷并序"并無序文內容。與正面抄者字迹不一，顯爲後加外，其他均無《武王家教》的題名。又所有史志目錄及載籍著錄，乃至敦煌各蒙書中均未言及《武王家教》。再者，所有抄有《武王家教》內容的寫本，均接抄在《太公家教》跋文之後，抄完《武王家教》後卷末有尾題亦作"《太公家教》一卷"，似將《武王家教》內容也視爲《太公家教》的一部份。伯二八二五號《太公家教》跋後尾題"太公家教一卷"隔行緊接抄《武王家教》內容，結束後卷末又尾題"太公家教一卷"顯示《武王家教》的內容乃屬後加。尤其今存《武王家教》似未見有定本，各寫本結尾非一，如伯二六〇〇號至"爲父威嚴"止，斯四七九號至"爲弟孝順"止，伯二八二五號、伯三七六四號、俄敦六〇三五號＋俄敦五一三號＋俄敦九八號＋俄敦一七四四七號等三件至"是其常理"止。伯四八九九號＋伯五五四六號則較諸本多出了"夫妻相敬……□人莫與交通，淫人莫與相親"至"此情可藏於金櫃也"。

蓋或以爲《太公家教》的"太公"乃釣魚渭水河濱八十始遇文王，後輔武王滅紂興周的姜太公，并因《太公六韜》有"武王問太公曰"，因而引發聯想，乃於傳抄《太公家教》之時，將相關格言諺語，時尚短語串話冠以"武王問太公曰"隨手抄錄，附錄於《太公家教》文末，之後漸次增多，遂有脫離《太公家教》之依附而獨自成篇之思，終至有《武王家教》名目之出現，因而添加"《莊子》云"等經典摘編內容，以爲獨立成篇而總結之舉。所以伯四八九九號＋伯五五四六號後出現有"夫妻相敬……□人莫與交通，淫人莫與相親"至"此情可藏於金櫃也"一段約二三〇字的添加，蓋用以收結尾完繕之功。故《太公家教》與《武王家教》的内容及語言風格呈現明顯不搭，自是不難理解之事。

（五）《武王家教》的語言及其蒙書特色

筆者在《敦煌蒙書的語言形式與熟語運用析論》一文中特別關注依附《太公家教》後的《武王家教》一卷[一]，除了數目特色之外，還有另一特色，即所有的串話標目均爲負面貶義詞，其所列舉的短言串話，如"十惡""三耗""三衰"，及"一錯、二誤、三癡、四失、五逆、六不祥、七奴相、八賤、九愚、十狂"等唐代社會鮮明的熟語，及列舉現實生活言行舉止違礙的負面事例，以突顯正面積極示範爲主，反向負面消極除錯避過爲輔雙向教育的發展。這種跳脱傳統蒙書正面典範教學之窠臼的大膽嘗試，對於蒙書實際教誡的傳播效用當具有一定提陞的積極意義。

類似的這些内容與語言形式，在民間教材《雜抄》的卷末也出現有"世上略有十種剳窒之事""十無去就""五不達時宜""五無所知""五不自思度""六癡""六頑"等[二]，不但與李義山《雜纂》的性質、形式相同，甚至與《雜纂》第二十六項"不達時"十三則，第三十九項"失去就"十一則，第十一項"強會"七則，内容頗多相同，甚至有些可彼此互爲訂正。

再者《雜纂》各項目均係針對庶民的生活舉止而發，且其内容亦多充滿灑掃應對進退，食息言動的教誡，足證此書當是爲庶民教育而編。此類唐五代民間流行的通俗讀物，與《武王家教》頗有雷同的内容，我們通過相互的比對，當不難考察其時代。以下略舉二者相應的部分條目，以見其關係之一斑。

《武王家教》云：

〔一〕 金瀅坤：《唐代問答體蒙書編撰考察——以〈武王家教〉爲中心》，《廈門大學學報（哲學社會科學版）》二〇二〇年第四期，第一五三~一六三頁。

〔二〕 參見本書第三章第一節《雜抄》。

耕種不時爲一惡。

早臥晚起爲三惡。

畜養無用之物爲五惡。

不惜衣食爲六惡。

蓋藏不牢爲七惡。

蓄積在場不早持治，苦於雀鼠爲二耗。

盆甕碓磑覆蓋不勤，掃掠不净爲三耗。

未語先笑爲二癡。

好挽他弓，好騎他馬爲一失。

着鞋上床爲三奴。

説他密事爲二狂。

《雜抄》云：

"世人略有十種劄窒之事"：

見人着新衣，强問他色目，是一。

見他人鞍馬乘好，强逞乘騎，是二。

見人書籍，擅把披尋，是三。

見他弓矢，擅把張挽，是四。

見他所作，强道是非，是五。

見他書蹤，强生擅剝，是六。

見人鬥打，出熱助拳，是七。

見人爭論，傍説道理，是八。

買賣之處，價會纏談，是九。

不執一文，强酬物價，是十。

"言十無去就者"：

不卸帽道暄凉，一。

言語多猥談，二。

不叩門直入人家，三。

主人未揖，先上廳，四。

作他床椅，交尻脚，五。

居席不慎涕唾，六。

主人未勸先舉匙箸，七。

探手隔人取美食，八。

眾人飯未了，先卸匙箸，九。

不離坐便漱口，十。

《雜纂》云：

耕種醞造及時。（必富七）

早臥晚起。（須貧二）

漫藏貯不堪物。（須貧一○）

拋散飲食（須貧七）

家事不愛惜（須貧一四）

倉庫不典檢。（須貧六）

莊園不收拾。（須貧八）

狼藉米穀。（須貧五）

未語先笑。（少知塵俗四）

見他弓矢强彈射。（强會三）

見他鞍馬逞乘騎。（强會二）

着鞋臥人床。（少知塵俗一○）

説他人密事。（愚昧五）

這些與兩漢以來相傳的《太公二百三十七篇》似有淵源，但這并不表示它是唐代以前的作品。所謂"有淵源"，即指由《太公書》脱化或模仿而成，試以唐人寫的《義山雜纂》以及敦煌寫本《雜鈔》來與《武王家教》互相參照，便可以發現《武王家教》的大部分内容確屬唐人的手筆無疑。

《義山雜纂》"須貧"類有"早臥晚起""倉庫不點檢""莊園不收

拾""漫藏無用物""狼藉米穀""家事不愛惜"等項,分别見於《武王家
教》云:

(一)早臥晚起爲三惡。

(二)蓄積在場不早持治,苦於雀鼠爲二耗。

(三)盆甕碓磑覆蓋不勤,掃掠不净爲三耗。

(四)畜養無用之物爲五惡。

(五)蓋藏不牢爲七惡。

(六)不惜衣食爲六惡。

(七)着鞋上床爲三奴。

(八)未語先笑爲二癡。

至於敦煌《雜鈔》與《武王家教》雷同的有"知過不改"與"不敬師
長",都在所謂"八頑"之列;《武王家教》則以"有過不改"爲"六不祥",
以"不愛師友"爲"二逆","輕慢師長"爲"三不祥"等。

《義山雜纂》、敦煌《雜鈔》與《武王家教》有上述雷同或類似的文句,反映
出三者具有相同的時代風氣與社會背景,從而表現共同的日常生活教養。誠然,
這些教養問題都是農業社會所共同具有的,但我們應該注意,直到南北朝時代
才有後魏的賈思勰撰寫《齊民要術》,記録農民日常生活必備的農桑、栽培、耕
織、養殖、加工、儲藏等技術[一],則有關農耕社會下的禮俗、儀節、行爲規範等
的出現應當更在其後,大致在隋唐時代[二]。這也多少解釋了何以《太公家教》與
《武王家教》產生在唐代的原因。就社會結構的角度觀察東漢以後豪門世家的形
成,爲士大夫的"家誡""家教"奠定了社會基礎;隋唐以後,隨着社會生活的

〔一〕 參考(北魏)賈思勰撰,繆啓愉校釋:《齊民要術校釋》。《齊民要術》的寫作,
據繆啓愉説當在東魏初年(公元六世紀三〇年代左右)。

〔二〕 按:士大夫家訓之類的著作,也是到了隋代(公元七世紀)顏之推《顏氏家
訓》的内容才粲然可觀。那麽,一般庶民的通俗化的家訓在此之後才開始出現,應該是合
於邏輯的。

改變，塢堡式的莊園解體，農村聚落的生活形態使得一般平民也開始注意倫理道德與行爲規範的必要，從而產生敦煌所見大量庶民性的《家教》《書儀》等作品。在平民教育方面，佛教寺廟對當時的社會也起了極大的影響，例如變文、佛曲的弘揚孝道與闡述通俗的人生哲理，對當時一般人的日常生活都極富教育與規範意義。甚至還有一本與佛教頗有淵源的《辯才家教》，結合淺近通俗的佛學常識與倫理道德，對一般人提供教化與指引。凡此種種都讓我們認識到，一方面《武王家教》的形式可能前有所承，但另一方面其寫作的時代背景與社會基礎又確屬唐代，也正因此，我們才看到一個具有兩漢以來相傳的《太公書》的形式特徵，却又充滿唐代庶民生活意識的《武王家教》。

三 《辯才家教》

題名爲《辯才家教》的蒙書是敦煌唐五代至北宋期間家訓、家教流行的遺存中，特殊的一種，是以佛教人物"辯才"的身份宣說教誡，内容儒釋交融，可說是家教的別裁，然發現以來研究篇章不多。

較早披露《辯才家教》的是早期能親眼目睹，廣泛披閲英、法及北京所藏敦煌原卷的學者王重民。他一九三四年奉派前往法國國家圖書館工作，協助伯希和整理研究敦煌遺書，不但閲卷最多，且編有目錄，并隨時將閲讀所得撰就叙録跋文，其中便曾對法藏伯二五一五號《辯才家教》寫本做過跋文，唯生前并未發表，直到一九八二年夫人劉修業將其遺稿加以整理，於北京大學中國中古史研究中心編的《敦煌吐魯番文獻研究論集》發表了《敦煌寫本跋文（四篇）》一文[一]，始刊布其《敦煌寫本〈辯才家教〉跋》一篇，此跋簡短的介紹伯二五一五《辯才家教》寫本的概況，云：

> 伯二五一五號寫本，首尾完整，前有叙言。全書分十二章：貞清門第
> 一，省門章第二，勸善門章第三，六親章第四，積行章第五，十勸章第六，

〔一〕 王重民遺稿：《敦煌寫本跋文（四篇）》，《敦煌吐魯番文獻研究論集》，中華書局，一九八二年，第一~五頁。

經業門章第七……貞女章第九，合空四宗教章第十，五宗教章第十一，善惡章第十二，末有"甲子年四月廿五日顯比丘僧願成俗姓王保全記"一行。

大意以修身治家爲主，糅合釋道之説，而總歸於儒。雖託之辯才，卷末結言亦仿佛偈，而立言則與釋子爲遠，蓋通俗社會上一般人之觀念，多如是也。

每章或託之學士問，辯才答，以發揮意見。然多韵語，五言者如白話詩，七言者如唱經文；至於四宗教章爲四言，五宗教章爲五言，則其命名，又本于文辭[一]。

王氏之後，一直要到一九八六年才先後有周鳳五《敦煌寫本〈辯才家教〉初探》[二]，王國良《敦煌寫本〈辯才家教〉卷子補説》[三]。二〇〇〇年，葉永勝《敦煌本〈辯才家教〉初探》[四]，二〇〇二年鄭阿財與朱鳳玉合著的《敦煌蒙書研究》第四章《敦煌寫本德行類蒙書》第二節"家訓類蒙書"中曾據二件敦煌寫本《辯才家教》進行叙録[五]，初步迻録全文，并對其命名與時代、内容與形式、及其與其他蒙書之關係進行論述；二〇〇七年合著《開蒙養正：敦煌的學校教育》立有《寺學自編〈辯才家教〉》一節加以論述[六]。二〇一四年王金娥《敦煌蒙書及蒙學研究》在前賢的基礎上，對《辯才家教》進行校釋[七]。

〔一〕　王重民遺稿：《敦煌寫本跋文（四篇）》，《敦煌吐魯番文獻研究論集》，第四~五頁。

〔二〕　周鳳五：《敦煌寫本〈辯才家教〉初探》，《古典文學》一九八六年第八輯，第二一九~二四三頁。

〔三〕　王國良：《敦煌寫本〈辯才家教〉卷子補説》，《國文天地》一九八六年第一二期，第七七~七九頁。

〔四〕　葉永勝：《敦煌本〈辯才家教〉初探》，《1994年敦煌學國際研討會文集：紀念敦煌研究院成立五〇周年（宗教文史卷）下》，甘肅民族出版社，二〇〇〇年，第二一三~二二五頁。

〔五〕　鄭阿財、朱鳳玉：《敦煌蒙書研究》，第三八八~四〇一頁。

〔六〕　鄭阿財、朱鳳玉：《開蒙養正：敦煌的學校教育》，第八三~八九頁。

〔七〕　王金娥：《敦煌蒙書及蒙學研究》，蘭州大學博士學位論文，二〇一四年，第一八八~二〇四頁。

個人認爲“辯才”一詞，就其命名與内容而論，當是出自佛教徒之手，作爲寺院用來教育童蒙而編的德行教材，是唐代家教類蒙書的別裁。敦煌文獻中二件寫本的發現，使後人得以獲睹《辯才家教》的全貌。儘管伯二五一五號、斯四三二九號二件寫本過去已公布，學者也有據以校録，然由於以往條件有限，公布的寫本品質不佳，特別是伯二五一五號多有漫漶不清，録文不乏疑義。二〇〇三年暑假，我前往法國巴黎訪問研究，於國家圖書館東方稿本部閱覽敦煌寫本，特別申請調閱伯二五一五號原卷，詳細校對了《辯才家教》寫本，做成筆記，二〇一九年，參加中華炎黄文化研究會童蒙文化專業委員會“第四届國際學術研討會”，特撰《家教別裁〈辯才家教〉校釋及綜論》再核對近年IDP高清晰數位掃描影像〔一〕，重新校録，并略加校釋，在此基礎上觀察唐代佛教中國化、世俗化的具體作爲，藉此一窺敦煌寺學教育的一斑；同時透過對《辯才家教》内容的析論與理解，進一步考察唐五代時期佛教寺院在當時社會所扮演的功能。以上可資參考。

（一）録文

今所知見敦煌寫本《辯才家教》，計有二件，分別庋藏在法國巴黎國家圖書館、英國倫敦不列顛圖書館，編號：伯二五一五號及斯四三二九號。兹將寫本概況表列如下：

敦煌寫本《辯本家教》概況表

序號	卷　號	寫本狀況	行數	保存部分	首尾題	題記	同卷資料
一	伯二五一五號	卷子本首尾俱完	一一一		首題“辯才家教卷上 并序”。尾題“辯才家教一卷”	有	
二	斯四三二九號	卷子本首尾俱缺	四九	第八章至第十二章		有	背面：醫方

〔一〕 鄭阿財：《家教別裁〈辯才家教〉校釋及綜論》，收入金瀅坤主編：《童蒙文化研究》第四卷，第八五～一一一頁。

兹以伯二五一五號寫卷爲底本，用斯四三二九號參校，并參考諸家録文，重新録校，全文如下：

《辯才家教》卷上 并序

昔辯才者，是不可思議人也，是善知識，教化閻浮提衆生成道，免墮迷愚之中，癡頑之類。人身難得，中國難生，却遇迷〔昧〕。自須添知，會其八節，知〔其〕四季，酌量時候，稟其年歲。時豐即賤，凶年即貴。栽樹防熱，築堤防水，積行防衰，積穀防饑。懃讀詩書，自然足知。學時維（雖）難，用〔時〕還易。魚潛〔江〕海，須愧其水，鶴寄千林，高枝即貴。奉勸時人，須於此義。不可輕學。辯才之美。齋之足知，達之義理，終身無咎。人之仰貴，譬如土生□□，金生麗水。

　貞清門第一

學士問辯才：何名爲貞清？辯才答曰：“欲嗔即喜，欲恨即休；欲貪即止，欲財即收，人來相嗔，以德報德。人欲相讎，以怨報而不絶，則行是人之本也。欲立其身，先立他人。危人自安，死門何遠。即要立身，須得良友。近賢者德，近賊者憂。衣破須補，屋漏須修。好事即須懃學，惡事不可懃求。結交須先離己，負心必見怨讎。”

　省〔事〕門章第二

學士問辯才曰：“如何省事？”辯才答曰：“但行正直，莫行諂曲。大道如行，免登山谷。莫輕他人不被辱，知理識分，得人□録。酒莫多吃，必無犯觸；財莫多貪，免遭枷獄。官法明明，恪令如燭。吾語不可忘，弟子須開耳目。勸時不聽吾言，一朝悔將何及。”

　勸善門章第三

學士問辯才曰：“善門有何因緣？”辯〔才〕答曰：“萬般求法，不如勸心；千種多知，不如禁口。三教之中，尫惡不過穢言；一切名香，〔□□〕不過善語。《孝經》云：‘言滿天下無口過，行滿天下無怨惡。’磨刀恨不利，刀利傷人指；求財恨不多，財多害人己。不枉法，不得財；若枉法，禍必來。君子愛財，取之有道；貞夫愛色，納之以禮。莫將有限之身，求無限之寶。誦（頌）曰：‘勸君莫貪財，貪財禍必來；於道但依人，法門爲誰開。’”

　六親章第四

立身須行孝，家務亦殷懃。出門求諸事，先須啓二親。善言勝美味，含
笑莫懷嗔。好兒和眷屬，好婦和六親。爲人莫驕慢，爲禮莫因循。侍奉莫辭
苦，禮業莫辭辛。在衆莫人我，非親莫爲親。出行須讓道，言語莫傷人。傷
他還自傷，更交斷説人。有茶屈東舍，有酒命西鄰。出去入他户，人來莫閉
門。輸官莫在後，種蒔莫傷春。居村莫越衆，衆處莫超群。言多有何益，少
語省精神。好賄莫爲友，好殺莫〔爲〕朋。分争莫爲理，五眼莫爲鄰。非
〔食莫〕淘米，不作莫燃燈。從頭須節省，免後受饑（飢）貧。

積行章第五

學士問辯才曰："何名爲積行？"辯才答曰："積行防衰，積穀防饑，積
義防虧。積善之家，必有餘慶；積惡之家，必有餘殃。終日行善，善猶不足；
一日行惡，惡及（即）有餘。《老子》云：'一朝不洗面塵生，一日念善諸惡
超。時人祇〔解〕水洗面，不解用善静其心。'以偈誦曰：'家教看時真似淺，
款曲尋思始知深。向外搜求無可覓，五獄山中鬧如林。夢裏昏昏無不見，學
來惶惶用意尋。賤人賤薄輕文字，貴人貴即重如金。剪截浮調宣要妙，無過
彼此不相侵。'"

十勸章第六

學士問辯才曰："十勸之中，有何所得？"辯才答曰："十勸之中，非常
利益。善（若）能於此教，的然無惧失。誦（頌）曰：'勸君一。居家濟濟無
啾唧。約束莫交行詐僞，即此無灾身大吉。一行若也有參差，百行之中將惚
失。傍人免道家教疏，家教天生道理密。勸君二。莫令小女知家事。八十老
人學種田，由自不得天心至。勸君作小用尊言，稟受虔心須用耳。保愛六親
行善緣，此是男兒在終始。勸君三。雖然成長未更諳。見他人笑學他笑，述
意愚癡未所堪。使交出去遣人愁，父母恩言苦再三。即可送入于學門，莫交
夫子就門參。勸君四。修德人身莫取此。親近智人學風流，交伊遠近傳君子。
合有人情須精盡，若没人情狗相似。即徒迤邐勸成人，不是辯才誇文字。勸
君五。侍奉不可辭〔辛〕苦。十月懷躭起坐難，報取三年親乳哺。不論男女
一般憐，惚隨恩愛無他苦。既若不聽辯才言，請問慈烏來反哺。勸君六。家
貧不用貪酒肉。一種營農一種田，因甚你家偏不熟？冬前不見秋耕地，春時
難可求資畜。無柴無米及無鐺，誰人肯煮無米粥？勸君七。囑咐殷懃非今日。

立身若也不殷懃，懶惰慵饞惟樂乞。屍陀林裏覓蓬僚，如此般流非不一。當時不納辯才言，一入閻門無處出。勸君八。立身切莫親屠殺。世間生死有論（輪）回，冤家并對詞難説。將心悔不早［思］惟，負命有讎須救拔。願身早賜登生路，轉勸修行休宰煞。勸君九。事須小吃無名酒。多吃令人失禮儀，醉後人傳無去就。醉時狂語萬般言，衆人責辱千般有。醉時不聽辯才言，須向人前呈羞醜。勸君十。知有法門何要入。縱有妖邪索命來，遠離濁泥净處立。但以心中行正直，非理誰人何所及？十善之中惣能依，季不將心求節級。’”

經業門章第七

學士問辯才曰：“何名爲經業？立誰爲師？立誰爲主？”辯才答曰：“自修自整，自治自教。立心爲師，立身爲主。自製家業，自用本智。不笑貧窮，不羨富貴。不作非違，不愁道理。不解經榮（營），不求名利。不犯官愆，不怕神鬼。黄昏則睡，天明則起。不飲杯觴，不愁酒醉。不參上下，不問名諱。病來即臥，病差即起。活則且住，死來即去。亦不求神，亦無禍祟。求神若得病差，▭

［本利章第八］

［學士問辯才曰：“▭？”辯才］答曰：“以身爲本，以財爲利。莫損其身，莫求其利。莫説他非，莫論他事。莫笑貧窮，莫羨富貴。兢兢自使，戰戰自治。用天之道，分地之利。謹身節用，莫違甘旨。饑即投人乞食，渴即甘泉飲水。閑來窗下讀書，悶則房中穩睡。孝養堂前父母，出入惣須安委。夜間即須脱服，旦朝還須早起。待來參却大人，便須庭前掃地。然可梳頭洗面，處分廚中妯娌。出語切莫高聲，少長［▭］在分義。叔母抱柴着火，伯母則即就水。一個揀擇菜蔬，一個便須淘米。妯娌切須和顔，各各須知次第。大人若有指撝，切莫强來説理。男女恩愛莫偏，遞互莫令有二。孝順和顔姑嫜，切莫説他兄弟。内外惣得傳名，親族必應歡喜。若乃依此而行，便是孝名婦禮。”

貞女章第九

學士問辯才曰：“貞女之門如何？”辯才答曰：“貞女娉與賢良，謹節侍奉姑嫜。嚴母出貞女，嚴父出［賢］良。侍奉殷懃莫虧失，免令損辱阿爺娘。

身體髮膚須保愛，父母千金莫毀傷。勸君審思量，莫護短，必壽長。内外莫稱揚。行善巧，必無殃。積行惡，招不祥。依律吕，合宫商。但取弱，莫諍强。懃節省，必餘糧。無失錯，大吉昌。"

四字教章第十

學士問辯才曰："四字言教，有何所得？"辯才答曰："四字教中，非常利益。偈曰：'人栽香樹，肯生荆棘？但行布施，莫生悋惜。冬委閑牛，春耕得力。春養强苗，秋成必稷（積）。懃耕之人，必豐衣食。懃學之人，必其（居）官職。耕田不種，損人功力。有子不教，費人衣食。有衣但著，有飯但吃。忽爾無常，與他誰吃？朋友之言，而有信的。人行善願，必逢知識。人行惡願，禍必來積。再勸殷懃，自須努力。'"

五字教章第十一

學士問辯才曰："五字言教，有何所能？"辯才答曰："勸君須覺悟，凡事審思量。口飡嘗百味，智慧實能强。出語能方便，勝燒百和香。少言勝多語，柔軟必勝剛。肚裏無慚愧，何勞遠送香。出語如刀切，發意似劍鎗。一朝危厄至，悔不早思量。"

善惡章第十二

學士問辯才曰："何名爲善惡？"辯才答曰："居家何以逆？兄弟姒娣無知識。居家何以義？兄弟姒娣相委記。居家何以惡？兄弟姒娣不相託。居家何以好？兄弟姒娣不相道。居家何以分？兄弟姒娣不相遵。居家何以貧？兄弟姒娣不殷懃。居家何以富？兄弟姒娣相倚付。居家何以賤？兄弟姒娣相讒［言］。居家何以貴？兄弟姒娣常歡喜。居家何以破？兄弟姒娣争人我。居家何以成？兄弟姒娣有恩情。居家何以失？兄弟姒娣恒啾唧。居家何以委？兄弟姒娣如魚水。

爾時學士問辯才曰："悉以廣法，普濟群生。教□［導］愚迷，未辨賢英。常用智慧，如燭照明。幽顯章句，汝等審聽。能依教法，信受奉行。"

《辯才家教》一卷

（二）名義與時代

1.《辯才家教》的釋名

"辯才"一詞又作"辨才"，原爲佛家語。意指善巧解説佛法，具辯説之才。隋朝净影寺慧遠《無量壽經義疏》卷一："言巧稱妙。言能辯了。語能才巧。故曰辯才。"〔一〕今成語中有"辯才無礙"一詞，形容能言善辯，其語也是出自佛教，意謂佛菩薩等講説佛法，道理圓通，言詞流暢，毫不障礙。如《大乘起信論》卷一："或令人知宿命過去之事，亦知未來之事，得他心智辯才無礙。"〔二〕唐朝玄奘《大唐西域記》卷五"缽邏耶伽國"："城中有外道婆羅門，高論有聞，辯才無礙，循名責實，反質窮辭。"〔三〕

此外，"辯才"一詞又是僧侶法號。唐五代期間，釋徒以"辯才"爲名者，計有二位。一位是初唐書法名僧智永的弟子，俗姓袁，居越州永欽寺僧辯才。另一位則是中唐時，俗姓李，襄陽人的能覺大師辯才。

宋贊寧《宋高僧傳》載録有關能覺大師辯才的傳記，最爲詳細而確實。其中尤其提及：

> 天寶十四載。玄宗以北方人也，稟剛氣，多訛風，列刹之中，於習騎射，有教無類，何可止息，詔才爲教誡，臨壇度人。至德初，肅宗即位。是邦也宰臣杜鴻漸奏才住龍興寺。詔加朔方管内教授大德，俾其訓勵，革獫犾之風，循毗尼之道〔四〕。

知此"辯才"在唐玄宗時曾受詔爲朔方郡教誡。肅宗至德初（七五六），河西節度使、涼州都督杜鴻漸，奏請住龍興寺，詔加朔方管内教授大德。辯才大師長期宣教化于朔方塞外，聲聞遠播，是疑《辯才家教》的"辯才"當指此"辯才"。

〔一〕（隋）慧遠：《無量壽經義疏》，《大正新修大藏經》第三七册，第一七四五號第一〇〇頁，中欄第六~七行。

〔二〕［印］馬鳴菩薩著，梁天竺三藏真諦法師譯：《大乘起信論》，《大正新修大藏經》第三二册，第一六六六號佛經，第五八二頁，中欄第一一~一二行。

〔三〕（唐）玄奘、辯機原著，季羨林等校注：《大唐西域記校注》，中華書局，一九八五年，第四六一頁。

〔四〕（宋）贊寧撰，范祥雍點校：《宋高僧傳》，中華書局，一九八七年，第三八七頁。

　　敦煌蒙書中以"家教"爲名的，除《辯才家教》外，尚有《太公家教》《武王家教》等，"太公"或指老者或指太公望姜尚，"武王"當指周武王姬發，然要皆出自依托。《辯才家教》的"辯才"，命名取義蓋有二種可能：一指稱某一善於巧說的人，此人辯才无礙，是"不可思議人也，是善知識"；另一說便是托名中唐僧人"辯才"，日人山崎宏在《支那中世佛教の展開》一書中提及那波利貞齎回敦煌文書中有《辯才家教》，爲普通教育修身書，以其文章拙劣，顯非能覺大師辯才所撰的教訓書，想必係出自後人假托[一]。高僧辯才被河西節度使、涼州都督杜鴻漸所推崇，則能覺大師辯才在河西地區必是享有盛名，所以敦煌地區流行的蒙書依託其名，即爲合理而自然。

　　2.《辯才家教》的時代

　　若《辯才家教》非能覺大師辯才所撰，而是出自後人假托，那麼當是何時所造？今天我們祇能從伯二五一五號、斯四三二九號這兩件有限的寫本材料中來考察其抄寫年代，作爲此書撰寫年代的下限。

　　伯二五一五號《辯才家教》卷末有題記："甲子年四月廿五日顯比丘僧願成俗性（姓）王保全記。"此則題記雖有紀年，然僅爲干支，而無年號，不易斷其年代。敦煌寫卷其他資料中不見"王保全"姓名，比丘法僧法號"願成"則有多見。其中斯五五六三號《佛說延壽命經》題記："丁丑年六月十三日，施主弟子僧願成舍此經一卷"，也是但有干支而無年號。另俄敦一三七八"當團轉帖"中列有：號法律、陰法師、程法律……等僧人名字，其中亦有"願成"。惜此件文獻祇有僧正覺字及"今月日"三字，也沒有確切日期。

　　不過伯二五一五號《辯才家教》題記"比丘僧願成"前有"顯"字，當爲"顯德寺"之省稱，敦煌寺院在相關寫本文獻中往往多用寺名省稱。如北三井〇五六《大般涅槃經卷第五》，題簽有"大般涅槃經卷第五 春顯。春"當爲寫卷《千字文》編號，"顯"則是顯德寺的簡稱，說明此件原爲顯德寺藏經。又如伯三七二一號《庚辰年正月十五日夜見點人名籍》有"僧官永僧正一人 法律九

〔一〕〔日〕山崎宏：《支那中世佛教の展開》，清水書店，一九四七年，第八九六～九一三頁。

人，金僧正五人 法律六人，圖僧正二人 法律十人，顯僧正四人 法律七人，界僧正五二人 法律六人”“永”爲永安寺之省稱，“金”爲金光明寺之省稱，“圖”爲靈圖寺之省稱，“顯”爲顯德寺之省稱，“界爲三界寺之省稱。

按：顯德寺爲敦煌僧寺，在沙州城内[一]，或以爲在平康鄉界[二]。“顯德寺”一名最早出現於 BD 九三四五號（周字六六）《辛酉年(九六一)四月廿四日安醜定妻亡轉帖》。最晚是伯三二四〇號《壬寅年(一〇〇二)七月十六日付紙曆》。據土肥義和、李正宇的研究，顯德寺爲後周顯德年間(九五四～九六〇)由法門寺改名而來[三]。吐蕃、歸義軍時期，敦煌佛教發達，寺學興起，據敦煌文獻遺存有關寺院教育的資料看，可知顯德寺是歸義軍時期設有寺學的僧寺之一。如 BD〇〇八七六號（盈七六，七七〇七）《大目乾連冥間救母變文》有題記：“太平興國二年(九七七)歲在丁丑潤六月五日顯德寺學士郎楊願受一人思微(惟)，發願作福，寫畫此《目連變》一卷”；伯三一七〇號《千字文》有題記：“歲三月十九日顯德寺學士郎張成子書記也。”

伯二五一五號《辯才家教》題記紀年作“甲子年”而無年號，這種紀年但用干支而無年號，是吐蕃佔領敦煌以後常見的現象。敦煌陷蕃時期約爲唐德宗貞元二年(七八六)到唐宣宗大中二年(八四八)，則此一“甲子年”有“八四四年”“九〇四年”及“九六四年”三種可能，而此題記“比丘僧願成”前有“顯”字，乃顯德寺的省稱，標明比丘僧願成的僧籍屬顯德寺，而敦煌顯德寺的寺名是顯德年間(顯德元年爲九五四～九六〇)由法門寺更改而來，故此題記的“甲子

〔一〕 李正宇：《敦煌地區古代廟寺簡志》，《敦煌學輯刊》一九八八年合刊第七〇～八五頁；後收入《敦煌史地新論》，新文豐出版公司，一九九六年，第八五頁。

〔二〕 陳菊霞《辨析有關平康鄉人的敦煌文書》以爲顯德寺爲敦煌縣平康鄉境内的佛教寺院。顯德寺”一名最早出現於北圖周字六六《辛酉年(九六一)四月廿四日安醜定妻亡轉帖》。在之後的敦煌藏經洞文獻中也時常出現，其最晚的敦煌文書是伯三二四〇。（見《敦煌研究》二〇一四年第四期，第四四～五三頁）

〔三〕 （日）土肥義和：《莫高窟千佛洞と大寺と蘭若》，池田温主編：《講座敦煌・3・敦煌の社會》，大東出版社，一九八〇年，第三四七～三七〇頁。李正宇《敦煌地區古代廟寺簡志》，《敦煌學輯刊》一九八八年合刊，第七〇～八五頁；後收入《敦煌史地新論》，新文豐出版公司，一九九六年，第五三～一〇〇頁。

年", 當是五代後蜀廣政二十七年, 北宋乾德二年, 公元九六四年。總此可確知伯二五一五《辯才家教》寫本抄寫年代是北宋乾德二年, 公元九六四年。

（三）編撰的旨趣與功能

至於《辯才家教》一書編撰的旨趣爲何?《辯才家教卷上并序》, 此序文雖簡短, 然却透露了此一蒙書編寫的目的與旨趣。序文云:

> 昔辯才者, 是不可思議人也, 是善知識, 教化閻浮提眾生成道, 免墮迷愚之中, 癡頑之類。
>
> 人身難得, 中國難生, 却遇迷昧, 自須添知, 會其八節, 知其四季, 酌量時候, 稟其年歲。
>
> 時豐即賤, 凶年即貴。栽樹防熱, 築堤防水, 積行防衰, 積穀防饑。勤讀詩書, 自然足知。
>
> 學時雖難, 用時還易。魚潛江海, 須愧其水; 鶴寄千林, 高枝即貴。奉勸時人, 須於此義,
>
> 不可輕學。辯才之美, 齋之足知, 達之義理, 終身無咎。人之仰貴, 譬如土生□□, 金生麗水。

編者托名有一位名爲"辯才"的師父, 他對事理的神妙是無法以一般思索得之。他正直有德行能教導人正道, 爲了教化人世間眾生成道, 免淪爲迷惑愚昧、頑劣無知, 特編寫本書, 奉勸時人, 不可輕視學習, 勤讀詩書, 充實知識; 以義理使人通達事理, 則可終身無咎。又結尾有:

> 爾時學士問辯才曰:
> 悉以廣法, 普濟群生。教□〔導〕愚迷, 未辨賢英。常用智慧, 如燭照明。幽顯章句, 汝等審聽。能依教法, 信受奉行。"

更交代編撰此書的目的是"教□（導）愚迷, 未辨賢英; 常用智慧, 如燭照明"。旨在教化、勸導愚昧處理家事和社會事務的"常用智慧", 最終達到"悉以廣法, 普濟群生", 有弘法渡人的目的。

　　簡短的序文中，還有一值得注意的是"人身難得，中國難生"這二句，本出自佛教所謂的"六難"，如《大般涅槃經》卷二十《光明遍照高貴德王菩薩品二十二》："世有六處難可值遇，我今已得。云何當令惡覺居心？何等爲六？一、佛世難遇，二、正法難聞，三、怖心難起，四、中國難生，五、人身難得，六、諸根難具。如是六事難得已得，是故不應起於惡覺。"〔一〕佛教所謂的中國，是指佛教正法所在地。無有佛法的地方稱爲邊地，中國難生謂有佛法處難生。有佛法處即中國，無佛法處即邊地。聖人出，其中仁義昭明，佛法流布，實爲文物之地，若非持戒修福，不得生此。故云中國難生。最早的漢文佛典《四十二章經》卷一"第三十六章"有："佛言：'夫人離三惡道得爲人難；既得爲人，去女即男難；既得爲男，六情完具難；六情已具，生中國難；既處中國，值奉佛道難；既奉佛道，值有道之君難，生菩薩家難；既生菩薩家，以心信三尊、值佛世難。'"〔二〕按：《四十二章經》是由四十二小節組成的佛經，實際上屬經抄性質，也就是從佛教基本經典《阿含經》中抄撮成編的經典。這本經後世傳本衆多，且歷經改竄，多有損益，文字也多寡不一。其中以高麗藏本爲現存較早的文本，最接近南朝以來舊文。

　　今本全經分四十二章，二千多字。經前有序，次爲經文。旨在宣講人生無常與貪愛之蔽，勸人精進離欲，透過布施、持戒、禪定而生智慧，得證四果；放棄俗欲，追求修行。從上引《四十二章經》經文，明顯可以看出當是《辯才家教》"人身難得，中國難生"這二句話的根源。敦煌斯二六一四號寫本所存膾炙人口的《大目乾連冥間救母變文》中也有目連啓言阿娘："人身難得，中國難生，佛法難聞，善心難發。"又斯一八〇七號《西方净土贊》也有："人身難得今日得，中國難生復得生，何不於中勤精進，徒勞虛失一生年。"可見已成當時佛教傳播盛行的名言了。

　　敦煌地處佛法東傳及西天取經之孔道，自晋唐以來即爲佛教聖地。安史之亂

〔一〕（北涼）曇無讖：《大般涅槃經》卷二〇《光明遍照高貴德王菩薩品二十之二》，釋迦佛印經會，二〇〇八年，第五四頁。

〔二〕（漢）釋迦葉摩騰、（漢）釋竺法蘭：《四十二章經》，《大正新修大藏經》第一七册，第七八四號，第七二三頁，下欄第二五～二九行。

後，大唐勢力逐漸退出河西；敦煌先後進入吐蕃佔領時期及張氏家族、曹氏家族統治的歸義軍時期，這時期，佛教更形發達，寺院、僧侶大增。吐蕃與歸義軍時期的敦煌，雖然仍有州、縣官學，但是唐朝中央教育體制已不復過往。這一時期敦煌地區的教育，主要爲地方教育，特別是仰仗敦煌當地佛教寺院興辦的寺學來承擔。學者根據敦煌文獻研究，得知當時敦煌地區主要有十七所寺院，其中可確知淨土寺、蓮台寺、靈圖寺、金光明寺、三界寺、龍興寺、永安寺、大雲寺、乾明寺、顯德寺等十所興辦有寺學，成爲當時敦煌教育的主體。寺學的成員，我們從現在已經公布的敦煌文獻標有敦煌寺學題記的學郎姓名來看，當時寺學招收的學生大多數是敦煌當地士族及百姓的子弟。有來自歸義軍政權張氏家族及曹氏家族的子弟；也有來自索、安、陰、氾、李、楊等姓的地方豪族子弟；同時也有個別的學生，這些都是所謂的"俗家弟子"。不過，偶爾也有出家的沙彌。

至於寺學性質，我們從這些寺學學郎所抄寫的課本，如：伯二五七〇號《毛詩》"淨土寺學生趙令全讀爲記"，伯三一八九號《開蒙要訓》"三界寺學士郎張彥宗寫記"，伯三二一一號《千字文》"乾寧三年丙辰二月十九日靈圖寺學士郎氾賢信書記之耳"，伯三三八一號《秦婦吟》："天復五年乙丑歲十二月十五日燉煌郡金光明寺學仕張龜"、伯三五六九號《太公家教》："景福二年二月十二日，蓮台寺學生索威建記耳"、斯一七三號《李陵蘇武書》："乙亥年六月八日三界寺學士郎張英俊書記之也"、斯七〇七《孝經》："同光三年乙酉歲十月口日三界寺學仕郎郎君曹元深寫記"、斯一三八六《孝經》："唯天福七年壬寅歲十二月十二日永安寺學仕郎高清子書寫。"從這些題記看來，寺學主要還是扮演着世俗學校的角色，《辯才家教》編撰的宗旨"教化閻浮提衆生成道，免墮迷愚之中，癡頑之類"，希望受教者能"齋之足知，達之義理，終身無咎"，是知其功能即在敦煌地區佛教寺院發揮填補社會教育的欠缺。

（四）形式與內容

1.《辯才家教》的形式

《辯才家教》全書由序、正文及跋構成。正文凡分十二章，各章均立有章目。其形式除《六親章第四》外，其餘十一章多采一問一答，以"學士（即學生）”設問，“辯才”作答方式編撰〔一〕。

　　《辯才家教》除了在内容上與佛教有關外，形式上也深受佛教經典的影響。王重民的跋文即説：“每章或托之學士問，辯才答，以發揮意見。然多韵語，五言者如白話詩，七言者如唱經文；至於四字教章爲四言，五字教章爲五言，則其命名，又本于文辭。”在文體形式上，部分繼承傳統蒙書采用整齊的四言句和五言句押韵文體，與一般無韵的佛教偈頌有别。如《四字教章第十》《五字教章第十一》等，不過也有直接采用了佛經中的偈頌或佛曲歌贊的文體形式，如《省事門章第二》及《十勸章第六》便是。

　　至於分章的形式。《辯才家教》有采標立“門”的形式，這是中晚唐時佛教流行的佛典形式。如《貞清門章第一》《勸善門章第三》《經業門章第七》稱作“門”，這與當時禪宗六祖惠能的《壇經》一樣。《壇經》敦煌本不分品第，晚唐僧人惠昕始進行改編，將内容分爲二卷十一門，世人稱爲“惠昕本”。另外，儒家經典中的《孝經》同樣也采用了分章形式，《孝經》與《辯才家教》的章名都概括有每章内容的性質。《辯才家教》的第十章及第十一章是例外，二章以形式命名，形式上更爲接近。《辯才家教》立“門”分章的形式恐爲受到中晚唐時代的風氣影響，大抵儒典分篇分章，佛典分品分門。所以，《辯才家教》采用了分章的形式可能是受佛教典籍和儒家經典（主要是《孝經》）雙重影響的結果，而標立“門”的形式，則説明佛教影響的成分較大。

　　特别《十勸章第六》以“學士問辯才”的設問開頭，引起“十勸”，之後以“三、七、七、七、七、七、七、七”八句形式的十首詩偈來説教。如：“勸君一：居家濟濟無啾唧，約束莫交行詐僞，即此無灾身大吉。一行若也有參差，百行之中將總失，旁人免道家教疏，家教天生道理密。”“勸君五：侍奉不可辭辛苦，十月懷耽起坐難，報取三年親乳哺，不論男女一般憐，總隨恩愛無他苦，既若不聽辯才言，請問慈烏來反哺。”唐五代也流傳人稱“傅大士”善慧的《十勸》。《善慧大士語録》卷三載“十勸”，以十種簡明易懂

────────────

　　〔一〕　按：敦煌寺學的學生，自稱“學士郎”“學仕郎”，或省稱“學郎”或“學士”，又稱“學生”。

"三、七、七、七"句式的詩偈勸導世人常念佛法僧三寶，勤修六度，淡泊名利，廣行善事，嚴持戒律，從生死輪回中得到解脱。分別從不同方面持戒，做一位品行高潔，如法修持的佛弟子。如：

> 勸君一：專心常念波羅蜜，勤修六度向菩提，五濁三塗自然出。
> 勸君二：夫人出世莫求利，縱然求得暫時間，須臾不久歸蒿里。
> 勸君三：人身難得大須慚，晝夜六時常念佛，勤修三寶向伽藍。
> 勸君四：努力經營修善事，莫言少壯好光容，未委前程是何處？
> 勸君五：尋思地獄真成苦，眼前富貴逞容儀，須臾不久還歸土。
> 勸君六：第一莫吃衆生肉，若非菩薩化身來，便是前生親眷屬。
> 勸君七：萬事無過須的實，朝三暮四不爲人，此理安身終不吉。
> 勸君八：吃肉之人真羅刹，今身若也殺他身，來生還被他身殺。
> 勸君九：天堂地獄分明有，莫將酒肉勸僧人，五百生中無脚手。
> 勸君十：相勸修行須在急，一朝命盡入黃泉，父娘妻子徒勞泣[一]。

又敦煌寫本斯二二〇四號《十勸鉢禪關》，存開頭兩首，采"七、三、七、三、三、七、三、七、七"句式，内容爲勸人修行參禪、莫貪婪。可見這種詩偈體的"十勸"在唐代敦煌地區已經普遍存在，且相當風行，也是勸誘世人常用的歌體。《辯才家教・十勸章》采用了當時民間及佛教傳播風行的形式，也彰顯了佛教發展世俗化的入世特色。

2.《辯才家教》的内容特色

《辯才家教》前有序言，後有簡單結語。内容計分：貞清門第一、省事門章第二、勸善門章第三、六親章第四、積行章第五、十勸章第六、經業門章第七、本利門章第八、貞女章第九、四字教章第十、五字教章第十一、善惡章第十二。内容簡明易懂，大體上與中國古代傳統蒙書的基本教育内容相

〔一〕（唐）樓穎録：《善慧大士語録》，《卐續藏經》第一二〇册，藏經書院版，第二四~二五頁。

同，旨在强調孝道、家庭倫理及生活規范。因此，相當大的部分跟《太公家教》等敦煌德行教育類蒙書的旨趣相同，内容主要出自儒家傳統典籍《論語》《孝經》及《禮記》。如《勸善門章第三》有："《孝經》云：言滿天下無口過，行滿天下無怨惡。"這一則直引《孝經·卿大夫章第四》原文，并直接標示"《孝經》云"。更多的是根據《孝經》原文進行字句的增添與改寫，如《貞女章第九》："身體髮膚須保愛，父母千金莫毀傷。"雖没標明《孝經》，也是出自《孝經·開宗明義章第一》："身體髮膚，受之父母，不敢毀傷。"又《本利章第八》："用天知道，分地之利，謹身節用，莫違甘旨。"也是出自《孝經·庶人章第六》，祇是將《孝經》的"以養父母"，改成"莫違甘旨"而已。

更多有關謹言、慎行、勤儉、柔弱等現實生活的行爲規范與處世哲學，與當時盛行的《太公家教》蒙書，内容大多雷同。如《六親章第四》："出行須讓道，言語莫傷人。傷他還自傷，更交斷説人。"《太公家教》云："揚人之惡，還是自揚；傷人之語，還是自傷。"《六親章第四》云："言多有何益，少語省精神。"《太公家教》云："十言九中，不語者勝。"《積行章第五》云："積行防衰，積穀防饑，積義防虧。"《太公家教》云："積穀防饑，積行防衰。"《四字教章第十》云："勤耕之人，必豐衣食。勤學之人，必居官職。耕田不種，損人功力。有子不教，費人衣食。"《太公家教》云："勤耕之人，必豐穀食。勤學之人，必居官職。良田不耕，損人功力。養子不教，費人衣食。"在凸顯了民間通俗實用教材的共性。可見這些處世訓誡均是唐代民間讀物共同的内容，也是同類蒙書相襲因革之處。試看敦煌寫本《崔氏夫人訓女文》這篇專爲傳授女子臨嫁教育的訓女類蒙書，主要集中在教導女兒如何做好媳婦的"本分"，其内容甚至用語都與《辯才家教》《貞女章第九》及《本利門章第八》部分内容相近似。

除了中國傳統的倫理思想與處世哲學的教育外，《辯才家教》與佛教關係的呈現也成爲它在敦煌蒙書中深受矚目的特色。從書名以"辯才"命名，便可得知既是取義於佛教所謂善巧説法，辯才無礙的人；同時又是依托中唐長期宣教化於朔方塞外，聲聞遠播的能覺大師辯才。因此篇中内容多采取佛教用語并雜糅佛教思想。

佛教戒"貪、嗔、癡"三毒，《辯才家教》中亦多見此一内容。如《貞清門第一》云："欲嗔即喜，欲恨即休，欲貪即止。"《省事門章第二》云：

"財莫多貪，免遭枷獄。"又佛教戒惡言妄語，《辯才家教》亦多見此一內容，如《勸善門章第三》云："千種多知，不如禁口。三教之中，臭惡不過穢言；一切名香，不過善語。"《六親章第四》云："善言勝美味。""言語莫傷人。""言多有何益，少語省精神。"《本利章第八》云："莫説他非，莫論他事。"《五字教章第十一》云："出語罷方便，勝燒百和香。少言勝多語，柔軟必勝剛。""出語如刀切，發意似劍槍。一朝危厄至，悔不早思量。"

此外，戒殺也是佛教的主要戒規之一。《辯才家教》亦可見此一內容，如《十勸章第六》："勸君八，立身切莫親屠殺，世間生死有輪回。""願身早賜登生路，轉勸修行休宰殺。"可見《辯才家教》用於寺學教學，其教學對象除寺院僧人外，還是以世俗百姓的子弟爲主。其教材內容自然仍舊沿襲中國傳統家教的思想核心，大多涉及儒家傳統生活行爲規範及處事原則，同時也雜糅佛教義理，成爲儒釋兼修的實用家教用書。以佛教人物"辯才"的身份，來宣説教誡，內容儒釋交融，是蒙書在釋門的接受與運用的具體例證，也是傳統家教類蒙書的別裁。

（五）唐五代釋門對家教類蒙書的受容

《辯才家教》主要是以世俗百姓的子弟爲教學對象，所以內容繼承傳統家教的思想內容，以品德陶冶與行爲規範爲主，是一本帶有濃厚佛教勸世色彩的家教類蒙書。內容上，多雜糅佛教義理；形式上，也是采取佛經偈頌的形式，儼然成爲一部佛教勸世文。這是唐五代敦煌這一佛教聖地寺學發達下較爲特殊的一種童蒙教材。

佛教傳入中國，最受抨擊的就是出家廢棄孝道。自漢代以來，攻擊者相繼不絕；六朝時，有托名張融的《三破論》，其言尤峻，謂"入家而破家，使父子殊事，兄弟異法，遺棄二親，孝道頓絕。憂娛各異，歌哭不同。骨血生讎，服屬永棄。悖化犯順，無昊天之報，五逆不孝，不復過此"。故梁朝劉彥和著《滅惑論》，汲汲爲之辯護。同時佛教徒也開始極力提倡孝道，以順應人心。

自從敦煌文獻大量唐五代佛教文獻的陸續公布，人們對於佛教徒積極提倡孝道的努力和方法有了更多的了解，對此潘重規師《從敦煌遺書看佛教提倡孝道》一文曾對此做出了簡明扼要的論述説："他們變化了講經的方法，被稱爲俗講，孳乳成一種號爲變文的新文體，使信徒聽衆得到更廣泛的影響。其次，他們把宣傳的孝道，編成歌曲，在寺院内外，歌唱咏歎，心入聲通，無遠弗屆。此外，他們又舉行法會，陳設齋供，與節日相結合，自六朝已流行的盂蘭會，一直普遍深入到社會各階層。他們用各種有效的方法，提倡孝道，和中國倫理觀念，心心相印，水乳交融，因此得到儒釋融和，交流灌注，發榮滋長的功效。"〔一〕

的確，佛教東來中土弘法，其最大障礙，即在於與中國固有的孝道思想相抵觸。所以釋門中的有識之徒，在洞察障礙根由後，爲圖消弭弘法的障礙，乃就佛教中有關孝道思想的典籍，加以翻譯流通，晉竺法護譯《盂蘭盆經》即是一例。其後宗密援引儒家孝道以疏釋《盂蘭盆經》，糅合中國孝道故事於注疏中，是佛教中國化表現的重要文獻。而另一方面唐五代俗講、齋會及"盂蘭盆節"民俗活動盛行，更是突顯了佛教提倡孝道的努力與佛教中國化的發展軌迹。又如《父母恩重經》唐代以來雖然被斥而不入藏，然此經的内容特色則漸具中國化，而在民間廣爲流行；加以强調報恩渡亡的《盂蘭盆經》與道教中元節結合，遂使六朝以來盂蘭盆會盛行，釋門、道徒、俗流，上至帝王下至百姓，皆于七月十五佛歡喜日作盂蘭盆供，以爲佛弟子修孝順、報父母長養之恩，促使此風歷代盛行不輟。

又如家喻户曉的童蒙讀物《二十四孝》，歷來咸以爲出自元人郭居敬所編撰，今敦煌文獻中赫然發現伯三三六一號、斯三七二八號二件寫本及斯七號（伯一號）一件刻本有題爲"左街僧録圓鑒大師賜紫雲辯述"的《二十四孝押座文》，是當時俗講變文在講經之前，用來鎮壓喧嘩聽衆的押座文。圓鑒大師雲辯乃五代時三教談論師，歷經後唐、後晉、後周諸朝，是當時有名的俗講僧，爲時人所重，其所撰的《二十四孝押座文》不止有抄本，并且還有刻本，供其他俗講僧講唱時所用，所以刻本標題才題作《故圓鑒大師二十四孝押座

〔一〕　潘重規：《從敦煌遺書看佛教提倡孝道》，《華岡文科學報》第一二期，一九八〇年，第一九七頁。

文》，其盛行流傳可知，遠在沙州的和尚也有傳録，可見其影響之深遠。此押座文除首四句爲四言外，其餘悉爲七言，一韵到底。如："佛身尊貴因何得？根本曾行孝順來。須知孝道善無壃，三教之中廣讚揚。若向二親能孝順。便招千佛護行藏。"又："如來演説五千卷，孔氏譚論十八章……孝心號曰真菩薩，孝行名爲大道場……佛道孝爲成佛本，事須行孝向耶娘。"不但爲佛教讚揚孝道，而且也爲儒家讚揚孝道。内容歌頌有關的孝子行迹，計：舜子、王祥、田廣兄弟、郭巨、老萊子、孟宗、黄香等二十四孝中的人物以及佛教中的孝子典范目連與釋迦。篇中雖未全舉二十四位孝子，但由標題"二十四孝押座文"則可知"二十四孝"的宣導，早在唐五代圓鑒大師雲辯便已大力提倡。敦煌文獻所保存的這一類資料，讓我們既清楚地看到佛教爲宣傳弘揚中國固有的孝道所做的努力，又可窺見佛教中國化、通俗化的歷程。

余意以爲《三破論》一類對佛教的抨擊，造成佛教傳播的最大壓力，其語即在與儒家傳統家庭倫理與孝道觀念的抵觸。因此，佛教自印度東傳，在中土歷經衝突到融合，其間對孝道思想的闡揚詮釋及孝行的宣導鼓吹用力最深，功能最大，也是佛教得以快速爲中國所接受，終至中國化推動的主要力量與表現。

除了親子關係的孝道之外，針對"入家而破家"的批評，佛教在無可避免之下也提出對策，逐漸建立起佛教家庭的概念。東晋以前出家人的姓氏如爲來自外國，則大多數都以其故國的名字爲姓，如：康僧鎧、康僧會（康居國人），竺法蘭、竺佛朔、竺叔蘭（天竺人），支婁迦讖、支道林、支遁、支謙等（月支國人），安世高、安玄（安息國人）；中國出家僧人一般則仍用俗家姓氏，如中國最早出家的嚴佛調、第一個受戒的朱士行等。其後多依師爲姓。有鑒於此，東晋道安開始以釋爲氏，自稱彌天釋道安，提出了佛教徒以釋爲姓的想法，於是後來中國出家人以釋爲姓就成爲定式[一]。出家的佛教徒以

〔一〕（南朝·梁）梁慧皎撰，湯用彤校注，湯一玄整理：《高僧傳》卷五："初魏晋沙門依師爲姓故姓各不同。安以爲大師之本莫尊釋迦。乃以釋命氏。後獲增一阿含。果稱四河入海無復河名。四姓爲沙門皆稱釋種。既懸與經符。遂爲永式。"（中華書局，一九九二年，第一八一頁）

釋爲姓，其用意更在於視佛教爲一大家庭，以佛爲祖，以師爲父，以同門爲兄弟。如此影響所及，至佛教全盛時期的唐代，八宗并起，其中尤其是禪宗、净土宗可説是佛教中國化、世俗化最爲成功的宗派。各寺尊祖庭，講血脈；各宗論師資，修燈録。如此風氣在民間佛教的弘傳更是有所發揮，所以唐代敦煌寺院流行托名佛教人物辯才編撰的《辯才家教》，應該也是這種氛圍下產生的。

以佛教徒身分編撰家教，無疑是佛教徒深刻體認到傳統家教對社會强大的影響力，因此特借着編撰家教提供寺院及一般社會大衆的學習與閱讀，於其文本之中有意無意的滲透佛教的思想教義，以發揮宣揚佛法的功能。再者表現佛教在出世的同時，也能入世；教化釋徒之餘，也關心社會教育，表現出人間佛教的理想。可見藉由家教的編撰，調和儒釋，自然也是發揮佛教中國化、世俗化的另一有效作爲，這在唐五代應是極其普遍的現象。

試看南唐釋應之的《五杉練若新學備用》又稱《五杉集》一書，這是一部集類書、書儀及法會齋疏文，以供僧尼應急備用的佛教應用類書[一]。其卷上《家誨》一篇，其前序有言：“予先作《新學備用》三卷，蓋欲訓門内諸子，不謂流落於外。近往往見寫者但録下卷，以求其便，殊不知製作之意始末。上卷是南山大師規誡，將來予補綴。所痛者事不師古，轉覺輕浮，良可歎嗟。實不可意。製《家誨》一篇附之于此，免冀遺落。”《家誨》的内容與傳統家教類蒙書相近似，兹舉片段，以窺一斑。如：“原夫仁爲行思之首，義爲立事之準。禮爲敬上念下之基，智爲分善明惡之門。信爲百行之宗，孝乃事親事師之本。”“儉惜而必保豐饒，出處而須懷端謹。但莫傷人，不爲人

〔一〕　按：五代南唐釋應之編撰的《五杉練若新學備用》中國早已亡佚，近年日本駒澤大學圖書館的網站公布，朴鎔辰與山本孝子有初步報導與研究，近期王三慶更在此基礎上完成《中國佛教古佚書〈五杉練若新學備用〉研究》，使大家能够一睹此書原貌。全書卷上原爲南山大師道宣誡律，今僅殘存五至十法數，以及後來再補的《家誨》一篇，卷中爲僧尼凶禮的服制堂圖及書儀式樣，卷下是受五戒十念及道場齋疏并齋文等，可説集類書、書儀及法會齋疏文等，是僧尼應急備用的重要參考著作。

損。切莫欺誑，且須平允。""物須愛護，禍須隄防。好事須記，惡莫思量。人美即遞相讚譽，人過即慎勿播揚。多知不爲好事，多口終是身殃。逢困乏須期濟助，遇病苦即要憫傷。將護兇惡，親近賢良。常行方便，莫誇自强。諂曲莫興於意，詐僞莫掛於腸。知己識分，須懷柔剛。切不得口快意高，事持凶豪。""莫學猖狂，常須肅穆。莫事貪婪，須生慚愧。常行衆善，莫懷蘊毒。""人若柔弱，勿得淩欺。常知己短，莫笑他非"〔一〕這正可作爲佛教參與家教編撰，內容雜糅儒釋，既爲佛教的弘傳，教化世俗百姓，又可凝聚釋門，會通儒佛，展現佛教的包容與關懷，出世而不離世入世。

總體來説，《辯才家教》出自佛教徒所編，與其他以"太公""武王""嚴父""崔氏夫人"命名的蒙書同爲"家教"且有共性，但形式與內容方面，還有着與其他世俗家教不同的殊性，凸顯了佛教的特色，可説是傳統家教的別裁。其所以選擇了佛家所謂善巧解説佛法，具辯説之才的"辯才"一詞作爲書名，既可强調這篇家教具有佛菩薩等講説佛法，道理圓通，言詞流暢，毫無障礙的特色；又可托名唐玄宗時曾詔爲朔方郡教誡、在肅宗至德初宣教化於朔方塞外，聲聞遠播的"朔方管內教授大德""辯才"大師。其跨儒釋的編撰用意，在考察佛教中國化、世俗化的歷程更是不可忽視的一環〔二〕。

四 《新集嚴父教》

自來家庭教育基於男女有別，一般是由慈母傳授女兒女紅，嚴父教導約束男孩舉止行爲。敦煌寫本家教類蒙書的編纂多樣，其中便出現有以不同施教者口氣編撰的蒙書，凸顯了男女有別的教育特色。如以母親口吻編撰的《崔氏夫人訓女文》，以祖父老者口吻編纂的《太公家教》，還有以嚴父身份口吻編成的《新集嚴父教》。

《新集嚴父教》是十世紀後期敦煌地區一種十分通俗的家教類蒙書，現存首

〔一〕 王三慶：《中國佛教古佚書〈五杉練若新學備用〉研究》，新文豐出版公司，二〇一八年，第五五五~五五八頁。

〔二〕 詳參鄭阿財：《從敦煌文獻論蒙書在釋門的接受與運用》，《漢學與東亞文化研究——王三慶教授七秩華誕祝壽論文集》，第一九~四〇頁。

尾俱全，内容完整，且有標題。全篇九章，每章五言六句。與《崔氏夫人訓女文》性質相近，同屬篇幅簡短，韵語式的“家教”讀物，衹是訓示的對象因男女有别而内容各有所重。《崔氏夫人訓女文》是針對臨嫁的女兒而撰的；《新集嚴父教》則是爲教誡家中子弟日常生活行爲而編的，二者與訓誡對象不拘性别的《太公家教》《武王家教》《辯才家教》等蒙書同爲敦煌地區普遍流行的家教類蒙書。

現存敦煌寫本《新集嚴父教》計有五號。一九六三年，陳祚龍《敦煌寫本〈新集嚴父教〉校釋》根據寫本校釋全文[一]，并作簡介。一九八七年，朱鳳玉《敦煌通俗讀物〈新集嚴父教〉研究》根據寫本論述寫卷概況及抄寫年代[二]，并進行全文校録，探討其内容性質。二〇〇二年，鄭阿財、朱鳳玉《敦煌蒙書研究》在德行類蒙書的家訓類蒙書中[三]，據五個卷號的寫本進行叙録、探討内容性質，并與敦煌其他蒙書進行比較。二〇〇四年，伊藤美重子《敦煌寫本〈新集嚴父教〉について》將文本原文譯爲日文[四]，并對内容進行檢討。二〇〇七年，鄭阿財、朱鳳玉《開蒙養正：敦煌的學校教育》“老父的叮嚀嚴父教”簡述其内容外[五]，并探究其對後世《訓蒙教兒經》一類蒙書的影響。二〇一四年，王金娥《敦煌蒙書及蒙學研究》在前賢的基礎上，也對《新集嚴父教》進行録文校釋[六]。二〇一七年，朱鳳玉《敦煌典籍中的庶民家教》簡要地論述“嚴父教”庶民家教的内容與形式特色，及其在青少年社會生活教育的切題性與時代意義[七]。

_____

〔一〕　陳祚龍：《敦煌寫本〈新集嚴父教〉校釋》，《中國中世文學研究》一九六三年第三期，第三三～四四頁。

〔二〕　朱鳳玉：《敦煌通俗讀物〈新集嚴父教〉研究》，《木鐸》第十一期，一九八七年，第三〇七～三二〇頁。

〔三〕　鄭阿財、朱鳳玉：《敦煌蒙書研究》，第四〇二～四〇八頁。

〔四〕　[日]伊藤美重子：《敦煌寫本〈新集嚴父教〉について》，《東洋比較文化論集—宫澤正順博士古稀紀念—》，青史出版社，二〇〇四年。

〔五〕　鄭阿財、朱鳳玉：《開蒙養正：敦煌的學校教育》，第七〇～七五頁。

〔六〕　王金娥：《敦煌蒙書及蒙學研究》，蘭州大學博士學位論文，二〇一四年，第二〇五～二〇八頁。

〔七〕　朱鳳玉：《敦煌典籍中的庶民家教》，《中國社會科學報》二〇一七年一十月二十日，第六頁；《新華文摘》二〇一八第一期，第七九頁。

（一）寫卷概述

今所得見的敦煌寫卷《新集嚴父教》計有五號，分別爲英藏斯三九〇四號、斯四三〇七號、斯四九〇一號、斯一〇二九一號等四號；法藏伯三七九七號，經綴合後計三件寫本，兹將寫本概況表列如下：

敦煌寫本《新集嚴父教》概況表

序號	卷　號	寫本狀況	行數	首尾題	題記	同卷資料
一	斯四三〇七	卷子本首尾俱完	一四	首題"新集嚴父教一本"	有	
二	斯四九〇一號背＋斯一〇二九一號背＋斯三九〇四號背	卷子本首尾具完	一四	首題"新集嚴父孝（教）"		正面：抄《韓朋賦》。背面：前抄"妙法蓮華經""千字文敕員外散騎侍郎興嗣""太公家教一卷余乃生逢"十字等雜寫。
三	伯三七九七號	卷子本首尾俱完	一一	首題"新集嚴父教"	有	前抄《太公家教》殘。背面：雜寫，主要有"上大夫""太公家教一卷"。

今存敦煌《新集嚴父教》的寫卷，雖僅有五號三件，然其中二件有題記且有紀年。

伯三七九七號有二則題記："開寶九年丁丑年四月八日王會難王家定興頭上一竹。""維大宋開寶九年丙子歲三月十三日寫子文書了。"按：開寶是宋太祖趙匡胤的年號，共計九年。開寶九年歲次丙子是九七六年，是年十二月宋太宗即皇帝位改年號爲"太平興國"，歲次丁丑當是太平興國二年九七七年。

斯四三〇七號卷末也有二則題記："雍熙三年歲次丙戌七月六日安參謀學侍（士）郎李神奴寫嚴父教記之耳。""丁亥年三月九日定難坊巷學郎李神奴自手書記之耳。"按：雍熙是宋太宗的第二個年號，雍熙三年歲次丙戌爲公元九八六年。丁亥年爲雍熙四年是公元九八七年。

題記中有"定難坊"，按：坊是中古社會城内居民的生活區，從今存的敦煌文書中可見到敦煌沙州城内的坊，計有十八個，歸義軍時期定難坊是其中的一個。除上述斯四三〇七號外，伯三五五六號《南陽郡娘子張氏墓誌銘并序》載：張氏爲張淮深之女，鉅鹿索公之夫人，殞逝於定難坊。莫高窟第九十八窟索勛題名中有"定□軍"錢伯泉認爲索勛統領過定難軍，并爲平定禍亂立了功勞，故標其居住的坊爲"定難坊"〔一〕。

有關題記中之"安參謀"，李正宇據伯四三〇三號《雍熙三年丙戌歲具注曆日并序》下題："押衙知節度參謀、銀青光禄大夫、檢校國子祭酒、監察御史安彥存纂。"以爲安參謀當是這位曆法家安彥存〔二〕。馮培紅《唐五代參謀考略》以爲參謀原屬唐代軍隊文職〔三〕，設立於與軍事相關的幕府中。安史之亂原本參議謀劃軍機事務發生了改變，而唐末五代則主要從事曆法編撰及陰陽五行、天文術數、占卜喪葬等事務，必以陰陽技術者處之，其地位也淪於將校之末。曹氏歸義軍時期，著名曆學家翟奉達、翟文進世襲擔任參謀，前者也兼州學博士，他們編撰了大量具注曆。安彥存是曹氏晚期一位節度使參謀，也同樣製作曆日，兼擅占卜。如伯二八七三號《參謀安彥存等呈歸妹等坎卦卜辭》末署："□□□月日，參謀安彥存等呈上"，正是參謀掌握這些知識的反映。又從斯四三〇七號《新集嚴父教一本》的題記，推知可能還擔任沙州城內定難坊的義學教職。

另斯四九〇一號背+斯一〇二九一號背+斯三九〇四號背綴合的一件，其同卷并抄有"千字文敕員外散騎""太公家教一卷余生乃逢"等句子。伯三七九七號的《嚴父教》則接抄在《太公家教》之後，且背面雜寫有："上大人，丘一己，化三千，七十二，女小生，八九子，牛羊千，口宅字""太公家教一卷"等，這些寫本合抄的內容性質及雜寫情況，反映出《新集嚴父教》與《太公家教》《千字文》等同爲當時敦煌地區學郎誦讀的蒙書。這三件《新集嚴父教》蓋寫於敦煌歸義軍時期曹延禄擔任節度使（九七六～一〇〇二）的時代。當是北宋初期流行教誡家中血氣方剛子弟的家教。

〔一〕 鄭炳林、鄭怡楠輯釋：《敦煌碑銘讚輯釋（增訂本）》，上海古籍出版社，二〇一九年，第九六五頁。

〔二〕 李正宇：《唐宋時代的敦煌學校》，《敦煌研究》一九八六年第一期，第四五頁。

〔三〕 馮培紅：《唐五代參謀考略》，《復旦學報（社會科學版）》二〇一三年第六期，第八九～九八、一六六頁。

（二）録文

兹以伯三七九七號爲底本，用斯四三〇七號、斯四九〇一號背＋斯一〇二九一號背＋斯三九〇四號背參校，并參考諸家録文，重新校録，迻録全文如下：

新集嚴父教一本

家中所生男，常依嚴父教。養子切須教，逢人先作笑。禮則大須學，尋思也大好。

遺子避醉客，但依嚴父教。路上逢醉人，抽身以下道。過從即來歸，尋思也大好。

忽逢鬥打處，但依嚴父教。饒取自然休，又手却陪笑。忍取最爲精，尋思也大好。

不用争人我，但依嚴父教。能得幾時活，不久相看老。罵詈佯不聞，尋思也大好。

家中學侍奉，孝順伯親老。處分莫相違，但依嚴父教。枷杖免及身，尋思也大好。

市頭學經紀，但依嚴父教。斗秤莫崎嶇，二人相交道。買賣事須平，尋思也大好。

欲擬出門前，但依嚴父教。無事莫夜深，免交人説道。日在即來歸，尋思也大好。

我勸世間人，但依嚴父教。君子有困窮，小人貧竊盜。三乞勝一偷，尋思也大好。

酒後觸忤人，不知有親老。過後却來歸，好箇煞之奥。記取嚴父教，尋思也大好。

（三）形式特色與性質

由以上録文可知《新集嚴父教》全篇是由五言韵文所組成，每章六句，凡九章，二百七十字。全篇除第一章、第九章外，其餘各章的首句均先列舉一日常生活的事體，而後隨之以"但依嚴父教"來承接；其次則有三句教誠訓示的言語，最後則以"尋思也大好"來作爲每章的結束。第一章則是將"但依嚴父教"易作"常依嚴父教"，作爲全篇的開頭，而第九章則將"但依嚴父教"改爲"記取嚴父教"，以作爲全篇的總結。詳觀此一作品，顯然是鄉里塾師假嚴父的口吻，將現實生活與社會活動中體驗所得的實際處世法則與人格規範，以簡短易誦的韵文編寫成篇，用作童蒙教育的通俗教材。大意在教示子弟忍辱退讓，遠離是非，遵循禮則，規矩做人。依其性質，實可視爲古代誡子書、家誡一類作品的支流餘裔，也可視爲傳統庶民教育訓誡類教材的分派衍生。

考我國誡子書、家誡一類的家訓文學及訓誡類的通俗蒙書，其淵源甚早，影響也極深遠。家訓文學的體裁淺顯易明，而文字亦較爲接近當時的口語，與一般高文典册的文字，迥不相侔〔一〕。《新集嚴父教》不僅體裁通俗淺近，用語更是以當時最親切、生動的白話口語撰寫，而其思想内容與司馬相如《誡子書》、劉向《誡子歆書》、鄭玄《誡子益恩書》、諸葛亮《誡子書》、嵇康《家誡》等一類，流行於士大夫階層的家訓文學所訓示的忍讓謙恭等内容同爲一脈，然却極其淺陋鄙俚而乏深義。

再者，我國古代庶民教育中訓誡一類的教材，種類繁多，依其對象與性質而言，大致可分爲：兒童守則類——如《弟子職》《弟子規》等；婦女道德類——如《女論語》《女孝經》等；性理知識類——如《性理字訓》《小學韵語》等；格言諺語類——如《太公家教》《小兒語》《昔時賢文》等〔二〕，此類教材多半以三言、四言或五言等簡短韵語或諺語編撰而成。《新集嚴父教》是由五十四句五言韵文編撰而成的童蒙生活規范，若就以上分類而言，則當屬兒童守則一類的訓誡教材，祇是内容更加簡單而已。推究其原因，殆因我國古代廣大庶民的生活多半爲"日出而作，日入而息，鑿井而飲，耕田而食"，除農作必須的知識、技能外，所需的書本知識有限。一般需求者，不過是能略識字以資記帳、閱讀書信文告罷了。因此，庶民教育的識字，是以日常生活

〔一〕　周法高：《家訓文學的源流》，《中國語文論叢》，正中書局，一九六三年。

〔二〕　參見張志公：《傳統語文教育教材論》，上海教育出版社，一九九二年，第五四頁。

所不可或缺的字爲主[一]，如《開蒙要訓》《俗務要名林》《要用雜字》之類，而有關道德規範的教材，也多注重節儉孝悌、謙恭忍讓、知恩報本及因果報應等通俗思想，如《太公家教》一類；此外，由於塾師的知識水準不高，受教的階層有限，故所編教材多以日常生活中待人處世、應對進退的細節爲要，這可能是《新集嚴父教》與家訓文學訓誡類教材所以不同的原因。

（四）開啓針對性家教類蒙書之先河

《新集嚴父教》篇幅極其簡短，第一章以"家中所生男，常依嚴父教"開頭，開宗明義的呼籲家中男孩應以"嚴父教"作爲日常生活行爲舉止的依循。強調孩子除了撫養之外，還得教育，這樣行爲才能合乎禮儀。之後每章首句均先列舉一樁青少年日常生活常見的具體事件，如"避醉客""逢鬥打處""爭人我""學侍奉""學經紀""擬出門""誡竊盜""避酒忤"等，而後隨之以"但依嚴父教"來承接；因青少年血氣方剛，又缺乏處事經驗，日常生活與人相處，稍有不慎，易生是非，這是爲人父母所最爲擔心的。第三、四句爲針對首句的教示語（如"養子切須教，逢人先作笑"），第五句爲教示結果（如"禮則大須學"），最後以"尋思也大好"盛讚，作爲每章結束語。其文體形式，或稱之爲"重句聯章體"，具有易誦易記的歌訣特色。

《新集嚴父教》爲教誡家中子弟日常生活行爲而編，偏重男兒，《崔氏夫人訓女文》是針對臨嫁的女兒而撰的。《新集嚴父教》雖然冠名"家教"，但與《太公家教》《武王家教》《辯才家教》等最大不同是：啓蒙教育內容不够全面，且是以"嚴父"口吻嚴令禁止諸種不良、不當的應對與處世行爲，偏向老父社會經驗談。顯現的是嚴父視角下青少年日常生活最容易滋生是非的事體，分別提出具體因應的教誡與訓示，雖每一事體僅有三句，然却是實際有效處事經驗的分享，如："遣子避醉客，但依嚴父教。路上逢醉人，抽身以下道。過後却來歸，尋思也大好。"告誡家中男孩，切記要回避喝醉酒的人，避免糾纏衝突，最好的方法就是

〔一〕 參見王鳳喈：《中國教育史》第八章隋唐宋元明清之教育、第三節民間教育，台北編譯館，一九五七年，第一六二～一六五頁。

抽身讓路。針對莽撞的青年子弟，親切的分享其處事經驗，苦口婆心地給予勸誠與指導。即使在千年後的今天仍可感受到老父的再三叮嚀與諄諄教誨。整篇內容意旨蓋在教示子弟忍辱退讓，遠離是非，遵循禮則，規矩做人，展現了傳統社會的處世哲學，其中依舊有值得今日青少年遵循與學習的。

　　全篇九章，教示內容：1.笑臉迎人，有禮之道；2.路逢醉客，因應之道；3.打鬥場面，因應之道；4.與人無爭，相處之道；5.侍奉親老，相處之道，6.經紀生意，買賣之道；7.外出夜行，謹慎之道；8.窮困境遇，自處之道；9.飲酒誤事，宜戒之道。這些無非是青少年日常生活人際間的瑣碎事務，既非高深哲理，也不具系統，但卻是每一家庭對家中男兒最操心的事項。這些內容淺顯易明，文字多采口語白話，與一般高文典冊的文字，迥然有別；內容也與一般家訓、家誠孝悌忠信道理之訓示有所不同，主要側重在日常生活細節與待人處事的具體守則，實用性強，更是庶民百姓處世哲學的具體投射。

　　依其性質而論，敦煌寫本《新集嚴父教》也可視爲古代誠子書、家誠一類作品的支流餘裔，是傳統庶民教育訓誠類教材的分派衍生。台灣民間也曾流行有一種《訓蒙教兒經》，全篇以五八八句七言韵語成編。開頭說："居家一本教兒經，上古傳流到如今；若是人家有一本，興家創業人上人。椿椿事兒說得好，句句言語皆是真；有用兒孫聽此教，無用兒孫不留心。說起人家養兒女，有了兒女望長生；乳哺三年娘受苦，移乾就濕臥娘身。"結語說："若是有人知書事，後來一定人上人；奉勸人家教兒經，子子孫孫萬年春。"這是以閩南民間最流行的"七字仔"來彈唱，透過念誦琅琅上口教示子弟，極爲淺近通俗口語，與《新集嚴父教》趣味相同，顯示此類蒙書的源遠流長。

（五）與《太公家教》《王梵志詩》的訓誠相通

　　敦煌寫卷中保存名爲"家教"一類的德行類蒙書，種類不少，雖然一體通用的家教與專門針對的家教，適用對象有別，然其中也存在着相通性的共同訴求，顯示唐代普遍的處世價值與觀念。特別是有關家中子弟的行爲舉止管教與約束，日常生活中與人相處的訓誠與指點。在今所知見敦煌寫卷德行類蒙書中，《太公家教》及一卷本《王梵志詩》的思想內容與《新集嚴父教》也存在着頗多相近之處，如：

《新集嚴父教》《太公家教》《王梵志詩》思想內容對照表

《新集嚴父教》	《太公家教》	一卷本《王梵志詩》
家中所生男，常依嚴父教。養子切須教，逢人先作笑。禮則大須學，尋思也大好。	養子不教，費人衣食。	欲得兒孫孝，無過教及身。養兒從小打，莫道憐不笞。
遺子避醉客，但依嚴父教。路上逢醉人，抽身以下道。過從即來歸，尋思也大好。	路逢尊人，齊脚斂手。路逢尊者，側立道傍。聖人避其酒客，君子恐其酒士。	逢人須斂手，避道莫前盪，忽若相衝著，他强必自傷。
忽逢鬥打處，但依嚴父教。饒取自然休，叉手却陪笑。忍取最爲精，尋思也大好。	惡人欲染，必須避之。	惡人相觸忤，被罵必從饒，喻若園中韭，猶如得雨澆。逢爭不須看，見打莫前爲，損即追有證，能勝總不知。
市頭學經紀，但依嚴父教。斗秤莫崎嶇，二人相交道。買賣事須平，尋思也大好。		經紀須平直，心中莫側斜，些些微取利，可可苦他家。
我勸世間人，但依嚴父教。君子有貧窮，小人貧竊盜。三乞勝一偷，尋思也大好。	君子固窮，小人窮斯濫矣。飢寒在身，不羞乞食之恥。	偷盜雖無命，侵欺罪更多，將他物己用，思量得也磨。
酒後觸忤人，不知有親老。過後却來歸，好箇煞之奧。記取嚴父教，尋思也大好。	酒能敗德，必須戒之。男年長大，莫聽好酒。丈夫好酒，揎拳捋肘。	飲酒是癡報，如人落糞坑，情知有不净，豈合岸頭行。

　　由以上所列對照可見，雖然《新集嚴父教》與《太公家教》、一卷本《王梵志詩》的形式體制有所不同，然其訓誡的主題及内容思想，却一致性的强調"忍讓"。忍讓的處世思想是中國俗文化思想的核心，是長期以來民間儒道思想互補的一種展現，更是敦煌地區庶民百姓德行類蒙書的主要特色。

五　《崔氏夫人訓女文》

　　敦煌寫本《崔氏夫人訓女文》是現存最早爲訓示臨嫁女兒而撰作的篇章，通俗淺近，對後世女教影響深遠。《崔氏夫人訓女文》與其他敦煌寫本以"父教"爲主導的《太公家教》《武王家教》《辯才家教》《新集嚴父教》最大的不同是以"母教"口吻，訓誡將要出嫁的女兒，教示如何處理公婆、夫妻、妯娌等家庭内部關係，以及在夫家的應對進退等處事原則，集中在女德方面，是唐代女德教育的蒙書。

傳統社會，女子的一生大致分爲"爲女"與"爲婦（母）"兩個階段。就時間與責任而言，爲婦爲母的生涯更加長遠而重要。因爲從待字閨中到嫁爲人婦，不僅是身份與生活環境的轉變，也意味着開始承擔相夫教子、恪守婦道的責任。更重要的是，不僅要時刻接受姑嫜的挑剔與監督，夫家對其表現的評判直接關係到女方家庭的聲譽。因此，針對女子的家庭教育，重點往往集中在教導女兒如何做好媳婦的"本分"。敦煌寫本存有四件《崔氏夫人訓女文》，可説是當時告誡訓示待嫁女兒的形式，闡述如何成爲稱職媳婦的"錦囊秘訣"。

此篇作品在唐朝末年從長安東市刻印，之後輾轉傳入敦煌地區，并被據以傳抄而流通。據今所知見，現存敦煌四件抄本。雖然數量并不太多，然由於其中法藏伯二六三三號抄本，文後有題記"上都李家印崔氏夫人壹本"等十一字，可推知此一抄本是依據"印本"傳抄而來。唐代長安城初名京城，玄宗開元元年（七一三）稱西京，肅宗至德元年（七五六）稱上都。知此印本的時間上限爲至德元年，而就雕版印刷發展史來衡量，宜在中晚唐。是此抄本之前，中唐時京城長安已有《崔氏夫人訓女文》印本，廣爲流傳，并且流傳至敦煌地區。

巴黎藏伯二六三三號卷子，一九二五年劉半農抄録刊行於《敦煌掇瑣》一書中[一]，唯此一資料始終未獲充分的重視與研究。一九七三年，旅法敦煌學家陳祚龍《唐代西京刻印圖籍之一斑》一文中[二]，對此篇"訓女文"有關的問題，進行扼要考證。一九七五年更有鑒於劉復所輯録的《崔氏夫人訓女文一本》，頗多錯釋，不堪作爲研究憑據，乃根據倫敦藏斯四一二九號及巴黎藏伯二六三三號，加以校録，撰成《關於敦煌古鈔李唐〈崔氏夫人訓女

〔一〕　劉半農：《敦煌掇瑣》，"中研院歷史語言研究所"，一九二五年。

〔二〕　陳祚龍：《唐代西京刻印圖籍之一斑》，《陝西文獻》一九七三年第一五期，第三～七頁；收入《敦煌資料考屑》，第二五三～二六六頁。

文〉》[一]。一九八四年本人曾撰《敦煌寫本〈崔氏夫人訓女文〉研究》[二]，除對《崔氏夫人訓女文》重爲校訂外，更探究其産生的背景及在婚俗上的價值與影響。之後，一九九五年高國藩有《敦煌本〈崔氏夫人訓女文〉及其由來》[三]；一九九七年伊藤美重子有《敦煌寫本〈崔氏夫人訓女文〉について》的研究[四]；二○○二年鄭阿財、朱鳳玉合著《敦煌蒙書研究》更列入第四章《敦煌寫本德行類蒙書》第二節《家訓類蒙書》中討論[五]。二○○七年又在《開蒙養正：敦煌的學校教育》立有《新娘錦囊〈訓女文〉》一節加以論述[六]。二○一七年王金娥《敦煌寫本蒙書兩種校釋》，在前賢既有的基礎上，也作了簡單校釋[七]。二○一九年朱鳳玉《敦煌家訓類蒙書所見唐代女子生活教育》一文則對《崔氏夫人訓女文》呈現的唐代女子生活教育多所論述。可資參考[八]。

（一）寫卷概述

敦煌寫卷《崔氏夫人訓女文》，今所得見計有四件，英藏二件：斯四一二九號、斯五六四三號，法藏二件：伯二六三三號、伯三七八○號背。兹將寫本概況表列如下：

〔一〕 陳祚龍：《關於敦煌古鈔李唐〈崔氏夫人訓女文〉》，《東方雜誌》一九七五年復刊第九卷第二期，第六八～七四頁。

〔二〕 鄭阿財：《關於敦煌古鈔李唐〈崔氏夫人訓女文〉》，《中興大學法商學報》一九八四年第一九期，第三一九～三三五頁。

〔三〕 高國藩：《敦煌本〈崔氏夫人訓女文〉及其由來》，《古典文學知識》一九九五年第六期，第四一～四七頁。

〔四〕 〔日〕伊藤美重子：《敦煌寫本〈崔氏夫人訓女文〉について》，《富山大學人文學部紀要》第二十六號，一九九七年，第八三～九一頁。

〔五〕 鄭阿財、朱鳳玉：《敦煌蒙書研究》，第三八八～四○一頁。

〔六〕 鄭阿財、朱鳳玉：《開蒙養正：敦煌的學校教育》，第七五～八二頁。

〔七〕 王金娥：《敦煌寫本蒙書兩種校釋》，《蘭州文理學院學報（社會科學版）》二○一七年第六期，第九五～九七頁。

〔八〕 朱鳳玉：《敦煌家訓類蒙書所見唐代女子生活教育》，金瀅坤主編：《童蒙文化研究》第四卷，第八八～一○一頁。

敦煌寫卷《崔氏夫人訓女聞》概況表

序號	卷號	寫本狀況	保存行數	首尾題	題記	同卷資料
一	伯二六三三號	卷子本首尾俱完	一三	首題："崔氏夫人要女文一本" 尾題："上都李家印。崔氏夫人壹本" 背面有："崔氏夫人訓女聞（文）"七字，倒書	有	前抄：《齖𪘨新婦文》《正月孟春猶寒》一本。《酒賦》一本，後抄：《楊滿山咏孝經壹拾捌章》。
二	斯四一二九號	首完尾缺	一三	首題："崔氏夫人訓女文"		前抄：《齖𪘨書》。 背面：失題詩存十一行，有"學郎尊姓陰，財藝精今下求，直是適奉，尊卑好兒郎"。
三	斯五六四三號	冊子本	三	題："□□□□□（崔氏夫人訓）女文"		前抄：書牘斷片、失調名曲子二首、曲子送征衣二首。 後抄：書牘斷片、《般若波羅蜜多心經》、舞譜、佛經。
四	伯三七八〇號背		一	首題："崔氏夫人訓女文"	有	正面：秦婦吟。

以上四件寫本中有題記可供判斷抄寫年代的有二件，分別爲：

其一，伯三七八〇號背題有："大周顯德四年丁巳歲九月□日就家學士郎馬富德書記。"

按：顯德四年丁巳歲爲公元九五七年。"就家學士郎馬富德"，就家學，是歸義軍時期敦煌當地的就家所辦的私人學塾。馬富德即就家學塾的學生。

伯二六三三號有題記："辛巳年正月五日氾員昌就賓（？）上。"

按：此辛巳年，後梁末帝龍德元年，當公元九二一年。

其二，斯四一二九號雖無題記，但背面失題詩，開頭有"己酉年正月（以下缺）子性尋常打牒下……"此"己酉年"當爲後漢隱帝乾祐二年，公元九四九年。

　　總體而言，這四件寫本大抵皆爲歸義軍時期的抄本。四件寫本以伯二六三三號根據上都李家印本傳抄的本子保存有首尾題及全文，最爲完整。且提供其傳播的相關綫索，甚爲可貴。

　　又從寫本抄寫的原生態看，伯二六三三號卷子本，抄寫完整且首題"崔氏夫人要女文一本"之前，同時還抄有《鬭䶪新婦文》。斯四一二九卷子本《崔氏夫人訓女文》之前也有《鬭䶪書》。《鬭䶪書》又作《鬭䶪新婦文》，是一篇與《崔氏夫人訓女文》内容旨趣正好相反的俗文學作品，《訓女文》是對即將出嫁女兒的正面教育，旨在教示服侍夫君、奉待公婆，遵從"三從四德"成爲"賢妻良母"，家庭和睦。《新婦文》的内容則是極力描述一個"擔眠夜睡"，不守婦德，行爲乖張的新婦，和舅姑發生衝突，最後以致於離婚。二者正反落差，別具深意。

伯二六三三號《崔氏夫人訓女文》一本

（二）録文

　　兹以伯二六三三號號寫本爲底本，用斯四一二九號、斯五六四三號、伯三七八〇號背參校，并參考諸家録文，重新録文，全文如下：

　　崔氏夫人訓女文一本

　　香車寶馬競争輝，少女堂前哭正悲。

　　吾今勸汝不須哭，三日拜堂還得歸。

　　教汝前頭行婦禮，但依吾語莫相違。

好事惡事如不見，莫作本意在家時。

在家作女慣嬌怜，今作他婦信前緣。

欲語三思然後出，第一少語莫多言。

路上逢人須斂手，尊卑迴避莫湯前。

外言莫向家中說，家語莫向外人傳，

姑嫜共語低聲應，小郎共語亦如然。

早朝堂上起居了，諸房伯叔并通傳。

妯娌相看若魚水，男女彼此共恩怜。

上和下睦同欽敬，莫作二意有慵偏。

夫婿醉來含笑問，迎前扶侍送安眠。

莫向人前相辱罵，醒後定是不和顏。

若能一一依吾語，何得翁婆不愛怜。

故留此法相教示，千秋万古共流傳。

白侍郎讚

崔氏訓女，万古傳名。細而察之，實亦周備。

養育之法，方擬事人。若乏禮儀，過去父母。

詩一首

亭亭獨步一枝花，紅臉青娥不是誇。

作將喜貌爲愁貌，未慣離家住婿家。

又詩一首

拜別高堂日欲斜，紅巾拭淚貴新花。

徒來生處却爲客，今日隨夫始是家。

上都李家印　崔氏夫人壹本。

（三）形式與內容

《崔氏夫人訓女文》全篇由三十二句七言韵文組成，計二百二十四字。後附白侍郎讚及詩二首。以"香車寶馬競争輝，少女堂前哭正悲"起首，描摹出一副"悲喜交加"的婚禮場景。接着"話鋒"一轉，以"吾今勸汝不須哭，三日拜堂還得歸"一句，將文脈導入"少女"之母"崔氏夫人"規勸訓導的語境。這位母親首先告誡"少女"須認清即將從"慣嬌憐"到"作他婦"的"現實"，此後不能如"在家時"一樣揮灑"本意"，一言一行必需"守規矩"。在母親看來，"欲語三思""少語莫言"乃新媳婦務必遵守的"第一要務"，而且要"外言莫向家中說，家語莫向外人傳"。無論是面對"姑嫜"還是"小郎"應答說話要低聲。除此之外，女子還須照顧全家的飲食起居，與妯娌上下和睦共處。饒有趣味的是，母親特意囑咐"少女"，侍奉夫婿要恭順周到，特別是丈夫醉酒歸來，不僅不能"人前辱罵"，還要"含笑"服侍，扶持安眠。在母親看來，如果"少女"能做到以上所有要求，定能成爲公婆眼中的"模範兒媳"（"若能一一依吾語，何得翁婆不愛憐"），得到公婆的疼愛憐惜。

這篇"女訓"性質的家教作品，題名署作"崔氏夫人"，顯然是托名中唐時居甲族四姓之首的"崔氏"。但《崔氏夫人訓女文》的流行并不完全因爲借名，實際上更在其内容的簡明扼要，文辭通俗，筆調活潑；能將嚴肅抽象的大道理置於切近具體的生活場景，并加以形象地呈現，使得在封建社會謹奉"無才是德"的女子亦可通曉掌握。

唐代長安，人口早達百萬之上，婚嫁之事不絕，可能當時某位崔夫人訓女的詩得到民間大衆的認同，曾經有人傳抄，甚至有人將之刻印作爲商品來賣，因該文的深受歡迎，以致書商印刷販賣，這可從敦煌寫本伯二六三三號尾題"上都李家印，崔氏夫人一本"的記録中得到證實。至於"訓女文"後所附的"白侍郎"當是指白居易，不過《白侍郎讚》的"讚"及其下的"詩"二首，均未見收入白居易的詩集及《全唐詩》中，顯然係他人"謬爲"，托名附益，以增"訓女文"的"銷路"[一]！

《崔氏夫人訓女文》的産生與風行，反映的是唐五代民間對女子臨嫁教育的重視。一般庶民階級，雖未能如貴族女子在特定的宗室、公室，施以三個月的臨嫁教育，但送女命戒的儀式并未忽略。我們從《崔氏夫人訓女文》的録文，不難發現其内容不脱母親的反復叮嚀，訓示女兒出嫁後應注意的事項，

〔一〕 參陳祚龍：《唐代西京刻印圖籍之一斑》，《陝西文獻》一九七三年第一五期，第三~七頁；收入《敦煌資料考屑》，第二五三~二六六頁。

特別是嫁入夫家以後所面臨的人際相處。一言以蔽之，即是"之子于歸，宜其室家"。在此前提下，其主要內容便集中在以下幾點：

1.夫婦和樂

"夫婿醉來含笑問，迎前扶侍送安眠"，這是傳統女教以夫爲重，男尊女卑，夫爲妻綱的思想，落實到民間生活的具體行爲之指導。"爲人妻"在家要敬夫、事夫，丈夫喝醉，也要含笑相問，服侍就寢。"今日隨夫始是家"，夫家才是家，成家之後，爲人妻的角色扮演更要掌握"事人"的原則；"和順""卑弱"則是妻子的基本態度。

2.敬順守禮、上下和睦

成家之後除了"事夫"外，夫家的眷屬，包括舅姑、妯娌、伯叔的相處也是傳統婦女教育的要點之一，尤其是婆媳、妯娌關係，往往是家庭和樂與否，及婚姻成敗的關鍵。因此傳統婦女教育，夫家人際關係的和諧相處也是主要內容。爲了與夫家家人維持良好關係，"爲人妻"，要能敬順守禮、上下和睦，言語對答，語氣要溫婉，"姑嫜共語低聲應，小郎共語亦如然。"公婆的晨昏定省外，諸房伯叔亦得早起請安，"早朝堂上起居了，諸房伯叔并通傳"；與妯娌相處，更要注意上下和諧親睦，"妯娌相看魚若水""上和下睦同欽敬，莫作二意有慵偏"，這些都是與夫家親族和睦相處的具體行爲規范。

3.慎言少語

"以和爲貴"是"宜其室家"的積極指導原則，"慎言少語"則是"宜其室家"的消極方法。對夫婿需"莫向人前相辱罵，醒後定是不和顏"。與夫家族人相處需"欲語三思然後出，第一少語莫多言"。"好事惡事如不見，莫作本意在家時"，更要注意"外言莫向家中說，家語莫向外人傳"，內外之言，需區分清楚，家醜不可外揚，外語不必回家說，避免挑撥離間親族感情。

（四）《崔氏夫人訓女文》的淵源

《崔氏夫人訓女文》爲一全篇七言的通俗韵文，其性質蓋爲古代"女訓"一類的作品。作者不知名。題名"崔氏夫人"，當是托名。蓋崔姓爲唐代的大家望族。宋江少虞《宋朝事實類苑》卷五八《氏族》論唐人重望族有云："其後遷易紛爭，莫能堅定，遂取前世仕籍，定以博陵崔、范陽盧、隴西李、滎陽鄭，爲甲族。"崔氏爲甲族四姓之首，其子女爲當時士大夫婚姻競相追逐的對象。此類"女訓"托名當屬自然。

　　按：中國古代女子教育，自來未能與男子同等。若有所教育，殆不出家庭閨閣，因此乃有"女訓"之作。考"女訓"的興起，蓋始於東漢曹大家的《女誡》[一]，全書一卷，計分七篇：一、卑弱；二、夫婦；三、敬慎；四、婦行；五、專心；六、曲從；七、叔妹。旨在説明"夫爲妻綱""貞節柔順""三從四德"等女子倫理思想，并教之以"婦德""婦言""婦容""婦功"等。

　　曹大家之後則有後漢杜篤《女誡》一卷[二]；蔡邕《女師篇》《女誡》[三]，以及荀爽《女誡》[四]。晋時則有賈充妻李婉《典式》八篇[五]，劉宋時也有徐湛之《婦女訓誡集》十卷[六]，審其内容，蓋皆班昭《女誡》的支流餘緒，内容不外婦道與女紅而已。

　　及至李唐代興，政治安定、社會繁榮、教育普及、婦女知書能文者也隨之激增。觀《新唐書・列女傳》所載，如："鄭義宗妻盧者，范陽士族也。涉書史，事舅姑恭順。"[七]"王琳妻韋者，士族也……卒年七十五，著女訓行於世。""殷保晦妻封，敖孫也，名絢，字景文。能文章、草隸。"[八]"李拯妻盧者，美姿，能屬

　　〔一〕《隋書》卷三四《經籍志三》，第一〇〇九頁；《宋史》卷二〇三《藝文志二》，第五〇七八頁。

　　〔二〕（清）錢大昭：《補續漢書藝文志》卷二，收入王雲五主編：《叢書集成初編》，中華書局，一九八五年，第一二頁。

　　〔三〕（清）錢大昭：《補續漢書藝文志》卷二，第一七頁。

　　〔四〕（清）錢大昭：《補續漢書藝文志》卷四，第二九頁。

　　〔五〕（清）丁國鈞：《補晋書藝文志》卷三，收入王雲五主編：《叢書集成初編》，中華書局，一九八五年，第八六頁。

　　〔六〕《新唐書》卷五八《藝文二志》，第一四五六頁。

　　〔七〕《新唐書》卷二〇五《列文傳・鄭義宗妻盧傳》，第五八一八頁。

　　〔八〕《新唐書》卷二〇五《列文傳・李拯妻盧傳》，第五八三〇頁。

文。"〔一〕《舊唐書·李紳傳》亦有："紳六歲而孤，母盧氏教以經義。"〔二〕足見唐時女子好學能文之一斑，憲宗時更有女學士的出現。然而唐代女子教育除宮庭習藝館外，并無正式制度。所謂習藝館，本名爲内學館，蓋甄選宮人中有文學者一人爲學士，教習宮人。武后時始改爲習藝館，掌管教習宮人書算衆藝。然此僅爲宮廷内宮人之學，至於民間婦女的知書識字、能文習詩者，則率由私學得之。

唐代民間私學甚爲發達，婦女或受母訓，或受姆教。因此"女訓"一類的作品，一時蠢出并作，據歷代史志所載則有：

《女則要録》十卷，文德皇后（太宗后）著，見《舊唐書》卷四七《經籍志下》《古今内范》一百卷，周恩茂、范履冰、衛敬業等著，見《新唐書》卷五八《藝文志二》《舊唐書》卷六《則天武后紀》。

《武后訓記雜載》十卷，則天武后著，見《新唐書》卷五八《藝文志二》。

《内範要略》十卷，佚名，見《新唐書》卷五八《藝文志二》。

《鳳樓新誡》二十卷，張皇后（肅宗后）著，見《舊唐書》卷四七《經籍下》

《女論語》十篇，尚宮宋若昭著，見《新唐書》卷七七《后妃傳下》。

《女誡》，王琳妻韋氏著，見《新唐書》卷二〇五《列女傳》。

《内訓》二十卷，韋德源、王邵等撰，見《舊唐書》卷四七《經籍志下》。

《女孝經》一卷，陳邈妻鄭氏撰，見《宋史》卷二〇六《藝文五》。

《女儀》一篇，元沛妻劉氏撰，見《因話録》。

上舉諸書中，以鄭氏的《女孝經》與宋若昭的《女論語》最爲著名，也頗爲盛行。《女孝經》一書，顧名思義，乃模仿《孝經》而作，全書計分十八章：一、開宗明義；二、后妃；三、夫人；四、邦君；五、庶人；六、事舅姑；七、三才；八、孝治；九、賢明；十、紀德行；十一、五刑；十二、廣

〔一〕《新唐書》卷二〇五《列文傳·殷保晦妻封絢傳》，第五八三〇頁。

〔二〕《舊唐書》卷一七三《李紳傳》，第四四九七頁。

要道；十三、廣守信；十四、廣揚君；十五、諫諍；十六、胎教；十七、母儀；十八、舉惡。鄭氏自言其書乃據曹大家《女誡》而撰，是以每章章首皆假曹大家以立言。審其內容實在爲曹大家《女誡》的申釋而已。

《女論語》爲宋若華所著、宋若昭申釋之。全書計分十二章：一、立身；二、學作；三、學禮；四、早起；五、事父母；六、事舅姑；七、事夫；八、訓男女；九、營家；十、待客；十一、和柔；十二、守節。其書大抵準《論語》，以韋宣文君代孔子，曹大家等爲顏、冉，推明婦道所宜。

由此類女訓作品觀之，唐代女子教育重心，無非教導婦女貞節、柔順、卑弱、賢德以及各種女工的學習，爲將來奉事翁姑、相夫教子預作準備。此類作品雖已力求平易淺近，然對於氓庶而言，其文辭則仍嫌典雅，內容亦過於嚴肅，民間未必流行。

至於民間普遍流通的訓女類書籍，則以《崔氏夫人訓女文》一類爲多，此類作品，因文辭捨典雅而取通俗；筆調亦變莊嚴枯燥爲活潑流暢，而內容更由嚴肅抽象的倫理思想轉爲日常具體的生活舉止行爲的教示，因此能爲廣大民眾傳誦。法藏伯二六三三號卷末有“上都李家印崔氏夫人壹本”，據此尾題可知《崔氏夫人訓女文》的流傳極爲風行，非但有印本流傳，即使在遠離中土的敦煌地區也流傳着根據印本傳抄的寫本。

“嫁”乃女子一生中最有意義的大事，也是女子生活的一大轉變，由於環境的改變與身分的轉換，出嫁的女子，由深閨受嬌寵的女兒，瞬間爲人妻、媳婦，乃至爲人母。一切家務的操持以及人際的相處，無不關係着女子一生的幸福，所以女子臨嫁前的教育，必然備受重視。《禮記‧昏義篇》即有云：

> 是以古者婦人先嫁三月，祖廟未毀，教於公宮；祖廟既毀，教於宗室，教以婦德、婦言、婦容、婦功。教成祭之，牲用魚，笺之以蘋藻，所以成婦順也。

而《儀禮‧士昏禮》亦云：

> 父送女，命之曰：“戒之！敬之！夙夜毋違命。”母施衿結帨。曰：

"勉之！勉之！夙夜無違宮事。"庶母及門内，施鞶，申之以父母之命，命之曰："敬恭聽，宗爾父母之言，夙夜無愆，視諸衿鞶。"

　　每一位爲人父母的，無不希望自己女兒嫁後能得翁姑的愛憐；博取夫家的歡心。爲期求女兒終身幸福，除於平時教之以婦德、婦言、婦容、婦功等家庭教育外，即使在女兒臨出嫁時，亦不忘諄諄訓示，而父母送女命戒之儀，更成爲婚俗禮儀上重大儀節之一。

　　唐代婚嫁禮俗至爲繁瑣，送女命戒之儀，尤爲重視，而命戒之辭更受矚目。有知之士，當可自撰；至於一般民衆，則多倩人代撰。又其爲婚俗所必備，因此《崔氏夫人訓女文》一類的作品乃應運而生，且有印本大量供應民衆需求。

（五）唐代悍妻與《崔氏夫人訓女文》在唐代的風行

　　從敦煌寫本抄寫的原生態關注到伯二六三三號及斯四一二九號《崔氏夫人訓女文》的抄本，同卷之前同時還抄有《齗齘新婦文》，這是一個有趣而特殊的現象。前面討論《崔氏夫人訓女文》的産生與風行及其主要内容，特別強調集中在"夫婦和樂"之道，貴在妻子的"和順"與"卑弱"。"敬順守禮、上下和睦"則是與夫家親族和睦相處的具體行爲規范。"慎言少語"則是"宜其室家"的消極避錯的要訣。

　　然而《新婦文》描寫的是新婦天生言辭潑辣，性格好鬥因此造成内外紛爭不斷。正與《訓女文》的教示形成反差。《新婦文》記叙新婦在家時常高聲辱罵欺壓夫婿。脾氣就像水牛發瘋，好似轆轤作響。在家挑撥離間，在外欺壓鄰里。吵吵鬧鬧，弄得全家不得安寧，最終落得向夫家索取離書，詈罵夫家，忿而離去[一]。最後奉勸世人爲兒娶媳時，應該仔細辨察。

　　〔一〕　黄征、張涌泉：《敦煌變文校注》載："夫齗齘新婦者，本自天生。鬥唇閣舌，務在喧争。欺兒踏婿，罵詈高聲。翁婆共語，殊總不聽。入厨惡發，翻粥撲羹。轟盆打甌，匌釜打鐺。嗔似水牛料鬥，笑似轆轤作聲。若説軒裙撥尾，直是世間無比。鬥亂親情，欺鄰逐里。阿婆嗔着，終不合粧。將頭自盖，竹天竹地，莫著卧林，佯病不起。見婿入來，滿眼流淚。夫問來由，有何事意……新婦乃索離書：'廢我別嫁可憎夫婿。'"（中華書局，一九九七年，第一二一六頁）

　　中國傳統觀念中，認爲女子尚柔，女子應以順其柔弱本性爲美，身爲女子，應柔順體貼，表現於外的行爲應優雅柔美，不論是言行坐卧舉止，都有一定的規範。故漢班昭《女誡・敬慎第三》云："陰陽殊性，男女異行。陽以剛爲德，陰以柔爲用，男以强爲貴，女以弱爲美。故鄙諺有云：'生男如狼，猶恐其尫；生女如鼠，猶恐其虎。'然則修身莫若敬，避强莫若順。故曰敬順之道，婦人之大禮也。"〔一〕唐宋若莘著、宋若昭解《女論語》更要求女子"行莫回頭，語莫掀脣。坐莫動膝，立莫搖裙。喜莫大笑，怒莫高聲"〔二〕。

　　可見古來以婦女柔弱和順爲美，反之則被視爲有失大體，而粗豪不拘，强悍嫉妒與之顛倒反差之大者，則被視爲醜。故敦煌俗賦中有《醜婦賦》一篇，其文除描繪婦女各種外貌體態之醜陋外，更歷指婦女内心性情及言行舉止之險惡醜態，具體反映唐代社會對婦女心性行爲惡劣而不能容忍與接受者，如嫉妒；多言嘈雜，搬弄是非；好吃懶做，嗜睡邋遢；悍戾易怒，好鬥蠻橫；不事姑舅等等。這些嚴重心性行徑更有列入自來傳統社會所謂"七出"之列〔三〕。唐五代時對女性行爲的期望標準，仍不脱婦行的范圍之外。而其中"嫉妒"及"多言嘈雜，搬弄是非"，既是古代棄妻條律"七出"之一，唐代并將此二者列入國家法律條文之中〔四〕。可見自漢到唐五代，"嫉妒"與"多言"均

〔一〕（漢）班昭：《女誡・敬慎第三》，《古今圖書集成》第三九五册，鼎文書局，一九八五年，第九頁。

〔二〕（唐）宋若莘：《女論語・立身章》，《古今圖書集成》第三九五册，鼎文書局，一九八五年，第一〇頁。

〔三〕《大戴禮記・本命第八十》："婦有七去：不順父母去，無子去，淫去，妒去，有惡疾去，多言去，竊盜去。不順父母去，爲其逆德也；無子，爲其絶世也；淫，爲其亂族也；妒，爲其亂家也；有惡疾，爲其不可與共粢盛也；口多言，爲其離親也；盜竊，爲其反義也。"〔（漢）戴德撰，黄懷信等注：《大戴禮記彙校集注》，三秦出版社，二〇〇五年，第一三八八頁〕

〔四〕《唐律》："諸棄妻須有七出之狀，一無子，二淫佚，三不事舅姑，四口舌，五盜竊，六嫉妒，七惡疾，皆夫手書棄之。男及父母伯姨舅，并女父母伯姨舅，東鄰西鄰，及見人皆署。若不解書，畫指爲記。雖有棄狀，有三不去，一經持舅姑之喪，二娶時賤後貴，三有所受無所歸，即犯義絶淫佚惡疾，不拘此令。"（〔日〕仁井田陞：《唐令拾遺・户令第九》"棄妻須有七出之狀"條，東京大學出版社，一九六四年，第二五三頁）

被認爲是危害家庭婚姻的惡行，普遍不爲社會接受，唐代宋若莘、宋若昭姊妹《女孝經》及《女論語》中也不斷告誡婦女，切莫嫉妒與説三道四〔一〕。

　　敦煌文獻顯示民間女子教育，采正反雙軌并行進行。《崔氏夫人訓女文》是正面積極的教育，强調婦之道，應該對夫婿抱持敬順態度：將夫比天，其義匪輕。夫剛妻柔，恩愛相因。居家相待，敬重如賓。要求女子出嫁後必須以夫爲天，而人不可違天，故婦女必須敬順自己的夫婿，因此夫强妻弱被視爲一種正常的夫妻關係。《齖䶗新婦文》與《醜婦賦》呈現的是負面的消極禁誡，正反雙軌同時出現，展現了唐代社會的婚姻現象。陳東原《中國婦女生活史》指出："東晉以後，時勢紛亂，禮教的約束力極小，個性異常發達，妒的性能，遂得在婦女的天賦中復活。"〔二〕大唐多元開放的社會風氣，女權高漲，婦女個性更因時代潮流而任情隨性，甚至到達閣門無禮程度，尤其是皇室公主與高門大户的女子下嫁，門閥制度下的利益婚姻，新婦每每倚勢嬌蠻，無視夫家、翁姑，妒妻悍婦的行徑，造成唐代前期出現了一種所謂剛柔倒置，妻强夫弱的反常現象。此種畏妻風氣盛行，上自皇帝下至文武百官、士大夫，多人以懼內著稱，且不以爲恥。中唐以前中上層社會，可發現"大曆以前，士大夫妻多妒悍者"〔三〕，更爲小説、史書、載籍所記述〔四〕，因此唐朝中期，對於女性道德、行爲的要求開始漸趨嚴格，女教書也隨之發展，呈現士族社會對禮教約束低落的憂患意識。在這樣的社會氛圍下，《崔氏夫人訓女文》與《齖䶗新婦文》匯抄并行流通是極其合理的傳播現象。

　　〔一〕《女孝經·五刑章第十一》："貞順正直，和柔無妒，理於幽閨，不通於外。"（中華書局，一九九一年，第一四頁）《女論語·學禮章第三》："莫學他人，不知朝暮。走遍鄉村，説三道四。引惹惡聲，多招黑怒，辱賤門風，連纍父母。損破自身，供他笑具。"〔（朋）陳宏謨輯：《五種遺規》，中華書局，一九八一年，第六~七頁〕
　　〔二〕陳東原：《中國婦女生活史》，台灣商務印書館，一九九四年，第七四頁。
　　〔三〕（唐）段成式：《酉陽雜俎》前集卷八《黥篇》，上海古籍出版社，二〇〇〇年，第三七二頁。
　　〔四〕廖瑜：《略論唐傳奇中的妒婦形象及其成因》，《黑龍江教育學院學報》二〇一八年第二期，第九九~一〇一頁。

（六）《崔氏夫人訓女文》的流變

　　我國歷代有關女訓之作，爲數甚多，然專就訓示臨嫁女兒而撰作者，據今所知見則當以敦煌寫卷"崔氏夫人訓女文"爲時最早，且最爲通俗淺近，影響民衆也最爲深遠。唐以後，女訓一類作品卷帙繁多，然專爲訓示臨嫁女兒而撰作的篇卷，爲數却極少，僅有清代陸圻《新婦譜》、陳確《新婦譜補》、查琪《新婦譜補》等而已[一]。其中以陸圻的作品最爲著名。

　　陸圻《新婦譜》乃爲其女所撰，以爲贈奩之用，其序云：

　　　　今丙申七月，倉卒遣女，蕭然無辦，因作新婦譜贈之，以視世之珠玉錦繡，炫璜於路者，雖所贈不同，未爲無所贈也[二]。

　　其於婚禮儀俗，雖與《崔氏夫人訓女文》送女命戒之辭，不盡相同，然其訓女的意義無甚差別。其内容大要，亦不外乎敬事翁姑、順從丈夫、和睦戚黨鄰里。

　　例如論女子對丈夫須柔順卑弱，溫和順從。《崔氏夫人訓女文》云：

　　　　夫婿醉來含笑問，迎前扶侍送安眠，莫向人前相辱罵，醒後定是不和顏。

《新婦譜‧做得起》云：

　　　　事公姑不敢伸眉，待丈夫不敢使氣，遇下人不敢呵罵，一切小心謹慎，則公姑丈夫皆喜。有言必聽，婢僕皆愛而敬之，凡有使令，莫不悦從，而宗族鄉黨，動皆稱舉以爲法[三]。

《新婦譜‧顏色》云：

<hr>

〔一〕　以上三書均收入《香豔叢書》三集，見《叢書集成續編》第六二册，新文豐出版公司，一九八九年。
　　〔二〕（清）陸圻：《新婦譜》，《叢書集成續編》第六二册，第四一頁。
　　〔三〕（清）陸圻：《新婦譜》，《叢書集成續編》第六二册，第四一頁。

愉色婉容，是事親最要緊處，男子且然，況婦人乎？但事公姑丈夫之色，微有不同，事姑事夫和而敬，事翁肅而敬，待男客親戚莊而敬，待群僕純以莊〔一〕。

新婦對翁姑須孝順，其於態度則和顏悦色，聲音亦得低下。《崔氏夫人訓女文》云：

姑嫜共語低聲應，小郎共語亦如然。

《新婦譜・聲音》云：

婦人賢不賢，全在聲音高低語言多寡中分，聲低即是賢，高即不賢；言寡即是賢，多即不賢，就令訓責己身婢僕，響尚不雅，説得有道理話，多亦取厭，況其他耶！〔二〕

至於，新婦與妯娌相處，則須和睦。《崔氏夫人訓女文》有云：

妯娌相看若魚水，男女彼此共恩怜。上和下睦同欽敬，莫作二意有慵偏。

《新婦譜・妯娌姑嫂》云：

新婦之善相其夫者，第一要丈夫孝友。乃世之不孝者一十不遇二三。而不友者，則十之五六，其源多起於妯娌不和。丈夫各聽婦言，遂成參商，此不可不謹也。爲新婦者，善處妯娌，第一在禮文遜讓，言語謙謹，勞則代之，甘則分之。公姑見責，代他解勸，公姑蓄意，先事通知，則彼自感德，妯娌輯睦矣〔三〕。

〔一〕（清）陸圻：《新婦譜》，《叢書集成續編》第六二冊，第四一頁。
〔二〕（清）陸圻：《新婦譜》，《叢書集成續編》第六二冊，第四一頁。
〔三〕（清）陸圻：《新婦譜》，《叢書集成續編》第六二冊，第四四頁。

此外，家居生活則須早起勤勞，謹言慎行。《崔氏夫人訓女文》云：

> 早朝堂上起居了，諸房伯叔并通傳。

《新婦譜·早起》云：

> 新婦於公姑未起前，先須早起。梳洗要快捷，不可遲鈍，俟公姑一起身，即往問安萬福[一]。

《崔氏夫人訓女文》，論謹言慎行則云：

> 好事惡事如不見，莫作本意在家時。
> 欲語三思然後出，第一少語莫多言。
> 路上逢人須斂手，尊卑迴避莫湯前。
> 外言莫向家中説，家語莫向外人傳。

陳確《新婦譜補》云：

> 婢女傳言，往往失真，切不可聽……若言他人不好，毋論真假，置若罔聞……古人云：聞人過失，如聞父母之名，耳且不忍聞，況口可顯言乎。至言及人家閨閫事，尤須塞耳，雖姊妹姑嫂娣姒間，相聚閑論，傳説流言，如言及人不好，及閨門事，亦不得助一語，默受而已[二]。

由以上所舉的内容觀之，不難看出唐時民間流行的《崔氏夫人訓女文》，

〔一〕（清）陸圻：《新婦譜》，《叢書集成續編》第六二册，第四二頁。
〔二〕（清）陳確：《新婦譜補》，《叢書集成續編》第六二册，第五七頁。

其影響一直深入於廣大民間，而《新婦譜》《新婦譜補》等，則恐爲其流變衍生者。雖然内容意旨相近，不過文字較爲典雅，仍屬士大夫階層的習氣。

至於民間庶民社會流行的，則是較爲接近《崔氏夫人訓女文》一類，簡單通俗而口語化。明清以來有所謂《女兒經》一類蒙學讀本，發展到了清同治年間，便有賀瑞麟針對不同階段的女子，以及爲人女、爲人妻、爲人母等不同角色，進行增删改易而編的《改良女兒經》。這本書開頭説：“女兒經，仔細聽；早早起，出閨門；燒茶湯，敬雙親；勤梳洗，愛乾净；學針線，莫懶身；父母駡，莫作聲；哥嫂前，請教訓……遵三從，行四德；習禮義，難盡説；看古人，多賢德；宜以之，爲法則。”内容可説與《崔氏夫人訓女文》的意旨無二，語言也是通俗淺顯，當是“訓女文”的支流餘裔。

第三節　格言詩類蒙書

童蒙教育以識字爲先。識字之後，一方面誦讀各類知識；一方面學習文章。優美淺近的詩歌便於吟哦朗讀，又易於記誦。既可陶冶性情，又可培養品德。因此歷來每每挑選適合童蒙的詩篇，供作童蒙誦讀之用。唐宋以來詩歌一直是童蒙教育的内容之一。不過世人對宋以後的《千家詩》《神童詩》等所謂兒童詩歌教材則較爲熟悉，因此過去傳統的學塾教學便有所謂的“三、百、千、千”，即《三字經》《百家姓》《千字文》《千家詩》。事實上，晚唐五代時期便有爲童蒙而編的詩歌，尤其以格言入詩，用以教示童蒙行爲規範，訓誡兒童立身處事等。今敦煌寫卷中保存有一卷本《王梵志詩》便是格言詩類的蒙書。

一　一卷本《王梵志詩》

敦煌寫本王梵志詩以通俗淺近見稱，其俗，俗得有特色，不僅語言通俗、口語俚詞皆可入詩，詩句簡煉，明白如話。在白話文學發展史上，佔有極爲重要的地位，所以自從敦煌藏經洞發現以來，王梵志及其詩篇的研究，便成爲海内外敦煌詩歌研究最爲熱門的課題。從一九二五年劉復將他在巴黎閱覽敦煌寫卷抄録資料輯録成《敦煌掇瑣》印行，收録三個王梵志詩的卷子開始。至今九十五年來，其間發表的論著篇章有近二百篇，可説是敦煌文學研究中最爲熱門的研究課題之一。

　　二十世紀八十年代，是王梵志詩研究最熱烈的時期，重要的文章有趙和平、鄧文寬的《敦煌寫本王梵志詩校注》（一九八〇）[一]，張錫厚的《唐初白話詩人王梵志考略》（一九八〇）等等[二]。進行全面整理研究的就有四家，時間都集中在二十世紀八十年代，而且出版年代相差不多，最早出版的是法國戴密微的《王梵志詩附太公家教》（一九八二）[三]，之後有張錫厚的《王梵志詩校輯》（一九八三）[四]，其次，是朱鳳玉一九八五年的博士論文，之後并出版了《王梵志詩研究》上下册（一九八六～一九八七）[五]。再次則是項楚一九八七年發表在《敦煌吐魯番文獻研究論集》第四輯的《王梵志詩校注》，此篇修訂後於一九八八年單行出版[六]。

　　這四本王梵志詩整理與研究的專著出版後，引起了相當的回響，由於有了較爲完整可據的王梵志詩文本，之後的研究則是以王梵志詩爲材料，進行音韵或語法的考探；或是詩歌藝術與思想之賞析，有關研究篇目可參《敦煌學研究論著目録：1908～1997》《敦煌學研究論著目録：1998～2005》[七]，二〇〇二年以

　　〔一〕　趙和平、鄧文寬：《敦煌寫本王梵志詩校注》，《北京大學學報（哲學社會科學版）》一九八〇年第五期，第六五～八二頁；趙和平、鄧文寬：《敦煌寫本王梵志詩校注（續）》，《北京大學學報（哲學社會科學版）》一九八〇年第六期，第三二～三八頁。

　　〔二〕　張錫厚：《唐初白話詩人王梵志考略》，朱東潤、李俊民等主編：《中華文史論叢》一九八〇年第四期，第六一～七五頁。

　　〔三〕　"L'oeuvre de Wang le Zelateur（WangFantche），suivie des Instruction de l'aieul（T'ai—kong Kia—kiao）Poemes populairies des T'ang"，COLLEGE DE FRANCE INSTITUT DES HAUTES ETUDES CHINOISES，PARIS，一九八二。

　　〔四〕　張錫厚：《王梵志詩校輯》，中華書局，一九八三年，第三八二頁。

　　〔五〕　朱鳳玉：《王梵志詩研究》，台北中國文化大學中文研究所博士學位論文；朱鳳玉：《王梵志詩研究（上册）》，中國文化大學中文研究所博士論文；學生書局，一九八六年；朱鳳玉：《王梵志詩研究（下册）》，學生書局，一九八七年。

　　〔六〕　項楚：《王梵志詩校注》，《敦煌吐魯番文獻研究論集》第四輯，北京大學出版社，一九八七年，第一二八～六〇二頁；項楚著：《〈王梵志詩校注〉續拾》，北京大學出版社，一九八七年，第六〇三～六二二頁；項楚著：《王梵志詩校注》，上海古籍出版社，一九九一年。

　　〔七〕　鄭阿財、朱鳳玉編：《敦煌學研究論著目録：1908～1997》，漢學研究中心，二〇〇〇年，第一八三頁；鄭阿財、朱鳳玉編：《敦煌學研究論著目録：1998～2005》，漢學研究中心，二〇〇〇年，第二二四～二二八頁。

來《敦煌學國際聯絡委員會通訊》每年的敦煌學研究綜述及論著目錄。

　　（一）王梵志詩的寫本系統及一卷本

　　有關王梵志詩的寫卷，據今所得知，總計有四十四號，分別庋藏於英國不列顛圖書館、法國國家圖書館、俄羅斯科學院東方研究所聖彼得堡分所、中國國家圖書館，以及日本奈良寧樂美術館、大阪杏雨書屋等。此外敦煌寫卷《歷代法寶記》等，歷代詩話、筆記亦存有王梵志詩的零篇散句。綜觀四十四號敦煌寫本，其中近二十號寫本沒有詩題卷次，其餘均標有詩題卷次，所呈現的標題卷次計有："卷上并序""卷中""法忍抄本""卷第三"及"一卷"等，各卷內容沒有重複，不能銜接。而現存敦煌寫本各系抄本的王梵志詩，彼此不相雜廁，是個很奇特的現象，因此產生了"各本王梵志詩不是同一人創作"的設想；而以爲王梵志詩應作"梵志體詩"〔一〕，非一個人的作品來了解。梵志體詩的創始者王梵志，就是《桂苑叢談》中所記載生於隋時的那一位。此記載和敦煌寫卷伯四九七八號《王道祭楊筠文》這篇遊戲文字所載時代和地點相合，可知《桂苑叢談》所載雖爲傳說，然而是有來源而非憑空捏造的。可確定的是黎陽王梵志是位活動於唐初的詩人。王梵志詩面世後，受到普遍的歡迎，成爲特殊的詩體，後人跟着創作，亦以此爲名。所以不同系統的詩，應當有不同的作者，那是在"梵志體詩"廣爲流行後的作品，其思想風格各別，但都爲梵志體詩。

　　經過研究分析，四十四號寫本大致可歸納成：卷上并序、卷中、法忍抄本、卷第三、零卷（没有標題的梵志體詩）、一卷本、輯佚等七系：

　　1.卷上并序：斯七七八號、斯一三九九號、斯五四七四號、斯五七六九號；

　　2.卷中：斯五四四一號、斯五六四一號、伯三二一一號；

　　3.法忍抄本：斯四二七七號、俄弗二五六號、俄敦四八五號＋俄敦一三四九號；

────────────

　　〔一〕　見王維《與胡居士皆病寄此詩兼示學人二首》，述古堂本，元本詩題下俱有"梵志體"三字注語。〔（唐）王維撰，陳鐵民校注：《王維集校注》，中華書局，一九九七年，第五三二頁〕

4.卷第三：伯二九一四號、伯三八三三號、俄敦八八九號＋俄敦二五五八號；

5.零卷（没有標題的梵志體詩）：斯六○三二號、伯三四一八號、伯三七二四號；

6.一卷本：斯二七一○號、斯三三九三號、斯四六六九號、斯五七九四號、伯二六○七號背、伯二七一八號、伯二八四二號、伯二九一四號、伯三二六六號、伯三五五八號、伯三六五六號、伯三七一六號、伯四○九四號、寧樂本、羽三○號、俄敦四七五四號＋俄敦八九○號＋俄敦八九一號、俄敦四九三五號、俄敦一○七三六號、俄敦一○七四○號；

7.輯佚：斯五一六號、伯二一二五號、伯三八七六號及歷代詩話筆記中所輯録的。

除去輯佚，其他六系依據内容研究分析，大致可分爲三個系統，即：社會詩（卷上、卷中之三卷本）；宗教詩（法忍抄本、卷第三、零卷）；教誨詩（一卷本）。

一卷本的教誨詩，今所知見計有二十一號，是所有《王梵志詩集》各系中寫本最多的。較早從童蒙教育的視角對一卷本《王梵志诗》投予關注的是日本的遊佐昇，一九七八～一九八一年，他先後發表了《王梵志詩のもつ兩側面》（王梵志詩所具有的兩側面）、《敦煌文獻にあらわれた童蒙庶民教育倫理——王梵志詩、太公家教等を中心として》（表現於敦煌文獻的童蒙庶民教育倫理——以王梵志詩、太公家教爲中心）、《王梵志詩集一卷について》（關於王梵志詩集一卷）等三篇論文[一]。均針對一卷本來討論，認爲一卷本的形式、内容、旨趣都與其他卷子的寫本不同，"一卷本"的九十二首詩全

〔一〕［日］遊佐昇：《王梵志詩のもつ両側面》,《大正大學大學院研究論集》第二號,一九七八年, 第一二九～一三八頁；［日］遊佐昇：《敦煌文獻にあらわれた童蒙庶民教育倫理：王梵志詩・太公家教等を中心として》,《大正大學大學院研究論集》第四號, 一九八○年, 第一五一～一六一頁；［日］遊佐昇：《王梵志詩集一卷について》（一）,《東洋大學大學院紀要》第一七號, 一九八○年, 第一五一～一六三頁；［日］遊佐昇：《王梵志詩集一卷について》（二）,《東洋大學大學院紀要》第一八號, 一九八一年, 第二七七～二八九頁。

係五言四句所構成的，其內容性質與《太公家教》相同，均爲"童蒙庶民教育"的教材。一九八四年，朱鳳玉在博士論文《王梵志詩研究》中根據當時所見十三個"一卷本"的寫本，進行考察，發現其中有些寫卷抄寫得非常工整，且流傳下來的也很完全，在當時是廣爲流行的。全卷爲九十二首五言絕句的通俗白話詩，內容偏重在生活儀節，處世格言，俗諺等方面。它的整齊形式和內容主旨都和其他卷次的王梵志詩不一樣，這種獨特的風格正是它以"一卷本"形態出現的主因；將這類處世訓、格言詩編在一起，題爲王梵志詩"一卷本"，以獨立的方式流布傳抄，作爲童蒙教育之用〔一〕，其內容性質與另一通俗蒙書《太公家教》相似，且二者常合抄流傳，在敦煌地區廣泛流行。又史志的記載，都是"《王梵志詩》一卷"，更提供了充分的證據，它應當是晚唐時期民間知識分子編寫而依託"王梵志"的名義，以求廣爲流傳的格言詩類蒙書。

一九九一年，項楚《王梵志詩校注》出版，《前言》中對《王梵志詩集》歷來聚訟紛紜的作者及不同編次寫卷的編輯年代問題，廣徵文獻，深入細緻地考證，以爲《王梵志詩集》中的作品并非王梵志一人所作，《王梵志詩集》也非一時編輯而成。同時也用了相當的篇幅考察一卷本《王梵志詩集》的形式、內容特色，并持與《太公家教》對照，比較二者異同與關係，以爲：一卷本《王梵志詩集》是在《太公家教》的基礎上改寫而成的，《太公家教》成書於八世紀後半期，所以"一卷本《王梵志詩集》編寫于晚唐時期"，"出於唐代一位民間知識份子之手，而借用了王梵志的大名，以廣流傳"〔二〕。

（二）一卷本《王梵志詩》寫本概述

現存敦煌寫本一卷本《王梵志詩》，計有二十一個卷號，分別爲：

英藏：斯二七一〇號、斯三三九三號、斯四六六九號、斯五七九四號；

〔一〕 其寫卷概況與錄文可參見張錫厚校輯：《王梵志詩校輯》，中華書局，一九八三年；朱鳳玉著：《王梵志詩研究》，台灣學生書局，一九八六年；項楚：《王梵志詩校注》，上海古籍出版社，一九九一年。

〔二〕 項楚：《王梵志詩校注》，第一七～二一頁。

法藏：伯二六〇七號背、伯二七一八號、伯二八四二號、伯二九一四號、伯三二六六號、伯三五五八號、伯三六五六號、伯三七一六號、伯四〇九四九號；

俄藏：俄敦四七五四號＋俄敦八九〇號＋俄敦八九一號、俄敦四九三五號、俄敦一〇七三六號、俄敦一〇七四〇六號；

日本藏：寧樂本、羽三〇等二件，經綴合後計得十八件寫本，茲將寫本概況表列如下：

敦煌寫本《王梵志詩》概況表

序號	卷號	寫本狀況	保存行數	保存部分	首尾題	題記	同卷資料
一	伯二七一八號	卷子本首尾俱完	八一	一～九二（九二）	首題：王梵志詩一卷 尾題：王梵志詩一卷	有	後接抄《茶酒論一卷》
二	伯三五五八號	卷子本首尾俱完	一〇一	一～九二（九二）	首題：□（王）梵志詩一卷	有	
三	伯三六五六號	卷子本首尾俱完	八四	一～九二（九二）	首題：王梵志詩一卷 尾題：王梵志詩一卷		
四	伯三七一六號背	卷子本首尾俱完	七七	一～九二（九二）	首題：王梵志詩一卷 尾題：王梵志詩一卷	有	正面：瑜伽師地論。背前抄：新集書儀一卷，後抄：晏子賦、醜婦賦、百鳥名
五	斯三三九三號	卷子本首尾俱完	九五	一～九二（九二）	首題：王梵志詩一卷 尾題：王梵志詩一卷		背抄社司轉帖、去三害賦

序號	卷號	寫本狀況	保存行數	保存部分	首尾題	題記	同卷資料
六	羽三〇號	卷子本首尾俱完	九〇各行下部殘缺	一～九二（九二）	首題：王梵志詩一卷第一	有	
七	寧樂本	卷子本首缺尾完	九五	一一－九二（八二）			前抄：太公家教
八	斯二七一〇號	卷子本首缺尾完	五七	二八～九二（六五）	尾題：王梵志詩一卷	有	背有小兒習字、"氾富川王梵志詩一卷"
九	伯四〇九四號	册子本存四葉首缺尾完	七三	三五～九二（五八）	尾題：王梵志詩集一卷	有	後抄：夫子勸世詞
一〇	斯五七九四號	卷子本首尾俱缺	一一	四七～五八（一二）			
一一	斯四六六九號	卷子本首尾俱缺	二五	二〇～四七（二八）			
一二	伯二八四二號	卷子本首完尾缺	一九	一～一五（一五）	首題：王梵志詩一卷	有	
一三	伯二六〇七號背	雜寫七行	一	一（兄弟須）三字	題有：王梵志詩一卷		正面：勤讀書抄
一四	伯二九一四號	卷子本首完尾缺	二	一～二（二）	首題：王梵志詩卷第一	有	前抄：王梵志詩卷第三三〇行。背抄：宣宗皇帝御製勸百寮文
一五	俄敦四七五四號＋俄敦八九〇號＋俄敦八九一號	殘片	九＋一五＋六＝二九	一～八＋八～二一＋二一～二六（二六）			

續表

序號	卷號	寫本狀況	保存行數	保存部分	首尾題	題記	同卷資料
一六	俄敦四九三五號	殘片首尾俱缺	五下部殘，	一八—二二			
一七	俄敦一〇七三六號	殘片首尾俱缺	八	一〇—一七（九）			
一八	俄敦一〇七四〇號（一四）	殘片首尾俱缺	七下部殘	六九—七七（九）			

※保存部分的數字爲一卷本《王梵志詩》九十二首的次第，（）中數字則爲保存詩的數量。

以上十八件寫本，首尾俱全的有伯二七一八號、伯三五五八號、伯三六五六號、伯三七一六號背、斯三三九三號、羽三〇號等六件。其中以伯二七一八號、伯三六五六號、伯三七一六號背、斯三三九三號四件內容完整，伯三五五八號末尾數行略有破損，羽三〇號大部分各行下半截缺。

又寫本中存有題記的計有八件，據其年代先後依序如下：

伯三七一六號前抄《新集書儀》一卷有題記："天成五年（九三〇）庚寅歲五月十五日，敦煌伎術院禮生張儒通。"

斯二七一〇號題記："清泰四年（九三七）丁酉歲十二月舍書吳儒賢從頭自續氾富川。"

伯四〇九四號題記："維大漢乾祐二年（九四九）歲當己酉白藏南葉節度押衙樊文昇奉命遣寫詩册謹録獻上伏乞容納請賜。"

伯二八四二號殘片題記："己酉年二月十三日學仕郎全文。"按：己酉年當爲後漢乾祐二年（九四九）。

伯二一九四號題記："大漢天福叁年（九五〇）庚戌歲閏四月九日金光明寺僧字手建記寫畢。"

伯三五五八號題記："辛亥三年正月十七日三界寺。"按：辛亥三年爲後周廣順元年（九五一），然後周太祖即位改元二月九日，故仍用後漢乾祐三年。

伯二七一八號後接抄《茶酒論》一卷并序鄉貢進士王敷撰，後有題記："開寶叁年（九七〇）壬申歲正月十四日知術院弟子閻海真自手書記"。

羽三〇號題記："辛巳年十月六日金光明寺學郎氾員宗寫記之耳張巡受書寫""辛巳年當爲宋太宗太平興國六年，公元九八一年"。

以上題記的年代，從公元九三〇年到九八一年，可説一卷本《王梵志詩》的流傳是在十世紀，也就是敦煌歸義軍曹氏政權的時期。

（三）録文

茲以伯二七一八號爲底本，用伯三六五六號、伯三七一六號背、斯三三九三號及其他各本參校，并參酌諸家校録，對底本重新録文，并增補序號，全文如下：

一卷本《王梵志詩》

［一］兄弟須和順，叔姪莫輕欺。財物同箱櫃，房中莫畜私。

［二］夜眠須在後，起則每須先。家中懃檢校，衣食莫令偏。

［三］兄弟相憐愛，同生莫異居。若人欲得別，此則是兵奴。

［四］好事須相讓，惡事莫相推。但能辨此意，禍去福招來。

［五］昔日田真分，庭荆當即衰。平章却不異，其樹復還滋。

［六］孔懷須敬重，同氣并連枝。不見恒山鳥，孔子惡聞離。

［七］兄弟寶難得，他人不可親。但尋莊子語，手足斷難論。

［八］尊人相逐出，子莫向前行。識事須相逢，情知乏禮生。

［九］尊人共客語，側立在傍聽。莫向前頭鬧，喧亂作鴉鳴。

［一〇］主人無床枕，坐旦捉狗親。莫學庸才漢，無事去他門。

［一一］立身行孝道，省事莫爲愆。但使長無過，耶孃高枕眠。

［一二］耶孃行不正，萬事任依從。打罵但知默，無應即是能。

［一三］尊人嗔約束，共語莫江降。縱有些些理，無須説短長。

［一四］有事須相問，平章莫自專。和同相用語，莫取婦兒言。

［一五］耶孃年七十，不得遠東西。出後傾危起，元知兒故違。

［一六］耶孃絕年邁，不得離傍邊。曉夜專看侍，仍須省睡眠。

［一七］四大乖合起，諸方請療醫。長病煎湯藥，求神覓好師。

［一八］親中除父母，兄弟更無過。有莫相輕賤，無時始認他。

［一九］主人相屈至，客莫先入門。若是尊人處，臨時自打門。

［二〇］親家會賓客，在席有尊卑。諸人未下筯，不得在前椅。

［二一］親還同席坐，知卑莫上頭。忽然人怪責，可不衆中羞。

［二二］尊人立莫坐，賜坐莫背人。踦坐無方便，席上被人嗔。

［二三］尊人對客飲，卓立莫東西。使喚須依命，躬身莫不齊。

［二四］尊人與酒喫，即把莫推辭。性少由方便，圓融莫遣知。

［二五］尊人同席飲，不問莫多言。縱有文章好，留將餘處宣。

［二六］巡來莫多飲，性少自須監。勿使聞狼狠，交他諸客嫌。

［二七］坐見人來起，尊親盡遠迎。無論貧與富，一概總須平。

［二八］黃金未是寶，學問勝珠珍。丈夫無伎藝，虛霑一世人。

［二九］養子莫徒使，先教懃讀書。一朝乘馹馬，還得似相如。

［三〇］欲得兒孫孝，無過教及身。一朝千度打，有罪更須嗔。

［三一］養兒從小打，莫道憐不笞。長大欺父母，後悔定無疑。

［三二］男年十七八，莫遣倚街衢。若不行奸盜，相构即樗蒱。

［三三］有兒欲娶婦，須擇大家兒。縱使無姿首，終成有禮儀。

［三四］有女欲嫁娶，不用絕高門。但得身超俊，錢財總莫論。

［三五］欲得於身吉，無過莫作非。但知牢閉口，禍去阿你來。

［三六］飲酒妨生計，摴蒱必破家。但看此等色，不久作窮茶。

［三七］見惡須藏掩，知賢爲讚揚。但能依此語，祕密立身方。

［三八］借物莫交索，用了送還他。損失酬高價，求嗔得也磨？

［三九］借物索不得，貸錢不肯還。頻來論即鬥，過在阿誰邊？

［四〇］鄰并須來往，借取共交通。急緩相憑仗，人生莫不從。

［四一］長幼同欽敬，知尊莫不遵。但能行禮樂，鄉里自稱仁。

［四二］停客勿叱狗，對客莫頻眉。供給千餘日，臨歧請不飢。

［四三］親客號不疏，喚即盡須喚。食了寧且休，祇可待他散。

［四四］爲客不呼客，去必主人嗔。欲得能行事，無過莫避人。

［四五］逢人須斂手，避道莫前湯。忽若相衝著，他强必自傷。

［四六］惡口深乖禮，條中却没文。若能不罵詈，即便是賢人。

［四七］見貴當須避，知强遠離他。高飛能去網，豈得值低羅。

［四八］結交須擇善，非諳莫與心。若知管鮑志，還共不分金。

［四九］惡人相遠離，善者近相知。縱使天無雨，雲陰自潤衣。

［五〇］有德人心下，無才意即高。但看行濫物，若箇是堅牢。

［五一］典吏頻多擾，從饒必莫嗔。但知多與酒，火艾不欺人。

［五二］惡人相觸悮，被罵必從饒。喻若園中韭，猶如得雨澆。

［五三］罵妻早是惡，打婦更無知。索强欺得客，可是丈夫兒？

［五四］有勢不煩倚，欺他必自危。但看木裏火，出則自燒伊。

［五五］貧親須拯濟，富眷不煩饒。情知蘇蜜味，何用更添膏。

［五六］有錢莫掣撦，不得事奢華。鄉里人儜惡，差科必破家。

［五七］他貧不得笑，他弱不得欺。但看人頭數，即須受逢迎。

［五八］莫不安爪肉，魚吞在腸裏。善惡有千般，人心難可知。

［五九］在鄉須下意，爲客莫高心。相見作先拜，膝下没黃金。

［六〇］貧人莫簡棄，有食最須呼。但惠封瘡藥，何愁不奉珠。

［六一］得言請莫説，有語不須傳。見事如不見，終身無過愆。

［六二］無親莫充保，無事莫作媒。雖失鄉人意，終身無害灾。

［六三］雙陸智人戲，圍碁出專能。解時終不惡，久後與仙通。

［六四］逢爭不須看，見打莫前爲。損即追友證，能勝總不知。

［六五］立身存篤信，景行勝將金。在處人携接，諳知無負心。

［六六］有恩須報上，得濟莫孤恩。但看千里井，誰爲重來尋。

［六七］知恩須報恩，有恩莫不報。更在枯井中，誰能重來救。

［六八］先得他恩重，酬償勿使輕。一湌何所直，感荷百金傾。

［六九］蒙人惠一恩，終身酬不極。若濟桑下飢，扶輪可惜力。

［七〇］得他一束絹，還他一束羅。計時應大重，直爲歲年多。

［七一］貸人五斗米，送還一碩粟。筭時應有餘，剩者充臼直。

［七二］世間難割捨，無過財色深。丈夫須達命，割斷暗迷心。

［七三］煞生罪最重，吃肉亦非輕。欲得身長命，無過點續明。

［七四］偷盜須無命，侵欺罪更多。將他物己用，思量得也磨？

［七五］邪淫及妄語，知非總勿作。但知依道行，萬里無迷錯。

［七六］喫肉多病報，智者不須餐。一朝無間地，受罪始知難。

［七七］飲酒是癡報，如人落糞坑。情知有不净，豈合岸頭行。

［七八］造酒罪甚重，賣肉俱不輕。若人不信語，撿取涅槃經。

［七九］見泥須避道，莫入污却鞋。若知己有罪，莫破戒持齋。

［八〇］相交莫嫉妒，相歡莫蛆嚀。一日無常去，王前擺手行。

［八一］見病須慈愍，知方速療醫。若能行此行，大是不思議。

［八二］經紀須平直，心中莫側斜。些些微取利，可可苦他家。

［八三］布施生生富，慳貪世世貧。若人苦慳惜，劫劫受辛勤。

［八四］忍辱坐端正，多嗔作毒蛇。若人不儔惡，必得上三車。

［八五］尋常懃念善，畫夜受書經。心裹無蛆嚀，何愁佛不成。

［八六］六時長禮懺，日暮廣燒香。十齋莫使闕，有力煞三長。

［八七］持戒須含忍，長齋不得嗔。莫隨風火性，參差誤煞人。

［八八］逢師須禮拜，過道向前參。莫生分别相，見過不和南。

［八九］聞鐘身須側，臥轉莫纏眠。萬一無常去，免至獄門邊。

［九〇］師僧來乞食，必莫惜家常。布施無邊福，來生不少糧。

［九一］家貧從力貸，不得嬾乖慵。但知懃作福，衣食自然豐。

［九二］惡事總須棄，善事莫相違。至意求妙法，必得見如來。

（四）一卷本《王梵志詩》的蒙書屬性

從以上一卷本《王梵志詩》寫本題記，顯示了抄者或使用者的身份有學郎、知術院弟子、寺院僧人。如：

斯二七一〇號卷子，正面題記有："清泰四年（九三七）丁酉歲十二月舍書吳儒賢從頭自續汜富川。"背面題記有："汜富川王梵志詩一卷。"

伯二七一八號卷子，一卷本《王梵志詩》與《茶酒論》一卷合抄，係一人所抄。《茶酒論》有題記："開寶叁年（九七〇）壬申歲正月十四日知術院弟子閻海真自手書記。"

伯二八四二號殘片，有題記："己酉年二月十三日學仕郎全文。"

伯二九一四號，正面有題記："大漢天福叁年（九三八）戊戌歲潤四月九日金光明寺僧自手建記寫畢、大漢天福叁年歲次甲寅（戊戌）年七月廿九日金光明寺僧大力自手記。"

伯三五五八號卷子，有題記："辛亥三年正月十七日三界寺。"

杏雨書屋羽三〇有題記："辛巳年十月六日金光明寺學郎氾員宗寫記之耳張巡受書寫。"

按：伯二八四二號殘片，題記有"學仕郎"，羽三〇題記有："金光明寺學郎氾員宗"，斯二七一〇號没有學郎或學士郎稱謂，但"吳儒賢"前有"舍書"二字疑亦爲學士郎，"吳儒賢"一名又見於伯三六九一號卷子《新集吉凶書儀》卷末題記："天福五年庚子歲二月十六日學士郎吳儒賢詩記寫耳讀誦。"天福爲後晉高祖石敬瑭年號，"大漢天福叁年"當作"後晉天福叁年（九三八）"；天福五年（九四〇）時"吳儒賢"爲學士郎，清泰僅二年，清泰四年當是天福二年（九三七）其時吳儒賢亦是學士郎。

唐代佛教發達，莊嚴輝煌而結構完備的寺院，不但是廣大佛教信衆信仰的天堂，也是文化、藝術的寶藏，社會教育的重心。寺院除了讓學子寄寓外，甚至還有義學、寺塾的興辦，即所謂的寺學[一]。中唐之後，吐蕃佔領敦煌，敦煌地區的州學隨之荒廢。民間教育工作，轉由寺院來接續辦理。歸義軍時期，大半寺院都有寺學的興辦。據今所知見敦煌寫本題記及莫高窟壁畫題記有"某某寺學郎""某某寺學士郎""某某寺學仕郎"的資料[二]，唐五代北宋初期敦煌地區有對僧衆及俗家弟子進行童蒙教育的寺學，計有：净土寺、蓮臺寺、靈圖寺、金光明寺、三界寺、龍興寺、永安寺、大雲寺、乾明寺、顯德寺等十所。歸義軍時期私學教育、家學、義學及寺學的學生，稱爲學士，張承奉金山國（八七六）之後，改稱爲"學士郎"，或"學仕郎"，省稱作"學

〔一〕唐德宗貞元三年（七八七）正月，右補闕宇文炫上言："請京畿諸縣鄉村廢寺，并爲鄉學。"（《唐會要》卷三五《學校》，第六三五頁）

〔二〕參李正宇：《敦煌學郎題記輯注》，《敦煌學輯刊》一九八七年第一期，第二六～四〇頁。

郎"〔一〕。由此可知一卷本王梵志詩在敦煌地區普遍用來作爲學童教育的教材。上舉題記亦見有"金光明寺僧大力""三界寺"等，也提示我們《王梵志詩》與敦煌地區的佛教寺學也有着一定的關係。

"開寶叁年壬申歲正月十四日知術院弟子閻海真自手書記。""開寶"是宋太祖趙匡胤年號，"開寶叁年"爲公元九七〇年。"知術院"是敦煌州學下所創置用以培養專門學藝人才的學校。其學生稱弟子，年齡較一般私學學生大。

其次，伯四〇九四號卷子，一卷本《王梵志詩》與《夫子勸世詞》合抄；日本寧樂美術館藏一卷本《王梵志詩》卷子，則與《太公家教》合抄。這些與敦煌流行的蒙書及勸世詩文合抄的現象，説明了他們應屬相同的性質。

再者，一卷本《王梵志詩》抄寫的字迹拙劣稚嫩與習字、雜寫、塗鴉的情形，顯示有出自學童書寫的卷子。如：斯三三九三號卷子本，正背皆書。正面爲王梵志詩一卷，卷背：有零落之正、倒雜寫："社司轉""太傅阿郎""之之之""有錢惜不喫"（王梵志詩）等，字體拙劣稚嫩。間有"童畫"；伯二六〇七號卷子，正面爲"勤讀書抄示額等"，背面爲雜寫文字七行，分別爲："王梵志志中人""王梵志心心""王梵志詩一卷詩兄弟須""心心""心心心志心志志詩一卷兄弟""志志心心心心心""歲成誠天成一月"。

綜合這些寫本原生態抄寫情形所呈現的現象，説明了他們的性質相同，均屬於蒙書，是當時晚唐五代風行的教誨詩，既是學郎誦習的通俗讀物，也是僧人勸化的通俗勸化詩。

（五）一卷本《王梵志詩》的内容析論

一卷本《王梵志詩》的内容，主要教示世人教子立身治家之道，待人接物之方，以及與人交遊相處之原則。包括敬養父母、尊敬長者、和睦兄弟、敦親睦鄰。涉及民間實際生活的禮節，及傳統社會中家庭倫理與人際關係；

〔一〕 參高明士：《唐代敦煌的教育》，《漢學研究》一九八六年第二期，第二三一～二七〇頁。

大多取材於《禮記》《論語》等書，以及民間格言諺語。全卷九十二首中有七十二首是以傳統民間日常生活訓世的格言詩爲主體，大抵以儒家生活倫理爲核心，主要圍繞在孝道、勤學、交友、修養、應對進退禮儀等主題，是晚唐五代民間普遍流行的訓誡類蒙書之一。具體内容大致如下：

強調教子治家的重要。如：

> 欲得兒孫孝，無過教及身。一朝千度打，有罪更須嗔。（三〇）

立身治家之道以孝道爲本，主張爲人子女對於父母必須盡孝，進而敬尊長，然而爲人子女應如何去實踐孝道，《王梵志詩》中則具體的説：

> 尊人相逐出，子莫向前行。識事須相逢，情知乏禮生。（八）
> 尊人共客語，側立在傍聽。莫向前頭鬧，喧亂作鴉鳴。（九）
> 立身行孝道，省事莫爲您。但使長無過，耶孃高枕眠。（一一）
> 耶孃行不正，萬事任依從。打罵但知默，無應即是能。（一二）
> 尊人嗔約束，共語莫江降。縱有些些理，無須説短長。（一三）
> 耶孃年七十，不得遠東西。出後傾危起，元知兒故違。（一五）
> 耶孃絶年邁，不得離傍邊。曉夜專看侍，仍須省睡眠。（一六）
> 四大乖合起，諸方請療醫。長病煎湯藥，求神覓好師。（一七）

從以上幾首詩，我們可以看出，這都是儒家教育思想中所謂的"孝行""孝養"的支流餘裔。衹是《王梵志詩》中所説的乃日常生活中最平常、通俗、淺近，且最具體的孝道實踐。

中國的政治組織，是以家庭爲最基本的單位，一個人立身要以孝爲根本，除了孝順父母外，進一步的對於家庭的每一分子相處要融洽，如此，家庭方能和樂。家齊國始能治，天下方能太平。《論語·學而》説："君子務本，本立而道生，孝悌也者，其爲仁之本歟。"國之本在家，家庭的倫理，除了子女與父母的關係外，最爲親近則首推兄弟，故常"孝悌"并舉。一卷本《王梵志詩》中亦多強調兄弟的可貴，如：

兄弟寶難得，他人不可親。但尋莊子語，手足斷難論。（七）

同胞兄弟實在難得，手足之情應加珍惜，切不可相互輕賤。又云：

親中除父母，兄弟更無過；有莫相輕賤，無時始認他。（一八）

除了父母之外，兄弟最爲親近，相處應和順，不可有輕欺的舉動。而在日常生活中做到兄弟和睦相處，一卷本《王梵志詩》則云：

兄弟須和順，叔姪莫輕欺。財物同箱櫃，房中莫蓄私。（一）
夜眠須在後，起則每須先。家中勤檢校，衣食莫令偏。（二）
兄弟相憐愛，同生莫異居。若人欲得別，此則是兵奴。（三）
好事須相讓，惡事莫相推。但能辨此意，禍去福招來。（四）

《王梵志詩》中不斷就日常生活起居，提出兄弟相處之道，并且舉田真三兄弟分荆事，以告誡世人兄弟當同生，切莫産生異居之心，如：

昔日田真分，庭荆當即衰。平章却不異，其樹復還滋。（五）
孔懷須敬重，同氣并連枝。不見恒山鳥，孔子惡聞離。（六）

兄弟義同氣共生共活，各自婚娶之後，家族成員衆多，問題自然萌生。妯娌之間，易生嫌隙，造成糾紛。因此，爲使家庭和合，兒婦須擇，嫁女要慎，處理事情不宜聽取婦人之言。故其詩中説：

有兒欲娶婦，須擇大家兒。縱使無姿首，終成有禮儀。（三三）
有女欲嫁娶，不用絶高門。但得身超俊，錢財總莫論。（三四）
有事須相問，平章莫自專。和同相用語，莫取婦兒言。（一四）

除了在家修身須孝順、兄弟須和睦外，《王梵志詩》認爲待人處世，立身行事要敬要忍，與人相交，必得恩來義往，受恩慎勿忘，施恩則慎勿念。所以詩中有：

> 有恩須報上，得濟莫孤恩。但看千里井，誰爲重來尋？（六六）
> 知恩須報恩，有恩莫不報。更在枯井中，誰能重來救？（六七）
> 先得他恩重，酬償勿使輕。一餐何所直，感賀百金傾。（六八）
> 蒙人惠一恩，終身酬不極。若濟桑下飢，扶輪可惜力。（六九）
> 得他一束絹，還他一束羅。計時應大重，直爲歲年多。（七〇）
> 貸人五斗米，送還一碩粟。筭時應有餘，剩者充曰直。（七一）

又對於待人接物之理，亦多勸人謹言慎行，詩中不説高深的道理，不談迂闊的論調，而是直就日常生活的細節，提示世人行爲的規範。如睦鄰里，敬賓客：

> 主人相屈至，客莫先入門。若是尊人處，臨時自打門。（一九）
> 親家會賓客，在席有尊卑。諸人未下筯，不得在前掎。（二〇）
> 親還同席坐，知卑莫上頭。忽然人怪責，可不衆中羞。（二一）
> 尊人立莫坐，賜坐莫背人。存坐無方便，席上被人嗔。（二二）
> 尊人對客飲，卓立莫東西。使喚須依命，躬身莫不齊。（二三）
> 尊人與酒喫，即把莫推辭。性少由方便，圓融莫遣之。（二四）
> 尊人同席飲，不問莫多言。縱有文章好，留將餘處宣。（二五）
> 巡來莫多飲，性少自須監。勿使聞狼狠，交他諸客嫌。（二六）
> 坐見人來起，尊親盡遠迎。無論貧與富，一概總須平。（二七）
> 欲得於身吉，無過莫作非。但知牢閉口，禍去阿寧來。（三五）
> 得言請莫説，有語不須傳。見事如不見，終身無過愆。（六一）

以上各首無非是灑掃應對進退之事，猶如今日的日常行爲規範、禮儀規范。

一卷本《王梵志詩》中亦頗多教人待人之道，謙虛忍讓；尤其對於柔弱、處下、居後、不争等處世哲學，更有獨到的見解，不但奉爲立身處世的圭臬，同時更發爲詩作，以諷勸世人。如：

> 逢人須斂手，避道莫前瀺。忽若相衝著，他强必自傷。（四五）
> 見貴當須避，知强遠離他。高飛能去網，豈得值低羅。（四七）
> 有德人心下，無才意即高。但看行濫物，若箇是堅牢？（五〇）
> 在鄉須下意，爲客莫高心。相見作先拜，膝下没黃金。（五九）

除了傳統儒家的社會倫理，處世哲學之外，還雜揉有當時社會盛行的佛教思想，尤其是後二十首，可説是佛教訓示格言的勸化詩。三皈五戒是接近佛教，修學佛法基礎。五戒：不殺生，不偷盜，不邪婬，不妄語，不飲酒，是具體的實踐要求。佛家五戒第一是不殺生，所以一卷本《王梵志詩》勸人第一要戒殺，苦口婆心的勸人莫喫肉，因爲不喫肉則不殺生。如：

> 煞生罪最重，喫肉亦非輕。欲得身長命，無過點續明。（七三）
> 喫肉多病報，知者不須餐。一朝無間地，受罪始知難。（七六）
> 造酒罪甚重，賣肉亦非輕。若人不信語，撿取涅槃經。（七八）

五戒的第二戒是不偷盜。第七四首詩勸人不可盜竊，蓋物各有主，非自己之物，絶不可妄想竊取，所以詩中説：

> 偷盜須無命，侵欺罪更多。將他物己用，思量得也麽？（七四）

五戒的第三戒是不邪婬。一卷本《王梵志詩》更明白的勸誡世人不要耽於女色，不可邪婬，佛教以爲人之所以投胎爲人，蓋因父母婬慾而來，所以婬慾乃生死的源頭，若欲超脱生死，則須戒絶婬慾，出家人對婬慾的戒絶，立戒特嚴，名爲不婬戒。然而在家人均有妻室，不能斷除，故立下不邪婬戒，即除自己妻室之外，不得對他人妻女有邪婬行爲，此稱之爲不邪婬。一卷本《王梵志詩》云：

世間難捨割，無過財色深。丈夫須達命，割斷暗迷心。（七二）

邪淫及妄語，知非總勿作。但知依道行，萬里無迷錯。（七五）

佛家五戒中第四戒是不妄語。佛教認爲不顧事實，妄造虛言，顛倒是非，誑惑衆聽，乃是最不好的行爲，亦爲人們最易犯、最常犯的缺失。一卷本《王梵志詩》中亦重此戒，詩中勸人不可妄語，不可欺謾。

不飲酒是第五戒。蓋飲酒足以使人亂性，令人昏亂神智不清，行爲乖張，是以佛教嚴禁飲酒，而立有不飲酒戒。《王梵志詩》中亦多勸人戒酒，其詩有云：

飲酒是癡報，如人落糞坑。情知有不净，豈合岸頭行。（七七）

造酒罪甚重，賣肉俱不輕。若人不信語，檢取涅槃經。（七八）

按：五戒之中，殺、盜、淫的惡業，是由於口業而生的；妄語則出於口業；飲酒則現之於身、口二業。詳究五戒之起，乃針對貪、瞋、癡三毒而設。不殺，蓋所以戒瞋，因殺多半由瞋而起；不盜，蓋所以戒貪，因盜念之起，皆由貪生；不淫，蓋所以戒癡，男女之慾，皆由癡起；不妄語則兼戒貪癡，蓋妄語無非欲隱其惡，或詐取名利。隱惡則由癡起，詐取則因貪生。

三毒中的瞋，是瞋恚無忍，猶如烈火，能燒一切功德，因此佛家教示人們以忍辱來對治瞋癡，一卷本《王梵志詩》中亦多勸人忍辱，無生瞋癡，如：

忍辱生端正，多瞋作毒蛇。若人不停惡，必得上三車。（二三五）

持戒須含忍，長齋不得瞋。莫隨風火性，參差悮煞人。（二三八）

綜上所述，從一卷本《王梵志詩》寫本原生態考察，呈現抄寫者、使用者有"學仕郎"，顯示王梵志詩在敦煌地區有用來作爲學童教育的教材。而題記中有"金光明寺僧大力""三界寺"等，也提示我們《王梵志詩》與敦煌地區的佛教寺學也有着一定的關係。這與詩中所呈現的内容正相契合。

（六）一卷本《王梵志詩》與《太公家教》的關聯

　　項楚主張一卷本《王梵志詩集》編寫于晚唐時期，是在《太公家教》的基礎上改寫而成的，此一見解可說獨到。衡以本文對一卷本《王梵志詩》寫本原生態、内容特性等考察，可見項先生的立論應屬可信，同時也可窺知庶民蒙書的發展，前後相續，且有增删改易，并具相通的社會性與通俗性。《太公家教》與一卷本《王梵志詩》的内容均以儒家生活倫理處世哲學爲基調，而一卷本《王梵志詩集》則隨着寺院環境的需求，增益了後二十首佛教爲主的勸化詩，這正彰顯中國蒙書具有時代性、傳承性與變異性的特質。

　　敦煌石室發現的唐寫本《太公家教》是現存最早的格言諺語類的家訓蒙書，今所知見的寫本總計有四十三件（五十號），且吐魯番文書也有六號殘片，更有三件翻譯成吐蕃文的《太公家教》寫本，可見其在唐五代時期廣爲流行。

　　《太公家教》成書年代，學者推測當在七世紀下半葉，八世紀則廣泛傳播於全國各地〔一〕。又今日遺存唐五代時期重要的民間窑口長沙窑瓷壺上題寫詩歌、聯語、格言、警句等諸多文句中，有不少《太公家教》的字句〔二〕，證明了《太公家教》的内容爲當代社會民衆普遍接受，影響民俗文化的傳播。時代較晚的一卷本《王梵志詩》，也和《太公家教》同樣在唐宋時普遍流行於廣大民間，且爲庶民訓誡的通行教材，甚至被奉爲一般民衆立身修德的處世寶箴。

　　以下謹就一卷本《王梵志詩》與《太公家教》的内容，作一考察，不難發現二者之間有許多地方，不但旨趣相同，而且表現的詞語亦多存在着極度相似之處，兹謹略舉數例，以窺其關係之一斑。如：

　　〔一〕　朱鳳玉：《〈太公家教〉研究》，《漢學研究》一九八六年第二期，第三八九～四○八頁；劉安志：《〈太公家教〉成書年代新探——以吐魯番出土文書爲中心》，《中國史研究》二○○九年第三期，第一四三～一五○頁。

　　〔二〕　參［日］黑田彰：《屏風、酒壺に見る幼学：太公家教について》，《文學》第一二號，二○一一年，第四三～五八頁；張新朋：《長沙窑瓷器之〈太公家教〉題識考辨二則》，《尋根》二○一七年第一期，第六○～六四頁。

（一）《太公家教》云：

> 知恩報恩，風流儒雅；有恩不報，豈成人也。

一卷本《王梵志詩》則有：

> 有恩須報上，得濟莫孤恩。但看千里井，誰爲重來尋。（六六）
> 知恩須報恩，有恩莫不報。更在枯井中，誰能重來救。（六七）

（二）《太公家教》云：

> 禮尚往來，樂尊高下。得人一牛，還人一馬。

一卷本《王梵志詩》有云：

> 得他一束絹，還他一束羅。計時應大重，直爲歲年多。（七〇）

（三）《太公家教》云：

> 他嫌莫道，他事莫知。他貧莫笑，他病莫譏。他財莫願，他色莫思。他强莫觸，他弱莫欺。
> 貧不可欺，富不可恃。陰陽相催，周而復始。太公未達，釣魚於水。相如未遇，賣卜於市。

一卷本《王梵志詩》有云：

> 他貧不得笑，他弱不得欺。太公未遇日，猶自獨釣魚。（五七）

（四）《太公家教》云：

見人善事，必須讚之。見人惡事，必須掩之。聞人善事，乍可稱揚。知人有過，密掩深藏。是故罔談彼短，靡恃己長。

一卷本《王梵志詩》則有：

見惡須藏掩，知賢唯讚揚。若能依此語，秘密立身方。（三七）

（五）《太公家教》云：

對客之前，不得叱狗。對食之前，亦不得漱口。憶而莫忘，終身無咎。客無親疏，來者當受。合食與食，合酒與酒。閉門不看，不如猪狗。拔貧作富，事須方寸。看客不貧，古今實語。

一卷本《王梵志詩》則有：

停客勿叱狗，對客莫頻眉。供給千餘日，臨歧請不飢。（四二）
親客無疏伴，喚即盡須喚。食了寧且休，祇可待他散。（四三）
貧人莫簡棄，有食最須呼。但惠封瘡藥，何愁不奉珠。（六〇）

（六）《太公家教》云：

其父出行，子則從後。路逢尊者，齊腳斂手。尊人之前，不得唾地。尊者賜　酒，必須拜受。尊者賜肉、骨不與狗。尊者賜果，懷核在手。勿得棄之，爲禮大醜。

而一卷本《王梵志詩》則有：

尊人相逐出，子莫向前行。識事相逢見，情知乏禮生。（〇八）
尊人共客語，側立在傍聽。莫向前頭鬧，喧鬧作鴉鳴。（〇九）

逢人須歛手，避道莫前盜。忽若相衝著，他强必自傷。（四五）
尊人與酒喫，即把莫推辭，性少由方便，圓融莫遣之。（二四）

（七）《太公家教》云：

勤是無價之寶，學是明月神球。積財千萬，不如明解經書。良田一
頃，不如薄藝隨軀。

一卷本《王梵志詩》則有：

黃金未是寶，學問勝珠珍。丈夫無伎藝，虛霑一世人。（二八）
養子莫徒使，先教勤讀書。一朝乘駟馬，還得似相如。（二九）

除上舉内容外，《太公家教》尚有教人謹言慎行、謙讓柔忍、行善戒惡等
爲人處世，待人接物之道，以及立身處世之本，齊家教子之方等。多與王梵
志詩相近，尤其與一卷本相通，無怪乎法儒戴密微會將《太公家教》與《王
梵志詩》編在一起，合印刊行，不無道理。

現存敦煌寫本《王梵志詩》，一卷本的寫本最多，系統也最明顯，卷子
也最爲完整，其風格内容，旨趣較爲特别，與其他系統的詩不同。全卷計
九十二首，采用五言四句的形態，内容多係取材於現實日常生活的教訓詩、
處世詩、格言詩，其性質與我國自古以來流傳立身治家之言，以垂訓子孫的
家訓類作品極爲相似。敦煌石室遺書中今尚殘存有《太公家教》《武王家教》
《辯才家教》《新集嚴父教》《夫子勸世文》《崔氏夫人訓女文》等通俗讀物，
與王梵志詩一卷本性質相同，尤其《太公家教》不但内容性質相同，用語亦
多類似，且二者亦有合抄爲一卷的情形。足見一卷本是晚唐五代民間格言詩
教誨蒙書。其編寫當是出自晚唐時期民間塾師之手而托名王梵志以求廣爲流
傳。其寫作時代，當爲《王梵志詩》各系中最晚，時間當在晚唐五代。《宋

史·藝文志》"別集類"著録有"《王梵志詩集》一卷"^{〔一〕}，將其排列次序安置在《廖凝詩集》七卷、《廖邈師集》二卷、《廖融詩集》四卷之後。按：廖凝（生卒不詳），後周南康虔化（今江西寧都）人，後唐清泰二年（九三五）進士。廖融（約九三六年前後在世）爲廖凝弟。廖邈，五代虔化人，三位均爲五代時期的"廖氏文學集團"（廖匡圖、廖正圖、廖邈、廖融、廖凝）成員。是此"《王梵志詩集》一卷"當被視爲五代時期的詩集，成編於十世紀初期，似可作爲佐證。

〔一〕《宋史》卷二〇八《藝文志七》，第五三五〇頁。

第四章　敦煌蒙書的特質與價值

敦煌蒙書是指保存在敦煌藏經洞的蒙書寫本，大量寫本所呈現編撰與抄寫的時代主要爲唐五代北宋初期，既有全國普遍流行的蒙書，更多是敦煌當地抄寫編撰而用作童蒙、寺學的教材，存在着歷時與共時、全國與區域、功能與階層的差別與異同，也造成了敦煌蒙書的種種特質。這些珍貴而可觀的敦煌蒙書，在文物、文字與文獻上具有多重價值，其内容更具有多元的學術研究價值。以下謹分別略述敦煌蒙書的特質與研究價值，以爲本導論之結語。

第一節　敦煌蒙書的特質

上述敦煌蒙書識字類、知識類、德行類三大類，總計三十五種，四百三十七件抄本，共五百六十五個卷號，兹依類順次將其數量統計表列如下：

識字類蒙書數量統計表

	蒙書	編撰者	寫本件數
綜合識字類	《千字文》 附：《千字文注》	梁・周興嗣 唐・李暹?	一百二十七件 （一百七十七號）三件
	《新合六字千字文》		三件（四號）
	《開蒙要訓》	六朝馬仁壽	五十七件（九十二號）
	《敦煌百家姓》		十五件

續表

	蒙書	編撰者	寫本件數
綜合識字類	《百家姓》		三件
雜字類	《俗務要名林》		二件（四號）
	《雜集時用要字》		六件（七號）
	《雜字》		四件（六號）
俗字類	《碎金》		四件（七號）
	《白家碎金》		一件
習字類	《上大夫》		三十六件
	《上士由山水》		七件
合計	十三種		二百六十八件（三百六十二號）

　　金瀅坤《敦煌蒙書校釋與研究·總論》總計著録十八類，四十四種，五百四十七件抄本。其中，將《千字文》寫本中的《漢藏千字文》《真草千字文》《篆楷對照千字文》據其特色，分別另立"雙語類"及"習字字書類"以統之；又基於《俗務要名林》《雜集時用要字》等雜字類識字書頗具生活知識之特色，因於知識類蒙書中別立雜字類，將《俗務要名林》《雜集時用要字》從識字類蒙書中移出。本文立足於字書爲蒙書之初基，識字乃其教學核心目標，因仍將之歸入識字類蒙書"雜字類"中。

知識類蒙書數量統計表

		蒙書	編撰者	寫本件數
綜合知識類		《雜抄》		十三件（十五號）
		《孔子備問書》		三件（四號）
歷史知識類		《蒙求注》	李翰	三件
		《古賢集》		九件
習文知識類	誦習詩歌	《雜咏》張庭芳注	李嶠張庭芳	一件三件
	對句蒙書	《詩格》		一件
		《文場秀句》	孟獻忠、王起	二件（三號）

		蒙書	編撰者	寫本件數
習文 知識類	詩文事類	《事森》 附：《事林》		二件 一件
	習策	《兔園策府》 附：《策府》	杜嗣先	四件（五號） 一件（二號）
算術知識類蒙書		《九九乘法歌》		十六件
合計		十三種		五十九件（六十五號）

《總論》將知識類蒙書，分爲："蒙求類"，統屬《蒙求》《古賢集》；增加"雜字類"，統屬《俗務要名林》《雜集時用要字》；"故事類"，統屬《事林》《事森》《勤讀書抄》；"複合類"，收入《孔子項橐相問書》。本文將"知識類蒙書"着眼於識字教育之後，灌輸知識，依其次第，先"綜合知識"，次爲"歷史知識"，再次爲"習文知識"，後附以"算術知識"。因而將《蒙求》《古賢集》等歷史人物事蹟歸入歷史知識類，而習文包含學習詩歌、文章，故依詩歌誦讀、對仗、對句、隸事用典等詩文寫作的基本知識，而兼以實際對策之學習，故依次爲：李嶠《雜咏》及張庭芳注，《詩格》，孟獻忠、王起《文場秀句》等對句蒙書，《事森》《事林》等詩文事類蒙書，尚有《語對》六號三件、《略出籤金》一件未列，杜嗣先《兔園策府》、《策府》等科考對策之學習，後附以算術知識類蒙書《九九乘法歌》。

德行類蒙書數量統計表

	蒙書	編撰者	寫本件數
一般類	《新集文詞九經抄》		十二件（二十一號）
	《文詞教林》		一件
	《百行章》	唐·杜正倫	十八件（二十二號）
家教類	《太公家教》		四十三件（五十號）
	《武王家教》		九件（十三號）
	《辯才家教》		二件
	《新集嚴父教》		三件（五號）
	《崔氏夫人訓女文》		四件
格言訓誡詩類	一卷本《王梵志詩》	唐·王梵志？	十八件（二十號）
合計	九種		一百一十件（一百三十八號）

《總論》"德行類"將《百行章》列爲"訓誡類",《新集文詞九經抄》《文詞教林》列爲"格言類",一卷本《王梵志詩》列爲"勸世詩類",使其蒙書内容特性更爲凸顯。

除識字類、知識類、德行類外,《總論》還增列"文學類",以統屬"屬對類"的《文場秀句》《語對》《略出纂金》,"屬文類"的失名策府、《兔園策府》《雜咏》《楊滿山咏孝經壹拾捌章》;"書算類",統屬"習字類"的《上大夫》《牛羊千口》《上士由山水》,"名人字帖類"的《尚想黄綺帖》《蘭亭序》,"習字字書類"的《真草千字文》《篆楷對照千字文》;"數算類"的《九九乘法口訣》《立成算經》《算經》。總計十八類,計四十五種,凡五百四十三件,可謂體大而慮周。

本導論在二〇〇二年《敦煌蒙書研究》原有的基礎上,努力從事,盡可能將近年來公布的新材料及新研究的成果梳理、吸收,適當反映,然囿於時間、精力與篇幅等制約,僅處理了三十五種,計四百三十七件(五百六十五號)抄本。

根據以上表列及各章的論述顯示,唐五代蒙學教育體系的完備。從上表可見,"識字類"寫本最多,計十三種,二百六十八件(三百六十二號);其次爲"德行類",九種,一百一十件(一百三十八號);"知識類"相對較少,計十三種,五十九件(六十五號)。其情形正説明了識字乃蒙學之初基,識字類蒙書是最早的蒙書,是啓蒙教育者首先要學習的,更是知識類與德行類蒙書的基礎。"德行類"蒙書是識字之後遂行道德品行理想教育宗旨而編的蒙書,其種類與數量自然可觀。至於蒙學中的知識類主要爲灌輸童蒙初學階段性之生活基本知識及各有關入門的基本知識。隨着識字基礎的達成,便可自行廣泛閱讀各類書籍,吸收豐富的各類知識。又其與一般用書的界限不易區分,因此知識類的蒙書,數量相對較少。

就敦煌寫本各種蒙書的數量論,以識字類蒙書中的《千字文》抄本最多,計有一二七件;其次則爲《開蒙要訓》,五十七件(九十二號);再者爲德行類的《太公家教》,計有四十三件(五十號)抄本。寫本數量多寡的情形也正與敦煌實際蒙學的需求相呼應。

至於敦煌蒙書的特質,試就以上三大類所論進行歸納與總結,兹將識字、知識、德行各體類蒙書所呈現的特質，舉其突出而鮮明的幾點，略述如下。

一　普遍性地域性并存

識字是教育的最初根基，教授學童初學識字的蒙書，是最早期的蒙書，其編纂莫不以貼近生活實用爲其收録原則。基於學童生活環境的差異，因此識字類的蒙書也就存在着共性與殊性。敦煌地處西陲，隋唐時不僅是東西交通樞紐，更是經濟、文化交流的重鎮。唐代教育普及，敦煌地區的教育也十分發達，既有州、縣等官學，也有寺學、義學等私學。即使中唐吐蕃佔領敦煌之後，或歸義軍統治時期，敦煌地區的教育仍然持續不輟，童蒙教育既承襲中原傳統的教育内容，也具有西北邊陲胡漢交融的地域文化特質。敦煌蒙書保存實況正充分反映此一特質。

敦煌蒙書寫本中，特別是識字類蒙書，具有普遍性與地域性并存的特色。如梁代周興嗣次韵的《千字文》，是隋唐以來舉國流行的識字類蒙書。北宋初期中原流行的《百家姓》，亦在西北邊陲的敦煌地區流傳，是中原傳統文化承襲與延伸的明證。而《開蒙要訓》的流傳，及歸義軍時期編纂的《雜字》《敦煌百家姓》的出現，則是其時代性、敦煌地域性與文化特質的具體展現。

二　雅俗兼施雙軌發展

現存敦煌蒙書具有士族與庶民雙軌并行的發展特色。上列各蒙書中，明確有作者具名的蒙書，其編者均屬文士，且所編撰的蒙書，蓋爲王室世子或世家大族的子弟啓蒙而編，如《千字文》係梁周興嗣奉梁武帝之命而編，《千字文注》唐李暹注；《雜咏》爲初唐"文章四友"之一、唐代咏物詩的代表作家李嶠所編，《雜咏詩注》天寶六載（七四七）張庭芳爲助童稚詩歌學習特取《李嶠雜咏》作注；《百行章》爲唐初宰相杜正倫所編撰，爲唐代官方頒布的童蒙教材；《兔園策府》是初唐杜嗣先奉蔣王李惲之命，仿科目試策，自設問對而編；《文場秀句》爲唐玄宗時曾任梓州司馬的孟獻忠編撰，後王起爲莊恪太子侍讀時加以增廣；《蒙求自注》爲盛唐時李翰所撰注。

至於編撰者佚名或匿名的蒙書，大抵多出自落拓書生、秀才之手，如

《太公家教》，由其序文可知蓋爲唐時歷盡滄桑的鄉村老者，爲教導兒童，從詩書、墳典、經史中，簡擇嘉言警句，集爲韵語，編纂成書，顯然是爲庶民百姓之子弟、私塾教學之用而編。不知編撰者的《俗物要名林》《開蒙要訓》《雜集時用要字》《雜字》等，内容極具民間實用識字用書的特色，受衆爲庶民階層甚爲鮮明。綜此以觀，敦煌蒙書凸顯了唐五代教育與蒙學雙軌發展的特色。

又敦煌蒙書大多爲後世所不傳、史志所不録，此足以説明敦煌蒙書深具民間教育的通俗特質。蓋因一般庶民子弟少有接受教育的機會，能受教者亦多以識字、記賬、寫信爲滿足，或以學習應對進退與爲人處世的基本規範爲目的。受教時間短，教學内容要求層次亦不高，因此多以基本識字、普通常識、倫理道德、與處世箴言等爲主。既非高文典册，亦頗涉俚俗，致史志不録，後世罕知。加以其時雕版印刷尚未風行，蒙書的流通端賴傳抄，保存自是不易；又既爲啓蒙所用，使用階段必短，用過之後，鮮有刻意保存；且求實用，則必與時具移，而隨時改易。凡此種種當是敦煌蒙書大多後世不傳的原因。

今存敦煌蒙書寫本同一卷中，往往同時抄有多種文獻，有二種合抄者，亦有三種合抄者，其詳情如下：

斯三八三五號、斯六一七三號二卷，均合抄有《千字文》與《太公家教》二種；斯四九〇一號背則合抄有《新集嚴父教》《千字文》及《太公家教》等三種；伯三七九七號則合抄有《太公家教》《新集嚴父教》及《上大夫》等三種；斯三九〇四號則合抄《新集嚴父教》與《千字文》；伯三二一一號則分別抄有《王梵志詩》一卷及《千字文》；伯五五四六號則分別抄有《武王家教》及《千字文》；斯五七五四號則抄有《新集文詞九經抄》與《開蒙要訓》；伯二七一七號則抄有《開蒙要訓》與《碎金》。從同一抄本，分別抄寫數種蒙書的情形加以觀察，則知基本上，每一學童，均同時誦習識字類蒙書與德行類家書，尤其以《千字文》與《太公家教》爲常課，也兼及其他。是唐五代敦煌蒙學的實踐，是雅俗雙軌，并行不悖的。

三　施教空間寺學爲主

敦煌地處佛法東傳及西天取經之孔道，自晉唐以來即爲佛教聖地。安史之亂後，大唐勢力逐漸退出河西；敦煌先後進入吐蕃占領時期及張氏家族、曹氏家族統治的歸義軍時期。這時期佛教更形發達，寺院、僧侶大增。吐蕃與歸義軍時期的敦煌，雖然仍有州、縣官學，但是唐朝中央教育體制已不復過往。這一時期敦煌地區的教育，主要爲地方教育，特別是仰仗敦煌當地佛教寺院興辦的寺學來承擔。學者根據敦煌文獻研究，得知當時敦煌地區主要有十七所寺院，其中可確知淨土寺、蓮臺寺、靈圖寺、金光明寺、三界寺、龍興寺、永安寺、大雲寺、乾明寺、顯德寺等十所興辦有寺學，成爲當時敦煌地區教育的主體。

根據敦煌蒙書寫本題記可見，當時寺學學郎抄寫的蒙書，計有：三界寺、淨土寺、金光明寺、靈圖寺、大雲寺、永安寺、蓮臺寺等七所。敦煌地區十所興辦有寺學的寺院，其中七所明確保存有學郎抄寫的蒙書寫本。而寺學明確紀錄使用的蒙書有：識字類的《千字文》《開蒙要訓》、習字類的《敦煌百家姓》，一般知識類的《雜抄》以及德行類的《百行章》《太公家教》、一卷本《王梵志詩》等。凡此均足以證明敦煌蒙學實施的具體空間是以寺院興辦的寺學爲主。

四　三教雜糅思想多元

蒙以養正，故蒙書內容除識字外，率以儒家倫理道德思想爲依歸。有關道德品行規範的教材，也多注重節儉孝悌、謙恭忍讓、知恩報本及因果報應等通俗思想，敦煌蒙書亦不例外。

敦煌地區佛教盛行，寺院衆多，各寺均有寺學的興辦。敦煌蒙書頗多爲寺學學郎所使用，既有以世俗百姓的子弟爲教學對象，所以內容繼承傳統家教的思想內容，以品德陶冶與行爲規範爲主；也有兼教釋門子弟的蒙書，其內容多雜糅佛教義理，形式上采取佛經偈頌。這不但是唐五代敦煌這一佛教聖地寺學發達下較爲特殊的一種童蒙教材，同時也是傳統蒙學漸爲釋門所接受，陸續出現釋門大德參與編撰的各類蒙書。其內容雜糅儒釋，既爲佛教的弘傳，教化世俗百姓，又可凝聚釋門，會通儒佛，展現佛教的包容與關懷，出世而不離世，進而入世。其跨儒釋的編撰用意，在考察佛教中國化、世俗化的歷程中是不可忽視的一環。

一卷本《王梵志詩》在傳達儒家傳統孝悌敬慎思想的同時，也反映了戒酒、戒殺、戒盜、戒淫、戒妄等佛教防止惡業的五戒思想。如："煞生業最重，喫肉亦非輕。欲得身長命，無過點續明。""喫肉多病報，知者不須餐。一朝無間地，受罪始知難。""造酒罪甚重，賣肉亦非輕。若人不信語，撿取涅槃經。""偷盜雖無命，侵欺罪更多。將他物己用，思量得也磨。""世間難捨割，無過財色深。丈夫須達命，割斷暗迷心。""邪淫及妄語，知非總勿作。但知依道行，萬里無迷錯。"不僅如此，甚至有佛門中人進行蒙書的編寫，其內容則內外兼及，既可教授佛門弟子，亦可啓導教誡世俗童蒙，《辯才家教》即是。

唐代是儒釋道三教并行的時代，以道家思想爲根柢的道教，其主要思想以自然爲其歸趣。教主老子在觀察自然界的事物後，體悟一原則，即：剛强者必易毀壞，柔弱者必能長存，以此而推，及於人事，則凡剛强好勝者必敗，柔弱謙下者，每每能獲得最終的勝利。《老子》書中如："人之生也柔弱，其死也堅强……柔弱者生之徒……堅强處下，柔弱處上。""天下莫柔於水，而攻堅强者莫之能勝……弱之勝强，柔之勝剛，天下莫不知，莫能行。"漸爲世人所崇尚，後世柔弱、處下、居後、不爭等更發展成爲主要的處世哲學，被奉爲立身處世的圭臬，蒙書更用以教示童蒙，諷勸世人。

道家提倡的"忍"思想，更成爲唐代社會各階層的普遍風尚，從上到下，莫不以能忍爲貴。史傳載籍多有記述此類事蹟，如：張公藝書忍字百餘以進，上善之，賜以綿帛事；婁師德唾面自乾等，均是膾炙人口的掌故。

敦煌知識類蒙書《雜鈔》中立有"論忍事"云："天子忍之成其大，諸侯忍之國無害，吏人忍之名不廢，兄弟忍之則歡泰，夫妻忍之終其代，身躬忍之無患害。"并立有"論不忍事"："天子不忍群臣疏，諸侯不忍國空虛，吏人不忍刑罰誅，兄弟不忍別異居，朋友不忍情義疏，夫妻不忍令子孤，小人不忍喪其軀。"顯示對道家忍讓思想呈現處世態度的重視，已成蒙書的主要內容之一。

如《新集文詞九經抄》引有《老子》曰："聖人君子，其性如水，壅之則止，決之則流。能方能圓，曲直隨形。居上能愛人，爲下能敬順，雖柔而不剛。水能滅火，陰能銷陽。是知弱必勝强，柔必勝剛。"又引太公曰："欲求其短，先取其長；欲求其圓，先取其方；欲求其柔，先取其剛。"

即使以儒者百行爲主的杜正倫《百行章》，其也有《忍行章第廿四》："忍，禍患交至。梁人灌楚，尚致二國之和；宋就忍之，乃獲安邦之樂。"《弘行章第卅八》："弘者以忍爲大，不以失意損志。但能受辱，如地於萬物皆寬容。"

德行家教類蒙書，更是強調忍讓爲相處之道，如《新集嚴父教》以嚴父的口吻，將現實生活中的實際處世法則與人格規範，以簡短易誦的韻文編寫成篇，用作童蒙教育的通俗教材。大意在教示子弟忍辱退讓，遠離是非，遵循禮則，規矩做人。如："忽逢鬥打處，但依嚴父教。饒取自然休，叉手却陪笑。忍取最爲精，尋思也大好。"

可見敦煌蒙書處處流露着雜糅三教的民間思想特質，《新集文詞九經抄》序中即言"包括九經，羅含內外"，而一卷本《王梵志詩》更充分顯示此一特質。

五　異文訛俗形態複雜

敦煌寫本從性質而論，大抵可有：官府寫本、寺院寫本、坊間寫本、私人寫本四大類。形態多元，各有特色。私人寫本呈現的情況最爲複雜，且具有隨意性，這與宋元明清雕版刻印傳世的蒙書不同。傳世的蒙書，大抵經過編輯、校閱，然後付諸刊印，其形式固定，文本統一；後世不斷有所翻刻，版本雖有不一，然文字基本無其差異。

唐五代時期，在雕版印刷尚未普遍流行前，蒙書的流傳除透過口頭傳誦外，主要是以手抄的形式來流布，形態多樣，大多爲使用者信手傳抄，未經編輯整飭抄寫，因此不存在定本概念。

今所得見的敦煌蒙書寫本，不論是州郡官學、坊巷私塾或寺院寺學，教師傳授的教材，學郎持誦、抄寫的蒙書，均以寫本形態呈現。大多出自學郎抄寫，或據寫本傳抄，或據口誦抄録，或據背誦默書，或即興隨意塗寫，因諸寫本大多不完整，文本次序錯亂、脫漏、衍奪時有所見，文字音訛、形訛、俗別、繁簡更是觸目多有。

就本書所論三十五種敦煌蒙書中，屬於完整寫本的相對較少，計有十四種:《千字文》一百二十七件寫本,僅斯五四五四號、斯三八三五號、伯三四一六號、伯三一〇八號、北京保利十二週年二零一七年秋季拍賣會拍品一六〇二號背等五件爲完整,《開蒙要訓》五十七件寫本,完整全本僅伯二四八七號、伯二五七八號、伯三六一〇號三件,《碎金》伯三九〇六號一件,《雜抄》伯二七二一號一件,《古賢集》伯二七四八號背、伯三一七四號、斯二〇四九號、斯六二〇八號背四件,《文場秀句》伯三九五六號+伯二六七八號一件,《新集文詞九經抄》伯二五五七號+伯三六二一號+伯二五九八號一件,《百行章》斯一九二〇號、斯三四九一號+伯三〇五三號二件,《太公家教》伯二五六四號、伯三七六四號、《鳴沙石室佚書》三件,《武王家教》伯三七六四號一件,《辯才家教》伯二五一五號一件,《新集嚴父教》斯四三〇七號、斯四九〇一號背+斯一〇二九一號背+斯三九〇四號背、伯三七九七號三件,《崔氏夫人訓女文》伯二六三三號一件,一卷本《王梵志詩》伯二七一八號、伯三五五八號、伯三六五六號、伯三七一六號背、斯三三九三號、羽三〇號六件。

傳抄的寫本,或據口頭傳誦而抄録,或據抄本傳抄,抄寫過程中,每有刪減摘抄,也有隨手增添。難見定本,頗有佚文。如德行類的家訓類蒙書《太公家教》寫本多達四十二件(五十號),除多異文外,《新集文詞九經抄》《文詞教林》所引用之《太公家教》,有不少是未見於《太公家教》的佚文。

又三類蒙書雖同爲蒙書,然由於施教仍有時序先後之別,寫本呈現的層次也不一。識字類的寫本數較多,尤其是最基本的集中識字類蒙書《千字文》《開蒙要訓》,不但抄本數量多,同時呈現的性質也多樣,各層次的抄本均有,一百二十七件寫本的《千字文》,有教本、有學郎持誦的底本,有學郎規整的傳抄、有臨寫、有背誦默書(多音訛、脱漏)、有習字(多次反覆成行)、也有雜寫塗鴉(凌亂無序,多不成句)。甚至有《千字文》試文,教師的批閲,如斯二七〇三號爲學童《千字文》習字作業,習字教學方法是先由教師寫上當天的日期,要求學生每天練習三至五字不等。現存寫卷從十八到二十五日,每字反覆練習三十到一百遍。卷子上還保留當時教師批改的"手迹",即在"玉"字之後,寫下"漸有少能,亦合甄賞。休"的批語。從這些不同層次的寫本我們可窺見唐五代童蒙識字教育施行的歷程與具體實物的遺存,這是其他蒙書文獻所没有的。

　　童蒙教學，識字爲先，識字到一定程度，方可進行知識灌輸與道德品行教育。因此，知識類與德行類蒙書寫本的抄者，相對於識字類蒙書的抄本，雖同爲學郎，然一般年齡稍大，大抵是已完成識字初階的學童。其抄本相對規整，文字也不像識字類蒙書顯得稚嫩拙劣。而習策及詩文習作并非所有受教者所必需，抄本相較最少，抄者初通文墨，文字規整。

第二節　敦煌蒙書的研究價值

　　有關敦煌蒙書的研究價值，金瀅坤在"敦煌蒙書校釋與研究"叢書的《總論》中，從童蒙文化與蒙書史的視野，已對敦煌蒙書在唐五代童蒙教育、教育史、大衆教育，以及史料學、文獻學、語言文字學、書算教育等方面的學術價值，進行詳明的論述。以下謹基於敦煌學文獻整理研究的立場，從蒙書發展史、敦煌寺學教育、及敦煌文獻學等視角，概略簡述一二如下。

一　可保存并豐富唐五代的童蒙教材

　　唐代私學發達，各類蒙書琳琅滿目，不一而足。然今率多不存，幸賴敦煌遺書的保存。按：今所知見敦煌蒙書初步估計有：《千字文》《千字文注》《新合六字千字文》《開蒙要訓》《敦煌百家姓》《百家姓》《俗務要名林》《雜集時用要字》《雜字》《碎金》《白家碎金》《上大夫》《上士由山水》《雜抄》《孔子備問書》《蒙求注》《古賢集》《李嶠雜咏》《李嶠雜咏詩注》《詩格》《文場秀句》《事森》《事林》《兔園策府》《策府》《九九乘法歌》《新集文詞九經抄》《文詞教林》《百行章》《太公家教》《武王家教》《辯才家教》《新集嚴父教》《崔氏夫人訓女文》、一卷本《王梵志詩》等三十五種，其中除周興嗣《千字文》與李嶠《雜咏》、李翰《蒙求注》、《百家姓》《上大夫》《九九乘法歌》等六種，後世有流傳外，其餘各種均僅見存於敦煌遺書中，其於文獻保存的價值可知矣。

二　可探討我國傳統蒙書發展的源流

蒙書的編撰必因應時代需求，故在歷史長河中其發展無不因時制宜，與時俱進，多有增删改易，仿作改編。雖形式書名多改易，然其主要思想與材料仍多因襲，展現蒙書源遠流長，有變與不變的發展特性。

唐代蒙書爲我國傳統蒙書發展的關鍵期，上承六朝，下啟宋明。現存敦煌蒙書種類繁多，各體兼備，後世各類型的蒙書，大抵可由其中尋得脈絡源流。如：《文詞教材》與《新集文詞九經抄》、《碎金》與《白家碎金》，每有內容相互因襲。如：《雜抄》與《孔子備問書》《天地開闢已來帝王紀》三書，其內容即彼此相涉。又如：《新集文詞九經抄》，全卷四三五則中，抄錄《太公家教》竟達四十四則，而與《雜抄》內容相似者亦有十三則。

又如明代傳世的蒙書《明心寶鑑》無論就體制或內容而言，均明顯源自敦煌寫本《新集文詞九經抄》。其他如：《太公家教》與《昔時賢文》，《開蒙要訓》與《四言雜字》，《俗務要名林》與《應用碎金》，《古賢集》與《龍文鞭影》，《王梵志詩》一卷本，《夫子勸世詞》與《神童詩》等，或內容相襲，或體制相因。

三　可窺知唐代敦煌寺學教育的實況

唐代教育發達，地方學校普及，敦煌雖地處邊陲，然其學校亦甚昌盛，州有州學，縣有縣學，尤其敦煌地區佛教盛行，寺院衆多，興辦有寺學的寺院計有十所。除佛門弟子的養成教育外，亦多教授庶民子弟。敦煌蒙書寫本明確有學郎抄寫蒙書的題記計有七所，分別爲：

三界寺

　　斯三一八九號《開蒙要訓》題記："三界寺學仕郎張彥宗寫記。"

　　伯三三九三號《雜抄》題記："辛巳年十一月十一日三界寺學仕郎梁流慶書記之也。"

　　伯三五五八號一卷本《王梵志詩》題記："辛亥三年正月十七日三界寺。"

净土寺

伯二八〇八號《百行章》題記："維大樑貞明玖年（九二三）癸未歲四月廿四日，净土寺〔學〕郎清河陰義進書記〔耳〕。"

北敦八六六八號《百行章》題記："庚辰年正月十六日净土寺學使郎鄧保住寫記述也。"

伯三六四九號《雜抄》題記："丁巳年正月十八日净土寺學仕郎賀安住自手書寫讀誦過記耳。"

金光明寺

伯三六九二號背《敦煌百家姓》題記："金光明寺學仕郎索富通書卷卷。"

伯三七三八號三背《敦煌百家姓》題記："辛酉歲十一月燉煌郡金光明寺學。"

靈圖寺

伯三二一一號《千字文》題記："乾寧三年丙辰□□二月十九日靈圖寺學士郎氾賢信書記。"

大雲寺

斯五四六三號《開蒙要訓》題記："顯德五年十二月十五日大雲寺學郎。"

永安寺

斯一一六三號《太公家教》題記："庚戌年十二月十六日永安寺學士郎孫順進自手書記。"

蓮臺寺

　　伯三五六九號《太公家教》題記："維景福二年十二月十二日蓮臺寺學士郎索威建記耳。"

　　此外，伯三三六九號《敦煌百家姓》題記有："沙州學郎索什德"；斯四三〇七號《新集嚴父教》題記有"敦煌郡學張□□書"；伯二九三七號《太公家教》題記有："沙州敦煌郡學士郎兼充行軍除解□太學博士宋英達"；伯二五七八號《開蒙要訓》題記有："敦煌郡學仕郎張顯順書。"伯二九三六號背《太公家教》題記有："沙州敦煌郡學仕郎兼充行軍除解發太學博士宋英達。"伯二七一八號《太公家教》題記有："知術院弟子閻海真自手書記。"斯四三〇七號《太公家教》題記有："定難坊巷學郎李神奴自手書記之耳。"斯四三〇七號《太公家教》題記有："雍熙三年歲次丙戌七月六日安參謀學侍（士）郎李神奴寫嚴父教記之耳。"斯五四四一號《上大夫》題記有："氾孔目學仕郎陰奴兒自手寫季布一卷。"可見歸義軍時期敦煌官學私學發達而普及，除寺學外，尚有沙州州學、敦煌郡學、知術院，還有定難坊巷學、安參謀學、氾孔目學。

四　文獻内容深具多重價值

　　其一，音注與異文，可資研究唐、五代的西北方音。如：《碎金》《白家碎金》《俗務要名林》的切語與音釋，《開蒙要訓》的音注以及其他蒙書的異文，均爲研究唐、五代音韻與西北方音的寶貴材料。

　　其二，抄録援引的典籍詩文，頗多可資考訂遺籍與輯佚者。如：《新集文詞九經抄》一卷，捃摭典籍要言，總計八十九種，其中有可資輯佚考訂古籍者，例如唐代張仁亶的《九諫書》今已亡佚，僅敦煌寫卷伯三三九九號存有册子本殘葉兩葉，而《新集文詞九經抄》引有四則。其中有三則爲伯三三九九號《九諫書》殘葉所無，實可據補。又如《真言要決》今散佚不全，日本石山寺藏有卷第一部份殘卷，敦煌寫卷斯二六九五號及伯二〇四四號存有卷第三部分殘卷，伯四九七〇號存有卷第三第四小部分殘卷。《新集文詞九經抄》《文詞教林》等一系寫卷，也引有相當多的《真言要決》條文，其中亦有不見於今所得見的《真言要决》殘卷，既可據以幫助考定《真言要决》的時代與性質，又可供作輯佚。

其三，内容頗有涉及當時社會風俗及生活習尚的材料，可據以探討唐五代與敦煌地區的文化風俗。如：可利用《崔氏夫人訓女文》明瞭晚唐五代的婚俗；《雜抄》中"辯年節日"一段，於年節時令行事頗多記述，且有與後世不盡相同者；此外尚有"面衣"的習俗等，又如"經史何人修撰制注"一段，開列當時庶民教育的基本課本、讀本，并挑選當時所崇尚的注本。凡此皆爲敦煌蒙書於啓蒙教育外的附帶價值。

第三節　敦煌蒙書的研究面向

寫本爲數可觀，門類衆多的敦煌蒙書，是敦煌學不可忽視的一環，也是蒙書發展史上的重要關鍵，是敦煌特殊歷史、地理下蒙學實況的展現，也是考察唐五代蒙學珍貴的視窗。敦煌蒙書的多元特性，敦煌蒙書的研究當然也不例外，在前賢的努力下，各類蒙書的考訂、校録工作大多完成，亟須吸取成果，展開全面系統而深入的統整研究。尤其更應開闊研究的視野，正視此批材料的多元性，從多方面切入，展開多面向的研究。蒙書的功能是教育的，因此從教育的角度進行研究是理所當然，但是目前大多止於文獻的考訂，甚少從教育史來考察它的價值。由現存數量及種類繁多且各體兼備的敦煌蒙書，實可考察庶民教育教材發展的歷史脈絡。

蒙書本以識字爲先，識字類蒙書古代稱之爲字書，内容自然多爲語言材料。其中音注，尤可資研究唐五代西北方音。前賢如羅常培、姜亮夫、周祖謨等，多集中在音韵方面的價值。蔡元培《敦煌掇瑣》序説："又如《刊謬補缺切韵》《字寶碎金》《俗務要名林》等，記當時俗語、俗字，亦可供語言學、文字學的參考。"[一]事實上《開蒙要訓》《俗務要名林》《碎金》等，更是研究

〔一〕 劉復輯：《敦煌掇瑣》，《敦煌叢刊初集》第十五册，新文豐出版公司，一九八五年，第五頁。

俗文字、俗語言、詞彙學的寶貴材料。

　　蒙書具有實用、通俗與鄉土的特性，內容頗有涉及當時社會風俗及生活習尚的材料，可據以探討唐五代與敦煌地區的文化風俗。如：《崔氏夫人訓女文》可明瞭晚唐五代之婚俗；《雜鈔》中多有關年節時令行事，"面衣"習俗等記述，這些材料可爲唐五代俗文化研究開啓另一扇視窗。

　　金瀅坤《中國童蒙文化研究的思路、方法與創新》歸納出"歷史學""文獻學""教育學""社會學""兒童學""語言文字學""考古學""民俗學和民族學"及"統計學"等九種研究的方法和視角，可説籠罩各面，涵蓋周全[一]。

　　此外，個人近年也從漢字文化圈的視閾對敦煌蒙書在其他民族與周邊國家文化傳播進行考察，蓋有見於民間廣爲流傳的蒙書是大家習以爲常的讀物，雖不如經、史、子、集爲上層社會知識份子所重視，然却始終在文化傳播上扮演着重要角色。自古以來，高昌、吐蕃、西夏與遼等周邊民族，以及東亞的日本、韓國、越南等漢字文化圈的國度，蒙書一直被奉爲學習漢字、漢文、漢文化的寶典，不斷出現轉抄、翻刻、注釋、改編乃至續編與仿作。這種文化傳播與接受的現象極爲特殊。傳統蒙書在漢文化傳播上扮演着重要的橋樑，通過蒙書精簡、便捷的學習管道，周邊民族、國家能正確地認知、有效地學習、充分地吸收中華文化精粹。如《千字文》《太公家教》《蒙求》等蒙書，長期以來即承擔着認知與學習中華文化的重要媒介，其價值與貢獻實在不可小覷。因此研究敦煌蒙書除了關注古代蒙書在絲綢之路周邊民族與國家的傳布與考古遺存外，參考日本、韓國、越南等漢字文化圈的相關資料，并持與日、韓、越的蒙書進行比較研究，探究蒙書在周邊民族與國家的接受、發展，及其對漢字文化圈教育與文化的深遠影響，這或許可以説是敦煌蒙書研究面向另一新的嘗試與拓展吧。

　　〔一〕 金瀅坤：《中國童蒙文化研究的思路、方法與創新》，《首都師範大學學報（社會科學版）》二〇一八年第一期，第三頁。

參考文獻

一　傳世文獻

《鼇頭箋注蒙求校本》三卷，（後晉）李瀚撰，（宋）徐子光補注，〔日〕岡白駒箋注，〔日〕鈴木義宗標注，〔日〕增田貢校，日本明治十四年（一八八一）東京原亮三郎刊本。

《八旗通志》，（清）鄂爾泰等修，東北師範大學出版社，一九八五年。

《白虎通疏證》，（清）陳立撰，吳則虞點校，中華書局，一九九四年。

《白居易集箋校》，（唐）白居易撰，朱金城箋校，上海古籍出版社，一九八八年。

《抱朴子外篇校箋》，（晋）葛洪撰，楊明照校箋，中華書局，一九九七年。

《寶刻叢編》，（宋）陳思撰，《影印文淵閣四庫全書》第六八二冊，台灣商務印書館，一九八六年。

《北礀集》，（宋）釋居簡撰，《影印文淵閣四庫全書》第一一八三冊，台灣商務印書館，一九八六年。

《北京圖書館古籍珍本叢刊》，北京圖書館古籍出版編輯組編，書目文獻出版社，二〇〇〇年。

《北夢瑣言》，（五代）孫光憲撰，中華書局，二〇〇二年。

《北史》，（唐）李延壽撰，中華書局，一九七四年。

　　《標題徐狀元補注蒙求》三卷，（唐）李翰編，（宋）徐子光注，［日］服部南郭校，刊年未詳（日本元文年間）。

　　《標題徐狀元補注蒙求》三卷，（唐）李翰撰，（宋）徐子光注，［日］服部惟恭訓點標注，日本元文四年（一七三九）序，刻本，江戶須原屋新兵衛等重印。

　　《標題徐狀元補注蒙求箋注》三卷，（即《新增箋注蒙求》），［日］岡白駒撰，平田豐愛增箋，日本嘉永二年（一八四九）刊。

　　《標題徐狀元補注蒙求校本》三卷，［日］岡白駒箋注，佐々木玷標疏，日本安政五年（一八五八）刊本。

　　《補晉書藝文志》，（清）丁國鈞撰，收入王雲五主編：《叢書集成初編》，中華書局，一九八五年。

　　《補元史藝文志》，（清）錢大昕撰，收入王雲五主編：《叢書集成初編》，中華書局，一九八五年。

　　《補續漢書藝文志》，（清）錢大昭撰，收入王雲五主編：《叢書集成初編》，中華書局，一九八五年。

　　《藏一話腴》，（宋）陳郁編撰，（明）陶宗儀等編：《説郛三種・説郛》卷六〇，上海古籍出版社，一九八八年。

　　《册府元龜》（校訂本），（宋）王若欽等編纂，周勛初等校訂，鳳凰出版社，二〇〇六年。

　　《禪林寶訓》，（宋）釋净善重集，《大正新修大藏經》第四八册，第二〇二二號，大藏出版，一九二四～一九三四年。

　　《禪林類聚》，（元）釋道泰集，《卍續藏經》第一一七册，藏經書院版，新文豐出版公司，一九九四年。

　　《重編詳備碎金》，天理圖書館影印，天理大學出版部，一九八一年。

　　《春秋左傳正義》，（周）左丘明傳，（晋）杜預注，（唐）孔穎達正義，十三經注疏整理委員會整理：《十三經注疏》，北京大學出版社，二〇〇〇年。

　　《崇文總目》，（宋）王堯臣等編，收入王雲五主編：《叢書集成初編》，中華書局，一九八五年。

　　《大乘起信論》，［印］馬鳴菩薩著，（梁）天竺三藏真諦法師譯，《大正新修大藏經》第三二冊，大藏出版，一九二四～一九三四年。

《大戴禮記彙校集注》，（漢）戴德撰，黄懷信等注，三秦出版社，二〇〇五年。

《大唐西域記校注》，（唐）玄奘、辯機原著，季羨林等校注，中華書局，一九八五年。

《大元通制條格》，華文書局股份有限公司，一九七〇年。

《道山清話》，（宋）王暐撰，《影印文淵閣四庫全書》第一〇三七冊。

《訂訛類編》，（清）杭世駿著，上海書店，一九八六年。

《東田文集》，（明）馬中錫著，收入王雲五主編：《叢書集成初編》，中華書局，一九八五年。

《杜甫全集校注》，（唐）杜甫著，謝思煒校注，蕭滌非主編，人民文學出版社，二〇一四年。

《扶桑集》，［日］紀齊名編，收入《群書類從》第八輯，《續群書類從》完成會，一九八〇年。

《陔餘叢考》，（清）趙翼撰，商務印書館，一九五七年。

《高僧傳》，（南朝·梁）釋慧皎撰，湯用彤校注，湯一玄整理，中華書局，一九九二年。

《姑妄言》，（清）曹去晶撰，鄭福田、王槐茂主編：《傳世孤本經典小説》第三卷，金城出版社，二〇〇〇年。

《管子校注》，黎翔鳳撰，梁運華整理，中華書局，二〇〇四年。

《龜巢稿》，（元）謝應芳，《影印文淵閣四庫全書》第一二一八冊。

《歸田瑣記》，（清）梁章鉅撰，中華書局，一九八一年。

《癸巳存稿》，（清）俞正燮撰，商務印書館，一九三七年。

《漢書》，（漢）班固撰，（唐）顏師古注，中華書局，一九六二年。

《韓愈全集校注》，屈守元、常思春主編，四川大學出版社，一九九六年。

《懷風藻　文華秀麗集　本朝文粹》，［日］小島憲之校注，岩波書店，一九六四年。

《淮南子集釋》，何寧著，中華書局，一九九九年。

《後漢書》，（南朝·宋）范曄撰，（唐）李賢等注，中華書局，一九六五年。

《困學紀聞》，（宋）王應麟撰，（清）翁元圻等注，樂保群、田松青、呂宗力校點，上海古籍出版社，二〇〇八年。

《急就篇》，（漢）史游撰，曾仲珊校點，岳麓書社，一九八九年。

《嵇康集校注》，（三國·魏）嵇康撰，戴明揚校注，人民文學出版社，一九六二年。

《雞肋集》，（宋）晁補之撰，《影印摛藻堂四庫全書薈要》集部第三九冊，世界書局，一九八八年。

《家塾教學法》，（清）唐彪輯著，趙伯英、萬恒德選注，華東師範大學出版社，一九九二年。

《嘉泰普燈録》，（宋）釋正受撰，秦瑜點校，上海古籍出版社，二〇一四年。

《薦福碑》，（元）馬致遠作，《全元雜劇初編》第五冊，世界書局，一九八五年。

《堅瓠集》，（清）褚人獲輯撰，李夢生校點，上海古籍出版社，二〇一二年。

《劍南詩稿校注》，（宋）陸游撰，錢仲聯校注，上海古籍出版社，二〇一五年。

《建中靖國續燈録》，（宋）釋惟白集，《卍續藏經》第一三六冊，藏經書院版，新文豐出版公司，一九九四年。

《箋注倭名類聚抄》，［日］狩谷棭齋撰，日本明治十六年（一八八三）印刷局藏版。

《校讎通義通解》，（清）章學誠著，王重民通解，傅傑導讀，田映曦補注，上海古籍出版社，二〇〇九年。

《教童子法》，（清）王筠撰，收入王雲五主編：《叢書集成初編》，中華書局，一九八五年。

《戒庵老人漫筆》，（明）李詡撰，中華書局，一九八二年。

《金剛般若經集驗記》，（唐）孟獻忠撰，《卍續藏經》第一四九冊，藏經書院版，新文豐出版公司，一九九四年。

《晉書》，（唐）房玄齡等撰，中華書局，一九七四年。

《景德傳燈録》，（宋）釋道原纂，《大正新修大藏經》第五一册，第二〇七六號，大藏出版，一九二四～一九三四年。

《經史避名彙考》，（清）周廣業著，北京圖書館出版社，一九九九年。

《敬齋古今黈》，（元）李治撰，收入王雲五主編：《叢書集成初編》，中華書局，一九八五年。

《舊唐書》，（後晉）劉昫等撰，中華書局，一九七五年。

《舊五代史》，（宋）薛居正等撰，中華書局，一九七六年。

《郡齋讀書志校證》，（宋）晁公武撰，張猛校證，上海古籍出版社，一九九〇年。

《肯綮録》，（宋）趙叔向撰，《學海類編》第八册，江蘇廣陵古籍刻印社，一九九四年。

《禮記正義》，（漢）鄭玄注，（唐）孔穎達疏，十三經疏注疏委員會整理：《十三經注疏》，北京大學出版社，二〇〇〇年。

《李白全集》，（清）王琦注，中華書局，一九七七年。

《李文公集》，（唐）李翱撰，上海古籍出版社，一九九三年。

《梁書》，（唐）姚思廉撰，中華書局，一九七三年。

《梁肅文集》，（唐）梁肅撰，胡大浚、張春雯校點整理，甘肅人民出版社，二〇〇〇年。

《陵陽集》，（宋）牟巘撰，《影印文淵閣四庫全書》第一一三三册。

《六藝之一録》，（清）倪濤等撰，《影印文淵閣四庫全書》第八三六册。

《隆平集校證》，（宋）曾鞏撰，王瑞來校證，中華書局，二〇一二年。

《露書》，（明）姚旅撰，劉彦捷點校，福建人民出版社，二〇〇八年。

《密庵禪師語録》，（宋）釋崇岳、釋了悟等編，《大正新修大藏經》第四七册，第一九九九號，大藏出版，一九二四～一九三四年。

《論語注疏》，（魏）何晏注，（宋）邢昺疏，十三經注疏委員會整理：《十三經注疏》，北京大學出版社，二〇〇〇年。

《毛詩正義》，（漢）毛亨傳，（漢）鄭玄箋，（唐）孔穎達疏，十三經疏注委員會整理：《十三經注疏》，北京大學出版社，二〇〇〇年。

《南雍志經籍考》，（明）梅鷟撰，收入葉德輝編《觀古堂書目叢

刻》第三册，長沙：湘潭葉德輝觀古堂印，清光緒二九年～民國七年（一九〇三～一九一八）

《明神宗實録》，"中央研究院歷史語言研究所"，一九六二年。

《南村輟耕録》，（元）陶宗儀撰，上海古籍出版社，二〇一二年。

《女誡》，（漢）班昭著，《古今圖書集成》第三九五册，鼎文書局，一九八五年。

《女論語》，（唐）宋若莘撰，《古今圖書集成》第三九五册，鼎文書局，一九八五年。

《琵琶記》，（元）高明撰，《古本戲曲叢刊續集》第七册，上海商務印書館，一九五四年。

《歧路燈》，（清）李海觀著，《古本小説集成》編委會編：《古本小説集成》第三輯，上海古籍出版社，二〇一七年。

《齊民要術校釋》，（北魏）賈思勰撰，繆啓愉校釋，農業出版社，一九八二年。

《牆東類稿》，（元）陸文圭撰，《影印文淵閣四庫全書》第一一九四册，台灣商務印書館，一九八六年。

《清代詩文集彙編》，《清代詩文集彙編》編纂委員會編，上海古籍出版社，二〇一〇年。

《權德輿詩文集》，（唐）權德輿撰，郭廣偉校點，上海古籍出版社，二〇〇八年。

《全後漢文》，（清）嚴可均輯，許振生審定，商務印書館，一九九九年。

《全唐詩》，（清）曹寅等奉敕輯，中華書局，一九六〇年。

《全唐文》，（清）董誥編，中華書局，一九八三年。

《日本國見在書目録》，[日]藤原佐世撰，中華書局，一九九一年。

《日本訪書志》，（清）楊守敬撰，清光緒二十三年（一八九七）宜都楊守敬鄰蘇園刻本，賈貴榮輯：《日本藏漢籍善本書志書目集成》第一〇册，北京圖書館出版社，二〇〇三年。

《日本三代實録》，[日]藤原時平等編，吉川弘文館，一九八三年。

《日藏古抄李嶠咏物詩注》，（唐）李嶠撰，張庭芳注，胡志昂編，上海古籍出版社，一九九八年。

《日知録集釋》，（清）顧炎武著，（清）黃汝成集釋，欒保群、吕宗力校點，上海古籍出版社，二〇一四年。

《入唐新求聖教目録》，〔日〕釋圓仁著，《大正新修大藏經》卷五五册，第二一六七號，大藏出版，一九二四～一九三四年。

《三寶太監西洋記通俗演義》，（明）二南里人編次，《古本小説集成》編委會編：《古本小説集成》第六七一册，上海古籍出版社，一九九四年。

《三國志》，（晋）陳壽撰，（南朝·宋）裴松之注，中華書局，一九五九年。

《善慧大士語録》，（唐）樓穎録，《卐續藏經》第一二〇册，藏經書院版。

《刪定標注純正蒙求校本》三卷，（元）胡炳文撰，〔日〕岡松甕谷閲，村上信忠標注，明治十五年（一八八二）東京奎文堂野口愛刊本。

《尚書故實》，（唐）李綽編，收入王雲五主編：《叢書集成初編》，中華書局，一九八五年。

《沈約集校箋》，（南朝·梁）沈約撰，陳慶元校箋，浙江古籍出版社，一九九五年。

《史記》，（漢）司馬遷撰，（南朝·宋）裴駰集解，（唐）司馬貞索隱，（唐）張守節正義，中華書局，一九五九年。

《詩品注》，（南朝）鍾嶸著，陳延傑注，人民文學出版社，一九六一年。

《世善堂藏書目録》，（明）陳第編，收入王雲五主編：《叢書集成初編》，中華書局，一九八五年。

《世説新語》，（南朝·宋）劉義慶著，上海古籍出版社，二〇一二年。

《事物紀原》，（宋）高承撰，（明）李果訂，金圜、許沛藻點校，中華書局，一九八九年。

《蜀都雜抄》，（明）陸深撰，《巴蜀叢書》第一輯，巴蜀書社，一九八八年

《殊域周咨録》，（明）嚴從簡著，中華書局，一九九三年。

《水東日記》，（明）葉盛撰，中華書局，一九八〇年

《四庫全書總目》，（清）永瑢等等撰，中華書局，一九六五年。

《四庫全書總目提要》，（清）紀昀總纂，河北人民出版社，二〇〇〇年。

《四十二章經》，（漢）釋迦葉摩騰、釋竺法蘭，《大正新修大藏經》第

一七册，第七八四號，大藏出版，一九二四～一九三四年。

《宋本廣韵　永禄本韵鏡》（第二版），（宋）陳彭年等編，江蘇教育出版社，二〇〇五年。

《宋高僧傳》，（宋）贊寧撰，范祥雍點校，中華書局，一九八七年。

《宋秘書省續編到四庫闕書目》，（清）葉德輝考證，《叢書集成續編》第三册，新文豐出版公司，一九八八年。

《宋史》，（元）脱脱等撰，中華書局，一九七七年。

《孫子算經》，（唐）李淳風注，收入王雲五主編：《叢書集成初編》，中華書局，一九八五年。

《遂初堂書目》，（宋）尤袤撰，收入王雲五主編：《叢書集成初編》，中華書局，一九八五年。

《隋書》，（唐）魏徵令狐德棻撰，中華書局，一九七三年。

《太平廣記》，（宋）李昉等編，中華書局，一九六一年。

《泰泉鄉禮》，（明）黄佐撰，《影印文淵閣四庫全書》第一四二册，台灣商務印書館，一九八六年。

《唐才子傳校箋》，（元）辛文房撰，傅璇琮校箋，中華書局，一九八七年。

《唐會要》，（宋）王溥撰，中華書局，一九五五年。

《唐六典》，（唐）李林甫等撰，陳仲夫點校，中華書局，一九九二年。

《唐文粹》，（宋）姚鉉編，（清）許增校，浙江人民出版社，一九八六年。

《唐音癸籤》，（明）胡震亨著，上海古籍出版社，一九八一年。

《唐語林校證》，（宋）王讜撰，周勛初校證，中華書局，一九八七年。

《唐摭言》，（五代）王定保撰，姜漢椿校注，上海社會科學院出版社，二〇〇三年。

《苕溪魚隱叢話後集》，（宋）胡仔纂集，廖德明校點，人民文學出版社，一九六二年。

《通典》，（唐）杜佑撰，王文錦、王永興、劉俊文、徐庭雲、謝方點校，中華書局，一九八八年。

《通俗編》，（清）翟灝撰，大化書局，一九七九年。

《通義堂文集》，（清）劉毓崧著，收入《儀徵劉氏集》，廣陵書社，二〇一八年。

《通志》，（宋）鄭樵編撰，中華書局，一九八七年。

《桐江續集》，（元）方回撰，《影印文淵閣四庫全書》第一一九三册，台灣商務印書館，一九八六年。

《王子安集注》，（唐）王勃著，（清）蔣清翊注，上海古籍出版社，一九九五年。

《王梵志詩校注》，（唐）王梵志撰，項楚校注，上海古籍出版社，一九九一年。

《王維集校注》，（唐）王維撰，陳鐵民校注，中華書局，一九九七年。

《文鏡秘府論》，〔日〕遍照金剛著，周維德校點，人民文學出版社，一九七五年。

《文心雕龍義證》，（南朝）劉勰撰，詹瑛義證，上海古籍出版社，一九八九年。

《文選》，（南朝·梁）蕭統編，（唐）李善注，中華書局，一九八六年。

《猥談》，（明）祝允明等撰，（明）陶宗儀等編：《説郛三種·説郛續》卷四六，上海古籍出版社，一九八八年。

《五燈會元》，（宋）釋普濟著，蘇淵雷點校，中華書局，一九八四年。

《無量壽經義疏》，（隋）慧遠撰疏，《大正新修大藏經》第三七册，第一七四五號，大藏出版，一九二四～一九三四年。

《西遊記校注》，（明）吳承恩撰，周中明、朱彤校注，里仁書局，一九九六年。

《項氏家説》，（宋）項安世撰，中華書局，一九八五。

《小學紺珠》，（宋）王應麟撰，中華書局，一九八七年。

《新婦譜》，（清）陸圻撰，收入（清）虫天子輯：《香豔叢書》三集，《叢書集成續編》第六二册，新文豐出版公司，一九八八年。

《新婦譜補》，（清）陳確著，收入（清）虫天子輯：《香豔叢書》三集，《叢書集成續編》第六二册，新文豐出版公司，一九八八年。

《新唐書》，（宋）歐陽修、宋祁撰，中華書局，一九七五年。

《新五代史》，（宋）歐陽修撰，（宋）徐無黨注，中華書局，一九七四年。

《性靈集注》，［日］阿部泰郎、山崎誠編集，國文學研究資料館編：《真福寺善本叢刊》第二期第一二卷（文筆部三），臨川書店，二〇〇七年。

《續修四庫全書提要》（稿本），中國科學院圖書館整理，齊魯書社，一九九六年。

《雪巖祖欽禪師語録》，（元）釋昭如、釋希陵等編，《卍續藏經》第一二二册，藏經書院版，新文豐出版公司，一九九四年。

《言泉集：東大寺北林院本》，［日］澄憲撰，［日］畑中榮編，古典文庫，二〇〇〇年。

《養正類編》，（清）張伯行纂輯，收入王雲五主編：《叢書集成初編》，中華書局，一九八五年。

《吟窗雜録》，（宋）陳應行輯，中華書局，一九九七年。

《湧幢小品》，（明）朱國楨撰，上海古籍出版社本社編：《明代筆記小説大觀》，上海古籍出版社，二〇〇五年。

《酉陽雜俎》，（唐）段成式撰，中華書局，一九八一年。

《玉海》，（宋）王應麟纂，江蘇古籍出版社、上海書店，一九八七年。

《玉環記》，（明）章鳳翔撰，《古本戲曲叢刊初集》第二二册，商務印書館，一九五四年。

《玉篇校釋》，（南朝・梁）顧野王撰，胡吉宣校釋，上海古籍出版社，一九八九年。

《玉照新志》，（宋）王明清著，收入王雲五主編：《叢書集成初編》，中華書局，一九八五年。

《元本困學紀聞》，（宋）王應麟撰，國家圖書館出版社，二〇一七年。

《越語肯綮録》，（清）毛奇齡撰，中研院傅斯年圖書館藏《西河合集》，康熙年間李塨刊本。

《雲谷雜記》，（宋）張淏撰，中華書局，一九五八年。

《孝經注疏》，（唐）李隆基注，（宋）邢昺疏，十三經疏注疏委員會整理：《十三經注疏》，北京大學出版社，二〇〇〇年。

《新編元稹集》，（唐）元稹撰，吴偉斌編年箋注，三秦出版社，二〇一五年。

《新增箋注蒙求》，（後晉）李瀚撰，（宋）徐子光注，［日］岡白駒箋注，平田豐愛增箋，嘉永二年（一八四九）萬屋忠藏刊，九州大學藏。

《佚存叢書》，［日］林述齋編，江蘇廣陵古籍刻印社，一九九二年影印。

《藝文類聚》，（唐）歐陽詢撰，汪紹楹校，上海古籍出版社，一九六五年。

《雜字類函》，李國慶編，學苑出版社，二〇〇九年。

《雜字類函（續）》，李國慶、韓寶林編，學苑出版社，二〇一八年。

《棗林藝簣》，（明）談遷撰，收入王雲五主編：《叢書集成初編》，中華書局，一九九一年。

《曾子十篇》，（清）阮元注釋，收入王雲五主編：《叢書集成初編》，中華書局，一九八五年。

《湛然居士集》，（元）耶律楚材撰，謝方點校，中華書局，一九八六年。

《張説集校注》，（唐）張説撰，熊飛校注，中華書局，二〇一三年。

《鄭堂讀書記》，（清）周中孚撰，中華書局，一九九三年。

《直齋書録解題》，（宋）陳振孫撰，上海古籍出版社，一九八七年。

《夏忠靖集》，（明）夏原吉撰，《影印文淵閣四庫全書》第一二四〇册，台灣商務印書館，一九八六年。

《周禮注疏》，（漢）鄭玄注，（唐）賈公彦疏，十三經注疏整理委員會整理：《十三經注疏》，北京大學出版社，二〇〇〇年。

《朱子全書》，（宋）朱熹撰，朱傑人、嚴佐之、劉永翔主編，上海古籍出版社、安徽教育出版社，二〇〇二年。

《資暇集》，（唐）李匡文撰，吳企明點校，收入《唐宋史料筆記叢刊》，中華書局，二〇一二年。

《資治通鑒》，（宋）司馬光等編著，（元）胡三省音注，中華書局，一九五六年。

二　出土文獻

《敦煌寶藏》，黃永武主編，新文豐出版公司，一九八一～一九八六年。

《敦煌秘笈》第一～九册，〔日〕吉川忠夫編，武田科學振興財團，二〇〇九～二〇一三年。

《俄羅斯科學院東方研究所聖彼得堡分所藏敦煌文獻》第一～一七册，俄羅斯科學院東方研究所聖彼得堡分所、俄羅斯科學出版社東方文學部、上海古籍出版社編，上海古籍出版社、俄羅斯科學出版社東方文學部，一九九二～二〇〇一年。

《俄羅斯科學院東方研究所聖彼得堡分所藏黑水城文獻》第一～二九册，俄羅斯科學院東方研究所聖彼得堡分所、中國社會科學院民族研究所、上海古籍出版社編，上海古籍出版社，一九九六～二〇一九年。

《法藏敦煌西域文獻》第一～三四册，上海古籍出版社、法國國家圖書館編，上海古籍出版社，一九九五～二〇〇五年。

《國家圖書館藏敦煌文獻》第一～一四六册，中國國家圖書館編，北京圖書館出版社，二〇〇五～二〇一二年。

《鳴沙石室古籍叢殘》，羅振玉，上虞羅氏自印本，一九一七年。《斯坦因第三次中亞考古所獲漢文文獻（非佛經部分）》（二），沙知、〔英〕吳芳思編著，上海辭書出版社，二〇〇五年。

《吐魯番出土文書》第一～一〇册，國家文物局古文物研究室、新疆維吾爾自治區博物館、武漢大學歷史系編，文物出版社，一九八一～一九九一年。

《英藏敦煌文獻（漢文佛經以外部分）》第一～一四卷，中國社會科學院歷史研究所、中國敦煌吐魯番學會敦煌古文獻編輯委員會、英國國家圖書館、倫敦大學亞非學院合編，四川人民出版社，一九九〇～一九九五年。

《英藏黑水城文獻》第一～五册，西北第二民族學院、上海古籍出版社、英國國家圖書館編纂，上海古籍出版社，二〇〇五～二〇一〇年。

《英國國家圖書館藏敦煌遺書》，廣西師範大學出版社，方廣錩、〔英〕吳芳思主編，二〇一一～二〇一七年。

《應縣木塔遼代秘藏》，山西省文物局、中國歷史博物館主編，文物出版社，一九九一年。

《貞松堂藏西陲秘笈叢殘》，羅振玉，上虞羅氏自印本，一九三九年。

《中國藏西夏文獻》第一～二〇册，史金波、陳育寧主編，甘肅人民出版社、敦煌文藝出版社，二〇〇五年。

《中國國家圖書館藏敦煌遺書精品選》，中國國家圖書館善本特藏部等編，國家圖書館出版社，二〇〇〇年。

三　今人論著

（一）中文論著

北京圖書館善本組編：《敦煌劫餘録續編》，國家圖書館出版社，一九八一年。

陳大爲：《唐後期五代宋初敦煌僧寺研究》，上海古籍出版社，二〇一四年。

陳東原：《中國婦女生活史》，台灣商務印書館，一九九四年。

陳慶浩、王秋桂編：《中國民間故事全集》，《台灣民間故事集》第一冊，遠流出版社，一九八九年。

陳祚龍：《敦煌學海探珠》，台灣商務印書館，一九七九年。

陳祚龍：《敦煌資料考屑》，台灣商務印書館，一九七九年。

戴元枝：《明清徽州雜字研究》，上海教育出版社，二〇一七年。

鄧嗣禹編：《燕京大學圖書館目録初稿——類書之部》，一九三五年，北平燕京大學圖書館印行；一九七〇年，台北古亭書屋出版，易名爲《中國類書目録初稿》。

竇懷永、張涌泉：《敦煌小説合集》，浙江文藝出版社，二〇一〇年。

段文傑等編：《1990年敦煌學國際研討會文集》，遼寧美術出版社，一九九五年。

敦煌研究院編：《敦煌遺書總目索引新編》，中華書局，二〇〇〇年。

方師鐸：《傳統文學與類書之關係》，東海大學，一九七一年。

方師鐸：《方師鐸文史叢稿》，大立出版社，一九八五年。

傅璇琮：《唐代科舉與文學》，陝西人民出版社，二〇〇七年。

高啓安：《唐五代敦煌飲食文化研究》，民族出版社，二〇〇四年。

高天霞：《敦煌寫本〈俗務要名林〉語言文字研究》，中西書局，二〇一八年。

葛曉音：《山水田園詩派研究》，遼寧大學出版社，一九九三年。

顧月琴：《日常生活變遷中的教育：明清時期雜字研究》，光明日報出版社，二〇一三年。

郭紹虞：《中國文學批評史》，商務印書館，一九三四年。

郝春文：《中古時期社邑研究》，新文豐出版公司，二〇〇六年。

郝春文：《石室寫經：敦煌遺書》，甘肅教育出版社，二〇〇七年。

郝春文主編：《英藏敦煌社會歷史文獻釋錄》第一卷，科學出版社，二〇〇一年。

郝春文主編：《英藏敦煌社會歷史文獻釋錄》第二～一六卷，社會科學文獻出版社，二〇〇三～二〇二〇年。

郝春文主編：《英藏敦煌社會歷史文獻釋錄》第一卷（修訂本），社會科學文獻出版社，二〇一八年。

侯康、錢大昭：《補續漢書藝文志》，中華書局，一九八五年。

黃侃述，黃焯編：《文字聲韵訓詁筆記》，上海古籍出版社，一九八三年。

黃永武：《敦煌遺書最新目錄》，新文豐出版公司，一九八六年。

黃永武、施淑婷：《敦煌的唐詩續編》，文史哲出版社，一九八九年。

黃征、張涌泉：《敦煌變文校注》，中華書局，一九九七年。

惠宏、段玉泉：《西夏文獻解題目錄》，陽光出版社，二〇一五年。

季羨林主編：《敦煌學大辭典》，上海辭書出版社，一九九八年。

賈貴榮輯：《日本藏漢籍善本書志書目集成》第一〇册，北京圖書館出版社，二〇〇三年。

姜伯勤：《敦煌社會文書導論》，新文豐出版公司，一九九二年。

蔣禮鴻：《蔣禮鴻語言文字學論叢》，浙江古籍出版社，一九九四年。

姜亮夫：《瀛涯敦煌韵輯》，上海出版公司，一九五五年。

姜亮夫：《敦煌——偉大的文化寶藏》，上海古典文學出版社，一九五六年。

姜亮夫：《敦煌學概論》，中華書局，一九八五年。

姜亮夫：《瀛涯敦煌韵書卷子考釋》，浙江古籍出版社，一九九〇年。

金瀅坤主編：《童蒙文化研究》第一～五卷，人民出版社，二〇一六～二〇二〇年。

雷僑雲：《敦煌兒童文學研究》，學生書局，一九八五年。

李迪主編：《數學史研究文集》第二輯，内蒙古大學出版社，一九九一年。

李學勤主編：《清華大學藏戰國竹簡（肆）》，中西書局，二〇一三年。

李宜涯：《晚唐咏史詩與平話演義之關係》，文史哲出版社，二〇〇二年。

林聰明：《敦煌俗文學研究》，東吳大學中國學術著作獎助委員會，一九八四年。

林明波：《唐以前小學書之分類與考證》，東吳大學中國學術著作獎助委員會，一九七五年。

劉復：《敦煌掇瑣》，"中研院"歷史語言研究所專刊，一九二五年；收入黄永武博士主編《敦煌叢刊初集》第十五册，新文豐出版公司，一九八五年。

劉復、李家瑞：《中國俗曲總目稿》，文海出版社，一九七三年。

劉全波：《類書研究通論》，甘肅文化出版社，二〇一八年。

盧盛江：《文鏡秘府論彙校彙考》，中華書局，二〇〇六年。

羅常培：《唐五代西北方音·序》，商務印書館，二〇一二年。

羅福萇輯録：《沙洲文録補》，上虞羅氏印，一九二四年。

羅根澤：《中國文學批評史》，中華書局，一九六一年；上海古籍出版社，二〇〇三年。

羅振玉輯：《鳴沙石室佚書》，上虞羅氏宸翰樓影印暨鉛印本，一九一三年。

羅振玉、王國維編著：《流沙墜簡》，上虞羅氏宸翰樓印，一九一四年；中華書局，一九九三年。

羅振玉：《敦煌零拾》，上虞羅氏自印本，一九二四年。

羅振玉：《鳴沙石室佚書》，東方學會，一九二八年。

羅振玉編纂：《鳴沙石室佚書正續編》，北京圖書館出版社，二〇〇四年。

吕思勉：《隋唐五代史》，中華書局，一九五九年初版，一九八四年上海古籍出版社重印。

吕思勉：《吕思勉全集》，上海古籍出版社，二〇一五年。

呂思勉：《文學與文選四種》，譯林出版社，二〇一六年。

牛致功：《唐高祖傳》，人民出版社，一九九八年。

潘重規：《敦煌變文集新書》，文津出版社，一九九四年。

潘重規：《敦煌壇經新書》，佛陀教育基金會，一九九四年。

錢寶琮：《中國數學史話》，中國青年出版社，一九五七年。

饒宗頤編集：《敦煌書法叢刊》第一八卷《碎金（一）》，二玄社，一九八三年。

任二北：《唐聲詩》，上海古籍出版社，一九八二年。

任二北：《敦煌歌辭總編》，上海古籍出版社，一九八七年。

榮新江：《歸義軍史研究——唐宋時代敦煌歷史考索》，上海古籍出版社，一九九六年。

沙知、（英）吳芳思編著：《斯坦因第三次中亞考古所獲漢文文獻（非佛經部分）》（二），上海辭書出版社，二〇〇五年。

商務印書館編：《敦煌遺書總目索引》，商務印書館，一九六二年；中華書局，一九八三年新版。

沈重：《唐代名人科舉考卷譯評》，江西高校出版社，一九九四年。

史金波、黃鎮華、聶鴻音：《類林研究》，寧夏人民出版社，一九九三年。

唐蘭：《中國文字學》，上海古籍出版社，二〇〇五年。

陶秋英纂輯、姜亮夫校讀：《敦煌碎金》，浙江古籍出版社，一九九二年。

汪泛舟：《敦煌古代兒童課本》，甘肅人民出版社，二〇〇〇年。

王鳳喈：《中國教育史》，“國立編譯館”，一九五七年。

王國維：《觀堂集林》，中華書局，一九五九年。

王建軍主編：《清至民國嶺南雜字文獻集刊》，廣西師範大學出版社，二〇一八年。

王利器：《文鏡秘府論校注》，中國社會科學出版社，一九八三年。

王夢鷗：《初唐詩學著述考》，台灣商務印書館，一九七七年。

王三慶：《敦煌本古類書〈語對〉研究》，文史哲出版社，一九八五年。

王三慶：《敦煌類書》，麗文文化事業股份有限公司，一九九三年。

王三慶：《中國佛教古佚書〈五杉練若新學備用〉研究》，新文豐出版公司，二〇一八年。

王重民：《敦煌古籍叙録》，商務印書館，一九五八年。

王重民：《敦煌遺書論文集》，中華書局，一九八四年。

王重民：《中國善本書提要》，上海古籍出版社，一九九一年。

向達：《唐代長安與西域文明》，商務印書館，二〇一七年。

項楚：《王梵志詩校注》，上海古籍出版社，一九九一年。

項楚：《敦煌詩歌導論》，新文豐出版公司，一九九三年。

項楚：《敦煌變文選注》，中華書局，二〇一九年。

徐俊纂輯：《敦煌詩集殘卷輯考》，中華書局，二〇〇〇年。

徐梓、王雪梅編：《蒙學要義》，山西教育出版社，一九九一年。

余嘉錫：《余嘉錫論學雜著》，中華書局，一九六三年。

余嘉錫：《世説新語箋疏》，中華書局，一九八三年

余嘉錫：《四庫提要辯證》，雲南人民出版社，二〇〇四年。

張伯偉：《全唐五代詩格彙考》，江蘇古籍出版社，二〇〇二年。

張滌華：《類書流别》，商務印書館，一九五八年。

張弓主編：《敦煌典籍與唐五代歷史文化》，中國社會科學出版社，二〇〇六年。

張金泉、許建平：《敦煌音義匯考》，杭州大學出版社，一九九六年。

張錫厚：《王梵志詩校輯》，中華書局，一九八三年。

張錫厚：《敦煌本唐集研究》，新文豐出版公司，一九九五年。

張新朋：《敦煌寫本〈開蒙要訓〉研究》，中國社會科學出版社，二〇一三年。

張涌泉主編：《敦煌經部文獻合集》，中華書局，二〇〇八年。

張志公：《傳統語文教育初探：附蒙學書目稿》，上海教育出版社，一九六二年。

張志公：《傳統語文教育教材論：暨蒙學書目和書影》，上海教育出版社，一九九二年。

趙望秦：《唐代咏史詩組考論》，三秦出版社，二〇〇三年。

趙望秦：《宋本周曇〈咏史詩〉研究》，中國社會科學研究所，

二〇〇五年。

鄭阿財：《敦煌寫本新集文詞九經抄研究》，文史哲出版社，一九八九年。

鄭阿財、朱鳳玉編：《敦煌學研究論著目録：1908~1997》，漢學研究中心，二〇〇〇年。

鄭阿財、朱鳳玉編：《敦煌學研究論著目録：1998~2005》，漢學研究中心，二〇〇〇年。

鄭阿財、朱鳳玉：《敦煌蒙書研究》，甘肅教育出版社，二〇〇二年。

鄭阿財、朱鳳玉：《開蒙養正：敦煌的學校教育》，甘肅教育出版社，二〇〇七年。

鄭炳林、鄭怡楠輯釋：《敦煌碑銘讚輯釋（增訂本）》，上海古籍出版社，二〇一九年。

鄭學檬、鄭炳林主編：《中國敦煌學百年文庫・文獻卷（一）》，甘肅文化出版社，一九九九年。

周鳳五：《敦煌寫本太公家教研究》，明文出版社，一九八六年。

周丕顯：《敦煌文獻研究》，甘肅文化出版社，一九九五年。

周玨良等編輯：《周叔弢先生六十生日紀念論文集》，編者刊，一九五〇年。

《周一良先生八十生日紀念論文集》編委會編：《周一良先生八十生日紀念論文集》，中國社會科學出版社，一九九三年。

周一良：《周一良集》，遼寧教育出版社，一九九八年。

朱鳳玉：《王梵志詩研究（上冊）》，學生書局，一九八六年。

朱鳳玉：《王梵志詩研究（下冊）》，學生書局，一九八七年。

朱鳳玉：《敦煌寫本碎金研究》，文津出版社，一九九七年。

朱鳳玉：《敦煌俗文學與俗文化研究》，上海古籍出版社，二〇一一年。

（二）外文論著

［日］池田温編：《講座敦煌5・敦煌漢文文獻》，大東出版社，一九九二年。

［日］川口久雄：《平安朝日本漢文學史》，明治書院，一九六一年。

［日］川口久雄編：《古典の變容と新生》，明治書院，一九八四年。

［日］福田俊昭：《李嶠と雜咏詩の研究》，汲古書院，二〇一二年。

［日］高田時雄：《敦煌資料による中國語史の研究》，創文社，一九八八年。

［日］榎一雄編：《講座敦煌2・敦煌の歷史》，大東出版社，一九八〇年。

［日］那波利貞：《唐代社會文化史研究》，創文社，一九七四年。

［日］仁井田陞：《唐令拾遺》，東京大學出版社，一九六四年。

［日］山崎宏：《支那中世佛教の展開》，清水書店，一九四七年。

［日］神田喜一郎：《神田喜一郎全集》，同朋舍，一九八四年。

［日］田中良昭：《敦煌禪宗文獻の研究》，大東出版社，一九八三年。

［日］張娜麗：《域出土文書の基礎的研究——中國古代における小學書・童蒙書の諸相》，汲古書院，二〇〇六年。

［日］枥尾武編：《百咏和歌注》，汲古書院，一九七九年。

［日］尾形裕康：《我國における千字文の教育史的研究》，校倉書房，一九六六年。

［日］小川環樹：《中國語學研究》，創文社，一九七七年。

［日］小西甚一：《文鏡秘府論考》（研究篇上），大八洲出版，一九四八年。

［日］小西甚一：《文鏡秘府論考》（研究篇下），大日本雄辯會講談社，一九五一年。

［日］小西甚一：《文鏡秘府論考》（考文篇），日本雄辯會講談社，一九五三年。

［日］伊藤美重子：《敦煌文書にみる學校教育》，汲古書院，二〇〇八年。

［日］幼學の會編：《太公家教注解》，汲古書院，二〇〇九年。

［日］藏中進編：《江户初期無刊記本遊仙窟——本文和索引》，和泉書院，一九七九年。

［英］Lioned Giles（翟理斯）：*Descriptive Catalogue of the Chinese Manuscripts from Tunhuang in the British Museum*（《英國倫敦不列顛博物館藏

漢文寫本解題目録》），London，1957。

［法］soymié, Michel, et al.（蘇遠鳴等）*Catalogue Des Manuscripts Chinois De Touen-Houangn*（《法國巴黎國家圖書館藏敦煌漢文寫本解題目録》），Ⅰ，Ⅲ，Ⅳ，Ⅴ，Ⅵ，1970，1983，1991，1995，2001。

［法］H.Maspero（馬伯樂）*LEDIALECTEDETCH' ANG-NGANSOUSLEST'ANG*（《長安唐代語言考》），法國遠東學院院刊第二册，一九二〇年。

И.Горбачева и Е.И.Кычанов, Тангутские рукописи и ксилограФы,Москва：Издательство восточной литературы,一九六三年。

［法］PAUL DEMIÉVILLE（戴密微）：*L'oeuvre de Wang le Zelateur（Wang Fantche），suivie des Instruction de l'aieul（T'ai—kong Kia—kiao）Poemes populairies des T'ang*（《王梵志詩附太公家教》），COLLEGE DE FRANCE INSTITUT DES HAUTES ETUDES CHINOISES，PARIS，一九八二年。

［法］Jean–Pierre Drège(戴仁)，*Les accordions de Dunhuang，Contributions aux etudes de Touenhouang，*Ⅲ ,Paris(《敦煌經折裝》，第三卷，巴黎），一九八四年。

［法］施博爾（Kristofer Marinus Schipper）《伍佰舊本“歌仔册”」目録》，《台灣風物》十五卷第四期，一九六五年十月。

［俄］И.Гораачева и.Б.И.Кычанов（戈爾芭切娃和克卡諾夫編著），*Тангутские рукогиси и ксипографы*（白濱譯《西夏文寫本與刊本》），Москва 1963 г。

四　今人論文

（一）中文論文

白濱譯，黄振華校：《西夏文寫本和刊本》，中國社會科學院民族研究所歷史研究室資料組編：《民族史譯文集》第三輯，中國社會科學院民族研究所歷史研究室資料組，一九七八年，第一九～二〇頁。

白化文：《敦煌遺書中的類書簡述》，《中國典籍與文化》一九九九年第四期，第五〇～五九頁。

伯希和撰，馮承鈞譯：《千字文考》，《圖書館學季刊》一九三二年第一期，第六七～八六頁。

才項多傑：《敦煌出土藏文九九乘法寫本與西藏籌算中的九乘法表的關係研究》，《敦煌研究》二〇一九年第五期，第一〇二～一一〇頁。

蔡馨慧：《唐代敦煌寫本〈太公家教〉的儒家德育思想析探》，《嶺東通識教育研究學刊》二〇一〇年第四期，第九九～一二七頁。

常捷：《李瀚〈蒙求〉研究》，南昌大學碩士學位論文，二〇〇七年。

陳踐：《敦煌藏文文獻古〈太公家教〉譯釋（上）》，《西藏民族大學學報（哲學社會科學版）》二〇一七年第二期，第四六～五一頁。

陳踐：《敦煌藏文文獻古〈太公家教〉譯釋（下）》，《西藏民族大學學報（哲學社會科學版）》二〇一七年第三期，第五一～五八頁。

陳璟慧：《敦煌寫本〈俗務要名林〉研究》，杭州大學碩士學位論文，一九九七年。

陳麗萍：《日本杏雨書屋藏羽663R號敦煌文書的定名》，《魏晋南北朝隋唐史資料》第三一輯，二〇一五年，第二七七～二九一頁。

陳敏：《〈俗務要名林〉與〈雜集時用要字〉研究管窺》，廈門大學碩士學位論文，二〇〇九年。

陳慶浩：《古賢集校注》，《敦煌學》第三輯，一九七六年，第六三～一〇二頁。

陳益源：《爲你說民俗（１）：〈上大人〉的來歷》，《國文天地》第一五二期，一九九八年，第一二～一四頁；收入陳益源《台灣民間文學采錄》，里仁書局，一九九年，第一二七～一三一頁。

陳煜瑤：《浙江雜字書研究》，浙江師範大學碩士論文，二〇一九年。

陳子欽：《日本敦煌秘笈〈千字文〉之新搜》，《雲漢學刊》第三一號，二〇一五年，第三三～六七頁。

陳祚龍：《敦煌寫本〈九諫書〉校詰（上）》，《大陸雜誌》一九六二年第四期，第一～三頁。

陳祚龍：《敦煌寫本〈九諫書〉校詰（下）》，《大陸雜誌》一九六二年第五期，第一五～二〇頁。

陳祚龍：《敦煌寫本〈新集嚴父教〉校釋》，《中國中世文學研究》一九六三年第三期，第三三～四四頁。

陳祚龍：《唐代西京刻印圖籍之一斑釋録》，《陝西文獻》第一五期，一九七三年，第三～七、一○頁。

陳祚龍：《敦煌學雜記》，《幼獅月刊》一九七四年第五期，第五六～六一頁。

陳祚龍：《關於敦煌古鈔李唐〈崔氏夫人訓女文〉》，《東方雜誌》一九七五年復刊第九卷第二期，第六八～七四頁。

鄧文寬：《敦煌寫本〈百行章〉述略》，《文物》一九八四年第九期，第六五～六六頁。

鄧文寬：《敦煌寫本〈百行章〉校釋》，《敦煌研究》一九八五年第二期，第七一～九八頁。

鄧文寬：《跋敦煌寫本〈百行章〉》，《一九八三年全國敦煌學術討論會文集·文史遺書編下》，甘肅人民出版社，一九八七年，第九九～一○七頁。

鄧文寬：《敦煌本〈開蒙要訓〉三農具解析》，《敦煌吐魯番研究》第一七卷，上海古籍出版社，二○一七年，第一～四頁。

丁志軍：《從習字訓蒙到大衆娛樂——論蒙書〈上大人〉功能的歷史演變》，《湖北民族學院學報（哲學社會科學版）》二○一二年第二期，第一二三～一二六頁。

段莉萍：《從敦煌殘本考李嶠〈雜咏詩〉的版本源流》，《敦煌研究》二○○四年第五期，第七四～七八頁。

方師鐸：《明刻行書本〈碎金〉與敦煌唐寫本〈字寶碎金〉殘卷之關係〉》，《東海學報》第六卷第一期，一九六四年，第一～一七頁；收入《方師鐸文史叢稿》專論下篇，大立出版社，一九八五年，第一五七～一八六頁。

馮傲雪：《新時期唐代咏史詩研究綜述》，《咸陽師範學報》二○○五年第三期，第五九～六二頁。

馮培紅：《唐五代參謀考略》，《復旦學報（社會科學版）》二○一三年第六期，第八九～九八、一六六頁。

傅璇琮：《尋根索源：〈蒙求〉流傳與作者新考》，《尋根》二○○四年第六期，第五八～六四頁。

　　高國藩：《敦煌寫本〈太公家教〉初探》，《敦煌學輯刊》一九八四年第一期，第六四～七七頁。

　　高國藩：《敦煌本〈崔氏夫人訓女文〉及其由來》，《古典文學知識》一九九五年第六期，第四一～四七頁。

　　高美林：《敦煌〈篆書千字文〉字形研究》，廣西大學碩士學位論文，二〇一四年。

　　高明士：《唐代敦煌的教育》，《漢學研究》第四卷第二期，一九八六年，第二三一～二七〇頁。

　　高啓安：《一張據說是"莫高窟藏經洞"照片的考索》，中央文史研究館、敦煌研究院、香港大學饒宗頤學術館編：《慶賀饒宗頤先生九十五華誕敦煌學國際學術研討會論文集》，中華書局，二〇一二年，第五九一～六〇四頁。

　　高啓安：《敦煌蒙書飲食知識系統與敦煌飲食的特殊性——以食物品名爲中心》，金瀅坤主編：《童蒙文化研究》第二卷，人民出版社，二〇一七年，第八一～九六頁。

　　高啓安：《唐宋時期敦煌學校建築樣式及學生課業方式初探——以敦煌壁畫爲主》，金瀅坤主編：《童蒙文化研究》第四卷，人民出版社，二〇一九年，第二八～四八頁。

　　高天霞：《敦煌寫本〈開蒙要訓〉字詞箋釋一則》，《漢語史學報》二〇一二年，第三一四～三一五頁。

　　高天霞：《〈敦煌本《俗務要名林》音注聲母再探討〉誤例辨析》，《漢語史研究集刊》第一六輯，二〇一三年，第四二二～四三八頁。

　　高天霞：《從〈俗務要名林〉看我國唐代鄉村的聚會宴飲與娛樂——以詞語考釋爲主》，《隴東學院學報》二〇一四年第六期，第三二～三四頁。

　　高天霞：《論〈俗務要名林〉音注所反映的濁音清化現象》，《漢語史研究集刊》二〇一五年第一期，第四一二～四二一頁。

　　高天霞：《敦煌寫本〈俗務要名林〉編撰體例及編輯思想管窺》，《寧夏大學學報》二〇一六年第一期，第二七～三〇頁。

　　高天霞：《敦煌本〈新合六字千文〉對〈千字文〉的改造與創新》，

金瀅坤主編:《童蒙文化研究》第一卷,人民出版社,二〇一六年,第一四六～一五三頁。

高天霞:《從敦煌寫本〈俗務要名林〉看唐代敦煌地區的主要農作物種植》,《農業考古》二〇一七年第三期,第三六～四〇頁。

高天霞:《敦煌寫本〈開蒙要訓〉字詞補釋》,《漢語史研究集刊》二〇一七年第二期,第二六七～二七三頁。

高天霞:《敦煌寫本〈俗務要名林〉詞彙學價值例析》,《西華師範大學學報(哲學社會科學版)》二〇一八年第四期,第一六～一九頁。

高天霞:《敦煌寫本〈太公家教〉異攝及異調混押現象探析》,金瀅坤主編:《童蒙文化研究》第四卷,人民出版社,二〇一九年,第一五七～一七三頁。

高天霞:《敦煌本〈籝金〉系類書童蒙教育價值淺論》,金瀅坤主編:《童蒙文化研究》第五卷,人民出版社,二〇二〇年,第六八～七四頁。

葛繼勇:《〈兔園策府〉的成書及東傳日本》,《甘肅社會科學》二〇〇八年第五期,第一九六～一九九頁。

葛曉音:《創作範示的提倡和初盛唐詩的普及——從〈李嶠百咏〉談起》,《文學遺彥》一九九五年第六期,第三〇～四一頁。

郭麗:《再論〈俗務要名林〉的反切和直音》,《中國學研究》第一三輯,濟南出版社,二〇一〇年,第二二九～二三六頁。

郭麗:《〈蒙求〉作者及作年新考》,《中國典籍與文化》二〇一一年第三期,第四九～五八頁。

郭麗:《比較學視域下的唐代教育研究——以唐中原與敦煌地區童蒙教育爲考察對象》,《求索》二〇一一年第三期,第一四八～一五〇頁。

郭麗:《〈兔園策府〉考論——兼論唐代童蒙教育的應試性傾向》,《敦煌研究》二〇一三年第四期,第九三～一〇〇頁。

郭長城:《敦煌寫本兔園策府敘録》,《敦煌學》第八輯,一九八四年,第四七～六三頁。

郭長城:《敦煌寫本〈兔園策府〉佚注補》,《敦煌學》第九輯,一九八五年,第八三～一〇六頁。

郭長城：《敦煌寫本兔園策府研究》，中國文化大學中文研究所碩士學位論文，一九八五年。

郭鋒：《敦煌寫本〈天地開闢以來帝王紀〉成書年代諸問題》，《敦煌學輯刊》一九八八年第一、二期，第一〇二～一一三頁。

郭明霞、郎全發、王文瑜：《敦煌寫本〈百行章〉孝道思想初探》，《蘭州學刊》二〇一二年第五期，第二〇二～二〇四頁。

韓建瓴：《敦煌寫本〈古賢集〉研究》，中國敦煌吐魯番學會語言文學分會編纂：《敦煌語言文學研究》，北京大學出版社，一九八八年，第一五〇～一七六頁。

郝春文：《敦煌寫本社邑文書年代匯考（一）》，《首都師範大學學報（社會科學版）》一九九三年第四期，第三三～三九頁。

郝春文：《敦煌寫本社邑文書年代匯考（二）》，《首都師範大學學報（社會科學版）》一九九三年第五期，第七六～八二頁。

黑曉佛：《教育價值取向的大眾化及其思想流變——對敦煌蒙書中道德規範與思想的考察》，《敦煌研究》二〇一一年第四期，第六八～七五頁。

洪藝芳：《論〈俗務要名林〉所反映的唐代西北方音》，《慶祝潘石禪先生九秩華誕敦煌學特刊》，文津出版社，一九九六年，第五一一～五三二頁。

胡平生：《敦煌寫本〈百行章〉校釋補正》，《敦煌吐魯番文獻研究論集》第五輯，北京大學出版社，一九九〇年，第二七九～三〇六頁。

胡同慶：《〈太公家教〉與〈增廣賢文〉之比較》，《敦煌研究》一九八七年第二期，第五一～五七頁。

湖南省文物考古研究所、湘西土家族苗族自治州文物處、龍山縣文物管理所：《湖南龍山里耶戰國——秦代古城一號井發掘簡報》，《文物》二〇〇三年第一期，第四～三五頁。

華侃：《敦煌古藏文寫卷〈乘法九九乘法表〉的初步研究》，《西北民族大學學報（哲學社會科學版）》一九八五年第三期，第四五～八〇頁。

黃皓：《俄敦二八二二號寫卷〈雜集時用要字〉研究》，浙江大學碩士學位論文，二〇〇八年。

黃家全：《敦煌寫本〈千字文〉試論》，《1983年全國敦煌學術討論會文集・文史遺書編下》，甘肅人民出版社，一九八七年，第三三四～三六二頁。

黃金東：《唐五代時期敦煌地區童蒙教育研究》，中央民族大學碩士學位論文，二〇〇六年。

黃金東：《唐五代敦煌地區童蒙教育體制芻議》，《吉林師範大學學報（人文社會科學版）》二〇一〇年第五期，第二五～二七頁。

黃延軍：《西夏文〈经史杂抄〉研究》，中國社會科學院博士學位論文，二〇〇八年。

黃延軍：《西夏文〈经史杂抄〉考源》，《民族研究》二〇〇九年第二期，第九七～一〇三頁。

黃永年：《釋敦煌寫本雜鈔中的“面衣”》，《敦煌學輯刊》一九八二年第〇〇期，第二〇～二二頁。

黃永武：《敦煌本李嶠詩研究》，《中華文化復興月刊》一九八八年第八期，第八～一五頁。

黃永武：《敦煌所見李嶠十一首的價值》，黃永武、施淑婷：《敦煌的唐詩續編》，文史哲出版社，一九八九年，第一～一八頁。

黃正建：《敦煌文書與唐五代北方地區的飲食生活(主食部分)》，《魏晋南北朝史資料》第十一輯，一九九一年，第二六三～二七三頁；收入黃正建：《走進日常：唐代社會生活考論》，中西書局，二〇一六年，第八八～一〇四頁。

黃正建：《蒙書與童蒙書——敦煌寫本蒙書研究芻議》，《敦煌研究》二〇二〇年第一期，第九〇～九四頁。

江露露：《敦煌蒙書中的蒙養理念探究》，金瀅坤主編：《童蒙文化研究》第五卷，人民出版社，二〇二〇年，第二四五～二六一頁。

金瀅坤：《敦煌本“策府”與唐初社會——國圖藏敦煌本“策府”研究》，《文獻》二〇一三年第一期，第八四～九八頁。

金瀅坤：《唐代明書科與書學教育》，《遼寧大學學報（哲學社會科學版）》二〇一六年第二期，第一七～二二頁。

金瀅坤：《唐五代寺學與童蒙教育》，金瀅坤主編：《童蒙文化研究》第一卷，人民出版社，二〇一六年，第一〇四～一二八頁。

金瀅坤；《唐代家學與童蒙教育》，金瀅坤主編：《童蒙文化研究》第二卷，人民出版社，二〇一七年，第一七～三七頁。

金瀅坤：《中國童蒙文化研究的思路、方法與創新》，《首都師範大學學報（社會科學版）》二〇一八年第一期，第一～五頁。

金瀅坤：《唐五代敦煌蒙書編撰與孝道啓蒙教育——以〈孝經〉爲中心》，《首都師範大學學報（社會科學版）》二〇一九年第五期，第一〇～二〇頁。

金瀅坤：《唐代家訓、家法、家風與童蒙教育考察》，《浙江師範大學學報（社會科學版)》二〇二〇年第一期，第一三～二一頁。

金瀅坤：《唐代問答體蒙書編撰考察——以〈武王家教〉爲中心》，《廈門大學學報（哲學社會科學版)》二〇二〇年第四期，第一四一～一五二頁。

金瀅坤：《論蒙書的起源及其與家訓、類書的關係——以敦煌蒙書爲中心》，《人文雜誌》二〇二〇年第一二期，第九一～一〇〇頁。

景鳳安：《唐代女子教育研究——基於〈女論語〉和〈太公家教〉的分析》，金瀅坤主編：《童蒙文化研究》第二卷，人民出版社，二〇一七年，第二八五～二九九頁。

巨虹：《敦煌學郎詩内容考略》，《晋中學院學報》二〇一三年第一期，第一〇五～一〇八頁。

康世昌：《孔衍春秋後語研究》，中國文化大學中國文學研究所碩士論文，一九八八年。

雷僑雲：《敦煌兒童文學研究》，中國文化大學中國文學系研究所碩士學位論文，一九八一年。

李紅：《敦煌本〈俗務要名林〉音注聲母再探討》，《敦煌學輯刊》二〇一一年第一期，第一三六～一四二頁。

李娜：《論〈雜鈔〉與“雜纂體”》，《黃岡師範學院學報》二〇一二年第一期，第八二～八六頁。

李爽：《抄有〈李嶠雜咏詩〉的敦煌寫本研究》，西華師範大學碩士學位論文，二〇一九年。

李殷：《鄭阿財、朱鳳玉著〈敦煌蒙書研究〉評介》，金瀅坤主編：《童蒙文化研究》第一卷，人民出版社，二〇一六年，第二九七～三〇四頁。

李并成：《從敦煌算經看我國唐宋時代的初級數學教育》，《數學教學研究》一九九一年第一期，第三九～四二頁。

李丹禾：《敦煌殘卷〈新集文词九经抄〉初探（之一）》，《古文獻研究》第二輯，浙江古籍出版社，一九九五年，第一六六～一七九頁。

李冬梅：《唐五代敦煌學校部分教學檔案簡介》，《敦煌學輯刊》一九九五年第二期，第六三～六八頁。

李銘敬：《日本及敦煌文獻中所見〈文場秀句〉一書的考察》，《文學遺產》二〇〇三年第二期，第六二～六八頁。

李強：《敦煌寫本〈籯金〉研究》，蘭州大學敦煌學研究所博士學位論文，二〇〇八年。

李儼：《敦煌石室"算書"》，《中大季刊》第一卷第二期，一九二六年，第一～四頁。

李儼：《敦煌石室"算經一卷并序"》，《國立北平圖書館館刊》第九卷第一號，一九三五年，第三九～四六頁。

李儼：《敦煌石室"立成算經"》，《圖書季刊》新第一卷第四期，一九三九年，第三八六～三九六頁。

李豔紅：《敦煌字書〈白家碎金〉與〈碎金〉比較研究》，《西南民族大學學報》二〇一一年第一〇期，第一六四～一六七頁。

李振聚：《宋元明雜字書籍考》，山東大學碩士論文，二〇一二年。

李正宇：《唐宋時代的敦煌學校》，《敦煌研究》一九八六年第一期，第三九～四七頁。

李正宇：《敦煌學郎題記輯注》，《敦煌學輯刊》一九八七年第一期，第二六～四〇頁。

廖伯源、朱鳳玉譯：《戴密微著〈王梵志詩附太公家教〉引言》，《敦煌學》第九輯，一九八五年，第一〇九～一一七頁。

廖瑜：《略論唐傳奇中的妒婦形象及其成因》，《黑龍江教育學院學報》二〇一八年第二期，第九九～一〇一頁。

林聰明：《杜正倫及其〈百行章〉》，東吳大學中文研究所碩士學位論文，一九七九年。

林華秋：《唐代蒙書〈文場秀句〉研究》，首都師範大學碩士學位論文，二〇一八年。

林隆盛：《敦煌所藏的童蒙讀物》，《國文天地》第六卷第四期，一九九〇年，第三〇～三三頁。

林隆盛：《敦煌童蒙讀物初探》，《文史學報（東吳大學）》一九九〇年第八期，第一九一～二〇四頁。

劉安志：《〈大谷文書集〉成古籍寫本考辨》，《新疆師範大學學報（哲學社會科學版）》二〇〇四年第一期，第四四～四七頁。

劉安志：《〈太公家教〉成書年代新探——以吐魯番出土文書爲中心》，《中國史研究》二〇〇九年第三期，第一四三～一五〇頁。

劉波、林世田：《敦煌唐寫本〈問對〉箋證》，《文津學志》第三輯，國家圖書館出版社，二〇一〇年，第一一五～一四二頁。

劉長東：《論中國古代的習字蒙書——以敦煌寫本〈上大夫〉等蒙書爲中心》，《社會科學研究》二〇〇七年第二期，第一八八～一九四頁。

劉蕙萍：《敦煌類書事森與漢魏六朝時期的孝子傳》，《2013敦煌、吐魯番國際學術研討會論文集》，成功大學中國文學系，二〇一四年，第六〇一～六二三頁。

劉進寶：《敦煌本〈兔園策府·征東夷〉產生的歷史背景》，《敦煌研究》一九九八年第一期，第一一一～一一六頁。

劉金華：《秦漢簡牘"九九殘表"述論》，《文博》二〇〇三年第三期，第二五～二八頁。

劉銘恕：《敦煌遺書叢識》，杭州大學古籍研究所、浙江省敦煌學研究會、中國敦煌吐魯番學會語言文學分會合編：《敦煌語言文學論文集》，浙江古籍出版社，一九八八年，第五一～五五頁。

劉全波、楊園甲：《法藏敦煌藏文文獻所見漢文學郎雜寫輯考》，金瀅坤主編：《童蒙文化研究》第四卷，人民出版社，二〇一九年，第一七四～一八六頁。

劉全波、曹丹：《論〈兔園策府·議封禪〉產生的歷史背景》，《甘肅廣播電視大學學報》二〇二〇年第四期，第六～一〇頁。

劉師培：《敦煌新出唐寫本提要》,《國粹學報》第七卷第一期,
一九一一年。

劉修業：《敦煌本〈讀史編年詩〉與明代小類書〈大千生鑒〉》, 中國敦
煌吐魯番學會語言文學分會編纂：《敦煌語言文學研究》, 北京大學出版社,
一九八八年, 第二二二～二三九頁。

劉燕文：《從敦煌寫本〈字寶〉的注音看晚唐五代西北方音》, 國家文物
局古文獻研究室編：《出土文獻研究續集》, 文物出版社, 一九八九年, 第
二三六～～二五二頁。

劉燕文：《敦煌寫本〈字寶〉〈開蒙要訓〉〈千字文〉的直音、反切和異
文》,《語苑擷英——慶祝唐作藩教授七十壽辰學術論文集》, 北京語言文化大
學出版社, 一九九八年, 第四六～七〇頁。

劉藝：《李嶠〈雜咏詩〉：普及五律的啓蒙教材》,《四川大學學報》二
〇〇二年第一期, 第一三五～一四四頁。

劉藝：《蒙學視野中的李嶠〈雜咏詩〉》,《四川師範大學學報》二〇〇二
年第三期, 第八〇～八六頁。

盧善焕：(《敦煌本〈雜抄〉考述》, 收入黄正建主編：《中國社會科學
院敦煌學回顧與前瞻學術研討會文集》, 上海古籍出版社, 二〇一二年, 第
一一七～一五二頁。

陸離：《敦煌本〈百行章〉所反映的唐初統治思想》,《敦煌研究》
二〇〇一年第二期, 第九六～一〇〇頁。

羅宗濤、任允松：《敦煌蒙書的時代性》,《敦煌學》第二十七輯,
二〇〇八年, 第三九七～四一四頁。

馬德：《敦煌新本 Дх.02822〈雜集時用要字〉芻議》,《蘭州學刊》
二〇〇六年第一期, 第三八～四一頁。

馬佳立：《敦煌文獻蒙學資料的三個特點探究》,《產業與科技論壇》
二〇一八年第三期, 第九二～九三頁。

毛秋瑾：《敦煌吐魯番寫本中的寫經生與學仕郎》,《中國書法》二〇一〇
年第八期, 第五六～五八頁。

聶鴻音、史金波：《西夏文〈三才雜字〉考》,《中央民族大學學報》

一九九五年第六期，第八一～八八頁。

牛來穎：《"蒙求"體的形成與流行》，張弓主編：《敦煌典籍與唐五代歷史文化》，中國社會科學出版社，二〇〇六年，第一〇九～一一五頁。

歐純純：《〈太公家教〉與後代童蒙教材的關係》，《東方人文》二〇〇二年第一期，第二一～三八頁。

潘重規：《隋劉善經四聲指歸小箋》，《中國學報》第一卷第四期，一九四五年，第三～一〇頁。

潘重規：《文鏡秘府論研究發凡》，劉百閔編：《中日文化論集》第一輯，中華文化出版事業委員會，一九五五年，第一～二四頁。

潘重規：《從敦煌遺書看佛教提倡孝道》，《華岡文科學報》第一二期，一九八〇年，第一九七～二六七頁。

祁曉慶：《晚唐五代敦煌三界寺寺學教育與佛教傳播》，《青海社會科學》二〇〇九年第二期，第一五四～一五七、一六九頁。

祁曉慶：《敦煌歸義軍社會教育研究》，蘭州大學博士學位論文，二〇一一年。

屈直敏：《敦煌本〈兔園策府〉考辨》，《敦煌研究》二〇〇一年第三期，第一二六～一二九頁。

屈直敏：《敦煌寫本〈籯金〉系類書叙録及研究回顧》，《敦煌學輯刊》二〇一一年第一期，第一五三～一六五頁。

屈直敏：《敦煌寫本〈兔園策府〉叙録及研究回顧顧》，《敦煌學輯刊》二〇一六年第三期，第二二～三二頁。

任麗鑫：《敦煌類書叙録》，蘭州大學碩士學位論文，二〇〇八年。

任允松：《敦煌歷史蒙學教材研究》，玄奘大學博士學位論文，二〇〇九年。

任占鵬：《敦煌寫本〈上大夫〉相關問題研究》，金瀅坤主編：《童蒙文化研究》第二卷，人民出版社，二〇一七年，第二九二～三〇七頁。

任占鵬：《敦煌寫本〈正月孟春猶寒〉的源流與用途》，金瀅坤主編：《童蒙文化研究》第三卷，人民出版社，二〇一八年，第二八一～二九三頁。

任占鵬：《敦煌寫本〈上士由山水〉與學郎習字》，金瀅坤主編：《童蒙文化研究》第四卷，人民出版社，二〇一九年，第八五～一一一頁。

　　任占鵬：《唐五代敦煌地區學童書學教育研究——以敦煌文獻爲中心》，金瀅坤主編：《童蒙文化研究》第五卷，人民出版社，二〇二〇年，第一五五～一七九頁。

　　任占鵬：《姓氏教材〈敦煌百家姓〉與晚唐五代的敦煌社會》，《敦煌吐魯番研究》第一九卷，上海古籍出版社，二〇二〇年，第一八七～二〇〇頁。

　　榮新江：《李盛鐸藏敦煌寫卷的真與僞》，《敦煌學輯刊》一九九七年第二期，第一～一八頁。

　　薩爾吉、薩仁高娃：《敦煌藏文儒家格言讀物研究——以中村不折舊藏本〈古太公教〉爲中心》，《中國藏學》二〇一七年第一期，第三九～五九頁。

　　僧海霞：《從敦煌文書看唐代下層社會女子家教》，《許昌學院學報》二〇〇五年第六期，第七〇～七二頁。

　　僧海霞：《從敦煌本〈百行章〉看唐初的法制思想》，《成都理工大學學報（社會科學版）》二〇〇六年第一期，第五七～六四頁。

　　沈加佳：《論一卷本〈王梵志詩〉的教育思想》，《雲科漢學學刊》二〇一一年第一一期，第一～二〇頁。

　　史金波：《西夏漢文本〈雜字〉初探》，白濱等編：《中國民族史研究》第二輯，中央民族學院出版社，一九八九年，第一六七～一八五頁。

　　宋新民：《敦煌寫本〈開蒙要訓〉叙録》，《敦煌學》一五輯，一九八九年，第一六五～一七七頁。

　　宋新民：《敦煌寫本識字類蒙書研究》，中國文化大學中文研究所博士學位論文，一九九〇年。

　　蘇樺：《〈太公家教〉——我國的古典兒童讀物之三》，《國語日報兒童文學週刊》第二七〇期，一九七七年六月二六日。

　　蘇哲儀：《唐代敦煌教育文化研究》，逢甲大學中國文學系博士學位論文，二〇一二年。

　　孫愛葆：《從〈傳統語文教育初探〉到〈傳統語文教育教材論〉》，《張志公語言和語言教育思想研討會論文選集》，語文出版社，一九九三年，第二四〇～二四四頁。

孫士超：《敦煌本〈兔園策府〉與日本古代對策文研究》,《日語學習與研究》二〇一六年第八期，第一七～二四頁。

邰惠莉：《敦煌本〈六字千文〉初探》,《敦煌研究》一九九七年第一期，第一四八～一五四頁。

邰惠莉：《敦煌本〈李翰自注蒙求〉初探》,《敦煌研究文集——敦煌研究院藏敦煌文獻研究篇》，甘肅民族出版社，二〇〇〇年，第四三七～四五一頁。

臺靜農：《蔣善進真草千字文殘卷跋》,《敦煌學》第一輯，一九七四年，第一一三頁。

唐雯：《〈蒙求〉作者新考》,《中國典籍與文化》二〇〇八年第三期，第一八～二二頁。

陶敏：《敦煌寫本〈讀史編年詩〉的內容與作者》,《咸寧師專學報》一九九六年第二期，第五〇～五一頁。

［日］藤枝晃著，白文譯，李愛民校：《中國北朝寫本的三個分期》,《敦煌研究》一九九〇年第二期，第四〇～四九頁。

田衛衛：《〈秦婦吟〉之敦煌傳播新探——學仕郎、學校與詩學教育》,《文獻》二〇一五年第五期，第九〇～一〇〇頁。

仝靜：《敦煌詩歌中的李嶠咏物詩研究》，魯東大學碩士學位論文，二〇一五年。

汪泛舟：《〈太公家教〉考》,《敦煌研究》一九八六年第一期，第四八～五五頁。

汪泛舟：《〈太公家教〉考補》,《蘭州學刊》一九八六年第六期，第八〇～八五頁。

汪泛舟：《〈太公家教〉別考》,《敦煌語言文學研究》，北京大學出版社，一九八八年，第二四〇～二四七頁。

汪泛舟：《敦煌的童蒙讀物》,《文史知識》一九八八年第八期，第一〇四～一〇七頁。

汪泛舟：《敦煌儒家蒙書與意義略論》,《孔子研究》一九九三年第四期，第七一～七八頁。

汪泛舟：《〈開蒙要訓〉初探》，《敦煌研究》一九九九年第二期，第一三八~一四五頁。

汪泛舟：《〈蒙求〉（補足本）》，《敦煌研究文集——敦煌研究院藏敦煌文獻研究篇》，甘肅民族出版社，二〇〇〇年，第三六六~四三六頁。

汪榮寶：《歌戈魚虞模古讀考》，《國學季刊》第一卷第二號，一九二三年，第二四一~二六三頁。

王晶：《敦煌寫本蒙書〈孔子備問書〉探究——兼論敦煌蒙書》，西北師範大學碩士學位論文，二〇〇八年。

王晶：《俄藏敦煌文獻ДX.02822〈雜集時用要字〉果子部淺析》，《和田師範專科學校學報》二〇〇八年第一期，第一三〇~一三一頁。

王靜如、李範文：《西夏文〈雜字〉研究》，《西北民族研究》一九九七年第二期，第六八~八六頁。

王喆：《〈珠玉抄〉成書年代及作者考》，《松遼學刊（社會科學版）》一九九六年第二期，第五七~五九頁。

王國良：《敦煌寫本〈辯才家教〉卷子補說》，《國文天地》第一二期，一九八六年，第七七~七九頁。

王國維：《唐寫本〈太公家教〉跋》，收入王國維：《觀堂集林》卷二一，中華書局，一九五九年，第一〇一二~一〇一四頁。

王國維：《〈兔園策府〉跋》，收入王國維：《觀堂集林》卷二一，中華書局，一九五九年，第一〇一四~一〇一五頁。

王紅：《試論晚唐咏史詩的悲劇審美特徵》，《陝西師範大學學報（哲學社會科學版）》一九八九年第三期，第八三~八九頁。

王金娥：《敦煌訓蒙文獻研究述論》，《敦煌學輯刊》二〇一二年第二期，第一五三~一六四頁。

王金娥：《敦煌寫卷〈古賢集〉教育思想探微》，《語文學刊》二〇一二年第一三期，第六七~六八頁。

王金娥、孫江璘：《敦煌寫本〈古賢集〉典出〈史記〉考》，《甘肅聯合大學學報（社會科學版）》二〇一二年第六期，第六九~七三頁。

王金娥：《敦煌一卷本〈王梵志詩〉儒釋相諧的教化特點論析》，《甘肅社會科學》二〇一三年第二期，第八八～九一頁。

　　王金娥：《敦煌寫本文獻〈古賢集〉校釋商補》，《圖書館理論與實踐》二〇一三年第一一期，第六二～六四頁。

　　王金娥：《敦煌蒙書及蒙學研究》，蘭州大學博士學位論文，二〇一四年。

　　王金娥：《敦煌寫本蒙書〈孔子備問書〉校正》，《蘭州文理學院學報》二〇一四年第一期，第八～一二頁。

　　王金娥：《敦煌蒙書的寫本學特徵析論》，《蘭州文理學院學報（社會科學版）》二〇一五年第四期，第九～一二頁。

　　王金娥：《敦煌藏經洞所出識字類蒙書略論》，《語文學刊》二〇一七年第五期，第一一九～一二六頁。

　　王金娥：《敦煌寫本蒙書兩種校釋》，《蘭州文理學院學報（社會科學版）》二〇一七年第六期，第九三～九七頁。

　　王進玉：《敦煌遺書中的數學史料及其研究》，《數學史研究文集》第二輯，蒙古大學出版社、（台北）九章出版社，一九九一年，第五八～六五頁。

　　王利器：《跋敦煌寫本〈上大夫〉殘卷》，《文獻》一九八七年第三期，第一七五～一七九頁。

　　王利器：《敦煌寫本〈上大夫〉殘卷跋尾》，《社會科學戰線》一九九〇年第三期，三二二～三二四頁。

　　王麗雅：《由音韻觀察敦煌蒙書〈百家姓〉之編排方式》，《古今藝文》第三四卷第一期，二〇〇七年，第七九～八四頁。

　　王璐：《敦煌寫本〈千字文〉考辨》，《唐都學刊》二〇〇五年第二期，第一五八～一六〇頁。

　　王璐：《敦煌寫本類書〈兔園策府〉探究》，西北師範大學中國古典文獻學碩士學位論文，二〇〇六年。

　　王璐：《敦煌寫本類書〈兔園策府〉考證》，《唐都學刊》二〇〇八年第四期，第八一～八五頁。

　　王璐：《〈兔園策府〉與唐代類書的編纂》，《西安文理學院學報》二〇一四年第五期，第二四～二七頁。

　　王三慶：《敦煌本古類書〈語對〉伯二五二四號及其複本寫卷研究》，《敦煌學》第九輯，一九八五年，第六三～八一頁。

　　王三慶撰，林艷枝助理：《敦煌古類書研究之一：〈事林一卷〉（伯四〇五二號）研究》，《敦煌學》第一二輯，一九八七年，第九九～一〇八頁。

　　王三慶：《〈敦煌變文集〉中的〈孝子傳〉新探》，《敦煌學》第一四輯，一九八九年，第一八九～二二〇頁。

　　王三慶：《類書》，〔日〕池田温編：《講座敦煌5·敦煌漢文文獻》，大東出版社，一九九二年，第三五五～四〇〇頁。

　　王三慶：《〈文場秀句〉之發現、整理與研究》，《2013敦煌、吐魯番國際學術研討會論文集》，成功大學中國文學系，二〇一四年，第一～二二頁。

　　王三慶：《敦煌類書與啓蒙的初學教育》，金瀅坤主編：《童蒙文化研究》第一卷，人民出版社，二〇一六年，第五一～六三頁。

　　王三慶：《敦煌辭典類書研究：從〈語對〉到〈文場秀句〉》，《廈門大學學報（哲學社會科學版）》二〇二〇年第四期，第一六四～一七二頁。

　　王松木：《論敦煌寫本〈字寶〉所反映的音變現象》，《聲韻論叢》一九九八年第七期，第五九～八三頁。

　　王文瑜：《敦煌寫本〈百行章〉倫理思想及其現代德育價值研究》，蘭州商學院碩士學位論文，二〇一三年。

　　王小盾：《越南訪書札記》，項楚主編：《新國學》第三卷，巴蜀書社，二〇〇一年，第一～五三頁。

　　王曉平：《上野本〈注千字文〉與敦煌本〈注千字文〉》，《敦煌研究》二〇〇七年第三期，第五五～六〇頁。

　　王仲犖：《敦煌石室出殘姓氏書五種考釋》，《敦煌吐魯番文獻研究論集》第三輯，北京大學出版社，一九八六年，第八～一九頁。

　　王重民：《跋〈太公家教〉》，《申報（上海）》一九四八年四月第七版。

　　王重民：《説十二時》，《上海申報·文史》第二二期，一九四八年。

　　王重民：《太公家教考》，周玨良等編輯：《周叔弢先生六十生日紀念論文集》，編者刊，一九五〇年，第一六九～一七六頁。

　　王重民遺稿：《敦煌寫本跋（敦煌本文選殘卷跋，唐人選唐詩殘卷跋，碑金殘卷跋，辯才家教跋）》，《敦煌吐魯番文獻研究論集》，中華書局，一九八二年，第一～五頁。

魏迎春、鄭炳林：《敦煌寫本李若立〈籯金〉殘卷研究——以S.2053v號爲爲中心的探討》，《敦煌學輯刊》二〇一一年第三期，第一～二〇頁。

聞一多：《類書與詩》，《大公報》文藝副刊第五二期，收入《聞一多全集》六《唐詩編上》，湖北人民出版社，一九九三年，第三～一〇頁。

翁鈺萍：《敦煌通俗字書〈俗務要名林〉與〈雜集時用要字〉研究》，嘉義大學碩士學位論文，二〇一六年。

吳楓：《珠玉鈔考釋》，收入吳楓《吳楓學術文存》，中華書局，二〇〇二年，第三四六～三五七頁。

吳喬：《從敦煌"上大夫"看唐代民間書寫》，《大衆文藝》二〇一三年第一〇期，第六二～六三頁。

吳園：《敦煌寫本〈事林〉〈事森〉整理與研究》，蘭州大學敦煌研究所碩士學位論文，二〇二〇年。

伍真慧：《敦煌蒙書與唐代"忍讓"處世思想之研究》，南華大學碩士學位論文，二〇〇八年。

武紹衛：《進階學習中學生的知識構成與積累：敦煌蒙學教育觀察之一例——以S.3491+P.3053〈百行章〉爲例》，《敦煌寫本研究年報》第十二號，二〇一八年，第八五～九九頁。

項楚：《王梵志詩校注》，《敦煌吐魯番文獻研究論集》第四輯，北京大學出版社，一九八七年，第一二八～六〇二頁。

項楚：《王梵志詩校注續拾》，《敦煌吐魯番文獻研究論集》第四輯，北京大學出版社，一九八七年，第六〇三～六二二頁。

向達：《倫敦所藏敦煌卷子經眼目錄》，《北平圖書館圖書季刊》，新一卷四期，一九三九年，第三九七～四一九頁。

蕭曉燕、王宗海：《敦煌蒙書對當代語文教育的意義》，《藝術百家》二〇〇九年第六期，第二二五～二二九、二五三頁。

謝慧暹：《敦煌漢文文書題記中之學郎詩抄研究》，《光武學報》第二五期，二〇〇二年，第三一三～三二三頁。

謝巍：《敦煌本〈讀史編年詩〉作者佚名考及其他》，《江海學刊》

一九八九年第六期，第一六九頁。

　　謝曉春；《敦煌蒙書編撰的平民化傾向及其價值體現》，《敦煌研究》二〇〇七年第六期，第九六～一〇〇頁。

　　徐俊：《敦煌學郎詩作者問題考略》，《文獻》一九九四年第二期，第一四～二三頁。

　　徐俊：《敦煌寫本唐人詩歌存佚互見綜考》，《敦煌吐魯番研究》第一卷，北京大學出版社，一九九五年，第一一一～一三八頁。

　　徐俊：《敦煌寫本〈李嶠雜咏注〉校疏》，《敦煌吐魯番研究》第三卷，北京大學出版，一九九八年，第六三～八六頁。

　　徐俊：《敦煌寫本詩歌續考》，《敦煌研究》二〇〇二年第五期，第六五～七二頁。

　　徐梓：《百家姓的改作及其原因》，《文史知識》一九九八年第二期，第四八～五四頁。

　　徐梓：《〈上大人〉淺説》，《尋根》二〇一三年第一期，第四～九頁。

　　許保華：《敦煌蒙書與唐五代的科舉制度——兼與鄭阿財先生商榷》，《棗莊學院學報》二〇〇七年第二期，第八二～八四頁。

　　許玫芳：《敦煌本〈太公家教〉卷數及思想初探》，《龍華學報》第一三期，一九九六年，第五二～五八頁。

　　許逸如：《〈開蒙要訓〉用韻探析》，金瀅坤主編：《童蒙文化研究》第三卷，人民出版社，二〇一八年，第二九四～三一八頁。

　　閻國權：《唐〈太公家教〉在敦煌》，《敦煌文史資料選輯》第三輯，政協甘肅省敦煌市委會編印，一九九五年，第一四五～一四九頁。

　　顏廷亮：《關於敦煌文化中的教育》，《蘭州教育學院學報》一九九九年第一期，第一六～二八頁。

　　楊寶玉：《晚唐文士張球及其興學課徒活動》，金瀅坤主編：《童蒙文化研究》第二卷，人民出版社，二〇一七年，第三八～五四頁。

　　楊發鵬：《敦煌寺學與敦煌佛教入門讀物之關係探析》，《宗教學研究》二〇一〇年第一期，第一七五～一八〇頁。

　　楊秀清：《淺談唐、宋時期敦煌地區的學生生活——以學郎詩和學郎題記爲中心》,《敦煌研究》一九九九年第四期,第一三七~一四六頁。

姚華:《類書與中國古代文風》,《東方論壇》二〇〇三年第二期,第五八~六四頁。

姚永銘:《〈俗務要名林〉校補（一）》,《浙江大學漢語史研究中心簡報》二〇〇五年第三期,第四六~五八頁。

葉嬌:《唐代敦煌民衆服飾芻議——以敦煌文書〈雜集時用要字〉和〈俗務要名林〉爲中心》,《敦煌研究》二〇一一年第五期,第八二~八六頁。

葉國良:《唐代墓誌考釋八則》,《台大中文學報》第七期,一九九五年,第六二~六五頁。

葉永勝:《敦煌本〈辯才家教〉初探》,《1994年敦煌學國際研討會文集:紀敦煌研究院成立50周年·宗教文史卷下》,甘肅民族出版社,二〇〇〇年,第二一三~二二五頁。

余萬丹、湛芬:《敦煌蒙書中女子教育思想研究》,《西部學刊》二〇一九年第三期,第三六~三九頁。

袁開惠、劉慶宇:《敦煌〈字寶〉"馬嗓"義辨及其醫學闡釋》,《中醫藥文化》二〇一八年第二期,第三五~四三頁。

章劍:《唐古注〈蒙求〉考略——兼論〈蒙求〉在日本的流傳與接受》,《天中學刊》二〇一二年第一期,第七五~七八頁。

張弓:《西元九、十世紀敦煌的寺學教育及其儒經讀本》,《第十二屆國際佛教教育文化研究討論會專輯》,台北華梵大學,二〇〇二年,第一四~二五頁。

張弦:《字寶校注》,山東大學碩士學位論文,二〇〇五年。

張玥:《淺談〈雜抄〉書目對當時科舉考試的迎合》,《文化學刊》二〇一九年第四期,第二二八~二三〇頁。

張玥:《敦煌知識類蒙書寫本探究》,西華師範大學碩士學位論文,二〇二〇年。

張晨:《傳統詩體的文化透析——〈咏史〉組詩與類書編纂及蒙學的關係》,《上海社會科學院學術季刊》一九九四年第四期,第九八~一〇五頁。

張金泉:《敦煌遺書〈字寶〉與唐口語詞》,《古漢語研究》一九九七年第四期，第五六～五九頁。

　　張金泉：《論敦煌本〈字寶〉》，《敦煌研究》一九九三年第二期，第九二～九八頁。

　　張金泉：《字寶考》，張涌泉、陳浩主編：《浙江與敦煌學——常書鴻先生誕辰一百周年紀念文集》，浙江古籍出版社，二〇〇四年，第五五七～五六五頁。

　　張錦婷：《敦煌寫本思想類啓蒙教材研究》，台灣師範大學碩士學位論文，二〇〇〇年。

　　張娜麗：《敦煌本〈六字千文〉初探析疑——兼述〈千字文〉注本問題》，《敦煌研究》二〇〇一年第三期，第一〇〇～一〇五頁。

　　張娜麗：《〈敦煌本〈六字千文〉初探〉析疑（續）——兼述〈千字文〉注本問題》，《敦煌研究》二〇〇二年第一期，第九三～九六頁。

　　張娜麗：《敦煌本〈注千字文〉注釋》，《敦煌學輯刊》二〇〇二年第一期，第四六～五九頁。

　　張娜麗：《西域發見の佚文資料——〈大谷文書集成〉所收諸について》，《學苑》第七四二號，二〇〇二年，第二六～四三頁。

　　張娜麗：《敦煌研究院藏李翰〈蒙求〉試解——與日藏古抄本之比較》，《敦煌研究》二〇〇二年第五期，第八一～九四頁。

　　張求會：《陳寅恪佚文〈敦煌本《太公家教》書後〉考釋》，《歷史研究》二〇〇四年第四期，第一七五～一八〇頁。

　　張文舉：《敦煌本類書〈事森〉研究》，南京師範大學碩士學位論文，二〇一九年。

　　張錫厚：《唐初白話詩人王梵志考略》，朱東潤、李俊民等主編：《中華文史論叢》一九八〇年第四期，第六一～七五頁。

　　張錫厚：《讀敦煌本〈白香山詩集〉殘卷》，收入張錫厚：《敦煌本唐集研究》，新文豐出版公司，一九九五年，第二四〇～二四五頁。

　　張小虎：《敦煌算經九九表探析》，《溫州大學學報（自然科學版）》二〇一一年第二期，第一～六頁。

　　張小豔：《敦煌寫本〈俗務要名林〉字詞箋釋（一）》，《語言研究輯刊》

第五輯，二〇〇八年，第三〇〇～三一〇頁。

張小豔：《敦煌寫本〈俗務要名林〉字詞箋釋（二）》，《語言研究輯刊》第七輯，二〇一〇年，第二六一～二八三頁。

張新朋：《敦煌寫本〈開蒙要訓〉叙録續補》，《敦煌研究》二〇〇八年第一期，第九八～一〇二頁。

張新朋，《若干新認定〈千字文〉寫卷叙録及綴合研究》，《敦煌學輯刊》二〇〇八年第一期，第四八～五五頁。

張新朋：《日藏〈開蒙要訓〉斷片考》，《汲古》第五五號，二〇〇九年，第六二～七一頁。

張新朋：《敦煌寫本〈太公家教〉殘片拾遺》，《社會科學戰線》二〇一〇年第四期，第四七～五一頁。

張新朋：《敦煌寫本〈太公家教〉殘片拾遺補》，《敦煌學輯刊》二〇一二年第三期，第七〇～七五頁。

張新朋，《大谷文書中十三則〈千字文〉殘片之定名與綴合》，《敦煌研究》二〇一三年第五期，第六七～七二頁。

張新朋：《敦煌蒙書殘片考》，《文獻》二〇一三年第五期，第七三～八二頁。

張新朋：《敦煌寫本〈太公家教〉殘卷綴合三則》，《魏晉南北朝隋唐史資料》第三〇輯，二〇一四年，第一八二～一八八、二九四頁。

張新朋：《大谷文書別本〈開蒙要訓〉殘片考》，《敦煌研究》二〇一四年第三期，第八一～八六頁。

張新朋：《東亞視域下的童蒙讀物比較研究——以〈千字文〉與〈開蒙要訓〉之比較爲例》，《浙江社會科學》二〇一五年第一一期，第一〇七～一一三頁。

張新朋：《敦煌、吐魯番出土〈開蒙要訓〉寫卷叙録》，《在浙之濱——浙江大學古籍研究所建所三十周年紀念文集》，中華書局，二〇一六年，第三六七～三九六頁。

張新朋：《長沙窰瓷器之〈太公家教〉題識考辨二則》，《尋根》二〇一七年第一期，第六〇～六四頁。

張永萍：《敦煌古代教育思想芻議》,《甘肅科技縱橫》二○○五年第二期，第一六七～一六八頁。

張永萍：《唐五代宋初敦煌教育初探》，西北師範大學碩士學位論文，二○○六年。

張永萍：《吐蕃統治時期的敦煌寺學》,《西藏研究》二○一三年第二期，第五八～六五頁。

張涌泉、張新朋：《敦煌本〈千字文〉敘錄》,《中國俗文化研究》第五輯，二○○八年，第一一三～一三五頁。

張涌泉：《敦煌本〈字寶〉敘錄》,《中國典籍與文化論叢》第一○輯，北京大學出版社，二○○八年，第一二二～一三○頁。

張政烺：《講史與咏史詩》,《中研院歷史語言研究所集刊》第一○分冊，一九四八年，第六○二～六四五頁。

張政烺：《敦煌寫本〈雜鈔〉跋》,《周叔弢先生六十生日紀念論文集》，一九五○年，第二五一～二五七頁。

趙貞：《杏雨書屋藏羽41R〈雜字一本〉研究——兼談歸義軍時期的童蒙識字教育》,《敦煌學輯刊》二○一四年第四期，第四八～六八頁。

趙跟喜：《敦煌唐宋時期的女子教育初探》,《敦煌研究》二○○六年第二期，第九一～九六頁。

趙和平、鄧文寬：《敦煌寫本王梵志詩校注》,《北京大學學報（哲學社會科學版）》一九八○年第五期，第六五～八二頁。

趙和平、鄧文寬：《敦煌寫本王梵志詩校注（續）》,《北京大學學報（哲學社會科學版）》，一九八○年第六期，第三二～三八頁。

趙楠：《從敦煌遺書看唐代庶民教育》,《社會科學評論》二○○八年第四期，第九三～一○○頁。

趙望秦：《趙椵〈讀史編年詩〉論》,《陝西師範大學學報（哲學社會科學版）》二○○四年第四期，第六七～七○頁。

鄭阿財：《敦煌寫卷定格聯章〈十二時〉研究》,《木鐸》第一○期，一九八四年，第二二九～二六○頁。

鄭阿財：《關於敦煌古鈔李唐〈崔氏夫人訓女文〉》,《中興大學法商學報》

第一九期，一九八四年，第三一九～三三五頁。

鄭阿財：《新集文詞九經抄研究》，《漢學研究》第四卷第二期，一九八六年，第二七一～二九〇頁。

鄭阿財：《敦煌寫本〈新集文詞九經抄〉校録》，《敦煌學》第一二輯，一九八七年，第一〇九～一二六頁。

鄭阿財：《〈義山雜纂〉研究》，《第一屆國際唐代學術會議論文集》，台灣學生書局，一九八八年，第三一七～三八六頁。

鄭阿財：《從敦煌寫卷看李義山〈雜纂〉的性質》，《木鐸》第一二期，一九八八年，第一一一～一一九頁。

鄭阿財：《從敦煌寫本P.3910考察"張騫乘槎"故事之價值》，中國唐代學會編輯委員会編：《唐代文化研討會論文集》，文史哲出版社，一九九〇年，第八〇一～八二〇頁。

鄭阿財：《流行域外的明代通俗讀物〈明心寶鑑〉初探》，《法商學報》第二五期，一九九一年，第二六三～二八六頁。

鄭阿財：《敦煌蒙書析論》，《第二屆敦煌學國際研討會論文集》，台北漢學究中心，一九九一年，第二一一～二三四頁。

鄭阿財：《學日益齋敦煌學札記》，《周一良先生八十生日紀念論文集》編委會編：《周一良先生八十生日紀念論文集》，中國社會科學出版社，一九九三年，第一九三～一九六頁。

鄭阿財：《敦煌寫本〈孔子備問書〉初探》，《敦煌學》第一七輯，一九九一年，第九九～一二八頁；收入《1990年敦煌學國際研討會文集》，遼寧美術出版社，一九九五年，第四三四～四七二頁。

鄭阿財：《敦煌寫本中的新娘教材〈崔氏夫人訓女文〉》，《嘉義青年》一九九九年第一期，第一〇～一二頁。

鄭阿財：《敦煌本〈明詩論〉與〈問對〉殘卷初探》，成功大學中國文學系編：《第四屆唐代文化學術研討會論文集》，台灣成功大學教務處出版組，一九九九年，第三〇三～三二五頁。

鄭阿財：《敦煌通俗讀物中的自然科學教育——以〈孔子備問書〉爲例》，《"二十一世紀敦煌文獻研究回顧與展望"研討會論文集》，中華自然文化學會發行版，一九九九年，第二二～三三頁。

　　鄭阿財：《敦煌童蒙讀物的分類與總說》，郝春文主編：《敦煌文獻論集——紀念敦煌藏經洞發現一百周年國際學術研討會論文集》，遼寧人民出版社，二〇〇一年，第一九〇～二〇九頁。

　　鄭阿財：《敦煌本〈蒙求〉及注文之考訂與研究》，《敦煌學》第二四輯，二〇〇三年，第一七七～一九八頁。

　　鄭阿財：《敦煌蒙書》，《敦煌與絲路文化學術講座》第一輯，北京圖書館出版社，二〇〇三年，第一二八～一五二頁。

　　鄭阿財：《敦煌蒙書研究的回顧與前瞻》，《敦煌吐魯番研究》第七卷，中華書局，二〇〇四年，二五四～二七五頁。

　　鄭阿財：《敦煌石窟寺院教育功能探究——論敦煌三界寺的寺學》，《華學》第九、一〇輯，上海古籍出版社，二〇〇八年，第一〇四〇～一〇六〇頁。

　　鄭阿財：《從敦煌本〈詩格〉殘卷論唐代詩學對偶理論的實踐》，《文學新鑰》第一七期，二〇一三年，第五五～八四頁。

　　鄭阿財：《中國傳統蒙書在漢字文化圈的傳播與接受》，金瀅坤主編：《童蒙文化研究》第一卷，人民出版社，二〇一六年，第三三～五〇頁。

　　鄭阿財：《中國蒙書在漢字文化圈的流傳與發展》，《首都師範大學學報（社會科學版）》二〇一八年第一期，第二一～二四頁。

　　鄭阿財：《國際傳播視野下蒙書的流傳與中華文明》，《國際漢學研究通訊》第一六期，北京大學出版社，二〇一八年，第一〇九～一三三頁。

　　鄭阿財：《從敦煌吐魯番文獻看唐代學童的詩學教育》，金瀅坤主編：《童蒙文化研究》第三卷，人民出版社，二〇一八年，第三～二三頁。

　　鄭阿財：《敦煌寫本家教別裁〈辯才家教〉校釋及綜論》，金瀅坤主編：《童蒙文化研究》第四卷，人民出版社，二〇一九年，第八五～一一一頁。

　　鄭阿財：《從敦煌文獻論蒙書在釋門的接受與運用》，《漢學與東亞文化研究——王三慶教授七秩華誕祝壽論文集》，萬卷樓，二〇二〇年，第一九～四〇頁。

　　鄭阿財：《〈開蒙要訓〉的語文教育與知識積累》，《浙江師範大學學報（社會科學版）》二〇二〇年第一期，第一～一二頁。

鄭阿財：《敦煌蒙書的語言形式與熟語運用析論》，《廈門大學學報（哲學社會科學版）》二〇二〇年第四期，第一五三～一六三頁。

鄭阿財：《〈蒙求〉在漢字文化圈的傳播及其在日本接受的特殊意涵》，金瀅坤主編：《童蒙文化研究》第五卷，人民出版社，二〇二〇年，第四六～六七頁。

鄭炳林：《敦煌的世族與歸義軍政權》，"1990年敦煌研究院敦煌學國際學術討論會"宣讀，見論文縮寫文，第六五～六六頁。

鄭炳林、李强：《晚唐敦煌張景球編撰〈略出籝金〉研究》，《敦煌學輯刊》二〇〇九年第一期，第一～一七頁。

鄭炳林、李强：《陰庭誠改編〈籝金〉及有關問題》，《敦煌學輯刊》二〇〇八年第四期，第一～二六頁。

鄭炳林、徐曉麗：《俄藏敦煌文獻〈新集文詞九經抄〉寫本綴合與研究》，《蘭州大學學報》二〇〇二年第三期，第九～一九頁。

鄭亦寧：《唐代童蒙讀物〈蒙求〉研究》，首都師範大學碩士學位論文，二〇一四年。

鍾書林、張磊：《敦煌本〈千字文注〉補校》，《唐都學刊》二〇〇七年第四期，第七九～八三頁。

周安邦：《敦煌寫本雜字系蒙書與明清雜字之關聯探究》，《興大中文學報》二〇一七年第四一期，第九七～一四四頁。

周法高：《家訓文學的源流》，《中國語文論叢》，正中書局，一九六三年，第二五〇～二九二頁。

周鳳五：《〈太公家教〉研究》，《古典文學》第六集，一九八四年，第三一七～三五一頁。

周鳳五：《敦煌寫本太公家教（含武王家教）校勘記》，載《鄭因百先生八十壽慶論文集》，台灣商務印書館，一九八五年，第五一三～五一八頁。

周鳳五：《敦煌寫本〈辯才家教〉初探》，《古典文學》第八集，一九八六年，第二一九～二四三頁。

周鳳五：《〈太公家教〉重探》，《漢學研究》第四卷第二期，一九八六年，第三五五～三七七頁。

周谷平:《敦煌出土文書與唐代教育的研究》,《華東師範大學學報》一九九五年第四期,第五九~六二頁。

周侃:《唐代書手研究》,首都師範大學博士學位論文,二〇〇七年。

周丕顯:《巴黎藏伯字第二七二一號〈雜鈔・書目〉考》,《圖書與情報》一九八九年第一期,第四八~五三頁。

周丕顯:《巴黎藏伯字第二七二一號〈雜抄・書目〉初探》,中國敦煌吐魯番學會編:《敦煌吐魯番學研究論文集》,漢語大詞典出版社,一九九〇年,第四一五~四二九頁。

周丕顯:《敦煌古鈔〈兔園策府〉考析》,《敦煌學輯刊》一九九四年第二期,第一七~二九頁。

周丕顯:《敦煌本〈千字文〉考》,《敦煌文獻研究》,甘肅文化出版社,一九九五年,第一八一~一九九頁。

周西波:《〈敦煌秘笈〉"羽072b"寫卷的性質與意義》,《慶賀饒宗頤先生九十五華誕敦煌學國際學術研討會論文》,中華書局,二〇一二年,第四七三~四八八頁。

周一良:《敦煌寫本雜抄考》,《燕京學報》第三五期,一九四八年,第二〇五~二一一頁。

周愚文:《敦煌寫本〈太公家教〉初探——校勘與分析》,《教育研究輯刊》第三八期,一九九七年,第一二八~一八一頁。

周祖謨:《敦煌唐本字書叙録》,中國敦煌吐魯番學會語言文學分會編纂《敦煌語言文學研究》,北京大學出版社,一九八八年,第四〇~五五頁。

朱鳳玉:《王梵志詩研究》,中國文化大學中文研究所博士論文,一九八五年。

朱鳳玉:《〈太公家教〉研究》,《漢學研究》第四卷第二期,一九八六年,第三八九~四〇八頁。

朱鳳玉:《敦煌通俗讀物〈新集嚴父教〉研究》,《木鐸》第一一期,一九八七年,第三〇七~三二〇頁。

朱鳳玉:《敦煌寫本〈雜抄〉研究》,《木鐸》第一二期,一九八八年,第一二〇~一三四頁。

朱鳳玉《敦煌寫本字樣書研究之一》,《華岡文科學報》第一七期,一九八九年, 第一一七～一三〇頁。

朱鳳玉:《敦煌寫本字書緒論》,《華岡文科學報》第一八期, 一九九一年, 第八一～一一八頁。

朱鳳玉:《敦煌寫本〈碎金〉系字書初探》,《第二屆敦煌學國際研討會論文專集》, 漢學研究中心, 一九九一年, 第五〇一～～五二〇頁。

朱鳳玉:《敦煌寫卷〈俗物要名林〉研究》, 中國唐代學會主編:《第二屆國際唐代學術會議論文集》, 文津出版社, 一九九三年, 第六六九～七〇〇頁。

朱鳳玉:《試論敦煌本〈碎金〉之價值》,《林景伊教授逝世十週年學術論文集》, 紀念林景伊教授逝世十週年學術討論籌備委員會編印, 一九九三年, 第五二七～～五三四頁。

朱鳳玉:《敦煌文獻與字書》,《靜宜人文學報》一九九四年第六期, 第九～三七頁。

朱鳳玉:《敦煌文獻中的語文教材》,《嘉義師院學報》一九九五年第九期, 第四四九～四八〇頁。

朱鳳玉:《從傳統語文教育論敦煌本〈雜抄〉》,《全國敦煌學研討會文集》, 中正大學中國文學系, 一九九五年, 第二〇一～二二〇頁。

朱鳳玉:《論敦煌本〈碎金〉在詞彙學上的意義》,《嘉義師院學報》一九九六年第一〇期, 第三四一～～三五六頁。

朱鳳玉:《論敦煌本〈碎金〉與唐五代詞彙》,《潘石禪先生九秩華誕敦煌學特刊》, 文津出版社, 一九九六年, 第五六五～～五八〇頁。

朱鳳玉:《論敦煌本〈碎金〉在解讀敦煌俗文學的意義》, 項楚主編:《敦煌文學論集》, 四川人民出版社, 一九九七年, 第二七五～二九四頁。

朱鳳玉:《敦煌文獻中的廣告文學》,《山鳥下聽事, 簷花落酒中:唐代文學論叢》, 中正大學中國文學系, 一九九八年, 第六四七～六七四頁。

朱鳳玉:《英藏S.619〈白家碎金〉考釋》,《吳其昱先生八秩華誕敦煌學特刊》, 文津出版社, 一九九九年, 第三九九～三五四頁。

朱鳳玉:《俄藏敦煌寫本〈雜字〉研究》,《新國學》第二卷, 巴蜀書社,二〇〇〇年，第三〇五~三二五頁。

朱鳳玉：《敦煌寫本蒙書〈上大夫〉研究》，《第五屆唐代文化學術研討會論文集》，麗文文化事業公司，二〇〇一年，第八七~一〇四頁。

朱鳳玉：《敦煌寫本〈開蒙要訓〉與台灣〈四言雜字〉》，《中國俗文化研究》第一輯，二〇〇三年，第一二〇~一二八頁。

朱鳳玉：《敦煌本〈碎金〉與宋、明俗用雜字之比較》，《漢語史學報》第三輯，二〇〇三年，第四一一~四一七頁。

朱鳳玉：《敦煌蒙書中的婦女教育》，《中國傳統婦女與家庭教育》，師大書苑，二〇〇五年，第三七~五八頁。

朱鳳玉：《敦煌學郎詩抄析論》，《東海大學文學院學報》二〇〇七年第四八期，第一一一~一三八頁。

朱鳳玉：《敦煌蒙書〈古賢集〉與中晚唐咏詩史》，劉進寶、高田時雄主編：《轉型期的敦煌學》，上海古籍出版社，二〇〇七年，第一二九~一四五頁。

朱鳳玉：《敦煌文學研究教學與唐代文化之互證——以〈古賢集〉與民間歷史教育關係爲例》，《唐代學術研討會論文集》，逢甲大學中文系、逢甲大學唐代研究中心，里仁書局，二〇〇八年，第九一~一一五頁。

朱鳳玉：《敦煌通俗字書中音樂語詞呈現之樂器析論》，《2013敦煌、吐魯番國際學術研討會論文集》，成功大學中國文學系，二〇一四年，第五九~七八頁。

朱鳳玉：《敦煌通俗字書所呈現之唐五代社會文化研究芻議——以敦煌寫本〈俗務要名林〉爲例》，《敦煌吐魯番研究》第一四卷，上海古籍出版社，二〇一四年，第四九九~五二二頁。

朱鳳玉：《唐宋蒙書在絲路的傳播與發展》，《絲路文明的傳承與發展》，浙江大學出版社，二〇一七年，第四二四~四四四頁。

朱鳳玉：《敦煌典籍中的庶民家教》，《中國社會科學報》第一三一三期，二〇一七年十月二十日。

朱鳳玉：《敦煌典籍中的〈嚴父教〉》，《歷史教學》（上半月刊）二〇一八年第六期，第三四頁。

朱鳳玉：《敦煌家訓類蒙書所見唐代女子生活教育》，金瀅坤主編：《童蒙文化研究》第四卷，人民出版社，二〇一九年，第八八～一〇一頁。

朱鳳玉：《敦煌本〈太公家教〉的傳播及其在中國俗文化的展現》，"中華炎黃文化研究會童蒙文化專業委員會第五屆國際學術研討會論文集"，甘肅敦煌，二〇一九年。

（二）外文論文

［法］Paul Pelliet. Le Tsien Tseu Wen ou Liver des mille mots. "Toung Pao 通報" vol.XXIV，一九二六年，第一七九～二一四。

［日］本田精一：《〈兔園策〉考：村書の研究》，《九州大學東洋史論集》第二一號，一九九三年，第六五～一〇一頁。

［日］成田守：《敦煌類書殘卷の一考察》，《東洋研究》第七五號，一九八五年，第一一七～一三一頁。

［日］東野治之：《訓蒙書》，［日］池田温編：《講座敦煌5·敦煌漢文文獻》，大東出版社，一九九二年，第四〇一～四三八頁。

［日］福井康順：《〈百行章〉についての諸問題》，《東方宗教》第一三、一四號合刊，一九五八年，第一～二三頁。

［日］福田俊昭：《敦煌出土の〈贏金〉と〈無名類書〉》，《東洋研究》第七七號，一九八六年，第三一～六三頁。

［日］福田俊昭：《王起の伝記》，《東洋研究》第一〇一號，一九九一年，第五三頁。

［日］福田俊昭：《〈注好選〉所引の〈文場秀句〉考》，《東洋研究》第一一三號，一九九四年，第四五～五八頁。

［日］岡田美穂：《太公家教の諸本生成と流動》，《中京大學文學部紀要》第四一卷第二號，二〇〇六年，第一四二～一一〇頁。

［日］高田時雄：《雜抄と九九表──敦煌に於けるチベット文字使の一面》，《均社論叢》第一四期，一九八三年，第一～四頁。

［日］海野洋平：《童蒙教材〈上大人〉の順朱をめぐって：敦煌寫本P.4900（2）、P.3369vに見る〈上大人〉黎明期の諸問題》，《歷史》第一一七

號，二〇一一年，第一～一九頁。

［日］海野洋平：《敦煌童蒙教材〈牛羊千口〉史料輯覽》，《一關工業高等專門學校研究紀要》第四六號，二〇一一年，第七～三〇頁。

［日］海野洋平：《敦煌童蒙教材"牛羊千口"校譯：蒙書〈上大人〉の姐妹篇》，《一關工業高等專門學校研究紀要》第四七號，二〇一二年，第七～二二頁。

［日］海野洋平：《敦煌童蒙教材〈牛羊千口〉再論—傳本〈上大人〉・敦煌本〈上大夫〉の逕庭をめぐる一考察—》，《集刊東洋學》第一二三號，二〇二〇年，第六三～八三頁。

［日］黑田彰：《抜き取られた敦煌文書：何彦昇、邕威のことなど・太公家教攷・補（三）》，《京都語文》第一九號，二〇一二年，第一八〇～二〇二頁。

［日］黑田彰：《大谷文書の太公家教：太公家教攷・補》，《文學部論集》第九三號，二〇〇九年，第一五～三四頁。

［日］黑田彰：《屏風、酒壷に見る幼學：太公家教について》，《文學》第一二卷第六號，二〇一一年，第四三～五八頁。

［日］黑田彰：《上野本〈注千字文〉》，《國文學》第五九號，一九八二年。

［日］黑田彰：《太公家教考》，《日本敦煌學論叢》第一卷，比較文化研究所二〇〇六年。

［日］黑田彰：《音読する幼學～～太公家教について（特集フォーミュラ～～聲と知を繋ぐもの）》，《文學》第七卷第二號，二〇〇六年，第三九～五四頁。

［日］黑田彰：《杏雨書屋本太公家教について——太公家教攷・補（二）》，《杏雨》第一四號，二〇一一年，第二三四～二九一頁。

［日］荒見泰史：《張娜麗著〈西域出土文書の基礎的研究〉——中國古代における小學書・童蒙書の諸相》，《唐代史研究》第一〇號，二〇〇八年，第九六～一〇一頁。

［日］吉田雅子：《敦煌寫本〈開蒙要訓〉にみられる音注字と〈廣

韵〉との比較》,《東洋大學大學院紀要》第二〇號，一九八三年，第一四九~一六六頁。

　　［日］吉田雅子：《敦煌寫本〈開蒙要訓〉的音韵體系——押韵、異文、音注》,《東洋大學大學院紀要》第二三號，一九八六年，第二二六~二四二頁。

　　［日］進藤英幸：《敦煌寫本類書殘卷管見一一盗馬譚を中心に一》,收入［日］川口久雄編：《古典の變容と新生》，明治書院，一九八四年，第八九一~九〇三頁。

　　［日］進藤英幸：《敦煌本無名類書殘卷考——Pelliot2621Recto）釋文（上）》,《東洋研究》第七五號，一九八五年，第一三三~一四六頁。

　　［日］那波利貞：《唐鈔本〈雜抄〉攷一唐代庶民教育史研究の一資料—》,《支那學》第一〇號，一九四二年，第一~九一頁；收入［日］那波利貞《唐代社會文化史研究》，創文社，一九七四年，第一九七~二六八頁。

　　［日］慶谷壽信：《敦煌出土の〈俗務要名林〉（資料篇）》,《人文學報》第一一二號，一九七六年，第八一~一二五頁。

　　［日］慶谷壽信：《〈俗務要名林〉反切聲韵考》,《人文學報》第一二八號，一九七八年，第一~五九頁。

　　［日］入矢義高：《〈太公家教〉校釋》,《福井博士頌壽紀念東洋思想論集》，一九六〇年，第三一~六〇頁。

　　［日］三木雅博：《幼學の會編著〈太公家教注解〉》,《和漢比較文學》第四四號，二〇一〇年，第一三五~一四一頁。

　　［日］砂岡和子：《敦煌出土〈字宝碎金〉の語彙と字體》,《中國語學》第二三三號，一九八五年，第一三〇~一三七頁。

　　［日］神田喜一郎：《敦煌本〈李嶠百咏〉について》,《東方學會創立十五周年紀念東方學論集》，東方學會，一九六二年，六三~七〇頁。

　　［日］松尾良樹：《音韵資料としての〈太公家教〉——異文と押韵》,《アジア・アフリカ言語文化研究》第一七號，一九七九年，第二一三~二二五頁。

　　［日］太田晶二郎：《太公家教》,《日本學士院紀要》第七卷第一號，

一九四九年，第二三～三二頁。

　　［日］藤枝晃：《敦煌曆日譜》，《東方學報》（京都）第四五號，一九七三年，第三七七～四四一頁。

　　［日］栃尾武：《大英圖書館搜集555敦煌本〈李嶠雜咏注〉殘卷一考察》，《成城文藝》第一五七號，一九九七年，第一～三二頁。

　　［日］西田龍雄：《西夏語"月月樂詩"の研究》，《京都大學文學部研究紀要》第二五號，一九八六年，第一～一一六頁。

　　［日］小川貫弌：《敦煌の學士郎について》，《印度學佛教學研究》第二一卷第二號，一九七三年，第一六三～一八四頁。

　　［日］小川貫弌：《敦煌佛寺の學士郎》，《龍谷大學論集》第四〇〇、四〇一號（龍谷大學論集第四百號親鸞聖人御誕生八百年記念特集），一九七三年，第四八八～五〇六頁。

　　［日］小川環樹：《千字文について》，《中國語言研究》，創文社，一九七七年，第二二六～二四一頁。

　　［日］岩本篤志：《敦煌秘笈"雜字一本"考——"雜字"からみた義軍期の社會》，《唐代史研究》第一四號，二〇一一年，第二四～四一頁。

　　［日］伊藤美重子：《敦煌寫本〈崔氏夫人訓女文〉について》，《富山大學人文學部紀要》第二六號，一九九七年，第八三～九一頁。

　　［日］伊藤美重子：《敦煌寫本〈新集嚴父教〉について》，《東洋比較文化論集—宮澤正順博士古稀紀念—》，青史出版社，二〇〇四年，第六〇三～六一四。

　　［日］伊藤美重子：《敦煌の通俗類書〈新集文詞九經抄〉について——〈老子〉〈莊子〉の引用例の檢討》，《お茶の水女子大学人文科学紀要》第五七號，二〇〇四年，第一二一～一三五頁。

　　［日］伊藤美重子：《敦煌の通俗詩"學郎詩"について》，《お茶の水女子大學中國文學會報》第二六號，二〇〇七年，第一～二一頁。

　　［日］伊藤美重子：《敦煌寫本〈雜抄〉に關する諸問題》，《敦煌吐魯番出土漢文文書の新研究》，東洋文庫，二〇〇九年，第四〇五～四二七頁。

　　［日］伊藤美重子：《敦煌の學郎題記にみる學校と學生》，《唐代史研究》

第一四號，二〇一一年，第四二～七〇頁。

〔日〕伊藤美重子：《唐宋時期敦煌地區的學校和學生以學郎題爲中心》，金瀅坤主編：《童蒙文化研究》第三卷，人民出版社，二〇一八年，第二四～五〇頁。

〔日〕永田知之：《〈文場秀句〉小考——"蒙書"と類書と作詩文指南書の間》，〔日〕高田時雄編集：《敦煌寫本研究年報》第二號，二〇〇八年，第一一一～一三四頁。

〔日〕永田知之：《〈文場秀句〉補説——〈敦煌秘笈〉羽072と〈和漢朗咏集私注〉》，〔日〕高田時雄編集：《敦煌寫本研究年報》第九號，二〇一五年，第五七～七一頁。

〔日〕遊佐昇：《王梵志詩のもつ兩側面》，《大正大學大學院研究論集》第二號，一九七八年，第一二九～一三八頁。

〔日〕遊佐昇：《敦煌文獻にあらわれた童蒙庶民教育倫理：王梵志詩・太公家教等を中心として》，《大正大學大學院研究論集》第四號，一九八〇年，第一五一～一六一頁。

〔日〕遊佐昇：《王梵志詩集一卷について（一）》，《東洋大學大學院紀要》第一七號，一九八〇年，第一五一～一六三頁。

〔日〕遊佐昇：《王梵志詩集一卷について（二）》，《東洋大學大學院紀要》第一八號，一九八一年，第二七七～二八九頁。

〔日〕羽田亨：《漢蕃對音千字文の斷簡》，《東洋學報》第一三卷第三號，一九二三年，第三九〇～四一〇頁。

〔日〕竺沙雅章：《敦煌出土‘社’文書的研究》，收入〔日〕竺沙雅章《中國佛教社會史研究》（增訂版），朋友書店，二〇〇二年。

葛繼勇：《〈兔園策府〉の成立、性格及びその日本傳來》，《日本漢文學研究》第一〇號，二〇一四年，第一七～四〇頁。

胡志昂：《〈李嶠雜咏注〉考——敦煌本殘簡を中心に》，日本宋代詩文研究會《橄欖》第二號，一九八九年，第二七八～三〇三頁。

李育娟：《〈注好選〉と敦煌啓蒙書》，《国語国文》第八二卷第三號，二〇一三年，第一～一六頁。

任占鵬：《敦煌識字寫本研究》，日本廣島大學大學院綜合科學研究科博士學位論文，二〇一九年。

章劍：《〈蒙求和歌〉と敦煌文書—敦煌研究院藏九五號本〈李翰自注蒙求〉を中心に—》，《中國學研究論集》第二〇號，二〇〇八年，第二二~三三頁。

張娜麗：《敦煌發見の自注童蒙書について—〈蒙求〉〈兔園策府〉の諸問題を中心に—》，《お茶の水女子大學中國文學會報》第二二號，二〇〇三年，第一~一六頁。

附錄:

敦煌蒙書分類與保存狀態表 *

類型	門類	蒙書名	寫卷狀況					蒙書小計	門類總計	類型總計
			完整	殘缺	雜寫	綜合	碎片			
識字類	綜合類	千字文	斯五四五四號、斯三八三三號、北京保利十二週年二○一七年秋季拍賣會拍品一六○二一號背、伯三四一六號、伯三一○八號	伯三○六二號、三六二六號、三六一四號、三二八七號、三一七○號、五五九二號、三三一一號背、四○九三七號背、二八八八號、四九四八號、北七一一號背、六○二八號背、四○四號背、四○八九號背、二三六七號背、二○五九號背、二四八七號背、三六五五號	伯二五五五號、伯二七三三號、伯二七六九號背、伯三一六八號背、伯三三○五號背、伯三三三一號、伯三三九一號背、伯三六一六號背、伯三六六六號背、伯三七○五號背、伯四六八三號背、斯三三五號背、斯四六一一號背、斯四五八八號背、斯三○一一號背、斯三九○四號背	羽四二七號＋伯三七四三號、伯四○一九碎一九號＋伯四○一九號＋伯二一○號＋伯四○一九碎二一號、伯四○一九碎二三號＋伯四○一九碎一六號＋伯四○一九碎二八號＋伯四○一九碎二三號＋伯四○一九碎二二號＋伯四○一九碎二三號＋伯三二三號＋伯四○一九碎一九號＋伯三六三a號＋伯三○六碎三六號、斯	伯三二四號碎三號碎碎一二、伯三○五四○三號碎三、伯二八四碎一、二八二五號碎一、伯二六七號碎一、伯三二一一、伯三一○號、伯三八四九號碎五、三八九四號碎五、斯九九八八號背、斯二四○一九二號、俄敦一二三九三號背、北敦一○號、三○七號、伯特○四號碎一、伯三三六九、斯碎一三號、一一七三號	一百二十七／一百七十七	二百零五／二百八十八	二百一十七／三百

* 此表由金瀅坤、鄭阿財、吳元元等同製作。

續表

類型	門類	蒙書名	寫卷狀況					蒙書小計	門類總計	類型總計
			完整	殘缺	雜寫	綴合	碎片			
識字類	綜合類	千字文		伯二六四七號、斯五八一四號、斯五八二九號、斯二八九四號、斯四七四七號、斯四一三九號、俄敦五五九號、北敦一〇四二二號、北敦四〇八三號、敦大一〇八一號、羽七〇三號、羽七四二號、伯三一一四號、斯三八四九號、斯二七〇三號、斯四八五二號、斯五六五七號、上八一九七號、伯一一〇二號、圖一一〇二號背、三六九二號背、	斯四六九六號背、斯四〇九一號背、斯一〇二七五號背、俄弗一〇三號背、俄敦一三九號背、俄敦九五號背、俄敦五三號背、北敦七七二號背、北敦一九四一三號背、北二八二八號背、羽五一七號背、圖五一號背、五七號背、伯特五四〇一七號背、伯四一〇一七號背、特一一六六號背、	伯四〇一九碎、三六b號+伯四〇一九碎三九號+伯四〇一九號、俄敦二b、伯四〇六六號+伯一五九五號+伯二七一七號+伯四〇一九號、俄敦八五號+俄敦一一〇九號、俄敦一二六一一號、伯四〇八九九號+俄敦一八號+俄敦九九號、伯五五四四號、俄敦一二六一一號+俄敦一八號+俄敦九九號+敦一八一號、敦八一〇七號+敦	斯一二一四四四號、伯三七八A號、斯一四二二七號、斯一一四二七二號、俄敦五二八B號、俄敦七五四四號、俄敦五七五八三號、北敦一三一一〇號、北敦一六〇三八號			

續表

類型	門類	蒙書名	寫卷狀況					蒙書小計	門類總計	類型總計
			完整	殘缺	雜寫	綴合	碎片			
識字類	綜合類	千字文		伯三八四九號、伯四五七二三號、斯五七八七號、斯二〇七一三號背、北敦二〇七號背、北敦九三二六號、北敦九三五〇號、北敦九四九九號		俄敦七九〇二號＋俄敦七八六一號＋（中缺）＋俄敦一六七八一號、俄敦八五九五號＋俄敦一四四一〇號、俄敦五一八五號＋俄敦八九六一號、俄敦五一六五號＋俄敦一九二一號＋俄敦五〇一號＋俄敦二二〇四號＋俄敦二五〇七號＋俄敦三〇九五A號＋俄敦三〇五B號＋				

續表

類型	門類	蒙書名	寫卷狀況					蒙書小計	門類總計	類型總計
			完整	殘缺	雜寫	綴合	碎片			
識字類	綜合類	千字文				俄敦二四八二號、俄敦五六一四三號+伯四○三一碎四四、北敦九三二七號+（中缺）+北敦九三一四號+敦九三五五號、北敦九三二八號+北敦九三五四號、北敦一○一號、（中缺）+北敦一○三號+（中缺）+北敦一一四五號+（中缺）+北敦一一八七A號+北敦一一八A號+（中缺）+北敦一二一六○號+北敦一二一六一號+六一一號+				

續表

類型	門類	蒙書名	寫卷狀況					蒙書小計	門類總計	類型總計
			完整	殘缺	雜寫	綴合	碎片			
識字類	綜合類	千字文				北敦一二一六二號＋北敦一二一六三號＋北敦一三一五七碎一四四號＋北敦一二一九○A號＋北敦一二一九＋北敦一二一九○B號＋北敦一二一九○C號＋北敦一三二○四號＋北敦九九四一號、北敦一三一八五號＋北敦一三一八七號＋俄（中缺）＋敦一四○九五號、北敦一六四○九A號＋北敦一六四○九B號				

續表

類型	門類	蒙書名	寫卷狀況					蒙書小計	門類總計	類型總計
			完整	殘缺	雜寫	綴合	碎片			
		六合千字文	五	四十九　斯五九六一號、斯五四六七號	三十四	十七/六十七　伯三八七A號碎七+伯五○三一號碎二一	三二	三/四		
		合計		二		一/二				
		千字文注		斯五四七一號、三九七三號背	北敦六五七六號背			三		
		合計		二	一					
			伯二一四八七號、伯二七八號、伯三○五四號、	俄敦一○七四○號、伯二五八八號、三○二九號、三一○三號、三一四七號、三一八九號、	俄敦一四○二號、伯二五四背號、伯二二四九號背、伯二八○三號、伯三一六六號、伯三二一一號背、	俄敦八五號+俄敦一四○二號+俄敦二六五五號+俄敦三九一號+俄敦四四一號+一○號+	俄敦二四八五號背、B號、俄敦二六五四號、敦一一○六六六號、伯五○三一號、俄敦三一(八)號、	五十七/八十九		

續表

類型	門類	蒙書名	寫卷狀況					蒙書小計	門類總計	類型總計
			完整	殘缺	雜寫	綴合	碎片			
	開蒙要訓	伯三六一〇號、伯二四八二號、伯八七三五號、伯二〇五四號、伯三六一〇號、	伯三三一一號背、伯三四八六號、伯三八七五A號、斯七〇五號、斯一三〇八號、斯五四三一號、斯四四〇九號、斯四四六三號、斯四五一三號、北敦一四六六四號、北敦一五四三七號背、北敦一五四三四號、北敦一二二七八號、上圖一二七七號背、上圖一一〇號、羽二九號、羽六八二號背	伯三九〇八號、伯四四九三七號背、斯五四三七號、斯五七五四號背、北敦五二〇三號	俄敦六二三六號＋俄敦一〇二五號＋俄敦一二六〇〇號＋俄敦一二六〇一號＋俄敦一二六七三號＋俄敦一二七一五號＋俄敦一九五〇號＋俄敦八九六〇號、俄敦四九七七號＋斯六二二一號＋斯二一四號＋俄敦四九四號＋伯三一〇七號、俄敦〇八號、伯二六〇五號＋伯二七一七B號＋俄敦五九〇號＋號＋	俄敦五八九號、伯四九七一號背、俄敦二四八號、B號背、俄敦二六五四號背、俄敦一一〇六六號、伯五〇三一號、俄敦（八）號、俄敦八三九號、伯四九七一號背	五十七／八十九		

續表

類型	門類	蒙書名	寫卷狀況					蒙書小計	門類總計	類型總計
			完整	殘缺	雜寫	綴合	碎片			
						俄敦一〇二五九號、俄敦五四二七號＋俄敦五四五一B號、俄敦六一三六號＋俄敦六五八二號＋俄敦六五〇二號＋俄敦一〇二七號＋俄敦一一〇四八號、伯三二四三號＋俄敦一九〇八三號、斯六一二八號＋北敦一二三五號＋北敦一〇一九號、斯九四四九四八號＋九四四九號＋				

續表

類型	門類	蒙書名	寫卷狀況					蒙書小計	門類總計	類型總計
			完整	殘缺	雜寫	綴合	碎片			
						斯九四七〇號、羅一號+羅二號+羅五號+羅六號、羅三號+羅四號+天理本號				
			四	二十五	十一	十一／四十三	六	十五		
	敦煌百家姓		伯二九九五號、伯三一四五號背		斯八六五號背、斯四五〇四號背、斯五一〇四號、伯二三三一號背、伯三〇七〇號背、伯三一九七號背、伯三三六九號背、伯三五五九號背、伯三六九二號、伯四五二號背、（一六）號背、北敦三九五九號背、北敦五六七三號背、羽二九號背					

續表

類型	門類	蒙書名	寫卷狀況					蒙書小計	門類總計	類型總計
			完整	殘缺	雜寫	綴合	碎片			
	俗字類	碎金	伯二○五八號、伯三九○六號	斯六一九號背、斯六二○四號、伯二七一七號、俄敦五二六○號背	北敦三三九○號		俄敦五九九○號背、俄敦一○二五九號背	九	十	
		合計	二	四	一		二			
		白家碎金		斯六一九號				一		
		合計		一						
雙語類		漢藏對音千字文		伯三四一九號、英印一三二三號				二	二	

續表

寫卷狀況

類型	門類	蒙書名	完整	殘缺	雜寫	綴合	碎片	蒙書小計	門類總計	類型總計
		合計		二						五十九/七十
	蒙求類	蒙求		伯二七一○號、伯四八七七號、敦研九五號				三	十三	
		合計		三						
知識類		古賢集	斯二○四九號、斯六二○八號、伯二七四八號、伯三一七四號、伯三九二九號	伯三一一三號、伯三九六○號、伯四九七二號、俄敦二七七六號				九		
		合計	五	四						

續表

類型	門類	蒙書名	寫卷狀況					蒙書小計	門類總計	類型總計
			完整	殘缺	雜寫	綴合	碎片			
	綜合類	雜抄	伯二七二一號	伯三六四九號、三六七一號、斯五一五五號、三一七五號、三七六九號、三六八三號背、二八一六號、三六二二號、斯九四九一號		斯五六五八號＋伯三○六號、伯三三九三號＋斯四六六三號		十三／十四	十二／十五／十八	
	合計		一	九		二／四				
	孔子備問書			伯二五八一號	伯二五九四號背	伯二五七九號＋伯三七五六號		三／四		
	合計		一	一	一	一／二				

續表

類型	門類	蒙書名	寫卷狀況					蒙書小計	門類總計	類型總計
			完整	殘缺	雜寫	綴合	碎片			
	雜字類	俗務要名林		伯二六○九號		伯五○○一號＋伯五五七九號＋（中缺）＋斯六一七號		二/四	十/十五	
		合計		一		一/三				
		雜集時用要字	斯六一○號	斯五五一四號、伯三三七九一號、伯三八三六號、斯二八一二號		俄敦一一三一號＋俄敦一一三九B號＋俄敦四九號背，斯三二二七號背＋斯六二○八號（《經合》中已經綴合）		八/十一		
		合計	一	五		二/五				
	故事類	事林		伯四○五二號				一	二/三	

續表

類型	門類	蒙書名	寫卷狀況					蒙書小計	門類總計	類型總計
			完整	殘缺	雜寫	綴合	碎片			
		合計	一							
		事森				伯二六一一號＋斯五七六號		一/二		
		合計				一/二				
複合類	相問書	孔子項託相問書	斯一三九二號、斯六七四號、伯三八八三號	斯三九五號、二九四一號、斯五五九號、斯五五三〇號、伯三一〇二號背、伯三二五五號、伯三七五四號、伯三八八二號、伯三八一三號背、敦三二五二號、羽六一〇七號、上海朵雲軒藏《佛說佛藏經》卷背、北敦一五四五〇號	伯三三〇六號背、伯三八二六號背	斯五五二九號＋俄敦一三六六號＋俄敦二一四五一號	伯三六九一號碎一、二背、	二十八/二十二	二十/二十二	二十二

續表

類型	門類	蒙書名	合計	寫卷狀況					蒙書小計	門類總計	類型總計
				完整	殘缺	雜寫	綴合	碎片			
		合計	三一	三	十三	二	一／三	一			
德行類	家教類	大公家教		伯二五六四號、伯三七六四號	斯四七九號、一一六二號、一二九三號、三五六九號、一四〇一號、三五九九號、三八九四號、伯四〇八五號、三六二三號、三八五三號、五六五五號、五七二九號、六一七三號、六一八三號、二五五三號P、二五八號、四九五號背、二七四號	斯四九〇一號、斯三〇一一號背、斯六一七三號背、斯一〇四七號	伯二九三七號＋伯五〇三一號（一三）＋北敦九三七〇號、斯五七七三號＋斯一三三三號＋斯一二五五號＋斯一二五四〇號＋斯六六三號、羅振玉氏藏本甲卷＋乙卷、北敦六甲卷號＋俄敦三八五八號、俄四九二二號＋敦四九二二號	伯三九六二號P、羅振玉號卷片藏乙、俄敦三一一號、敦三八八四號、敦三八六三號、俄敦三九六三號、俄敦六一四一號、斯一六一號背、北敦九六九號、北敦一六一六號、大谷四三九號、大谷三五〇七號	五十六／六十八	七十八／九十三	一百三十二／一百五十六

續表

類型	門類	蒙書名	寫卷狀況						門類總計	類型總計
			完整	殘缺	雜寫	綴合	碎片	蒙書小計		
				伯二八二五號、伯二九八一號、伯三〇六九號、伯三一〇四號、伯三二四八號背、伯三二四〇號、伯三七九七號、北敦四五八八八號、北敦六一三七號、寧樂本、北敦一四〇七四八號〔一〕、北敦一六〇〇號、伯四四八〇號、斯四九三〇號、北敦一四〇八號（一）		俄敦四二五一號、俄敦一二六九六號+俄敦一九〇八二R號+俄敦一二八一二R號、大谷文書二一七五號+三一六七六號+三一六九號				
合計			二	三十三	四	六十八	十一		

〔一〕北敦一四七四八號與《羅振玉舊藏》實為同一文書。本周鳳五《敦煌寫本太公家教研究》附錄有收入，作"鳴沙石室佚書影寫本之一"，日本幼學の會編《大公家教注解》作"羅振玉氏舊藏本"，僅缺卷首"大公家教一"和首行"余乃生逢亂"五字。

續表

類型 門類 類類	蒙書名	寫卷狀況					蒙書小計	門類總計	類型總計
		完整	殘缺	雜寫	綴合	碎片			
	武王家教	伯二八二五號、伯三五七六號、伯三四號、伯二六○○號[一]	俄敦六○三五號、俄敦五一三號、伯二九八一號背、伯五五四六號[三]號	伯四七二四號、伯五五四六號[二]號背	斯四七九號＋斯一一六八一號、伯五四六(一)號＋伯四八九號、俄敦九八號＋俄敦一七四四七R號		十二/十五		
	合計	三	四	二	三/六		十二/十五		
	辯才家教	伯二五一五號	斯四三三九號				二		
	合計	一	一				二		
	新集嚴父教	斯四三○七號、伯三三七九號、九七五號	斯三九○四號、斯四九○一號、一○二九一號				五		

————

[一] 敦煌文獻中的《武王家教》保存版本有差異，雖然存在寫卷相對完整，但其内容并不是全本的情況。

續表

類型／門類	蒙書名	寫卷狀況					蒙書小計	門類總計	類型總計
		完整	殘缺	雜寫	綴合	碎片			
	合計	二二	三						
	崔氏夫人訓女文	伯二六三三號	斯四一二九號、斯五六四三號				三		
	合計	一	二						
訓誡類	百行章	斯一九二〇號	斯一八一五號、斯三四九一號、斯五四〇號、斯二〇七六號、斯三〇六號、斯三七九六號、四九三七號	斯三〇四六號、伯二五〇二號、伯二五六四號	俄弗二四七號＋俄敦二八六三號＋俄敦三〇七六號	伯三〇七七號、俄敦四八五三號	十九／二十一	十九／二十一	

續表

類型	門類	蒙書名	寫卷狀況					蒙書小計	門類總計	類型總計
			完整	殘缺	雜寫	綴合	碎片			
			一	北敦八六六八號、羅振玉藏《貞松堂西陲秘籍叢殘》，俄敦六○二八號、俄敦一二五二三號	三	一/三				
		合計	一	十二	三	一/三	二			
	格言類	新集文詞九經抄	伯二五五七號	伯三三六八號、伯二五九六號、伯三四九六號、伯三六二一號、伯三九一○號、伯四五九二號、伯四九七一號、斯五七五四號、斯八八三六號、俄敦一二六八號	伯二六二一號	俄敦二七五二號+俄敦二八四二號+俄敦六一○號、俄敦六○九號+俄敦二○五號+俄敦二號、弗二四七號+俄敦二一九七號		十五/二十	十六/二十一	
		合計	一	一一	一	二/七				

續表

寫卷狀況

類型	門類	蒙書名	完整	殘缺	雜寫	綴合	碎片	蒙書小計	門類總計	類型總計
		文詞教林	伯二六一二號					一		
		合計	一							
	勸世詩類	一卷本《王梵志詩》	斯三三九三號、伯二七一八號、伯二五五三號、伯三六五五號、俄敦一一九七號	斯四六六九號、斯五九四二號、伯三六〇七號、伯二八四二B號、伯三二六六號、四〇九四號、甯樂美術館藏本、羽三〇號	斯二七一〇號	俄敦四七五四號+俄敦八九〇號+俄敦八九一號	俄敦四九三五號、俄敦一〇七三六號、俄敦一〇七四〇號	十九/二十一	十九/二十一	
		合計	六	八	一	一/三	三			
文學類	屬對類	文場秀句		羽七二ノbノ二號		伯二六七八號+伯三九五六號		二/三	六/十	十八/二十八

續表

類型	門類	蒙書名	寫卷狀況 完整	殘缺	雜寫	綴合	碎片	蒙書小計	門類總計	類型總計
		合計		一		一/二				
		語對	伯二五二四號	斯七八號		斯二五八八號＋伯四六三六號＋伯四八〇號＋斯七九號		三/六		
		合計	一	一		一/四				
		略出籯金	伯二五三七號					一		
		合計	一							
	屬文類《策府》	失名				北敦一四四九一號＋北敦一四六五〇號		一/二	一/二	一/八

續表

類型	門類	蒙書名	寫卷狀況						門類總計	類型總計
			完整	殘缺	雜寫	綴合	碎片	蒙書小計		
		合計				一/二				
		兔園策府		斯六一四號、斯一〇八六號		伯二五七三號+斯一七〇二號	俄敦五四三八號	四/五		
		合計		二		一/二	一			
		李嶠雜詠		伯三七三八號、斯五五五號		俄敦二九九號背+俄敦三〇五八號背+俄敦五八八九號背+俄敦一一二一〇號背	俄敦一〇二九八號背	四/七		
		合計		二		一/四	一			

續表

類型	門類	蒙書名	寫卷狀況					蒙書小計	門類總計	類型總計
			完整	殘缺	雜寫	綴合	碎片			
		楊滿山詠孝經壹拾捌章		伯二六三三號	伯三九一○號	伯三三八六號＋伯三五八二號		三八四		
	習字類	合計	一	一	一	一二				
書算類		上大夫	斯一二三二號背、斯一四七二號背、斯四一○六號背、斯六三一一號背、	斯八六六八號背、伯三四九○○（二）號、伯特二二一九號、俄敦六○五號背、俄敦六○四號背、北敦八六五五號背、敦三一一號背、敦三六五五號背	斯二六四號背、斯七四七號背、斯一三六八號背、斯二六四六號背、斯五四四一號、斯五七五四號背、斯六○一九號背、			三十六	五十八	一百三十八／一百四十六

續表

類型	門類	蒙書名	寫卷狀況					蒙書小計	門類總計	類型總計
			完整	殘缺	雜寫	綴合	碎片			
			伯二五六四號背、伯三七二八號背、伯三一四五號背、伯三七〇五號背、伯三七九七號背、伯三八〇六號背、北敦一〇〇四八號背、北敦一三〇六九號背		斯六六〇九號背、斯六九六〇號背、伯二一七八號背、伯二七七二號背、伯三三六九號背、北敦一六四〇〇號背、北敦一七四〇五號背、北敦一七七四號背、北敦二二一號背、北敦六一四一號背、北敦七〇八九號					
	合計		十二	六	十八					

續表

寫卷狀況

類型	門類	蒙書名	寫卷狀況					蒙書小計	門類總計	類型總計
			完整	殘缺	雜寫	綴合	碎片			
		牛羊千口	斯四一○六號背、斯六三一號背、伯三一四五號背、北敦一○○四八號背	伯特二一一九號、俄敦六○五○號背	斯二二三二號背、斯一四七二號背、斯八六六八號背、伯二五六四號背、伯二七三八號背、伯三七○五號背、伯三三六九號背、伯三七九七號背、北敦一三○六九號背			十五		
	合計		四	二	九					
		上土由山水	伯三一四五號背	伯特二一一九號背	伯二八九六號背、伯四○九三號、斯四一○六號背、北敦五二七號背、北敦一○○四八號背			七		
	合計		一	一	五					

續表

類型	門類	蒙書名	寫卷狀況					蒙書小計	門類總計	類型總計
			完整	殘缺	雜寫	綴合	碎片			
	名人字帖類	尚想黃綺帖	斯二一一四號背、斯三二八七號、伯二七三八號背	俄敦九五三號背、羽六六四二號、六六四三號／二號	斯四八五二號背、伯二六三七號背、伯二六八一號、伯二六八一號、伯二七六九號背、伯三一九四號背、伯三四二〇號背、伯四〇一九號背、伯特一三九號、伯特二〇七號、伯特四一七號、伯特四一七號背、北敦一一一號背、九〇八九號背、羽三號背ノ二、上海朵雲軒藏《佛說佛藏經》卷背	伯三三四九號碎四＋伯三三六八號碎七＋伯〇一九號碎四＋伯四〇一九號+伯F一六a號、伯〇一九F一六b號＋伯四〇一九號、F一六c號＋伯F一六d號＋伯四〇一九號、F一六e號＋伯F一六f號＋伯四〇一九＋伯四〇一九號、F三二三號＋伯四〇一九F一六號、北敦一三五五〇F一號＋伯四〇一九F三五號、北敦一三二一〇、一三二一〇D號	斯一二三七一號、伯三三一九四號碎九、伯三三四三號碎三、伯碎四（一）、伯三四六號碎三、伯三六四三號碎一四	二十五／三十七	四十二／五十九	

續表

類型	門類	蒙書名	寫卷狀況 完整	殘缺	雜寫	綴合	碎片	蒙書小計	門類總計	類型總計
		合計	三	三	一三	二一四	五			
		蘭亭序	伯二五四四號	斯一六一九號背、伯四七六四號、北敦一一九二八號背、芙印一一九號、羽六六四ノ二號背	伯二六二二號背、伯三一九四號背、俄敦五三八號	俄敦一二八三號+（中缺）+俄敦五二八A號+俄敦一一○二三號+（中缺）+俄敦五二八B號、北敦一○四五○四號+北敦一一四號+（中缺）+北敦八八三五八號	斯一一三四四B號、伯二六三三號碎三、伯三三六九號碎三、俄敦五六九號碎二背、俄敦八九九八號、俄敦一○（二一一）號、俄敦一一○二四號	十七/二十二		
		合計	一	五	二	二七	六			
習字書帖類	真草千字文					俄敦八七三號+俄敦五八四七號+（中缺）+俄敦八九○三號+伯三五六一號		一八/四	二六	

續表

類型	門類	蒙書名	寫卷狀況					蒙書小計	門類總計	類型總計
			完整	殘缺	雜寫	綴合	碎片			
		合計				一/四				
		篆楷千字文				伯四七○三號+（中缺）+伯三六五八號		一/二		
		合計				一/二				
	算術	九九乘法歌	斯四五六九號、北敦一○八二○號、伯特一二五六號	斯八三三六號背、俄敦二一四五號背、俄敦二九○四號背、莫高窟B五九:一○號	斯六一六七號背、伯二一五○二號背、伯三一○二號背、北敦五六七三號背、伯特一○七○號			十二	十八/二十三	
		合計	三	四	五			十二		
		立成算經	斯九三○號背		伯五五四六（二）號背	伯三七七三號背+（中缺）+斯五七五一號背		三/四		

續表

類型	門類	蒙書名	寫卷狀況					蒙書小計	門類總計	類型總計
			完整	殘缺	雜寫	綴合	碎片			
		合計	一		一	一二				
		算經				伯三三四九號+斯五八五號、斯一九號+羽三七號+俄敦三九〇三號+斯五七九號		二六		
		合計				二六		二六		
		算書		伯二六六七號						
		合計		一				一		

表格説明：
1. 完整：爲蒙書內容寫卷首尾完整。
2. 殘缺：該寫卷不分首尾，上下，缺一行以上者爲殘缺。
3. 綴合。兩件寫卷以上可以綴合爲同一寫卷者，綴合之後衹填在綴合卷號中，不再在其他項中；兩件文書之間直接內容可以綴合用+，如斯四七九號+斯一一六八一號，若不能理解綴合，如下處理斯四七九號+（中缺）+斯一一六八一號。
4. 碎片：碎片不足一行者，或三個半行以下者爲碎片。
5. 雜寫：就是在其他文書的空檔和背面空白處，隨便亂寫幾個字，包括蒙書名稱和內容在內，以不成行，不成文義者，爲雜寫；判斷標準三行以下內容不相序，雜亂書寫者；若內容相序，較爲整齊，有兩三行者也可算殘缺本。

後　記

　　童蒙文化是中國傳統文化的重要組成部分，蒙書則是童蒙文化的核心。中國蒙書源遠流長，其發展歷程，從周秦漢魏六朝王公貴族及士族子弟識字教育爲主之字書；經隋唐五代士族與庶民雙軌并行的發展，由識字擴衍出知識、德行等各類蒙書，體類多樣，不一而足；進而到教育普及，印刷發達的宋元明清，越發豐富多元，體系完備；清末民初，新學發展、新制學校興起，新式教材普及，蒙學與蒙書始趨於式微。對於歷代編撰的蒙書，今所知見則多詳於宋元明清，有關宋以前的實際情形，因大多亡佚，故不知其詳。尤其是作爲承上啓下的唐五代，由於其時編撰的蒙書，大多不傳，且傳世載籍也少有記述，以致歷來對於蒙書的論述都詳於宋元明清，而略於隋唐五代。

　　所幸近世發現之敦煌石室遺書中，存有種類繁多，數量可觀的唐、五代蒙書寫本，使吾人於千年之後，得以一睹唐五代蒙書的實際内容，略窺其時蒙學教育的具體概況，并得據以考察中國古代蒙書發展與演進的脈絡與軌迹。

　　我與内人朱鳳玉自一九七三年開始有幸親炙潘重規先生從事敦煌文獻的整理研究，時光匆匆，倏忽已四十餘年。這期間，秉承先生之教導，日就月將的傴僂從事。除先後參與《敦煌俗字譜》《龍龕手鑑新編》《經典釋文韵編》《玉篇索引》等編纂工作，及《敦煌學》雜誌的校稿、印行等事務外，一九八二年我完成博士論文《敦煌孝道文學研究》，一九八四年鳳玉完成博士論文《王梵志詩研究》，并在教學之餘，不斷地搜集、訪求有關敦煌研究之論著篇章，編成《敦煌研究論著目錄》以供學界參考。其間對於敦煌文獻中的蒙書寫本多所留意，并加普查，一一叙錄，每有所得，輒試撰小文，以爲個人學習的定期報告，兼作獻曝之用。一九八四年撰寫第一篇有關敦煌蒙書的論文《敦煌寫本〈崔氏夫人訓女文〉研究》，當時是從敦煌文獻整理研究的視角出發，一九八六年嘗試敦煌蒙書的個案研究，撰寫《敦煌寫卷〈新集文詞九經抄〉研究》，一九九〇年更據普查校錄結果，以全面宏觀的視角對敦煌蒙書進行系統探究；論述蒙書名義，界定範疇，剖析其體式，區分其體類，研析其特色，考索其淵源，論述其特色與價值，藉以闡明此類寫卷對唐以後各類蒙書之影響，評估其在蒙書發展史上之地位。之後，陸續發表二十多篇相關論文。

　　二〇〇二年季羨林先生主編《敦煌學研究叢書》承蒙邀約撰稿，乃將既有篇章組織整飭成《敦煌蒙書研究》，此書出版，有幸受到不少關注敦煌學及蒙書研究者的參考與引用，對敦煌蒙書系統整理與研究的努力給予肯定，很高興也有不少的批評指正。由於是兩人各自撰寫分別發表於不同性質的刊物，發表時間、園地分散；用語、體例多有不同，雖然有所統整，然仍存在不少問題。再加上稿件由繁轉簡，且敦煌寫本多俗寫、異體，排印校稿不易。加上本人學養有限，眼力不佳，出版在即，唯有匆匆一校。每當翻閱，頗有有錯隨宜過之感，想來真是汗顏。因此一直很想重新出版一本含有原卷錄文校訂嚴謹的繁體版。

　　近年金瀅坤大力倡導中國童蒙文化研究，成立學會、舉辦學術會議、創辦《童蒙文化研究》專業學刊，成果卓越，其苦心戮力，確實令人敬佩。現更主持《敦煌蒙書校釋與研究》重點出版項目，我不但是樂觀其成，更要鼎力支持。瀅坤約我將《敦煌蒙書研究》稍事訂正錯字，重新以繁體出版，作爲此系列之導論。我非常高興有正式訂正錯誤的機會，可是近年來新材料陸續的公布，新觀點的不斷提出，新的研究成果一一展現，研究方法與研究問題越來越深邃細密，當要學習、借鑑、適切援引。在一年的時間，要從頭來過，確實困難，而在舊有基礎上增修，頗有穿小鞋的難處，祇能儘量排除雜務，全力以赴，總算趕在年底勉强完成。

　　所以這本名爲《敦煌蒙書導論》實際上可以説是，我和朱鳳玉教授二〇〇二年《敦煌蒙書研究》的增訂本。增，是增加，增添了新材料、新觀點、新問題，加入了過去没收入的一些蒙書；訂，是修訂，修改了一些看法，訂正一些錯誤。由此全書篇幅大約增加了四十萬字。具體的説，結構章數不變，《敦煌蒙書研究》論述敦煌蒙書識字類、知識類、德行類三大類，計二十四種，凡二百五十四件抄本；而本《導論》内容，維持三大類不變，據以論述的敦煌蒙書則增加爲三十五種，計四百三十七件（五百六十五號）寫本。其中，識字類增加了綜合識字類的《敦煌百家姓》，雜字類的《雜字》，習字類的《上士由山水》；知識類增加了習文知識類，誦習詩歌的李嶠《雜咏》、張庭芳《李嶠雜咏詩注》，對句蒙書的《詩格》《文場秀句》，詩文事類的《事森》《事林》，習策蒙書《策府》；德行類除去了純爲勸世的《夫子勸世詞》一種。

各種蒙書的導論，均從學術史出發，簡述前賢研究成果，充分掌握今已公布的寫本，表列其概況，説明其系統及抄寫年代，録文參考本叢書各卷，力求準確，并對作者、體制、源流、内容、性質、特色、價值與影響等相關問題，進行必要之探究。

感謝澄坤給我這個能爲敦煌文獻與童蒙文化整理研究略盡棉力的機會，衷心希望能提供大家方便掌握敦煌蒙書具體内容、相關問題、及基本可靠的文本材料，瞭解既有研究成果，從而展望未來發展趨勢與研究面向。畢竟已届從心之年，體力、眼力大不如前，且有項目時程之限，雖已竭盡心力，然自知罣漏訛誤在所不免，千祈博雅方家不吝指正。

鄭阿財謹記於嘉義民雄學日益齋

二〇二〇年十二月三一日